相続税・贈与税

貸付金債権の評価実務

税理士
笹岡 宏保 著

清文社

はしがき

相続税の申告実務を担当しますと、相続財産の価額を算定する場合の主役は何と言っても不動産（土地等及び建物等）であることは、間違いないと考えられます。その一方で、筆者は、案外、貸付金債権等の価額についても、種々の論点があるのではないかと従来から考えていました。

例えば、次のような相談事例に対して、どのような対応をすれば正解なのでしょうか。

事例１　被相続人Ａが経営する同族会社Ａ㈱（営業継続中）に対して、同人は約10年前から貸付金を約１億円有しているが、無利息の約定で、この間、貸付債権額の約10％の返済を受けただけで、仮に、残額の返済を求めたとしても、相手方（Ａ㈱）から時効を主張される可能性もあり、また、Ａ㈱の財政状態から判断すると、被相続人Ａに係る相続開始時において支払能力はないと認められる場合の当該貸付金の価額（相続税評価額）は、いくらになりますか。

＊事例１については、Q1-1を参照してください。

事例２　被相続人Ｂは、投資家セミナーで経営方針に共感した実業家Ｘ氏に約１億円の資金貸付を行いましたが、その後、Ｘ氏は事業に失敗し、現在はアルバイト生活でようやく食べているところとなっています。調査したところ、Ｘ氏には個人的な才能（タレント）もなく、また、価値ある財産（不動産、預貯金、有価証券等）は所有しておらず、今後も、資金調達の可能性は期待できないと考えられますが、Ｘ氏は「必ず、返金いたします。今はお金がないだけです」と返答するのが常となっている場合の当該貸付金の価額（相続税評価額）はいくらになりますか。

＊事例２については、Q3-6を参照してください。

事例３　被相続人Ｃが経営している同族会社Ｃ㈱（同社は被相続人Ｃに係る相続開始前に新製品の開発失敗を原因として、取引銀行による経営改善指導の勧告を受けて、営業譲渡後の解散を対外的に表明していました）に対して、同人は、貸付金を２億円有していましたが、上記の銀行主導による計画では被相続人Ｃの経営責任が問われ、当該貸付金に対しては営業譲渡先への引継債務から除外する旨の記載がされ、解散会社の残余財産の範囲内での配当が予定されていた場合の当該貸付金の価額（相続税評価額）はいくらになりますか。

＊事例３については、Q4-8を参照してください。

いかがでしょうか。なかなか、正解を導き出すのは難しいものと思われます。その理由として、貸付金債権等に係る財産評価基本通達の定めは、次に掲げる２つしか明示されていないことが挙げられると思われます。

●財産評価基本通達204《貸付金債権の評価》

●財産評価基本通達205《貸付金債権等の元本価額の範囲》

そうすると、上掲の各相談事例を解決するためには、財産評価基本通達や実務問答集のみでは事足りず、先例とされるべき裁判例（判例）や裁決事例からの積み上げが必要になるものと考えられます。

そこで、本書は、《相続税・贈与税》『貸付金債権の評価実務』と題して、貸付金債権等に係る様々な評価事例を下記1から8のジャンル別に区分して、悩ましい評価の必要性の可否、適正な評価額の算定等について各種論点ごとに裁判例（判例）や裁決事例を基に詳細に分析・解説することによって、少しでも悩ましい貸付金債権等の評価実務の一助とすべく執筆したもので、読者の評価実務にお役立ていただけるならば、筆者として望外の喜びとするものです。

1　貸付金債権等の認定（存在の有無、元本の範囲）

2　貸付金債権等の回収不能の判断（形式基準）

3　貸付金債権等の回収不能の判断（実質基準）

4　貸付金債権等の回収不能額の計算（部分評価（一部評価不要）を行うことの可否）

5　貸付金債権等の放棄とみなし贈与課税

6　貸付金債権等の評価もれと重加算税の賦課決定処分

7　貸付金債権等の評価と手続関係

8　その他諸項目

本書では、51事例を収録していますが、まだまだ、貸付金債権等に係る評価論点については言及を尽くしたとはいえないと考えられます。この点については、今後の改訂版発刊等における課題とさせていただきます。

なお、文中意見にわたる部分は、筆者の全く個人的な見解によるものであり、資産税実務のご担当者又は読書諸兄の見解と相違があるかもしれないことを念のため申し添えます。

最後になりましたが、今回、本書刊行の機会を与えていただきました清文社小泉定裕社長をはじめ、執筆に当たり何かとお世話、ご助言いただきました編集担当の前田美加氏、さらには編集部の皆様に心よりの御礼を申し上げます。

令和6年9月

税理士　笹岡　宏保

CONTENTS 目次

（本書は、令和６年７月１日現在において公表されている法令・通達の内容によっています。）

第1章

評価通達に定める貸付金債権等の評価

■ 評価の原則

評価通達204《貸付金債権の評価》の定めでは、貸付金、売掛金、未収入金、預貯金以外の預け金、仮払金、その他これらに類するもの（以下「貸付金債権等」といいます）の価額は、次に掲げる元本の価額と利息の価額との合計額によって評価するものとされています。

(イ) 元本の価額

貸付金債権等の元本の価額は、その返済されるべき金額とします。

(ロ) 利息の価額

貸付金債権等に係る利息の価額は、課税時期現在の既経過利息として支払を受けるべき金額とします。

ただし、この貸付金債権等に係る利息については、後述の未収法定果実の評価に定める貸付金等の利子（既に収入すべき期限が到来した貸付金債権等の利子で、課税時期において未収となっているもの）については、当該未収法定果実として評価することとなるため本項の評価より除かれます。この取扱いを図示すると、図表のとおりとなります。

図表　未収法定果実と既経過利息

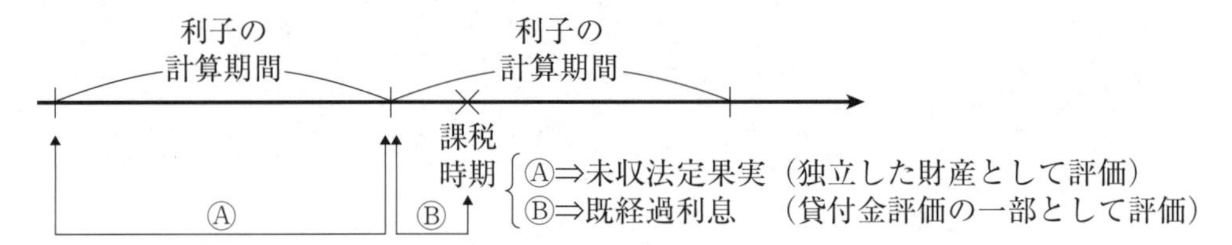

❷　評価の特例

評価通達205《貸付金債権等の元本価額の範囲》の定めでは、上記❶により貸付金債権等の評価を行う場合において、その債権金額の全部又は一部が、課税時期において次に掲げる金額に該当するときその他その回収が不可能又は著しく困難であると見込まれるときにおいては、それらの金額は元本の価額に算入しないこととされています。

(1)　債務者について次に掲げる事実が発生している場合におけるその債務者に対して有する貸付金債権等の金額（その金額のうち、質権及び抵当権によって担保されている部分の金額を除きます）

①　手形交換所（これに準ずる機関を含みます）において取引の停止処分を受けたとき

②　会社更生手続の開始の決定があったとき

③　民事再生法（平成11年法律第225号）の規定による再生手続開始の決定があったとき

④　会社の整理開始命令があったとき

⑤　特別清算の開始命令があったとき

⑥　破産の宣告があったとき

⑦　業況不振のため又はその営む事業について重大な損失を受けたため、その事業を廃止し又は6か月以上休業しているとき

(2)　再生計画認可の決定、整理計画の決定、更生計画の決定又は法律の定める整理手続によらないいわゆる債権者集会の協議により、債権の切捨て、棚上げ、年賦償還等の決定があった場合において、これらの決定のあった日現在におけるその債務者に対して有する債権のうち、その決定により切り捨てられる部分の債権の金額及び次に掲げる金額

①　弁済までの据置期間が決定後5年を超える場合におけるその債権の金額

②　年賦償還等の決定により割賦弁済されることとなった債権の金額のうち、課税時期後5年を経過した日後に弁済されることとなる部分の金額

(3)　当事者間の契約により債権の切捨て、棚上げ、年賦償還等が行われた場合において、それが金融機関のあっせんに基づくものであるなど真正に成立したものと認めるものであるときにおけるその債権の金額のうち(2)に掲げる金額に準ずる金額

（注）　上記(1)③に掲げる『民事再生法の規定による再生手続開始の決定』及び(2)に掲げる『再生計画認可の決定』は、民事再生法（平成11年法律第225号、平成12年4月1日施行）の制定に伴い、和議法（大正11年法律第72号）が廃止されたことから設けられたものです。

したがって、民事再生法の施行日である平成12年4月1日前に行われた和議開始の申立てに係る和議事件については、なお、旧和議法の規定によることとされていますので、課税時期において、旧和議法が適用される貸付金債権等については、平成12年6月13日付けの評価通達の改正（課評2－4他）前の取扱いに基づいて評価するものとされています。この場合、上記(1)③及び(2)に掲げる文言をそれぞれ下記のとおりに読み替えるものとします。

（読　替　前）		（読　替　後）
民事再生法の規定による再生手続開始の決定	➡	和議の開始の決定
再生計画認可の決定	➡	和議の成立

❸ 評価の特例適用時の判断基準（『その回収が不可能又は著しく困難であると見込まれるとき』に係る法令解釈等）〔質疑応答形式〕

？ 質　疑

上記❶の解説のとおり、評価通達204《貸付金債権の評価》では、貸付金債権等の価額の評価について、貸付金債権等の元本の価額は、その返済されるべき金額である旨を定めています。

また、上記❷の解説のとおり、評価通達205《貸付金債権等の元本価額の範囲》では、貸付金債権等の価額の評価を行う場合において、その債権金額の全部又は一部が、課税時期において(X)次に掲げる金額に該当するとき(Y)その他その回収が不可能又は著しく困難であると見込まれるときにおいては、それらの金額を元本の価額に算入しない旨を定めています。

そして、上記(X)＿＿部分の『次に掲げる金額に該当するとき』として、同通達において、債務者について手形交換所の取引停止処分等に該当する事実があったときの貸付金債権等の金額並びに再生計画認可の決定、整理計画の決定及び更生計画の決定等により切り捨てられる債権の金額等がある場合の当該事由等を指すものとして、一定のものが限定列挙されています。

以上の取扱いを前提とした場合に、上記(Y)＿＿部分の『その他その回収が不可能又は著しく困難であると見込まれるとき』とは、どのようなときを指すのか、その解釈及び判断基準について説明してください。

応　答

評価通達205《貸付金債権等の元本価額の範囲》においては、評価通達204《貸付金債権の評価》の定めにより貸付金債権等の評価を行う場合において、その債権金額の全部又は一部が、課税時期において次に掲げる金額に該当するときその他その回収が不可能又は著しく困難であると見込まれるときにおいては、それらの金額は元本の価額に算入しないで評価する旨が定められています。

(1)　債務者について、次に掲げる事実が発生している場合におけるその債務者に対して有する貸付金債権等の金額（その金額のうち、質権及び抵当権によって担保されている部分の金額を除く）

①　手形交換所（これに準ずる機関を含む）において取引の停止処分を受けたとき

②　会社更生手続の開始の決定があったとき

③　民事再生法の規定による再生手続開始の決定があったとき

④　会社の整理開始命令があったとき
⑤　特別清算の開始命令があったとき
⑥　破産の宣告があったとき
⑦　業況不振のため又はその営む事業について重大な損失を受けたため、その事業を廃止し又は6か月以上休業しているとき

⑵　再生計画認可の決定、整理計画の決定、更生計画の決定又は法律の定める整理手続によらないいわゆる債権者集会の協議により、債権の切捨て、棚上げ、年賦償還等の決定があった場合において、これらの決定のあった日現在におけるその債務者に対して有する債権のうち、その決定により切り捨てられる部分の債権の金額及び次に掲げる金額
①　弁済までの据置期間が決定後5年を超える場合におけるその債権の金額
②　年賦償還等の決定により割賦弁済されることとなった債権の金額のうち、課税時期後5年を経過した日後に弁済されることとなる部分の金額

⑶　当事者間の契約により債権の切捨て、棚上げ、年賦償還等が行われた場合において、それが金融機関のあっせんに基づくものであるなど真正に成立したものと認めるものであるときにおけるその債権の金額のうち⑵に掲げる金額に準ずる金額

質疑 において照会された『その他その回収が不可能又は著しく困難であると見込まれるとき』の意義（解釈）及びその判断基準について評価通達では明確な定めは設けられていませんが、課税実務上の取扱いにおいては、下記のとおりに解釈し、判断することが相当であると考えられます。

解釈　上記に掲げる評価通達205《貸付金債権等の元本価額の範囲》の定めから、『次に掲げる金額に該当するとき』（上記(X)＿＿部分）とは、いずれも、債務者の資産状況及び営業状況等が客観的に破たんしていることが明白であって、債権の回収の見込みがないことが客観的に確実であるといい得るときであると解されるとされています。

したがって、照会の『その他その回収が不可能又は著しく困難であると見込まれるとき』（上記(Y)＿＿部分）とは、上記の『次に掲げる金額に該当するとき』に準じるものであり、これと同視できる程度に債務者の資産状況及び営業状況等が客観的に破たんしていることが明白であって、債権の回収の見込みのないことが客観的に確実であるといい得るときであると解するのが相当であるとされています。

判断　上記解釈に掲げる『債務者の資産状況及び営業状況等が客観的に破たんしていることが明白であって、債権の回収の見込みのないことが客観的に確実であるか否か』の判断に当たっては、特に相手方である債務者が個人に該当する場合には、債務者の負債及び資産状況、事業の性質、事業上の経営手腕及び信用等を総合考慮し、合理的な経済活動に関する社会通念に照らして判断すべきであるとされています。

第2章

貸付金債権等の評価をめぐる諸事例

1 貸付金債権等の認定（存在の有無、元本の範囲）

Q1-1 貸付開始後、相当長期間にわたって返済が行われていない貸金債権につき、民法第166条《債権等の消滅時効》に規定する時効による消滅を主張して当該貸金債権が存在しないとして、その価額を０円とすることの可否が争点とされた事例

事例 国税不服審判所裁決事例
（令和３年12月17日裁決、大裁（諸）令３－23、平成29年相続開始分）

疑問点

被相続人の相続財産を調査したところ、A㈱に対する返済期限の定めのない無利息の貸付金（100,000,000円）が存在することが確認されました。この貸付金については、当初110,000,000円を貸し付けていた（本件貸金債権）ところ、このうち10,000,000円の弁済を受けたのみで、その後、約９年間は全く返済がないまま今回の相続開始を迎えたものです。

生前、被相続人がA㈱に返済について照会したところ、次に掲げる事項を理由として、その返済が極めて困難であると説明してきたという経緯が確認されています。

⑴　A㈱が被相続人より借り入れた資金については、これを他者に貸し付けておりその返済を受ける見込が困難であることから、返済原資が存在しないこと

⑵　A㈱の経営成績も良好とはいえず、営業利益のなかから100,000,000円という返済資金を確保することは困難であると認められること

そして、現行法である民法第166条《債権等の消滅時効》の規定では、要旨、債権については次に掲げる㈠又は㈡のいずれか早いときをもって、時効によって消滅するものとされています。

(A)　債権者が権利を行使することができることを知った時から５年間行使しないとき

(B)　権利を行使することができる時から10年間行使しないとき

そうすると、本件事例の場合は上記(A)に該当するので、本件貸金債権のうち、まだ回収されていない部分の金額である100,000,000円については、既に時効によって消滅しており相続財産に該当しないと考えるべき、又は仮に相続財産に留

まるとしても、上記(1)及び(2)の理由より評価通達205《貸付金債権等の元本価額の範囲》に定める貸付金債権等につき「その回収が不可能又は著しく困難であると見込まれるとき」に該当するものとして、評価不要とすることが相当であると考えていますが、その相当性について説明してください。

A 回答

お尋ねの本件貸金債権のうち被相続人に係る相続開始時における残高100,000,000円については、評価通達204《貸付金債権の評価》の定めにより評価する必要があり、その価額は元本の価額（100,000,000円）及び利息の価額（0円（利息を定めていません））の合計額である100,000,000円で評価することが相当と考えられます。

! 解説

(1) 消滅時効の完成を理由とする債権消滅の効果は、単なる消滅時効期間の経過をもって確定的に生じるものではなく、「時効の援用」(注)がされたときに初めて確定的に生じるものと解するのが相当とされており、お尋ねの事例の場合には、被相続人に係る相続開始時までに、債務者であるA㈱から時効の援用が主張されたという事実がないことから、消滅時効の完成の要件を充足していないものと考えられます。

(注)「時効の援用」とは、時効が完成することによって経済的な利益を受ける者が、時効が完成したことを主張する（換言すれば、意思表示をする）ことをいいます。なお、民法第145条《時効の援用》は、時効について、当事者がその援用をすることが必要である旨を規定しています。

(2) 評価通達205《貸付金債権等の元本価額の範囲》に定める貸付金債権等につき「その回収が不可能又は著しく困難であると見込まれるとき」に該当する場合とは、債務者の営業状況、資産状況等が破綻していることが客観的に明白であって、債権の回収の見込みのないことが客観的に確実であるといい得るときを指すものとされており、お尋ねの事例については、これに該当しないものと考えられます。

検討先例

Q1-1の検討に当たっては、下記に掲げる裁決事例が先例として参考になります。

●国税不服審判所裁決事例（令和3年12月17日裁決、大裁（諸）令3－23、平成29年相続開始分）

〔1〕事案の概要

本件は、相続税申告において、相続財産として計上されていなかった法人に対する貸付金債権について、原処分庁が、当該貸付金債権は、その回収が不可能又は著しく困難であるとは見込まれず、債権の元本価額を評価額として相続財産に計上すべきであるとして相続税の更正処分等を行ったのに対し、請求人が、当該貸付金債権は、相続開始日において、時効期間が経過しておりその回収が不可能又は著しく困難であることは明らかであるから、その評価額は零円であるとして原処分の全部の取消しを求めた事案である。

〔2〕基礎事実

⑴ 本件相続

被相続人は、平成29年＊＊月＊＊日、死亡した（以下、被相続人の死亡により開始した相続を「本件相続」という）。

⑵ 被相続人による金銭の貸付け

① 被相続人は、平成20年4月21日、A㈱に対して、利息を定めずに110,000,000円を貸し付けた（以下、当該貸付けに係る債権を「本件貸金債権」という）。なお、本件貸金債権に係る返還期限は不明である。

② A㈱は、平成20年6月30日、被相続人に対し、本件貸金債権について10,000,000円を弁済した。

③ 本件貸金債権の残高は、本件相続開始当時、100,000,000円であった。A㈱が、本件貸金債権について消滅時効の援用の意思表示をしたことはない。

⑶ 相続税の期限内申告

請求人は、＊＊税務署長に対し、法定申告期限内である平成29年12月14日に、本件相続に係る相続税（以下「本件相続税」という）の申告書を提出した。

当該申告書において、本件貸金債権は相続財産として掲げられていなかった。

⑷ 本件更正処分等

原処分庁は、令和2年6月4日付で、請求人に対し、本件相続税の更正処分（以下「本件更正処分」という）及び過少申告加算税の賦課決定処分（以下「本件賦課決定処分」といい、本件更正処分と併せて「本件更正処分等」という）をした。

本件更正処分等の理由は、要旨、本件貸金債権が本件相続に係る相続財産であって、その価額を本件相続税の課税価格の合計額に加算すべきであり、本件貸金債権の評価額は100,000,000円であるというものである。

⑸ 再調査の請求及び再調査決定

請求人は、令和2年8月25日、再調査審理庁に対し、本件更正処分等に不服があるとして再調査の請求をしたところ、再調査審理庁は、同年12月10日、請求人に対し、棄却する旨の再調査決定をした。

⑹ 審査請求

請求人は、令和3年1月8日、再調査決定後の原処分を不服として、審査請求をした。

筆者注 上記(1)ないし(6)に掲げる基礎事実につき、時系列的な経過をまとめると、**図表－1**のとおりとなる。

図表－1　本件裁決事例における時系列

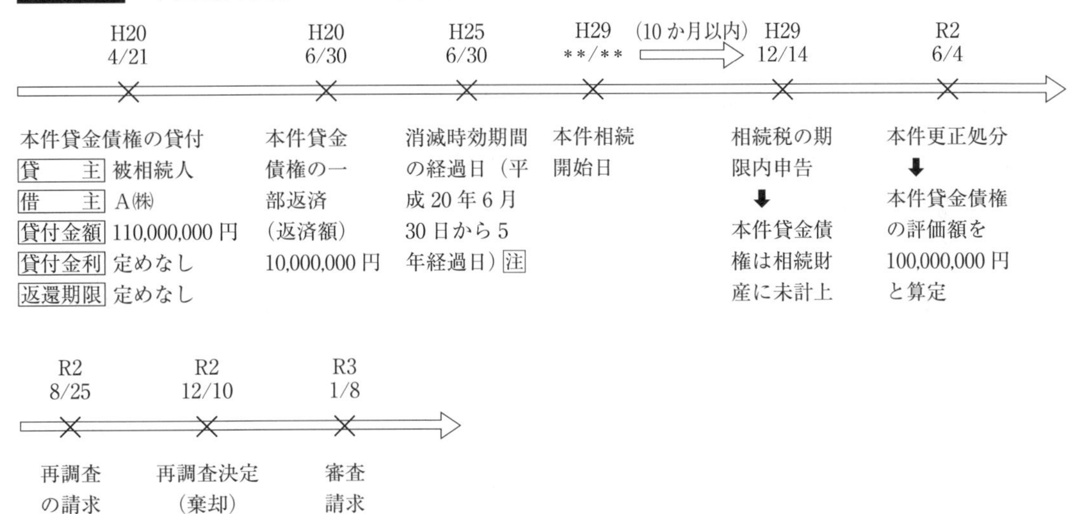

注　消滅時効期間の経過日について

(1)　令和2年4月1日を施行日として債権に関する法律が改正されているが、本件貸金債権の成立は当該改正前の平成20年4月21日であることから、先例とされる裁決事例では改正前の旧法である商法第522条《商事消滅時効》（現行廃止）の規定がなお有効なものとして適用される。

(2)　上記(1)に掲げる改正前の商法第522条《商事消滅時効》の規定は、要旨、「商行為（注1）によって生じた債権は、この法律に別段の定めがある場合（注2）を除き、(A)5年間行使しないときは、時効によって消滅する。ただし他の法令に5年間より短い時効期間の定めがあるときは、その定めるところ（注3）による。」とされている。

　（注1）　本件貸金債権は、借主がA㈱（商人）であるため、商行為に該当する。
　（注2）　本件貸金債権には、別段の定めの適用は想定されない。
　（注3）　本件貸金債権には、5年間より短い時効期間の定めは想定されない。

(3)　上記(2)に掲げる消滅時効に係る期間要件である「5年間行使しないとき」（上記(A)＿＿部分）の起算点については「(B)権利を行使することができる時から」と解されているところ、本件貸金債権については返還期限が不明（換言すれば、返還期限の定めがないもの）とされている。

　このような特性を有する貸付金債権に係る「権利を行使することができる時」（上記(B)＿＿部分）の具体的な解釈については、次に掲げる2つの解釈があると言われている。

解釈1　返還期限について何等の定めがされていないのであれば、貸主はいつでも返還請求をすることができるのであるから、貸付金債権が成立したとき（先例とされる裁決事例の場合では、平成20年4月21日）から時効が起算されるとされるという考え方がある。

解釈2　民法591条《返還の時期》に「当事者が返還の時期を定めなかったときは、貸主は、相当の期間を定めて返還の催告をすることができる」と規定されていることから、返還期限について何等の定めのない貸付金債権につき、催告しないで放置する場合には、当該貸付金債権が成立した時から相当の期間を経過した時から時効が起算されるという考え方がある。

(4)　先例とされる裁決事例の場合、上記(3)の**解釈1**又は**解釈2**のいずれを相当とするかの判断を行う実益は存在しない。なぜならば、平成20年6月30日に本件貸金債権の一部返済（10,000,000円）が行われており、時効がこの時点で中断しているからである。

なお、時効が中断した場合には既に経過した期間はなかったものとされ、中断日（先例とされる裁決事例の場合では、平成20年6月30日）が新たな時効起算日とされる。

⑸　上記⑷より、新たな時効起算日とされた平成20年6月30日より5年が経過した平成25年6月30日が、本件貸金債権に係る消滅時効期間の経過日とされる。

〔3〕争点

本件の争点は、本件相続開始当時における本件貸金債権の相続税法第22条《評価の原則》に規定する時価は、請求人が主張する評価額（零円）であるか否かであるが、その具体的な争点としては、次のとおりである。

⑴　**争点1**

本件貸金債権に係る消滅時効期間の経過は、評価通達205《貸付金債権等の元本価額の範囲》の定める「その他その回収が不可能又は著しく困難であると見込まれるとき」に該当するか。

⑵　**争点2**

本件貸金債権は、A㈱の経営状況に照らし、評価通達205《貸付金債権等の元本価額の範囲》の定める「その他その回収が不可能又は著しく困難であると見込まれるとき」に該当するか。

〔4〕争点に関する双方（請求人・原処分庁）の主張

各争点に関する請求人・原処分庁の主張は、図表－2のとおりである。

図表－2　各争点に関する請求人・原処分庁の主張

（争点1）　本件貸金債権に係る消滅時効期間の経過は、評価通達205《貸付金債権等の元本価額の範囲》の定める「その他その回収が不可能又は著しく困難であると見込まれるとき」に該当するか

請求人（納税者）の主張	原処分庁（課税庁）の主張
本件貸金債権の相続税法第22条《評価の原則》に規定する時価は零円である。 本件貸金債権に係る消滅時効期間の経過は、次のとおり、評価通達205《貸付金債権等の元本価額の範囲》の定める「その他その回収が不可能又は著しく困難であると見込まれるとき」に該当する。 ⑴　評価通達205の定めは、相続税法第22条の趣旨に則して解釈すべきであるし、その文言からしても、「その他その回収が不可能又は著しく困難であると見込まれるとき」を債務者が支払能力を欠くことが客観的に明白であるときのことを定めたものと限定的に捉える	本件貸金債権の相続税法第22条《評価の原則》に規定する時価は100,000,000円である。 本件貸金債権に係る消滅時効期間の経過は、次のとおり、評価通達205《貸付金債権等の元本価額の範囲》の定める「その他その回収が不可能又は著しく困難であると見込まれるとき」に該当しない。 イ　評価通達205の「その他その回収が不可能又は著しく困難であると見込まれるとき」とは、その文言が「次に掲げる金額に該当するとき」に続けて並列的に定められていることからすると、債務者が支払能力を欠くことが

<table>
<tr>
<td>ことはできない。時効期間を経過した本件貸金債権を回収することは現実的に不可能であるから、当該貸金債権が無価値であることは明らかである。
　したがって、本件貸金債権に係る時効期間の経過は「その他その回収が不可能又は著しく困難であると見込まれるとき」に該当する。</td>
<td>客観的に明白であるため、債権の回収の見込みがないか又は著しく困難であると確実に認められるときのことを定めたものであって、個々の貸付金に係る事情を考慮することを定めたものではないといえる。</td>
</tr>
<tr>
<td>(2)　平成19年11月1日裁決（大裁（諸）平19第15号）（筆者注参照）は、評価通達1《評価の原則》の(3)が「評価に当たっては、その財産の価額に影響を及ぼすべきすべての事情を考慮する」とされていることを踏まえて、「相続開始時において既に時効期間が経過しており、相続人にとっては、所有権を確保すべき攻撃防御方法がないために、相手方に時効を援用されれば所有権の喪失を甘受せざるを得ない状態の土地であること」を理由に当該土地の価値を0円と判断している。
　本件貸金債権も、本件相続開始当時、時効期間が経過しておりいつでも債務者に時効の援用をされてしまうおそれのある債権であったのであるから、その価値は0円と評価される。</td>
<td>(2)　平成19年11月1日裁決（大裁（諸）平19第15号）（筆者注参照）は、相続人の意思にかかわらず、相手方による時効の援用があれば一方的に所有権を時効取得されるような状態にあった土地について、相手方による時効の援用により、相続開始前における所有権の取得時効が完成し、相手方が所有権を取得したという事実が判決により後発的に確定したものである。
　A㈱は本件貸金債権の消滅時効の援用をしておらず、本件貸金債権は消滅していないことから、上記事案とは前提が異なる。</td>
</tr>
</table>

筆者注　平成19年11月1日裁決（大裁（諸）平19第15号）については、本問末尾の**資　料**を参照。

（争点2）　本件貸金債権は、A㈱の経営状況に照らし、評価通達205《貸付金債権等の元本価額の範囲》の定める「その他その回収が不可能又は著しく困難であると見込まれるとき」に該当するか

請求人（納税者）の主張	原処分庁（課税庁）の主張
本件貸金債権は、次のとおり、A㈱の経営状況が本件相続開始当時に実質的に破綻しており、その回収が著しく困難なものであったと見込まれるから、評価通達205《貸付金債権等の元本価額の範囲》の定める場合に該当する。 (1)　本件貸金債権は10年以上返済されていない。 　その理由は、X（平成19年7月9日から平成24年8月31日まで本件会社の代表取締役であった者）の申述によれば、A㈱が平成20年7月から現在まで返済資金を有していなかったことにある。 (2)　A㈱の債務は、本件貸金債権に係る債務を含めると100,000,000円を超えると推測	本件貸金債権は、次のとおり、A㈱の経営状況に照らし、評価通達205《貸付金債権等の元本価額の範囲》の定める場合に該当しない。 　A㈱は、本件相続開始当時を含む平成28年6月1日から平成29年5月31日までの事業年度（以下、A㈱の事業年度については、各個別の終了年月をもって「平成29年5月期」などと表記する）以降も継続して事業を行っている。 　また、A㈱は、本件相続開始当時、手形交換所における取引停止処分、会社更生法の規定による更生手続開始の決定、民事再生法の規定による決定、会社法の規定による特別清算開始の命令、破産法の規定による破産手続開始の決

され、A㈱が本件相続開始当時を含む平成29年5月期において営業利益を計上しているからといってA㈱に当該債務の返済ができるほどの営業利益があるとは到底考えられない。 (3) A㈱は、本件相続開始当時を含む平成29年5月期において債務超過状態にはなかった。 しかしながら、A㈱が保有する主な資産は貸付金であり、回収可能性が乏しかったことからすれば、A㈱に負債の返済資金はなかったものと推測され、A㈱は実質的に債務超過の状態にあったと考えられる。	定を受けていない上、その財務内容等に照らしても、いわゆる経営破綻の状態ではなく、かつ、これらの状況と同視できる程度に経済的に破綻している状況にもなかった。

〔5〕国税不服審判所の判断

(1) 法令解釈等

① 相続税法第22条に規定する時価

相続税法第22条《評価の原則》は、相続財産の価額について、特別の定めがある場合を除き、当該財産の取得の時における時価によるべきと規定しており、ここにいう時価とは相続開始時における当該財産の客観的な交換価値、すなわち、不特定多数の当事者間において自由な取引が行われる場合に通常成立すると認められる価額をいうものと解される。

もっとも、財産の客観的な交換価値は必ずしも一義的に確定されるものではなく、これを個別に評価することとしたときには、その評価方法等により異なる評価額が生じて納税者間の公平を害する結果となったり、課税庁の事務負担が過重となって大量に発生する課税事務の適正迅速な処理が困難となったりするおそれがあることから、課税実務上は、相続財産の評価についての一般的基準が評価通達によって定められ、原則としてこれに定める画一的な評価方法によって相続財産を評価することとされている。

評価通達の定める評価方法によって相続財産を評価することは、税負担の公平や効率的な税務行政の運営という観点からみて合理的であると考えられるから、相続財産の評価に当たっては、評価通達の定める評価方法によって評価することが著しく不適当と認められる特段の事情がない限り、評価通達に定める評価方法によって評価することが相当である。

② 評価通達に定める貸付金債権等の時価

評価通達は、貸付金債権等の価額について、元本の価額と利息の価額との合計額によって評価すると定め（評価通達204《貸付金債権の評価》）、その債権金額の全部又は一部が、課税時期において評価通達205《貸付金債権等の元本価額の範囲》の(1)から(3)までに掲げる金額に該当するとき「その他その回収が不可能又は著しく困難であると見込まれるとき」は、その金額を元本の価額に算入しないと定めている（評価通達205）。

そして、評価通達205の(1)から(3)までに掲げる金額とは、債務者について破産手続開始の決定や再生手続開始の決定があった場合等におけるその債務者に対して有する貸付金債権等の金額や再生計画認可の決定等により切り捨てられる部分の債権の金額等であるところ、これらの金額は、いずれも債務者の経済状態等の破綻が客観的に明白であるため、その回収が不可能又は著しく困難であることが客観的に明白であるといえる金額である。

評価通達205が、評価通達205の(1)から(3)までに掲げる金額と「その回収が不可能又は著しく困難であると見込まれるとき」とを並列的に掲げていることからすれば、「その他その回収が不可能又は著しく困難であると見込まれるとき」というためには、評価通達205の(1)から(3)までに掲げる金額と同視できることを要するというべきであって、債務者の経済状態等の破綻が客観的に明白であるなどの事情のために、その回収が不可能又は著しく困難であることが客観的に明白であることを要するというべきである。

(2) 当てはめ

本件貸金債権を評価通達の定めによって評価することについては、請求人と原処分庁との間に争いがなく、審判所の調査の結果によっても、本件貸金債権について評価通達の定めを適用すべきでない特段の事情は認められない。

また、本件貸金債権の残高が100,000,000円であることについても請求人と原処分庁との間に争いはなく、審判所の調査の結果によっても、本件貸金債権につき、本件相続開始当時に評価通達205《貸付金債権等の元本価額の範囲》の(1)から(3)までに掲げる金額に当たることを認めるべき事情は特にうかがわれない。

そこで、請求人の主張する次の①及び②の事由が、評価通達205に定める「その他その回収が不可能又は著しく困難であると見込まれるとき」に該当するか否かについて以下検討する。

① **争点1**（本件貸付金債権に係る消滅時効期間の経過は、評価通達205《貸付金債権等の元本価額の範囲》の定める「その他その回収が不可能又は著しく困難であると見込まれるとき」に該当するか）について

(イ) 請求人は、本件貸金債権について、その消滅時効期間が経過していることが評価通達205《貸付金債権等の元本価額の範囲》にいう「その他その回収が不可能又は著しく困難であると見込まれるとき」に該当すると主張する。

この点、上記**〔2〕**(2)①のとおり、本件貸金債権に係る返還期限は不明であり、本件貸金債権について消滅時効期間が経過しているとは認めるに足りない

(筆者注1参照)。仮に、本件貸金債権が商法（平成29年法律第45号による改正前のもの）第522条《商事消滅時効》に規定する商行為によって生じた債権に当たり(筆者注2参照)、最後に弁済のあった平成20年6月30日から5年が経過したことにより消滅時効期間の経過が認められるとしても、(筆者注3参照）消滅時効の完成による債権消滅の効果は、時効の援用がされたときにはじめて確定的に生じるものと解するのが相当であって、単なる消滅時効期間の経過をもって確定的に生じるものではない。

消滅時効期間の経過は、債務者の経済状態等の破綻が客観的に明白であることを示す事由とはいえないし、消滅時効の援用は債務者の意思に委ねられており、単に消滅時効期間が経過しただけでは、消滅時効が援用される可能性があるというにすぎず、消滅時効の完成による債権消滅の確定的効果は生じていない以上、その回収が不可能又は著しく困難であることが客観的に明白であるということもできない。

したがって、貸付金債権等に係る消滅時効期間の経過のみをもって評価通達205にいう「その他その回収が不可能又は著しく困難であると見込まれるとき」に当たるということはできず、貸付金債権等に係る消滅時効期間の経過を評価通達205が定める貸付金債権等の評価において考慮することは相当ではないというべきである。

そして、上記〔2〕(2)③のとおり、本件貸金債権については、その債務者であるA㈱が消滅時効の援用の意思表示をしたことはないから、その消滅時効期間が経過していたとしても、消滅時効の完成による債権消滅の効果が確定的に生じているとはいえず、本件貸金債権についての消滅時効期間の経過が評価通達205にいう「その他その回収が不可能又は著しく困難であると見込まれるとき」に該当するということはできない。

筆者注1 国税不服審判所は、主要判断として要旨、「返還期限が不明（定めがない）である本件貸金債権について、消滅時効期間が経過しているとは認められない」としているが、これについては、上記〔2〕に掲げる図表－1 注(3)を参照されたい。

筆者注2 本件貸金債権が改正前の商法第522条《商事消滅時効》に規定する「商行為により生じた債権」に該当することについては、上記〔2〕に掲げる図表－1 注(1)及び(2)を参照されたい。

筆者注3 国税不服審判所が予備的判断をする前提とされる「平成20年6月30日から5年が経過したことにより消滅時効期間の経過が認められるとしても、」という事項については、上記〔2〕に掲げる図表－1 注(4)及び(5)を参照されたい。

(ロ) 請求人の指摘する平成19年11月1日裁決（大裁（諸）平19第15号）は、取得時効の援用によって、その法的効果が確定的に生じた事案について判断したものであって、時効援用の意思表示がされていない本件とは事案を異にする。本件貸金債権については消滅時効の援用がされておらず、単にその時効期間が経過したというだけでは評価通達205に当たらない（上記(イ)）。

(ハ)　上記(イ)及び(ロ)のとおり、本件貸金債権に係る消滅時効期間が経過していることは、評価通達205の定める「その他その回収が不可能又は著しく困難であると見込まれるとき」に該当せず、同通達1《評価の原則》の(3)が定める考慮すべき事情ともいえないから本件貸金債権の価額を減額すべき事情とは認められない。

②　**争点2**（本件貸金債権は、A㈱の経営状況に照らし、評価通達205《貸付金債権等の元本価額の範囲》の定める「その他その回収が不可能又は著しく困難であると見込まれるとき」に該当するか）について

請求人は、A㈱の経営状況が本件相続開始当時に実質的に破綻しており、本件貸金債権の回収が著しく困難なものであったと見込まれるから、本件貸金債権は、評価通達205《貸付金債権等の元本価額の範囲》にいう「その他その回収が不可能又は著しく困難であると見込まれるとき」に該当すると主張する。

しかしながら、審判所の調査及び審理の結果によれば、A㈱は、本件相続開始当時を含む平成29年5月期において、資産超過の状況にあり、営業利益を計上していることが認められ、また、その後も事業を継続していることが認められる。これらの事実によれば、A㈱については、その資産状況及び経営状況のいずれの観点からみても、本件相続開始当時において、その経済状態等が破綻していることが客観的に明白というべき事由が存在したということはできない。

したがって、本件貸金債権は、A㈱の経営状況に照らし、評価通達205《貸付金債権等の元本価額の範囲》の定める「その他その回収が不可能又は著しく困難であると見込まれるとき」に該当するものではない。

③　結論

上記①及び②のとおり、請求人主張の上記①及び②の事由は、評価通達205《貸付金債権等の元本価額の範囲》の定める「その他その回収が不可能又は著しく困難であると見込まれるとき」にいずれも該当しない。

したがって、本件相続開始当時における本件貸金債権の相続税法第22条《評価の原則》に規定する時価は、評価通達204《貸付金債権の評価》の定める評価方法によって評価することが相当であるところ、本件貸金債権については、利息の定めはないから（上記**〔2〕**(2)①）、元本の価額である本件相続開始当時の残高の100,000,000円と評価するのが相当である。

〔6〕　まとめ

(1)　裁決事例の結果

先例とされる裁決事例では、本件貸金債権の価額につき、請求人（納税者）がA㈱の経営状況が本件相続開始当時に実質的に破綻しており0円である旨を主張したのに対し、原

処分庁（課税庁）が主張し国税不服審判所がこれを相当と判断したのが本件貸金債権は「その他その回収が不可能又は著しく困難であると見込まれるとき」には該当しないとして、元本の価額である本件相続開始当時の残高の100,000,000円と評価するというものであったことから、結果として、請求人（納税者）の主張は容認されなかった。

⑵ 参考法令通達等

- 相続税法第22条《評価の原則》
- 評価通達１《評価の原則》
- 評価通達204《貸付金債権の評価》
- 評価通達205《貸付金債権等の元本価額の範囲》
- 民法第145条《時効の援用》
- 民法第166条《債権等の消滅時効》
- 商法第522条《商事消滅時効》
- 国税不服審判所裁決事例（平成19年11月１日裁決、大裁（諸）平19－15、平成12年相続開始分）

本問から学ぶ重要なキーポイント

⑴ 消滅時効の完成による債権消滅の効果は、債務者の意思による時効の援用がされたときに初めて確定的に生じるものと解するのが相当であって、単なる消滅時効期間の経過をもって確定的に生じるものではないと解されています。

⑵ 消滅時効期間の経過は、債務者の経済状態等の破綻が客観的に明白であることを示す事由とはいえないと解されています。

⑶ 上記⑴及び⑵より、貸付金債権等に係る消滅時効時間の経過のみをもって、評価通達205《貸付金債権等の元本価額の範囲》に定める「その他その回収が不可能又は著しく困難であると見込まれるとき」に当たるということはできないものと解されています。

貸付金債権に係る実務対策

⑴ 先例とされる裁決事例では、貸主である被相続人と借主であるＡ㈱との間の金銭消費貸借契約により生じた本件貸金債権については、利息の定めが設けられていないため、本件貸金債権の価額は本件相続開始時の本件貸金債権の元本残高である100,000,000円で評価するものとされています。

もし仮に、上記の金銭消費貸借契約よる本件貸金債権につき、利息の価額に関する約定が締結されていた場合には、当該利息の価額も加算して評価する必要があったことになります。

⑵　先例とされる裁決事例において、もし仮に、次に掲げる状況にあったとしたならば、本件相続開始時における本件貸金債権の価額は、０円になるものと考えられます。

①　被相続人に係る本件相続開始以前に、Ａ㈱（債務者）よりの時効の援用がされていた場合

②　被相続人に係る本件相続開始後であっても、Ａ㈱（債務者）による時効の援用により、相続開始以前における消滅時効が完成し、Ａ㈱に弁済義務がないことを確認する判決（判決と同一の効力を有する和解その他の行為を含みます）により、後発的に本件貸金債権の消滅が確定した場合

（注）　ただし、上記の判決については、いわゆる「馴合判決」である場合には、その適用はないものとされます。

資　料　引用裁決事例の要旨

先例とされる裁決事例で請求人が引用する国税不服審判所裁決事例（平成19年11月1日裁決、大裁（諸）平19－15、平成12年相続開始分）（以下「引用裁決」という）の要旨は、次のとおりです。

〔引用裁決の要旨〕

請求人は、本件相続に係る相続税の申告に当たり、本件相続開始日において、本件土地は相手方に対して使用貸借により貸し付けているという事実、換言すると、相手方による取得時効の完成が認められないという事実を基礎とし、そのため本件土地を自用地としての価額で評価して申告したが、その後の本件判決によって、本件相続開始日前には既に所有権の取得時効の期間が満了し、本件土地の取得時効は完成していたという事実が確定したものであり、このことは、申告の基礎とした事実と本件判決で確定した事実とに相違があるといえる。

また、本件判決で確定した事実は、本件相続開始日において、本件土地には、時効の援用以外の取得時効の要件が満たされており、請求人の意思いかんにかかわらず、相手方の時効の援用があれば一方的に所有権を時効取得される状態にあったということであり、これは、本件土地の価額に影響を及ぼすべき事情として、相続税の課税標準、ひいては税額の計算に影響を与えるものといえる。

そして、その財産の評価に当たっては、その財産の価額に影響を及ぼすべきすべての事情を考慮するものであり、本件土地については、相続開始時において既に時効期間が経過しており、相続人にとっては、所有権を確保すべき攻撃防御方法がないために、相手方に時効を援用されれば所有権の喪失を甘受せざるを得ない状態の土地であることが本件判決の確定によって明らかとなったところ、このような状態の土地は、相続人が所有権を確保しようとす

れば、時効を援用する相手方に対し、課税時期現在における当該土地の客観的交換価値に相当する金員の提供を要するのが一般的である土地ということができるから、そのことを価額に影響を与える要因として考慮すると、土地の価額と提供を要する金額が同額であるから、結局のところ、その財産の価額は0円になると理解するのが相当と認められる。

参 考 債権に関する法律の改正

(1) 概要

① 改正前における職業別短期消滅時効及び商事消滅時効（先例とされる裁決事例において引用されているものです）が廃止され、時効期間の統一化が図られることになりました。

② 時効期間の統一化が図られた改正後の取扱いでは、時効の起算点として「権利を行使することができることを知った時から」が新設されることになりました。

③ 上記①及び②の取扱いをまとめると、図表－3及び図表－4のとおりとなります。

(注) 図表－3及び図表－4は、「法務省民事局 民法（債権関係）の改正に関する説明資料—主な改正事項—」を基に作成（一部加工）しています。

図表－3 時効期間の改正

(改正前)

	起算点	時効期間	具体例	適用に争いのある具体例
原則	権利を行使することができる時から	10年	個人間の貸金債権など	
職業別	権利を行使することができる時から	1年	飲食料、宿泊料など	「下宿屋」の下宿料
		2年	弁護士、公証人の報酬、小売商人、卸売商人等の売掛代金など	税理士、公認会計士、司法書士の報酬、農協の売掛代金など
		3年	医師、助産師の診療報酬など	あん摩マッサージ指圧師、柔道整復師の報酬など
商事	権利を行使することができる時から	5年	商行為によって生じた債権	●本件貸金債権 ●消費者ローンについての過払金返還請求権 （判例上10年）

(改正後)

	起算点	時効期間	具体例
原則	知った時（注）から	5年	図表－4参照
	権利を行使することができる時から	10年	

(注) 「知った時」とは、「権利を行使することができることを知った時」をいいます。

図表－４　時効期間の起算点別の時効期間満了日

(1)　権利を行使することができることを知った時と権利を行使することができる時とが基本的に同一時点であるケース

〈例〉売買代金債権、飲食料債権、宿泊料債権など契約上の債権

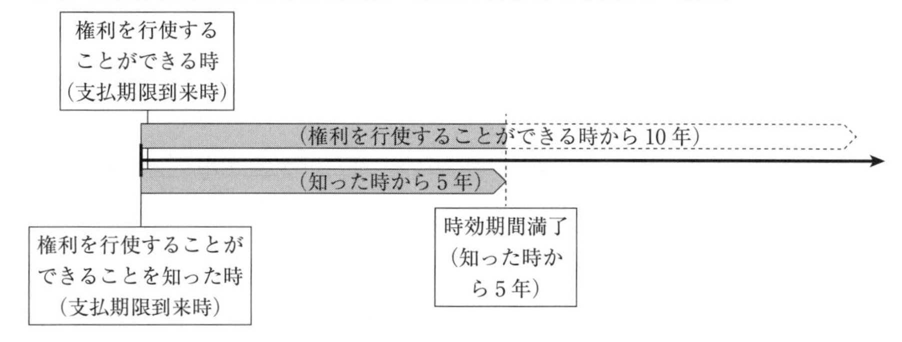

(2)　権利を行使することができることを知った時と権利を行使することができる時とが異なるケース

〈例〉消費者ローンの過払金（不当利得）返還請求権

（過払金：利息制限法所定の制限利率を超えて利息を支払った結果過払いとなった金銭）

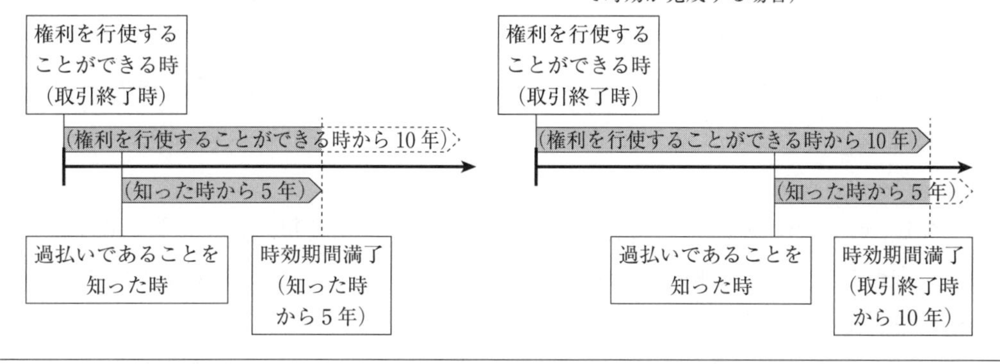

（注）　本件貸付金債権は、上記(1)に該当します。

Q1-2 被相続人の有する貸付金につき、同人に係る相続開始後に提起された返還訴訟における和解が成立して返還額が確定した場合に、当該確定額をもって当該貸付金の価額とすることの可否が争点とされた事例

事例 国税不服審判所裁決事例
（平成28年7月25日裁決、大裁（諸）平28－4、平成23年相続開始分）

疑問点

被相続人に係る相続開始があり、その相続財産としてA㈱（被相続人との特殊関係はありません）に対する貸付金があることを確認していましたが、A㈱は事業を継続しているものの赤字続きで債務超過の状況にあることから当該貸付金の返済を求めることは困難な状況にあると考えられるとして、被相続人に係る相続税の期限内申告書には当該貸付金を相続財産に計上していませんでした。

その後、当該貸付金の返還を巡って訴訟（原告：被相続人の共同相続人、被告：A㈱）が提起されましたが、当該訴訟は判決に到らず、当該貸付金の価額（元本及び約定された利息の合計額）のうち10,000,000円を支払うことを条件に和解が成立することになり、これにより被相続人の相続財産である貸付金の価額が10,000,000円であることが確認されたとして、自主的に相続税の修正申告を行いました。

今般、上記の相続税申告に係る税務調査があり、相続税の修正申告に関して、担当官から次のような指摘及び提言を受けています。どのように対応することが相当であるのか説明してください。

⑴ 当該貸付金の価額を10,000,000円として申告することは容認されず、本来的には、評価通達204《貸付金債権の評価》の定めにより、約定額である元本の価額及び既経過利息との合計額（なお、利息計算期間が到来済みであるにもかかわらず当該利息が未払いとなっているものについては、別途、未収利息金を算定）で評価する必要がある。

⑵ 上記⑴を原則とするが、諸般の事情を考慮して、修正申告（第2次分）をするのであれば、約定額である元本の価額のみ（利息については、考慮外）に留めるとの対応も考慮される。

お尋ねの相続税の修正申告への対応については、次のとおりに取り扱うことが相当と考えられます。

(1)　当該貸付金の価額を実際の回収額である10,000,000円とすることは認められず、上記?疑問点(1)に掲げる担当官の指摘のとおり、評価通達204《貸付金債権の評価》の定めにより評価する必要があります。

(2)　上記?疑問点(2)に掲げる担当官の提言は相当なものと解することはできず、同(1)に掲げるとおり、約定された元本の価額に利息の価額を加算した金額によって、当該貸付金の価額とする必要があります。

!　解　説

(1)　相続税法第22条《評価の原則》及び評価通達1《評価の原則》の(2)（時価の意義）の規定又は定めでは、要旨、相続財産の評価の基準時は相続開始時とされています。

そうすると、訴訟後の和解において債務者であるA㈱と支払能力を考慮して当該貸付金の実際の弁済額を10,000,000円に減額したとしても、それは相続開始後に生じた事情であり、相続財産として相続開始時における当該貸付金の価額を求めるに当たっての考慮事項には、該当しないと解するのが相当とされます。

(2)　担当官の提言は、租税法上の一般原則としての平等原則（租税法の適用に関し、同様の状況にあるものは同様に取り扱われることを要求することをいう）に反するもので、不相当であると言わざるを得ません。

また、当該提言は、税務官公庁による納税者に対する信頼対象としての公的見解を表示したものでもないことから、信義則が成立したと認められるものでもありません。

検討先例

Q1-2の検討に当たっては、下記に掲げる裁決事例が先例として参考になります。

●国税不服審判所裁決事例（平成28年7月25日裁決、大裁（諸）平28－4、平成23年相続開始分）

〔1〕事案の概要

本件は、請求人が、相続により取得した貸付金債権の価額を、相続開始後に請求人と債務者との間で成立した訴訟上の和解において定められた和解金の支払義務の額と評価して相続税の修正申告をしたところ、原処分庁が、当該貸付金債権の価額は、評価通達204《貸付金債権の評価》の定めによって評価した相続開始時の元本の価額と利息の価額との合計額とすべきであるとして、相続税の更正処分等をしたのに対し、請求人が、原処分の全部の取消しを求めた事案である。

〔2〕基礎事実

⑴ 本件貸付金

被相続人（筆者注この者は女性である）は、平成17年9月30日、飲食業を営むA㈱に対し、期限の定めなく、利息年6％との約定で、＊＊円を貸し付けた（以下「本件金銭消費貸借契約」といい、当該貸付金を「本件貸付金」といい、本件貸付金に係る債権を「本件貸付金債権」という）。

また、A㈱の代表取締役であったA及び関係者であったB（以下、A㈱及びAと併せて「A㈱ら」という）は、被相続人に対し、平成17年9月30日付の「受取証」と題する書面によって、本件貸付金の返還債務を連帯保証した（以下「本件保証契約」という）。

⑵ 本件相続の開始

被相続人は、平成23年8月18日に死亡し、同人に係る相続（以下「本件相続」といい、同日を「本件相続開始日」という）が開始した。

本件相続の相続人は、被相続人の兄弟姉妹の4名（請求人）である。

⑶ 本件訴訟の提起

① 請求人は、平成23年9月29日ないし同月30日到達の内容証明郵便をもって、A㈱らに対し、本件貸付金の返還及び経過利息の支払（A及びBに対しては保証債務の履行）を請求した。

② 請求人は、平成＊＊年＊＊月＊＊日（筆者注平成23年10月1日から平成24年6月18日までの間と合理的に推認される）、A㈱らを被告として、本件金銭消費貸借契約及び本件保証契約に基づき、請求人各人に対し各＊＊円（＊＊円×1/4（筆者注各人の法定相続分））及びこれに対する平成17年10月1日から支払済みまで年6％の割合による金員の連帯支払を求める訴えを＊＊地方裁判所に提起した（以下「本件訴訟」という）。

⑷ 相続税の期限内申告

請求人らは、原処分庁に対し、法定申告期限内である平成24年6月18日に、本件相続に係る相続税の申告をした。当該申告において、本件貸付金債権及びこれに係る未収利息は、相続財産に計上されていない。

⑸ 本件和解の成立

本件訴訟の平成24年＊＊月＊＊日（筆者注平成24年6月18日から同年12月18日までの間と合理的に推認される）の弁論準備手続期日において、請求人及びA㈱らの間で、要旨次の内容の和解が成立した（以下「本件和解」という）。

① A㈱らは、請求人に対し、解決金として合計＊＊円（請求人1人当たり＊＊円（筆者注合計金額の4分の1相当額））の連帯支払義務があることを認める。

② A㈱らは、請求人に対し、上記①の金員のうち合計10,000,000円（請求人１人当たり2,500,000円。以下「本件和解金」という）を、次のとおり分割して支払う。

(イ) 平成24年８月末日限り2,000,000円

(ロ) 平成25年１月から同年８月までの間、毎月末日限り各1,000,000円

③ A㈱らが、上記②(イ)の支払の全部若しくは一部を遅滞したとき又は上記②(ロ)の支払を遅滞し、その遅滞額が2,000,000円に達したときは、当然に期限の利益を喪失し、請求人に対し、上記①の金員から既払額を控除した残額及びこれに対する期限の利益を喪失した日の翌日から支払済みまで年６％の割合による遅延損害金を連帯して支払う。

④ A㈱らが、期限の利益を喪失することなく本件和解金を完済したときは、請求人は、A㈱らに対し、上記①の解決金のその余の支払義務を免除する。

⑤ 請求人は、その余の請求を放棄する。

⑥ 請求人とA㈱らは、本件に関し、本和解条項に定めるほか何らの債権債務がないことを相互に確認する。

⑦ 訴訟費用は各自の負担とする。

(6) 相続税の修正申告

① 第一次修正申告

請求人は、平成24年12月18日、本件貸付金債権の価額を本件和解金の額である10,000,000円と評価して、これを被相続人の相続財産に新たに計上する（筆者注 本件貸付金債権は、相続税の期限内申告には計上されていない。上記(4)を参照）等し、本件相続に係る相続税の修正申告（第一次修正申告）をした。

② 第二次修正申告

請求人は、原処分庁の調査担当職員（以下「本件調査担当職員」という）の調査に基づき、平成27年３月30日、未収配当金等の価額＊＊円を本件被相続人の相続財産に計上し、未収の介護給付金及び未収年金の合計額＊＊円を同人の相続財産から除いた上、本件相続に係る相続税の修正申告（第二次修正申告）をした。

(7) 本件更正処分

原処分庁は、平成27年４月20日付で、本件貸付金債権の価額は、評価通達204《貸付金債権の価額》の定めにより、図表－1のとおり、元本の価額である＊＊円と本件相続開始日までの経過利息の価額である＊＊円との合計額である＊＊円と評価すべきであるとして、本件相続に係る相続税の更正処分（以下「本件更正処分」という）及び過少申告加算税の賦課決定処分（以下「本件賦課決定処分」といい、本件各更正処分と併せて「本件更正処分等」という）をした。

図表－１　本件貸付金債権の価額（本件更正処分による原処分庁認定額）

年分	日		日数	利息額（円）
	初	末		
17	H17. 9. 30	H17. 12. 31	93	＊＊円
18	各１年			＊＊円
19				＊＊円
20				＊＊円
21				＊＊円
22				＊＊円
23	H23. 1. 1	H23. 8. 18	230	＊＊円
合計				＊＊円
元本（円）		年利		
＊＊円		6％		

本件貸付金債権の評価額（円） （上記元本と利息額の合計額）	＊＊円

(8)　異議申立て及び審査請求

①　請求人は、本件更正処分等を不服として平成27年６月22日に異議申立て（筆者注 現行の規定では、再調査の請求。以下同じ）をしたが、異議審理庁（筆者注 現行の規定では、再調査審理庁。以下同じ）は、同年９月17日付で、棄却の異議決定（筆者注 現行の規定では、再調査決定。以下同じ）をした。

②　請求人は、異議決定を経た後の本件更正処分等を不服として、平成27年10月19日に審査請求をした。

筆者注　上記(1)ないし(8)に掲げる基礎事実につき、時系列的な経過をまとめると、図表－２のとおりとなる。

図表－２　本件裁決事例における時系列

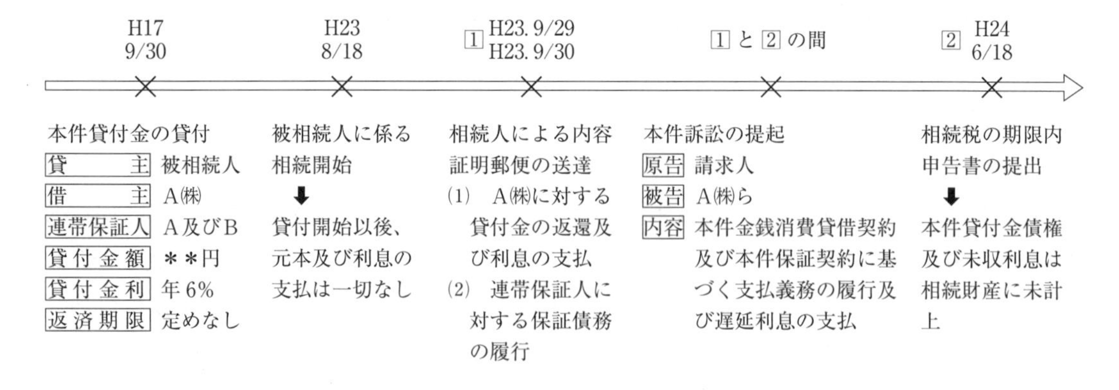

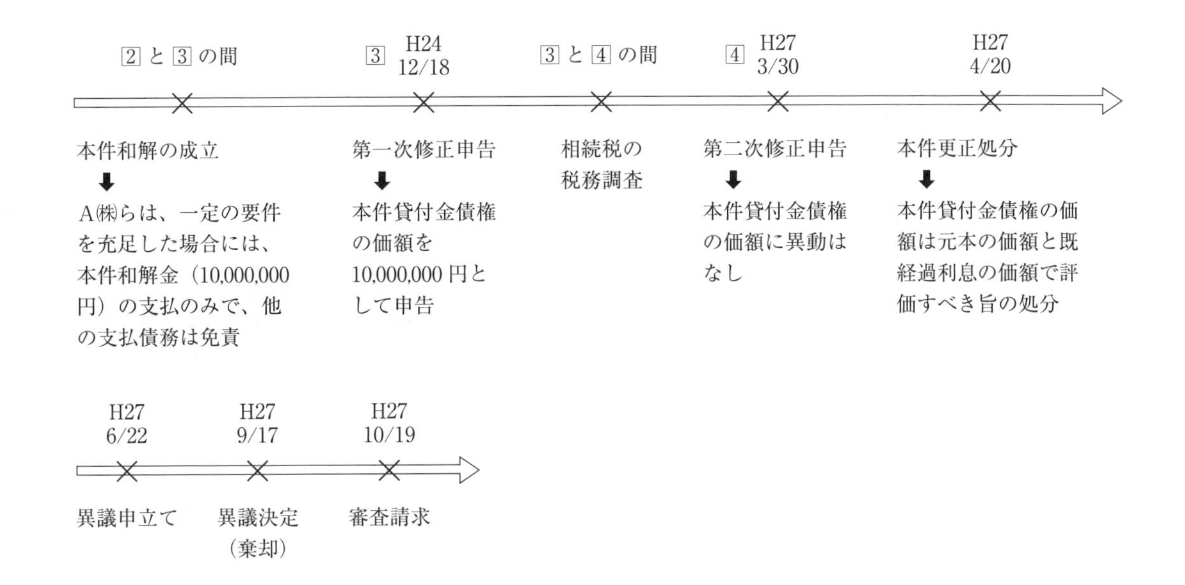

〔3〕争点

⑴ 争点1

本件貸付金債権の価額

⑵ 争点2

本件更正処分等に信義則に反する違法があるか否か。

〔4〕争点に関する双方（請求人・原処分庁）の主張

各争点に関する請求人・原処分庁の主張は、図表－3のとおりである。

図表－3　各争点に関する請求人・原処分庁の主張

（争点1）本件貸付金債権の価額

請求人（納税者）の主張	原処分庁（課税庁）の主張
相続により取得した財産の価額は、当該財産の相続開始時における時価によることとなり、一般的に、評価通達によって評価した価額が当該時価であることについては争わない。 しかしながら、本件貸付金債権については、A㈱らの資力を勘案した上で成立した本件和解に基づいて10,000,000円しか回収できなかったのであるから、利息を含めて同金額を時価とすべきであり、評価通達によって評価すべきではない。 本件貸付金債権については、本件相続開始日においてその時価が未確定であったものが、本件和解によって10,000,000円と確定された	相続税法第22条《評価の原則》は、相続により取得した財産の価額は、当該財産の取得の時における時価による旨規定するところ、貸付金については、評価通達204《貸付金債権の評価》の定めにより、元本の価額と利息の価額の合計額によって評価した価額が当該時価である。 そして、本件相続の開始の時において、A㈱について、会社更正手続の開始の決定など、評価通達205《貸付金債権等の元本価額の範囲》の⑴ないし⑶に定める事由は生じておらず、これらの事由と同視できる程度にA㈱の営業状況等が客観的に破綻していることが明白であって、債権の回収の見込みがないことが客観的に確実

ものであり、それが本件相続の開始時に遡及すると考えるべきである。	であるといい得る事情もない。 　したがって、本件貸付金債権の価額は、元本の価額＊＊円と平成17年９月30日から本件相続開始日までの期間に係る年６%の割合による利息の価額＊＊円の合計額＊＊円となる。

（争点２）本件更正処分等に信義則に反する違反があるか否かについて

納税者（請求人）の主張	原処分庁（課税庁）の主張
本件調査担当職員は、原処分に係る調査において、請求人らの関与税理士に対して、本件貸付金債権の価額を、元本の価額である＊＊円として修正申告のしょうように応じるのであれば、その利息の額である＊＊円は課税しないと発言した。 　このことは、請求人らに対する誤指導であり、当該発言が、調査の終了していない段階でされたことを含めて、原処分は信義則に反する違法な処分である。	原処分に係る調査の際、請求人らの関与税理士は、本件貸付金債権はＡ㈱に対する出資金である旨主張した。そこで、本件調査担当職員は、関与税理士に対し、本件貸付金債権が貸付金であることを認識してもらうために、「貸付金だけでもなんとかならないか、更正になったときは利息も含めたところで更正になる」というようなことも言ったかも知れないが、修正申告のしょうように応じるのであれば利息相当分については課税しないなどと発言した事実はない。 　本件調査担当職員の上記発言は、請求人らに理解を求め、その意向を確認する趣旨で行われたもので、誤指導や違法行為と認めることはできない。

〔５〕国税不服審判所の判断

⑴　争点１（本件貸付金債権の価額）について

①　認定事実

㈠　Ａ㈱の状況

本件相続開始日において、Ａ㈱について、再生手続開始の決定や破産手続開始の決定等、評価通達205《貸付金債権等の元本価額の範囲》の⑴から⑶に定める事由が生じていた事実はなく、Ａ㈱は、現在に至るまで事業を継続している。

Ａ㈱の平成22年１月１日から同年12月31日までの事業年度（以下「平成22事業年度」という）、平成23年１月１日から同年12月31日までの事業年度（以下「平成23事業年度」という）及び平成24年１月１日から同年12月31日までの事業年度（以下「平成24事業年度」という）の損益及び資産負債の状況は、＊＊（筆者注非公開）のとおりである。

㈡　Ａ及びＢ（連帯保証人）の給与収入

Ａは、平成21年から平成25年の各年において、＊＊又は＊＊から、各年に1,200,000円から10,000,000円の給与収入を得た。

また、Ｂは、平成21年から平成25年の各年において、＊＊から、各年に約6,000,000

円から約7,900,000円の給与収入を得た。

(ハ) 請求人による給与債権等の差押え

㋑ 請求人は、A㈱らが、本件和解金のうち平成25年7月1日及び同月31日に支払うべき金員の支払を遅滞し、その遅滞額が2,000,000円に達したため、同日の経過により期限の利益を喪失したとして、同年8月28日、上記(ロ)のBの給与債権等の差押えを＊＊地方裁判所に申し立て、同裁判所は、同年9月4日、債権差押命令を発令した。

㋺ 請求人とA㈱らは、平成25年10月28日、A㈱らが請求人に対し、同日現在未払であった本件和解金のうち1,000,000円を同月31日までに支払ったときは、本件和解に基づくその余の支払義務を免除し、上記㋑の債権差押命令の申立てを取り下げる旨合意した。

A㈱らは、同月30日、請求人に対し、上記合意で定めた1,000,000円を支払い、これを受けて、請求人は、同年11月5日、上記債権差押命令の申立てを取り下げた。

② 法令解釈等

(イ) 相続税法第22条について

相続税法第22条《評価の原則》は、相続財産の価額は、特別に定める場合を除き、当該財産の取得の時における時価によるべき旨を規定しており、ここにいう時価とは相続開始時における当該財産の客観的な交換価値をいうものと解される。

しかし、相続財産は多種多様であるから、その客観的交換価値は必ずしも一義的に確定されるものではなく、これを個別に評価することとしたときには、その評価方法等により異なる評価額が生じて納税者間の公平を害する結果となったり、課税庁の事務負担が過重となって大量に発生する課税事務の適正迅速な処理が困難となったりするおそれがある。

そこで、課税実務上は、相続財産評価の一般的基準が評価通達によって定められ、原則としてこれに定める画一的な評価方法によって相続財産を評価することとされている。このように、評価通達の定める評価方法によって相続財産を評価することは、税負担の公平、効率的な税務行政の運営という観点からみて合理的であると考えられるから、相続財産の評価に当たっては、評価通達の定める評価方法によって評価することが著しく不適当と認められる特別の事情がない限り、評価通達の定める評価方法によって評価を行うのが相当である。

(ロ) 評価通達204及び評価通達205について

評価通達204《貸付金債権の評価》は、貸付金債権等の価額は、返済されるべき元本の金額と課税時期現在の既経過利息として支払を受けるべき金額との合計額によって評価する旨定めている。

また、評価通達205《貸付金債権等の元本価額の範囲》は、評価通達204の定めにより貸付金債権等の評価を行う場合において、その債権金額の全部又は一部が、課税時期において「次に掲げる金額に該当するときその他その回収が不可能又は著しく困難であると見込まれるとき」においては、それらの金額は元本の価額に算入しないとした上で、「次に掲げる金額」として、債務者について再生手続開始の決定や破産手続開始の決定があった場合等におけるその債務者に対して有する貸付金債権等の金額や、再生計画認可の決定等により切り捨てられる部分の債権の金額等を掲げている〔評価通達205の(1)から(3)〕。

このように、評価通達205の(1)から(3)が、貸付金債権等の回収の見込みがない場合として、債務者の経済状態等が破綻していることが客観的に明白である事由を掲げていることに鑑みれば、これと並列的に定められている「その他その回収が不可能又は著しく困難であると見込まれるとき」とは、上記事由と同視できる程度に債務者の経済状態等の悪化が著しく、その貸付金債権等の回収の見込みがないことが客観的に明白であることをいうものと解するのが相当である。

③ 当てはめ

上記①(イ)のとおり、本件相続開始日において、A㈱について、評価通達205《貸付金債権等の元本価額の範囲》の(1)から(3)に定める事由が生じていた事実はない。

また、上記①(イ)のとおり、A㈱は、現在に至るまで事業を継続しており、本件相続開始日の前後の各事業年度末において、貸借対照表上40,000,000円程度の債務超過ではあるが、その額にはさほど変化がなく、損益についても、平成22事業年度及び平成23事業年度については、それぞれ、約2,000,000円及び約900,000円の損失を計上しているが、平成24事業年度においては約1,600,000円の利益を計上し、同事業年度末の債務超過額を減少させていたことが認められる。

さらに、上記①(ロ)のとおり、本件貸付金債権の連帯保証人であるA及びBは、本件相続開始日の前後の各年において、一定額の給与収入を得ている。

これらの事情に照らせば、本件相続開始日において、評価通達205の(1)から(3)に定める事由と同視できる程度にA㈱らの経済状態の悪化が著しく、本件貸付金債権の回収の見込みがないことが客観的に明白であったとは認められず、本件貸付金債権は、評価通達205に定める「その他その回収が不可能又は著しく困難であると見込まれるとき」に当たるということもできない。

したがって、本件貸付金債権の価額の評価に当たり、評価通達205の定めにより元本の価額に算入しないこととなる金額はない。

④ 請求人の主張について

請求人は、本件貸付金債権については、A㈱らの資力を勘案した上で成立した本件和解に基づいて10,000,000円しか回収できなかったのであるから、利息を含めて同金額を時価とすべきであり、評価通達によって評価すべきではないとか、本件和解によって確定された10,000,000円という価額が本件相続開始日に遡及すると考えるべきであるなどと主張する。

しかしながら、上記②(イ)のとおり、相続財産の評価の基準時は相続開始時であるから、本件和解において、A㈱らの支払能力を考慮し、本件貸付金債権に対する実際の弁済額が10,000,000円に減縮されたことや、上記①(ハ)のとおり、A㈱らは、本件和解において定められた分割金の支払も滞りがちであったことなどの相続開始後に生じた事情が、本件貸付金債権の価額の算定に影響を及ぼすものとはいうことができず、請求人の主張は採用することができない。

⑤　本件貸付金債権の価額

本件貸付金債権の価額は、評価通達204《貸付金債権の評価》の定めにより、返済されるべき元本の価額である＊＊円と、本件相続開始日現在の既経過利息として支払を受けるべき利息の価額である＊＊円との合計額である＊＊円と評価するのが相当である。

(2)　争点２（本件更正処分等に信義則に反する違法があるか否か）について

①　法令解釈等

租税法規に適合する課税処分について、法の一般原則である信義則の法理の適用により、これを違法なものとして取り消す場合があるとしても、法律による行政の原理、特に租税法律主義の原則が貫かれるべき租税法律関係においては、同法理の適用については慎重でなければならず、租税法規の適用における納税者間の平等、公平という要請を犠牲にしてもなお当該課税処分に係る課税を免れさせて納税者の信頼を保護しなければ正義に反するといえる特別の事情が存在する場合に、初めて同法理の適用の是非を考えるべきものである。

そして、特別の事情が存在するかどうかの判断に当たっては、少なくとも、税務官庁が納税者に対し信頼の対象となる公的見解を表示したことにより、納税者が当該表示を信頼しその信頼に基づいて行動したところ、後に当該表示に反する課税処分が行われ、そのために納税者が経済的不利益を受けることになったものであるかどうか、また、納税者が税務官庁の当該表示を信頼しその信頼に基づいて行動したことについて納税者の責めに帰すべき事由がないかという点の考慮は不可欠というべきである。

②　当てはめ（請求人の主張について）

請求人は、本件調査担当職員が、原処分に係る調査において、請求人の関与税理士に対して、本件貸付金債権の価額を、元本の価額である＊＊円として修正申告のしょうように応じるのであれば、その利息の額については課税しない旨の発言をしたことは誤指導であり、その発言が本件調査の終了していない段階でされたことを含めて、原処分は信義則に反する違法な処分である旨主張する。

これに対し、原処分庁は、本件調査担当職員が、請求人の関与税理士に対し、「貸付金だけでもなんとかならないか、更正になったときは利息も含めたところで更正になる」と言ったかもしれないが、当該発言は、請求人に理解を求め、その意向を確認する趣旨で行われたものであり、誤指導や違法行為ではない旨主張するところ、仮に本件調査担当職員による当該発言があったのであれば、請求人の関与税理士が、これを元本の価額で修正申告に応じれば利息の額については課税しないという趣旨に受け止めたとしても無理はなく、本件調査担当職員の当該発言は不適切なものといわざるを得ない。

しかし、本件調査担当職員の上記発言は、税務官庁が納税者に対し信頼の対象となる公的見解を表示したものではなく、また、請求人が本件調査担当職員の発言を信頼しその信頼に基づいて行動した事実も認められないから、当該発言がされたことをもって、本件更正処分等が信義則に反し違法であるとはいえない。

〔6〕まとめ

(1) 裁決事例の結果

先例とされる裁決事例では、被相続人に係る相続開始後に成立した本件和解につき、これにより確定した本件貸付金債権に係る回収額（最大可能額）10,000,000円をもって、当該金額が本件相続開始日に遡及することにより、請求人（納税者）が本件相続開始日における本件貸付金債権の価額であることを主張したのに対し、原処分庁（課税庁）が主張し国税不服審判所がこれを相当と判断したのが本件貸付金債権の価額を評価通達204《貸付金債権の評価》の定めを適用して、元本の価額と利息の価額との合計額で評価することであったため、結果として、請求人（納税者）の主張は容認されなかった。

(2) 参考法令通達等

- 相続税法第22条《評価の原則》
- 評価通達1《評価の原則》
- 評価通達204《貸付金債権の評価》
- 評価通達205《貸付金債権等の元本価額の範囲》

本問から学ぶ重要なキーポイント 

(1) 相続財産の評価の基準時は相続開始時であるから、被相続人の相続財産である貸付金債権の価額について、当該相続開始後における債務者の支払能力を考慮して和解を図ったとしても、また、当該和解により縮減された後の金額の支払も滞りがちであったとしても、これらの事情は相続開始後に生じた事情であることから考慮の対象とはされません。

(2) 租税法規に適合する課税処分について、法の一般原則である信義則の法理の適用により、これを違法なものとして取り消す場合の要件として、「租税法規の適用における納税者間の平等、公平という要請を犠牲にしてもなお当該課税処分に係る課税を免れさせて納税者の信頼を保護しなければ正義に反するといえる『特別の事情』の存在」が必要とされます。

(3) 上記(2)の『特別の事情』が存在するかどうかの判断に当たっては、少なくとも、次に掲げる2点の考慮は不可欠なものであるとされています。

① 税務官庁が納税者に対し信頼の対象となる公的見解を表示したことにより、納税者が当該表示を信頼しその信頼に基づいて行動したところ、後に当該表示に反する課税処分が行われ、そのために納税者が経済的不利益を受けることになったものであるかどうか。

② 納税者が税務官庁の当該表示を信頼しその信頼に基づいて行動したことについて、納税者の責めに帰すべき事由がないか。

貸付金債権に係る実務対策

先例とされる裁決事例で確認した本件貸付金債権は基礎事実より平成17年9月30日に、その貸付けが開始されていることが確認されます。また、原処分庁（課税庁）が主張しこれを国税不服審判所が相当と判断した本件貸付債権の価額の計算明細を示した**図表－1**をみると、結果として、本件貸付金債権に係る利息の価額はすべて未収とされており実際に支払われた金額は0円であることが確認されます。

そして、当該未収入金とされた利息の価額も含めて相続財産の価額が構成されています。しかも、本件和解が約定どおり履行されたものとして、結果として、当該未収入金は回収されないものとなっています。

そうすると、利息の回収が疑問視されるような資金の貸付けを実施せざるを得ない場合で、貸主が個人であるときには、当初より、無利息による貸付けを検討することも一つの方法であると考えられます。

Q 1 - 3　被相続人が生前に連帯保証債務の全部を単独で弁済した後に相続開始があった場合において、他の連帯保証人に対する求償権を当該被相続人の相続財産として計上することの可否が争点とされた事例

事例　国税不服審判所裁決事例
（平成19年4月6日裁決、金裁（諸）平18－20、平成14年相続開始分）

疑問点

被相続人はその生前において同人の弟とともにA社のメインバンクであるX銀行からの借入金400,000,000円につき、連帯保証をしていたところ、A社が当該銀行借入金の返済不能に陥ったため、X銀行からの要請で保証債務の全部を弁済したという事実がありました。

被相続人は保証債務の全額を単独で弁済した後、約1年2か月後に相続開始がありました。この場合において、被相続人はもう1人の連帯保証人である弟に対して求償権を有しているものとして、同人の相続財産に計上する必要があるのでしょうか。

なお、上記の判断に当たって参考になると考えられる事項をまとめると、次のとおりです。

(1)　弟は、実業家（会社経営者であり、年間の役員報酬は20,000,000円超）で、資産家でもあったため、上記の銀行借入金の担保の一部として上場会社の株式（被相続人に係る連帯保証履行日の時価で50,000,000円相当額）をX銀行に差し入れていました。

(2)　上記(1)に掲げる弟の差入有価証券（上場株式）は、被相続人による保証債務の全額弁済に伴って、X銀行から弟に返還されており、当該株式を弟はその後も引き続き所有しています。

(3)　被相続人が保証債務の全額弁済をした後における兄弟間の会話のなかで、被相続人がA社のX銀行からの借入金に係る保証債務の全額を単独で弁済したことについて、被相続人から弟に対して「それでいい」という発言があった事実が確認されています。

(4)　被相続人に係る共同相続人も、被相続人の相続開始当時において同人が弟に対して求償権を有していたという認識を前提とする特段の行動（①被相続人に係る遺産分割協議書に当該求償権を相続財産として記載すること、②弟を相手方として求償権に基づく弟の支払義務の履行を求めて訴訟を提起する

こと等）をしたという事実は確認されていません。

(5)　被相続人が保証債務の履行を行うために所有不動産を譲渡したことに係る譲渡所得の金額の計算において、所得税法第64条《資産の譲渡代金が回収不能となった場合等の所得計算の特例》を適用して被相続人の連帯保証債務の負担割合を100％とする申告をしたところ、被相続人の弟に対する求償権相当額部分については当該特例の適用は認められないとする所得税の課税処分が行われました。

(6)　A社は、資力を喪失して債務を弁済することが困難であるという状況が継続しており、被相続人のA社に対する求償権の行使は不能であると認定されます。

回答

お尋ねの事案は判断に相当苦慮するものですが、疑問点の参考に掲げる事項を前提にすると、次のとおりに取り扱うことが相当と考えられます。

(1)　お尋ねの弟に対する求償権は、被相続人による保証債務の全額弁済に伴って発生し、かつ、当該発生時においてはその行使が可能であったと考えられます。

(2)　上記(1)に掲げる求償権は、その後、被相続人に係る相続開始時までに、被相続人の意思の通告による債権放棄（弟からみた場合は、債務免除）により消滅したものと考えられます。

(3)　上記(2)より、被相続人に係る相続開始日においては当該求償権は存在しないこととなるので、これを相続財産とする必要はないものと考えられます。

解説

民法第519条《免除》に規定する免除は、明示・黙示を問わず、債権者の債務者に対する一方的な意思表示によってなされ、書面等による方式を必ずしも必要とするものではないと解されています。

そうすると、疑問点の参考に掲げる事項を前提（事実認定）とすると、上記回答(1)ないし(3)の経過過程をもって判断することが相当であると考えられます。

検討先例

Q1-3の検討に当たっては、下記に掲げる裁決事例が先例として参考になります。

●国税不服審判所裁決事例（平成19年４月６日裁決、金裁（諸）平18－20、平成14年相続開始分）

〔1〕事案の概要

本件は、連帯保証人の一人である被相続人が保証債務の全部を弁済したことに伴い他の連帯保証人に対して有することになる求償権（以下「本件求償権」という）について、原処分庁が、本件求償権は相続開始日において存在しているから相続財産に該当し、本件求償権に相当する金額は課税価格に算入されるべきであるとして相続税の更正処分等を行ったのに対し、請求人が、もとより本件求償権は発生していないから相続財産となり得ないとして同処分等の全部の取消しを求めた事案である。

〔2〕基礎事実

(1) A社との連帯保証契約の締結

① 被相続人及び＊＊（被相続人の弟に該当する。以下「弟」という）は、平成2年9月5日付で、債務者をA社、債権者をX銀行とする710,000,000円の証書借入の債務について、弟とそれぞれ連帯保証契約を締結した。

② 被相続人及び弟は、平成7年4月頃、債務者をA社、債権者をX銀行とする極度額45,000,000円の手形借入の債務について、弟とそれぞれ連帯保証契約を締結した（同契約は平成12年4月25日付で更新されている）。

(2) A社の借入金の状況

A社の平成12年12月31日における借入金残高は、図表－1のとおりであり、下記(3)に掲げる土地建物を売却した平成13年5月28日においても、その残高に変化はなかった。

なお、X銀行からの借入金残高の内訳は、平成2年9月5日付の証書借入710,000,000円の残額420,000,000円及び平成7年を新規として、その後、書替された手形借入45,000,000円である。

図表－1　A社の借入金残高

借入先	金額
X銀行	465,000,000円
Y	310,000,000
被相続人	73,133,670
Z	134,823,232
他個人株主2名	151,723,231
合計	1,134,680,133

(3) 保証債務履行のための土地建物の譲渡状況等

① 被相続人は、平成13年5月28日に＊＊に所有する土地（以下「甲物件」という）を＊＊に対し＊＊が施行する公共事業のために307,762,000円で譲渡し、当該譲渡代金を同年6月13日に受け取った。

② 被相続人は、平成13年5月28日付で＊＊に所有する土地建物（以下「乙物件」といい、甲物件と併せて「本件譲渡物件」という）を＊＊に対し310,000,000円で譲渡する旨の売買契約を締結し、当該譲渡代金を同年6月22日に受け取った。

⑷ A社のX銀行に対する借入金の返済等の状況

① 平成13年6月13日、A社の＊＊銀行の普通預金口座に、被相続人から甲物件の譲渡代金307,762,000円が入金された。

② 平成13年6月22日、A社の＊＊銀行の普通預金口座に、被相続人から乙物件の譲渡代金の一部264,000,000円が入金され、同日（以下「本件保証債務履行日」という）、同口座の資金を原資として、X銀行からの借入金465,000,000円について、戻し利息を差し引いた464,672,416円が弁済された。

⑸ 連帯保証人である弟の状況

弟は、平成13年6月22日現在、＊＊の代表取締役のほか＊＊に所在する＊＊（以下「B社」という）の取締役や＊＊（以下「C社」という）の代表取締役等数社の役員であり、B社やC社からは年間にそれぞれ10,000,000円を超える報酬の支給も受けていた。

⑹ 本件譲渡物件の譲渡所得に係る申告から審査請求までの状況

被相続人は、平成13年分の所得税について、本件譲渡物件の譲渡所得の金額の計算上、連帯保証人間で弟の保証債務の負担割合を零とする特約の合意が存在していたとして、被相続人の保証債務の負担割合を100％として保証債務を履行するために資産を譲渡した場合の課税の特例（所得税法第64条《資産の譲渡代金が回収不能となった場合等の所得計算の特例》第2項、以下「本件特例」という）を適用して、平成14年＊＊月に申告したところ、＊＊税務署長は、原処分庁所属の担当職員の調査に基づき、連帯保証人間の負担割合の特約の合意があったとは認められず、被相続人の弟に対する求償権相当額については本件特例の適用は認められないなどとして、所得税の更正処分及び過少申告加算税の賦課決定処分（以下、併せて「所得税更正処分等」という）を行った。

これを不服として請求人は、所定の異議決定（筆者注 現行の規定では、再調査決定に該当する）を経て平成17年8月24日に審査請求をし、これに対し、審判所では、平成18年5月31日付で、弟の負担割合を零とする特約の合意が存在していたとは認められず、弟に対する求償権相当額については本件特例は適用できないとする裁決（平成18年5月31日付金裁（所）平17第34号、以下「別件裁決」という）を行った。

⑺ A社の清算等の状況

A社は、平成8年1月以降休業状態であったが、平成14年3月25日、当時の借入金残高について被相続人から644,895,670円、Zから134,823,232円及び他の個人株主2名から151,723,231円、合計で931,442,133円の債務免除を受けて清算をした。

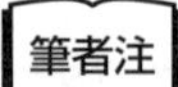

上記(1)ないし(7)に掲げる基礎事実並びに後記に記載する認定事実及びその他参考となる事項につき、時系列的な経過をまとめると、**図表－2**のとおりとなる。

図表－2　本件裁決事例における時系列

H2 9/5	H7 4月頃	H7 5/31	H12 12/31～H13 5/28
連帯保証契約（その1） 貸主　X銀行 借主　A社 金額　710,000,000円 連帯保証人　被相続人・弟	連帯保証契約（その2） 貸主　X銀行 借主　A社 金額　45,000,000円 連帯保証人　被相続人・弟	弟が担保株券（上場会社の株式）をX銀行に差入れ	（この期間中のA社のX銀行からの借入金残高） 連帯保証契約（その1）420,000,000円 連帯保証契約（その2）45,000,000円 （合　計）465,000,000円

H13 5/28	H13 6/13	H13 6/22	H14 3/15まで	H14 3/25
被相続人による不動産譲渡（譲渡対価） 甲物件　307,762,000円 乙物件　310,000,000円 （合計）617,762,000円	(1) 被相続人による甲物件代金受領 (2) 被相続人がA社に 307,762,000 円を振込み	(1) 被相続人による乙物件代金受領 (2) 相続人がA社に264,000,000円を振込み (3) A社はX銀行に対する借入金464,672,416円を振込み (4) X銀行は弟に対して担保株券を返還。返還時の株式時価は、50,600,000円	被相続人による所得税の平成13年分確定申告の実施	A社の清算を実施 （清算に伴う債務免除額） 被相続人　644,895,670円 Z　134,823,232円 その他の者　151,723,231円 （合　計）931,442,133円

時期不明	H14.8月から H14.9月頃	H15 8/1	H15.6月から H15.8月まで	H17 3/2	H17 8/24	H17 12/27	H18 2/14	H18 4/20	H18 5/22	H18 5/31
平成13年分の所得税の更正処分等（㊟）	被相続人に係る相続開始日（推定）	被相続人に係る遺産分割協議の実施	被相続人に係る相続税の期限内申告書の提出（推定）	相続税申告に係る原処分庁の調査	㊟に係る審査請求	相続税の更正処分	異議申立	棄却の異議決定	審査請求	所得税の審査請求に係る裁決（棄却）

（注1）H18.2.14の異議申立は、現行の規定では再調査の請求に該当する。
（注2）H18.4.20の異議決定は、現行の規定では再調査決定に該当する。

〔3〕争点

本件の争点は、本件求償権は、相続財産に該当するか否かである。

〔4〕争点に関する双方（請求人・原処分庁）の主張

争点に関する請求人・原処分庁の主張は、図表－3のとおりである。

図表－3　争点に関する請求人・原処分庁の主張

（争点）本件求償権は、相続財産に該当するか否か。

請求人（納税者）の主張	原処分庁（課税庁）の主張
(1)　被相続人と弟との間において、連帯保証人間の負担割合を被相続人が100%、弟が零%とすることについて両者の間に合意があったことから、本件求償権は発生しておらず、本件求償権は相続財産には当たらない。 (2)　上記(1)のことは、次に掲げる事項からも明らかである。 ①　本件保証債務履行日から本件相続開始日までの間において、被相続人と弟との間で求償権の（話し合いを含め）行使が行われていないこと ②　平成18年1月17日付で請求人及び弟の連名で審判所あて提出した追認書と題する書面（別件裁決（筆者注〔2〕(6)に掲げる裁決（平成18年5月31日裁決、金裁（所）平17第34号）をいう）に関して提出されたもので、以下「本件追認書」という）において、請求人及び弟は本件求償権に係る債権債務が存在しないことを明確に意思表示していること (3)　仮に上記(1)及び(2)の考え方が否定されるとしても、弟の財産状況からみて本件求償権に対応する債務を弁済することは中長期にみても無理があることから、本件求償権は相続財産として評価しないのが相当である。	(1)　本件求償権は、相続財産である。 したがって、被相続人がX銀行に弁済した金額464,672,416円から、A社の清算に係る残余財産分配可能額のうち被相続人の債務免除額に対応する額6,445,792円を差し引いた残額の2分の1に相当する金額229,113,312円は、相続税の課税価格に算入されるべきである。 (2)　本件償求権は、被相続人において本件相続開始日までに債務免除等をしていると認めるに足りる証拠は認められないので、本件相続開始日において存在しているものと解するのが相当である。 (3)　被相続人と弟との間に連帯保証人間の負担割合の特約の合意があったと認められない以上、被相続人が求償権を行使した事実及び行使する旨の意思表示がないからといって、そのことが直ちに本件求償権の存在に影響を及ぼすものではない。

〔5〕国税不服審判所の判断

(1)　認定事実

①　弟は、平成7年5月31日付でX銀行に対しA社の債務に関して有価証券担保差入証（以下「本件差入証」という）とともに＊＊（筆者注 上場会社と推認される）の株券200,000株（以下「担保株券」という）を差し入れた。

なお、本件差入証には、「担保権設定者は、債務者が別に差し入れた銀行取引約定書第1条に規定する取引によって貴行に対して現在及び将来負担するいっさいの債務の根担保として前記銀行取引約定書の各条項のほか後記約定に従い、貴行に対してこの差入証記載の有価証券を差し入れます」と記載されていた。

② X銀行に差し入れた担保株券は、本件保証債務履行日に弟に返還された。同株券の同日における時価は50,600,000円（@253円×200,000株）である。

③ 平成15年8月1日付で相続人により作成された遺産分割協議書には、本件求償権が被相続人の相続財産として記載されていない。

④ 弟は、平成17年3月2日に原処分庁所属の担当職員に対して、本件保証債務履行日から本件相続開始日までの間に被相続人から本件求償権の行使に係る申し出はなかった旨申述している。

⑤ 請求人＊＊は、平成17年5月20日に、所得税更正処分等に対する異議申立てに係る調査の担当職員に対して、A社の銀行借入れの事実、そのために土地を売った事実及び本件求償権の存在について、本件相続に係る相続税の税務調査が行われるまで知らず、他の請求人においても同様である旨申述している。

⑥ 本件追認書には、請求人と弟は、両者の間に本件求償権に係る債権債務が存在しないことを確認した旨記載されている。

⑦ 弟は被相続人に対して本件求償権に対応する債務の弁済等をしていない。

⑧ 弟は、平成19年1月10日に審判所に対して、被相続人から言われるままに保証契約や担保提供をしたが、自身の負担が全くないとは考えていなかった旨答述するとともに、本件保証債務履行日の後、被相続人から弟に対し、被相続人がA社の保証債務を弁済したことにつき「それでいい」旨の発言があったことは、被相続人自らが履行した保証債務について弟の負担すべき債務がなくなったという意味の発言であったと思っている旨答述している。

⑵ 当てはめ

① 本件保証債務履行日における本件求償権の存否について

㈠ 請求人は、被相続人と弟との間において、連帯保証人間の負担割合を被相続人が100%、弟が零%とすることについて両者の間に合意があったことから、本件求償権は発生していない旨主張する。

しかしながら、この点については、審判所における別件裁決において、被相続人と弟との間で弟の負担割合を零とする特約の合意が存在していたことを認めるに足りる証拠はない旨判断しているところ、審判所の本件における調査によっても、同判断を覆すに足りる証拠を見いだすことはできない。

㈡ 請求人は、本件求償権の行使が不可能である旨主張する。

しかしながら、弟は、不動産や上場株式等の有価証券を保有するとともに、上記**〔2〕**⑸のとおり、役員報酬等の給与収入もあり、被相続人は、本件求償権を行使して弟の負担部分を回収することは可能であったと認められる。

㈢ 上記㈠及び㈡のとおり、別件裁決における説示どおり、本件保証債務履行日において本件求償権は存在し、かつ、その行使は可能であったと認めるのが相当である。

② 本件相続開始日における本件求償権の存否について

(イ) 民法第519条《免除》は、債権者が債務者に対して債務を免除する意思を表示したときは、その債権が消滅する旨規定しており、免除は、明示・黙示を問わず、債権者の債務者に対する一方的な意思表示によってなされ、書面等による方式は必要でないと解されているところ、原処分庁は、本件求償権は被相続人において本件相続開始日までに債務免除等をしていると認めるに足りる証拠は認められないので、本件相続開始日において存在している旨主張する。

しかしながら、本件保証債務履行日から本件相続開始日までの間において、上記(1)の②、④及び⑦のとおり、次に掲げる各事実が認められる。

㋑ 本件保証債務履行日に担保株券が弟に返還されていること

㋺ 被相続人から弟に対して本件求償権の行使に係る申し出はなく、また、審判所の調査によっても、弟は被相続人に対して本件求償権に対応する債務の弁済等をしていないこと

上記に加え、本件相続開始後においても、上記(1)の③、⑤及び⑥のとおり、次に掲げる各事実が認められる。

㋩ 本件相続に係る遺産分割協議書には、本件求償権が被相続人の相続財産として記載されていないこと

㊁ 請求人は、原処分庁が被相続人の相続税の調査を行った平成17年2月ごろまで、本件求償権の存在を知らなかったこと

㋭ 請求人と弟は、両者の間に本件求償権に係る債権債務が存在しない旨、本件追認書により確認していること

(ロ) 仮に、本件求償権が本件相続開始日までの間、被相続人からA社に対する債務免除等によって消滅していないとすれば、229,000,000円余りという多額の求償債権を有する者であれば、自己の弁済前後の時期において、連帯保証人の一人である弟に対して、本件求償権の行使に関する具体的申し出を行うことが合理的行動と考えられ、まして本件においては、弟は本件保証債務履行日における時価50,000,000円余りの弟の株券200,000株をA社がX銀行に対して負っていた債務の担保として差し入れており、同株券は被相続人の本件保証債務履行日に弟に返還されているのであるから、返還されて同人の元に戻った同株券を被相続人が有する本件求償権の担保として利用するなどの方策もあり得たのである。

(ハ) 本件においては、被相続人が本件求償権を取得してから被相続人が死亡するまで約1年2か月の期間が経過しているところ、上記求償債権の額に照らせば、求償権を有する者であれば、求償権を有しながらこれを行使せずに自己が死亡した場合において、請求人につき本件求償権の相続の問題が生じることについては当然考慮す

るのが通常であり、そうであるならば、本件求償権を弟に具体的に行使するについて請求人に支障が生じないよう、少なくとも本件求償権の存在とその行使につき必要な事柄を、何らかの形で請求人に伝えておくのが通常であると考えられる。そして上記行動は、連帯保証人の一人に対して多額の求償債権を有する者としては、たとえ、その連帯保証人の一人が実弟であったとしても、程度の差こそあれとるのが通常である。

(ニ) 上記(イ)の㋑ないし㋭の事実及びこれらの事実から窺える被相続人が約1年2か月という長期間、弟に対して本件求償権の行使をすることについて何ら具体的な言動をとっていなかったという事実は、債務免除が明示・黙示を問わず、債権者の債務者に対する一方的な意思表示によってなされ、書面等による方式は必要でないと解されていることと併せ考えると、被相続人が本件求償権に対応する弟の債務を、本件相続開始日までの間に免除していたと合理的に推認させるに十分であるというべきである。

なお、上記(1)⑧のとおり、弟の、本件保証債務履行日の後、被相続人から、同人自らが履行した保証債務について弟の負担すべき債務がなくなったという趣旨の発言を聞いている旨の答述も、上記推認を裏付けるものといえる。

(ホ) 上記(イ)ないし(ニ)より、本件保証債務履行日において存在し、かつ、その行使が可能であった本件求償権は、本件相続開始日においては被相続人による債務免除により消滅していたと認められる。

〔6〕まとめ

(1) 裁決事例の結果

先例とされる裁決事例では、請求人（納税者）が主張しこれを国税不服審判所が相当と判断したのが本件求償権は相続財産に該当しない（被相続人の生前に弟に対する求償権が放棄されている）というものであり、一方、原処分庁（課税庁）が主張したのが本件求償権は相続財産に該当する（被相続人の生前に弟に対する求償権が放棄されたという証拠が確認されない）というものであったことから、結果として、請求人（納税者）の主張が全面的に容認されて、課税処分の全部が取り消されることとなった。

(2) 参考法令通達等

- 所得税法第64条《資産の譲渡代金が回収不能になった場合等の所得計算の特例》
- 民法第519条《免除》
- 国税不服審判所裁決事例（平成18年5月31日裁決、金裁（所）平17－34、平成13年分所得税）

本問から学ぶ重要なキーポイント

⑴　債務者に係る保証契約が締結された場合において、当該保証契約が連帯保証契約（複数の者が連帯保証人である契約をいいます）であるときに、連帯保証人間の負担割合について特約による合意（例えば、連帯保証人Ａ100%、同Ｂ0%）があったとするためには、それを立証挙証する証拠が必要となります。

⑵　民法第519条《免除》は、債権者が債務者に対して債務を免除する意思を表示したときは、その債権が消滅する旨が規定されています。

⑶　上記⑵の「免除」の特徴として、次に掲げる点を確認しておく必要があります。

①　免除は、明示・黙示を問わず、債権者の債務者に対する一方的な意思表示によって行われるものであり、契約行為には該当しないこと

②　免除の意思表示は、書面等による方式を必ずしも必要とするものではないこと

⑷　先例とされる裁決事例の場合、Ａ社のＸ銀行からの借入金に対して被相続人と共に連帯保証契約の債務を負った弟の負担割合は２分の１であるとされ、また、弟は被相続人に係る相続開始時において資力を喪失して債務を弁済することが困難であるとも認められないことから、相続税法第８条《贈与又は遺贈により取得したものとみなす場合―免除等を受けた債務》の規定により、弟は被相続人から贈与を受けたものとみなされて、同人に贈与税が課税されるべきものと考えられます。

貸付金債権に係る実務対策

先例とされる裁決事例の場合には、国税不服審判所の判断として本件求償権は被相続人の相続財産に該当しないとされ相続税の課税対象から除外されることになりましたが、この場合には、上記 **本問から学ぶ重要なキーポイント** の⑷に掲げるとおり、みなし贈与課税の問題が生じることになります。

一方、先例とされる裁決事例は事実認定の差異次第では、本件求償権が被相続人の相続財産に該当するとして相続税の課税対象とされることも考えられます。

したがって、これらの観点から、連帯保証人に就任するに当たっては、実際に債権者から保証契約の履行を求められた場合に、実際に当該保証債務（当該連帯保証人に求められる応分の保証債務）を負担する意思を有していることを確認する必要があるものと考えられます。単なる人数合わせの連帯保証人の場合には、将来の課税上の問題が生じたときに、トラブルの発生が懸念されます。

Q1-4 被相続人が生前に代物弁済を実行したことにより発生した求償権につき、同人の行動及び発言から当該求償権を行使する気持はなく当該代物弁済と同時に放棄（債務免除）されたとして相続財産に該当しないとして取り扱うことの可否が争点とされた事例

事例 **東京地方裁判所**
（令和2年9月25日判決、平成30年（行ウ）第251号、平成25年相続開始分）

疑問点

被相続人に係る相続開始（本件相続開始）がありました。被相続人はその生前に同人の家族との間で訴訟を提起（原告 被相続人及びα（被相続人の養子）、被告 β（被相続人の子））していたところ、本件相続開始の約5年前に当該訴訟につき和解（本件和解）が成立しました。

本件和解では、その一部としてαがβに対して解決金を支払うことが含まれていましたが、実際にはαに代替して被相続人が代物弁済したこと（これにより、被相続人のαに対する求償債権（本件求償債権）177,948,125円の発生）が確認されています。

そして、本件相続開始後における関係者（被相続人に係る相続人等）への聴取から、次に掲げる事項も確認されています。

確認事項 被相続人とαは、養親及び養子の関係にあって、同居し経済的に一体というべき高度の信頼関係があることから、本件求償債権177,948,125円の返済は不要であると考えていたところ、そのことは、本件和解の前後における被相続人の顧問弁護士との打合せや家族会議における被相続人からのαに対する発言（「これで一切解決ですね」、「もう忘れましょう」）においても認められること

以上のような状況において、被相続人の相続税申告を行うに当たって、本件求償債権の取扱いについて、識者とされる者から、次に掲げる2つの見解が示されています。どちらの見解を採用することが相当であるのか説明してください。

見解1 上掲の **確認事項** からすると、被相続人はαに対する本件求償債権を行使する気持ちはなく、現に、本件和解の成立日から本件相続開始日までの約5年間において何らの債権回収の方策も採っていないことから、本件求償債権は本件和解の成立に伴う代物弁済と同時に放棄（債務免除）されたと解することが相当であり、その結果、本件相続に係る被相続人

の相続財産を構成しないことになる。

見解2 民法に規定する債務免除の要件（債権者による債務者に対する債務免除の意思表示の存在）は厳格であり、上掲の**確認事項**に掲げるような被相続人の考えの存在や被相続人のαに対する発言をもって、直ちに、債務免除の要件を充足したと解することは困難であり、その結果、本件求償債権は、本件相続に係る被相続人の相続財産を構成することになる。

A 回答

お尋ねの事例については、**見解2**により取り扱うことが相当と考えられます。そうすると、本件求償債権の価額は、原則として、評価通達204《貸付金債権の評価》の定めを適用してその元本の価額である177,948,125円として評価することになります。

ただし、本件求償債権の価額につき、評価の特例（当該債権価額の全部又は一部の評価不要）を定めた評価通達205《貸付金債権等の元本価額の範囲》の適用の有無についても、併せて検討する必要があるものと考えられます。

! 解説

債務免除を謳った民法第519条《免除》は、「債権者が債務者に対して債務を免除する意思を表示したときは、その債権は、消滅する」と規定していることから、債務免除に当たっては「債務免除の意思表示」（上記＿＿部が法律構成）要件と解されるところ、**？疑問点**に掲げる**確認事項**に示された次に掲げる各事項はそれぞれに示すところより、これに該当しないものと考えられます。

(1) 被相続人が本件求償債権177,948,125円の返済は不要であると考えていたとしても、当該考えはあくまでも被相続人の思考に留まるものであり、被相続人の単なる内心にすぎないこと

(2) 本件和解前後における被相続人の発言（「これで一切解決ですね」、「もう忘れましょう」）につき、これを長年にわたる親族間の係争が本件和解により終止符を打ったことに対する感慨を述べたものであると理解することは可能であるとしても、これを善解して、αに対する債務免除の意思表示であるとは解釈されないこと

検討先例

Q1-4の検討に当たっては、下記に掲げる裁判例が先例として参考になります。

◉東京地方裁判所（令和2年9月25日判決、平成30年（行ウ）第251号、平成25年相続開始分）

〔1〕事案の概要

本件は、原告D及び原告D4が、被相続人の相続（以下「本件相続」という）に係る相続税の申告をしたところ、玉川税務署長が、被相続人の原告D2に対する求償債権（以下「本件求償債権」という）を本件相続により取得した財産として課税価格に計上した上で、原告D及び原告D4に対し、それぞれ更正処分及び過少申告加算税の賦課決定処分をするとともに、原告D2に対し、相続税の決定処分及び無申告加算税の賦課決定処分をしたことについて、原告らが、本件相続の開始前に、被相続人が原告D2に対して本件求償債権につき債務を免除する黙示の意思表示（民法第519条《免除》）をしたことにより、本件求償債権は消滅したと主張して、上記各処分の一部の取消しを求める事案である。

〔2〕前提事実

⑴　当事者等

①　原告D2は、原告Dの夫で、被相続人の養子である。

②　原告Dは、原告D2の妻で、被相続人の三女である。

③　原告D4は、原告D2と原告Dとの間の長女であり、被相続人の養子である。

④　Aは被相続人の長女であり、Bは被相続人の二女であり、C（以下、A、B及びCとを併せて「Aら」という）は被相続人の養子である。

⑵　本件遺言

被相続人は、平成20年9月12日、公正証書により、被相続人が有する全財産を原告Dに相続させる旨、遺言執行者としてX弁護士を指定する旨の遺言（以下「本件遺言」という）をした。

⑶　本件和解の成立

平成20年11月27日、東京地裁平成**年（**）第**号売買代金等請求事件の第26回弁論準備手続期日において、同事件の原告である被相続人、原告D及び原告D4、同事件の被告であるY株式会社に加え、利害関係人として参加した原告D2、Aら及びZの間で、次の事件につき、要旨、図表－1の和解条項（以下「本件和解条項」という）記載のとおりの和解（以下「本件和解」という）が成立した（同別紙で定義した略語は、本文においても用いる）。

なお、本件和解における被相続人、原告D、原告D4及び原告D2の訴訟代理人は、X弁護士等であった。

①　上記売買代金等請求事件

②　東京地裁平成**年（**）第**号損害賠償請求事件（以下「本件損害賠償請求事件」という）

③　東京地裁平成**年（**）第**号損害賠償請求反訴事件

④　東京高裁平成**年（**）第**号預り金返還等請求控訴事件〔原審は、東京地

裁平成＊＊年（＊＊）第＊＊号預り金返還等請求事件。以下「本件預り金返還請求事件」といい、上記①〜③の各事件と併せて、「別件訴訟」という〕

図表－１　和解条項

1　原告Ｄ２は、Ａ、Ｂ及びＺに対し、それぞれ次のとおり、本件預り金請求事件における預り金の返還義務（合計245,979,843円）があることを認める（以下「本件預り金返還債務」という）。
(1)　Ａに対する債務　112,704,923円
(2)　Ｂに対する債務　75,081,453円
(3)　Ｚに対する債務　58,193,467円
2　被相続人及び原告Ｄは、Ａ、Ｂ及びＺに対し、原告Ｄ２の本件預り金返還債務について連帯保証する（以下「本件連帯保証債務」という）。
3(1)　被相続人及び原告Ｄ２は、Ａ、Ｂ及びＣに対し、本件損害賠償請求事件における損害賠償債務として、連帯して、それぞれ10,000,000円の支払義務があることを認める（以下「本件連帯債務」という）。
(2)　原告Ｄは、Ａ、Ｂ及びＣに対し、被相続人及び原告Ｄ２の本件連帯債務について連帯保証する。
4　Ｙ株式会社は、被相続人、原告Ｄ及び原告Ｄ４に対し、次の各債務の支払義務があることを認める。
(1)　原告被相続人に対する債務
ア　売買代金として59,998,125円
イ　賃金返還債務として112,200,000円
(2)　原告Ｄに対する債務
ア　売買代金として581,104円
イ　賃金返還債務として35,234,514円
(3)　原告Ｄ４に対する債務
売買代金として26,466,100円
5(1)　被相続人は、Ａに対し、本日、本件和解条項記載の不動産に係る被相続人の共有持分全部を合計20,750,000円で売り渡し、Ａはこれを買い受ける。
(2)　省略
6(1)　原告Ｄは、Ｂに対し、本日、和解条項記載の不動産に係る原告Ｄの共有持分全部を合計20,750,000円で売り渡し、Ｂはこれを買い受ける。
(2)　省略
7〜9　省略
10　原告被相続人は、Ａに対し、本日、被相続人のＡに対する第５項(1)の売買代金債権を自働債権、Ａの被相続人に対する第２項の連帯保証債権を受働債権として、対当額にて相殺する。
11　原告Ｄは、Ｂに対し、本日、原告ＤのＢに対する第６項(1)の売買代金債権を自働債権、Ｂの原告Ｄに対する第２項の連帯保証債権を受働債権として、対当額にて相殺する。
12(1)　被相続人はＺに対し、本日、被相続人のＺに対する第２項の債務の弁済に代えて、被相続人のＹ株式会社に対する第４項(1)アの債権のうち債権額58,193,467円部分を譲渡し、Ｚはこれを譲り受ける。

(2) Ｙ株式会社は、被相続人及びＺに対し、本項(1)の債権譲渡を承諾し、両名に対し、本日を確定日付とする承諾書を送付する。

13(1) 被相続人は、Ｃに対し、本日、被相続人のＣに対する第３項(1)の債務の弁済に代えて、被相続人のＹ株式会社に対する第４項(1)アの債権のうち債権額1,804,658円部分及び同項(1)イの債権のうち債権額8,195,342円部分を譲渡し、Ｃはこれを譲り受ける。

(2) Ｙ株式会社は、被相続人及びＣに対し、本項(1)の債権譲渡をいずれも承諾し、両名に対し、本日を確定日付とする承諾書を送付する。

14(1) 被相続人、原告Ｄ及び原告Ｄ４は、Ａに対し、本日、被相続人及び原告ＤのＡに対する第２項の債務、被相続人のＡに対する第３項(1)の債務及び原告ＤのＡに対する第３項(2)の債務の弁済に代えて、被相続人のＹ株式会社に対する第４項(1)イの債権のうち債権額39,673,205円部分、原告ＤのＹ株式会社に対する第４項(2)ア及びイの債権の全部、原告Ｄ４のＹ株式会社に対する第４項(3)の債権の全部並びに原告Ｄが保有するＹ株式会社の株式18,000株をそれぞれ譲渡し、Ａはこれを譲り受ける。

(2) Ｙ株式会社は、被相続人、原告Ｄ、原告Ｄ４及びＡに対し、本項(1)の債権譲渡をいずれも承諾し、各当事者に対し、本日を確定日付とする承諾書を送付する。

(3) 省略

15(1) 被相続人及び原告Ｄは、Ｂに対し、本日、被相続人及び原告Ｄは、Ｂに対する第２項の債務、被相続人のＢに対する第３項(1)の債務及び原告ＤのＢに対する第３項(2)の債務の弁済に代えて、被相続人のＹ株式会社に対する第４項(1)イの債権のうち債権額64,331,453円部分、被相続人が保有するＹ株式会社の株式14,000株及び原告Ｄが保有するＹ株式会社の株式4,000株をそれぞれ譲渡し、Ｂはこれを譲り受ける。

(2) Ｙ株式会社は、被相続人及びＢに対し、本項(1)の債権譲渡を承諾し、両名に対し、本日を確定日付とする承諾書を送付する。

(3) 省略

16(1) Ａ、Ｂ、Ｃ及びＺは、被相続人、原告Ｄ及び原告Ｄ２に対し、被相続人、原告Ｄ及び原告Ｄ２がＡ、Ｂ、Ｃ及びＺに対して負担する第１項ないし第３項の各債務が第10項及び第11項の相殺並びに第12項ないし第15項の代物弁済により全て消滅したことを確認する。

(2)、(3) 省略

17、18 省略

19(1) Ａ及びＢは、原告Ｄ２に対し、本件解決金として、前項の債権差押命令申立事件において第三債務者から受領した下記金員の返還義務があることを認める。

記

Ａの債務 5,237,540円

Ｂの債務 3,976,721円

(2) Ａ及びＢは、原告Ｄ２に対し、本日、本項(1)の金員を支払う。

20～28 省略

29 Ａ、Ｂ及びＣは、第２項により、被相続人が原告Ｄ２の債務の連帯保証の履行をしたことにより生ずる、被相続人の原告Ｄ２に対する求償債権について、相続等名目の如何を問わず、同求償債権を取得した場合においても、同債権を譲渡、担保に供することなく、また原告Ｄ２に対し何らの請求をしないことを確約する。

30、31 省略

以上

⑷　本件相続

①　被相続人は、平成25年７月＊＊日、死亡した。

②　被相続人の相続（本件相続）に係る法定相続人は、原告Ｄ、原告Ｄ２、原告Ｄ４、Ａら及び被相続人の養子で原告Ｄ２と原告Ｄとの間の長男であるＤ３の７名であった。

⑸　相続税の申告等の経緯

①　原告Ｄ及び原告Ｄ４は、玉川税務署長に対し、被相続人の相続に係る相続税について、法定申告期限内である平成26年５月７日、相続税の申告書を共同して提出した。

②　玉川税務署長は、原告Ｄに対し、平成28年６月29日付けで、本件和解の成立により被相続人が取得した原告Ｄ２に対する求償債権177,948,125円（本件求償債権）が本件相続により取得した財産として課税価格に計上されていなかったなどとして、更正処分及び過少申告加算税の賦課決定処分をした。

③　玉川税務署長は、原告Ｄ２に対し、平成28年７月29日付けで、相続税の決定処分及び無申告加算税の賦課決定処分をし、その通知書は同月30日に原告Ｄ２に送達された。

④　原告Ｄは、玉川税務署長に対し、平成28年９月７日、前記②の処分を不服として、再調査の請求をした。

⑤　玉川税務署長は、原告Ｄ４に対し、平成28年９月14日付けで、本件求償債権が本件相続により取得した財産として課税価格に計上されていなかったなどとして、更正処分及び過少申告加算税の賦課決定処分をし、その通知書は同日原告Ｄ４に送達された。

⑥　玉川税務署長は、原告Ｄに対し、平成28年12月５日付けで、前記②の各処分の一部を取り消す再調査の決定をした（以下、同決定後の前記②の各処分を「原告Ｄに対する各処分」という）。

⑦　玉川税務署長は、上記⑥の再調査の決定に伴い、原告Ｄ２に対し、平成28年12月26日付けで、前記③の決定処分につき、納付すべき税額を減額する更正処分をし（以下、同更正処分後の前記③の各処分を「原告Ｄ２に対する各処分」という）、原告Ｄ４に対し、平成29年１月31日付けで、前記⑤の各処分につき、納付すべき税額を減額する更正処分及び過少申告加算税の変更決定処分（以下、同各処分後の前記⑤の各処分を「原告Ｄ４に対する各処分」といい、原告Ｄに対する各処分及び原告Ｄ２に対する各処分と併せて「本件各処分」という）をした。

⑹　本件訴えの提起等

①　原告らは、国税不服審判所長に対し、平成29年１月５日、本件各処分を不服として審査請求をしたところ、同年12月15日付けで、原告Ｄの審査請求については棄却する旨の裁決がされ、原告Ｄ２及び原告Ｄ４の各審査請求については、国税通則法第

77条《不服申立期間》第1項の不服申立期間を徒過してされたものであり不適法であるとして、いずれも却下する旨の裁決がされた。

上記裁決書の謄本は、同月26日、原告らの代理人を通じて、原告らに送達された。

② 原告らは、平成30年6月21日、本件訴えを提起した。

筆者注 本件裁判例を理解するために参考になると考えられる親族図（一部、筆者の推定に基づく作成である）を掲げると、**図表－2**のとおりとなる。また、上記(1)ないし(6)に掲げる基礎事実等につき、時系列的な経過をまとめると、**図表－3**のとおりとなる。

図表－2 本件裁判例における親族図

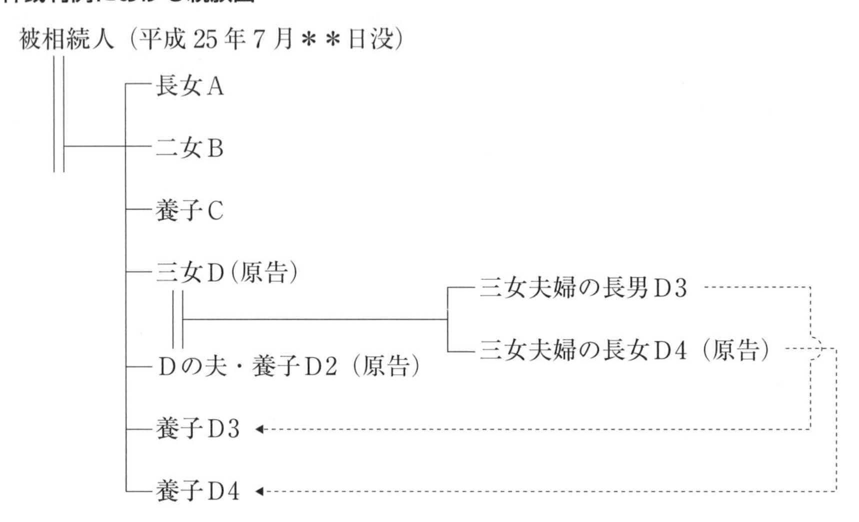

上記以外の主な登場者 X弁護士、Y株式会社、Z（個人）

図表－3 本件裁判例における時系列

H20 9/12	H20 11/27	H25 7/x	H26 5/7	H28 6/29
本件遺言の作成 内容 被相続人の全財産を原告Dに相続させる。	下記4つの事件につき本件和解の成立 (1)東京地裁：売買代金等請求事件 (2)東京地裁：本件損害賠償請求事件 (3)東京地裁：損害賠償請求反訴事件 (4)東京高裁：本件預り金返還請求事件 (注) 本件和解の内容については、図表－1を参照	本件相続の開始	D及びD4による相続税の期限内申告書の提出	Dに対する相続税の更正処分 更正内容 本件和解の成立により、被相続人が取得したD2に対する求償権177,948,125円（本件求償権）等の相続財産計上もれ

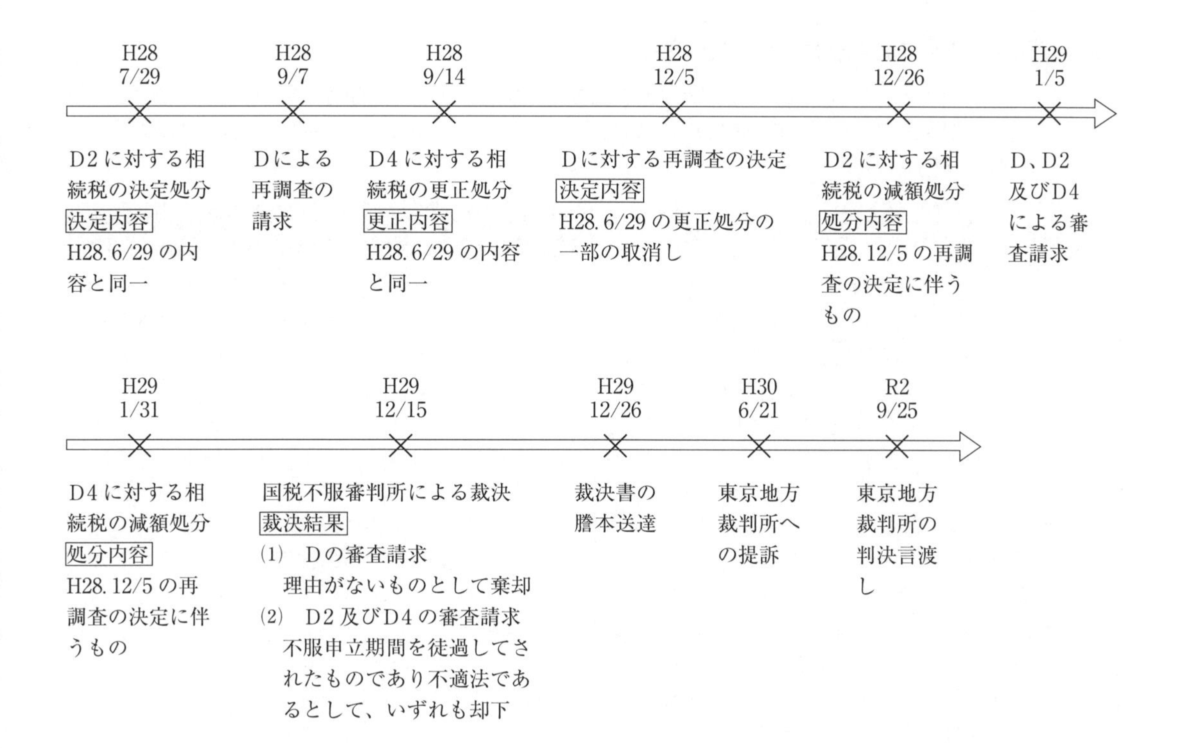

〔3〕争点

(1) 原告D2及び原告D4が国税通則法第77条《不服申立期間》第1項本文所定の不服申立期間内に不服申立をしなかったことについて、同項ただし書の「正当な理由」があるか否か。

筆者注 国税通則法第77条《不服申立期間》第1項では、要旨「不服申立て（再調査の請求後にする審査請求の規定による審査請求を除く）は、処分があったことを知った日（処分に係る通知を受けた場合には、その受けた日）の翌日から起算して3月を経過したときは、することができない。ただし、正当な理由があるときは、この限りでない」と規定している。

(2) 被相続人がD2に対して本件求償債権につき債務を免除する黙示の意思表示をしたか否か。

〔4〕争点に関する双方（原告・被告）の主張

各争点に関する原告・被告の主張は、**図表－4**のとおりである。

図表－4　各争点に関する原告・被告の主張

（争点１）　原告Ｄ２及び原告Ｄ４が国税通則法第77条《不服申立期間》第１項本文所定の不服申立期間内に不服申立をしなかったことについて、同項ただし書の「正当な理由」があるか否か

原告（納税者）Ｄ２及びＤ４の主張	被告（国）の主張
⑴　原告Ｄ２及び原告Ｄ４が審査請求をしたのは、不服申立期間である処分に係る通知を受けた日から３月（国税通則法第77条《不服申立期間》第１項本文）を経過した後であるが、これには「正当な理由」（同項ただし書）がある。 すなわち、原告らは、本件各処分において、本件求償債権が本件相続により取得した財産であるとされたことについてのみ不服があったところ、この点については原告Ｄが再調査の請求をしており、同請求に理由があると認められれば、それに伴って課税価格が減少し、原告Ｄ２及び原告Ｄ４の相続税の額も減少するという関係にあったことを踏まえて、原告Ｄ２及び原告Ｄ４は、あえて直ちに原告Ｄ２に対する各処分及び原告Ｄ４に対する各処分につき不服申立てをせず、原告Ｄがした再調査の請求につき決定がされた後に審査請求をしたものである。 以上の経緯に鑑みれば、原告Ｄ２及び原告Ｄ４が不服申立期間内に不服申立てをしなかったことにつき「正当な理由」があるというべきである。 ⑵　上記⑴より、原告Ｄ２及び原告Ｄ４の訴えは、適法な審査請求を前置している（国税通則法第115条《不服申立ての前置等》１項）から、適法である。	⑴「正当な理由」とは、不服申立て制度の目的及び法的安定性の要請を考慮し、そのような例外を認めることが社会通念上正当であるとするような理由をいう。 原告らは別個独立の法主体であるから、本件各処分も別個独立したものである。そのため、本件各処分につき、それらの基礎となる事実関係や争点が共通していたとしても、原告Ｄに対する再調査の決定が、原告Ｄ２に対する各処分及び原告Ｄ４に対する各処分に直接影響を及ぼすことはない。 また、原告Ｄ２に対する各処分及び原告Ｄ４に対する各処分に係る通知書には、不服申立期間が３月以内であることが明記されていた。 以上によれば、原告Ｄ２及び原告Ｄ４が不服申立期間内に不服申立てをしなかったことが社会通念上正当であるとはいえず、「正当な理由」があるとは認められないから、原告Ｄ２及び原告Ｄ４の各審査請求はいずれも不適法である。 ⑵　上記⑴より、原告Ｄ２及び原告Ｄ４の訴えは、適法な審査請求を前置していないから、いずれも不適法である。

筆者注　国税通則法第115条《不服申立ての前置等》第１項の規定は、次のとおりである。

> 国税通則法第115条《不服申立ての前置等》
> 　国税に関する法律に基づく処分（第80条第３項（行政不服審査法との関係）に規定する処分を除く。以下この節において同じ）で不服申立てをすることができるものの取消しを求める訴えは、審査請求についての裁決を経た後でなければ、提起することができない。ただし、次の各号のいずれかに該当するときは、この限りでない。
> 一　国税不服審判所長又は国税庁長官に対して審査請求がされた日の翌日から起算して３月を経過しても裁決がないとき。
> 二　更正決定等の取消しを求める訴えを提起した者が、その訴訟の係属している間に当該更正決定等に係る国税の課税標準等又は税額等についてされた他の更正決定等の取消しを求めようとするとき。

三　審査請求についての裁決を経ることにより生ずる著しい損害を避けるため緊急の必要があるとき、その他その裁決を経ないことにつき正当な理由があるとき。

（争点２）　被相続人がＤ２に対して本件求償債権につき債務を免除する黙示の意思表示をしたか否か

原告（納税者ら）の主張	被告（国）の主張
⑴　被相続人と原告Ｄ２は、養親子関係にあって、同居し経済的に一体というべき高度の信頼関係があり、また、被相続人は、原告Ｄ２に対し、本件和解に先立つＸ弁護士との打合せや家族会議において、被相続人が原告Ｄ２に代わってＡらに代物弁済する分についての返済は不要である旨を繰り返し述べていた。 　これらのことからすれば、被相続人が原告Ｄ２との間には、本件和解に先立って、本件求償債権について返済を要しない旨の合意があったというべきである。 ⑵　被相続人、原告Ｄ２及び原告Ｄは、本件和解の成立後の打合せにおいて、「これで一切解決ですね」などと繰り返し述べるとともに、被相続人は、原告Ｄ２に代わってＡらに代物弁済したことについて、「もう忘れましょう」などと述べていた。 　これらの発言の趣旨は、被相続人、原告Ｄ２及び原告Ｄの内部関係において債権債務関係を消滅させるということであり、本件求償債権につき債務を免除する黙示の意思表示に当たるものである。 ⑶　本件和解条項29項は、本件求償債権の行使を絶対的に防止するために設けられたものであり、被相続人は本件求償債権を行使する意思がなかった。 　すなわち、Ａらは、過去に被相続人や原告Ｄ２に対し不当な訴訟を次々と提起しており、本件和解が成立した後であっても、Ａらによる二次的な請求がされないようにする必要があった。 　仮に被相続人が本件求償債権につき債務を免除する意思表示をした場合には、それは生前贈与に該当するため、Ａらによる遺留分減殺請求権の行使の対象となり（平成30年法律第72号による改正前の民法第1030条《遺留分の算定》）、本件求償債権の一部を支払うことを余儀なくされる事態になりかねない。そのため、本件和解条項29項に「相続等名	⑴　被相続人が、本件和解が成立した日から本件相続が開始した日までの間に、本件求償債権につき債務を免除する黙示の意思表示をしたとは認められないこと ⑴　相続税の期限内申告時 ①　次に掲げる事項からすれば、被相続人が、原告Ｄ２について債務免除益に係る贈与税の負担を生じさせないために、同日に本件求償債権につき債務を免除する意思表示をすることを回避したことは明らかである。 (A)　被相続人及び原告Ｄ２は、本件和解に当たり、本件求償債権につき債務を免除する意思表示をした場合には債務免除益が発生することを認識していたこと (B)　本件和解条項には、被相続人が同意思表示をしたことを明らかにした条項は存在しないこと (C)　原告Ｄ２は、本件和解が成立した日に同意思表示がされていれば、その債務免除益に係る贈与税の申告をしていたはずであるが、これがされていないこと ②　被相続人は、平成20年９月12日に本件遺言に係る公正証書を、平成22年11月24日に贈与契約公正証書をそれぞれ作成しているにもかかわらず、本件求償債権につき債務を免除する意思表示をしたことを内容とする書面を一切作成していない。 　また、原告Ｄ２も、本件求償債権につき債務を免除する意思表示がされていれば生じていたはずの債務免除益について、贈与税の申告をしていない。 　したがって、本件和解が成立した日以降も、被相続人が本件求償債権につき債務を免除する黙示の意思表示をしたとは認められない。

目の如何を問わず」と明記することで、Ａらが本件求償債権を行使できないことを確認した。

したがって、同条項は、本件求償債権が免除されずに存続することを前提に設けられたものではなく、本件和解の成立後に本件求償債権が行使される事態を絶対的に防止するために設けられたものである。

(4) 本件和解が成立した当日、本件和解条項19項に従ってＡ及びＢから原告Ｄ２に交付された預金小切手合計9,214,261円について、被相続人は原告Ｄ２に対しその引渡しを求めなかった。

(5) 原告Ｄも、本件和解が成立した当日、その成立により同人が取得した原告Ｄ２に対する求償債権につき債務を免除する意思表示をした。

(6) 被相続人は、平成17年５月30日、原告Ｄ２との間で任意後見契約を締結していたところ、平成25年１月８日、同契約に基づき、原告Ｄ２に対し、財産管理に関する委任事務開始の申込みをした。被相続人の同申込みは、177,948,125円もの本件求償債権の債務者である原告Ｄ２の被相続人の財産管理に関する事務を委任するものであり、そのような多額の債権を有する債権者がその債務者に対して取る行動としては不自然である。したがって、同申込みが、本件求償債権につき債務を免除する黙示の意思表示に当たるというべきである。

そして、原告Ｄ２も、本件求償債権につき債務を免除する黙示の意思表示がされたと認識していたため、同年３月31日、同契約に基づき、本件求償債権が記載されていない被相続人の財産目録を作成した。

(7) 本件和解における訴訟代理人であったＸ弁護士は、被相続人が本件和解の成立によって本件求償債権を取得したことを認識していたにもかかわらず、本件遺言の執行に当たって、本件求償債権が記載されていない相続財産目録を作成した。

これは、Ｘ弁護士が、本件求償債権につき債務を免除する黙示の意思表示があったと認識していたからである。

(8) 本件和解が成立した平成20年11月27日から本件相続が開始した平成25年７月＊＊日までの４年７か月余りの間、本件求償債権は行使されたことがなく、弁済もされていな

③ 上記①及び②によれば、被相続人が原告Ｄ２に対し、本件和解が成立した日から本件相続が開始した日までの間、本件求償債権につき債務を免除する黙示の意思表示をしたとは認められない。

(2) 原告らの主張について

① （原告らの主張）(1)について

本件和解に先立って、被相続人と原告Ｄ２との間に、本件求償債権について返済を要しない旨の合意があったとは認められない上、原告らが主張するような被相続人の発言があったとしても、その時点で、被相続人が原告Ｄ２から本件求償債権を積極的に回収しようという意欲がなく、当該債務を免除することを視野に入れていたことをうかがわせるものにすぎず、実際に本件和解に当たって本件求償債権につき債務を免除する黙示の意思表示がされたことを直ちに示すものではない。

② （原告らの主張）(2)について

原告らが主張するような被相続人の発言があったとしても、それらが直ちに本件求償債権につき債務を免除する黙示の意思表示を意味するものではない。

すなわち、本件和解の目的は、別件訴訟を同時に全て解決し、被相続人、原告らの家族とＡらの家族との間の「家同士」の紛争に終止符を打つというものであり、上記発言はこのような目的で進められていた本件和解が成立したことについての発言であって、本件求償債権につき債務を免除する黙示の意思表示をしたものであるとするのは論理の飛躍である。

③ （原告らの主張）(3)について

本件和解条項29項は、Ａらが本件求償債権を行使すること等を制限するものであって、被相続人がこれを行使すること等を制限するものではなく、このことを防ぐために設けられた条項であるとは到底いえない。

④ （原告らの主張）(4)について

被相続人が原告Ｄ２に対し預金小切手の引渡しを求めなかった行為は、単にその時点において被相続人が本件求償債権を行使しなかったことを意味するものにすぎず、債務を免除する黙示の意思表示をしたことを示すものではない。

かった。 (9) 上記(1)ないし(8)の事実に鑑みれば、被相続人は、次に掲げるいずれかの時点において、本件求償債権につき債務を免除する黙示の意思表示をしたというべきである。 ① 本件和解が成立した平成20年11月27日 ② 被相続人が原告Ｄ２に対し財産管理に関する委任事務開始の申込みをした平成25年１月８日 ③ 原告Ｄ２が、上記委任事務開始の申込みを受けたことに伴い、本件求償債権が記載されていない被相続人の財産目録を作成した平成25年３月31日	⑤ （原告らの主張）(5)について 仮に原告Ｄが原告Ｄ２に対する求償債権につき債務を免除する意思表示をしていたとしても、被相続人の原告Ｄ２に対する本件求償債権には何ら影響を与えるものではない。 ⑥ （原告らの主張）(6)について 被相続人が養子である原告Ｄ２に対して財産管理に関する委任事務開始を申し込むこと自体は不自然ではなく、本件求償債権を有することのみをもって同申込みを差し控える理由もない。 ⑦ （原告らの主張）(7)について Ｘ弁護士は、被相続人の相続財産について、原告Ｄ２及び原告Ｄの説明に基づき、相続財産目録を作成したから、Ｘ弁護士が同目録に本件求償債権を記載しなかったことは、被相続人が本件求償債権につき債務を免除する黙示の意思表示をしたことを裏付けるものではない。 ⑧ （原告らの主張）(8)について 債権をいつ行使するかは債権者の自由であるから、債権を行使しなかったことで債務を免除する黙示の意思表示があったということはできない。

〔5〕裁判所の判断

(1) 争点１（原告Ｄ２及び原告Ｄ４が国税通則法第77条《不服申立期間》第１項本文所定の不服申立期間内に不服申立をしなかったことについて、同項ただし書の「正当な理由」があるか否か）について

① 国税通則法第77条《不服申立期間》第１項は、不服申立て（再調査の請求後にする審査請求を除く）は、処分があったことを知った日（処分に係る通知を受けた場合には、その受けた日）の翌日から起算して３月を経過したときは、することができず、ただし、「正当な理由」があるときは、この限りでないと定めているところ、原告Ｄ２及び原告Ｄ４が審査請求をしたのは、それぞれ前記前提事実〔2〕(5)③の原告Ｄ２に対する各処分及び同⑤の原告Ｄ４に対する各処分に係る通知を受けた日から３月を経過した後であることが認められる。

これに対し、原告Ｄ２及び原告Ｄ４は、原告らには、本件各処分において、本件求償債権が本件相続により取得した財産であるとされたことについてのみ不服があったところ、この点については原告Ｄが再調査の請求をしており、同請求に理由があると認められれば、それに伴って課税価格が減少し、原告Ｄ２及び原告Ｄ４の相続税の額

も減少するという関係にあったことを踏まえて、あえて直ちに原告Ｄ２に対する各処分及び原告Ｄ４に対する各処分につき不服申立てをしなかったものであるから、不服申立期間内に不服申立てをしなかったことにつき「正当な理由」がある旨主張する。

しかしながら、「正当な理由」とは、天災その他やむを得ない事由により不服申立期間内に不服申立てをしなかったことが社会通念上正当であると認められる理由をいうものと解されるところ、本件各処分は原告ら各自に対し別個独立にされたものであり、原告Ｄによる再調査の請求が認められて、前記前提事実〔２〕⑸②の原告Ｄに対する各処分の一部が取り消された場合であっても、それに伴って法律上当然に原告Ｄ２及び原告Ｄ４の納付すべき相続税及び加算税の額が減少するわけではない上、上記の場合において、原告Ｄ２及び原告Ｄ４に対し職権で減額更正処分等がされ、両名の納付すべき相続税及び加算税の額が減少するという事実上の関係があるとしても、そのことは両名が不服申立てをするにつき何ら障害になるものではない。

以上に加え、原告Ｄ２及び原告Ｄ４に対してされた通知書には、不服申立て（再調査の請求又は審査請求）の期間が３月以内である旨、取消訴訟は、一定の場合を除き、審査請求に対する裁決を経た後でなければ提起することができない旨明記されていたことが認められることをも踏まえれば、原告Ｄ２及び原告Ｄ４が不服申立期間内に不服申立てをしなかったことが社会通念上正当であると認めることはできないから、本件において「正当な理由」があるということはできない。

そうすると、原告Ｄ２及び原告Ｄ４がした各審査請求は、いずれも不適法であるといわざるを得ない。

② 国税に関する法律に基づく処分の取消訴訟は、審査請求についての裁決を経た後でなければ、提起することができず（国税通則法第115条《不服申立ての前置等》第１項本文）、審査請求が不適法である場合には、審査請求についての裁決を経たということはできないと解されるところ、上記のとおり原告Ｄ２及び原告Ｄ４がした各審査請求はいずれも不適法であり、審査請求についての裁決を経たということはできないから、原告Ｄ２及び原告Ｄ４の訴えはいずれも不適法である。

⑵ 争点２（被相続人がＤ２に対して本件求償債権につき債務を免除する黙示の意思表示をしたか否か）について

① 本件和解の成立（前記前提事実〔２〕⑶）により、被相続人は、少なくとも合計192,948,125円に相当する自己の財産をもって、本件連帯保証債務に係る主たる債務である原告Ｄ２の本件預り金返還債務の一部を消滅させる行為をする（平成29年法律第44号による改正前の民法第459条《委託を受けた保証人の求償権》第１項）とともに、本件連帯債務の一部につき共同の免責を得た（同法第442条《連帯債務者間の求償権》第１項）から、原告Ｄ２に対し、上記金額から本件連帯債務に係る被相続人の負担部分15,000,000円を除いた合計177,948,125円の本件求償債権を取得したことが認め

られる。

これに対し、原告Ｄは、被相続人が、次に掲げる日のいずれかに、本件求償債権につき債務を免除する黙示の意思表示をしたと主張する。

(イ) 本件和解が成立した平成20年11月27日

(ロ) 被相続人が原告Ｄ２に対し財産管理に関する委任事務開始の申込みをした平成25年１月８日

(ハ) 原告Ｄ２が、被相続人から財産管理に関する委任事務開始の申込みを受けたことに伴い本件求償債権が記載されていない財産目録を作成した平成25年３月31日

そして、これを裏付ける事実等として次のとおり主張するので、以下検討する。

② 検討

(イ) 原告Ｄは、被相続人と原告Ｄ２との関係に加え、被相続人が、本件和解に先立って、原告Ｄ２に対し、Ａらに弁済した分についての返済は不要である旨を繰り返し述べていたことからすれば、被相続人と原告Ｄ２との間には、本件求償債権について返済を要しない旨の合意があった旨主張し、原告Ｄ２はこれに沿う供述をする。

原告Ｄ２の上記供述は、要旨、本件預り金返還請求事件の第一審において、原告Ｄ２に対し、Ａに112,704,923円及びこれに対する遅延損害金、Ｂに75,081,453円及びこれに対する遅延損害金並びにＺに58,193,467円及びこれに対する遅延損害金の各支払を命ずる判決がされたことを受けて、原告Ｄ２は破産手続開始の申立てをすることを視野に入れていたところ、被相続人が、それを避けるため、同事件に係るＸ弁護士との打合せにおいて、上記原告Ｄ２のＡ、Ｂ及びＺに対する債務について自己の財産で代物弁済するという内容で和解をする提案をし、その際、原告Ｄ２が被相続人が代物弁済した分につきできる限り返済する旨を申し出たことに対し、被相続人が、そのような返済は不要である旨を述べたというものである。

しかし、本件和解条項29項は、Ａらが本件求償債権を相続等により取得することがあり得ることをその前提とするものであるから、このことと論理的に両立しない関係にある原告Ｄの上記主張及びこれに沿う原告Ｄ２の上記供述は、そもそもたやすく採用し難いものである。

そして、原告Ｄ２の上記供述の内容を前提としても、上記のような会話により被相続人と原告Ｄ２との間で本件求償債権について返済を要しない旨の合意が成立したとは認めることができない上、債務を免除する意思表示とは、それにより当該債権を消滅させるものである（民法第519条《債務の免除》）ところ、被相続人の上記発言が、その内容及び経緯に鑑みても、本件求償債権を消滅させる旨をあらかじめ表示したものと認めるのは困難である。

原告Ｄ２と被相続人が養親子関係にあり同居していたこと〔弁論の全趣旨、前記前提事実【2】(1)〕等原告Ｄが主張するその余の事情を踏まえても、原告Ｄが主

張する上記事実が、被相続人が本件求償債権につき債務を免除する黙示の意思表示をしたことを裏付けるものとはいえない。

(ロ) 原告Dは、本件和解の成立後の打合せにおいて、被相続人、原告D2及び原告Dが「これで一切解決ですね」などと繰り返し述べ、被相続人が「もう忘れましょう」などと述べており、これらの発言は被相続人による本件求償債権につき債務を免除する黙示の意思表示に当たる旨主張し、原告D2はこれに沿う供述をする。

原告D2の上記供述は、要旨、原告D2、原告D、被相続人及びX弁護士が、平成20年11月27日、本件和解が成立した後、弁護士会館の地下の食堂で打合せを行った際、全員で「これで一切解決ですね」などと述べ、また、原告D2が、被相続人に対し、同人の財産を代物弁済に供することとなったことについて謝罪したところ、被相続人は、かえって自己の子であるAらが迷惑をかけたことを謝罪し、「もう忘れましょう」などと述べたというものである。

しかし、原告D2の上記供述の内容を前提としても、原告Dが主張する被相続人の発言は本件和解が成立した直後の上記会話のうちの一部の発言であるところ、そのような会話中の一部の発言を取り上げて、その発言が被相続人による本件求償債権につき債務を免除する黙示の意思表示に当たるとは到底解し難い上、上記会話の内容及び経緯に加え、被相続人、原告D2及び原告Dは、遅くとも平成17年から別件訴訟においてAらと対立して争っていた〔前記前提事実【2】(3)〕が、本件和解の成立により別件訴訟が一挙に終結したことを踏まえれば、被相続人は、本件和解が成立したことを指して「これで一切解決ですね」などと発言し、本件和解を成立させるために被相続人がその一部の財産を失ったこと等を指して「もう忘れましょう」などと発言したにとどまるものと考えるのが合理的であり、このような被相続人の発言に、本件求償債権を消滅させる趣旨が含まれているということもできない。

したがって、原告Dが主張する上記事実が、被相続人による本件求償債権につき債務を免除する黙示の意思表示に当たるものとはいえず、また、被相続人が同意思表示をしたことを裏付けるものともいえない。

(ハ) 原告Dは、本件和解条項29項は本件求償債権の行使を絶対的に防止するために設けられたものであったから、被相続人は本件求償債権を行使する意思がなかったことを主張する。

しかし、本件和解が成立した時点において、被相続人が本件求償債権を行使する意思を有していなかったとしても、そのような事実は被相続人が本件求償債権を消滅させる意思を有していたことを意味するものではない上、本件和解条項29項は、その文言からも明らかなように、Aらが、いかなる名目により本件求償債権を取得したとしても、これに基づき原告D2に対し請求しないこと等を確約するものであって、被相続人が本件求償債権を一切行使しないことを確約するものではないから、同項が本件求償債権の行使を絶対的に防止する条項であるとも認められない（なお、本件和解条項29項は、Ａらが原告Ｄ２に対して本件求償債権に基づく請求をしないこと等を確約するものにとどまるから、被相続人が本件求償債権につき債務を免除した場合に、Ａらがこれを生前贈与に該当すると主張して遺留分減殺請求をすることが直ちに禁止されるものではなく、本件和解の成立後に原告Ｄ２が本件求償債権の一部を実質的に支払うこととなる事態の発生を絶対的に防止できるとまではいい難い）。

したがって、原告Ｄが主張する上記事実が、被相続人が本件求償債権につき債務を免除する黙示の意思表示をしたことを裏付けるものとはいえない。

㈡　原告Ｄは、本件和解が成立した当日、Ａ及びＢから原告Ｄ２に交付された預金小切手合計9,214,261円について、被相続人は原告Ｄ２に対し、その引渡しを求めなかったことを主張する。

しかし、Ａ及びＢが、本件和解の席上において、本件和解条項19項に基づく支払義務の履行として、原告Ｄ２に対し交付した上記預金小切手について、被相続人が原告Ｄ２に対し、上記預金小切手の引渡しを求めなかったとしても、そのような事実は、被相続人が本件求償債権を直ちに行使しなかったことを意味するにとどまり、被相続人が本件求償債権を消滅させる意思を有していたことを意味するものではない。

したがって、原告Ｄが主張する上記事実が、被相続人が本件求償債権につき債務を免除する黙示の意思表示をしたことを裏付けるものとはいえない。

㈭　原告Ｄは、原告Ｄが、本件和解が成立した日、原告Ｄの原告Ｄ２に対する求償債権について、債務を免除する意思表示をしたことを主張する。

しかし、原告Ｄが同求償債権につき債務を免除する意思表示をしたと認めるに足りる的確な証拠はない上、仮に原告Ｄが同求償債権につき債務を免除する意思表示をしていたとしても、同求償債権と本件求償債権は本件和解の成立という同一の原因により生じたものであるとはいえ、債権者を異にする別個の債権であるから、原告Ｄが有する求償債権につき債務の免除がされたとしても、そのことにより法律上被相続人が有する本件求償債権は何らの影響を受けないばかりか、本件求償債権につき債務を免除する黙示の意思表示がされたことが推認されるという関係にもない。

したがって、原告Ｄが主張する上記事実が、被相続人が本件求償債権につき債務を免除する黙示の意思表示をしたことを裏付けるものとはいえない。

㈬　原告Ｄは、被相続人が原告Ｄ２に対し財産管理に関する委任事務開始の申込みをしたことが、本件求償債権につき債務を免除する黙示の意思表示に当たるなどと主張する。

証拠によれば、被相続人は、原告D2との間で、平成17年5月30日、被相続人が原告D2に対し委任事務開始の申込みをしたとき等を効力発生の条件とし、原告D2に対し被相続人に帰属する全ての財産の保存、管理、運用及び処分に関する事項等を委任し、その事務処理のための代理権を付与すること等を内容とする契約を締結したこと、被相続人は、原告D2に対し、同契約に基づき、平成25年1月8日、財産管理の委任事務開始の申込みをしたこと、原告D2は、同契約に基づき、同年3月31日付けで、本件求償債権が記載されていない被相続人の財産目録を作成したことが認められる。

しかし、同契約の上記内容を踏まえれば、同申込みが本件求償債権を消滅させる趣旨を含むものとはおよそいえない上、上記のとおり、同契約は本件和解が成立する前に既に締結されていたことに加え、原告D2と被相続人は養親子関係にあり同居していたこと（前記(イ)）、被相続人は原告らと共に、原告ら以外の実子又は養子であるAらと、本件和解が成立するまでの間、別件訴訟において紛争状態にあったこと（前記(ロ)）に鑑みれば、被相続人が原告D2に対し同申込みをしたこと自体何ら不自然なことではなく、被相続人が本件求償債権を有していたことが、被相続人が同申込みをする事実上の支障になるともいえない。

また、原告D2が、本件求償債権が記載されていない被相続人の財産目録を作成した時点において、本件求償債権が債務を免除する黙示の意思表示により消滅していたと認識していたとしても、これまで説示したことからも明らかなように、かかる認識に具体的な根拠があるということはできない。

したがって、同申込み自体が本件求償債権につき債務を免除する黙示の意思表示に当たるとはいえず、また、原告Dが主張する上記事実が、被相続人が本件求償債権につき債務を免除する黙示の意思表示をしたことを裏付けるものともいえない。

(ト)　原告Dは、X弁護士は、本件求償債権が記載されていない被相続人の相続財産目録を作成しており、被相続人が本件求償債権につき債務を免除する黙示の意思表示をしたと認識していたことを主張する。

X弁護士は、本件遺言の執行に当たり、本件求償債権が記載されていない被相続人の相続財産目録を作成したところ、仮に、X弁護士が、同目録を作成した時点において、本件求償債権が債務の免除により消滅していたと認識していたとしても、これまで説示したことからも明らかなように、かかる認識に具体的な根拠があるということはできない。

したがって、原告Dが主張する上記事実が、被相続人が本件求償債権につき債務を免除する黙示の意思表示をしたことを裏付けるものとはいえない。

(チ)　原告Dは、本件和解が成立した平成20年11月27日から本件相続が開始した平成

25年7月＊＊日までの間、本件求償債権が行使されたことがなく、弁済もされていないことを主張する。

しかし、債権者は、その有する債権をいつ行使するかを自由に決定することができ、債権が時効によって消滅するまで行使しないとすることも自由であるから、本件和解が成立した日から本件相続が開始した日までの間に本件求償債権が行使されておらず、弁済もされていないことは、被相続人が本件求償債権を消滅させる黙示の意思表示をしたことを推認させるものではない。

したがって、原告Dが主張する上記事実が、被相続人が本件求償債権につき債務を免除する黙示の意思表示をしたことを裏付けるものとはいえない。

③ 小括

上記①及び②によれば、被相続人が、本件和解の成立により本件求償債権を取得した時から本件相続が開始する時までの間、本件求償債権につき債務を免除する黙示の意思表示をしたと認めることはできず、他にこれを認めるに足りる的確な証拠はない。

したがって、被相続人が本件求償債権につき債務を免除する黙示の意思表示をした旨の原告Dの主張は採用することができない。

(3) 原告Dに対する各処分の適法性

前記(2)のとおり、本件和解が成立した時から本件相続が開始した時までの間に、本件求償債権につき債務を免除する黙示の意思表示がされたと認めることができず、本件求償債権は本件相続が開始した時点で存在していたと認められる。

そうすると、本件求償債権は本件相続により取得した財産に含まれるから、これを前提に計算すると、原告Dの本件相続に係る相続税の額は、別表（筆者注略）課税価格等の計算明細表の原告Dに係る「納付すべき相続税額」欄に記載のとおりとなり、過少申告加算税は5,729,000円となり、いずれも原告Dに対する各処分における税額と同額となる。

したがって、原告Dに対する各処分は適法である。

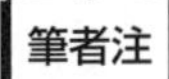

上記争点2で用いられた民法の各条文は、次のとおりである。

(1) 旧民法第442条《連帯債務者間の求償権》第1項

連帯債務者の1人が弁済をし、その他自己の財産をもって共同の免責を得たときは、その連帯債務者は、他の連帯債務者に対し、各自の負担部分について求償権を有する。

(2) 旧民法第459条《委託を受けた保証人の求償権》第1項

保証人が主たる債務者の委託を受けて保証をした場合において、過失なく債権者に弁済をすべき旨の裁判の言渡しを受け、又は主たる債務者に代わって弁済をし、その他自己の財産をもって債務を消滅させるべき行為をしたときは、その保証人は、主たる債務者に対して求償権を有する。

(3) 民法第519条《免除》

債権者が債務者に対して債務を免除する意思を表示したときは、その債権は、消滅する。

〔6〕まとめ

(1) 裁判の結果

先例とされる裁判例では、被相続人の生前における本件和解の成立により被相続人が取得した原告Ｄ２に対する本件求償債権（177,948,125円）につき、原告（納税者）らが被相続人の原告Ｄ２に対する本件求償債権についてはこれを債務免除するという黙示の意思表示があったことにより既に消滅済である（本件相続開始時における本件求償債権の不存在）と主張したのに対し、被告（国）が主張し東京地方裁判所がこれを相当と判断したのが被相続人と原告Ｄ２との間には本件求償債権について債務免除するという黙示の意思表示をも含めて返済を不要とする旨の合意があったとは認められず本件求償債権は本件相続開始時においても存在していたというものであったため、結果として、原告（納税者）Ｄの主張は容認されなかった。

（注１） 原告（納税者）Ｄ２及び同Ｄ４の訴えは、いずれも不適法（適法な審査請求を前置せずに提訴された）であるとして、却下された。

（注２） 原告らは、上記の東京地方裁判所の判決を不服として控訴しましたが、控訴審である東京高等裁判所判決（令和３年６月２日判決、令和２年（行コ）第207号）においても、控訴人らの主張は棄却された。そして当該控訴判決については、最高裁判所に上告されなかったことから確定した。

(2) 参考法令通達等

- 評価通達204《貸付金債権の評価》
- 評価通達205《貸付金債権等の元本価額の範囲》
- 国税通則法第77条《不服申立期間》
- 国税通則法第115条《不服申立ての前置等》
- 旧民法第442条《委託を受けた保証人の求償権》
- 旧民法第459条《連帯債務者間の求償権》
- 民法第519条《免除》

本問から学ぶ重要なキーポイント

(1) 「正当な理由」とは、天災その他やむを得ない事由により不服申立期間内に不服申立てをしなかったことが社会通念上正当であると認められる理由をいうものと解されています。

(2) 国税に関する法律に基づく処分の取消訴訟は、審査請求についての裁決を経た後でなければ、提起することができず（国税通則法第115条《不服申立ての前置等》第１項本文）、審査請求が不適法である場合には、審査請求についての裁決を経たということはできないと解されています。

(3)　本件和解が成立した日（平成20年11月27日）から本件相続開始日（平成25年7月＊＊日）までの間、本件求償権が行使されたことがなく、弁済もされていなかったとしても、債権者は、その有する債権をいつ行使するかを自由に決定することができ、債権が時効によって消滅するまで行使しないとすることも自由であるから、本件和解が成立した日から本件相続開始日までの間に本件求償債権が行使されておらず、弁済もされていないことは、被相続人（債権者）が本件求償債権を消滅させる黙示の意思表示をしたことは推認させるものではないとされています。

(4)　本件和解条項29項は、被相続人が原告Ｄ２に対して本件求償債権につき債務を免除した場合に、Ａらがこれを生前贈与に該当すると主張して遺留分減殺請求をすることが直ちに禁止されるものではなく、本件和解の成立後に原告Ｄ２が本件求償債権の一部を実質的に支払うこととなる事態の発生を絶対的に防止できるとまではいい難いものとされています。

貸付金債権に係る実務対策

(1)　先例となる裁判例において、もし仮に、被相続人に係る相続開始後に税理士が一見で相続税申告のみを受任したとした場合には、本件和解成立日（平成20年11月27日）から本件相続開始日（平成25年７月＊＊日）までの間に約５年に近い歳月の隔たりが認められ、かつ、本件和解に係る本件求償債権につき一切の弁済もないことから資金の移動による確認もとれないことから、受任者にとって本件求償債権を相続財産として認識することは一定の困難性を伴うものと考えられます。この場合、被相続人の生前における訴訟代理人である弁護士に対する報酬支払（銀行振込）等の資料があれば、その参考になるものと思われます。

　どちらにしても、被相続人の生前の行動等からの相続財産の存在推認として、関係者（相続人等）よりの事情聴取の重要性が挙げられます。

(2)　先例となる裁判例で争点とされたのは、本件和解に係る本件求償債権（被相続人が取得した原告Ｄ２に対する債権177,948,125円）につき被相続人に係る本件相続開始日までに債務を免除する黙示の意思表示があったか否かであり、本件求償債権の価額（相続税評価額）については、一切争点とされていません。

　本件求償債権に係る相手方（原告Ｄ２）は個人であるところ、債務者が個人である場合の貸付金債権の価額認識に係る法令解釈等は、次のとおりとされています。

①　評価通達205《貸付金債権等の元本価額の範囲》に定める「その回収が不可能又は著しく困難であると見込まれるとき」とは、同通達の(1)ないし(3)に掲げる事由（いわゆる形式基準）と同視できる程度に債務者の資産状況及び営業状況等が

破綻していることが客観的に明白であって、債権の回収の見込みのないことが客観的に確実であるといい得るときをいうものと解するのが相当とされています。

② 上記①に掲げる「同視できる程度」（上記____部分）とは、債務者が個人である場合には、次に掲げるすべての事項を充足していることが重要であると解するのが相当とされています。

(イ) 債務者の債務超過の状態が著しく、その者の信用、才能等を活用しても、現にその債務を弁済するための資金を調達できないこと

(ロ) 上記(イ)に掲げる資金調達につき、近い将来においても調達することができる見込みがないこと

そうすると、先例とされる裁判例では本件求償債権に係る債務者である原告Ｄ２（個人）に、上記①及び②に掲げる法令解釈等は当てはまらないと推認されますが、担当事案における債務者が個人である場合においては、この点を必ず確認しておく必要があるものと考えられます。

Q1-5 被相続人が生前に親族に預託（寄託）した定期預金があったものの、その大部分が当該親族により無断で解約費消されたことにより生じた不法行為に基づく損害賠償請求権（訴訟で確定）に関する諸論点（(1)財産の認識（財産名）・(2)財産の価額・(3)財産の取得者）が争点とされた事例

事例 国税不服審判所裁決事例
（平成26年3月27日裁決、大裁（諸）平25－49、平成21年相続開始分）

疑問点

被相続人に相続開始があり、その相続財産を調査したところ、同人がその生前に三男夫婦にその預託（寄託）を依頼したものと認められる被相続人名義の定期預金（額面約600,000,000円）の存在が確認されましたが、当該定期預金はその大部分が被相続人の存命中に同人の指示なく行われた三男夫婦の意思により解約されてしまい、代替（転化）資産の確認も困難な状況となっています。なお、三男夫婦による上記の定期預金の解約は、主として金融機関に出向いて実際に解約手続きをしたのは三男の妻ですが、当該解約の実行を指示したのは三男であると確認されています。

三男夫婦による定期預金の解約行動に気付いた被相続人は、その生前に三男の妻を相手に訴訟を提起しており、主訴として預託金の返還、予備的主張として不法行為に基づく損害賠償請求権の行使を求めていた係争中に相続開始（当該時点では、訴訟は結審していました）がありました。その後においても訴訟は続けられ、相続税の期限内申告期限までに、原告（被相続人）の主張のうちの予備的主張の大部分が認められ、三男の妻に対する不法行為（判示では預金の受託者は三男であるが、三男の妻には被相続人の財産と認知しながら、同人の指示によることなく、当該預金を三男の指示で解約したという不法行為）に基づく損害賠償請求権が確定することになりました。

また、被相続人は、生前に公正証書遺言を作成しており、それによると、三男を除く他の共同相続人の４名で被相続人に帰属する財産を平等に各人４分の１ずつとする旨の記載となっていました。

今回の相続税の期限内申告における被相続人の相続財産の取扱い（財産の認識（財産名）、評価額及び取得者）につき、下記に掲げるような種々の考え方があり判断に悩んでいますので、これらにつき適切なアドバイスをお願いします。

なお、三男夫婦については、解約された預金の大部分を消益的な支出に充当し

てしまい、日常生活を維持する程度の資産のみの保有であり、また、個人的な技能によって多額の収益を獲得するということは現在及び将来にわたって不可能であると考えられます。

提示された種々の考え方

(1) 財産の認識（財産名）について

① 被相続人に係る相続開始時においては訴訟は係属中であることから、主訴たる三男の妻に対する『預託金』となります。

② 被相続人に係る相続開始時において本件判決は言い渡されていないものの訴訟は結審していることから、本件判決で判示された三男の妻に対する『不法行為に基づく損害賠償請求権』となります。

③ 上掲の前提条件からすると、本件判決で判示された上記②の三男の妻に対する『不法行為に基づく損害賠償請求権』と、併せて三男に対する『債務不履行（預託された預金をそのまま預金として保管する義務を履行しなかったことによります）に基づく損害賠償請求権』も生じている。ただし、これら両者については重複している部分があることに留意する必要があります。

④ 上記②又は③の考え方による場合には、本件判決では認定されなかった財産であっても、相続税の課税実務上では、原告（被相続人）の相続財産とされるものが想定されるので、併せて、留意する必要があります。

(2) 財産の価額について

① 上記(1)①ないし③に掲げる財産は貸付金債権等に該当し、その価額は、原則として、評価通達204《貸付金債権の評価》の定めにより、元本の価額と利息の価額の合計額である、いわゆる額面金額で評価するものとされています。

② 本件事案は、評価通達205《貸付債権等の元本価額の範囲》の(1)から(3)に掲げる金額に該当するもの（いわゆる形式基準による回収不能額）は認められないが、上掲の前提条件から三男夫婦の置かれた状況を考慮すると、三男夫婦に対する貸付金債権等の一部が同通達の「その他その回収が不可能又は著しく困難であると見込まれる」（いわゆる実質基準による回収不能額）に該当する可能性もあると考えられるので、慎重に対応する必要があります。

(3) 財産の取得者について

① 本件事案に係る貸付金債権等については、たとえ、遺産分割協議が行われていないとしても実際に費消したのは三男夫婦なのであるから、三男夫婦のうち、今回の被相続人に係る相続人である三男が当然に取得（相続）

したものとして取り扱うことが相当となります。

② 上掲の前提条件によると、本件事案では公正証書遺言（内容：被相続人の相続財産は、三男以外の４名の共同相続人が各４分の１ずつ相続する）があることから、本件事案に係る貸付金債権等についても、当然にこの対象となるものとして取り扱うことが相当となります。

回　答

お尋ねの事案は、その前提条件が非常に複雑であり、種々の考え方が想定されるところですが、？疑問点 に掲げる(1)については③及び④、(2)については②、そして、(3)については②により処理することが、一般的には相当であると考えられます。

！解　説

本件事案では、貸付金債権等に係る債務者が三男夫婦（個人）であると解するのが相当と考えられますが、債務者が個人である場合には、一時的に債務超過の状態にあったとしても、その者の信用等を活用し、又はその後の労働等により弁済を継続することも可能な場合もあるから、当該債権の回収の見込みがないことが客観的に確実であるときとは、債務者の債務超過の状態が著しく、その者の信用、才能等を活用しても、現にその債務を弁済するための資金を調達することができないだけでなく、近い将来においても調達することができる見込みがない場合をいうものと解されています。

貸付金債権等に係る債務者が個人である場合と法人である場合とでは、法令解釈上において「当該債権の回収の見込みがないことが客観的に確実であるとき」に差異が生じていることに留意する必要があります。

検討先例

Q1-5 の検討に当たっては、下記に掲げる裁決事例が先例として参考になります。

●国税不服審判所裁決事例（平成26年３月27日裁決、大裁（諸）平25－49、平成21年相続開始分）

〔１〕事案の概要

本件は、審査請求人総代Ａほか３名（以下「請求人ら」といい、個々の審査請求人を「請求人＊＊」などという）が、その父である被相続人の相続税の申告をするにあたり、被相続人が生前に同人の三男の妻に対し預金等の形で預けた金員があり、三男が相続により取得したものとしたところ、原処分庁が、相続財産は預け金自体ではなく、当該預金等を無断で解約した三男の妻等に対する損害賠償請求権等であり、当該請求権等は遺言に基づき請求人らが相続により取得したとして更正処分及び過少申告加算税の賦課決定処分をしたのに対し、請求人らが、当該請求権等を相続により取得していないし、仮に取得したとしても、当該請求権等は回収する見込みがないから相続財産としての価値はないなどとして原処分の全部の取消しを求めた事案である。

〔2〕基礎事実

⑴ 本件相続の開始

請求人ら４名の父である被相続人（国籍は＊＊＊＊である）は平成21年＊＊月＊＊日（筆者注 平成21年６月29日と合理的に推認される）に死亡し、本件相続が開始した。

本件相続に係る共同相続人は、請求人ら４名（長男である請求人Ａ、次男である請求人Ｂ、長女である請求人Ｃ、五男である請求人Ｆ）のほか、三男であるＤ及び四男であるＥの６名である。

なお、被相続人の孫であるＧが受遺者とされている。

⑵ 本件各遺言書の作成

被相続人は、生前、平成18年11月24日作成の遺言公正証書（以下「平成18年遺言書」という。）により、要旨 図表－１ のとおりの遺言を行った。

また、平成21年６月19日作成の遺言公正証書（以下「平成21年遺言書」といい、平成18年遺言書と併せて「本件各遺言書」という）により、要旨 図表－２ のとおり、平成18年遺言書の一部を変更する遺言を行った。

図表－１ 平成18年遺言書の要旨

公証人＊＊は、平成18年11月24日、＊＊公証役場において、被相続人の嘱託により、証人＊＊及び＊＊の各立会の下に、次のとおり遺言の趣旨の口授を筆記し、この証書を作成する。

なお、遺言者である被相続人は、自らを被相続人とする相続の準拠法として日本の法律を指定し、遺言者の相続には日本法が適用される。また、被相続人が日本で所有する不動産の相続は、日本法に従うものとする。

第１条　被相続人は、被相続人の相続開始時において被相続人が有する＊＊の株式のうち、その２分の１を請求人＊＊（筆者注 Ａ又はＢのいずれかである）に相続させるとともに、その２分の１をＧに遺贈する。

第２条　被相続人は、被相続人の相続開始時において被相続人が有する＊＊に対する貸付金債権を請求人＊＊（筆者注 Ａ又はＢのいずれかである）に相続させる。

第３条　被相続人は、被相続人所有の次の不動産を請求人＊＊（筆者注 Ｃ又はＦのいずれかである）に相続させる。

⑴　＊＊の宅地56.03㎡

⑵　＊＊の宅地75.73㎡

⑶　＊＊の宅地82.80㎡

⑷　＊＊上の家屋番号の居宅・車庫、木造瓦葺２階建１階146.02㎡及び２階117.47㎡

第４条　被相続人は、第１条ないし第３条記載以外の被相続人の有する財産については、遺言執行者の報酬を支払った後、請求人ら及びGの５人にそれぞれ５分の１ずつの割合で相続させる。
第５条　被相続人は、この遺言の遺言執行者としてＸ（筆者注 弁護士の氏名）を指定する。

図表－２　平成21年遺言書の要旨

公証人＊＊は、平成21年６月19日、＊＊において、被相続人の嘱託により、証人＊＊及び＊＊の各立会の下に次のとおり遺言の趣旨の口授を筆記し、この証書を作成する。
第１条　被相続人は、平成18年遺言書の第４条記載の被相続人の遺言内容を次のとおり変更する。
　被相続人は、平成18年遺言書の第１条ないし第３条記載以外の被相続人の有する財産については、遺言執行者の報酬を支払った後、請求人らの４人にそれぞれ４分の１ずつの割合で相続させる。
第２条　被相続人は、この遺言及び平成18年遺言書記載の遺言の遺言執行者としてＸ（筆者注 弁護士の氏名）を指定し、預貯金の払戻請求・解約を含むこの遺言の執行のために必要な範囲内での一切の権限を有するものとする。
第３条　この遺言で変更された部分を除き、平成18年遺言書の各条項には変更はないものとする。

⑶　本件催告書の送付

被相続人の代理人であるＸ（筆者注 弁護士の氏名）は、Ｄの妻であるＤ２（Ｄと併せて、以下「Ｄ夫婦」という）に対し、平成18年11月27日付の催告書と題する書面（以下「本件催告書」という）を内容証明郵便により送付した。

本件催告書には、被相続人はＤ２に対し、＊＊及び＊＊（筆者注 いずれも、金融機関の名称）に家族等の名義で預金していた被相続人の預金等総額約600,000,000円の保管を依頼してきたが、本日限りその依頼を撤回するので、平成18年12月20日までに、返還いただくよう本書をもって催告する旨が記載されている。

⑷　本件返還訴訟の提起

被相続人は、Ｄ２を被告として、平成＊＊年＊＊月＊＊日に＊＊地方裁判所（以下「＊＊地裁」という）に対し預託金返還請求訴訟（以下「本件返還訴訟」という）を提起した。

なお、被相続人及びＤ２は、本件返還訴訟において、それぞれ要旨次のとおり主張した。

①　被相続人の主張

⑴　主位的請求（預託金返還請求）

㋑　被相続人は、平成13年４月頃、Ｄ２に対して、＊＊及び＊＊（筆者注 いずれも、金融機関の名称）に被相続人、被相続人の妻及び子らの名義で預金していた52口の定期預金合計450,496,829円を、返還期限の定めなく預託した。

㋺　被相続人は、平成13年11月頃、Ｄ２に対して、被相続人の配偶者の死亡保険金20,230,097円（以下「本件生命保険金」という）を、返還期限の定めなく預託した。

㋩　被相続人は、平成15年４月頃、Ｄ２に対して、被相続人の土地売却代金の一部である68,580,000円を、返還期限の定めなく預託した。

㊁　Ｄ２は、被相続人の求めに応じて上記各預託金のうち39,110,000円（墓地購入費用7,350,000円、土地譲渡所得税9,760,000円、請求人＊＊（筆者注 Ａ又はＢのいずれかである）の自宅購入費用22,000,000円）を被相続人に返還したことから、上記㋑ないし㋩の各預託金のうち返還を受けていない金額は500,196,926円となった。

㋭　被相続人は、本件催告書による預託契約の解除を理由として、Ｄ２に対して、返還を受けていない上記㊁の預託金500,196,926円及び返還期限の翌日である平成18年12月21日から支払済みまで年５分の割合による遅延損害金の支払を求める。

(ロ)　予備的請求（不法行為に基づく損害賠償請求）

㋑　Ｄ２は、上記(イ)㋑の定期預金52口のうち47口の定期預金（以下「本件定期預金」という）を解約したが、当該解約金427,787,827円を被相続人に返還していない。

㋺　Ｄ２は、＊＊（筆者注 金融機関の名称）の被相続人名義普通預金口座（以下「本件被相続人名義普通預金口座」という）から平成17年２月７日に10,000,000円、同月８日に8,600,000円を払い戻したが、これらの合計18,600,000円（以下「本件払戻金」という）を被相続人に返還していない。

㋩　Ｄ２は、被相続人がＤ２に預託した上記(イ)㋩の土地売却代金68,580,000円から請求人＊＊（筆者注 Ａ又はＢのいずれかである）の自宅購入資金として22,000,000円を被相続人に返還したが、残金46,580,000円（以下「本件預託金」という）を被相続人に返還していない。

㊁　本件定期預金、本件払戻金及び本件預託金は被相続人の所有するものであったところ、Ｄ２による、本件定期預金の解約行為、本件払戻金の払戻行為及び本件預託金の返還不作為は、被相続人に対する不法行為を構成し、仮に、これらの行為をＤの指示で行った場合には、Ｄ２は重要な役割を演じており、共同不法行為の責任を免れないことから、被相続人は、Ｄ２に対して、不法行為に基づく損害賠償として、上記㋑ないし㋩の合計492,967,827円及びこれに対する不法行為の日の後である平成18年12月21日から支払済みまで年５分の割合による遅延損害金の支払を求める。

②　Ｄ２の主張

(イ)　本件定期預金は、Ｄ２が被相続人から預託されたものではなく、Ｄが被相続人から贈与を受けたものである。

本件定期預金47口のうち２口は解約されずに現存しており、解約された45口（合計426,705,483円）の定期預金（以下「本件解約定期預金」という）は、Ｄ２がＤの命令ないし指示を受けて、Dの履行補助者として解約したものにすぎない。

(ロ) 被相続人が、本件生命保険金が振り込まれた本件被相続人名義普通預金口座の通帳と印鑑をDに預けたことはある。

本件払戻金は、D2が、被相続人から指示を受けたDの指示で本件被相続人名義普通預金口座から引き出し、Dに交付し、現在Dが預かったままになっている。

(ハ) 本件預託金を被相続人に返還していないことは認めるが、本件預託金は、Dが被相続人から保管の依頼を受けたので、Dの履行補助者としてD2が被相続人から預かり、D2の貸金庫で保管していたものにすぎない。

(5) 本件判決の言渡し

本件返還訴訟は、平成＊＊年＊＊月＊＊日に口頭弁論が終結し、判決言渡期日前に被相続人が死亡したが、被相続人の訴訟代理人としてX（筆者注 弁護士の氏名）が選任されていたため、訴訟手続は中断せず、同年＊＊月＊＊日に判決（以下「本件判決」という）が言い渡され、同判決は同年＊＊月＊＊日に確定した。

なお、本件判決は被相続人の予備的請求の一部を認め、D2に対して、不法行為に基づく損害賠償金426,705,483円（以下、この損害賠償金に係る支払請求権を「本件損害賠償請求権」という）及びこれに対する平成18年12月21日から支払済みまで年5分の割合による金員（以下、このうち、同日から本件相続開始日までの期間のものを「本件遅延損害金」といい、本件損害賠償請求権と併せて「本件損害賠償請求権等」という）の支払を命ずるものであり、その理由として、要旨次のとおり判示した。

① 主位的請求について

次の理由から、上記(4)①(イ)㋑の52口の定期預金、本件生命保険金及び本件預託金を被相続人がD2へ預託した事実は認められないのであって、主位的請求は認められない。

(イ) 被相続人は、報告書を提出し、上記定期預金について、平成13年頃までは長男である請求人Aが＊＊（筆者注 金融機関の名称）の同人名義の貸金庫に入れて管理していたが、同年4月頃、高齢であった被相続人の日常の世話を三男の妻であるD2にみてもらうこととなり、それに伴って預金の管理者をD2に変更し、同貸金庫にD2も出入りできるように手続したなどと陳述する。

しかし、次に掲げる事項などから、被相続人が主張し、陳述する事実は、預託の時期及び預託の相手方のいずれについても採用できない。

㋑ 本人尋問における上記定期預金の預託時期等に関する被相続人の供述が上記報告書における陳述内容や、長女である請求人Cの尋問の結果と必ずしも整合せず、曖昧にすぎること

㋺ 請求人＊＊（筆者注 A又はBのいずれかである）の供述等が、被相続人の陳述を裏付けるに足りないこと

㋩ 多額の預金を実子であるDではなく、あえて同人の妻にすぎないD2に預ける

ことは一般的には考えにくいこと

㊁　被相続人は、本件催告書を送付した後に被相続人及び請求人らと預金の一部である240,000,000円の返還交渉を行ったのは、Ｄ２ではなくＤである旨主張しているが、そうであるとすれば預託の相手方もＤであるとするのが自然であること

(ロ)　本件生命保険金及び本件預託金についても、被相続人は、預託の経緯や管理に関する具体的な指示内容等について明確な供述ができていないこと及び上記定期預金と同様、ＤではなくＤ２に預託することは考えにくいことなどから、同人に対する預託の事実を直ちに認めることはできない。

②　予備的請求について

予備的請求について判断するに、次の理由から、Ｄ２には、本件解約定期預金の解約に係る不法行為に基づき、被相続人に対して本件解約定期預金の解約金の額に相当する損害賠償金を支払う義務が認められる。

(イ)　本件定期預金に係る印鑑・証書等が被相続人からＤに支付された事実は認められるが、次に掲げる事項などから、被相続人がＤに本件定期預金を贈与した事実は認められず、Ｄに預託したにすぎないものと評価すべきである。

㋑　Ｄ夫婦は、被相続人から月に200,000円程度の生活費を受け取っていたにもかかわらず、複数の子の一人にすぎないＤのみに本件定期預金を贈与する動機が直ちに理解しがたいこと

㋺　多額の贈与にもかかわらず書面の作成もなく、贈与税の申告もないこと

(ロ)　上記(イ)のとおり、本件定期預金は、被相続人からＤに預託されたものであって、その所有者は被相続人であり、Ｄ２は、このことを知っていたか、あるいは、仮に知らなくともそのことについて過失があるというべきであるから、本件解約定期預金の解約手続を実行したＤ２には、被相続人に対する不法行為が成立すると解するのが相当である。

(ハ)　Ｄ２は、本件払戻金及び本件預託金はＤが保管しており、同人から被相続人に対して返還する義務があることを認めてはいるが、当該払戻しについてはＤ２が被相続人の指示があったものと認識していた可能性があること及び本件預託金については単なる不返還行為にすぎないことから、いずれも不法行為が成立するとまではいえない。

(6)　本件金員訴訟の提起

請求人らは、Ｄ２を被告として、本件払戻金（18,600,000円）、本件預託金（46,580,000円）及び本件生命保険金（20,230,097円）の金額に相当する金員の支払を求め（以下、これらの金員に係る支払請求権を「本件金員支払請求権」という）、平成＊＊年＊＊月＊＊日に＊＊地裁に対し金員支払請求訴訟（以下「本件金員訴訟」という）を提起しており、同訴訟は現在も同地裁に係属している。

⑺　遺留分減殺請求訴訟の提起

Ｄ及びＥは、請求人ら及びＧを被告として、平成＊＊年＊＊月＊＊日に＊＊地裁に対し、遺留分減殺請求訴訟を提起しており、同訴訟は現在も同地裁に係属している。

なお、当該訴訟において、Ｄ及びＥは、同人らの遺留分算定の基礎となる財産に本件損害賠償請求権が含まれる旨主張し、これに対して請求人らは、Ｄ２は資力がなく、本件損害賠償請求権の実質的価値は零に等しい旨主張している。

⑻　本件登記抹消登記手続請求訴訟

平成21年３月26日、Ｄ２から同人の兄であるＤ３に対して、Ｄ夫婦の自宅である＊＊の宅地93.60㎡及び同宅地上の家屋（家屋番号＊＊）のＤ２の持分２分の１について、同日付の売買を原因とする所有権移転登記がなされた。

平成＊＊年＊＊月＊＊日、請求人らは、Ｄ２を被告として、上記土地家屋の売買契約は無効であるとして債権者代位により、あるいは売買契約が有効であるとしても詐害行為に当たるとして、上記所有権移転登記の抹消登記手続を求める訴訟（以下「本件登記抹消登記手続請求訴訟」という）を＊＊地裁に提起した。

平成＊＊年＊＊月＊＊日の＊＊地裁判決は、上記売買契約は有効であり、詐害行為にも当たらないとして、請求人らの請求を棄却したため、請求人らが控訴した。

同年＊＊月＊＊日の＊＊高等裁判所の判決はＤ夫婦は、被相続人や請求人らの預託金返還請求を免れる目的で一連の財産隠匿行為を行っており、その一環としてＤ３と通謀して上記売買契約を仮装したものと認められるとして、請求人らの請求を認容し、Ｄ２による上告受理申立てに対する平成＊＊年＊＊月＊＊日の最高裁判所の上告不受理決定により、上記所有権移転登記の抹消登記手続を命ずる旨の控訴審判決が確定した。

⑼　被相続人の国籍について

被相続人の国籍は、＊＊（筆者注 国名）である。

⑽　審査請求に至る経緯等

①　相続税の期限内申告書

請求人らは、別表の「申告」欄（筆者注 非公開）のとおり、平成21年＊＊月＊＊日（筆者注 平成21年６月29日と合理的に推認される。以下「本件相続開始日」という）に死亡した被相続人（以下、当該被相続人の死亡により開始した相続を「本件相続」という）に係る相続税の申告書（以下「本件申告書」という）を法定申告期限内である平成22年４月28日に、＊＊税務署長に提出した。

②　相続税の修正申告書

請求人らは、本件相続に係る相続税の修正申告書（以下「本件修正申告書」という）を平成24年５月２日に＊＊税務署長に提出した。

③　相続税に係る本件各更正処分等

＊＊国税局長は、＊＊税務署所属の調査担当職員（以下「本件調査担当者」という）

の調査に基づき、請求人らに対し、平成24年6月14日付で、各更正処分（以下「本件各更正処分」という）及び過少申告加算税の各賦課決定処分（以下「本件各賦課決定処分」といい、本件各更正処分と併せて「本件各更正処分等」という）をした。

本件各更正処分等の内容は、上記(5)に掲げる本件損害賠償請求権等及び上記(6)に掲げる本件金員支払請求権は、平成21年遺言書に基づき、請求人らが各4分の1の割合で相続により取得したものとして行われたものである。

④　異議申立て

請求人らは、本件各更正処分等を不服として、平成24年8月8日に、異議審理庁（筆者注 現行の規定では、再調査審理庁。以下同じ）に対して異議申立て（筆者注 現行の規定では、再調査の請求。以下同じ）をしたところ、異議審理庁は同年10月24日付で、棄却の異議決定（筆者注 現行の規定では、再調査決定。以下同じ）をした。

⑤　審査請求

請求人らは、異議決定を経た後の本件各更正処分等に不服があるとして、平成24年11月13日に審査請求するとともに、請求人Aを総代として選任し、その旨を届け出た。

筆者注1 本件裁決事例における被相続人に係る親族図（ただし、推定である）を示すと、図表－3のとおりである。

図表－3　本件裁決事例における親族図（推定）

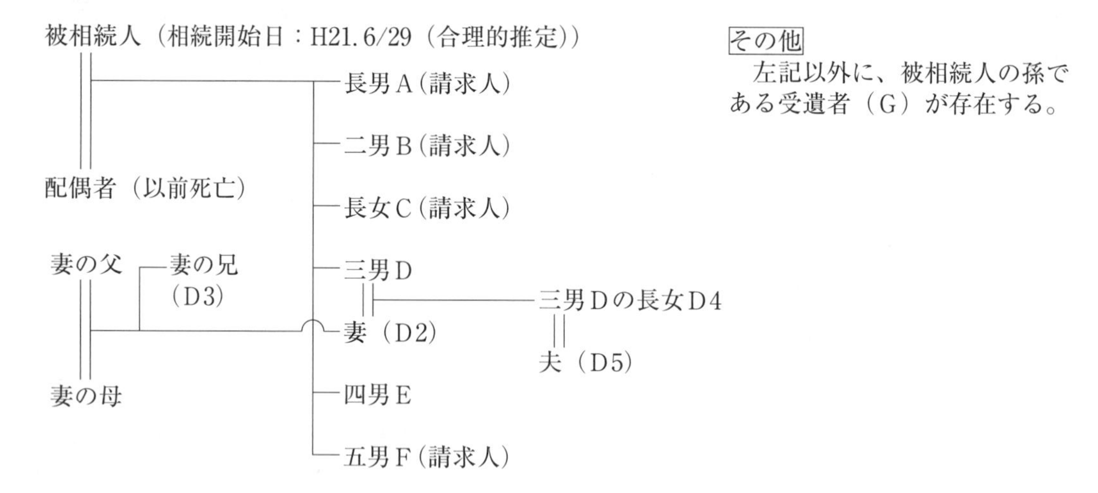

筆者注2 上記(1)ないし(10)に掲げる基礎事実及びその他の本件裁決事例の理解につき、重要と考えられる事項を時系列的な経過にしてまとめると、図表－4のとおりとなる。

図表－４　本件裁決事例における時系列

H13 4月頃
被相続人が52口の定期預金を預託
金額 450,496,829円（Ⓐ）
（注）受託者がD2又はDのいずれかにつき、主張と判断には差異が有

H13 11月頃
被相続人が本件生命保険金を預託（本件被相続人名義普通預金口座に入金）
金額 20,230,097円（Ⓑ）
（注）受託者がD2又はDのいずれかにつき、主張と判断には差異が有

H15 4月頃
被相続人が土地売却代金の一部を預託
金額 68,580,000円（Ⓒ）
（注）受託者がD2又はDのいずれかにつき、主張と判断には差異が有
➡ Ⓒについては相続開始時までに22,000,000円返還
残額 46,580,000円（Ⓓ）（本件預託金）

H17 2/7 及び H17 2/8
本件払戻金の発生（本件被相続人名義普通預金口座から出金された被相続人に対する未返還金）
金額 18,600,000円（Ⓔ）
（注）返還義務者がD2又はDのいずれかにつき、主張と判断には差異が有

H18 11/24
平成18年遺言書の作成

H18 11/27
本件催告書の送付
⬇
被相続人がD2に対して平成18年12月20日までに預金等総額約6億円の返還を求める内容

H18 12/20（1）
本件催告書で求めた事項は未履行

1の後ほどなく
本件返還訴訟を提起
原告 被相続人
被告 D2
主張 (1) 主位的主張
預託金500,196,926円と遅延損害金（H18. 12/21～支払日までの期間で、年5%）の支払を要求

（内訳）	
定期預金52口（Ⓐ）	450,496,829円
本件生命保険金（Ⓑ）	20,230,097円
土地売却代金（Ⓒ）	68,580,000円
既返還受取済額	▲39,110,000円
預託金の額	500,196,926円

(2) 予備的主張
不法行為に基づく損害賠償金 492,967,827円と遅延損害金（H18. 12/21～支払日までの期間で、年5%）の支払を要求

（内訳）	
本件定期預金（Ⓔ）（注）	427,787,827円
本件払戻金（Ⓕ）	18,600,000円
本件預託金（Ⓖ）	46,580,000円
損害賠償金の額	492,967,826円

（注）本件定期金（Ⓔ）とは、定期預金52口（Ⓐ）のうち提訴時までに既に解約されてしまったと被相続人（原告）が判断している47口の定期預金をいう。

H21 3/26（2）
D夫婦の居住用不動産の所有権移転登記
原　因 売買
権利者 D3（D2の兄）
義務者 D2

2の後
➡ 本件登記抹消登記手続請求訴訟
地　裁 H21.＊＊/＊＊ 本件登記は有効
高　裁 H21.＊＊/＊＊ 本件登記は無効
最高裁 H21.＊＊/＊＊ 本件登記は無効

H21 6/19
平成21年遺言書の作成

H21 6/29（3）
被相続人に係る相続開始

3の約
2か月後
(4)

本件返還金訴訟に係る本件判決

⬇

D2に対して、予備的主張の一部を認め、本件損害賠償請求権等の支払を命令

(内訳)　本件損害賠償請求権（Ⓗ）（注1）　426,705,483円
　　　　本件遅延損害金(注2)

（注1）　本件損害賠償請求権とは、本件定期金(Ⓔ)47口のうち、実際には解約されなかった2口を除く、45口の合計額をいう。

（注2）　本件遅延損害金とは、Ⓗに対してH18. 12/21から支払日までの期間につき、年5%の割合で加算される金額をいう。

（注3）　本件損害賠償請求権と本件遅延損害金を総称して、本件遅延損害賠償請求権等という。

4の後ほどなく

本件金員訴訟を提起

原告　請求人ら

被告　D2

主張　下記に掲げる金員の支払を請求

本件払戻金(Ⓕ)	18,600,000円
本件預託金(Ⓖ)	46,580,000円
本件生命保険金(Ⓑ)	20,230,097円
(合計)（Ⓘ）	85,410,097円

(注1)　上記(Ⓘ)を「本件金員支払請求権」という。

(注2)　本件金員訴訟は、現在も係属中である。

3より1年以内

遺留分減殺請求訴訟を提起

原告　D及びE

被告　請求人ら及びG

(注)　遺留分減殺請求訴訟は現在も係属中である。

H22 4/28

相続税の期限内申告書を提出

財産名　D2に対する預け金

評価額　500,196,926円（注1）

取得者　D(注2)

(注1)　本件評価額は、本件返還訴訟における主位的主張たる預託金の額と同一額である。

(注2)　Dによる取得は、遺産分割協議によるものではないと推認される。

H24 5/2

相続税の修正申告書を提出

財産名　D2に対する預け金(㊟預け金としたことに留意)

取得者　D2

評価額

(1)本件損害賠償請求権(Ⓗ)	426,705,483円
(2)本件遅延損害金(Ⓙ)（注1）	53,835,033円
(3)本件損害賠償請求権等(Ⓚ)（注2）	480,540,516円
(4)本件金員支払請求権(Ⓘ)	85,410,097円
(合計)　(3)+(4)	565,950,613円

(注1)　本件遅延損害金は、Ⓗに対してH18. 12/21から本件相続開始日（H21. 6/29）までの期間につき、年5%の割合で算定された金額（下記明細参照）である。

①H18(12/21 ～ 12/31→11日)　Ⓗ×5%×$\frac{11日}{365日}$=　642,980円

②H19(1/1 ～ 12/31→365日)　Ⓗ×5%×$\frac{365日}{365日}$=　21,335,274円

③H20(1/1 ～ 12/31→365日)　Ⓗ×5%×$\frac{365日}{365日}$=　21,335,274円

④H21（1/1 ～ 6/29→180日）　Ⓗ×5%×$\frac{180日}{365日}$=　10,521,505円

(合計)　①+②+③+④　53,835,033円

(注2)　本件損害賠償請求権等とは、ⒽとⒿを併せた場合の総称である。

H24 6/4

相続税にかかる本件各更正処分等

財産名　D2に対する本件損害賠償請求権等(Ⓚ)及び本件金員支払請求権(Ⓘ)

取得者　請求人ら（4名）が平成21年遺言書に基づき、各4分の1ずつ取得

評価額　相続税の修正申告書の提出時における価額と同額

(1)本件損害賠償請求権等(Ⓚ)	480,540,516円
(2)本件金員支払請求権(Ⓘ)	85,410,097円
(合計)　(1)+(2)	565,950,613円

H24 8/8	H24 10/24	H24 11/13	H26 3/27
異議申立	異議決定	審査請求	裁決（一部取消し）

財産名 D2及びDに対して有する本件各請求債権（注：評価額(1)の(注)を参照）

取得者 請求人ら（4名）が平成21年遺言書に基づき、各4分の1ずつ取得

評価額 (1) 本件各請求債権の額面上の価額

① D2（不法行為者と認定）に対する債権

(イ) 本件損害賠償請求権(Ⓗ) 426,705,483円

(ロ) 本件遅延損害金(Ⓙ) 53,835,033円（小計）480,540,516円

② D（債務不履行者と認定）に対する債権

(イ) 債務不履行に基づく損害賠償請求権(Ⓛ) 426,705,483円

(ロ) 本件払戻金(Ⓕ)に係る返還請求権 18,600,000円

(ハ) 本件預託金(Ⓖ)に係る返還請求権 46,580,000円

（小計）491,885,483円

(注) 上記①及び②に掲げる債権のすべてを総称して「本件各請求債権」と称するが、実際には、①(イ)の債権(Ⓗ)と②(イ)の債権(Ⓛ)は重畳的に存在するものと認められることから、本件各請求債権の額面上の価額は、545,720,516円(①(小計)+②(小計)－426,705,483円（二重計上分））となる。

なお、当該金額と相続税の修正申告及び本件各更正処分等の段階における評価額欄の金額（565,950,613円）との差異金額（20,230,097円）は、債権認定額として二重計上されていた本件生命保険金(Ⓑ)を減額認定したことによる。

(2) D2及びDに係る債権回収が不可能又は著しく困難とされる金額

＊＊円（非公開）

(3) 相続税の課税価格算入額（国税不服審判所認定額）

545,720,516円（上記(1)）－＊＊円（上記(2)）＝＊＊円

(注) 上記の＊＊円は、H24.6/4における相続税に係る本件各更正処分等における金額565,950,613円を下回ることとなるので、結果として、本件各更正処分等はその一部が取り消されることとなる。

〔3〕争点

(1) 争点1

本件損害賠償請求権等及び本件金員支払請求権は、請求人らが相続により取得した財産であるか否か。

(2) 争点2

本件損害賠償請求権等及び本件金員支払請求権は、回収の見込みのない債権として評価すべきか否か。

〔4〕争点に関する双方（請求人ら・原処分庁）の主張

各争点に対する請求人ら・原処分庁の主張は、**図表－5**のとおりである。

図表－5　各争点に関する請求人ら・原処分庁の主張

（争点１）本件損害賠償請求権等及び本件金員支払請求権は、請求人らが相続により取得した財産であるか否か

請求人ら（納税者）の主張	原処分庁（課税庁）の主張
以下の理由で、本件損害賠償請求権等及び本件金員支払請求権は本件相続に係る相続財産とはならない。 本件損害賠償請求権等は、被相続人の共同相続人のうち請求人らが、被相続人が生前にＤ２に提起した本件返還訴訟を引き継ぐことにより、被相続人から相続した債権であるが、訴訟の原因となった預金は返還されていない。 したがって、請求人らは本件損害賠償請求権等を相続したが、預金として取得していないため、請求人らの取得財産ではない。 また、本件金員支払請求権についても同様に、請求人らは財産を取得しておらず、請求人らの取得財産ではない。	次の⑴及び⑵の債権については、それぞれ以下の理由により、評価通達204《貸付金債権の評価》に定める貸付金債権に該当し、本件相続における相続財産となる。 また、原処分において被相続人の相続財産として認定した財産は、本件損害賠償請求権等及び本件金員支払請求権であり、被相続人の預貯金そのものではない。 ⑴　被相続人がＤ２に対して有する本件損害賠償請求権等 ①　被相続人は、Ｄ２に対して本件返還訴訟を提起し、本件相続開始日後の平成＊＊年＊＊月＊＊日に、Ｄ２に対して、本件損害賠償請求権の額に相当する金員及び遅延損害金の支払を命じる旨の判決が言い渡されている。 ②　Ｄ及びＤ２は、本件登記抹消登記手続請求訴訟において、本件損害賠償請求権426,705,483円が相続財産であることを認めている。 ⑵　請求人らのＤ２に対して有する本件金員支払請求権85,410,097円 ①　請求人らは、本件相続開始日後の平成＊＊年＊＊月＊＊日に、Ｄ２に対して本件返還訴訟において認められなかった同人が被相続人に対して返還していない各金員について、本件金員訴訟を提起していること ②　本件金員訴訟は、訴訟が係属中であるが、これに係る訴状等によれば、本件金員支払請求権は、被相続人が本件返還訴訟で返還等を請求していた金額の一部であること及び本件各遺言書により請求人らが被相続人から各４分の１の割合で相続した旨記載されているから、被相続人が本件相続開始日において有していたものと認められること

（争点２）本件損害賠償請求権等及び本件金員支払請求権は、回収の見込みのない債権として評価すべきか否か

請求人ら（納税者）の主張	原処分庁（課税庁）の主張
⑴　評価通達205《貸付金債権等の元本価額の範囲》の「その他その回収が不可能又は著しく困難であると見込まれるとき」の原処分庁の見解は課税庁独自の見解というべきであり、評価通達にそのような記載はなく、同通達⑴ないし⑶の事項とは別に、その回収が不可能又は、著しく困難であると見込まれるときにおいて･･･と解すべきものである。	⑴　本件相続開始日において、Ｄ夫婦には評価通達205《貸付金債権等の元本価額の範囲》の⑴ないし⑶の事実が発生しておらず、また同通達の「その他その回収が不可能又は著しく困難であると見込まれるとき」とは、課税時期において同通達の⑴ないし⑶の「次に掲げる金額に該当するとき」と同視しうる程度に債務者の資産状態及び営業状態が破綻していることが客観的に明白であって、債権の回収の見込みがないことが客観的に確実であるといい得るときであると解するのが相当である。

⑵　請求人らが相続財産として本件損害賠償請求権等及び本件金員支払請求権を相続したものであるとしても、Ｄ夫婦は不法に本件各更正処分等に係る相続財産を取得しており、請求人らの返還請求などには全く応じないのみならず、当該相続財産を他人名義に書き換えるなど、Ｄ夫婦に返還する意思は皆無であり、各請求権はもはや債権たる実体を有していない。 　したがって、各請求権は回収できる見込みがなく、相続財産としての価値はないのであるから、これらの金額を相続財産として課税した原処分は違法である。	⑵　Ｄ夫婦は、本件相続開始日現在において、評価通達205《貸付金債権等の元本価額の範囲》に定める事実も認められず、請求人らが主張する「本件損害賠償請求権等及び本件金員支払請求権は回収見込みがなく、相続財産としての価値がない」とは認められず、評価通達204《貸付金債権の評価》に基づいて評価すれば、それぞれ480,540,516円、及び85,410,097円となる。 　なお、本件返還訴訟の判決によれば、本件定期預金が被相続人からＤに対し預託されたこと及びＤ２については本件解約定期預金の解約手続を実行したとして被相続人に対する不法行為が成立すると判示されていることからすると、本件返還訴訟の被告はＤ２であるが、Ｄとともに共同不法行為者と解するのが相当であり、本件損害賠償請求権等の債務者はＤ夫婦と判断できる。

〔５〕国税不服審判所の判断

⑴　認定事実

①　本件申告書の記載について

請求人らが、平成22年４月28日に提出した本件申告書には、相続税の総額の計算の基礎となる相続財産として、Ｄ２に対する預け金500,196,926円が計上されているが、当該預け金はＤが取得したものとして請求人ら各人の納付すべき税額が計算されている。

なお、当該預け金の金額は、上記〔２〕⑷①(イ)㈭のとおり、本件返還訴訟における主位的請求に係る請求額（筆者注 500,196,926円）と同額である。

②　本件修正申告書の記載について

請求人らは、原処分庁の調査に基づき申告漏れ財産があるとして平成24年５月２日に本件修正申告書を提出した。本件修正申告書には、相続税の総額の計算の基礎となる相続財産として、Ｄ２に対する預け金565,950,613円が計上されているが、当該預け金はＤが取得したものとして請求人ら各人の納付すべき税額が計算されている。

なお、当該預け金の金額は、本件損害賠償請求権426,705,483円、本件遅延損害金53,835,033円及び本件金員支払請求権85,410,097円の合計額と同額である。

③　本件相続開始日におけるＤ夫婦の資産状況等について

(イ)　本件相続開始日において、Ｄ夫婦が有する資産及び負債の状況は、＊＊（筆者注 非公開）のとおりである。

(ロ)　Ｄ夫婦の所得等の状況についてみるに、Ｄ夫婦が＊＊税務署長に提出した平成20年分の所得税の確定申告書には、＊＊からの給与収入が＊＊円、＊＊からの株式配当が＊＊円及び不動産所得の金額が＊＊円と記載されており、平成21年分の確定申告書には、給与収入が＊＊円及び不動産所得が＊＊円と記載されている。また、各申告書において、D2が控除対象配偶者とされている。

なお、平成22年分以降は確定申告書の提出はないが、Dに＊＊円の年金収入があり、Dが＊＊年生まれであることから、同人が60歳になった＊＊年以降は年金収入があるものと認められる。

(ハ) 本件相続開始日から現在に至るまで、D夫婦に、評価通達205《貸付金債権等の元本価額の範囲》の(1)ないし(3)に定める自己破産等の事実が発生した事実は認められない。

④ 本件解約定期預金の解約金の使途について

本件解約定期預金〔上記【2】(4)②(イ)のとおり、本件定期預金47口のうち、本件返還訴訟において、D2が、解約を認めた45口合計426,705,483円の定期預金〕は、平成13年6月19日から平成14年12月10日までの間にD2により全て解約されており、その一部はそのまま現金で出金されたほか、複数の金融機関で、D夫婦及び同人の子らである＊＊及び＊＊並びにD4（筆者注 D夫婦の長女と推認される）の夫であるD5名義で預貯金の設定、有価証券の購入等に充てられ、その後、＊＊（筆者注 非公開）のとおり本件相続開始日において残存している預貯金等を除き、全て出金、解約、売却等されている。これらの出金等は、現金で出金された金額も多いが、カード決済等に充てられた金額も相当の額に上る。

⑤ 証券会社におけるD2名義口座の取引状況について

本件解約定期預金の解約金が入金された＊＊（筆者注 金融機関の名称）のD2名義の普通預金口座から、平成14年2月13日に20,000,000円、同年3月8日に7,000,000円、同月12日に20,000,000円、同年10月29日に8,301,315円及び平成16年6月7日に2,750,000円がそれぞれ出金され、＊＊（筆者注 証券会社の名称）のD2名義の株式専用口座（以下「本件株式専用口座」という）にそれぞれ同日に同額が振込みにより入金されており、当該振込金が同口座での株式取引の原資とされている。

また、本件株式専用口座から出金された株式売却代金の一部が、＊＊（筆者注 金融機関の名称）の＊＊名義（筆者注 D又はD2と推認される）の普通預金口座及び＊＊（筆者注 金融機関の名称）の＊＊名義（筆者注 D又はD2と推認される）の普通預金口座に入金されている。

⑥ 本件定期預金のうち本件解約定期預金以外のもの

本件定期預金のうち、本件解約定期預金以外の2口の定期預金については、いずれも平成15年9月16日に新しい口座番号で預け替えられており、その後自動継続され、本件相続開始日に存在している。

⑦ 関係者の答述等について

被相続人の本件返還訴訟における供述等、本件に関する関係者の答述等は要旨次のとおりである。

(イ) 被相続人の本件返還訴訟における供述

㋑ 主位的請求に係る定期預金52口は、Dに贈与したものではなく、D2に預けたものである。印鑑についてはD2から持ってくるように言われた。

㋺ 本件催告書を送付した後に、Dが請求人らに240,000,000円を支払うことで決着をつけたということを請求人＊＊（筆者注 A又はBのいずれかである）から聞いた。その後、D夫婦が被相続人の自宅に170,000,000円を持ってきたことがある。そのとき、D夫婦は、同人らが相談していた弁護士に書いてもらった、これでお金を受け取って解決しましょうという内容の和解書を持ってきた。

(ロ) Dの答述等

㋑ Dの本件返還訴訟における陳述書ないし証人尋問における供述

(A) D2が被相続人から預金を預かったことはない。Dが被相続人からもらった預金について、D2に解約を指示した。預金については、黒いかばんに入れた定期預金の証書を受け取った。印鑑は、それより前に、母親からもらっていた。

(B) 本件払戻金については、D2が預かっており、本件生命保険金等が入金されていた本件被相続人名義普通預金から、被相続人の指示を受けて、D2に引き出させたものである。被相続人が返してくれなどと言わないので、そのままD2が保管していた。

(C) D2は、被相続人から＊＊の土地の売却代金を袋に入れた現金の状態で預かり、貸金庫に入れて保管していた。

金額が68,580,000円であったかは把握していないが、被相続人に言われてその中から22,000,000円を持って行ったことがあった。

(D) 平成19年2月2日に、請求人らと話合いをし、請求人らに対して、被相続人から預かった金を払うということになった。240,000,000円という数字は覚えており、そういう金額になったかも分からない。

(E) 平成19年4月27日に、被相続人の自宅に全部かき集めて65,000,000円くらいの現金を持っていったことがある。

(F) 平成19年4月28日に請求人らと話し合った際、請求人＊＊（筆者注 A又はBのいずれかである）は、元の金額に100,000,000円増やしたら許してやると言った。元の金額が65,000,000円か240,000,000円かは分からない。

㋺ Dの本件調査担当者に対する申述

(A) 平成12年9月頃に、母＊＊が、被相続人や家族名義等の預金通帳と印鑑、＊＊（筆者注 銘柄名）等の上場株式をDの自宅に持ってきた。それまでは、請求人＊＊（筆者注 A又はBのいずれかである）が管理していたが、同居等の問題で仲が悪くなったため、私に預けたと言っていた。

(B) 被相続人から預かった預金は、被相続人の指示や了解の上で、D2に指示して解約手続をさせた。解約金は、自宅に持ち帰って現金で保管したり、Dの家族名義の預金にしたが、その後、平成17年か18年頃、＊＊マンションの購入費用に80,000,000円、＊＊に50,000,000円から60,000,000円程度、妻の株取引で＊＊に約30,000,000円使ったほか、請求人＊＊（筆者注 A又はBのいずれかである）の住宅資金として同人に22,000,000円を渡している。

また、平成16年から19年の間に中華人民共和国（以下「中国」という）の投資エージェントに投資資金として約200,000,000円を手渡した。

㋩　Dの審判所に対する答述

(A)　Dは、平成19年1月まで＊＊に勤務していたが、退職した一月後から、＊＊の経営する＊＊に勤務し、60歳からは月100,000円程度もらっている。

D2の収入については、詳細は分からないが、収入はないのではないか。

(B)　中国への投資については、はっきりした日付は記憶していない。金額も詳細は分からない。

投資資金は、1回に20,000,000円くらいの現金を新聞紙に包んで飛行機の機内に持ち込み、日本で知り合った＊＊という中国人女性を通じてマンション等に投資をしたが、投資物件の内容等については、同人に任せていた。投資先の物件の契約書などは自分の手元にはない。同人とは2年ほど前から連絡が取れなくなっている。

(ハ)　D2の供述答

㋑　D2の本件返還訴訟における供述

平成19年2月2日に、Dが請求人らと話し合って、金額は聞いていないが、請求人らにお金を払うことになったと聞いた。

被相続人がDに、ある限りのお金を持って話をしにこいと言ったので、平成19年4月27日に、Dがお金を用意して被相続人の自宅に持っていったが、請求人＊＊（筆者注 A又はBのいずれかである）と話をしろということになって話がまとまらなかった。

㋺　D2の本件調査担当者に対する申述

＊＊（筆者注 証券会社の名称）の本件株式専用口座への振込手続に関しては、はっきりと記憶していないものの、Dの指示で全て手続をしているから、この件も同人の指示で手続していると思うが、詳しくは知らない。D5はD4（長女）の夫で、同人からお金を預かったことはないから、被相続人の預金を預け替えたのだろうと思う。

(ニ)　請求人＊＊（筆者注 A又はBのいずれかである）の本件返還訴訟における供述

㋑　平成19年2月2日に、Dと話合いをし、同人が、請求人＊＊（筆者注 A又はBのいずれかである）、請求人C及び請求人Fに、80,000,000円ずつを同年3月5

日か6日ぐらいに支払うということで合意した。

㋺　被相続人から、平成19年4月27日に、D夫婦が被相続人のところに170,000,000円を持ってきたと聞いた。被相続人が受取を拒否し、請求人＊＊（筆者注 A又はBのいずれかである）と話をしろということで、翌日の同月28日に、D、被相続人及び請求人＊＊（筆者注 A又はBのいずれかである）の3人で話合いをしたが、折り合いがつかなかった。

㋩　平成8年頃から被相続人がD夫婦に預金を預託した平成13年4月頃まで、被相続人から預金の管理を任されており、その間の預金の管理状況はメモ（以下「本件預金管理ノート」という）に記載している。

⑧　本件預金管理ノート

被相続人が本件返還訴訟に書証として提出した本件預金管理ノートによれば、請求人＊＊（筆者注 A又はBのいずれかである）の管理期間中は満期継続等の手続以外は、定期預金を解約した事実はほとんどない。

⑨　Dの請求人らに対する返還

Dは、本件定期預金とともに被相続人から交付を受けた上場株式3銘柄23,000株（＊＊10,000株、＊＊3,000株及び＊＊10,000株）の株券を、平成20年12月12日にX（筆者注 弁護士の氏名）を介して請求人らに返還している。

⑩　Dの中国上海への渡航の状況について

Dが、平成17年11月1日に＊＊（筆者注 日本国籍を取得との意と推定される）した後の平成17年12月20日に発行を受けたパスポートには、平成18年中に4回、平成19年に5回、平成20年に4回、平成21年に1回の計14回の中国上海への渡航実績が記録されている。なお、平成7年から＊＊までの間は中国上海への出国はない。

⑪　本件被相続人名義普通預金口座について

平成13年12月26日、本件被相続人名義普通預金口座に本件生命保険金20,230,097円が振込により入金された。同入金前の同口座の預金残高は9,188,101円であった。

その後、同口座からは平成16年3月18日に、被相続人の所得税の納付資金として＊＊円が出金されたほか、複数回の入出金がなされ、平成17年2月7日及び同月8日に本件払戻金18,600,000円が現金で出金された後の残高は69,073円であり、本件修正申告書において被相続人の遺産として計上されている。

(2)　法令解釈等

①　相続税法第22条の時価

相続税法によれば、相続税は、取得財産（相続又は遺贈等によって取得した財産）の価額の合計額をもって課税価格とし（相続税法第11条の2《相続税の課税価格》）、相続開始の際、被相続人の債務で確実と認められるものがあるときは、その金額を取得財産の価額から控除する（同法第13条《債務控除》第1項、第14条《債務控除》第1項）

こととしている。

そして、上記取得財産の価額は、当該財産の取得時の時価により、また、取得財産の価額から控除すべき債務の金額は、その時の現況によるものとされている（同法第22条《評価の原則》）。

これらの規定に徴すれば、相続税は、財産の無償取得によって生じた経済的価値の増加に対して課される租税であるところから、その課税価格の算出に当たっては、取得財産と控除債務の双方についてそれぞれ現に有する経済的価値を客観的に評価した金額を基礎とするものと解される。

そうすると、相続税法第22条にいう時価とは、相続開始時における当該財産の客観的交換価値、すなわち、それぞれの財産の現況に応じ、不特定多数の当事者間で自由な取引が行われる場合に通常成立すると認められる価額をいうものと解される。

② 相続税法第22条と評価通達との関係

もっとも、相続税の課税対象となる財産は多種多様であり、また、財産の客観的な交換価値は、必ずしも一義的に確定されるものではないため、これを個別事案ごとに評価する方法を採ると、その評価方法、基礎資料の選択の仕方等により異なった評価額が生じることを避け難く、納税者の法的安定性及び予見可能性を損ね、納税者間の公平を害する可能性がある。

そこで、相続税に係る課税実務上、国税庁長官は、財産の評価方法に共通する原則や財産の種類及び評価単位ごとの評価方法などに関する一般的基準を評価通達に定め、相続財産の評価を画一的に行うとともに、これを公開し、納税者の申告及び納税の利便に供している。

このように、評価通達により評価を行う課税実務は、単に、課税当局の事務負担の軽減、課税事務処理の迅速性、徴税費用の節減のみを目的とするものではなく、これをもって課税当局の取扱いを統一するとともに、納税者間で財産の評価が異なることは課税の公平の観点からみて好ましくないことから、特別の事情がある場合を除き、あらかじめ評価通達に定められた評価方法により画一的に評価することをもって、課税の適正・公平の確保を図ることも目的とするものである。

そして、評価通達に定める評価方式が時価評価の方式としてその合理性を肯定することができるものである限り、評価通達の定める評価方式によって算定された金額をもって、納税者間の公平、納税者の便宜、効率的な徴税といった租税法律関係の確定に際して求められる種々の要請を満たし、国民の納税義務の適正な履行の確保に資するものとして、相続税法第22条《評価の原則》の「時価」であるものと評価することは、同条の規定の許容するところであると解される。

さらに、このような評価通達の趣旨等からすれば、相続により取得した財産の評価は、評価通達が定める評価方式によった場合にはかえって実質的な租税負担の公平を害することが明らかな場合を除き、課税の公平の観点から、評価通達の定める評価方式に基づいて行うことが相当であると解される。

③　貸付金債権等の評価

評価通達204《貸付金債権の評価》は、貸付金債権等の評価は、貸付金債権等の元本の価額と利息の価額との合計額により評価するものとし、同元本の価額は、その返済されるべき金額であり、利息の価額は、課税時期現在の既経過利息として支払を受けるべき金額である旨定めている。

また、評価通達205《貸付金債権等の元本価額の範囲》は、貸付金債権等の評価を行う場合において、その債権金額の全部又は一部が、課税時期において、「次に掲げる金額に該当するときその他その回収が不可能又は著しく困難であると見込まれるとき」においては、それらの金額は元本の価額に算入しない旨を定めている。

そして、「次に掲げる金額」としては、債務者について手形交換所の取引停止処分等に該当する事実があったときの貸付金債権等の金額並びに再生計画認可の決定、整理計画の決定及び再生計画の決定等により切り捨てられる債権の金額等が挙げられている。

このように、貸付金債権等の評価方法として、評価通達204及び205の定めが、原則として元本の価額と利息の合計額とし、債務者に対して有する貸付金債権等の金額を元本の価額に算入しないのは例外的な場合に限られるという取扱いをしていること及びかかる例外的な場合について、評価通達205において、債務者について手形交換所の取引停止処分等に該当する事実があったときの貸付金債権等の金額並びに再生計画認可の決定、整理計画の決定及び再生計画の決定等により切り捨てられる債権の金額等に該当するときと並列的に「その他その回収が不可能又は著しく困難であると見込まれるとき」が定められていることからすると、ここでいう「その他その回収が不可能又は著しく困難であると見込まれるとき」とは、上記のとおり列挙された場合と同視できる程度に債務者の資産状況及び営業状況等が破綻していることが客観的に明白であって、債権の回収の見込みのないことが客観的に確実であるといい得るときをいい、そのような場合には、当該部分について元本の価額に算入しないものと解するのが相当である。

そして、債務者が個人である場合には、一時的に債務超過の状態にあったとしても、その者の信用等を活用し、又はその後の労働等により弁済を継続することも可能な場合もあるから、当該債権の回収の見込みがないことが客観的に確実であるときとは、債務者の債務超過の状態が著しく、その者の信用、才能等を活用しても、現にその債務を弁済するための資金を調達することができないだけでなく、近い将来においても調達することができる見込みがない場合をいうものと解される。

④　損害賠償請求権の評価

評価通達204《貸付金債権の評価》は、貸付金、売掛金、未収入金、預貯金以外の預け金及び仮払金を例示として挙げていることからすると、同通達204に定める貸付金債権等とは、発生当初に契約によって生じた債権や発生段階で債権回収の引当てとなる財産が債務者にあるものなどを対象としていると解されるところ、損害賠償請求権の中には、一般的な貸付金債権等に状況が類似したものがある一方、債権の発生時から債務者の資力がなく全く経済的な価値を有しないものも存在するから、損害賠償請求権の全てが、同通達204に定める貸付金債権等（その他これらに類するもの）の範囲に含まれるとすることには疑問がある。

そうすると、損害賠償請求権は、その発生の経緯等、個々の損害賠償請求権の具体的内容によって同通達204に定める貸付金債権等に該当するか否かを判断するのが相当である。

⑤　訴訟中の権利

評価通達210《訴訟中の権利》は、訴訟中の権利の価額は、課税時期の現況により係争関係の真相を調査し、訴訟進行の状況をも参酌して原告と被告との主張を公平に判断して適正に評価する旨定めているところ、審判所においても相当と認められる。

(3)　当てはめ

①　**争点１**（本件損害賠償請求権等及び本件金員支払請求権は、請求人らが相続により取得した財産であるか否か）について

(イ)　Ｄ２に対する債権について

被相続人が、生前、Ｄ２に対する本件返還訴訟を提起していたことは上記**〔2〕**(4)のとおりである。

上記(2)⑤のとおり、訴訟中の権利の価額は、課税時期の現況により係争関係の真相を調査し、訴訟進行の状況をも参酌して原告と被告との主張を公平に判断して適正に評価すべきであるが、本件返還訴訟は本件相続開始日前である平成＊＊年＊＊月＊＊日に口頭弁論が終結し、実質的審理を全て了しており、また、本件相続開始日（平成＊＊年＊＊月＊＊日（筆者注 平成21年６月29日と合理的に推認される））の約２か月後（平成＊＊年＊＊月＊＊日）には、本件判決が言い渡されたものである。

そして、上記**〔2〕**(5)のとおり、本件判決は、Ｄ２が、被相続人の定期預金45口合計426,705,483円（本件解約定期預金）の解約手続を実行したことが被相続人に対する不法行為を構成すると認定し、同人に本件解約定期預金の額に相当する金員（本件損害賠償請求権）及び遅延損害金の支払を命じたものであり、平成＊＊年＊＊月＊＊日には確定している。

これらの事情を考慮すると、本件相続開始日において、被相続人がＤ２に対して本件損害賠償請求権等を有していたものと認められる。したがって、本件損害賠償請求権等は被相続人の相続財産とすべきものと認められる。

⒭　Dに対する債権について

㋑　Dに対する債務不履行に基づく損害賠償請求権

上記⑷及び上記〔2〕⑷のとおり、本件返還訴訟は、D2のみを被告とするものであり、本件判決は、被相続人がDに預託した本件解約定期預金について、同人の妻であるD2が解約手続をしたという事実関係を前提に、D2について、被相続人に対する不法行為が成立すると認定し、同人に本件損害賠償請求権の額に相当する金員及び遅延損害金の支払を命じたものである。

他方で、Dは、本件返還訴訟の当事者とはなっていないが、被相続人は、本件定期預金を預託したDに対しても、債務不履行に基づく損害賠償請求権を有するものと認められることは以下のとおりである。

(A)　Dとの寄託契約について

上記⑴⑦⒭㋺(A)のとおり、Dは、本件調査担当者に対して、本件定期預金は母＊＊を介してDが預かった旨申述している。

また、本件返還訴訟において、D2も、Dが被相続人から本件定期預金の証書及び印鑑の交付を受けた事実自体は認めている。

もっとも、本件返還訴訟において、D2は、本件定期預金はDが被相続人から贈与を受けたものである旨主張しているのであり、Dも、これに沿う供述をしているが、上記Dの本件調査担当者に対する申述内容に加え、上記⑴⑦⑷㋺、⑴⑦⒭㋑、⑴⑦⒣㋑及び⑴⑦⒩㋑のとおり、被相続人、D夫婦及び請求人＊＊（筆者注 A又はBのいずれかである）は、被相続人がD2に対して本件催告書を送付した後に、本件定期預金の返還について話合いを持った旨供述するとともに、金額に違いはあるものの、次に掲げる事実等からすれば、被相続人は、同預金をDに贈与したものではなく、預託したものであると認めるのが相当である。

Ⓐ　D夫婦が被相続人の自宅に現金を持参したこと

Ⓑ　上記⑴⑨のとおり、Dは、本件定期預金とともに被相続人から交付を受けた上場株式の株券については、これを請求人らに返還していること

以上によれば、被相続人とDの間で本件定期預金の寄託契約（民法第657条《寄託》）があったものと認められる。

なお、請求人らは、本件定期預金のうち、本件解約定期預金について、被相続人のD2に対する預け金であることを前提に本件申告書及び本件修正申告書を提出しているが、これを否定して本件解約定期預金がDに預けられたものであると認めた上記〔2〕⑸の本件判決の判断は審判所においても相当と認められる。

また、上記〔2〕⑶のとおり、本件催告書には預金の保管を依頼した旨の記載がされていること及び上記⑴⑧のとおり、請求人＊＊（筆者注 A又はBのいずれかである）が預金の管理を行っていたときは、満期継続の手続以外に解約され

た預金がほとんどないことからすれば、Ｄに対する本件定期預金の預託は、同預金を預金のまま預託したものであって、同預金を解約して自由に使用することを認める消費寄託であったとは認められない。

したがって、Ｄは、寄託契約に基づき預かった預金を安全に管理し、寄託契約終了時には、預金の状態で被相続人に返還する契約上の義務を負っていたと認められる。

(B)　Ｄの債務不履行について

上記(1)⑦(ロ)㋺(B)及び(1)⑦(ハ)㋺のとおり、Ｄ夫婦は、本件解約定期預金の解約手続等は、Ｄの指示によってＤ２が行った旨申述しており、同人らは、本件返還訴訟においても同様の供述をしていることなどからすると、本件解約定期預金のＤ２による解約手続等は、Ｄが指示したものと認められる。

そうすると、Ｄは、上記(A)の寄託契約によれば、本件解約定期預金を安全に管理し、寄託契約の終了時には預金の状態で被相続人に返還する契約上の義務を負っていたにもかかわらず、自らの意思で、Ｄ２をして本件解約定期預金を解約せしめ、被相続人に対して、寄託契約の本旨に従って本件解約定期預金を定期預金の状態のまま返還することができないこととなったものであるから、Ｄには、被相続人に対して、債務不履行に基づき、本件解約定期預金の解約金の金額に相当する金額の損害賠償義務があるものと認められる。

そして、上記(1)④のとおり、本件解約定期預金の解約は、いずれも本件相続開始日の前に行われているから、被相続人は、本件相続開始日において、Ｄに対して、本件損害賠償請求権の金額と同額の損害賠償請求権を有しているものと認められ、当該損害賠償請求権は、被相続人の相続財産とすべきものと認められる。

(C)　本件損害賠償請求権とＤに対する損害賠償請求権の関係

被相続人がＤ２に対して有する本件損害賠償請求権と上記（B）のＤに対して有する損害賠償請求権は、いずれも、本件解約定期預金の解約を原因として同一の損害に関して重畳的に生じたものであるから、一方の損害賠償請求権についてその一部が履行されれば、他方の損害賠償請求権についても、損害の填補があったこととなり、その分だけ減少する関係にある。

㋺　本件金員支払請求権について

(A)　本件払戻金及び本件預託金について

上記**〔2〕**(4)②(ロ)及び(ハ)並びに**〔2〕**(5)②(ハ)のとおり、Ｄの妻であるＤ２は、本件返還訴訟において、本件払戻金及び本件預託金を、Ｄが被相続人から預かり保管している旨主張しており、Ｄも、これに沿う供述をしていることなどからすると、本件払戻金及び本件預託金は、被相続人からＤに預託されたものと認められる。

そうすると、上記〔2〕(6)のとおり、請求人らによる本件金員訴訟の提起は本件相続開始日の後ではあるが、被相続人は、本件相続開始日において、Ｄに対して、本件払戻金及び本件預託金の金額に相当する預託金返還請求権（以下「本件預託金返還請求権」という）を有しているものと認められ、当該返還請求権は、被相続人の相続財産とすべきものと認められる。

(B) 本件生命保険金について

上記(1)⑦(ロ)(イ)(B)及び上記(1)⑪のとおり、本件払戻金は本件被相続人名義普通預金口座から出金された金員であるところ、本件生命保険金は、同口座に振り込まれた金員であり、これらは共に同口座に預けられていた金員のことをいうものである。

したがって、本件金員支払請求権のうち本件生命保険金の金額に相当する金額を、本件払戻金とは別途被相続人の相続財産と認めることはできない。

その上で検討するに、本件被相続人名義普通預金口座には、当初9,188,101円の残高があり、本件生命保険金20,230,097円が預け入れられた後、複数回の入出金があり、本件払戻金合計18,600,000円の出金された後の残高は69,073円であったものと認められる。

同口座は、Ｄ夫婦が被相続人から預かり管理していたものと認められるが、本件払戻金を除く他の出金の費途の全容については明らかではない。もっとも、被相続人の所得税の納付資金として出金され、一部被相続人のために費消されていることなどからすれば、その他の部分についてもＤ夫婦が費消したものと直ちに認めることはできない。なお、当該預金口座の本件相続開始日における残高は被相続人の遺産として本件修正申告書に計上済みである。

そうすると、当該口座に本件生命保険金が振り込まれたことによって、直ちに被相続人がＤ夫婦に対して本件生命保険金の額に相当する債権を有するものとは認められない。

ただし、上記(A)のとおり、本件払戻金については本件返還訴訟においてＤ夫婦が保管していることを認めているから、被相続人はＤ夫婦に対して、少なくとも本件払戻金の額に相当する債権を有しているものと認められる。

(ハ) 小括

上記(イ)及び(ロ)のとおり、被相続人がＤ夫婦に対して有する債権は、Ｄ２に対する本件損害賠償請求権等並びにＤに対する債務不履行に基づく損害賠償請求権及び本件預託金返還請求権（以下、これらの各請求権を併せて「本件各請求債権」という）であり、これらは、本件相続における相続財産となる。

その額面金額は次のとおりであるが、上記(ロ)(イ)(C)のとおり、このうち本件損害賠償請求権及びＤに対する損害賠償請求権426,705,483円は、同一の損害に対する賠償請求権が重畳的に存在するものであるから、被相続人がＤ夫婦に対して有する本件各請求債権の合計金額は、545,720,516円となる。

㋑　Dに対する債権

債務不履行に対する損害賠償請求権	426,705,483円
本件預託金返還請求権	65,180,000円
	計491,885,483円

㋺　D2に対する債権

本件損害賠償請求権	426,705,483円
本件遅延損害金	53,835,033円
	計480,540,516円

㈡　本件各請求債権を相続により取得した者について

上記㈠ないし㈧のとおり、本件相続における相続財産は本件各請求債権である。

ところで、上記〔2〕⑼のとおり、被相続人は＊＊（筆者注日本国籍を有しないとの意であろう）であるが、上記〔2〕⑵のとおり、被相続人は、平成18年遺言書において、その常居所地であった日本法を相続準拠法に指定している。そして、当該指定は、遺言の方式（遺言時の常居所地法である日本の民法第969条《公正証書遺言》が規定する公正証書遺言の方式）も指定した準拠法（指定時の常居所地法である日本法）も、＊＊の規定に従ってなされた適法なものであるから、法の適用に関する通則法第41条《反致》の規定（筆者注）により本件相続においては、日本法が相続準拠法となる。

筆者注　法の適用に関する通則法第41条《反致》第1項は、その前段において「当事者の本国法によるべき場合において、その国の法に従えば日本法によるべきとは、日本法による」と規定している。

そして、被相続人は平成21年遺言書において、平成18年遺言書の第1条から第3条に記載の財産以外の全ての財産を請求人ら4名に各4分の1ずつ相続させる旨の相続分の指定をしているところ、本件相続の相続準拠法は日本民法であるから、民法第902条《遺言による相続分の指定》の規定により、当該相続分の指定も有効である。

また、相続税法第55条《未分割遺産に対する課税》は、相続により取得した財産に係る相続税について申告書を提出する場合又は更正若しくは決定をする場合において、当該相続により取得した財産の全部又は一部が共同相続人によってまだ分割されていないときは、その分割されていない財産については、各共同相続人が民法（第904条の2《寄与分》を除く）の規定による相続分の割合に従って当該財産を取得したものとしてその課税価格を計算するものとする旨規定している。

そして、本件各請求債権については請求人らによってまだ分割されていないから、同請求債権は、相続税法第55条の規定により、請求人ら4名が、指定相続分である各4分の1の割合で取得したものとして相続税の課税価格を計算することとなる。

㈭　請求人らの主張について

請求人らは、本件損害賠償請求権等は、被相続人の共同相続人のうち請求人らが、被相続人から本件返還訴訟の原告の地位を引き継ぐことにより被相続人から相続した債権であるが、訴訟の原因となった預金は返還されておらず、預金として取得していないため、請求人らの取得財産ではない。また、本件金員支払請求権についても、同様に、請求人らは財産を取得しておらず、請求人らの取得財産ではない旨主張する。

しかしながら、上記㈠及び㈡のとおり、本件相続における相続財産は、本件解約定期預金の解約及び本件払戻金などの預託により生じた本件各請求債権であって、本件解約定期預金及び預託された金銭そのものではない。未履行の債権についても相続財産となり得るのであって、当該債権の額の評価について後記②の問題が生じるにすぎない。

したがって、請求人らの主張には理由がない。

㈮　解約されていない２口の定期預金について

上記⑴⑥のとおり、本件定期預金のうち本件解約定期預金以外の２口の定期預金は、本件相続開始日において存在しているから、被相続人の相続財産とすべきものと認められる。

②　**争点２**（本件損害賠償請求権等及び本件金員支払請求権は、回収の見込みのない債権として評価すべきか否か）について

㈠　本件各請求債権の評価方法

上記①㈢のとおり、本件各請求債権の額面上の合計金額は545,720,516円である。

ところで、評価通達204《貸付金債権の評価》は、貸付金債権等の評価は、貸付金債権等の元本の価額と利息の価額との合計額によるが、同元本の価額は、原則としてその返済されるべき金額である旨定め、評価通達205《貸付金債権等の元本価額の範囲》は、その債権金額の全部又は一部が、課税時期において、「次に掲げる金額に該当するときその他その回収が不可能又は著しく困難であると見込まれるとき」においては、それらの金額は元本の価額に算入しない旨を定めている。

上記⑵④のとおり、損害賠償請求権については、一般的な貸付金債権等に状況が類似したものがある一方、債権の発生時から債務者の資力がなく全く経済的な価値を有しないものなど、様々なものが存するから、その評価に当たり、評価通達204に定める貸付金債権等（その他これらに類するもの）の範囲に含まれるかどうかについては、その発生の経緯等個々の損害賠償請求権の具体的内容によって判断することとなる。

本件損害賠償請求権等及びＤに対する損害賠償請求権については、被相続人から預託された本件定期預金のうち本件解約定期預金の解約を原因として生じたものである。

そうすると、当初、契約に基づいて生じた正常な債権で、本件定期預金のＤに対する預託の当初においては、債務者であるＤに債権回収の引当てとなる財産が存在して

いたものが、不法行為又は債務不履行によって損害賠償請求権に転化したものと思われる。

したがって、これらの損害賠償請求権は、上記⑵④のとおり、評価通達204に定める貸付金債権等に該当するものと認められるから、同通達204及び205により評価するのが相当である。

また、本件預託金返還請求権は、評価通達204に定める預け金に該当するから、同請求権についても、同通達204及び205により評価するのが相当である。

そうすると、本件各請求債権については、評価通達205に定める例外的な事情がない限り、原則としてその返済されるべき金額、すなわち額面によって評価すべきこととなる。

㈺　評価通達205に定める例外的な事情の有無の検討

上記㈴に掲げる例外的な事情があるかどうかについてみるに、上記⑴③㈩のとおり、D夫婦には、評価通達205《貸付金債権等の元本価額の範囲》の⑴ないし⑶に定める自己破産等の事実が発生した事実は認められないから、本件各請求債権の評価に当たっては、同請求債権が、評価通達205に定める「その他その回収が不可能又は著しく困難であると見込まれるとき」に該当するか否かを検討する必要がある。

そして、上記⑴③㈴のとおり、審判所の調査によれば、本件相続開始日におけるD夫婦の所有する資産及び負債の状況は＊＊（筆者注非公開）のとおりであり、同人らの正味財産の価額の合計額は、後記㈩のとおり＊＊円であるから、本件各請求債権（各請求債権の重なる部分を除いた合計金額は545,720,516円である）の金額を大きく下回る。

また、同人らの所得は、上記⑴③㈺及び⑴⑦㈺㈩⒜のとおり、生活費程度の収入にすぎないものであり、その生活状況等に照らしても、同人ら夫婦が、その信用や才能を活用して、将来において上記差額について調達することができる見込みはないものと認められる。

ところで、本件解約定期預金の解約金の金額は、426,705,483円と多額であり、これらの金額が、解約により一旦D夫婦に帰したのである。上記D夫婦の正味財産の一部が、これらの解約金によって形成されている可能性も存するが、解約金の額からすれば、D夫婦は＊＊（筆者注非公開）に記載の資産以外の資産を有しているのではないかと疑われるところではある。

しかしながら、上記⑴④のとおり、当該解約金は現金で出金された金額も多いがカード決済等による出金額も相当の金額に上っており、これらの金額については、既に費消されたものと推認される。

また、上記⑴⑦㈺㋺⒝及び⑴⑦㈺㋩⒝のとおり、Dは、本件解約定期預金の解約金のうち200,000,000円程度を中国のマンション等に投資した旨申述等しているものの、同人の申述等は、投資のはっきりした日付や金額の詳細について記憶になく、1回に20,000,000円くらいの現金を新聞紙に包んで飛行機の機内に持ち込み、日本で知り合った中国人女性を通じて投資したが、投資物件の内容等については、同人に任せており、契約書等も手元にはない、同女性とは2年ほど前から連絡が取れなくなっているなどというものであり、投資金額の大きさに比して極めて曖昧なものであり、その真偽の程が疑われる。

上記(1)⑩のとおり、同人は、平成17年以降に計14回の中国上海への渡航実績があることから、中国での投資が全くの虚偽であるとまではいい難いが、その申述等を信じるにしても、契約書もなく、代理人とは連絡がとれなくなっているというのであり、一般に、許可を得ずに中国国内に持ち込んだ多額の資金を日本国内に持ち帰る際には、その全てを没収される危険性もあるが、持ち込みの態様等からして、かかる許可を得ているものとは考え難いことなども考慮すると、当該投資の回収は不可能なものであると認められる。

このような事情に加えて、D夫婦の資産について請求人ら及び原処分庁からほかに具体的な主張がなく、そのような資産があることをうかがわせる事情も認められない本件においては、＊＊（筆者注 非公開）に記載の資産以外にD夫婦の資産が存在する可能性は極めて低いものといわざるを得ない。

したがって、D夫婦の収入が生活費程度のものであり、同人ら夫婦が、その信用や才能を活用して、将来において本件各請求債権とD夫婦の正味財産の差額について調達することができる見込みはないものと認められる本件においては、本件各請求債権のうち、＊＊（筆者注 非公開）に記載の同人らの正味財産の価額を超える部分については、評価通達205に定める「その他その回収が不可能又は著しく困難であると見込まれるとき」に該当するものとして評価するのが相当である。

(ハ) D夫婦の資産の評価について

① D夫婦の名義で所有する資産

金銭債権の回収の引当てとなる債務者が所有する資産の価額は、不特定多数の当事者間で自由な取引が行われる場合に通常成立すると認められる価額、すなわち客観的交換価値を持って算定するのが相当である。

そこで、審判所において、D夫婦が本件相続開始日において所有する各資産及び負債の同日における価額を算定したところ、＊＊（筆者注 非公開）に記載のとおりとなり、資産の価額から負債の価額を控除した正味財産の価額は、＊＊（筆者注 非公開）のとおり、Dについては、＊＊円、D2については、＊＊円となる。なお、各資産及び負債の価額の算定の詳細は次のとおりである。

(A) 土地の価額

＊＊（筆者注 非公開）に記載の各土地の価額を次のとおり評価したところ、各

土地の価額の合計額は、＊＊円となる。

Ⓐ　審判所の調査によれば、＊＊（筆者注非公開）に記載の各土地の近隣で、同土地と地域的に状況が類似する土地の取引事例は見当たらないが、＊＊（筆者注非公開）のとおり、状況が類似する公示地が存在する。

Ⓑ　そこで、＊＊（筆者注非公開）のとおり、当該公示地の公示価格を基に、土地価格比準表（昭和50年1月20日付国土地第4号国土庁土地局地価調査課長通達「国土利用計画法の施行に伴う土地価格の評定等について」）に準じて個別的要因の格差補正を行い、本件相続開始日における各土地の価額を算定する。なお、各土地は公示地と同地域に所在し、地域要因に差異はないため、地域要因の補正は行っていない。

(B)　建物等の価額

＊＊（筆者注非公開）に記載の各建物等の価額を次のとおり評価したところ、各建物等の価額の合計額は、＊＊円となる。

Ⓐ　地方税法第388条《固定資産税に係る総務大臣の任務》第1項に基づき定められた固定資産税評価基準は、家屋の評価につき、評価の対象となった家屋と全く同じものを評価時にその場所に建築するものとした場合に必要とされる再建築費を求めた上、当該家屋の時の経過によって生ずる損耗の状況による減価等をして評価時点の現状に適合するよう調整すべきものであり、特別の事情がない限り、当該基準に従って計算した価額は、家屋の適正な時価であると認めるのが相当である。

＊＊（筆者注非公開）に記載の建物等のうちに＊＊の家屋を、固定資産税評価額に基づいて評価すると＊＊（筆者注非公開）のとおり、＊＊円となる。

Ⓑ　＊＊（筆者注非公開）に記載の建物等のうちマンションについては、いずれも平成17年2月4日に新築物件として、家屋番号＊＊が約35,950,000円で、＊＊が約26,390,000円で購入されたものであるところ、中古物件としての評価は同一の建物での売買事例を参照して評価すべきであり、＊＊（筆者注非公開）の参考のとおり、同一の建物について9件の売買実例が把握されたため、当該売買実例の売買価額の専有面積1㎡当たりの単価を算出し、当該1㎡当たりの単価の平均値（10,000円未満の端数を切捨て）である＊＊円にそれぞれの専有面積を乗じると、＊＊（筆者注非公開）のとおり、家屋番号＊＊が＊＊円、＊＊が＊＊円となるから、上記の新築購入価格とほぼ合致することも考慮し、その合計＊＊円と評価することとなる。

(C)　有価証券等の価額

Ⓐ　上場株式等

上場株式の価額は、各株式の株数に、各株式が上場されている証券取引所における本件相続開始日の終値を乗じて算出すると、＊＊（筆者注非公開）のとおり＊＊円となり、これに＊＊（筆者注非公開）のとおり、＊＊（筆者注証券会社の名称）における預り金＊＊円を加えた合計＊＊円が、上場株式等の価額となる。

Ⓑ　非上場株式

Dは、＊＊の経営する＊＊（筆者注会社名）の株式580,000株のうち、本件相続開始時点において97,200株を所有している。

＊＊（筆者注会社名）の、本件相続開始日の直前期末である平成21年4月30日現在の貸借対照表の各資産及び負債の金額を基に、これに計上されている土地等を公示価格等に比準して評価して、同社の時価純資産価額を算出し、これを発行済株式数で除して1株当たりの純資産価額を算出すると、＊＊（筆者注非公開）のとおり、＊＊円となり、当該金額にDの所有する株式数を乗じて計算すると、Dが所有する同社の株式の価額は、＊＊（筆者注非公開）のとおり、＊＊円となる。

Ⓒ　投資信託

本件相続開始日における解約価額に基づいて算定すると、＊＊（筆者注非公開）のとおり、合計＊＊円となる。

(D)　預金の価額

預金の価額は、本件相続開始日の各預金の残高（外貨預金の邦貨換算については＊＊（筆者注非公開）のとおりである）であり、＊＊（筆者注非公開）のとおり、合計＊＊円となる。なお、外貨預金については、＊＊（筆者注非公開）のとおり、本件相続開始日における対顧客直物電信買相場（TTB）により邦貨に換算して算定した。

(E)　保険商品

本件相続開始日における解約価額に基づいて算定すると、＊＊（筆者注非公開）のとおり、合計＊＊円となる。

(F)　住宅ローン

本件相続開始日におけるDの＊＊（筆者注金融機関の名称）からの住宅ローンの残高は、＊＊（筆者注非公開）のとおり＊＊円となる。

㋺　D夫婦以外の名義で所有する資産

＊＊（筆者注非公開）に記載の資産のうち、次の資産については、本件相続開始日における所有者名義人がD夫婦以外の者となっているが、以下の理由によりそれぞれ同人らの所有する資産であるものと認められる。

(A)　＊＊の自宅土地建物について

上記〔2〕(8)の自宅土地建物のD2の持分2分の1は、平成21年3月26日に同人からＤ3に同日の売買を原因として所有権移転登記がなされているが、本件登記抹消登記手続請求訴訟において、Ｄ2とＤ3の間の売買契約は無効であるとして、同移転登記の抹消登記手続を命じる旨の判決が確定している。

したがって、同土地建物のＤ3名義の持分2分の1は、Ｄ2の資産と認められる。

(B)　＊＊（筆者注 証券会社の名称）の上場株式等について

上記⑴⑤のとおり、本件解約定期預金の解約金の一部を、一旦Ｄ2名義の普通預金口座に入金し、当該口座から出金した金員を＊＊（筆者注 証券会社の名称）に振り込み、同口座で株式の取引が行われており、同口座で売却した株式の売却代金の一部は、＊＊（筆者注 Ｄ又はＤ2と推認される）名義の普通預金口座に入金されていること、上記⑴⑦(ハ)(ロ)のとおり、Ｄ2は、Ｄの指示で、本件解約定期預金の解約金を＊＊（筆者注 証券会社の名称）に振り込んだと思う旨申述していることからすると、本件相続開始日において＊＊（筆者注 証券会社の名称）で保護預かりとされている株式及び預け金は、＊＊（筆者注 Ｄ又はＤ2と推認される）の資産と認められる。

(ニ)　本件各債権の具体的評価について

本件各請求債権のうち、上記①(ハ)のとおり、Ｄ2に対する債権の額は480,540,516円であり、Ｄに対する債権の額は491,885,483円である。

これに対し、＊＊（筆者注 非公開）に記載のＤの正味財産の価額は＊＊円であり、Ｄ2の正味財産の価額は＊＊円であるから、いずれも同人らに対する債権額に満たない。

そうすると、上記①(ハ)の本件各請求債権の実質的な金額のうち各正味財産の価額の合計金額を超える部分は、回収が不可能又は著しく困難であると見込まれることとなり、本件各請求債権の評価額は、各正味財産の価額の合計金額である＊＊円となる。

(ホ)　請求人らの主張について

請求人らは、評価通達205《貸付金債権等の元本価額の範囲》の「その他その回収が不可能又は著しく困難であると見込まれるとき」に関する原処分庁の見解は課税庁独自の見解というべきであり、評価通達にそのような記載はなく、同通達205の(1)ないし(3)の事項とは別に、その回収が不可能又は著しく困難であると見込まれるときにおいて・・・と解すべきものである旨、また、本件各請求債権は、あらゆる回収努力にもかかわらず債務者は、返還する意思も行動もなく、もはや債権たる実体を有していないと考えられるから、これを課税対象に含めることは、架空の資産に課税することになり、全く違法な課税である旨主張する。

しかしながら、評価通達205における「その他その回収が不可能又は著しく困難であると見込まれるとき」とは、上記⑵③で説示したとおり、債務者の資産状況及び営業状況等が破綻していることが客観的に明白であって、その債務者に対して有する貸付金債権等の金額の回収の見込みのないことが客観的に確実であるといい得るときをいうものと解するのが相当である。

かかる観点からすると、適法で有効な債権回収方法がある限り、債務者に返還する意思があるかといった事情は有意な考慮要素とはなり得ないというほかない。

その上で、本件の事情の下では、本件各請求債権の金額のうち、本件相続開始日におけるD夫婦が保有する資産の価額を超える部分のみが、「その他その回収が不可能又は著しく困難であると見込まれる」部分に該当することは、上記(ロ)のとおりであるから、請求人らの主張は採用できない。

(ヘ) 原処分庁の主張について

原処分庁は、評価通達205《貸付金債権等の元本価額の範囲》に該当する事実が認められず、本件各請求債権から控除すべき金額はない旨主張する。

しかしながら、本件各請求債権の金額のうち、本件相続開始日におけるD夫婦が保有する資産の価額を超える部分が、「その他その回収が不可能又は著しく困難であると見込まれる」部分に該当することは、上記(ロ)のとおりであるから、原処分庁の上記主張も採用できない。

(ト) 小括

上記(イ)ないし(ヘ)のとおり、本件各請求債権の評価に当たっては、本件相続開始日におけるD夫婦の正味財産の価額を限度とし、当該財産の価額を上回る金額については、回収が不可能又は著しく困難であると見込まれることとなるから、当該上回る部分の金額は、本件各請求債権の元本の額に算入しないで評価するのが相当であると認められる。

〔6〕まとめ

(1) 裁決事例の結果

先例とされる裁決事例では、本件各更正処分における被相続人が有する貸付金債権等債権（本件損害賠償請求権等及び本件金員支払請求権）の価額につき、請求人（納税者）らが第一義的には当該貸付金債権等を相続により取得していないこと、予備的にはたとえ取得したとしても、回収見込みがないことから価値はない（0円）と主張し、一方、課税庁（原処分庁）は565,950,613円と主張したところ、国税不服審判所の判断では＊＊円（非公開。ただし、本件各請求債権に係る一部の回収不能を認定して課税庁（原処分庁）の主張額より低額である）としたことから、結果として、本件各更正処分等の一部が取り消されることとなった。

(2) 参考法令通達等

- 相続税法第22条《評価の原則》
- 相続税法第55条《未分割遺産に対する課税》

●評価通達204《貸付金債権の評価》
●評価通達205《貸付金債権等の元本価額の範囲》
●評価通達210《訴訟中の権利》
●民法第657条《寄託》
●民法第902条《遺言による相続分の指定》
●民法第904条の2《寄与分》
●民法第969条《公正証書遺言》
●法の適用に関する通則法第41条《反致》

本問から学ぶ重要なキーポイント

⑴　D 2の不法行為とDの債務不履行

本件判決は、D 2について被相続人に対する不法行為(X)（被相続人がDに預託した本件解約定期預金をD 2が解約したという事実関係に基づく）が成立すると認定して、本件損害賠償請求権等の支払を命令したものです。

上記に加え、国税不服審判所の判断では、次に掲げる事項から本件解約定期預金を受託したDに対しても、債務不履行(Y)に基づく損害賠償請求権の成立を認定しており、非常に興味深いものがあります。

① 被相続人のDに対する本件解約定期預金の預託は、同預金を預金のまま預託（寄託契約）したものであって、同預金を解約して自由に使用することを認める消費寄託であったとは認められないから、D（受託者）は寄託契約に基づき預かった預金を安全に管理し、寄託契約終了時には、預金の状態で被相続人に返還する契約上の義務を負っていたと認められること

② 上記①の＿＿部分に掲げる契約上の義務を負っていたにもかかわらず、自らの意思で本件解約定期預金を解約することにより、被相続人（寄託者）に対して、寄託契約の本旨である本件解約定期預金を定期預金の状態のまま、返還することが不可能となったこと

不法行為（上記(X)＿＿部分）及び債務不履行（上記(Y)＿＿部分）は共に民法に規定されている概念ですので、相続税等の資産税実務に当たっては十分に確認しておく必要があります。

⑵　損害賠償請求権の評価

評価通達においては、損害賠償請求権の評価という項目は定められていませんが、その評価指針は、次に掲げるとおりと解釈されています。

① 評価通達204《貸付金債権の評価》に定める貸付金債権等とは、発生当初に契

約によって生じた債権や発生段階で債権回収の引当てとなる財産が債務者にあるものなどを対象としていると解されます。

② 損害賠償請求権のなかには、上記①に掲げる一般的な貸付金債権等に状況が類似したものがある一方、債権の発生時から債務者の資力がなく全く経済的な価値を有しないものも存在するから、損害賠償請求権の全てが、評価通達204に定める貸付金債権（その他これらに類するもの）の範囲に含まれるとすることには疑問があります。

③ 上記①及び②より、損害賠償請求権は、その発生の経緯等、個々の損害賠償請求権の具体的内容によって評価通達204に定める貸付金債権等に該当するか否かを判断するのが相当です。

⑶ 債務者が個人である場合の「債権の回収の見込みがないことが客観的に確実であるとき」に係る解釈基準

債務者が個人である場合には、一時的に債務超過の状態にあったとしても、その者の信用等を活用し、又はその後の労働等により弁済を継続することも可能な場合もあるから、当該債権の回収の見込みがないことが客観的に確実であるときとは、債務者の債務超過の状態が著しく、その者の信用、才能等を活用しても、現にその債務を弁済するための資金を調達することができないだけでなく、近い将来においても調達することができる見込みがない場合をいうものとすると解釈されています。

そして、先例とされる裁決事例では、D夫婦の収入が生活費程度のものであり、D夫婦がその信用や才能を活用して、将来において本件各請求権債権（国税不服審判所が認定した回収不能を考慮する前の金額は545,720,516円）とD夫婦の正味財産の差額について調達することができる見込みはないものと認められる本件においては、本件各請求債権のうち、<u>D夫婦の正味財産の価額</u>を超える部分については、評価通達205《貸付金債権等の元本価額の範囲》に定める「その他その回収が不可能又は著しく困難であると見込まれるとき」に該当するものとして評価するのが相当であるとされています。

また、併せて、上記の解釈に当たっては、適法で有効な債権回収方法がある限り、債務者に返還する意思があるか否かといった事情は、有意な考慮要素とはなり得ないとの考え方も示されています。

⑷ 債務者の正味財産の価額の算定方法

上記⑶に掲げる解釈基準に従って、貸付金債権に係る回収不能額（換言すれば、評価不要額）の計算の基礎となる「債務者の正味財産の価額」（上記⑶の____部分）の算定を行う場合における各資産の種類（不動産、有価証券、預金、保険商品）ごとの具体的な評価方法が示されており（先例とされる裁決事例の**〔5〕**⑶②(ハ)を参照）、実務上の参考となります。

貸付金債権に係る実務対策

(1)　遺言書の作成手法について

先例とされる裁決事例では、相続税の期限内申告書ではＤ２（Ｄの妻）に対する預託金をＤが相続により取得（ただし、明記はされていませんが、この件に関する遺産分割協議書は作成されていないものと推認されます）したものとされているところ、これに対し原処分庁（課税庁）が本件判決を基礎にして課税対象財産をＤ２に対して有する本件損害賠償請求権及び本件金員支払請求権であるとし、かつ、当該財産を平成21年遺言書に基づいて請求人ら（請求人Ａ（長男）、同Ｂ（次男）、同Ｃ（長女）、同Ｄ（五男））が各人４分の１ずつ相続したものとして、本件各更正処分等が行われています。

上記は、**図表－１**及び**図表－２**に掲げる本件各遺言書の作成手法（特定の具体的な財産名を掲記して当該財産の取得方法を明記する一方で、残余の財産については一括してその取得方法を明記する方法）を採用したことによる帰結であると考えられます。

遺言書の作成実務に当たっては、当該遺言書の作成時に想定が不可能又は困難な財産が、当該遺言者の死亡後に現実化して相続財産となる可能性もあると思われますので、上記摘示の本件各遺言書の作成手法の採用に当たっては、慎重性が求められるものと考えられます。

(2)　訴訟中の権利の認識の困難性

先例とされる裁決事例では、被相続人に係る相続開始後に判決（確定判決）が言い渡されたものの、次に掲げる事情を考慮した場合には、当該判決における判示のとおり、本件相続開始時（課税時期）において、Ｄ２に対して被相続人は本件損害賠償請求権等を有していたものと認められるとして、国税不服審判所は訴訟中の権利について被相続人の相続財産であると認定しています。

①　評価通達210《訴訟中の権利》の定めでは、訴訟中の権利の価額は、課税時期の現況により係争関係の真相を調査し、訴訟進行の状況をも参酌して原告と被告との主張を公平に判断して適正に評価するものとされていること

②　本件返還訴訟は本件相続開始前に口頭弁論が終結し、実質的審理を全て了しており、また、本件相続開始日の約２か月後には、本件判決が言い渡されたものであること

そうすると、相続税の申告業務を受任した場合には、当該被相続人に係る相続開始時（課税時期）において、上記に掲げる「訴訟中の権利」（注）に該当するものがないか、確認しておくことが必要とされます。

（注）　もしも反対に、被相続人が被告であったとしたならば、一定の場合には、相続税法第13条《債務控除》に規定する債務控除の適用について検討することも考えられます。

Q1-6 被相続人の相続財産中に法人に対する貸付金がある場合において当該法人の取締役会議事録には利息に関する約定があるものの実際にはその支払いが行われていないときにおける当該貸付金の価額算定につき、未収利息の価額も算入すべきであるか否かが争点とされた事例

事例 国税不服審判所裁決事例
（平成16年1月29日裁決、関裁（諸）平15－159、平成12年相続開始分）

疑問点

被相続人に係る相続開始があり、その相続財産としてA㈱に対する貸付金361,850,000円（相続開始時における貸付額面金額）が存在することが確認されています。当該貸付金につき、貸付開始から今回の相続開始時までの間における経緯は、次のとおりであることが判明しています。

⑴　当該貸付金は、今回の相続開始の約5年前に貸付金額392,633,748円（本件貸付金）、年利2.3％として貸し付けられています。なお、当該事項はA㈱の取締役会議事録（議案には借入承認の件となっています）に記載されていたものです。

⑵　A㈱は被相続人に対し、本件貸付金に係る元本額の返済及び利息の支払いを次のとおり行っています。なお、金銭消費貸借契約書は作成されていません。

①　元本額の返済は随時（不定期）とされており、結果として、貸付当初から今回の相続開始時までの5年間に30,783,478円（392,633,748円－361,850,000円）の返済が行われています。

②　利息については上記⑴のとおり（年利2.3％）とされていますが、事実関係は、次のとおりです。

⑴　実際に利息が支払われたのは、貸付開始から約2か月後に1回だけ（支払利息額742,239円）で、その後は、今回の相続開始時まで一度も支払われていません。

⑵　利息に係る約定事項（年利2.3％）と実際の利息の支払状況（上記⑴）の乖離について、これを貸主及び借主の両者間で確認又は協議した事項を書面で証拠化したという事実は認められません。

⑶　A㈱は上記⑵②⑴の利息支払の頃から急速に企業業績の悪化が認められたため、貸主である被相続人からA㈱の代表取締役に対する申出（本件貸付金の無利息貸付への変更）があり、以後の利息支払が行われなくなった旨を証

言する者（A㈱の関係者）が存在しています。

⑷　本件貸付金の借主であるA㈱の貸借対照表には、本件貸付金につき、当該貸借対照表に係る事業年度末日の借入金残高の記載が確認されます。その一方で、A㈱の損益計算書には、上記⑵②(イ)により実際に支払われた場合を除いて、支払利息に関する事項（費用計上）の記載は確認されていません。

⑸　本件貸付金の貸主である被相続人は、上記⑵②(イ)により実際に受取った場合を除いて、所得税の確定申告上の処理（未収利息に対する雑所得の申告）は確認されていません。

⑹　本件貸付金につき、上記⑴の利息に係る約定事項（年利2.3％）に基づいて今回の相続開始時までの未収利息の価額を算定すると、50,905,517円となります。

上記のような状況にある本件貸付金につき、相続財産の価額として計上すべき金額は、次に掲げるいずれの考え方によることが相当であるのか説明してください。

考え方1　未収利息の価額も申告対象として必要

評価通達204《貸付金債権の評価》の定めでは、貸付金債権等の価額は、元本の価額と利息の価額の合計額によって評価するものとされています。

そうすると、上記⑴の利息に係る約定事項（年利2.3％）が確認され、それが書面等の証拠により今回の相続開始時までの間に約定変更が行われない限り有効と解されるので、本件貸付金の価額は、相続開始時における元本の価額（361,850,000円）及び上記⑹に掲げる未収利息の価額（50,905,517円）との合計額（412,755,517円）で評価することが相当となります。

なお、上記⑶の証言者の証言は単なる口頭によるもので、証拠能力に乏しく、上記の判断を何ら左右するものではないと考えられます。

考え方2　未収利息の価額は申告対象外

わが国では貸付金債権に係る約定利率を変更するという法律行為につき、必ずしも書面によることを要求していません。単に、金銭消費貸借契約の当事者である貸主と借主の合意があれば事足りるものとされています。

そうすると、上記⑶に係る借主であるA㈱の関係者の証言、並びに当該証言に連動すると考えられる上記⑷に係るA㈱の経理処理（支払利息の未記載）及び上記⑸に係る被相続人の所得税の確定申告状況（実際の受取利息のみを申告対象）からすると、本件貸付金は、第１回目の利息の収受後に無利息への約定変更があったと解するのが相当とされます。

したがって、本件貸付金の価額は、相続開始時における元本の価額（361,850,000円）に相当する金額のみで評価することが相当とされます。

お尋ねの事例については、見解の相違が想定される難解事例と思われますが、疑問点に摘示されている諸事項を前提とする限り、考え方2（未収利息の価額は相続財産の価額として申告対象外）によることが相当であると考えられます。

解　説

(1)　民法第587条《消費貸借》の規定では、消費貸借契約は、金銭消費貸借をする旨を書面に記載するなどの一定の方式に従って行わなければ成立しないとは記載されておらず、その消費貸借契約の内容の変更も含めて、貸主及び借主の当事者間の合意によって成立するものと解されています。

(2)　会社法第356条《競業及び利益相反取引の制限》及び同法第365条《競業及び取締役会設置会社との取引等の制限》の各規定に係る法令解釈等として、会社の取締役が当該会社に対し、無利息、無担保で金銭を貸し付ける行為は、これによって会社は何らの不利益を受けるものではないから、これらの法律に規定する取締役会の承認を受ける必要はないものと解されています。

検討先例

Q1-6の検討に当たっては、下記に掲げる裁決事例が先例として参考になります。

●国税不服審判所裁決事例（平成16年1月29日裁決、関裁（諸）平15－159、平成12年相続開始分）

〔1〕事案の概要

本件は、相続財産である被相続人のA㈱に対する貸付金債権に係る利息が発生するか否かを主な争点とする事案である。

〔2〕基礎事実

(1)　**被相続人に係る本件申告書**

①　請求人は、平成12年2月24日（以下「本件相続開始日」という）に死亡した被相続人の共同相続人のうちの1人であるが、この相続に係る相続税（以下「本件相続税」という）の申告書（以下「本件申告書」という）を法定申告期限までに申告した。

②　請求人らは、貸付金債権の価額を361,850,000円であるとして本件申告書及び下記(8)②に掲げる修正申告書に記載している。

(2)　**平成5年議事録**

A㈱の平成5年10月15日付の取締役会議事録（以下「平成5年議事録」という）には、

同社に対する被相続人の貸付金549,361,000円及び同年９月30日現在のその利息5,282,896円との合計額554,643,896円について、被相続人がこれを放棄する旨記載された債権放棄申出書を同月27日に受け取り、その申出を受けることを決定した旨記載されている。

⑶　本件議事録及び本件貸付金

Ａ㈱の平成６年５月16日付の取締役会議事録（以下「本件議事録」という）には、被相続人が同社に対して、①貸付金債権（以下「本件貸付金」という）を392,633,748円、②年利を2.3％及び③月額の利息を742,239円として、同月１日より貸し付ける旨記載されている。

⑷　本件貸付金に係る利息の支払状況

Ａ㈱は、被相続人に対し、本件貸付金に係る平成６年５月分の利息として742,239円（筆者注 392,633,748円 × 2.3％ × $\frac{30日}{365日}$）を同年６月30日に支払った。

⑸　本件貸付金に係る元本の返済状況

Ａ㈱は、平成６年５月１日現在における本件貸付金392,633,748円について、図表－１の「返済金額の状況」欄のとおり返済している。

図表－１　本件貸付金に係る元本の返済状況

（単位：円）

年	返済金額の状況			計算期間			発生する利息の金額（①×②×2.3％）	（支払日）支払利息の金額	支払われるべき既経過利息の金額の累計額
	返済日	返済金額	①借入金残高	自	至	②日数			
平成6	－	－	392,633,748	5. 1	12.31	245/365	6,061,619	－	6,061,619
	－	－	－	－	－	－	－	(6.30) 742,239	5,319,380
7	－	－	392,633,748	1. 1	1.31	31/365	766,980	－	6,086,360
	1.31	2,208,600	390,425,148	2. 1	12.31	334/365	8,217,112	－	14,303,472
8	－	－	390,425,148	1. 1	12.31	366/366	8,979,778	－	23,283,250
9	－	－	390,425,148	1. 1	12.31	365/365	8,979,778	－	32,263,028
10	－	－	390,425,148	1. 1	2.27	58/365	1,426,923	－	33,689,951
	2.27	1,150,000	389,275,148	2.28	3.30	31/365	760,419	－	34,450,370
	3.30	450,000	388,825,148	3.31	3.31	1/365	24,501	－	34,474,871
	3.31	700,000	388,125,148	4. 1	4.14	14/365	342,400	－	34,817,271
	4.14	450,000	387,675,148	4.15	4.30	16/365	390,861	－	35,208,132
	4.30	700,000	386,975,148	5. 1	5.13	13/365	317,001	－	35,525,133
	5.13	450,000	386,525,148	5.14	5.29	16/365	389,702	－	35,914,835
	5.29	700,000	385,825,148	5.30	6.10	12/365	291,747	－	36,206,582
	6.10	450,000	385,375,148	6.11	6.30	20/365	485,678	－	36,692,260
	6.30	700,000	384,675,148	7. 1	7.13	13/365	315,117	－	37,007,377
	7.13	450,000	384,225,148	7.14	7.31	18/365	435,806	－	37,443,183

年	返済金額の状況			計算期間			発生する利息の金額（①×②×2.3%）	（支払日）支払利息の金額	支払われるべき既経過利息の金額の累計額
	返済日	返済金額	①借入金残　高	自	至	②日数			
平成10	7.31	700,000	383,525,148	8. 1	8. 7	7/365	169,171	−	37,612,354
	8. 7	450,000	383,075,148	8. 8	8.31	24/365	579,335	−	38,191,689
	8.31	700,000	382,375,148	9. 1	9. 9	9/365	216,853	−	38,408,542
	9. 9	450,000	381,925,148	9.10	9.30	21/365	505,396	−	38,913,938
	9.30	700,000	381,225,148	10. 1	10.14	14/365	336,313	−	39,250,251
	10.14	450,000	380,775,148	10.15	10.30	16/365	383,904	−	39,634,155
	10.30	700,000	380,075,148	10.31	11.10	11/365	263,449	−	39,897,604
	11.10	450,000	379,625,148	11.11	11.30	20/365	478,431	−	40,376,035
	11.30	700,000	378,925,148	12. 1	12.10	10/365	238,774	−	40,614,809
	12.10	450,000	378,475,148	12.11	12.30	20/365	476,982	−	41,091,791
	12.30	700,000	377,775,148	12.31	12.31	1/365	23,805	−	41,115,596
11			377,775,148	1. 1	1.12	12/365	285,660	−	41,401,256
	1.12	450,000	377,325,148	1.13	1.29	17/365	404,203	−	41,805,459
	1.29	700,000	376,625,148	1.30	2.10	12/365	284,790	−	42,090,249
	2.10	450,000	376,175,148	2.11	2.26	16/365	379,266	−	42,469,515
	2.26	700,000	375,475,148	2.27	3.10	12/365	283,920	−	42,753,435
	3.10	450,000	375,025,148	3.11	3.31	21/365	496,266	−	43,249,701
	3.31	700,000	374,325,148	4. 1	4.12	12/365	283,051	−	43,532,752
	4.12	450,000	373,875,148	4.13	4.30	18/365	424,066	−	43,956,818
	4.30	700,000	373,175,148	5. 1	5.11	11/365	258,666	−	44,215,484
	5.11	450,000	372,725,148	5.12	5.31	20/365	469,735	−	44,685,219
	5.31	700,000	372,025,148	6. 1	6.10	10/365	234,426	−	44,919,645
	6.10	450,000	371,575,148	6.11	6.30	20/365	468,286	−	45,387,931
	6.30	700,000	370,875,148	7. 1	7.12	12/365	280,442	−	45,668,373
	7.12	450,000	370,425,148	7.13	7.30	18/365	420,153	−	46,088,526
	7.30	700,000	369,725,148	7.31	8.10	11/365	256,275	−	46,344,801
	8.10	450,000	369,275,148	8.11	8.31	21/365	488,657	−	46,833,458
	8.31	700,000	368,575,148	9. 1	9. 9	9/365	209,027	−	47,042,485
	9. 9	450,000	368,125,148	9.10	9.30	21/365	487,135	−	47,529,620
	9.30	700,000	367,425,148	10.1	10.12	12/365	277,833	−	47,807,453
	10.12	450,000	366,975,148	10.13	10.29	17/365	393,115	−	48,200,568
	10.29	700,000	366,275,148	10.30	11.10	12/365	276,964	−	48,477,532
	11.10	450,000	365,825,148	11.11	11.30	20/365	461,039	−	48,938,571
	11.30	700,000	365,125,148	12. 1	12.13	13/365	299,102	−	49,237,673
	12.13	450,000	364,675,148	12.14	12.30	17/365	390,652	−	49,628,325
	12.30	700,000	363,975,148	12.31	12.31	1/365	22,935	−	49,651,260
12	−	−	363,975,148	1. 1	1.12	12/366	274,473	−	49,925,733
	1.12	450,000	363,525,148	1.13	1.19	7/366	159,911	−	50,085,644
	1.19	525,148	363,000,000	1.20	1.31	12/366	273,737	−	50,359,381

年	返済金額の状況			計算期間			発生する利息の金額（①×②×2.3%）	（支払日）支払利息の金額	支払われるべき既経過利息の金額の累計額
	返済日	返済金額	①借入金残高	自	至	②日数			
平成12	1.31	700,000	362,300,000	2. 1	2.14	14/366	318,744	－	50,678,125
	2.14	450,000	361,850,000	2.15	2.24	10/366	227,392	－	50,905,517

筆者注　本件相続開始日は、平成12年２月24日である。

(6)　A㈱における総勘定元帳の記載

A㈱の総勘定元帳には、本件貸付金についての計上はあるが、上記(4)の利息以外の本件貸付金に係る未払利息及び支払利息の計上はない。

(7)　本件貸付金に係る遺産分割

被相続人に係る平成12年12月15日付の遺産分割協議書には、本件貸付金のうち甲、乙及び丙が各１億円を相続し、丁がその残額を相続する旨記載されている。

(8)　原処分庁による調査及び本件修正申告書の提出

①　原処分庁は、原処分庁所属の調査担当職員の調査の結果、請求人に対し、次に掲げる事項に基づき修正申告をしょうようした。

(イ)　現金等の申告漏れ及び土地等の価額誤り等により17,323,513円が申告漏れであること

(ロ)　貸付金債権に係る利息に相当する額51,010,655円が申告漏れであること

(ハ)　A㈱の株式及びB㈲の出資の各価額が上記(ロ)に基づき合計3,721,750円減額になること

筆者注　上記(ロ)に基づきA㈱の株式に係る１株当たりの純資産価額（相続税評価額によって計算した金額）を算定する場合に、A㈱の負債の部に未払利息（51,010,655円）が計上されることにより同社の株価が減額される。

また、B㈲がA㈱の株式を所有しているものと推認されるところ、B㈲の１口当たりの純資産価額（相続税評価額によって計算した金額）を算定する場合においても、B㈲の資産の部に計上されているA㈱の価額が減額されることから、結果として、B㈲の出資の価額も減額される。

(ニ)　上記(ロ)の利息相当額のうち平成11年分（筆者注 8,535,664円）及び平成12年分（筆者注 1,254,257円）に係る所得税及び住民税に基づき債務額3,336,800円増加すること

筆者注　上記(ロ)に基づき被相続人のA㈱に対する本件貸付金に係る利息が所得（雑所得に該当）認定されたことから、共同相続人が被相続人に係る所得税の修正申告書を提出したことによる所得税額及び住民税額の本税及び一定の範囲の過少申告加算税及び延滞税が対象になったものである。

②　上記①に掲げる修正申告のしょうように対して、請求人は、上記①(イ)の17,323,513円が申告漏れであるとして、修正申告書（以下「本件修正申告書」という）を平成14年７月３日に提出した。

⑼　税務署長による更正処分等

＊＊税務署長は、これに対し、平成14年９月18日付で過少申告加算税の各賦課決定処分をし、また、上記⑻①の(ロ)、(ハ)及び(ニ)について修正申告されなかったので、同月30日付で更正処分（以下「本件更正処分」という）及び過少申告加算税の各賦課決定処分をした。

⑽　異議申立て

請求人は、更正処分及び賦課決定処分を不服として、平成14年11月28日に異議申立て（筆者注 現行の規定では、再調査の請求。以下同じ）をしたところ、異議審理庁（筆者注 現行の規定では、再調査審理庁。以下同じ）は、平成15年５月27日付で、請求人に係る更正処分及び賦課決定処分をいずれも棄却した。

⑾　審査請求

請求人は、異議決定（筆者注 現行の規定では、再調査決定。以下同じ）を経た後の原処分に不服があるとして、平成15年６月30日に審査請求した。

筆者注　上記⑴ないし⑾に掲げる基礎事実につき、時系列的な経過をまとめると、**図表－２**のとおりとなる。

図表－２　本件裁決事例における時系列

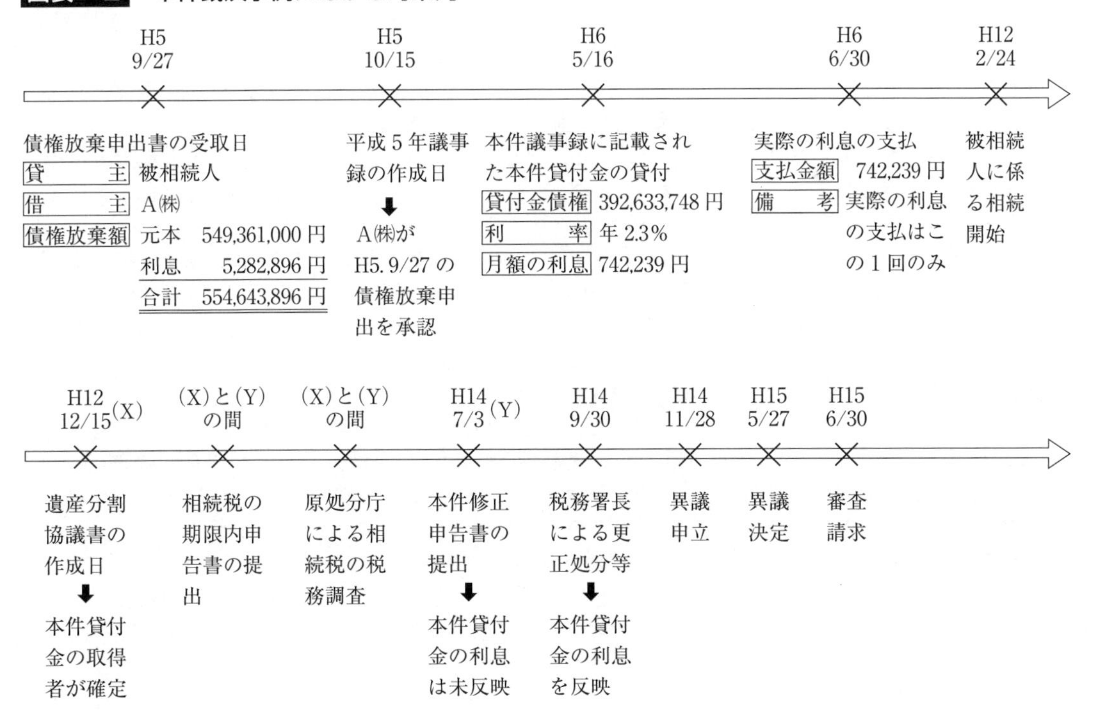

〔３〕争点

⑴　争点１

本件貸付金の価額

⑵　**争点２**

本件相続税の対象となる財産及び債務について

〔4〕争点に関する双方（請求人・原処分庁）の主張

各争点に関する請求人・原処分庁の主張は、**図表－３**のとおりである。

図表－３　**各争点に関する請求人・原処分庁の主張**

（争点１）本件貸付金の価額

請求人（納税者）の主張	原処分庁（課税庁）の主張
被相続人は、Ａ㈱の経営状況を踏まえ、同社に対し、平成６年５月末に本件貸付金を無利息として貸し付ける旨申し出たところ、同社の代表取締役である＊＊はその申出を了承し、同社は、その日以降、本件貸付金に係る利息を発生させないこととした。 Ａ㈱が同社の取締役から利息を付して金銭の借入れを受ける場合には、当該借入れについて取締役会の承認が必要とされるが、無利息で金銭の借入れを受ける場合には、当該借入れについて取締役会の承認を必要としないので、取締役会議事録を作成していないのであり、同社は、平成６年６月分以降の本件貸付金に係る利息について、総勘定元帳に未払利息の額を計上していない。 また、被相続人は、平成６年６月分以降、本件貸付金を無利息としたので、利息を受け取っていないため、所得税の確定申告をしていない。 したがって、平成６年６月分以降の本件貸付金に係る利息は発生しないのであるから、本件各更正処分は違法である。	⑴　評価通達204の定めについて 評価通達204《貸付金債権の評価》の定めにより、貸付金の価額は、貸付金の元本の価額により評価するのではなく、貸付金の元本の価額とその利息の価額との合計額により評価することとされているのは、貸付金に係る利息は、貸付金本体が返済等により消滅しない限り、約定により、期間の経過とともに発生しているからである。 ⑵　本件貸付金の価額について 本件貸付金の価額は、上記⑴で述べたとおり、本件相続開始日現在における元本の価額と同日において支払を受けるべき既経過利息の価額との合計額により評価することとなる。 本件貸付金の本件相続開始日現在における支払を受けるべき既経過利息の価額は、本件議事録に記載されているとおり年利2.3%の約定があるから、これにより算定すると、**図表－１**の「支払われるべき既経過利息の金額の累計額」欄のとおり50,905,517円となる。 したがって、本件貸付金の価額は、本件相続開始日現在における元本の価額361,850,000円と同日において支払を受けるべき既経過利息の価額50,905,517円の合計額である412,755,517円となる。 ⑶　請求人の主張について 上記**〔2〕**に掲げる基礎事実によれば、本件貸付金が392,633,748円貸し付けられていたこと、及び**図表－１**の「借入金残高」欄のとおり、本件相続開始日時点で本件貸付金が361,850,000円存在していたことが認められる。 また、次に掲げる事項から、平成６年５月１日の時点では、本件貸付金は無利息による貸付けではないと認められる。 ①　本件議事録により本件貸付金に係る利息についての約定があること ②　Ａ㈱は約定に基づいて本件貸付金に係る利息の一部を支払っていること さらに、次に掲げる事項からすると、平成６年５月１日以降に被相続人から本件貸付金を無利息とする旨の申出があったとは認められない。

	① 一度なされた貸付金の放棄手続を取りやめた翌年に、再度貸付金に係る利息についての約定を設けていること ② 平成６年５月１日以降において債権放棄申出書及び平成５年議事録と同様の書面が作成されている事実が認められないこと これらのことから、本件貸付金の価額は、評価通達204《貸付金債権の評価》の定めにより、本件相続開始日現在における元本の価額と同日において支払を受けるべき既経過利息の価額との合計額により評価することが相当であるところ、請求人が主張する本件貸付金の価額は、本件相続開始日現在における元本の価額のみで計算しており、本件貸付金の価額に誤りがあるので、請求人の主張には理由がない。

（争点２）本件相続税の対象となる財産及び債務について

請求人（納税者）の主張	原処分庁（課税庁）の主張
筆者注 裁決事例では、請求人（納税者）の主張欄に係る具体的な記載は確認されない。ただし、請求人（納税者）は本件貸付金の価額を元本の価額のみで評価することを主張しているので、同人が主張する本件相続税の対象となる財産及び債務は、次のとおりと推認される。 ⑴ 本件貸付金の価額は、本件相続開始日における元本の価額である361,850,000円 ⑵ A㈱の株式及びB㈲の出資のそれぞれの価額は、本件申告書及び本件修正申告書に記載されたまま（A㈱の株式の価額107,354,960円、B㈲の出資の価額43,209,000円）であること ⑶ 本件貸付金は、無利息による貸付けであることから既経過利息相当額に係る所得税及び住民税は発生しないことになり、その結果、これに係る相続税の債務控除（3,350,800円）は生じないこと	本件貸付金の価額が上記（争点１）のとおりとなることから、本件相続税の対象となる財産のうち、A㈱の株式の価額は本件貸付金の価額が同社の負債となるので105,133,210円となり、また、B㈲の出資の価額はA㈱の株式を所有しているので41,709,000円となる。 そして、被相続人は、本件貸付金に係る平成11年分及び平成12年分の既経過利息相当額の所得に係る所得税及び住民税の納付が必要であり、これらの請求人の負担する税額は、平成11年分所得税の額が2,166,800円、平成12年分所得税の額が76,000円及び平成12年度住民税の額が1,108,000円（合計3,350,800円）となる。 したがって、上記の財産及び債務を含めると本件相続税の対象となる財産の価額は849,870,351円となり、本件相続税の対象となる債務の価額は14,389,733円となる。

〔5〕国税不服審判所の判断

⑴ 争点１（本件貸付金の価額）について

① 法令解釈等

㈠ 民法第587条《消費貸借》は、消費貸借は、当事者の一方が種類、品等及び数量の同じ物を以って返還することを約して相手方から金銭その他の物を受けとることにより成立する旨規定していることからすれば、その旨を書面に記載するなどの一定の方式に従って行わなければ不成立又は無効となる法律行為ではないと解される。

(ロ)　商法第265条《利益相反取引》(筆者注)第１項は、取締役が自己のために会社と取引するには、取締役会の承認を受けなければならない旨規定しているが、その趣旨は、取締役がその地位を利用して会社の犠牲のもとに私利を得ようとするのを防止することにあり、この趣旨にかんがみると、ある行為が取締役の自己取引に当たるかどうかは、当該行為が取締役と会社との間に利害相反の恐れがあるかによって決められるものと解される。

筆者注　商法第265条《利益相反取引》の規定は、現行では、会社法第356条《競業及び利益相反取引の制限》及び同法第365条《競業及び取締役会設置会社との取引等の制限》の各規定に移行している。

（参考）　会社法第356条《競業及び利益相反取引の制限》

第１項　取締役は、次に掲げる場合には、株主総会において、当該取引につき重要な事実を開示し、その承認を受けなければならない。

一　取締役が自己又は第三者のために株式会社の事業の部類に属する取引をしようとするとき

二　取締役が自己又は第三者のために株式会社と取引をしようとするとき

三　株式会社が取締役の債務を保証することその他取締役以外の者との間において株式会社と当該取締役との利益が相反する取引をしようとするとき

第２項　民法第108条の規定は、前項の承認を受けた同項第二号又は第三号の取引については、適用しない。

会社法第365条《競業及び取締役会設置会社との取引等の制限》

第１項　取締役会設置会社における第356条の規定の適用については、同条第１項中「株主総会」とあるのは、「取締役会」とする。

第２項　取締役会設置会社においては、第356条第１項各号の取引をした取締役は、当該取引後、遅滞なく、当該取引についての重要な事実を取締役会に報告しなければならない。

②　認定事実

(イ)　本件貸付金に係る約定事項について、本件議事録以外に記載した書面は作成されていない。

(ロ)　A㈱の平成６年５月31日付の第54期定時株主総会議事録、平成７年５月31日付の第55期定時株主総会議事録、平成９年５月30日付の第57期定時株主総会議事録、平成11年５月31日付の第59期定時株主総会議事録によれば、同社の株主及び取締役は、本件貸付金に係る平成６年６月分以降の支払利息及び未払利息が計上されていない貸借対照表及び損益計算書を承認している。

(ハ)　A㈱の平成３年４月１日から平成４年３月31日まで、同年４月１日から平成５年３月31日まで及び同年４月１日から平成６年３月31日までの各事業年度（以下「本件各事業年度」という）の貸借対照表によれば、同社の本件各事業年度の経常損失は、それぞれ1,701,000,000円、1,747,000,000円及び1,174,000,000円である。

(ニ)　関係者の答述

A㈱の代表取締役であるX及び取締役総務本部長であるYは、審判所に対し、要旨次のとおり答述している。

㋑　A㈱の代表取締役

A㈱は、本件議事録によって本件貸付金に対して利息を付けることにしたが、被相続人から、平成６年５月末ころに「A㈱の経営状態を踏まえて、本件貸付金を無利息としての貸付けに変更する」旨の申出があったので、A㈱はこの申出を了承し、平成６年６月分以降の利息を払う必要がないと経理責任者であるＹに指示した。

そのため、A㈱は、平成６年６月分以降の本件貸付金に係る未払利息及び支払利息を計上せず、本件貸付金の元本のみを負債に計上している。

A㈱が支払った平成６年５月分の利息の額742,239円が１月遅れたのは、その当時、A㈱の資金繰りが苦しかったためである。

㋺　A㈱の取締役総務本部長

A㈱の代表取締役であるＸから平成６年５月末ころに本件貸付金について、無利息とするよう指示されたので、平成６年６月以降は、本件貸付金の残高を借入金勘定に計上した。

③　当てはめ

原処分庁は、本件貸付金に係る利息について、次に掲げる事項から、被相続人から無利息にする旨の申出があったとは認められない旨主張する。

(イ)　本件議事録により本件貸付金に係る利息についての約定があること

(ロ)　A㈱は約定に基づいて本件貸付金に係る利息の一部を支払っていること

(ハ)　債権放棄申出書及び平成５年議事録と同様の書面が作成されていないこと

しかしながら、次に掲げるとおりであることから、この点に関する原処分庁の主張には理由がない。

(A)　上記(1)①(イ)に掲げる民法第587条《消費貸借》に係る法令解釈等から、本件の場合、本件貸付金に係る利率についての約定を変更することについては、本件貸付金の貸主である被相続人と借主であるA㈱が合意すれば足りることとなる。

(B)　上記(1)①(ロ)に掲げる商法第265条《利益相反取引》第１項に係る法令解釈等からすると、取締役が会社に対し金銭を貸し付ける場合、会社は、金融の利益を受ける反面、その貸付けにより、借り受けた金員の返還をするのみならず、利息や損害金を支払うべき義務を負ったり、担保を提供することもあり得るので、金銭の貸付けに係る契約の内容によって必ずしも会社にとって利益になるとは限らないから、利息を付して金銭を貸し付ける場合は、取締役会の承認を受けなければならないこととなるが、取締役が会社に対し、無利息、無担保で金銭を貸し付ける行為は、これによって会社は何らの不利益を受けるものではないから、商法第265条第１項の取締役会の承認を受ける必要がない。

(C)　上記〔2〕（基礎事実）及び上記(2)（認定事実）に掲げる各事実並びに関係者の答述によれば、確かに、A㈱は、被相続人に対し、本件貸付金に係る平成６年５月分の利息を支払ったことは認められるが、被相続人は、A㈱の本件各事業年度の損失が累積し、本件貸付金に係る利息の支払も滞ることから、同社の代表取締役であるXに対し、口頭にて平成6年6月以降の本件貸付金に係る利息について、無利息とする旨申出を行い、A㈱は、この申出に基づきその後の本件貸付金に係る利息を支払わなかったものであるから、平成6年6月以降、本件貸付金は無利息に変更されたとみるのが相当である。

⑵ **争点2（本件相続税の対象となる財産及び債務について）について**

原処分庁は、本件相続税の対象となる財産及び債務について、次のとおりである旨主張する。

① 本件貸付金の価額は、その元本361,850,000円と既経過利息の価額50,905,517円との合計額412,755,517円となること

② A㈱の株式の価額及びB㈲の出資の価額は、それぞれ105,133,210円及び41,709,000円となること

③ 平成11年分及び平成12年分の所得に係る所得税及び住民税に基づき債務額3,350,800円が増加すること

しかしながら、本件貸付金は、上記⑴③(C)のとおり、無利息に変更されたものであるから、次のとおりとなる。

(イ) 本件貸付金の価額は、その元本の価額361,850,000円となること

(ロ) A㈱の株式の価額及びB㈲の出資の価額は、それぞれ107,354,960円及び43,209,000円となること

(ハ) 平成11年分及び平成12年分の所得税額等は発生しないこと

したがって、この点に関する原処分庁の主張には理由がない。

〔6〕まとめ

⑴ **裁決事例の結果**

先例とされる裁決事例では、本件貸付金の価額につき、請求人（納税者）が主張し国税不服審判所がこれを相当と判断したのがその元本価額である361,850,000円で評価することであり、原処分庁（課税庁）が主張したのが元本の価額（361,850,000円）と既経過利息（50,905,517円）との合計額である412,755,517円で評価することであったため、結果として、請求人（納税者）の主張が容認されることとなった。

⑵ **参考法令通達等**

- 評価通達204《貸付金債権の評価》
- 民法第587条《消費貸借》
- 商法第265条《利益相反取引》
- 会社法第356条《競業及び利益相反取引の制限》

●会社法第365条《競業及び取締役会設置会社との取引等の制限》

本問から学ぶ重要なキーポイント

(1)　民法第587条《消費貸借》は、消費貸借は、当事者の一方が種類、品等及び数量の同じ物を以って返還することを約して相手方から金銭その他の物を受けとることにより成立する旨規定していることからすれば、その旨を書面に記載するなどの一定の方式に従って行わなければ不成立又は無効となる法律行為ではありません。

(2)　商法第265条《利益相反取引》第１項（注）は、取締役が自己のために会社と取引するには、取締役会の承認を受けなければならない旨規定していますが、その趣旨は、取締役がその地位を利用して会社の犠牲のもとに私利を得ようとするのを防止することにあり、この趣旨にかんがみると、ある行為が取締役の自己取引に当たるかどうかは、当該行為が取締役と会社との間に利害相反の恐れがあるかによって決められるものであると考えられます。

上記より、取締役が会社に対し、無利息、無担保で金銭を貸し付ける行為は、これによって会社は何らの不利益を受けるものではないから、商法第265条第１項の取締役会の承認を受ける必要がないことになります。

（注）　商法第265条《利益相反取引》第１項の規定は、現行では、会社法第356条《競業及び利益相反取引の制限》及び同法第365条《競業及び取締役会設置会社との取引等の制限》の各規定に移行しています。

貸付金債権に係る実務対策

(1)　先例とされる裁決事例では、民法に規定する消費貸借（本件の場合は、金銭消費貸借）契約は書面成立を法定要件としていないことから、基礎事実及び認定事実を審査して貸付開始当初の有利子貸付がその後の状況変化に伴って、無利息貸付に変更されたと認定された貴重な事案と位置付けられます。

もし仮に、先例とされる裁決事例で本件貸付金につき、本件議事録に記載された事項（貸付元本額、年利率及び月額利息）を明記した金銭消費貸借契約書（書面）が存在したとしたら、この事案はどのように取り扱われるのか、興味深いところです。

上記の仮定に対する理論的な回答は、その場合においても、本件相続開始時における本件貸付金の価額はその元本価額のみで評価するになるものと考えられます。

すなわち、基礎事実及び認定事実を通じて、貸付開始当初の有利子貸付がその後の状況変化に伴って、書面化されることなく無利息貸付に変更されたと解釈することが相当と考えられるからです。

(2) 理論面では、上記 **本問から学ぶ重要なキーポイント** の(1)に掲げるとおり、民法に規定する消費貸借（本件の場合は、金銭消費貸借）契約は書面成立を法定要件としていません。

しかしながら、実務面では、当該消費貸借契約に係る諸問題への対応も想定されるところであり、また、わが国では証拠能力（ある資料を事実認定のために使用することができるという適格性）としての「物（もの）の証拠」、わけても「書証」（文章を対象とする証拠調べ）に高い証拠価値（ある証拠が証明したい事実の認定にどの程度の貢献効果があるのかという基準）を置くことから、先例とされる裁決事例においても、次に掲げる書面が作成され、その契約内容の明確化が図られるべきであったと考えられます。

① 本件貸付金の貸付当初（平成６年５月１日）における金銭消費貸借契約書（貸付元本、年利率、元本の返済方法、月額の利息等）

② 平成６年６月頃における本件貸付金に係る契約内容の変更（無利息化）を明記した金銭消費貸借契約書

Q1-7 被相続人が生前に同人の姉夫婦に預託した資金に係る返還請求権の存在が被相続人の相続開始後に提起された訴訟により確定した場合に、当該返還請求権が被相続人の相続財産に該当するか否か等が争点とされた事例

事例 **国税不服審判所裁決事例**
（令和4年9月8日裁決、関裁（諸）令4－5、相続開始年分不明。ただし、平成28年以前と推認）

？疑問点

被相続人はその生前に同人の姉との間で被相続人の財産管理について準委任契約（本件契約）を締結し、その生前に合計で64,144,876円（本件預け金）を預託していた（このうち、被相続人の生前に返還された金額はありません）という事実が確認されています。

被相続人の共同相続人は4人（被相続人の兄（本件兄）、上掲の姉及び妹が2人います）ですが、このうちの本件兄が姉に対して、次に掲げる内容の訴訟を提起し、結果として、本件兄の勝訴で確定（本件確定判決）しています。

⑴　被相続人は姉に対して、本件預け金と同額の返還請求権（本件返還請求権）64,144,876円を有することを確認する。

⑵　本件兄は、被相続人に係る共同相続人として、上記⑴に掲げる本件返還請求権のうち、本件兄に係る法定相続分4分の1（下記計算を参照）に相当する16,036,219円を有することを確認する。

計算　64,144,876円(本件返還請求権)×$\frac{1}{4}$(本件兄の法定相続分)＝16,036,219円

なお、本件返還請求権については、本件兄以外の権利者（具体的には、2人の妹）は当該権利を行使する意思はないとのことです。

上記のような状況で、被相続人に係る相続財産に算入すべき本件返還請求権の価額について、下記その1ないしその4に掲げるような種々の見解とその理由が表明されていますが、いずれの見解を採用することが相当とされるのかについて説明してください。

その1　相続財産に算入すべき本件返還請求権の価額は、0円とすることが相当

（理由）　本件確定判決の基となった訟訴は被相続人に係る相続開始後に提起されたものであり、同人に係る相続開始時には存在しなかったものであるため

その2　相続財産に算入すべき本件返還請求権の価額は、16,036,219円（本件兄に係る部分）とすることが相当

（理由）　本件確定判決では、姉は被相続人に対して本件預け金の引渡義務が発生すると認定されたのであるから上記[その1]の（理由）欄の相当性は認められない（以下、[その3]及び[その4]において同じ）。

ただし、本件確定判決を得たのは本件兄のみであり、他の2人の妹は本件返還請求権に対する権利行使の意思がないとのことであるから、確実な債権額として確定している本件兄に係る16,036,219円とすることが相当と考えられるため

[その3]　相続財産に算入すべき本件返還請求権の価額は、48,108,657円（本件兄及び妹2人の合計3人に係る部分）とすることが相当

（理由）　本件確定判決では、姉は被相続人に対して本件預け金の引渡義務が発生すると認定されたのであるから、その反対概念である引渡しを求める権利は反射効果として確定しており、他の2人の妹がこれを具体的に行使するか否かはその判断とは無関係とされる。

ただし、姉については本件確定判決の結果、債権及び債務が同一人に帰属することになる同人に帰属する部分 $\left(\frac{1}{4}\right)$ の本件返還請求権（債権）は民法第520条《混同》に規定する混同により消滅するため相続税の担税力が認められないこととなり、この点を考慮する必要があり、次に掲げる[計算]によることが相当と考えられるため

[計算]　64,144,876円（本件返還請求権）×（$\frac{1}{4}$×3（本件兄及び妹2人））
＝48,108,657円

[その4]　相続財産に算入すべき本件返還請求権の価額は、64,144,876円（全額）とすることが相当

（理由）　上記[その3]の（理由）欄の頭書部分に加えて、姉については、確かに混同により債権は消滅することとなるが、同時にその反射効果として債務も減少することになり、その利益を享受していると考えられるため

参　考　？疑問点の事例の親族関係図

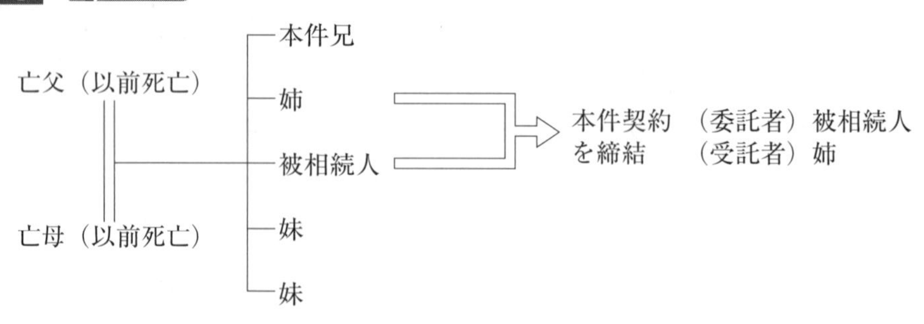

回　答

お尋ねの事例については、［その4］（相続財産に算入すべき本件返還請求権の価額は、64,144,876円（全額）とすることが相当）により処理することが相当と考えられます。

解　説

お尋ねの事例の場合には、次に掲げるとおりに認定するのが相当であると考えられます。

① 本件確定判決の結果、被相続人と姉との間には、本件契約が成立していたと認められたこと

② 上記①の結果として、本件契約の終了（被相続人の死亡）により、被相続人は姉に対する本件返還請求権（債権）が発生（価額は64,144,876円）したこと

③ 上記②の債権は、原則として、遺産分割協議を経ることなく被相続人に係る共同相続人が各人の共同相続分に応じて当然に取得する(注)ものとされる相続財産に該当すると考えられること

(注) 本件返還請求権は可分債権（その性質上、分割可能とされる債権をいいます）であることから、被相続人に係る相続開始により直ちに共有関係が生じると解するのは相当ではなく、原則として、共同相続人に共同相続分に応じて帰属する『分割単独債権』と解されます。

④ 上記②及び③の認定に当たっては、次に掲げる事項はそれぞれに掲げる［理由］から考慮の対象とはされないこと

(イ) 被相続人の共同相続人である2人の妹は、いずれも、本件返還請求権に対する権利行使をしなかったこと

［理由］ 当該権利行使をするか否かは、2人の妹に帰属する主観的な事情であり、相続財産の価額（時価）に影響を与えるべきものとされる客観的な事情とは認められないため

(ロ) 姉は同人に帰属する部分 $\left(\frac{1}{4}\right)$ の本件返還請求権については民法に規定する混同により消滅し、同人には相続税の担税力が認められないこと

［理由］ 混同により債権は消滅するが、同時に姉はそれと同等の債務減少の利益を享受することとなり、この債務の減少による利益（経済的な利益）は課税適状の利益に該当するため

Q1-7の検討に当たっては、下記に掲げる裁決事例が先例として参考になります。

◉国税不服審判所裁決事例（令和４年９月８日裁決、関裁（諸）令４－５、(相続開始年分）不明、ただし、平成28年以前と推認）

〔1〕事案の概要

本件は、原処分庁が、請求人ら（筆者注３名）のした相続税の申告において、被相続人からの預け金に係る返還請求権が相続税の課税財産に含まれていないなどとして更正処分等をしたのに対し、請求人らが、当該金銭の返還請求をしていないから当該返還請求権は相続税の課税財産に該当しないなどとして当該更正処分等の一部の取消しを求めた事案である。

〔2〕基礎事実

⑴　本件相続について

①　被相続人は、平成＊＊年＊＊月＊＊日（筆者注平成28年以前と推認される）に死亡し、その相続（以下「本件相続」という）が開始した。

②　本件相続に係る共同相続人は、被相続人の兄である＊＊（以下「本件兄」という)、被相続人の姉で平成＊＊年＊＊月＊＊日に死亡した＊＊（以下「本件亡姉」という）の代襲相続人である請求人ら、被相続人の妹で平成＊＊年＊＊月＊＊日に死亡した＊＊の代襲相続人である＊＊及び＊＊並びに被相続人の妹である＊＊の７名である。

⑵　損害賠償等請求事件について

①　本件兄は、平成28年、本件亡姉及びその夫（請求人らの父であり平成＊＊年＊＊月＊＊日に死亡した。以下「本件亡義兄」といい、当該夫婦を「本件姉夫婦」という）の相続人である請求人らに対し、本件被相続人の本件姉夫婦に対する準委任契約の終了による受取物引渡請求権及び損害賠償請求権等に基づき金員の支払を求める訴えを＊＊地方裁判所に提起し（＊＊＊＊損害賠償等請求事件)、同裁判所は、平成＊＊年＊＊月＊＊日に本件兄の上記各請求の一部を認容する旨の判決を言い渡した。

②　本件兄及び請求人らは、上記①の判決を不服としてそれぞれ控訴したところ、＊＊高等裁判所は、平成＊＊年＊＊月＊＊日に控訴をいずれも棄却する旨の判決を言い渡した。

③　請求人らは、上記②の判決を不服として上告受理の申立てをしたところ、最高裁判所は、平成＊＊年＊＊月＊＊日に上告審として受理しない旨の決定をし、同日、上記①の判決が確定した（以下、当該確定した判決を「本件確定判決」という)。

④　本件確定判決の要旨は次のとおりである。

(イ)　昭和59年11月12日頃には、被相続人と本件姉夫婦との間で、被相続人の財産の管理について準委任契約（以下「本件契約」という）が成立した。そして、本件亡姉が死亡しても、本件亡義兄の存命中は本件亡義兄との間で本件契約は継続し、本件亡義兄の死亡によって本件契約は終了するとともに、同人には被相続人に対し、受任者として受け取った金銭その他の物の引渡義務が発生し、この受取物引渡義務を本件亡義兄の相続人である請求人らが承継するものと解される（民法第656条《準委任》、第653条《委任の終了事由》第１号、第646条《受任者による受取物の引渡し等》第１項）。

したがって、被相続人を相続した本件兄は、その相続分４分の１の割合で、請求人らに対し、本件亡義兄が受け取った本件被相続人からの預け金と同額の返還請求権（以下「本件返還請求権」という）を有する。

(ロ)　本件亡義兄が本件契約に基づき受け取った被相続人からの預け金は、①本件姉夫婦が被相続人の預貯金口座から出金した合計金額79,143,445円から②被相続人に係る医療費及び生活費の合計金額20,100,000円、被相続人の自宅メンテナンス費用10,000,000円並びに＊＊への預け金2,000,000円を控除し、これに③＊＊から交付を受けた現金3,600,000円、被相続人の退職金21,766,529円及び年金21,203,900円を加算した金額93,613,874円から、④本件亡義兄及び請求人＊＊からの返金（本件亡義兄分2,000,000円、請求人＊＊分27,468,998円）を控除した64,144,876円（以下「本件預け金」という）と認められる。

(ハ)　被相続人を４分の１の割合で相続した本件兄は、本件契約による本件返還請求権に基づき、本件預け金の４分の１である16,036,219円について、本件亡義兄を相続した請求人らに対し、一人当たりその相続分３分の１の割合に応じた5,345,406円及びこれに対する請求のあった日の翌日から支払済みまで年５分の割合による遅延損害金の支払を求めることができる。

(3)　遺産分割調停申立事件について

本件兄は、本件相続に係る他の相続人６名を相手方として遺産分割調停を＊＊家庭裁判所に申し立て、同調停は令和３年８月３日に成立した。なお、同調停の成立調書（以下「本件調停成立調書」という）には、本件確定判決において認定された支払義務のうち請求人＊＊及び請求人＊＊の残債務について、その金額を確認する旨の条項があり、遺産目録には、本件返還請求権についての記載はない。

筆者注 検討先例に係る相続関係図等を示すと、次のとおりとなる。

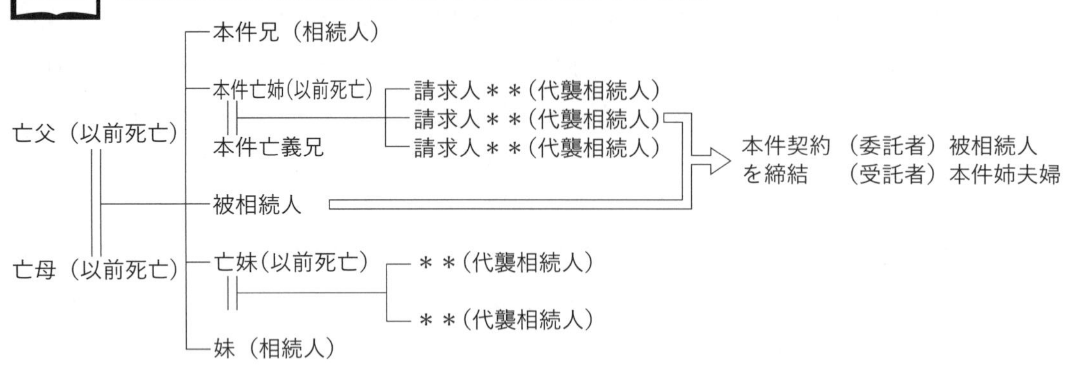

⑷ 相続税の期限後申告等

① 請求人らは、本件相続に係る相続税（以下「本件相続税」という）について、それぞれ申告書に記載して、請求人＊＊及び請求人＊＊は、令和２年９月23日に、また、請求人＊＊は、令和２年９月27日に申告した。

なお、請求人らは、これらの申告において、本件相続により取得した財産が未分割であるため、相続税法第55条《未分割遺産に対する課税》の規定に基づき、本件相続により取得した財産のうち分割されていない財産については民法の規定による相続分の割合により取得したものとして本件相続税の課税価格を計算し、また、本件返還請求権を本件相続税の課税財産に含めなかった。

② 上記①に対し、原処分庁は、令和２年10月９日付で、無申告加算税の各賦課決定処分をした。

⑸ 本件各更正処分等

原処分庁は、被相続人は本件亡義兄の相続人に対して本件返還請求権を有していたと認められるから、本件預け金は本件相続税の課税財産に含まれるなどとして、令和３年６月24日付で、本件相続税の各更正処分（以下「本件各更正処分」という）及び無申告加算税の各賦課決定処分（以下「本件各賦課決定処分」という）をした。

⑹ 審査請求

請求人らは、上記⑸の各処分を不服として、令和３年９月21日に審査請求をした。

筆者注 上記⑴ないし⑹に掲げる基礎事実につき、時系列的な経過をまとめると、**図表－１**のとおりとなる。

図表－1　本件裁決事例における時系列

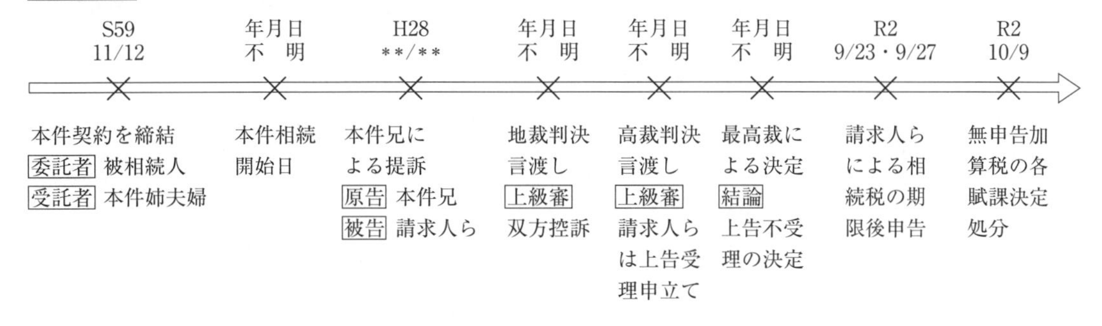

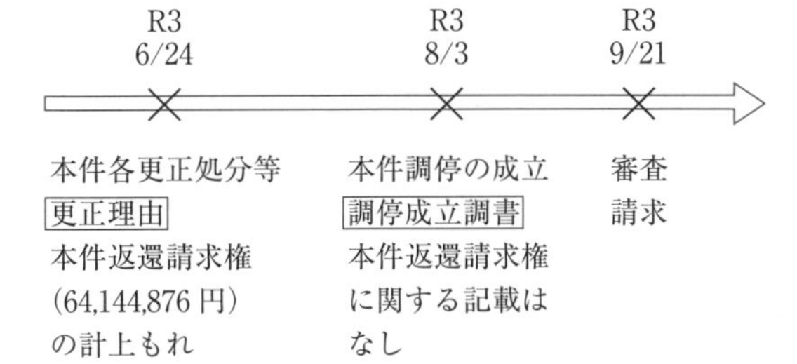

〔3〕争点

本件の争点は、本件返還請求権は、本件相続税の課税財産であるか否かである。

〔4〕争点に関する双方（請求人ら・原処分庁）の主張

争点に関する請求人ら・原処分庁の主張は、**図表－2**のとおりである。

図表－2　争点に関する請求人ら・原処分庁の主張

（争点）　本件返還請求権は、本件相続税の課税財産であるか否か

請求人ら（納税者）の主張	原処分庁（課税庁）の主張
次のとおり、本件返還請求権のうち、本件兄以外の相続人に係る部分については、本件相続税の課税財産ではない。 (1)　本件確定判決は、本件返還請求権のうち本件兄の相続分に係る請求権がある旨認定したものであり、他の相続人の返還請求権については認定していないから、本件返還請求権のうち本件兄について認定された16,036,219円のみが課税財産である。 また、本件兄以外の相続人は本件返還請求権を行使していないから相続財産にはならない。 さらに、本件調停成立調書の遺産目録には本件返還請求権が記載されていないところ、	次のとおり、本件返還請求権は、本件相続税の課税財産である。 (1)　上記〔2〕(2)④のとおり、本件確定判決において、次に掲げる事項が認定されている。 ①　本件亡義兄は、本件預け金を被相続人から受け取っていたこと ②　上記①より、本件亡義兄には、被相続人に対して本件預け金の引渡義務が発生していること ③　上記②の義務は、本件亡義兄から請求人らが相続により承継すること 上記①ないし③のことからすると、被相続人は、請求人らに対して本件返還請求権を有して

これは、遺産分割調停において相続人全員が遺産分割の対象ではないと認識していたからである。 (2) 仮に、本件返還請求権のうち、本件兄以外の相続人に係る部分が相続財産であるとしても、次のとおり、経済的価値がない。 ① 本件返還請求権は経済的にみると不当利得返還請求権又は損害賠償請求権の性質を有するものであるところ、代襲相続人である請求人らが本件預け金を不当に利得しているわけではないため、訴訟になった場合に、上記〔2〕(2)の本件兄の訴訟と同じように他の相続人が不当利得の返還請求をできるとの結論になるとは限らないから、本件返還請求権の経済的価値を見積もることはできない。 ② 相続人である請求人らは、自らが債務者であり債権者であるため、相続財産としてその経済的利益を享受することはできず、担税力がない。	いると認められるから、本件返還請求権は、本件相続税の課税財産である。 (2) 上記〔2〕(2)④のとおり、本件確定判決において、本件被相続人は本件相続の開始時点において、請求人らに対して本件返還請求権を有し、その金額が64,144,876円であることが確定しているから、本件返還請求権には経済的価値がない旨の請求人らの主張には理由がない。

〔5〕国税不服審判所の判断

(1) 法令解釈等

相続税法第2条《相続税の課税財産の範囲》第1項は、相続税の課税財産の範囲を、「相続又は遺贈により取得した財産の全部」と規定しているところ、ここにいう「財産」とは、これを課税価格に算入する必要から、金銭的に評価することが可能なものでなければならない。

そうすると、上記の「財産」は、金銭に見積もることができる経済的価値のある全てのものをいい、既に存在する物権や債権のほか、いまだ明確な権利といえない財産法上の法的地位なども含まれると解するのが相当である。相続税法基本通達11の2－1《「財産」の意義》（筆者注）は、これと同旨を述べるものであるから、この取扱いは審判所においても相当と認める。

筆者注　相続税法基本通達11の2－1《「財産」の意義》では、相続税法に規定する「財産」とは、金銭に見積もることができる経済的価値のある全てのものをいう旨を定めている。

(2) 当てはめ

上記〔2〕(2)④のとおり、本件確定判決は、被相続人と本件姉夫婦との間で、被相続人の財産の管理について本件契約が成立し、本件亡義兄の死亡による本件契約の終了に伴い、被相続人は、本件返還請求権を有していたと認定し、請求人らに対し、本件兄の相続分である4分の1の金額と遅延損害金を本件兄に支払うことを命じた。

また、原処分庁及び請求人らから提出された証拠資料を精査しても、本件契約の成立とその終了及び本件契約の終了に伴う本件返還請求権の発生とその価額などについて、本件確定判決において認定された事実関係と異なる事実関係があることをうかがわせる事情は見当たらない。

このような事情からすると、本件返還請求権は、本件相続の開始と同時に相続分に従い当然に分割されて本件相続に係る相続人に承継されたと認めるのが相当である。

そして、本件返還請求権は、本件預け金の返還請求を内容とするものであり、金銭に見積もることができる経済的価値のあるものに該当することは明らかであるから、上記(1)のとおり、相続税法第2条《相続税の課税財産の範囲》第1項に規定する「財産」に該当する。

したがって、本件返還請求権は、本件相続税の課税財産である。

(3) 請求人らの主張について

① 請求人らは、**図表－2**の「請求人ら（納税者）の主張」欄の(1)のとおり、次に掲げる事項から、本件返還請求権は本件相続税の課税財産ではない旨を主張する。

(イ) 本件確定判決は、本件返還請求権のうち原告である本件兄の相続分に係る返還請求権のみ認定したもので、本件返還請求権については認定されていないこと

(ロ) 本件相続に係る本件兄以外の相続人は、本件返還請求権を行使していないこと

(ハ) 本件調停成立調書においても、遺産目録に本件返還請求権の記載はないこと

この点について、本件確定判決は当該訴訟の当事者である本件兄及び請求人ら以外の相続人にその効力を及ぼすものではないが、本件返還請求権が本件相続税の本件確定判決における課税財産である旨の判断は、上記(2)のとおり、次に掲げる事項を理由とするものである。

(A) 本件確定判決において、被相続人と本件姉夫婦との間に本件契約が成立していたこと

(B) 本件契約の終了に伴い被相続人には本件返還請求権が発生し、本件相続に係る相続人はそれを承継した旨認定されていること

(C) 上記(A)及び(B)と異なる事実関係があることをうかがわせる事情は見当たらないこと

そして、本件相続に係る本件兄以外の相続人が本件返還請求権を行使していないことは、上記判断を左右する事情ではない。

したがって、請求人らの上記(イ)及び(ロ)の主張には理由がない。

また、本件返還請求権は、可分債権であるから、本件相続の開始と同時に相続分に従い当然に分割されて本件相続に係る相続人らの分割単独債権となり、共有関係には立たないものと解され、遺産分割協議において遺産分割の対象にしなければならないものではない。

そうすると、請求人らの上記(ハ)の主張には理由がない。

② 請求人らは、図表－2の「請求人ら（納税者）の主張」欄の(2)のとおり、本件返還請求権が相続財産であるとしても、次に掲げる事項から、その経済的価値はない旨主張する。

(イ) 経済的にみると、当該請求権は不当利得返還請求権又は損害賠償請求権の性質を有するものであり、その経済的価値を見積もることはできないこと

(ロ) 自らが債務者であり債権者であるため、相続財産としての経済的利益を享受することはできず、担税力がないこと

しかしながら、金銭債権の債務者としての地位を有していて相続により債権者としての地位をも有するに至った相続人については、金銭債権のうちその承継に係る部分が直ちに混同により消滅し、その反射的効果として、その承継に係る部分に相当する債務の減少という利益（以下「混同による債務減少利益」という）がもたらされることとなるから、混同による債務減少利益という担税力の増加がみられることになる。

そして、上記(2)のとおり、本件相続の開始時点において、被相続人は、請求人らに対して64,144,876円の経済的価値のある本件返還請求権を有しており、当該請求権は、その相続分の割合で本件相続に係る相続人に承継されたと認められる。

そうすると、債務者である請求人らについては、当該承継により債権者としての地位をも有することになったことから、承継した本件返還請求権が混同により消滅するとともに、混同による債務減少利益という担税力の増加がみられることとなるから、請求人らの上記②の主張には理由がない。

(4) 結論

上記(2)のとおり、本件返還請求権は本件相続税の課税財産であり、その価額は、本件確定判決において認定された本件預け金と同額（筆者注 64,144,876円）となる。

〔6〕まとめ

(1) 裁決事例の結果

先例とされる裁決事例では、相続財産に計上する本件返還請求権の価額につき、請求人（納税者）が本件返還請求権のうち本件兄について認定された16,036,219円（本件兄の相続分相当額）のみが課税財産になる旨を主張したのに対し、原処分庁（課税庁）が主張し国税不服審判所がこれを相当と判断したのが被相続人は本件相続の開始時点において本件返還請求権（価額64,144,876円）を有していたというものであったことから、結果として、請求人（納税者）の主張は容認されなかった。

(2) 参考法令通達等

- 相続税法第2条《相続税の課税財産の範囲》
- 相続税法第55条《未分割財産に対する課税》
- 相続税法基本通達11の2－1《「財産」の意義》

●民法第520条《混同》
●民法第646条《受任者による受取物の引渡し等》
●民法第653条《委任の終了事由》
●民法第656条《準委任》

(1) 相続税の課税対象とされる『財産』の意義について、次に掲げる事項に留意する必要があります。
① 財産とは、これを課税価格に算入する必要から、金銭的に評価することが可能なものでなければならないこと
② 上記①より、財産は、金銭に見積もることができる経済的価値のある全てのものをいい、既に存在する物権や債権のほか、いまだ明確な権利といえない財産法上の法的地位なども含まれると解するのが相当であること

(2) 本件返還請求権は、可分債権であるから、本件相続の開始と同時に相続分に従い当然に分割されて本件相続に係る相続人らの分割単独債権となり、共有関係には立たないものと解され、遺産分割協議において遺産分割の対象にしなければならないものではないとされています。
ただし、上記の取扱いには例外があり、たとえ、可分債権であっても相続人全員の同意があればこれを遺産分割の対象とすることが認められています。なお、先例とされる裁決事例では、そのような同意があったという事実は認められていません。

(3) 先例たる裁決事例における請求人らについては、請求人らが承継した金銭債権部分が直ちに混同により消滅し、その反射的効果として、混同による債務減少利益がもたらされることとなるから、混同による債務減少利益という担税力の増加が認められることになり、当該利益は課税の対象となります。

貸付金債権に係る実務対策

⑴　先例たる裁決事例において、原処分庁（課税庁）はどのようにして本件返還請求権の相続財産計上もれを確認して本件各更正処分及び本件各賦課決定処分ができたのでしょうか。これは単なる筆者の推測に過ぎませんが、その答えは多分、本件兄が提起した訟訴に係る『本件確定判決』の存在を原処分庁（課税庁）が認識したことによるものと考えます。

⑵　先例たる裁決事例で、もし仮に、本件兄が訟訴を提起していなかったとしたならば、本件返還請求権を相続財産として認識するという取扱いは、より一層、その捕捉が困難になったものと考えられますが、この場合であっても、被相続人の生前における預貯金の動きの確認等からアプローチすることが専門家には求められるものと考えられます。

⑶　先例たる裁決事例で、もし仮に、本件調停成立調書（本件調停成立調書には、本件返還請求権に関する事項は何ら記載されていません）のみを手交されて相続税の申告書（期限後申告書）の作成のみの業務を税理士が受任したものとします。この場合には、本件返還請求権を相続財産として認識し、当該申告書に適切に計上するという行為は、ほぼ絶望的なものと考えられます。

　このように、調停調書や判決文のみを資料として税務申告書を作成するという行為は、時には大きなリスクを背負うものであることに留意する必要があります。

Q1-8 親子間における貸付金債権の存否（金地金の売却代金をもって子名義の不動産が購入された場合における当該金地金の売却代金相当額が親（被相続人）から子に対する貸付金に該当するか否か）が争点とされた事例

事例 国税不服審判所裁決事例
（平成30年8月31日裁決、大裁（諸）平30－13、平成26年相続開始分）

疑問点

本年7月に相続開始（本件相続）があった被相続人の相続財産を調査しているところですが、これに関連して下記に掲げる事実が判明しています。

判明した事実

⑴ 被相続人に係る共同相続人の1人である相続人Aは、本件相続の約2年前に金地金6kg（本件金地金）を27,564,000円で売却し、当該売却代金を購入資金の一部に充当して売買代金31,800,000円で同人名義のマンション（本件マンション）を取得したこと

⑵ 本件金地金の売却に係る譲渡所得は、相続人Aの名義ではなく、被相続人の名義で行われていたこと

⑶ 本件金地金の売却が行われた時点から約1年後に、被相続人と相続人Aとの間で署名押印のある書類として、被相続人を貸主、相続人Aを借主として本件金地金の売却日をもって金27,564,000円（この金額は、本件金地金の売却代金と同額である）を貸し付けた（本件貸付金）旨が記載された『借用書』（本件借用書）が存在すること

⑷ 被相続人は本件相続の約2か月前に遺言書を作成しており、同書面中には「相続人Aへの貸付金のすべてを相続人Aに相続させる」旨の記載があったこと

相続税申告を受任された者（税理士）は、上記⑴ないし⑷に掲げる事実から被相続人はその生前に相続人Aに対して本件貸付金を貸し付け、本件相続の開始時における未返済残高が相続人Aが取得した相続財産（相続税の課税対象財産）に該当すると判断していました。

上記の説明を相続人Aにしたところ、同人は次のとおり反論し、本件貸付金の存在自体を否定して相続財産への計上は不当であると主張してきました。

(イ) 本件金地金の所有者は被相続人ではなく、相続人Aのものである。相続人Aは過去に被相続人に対して金銭を貸し付けた事実があり、その返済がされ

なかったことから本件金地金を代物弁済として受け取ったものである。ただし、古いことなので金銭貸付けの事実を証する書類等はない。

なお、相続人Aの名義で本件金地金の譲渡所得に係る申告をしなかったのは、被相続人の名義で申告することになったので、「それで良いことにしよう」という程度の軽い認識を有していたことにほかならないものである。

(ロ) 上記(イ)の主張に反することになる本件借用書が作成されたのは、相続人B（相続人Aの弟）からの強い要請があり、「まあ、いいかな」という程度の軽い気持ちで応じたものである。今となって考えると、相続人Bは、被相続人の相続開始に備えて、遺留分を意識していたものと思われる。

これらの状況下において、相続税申告担当者は本件貸付金をどのように取り扱うことが相当とされるのか、説明してください。

A 回答

軽々に判断することは回避しなければなりませんが、お尋ねの本件貸付金については、本件相続の開始時における未返済残高をもって、相続人Aが取得した相続財産（相続税の課税対象財産）とすることが相当と考えられます。

! 解説

相続財産の存否（認定）に当たっては慎重な対応が求められるものと考えられますが、本件事例における相続人A側に求められるものとして、本件貸付金の存在を否定することに係る立証挙証責任と考えられるところ、相続人Aは、上記 ?疑問点 (イ)及び(ロ)に掲げるとおり、重要証拠となるべき相続人Aによる被相続人に対する金銭貸付けを証する書面の不存在及び相続人Aの各状況下における軽薄な態度(「それで良いことにしよう」、「まあ、いいかな」）等を総合勘案した場合には、当該立証挙証責任を果たしたとはいえないとされます。

その一方で、?疑問点 に掲げる 判明した事実 (1)ないし(4)はすべて真正に成立した疑う余地のない事実であり、これに上述のとおり、具体性を有する反証が提示されていないことから、これらの事実を基にしてお尋ねの本件貸付金に関する取扱いが定められることには、相当性があるものと考えられます。

検討先例

Q1-8 の検討に当たっては、下記に掲げる裁決事例が先例として参考になります。

◉国税不服審判所裁決事例（平成30年８月31日裁決、大裁（諸）平30－13、平成26年相続開始分）

〔１〕事案の概要

本件は、請求人が、その父の死亡により開始した相続に係る相続税の申告をしたところ、原処分庁が、当該父の請求人に対する貸付金を相続財産に計上すべきであるなどとして当該相続税の更正処分等をしたことに対して、請求人が、当該貸付金は存在しないことなどを理由に、上記更正処分等の全部の取消しを求めた事案である。

〔２〕基礎事実

⑴　本件相続

平成26年７月＊＊日に死亡した被相続人の相続（以下「本件相続」という）に係る法定相続人は、被相続人の長男であるＡ（請求人）、二男であるＢ、請求人の長男で被相続人の養子であるＣ及びＢの長男で本件被相続人の養子であるＤの４名である。

筆者注　検討先例に係る相続関係図を示すと、次のとおりとなる。

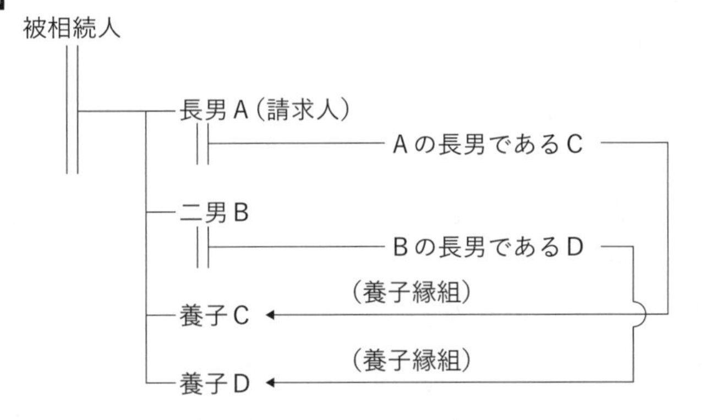

⑵　本件遺言公正証書

被相続人は、平成26年５月14日付で、遺言公正証書（以下「本件遺言公正証書」という）を作成していた。本件遺言公正証書には、本件被相続人の所有する＊＊＊＊の土地、＊＊＊＊の土地及び「長男Ａ（**筆者注**請求人）への貸付金のすべて（平成26年２月現在残高金27,000,000円）」などを請求人に相続させる旨記載されていた。

⑶　請求人の旧自宅について

＊＊＊＊の土地（以下「本件旧自宅土地」という）には、平成４年10月30日付で、同日売買を原因として、請求人及び被相続人にそれぞれ持分２分の１を移転する旨の所有権移転登記が経由された。

また、＊＊＊＊所在の建物（以下「本件旧自宅建物」といい、本件旧自宅土地と併せて「本件旧自宅土地建物」という）には、平成６年１月27日付で、平成５年８月31日新築を原因として、請求人及び被相続人がそれぞれ持分2分の1を有する旨の所有権保存登記が経由された。

⑷ 本件金地金の売却

請求人は、平成24年10月1日、＊＊＊＊（筆者注 業者名）において、金地金6Kg（以下「本件金地金」という）を27,564,000円で売却（以下「本件金地金売却」という）し、同社は、本件金地金売却の代金を、同月3日、＊＊＊＊（筆者注 銀行名）の請求人名義の普通預金口座に入金した。

⑸ 本件マンションの購入

請求人は、平成24年10月4日、＊＊＊＊に所在するマンション（以下「本件マンション」という）を、＊＊＊＊（筆者注 売主名）から、売買代金31,800,000円で購入する旨の売買契約を締結し、同月22日、＊＊＊＊（筆者注 銀行名）の請求人名義の普通預金口座から27,563,370円を出金し、当該購入代金の支払の一部に充てた。

⑹ 請求人に係る譲渡所得の申告（平成24年分）

請求人は、法定申告期限までに、平成24年分の所得税の確定申告をした。

なお、当該申告書には、本件金地金売却に係る譲渡所得については、記載されていない。

⑺ 請求人に係る所得税の調査

① 原処分庁所属の調査担当職員（以下「前件調査担当者」という）は、平成25年12月2日、本件金地金売却などに係る請求人の平成22年分ないし平成24年分の所得税の実地調査（以下「前件調査」という）を開始した。

② 請求人の署名押印のある平成25年12月13日付の質問応答記録書（以下「前件質問応答記録書」という）には、請求人が、前件調査担当者に対し、本件金地金売却の代金について、被相続人から借りたものであると思う旨申述したことが記載されている。

③ 原処分庁は、平成25年12月17日付で、請求人に対し、請求人の平成22年分ないし平成24年分の所得税について、前件調査を行った結果、更正決定等をすべきと認められない旨の通知書を送付した。

⑻ 本件借用書

請求人及び被相続人の署名押印のある平成25年12月12日付の借用書（以下「本件借用書」という）が存在する。本件借用書には、要旨次のとおりの金銭消費貸借契約を締結した旨が記載されている。

① 被相続人は、平成24年10月1日、請求人に対し、27,564,000円を貸し付けた（以下、当該貸付金を「本件貸付金」という）。

② 請求人は、被相続人に対し、本件貸付金を、平成24年11月から平成34年11月までの120回、各月25日限り、230,000円に利息年3％を加えた額を弁済する。

筆者注 本件借用書の作成日付は、上記⑺に掲げる請求人に係る所得税の調査中（具体的には、⑺①と②に掲げる各日付の間）であることに留意する必要がある。

⑼　本件相続に係る訴訟

請求人は、本件遺言公正証書により本件相続に係る請求人の遺留分が侵害されたとして、平成28年２月25日に、Ｂ及びＤを被告とする訴訟を＊＊地方裁判所に提起した（以下「本件遺留分減殺請求訴訟」という）。

その後、請求人、Ｂ及びＤは、平成29年11月17日、以下の内容の訴訟上の和解（以下「本件和解」という）をした。

①　請求人は、本件相続に係る財産の８分の１の遺留分を有し、本件遺言公正証書によって当該遺留分を侵害された。

②　Ｂは、請求人に対し、遺留分の価額弁償として14,000,000円（以下「本件価額弁償金」という）の支払義務があることを認め、これを、平成29年12月末日限り支払う。

⑽　相続税の期限内申告（本件申告書）

請求人は、原処分庁に対し、本件相続に係る相続税申告書（以下「本件申告書」という）を、法定申告期限までに提出した。

⑾　相続税の更正処分等（本件更正処分等）

原処分庁は、本件貸付金27,564,000円が相続財産であるなどとして、平成29年７年28日付で、請求人に対し、本件相続に係る相続税の更正処分（以下「本件更正処分」という）及び過少申告加算税の賦課決定処分（以下「本件賦課決定処分」という）をした。

⑿　審査請求

請求人は、本件更正処分及び本件賦課決定処分を不服として、平成29年９月７日に審査請求をした。

筆者注　上記⑴ないし⑿に掲げる基礎事実につき、時系列的な経過をまとめると、**図表－１**のとおりとなる。

図表－１　本件裁決事例における時系列

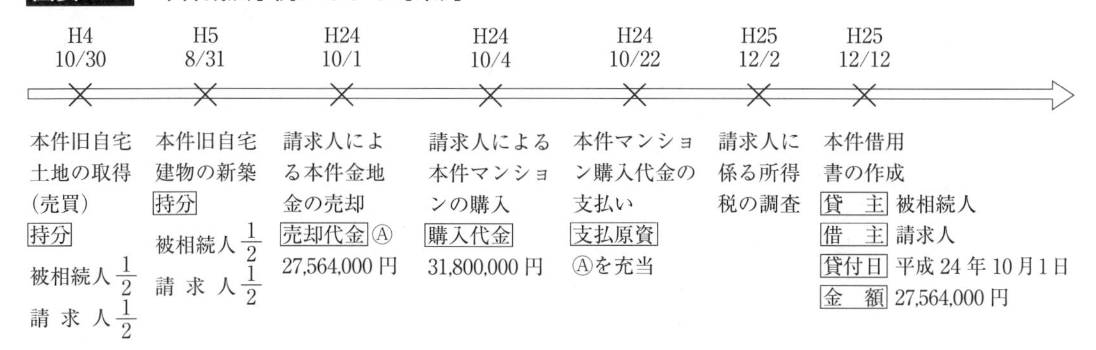

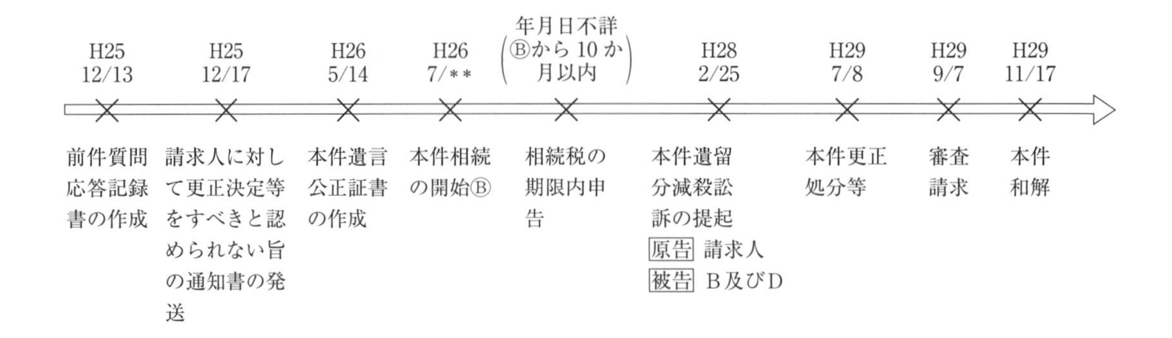

〔3〕争点

本件の争点は、本件貸付金は、本件相続の開始時において、存在していたか否かである。

〔4〕争点に関する双方（請求人・原処分庁）の主張

争点に関する請求人・原処分庁の主張は、**図表－2**のとおりである。

図表－2 争点に関する請求人・原処分庁の主張

（争点）本件貸付金は、本件相続の開始時において、存在していたか否か

請求人（納税者）の主張	原処分庁（課税庁）の主張
請求人は、被相続人との間で本件貸付金に係る消費貸借契約を締結したことがなく、本件貸付金に係る金銭を受け取ったこともないから、本件貸付金は、本件相続の開始時において、存在していなかった。 原処分庁の主張は、以下のとおり、理由がない。 (1) 本件借用書について 本件借用書は、Bが、本件貸付金をでっち上げ、これを本件遺言公正証書において請求人に相続させることにより、請求人の遺留分をなくすために作成したものである。 請求人は、Bの依頼を受けた請求人の子から本件借用書への署名押印を求められ、単なる事務処理に必要な紙切れであって、返済の必要がないと思って、安易にこれに署名押印しただけである。 したがって、本件借用書は、Bが相続対策に作成した内容虚偽のものであり、本件貸付金の存在を裏付けるものではない。 本件借用書が、本件金地金売却から1年以上経ってから作成されたことからすると、本件金地金売却の代金について、本件借用書をもって、被相続人から請求人への貸付金であることを確認したという原処分庁の主張は、明らかに不合理である。	(1) 本件貸付金の存在について 以下の各事情からすると、請求人は、被相続人が所有していた本件金地金を売却し（本件金地金売却）、その代金を本件マンション購入代金に充てたこと、被相続人と請求人は、本件金地金売却の代金について、本件借用書をもって、被相続人から請求人への貸付金である旨確認したことが認められる。 したがって、本件貸付金は、本件相続の開始時において、存在していた。 ① 被相続人と請求人は、本件貸付金の表示された本件借用書に署名押印をした。 ② 被相続人は、本件金地金売却に係る譲渡所得について修正申告をした一方、請求人は、本件金地金売却に係る譲渡所得について申告をしていない。 ③ 本件遺言公正証書には、金額が一致しないものの、請求人に対する貸付金が記載されている。

⑵　本件金地金について 本件旧自宅土地建物の取得代金は、被相続人が全てを負担する予定だったが、そのうち30,000,000円については、税金対策として、請求人が、本件被相続人に貸し付けた。本件金地金は、この貸付金（本件旧自宅資金貸付金）の代物弁済として、請求人が被相続人から受け取ったものであり、請求人の所有物である。 ⑶　前件質問応答記録書について 請求人は、前件調査担当者に対し、上記⑵のとおり申述していたが、その後、前件調査担当者が、本件金地金について、請求人のものではなく、その売却代金を被相続人から借り入れたものとした方が有利であると誘導したことから、このように申述を改め、前件質問応答記録書に署名押印したものである。 このような前件調査担当者の違法な誘導・欺罔により作成された前件質問応答記録書は無効であって、課税の根拠にはなり得ない。 ⑷　本件和解等について 請求人とB及びDは、本件貸付金が存在しないことを前提として請求人の遺留分の侵害額を算定した＊＊地方裁判所の和解案に基づき、Bが、請求人に対し、その遺留分の侵害の弁償として本件価額弁償金を支払う旨の本件和解をした。そのため、本件貸付金は存在しない。 また、原処分庁の主張する課税価格の合計額（本件貸付金及び本件価額弁償金を含む）を前提とした請求人の遺留分（本件相続に係る財産の８分の１）は約70,450,000円であり、原処分庁の主張する請求人の課税価格は当該遺留分を上回る。 しかし、請求人は、本件遺言公正証書により遺留分を侵害され、その価額弁償として本件価額弁償金の支払を受けたことから、請求人の課税価格は、請求人の遺留分と一致すべきものであって、これを超えることはない。 そうすると、原処分庁の主張する課税価格の合計額や請求人の課税価格の計算は間違っており、このことからも本件貸付金は存在しないものである。	④　前件質問応答記録書によれば、請求人は、前件調査担当者に対し、本件金地金売却の代金について、被相続人から借りたものだと思う旨申述した。 ⑵　請求人の各主張について ①　請求人の主張の⑵について 次に掲げる事項からすると、本件金地金は、請求人が被相続人に貸し付けた貸付金（請求人の主張の⑵に記載のもの）（本件旧自宅資金貸付金）の代物弁済として受領したものであるとは認められない。 ㈠　請求人が主張する本件旧自宅資金貸付金に係る貸付けの事実を示す書類はないこと ㈡　請求人は、本件旧自宅建物の建設資金のうち本件旧自宅資金貸付金以外の資金を拠出していないにもかかわらず、本件旧自宅土地建物の共有持分２分の１を有していること ②　請求人の主張の⑶について 請求人が主張する前件調査担当者の誘導（請求人の主張の⑶に記載のもの）の事実は、確認することができない。 ③　請求人の主張の⑷について 遺留分の侵害額の算定において、本件貸付金がなかったものとして計算された経緯は明らかではないが、本件貸付金が存在すると認められることは、上記⑴のとおりである。 相続税法上は、相続開始の時点で財産を評価し、民法上は、現実に価額弁償を行う時点で評価すると解されていることから、両者の価額を算定する時点が異なるため、原処分庁の相続財産の評価では、民法が定める遺留分を超過しているとする請求人の主張には理由がない。

〔5〕国税不服審判所の判断

⑴　認定事実

①　請求人名義の預金等の解約状況

以下のとおり、平成４年９月において、請求人名義の預金等が解約され、合計17,432,661円が出金された。

⑴　請求人名義の＊＊＊＊　平成４年９月18日解約、出金額1,050,800円

⑵　請求人名義の＊＊＊＊（筆者注 銀行名）の普通預金　平成４年９月21日解約、出金額4,038,374円

⑶　請求人名義の＊＊＊＊　平成４年９月24日解約、出金額3,783,805円

⑷　Ｃ名義の＊＊＊＊（筆者注 銀行名）の普通預金　平成４年９月21日解約、出金額4,848,788円

⑸　請求人の長女名義の＊＊＊＊の投資信託取引　平成４年９月21日解約、出金額3,710,894円

②　前件調査の状況

⑴　請求人は、平成25年12月２日、前件調査担当者に対し、本件金地金の入手経緯について、被相続人に本件旧自宅資金貸付金の返済を求めたところ、平成18年頃に被相続人から本件金地金を渡されたとして、代物弁済による取得を申述し、その旨を記載した質問応答記録書に署名押印した。

⑵　前件調査担当職員は、平成25年12月10日、本件金地金の入手経緯について、高齢で体調不良であった被相続人の代わりにＢに対して質問調査したところ、Ｂは、本件金地金の入手経緯を立証することはできないが、請求人がこれをもらったか借りたかしたと考えることが自然だと思うこと、本件金地金売却に係る譲渡所得については被相続人に帰属するものとして修正申告をし、本件金地金売却の代金については請求人と被相続人との間で借用書を締結させようと思うことを申述した。

⑶　前件調査担当職員は、平成25年12月12日、被相続人の税務代理人の事務員から本件借用書の提示があったことから、同月13日に改めて請求人に対して質問調査したところ、請求人は、今では本件金地金売却の代金について、本件被相続人から借りたものであると思う旨申述し、その旨記載された前件質問応答記録書に署名押印した。

⑵　当てはめ

①　本件貸付金の存在（基本的な考え方）

請求人の署名押印のある本件借用書は、上記【2】⑻のとおり、請求人が被相続人から約27,000,000円を借り入れ（本件貸付金）、これを120回に分割し、利息を付して弁済する旨記載されており、簡単な内容で、かつ、借主とされる請求人にとって非常に重要な内容である。

そうすると、請求人が、その記載内容を理解せずに本件借用書に署名押印するということや、その記載内容が虚偽であるにもかかわらず署名押印することは容易には考え難いから、特段の事情のない限り、本件貸付金は、本件借用書の記載のとおり存在していたものというべきである。

② 特段の事情の有無

上記①より、以下、本件借用書の記載のとおりに本件貸付金が存在していたとは認められない特段の事情の有無について検討する。

この点、上記〔2〕(4)のとおり、請求人は、平成24年10月1日、本件金地金を27,564,000円で売却（本件金地金売却）し、その大部分を本件マンションの購入代金の支払に充てているところ、同(8)のとおり、本件借用書に記載された本件貸付金の内容は、被相続人が、同日に、同額を請求人に貸し付けたというものである。

また、上記〔2〕(6)のとおり、請求人は、平成24年分の所得税の申告において、本件金地金売却に係る譲渡所得の申告をしていなかったところ、同(7)①のとおり、この点について、本件借用書の作成日付である平成25年12月12日の直前から、前件調査を受けている。

さらに、平成26年5月14日付で作成された本件遺言公正証書にも、「長男A（筆者注 請求人）への貸付金のすべて（平成26年2月現在残高金27,000,000円）」を請求人に相続させる旨の記載があり〔上記〔2〕(2)。その記載内容に照らせば、上記の「長男A（筆者注 請求人）への貸付金」とは本件貸付金を指すものと解される〕、このような事情は、少なくとも、遺言作成者である被相続人は、請求人に対し、本件貸付金に係る貸付けを行ったとの認識を有していたことを裏付けるものである。

これらの事情からすると、請求人は、被相続人から預かっていた本件金地金を、本件マンションの購入代金に充てるために売却していたところ（この場合、請求人は、本件金地金売却の代金を被相続人に返還する必要があり、本件金地金売却に係る譲渡所得は、本件被相続人に帰属する）、上記譲渡所得について請求人に対する前件調査が始まったことを契機として、本件金地金売却の代金の貸借関係を明確にし、上記譲渡所得が被相続人に帰属することを明らかにすべく、被相続人との間で本件借用書を作成したと解する余地がある（このことは、請求人が、本件金地金売却の代金について被相続人から借りたものであると思う旨申述したこと〔上記(1)②(ハ)〕からも裏付けられる）。

そうすると、本件借用書の内容や作成時期・経緯等には特段不自然な点がないというべきである。

③ 特段の事情に関する請求人の主張について

上記②に対し、請求人は、次に掲げる事項を主張する。

(イ) 本件金地金は本件旧自宅資金貸付金の代物弁済として被相続人から受け取ったものであり、被相続人から預かったものではないから、本件貸付金は存在しないこと

(ロ) 本件借用書は単なる事務処理に必要な紙切れであって、記載された本件貸付金の返済の必要がないと思って、これに安易に署名押印したこと

しかしながら、上記(イ)については、上記(1)①のとおり、平成4年9月18日から同月24日までの間に、請求人及びその子名義の預貯金等から合計17,432,661円が出金されて

いるものの、当該出金額の使途を示す証拠はないから、上記出金の事実をもって、当該出金額が被相続人に渡されたものと直ちに認めることはできない。

また、仮に、請求人が、当該出金額を被相続人に渡していたとしても、上記〔2〕⑶によれば、請求人は、本件旧自宅資金貸付金を貸し付けたとする頃に、本件旧自宅土地建物の持分2分の1を取得していることが認められ、これによれば、当該出金額は、当該持分を取得するための資金である可能性も十分考えられるから、当該出金額が被相続人に渡されたことをもって直ちに本件旧自宅資金貸付金が存在したと認めることはできない。

以上によれば、上記(イ)については、容易に採用することができない。

また、上記(ロ)についても、上記⑵①で説示したところによれば、返済の必要がないと考えながら、安易に本件貸付金の記載された本件借用書に署名押印するというのは不自然であるといわざるを得ず、容易に採用することができない。

よって、請求人の主張をもって本件借用書の記載のとおりに本件貸付金が存在していたとは認められない特段の事情を認めることはできない。

④　小括

上記③のとおり、請求人の主張をもって本件借用書の記載のとおりに本件貸付金が存在していたとは認められない特段の事情を認めることはできない。

したがって、本件貸付金は、本件借用書に記載のとおり存在していたものというべきである。

⑶　請求人のその他（上記⑵③に掲げるもの以外）の主張について

①　前件質問応答記録書について

請求人は、上記⑵③の主張のほか、前件質問応答記録書について、もともと本件金地金は請求人の所有物である旨申述していたが、本件金地金売却の代金を被相続人から借り入れたものとした方が有利であるという前件調査担当者の違法な誘導・欺罔を受け、そのとおりの申述をしたことにより作成されたものであるから、無効である旨主張する。

しかしながら、請求人の主張するような前件調査担当者による違法な誘導・欺罔があった事実を認めるに足りる証拠はない。

かえって、前件調査の状況〔上記⑴②〕、特に、Bが、本件金地金は請求人がもらったか借りたかしたと考えることが自然だと思うことや、本件金地金売却に係る譲渡所得については被相続人に帰属するものとして修正申告をし、本件金地金売却の代金については請求人と被相続人との間で借用書を締結させようと思うことを申述した後、本件借用書が提出され、請求人が本件金地金売却の代金について被相続人から借りたものであると思う旨申述し、その旨記載された前件質問応答記録書に署名押印していることからすると、請求人が上記の内容の申述をしたのは、Bとの話合いの結果であると考えるのが合理的であり、前件調査担当者による誘導・欺罔によるものとはいい難い。

したがって、請求人の主張は採用することができない。

② 本件和解等について

(イ) 本件和解について

請求人は、本件貸付金が存在しないことを前提とする本件遺留分減殺請求訴訟に係る裁判所の和解案に基づき、B及びDとの間で、Bが請求人に対して本件価額弁償金を支払うことなどを内容とする本件和解が成立したので、本件貸付金は存在しない旨主張する。

しかしながら、請求人が主張するように、本件和解が、本件貸付金が存在しないことを前提とする裁判所の和解案に基づき成立したことを認めるに足りる証拠はない。

また、仮に、請求人が主張するような事情があったとしても、裁判上の和解は、当事者間において、確定判決と同一の効力を有するにすぎず、対世効（筆者注 判決の効力が当事者間だけではなく、第三者にも及ぶことをいう。第三者効とも呼称される）があるわけではなく、審判所の判断を拘束するものではないし、そもそも、本件和解に係る調書には、要旨、上記〔2〕(9)のとおり記載され、本件貸付金に係る記載はなく（請求人提出資料）、本件和解の成立によって、本件貸付金の不存在について何らかの法的効力が生ずる余地はない上、裁判所がどのような判断・思考過程を経て、本件貸付金の不存在を前提とする和解案を提示したのかも明らかではないから、請求人が主張する上記事情が、本件貸付金の存否についての審判所の上記判断を左右するものではない。

したがって、請求人の主張は採用することができない。

(ロ) 相続税の課税価格について

請求人は、要するに、請求人の課税価格は、請求人の遺留分の侵害の弁償として支払われた本件価額弁償金を含むと、請求人の遺留分と一致することを前提に、原処分庁の主張する請求人の課税価格が、原処分庁の主張する課税価格の合計額を基に計算した請求人の遺留分を超えることになるから、原処分庁が主張する課税価格の合計額や請求人の課税価格は誤っている旨主張する。

しかしながら、相続税の課税価格には、相続税法第1章第2節の規定により、相続又は遺贈により取得したものとみなされる財産の価額が含まれるなど、相続税の課税価格の算定方法と遺留分の算定方法は必ずしも一致するものではない。

したがって、請求人の課税価格と請求人の遺留分が一致すべきことを前提とする請求人の主張は、その前提自体を誤るものであって、採用することができない。

(4) 結論

上記(1)ないし(3)のことから、本件貸付金は、本件借用書に記載されていたとおり存在していたものであり、本件相続の開始時においても存在していたと認められる。

〔6〕まとめ

⑴ 裁決事例の結果

先例とされる裁決事例では、本件貸付金の価額につき、請求人（納税者）が本件貸付金はそもそも発生していない（当然に、その価額は0円）旨を主張したのに対し、原処分庁が主張し国税不服審判所がこれを相当と判断したのが本件貸付金に係る本件相続の開始時における存在（価額は、当初の貸付額と同額である27,564,000円）を認めることが相当というものであったことから、結果として、請求人（納税者）の主張は容認されなかった。

⑵ 参考法令通達等

特になし。

本問から学ぶ重要なキーポイント

⑴ 裁判上の和解は、当事者間において、確定判決と同一の効力を有するにすぎず、対世効（注）があるわけではなく、審判所の判断を拘束するものではないとされています。

（注）「対世効」とは、判決の効力が当事者間だけではなく、第三者にも及ぶことをいいます。第三者効とも呼称されます。

⑵ 相続税の課税価格の算定方法と遺留分の算定方法との関係について、相続税の課税価格には、相続税法第1章第2節（相続若しくは遺贈又は贈与により取得したものとみなす場合）の規定により、相続又は遺贈により取得したものとみなされる財産の価額が含まれるなど、両者は必ずしも一致するものではないとされています。

貸付金債権に係る実務対策

⑴ 先例とされる裁決事例において被相続人に係る相続税の期限内申告(本件申告書)に対して税務調査が行われて、相続税の更正処分等（本件更正処分等）に至った経緯は、次のとおりであると考えられます。

① 平成24年10月1日　請求人による本件金地金の売却(売却代金27,564,000円)

㋑ この売却に対しては、平成24年1月1日から実施されている「金地金等の譲渡の対価の支払調書」の提出の対象（売却金額（税込金額）が一度の取引で200万円を超える場合）となり、請求人の住所地の所轄税務署長に対して、本件金地金の買取事業者から当該支払調書が提出されたものと考えられます。

(ロ)　基礎事実に掲げるとおり、請求人は、平成24年分の所得税の確定申告書に本件金地金の売却に係る譲渡所得を計上していません。

②　平成25年12月2日　請求人に係る所得税の税務調査（前件調査）の開始

(イ)　上記①に掲げる(イ)及び(ロ)の不整合性を確認するために、請求人に前件調査が開始されました。

(ロ)　前件調査の結果（途中経過も含めて）として、次の取扱いが相当とされました。

㋑　本件金地金の売却に係る所得は被相続人に帰属するものとし、同人に係る平成24年分の所得税の修正申告書を提出すること

㋺　請求人の実質支配下におかれた本件金地金の売却代金（請求人は本件マンションの購入対価に充当）につき、上記㋑（本件金地金の売却所得は被相続人に帰属）との均衡を図るために、本件借用書（貸借額は本件金地金の売却代金と一致）を作成すること

注　上記㋺に掲げる経緯で作成された本件借用書については、前件調査時に原処分庁担当職員がその写し（コピー）を徴求し、貸主（被相続人）の将来における資産税（相続税）関係の資料として活用されたことが想定されます。

③　平成26年7月＊＊日　被相続人に係る相続開始

被相続人に係る相続開始により、相続税の期限内申告書（本件申告書）が原処分庁に提出された。なお、本件申告書には、本件貸付金に係る記載はされていませんでした。

④　平成29年7月8日　相続税の更正処分等（本件更正処分等）

(イ)　原処分庁による本件申告書の事前調査（申告書審理）の段階で、上記②注で摘示した事項（被相続人に帰属する本件貸付金の存在）が本件申告書に反映されていないことが確認されました。

(ロ)　上記(イ)の状況を確認するために、本件申告書に係る実地調査を実施

(ハ)　既述の経過に基づいて、本件更正処分等を実施

(2)　上記(1)より、先例とされる裁決事例において被相続人の相続財産に本件貸付金が存在することを確認するためには、被相続人の生前の預貯金の動きを確認するだけでは不十分（今回は、これにより本件貸付金の存在を確認することはできませんで

した）であり、被相続人に係る所得税の申告書（本件金地金の譲渡による所得税の申告名義人は、被相続人とされていました）も確認しておくことの必要性にも留意してください。

Q1-9 被相続人からの相続により取得した財産が被相続人の知人の会社経営のための貸付金に該当するのか、又は当該会社に対する出資金に該当するのかが争点とされた事例

事例 国税不服審判所裁決事例
（令和3年12月20日裁決、大裁（諸）令3－24、相続開始年分不明（注））

（注） 本件裁決事例に係る相続開始年分は、平成28年から平成30年までの間と合理的に推認されます。

疑問点

被相続人の相続財産を調査したところ、同人に係る相続（本件相続）の開始の約7～8年前に同人の知人Xが設立した会社（X社）に対する経営資金として、Xに対して数回にわたって資金を下記のとおりに移転させていることが確認されました。

(1) 被相続人からXに対して交付した資金の総額 ……651,000,000円

(2) X又はX社から被相続人に対して返還された資金の総額…… 29,050,000円

(3) 差引金額（(1)－(2)） ……621,950,000円

上記の資金移転を被相続人の相続財産に反映させるために各種の検討を行ったところ、次に掲げる3つの意見が表明されています。これらの意見について、どのように取り扱うことが相当とされるのか説明してください。

意見1 Xに対する貸付金として元本の価額（621,950,000円）で評価することが相当とする考え方

上記に掲げる被相続人からXに対する交付資金についてその詳細を調査したところ、それぞれの資金交付時において金銭消費貸借契約書が作成されていることが判明しています。そうすると、当該交付資金については債権者を被相続人、債務者をXとする貸付金債権として処理することが相当とされます。

また、貸付金債権の価額は、評価通達204《貸付金債権の価額》の定めにより評価することが原則的な取扱いとされていることから、お尋ねの貸付金債権の価額は、利息についての約定が存在しないことからその元本の価額である621,950,000円で評価することが相当とされます。

意見2 Xに対する貸付金に該当するもののその回収が不可能又は著しく困難であると見込まれることから、その価額は0円とすることが相当とする考え方

上記に掲げる被相続人からXに対する交付資金をXに対する貸付金債権とするのは、上記意見1のとおりです。

そして、債務者Xの状況を調査すると、被相続人に係る相続開始時には債務超

過の状態にあり、また、上記(1)及び(2)に掲げるとおり、被相続人からの借入額（651,000,000円）に対して既返済額（29,050,000円）で、借入後ある程度の年数（7～8年）が経過しているにもかかわらず、借入額の5％未満の返済しか行われておらず、残債額（621,950,000円）の返済はその目途も立たないものと認められます。

そうすると、上記の状況は評価通達205《貸付金債権等の元本価額の範囲》に定める「その他その回収が不可能又は著しく困難であると見込まれるとき」に該当するものと認められるから、上記の貸付金債権の価額は0円（評価不要）として取り扱うことが相当と考えられます。

意見3　X社に対する出資金として取り扱うことが相当とする考え方

上記に掲げる被相続人からXに対する交付資金については確かに金銭消費貸借契約書が作成されているものの、関係者の証言によるとこれは単なる形式的なものであって、その実態は、被相続人がXからレアメタル鉱山開発事業及び太陽光発電事業への出資を持ち掛けられてこれに応じたものであることから、Xに対する貸付金として処理することはその実質において不相当であり、X社に対する出資金として、国税庁質疑応答事例（匿名組合契約に係る権利の評価）の定めに基づき評価することが相当とされます。

回　答

お尋ねの被相続人からXに対する交付資金については、意見1による処理が相当と考えられます。したがって、財産の種類は貸付金債権となり、その価額は評価通達204《貸付金債権の価額》の定めを適用して、元本価額の621,950,000円で評価することが相当と考えられます。

解　説

(1)　被相続人からXに対する交付資金について金銭消費貸借契約書が作成されているのであれば、当該金銭消費貸借契約書が虚偽なもので無効であることにつき合理的な挙証立証が行われない限り、有効に成立しているものと推認されることから、被相続人とXとの間には、金銭消費貸借契約が成立しているものと考えられます。

(2)　意見3によると、金銭消費貸借契約書は単なる形式的なものであり、その実態はX社に対する出資金であるとされていますが、有効に成立した契約書（金銭消費貸借契約書）を否定する証拠として、「単なる形式的なものである」との関係者の証言のみによることは、説得性がないものと考えられます。

(3)　意見2によると、被相続人からXに対する交付資金を貸付金とするものの当該貸付金につき評価通達205《貸付金債権等の元本価額の範囲》に定める「その他その回収が不可能又は著しく困難であると見込まれるとき」に該当するとしていますが、この判断は債務者Xが相続開始時において債務超過の状態にあること及び同人の従前における返済状況のみで決定しているものであり、同通達に定める要件に基づいて判定されたものではないことから、その相当性はないものと考えられます。

(4)　上記(1)ないし(4)より、被相続人からXに対する交付資金は貸付金債権に該当し、その価額は評価通達204《貸付金債権の評価》の定めにより、元本の価額（621,950,000円）及び利息の価額（0円（利息の定めはありません））の合計額である621,950,000円で評価することが相当と考えられます。

検討先例

Q1-9の検討に当たっては、下記に掲げる裁決事例が先例として参考になります。

◉国税不服審判所裁決事例（令和3年12月20日、大裁（諸）令3－24、（推定）平成28年ないし平成30年相続開始分）

筆者注　このセンテンス（1）は貸付金債権等の認定（存在の有無、元本の範囲）を確認するものですが、先例とされる裁決事例では、評価対象とされる貸付金債権が評価通達205《貸付金債権等の元本価額の範囲》に定める「その他その回収が不可能又は著しく困難であると見込まれるとき」に該当するか否かについても併せて争点とされていますので、この点についても確認してみることにします。

〔1〕事案の概要

本件は、原処分庁が、請求人に対し、被相続人が生前、Xに交付した金銭は貸付金であり、請求人は相続によりXに対する貸付金債権を取得したとして相続税等の決定処分等を行ったところ、請求人が、上記金銭はXの行う事業への出資金であること、仮に貸付金であるとしても、その回収は著しく困難であること等の理由により0円と評価すべきであること、また、上記決定処分等には処分理由の記載に不備があること等を理由として、原処分の全部の取消しを求めた事案である。

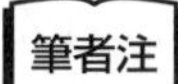

筆者注　「上記決定処分等には処分理由の記載に不備があること等を理由として、原処分の全部の取消しを求めた」ことに対する部分については、Q7-3を参照されたい。

〔2〕基礎事実

(1)　当事者等

①　被相続人は、請求人の父である。

②　Xは、平成6年頃、被相続人の勤務先の同僚であった者であり、平成9年にX社を設立した者である。

⑵　被相続人からのＸに対する資金の交付等

①　Ｘに対する合計150,000,000円の交付

㈠　被相続人は、Ｘに対し、次のとおり、合計150,000,000円を交付した（以下「本件交付金１」という）。

㋑　平成21年12月29日　　10,000,000円

㋺　平成22年１月14日　　10,000,000円

㋩　平成22年１月29日　130,000,000円

㈡　被相続人とＸは、上記㈠の金銭の授受を証するため、要旨、次の内容の平成22年１月30日付金銭消費貸借契約書（以下「本件契約書１」という）を作成した。

㋑　被相続人は、Ｘに対し、上記㈠の㋑から㋩までに記載の日に、それぞれ上記㈠の㋑から㋩までに記載の金額の合計150,000,000円を貸し付け、Ｘは、これを借り受けて受領した。

㋺　Ｘは、被相続人に対し、上記㋑の借受金の返還として、平成22年７月から平成26年９月まで、毎月25日、3,000,000円を50回の分割で被相続人の指定する銀行口座に送金して支払う。

㋩　本件契約書１に利息についての記載はない。

②　平成22年１月30日付金銭消費貸借契約書の作成

被相続人とＸは、要旨、次の内容の平成22年１月30日付金銭消費貸借契約書（以下「本件契約書２」という）を作成した。

なお、被相続人からＸに対して本件契約書２記載の貸付金に相当する金銭の交付はない。

㋑　被相続人は、平成22年１月29日、Ｘに対し、900,000,000円を貸し付け、Ｘは、これを借り受けて受領した。

㋺　Ｘは、被相続人に対し、上記㋑の借受金の返還として、平成22年７月から25年間毎月25日、3,000,000円を被相続人の指定する銀行口座に送金して支払う。

㋩　本件契約書２に利息についての記載はない。

③　Ｘに対する235,000,000円の交付

㈠　被相続人は、平成22年３月29日、Ｘに対し、235,000,000円を交付した（以下「本件交付金２」といい、本件交付金１と併せて「本件各交付金」という）。

㈡　被相続人とＸは、平成22年３月末頃、上記㈠の金銭の授受を証するため、要旨、次の内容の平成22年（月日空欄）付金銭消費貸借契約書（以下「本件契約書３」という）を作成した。なお、本件契約書３に本件被相続人の署名押印はない。

㋑　被相続人は、Ｘに対し、平成22年（月日空欄）、235,000,000円を貸し付け、Ｘは、これを借り受けて受領した。

㋺　Ｘは、被相続人に対し、上記㋑の借受金の返還として、235,000,000円を被相続

人の指定する銀行口座に送金して支払う。

㈧　本件契約書3に返還期限及び利息についての記載はない。

④　Xに対する266,000,000円の貸付け

被相続人は、平成22年6月14日、Xに対し、返還期限及び利息については定めず、266,000,000円を貸し付けた（以下、当該貸付けに係る金員を「本件貸付金」という）。また、これを証するため、被相続人とXは、要旨、次の内容の同日付金銭消費貸借契約書を作成した。

㈠　被相続人は、平成22年6月14日、Xに対し、266,000,000円を貸し付け、Xは、これを借り受けて受領した。

㈡　Xは、被相続人に対し、上記㈠の借受金の返還として、266,000,000円を被相続人の指定する銀行口座に送金して支払う。

⑶　X又はX社から受領した金員

被相続人は、平成22年7月8日から平成28年7月29日までの間、次ページの**図表－1**のとおり、X又はX社から合計29,050,000円を受領した。

⑷　被相続人からXに対する貸金の返還請求等

①　被相続人は、Xに対し、要旨、次の内容が記載された平成24年分1月31日付通知書（以下「平成24年1月31日付通知書」という）を送付した。

㈠　被相続人は、Xに対して、4回に分けて合計656,000,000円を貸し付けた。この貸付金のうち270,000,000円については、平成22年7月11日までに必ず返還するとの約束で貸し付けたものだが、その期日までにXからの返済はなかった。

㈡　上記㈠の貸付金の返済については、平成23年2月6日、Xから、銀行等からの借入れによって上記㈠の貸付金元本に加えて分配金相当の金額や利子税等を含めた全額の返済を行う計画でいることやXが平成24年1月中には最終的に事業に見切りを付けて返済を行うことの説明があり、被相続人とXは、同月まで銀行等からの借入状況の推移等についてお互いに連絡を取り合うことを約束した。しかし、この半年間ほどXと連絡が取れない状況にある。

㈧　Xが被相続人と交わした平成24年1月中には最終的に事業の見切りを付けて上記㈠の貸付金の返還を行うとの契約について、その履行を求めたことを明らかにするため、この文書を送付する。

②　被相続人からXに対する貸付金の返還請求について依頼を受けたY弁護士は、Xに対し、要旨、次の内容が記載された平成25年11月14日付催告書兼通知書を送付した。

㈠　被相続人は、Xに対し、返還期限を平成22年7月11日、利息なしとの約定で、本件各交付金及び本件貸付金のほか、平成22年6月22日の5,000,000円の合計656,000,000円を貸し付けたが、現時点においても、Xからは17,150,000円しか返還されていない。

図表－1　被相続人の受領した金額の内訳

日　付	支払名義	金　額	日　付	支払名義	金　額
平成22年7月8日	X社	500,000円	平成25年4月30日	＊＊＊＊	300,000円
平成22年7月23日	X社	2,000,000円	平成25年5月31日	＊＊＊＊	300,000円
平成22年7月30日	X社	500,000円	平成25年6月28日	＊＊＊＊	300,000円
平成22年8月31日	＊＊＊＊	1,000,000円	平成25年7月31日	＊＊＊＊	300,000円
平成22年9月24日	X社	1,000,000円	平成25年8月30日	＊＊＊＊	300,000円
平成22年10月25日	X社	1,000,000円	平成25年9月30日	＊＊＊＊	300,000円
平成22年11月25日	X社	300,000円	平成25年10月31日	＊＊＊＊	300,000円
平成22年11月30日	X社	700,000円	平成25年11月29日	＊＊＊＊	300,000円
平成22年12月24日	X社	500,000円	平成25年12月27日	＊＊＊＊	1,000,000円
平成22年12月28日	X社	500,000円	平成25年12月31日	＊＊＊＊	1,000,000円
平成23年1月25日	X社	500,000円	平成26年1月31日	＊＊＊＊	300,000円
平成23年1月31日	X社	500,000円	平成26年2月28日	＊＊＊＊	300,000円
平成23年2月28日	X社	600,000円	平成26年3月31日	＊＊＊＊	300,000円
平成23年3月9日	X社	150,000円	平成26年4月30日	＊＊＊＊	300,000円
平成23年3月31日	X社	200,000円	平成26年5月30日	＊＊＊＊	300,000円
平成23年4月12日	X社	50,000円	平成26年6月30日	＊＊＊＊	300,000円
平成23年4月28日	X社	150,000円	平成26年7月31日	＊＊＊＊	300,000円
平成23年5月31日	X社	50,000円	平成26年8月29日	＊＊＊＊	300,000円
平成23年6月30日	X社	50,000円	平成26年9月30日	＊＊＊＊	300,000円
平成23年7月29日	X社	50,000円	平成26年10月31日	＊＊＊＊	300,000円
平成23年8月31日	X社	50,000円	平成26年11月28日	＊＊＊＊	300,000円
平成23年10月3日	X社	50,000円	平成26年12月26日	＊＊＊＊	300,000円
平成23年10月13日	X社	300,000円	平成27年1月30日	＊＊＊＊	300,000円
平成23年10月31日	X社	300,000円	平成27年2月27日	＊＊＊＊	300,000円
平成23年12月1日	X社	300,000円	平成27年3月31日	＊＊＊＊	300,000円
平成23年12月30日	X社	50,000円	平成27年4月30日	＊＊＊＊	300,000円
平成24年1月31日	X社	200,000円	平成27年5月29日	＊＊＊＊	300,000円
平成24年2月29日	X社	300,000円	平成27年6月30日	＊＊＊＊	300,000円
平成24年3月30日	＊＊＊＊	300,000円	平成27年7月31日	＊＊＊＊	300,000円
平成24年5月1日	＊＊＊＊	100,000円	平成27年8月31日	＊＊＊＊	300,000円
平成24年5月31日	＊＊＊＊	100,000円	平成27年9月30日	＊＊＊＊	300,000円
平成24年6月29日	＊＊＊＊	300,000円	平成27年10月30日	＊＊＊＊	300,000円
平成24年7月31日	＊＊＊＊	300,000円	平成27年11月30日	＊＊＊＊	300,000円
平成24年8月31日	＊＊＊＊	300,000円	平成27年12月29日	＊＊＊＊	300,000円
平成24年9月28日	＊＊＊＊	300,000円	平成28年1月29日	＊＊＊＊	300,000円
平成24年10月31日	＊＊＊＊	300,000円	平成28年2月29日	＊＊＊＊	300,000円
平成24年11月30日	＊＊＊＊	300,000円	平成28年3月31日	＊＊＊＊	300,000円
平成24年12月28日	＊＊＊＊	300,000円	平成28年4月28日	＊＊＊＊	300,000円
平成25年1月31日	＊＊＊＊	300,000円	平成28年6月1日	＊＊＊＊	300,000円
平成25年2月28日	＊＊＊＊	300,000円	平成28年6月30日	＊＊＊＊	300,000円
平成25年3月29日	＊＊＊＊	300,000円	平成28年7月29日	＊＊＊＊	300,000円
			合　計		29,050,000円

(ロ) 被相続人に対し、本書面到達後10日以内に、上記(イ)の貸付金全額及びこれに対する平成22年7月12日から完済日までの年5％の割合による遅延損害金合計額から支払済の17,150,000円を控除した金額を支払うよう催告する。

(5) 被相続人のXに対する貸金返還請求訴訟

① 被相続人は、平成＊＊年＊＊月＊＊日、＊＊地方裁判所に対し、Xを被告として、本件各交付金及び本件貸付金を貸し付けたほか、平成22年6月22日に4,000,000円を貸し付けたとして、これら合計額のうち一部である1,400,000円の返還等を求める貸金返還請求訴訟を提起した（以下「本件訴訟」という）。

本件被相続人は、平成＊＊年＊＊月＊＊日付訴状訂正の申立書により、本件訴訟で返還を求める1,400,000円を本件貸付金に係る266,000,000円のうちの1,400,000円とする旨変更した。

② ＊＊地方裁判所は、平成＊＊年＊＊月＊＊日、被相続人がXに対して本件貸付金を貸し付けたことその他請求原因事実は当事者間に争いがないとして、上記①の被相続人の請求を全部認容する旨の判決を言い渡した。

(6) 相続の開始

被相続人は、平成＊＊年＊＊月＊＊日、死亡した（以下、被相続人の死亡により開始した相続を「本件相続」という）。

本件相続に係る相続人は、被相続人の子である請求人のみである。

(7) 本件相続税の申告書

請求人は、本件相続に係る相続税（以下「本件相続税」という）の申告書を法定申告期限までに原処分庁に提出しなかった。

(8) 本件決定処分等

原処分庁は、原処分庁所属の調査担当職員（以下「調査担当職員」という）が平成31年4月24日に開始した本件相続税に係る実地の調査の結果、請求人が本件相続により被相続人のXに対する貸金債権（以下「本件債権」という）を取得し、その価額は621,950,000円であるとして、本件債権の価額を相続税の課税価格に算入し、別表（筆者注 非公開）の「決定処分等」欄のとおり相続税の決定処分（以下「本件決定処分」という）及び無申告加算税の賦課決定処分（以下「本件賦課決定処分」といい、本件決定処分と併せて「本件決定処分等」という）をした。

本件決定処分等に係る通知書（以下「本件通知書」という）に記載された処分の理由は、図表－2及び図表－3のとおりである。

図表－2 本件通知書に記載された本件決定処分等の理由の要旨

調査の結果、あなたは、下記1のとおり、平成＊＊年＊＊月＊＊日相続開始の被相続人＊

＊＊＊に係る相続税の申告書を、法定申告期限である平成＊＊年＊＊月＊＊日までに提出する義務があると認められますが、当該申告書をいまだ提出しておりませんので、下記2及び3のとおり、あなたの課税価格及び納付すべき相続税額を計算して、決定します。

また、下記4のとおり、無申告加算税を賦課決定します。

記

1　申告書の提出義務

あなたは、被相続人から相続により財産を取得しており、当該財産を取得した時において、相続税法の施行地に住所（＊＊＊＊）を有していたことから、相続税法第1条の3《相続税の納税義務者》第1項第1号の相続税の納税義務者に該当します。

なお、あなたが当該納税義務者として納付すべき相続税額を計算したところ、次の3のとおりとなることから、相続税法第27条《相続税の申告書》第1項の規定により、相続税の申告書を提出する義務があります。

2　相続税の課税価格

あなたの課税価格は、本件通知書別紙（筆者注非公開）（本件通知書別紙（筆者注非公開）の本件債権の記載は図表－3のとおりである）に記載したあなたが相続により取得した財産の価額の合計額＊＊円から、相続税法第13条《債務控除》の規定に基づき、本件通知書別紙（筆者注非公開）に記載したあなたが負担した被相続人に係る債務及び葬式費用の金額の合計額299,268,157円を控除した＊＊円となります。

3　あなたの納付すべき相続税額

上記2に記載の課税価格＊＊円から相続税法第15条《遺産に係る基礎控除》に規定する基礎控除額36,000,000円（法定相続人の数1人）を控除した金額＊＊円について、相続税法第16条《相続税の総額》及び第17条《各相続人等の相続税額》の規定により計算した＊＊円から、相続税法第19条の3《未成年者控除》の規定に基づき計算した未成年者控除額＊＊円及び相続税法第20条《相次相続控除》の規定に基づき計算した相次相続控除額78,387,710円を控除した＊＊円が、あなたの納付すべき相続税額となります。

4　あなたの納付すべき無申告加算税の額

今回の決定によりあなたが納付すべきこととなる相続税額＊＊円について、国税通則法第66条《無申告加算税》第1項の規定に基づき計算した無申告加算税＊＊円に、同条第2項の規定に基づき計算した無申告加算税＊＊円を加算した＊＊円を賦課決定します。

なお、法定申告期限である平成＊＊年＊＊月＊＊日までに相続税の申告書の提出がなかったことについて正当な理由があるとは認められません。

図表－3　本件通知書に記載された本件決定処分等の理由の本件債権の記載の要旨

○　あなたが相続により取得した財産

種類	細目	利用区分・銘柄	所在場所等	数量	単価	価額	根拠法令等
その他の財産	その他	貸付金	＊＊＊＊	－	－	621,950,000円	評価通達(注)204

（注）　財産評価基本通達をいいます。

⑼　審査請求

①　請求人は、令和２年６月12日、本件決定処分等に不服があるとして、その全部の取消しを求めて、審査請求をした。

②　請求人は、審査請求時には未成年であったことから、＊＊＊＊が法定代理人親権者母として本審査請求をした。その後、令和＊＊年＊＊月＊＊日に請求人が成年に達したことにより、＊＊＊＊の法定代理権は消滅し、法定代理人は存在しないこととなった。

筆者注　上記⑴ないし⑼に掲げる基礎事実につき、時系列的な経過をまとめると、**図表－４**のとおりとなる。

図表－４　本件裁決事例における事系列

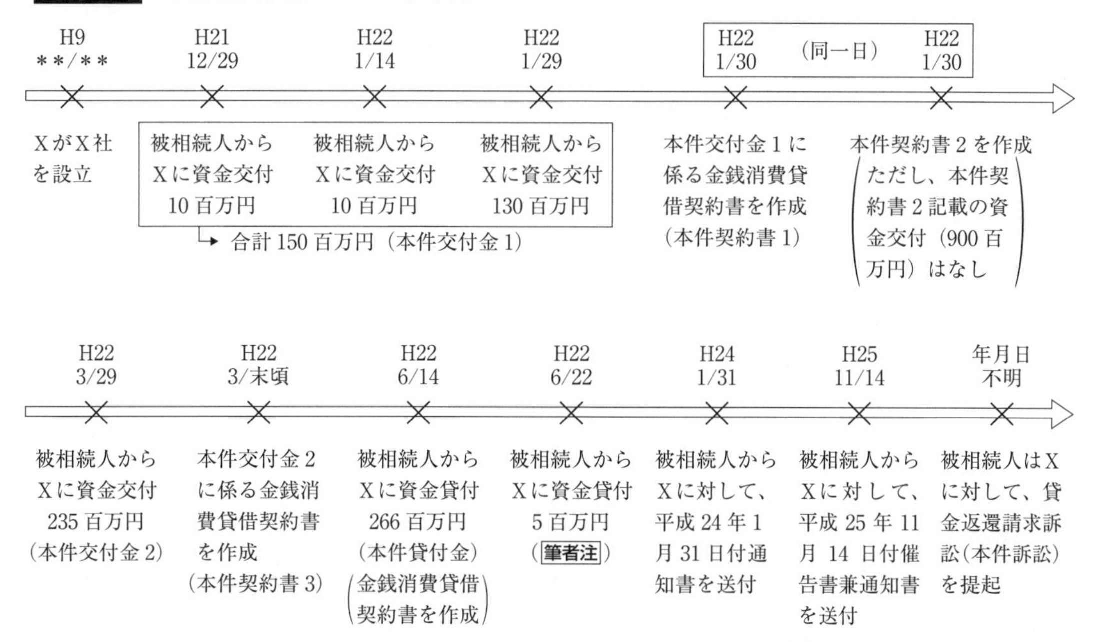

筆者注　平成22年６月22日の被相続人からXに対する資金貸付（5,000,000円）については、本件交付金１及び本件交付金２並びに本件貸付金の各交付又は貸付に際して締結された契約書の類は、作成されていない。

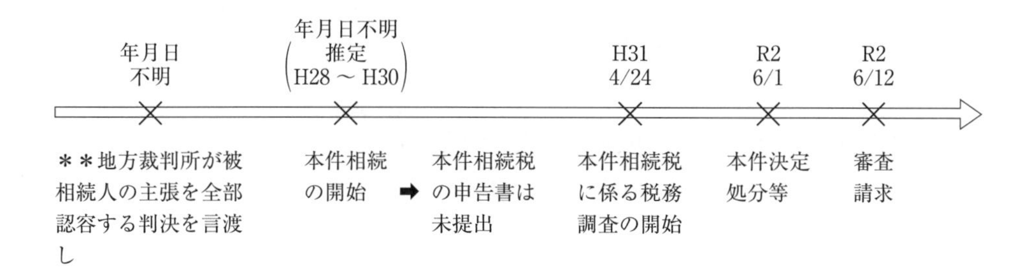

その他　被相続人がX又はX社から受領した金額

（支払期間）　平成22年7月8日から平成28年7月29日まで

（受領金額）　合計29,050,000円（図表－1を参照）

移転資金残高　被相続人とXとの間における資金の移転をまとめると、次のとおりとなる。したがって、本件相続開始時における移転資金残高は、621,950,000円となる。

(1)　被相続人からXに対する交付額

①　本件交付金1に係る交付額……150,000,000円

②　本件交付金2に係る交付額……235,000,000円

③　本件貸付金に係る交付額　……266,000,000円

④　合計（①＋②＋③）　651,000,000円

（注）　上記の計算に当たっては、平成22年6月22日の被相続人からXに対する資金貸付5,000,000円（金銭消費貸借契約書が作成されていないもの）は含めないものとして求めている。

(2)　Xから被相続人に対する返還額

29,050,000円（上記その他より）

(3)　資金移転残高

651,000,000円（上記(1)④）－29,050,000円（上記(2)）＝621,950,000円

〔3〕争点

本件の争点は、本件決定処分において、本件債権の価額を621,950,000円であると認定評価したことについて、違法事由が認められるか否かであるが、その具体的な争点としては、次のとおりである。

(1)　争点1

本件決定処分が、本件債権の価額の認定評価に当たり、本件各交付金をXに対する貸付金としたことは違法か否か。

(2)　争点2

本件決定処分が、本件債権の価額の認定評価に当たり、評価通達205《貸付金債権等の元本価額の範囲》が定める「その他その回収が不可能又は著しく困難であると見込まれるとき」に該当しないとしたことは違法か否か。

〔4〕争点に関する双方（請求人・原処分庁）の主張

各争点に関する請求人・原処分庁の主張は、図表－5のとおりである。

図表－5　各争点に関する請求人・原処分庁の主張

（争点１）　本件決定処分が、本件債権の価額の認定評価に当たり、本件各交付金をXに対する貸付金としたことは違法か否か

請求人（納税者）の主張	原処分庁（課税庁）の主張
本件各交付金は、次のとおり、いずれもXに対する出資金であって、Xに対する貸付金ではない。	本件各交付金は、次のとおり、いずれもXに対する貸付金である。
(1)　本件各交付金は、被相続人がXからレアメタル鉱山開発事業及び太陽光発電事業への出資を持ち掛けられ、出資金としてXに交付したものである。 この出資は、匿名組合契約への出資に類似するものであって、その評価は国税庁質疑応答事例「匿名組合に係る権利の評価」（筆者注 欄外の 参考資料 を参照）に準じて評価通達185《純資産価額》によるべきであり、その評価額は420,000,000円を下回る。	(1)　本件交付金１については、本件契約書１が作成されている。本件交付金２については、本件契約書３が作成されている。本件契約書１及び本件契約書３は、いずれも金銭消費貸借契約書である。また、被相続人は、本件訴訟において、本件各交付金が貸付金であると主張している。 以上によれば、本件各交付金はいずれも貸付金であると認められる。
(2)　本件契約書１は、本件交付金１の交付を証するものであり、また、本件契約書２と一体不可分のものである。 本件契約書２については、これに係る被相続人からXへの金銭の移動が存在しない。 その理由は、本件契約書２が、本件交付金１の出資に対する分配金の累計額を900,000,000円とすることを被相続人とXとの間で確認するために作成されたものであるからである。 したがって、本件契約書１は、本件交付金１を出資金としてXに交付したことを証するために作成されたものである。	(2)　請求人は、本件契約書１が本件交付金１を出資金としてXに交付したことを証するために作成されたものであると主張する。 しかしながら、本件契約書１には、貸主を被相続人、借主をXとして、金銭消費貸借契約が締結された旨が記載されており、被相続人の署名押印も存在する。 本件契約書１が被相続人とXとの間の金銭消費貸借契約の成立を証するために作成されたことは明らかであり、本件契約書１が出資金について定めたものであるとは認められない。 また、請求人は、本件契約書２について、本件交付金１の出資に対する分配金の累計を900,000,000円とすることを被相続人とXとの間で確認するために作成したものであって、本件契約書１と不可分一体のものであると主張する。 しかしながら、本件契約書２には、貸主を被相続人、借主をXとして、金銭消費貸借契約が締結された旨が記載されており、被相続人の署名押印も存在するのであって、本件契約書２が出資金に対する分配金を定めたものとは認められない。
(3)　本件交付金２に係る本件契約書３は、被相続人とXとの間のそれまでの経緯からすれば、本件契約書１及び本件契約書２と同様に事業への出資であることを証するものであることは明らかである。	(3)　請求人は、本件契約書３には、被相続人の署名押印がないことから、本件契約書３は、本件交付金２が貸付金であることを証するものではないと主張する。 しかしながら、被相続人は、本件訴訟において、本件契約書３を証拠として提出しており、本件契約書

本件契約書３には、貸主である被相続人の署名押印がなく形式的要件を欠いており、本件交付金２が貸付金であることを証するものではない。	３に係る本件交付金２が貸付金であることを自認していたものと認められる。

参考資料　国税庁質疑応答事例（匿名組合契約に係る権利の評価）

【照会要旨】

匿名組合契約により営業者に金銭を出資した法人（匿名組合員）の株式を、純資産価額方式で評価する場合、その権利（出資金）については、どのように評価するのでしょうか。

【回答要旨】

匿名組合員の有する財産は、利益配当請求権と匿名組合契約終了時における出資金返還請求権が一体となった債権的権利であり、その価額は営業者が匿名組合契約に基づき管理している全ての財産・債務を対象として、課税時期においてその匿名組合契約が終了したものとした場合に、匿名組合員が分配を受けることができる清算金の額に相当する金額により評価します。

清算金の額を算出するに当たっては、財産評価基本通達185《純資産価額》の定めを準用して評価します。

この場合、匿名組合には、法人税が課税されないことから、法人税等相当額を控除することはできません。

(理由)

匿名組合員が出資した金銭等は営業者の財産に帰属することから、匿名組合員が匿名組合財産を損益の分担割合に応じて共有しているものとして評価することは相当ではありません。

また、営業者に損失が生じた場合は、損失分担金が出資の金額から減じられた後の金額が組合員に返還されることになり、元本保証はないことから出資額で評価することは相当ではありません。

【関係法令通達】

財産評価基本通達５、185
商法第535条、第536条、第538条

（争点２） 本件決定処分が、本件債権の価額の認定評価に当たり、評価通達205《貸付金債権等の元本価額の範囲》が定める「その他その回収が不可能又は著しく困難であると見込まれるとき」に該当しないとしたことは違法か否か

請求人（納税者）の主張	原処分庁（課税庁）の主張
Ｘは、被相続人から借り受けた金額の大半を費消している。また、平成28年春頃から、被相続人に送金が不可能である旨の連絡を複数回しており、同年７月29日以降、被相続人への返済も中断している。 以上によれば、Ｘは、本件相続の開始時において、財産がなく、債務超過の状態であったといえる。また、Ｘから毎月300,000円が返済されたとしても、本件債権の認定額621,950,000円の返済には172.76年かかり、現にＸは、本件債権に係る債務を弁済するための資金を調達することができていない。 したがって、本件債権は、その全額が評価通達205《貸付金債権等の元本価額の範囲》に定める「回収が不可能又は著しく困難であると見込まれるとき」に該当する。よって、本件債権の評価額は０円である。	Ｘは、本件債権の債務者であるところ、Ｘ社の代表取締役で経常的に役員報酬を得ており、また、請求人の生活費等に充てるため毎月300,000円を支払っていた。 したがって、本件相続の開始時において、評価通達205《貸付金債権等の元本価額の範囲》に定める事由と同程度に経済的に破綻していることが客観的に明白であったとはいえず、また、本件債権について、回収の見込みがないか、又は、回収が著しく困難であると確実に認められる状態であったとはいえない。 したがって、本件債権は、本件相続の開始時において、評価通達205に定める「その他その回収が不可能又は著しく困難であると見込まれるとき」には該当しない。 そして、本件各交付金も貸付金であるから、本件債権の評価額は返済されるべき元本の価額である621,950,000円となる。

筆者注 ＝＝部分は、筆者が付設したものである。

〔５〕国税不服審判所の判断

⑴ 争点１（本件決定処分が、本件債権の価額の認定評価に当たり、本件各交付金をＸに対する貸付金としたことは違法か否か）について

① 認定事実等

(イ) Ｘは、本件訴訟において、本件貸付金に係る貸付けの事実及び上記〔２〕⑷②の通知を受けたことを認め、10倍返しでお礼をするという約束で被相続人から出資を受けた旨を記載した答弁書を提出した。

(ロ) Ｘは、調査担当職員に対し、要旨、次のとおり申述した。

㋑ 被相続人に対し、「10倍返し」を約束して、被相続人から法人の事業への投資として、656,000,000円を受け取った。

㋺ 書面で何も残さないのは被相続人に対し、悪いと思い、金銭消費貸借契約書を記録として作成した。「10倍返し」と記載した契約書も作成した。

㋩ 投資なので、返す義理はないが、Ｙ弁護士から生活のために支払ってほしいと言われ、月300,000円を支払っている。

② 当てはめ

(イ) 本件各交付金については、上記〔2〕(2)①(ロ)及び同③(ロ)のとおり、金銭消費貸借契約に係る合意内容が記載された本件契約書1及び本件契約書3がそれぞれ作成されていることから、本件契約書1及び本件契約書3について実態と異なる金銭消費貸借契約を記載しなければならなかった等の特段の事情が認められない限り、本件各交付金は本件契約書1及び本件契約書3に記載された各金銭消費貸借契約に基づく貸付金であると認めるのが相当である。

(ロ) 上記(イ)に関し、請求人は、被相続人とXとの間で本件交付金1の出資に対する分配金の累計額を900,000,000円とするために本件契約書2を作成したのであるから、本件契約書2と一体不可分である本件契約書1もまた本件交付金1を出資としてXに交付したことを証するために作成したものであり、同様に、本件交付金2に係る本件契約書3も事業への出資であることを証するものである旨主張しているところ、上記①(ロ)㋑及び㋺のとおり、債務者であるXは、調査担当職員に対し、契約書は記録のために作成したにすぎず、被相続人から受領した656,000,000円は法人の事業への投資であることなど請求人の主張に沿う申述をしている。

また、平成24年1月31日付通知書には、上記〔2〕(4)①(ロ)のとおり、分配金相当の金額や事業に見切りを付けて返済を行うなど請求人の当該主張に沿う記載がある。

しかしながら、上記①(ロ)㋑のとおり、Xは、被相続人から受け取った金銭は全額、法人の事業への投資であると申述しているものの、同(イ)のとおり、本件訴訟において、被相続人から出資を受けた旨を主張しながら、受領した金銭の一部である本件貸付金について、出資であることを理由として貸付けの事実を否認することなく、貸付けの事実を認めている。

また、そもそも本件各交付金及び本件貸付金が出資として交付されたというのであれば、対象となる事業や出資の割合等について、しかるべき取決め等をするというのが通常の取引態度であるというべきであるが、審判所の調査の結果によっても、Xと被相続人との間でかかる取決め等がされたとの事実はうかがわれない。このような取決め等をすることもなく、本件各交付金を出資として交付した事実の記録として本件契約書1及び本件契約書3をそれぞれ作成したというのは、不自然といわざるを得ない。

そもそも、本件契約書1及び本件契約書3は、「金銭消費貸借契約書」との表題の契約書であり、その中には、「貸付け」、「借受け」など、交付される金銭が貸付金（借受金）として授受されることを前提とした記載がされている。

したがって、かかる契約書を作成したXと被相続人は、いずれも本件各交付金が、返還約束を前提とした貸付金（借受金）であって、返還約束を前提としない出資金

（投資金）であるとは考えていなかったとみるのが自然である。

(ハ) 上記(イ)及び(ロ)より、被相続人から受領した金銭が投資であるとのXの申述は信用できず、かかるXの申述に、平成24年1月31日付通知書の記載内容を加えても、本件契約書1及び本件契約書3について金銭消費貸借契約を示すものでないと解すべき特段の事情があるとは認められない。

よって、本件契約書1及び本件契約書3に記載された各金銭消費貸借契約の記載どおりの事実があったと認めるのが相当であり、本件各交付金は、本件契約書1及び本件契約書3に記載された各金銭消費貸借契約に基づく貸付金であると認められる。

③ 請求人の主張について

(イ) 請求人は、上記**図表－5**の（争点1）の「請求人（納税者）の主張」欄の(1)のとおり、被相続人は、Xから、レアメタル鉱山開発事業及び太陽光発電事業への出資を持ち掛けられ、本件各交付金を出資金としてXに交付した旨主張する。

しかしながら、上記②で述べたとおり、本件契約書1及び本件契約書3には金銭消費貸借契約に係る合意内容が記載されており、本件契約書1及び本件契約書3について、出資の目的で作成されたことを裏付ける客観的な証拠はない。

したがって、請求人の主張は採用できない。

(ロ) 請求人は、上記**図表－5**の（争点1）の「請求人（納税者）の主張」欄の(2)のとおり、本件契約書2と一体不可分である本件契約書1は本件交付金1を出資金としてXに交付したことを証するため作成したものである旨主張する。

しかしながら、上記②で述べたとおり、本件交付金1は本件契約書1に記載された金銭消費貸借契約に基づく貸付金であると認められる。

したがって、請求人の主張は採用できない。

(ハ) 請求人は、上記**図表－5**の（争点1）の「請求人（納税者）の主張」欄の(3)のとおり、本件交付金2に係る本件契約書3は、本件契約書1及び本件契約書2と同様に事業への出資であることを証するものであり、また、本件契約書3には、被相続人の署名押印がなく、形式的要件を欠き、本件交付金2が貸付金であることを証するものではない旨主張する。

しかしながら、上記②で述べたとおり、本件交付金2が貸付金であることを証する本件契約書3が存在することから、本件交付金2は貸付金であると認められる。

また、本件契約書3には、Xの署名押印はされており、被相続人に金銭貸付けの意思があったことは明らかであるから、被相続人の署名押印がないことは、金銭消費貸借契約の効力に影響を及ぼすものではない。

したがって、請求人の主張は採用できない。

⑵ 争点2(本件決定処分が、本件債権の価額の認定評価に当たり、評価通達205《貸付金債権等の元本価額の範囲》が定める「その他その回収が不可能又は著しく困難であると見込まれるとき」に該当しないとしたことは違法か否か)について

① 法令解釈等

相続税法第22条《評価の原則》は、相続財産の価額は、特別に定める場合を除き、当該財産の取得の時における時価によるべき旨を規定しており、ここでいう時価とは相続開始時における当該財産の客観的な交換価値をいうものと解される。

しかし、相続財産は多種多様であるから、その客観的交換価値は必ずしも一義的に確定されるものではなく、これを個別に評価することとしたときには、その評価方法等により異なる評価額が生じて納税者間の公平を害する結果となったり、課税庁の事務負担が加重となって大量に発生する課税事務の適正迅速な処理が困難となったりするおそれがある。

そこで、課税実務上は、相続財産評価の一般的基準が評価通達によって定められ、原則としてこれに定める画一的な評価方法によって相続財産を評価することとされている。

このように、評価通達の定める評価方法によって評価することが著しく不適当と認められる特段の事情がない限り、評価通達に定める評価方法によって評価することが相当である。

評価通達204《貸付金債権の評価》は、貸付金債権等の価額は、元本の価額と利息の価額との合計額によって評価する旨定めている。そして、評価通達205《貸付金債権等の元本価額の範囲》は、評価通達204の定めにより貸付金債権等の評価を行う場合において、その債権金額の全部又は一部が、課税時期において「次に掲げる金額に該当するときその他その回収が不可能又は著しく困難であると見込まれるとき」においては、それらの金額は元本の価額に算入しないとした上で、「次に掲げる金額」として、債務者について破産手続開始の決定や再生手続開始の決定があった場合等におけるその債務者に対して有する貸付金債権等の金額や再生計画認可の決定等により切り捨てられる部分の債権の金額等を掲げている。

このように、評価通達205の⑴ないし⑶が、例外的に債権金額の全部又は一部が元本の価額に算入されない「その回収が不可能又は著しく困難であると見込まれるとき」として、破産手続開始の決定や再生手続開始の決定など債務者の経済状態等が破綻していることが客観的に明白である事由を掲げていることに鑑みれば、これと並列的に定められている「その他その回収が不可能又は著しく困難であると見込まれるとき」とは、当該事由と同視できる程度に債務者の経済状態等の悪化が著しく、その貸付金債権等の回収の見込みがないことが客観的に明白であることをいうものと解するのが相当である。

② 認定事実

(イ) XはX社の代表取締役であり、X社から平成27年分、およそ30,000,000円、平成28年分、およそ40,000,000円の給与等の収入を得ていた。

(ロ) Xは、本件相続の開始時において、X社のほぼ全ての株式を所有していた。X社の平成27年12月31日現在の貸借対照表の純資産の部の金額は、およそ130,000,000円であり、平成28年12月31日現在の貸借対照表の純資産の部の金額は、およそ100,000,000円である。

(ハ) X社の平成27年1月1日から同年12月31日までの事業年度の売上高はおよそ1,100,000,000円であり、平成28年1月1日から同年12月31日までの事業年度の売上高はおよそ490,000,000円である。

(ニ) Xは、本件相続の開始時において、およそ230,000,000円の貸付金債権を有している。なお、X社に対する貸付金債権はない。

(ホ) Xは、X社に対し、平成27年12月31日時点でおよそ56,000,000円、平成30年12月31日時点でおよそ73,000,000円の借入金債務を負っていた。

③ 当てはめ

(イ) 本件債権を評価通達の定めによって評価することについては、請求人と原処分庁との間に争いはなく、審判所の調査の結果によっても、評価通達の定める評価方法によって評価することが著しく不適当と認められる特別の事情は認められない。また、債務者であるXについて、評価通達205《貸付金債権等の元本価額の範囲》の(1)ないし(3)に掲げる事由があるとは認められない。

そこで、本件債権が、本件相続の開始時において、評価通達205に定める「その他その回収が不可能又は著しく困難であると見込まれるとき」に該当するか否かについて、検討する。

(ロ) Xは、本件相続の開始時において、上記②(ロ)及び(ニ)のとおり、330,000,000円程度の資産を有するにすぎず、XがX社のほぼ全ての株式を所有していることを考慮しても、債務超過の状態にあったと認められる。

しかしながら、上記②(ハ)のとおり、継続的に売上高を計上しているX社から、同(イ)のとおり、Xは平成27年分及び平成28年分において、30,000,000円から40,000,000円程度の給与等の収入を得ていて、今後も継続的な収入が見込まれることからすれば、Xは本件債権に係る債務について、継続的な収入や自ら有する資産を用いて、返済を行うことは可能であるといえる。

また、実際に、Xは**図表－1**のとおり、被相続人に対し継続的に返済を行っていたのであるから、Xは本件債権に係る債務について、一般的かつ継続的に弁済することができない状態にあるとは認められない。

また、本件全証拠によっても、Xが、弁護士等に委任し、債権者に対し、統一的かつ公平な弁済を図るために受任通知を送付するなど、支払能力を欠くために一般的かつ継続的に債務の支払をすることができない旨を外部に表示した事実も認められない。

(ハ) 上記(ロ)に掲げるような事情からすると、Xは債務超過であったものの、評価通達205《貸付金債権等の元本価額の範囲》の(1)ないし(3)に掲げる破産手続開始の決定や再生手続開始の決定等の事由と同視し得る程度に経済状態等の悪化が著しく、本件債権の回収の見込みがないことが客観的に明白であるとは認められない。

したがって、本件債権は、本件相続の開始時において、評価通達205に定める「その他その回収が不可能又は著しく困難であると見込まれるとき」に該当しないと認められる。

④ 請求人の主張について

請求人は、次に掲げる(イ)ないし(ニ)の事情からすると、本件債権が評価通達205《貸付金債権等の元本価額の範囲》の定める場合に該当することは明らかである旨主張する。

(イ) Xは、被相続人から貸し付けられた金額の大半を費消し、平成28年7月29日以降、返済を中断していること

(ロ) 平成28年春頃から、被相続人に対し、送金が不可能であることの連絡を複数回行ったこと

(ハ) Xから毎月300,000円が返済されたとしても、本件債権の認定額621,950,000円の返済には172.76年かかること

(ニ) 現にXは、本件債権に係る債務を弁済するための資金を調達することができないでいること

しかしながら、上記③のとおり、Xは、本件相続の開始時において、評価通達205の(1)ないし(3)に掲げる事由と同視できる程度に債務超過が著しい状況にあったとは認められない。このことは、請求人主張の(イ)ないし(ニ)の事情が事実であったとしても変わらない。

したがって、請求人の主張は採用することができない。

⑤ 結論

上記①から④のとおり、請求人の主張には理由がなく、本件債権の価額は元本の価額である621,950,000円（筆者注）と評価するのが相当である。

筆者注 元本の価額（621,950,000円）の構成については、**図表－4**の移転資金残高の欄を参照されたい。そうすると、当該元本の価額については、平成22年6月22日の被相続人からXに対する資金貸付5,000,000円（金銭消費貸借契約書が作成されていないもの）は、原処分庁（課税庁）の主張及び国税不服審判所の判断の双方において、含まれていないことが確認される。

〔6〕まとめ

⑴ 裁決事例の結果

先例とされる裁決事例では、本件債権の価額につき、請求人（納税者）が主位的主張として本件債権（資金移転）は貸付金ではなく出資に該当するとし、また、予備的主張としてたとえ貸付金に該当するとしても借主Xの財政状態からその全額が評価通達205《貸付金債権等の元本価額の範囲》に定める「回収が不可能又は著しく困難であると見込まれるとき」に該当するとして0円（評価不要）である旨を主張したのに対し、原処分庁が主張し国税不服審判所がこれを相当と判断したのが本件債権は貸付金に該当し、かつ、請求人（納税者）の予備的主張には該当しないものであるとして、本件債権は返済されるべき元本の価額である621,950,000円で評価するというものであったことから、結果として、請求人（納税者）の主張は容認されなかった。

⑵ 参考法令通達等

- 相続税法第22条《評価の原則》
- 評価通達185《純資産価額》
- 評価通達204《貸付金債権の評価》
- 評価通達205《貸付金債権等の元本価額の範囲》
- 国税庁質疑応答事例（匿名組合契約に係る権利の評価）

本問から学ぶ重要なキーポイント

⑴ 先例とされる裁決事例では、被相続人からXに対する交付資金につき、金銭消費貸借契約書が作成されており、これに基づいての資金移転が実行されているのであれば、これを不合理とする特段の事情のない限り、当該資金移転は金銭消費貸借契約とするのが相当であり、これを出資として取り扱うことは相当ではないことが確認されます。

⑵ 上記⑴に関連して、国税不服審判所は当てはめとして、「そもそも本件各交付金及び本件貸付金が出資として交付されたというのであれば、対象となる事業や出資の割合等について、しかるべき取決め等をするというのが通常の取引態度であるというべきであるが、審判所の調査結果によっても、Xと被相続人との間でかかる取決め等がされたとの事実はうかがわれない。このような取消め等をすることもなく、本件各交付金を出資として交付した事実の記録として本件契約書1及び本件契約書3をそれぞれ作成したというのは、不自然といわざるを得ない」としています。

貸付金債権に係る実務対策

先例とされる裁決事例では、被相続人とXとの関係は、同族関係もなく他人（基礎事実では、Xは被相続人の勤務先の同僚であった者であるとされています）であるとされていることから、もし仮に、被相続人が本件各交付金及び本件貸付金を評価通達204《貸付金債権の評価》に定める貸付金債権に該当するものと認識していたのであれば、その生前における債権放棄を検討することも必要であったのではと考えられます。

なお、もし仮に、被相続人がXに対する債権を放棄したならば、債務者であるXはその認定事実から債務超過の状況にはないと認められることから、相続税法第8条（贈与又は遺贈により取得したものとみなす場合―債務免除益等）の規定により、Xは利益を受けたものとみなされて、同人に贈与税が課税されることになります。

Q1-10 被相続人（認知症）の入院期間中に同人名義の預貯金を相続人が引き出し費消したことにより当該相続人が不当利得を有していると評価して、当該被相続人の相続財産に『不当利得返還請求権』が計上されるべきものであるとして行われた相続税の更正処分の可否が争点とされた事例（その１）

事例 国税不服審判所裁決事例
（平成18年11月30日裁決、名裁（諸）平18－29、平成14年相続開始分）

疑問点

被相続人（男性）に相続開始（本件相続）がありました。被相続人はその生前においては飲食店を営む法人（本件法人）の代表取締役を務めていましたが、同人に係る相続開始の約４年前から重度の認知症状態となり自己の意思能力を有しない状態となったため、介護付有料老人ホームに入所していましたが、自宅に戻ることなく死亡してしまいました。

被相続人の配偶者（妻）（同人も本件法人の業務に取締役として従事していました。同人は本件相続により財産を取得）は、被相続人の入院後は被相続人名義の預貯金口座を管理していましたが、被相続人の介護付有料老人ホームへの入所に伴う種々の周辺環境変化のためか相当の負荷の高いストレス状態となり、当該預貯金口座から約３年４か月（約40か月）の期間中に22回にわたり、合計約127,800,000円の出金を行い、その大部分を費消してしまい、被相続人に係る相続開始時にはその残高はほとんど認められませんでした。

参考
$$\frac{127{,}800{,}000\text{円（被相続人の配偶者による預貯金口座管理後の預金引出額）}}{40\text{か月（被相続人の配偶者による預金引出期間の月数）}} = 3{,}195{,}000\text{円／月}$$

被相続人の配偶者（妻）に預貯金出金に係る事情を確認したところ、次に掲げる事項が確認されました。

⑴　被相続人のために費消された事実が確認できる費途
被相続人の介護付有料老人ホームの入園料及び同園における生活費
…………………………………………………………………… 約25,200千円

⑵　上記⑴に掲げる事項が確認できない費途
①　運転資金を確保する必要から被相続人の配偶者（妻）の意思で実行した本件法人への貸付金 …………………………………… 約14,200千円
②　いわゆる「ペイオフ対策」のために被相続人の配偶者（妻）名義で新規に

第２章 1 貸付金債権等の認定（存在の有無、元本の範囲）

設定された定期預金 …………………………………………… 10,000千円

③ 被相続人に係る相続開始時までに被相続人名義の預貯金口座に入金（返金）された金額 ………………………………………………… 1,000千円

④ 被相続人の配偶者の趣味である高級呉服の購入に費消された金額（ストレス解消用）…………………………………………… 約21,700千円

⑤ 費途が全く判明しない金額（被相続人の配偶者（妻）も何に費消したか説明できない金額）…………………………………………… 約55,700千円

（合　　計） 約102,600千円

(3) (1)＋(2)＝127,800千円（左の金額は、被相続人の配偶者（妻）が被相続人名義の預貯金口座から引き出した額と一致しています）

以上の経緯を相続税の申告実務に精通している者に話したところ、被相続人の配偶者（妻）が被相続人名義の預貯金口座から引き出した金員（約127,800,000円）については、次に掲げるとおりに取り扱うべきであるとの助言を得ました。

(イ) 上記(1)の金額（約25,200千円）は、本件相続に反映させる事項はありません。

(ロ) 上記(2)①の金額（約14,200千円）は、本件法人への貸付金として被相続人の相続財産に計上する必要があります。

(ハ) 上記(2)②の金額（10,000千円）は、いわゆる名義預金として被相続人の相続財産に計上する必要があります。

(ニ) 上記(2)③の金額（1,000千円）は、当該被相続人名義の預貯金口座を被相続人の相続財産として申告することで、自動的に反映されます。

(ホ) 上記(2)④の金額（約21,700千円）及び同⑤の金額（約55,700千円）の合計額である約77,400千円は、被相続人の配偶者（妻）が、被相続人の許可を得ることなく自己の利益に資する目的にのみ費消するために支出した金員であり不法行為が行われたことになるから、被相続人は同人の配偶者（妻）に対して当該金額に対する不当利得返還請求権を有していることになり、これを被相続人の相続財産として計上する必要があります。

相続税の実務に精通しているとされる者の上記の助言の相当性について、説明してください。

お尋ねの事例の場合、相続税の実務に精通しているとされる者の助言のうち、上記(イ)ないし(ニ)は相当なものと考えられますが、上記(ホ)については不当利得返還請求権の成立要件を充足しておらず、当該債権を相続財産として処理することは認められないものと考えら

れます。

ただし、上記㈭に掲げる金額は被相続人の配偶者（妻）が当該被相続人よりの贈与により取得したものとみなされて、本件相続の開始前の一定期間に受贈したものについては、当該被相続人から相続又は遺贈により財産を取得した被相続人の配偶者（妻）の相続税の課税価格に算入（生前贈与加算）する必要があります。

解　説

被相続人の財産（事例の場合は、預貯金）から流出（事例の場合は、出金）し、かつ、相続開始時までに費消されてしまった財産について、これを不当利得返還請求権に該当するとして相続財産を構成せしめるためには、当該財産を流出・費消した者が民法第704条《悪意の受益者の返還義務等》に規定する『悪意の受益者』である旨の主張立証が必要とされ、お尋ねの事例の被相続人の配偶者（妻）のように、被相続人の老人ホーム入所による周辺環境変化によるストレスから生じた浪費はこれに該当しないことから、不当利得返還請求権を相続財産と認定することはできないものと考えられます。

ただし、結果として、被相続人の配偶者（妻）は、被相続人名義の預貯金口座から出金した金員によって、経済的な利益を享受したものと認定されることから、上記㈭に掲げる金額（約77,400千円）については、相続税法第９条《贈与又は遺贈により取得したものとみなす場合―その他の利益の享受》の規定により、被相続人の配偶者（妻）は被相続人より贈与を受けたものとみなされます。

そして、上記のみなされた贈与の財産の価額については、相続税法第19条《相続開始前７年以内に贈与があった場合の相続税額》（筆者注）の規定により、被相続人の配偶者（妻）に係る相続税の課税価格に加算する必要があり、結果として、相続税の課税対象とされます。

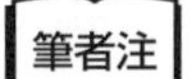
筆者注　当該規定は、令和６年１月１日以後に適用されるものであり、従前は、相続税法第19条《相続開始前３年以内に贈与があった場合の相続税額》とされていた。

検討先例

Q1-10の検討に当たっては、下記に掲げる裁決事例が先例として参考になります。

◉**国税不服審判所裁決事例**（平成18年11月30日裁決、名裁（諸）、平18－29、平成14年相続開始分）

〔1〕事案の概要

本件は、原処分庁が、請求人である被相続人の配偶者（妻）が被相続人の生前に同人名義の各預貯金口座から現金を出金し費消等していたことから、当該配偶者（妻）が費消等した金員のうち、個人的に費消した金員及び費途が不明な金員に相当する額は、被相続人が立て替えたものであるとして、これを相続財産と認定するなどして、請求人に対し、相続税の更正処分及び無申告加算税の賦課決定処分を行ったことから、請求人が、上記金員のうち、相続財産として計上すべきものは存在しないなどと主張して、上記更正処分の一部の取消しを求めた事案である。

〔2〕基礎事実

(1) 被相続人等

① 平成14年＊＊月＊＊日（筆者注）に死亡した被相続人の法定相続人は、請求人、＊＊、＊＊、＊＊及び＊＊の5名（以下「本件相続人ら」という）であり、請求人は、被相続人の配偶者（妻）である。

筆者注　この日付は、平成14年4月28日から平成14年7月12日までの間であること確認できているが、その中でも、平成14年6月13日である可能性が強く推認される。

② 被相続人は、＊＊に所在する＊＊（以下「本件法人」の代表取締役であったが、平成10年7月2日（以下「本件入院日」という）に＊＊へ入院し、その後、＊＊、＊＊及び＊＊（筆者注 左の＊＊（全部で4か所）はすべて病院名である）を転院し、平成11年11月10日以降死亡する平成14年＊＊月＊＊日（筆者注 上記①の筆者注を参照。以下「本件相続開始日」という）までは、介護付有料老人ホームの＊＊（以下「本件老人ホーム」という）で療養していた。

(2) 請求人による被相続人の預貯金の管理状況等

① 請求人は、本件入院日以後、被相続人名義の各預貯金口座を管理していた。

② 請求人は、平成10年8月10日から平成13年12月20日までの間に、上記口座のうち、図表－1記載の各預貯金口座（以下「本件各預貯金口座」といい、このうち＊＊（筆者注 金融機関名）の被相続人名義の普通預金口座（口座番号＊＊）を「本件被相続人口座」という）から、合計127,757,756円を引き出した（以下、これらの引き出された金員を「本件金員」という）。

③ 請求人は、同人が購入した着物（以下「本件着物」という）の代金21,706,200円（以下「本件着物代金」という）を本件金員で支払った。

④ 本件金員のうち92,081,855円（図表－1の「出金額」欄の番号8ないし22各記載の金員の合計額）は、本件相続開始日前3年以内に出金されたものである。

図表－1　被相続人名義の預貯金からの出金状況

（単位：円）

番号	年月日	出金額	金融機関	種類	口座番号	摘　要
1	平成10年 8 月10日	1,502,540	＊＊＊＊	定期預金	＊＊＊＊	中途解約
2	平成10年 8 月10日	4,100,503	＊＊＊＊	定期預金	＊＊＊＊	中途解約
3	平成10年 9 月14日	10,000,000	＊＊＊＊	普通預金	＊＊＊＊	
4	平成10年 9 月30日	2,000,000	＊＊＊＊	通常貯金	＊＊＊＊	
5	平成10年11月30日	10,000,000	＊＊＊＊	普通預金	＊＊＊＊	
6	平成11年 3 月23日	7,000,000	＊＊＊＊	普通預金	＊＊＊＊	
7	平成11年 4 月27日	1,072,858	＊＊＊＊	普通預金	＊＊＊＊	
8	平成11年 7 月12日	3,195,949	＊＊＊＊	定期預金	＊＊＊＊	中途解約
9	平成11年10月 8 日	10,000,000	＊＊＊＊	普通預金	＊＊＊＊	
10	平成11年10月26日	18,564,705	＊＊＊＊	普通預金	＊＊＊＊	
11	平成12年 3 月 8 日	5,766,697	＊＊＊＊	定期預金	＊＊＊＊	中途解約
12	平成12年 3 月10日	2,000,000	＊＊＊＊	普通預金	＊＊＊＊	
13	平成12年 5 月29日	1,000,000	＊＊＊＊	通常貯金	＊＊＊＊	
14	平成12年 8 月22日	1,477,679	＊＊＊＊	定期預金	＊＊＊＊	中途解約
15	平成12年 8 月22日	2,361,003	＊＊＊＊	定期預金	＊＊＊＊	中途解約
16	平成12年10月18日	4,000,000	＊＊＊＊	普通預金	＊＊＊＊	
17	平成13年 1 月19日	504,686	＊＊＊＊	定期預金	＊＊＊＊	中途解約
18	平成13年 2 月26日	1,000,000	＊＊＊＊	通常貯金	＊＊＊＊	
19	平成13年 3 月22日	15,277,561	＊＊＊＊	定期預金	＊＊＊＊	中途解約
20	平成13年 9 月13日	1,749,047	＊＊＊＊	定期預金	＊＊＊＊	中途解約
21	平成13年 9 月21日	17,184,528	＊＊＊＊	定期預金	＊＊＊＊	中途解約
22	平成13年12月20日	8,000,000	＊＊＊＊	普通預金	＊＊＊＊	
	合　計　額	127,757,756				

(3)　相続税の申告

①　本件確定申告書の提出

請求人は、平成17年6月21日、原処分庁に対し、被相続人の相続（以下「本件相続」という）に係る相続税について、別表の「確定申告」欄（筆者注 非公開）のとおり記載した相続税の申告書を提出した（以下、この申告を「本件申告」、本件申告に係る申告書を「本件確定申告書」という）。

②　本件確定申告書の記載内容等

(イ)　本件確定申告書には、本件相続人らが取得した財産の価額＊＊円、債務及び葬式費用の金額4,844,217円と記載されている。

(ロ)　本件確定申告書に添付された「相続財産にかかる財産の明細書」の「財産の明細」欄の「現金・預貯金等」欄には預貯金の預金10,018,033円、「その他の財産」欄には本件法人に対する貸付金23,744,148円と記載されている。

(4) 本件更正処分及び賦課決定処分とその主な内容

① 本件更正処分及び賦課決定処分

原処分庁は、平成17年6月30日付で、請求人に対し、別表の「更正処分等」欄（筆者注非公開）記載のとおりの相続税の更正処分（以下「本件更正処分」という）及び無申告加算税の賦課決定処分をした。

② 本件更正処分の主な内容

(イ) 本件金員のうち92,081,855円（上記(2)④記載の金員と同一である）から、被相続人のために支払われたと認定した35,498,425円を控除し、請求人が本件入院日から平成11年6月11日までに購入した着物の代金3,951,400円を加算した額60,534,830円は、被相続人の請求人に対する立替金であると認定し、当該立替金相当額を相続税の課税価格の計算上、相続財産として加算した。

(ロ) 本件確定申告における本件法人の株式の評価に誤りがあるとして、当該株式の評価額を22,100,800円とし、相続税の課税価格の計算上、相続財産として加算した（なお、当該株式の評価額は、本件異議決定において24,320,000円とされた）。

(ハ) 本件相続に係る請求人らの課税価格は、本件相続人らが被相続人の遺産の全部を分割していないことから、相続税法第55条《未分割遺産に対する課税》の規定により算出された。

(5) 異議申立て及び審査請求

請求人は、本件更正処分に不服があるとして、平成17年8月29日に異議申立て（筆者注現行の定めでは再調査申立て。以下同じ）をしたところ、異議審理庁（筆者注現行の定めでは再調査審理庁。以下同じ）は、平成17年11月28日付で、別表の「異議決定（筆者注現行の定めでは再調査決定。以下同じ）」欄（筆者注非公開）記載のとおり、いずれも棄却の異議決定（以下「本件異議決定」という）をしたことから、請求人は、平成17年12月27日、審査請求をした。

筆者注 上記(1)ないし(5)に掲げる基礎事実につき、時系列的な経過をまとめると、図表－2のとおりとなる。

図表－2 本件裁決事例における時系列

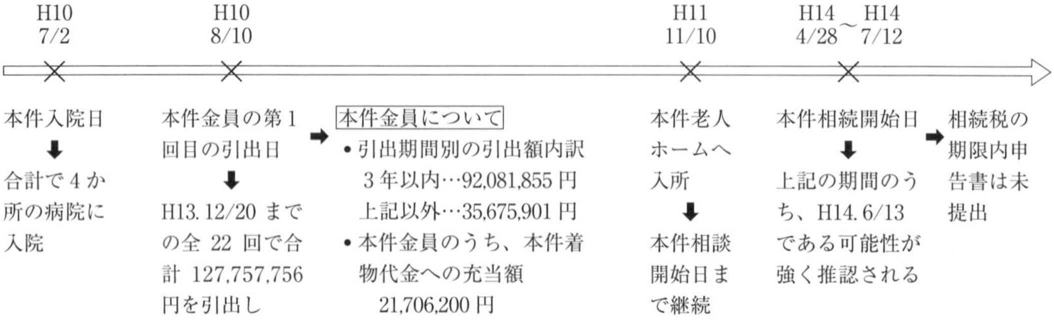

H10 7/2	H10 8/10		H11 11/10	H14 4/28～H14 7/12	
本件入院日 ⬇ 合計で4か所の病院に入院	本件金員の第1回目の引出日 ⬇ H13.12/20までの全22回で合計127,757,756円を引出し	➡ 本件金員について •引出期間別の引出額内訳 3年以内…92,081,855円 上記以外…35,675,901円 •本件金員のうち、本件着物代金への充当額 21,706,200円	本件老人ホームへ入所 ⬇ 本件相談開始日まで継続	本件相続開始日 ⬇ 上記の期間のうち、H14.6/13である可能性が強く推認される	➡ 相続税の期限内申告書は未提出

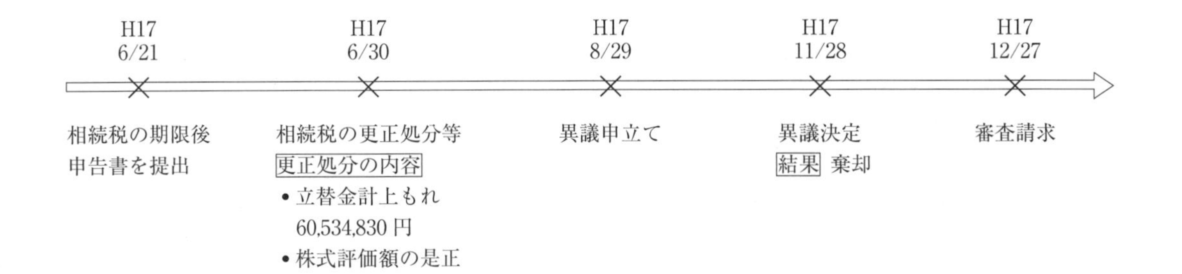

〔3〕争点

本件の争点は、本件金員のうち、本件相続に係る相続税の課税価格の計算上、相続財産に加算すべき金員の有無及びその金額である。

〔4〕争点に関する双方（請求人・原処分庁）の主張

争点に関する請求人・原処分庁の主張は、図表－3のとおりである。

図表－3　争点に関する請求人・原処分庁の主張

請求人（納税者）の主張	原処分庁（課税庁）の主張
⑴　本件着物は、仕事に使うこともある生活用品であり、相続税の課税の対象ではない。また、原処分庁が費途不明であるという61,553,131円については、本件相続開始日において資産として認識し得るものは何もなく、本件金員のうち70,884,931円（その余の残金については、何に費消したか覚えていない）は、図表－4記載のとおりの内容ですべて被相続人の医療費、生活費、見舞いのための交通費等に費消した。 　したがって、本件損害賠償請求権（本件更正処分においては本件立替金）は存在しない（原処分庁は、本件更正処分時は、60,534,830円を「立替金」として相続財産としたが、審査請求においては「損害賠償請求権」としており、このことからも、そもそも相続財産として認識すべき資産がないことは明らかである）。 ⑵　本件金員の費途の詳細は、次のとおりである。 ①　被相続人の医療費、介護用品の購入費及び本件老人ホームへの入園料等の支払は、本件被相続人口座から直接振り替えたもの以外に、現金で保管していた本件金員で支払った（図表－4の「医療費等」欄記載の金額）。 ②　被相続人の病院等への見舞いのための交通費、被相続人の衣類及び食べ物の購入等にも費消した（図表－4の「生活費等」欄記載の金額）。 ③　本件法人への貸付金等は、本件金員から支出した（図表－4の「貸付金等」欄記載の金額）。 ④　平成10年11月30日に本件被相続人口座から出金し	⑴　請求人は、被相続人の生前、本件金員から本件着物代金と61,553,131円の合計83,259,331円を支出するという不法行為により、被相続人の財産を減少させ、同額の損害を与えた。そうすると、被相続人は、本件相続開始日当時、請求人に対し、83,259,331円の損害賠償請求権（以下「本件損害賠償請求権」という）を有していた。 　したがって、本件金員のうち83,259,331円を、被相続人の相続税の課税価格の計算上、相続財産として計上すべきである。 ⑵　本件着物は、相続税法第21条の3《贈与税の非課税財産》第1項第2号に規定する非課税財産に該当せず、本件着物代金は、被相続人が負担すべきものとは認められないし、61,553,131円はその費途が不明であるから、この点に関

た10,000,000円のうち、5,000,000円で平成10年12月4日に＊＊（筆者注 金融機関名）の請求人＊＊（筆者注 請求人の氏名）名義の定期預金（口座番号＊＊）（図表－4 の番号11記載の金額）を作成し、残り5,000,000円（図表－4 の番号12記載の金額）は同支店の請求人＊＊（筆者注 請求人の氏名）名義の貯蓄預金（口座番号＊＊）へ入金した（以下、これらの預金を併せて「本件請求人（妻）名義預金」という）。 ⑤ 平成10年12月2日から平成14年3月24日までの間に、＊＊（筆者注 地名）に所在する＊＊（筆者注 着物の販売業者の名称と推認される。以下「X商店」という）から、合計19回の取引で総額21,719,200円の本件着物を購入し、当該購入代金を本件金員から支払った（図表－4 の「着物代」欄記載の金額）。	する請求人の主張には理由がない。

〔5〕国税不服審判所の判断

(1) 認定事実

① 請求人は、自分の判断により本件金員を出金し、本件相続開始日までにすべて費消した。

② 請求人は、平成13年2月13日、本件被相続人口座へ1,000,000円を入金した。

③ 請求人は、平成10年11月30日に本件金員のうち本件被相続人口座から出金した10,000,000円を、本件請求人（妻）名義預金の各口座へ入金した。

④ 請求人は、＊＊（筆者注 生年月日）生まれであるが、本件着物は、1枚1,000,000円以上の訪問着や結城紬などで、振り袖や親戚へ贈答した男児祝着が含まれている。

⑤ 本件法人の事業内容は、主として、バンガロー形式の建物でいわゆるバーベキューを提供する飲食業である。

⑥ 請求人は、本件入院日以降本件相続開始日までの間、本件法人の取締役であったが、この間、本件金員をもって、次のとおりの金員を支払うなどした。

(イ) 被相続人の治療等の費用23,862,071円（図表－4 の「医療費等」欄記載の金額に、＊＊（筆者注 病院名）に対する平成11年4月分の入院費178,800円を加算した額）

(ロ) 被相続人の生活費等1,316,320円（図表－4 の「生活費等」欄記載の金額）

(ハ) 本件法人に対する貸付金14,166,140円（図表－4 の「貸付金等」欄記載の金額。なお、本件法人の帳簿書類等に計上されている本件金員からの借入金（被相続人からは貸付金）の額は13,432,600円であるが、図表－4 の番号45、49、50及び52各記載の本件法人の備品等の購入代金の合計額733,540円が計上漏れと認められる）

(ニ) 本件請求人（妻）名義預金の額10,000,000円（上記③及び図表－4 の「預貯金」欄記載の金額。なお、本件相続開始日現在、本件請求人（妻）名義預金の元本及び利息の合計額は10,018,033円であるが、請求人は、これを本件各確定申告書におい

て相続財産に加算している（前記〔2〕(3)②(イ)））

(ホ)　本件着物代金21,706,200円（図表－4の番号48記載の着物代3,258,000円は、X商店の帳簿書類によれば3,245,000円が正しい額と認められるから、同表の「着物代」欄記載の合計額から13,000円を控除した）

⑦　請求人は、審判所に対し、本件金員の費途について、図表－4記載の費途以外に何に費消したかは覚えていない旨答述し、それらの費途不明金に関する具体的な証拠を提示していない。

図表－4　本件金員の費途について（請求人主張額）

（単位：円）

番号	年月日	項目	医療費等	生活費等	貸付金等	預貯金	着物代	摘　要
1	平成10. 7. 8 ～9. 14	＊＊＊＊		86,400				交通費
2	平成10. 9. 14	＊＊＊＊	948,580					医療費
3	平成10. 7. 2 ～9. 14	＊＊＊＊		50,000				衣類等
4	平成10. 10. 25	＊＊＊＊	2,300,000					介護用品費
5	平成10. 9. 14	＊＊＊＊		50,000				お礼
6	平成10. 10. 30	＊＊＊＊	684,340					医療費
7	平成10. 9. 14 ～10. 31	＊＊＊＊		30,000				衣類等
8	平成10. 9. 14 ～10. 31	＊＊＊＊		48,000				交通費
9	平成10. 12. 2	＊＊＊＊					1,200,000	着物代
10	平成10. 12. 3	＊＊＊＊					80,000	着物代
11	平成10. 12. 4	＊＊＊＊				5,000,000		預金
12	平成10. 12. 4	＊＊＊＊				5,000,000		預金
13	平成10. 12	＊＊＊＊		50,000				慰安旅行関係
14	平成10. 12. 21	＊＊＊＊			3,000,000			貸付金
15	平成11. 2. 22	＊＊＊＊					1,010,000	着物代
16	平成11. 3. 13	＊＊＊＊					1,250,000	着物代
17	平成11. 3. 31	＊＊＊＊			642,600			貸付金
18	平成11. 6. 11	＊＊＊＊					411,400	着物代
19	平成11. 3. 6 ～7. 8	＊＊＊＊		50,000				お礼
20	平成11. 3. 6 ～7. 8	＊＊＊＊		15,250				食品
21	平成11. 3. 6 ～7. 8	＊＊＊＊		128,710				交通費
22	平成11. 7. 31	＊＊＊＊			1,050,000			貸付金
23	平成11. 8. 27	＊＊＊＊					1,045,000	着物代
24	平成11. 9. 17	＊＊＊＊					555,000	着物代

番号	年月日	項目	医療費等	生活費等	貸付金等	預貯金	着物代	摘 要
25	平成11.10. 9	****					36,000	着 物 代
26	平成11.10.26	****	18,564,705					入園料等
27	平成11. 7. 9 〜11. 1	****		15,250				食 品
28	平成11. 7. 9 〜11. 1	****		128,710				交 通 費
29	平成11.11.17	****	387,260					医 療 費
30	平成11.12.10	****					1,566,000	着 物 代
31	平成11.12.10	****					1,346,000	着 物 代
32	平成11.11. 1 〜12.31	****		35,980				交通費等
33	平成11.12	****		50,000				慰安旅行関係
34	平成12. 3. 5	****					489,000	着 物 代
35	平成12. 4.15	****					1,369,000	着 物 代
36	平成12. 4.15	****					1,642,800	着 物 代
37	平成12. 5.15	****					398,000	着 物 代
38	平成12. 9.19	****					564,000	着 物 代
39	平成12. 6.19 〜12.13	****	195,932					入園雑費
40	平成12. 1. 1 〜12.31	****		190,180				交通費等
41	平成12.12	****		50,000				慰安旅行関係
42	平成13. 1.19	****			2,000,000			貸 付 金
43	平成13. 3. 1	****	186,500					入園雑費
44	平成13. 4. 9	****			1,000,000			貸 付 金
45	平成13. 6.15	****			130,000			立替(貸付)金
46	平成13. 6.28	****					564,000	着 物 代
47	平成13. 7.20	****					3,104,000	着 物 代
48	平成13. 9.11	****					3,258,000	着 物 代
49	平成13.11.16	****			388,290			立替(貸付)金
50	平成13.12. 4	****			89,250			立替(貸付)金
51	平成13. 1.15 〜12.14	****	289,080					入園雑費
52	平成13.12.21	****			126,000			立替(貸付)金
53	平成13.12.28	****			3,000,000			貸 付 金
54	平成13. 1. 1 〜12.31	****		190,180				交通費等
55	平成13.12	****		50,000				慰安旅行関係
56	平成14. 1.20	****					93,000	着 物 代
57	平成14. 1.31	****					1,100,000	着 物 代
58	平成14. 2.27	****			1,000,000			貸 付 金
59	平成14. 3.12	****			1,000,000			貸 付 金
60	平成14. 3.24	****					638,000	着 物 代

番号	年月日	項目	医療費等	生活費等	貸付金等	預貯金	着物代	摘　要
61	平成14．4．2	＊＊＊＊			740,000			貸付金
62	平成14．1.24 ～6.13	＊＊＊＊	126,874					入園雑費
63	平成14．1．1 ～7．9	＊＊＊＊		97,660				交通費等
合計額			23,683,271	1,316,320	14,166,140	10,000,000	21,719,200	
総合計額			70,884,931					

⑵　法令解釈等

相続税法第９条《贈与又は遺贈により取得したものとみなす場合―その他の利益の享受》の趣旨は、私法上の贈与契約によって財産を取得したものではないが、贈与と同じような実質を有する場合に、贈与の意思がなければ贈与税を課税できないとするならば、課税の公平を失することになるので、この不合理を補うために、実質的に対価を支払わないで経済的利益を受けた場合においては、贈与契約の有無にかかわらず贈与により取得したものとみなし、これを課税財産として贈与税を課税することにあるものと解されている。

こうした趣旨からすると、他人が管理していた被相続人の預貯金が相続開始当時に現存していない場合であっても、それが被相続人の存命中にされた当該管理人による出金行為によるものであるときには、出金された金員がその後被相続人のために費消されたなど、実質的にみて当該出金行為によって当該管理人が経済的利益を受けたとは認められない場合を除き、当該金員は、出金された時をもって、当該管理人の現実的支配下に置かれたものと認められることから、被相続人の贈与の意思の有無にかかわらず、当該管理人は出金された金員相当額について、出金行為により経済的利益を受けているものとして、被相続人から贈与により取得したものとみなすのが相当である。

⑶　当てはめ

①　請求人が利益を受けたとは認められない金員及びその額

上記⑵を本件金員についてみると、本件金員は、請求人が管理していた本件各預貯金口座から同人により出金され、本件相続開始日には現存していない金員であることから（前記〔2〕⑵①及び②並びに上記⑴①）、本件金員のうち、出金後被相続人のために費消されるなど実質的にみて請求人が利益を受けたとは認められない金員及びその額を検討すると、次のとおりとなり、その額は合計50,344,531円である。

(イ)　平成13年２月13日に本件被相続人口座へ入金した1,000,000円（上記⑴②）

上記金員は、本件金員の一部を返還したとみるのが相当であるから、請求人が利益を受けたとは認められない。

(ロ)　被相続人の医療費等及び生活費等25,178,391円（上記⑴⑥(イ)及び(ロ)）

上記金員は、被相続人のために費消されたものと認められるから、請求人が利益を受けたとは認められない。

(ハ) 本件法人に対する貸付金14,166,140円（上記(1)⑥(ハ)）

上記各貸付当時、請求人が本件法人の取締役であった（上記(1)⑥）からといって、上記貸付金により請求人が利益を受けたとはいえない。

(ニ) 本件請求人（妻）名義預金10,000,000円

請求人は、本件各申告において本件請求人（妻）名義預金を相続財産に加算しており（(1)⑥(ニ))、当該預金の実態は被相続人の預金と認められることから、請求人が利益を受けたとは認められない。

(ホ) 本件着物代金21,706,200円について

次のとおり、本件着物は、請求人が個人のために購入したとみるのが相当であり、請求人は、本件着物代金相当額の経済的利益を受けていると認められるのであり、この点に関する請求人の主張は採用することはできない。

㋑ 本件着物は、１枚1,000,000円以上の訪問着や結城紬など高額なものであり、請求人の年齢からして同人が着ることは常識的には考えられない振り袖や親戚へ贈答した男児祝着も含まれていることから（(1)④)、本件着物は、通常の日常生活を営むのに必要な衣類と認めることはできず、本件着物代金は、相続税法第21条の３《贈与税の非課税財産》第１項第２号に規定する扶養義務者相互間において生活費に充てるためにした贈与とは認められない。

㋺ 本件法人の事業内容（上記(1)⑤）からして、訪問着などの高額な着物を着て客に接することが必要な飲食業とは認めることはできず、本件法人の事業のために必要なものであるとは認められない。

参　考　請求人が利益を受けたとは認められない金員及びその額

1,000,000円（本件被相続人口座への入金額）
+ 25,178,391円（被相続人の医療費等及び生活費等）
+ 14,166,140円（本件法人に対する貸付金）
+ 10,000,000円（本件請求人（妻）名義預金）

(計) 50,344,531円

② 本件金員から50,344,531円（上記①(イ)ないし(ニ)）及び本件着物代金相当額21,706,200円（上記①(ホ)）を差し引いた額55,707,025円について

請求人は、本件金員を出金し、本件相続開始日までにすべて費消しているが、そのうち55,707,025円の費途について、何に費消したか記憶にないと答述し、具体的な証拠を示しておらず（上記(1)①及び⑦）、審判所の調査によってもその費途は不明である。

そうすると、請求人は、合計55,707,025円に満ちるまでの各出金行為により、対価を支払わないで同金員相当額の経済的利益を受けたものと認められる。

(4) 原処分庁の主張について

原処分庁は、請求人による本件金員からの支出行為をもって被相続人に対する不法行為

が成立する旨主張するが、上記支出行為が被相続人の意思に反し、損害賠償請求権を生じさせるほどの高度の違法性を有しているとは認め難い。

したがって、その他の点について判断するまでもなく原処分庁の主張は採用できない。

(5) 結論

① 本件相続における相続財産として相続税の課税価格への加算の対象となる金額

(イ) 上記(1)ないし(4)によれば、相続税法第９条《贈与又は遺贈により取得したものとみなす場合―その他の利益の享受》の規定により、請求人は、被相続人から本件金員のうち、50,344,531円（上記(3)①(イ)ないし(ニ)）を除く77,413,225円を贈与により取得したものとみなすこととなる。

(ロ) 本件相続における相続税の課税価格に加算すべき財産の価額は、上記77,413,225円（上記(イ)）のうち、本件相続開始日前３年以内に贈与により取得したとみなされる財産の価額であり（相続税法第19条《相続開始前３年以内に贈与があった場合の相続税額》（筆者注）第１項）、これは、相続開始前３年以内の各年に本件各預貯金口座から出金された金額から各年に被相続人のために費消等され請求人が経済的利益を受けていないと認められる金額を控除した金額、すなわち、本件相続開始日前３年以内に出金された92,081,855円（図表－５の「出金額」欄記載の平成11年分ないし平成13年分の合計額）から、被相続人のために費消等をし、請求人が経済的利益を受けていないと認められる29,117,317円（図表－５の「返還金」欄、「医療費等」欄、「生活費等」欄及び「貸付金等」欄各記載の平成11年分ないし平成13年分の合計額）を差し引いた62,964,538円となる。

図表－５ 相続税の課税価格に加算される贈与金額（審判所認定額）

（単位：円）

番号	年月日	項目	①出金額	②返還金	③医療費等	④生活費等	⑤貸付金等	⑥加算贈与金額 (①-②-③-④-⑤)
1	平成11. 7. 12	＊＊＊＊	3,195,949					
2	平成11. 7. 31	＊＊＊＊					1,050,000	
3	平成11. 10. 8	＊＊＊＊	10,000,000					
4	平成11. 10. 26	＊＊＊＊	18,564,705					
5	平成11. 10. 26	＊＊＊＊			18,564,705			
6	平成11. 7. 9 ～11. 1	＊＊＊＊				15,250		
7	平成11. 7. 9 ～11. 1	＊＊＊＊				128,710		
8	平成11. 11. 17	＊＊＊＊			387,260			
9	平成11. 11. 1 ～12. 31	＊＊＊＊				35,980		
10	平成11. 12	＊＊＊＊				50,000		
平成11年分			31,760,654	0	18,951,965	229,940	1,050,000	11,528,749

番号	年月日	項目	①出金額	②返還金	③医療費等	④生活費等	⑤貸付金等	⑥加算贈与金額 (①-②-③-④-⑤)
11	平成12. 3. 8	****	5,766,697					
12	平成12. 3. 10	****	2,000,000					
13	平成12. 5. 29	****	1,000,000					
14	平成12. 8. 22	****	1,477,679					
15	平成12. 8. 22	****	2,361,003					
16	平成12. 10. 18	****	4,000,000					
17	平成12. 6. 19 ～12. 13	****			195,932			
18	平成12. 1. 1 ～12. 31	****				190,180		
19	平成12. 12	****				50,000		
平成12年分			16,605,379	0	195,932	240,180	0	16,169,267
20	平成13. 1. 19	****					2,000,000	
21	平成13. 1. 19	****	504,686					
22	平成13. 2. 13	****		1,000,000				
23	平成13. 2. 26	****	1,000,000					
24	平成13. 3. 1	****			186,500			
25	平成13. 3. 22	****	15,277,561					
26	平成13. 4. 9	****					1,000,000	
27	平成13. 6. 15	****					130,000	
28	平成13. 9. 13	****	1,749,047					
29	平成13. 9. 21	****	17,184,528					
30	平成13. 11. 16	****					388,290	
31	平成13. 12. 4	****					89,250	
32	平成13. 12. 20	****	8,000,000					
33	平成13. 12. 21	****					126,000	
34	平成13. 1. 15 ～12. 14	****			289,080			
35	平成13. 12. 28	****					3,000,000	
36	平成13. 1. 1 ～12. 31	****				190,180		
37	平成13. 12	****				50,000		
平成13年分			43,715,822	1,000,000	475,580	240,180	6,733,540	35,266,522
38	合計額		92,081,855	1,000,000	19,623,477	710,300	7,783,540	62,964,538
				29,117,317				

筆者注　令和６年１月１日を施行日とする現行の規定では、相続税法第19条《相続開始前７年以内に贈与があった場合の相続税額》となっている。

参　考　**相続開始日前３年以内に贈与により取得したとみなされる財産の価額**

92,081,855円（本件相続開始前３年以内に出金された金額）－29,117,317円（請求人が経済的利益を受けていないと認められる金額）

＝62,964,538円

②　本件更正処分の適法性

上記より、審判所において、請求人の課税価格及び納付すべき税額を計算すると、次のとおりの金額（筆者注いずれも非公開）となり、請求人の納付すべき税額は、本件更正処分の額を上回っている。

したがって、本件各更正処分は適法である。

なお、相続開始前３年以内に贈与により取得したものとみなした財産については、相続税の課税価格に加算することとなるが、請求人は平成11年分ないし平成13年分の贈与税の各申告書を提出しておらず、贈与税の納付税額がないので、相続税の納付税額の計算上は、贈与税額控除の適用はない。

筆者注　相続税の課税価格の増加額について

相続税の更正処分（本件更正処分）の適法性を確認するために、原処分庁（課税庁）の行った更正処分の内容と国税不服審判所が認定した相続税の課税価格（適法性が認定される課税価格）の増加額を検討すると、次のとおりと推認される。

⑴　原処分庁（課税庁）の行った相続税の更正処分（相続税の課税価格の増加額）の内容

被相続人から請求人（当該被相続人の妻）に対する立替金（本来の相続財産）として認定された金額　60,534,830円

⑵　国税不服審判所が認定した相続税の課税価格の増加額（上記⑴の金額を基礎として計算）

①　取得財産の価額

(イ)　加算額

㋑　本件法人への貸付金相当額　733,540円

本件法人の備品等の購入代金で、本件確定申告書の取得財産の価額に計上されていないもの

㋺　本件法人の株式の評価誤りによる増加額　2,219,200円

本件異議決定において指摘したもので、当事者間に争いのない金額である。

(ロ)　減算額

原処分において相続財産として認定された立替金の額　60,534,830円

②　相続開始前３年以内の贈与財産の加算額

本件相続開始日前３年以内のみなし贈与財産の合計額　62,964,538円

③　相続税の課税価格の増加額

60,534,830円（上記⑴）＋{733,540円（上記①(イ)㋑）＋2,219,200円（上記①(イ)㋺）－60,534,830円（上記①(ロ)）}＋62,964,538円（上記②）＝65,917,278円

⑶　相続税の更正処分の適法性

60,534,830円（上記⑴）<65,917,278円（上記⑵③）

∴　相続税の更正処分（本件更正処分）には、適法性があると認められる。

〔6〕まとめ

(1) 裁決事例の結果

先例とされる裁決事例について、本件金員（127,757,756円）に係る本件相続における相続税の課税上の取扱いをまとめると、図表－6のとおりとなり、結果として、請求人（納税者）の主張は認められず、本件更正処分は適法とされた。

図表－6 先例とされる裁決事例（まとめ）

区　分	本件金員の取扱い
請求人（納税者）の主張	相続財産として認識すべき資産はなし
原処分庁（課税庁）の主張	本件更正処分時　立替金60,534,830円を相続財産（本来の財産）に加算 本件審査請求時　損害賠償請求権60,534,830円を相続財産（本来の財産）に加算 (注) 本件審査請求においては、本件相続開始日当時、本来的には、83,259,331円の損害賠償請求権を有していたと主張
国税不服審判所の判断	(1) 損害賠償請求権は生じていない。 (2) 請求人は相続税法第9条《贈与又は遺贈により取得したものとみなす場合―その他の利益の享受》の規定に基づいて、経済的な利益を受けたものとみなされる（みなし贈与）。 (3) 上記(2)に掲げる経済的な利益の金額のうち、相続税法第19条《相続開始前3年以内に贈与があった場合の相続税額》の規定により、相続税の課税価格に加算される金額を62,964,538円と認定して、結果として、原処分庁（課税庁）の主張を支持

(2) 参考法令通達等

- 相続税法第9条《贈与又は遺贈により取得したものとみなす場合―その他の利益の享受》
- 相続税法第19条《相続開始前7年以内に贈与があった場合の相続税額》

筆者注 令和6年1月1日以降に適用。同日前は相続税法第19条《相続開始前3年以内に贈与があった場合の相続税額》とされていた。

- 相続税法第21条の3《贈与税の非課税財産》
- 相続税法第55条《未分割遺産に対する課税》
- 民法第704条《悪意の受益者の返還義務等》

本問から学ぶ重要なキーポイント

(1) 他人が管理していた被相続人の預貯金が相続開始当時に現存していない場合であっても、それが被相続人の存命中にされた当該管理人による出金行為によるものであるときには、出金された金員がその後被相続人のために費消されたなど、実質的にみて当該出金行為によって当該管理人が経済的利益を受けたとは認められない場合を除き、当該金員は、出金された時をもって、当該管理人の現実的支配下に置かれたものと認められることから、被相続人の贈与の意思の有無にかかわらず、当該管理人は出金された金員相当額について、出金行為により、経済的利益を受けているものとして、被相続人から贈与により取得したものとみなされます。

(2) 原処分庁は、請求人による本件金員からの支出行為をもって被相続人に対する不法行為が成立する旨主張していますが、上記支出行為が被相続人の意思に反し、損害賠償請求権を生じさせるほどの高度の違法性を有しているとは認め難いとされています。

貸付金債権に係る実務対策

先例とされる裁決事例では図表－6のとおり、損害賠償請求権は生じないと判断されたものの、みなし贈与（その他の経済的な利益の享受）が認定され、生前贈与加算の計上もれが指摘されました。

そうすると、事例のように認知症である者（被相続人）の生前に、同人に帰属する預貯金を管理して引出行為を行っている者（事例の場合では、請求人（妻））が存する場合には、当該預貯金よりの出金状況及びその費途を十分に確認して、当該引出行為者のみに帰属する経済的な利益の帰属として、本来的に贈与税の課税対象とされるべきものの有無について、十分に確認しておく必要があります。

Q1-11 被相続人（認知症）の入院期間中に同人名義の預貯金を相続人が引き出し費消したことにより当該相続人が不当利得を有していると評価して、当該被相続人の相続財産に『不当利得返還請求権』が計上されるべきものであるとして行われた相続税の更正処分の可否が争点とされた事例（その２）

事例 国税不服審判所裁決事例
（平成18年６月15日裁決、東裁（諸）平17－194、（推定）平成15年相続開始分）

疑問点

被相続人（女性）に相続開始がありました。被相続人に係る相続人は１人（被相続人が経営していた後述する旅館業の後継者とするために迎えていた養子）のみでした。

被相続人は同人に係る相続開始の６年４か月（76か月）前位から重度の認知症状態となったため入院していましたが、以後は退院することなく死亡しました。養子は被相続人の入院期間中は当該被相続人名義の預金口座を管理していましたが、確認したところ、当該入院期間（約76か月）中に127回にわたり、合計約512,000,000円の出金を行っていたこと、及び当該出金額の大部分は何らかの目的又は事由により費消されており、被相続人に係る相続開始時にはその残高はほとんど認められないとのことでした。

参考 $\dfrac{512{,}000{,}000\text{円（被相続人の入院期間中における相続人による預金引出額）}}{76\text{か月（被相続人の入院期間の月数）}}$

≒ 6,700,000円／月

上記の養子に預金出金に係る事情を確認したところ、次に掲げる２点が確認されました。

(1) 被相続人が作成していた遺言内容に対する不満

被相続人に係る法定相続人は私（養子）１人なので、当該被相続人の財産はすべて相続できると考えていたところ、偶然に見てしまった当該被相続人が認知症になる前の元気だった頃に作成された遺言書には、財産の相当部分を私（養子）以外の他の者（当該被相続人の甥や姪）に遺贈する旨の記載があり、私（養子）の今日に至るまでの旅館業に対する貢献が考慮されていないと考え、財産が当該被相続人側の身内の手に行くのであれば、当該被相続人が存命している間に全て使ってしまえという思いで費消したこと

(2) 被相続人が元気だった頃の生活状況の踏襲

被相続人は長きにわたり旅館業を営んでおり、被相続人が認知症になる前の元気だった頃は、性格も陽気で社交的な人柄であったため自ら出費も多用となり、日頃から私（養子）にも、「お金はあるうちに使いなさい。ケチケチしてはだめですよ」と口癖のように言っていたことから、私（養子）も被相続人が元気だった頃の生活状況を念頭に管理を任された預金のなかから出金及び費消を行った結果にすぎないものであること

以上の経緯を相続税の申告実務に精通しているという者に話したところ、養子が被相続人名義の預金口座から引き出した金員（約512,000,000円）は養子に正当な代理権限はなく、また、被相続人からの委任もされておらず法律上の原因なくして不当に利得したものに当たることから、被相続人は養子に対して同額の不当利得返還請求権（債権）を有していたものとして、これを相続財産に計上しなければならないとの助言を受けました。この助言の相当性について、説明してください。

A 回答

お尋ねの事例の場合、養子が語る預金出金の事情に応じて、上記 ? 疑問点 (1)に基因する出金・費消については不当利得返還請求権が成立するものと考えられますが、 ? 疑問点 (2)に基因する出金・費消については示された前提のみでは、直ちに、不当利得返還請求権の成立を認定することは早計であると考えられます。

! 解説

被相続人の財産（事例の場合は、預貯金）から流出（事例の場合は、出金）し、かつ、相続開始時までに費消されてしまった財産について、これを不当利得返還請求権に該当するとして相続財産を構成せしめるためには、当該財産を流出・費消した者が民法第704条《悪意の受益者の返還義務等》に規定する『悪意の受益者』である旨の主張立証が行われることが必要と解されています。さらに、次に掲げる事項にも留意する必要があります。

(1) 『悪意の受益者』とは、法律上の原因のないことを知りながら利得をした者と解されています。

(2) 『悪意の受益者』に該当する旨の主張立証挙証の責任は、不当利得返還請求権の成立を主張する者によって行われるべきものと解されています。

検討先例

Q1-11の検討に当たっては、下記に掲げる裁決事例が先例として参考になります。

◉国税不服審判所裁決事例（平成18年6月15日裁決、東裁（諸）平17－194、（推定）平成15年相続開始分）

（おことわり）
本件裁決事例は非公開部分が非常に多く判読が困難なものとなっており、以下の検討に当たっては一部、筆者による推認部分があることを、あらかじめ、了解されたい。

〔1〕事案の概要

本件は、＊＊（筆者注 非公開とされたため不明であるが、認知症と推認される。以後同様とする）である被相続人の入院期間中に、被相続人の養子で同居していた請求人（以下「請求人」という）が、被相続人名義の預貯金を引き出し、そのうち512,741,734円を法律上の原因なくして利得したことから、原処分庁が、被相続人は請求人に対して同額の不当利得返還請求権を有しており、一方、請求人が被相続人のために支払った入院費用等175,631,909円は被相続人の債務に当たるとして、相続税の更正処分を行ったのに対し、請求人が、同処分は違法であるとしてその全部の取消しを求めた事案である。

〔2〕基礎事実

⑴ 請求人等

① 請求人は、被相続人の養子（昭和33年3月13日縁組）であり、唯一の相続人である。また、被相続人と請求人は、被相続人の自宅において同居していた。

② A及びBは、被相続人の生家である＊＊に係る親族であり、それぞれ被相続人の甥、姪に当たる。

③ C及びDは、請求人の生家である＊＊に係る親族であり、それぞれ請求人の弟、妹に当たる。

④ Eは、被相続人が養女に入った＊＊の親族である。

⑵ 本件遺言証書

遺言者被相続人の嘱託により、＊＊及び＊＊立会いの下に＊＊（筆者注 公証人の氏名）によって平成8年5月14日に作成された遺言公正証書（以下「本件遺言証書」という）には、要旨次のとおり記載されている。

① これまでの遺言をすべて取り消し、新たに次のとおり遺言する。

② ＊＊に所在する土地及び建物並びに＊＊に所在する区分建物を請求人に相続させる。

③ ＊＊に所在する土地を甥Aに遺贈する。

④　遺言執行者が債務や費用の弁済ないし支払いのために換価処分した残余の有価証券、信託受益権及び預貯金債権を遺言執行者にすべて換価処分をさせ、一定の金額をお寺に遺贈し、残りを次の者に次の割合で按分し、金銭で相続させ、又は遺贈する。

(イ)　請求人に100分の52

(ロ)　Eに100分の12

(ハ)　姪のB及びAに各100分の4

(ニ)　C及びDに各100分の6

(3)　本件入院日

被相続人は、平成9年3月11日、＊＊（筆者注 認知症の症状を示す行動（例 深夜徘徊等）と考えられる）をし、その翌日（以下「本件入院日」という）、＊＊（筆者注 病院名）に入院し、以後退院することなく死亡した。

(4)　本件預貯金引出行為及び本件引出預貯金額

請求人は、本件入院日から平成＊＊年＊＊月＊＊日（以下「本件相続開始日」という）（筆者注）までの間（以下「本件入院期間」という）、被相続人名義の預貯金から図表－1のとおり現金で466,082,324円を、図表－2のとおり現金以外で55,001,785円をそれぞれ引き出しており（以下、この預貯金引出行為を「本件預貯金引出行為」という）、その合計金額は521,084,109円（以下「本件引出預貯金額」という）である。

筆者注　本件相続開始日は、後記の図表－3から推認すると、平成15年7月30日から8月初旬頃と考えられる。そうすると、本件入院日（平成9年3月12日）から本件相続開始日までにおける被相続人の認知症による入院期間は、約6年4か月（76か月）間と相当長期間に及ぶものであったことが確認される。

図表－1　本件入院期間中の現金引出額

（単位：円）

金融機関名	種　類	名 義 人	口座番号等	引出日	引出金額
＊＊＊＊	普通預金	被相続人	＊＊＊＊	平 9. 3.28	1,000,000
＊＊＊＊	普通預金	被相続人	＊＊＊＊	平 9. 3.31	20,000,000
＊＊＊＊	普通預金	被相続人	＊＊＊＊	平 9. 4.30	1,000,000
＊＊＊＊	普通預金	被相続人	＊＊＊＊	平 9. 5.13	1,000,000
＊＊＊＊	定期預金	被相続人	＊＊＊＊	平 9. 6. 3	5,000,000
＊＊＊＊	普通預金	被相続人	＊＊＊＊	平 9. 6.11	1,000,000
＊＊＊＊	普通預金	被相続人	＊＊＊＊	平 9. 7. 2	2,000,000
＊＊＊＊	普通預金	被相続人	＊＊＊＊	平 9. 7.24	10,000,000
＊＊＊＊	普通預金	被相続人	＊＊＊＊	平 9. 8.25	2,000,000
＊＊＊＊	普通預金	被相続人	＊＊＊＊	平 9. 9.19	1,000,000
＊＊＊＊	普通預金	被相続人	＊＊＊＊	平 9.10.29	2,000,000
＊＊＊＊	普通預金	被相続人	＊＊＊＊	平 9.11.27	2,000,000
＊＊＊＊	普通預金	被相続人	＊＊＊＊	平 9.12. 2	2,000,000
＊＊＊＊	普通預金	被相続人	＊＊＊＊	平 9.12.26	10,000,000
＊＊＊＊	普通預金	被相続人	＊＊＊＊	平10. 2.17	2,000,000

＊＊＊＊	普通預金	被相続人	＊＊＊＊	平10. 3.30	3,000,000
＊＊＊＊	定期預金	被相続人	＊＊＊＊	平10. 4.13	20,000,000
＊＊＊＊	普通預金	被相続人	＊＊＊＊	平10. 6.22	2,000,000
＊＊＊＊	普通預金	被相続人	＊＊＊＊	平10. 7.13	2,000,000
＊＊＊＊	普通預金	被相続人	＊＊＊＊	平10. 8.26	2,000,000
＊＊＊＊	普通預金	被相続人	＊＊＊＊	平10.10. 5	2,000,000
＊＊＊＊	定期預金	被相続人	＊＊＊＊	平10.11. 9	3,000,000
＊＊＊＊	普通預金	被相続人	＊＊＊＊	平10.11.24	2,000,000
＊＊＊＊	普通預金	被相続人	＊＊＊＊	平10.12. 7	3,000,000
＊＊＊＊	定期預金	被相続人	＊＊＊＊	平10.12.25	10,000,000
＊＊＊＊	普通預金	被相続人	＊＊＊＊	平11. 1. 8	1,000,000
＊＊＊＊	定期預金	被相続人	＊＊＊＊	平11. 1.14	10,000,000
＊＊＊＊	普通預金	被相続人	＊＊＊＊	平11. 3. 8	1,000,000
＊＊＊＊	普通預金	被相続人	＊＊＊＊	平11. 3.31	1,000,000
＊＊＊＊	定期預金	被相続人	＊＊＊＊	平11. 4. 6	10,000,000
＊＊＊＊	普通預金	被相続人	＊＊＊＊	平11. 5.10	1,000,000
＊＊＊＊	普通預金	被相続人	＊＊＊＊	平11. 5.25	2,000,000
＊＊＊＊	定期預金	被相続人	＊＊＊＊	平11. 6. 3	3,000,000
＊＊＊＊	普通預金	被相続人	＊＊＊＊	平11. 6.22	1,000,000
＊＊＊＊	普通預金	被相続人	＊＊＊＊	平11. 7.13	2,000,000
＊＊＊＊	定期預金	被相続人	＊＊＊＊	平11. 7.27	1,000,000
＊＊＊＊	定期預金	被相続人	＊＊＊＊	平11. 7.27	10,000,000
＊＊＊＊	普通預金	被相続人	＊＊＊＊	平11. 9. 2	1,000,000
＊＊＊＊	普通預金	被相続人	＊＊＊＊	平11.10.12	2,000,000
＊＊＊＊	定期預金	被相続人	＊＊＊＊	平11.11. 8	3,000,000
＊＊＊＊	普通預金	被相続人	＊＊＊＊	平11.11.22	2,000,000
＊＊＊＊	普通預金	被相続人	＊＊＊＊	平11.12. 6	3,000,000
＊＊＊＊	定期預金	被相続人	＊＊＊＊	平11.12.13	20,000,000
＊＊＊＊	普通預金	被相続人	＊＊＊＊	平12. 1.12	8,000,000
＊＊＊＊	普通預金	被相続人	＊＊＊＊	平12. 3. 6	1,000,000
＊＊＊＊	定期預金	被相続人	＊＊＊＊	平12. 3.31	10,000,000
＊＊＊＊	普通預金	被相続人	＊＊＊＊	平12. 4. 5	1,000,000
＊＊＊＊	普通預金	被相続人	＊＊＊＊	平12. 5. 2	2,000,000
＊＊＊＊	定期預金	被相続人	＊＊＊＊	平12. 6. 5	10,000,000
＊＊＊＊	普通預金	被相続人	＊＊＊＊	平12. 6. 5	2,000,000
＊＊＊＊	普通預金	被相続人	＊＊＊＊	平12. 7. 4	2,000,000
＊＊＊＊	普通預金	被相続人	＊＊＊＊	平12. 8. 7	2,000,000
＊＊＊＊	普通預金	被相続人	＊＊＊＊	平12. 9.11	2,000,000
＊＊＊＊	定期預金	被相続人	＊＊＊＊	平12.10.10	10,000,000
＊＊＊＊	普通預金	被相続人	＊＊＊＊	平12.10.24	2,000,000
＊＊＊＊	定期預金	被相続人	＊＊＊＊	平12.11. 8	10,000,000
＊＊＊＊	普通預金	被相続人	＊＊＊＊	平12.11.27	2,000,000
＊＊＊＊	普通預金	被相続人	＊＊＊＊	平12.11.27	2,000,000

＊＊＊＊	定期預金	被相続人	＊＊＊＊	平12.12. 8	10,000,000
＊＊＊＊	普通預金	被相続人	＊＊＊＊	平13. 1. 9	2,000,000
＊＊＊＊	普通預金	被相続人	＊＊＊＊	平13. 1.16	3,000,000
＊＊＊＊	普通預金	被相続人	＊＊＊＊	平13. 2.14	3,000,000
＊＊＊＊	普通預金	被相続人	＊＊＊＊	平13. 3. 5	3,000,000
＊＊＊＊	普通預金	被相続人	＊＊＊＊	平13. 3.19	3,000,000
＊＊＊＊	普通預金	被相続人	＊＊＊＊	平13. 3.27	10,000,000
＊＊＊＊	定額貯金	被相続人	＊＊＊＊	平13. 4.16	900,000
＊＊＊＊	定額貯金	被相続人	＊＊＊＊	平13. 4.16	900,000
＊＊＊＊	定額貯金	被相続人	＊＊＊＊	平13. 4.16	210,000
＊＊＊＊	定額貯金	被相続人	＊＊＊＊	平13. 4.16	200,000
＊＊＊＊	普通預金	被相続人	＊＊＊＊	平13. 4.16	4,000,000
＊＊＊＊	普通預金	被相続人	＊＊＊＊	平13. 6. 5	2,100,000
＊＊＊＊	普通預金	被相続人	＊＊＊＊	平13. 7. 3	3,000,000
＊＊＊＊	普通預金	被相続人	＊＊＊＊	平13. 7.24	3,000,000
＊＊＊＊	普通預金	被相続人	＊＊＊＊	平13. 8. 3	2,100,000
＊＊＊＊	普通預金	被相続人	＊＊＊＊	平13. 8.29	2,000,000
＊＊＊＊	普通預金	被相続人	＊＊＊＊	平13.10.15	2,000,000
＊＊＊＊	普通預金	被相続人	＊＊＊＊	平13.10.29	3,000,000
＊＊＊＊	普通預金	被相続人	＊＊＊＊	平13.11.12	3,000,000
＊＊＊＊	普通預金	被相続人	＊＊＊＊	平13.11.19	5,000,000
＊＊＊＊	普通預金	被相続人	＊＊＊＊	平13.12. 3	2,000,000
＊＊＊＊	普通預金	被相続人	＊＊＊＊	平13.12.18	2,000,000
＊＊＊＊	普通預金	被相続人	＊＊＊＊	平14. 1. 8	2,000,000
＊＊＊＊	普通預金	被相続人	＊＊＊＊	平14. 1.30	3,000,000
＊＊＊＊	普通預金	被相続人	＊＊＊＊	平14. 2.18	2,000,000
＊＊＊＊	普通預金	被相続人	＊＊＊＊	平14. 2.27	3,000,000
＊＊＊＊	定期預金	被相続人	＊＊＊＊	平14. 3.12	5,000,000
＊＊＊＊	普通預金	被相続人	＊＊＊＊	平14. 3.18	2,000,000
＊＊＊＊	普通預金	被相続人	＊＊＊＊	平14. 3.27	3,000,000
＊＊＊＊	普通預金	被相続人	＊＊＊＊	平14. 4. 5	1,700,000
＊＊＊＊	普通預金	被相続人	＊＊＊＊	平14. 5.13	12,000,000
＊＊＊＊	普通預金	被相続人	＊＊＊＊	平14. 5.29	3,000,000
＊＊＊＊	普通預金	被相続人	＊＊＊＊	平14. 6.17	2,000,000
＊＊＊＊	普通預金	被相続人	＊＊＊＊	平14. 7. 3	2,000,000
＊＊＊＊	普通預金	被相続人	＊＊＊＊	平14. 7.17	3,000,000
＊＊＊＊	普通預金	被相続人	＊＊＊＊	平14. 8. 9	2,000,000
＊＊＊＊	普通預金	被相続人	＊＊＊＊	平14. 8.12	3,000,000
＊＊＊＊	普通預金	被相続人	＊＊＊＊	平14. 8.23	2,000,000
＊＊＊＊	普通預金	被相続人	＊＊＊＊	平14. 8.30	2,000,000
＊＊＊＊	普通預金	被相続人	＊＊＊＊	平14. 9.17	3,000,000
＊＊＊＊	普通預金	被相続人	＊＊＊＊	平14.10. 4	3,100,000
＊＊＊＊	普通預金	被相続人	＊＊＊＊	平14.10.21	2,000,000

＊＊＊＊	普通預金	被相続人	＊＊＊＊	平14. 11. 19	2,000,000
＊＊＊＊	普通預金	被相続人	＊＊＊＊	平14. 11. 19	2,000,000
＊＊＊＊	定期預金	被相続人	＊＊＊＊	平14. 12. 20	14,772,324
＊＊＊＊	普通預金	被相続人	＊＊＊＊	平14. 12. 24	2,000,000
＊＊＊＊	普通預金	被相続人	＊＊＊＊	平15. 1. 20	3,000,000
＊＊＊＊	普通預金	被相続人	＊＊＊＊	平15. 2. 5	2,000,000
＊＊＊＊	普通預金	被相続人	＊＊＊＊	平15. 2. 17	3,100,000
＊＊＊＊	普通預金	被相続人	＊＊＊＊	平15. 3. 14	2,000,000
＊＊＊＊	普通預金	被相続人	＊＊＊＊	平15. 3. 26	3,000,000
＊＊＊＊	普通預金	被相続人	＊＊＊＊	平15. 3. 26	5,000,000
＊＊＊＊	普通預金	被相続人	＊＊＊＊	平15. 4. 9	5,000,000
＊＊＊＊	普通預金	被相続人	＊＊＊＊	平15. 4. 11	3,000,000
＊＊＊＊	普通預金	被相続人	＊＊＊＊	平15. 4. 25	2,000,000
＊＊＊＊	普通預金	被相続人	＊＊＊＊	平15. 5. 7	3,000,000
＊＊＊＊	普通預金	被相続人	＊＊＊＊	平15. 5. 9	5,000,000
＊＊＊＊	普通預金	被相続人	＊＊＊＊	平15. 5. 16	2,000,000
＊＊＊＊	普通預金	被相続人	＊＊＊＊	平15. 5. 26	5,000,000
＊＊＊＊	普通預金	被相続人	＊＊＊＊	平15. 6. 10	3,000,000
＊＊＊＊	普通預金	被相続人	＊＊＊＊	平15. 6. 17	3,000,000
＊＊＊＊	普通預金	被相続人	＊＊＊＊	平15. 6. 23	3,000,000
＊＊＊＊	普通預金	被相続人	＊＊＊＊	平15. 7. 7	5,000,000
＊＊＊＊	普通預金	被相続人	＊＊＊＊	平15. 7. 23	2,000,000
＊＊＊＊	普通預金	被相続人	＊＊＊＊	平15. 7. 29	5,000,000
合　　計					466,082,324

図表－2　本件入院期間中の現金以外の引出額

（単位：円）

金融機関名	種　類	名 義 人	口座番号	異動日	出金額
＊＊＊＊	普通預金	被相続人	＊＊＊＊	平11. 10. 12	20,000,735
＊＊＊＊	普通預金	被相続人	＊＊＊＊	平13. 5. 18	5,000,525
＊＊＊＊	普通預金	被相続人	＊＊＊＊	平14. 1. 18	30,000,525
合　計　額					55,001,785

(5) 本件各金銭消費貸借契約

① 請求人は、＊＊（筆者注 法人である）との間で、貸主を被相続人、借主を＊＊（筆者注 法人である）、借用金額を25,000,000円とする金銭消費貸借契約を締結し、同契約に基づき、平成11年8月26日に5,000,000円を現金で交付し、同年10月12日に20,000,000円を＊＊（筆者注 法人である）の取引銀行口座に振り込んでおり、＊＊（筆者注 法人である）は図表－3のとおり平成12年9月19日から平成15年3月19日までの間、6回にわたり合計7,734,375円（元本7,500,000円及び利息234,375円）を被相続人名義の＊＊（筆者注 金融機関名）の普通預金口座に振込みにより返済している。

図表－３　＊＊の返済状況

（単位：円）

金融機関名	種　類	名 義 人	口座番号	異動日	入金額
＊＊＊＊	普通預金	被相続人	＊＊＊＊	平12. 9. 19	1,325,000
＊＊＊＊	普通預金	被相続人	＊＊＊＊	平13. 3. 19	1,285,625
＊＊＊＊	普通預金	被相続人	＊＊＊＊	平13. 9. 19	1,283,750
＊＊＊＊	普通預金	被相続人	＊＊＊＊	平14. 3. 20	1,281,875
＊＊＊＊	普通預金	被相続人	＊＊＊＊	平14. 9. 18	1,280,000
＊＊＊＊	普通預金	被相続人	＊＊＊＊	平15. 3. 19	1,278,125
合　計　額					7,734,375

②　請求人は、＊＊（筆者注 個人である）との間で、貸主を被相続人、借主を＊＊（筆者注 個人である）、借用金額を30,000,000円とする金銭消費貸借契約を締結し、同契約（以下、上記①の金銭消費貸借契約と併せて「本件各金銭消費貸借契約」という）に基づき、平成14年１月18日に30,000,000円を＊＊（筆者注 個人である）の取引銀行口座に振り込んでおり、＊＊（筆者注 個人である）は**図表－４**のとおり、同年１月30日から平成15年７月28日までの間、19回にわたり合計608,000円（元本570,000円及び利息38,000円）を被相続人名義の＊＊（筆者注 金融機関名）の普通預金口座に振込みにより返済している。

図表－４　＊＊の返済状況

（単位：円）

金融機関名	種　類	名 義 人	口座番号	異動日	入金額
＊＊＊＊	普通預金	被相続人	＊＊＊＊	平14. 1. 30	32,000
＊＊＊＊	普通預金	被相続人	＊＊＊＊	平14. 2. 26	32,000
＊＊＊＊	普通預金	被相続人	＊＊＊＊	平14. 3. 26	32,000
＊＊＊＊	普通預金	被相続人	＊＊＊＊	平14. 4. 26	32,000
＊＊＊＊	普通預金	被相続人	＊＊＊＊	平14. 5. 27	32,000
＊＊＊＊	普通預金	被相続人	＊＊＊＊	平14. 6. 26	32,000
＊＊＊＊	普通預金	被相続人	＊＊＊＊	平14. 7. 26	32,000
＊＊＊＊	普通預金	被相続人	＊＊＊＊	平14. 8. 26	32,000
＊＊＊＊	普通預金	被相続人	＊＊＊＊	平14. 9. 26	32,000
＊＊＊＊	普通預金	被相続人	＊＊＊＊	平14. 10. 28	32,000
＊＊＊＊	普通預金	被相続人	＊＊＊＊	平14. 11. 26	32,000
＊＊＊＊	普通預金	被相続人	＊＊＊＊	平14. 12. 26	32,000
＊＊＊＊	普通預金	被相続人	＊＊＊＊	平15. 1. 27	32,000
＊＊＊＊	普通預金	被相続人	＊＊＊＊	平15. 2. 26	32,000
＊＊＊＊	普通預金	被相続人	＊＊＊＊	平15. 3. 26	32,000
＊＊＊＊	普通預金	被相続人	＊＊＊＊	平15. 4. 28	32,000
＊＊＊＊	普通預金	被相続人	＊＊＊＊	平15. 5. 26	32,000

****	普通預金	被相続人	****	平15. 6. 26	32,000
****	普通預金	被相続人	****	平15. 7. 28	32,000
合　計　額					608,000

⑹ 本件贈与

請求人は、図表－2の平成13年5月18日の出金額5,000,525円のうち5,000,000円を小切手にし、被相続人からの贈与として、同年中に**に渡した（以下、この贈与を「本件贈与」という）。

⑺ 本件医療費等

請求人は、本件入院日以降、被相続人に係る医療費及び付添婦に対する報酬並びにそれらに付随する雑費（以下､これらの合計金額を「本件医療費等」という）を支払っている。

⑻ 本件相続税の期限内申告書

① 請求人は､本件相続開始日に死亡した被相続人の相続人であり､この相続（以下「本件相続」という）に係る相続税（以下「本件相続税」という）の申告書に別表の「当初申告」欄（筆者注非公開）のとおり記載して法定申告期限までに申告した。

② 本件相続に係る受遺者であるA、B、C、D及びEは、本件相続税について、それぞれ申告書を作成し、法定申告期限までに申告した。

③ 請求人が、本件相続において、相続財産として申告した現金は3,500,000円である。

⑼ 本件修正申告

請求人は、原処分庁所属の調査担当職員（以下「調査担当職員」という）の調査に基づき、**（筆者注金融機関名）の普通預金1,058,624円、**（筆者注法人である）に対する貸付金17,500,000円、**（筆者注個人である）に対する貸付金29,430,000円及び**に対する預け金2,500,000円並びに**が相続開始前3年以内に被相続人から受贈した現金2,500,000円が申告漏れであったとして､平成16年12月3日､別表の｢修正申告等｣欄（筆者注非公開）のとおり記載した修正申告書（以下「本件修正申告書」という）を提出した（以下、この修正申告を「本件修正申告」という）。

⑽ 過少申告加算税の賦課決定処分

原処分庁は、平成16年12月16日付で、本件修正申告により納付すべき税額に対し、別表の「修正申告等」欄（筆者注非公開）のとおりの過少申告加算税の賦課決定処分をした。

⑾ 更正処分及び過少申告加算税の賦課決定処分

原処分庁は、本件修正申告で相続財産とした財産のうち、普通預金以外は相続財産に当たらないが､請求人に対する立替金360,059,353円が申告漏れであるとして､請求人に対し､平成17年1月28日付で、別表の「更正処分等」欄（筆者注非公開）のとおりの更正処分及び過少申告加算税の賦課決定処分をした。

⑿ 異議申立て及び異議決定

請求人は、上記⑾の更正処分及び過少申告加算税の賦課決定処分を不服として、平成

17年2月24日、これらの各処分の全部の取消しを求める異議申立て（筆者注 現行の規定では、再調査の請求。以下同じ）をしたところ、異議審理庁（筆者注 現行の規定では、再調査審理庁。以下同じ）は、同年5月20日付で、別表の「異議決定（筆者注 現行の規定では、再調査決定。以下同じ）」欄（筆者注 非公開）のとおり、原処分の一部を取り消す異議決定をした（以下、異議決定によりその一部が取り消された後の原処分を、それぞれ「本件更正処分」及び「本件賦課決定処分」という）。

⒀ 審査請求

請求人は、異議決定を経た後の原処分になお不服があるとして、平成17年6月16日に審査請求をした。

筆者注 上記⑴ないし⒀に掲げる基礎事実につき、時系列的な経過をまとめると、図表－5のとおりとなる。

図表－5 本件裁決事例における時系列

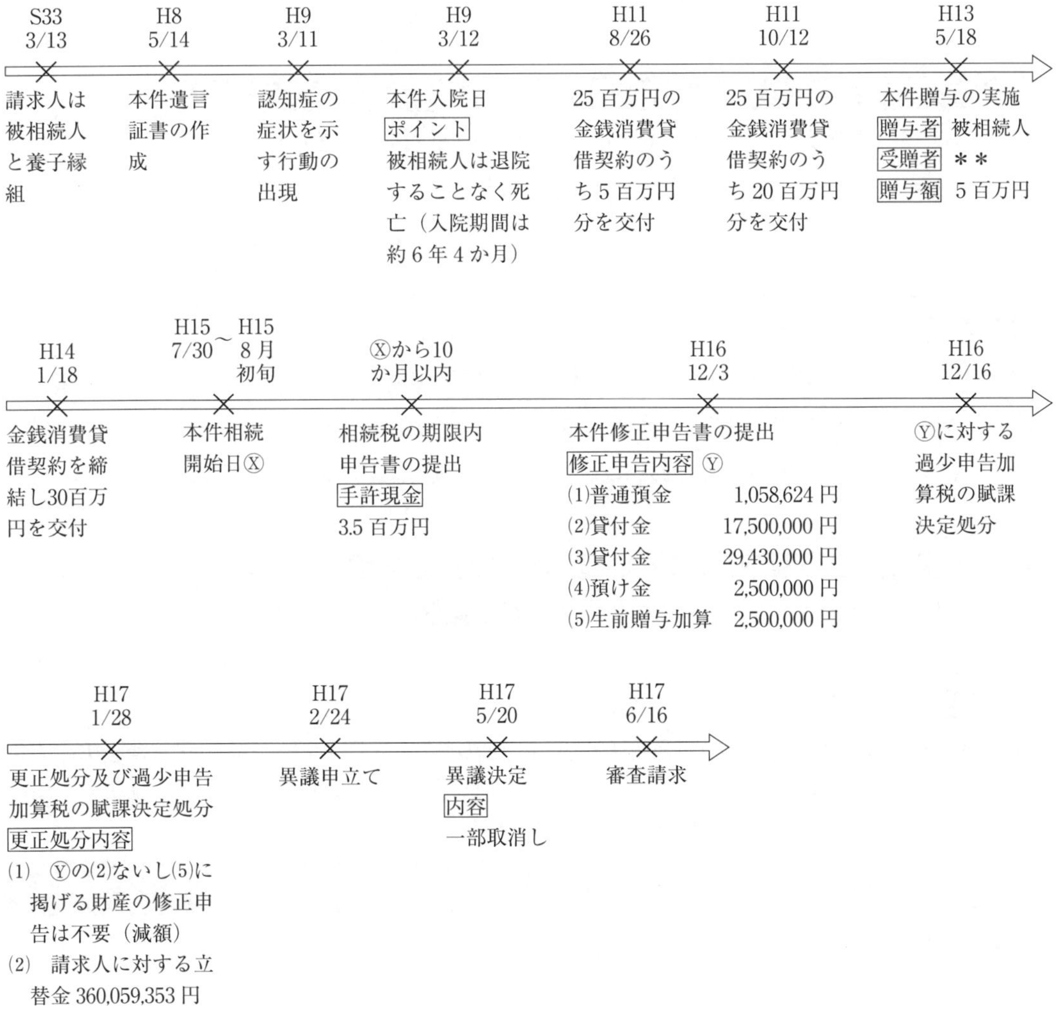

S33 3/13	請求人は被相続人と養子縁組
H8 5/14	本件遺言証書の作成
H9 3/11	認知症の症状を示す行動の出現
H9 3/12	本件入院日 ポイント 被相続人は退院することなく死亡（入院期間は約6年4か月）
H11 8/26	25百万円の金銭消費貸借契約のうち5百万円分を交付
H11 10/12	25百万円の金銭消費貸借契約のうち20百万円分を交付
H13 5/18	本件贈与の実施 贈与者 被相続人 受贈者 ＊＊ 贈与額 5百万円
H14 1/18	金銭消費貸借契約を締結し30百万円を交付
H15 7/30～H15 8月初旬	本件相続開始日Ⓧ
Ⓧから10か月以内	相続税の期限内申告書の提出 手許現金 3.5百万円
H16 12/3	本件修正申告書の提出 修正申告内容 Ⓨ ⑴普通預金 1,058,624円 ⑵貸付金 17,500,000円 ⑶貸付金 29,430,000円 ⑷預け金 2,500,000円 ⑸生前贈与加算 2,500,000円
H16 12/16	Ⓨに対する過少申告加算税の賦課決定処分
H17 1/28	更正処分及び過少申告加算税の賦課決定処分 更正処分内容 ⑴ Ⓨの⑵ないし⑸に掲げる財産の修正申告は不要（減額） ⑵ 請求人に対する立替金360,059,353円
H17 2/24	異議申立て
H17 5/20	異議決定 内容 一部取消し
H17 6/16	審査請求

参考となる数値（その１：請求人による被相続人名義の預金口座よりの預金流出額（純額））

⑴　本件入院期間中の引出額

①　現金引出額　……466,082,324円（**図表－１**より）

②　現金以外の引出額　……　55,001,785円（**図表－２**より）

合計（①＋②）　521,084,109円

⑵　25百万円の金銭消費貸借契約のうち被相続人名義の預金口座に入金された金額
7,734,375円（**図表－３**より）

⑶　30百万円の金銭消費貸借契約のうち被相続人名義の預金口座に入金された金額
608,000円（**図表－４**より）

⑷　被相続人名義の預金口座よりの預金流出額（純額）
⑴－（⑵＋⑶）＝512,741,734円

⑸　月平均の引出額

$$\frac{512{,}741{,}734\text{円}}{76\text{か月間（本件入院期間）}} = 6{,}746{,}601\text{円／月}$$

➡月間約6,700千円

参考となる数値（その２：本件入院期間中の本件医療費等の月平均支払額）

$$\frac{181{,}235{,}887\text{円（本件入院期間中の本件医療費等の総額（後記〔5〕⑴④より））}}{76\text{か月間（本件入院期間）}} = 2{,}384{,}682\text{円}$$

➡月間約2,400千円

〔3〕争点

本件の争点は、請求人は被相続人名義の預貯金を引き出し、そのうち512,741,734円を法律上の原因なくして利得したことから被相続人は請求人に対して同額の不当利得返還請求権を有しており、これが被相続人に係る相続財産を構成するか否かである。

〔4〕争点に関する双方（請求人・原処分庁）の主張

争点に関する請求人・原処分庁の主張は、**図表－６**のとおりである。

図表－６　**争点に関する請求人・原処分庁の主張**

（争点）請求人は被相続人名義の預金を引き出し、そのうち512,741,734円を法律上の原因なくして利得したことから被相続人は相続人に対して同額の不当利得返還請求権を有しており、これが被相続人に係る相続財産を構成するか否か

請求人（納税者）の主張	原処分庁（課税庁）の主張
原処分は、次の理由によりいずれも違法であるから、その全部の取消しを	原処分は、次の理由によりいずれも適法であるから、本件審査請求を棄却するとの裁決を求める。

求める。

(1)　本件更正処分について

請求人は、本件修正申告書に記載した相続財産以外に取得した財産はなく、事実は次のとおりであるにもかかわらず、本件更正処分は、事実誤認に基づいて行われたものである。

① 被相続人が元気なころは、預貯金の管理はすべて被相続人が行い、預貯金の引出しは被相続人が銀行の担当者を自宅に呼んで行っていたが、平成６年ころから、次第に預貯金の管理を請求人に任せるようになり、預貯金の引出しは被相続人に代わって請求人が銀行の担当者を自宅に呼んで行うようになった。

② 本件入院日以後も、本件医療費等及び生活費等を支払うために、手元の現金が少なくなった都度、被相続人の預貯金を引き出して使っていた。

③ 被相続人は、＊＊（筆者注認知症と推認される）の症状が現れるようになっていたので、平成９年３月の＊＊（筆者注認知症の症状を示す行動（例深夜徘徊等）の後と考えられる）、本件相続開始日まで＊＊（筆者注病院名）に入院させた。

入院にはお金がかかるが、被相続人のお金を使って、被相続人が高度な介護が受けられ、気持ち良く過ごすことができれば良いと思ってのことである。

④ 被相続人は＊＊（筆者注被相続人の境遇（例お嬢様）を示すと考えられる）育ちで、旅館業を長く営んでおり、にぎやかなことが好きな人であったので、入院後、なるべく親族や知人が見舞いに来てくれるようお願いをし、被相続人の見舞いに来た人には、必ず食事をしてもらい、遠方から来た人には宿泊費と交通費を渡し、なおかつ、お土産を持って帰ってもらうようにしていた。

また、自宅に来て、掃除や洗濯

(1)　本件更正処分について

①　本件預貯金引出行為について

被相続人は、本件入院日以降、＊＊（筆者注認知症と推認される）の状態であったと認められること及び被相続人が＊＊（筆者注認知症と推認される）の状態になる前において、自己の預貯金の引出しについて、請求人に委任していたことを示す事実はないことからすると、被相続人が＊＊（筆者注認知症と推認される）の状態にあったと認められる本件入院日以降の請求人による被相続人の預貯金の引出行為は、代理権限もなく、また、委任されていないにもかかわらず、ただ勝手に請求人が被相続人の預貯金口座から預貯金を引き出していたものと認められる。

②　本件各金銭消費貸借契約について

本件各金銭消費貸借契約により、被相続人の名義で貸し付けられた＊＊（筆者注法人である）への25,000,000円及び＊＊（筆者注個人である）への30,000,000円については、上記①で述べたと同様の理由により、被相続人の意思とは関係なく、請求人が両者との間で、被相続人を貸主とする金銭消費貸借契約書を作成し、勝手に貸し付けたものであると認められることからすると、当該貸付行為は、請求人が自己のために、法律上の原因なくして被相続人の財産により利益を受け、そのために被相続人の財産に損失を及ぼしたものであるから、被相続人には不当利得返還請求権が生じる。

なお、被相続人の預金口座に、＊＊（筆者注法人である）は7,734,375円を、＊＊（筆者注個人である）は608,000円を振り込んでおり、これらの振込行為（以下「本件各振込行為」という）は、＊＊（筆者注法人である）及び＊＊（筆者注個人である）からすれば、本件各金銭消費貸借契約に係る弁済行為として行ったものと認められるが、本件各金銭消費貸借契約は被相続人を貸主として行われたものとは認められないことからすれば、本件各振込行為は、請求人の被相続人に対する返還義務を肩代わりしたものと認められる（以下、本件各振込行為により振り込まれた金額の合計額8,342,375円を「本件返還金額」という）。

したがって、請求人は、被相続人の意思に基づかないで本件預貯金引出行為により本件引出預貯金額を引き出したが、本件返還金額を被相続人に返還しているものと認められる。

③　本件贈与について

本件贈与は、上記①に述べたと同様の理由により、請求人が自らの意思で勝手に行ったものと認められることからすると、本件贈与により、請求人は自己のために法律上の原因なくして被相続人の財産により利益を受け、そのために被相続人に損失を及ぼしたものでなどの家事をしてくれたりする請求人の親族などには、その都度、交通費を渡したり、一緒に食事をさせて帰したりしていた。

それに、正月には、日ごろお世話になる親族に一人500,000円くらいのお年玉をあげていたので、日常の生活費のほかに年末年始には10,000,000円以上のお金を出して使っていた。

⑤　老人一人で長年介護を続けていくためには、親族や知人の助けを借りるほかはなく、これを続けていくためには、当然何がしかのものをあげないと続かないことは良く分かっていたので、このようなお金の使い方をした。

⑥　このようなお金の使い方は、被相続人のお金の使い方をまねたものであり、しかも、被相続人が入院する前から請求人が行ってきたものであった。

もともと、被相続人は元気なころ、自宅に来てくれた人には食事をさせ、帰りには交通費とお小遣いを渡していた。また、旅館業を営んでいたころは、営繕的な仕事をしてくれた親族には、必ずお金を包んでいた。

⑦　調査担当職員も、引き出した現金はすべて費消され、財産として残ったものはないことは認めている。

それにもかかわらず、本件預貯金引出行為そのものを、被相続人の＊＊（筆者注 認知症と推認される）を理由に無効行為とし、被相続人は請求人に対して、不当利得返還請求権を有するとの説明は到底納得できない。

⑧　原処分庁は民法第703条《不当利得の返還義務》及び第704条《悪意の受益者の返還義務等》を引用し、請求人に不当利得が存するとしているが、そもそも不当利得は法律上の原因がないことをその要件事実としているところ、請求人が行った本件各金銭消費貸借契約は請求人が……

あるから、被相続人には不当利得返還請求権が生じる。

④　残余の金員について

本件引出預貯金額から上記②及び③の行為により費消した金額を除いた残余の金員についても、請求人が自己のために費消していると認められることからすると、当該費消行為は、請求人が自己のために法律上の原因なくして被相続人の財産により利益を受け、そのために被相続人に損失を及ぼしたものであるから、当該費消した金員について、被相続人には請求人への不当利得返還請求権が生じる。

⑤　本件不当利得相当額の不当利得返還請求権について

そうすると、請求人は、本件引出預貯金額521,084,109円から、本件返還金額8,342,375円を除いた512,741,734円について利益を受け（以下、この利益金額を「本件不当利得相当額」という）、反面、被相続人は、少なくとも本件不当利得相当額の損失を受けたものと認められるから、被相続人は、請求人に対して本件不当利得相当額の不当利得返還請求権を有しているものと認められる。

⑥　本件医療費等の支払行為について

請求人が被相続人のために事務管理を行い、それにより生じた被相続人のための有益費用については、被相続人に対してその償還を請求できるところ、本件入院日以降に請求人が被相続人のために支出した有益費用は、本件医療費等175,434,309円及び本件医療費等の支払いを担当していた請求人の妹であるDの交通費相当額197,600円との合計額175,631,909円と認められる（以下、当該金額を「本件有益費用」という）ので、本件有益費用は被相続人の負担すべき債務であると認められる。

⑦　本件修正申告について

請求人は本件修正申告において、本件各金銭消費貸借契約に基づく各貸付金及び本件贈与金額5,000,000円を当初申告額に加算（本件修正申告においては、預け金及び相続開始前３年以内の贈与財産として各2,500,000円を加算）しているが、当該各貸付け及び本件贈与は、そのいずれもが請求人の自らの意思により行われたものであり、被相続人が行ったものとは認められないから、この修正申告額のうち当該各貸付金及び預け金並びに純資産価額に加算した贈与財産価額は、相続税の課税価格に算入されない。

⑧　被相続人の扶養義務について

請求人には、年金収入がある上、請求人の費消した本件不当利得相当額は、平成９年３月28日から本件相続開始日までの＊＊（筆者注 期間（約６年４か月（76か月））と推認される）の間に費消されたものであり、当該金額を民法第877条《扶養義務》にいう扶約の締結、本件贈与及びその他の金員の費消行為は、被相続人の請求人に対する黙示かつ包括的な委任によるものであり、又は同法第877条《扶養義務者》にいう直系血族間の扶養義務に基づくものであるから法律上の原因が存在し、ゆえに不当利得は成立しない。

⑨　原処分庁は、被相続人の請求人に対する扶養義務について、請求人には年金収入がある上、本件入院期間に費消した額は、扶養義務に基づく生活扶助の支出というにはあまりに多額であり、社会通念を逸脱している旨主張しているが、扶養の限度ないし生活費の多寡は各人において異なるものであり、請求人のような高齢者が一人で長年に渡って介護を続けるためには周りの人の援助を得なければならず、この援助を得るために費消したお金が多額になっている部分があることは原処分の調査の過程においても再三説明してきたことである。これは、請求人の主張を理解しようとしない原処分庁の一方的な見解である。

⑩　仮に、原処分庁の主張するように、被相続人に請求人に対する不当利得返還請求権が存するとしても、被相続人が死亡した時点で不当利得返還請求権を請求人が相続するのであるから、被相続人とその相続人である請求人との地位の混同が生じており、不当利得返還請求権は消滅し不存在となる。

なお、不当利得返還請求権は、被相続人が受益者である請求人に対してこの請求を行って具現化されるものであり、被相続人が＊＊（筆者注 認知症で意思能力を有しないの意と推認される）とすれば、この請求は誰がすることになるのか。被相続人の子である請求人が、この請求をしないということであれば、原処分庁がいう相続財産としての不当利得返還請求権そのものが存在しないこととなる。

養義務に基づく生活扶助の支出というにはあまりにも多額であり、社会通念を逸脱しているというほかない。

また、民法第879条《扶養の程度又は方法》によれば、扶養の程度又は方法については、当事者間の協議によることとされ、その協議ができない場合には、家庭裁判所が定めることとされており、被相続人と請求人の間において、扶養の程度又は方法に係る協議が行われたという事実はうかがわれないことからすれば、請求人の費消した本件不当利得相当額は、扶養義務に基づく支出とはいえない。

⑨　不当利得返還請求権の消滅について

請求人の主張するとおり、本件において相続人は請求人しかいないことから、請求人が不当利得返還請求権を相続すれば、民法第520条《混同》の規定により、債権者である被相続人と債務者である請求人の地位の混同が生じ、不当利得返還請求権は消滅する。

しかしながら、不当利得返還請求権は、本件相続開始日において現に存在しているのであって、相続税の課税対象となる財産である。不当利得返還請求権が消滅するのは、請求人が不当利得返還請求権を相続した後であり、混同により不当利得返還請求権が消滅するからといって、相続税の課税対象となる財産から除外されるものではない。このことは、被相続人から相続人に対する金銭の貸付けが、貸付金として相続税の課税対象となる場合と何ら変わるものでないことからすれば明らかである。

⑩　民法704条にいう「悪意の受益者」について

民法第704条《悪意の受益者の返還義務等》にいう「悪意の受益者」とは、法律上の原因のないことを知りながら利得をした者と解されているところ、請求人は、被相続人は本件入院日には既に＊＊（筆者注 認知症と推認される）になっていたので、被相続人が入院してからは請求人が被相続人の預金を管理し、おおっぴらに使えるようになり、すべて請求人の判断で預金を引き出した旨及び平成５年ころ、偶然見つけた被相続人の遺言書に、旅館を手伝ったこともない被相続人の身内に財産を遺贈することが書かれていたため、旅館を手伝ったこともない被相続人の身内が遺贈を受けることがどうしても許せなくて、請求人の兄弟にも財産がもらえるよう被相続人に遺言書を作り直してもらったが、それでも、被相続人の身内に遺産の一部が渡ることには変わりがなく、遺産が被相続人の身内の手に渡るくらいなら、被相続人が生きているうちに使ってしまおうと思った旨を調査担当職員に申述している。

請求人の上記申述は、被相続人が＊＊（筆者注 認知症と推認される）となり、＊＊（筆者注 意思能力を有しないの意と推認される）ことを知りながら、自らの欲するがままに被相続人の預金等を費消したことを自

さらに、不当利得は利得者が悪意でない場合には、その利益が現存する範囲内において返還すればよいところ、請求人の行為に悪意はなく、しかも、原処分庁も認めているとおり、請求人は、本件引出預貯金額をすべて費消したのであって、現存する利益は存在しないから、不当利得返還請求権は存在しないことになる。	認するものであり、このことは、法律上の原因がないことを知りながら利得をした者に当たるものと認められる。 ⑪ 小括 以上から、請求人の本件相続税に係る課税価格及び納付すべき税額を計算すると、別表の「異議決定」欄（筆者注非公開）の額と同額となるから、本件更正処分は適法である。
(2) 本件賦課決定処分について 上記(1)のとおり、本件更正処分はその全部を取り消すべきであるから、本件賦課決定処分もその全部を取り消すべきである	(2) 本件賦課決定処分について 上記(1)のとおり本件更正処分は適法であり、請求人には、国税通則法第65条《過少申告加算税》第４項に規定する正当な理由があるとは認められないから、同条第１項の規定に基づいて行った本件賦課決定処分は適法である。

〔5〕国税不服審判所の判断

(1) 認定事実

① 被相続人の入院前の現金引出額

平成6年1月から被相続人が＊＊（筆者注認知症と推認される）になる前と認められる本件入院日までの約3年間、現金で引き出された被相続人の預金等の明細は図表－7のとおりであるところ、＊＊及び＊＊（筆者注＊＊銀行及び＊＊銀行（以下「金融機関」という）の渉外の意と推認される）の各担当者は、当該現金を被相続人の自宅に届けており、その際、現金を受領しているのはすべて請求人であるが、被相続人同席の上での請求人による現金の受領も認められる。

図表－7　被相続人の入院前の現金引出額

（単位：円）

金融機関名	種　類	名 義 人	口座番号等	引出日	引出金額
＊＊＊＊	貸付信託	被相続人	＊＊＊＊	平6. 2.23	492,587
＊＊＊＊	普通預金	被相続人	＊＊＊＊	平6. 3. 2	500,000
＊＊＊＊	貸付信託	被相続人	＊＊＊＊	平6. 7. 1	1,480,092
＊＊＊＊	普通預金	被相続人	＊＊＊＊	平6. 7.14	30,000,000
＊＊＊＊	＊＊＊＊	被相続人	＊＊＊＊	平6.12.13	10,000,000
＊＊＊＊	普通預金	被相続人	＊＊＊＊	平7. 4.19	3,000,000
＊＊＊＊	普通預金	被相続人	＊＊＊＊	平7. 5.24	1,069,522
＊＊＊＊	普通預金	被相続人	＊＊＊＊	平7. 6.28	2,021,836
＊＊＊＊	普通預金	被相続人	＊＊＊＊	平7. 7.20	30,000,000
＊＊＊＊	普通預金	被相続人	＊＊＊＊	平7. 8.23	1,000,000

＊＊＊＊	＊＊＊＊	被相続人	＊＊＊＊	平7. 9.12	5,000,000
＊＊＊＊	普通預金	被相続人	＊＊＊＊	平7. 9.28	1,029,548
＊＊＊＊	普通預金	被相続人	＊＊＊＊	平7.11. 2	1,000,000
＊＊＊＊	普通預金	被相続人	＊＊＊＊	平7.11.21	2,000,000
＊＊＊＊	＊＊＊＊	被相続人	＊＊＊＊	平7.12.12	10,000,000
＊＊＊＊	＊＊＊＊	被相続人	＊＊＊＊	平8. 3.14	3,000,000
＊＊＊＊	普通預金	被相続人	＊＊＊＊	平8. 3.18	1,905,500
＊＊＊＊	普通預金	被相続人	＊＊＊＊	平8. 3.27	1,000,000
＊＊＊＊	普通預金	被相続人	＊＊＊＊	平8. 4.24	1,000,000
＊＊＊＊	普通預金	被相続人	＊＊＊＊	平8. 5.10	10,000,000
＊＊＊＊	普通預金	被相続人	＊＊＊＊	平8. 5.30	2,000,000
＊＊＊＊	普通預金	被相続人	＊＊＊＊	平8. 7. 9	2,000,000
＊＊＊＊	普通預金	被相続人	＊＊＊＊	平8. 7.18	30,000,000
＊＊＊＊	普通預金	被相続人	＊＊＊＊	平8. 8.29	1,000,000
＊＊＊＊	普通預金	被相続人	＊＊＊＊	平8.10.21	2,000,000
＊＊＊＊	普通預金	被相続人	＊＊＊＊	平8.11.20	2,000,000
＊＊＊＊	普通預金	被相続人	＊＊＊＊	平8.12.12	2,300,000
＊＊＊＊	普通預金	被相続人	＊＊＊＊	平9. 1.13	2,000,000
＊＊＊＊	＊＊＊＊	被相続人	＊＊＊＊	平9. 1.27	10,000,000
＊＊＊＊	＊＊＊＊	被相続人	＊＊＊＊	平9. 2.17	8,000,000
＊＊＊＊	普通預金	被相続人	＊＊＊＊	平9. 2.27	2,000,000
合　計					178,799,085

筆者注 上記の約3年間における被相続人の現金引出額につき、月額平均引出額を求めると、次に掲げる計算のとおりとなる。

（計算）$\frac{\text{178,799,085円（引出金額の総額）}}{\text{36か月（引出期間）}}$ ＝ 4,966,641円／月➡月間約5,000千円

なお、上記の引出額（月間約5,000千円）は、**図表－5** の **参考となる数値（その1：請求人による被相続人名義の預金口座よりの預金流出額（純額））** の⑸に掲げる月平均の引出額約6,700千円より表面上は少額であるが、被相続人に係る本件入院日以降は同 **参考となる数値（その2：本件入院期間中の本件医療費等の月平均支払額）** が約2,400千円とされていることから、これを考慮すると、次の計算のとおり、実際には請求人の生活状況の方が被相続人の生活状況に比して、「質素」（?）であったともいえる。

（計算）6,700千円－2,400千円＝4,300千円（月間）

② 本件相続開始日における預金引出額

被相続人の死亡時刻は＊＊（**筆者注** この時刻は、午前9時前であると推認される）であるところ、本件相続開始日に＊＊（**筆者注** 金融機関名）の被相続人の預金口座から5,000,000円が引き出されたのは、午前9時以降と認められる。

③ 本件贈与について

㈠ 本件贈与について、＊＊が所轄税務署長に提出した贈与税の申告書の贈与者の氏名欄には、被相続人の氏名が記載されている。また、＊＊は、被相続人あてに次の文面の礼状を出している。

「この度は、＊＊（請求人）より5,000,000円確かに頂戴いたしました。早速＊＊（筆者注 借入金の意と推認される）の返還に使わせて頂きます。

おかげ様で助かりました。本当にありがとうございました。

取り急ぎお手紙でお礼申し上げます」

(ロ) 請求人は、本件贈与について、当初、＊＊が贈与金額を2,500,000円として所轄税務署長に申告していたことから、上記〔2〕(9)のとおり、本件修正申告においては、2,500,000円のみを相続開始前3年以内の贈与財産として＊＊の課税価格に加算し、他の2,500,000円を＊＊への預け金として請求人の課税価格に加算した。

④ 本件医療費等

請求人が支払った本件医療費等の金額は、181,235,887円であり、1か月当たり約2,400,000円と認められる。

⑤ 請求人の妹のDの夫の費用負担

請求人は、平成12年5月28日に＊＊（筆者注 ホテル又は会館等の名称と推認される）の宴会場において、請求人の妹のDの夫である＊＊の（筆者注 記念行事名（㊄還暦祝い）と推認される）を開催し、出席者85名分の費用2,597,521円を支払った。

⑥ 請求人の年間収入

請求人の年間収入は、国民年金約500,000円であり、被相続人の扶養親族である。

⑦ 関係者の申述

(イ) 請求人の申述

請求人は、調査担当職員の質問に対し、要旨次のとおり申述している。

㋑ 被相続人が元気なころは、被相続人がお金や財産のことを一切管理していたので請求人が手を触れることはできなかったが、平成6年の初めころに被相続人が（筆者注 疾病名と推認される）にかかり、そのころから徐々に体調が悪くなったため、被相続人の代わりに請求人が被相続人の預貯金を引き出すようになった。

㋺ 本件入院日以降、請求人以外に被相続人の預貯金を引き出した人はいないし、被相続人の預金通帳や印鑑を請求人に無断で使用した人はいない。

㋩ 被相続人の財産は、昭和21年以降、被相続人と請求人がまじめに旅館業を営んできた結果、2人で作ったものであると考えていたところ、平成5年ころに偶然見つけた被相続人の遺言書のコピーに、被相続人の身内に財産を遺贈することが書かれていたため、旅館を手伝ったこともない被相続人の身内だけが遺贈を受けることがどうしても許せなくて、請求人の兄弟にも財産がもらえるよう被相続人に遺言書を作り直してもらった。

しかし、被相続人の身内に遺産の一部が渡ることには変わりがないため、遺産が被相続人の身内の手に渡るくらいなら、被相続人が生きているうちに使ってしまおうと思い、引き出した現金はすべて使ってしまった。

㊁　本件入院日以後、現金で引き出した被相続人の預貯金は、本件医療費等の支払い、生活費、病院に来てくれる人へのお礼や食事代、請求人及び被相続人の親族への贈与、親族や知人を招いての食事、宿泊、旅行などに使った。

㊄　本件入院日以後、毎年１回、年末又は年始に、被相続人及び請求人の親族である＊＊、＊＊、＊＊、＊＊、＊＊、＊＊、＊＊、＊＊（筆者注 合計で８名である）に各1,000,000円を贈与した。

(ロ)　請求人の妹であるＤの申述

請求人の妹であるＤは、調査担当職員の質問に対し、毎年の正月、被相続人の自宅で、請求人からお年玉として私と夫は各500,000円をもらっていた旨申述している。

(ハ)　請求人の弟であるＣの申述

請求人の弟であるＣは、調査担当職員の質問に対し、要旨次のとおり申述している。

㋑　被相続人が元気なころは、被相続人から正月にお年玉として数万円をもらっていた。

㋺　被相続人の入院後は、請求人から正月にお年玉として私と妻は各500,000円をもらっていた。

(ニ)　請求人の姪である＊＊の申述

請求人の姪である＊＊は、調査担当職員の質問に対し、要旨次のとおり申述している。

㋑　被相続人が入院する前から、毎年正月には請求人の兄弟である＊＊（筆者注 ○○家の意と推認される）の一族が被相続人宅にあいさつに行き、その際、被相続人から全員が30,000円をもらっていた。

㋺　上記㋑以外にも、被相続人の自宅に遊びに行った際には、被相続人から30,000円程度のお小遣いをもらっていた。

㋩　被相続人が入院した後は、正月に集まった時に請求人から夫と２人分で1,000,000円の入ったのし袋をもらうようになった。

(2)　当てはめ

○本件預貯金引出行為及び本件引出預貯金額の費消について

(イ)　本件預貯金引出行為について

原処分庁は、被相続人は本件入院日以降、＊＊（筆者注 認知症と推認される）の状態であったと認められること及び被相続人が＊＊（筆者注 認知症と推認される）の状態になる前において、自己の預貯金の引出しについて、請求人に対して、包括的に委任していたことを示す事実はないことからすると、本件預貯金引出行為は、ただ勝手に請求人が被相続人の預貯金を引き出していたものと認められる旨主張する。

しかしながら、上記(1)①のとおり、平成６年１月から本件入院日までの間、＊＊銀行及び＊＊銀行の被相続人の預金口座等から引き出された現金については、すべて請求人が被相続人の自宅で受領していること及び当該現金の受領に被相続人の同席があったことも認められることからすると、請求人は、被相続人が＊＊（筆者注認知症と推認される）の状態にない平成６年の初めころには、既に預貯金の引出しについて被相続人の委任を受けていたと認められる。

したがって、この点に関する原処分庁の主張には理由がない。

(ロ) 本件各金銭消費貸借契約について

原処分庁は、本件各金銭消費貸借契約に係る各貸付行為は、上記(イ)に述べたと同様の理由により、被相続人の意思とは関係なく、請求人が両者との間で、被相続人を貸主とする金銭消費貸借契約書を作成し、勝手に貸し付けたものであることからすると、当該各貸付行為は、請求人が自己のために、法律上の原因なくして被相続人の財産により利益を受け、そのために被相続人の財産に損失を及ぼしたものであるから、被相続人は、請求人に対して当該各貸付金額についての不当利得返還請求権を有する旨主張する。

しかし、民法第113条《無権代理》第１項は、代理権を有しない者が他人の代理人として行った契約は本人が追認をしなければその効力を生じない旨規定しているから、被相続人は、無権代理行為の追認ないし追認拒絶をなし得る地位を取得し、本件について、この地位は、被相続人が仮に追認した場合には＊＊（筆者注法人である）及び＊＊（筆者注個人である）に対する貸金債権を取得し得ることを意味するところ、その後、無権代理人たる請求人が本人たる被相続人を相続し、本人と無権代理人との資格が同一人に帰するに至ると、本人たる被相続人が自ら法律行為をしたのと同様な法律上の地位を生ずる。

そこで、請求人による本件各金銭消費貸借契約の締結が、被相続人の代理人として行った法律行為であるか否かについて検討するに、上記の各事実によれば、請求人は本件各金銭消費貸借契約に係る各契約書に貸主として被相続人の氏名を記載していること及び本件各金銭消費貸借契約に係る借主である＊＊（筆者注法人である）の代表取締役であるＣは請求人の弟でありまた、＊＊（筆者注個人である）は被相続人の＊＊（筆者注旅館業に関連する業務の意と推認される）を経営している人物であるから被相続人と請求人とが別人であることを知っているところ、貸主を被相続人として契約し、いずれも返済金及び利息金を請求人ではなく被相続人名義の預金口座に振り込んでいることからすると、請求人は、被相続人の代理人として本件各金銭消費貸借契約を締結したものと認められる。

そうすると、上記の請求人の各貸付行為が、行為時には無権代理行為であったとしても、請求人が被相続人を相続したことにより、それらは、被相続人が自ら法律行為をしたのと同様に有効な法律行為となることから、＊＊（筆者注法人である）及び＊＊（筆者注個人である）に対する貸付金は、被相続人が両者に対して有していた貸付金として相続財産を構成する。また、両者が被相続人名義の預金口座に振り込んだ本件返還金額については、本件各金銭消費貸借契約に基づく返済金及び利息金であることから、本件相続開始日における被相続人の預金として相続財産を構成する。

したがって、この点に関する原処分庁の主張には理由がない。

(ハ) 本件贈与について

原処分庁は、本件贈与は、上記(イ)に述べたと同様の理由により、請求人が自らの意思で勝手に贈与をしたものと認められることからすると、本件贈与行為は、請求人が自己のために法律上の原因なくして被相続人の財産により利益を受け、そのため被相続人の財産に損失を及ぼしたものであるから、被相続人に不当利得返還請求権が生じる旨主張する。

ところで、上記(ロ)と同じく、請求人による本件贈与行為が、被相続人の代理人として行った法律行為であるか否かについて検討するに、本件贈与について、贈与契約書等の書面は存在しないが、上記(1)③(イ)のとおり、受贈者である＊＊は、所轄税務署長に提出した贈与税の申告書の贈与者の氏名欄に被相続人の氏名を記載していること及び被相続人にあてた本件贈与に対する謝意を表した礼状を作成していることからすると、請求人は被相続人の代理人として本件贈与を行ったものと認められる。

そうすると、この代理行為が、仮に行為時には無権代理行為であったとしても、請求人が被相続人の地位を相続したことにより、被相続人が自ら法律行為をしたのと同様に有効な法律行為となることは上記(ロ)で述べたとおりであるところ、本件贈与については、＊＊が上記〔2〕(6)の小切手の交付を受けた時に、被相続人からの贈与が成立したこととなり、本件贈与金額5,000,000円は被相続人の相続財産を構成しないが、＊＊は本件相続に係る受遺者として被相続人から財産を取得しており、また、本件贈与は本件相続開始前3年以内に行われていることから、相続税法第19条《相続開始前3年以内に贈与があった場合の相続税額》の規定により、＊＊は本件贈与金額5,000,000円を加算した額を相続税の課税価格として、納付すべき相続税額を計算しなければならない。

したがって、この点に関する原処分庁の主張には理由がない。

(ニ) 本件医療費等について

原処分庁は、請求人が支払った本件医療費等は、請求人が被相続人のために事務管理を行ったことにより生じた有益費用であるから、請求人に返還しなければならない被相続人の債務である旨主張する。

しかしながら、本件医療費等は、請求人が同居親族としての相互扶助に基づき被相続人に代わって本件引出預貯金額から支払ったものであると認められるから、請求人に返還しなければならない被相続人の負担すべき債務であるとは認められない。

また、事務管理は法律上の義務のないことが要件とされており、請求人と被相続人の間のように、相互扶助の義務がある者の間で事務管理は成立しない。

したがって、この点に関する原処分庁の主張には理由がない。

㈱　本件相続開始日に引き出した5,000,000円について

上記⑴②のとおり、請求人は本件相続開始日に被相続人の預金口座から5,000,000円を引き出しているが、これは被相続人の死亡後のことであるから、当該金員は預金として被相続人の相続財産を構成する。

㈠　上記㈺ないし㈱以外の請求人が費消した金員について

原処分庁は、本件引出預貯金額のうち、上記㈺ないし㈱以外の請求人が費消した金員について、上記㈹に述べたと同様の理由により、請求人に不当利得が生じており、また、請求人が費消した当該金員は、扶養義務に基づく生活費としてはあまりに多額であり、社会通念を逸脱している旨主張する。

一方、請求人は、上記〔4〕の**図表－6**の「請求人（納税者）の主張」欄の⑴⑧及び⑨のとおり、請求人は黙示かつ包括的に委任を受けた上での費消であり、又は、民法第877条《扶養義務者》に規定する扶養義務に基づく生活費として費消した金員であるから不当利得には該当しない旨主張する。

㋑　年末又は年始に行われた親族への贈与について

上記〔4〕の**図表－6**の「請求人（納税者）の主張」欄の⑴④の主張並びに上記⑴⑦㈹㋭、㈺、㈻㋺及び㈡㋩の各申述によれば、本件入院期間の約6年間にわたり、請求人から上記⑴⑦㈹㋭の親族8名に対して毎年1回、年末又は年始に各1,000,000円（若しくはその親族の配偶者と併せて各1,000,000円）、合計48,000,000円が贈与されていたものと認められるが、上記⑴⑦㈻㋑及び㈡㋑の各申述によれば、本件入院日前の被相続人は、親族にお年玉として各数万円程度を与えていたに過ぎないことからすると、請求人の行った上記の各1,000,000円の贈与は、被相続人が本件入院日前に行っていた親族に対する贈与とは金額の隔たりが大きく、請求人が主張するように、被相続人に意思能力があった本件入院日前に請求人に対して黙示の委任を与えていたとは認められないこと及び当該各贈与について請求人が被相続人の代理人として行っていたとする客観的な事実も認められないことからすると、当該各贈与は、請求人の意思に基づく、請求人自身のための支出であったと認められ、当該贈与金額は法律上の原因もなく請求人が被相続人の財産により利益を受け、そのために被相続人の財産に損失を及ぼしたものと認められる。

㋺　請求人の妹であるDの夫の＊＊費用について

上記⑴⑤の＊＊（筆者注記念行事名（㊎還暦祝い）と推認される）は、被相続人が既に＊＊（筆者注認知症と推認される）の状態にあったと認められる本件入院日から約3年を経過した後に行われていることから、その費用2,597,521円を負担することについて、請求人が主張するように、被相続人に意思能力があった本件入院日前に請求人に対して委任していたとは認められないし、また、請求人が被相続人の代理人として行っていたとする客観的な事実も認められないことからすると、請

求人のみの意思に基づく、請求人自身のための支出であったと認めざるを得ず、当該費用の金額は、法律上の原因もなく請求人が被相続人の財産により利益を受け、そのために被相続人の財産に損失を及ぼしたものと認められる。

㊁ 上記㋑及び㋺に係る金員が不当利得返還請求権として相続財産を構成するか否かについて

上記㋑及び㋺に係る請求人の行為が同人の悪意に基づくものであったか否かの点について、請求人は、被相続人から同人が＊＊（筆者注 認知症と推認される）となる前に包括的に委任を受けていたことに基づく行為であり善意である旨主張するが、上記㋑及び㋺のとおり、請求人がこれらの行為について、被相続人から委任を受けていたものと判断して行ったとは認め難く、むしろ、請求人はこれらの行為を、法律上の原因に基づくものではなく、上記⑴⑦㈠㋩の申述のとおり、単に本件遺言証書の内容が意に添わないため、被相続人の生前にその財産をなるべく多く使ってしまうことを意図して費消したものであると認められるから、これらの行為は悪意に基づくものであったと認められる。

また、請求人は、不当利得返還請求権は、請求を行うことにより具現化されるものである旨主張するが、不当利得返還請求権は、不当利得が成立すると、受益者と損失者の間に、その返還についての債権債務関係が生ずることとなるから、本件相続の開始時において、被相続人は請求人に対して不当利得返還請求権を有していたことになる。

さらに、請求人は、仮に被相続人が請求人に対して不当利得返還請求権を有していたとしても、それは請求人が相続することにより、民法第520条《混同》の規定に基づき、混同により消滅する旨主張するが、上記〔4〕の 図表－6 の「原処分庁（課税庁）の主張」欄の⑴⑨において原処分庁が主張するように、混同により消滅するのは、請求人が不当利得返還請求権を相続した後である。このように解し、不当利得返還請求権を相続財産として課税することは、民法上の法律関係の理解に沿うばかりでなく、請求人が混同により不当利得返還債務を免れるという経済的利益を享受していることからも妥当といえる。

以上から、上記㋑の贈与金額48,000,000円及び上記㋺の費用2,597,521円の合計金額50,597,521円は、不当利得返還請求権として被相続人の相続財産を構成することとなる。

ワンポイント　筆者の疑問点（年末年始の親族贈与に対する不当利得返還請求権の認定額について）

先例とされる裁決事例においては、次のとおりとなっています。

(1) 請求人の関係者の答述によると、次に掲げる事項が確認されます。

① 被相続人が元気なころ、毎年正月に被相続人宅に請求人の兄弟一族があいさつに行き、その際、被相続人から全員が数万円（3万円程度と考えられます）もらっていた。

② 被相続人の入院後は、請求人から正月にお年玉として各人50万円（夫婦の場合は、合計100万円）をもらっていた。

(2) 上記(1)の認定事実より、国税不服審判所は、次のとおりの計算をして被相続人の請求人に対する不当利得返還請求権の価額を48,000,000円と認定しています。

（計算）1,000,000円×8組（夫婦単位で8組）×6年間＝48,000,000円

(3) 筆者の不当利得返還請求権の認定額に対する考え方は、上記(2)にかかわらず、次に掲げる計算のとおりで、その金額は、45,120,000円とすべきであると考えられます。

（計算）（1,000,000円－30,000円×2）×8組×6年＝45,120,000円

→ 不当利得返還請求権が被相続人と相続人（請求人）の生活状況（生活費（交際費を含む）の費消状況）の差異から生じるものであるのであれば、被相続人が実行していたお年玉の支付（1人につき、年間3万円）は不当利得返還請求権を構成しないものと考えられるため、これを控除することが相当と考えられます。

㈡ 請求人の生活費等について

請求人が、被相続人の預貯金の管理を始めたと認められる平成6年1月から本件入院日までの約3年2か月の間に被相続人名義の預貯金から現金で引き出した金額は、**図表－7**のとおり178,799,085円であるところ、この金額は、被相続人及びその扶養親族である請求人の生活費並びに親族との交際費に費消したものと認められ、平均すると1か月当たり約4,700,000円となる。

また、この当時は、被相続人は比較的元気であり、かつ、本件入院日の直前はともかくとして、＊＊（筆者注 疾病名と推認される）も認められていなかったことからすると、二人の生活費及び親族との交際費としての1か月当たり約4,700,000円の費消については、被相続人の意思が反映され、その内容を承知していたと認められる。

そして、本件引出預貯金額521,084,109円から、本件各金銭消費貸借契約により貸し付けた55,000,000円、本件贈与金額5,000,000円、上記【2】(8)③の現金として申告した3,500,000円、上記㈭の相続開始後に引き出した5,000,000円、上記㈬㋑の親族へ贈与した48,000,000円及び上記㈬㋺の＊＊（筆者注 記念行事名（㊎還暦祝い）

と推認される）費用として支出した2,597,521円を除くと401,986,588円となり、本件入院期間は約6年4か月であるから、平均すると1か月当たり約5,300,000円となるが、これは、本件医療費等、請求人の生活費及び親族との交際費として費消した金額と認められる。

そうすると、本件入院期間に請求人が費消した1か月当たりの金額約5,300,000円は、請求人と被相続人が本件入院日前に費消していた1か月当たりの金額約4,700,000円を上回るが、本件入院日以後は、上記(1)④のとおり1か月当たりの本件医療費等約2,400,000円と被相続人への見舞客に対する答礼等の費用が新たに必要となることからすれば、被相続人の飲食費等の生活費が本件医療費等に含まれることを考慮しても、請求人が、被相続人の承知していた請求人の生活費及び親族等との交際費の金額の範囲を逸脱した費消を行っていたとは認められない。

したがって、請求人は、上記金員401,986,588円を、本件医療費等並びに被相続人が承知していた範囲内での自己の生活費及び親戚等との交際費に費消していただけであり、何ら利益を得ていないから、上記金員401,986,588円について不当利得返還請求権として被相続人の相続財産を構成する部分はない。

(3) 結論

① 本件更正処分について

上記(2)より、本件相続に係る請求人の課税価格及び納付すべき税額を算出すると、別表の「当審判所認定額」欄（筆者注 非公開）のとおりとなり、本件更正処分の額を下回るから、本件更正処分はその一部を別紙（筆者注 非公開）のとおり取り消すべきである。

② 本件賦課決定処分について

本件更正処分は、上記(2)のとおり、その一部を取り消すべきであり、また、請求人の場合、この税額の計算の基礎となった事実について、国税通則法第65条《過少申告加算税》第4項に規定する正当な理由があるとは認められないから、請求人の過少申告加算税の額は別表の「当審判所認定額」欄（筆者注 非公開）のとおりとなり、本件賦課決定処分の額を下回るから、本件賦課決定処分もその一部を別紙（筆者注 非公開）のとおり取り消すべきである。

〔6〕まとめ

(1) 裁決事例の結果

先例とされる裁決事例では、本件預貯金引出行為及び本件引出預貯金額の費消について、請求人（納税者）が不当利得返還請求権は存在しない旨を主張し、また、その一方で原処分庁（課税庁）が不当利得返還請求権が存在しこれが相続財産を構成する旨を主張したのに対し、国税不服審判所がその一部についてのみ不当利得返還請求権を認めたことから、結果として、請求人（納税者）の主張の一部が容認され、本件更正処分及び本件賦課決定処分の一部が取り消されることとなりました。

(2) 参考法令通達等

- ●相続税法第19条《相続開始前3年以内に贈与があった場合の相続税額》(注現行(令和6年1月1日以後)の規定では、相続税法第19条《相続開始前7年以内に贈与があった場合の相続税額》となっている)
- ●国税通則法第65条《過少申告加算税》
- ●民法第113条《無権代理》
- ●民法第520条《混同》
- ●民法第703条《不当利得の返還義務》
- ●民法第704条《悪意の受益者の返還義務等》
- ●民法第877条《扶養義務者》
- ●民法第879条《扶養義務》

本問から学ぶ重要なキーポイント

(1) 本件預貯金引出行為及び本件預貯金額の費消が不当利得返還請求権を構成するか否かについて、その支出の区分ごとに双方(請求人・原処分庁)の主張及び国税不服審判所の判断を示すと、**図表－8**のとおりになります。

図表－8 本件預貯金引出行為及び本件引出預貯金額の費消額の取扱い

支出項目	請求人(納税者)の主張	原処分庁(課税庁)の主張	国税不服審判所の判断
(1) 本件各金銭消費貸借契約	請求人が行った本件各金銭消費貸借契約の締結は、被相続人の請求人に対する黙示かつ包括的な委任によるものであり、法律上の原因が存在し、ゆえに不当利得は成立しない。 (注) 上記財産は、貸付金として本件修正申告により申告済みである。	当該貸付行為は、請求人が自己のために、法律上の原因なくして被相続人の財産により利益を受け、そのために被相続人の財産に損失を及ぼしたものであるから、被相続人には不当利得返還請求権が生じる。	請求人の各貸付行為が、行為時には無権代理行為であったとしても、請求人が被相続人を相続したことにより、それらは、被相続人が自ら法律行為をしたのと同様に有効な法律行為となることから、＊＊及び＊＊に対する貸付金は、被相続人が両者に対して有していた貸付金として相続財産を構成する。
(2) 本件贈与	請求人が行った本件贈与は、被相続人の請求人に対する黙示かつ	本件贈与は、請求人が自らの意思で勝手に行ったものと認められ	本件贈与については、＊＊が小切手の交付を受けた時に、被相続人

	包括的な委任によるものであり、法律上の原因が存在し、ゆえに不当利得は成立しない。 （注）　上記財産は、預け金2,500,000円及び3年以内贈与加算2,500,000円として本件修正申告により申告済みである。	ることからすると、本件贈与により、請求人は自己のために法律上の原因なくして被相続人の財産により利益を受け、そのために被相続人に損失を及ぼしたものであるから、被相続人には不当利得返還請求権が生じる。	からの贈与が成立したこととなり、本件贈与金額5,000,000円は被相続人の相続財産を構成しないが、＊＊は相続税法第19条《相続開始前3年以内に贈与があった場合の相続税額》の規定により、本件贈与金額5,000,000円を加算した額を相続税の課税価格として、納付すべき相続税額を計算しなければならない。
(3)　残余の金員	請求人が行ったその他の金員の費消行為は、被相続人の請求人に対する黙示かつ包括的な委任によるものであり、又は民法877条《扶養義務者》にいう直系血族間の扶養義務に基づくものであるから法律上の原因が存在し、ゆえに不当利得は成立しない。 （注）　上記の支出額は、当初申告及び本件修正申告には一切、反映されていない。	本件引出預貯金額から上記(1)及び(2)の行為により費消した金額を除いた残余の金員についても、請求人が自己のために費消していると認められることからすると、当該費消行為は、請求人が自己のために法律上の原因なくして被相続人の財産により利益を受け、そのために被相続人に損失を及ぼしたものであるから、当該費消した金員について、被相続人には請求人への不当利得返還請求権が生じる。	①　年末年始の親族への贈与及び請求人の妹のDの夫の＊＊費用負担について 請求人に対して委任していたとは認められないし、また、請求人が被相続人の代理人として行っていたとする客観的な事実も認められないことからすると、請求人のみの意思に基づく、請求人自身のための支出であったと認めざるを得ず、当該費用の金額は、法律上の原因もなく請求人が被相続人の財産により利益を受け、そのために被相続人の財産に損失を及ぼしたものと認められ、不当利得返還請求権が生じる。 ②　請求人の生活費等について 請求人は、本件引出預貯金額521,084,109円から、本件金銭消費貸借契約により貸し付けた55,000,000円、本件贈与金額5,000,000円、現金として申告した

			3,500,000円、相続開始後に引き出した5,000,000円、親族へ贈与した48,000,000円及び＊＊費用として支出した2,597,521円を除く401,986,588円を本件医療費等並びに被相続人が承知していた範囲内で自己の生活費及び親戚等との交際費に費消していただけであり、何ら利益を得ていないから上記金員401,986,588円について不当利得返還請求権として被相続人の相続財産を構成する部分はない。
(4) 本件医療費等	被相続人は、認知症の症状が現れるようになっていたので、平成9年3月の深夜徘徊行動の後、本件相続開始日まで＊＊病院に入院させた。 入院にはお金がかかるが、被相続人のお金を使って、被相続人が高度な介護が受けられ、気持ち良く過ごすことができれば良いと思ってのことであり、ゆえに不当利得は成立しない。 （注） 上記の支出額は、当初申告及び本件修正申告には一切、反映されていない。	請求人が被相続人のために事務管理を行い、それにより生じた被相続人のための有益費用については、被相続人に対してその償還を請求できるところ、本件入院日以降に請求人が被相続人のために支出した有益費用は、本件医療費等175,434,309円及び本件医療費等の支払いを担当していた請求人の妹であるDの交通費相当額197,600円との合計額175,631,909円（本件有益費用）と認められるので、本件有益費用は、被相続人の負担すべき債務と認められる。	本件医療費等は、請求人が同居親族としての相互扶助に基づき被相続人に代わって本件引出預貯金額から支払ったものであると認められるから、請求人に返還しなければならない被相続人の負担すべき債務であるとは認められない。 また、事務管理は法律上の義務のないことが要件とされており、請求人と被相続人の間のように、相互扶助の義務がある者の間で事務管理は成立しない。
(5) まとめ（本件引出預貯金額の相続財産への反映）	① 財産 貸付金 17,500,000円 貸付金 29,430,000円 手許現金 3,500,000円 相続後引出額 5,000,000円 預け金 2,500,000円 生前贈与加算額 2,500,000円	① 財産 不当利得返還請求権 512,741,734円(A) ② 債務 本件有益費用に係る償還債務 175,631,909円	① 財産 貸付金 17,500,000円 貸付金 29,430,000円 手許現金 3,500,000円 相続後引出額 5,000,000円 生前贈与加算額 5,000,000円 不当利得返還請求権

	（合計） 60,430,000円 ② 債務 0円 ③ 差引（相続税の課税対象） ①－②＝60,430,000円	③ 差引（相続税の課税対象） ①－②＝337,109,825円	(イ) 親族贈与 48,000,000円 (ロ) 費用負担 2,597,521円 （合計）111,027,521円(B) ② 債務 0円 ③ 差引（相続税の課税対象） ①－②＝111,027,521円

（注） 上記(3)の「国税不服審判所の判断」欄に掲げる＿＿部分（上記金員401,986,588円について不当利得返還請求権として被相続人の相続財産を構成する部分はない）中の401,986,588円は、次に掲げる計算からも確認することができます。

（計算） (イ) 512,741,734円（上記(A)）－111,027,521円（上記(B)）＝401,714,213円

(ロ) 234,375円（貸付金25百万円に対する受取利息注）

(ハ) 38,000円（貸付金30百万円に対する受取利息注）

(ニ) 401,714,213円（上記(イ)）＋234,375円（上記(ロ)）＋38,000円（上記(ハ)）
＝401,986,588円
→ 上述の「不当利得返還請求権として被相続人の相続財産を構成する部分はない」とされる金額に一致

注 上記(ロ)及び(ハ)の金額は、本件各金銭消費貸借契約に係る受取利息であり、本件預貯金引出額（出金）に対応しない入金（法定果実）であることに留意する必要があります。

(2) 無権代理行為の民法上の取扱い

民法第113条《無権代理》第1項は、代理権を有しない者が他人の代理人として行った契約は本人が追認をしなければその効力を生じない旨規定しているから、被相続人は、無権代理行為の追認ないし追認拒絶をなし得る地位を取得し、本件について、この地位は、被相続人が仮に追認した場合には、**及び**に対する貸付債権を取得し得ることを意味するところ、その後、無権代理人たる請求人が本人を相続し、本人と無権代理人との資格が同一人に帰するに至ると、本人たる被相続人が自ら法律行為をしたのと同様な法律上の地位を生ずるとしています。

（注） さらに付言すると、本件では共同相続人は請求人のみであり、かつ、当該請求人が無権代理人であることから当該請求人が追認拒絶を行うことは信義則の法理上認められるものではないことから、被相続人に係る相続開始と同時に、本件無権代理行為は追認されたことになり、有権代理行為となります。そして、遡及効が生じることから、当初の各種契約締結時に遡って当該契約行為は有効に成立したものと解されます。

(3) 同居親族における相互扶助と事務管理（本件医療費等の取扱い）

① 本件医療費等は、請求人が同居親族としての相互扶助に基づき被相続人に代わって本件引出預貯金額から支払ったものであると認められるから、請求人に返還しなければならない被相続人の負担すべき債務であるとは認められないとしています。

② 事務管理は、法律上の義務のないことが要件とされており、請求人と被相続人

の間のように、相互扶助の義務がある者の間で事務管理は成立しないとしています。

⑷　民法第704条に規定する『悪意の受益者』に係る悪意の認定

請求人は、年末又は年始に行われた請求人の親族への贈与（1,000,000円×８人×６年＝48,000,000円）及び請求人の妹であるＤの夫の＊＊費用の支出という行為を法律上の原因に基づくものではなく、単に本件遺言証書の内容が意に沿わないため、被相続人の生前にその財産をなるべく多く使ってしまうことを意図して費消したものであると認められるから、これらの行為は悪意に基づくものであったと認められるとしています。

⑸　不当利得返還請求権が形成権であることについて

不当利得返還請求権が具体的な請求を行うことにより権利が具現化されるものであれば、本件の場合、被相続人は認知症であり自己の意思能力を有しない状況にあるため、不当利得返還請求権の成立を認めることが困難と考える向きも存在するかもしれません。

しかしながら、不当利得返還請求権は、一度、合法的に不当利得が成立すると、受益者と損失者の間で自動的に、その返還についての債権債務関係が生ずることとなる（換言すれば、一種の形成権（注）として成立します）から、本件相続の開始時において、被相続人は請求人に対して不当利得返還請求権を有していたことになるものとされています。

（注）　形成権とは、相手方があることを前提として単独行為をなし得る権利をいいます。なお、単独行為とは、自己の一方的な意思表示によって法律効果（㊠新たな権利又は義務の発生、変更、消滅等）を発生させる法律行為をいいます。また、相手方のある単独行為の例として、取消、解除、相殺、追認等があり、さらに、相手方のない単独行為の例として、遺言、寄附行為等があります。

⑹　不当利得返還請求権が混同により消滅することの是非について

予備的な論点として、仮に、被相続人が請求人に対して不当利得返還請求権を有していたとしても、それは請求人が相続することにより、民法第520条《混同》の規定に基づき、混同により消滅すると考える向きも存在するかも知れません。

しかしながら、混同により消滅するのは、請求人が不当利得返還請求権を相続した後であり、このように解し、不当利得返還請求権を相続財産として課税することは、民法上の法律関係の理解に沿うばかりでなく、請求人が混同により不当利得返還債務を免れるという経済的利益を享受していることからも妥当といえるとされています。

⑺　不当利得返還請求権の有無を判断する上で請求人の生活費を考慮することについて

本件では、被相続人の飲食費等の生活費が本件医療費等に含まれることを考慮しても、請求人が、被相続人の承知していた請求人の生活費及び親族等との交際費の金額の範囲を逸脱した費消を行っていたとは認められないとされ、その結果、金員401,986,588円（上記⑴の**図表－８**の（注）を参照）を本件医療費等並びに被相続人が承知していた範囲内での自己の生活費及び親戚等との交際費に費消していただけであり、何ら利益を得ていないから、当該金員について不当利得返還請求権として被相続人の相続財産を構成する部分はないとされています。

⑻　民法の確認

先例となる裁決事例においては、民法の考え方が多出しています。本件を理解するに当たって、確認しておきたい民法の各条文につき、その要旨を示すと、次のとおりです。

①　民法第99条《代理行為の要件及び効果》第１項は、代理人がその権限の範囲内において本人のためにすることを示して行った意思表示は、直接本人に対してその効力を生じる旨規定しています。

②　民法第100条《本人のためにすることを示さない意思表示》は、代理人が本人のためにすることを示さないで行った意思表示は自己のためにこれを行ったものとみなす旨、ただし、相手方がその本人のためにすることを知り、又はこれを知ることができるときは、前条第１項の規定を準用する旨規定しています。

③　民法第110条《権限外の行為の表現代理》は、代理人がその権限外の行為を行った場合において、第三者がその権限があると信じることに正当の理由を有するときは、本人は代理人と第三者が行った行為についてその責を負う旨規定しています。

④　民法第113条《無権代理》第１項は、代理権を有さない者が他人の代理人として行った契約は、本人がその追認を行わなければ、これに対してその効力を生じない旨規定し、同条第２項は、追認又はその拒絶は相手方に対して行わなければこれをもって相手方に対抗することができない旨規定しています。

⑤　民法第116条《無権代理行為の追認》は、追認は別段の意思表示がないときは、契約のときに遡ってその効力を生じさせる旨規定しています。

⑥　民法第520条《混同》は、債権及び債務が同一人に帰したときはその債権は消滅する旨規定しています。

⑦　民法第643条《委任》は、委任は当事者の一方が法律行為を行うことを相手方に委託し、相手方がこれを承諾することによってその効力が生じる旨規定しています。

⑧　民法第697条《事務管理》第１項は、義務がなくて他人のために事務の管理を始めた者はその事務の性質に従い最も本人の利益に適する方法によりその管理をしなければならない旨規定し、同条第２項は、管理者が本人の意思を知っているとき又はこれを推知することができるときはその意思に従って管理をしなければならない旨規定しています。

⑨　民法第702条《管理者による費用の償還請求等》第１項は、管理者が本人のために有益な費用を支出したときは本人に対してその償還を請求することができる

旨規定しています。

⑩　民法第703条《不当利得の返還義務》は、法律上の原因がないのに他人の財産又は労務により利益を受け、このため他人に損失を及ぼした者は、その利益の存する限度においてこれを返還する義務を負う旨規定しています。

⑪　民法第704条《悪意の受益者の返還義務等》は、悪意の受益者はその受けた利益に利息を附してこれを返還することを要する旨規定しています。

⑫　民法第877条《扶養義務者》第１項は、直系血族及び兄弟姉妹は、互いに扶養をする義務がある旨規定しています。

⑬　民法第879条《扶養の程度又は方法》は、扶養の程度又は方法について、当事者間に協議が調わないとき、又は協議することができないときは、扶養権利者の需要、扶養義務者の資力その他一切の事情を考慮して、家庭裁判所がこれを定める旨規定しています。

貸付金債権に係る実務対策

不当利得返還請求権（債権）の存否の確認に当たっては、通常、債権者及び債務者との間で契約書等の書面は作成されていないことが一般的であり、その確認に当たっては、被相続人の生前における預金に関する各種事項（預金の出入の回数、金額、預金通帳（カード、印鑑を含む）の管理等）及び被相続人の健康状況（身体的状況及び精神的状況）をもって、総合的に判断することが必要となります。

さらに、先例とされる裁決事例では、上記に加えて、被相続人（不当利得返還請求権が成立する場合には、債権者に該当します）の生前の生活状況（生活費等の資金の費消状況）と預金管理者による預金管理移行後における同人の生活状況との差異にも配慮する必要があります。

Q 1 -12 被相続人からの相続により取得した財産（被相続人がその生前に締結した和解契約に基づく和解金の請求権）は相続税の課税適状とされるのか、又は停止条件付の権利で課税時期現在において条件未成就であるため課税適状ではないと判断されるのかが争点とされた事例

事 例 国税不服審判所裁決事例
（平成31年4月19日裁決、東裁（諸）平30－129、平成25年相続開始分）

疑問点

被相続人に相続開始（本件相続）がありました。同人に係る相続財産を調査したところ、次に掲げる債権（和解金支払請求権）が存在することが確認されました。

和解金支払請求権の内容

(1) 被相続人はその生前に土地（本件土地）に係る紛争を抱えていましたが、次のとおりの和解契約（本件和解契約）を相手方である法人（X社）との間で成立させていました。

（本件和解契約の内容）

① 本件和解契約に基づく和解金（本件和解金）の総額を1,000,000,000円とすること

② 本件和解金の支払期日及び支払金額は、次のとおりとすること

(イ) 本件土地のX社（X社の指定する者を含む）への所有権移転登記手続が完了したことを確認した日から3日以内に250,000,000円

(ロ) X社が、本件土地の上に建設する産業廃棄物最終処分場（本件処分場）の竣工の日から10日以内に250,000,000円

(ハ) 上記(イ)及び(ロ)以外の金額としてX社が、本件処分場の営業を開始した日の属する年分の同社の各事業年度の終了日から3か月を経過した日までに、次に掲げる金額のうち、いずれか低い方の金額

㋑ X社の決算書に記載された税引後の利益の10%に相当する金額

㋺ X社の事業年度の終了日の属する暦年ごとに1暦年通算で50,000,000円

ただし、上記㋑又は㋺に基づく支払額の合計は500,000,000円を上限額とする。

(2) 被相続人とX社の間には、上記(1)に掲げる事項以外の債権債務は存在しないことを確認するものとなっています。

本件相続の開始時までに、被相続人が受領した本件和解金の金額は次のとおりとなっていました。

(A)　上記(1)②(イ)及び(ロ)にそれぞれ掲げる金額（合計500,000,000円）は、既に受領済みとなっています。

(B)　上記(1)②(ハ)に掲げる金額については、既に250,000,000円（50,000,000円×5回）を受領しています。

そうすると、本件相続の開始時点において、被相続人は本件和解契約上は本件和解金の残金250,000,000円（上記(1)②(ハ)に基づく請求権の残額（500,000,000円）－上記(B)に掲げる金額（250,000,000円））を受領する権利（本件権利）を有していることになりますが、これを相続財産として計上すべきか否かについて、次に掲げる2つの異なる考え方が示されています。

考え方1　有期定期金の態様で給付される債権として評価した上で、相続財産とすることが相当

債務者であるX社に対して有する本件権利の価額は、本件相続の開始時点において評価通達205《貸付金債権等の元本価額の範囲》に定める「債権金額の全部又は一部が課税時期において次に掲げる金額（筆者注 同通達の(1)ないし(3)において具体的な基準を定めています）に該当するときその他その回収が不可能又は著しく困難であると見込まれるとき」には該当しないことから、評価通達204《貸付金債権の評価》の定めにより、その元本の価額として返済されるべき金額である250,000,000円を基礎に評価することが相当と考えられます。

なお、付言すると、上記(1)②(ハ)に基づく支払いについては、約定どおり1暦年通算で50,000,000円を上限とする支払いを5回行っており、今後も、この状況が継続することを否定する要因は本件相続の開始時点では見当たらないことからも、その相当性が裏付けられるものと考えられます。

そうすると、本件権利の価額は、過去5回の支払実績（いずれも1暦年通算で50,000,000円の上限額を弁済）から勘案して、年に1回、毎年50,000,000円の支払を今後5年間受領することができるものとして、本件相続の開始の日の属する月の評価通達4-4《基準年利率》に定める「複利現価率」を用いて算定することが相当であると考えられます。

考え方2　本件権利は停止条件付の権利であり、かつ、本件相続の開始時において未成就の不確定なものであることからその価額は評価しないことが相当

債務者であるX社に対して有する本件権利の価額はその元本の価額として返済されるべき金額は確かに250,000,000円であると認められるものの、上記(1)②(ハ)㋑のとおり、本件権利の価額の返済を受けるに当たってはその大前提としてX社の各事業年度の決算書において税引後の利益が計上されていることが条件となっています。このような停止条件が付されており、本件相続の開始時においては当該停止条件は成就しておらず、また、将来成就することが確実であるとの担保もないことから、このような財産を評価の対象として相続税を課税することは評価の安全性の観点からも大いに問題視されるべきものと考えられます。

そうすると、本件権利の価額についての評価は不要（0円）とすることが相当であると考えられます。

本件権利の価額は、上記 **考え方1** 又は **考え方2** のいずれによることが相当であるのか説明してください。

A 回　答

お尋ねの事例の場合、本件権利の価額は、上記 **?疑問点** の **考え方1** に基づいて有期定期金の態様に基づいて給付される債権として、評価通達4-4《基準年利率》に定める「複利現価率」を用いて評価して相続財産の価額に計上する必要があるものと考えられます。

! 解　説

⑴　相続税の課税財産は、金銭に見積もることができる経済的価値のある全てのものをいい、既に存在する物権や債権のほか、いまだ明確な権利とはいえない財産法上の法的地位なども含まれると解するのが相当であり、これには、相続開始時において期限未到来の始期付権利や、条件未成就の停止条件付権利も含まれると解されています。

⑵　本件権利のような無利息の金銭債権の価額は、本件相続の開始日からそれぞれの支払期日（各事業年度の終了日から3か月を経過した日）まで個々に支払われる支払金(50,000,000円）ごとに、本件相続の開始日から支払期日まで、各別に中間利息を控除する方法によって算定することが合理的であると考えられます。

検討先例

Q1-12 の検討に当たっては、下記に掲げる裁決事例が先例として参考になります。

◉国税不服審判所裁決事例（平成31年4月19日裁決、東裁（諸）平30－129、平成25年相続開始分）

（おことわり）

本件裁決事例は非公開部分が非常に多く判読が困難なものとなっており、以下の検討に当たっては一部、筆者による推認部分があることを、あらかじめ、了解されたい。

〔1〕事案の概要

本件は、原処分庁が請求人甲及び請求人乙（以下、これらを併せて「請求人ら」という）の父の相続に係る相続税の更正処分等において、和解契約に基づく和解金の請求権は相続財産に含まれるとして課税価格に算入したところ、請求人らが、当該請求権は条件未成就の停止条件付権利であるから相続税の課税対象とはならないなどとして、原処分の全部の取消しを求めた事案である。

〔2〕基礎事実

(1) 和解契約の締結等について

請求人らの父である本件被相続人は、平成12年12月23日、A社、B社、C社（以下「A社ら」という）、D及びE（以下、これら本件被相続人を含めた6者を併せて「本件被相続人ら」という）とともに、X社との間で、X社が産業廃棄物最終処分場の事業を開始するために取得を企図した＊＊に所在する土地（以下「本件土地」という）及び＊＊に所在する土地（以下「別件土地」という）に係る紛争に関し、和解契約（以下「本件和解契約」といい、本件和解契約に係る契約書を「本件和解契約書」という）を締結した。

本件和解契約書の要旨は**図表－1**のとおりであり、**図表－1**で定義した略語については、以下、本文及び各図表でも使用する。

図表－1　本件和解契約の要旨

1　X社及び本件被相続人らは、本件土地に関連した各裁判手続等を終了させるための手続等をそれぞれ行う（第1項ないし第7項）。

2　本件被相続人らがX社に対し、上記1に定める事項を履行することを前提として、①X社又はX社の指定する者が、A社の破産管財人＊＊（以下「本件管財人」という）との間で本件土地の売買契約を締結し、本件管財人からX社又はX社の指定する者に対する本件土地の所有権移転登記手続が完了することを条件として、②X社は、A社らに対し、A社らの代理人弁護士の銀行口座に振込送金する方法により、次のとおり金員（以下「本件和解金」という）を支払う（第8項柱書）。

(1)　X社が、同社又は同社の指定する者に対する本件土地の所有権移転登記手続が完了したことを確認した日から3日以内に、＊＊円（筆者注）（第1号）

(2)　X社が、本件土地の上に建設する産業廃棄物最終処分場（以下「本件処分場」という）の竣工の日（本件処分場の建物の建築及び土木工事に関しX社が工事の完了を認めた日）から10日以内に、＊＊円（筆者注）（第2号）

(3)　X社が、本件処分場の営業を開始した年から、毎年、同社の事業年度決算日から3か月を経過した日の後最初の金融機関の営業日に、同社の決算書に記載された税引後の利益の＊＊％（筆者注）に相当する金額又は事業年度決算日の属する暦年ごとに1暦年通

算50,000,000円のいずれか少ない方の金額

ただし、上記(3)に基づく支払は、上記(3)に基づく支払額の合計500,000,000円までとする（したがって、最終回の支払は、500,000,000円から上記(3)に基づく既払い額を控除した残額となる）。（第3号）

筆者注 上記(1)及び(2)に掲げる金額（＊＊円）及び(3)に掲げる割合（＊＊%）は情報公開法上、非公開とされたので、上掲の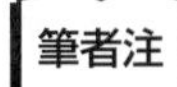では、具体性をもたせるために、仮の金額及び割合を設定したものである。

ただし、後記(3)②のとおり本件和解金の総額が1,000,000,000円であることから、(1)及び(2)に掲げる金額の合計額は500,000,000円となる。

3　X社は、別件土地に関連した事件の裁判手続等を終了させるための手続等を行う。

本件被相続人及びX社は、同事件に関し、別件土地の売却及びそれに基づく配当について、今後一切、執行抗告・執行異議・即時抗告・配当異議その他同事件の進行を妨げる一切の異議申立てを行わないことを確認する。

X社は、名義のいかんを問わず、本件被相続人又はA社らが同事件に関して何らかの異議申立てを行ったとX社が認めた場合には、上記2に基づく本件被相続人に対する支払を直ちに停止するものとし、本件被相続人はこれをあらかじめ承諾する（第10項）。

4　本件被相続人は、X社に対し、本件土地に隣接する土地又はその周辺の土地について、いかなる名義をもってしても、一切の権利取得を行わないことを確認する。

X社は、本件被相続人の名義又はいかなる名義をもってしても、実質的に本件被相続人が本件土地に隣接する土地又はその周辺の土地について、何らかの権利取得をしたとX社が認めた場合には、上記2に基づく本件被相続人に対する支払を直ちに停止するものとし、本件被相続人及びA社らはこれをあらかじめ承諾する（第11項）。

5　本件被相続人は、X社に対し、同社が本件土地の上で行う本件処分場の建設及び運営について、いかなる名義又は方法をもってしても、一切の妨害を行わない。

X社は、いかなる名義又は方法によっても、実質的に本件被相続人による本件処分場の建設又は運営の妨害があるとX社が認めた場合には、上記2に基づく支払を直ちに停止するものとし、本件被相続人及びA社らはこれをあらかじめ承諾する（第12項）。

6　X社が、本件被相続人によって上記3（第10項）ないし5（第12項）に定める事項に該当する行為があったと認めた場合には、X社は、本件被相続人、A社ら又は同社の代理人弁護士に対し、確定日付のある通知書をもって、これを通知する。

この場合、X社と本件被相続人、X社及び本件被相続人・A社らの代理人弁護士が事実の確認及び善後策を協議するものとする。

上記の協議にもかかわらず、上記の通知到達後3か月以内に、本件被相続人による上記3（第10項）ないし5（第12項）に定める事項に該当する行為及びそれに基づく権利状態若しくは妨害状態が解消されない場合には、A社らは、X社に対する上記2（第8項）に基づく金員の支払請求権を失い、X社はその支払を免れる（第13項）。

なお、本件和解契約書第8項柱書には、X社からの本件和解金の支払先は名義上A社らと定められているものの、本件和解契約の当事者たるX社と本件被相続人らとの間において本件和解金を受領すべき権利者は本件被相続人であったことについて、原処分庁及び請求人ら双方に争いはない。

また、請求人甲は、平成8年12月20日にX社の代表取締役に就任した。

(2) 本件和解契約の履行状況等について

① 本件和解契約締結後、本件土地の取得に係る本件和解金の支払義務を負うX社は、本件和解契約書第8項柱書に基づき、本件管財人と本件土地の売買契約を締結する者として請求人甲が代表取締役を務めるY社を指定した（図表－1の2柱書の①）。

② Y社は、平成13年1月18日、本件管財人との間で、本件土地を買い受ける売買契約を締結した。

本件土地につき、平成13年1月18日受付、同日売買を原因とし、所有者をY社とする所有権移転登記がされた。

③ X社は、平成13年1月25日、本件和解契約書第8項柱書に定める本件土地の所有権移転登記がされたことから、同項第1号に基づく支払として（図表－1の2の(1))、本件被相続人に対して本件和解金の一部の＊＊円（筆者注上記(1)の図表－1に掲げる筆者注を参照）を支払った（図表－2の順号1）。

なお、本件和解金の支払に際して、本件和解契約書第1項ないし第7項に定める手続等（図表－1の1）はX社、本件被相続人ら等において履行されていた。

④ X社は、平成＊＊年＊＊月＊＊日、＊＊（筆者注本件土地所在地の地方自治体の名称。以下④において同じ）から本件処分場の施設設置の許可を受け、その後、平成＊＊年＊＊月＊＊日、＊＊から、本件処分場に関する工事完了の確認の通知を受け、同年＊＊月＊＊日には産業廃棄物処分業の営業許可を受けた。

これに伴い、X社は、平成16年4月1日、本件和解契約書第8項第2号に基づく支払として（図表－1の2の(2))、本件被相続人に対して本件和解金の一部の＊＊円（筆者注上記(1)の図表－1に掲げる筆者注を参照）を支払った（図表－2の順号2）。

⑤ X社は、本件和解契約書第8項第3号に基づく支払として（図表－1の2の(3))、本件被相続人に対し、平成17年12月27日、平成19年1月4日、平成20年1月7日及び平成21年1月5日に各＊＊円（筆者注非公開）、平成22年1月4日に＊＊円（筆者注非公開）、平成23年1月4日に＊＊円（筆者注非公開）、平成24年1月4日に＊＊円（筆者注非公開）の合計＊＊円（筆者注非公開）となる本件和解金の一部を支払った（図表－2の順号3ないし9）。

図表－2　本件和解金の支払状況等

（単位：円）

順号	支払年月日	支払金額	本件和解金支払の根拠条項
1	平成13年1月25日	＊＊＊＊	本件和解契約書第8項第1号の条項
2	平成16年4月1日	＊＊＊＊	本件和解契約書第8項第2号の条項
3	平成17年12月27日	＊＊＊＊	本件和解契約書第8項第3号の条項
4	平成19年1月4日	＊＊＊＊	
5	平成20年1月7日	＊＊＊＊	
6	平成21年1月5日	＊＊＊＊	
7	平成22年1月4日	＊＊＊＊	
8	平成23年1月4日	＊＊＊＊	
9	平成24年1月4日	＊＊＊＊	
10	平成27年2月27日	＊＊＊＊	
11	平成27年6月30日	＊＊＊＊	
12	平成28年1月4日	＊＊＊＊	
合　計		1,000,000,000	

（注）X社の平成24年9月期及び平成25年9月期は、同社の税引後の当期純利益に損失が生じ本件和解金が支払われなかった。

⑶　本件被相続人の相続及びその後の本件和解契約の履行状況等について

①　本件被相続人は、平成25年＊＊月（筆者注 6月又は7月）＊＊日（以下「本件相続開始日」という）に死亡し、その相続（以下「本件相続」という）が開始した。

本件相続に係る法定相続人は、いずれも本件被相続人の子である請求人甲及び請求人乙の2名である。

②　本件和解金の本件相続開始日時点における未払額は、本件和解契約書第8項第1号ないし第3号に定める本件和解金の総額1,000,000,000円から図表－2の順号1ないし9の本件和解金の支払合計額＊＊円（筆者注 非公開）を差し引いた残額＊＊円（筆者注 非公開）（以下「本件和解金残額」という）である。

なお、上記⑵③及び④のとおり、本件和解契約書第8項第1号及び第2号に基づく本件和解金の支払は履行されていることから、本件和解金残額は本件和解契約書第8項第3号に基づく未払額となる（以下、本件和解金残額を請求できる権利を「本件権利」という）。

③　請求人らは、平成26年1月13日、本件和解契約における本件被相続人の地位及び権利義務の全てについて請求人甲が相続することに合意する旨の遺産分割協議をした。

④　X社は、上記③の遺産分割に基づき、請求人甲に対して、X社の平成25年10月1日から平成26年9月30日までの事業年度（「平成26年9月期」といい、以下、他の事業年度についても同様に表記する）及び平成27年9月期における各決算書に記載された税引後利益を基礎として、図表－2の順号10のとおり平成27年2月27日に＊＊円（筆者注非公開）、同図表の順号11のとおり同年6月30日に＊＊円（筆者注非公開）、同別表の順号12のとおり平成28年1月4日に＊＊円（筆者注非公開）をそれぞれ支払った（以下、順号10ないし12の支払金額を併せて「本件各年支払和解金」という）。

(4)　本件各年支払和解金に係る所得税の申告状況等について

①　請求人甲は、本件各年支払和解金について、支払を受けた年分の一時所得の総収入金額に算入した上で、平成27年分及び平成28年分（以下「本件各年分」という）の所得税及び復興特別所得税（以下「所得税等」という）の各確定申告書をいずれも法定申告期限内に＊＊税務署長に提出した。

②　請求人甲は、下記(5)④のとおり、本件相続に係る相続税（以下「本件相続税」という）について更正処分及び過少申告加算税の賦課決定処分がされたことに伴い、本件各年分の所得税等について、本件各年支払和解金による所得は、所得税が課されないとして、平成29年7月6日、＊＊税務署長に本件各年分の所得税等の各更正の請求をした。

③　＊＊税務署長は、請求人甲に対し、平成29年10月31日付で、本件各年分の所得税等の各更正の請求に対する更正すべき理由がない旨の各通知処分（以下「本件各通知処分」という）をした。

本件各通知処分に係る各通知書に記載された処分の理由（以下「本件各通知処分理由」という）の要旨は図表－3のとおりである。

図表－3　本件各通知処分理由の要旨

1　あなたは、平成29年7月6日に、本件各年分の一時所得の金額について、X社から受領した金員（本件和解金残額の一部であり、図表－3においては、以下「本件金員」という）は、＊＊税務署長が行った相続税の更正処分により、所得税法第9条《非課税所得》第1項第16号に規定する非課税所得に該当することとなるため、納付すべき税額が過大となったとして、本件各年分の所得税等の各更正の請求書を提出しています。

2　しかしながら、所得税法第9条《非課税所得》第1項第16号の趣旨は、相続税等の課税対象となる経済的価値に対しては所得税を課さないこととして、同一の経済的価値に対する相続税等と所得税との二重課税を排除したものであると解されるところ、以下の事実より、あなたが本件被相続人から相続により取得した、本件和解契約書による本件和解契約に基づく支払請求権（本件権利）と本件金員は経済的価値が同一とはいえず、相続税と所得税との二重課税には該当しないことから、本件金員は所得税法第９条第１項第16号に規定する非課税所得に該当しません。

⑴　あなたが取得した支払請求権（本件権利）は、本件和解契約書第１項ないし第８項の規定からすれば、和解金の支払期限や金額が特定されているものではないこと

⑵　本件金員は、本件和解契約書第８項第３号に規定する日に支払うべき金額が確定したことで、受領する権利がその時点で確定した金銭債権に基づき受領した金銭であること

したがって、あなたが本件各年分の所得税等の各確定申告書に記載した課税標準等若しくは税額等の計算が国税に関する法律の規定に従っていない又は当該計算に誤りがあるとは認められませんので、更正をすべき理由はありません。

⑸　審査請求に至る経緯

①　請求人らは、本件相続税について、別表の「当初申告」欄（筆者注非公開）のとおり記載した申告書を共同で法定申告期限までに原処分庁に提出した。

②　請求人らは、平成28年４月５日、原処分庁所属の調査担当職員の調査に基づき、別表の「修正申告」欄（筆者注非公開）のとおり記載した修正申告書を共同で原処分庁に提出した。

③　原処分庁は、平成29年６月28日付で、請求人らに対し、別表の「賦課決定処分」欄（筆者注非公開）のとおり、相続税に係る過少申告加算税の各賦課決定処分をした。

④　原処分庁は、平成29年６月28日付で、請求人らに対し、本件権利が申告漏れであるとして、別表の「更正処分等」欄（筆者注非公開）のとおり、本件相続税の各更正処分（以下「本件各更正処分」という）及び過少申告加算税の各賦課決定処分（以下「本件各賦課決定処分」といい、本件各更正処分と併せて「本件更正処分等」という）をした。

⑤　請求人らは、平成29年９月20日、本件更正処分等を不服として、再調査の請求をしたところ、再調査審理庁は、平成30年１月26日付でいずれも棄却するとの再調査決定をし、請求人らに対し、再調査決定に係る決定書謄本を同月29日に送達した。

⑥　請求人らは、再調査決定を経た後の本件更正処分等に不服があるとして、平成30年２月27日に審査請求をした。

筆者注　上記⑴ないし⑸に掲げる基礎事実につき、時系列的な経過をまとめると、図表－４のとおりとなる。

図表－4　本件裁決事例における時系列

H12 12/23	H13 1/18	H13 1/25	H16 4/1	H17 12/27
本件和解契約に伴って本件和解契約書を締結 和解契約の当事者 本件被相続人らとX社 和解金の総額 1,000,000,000円	(1)本件土地に係る売買契約を締結 (2)本件土地に係る所有権移転登記の実行	本件和解金の一部支払 （本件和解契約書第８項第１号の規定に基づく支払）	本件和解金の一部支払 （本件和解契約書第８項第２号の規定に基づく支払）	本件和解金の一部支払 （本件和解契約書第８項第３号の規定に基づく支払（第１回目）（注１））

H25 6月～7月	H26 1/13	H26 4月～5月	H27 2/27	H28 2/16～H28 3/15	H28 4/5	H28 6/28
本件相続の開始日 (Ⓐ)	遺産分割協議の成立 内容 本件和解契約における本件被相続人の地位及び権利義務の全てについて請求人甲が相続	本件相続に係る相続税の期限内申告 ㊟　Ⓐから10月以内	本件和解金の一部支払 （本件和解契約書第８項第３号の規定に基づく支払（第８回目）（注２））	請求人甲による平成27年分の所得税の確定申告書の提出 ⬇ 平成27年に受領した本件和解金を一時所得として申告	相続税の修正申告 ⬇ ただし、本件権利は算入されていない	(1)左の相続税の修正申告に対する過少申告加算税の賦課決定処分 (2)本件更正処分等 ⬇ 本件権利を算入

H29 2/16～H29 3/15	H29 7/6	H29 9/20	H29 10/31	H30 1/26	H30 2/27
請求人甲による平成28年分の所得税の確定申告書の提出 ⬇ 平成28年に受領した本件和解金を一時所得として申告	請求人甲による平成27年分及び平成28年分の所得税の各更正の請求 理由 請求人甲が受領した本件和解金は所得税法に規定する非課税所得に該当	本件更正処分等（H28.6/28）に対する再調査の請求	所得税の更正の請求（H29.7/6）に対して更正をすべき理由がない旨の各通知処分	再調査決定 結果 棄却	審査請求

（注１）　本件和解金の一部支払のうち本件和解契約書第８項第３号の規定に基づくもので、かつ、本件被相続人が受領したものは、摘示の第１回目以外に、平成19年１月４日（第２回目）、平成20年１月７日（第３回目）、平成21年１月５日（第４回目）、平成22年１月４日（第５回目）、平成23年１月４日（第６回目）及び平成24年１月４日（第７回目）がある。

（注２）　本件和解金の一部支払のうち本件和解契約書第８項第３号の規定に基づくもので、かつ、請求人甲が受領したものは、摘示の第８回目以外に、平成27年６月30日（第９回目）及び平成28年１月４日（第10回目）がある。

〔3〕争点

(1) 争点1

本件権利は、相続税の課税対象となる財産を構成し、本件相続税の対象となるか否か。本件相続税の対象となる財産に該当するとすれば、その評価額は、いくらか

(2) 争点2

仮に、本件権利が相続税の課税対象となる財産を構成する場合において、本件権利が本件相続税の税額の計算の基礎とされていなかったことについて、請求人らに国税通則法第65条《過少申告加算税》第4項所定の「正当な理由」があると認められるか否か

〔4〕争点に関する双方（請求人ら・原処分庁）の主張

各争点に関する請求人ら・原処分庁の主張は、図表－5のとおりである。

図表－5 各争点に関する請求人ら・原処分庁の主張

（争点1） 本件権利は、相続税の課税対象となる財産を構成し、本件相続税の対象となるか否か。本件相続税の対象となる財産に該当するとすれば、その評価額は、いくらか

請求人ら（納税者）の主張	原処分庁（課税庁）の主張
次の理由から、本件権利は、相続税の課税対象となる財産を構成しない。仮に、相続税の課税対象となる財産を構成するとしても、その評価額は0円である。 (1) 条件未成就の「停止条件付権利」は、いまだ「権利」として存在しないものであるから、相続税の課税対象の財産には該当しない。 「停止条件付債権」は、語尾が「債権」となっているために、現に「債権」であるように見えるが、停止条件が未成就である間は、いまだ「債権」ではないものである。さらに、仮に、結果として、停止条件が成就しなかった場合には、全く「権利」にならないという性質のものである。 停止条件付権利は、条件の成就によって初めて「その効力を生ずる」（民法第127条《条件が成就した場合の効果》第1項）旨規定されていることから、条件が未成就の間は「権利」として存在しないことは明らかである。 このことは、評価通達に「停止条件付債権」にかかる評価方法の定めがないことからも明らかである。 すなわち、相続税法第22条《評価の原則》は、財産の価額は「時価」により評価する旨規定し、その「時価」については、評価通達	次の理由から、本件権利は、相続税の課税対象となる財産を構成し、その評価額は＊＊円（筆者注 非公開）となる。 (1) 相続税法第2条《相続税の課税財産の範囲》第1項は、相続又は遺贈により取得した財産の全部に対し相続税を課する旨規定し、また、相続税法基本通達11の2-1《「財産」の意義》は、相続税法に規定する「財産」とは、金銭に見積もることができる経済的価値のあるもの全てのものをいう旨定めているところ、相続税法上の「財産」とは、相続税が財産の無償取得により生じる担税力の増加を課税の根拠としていることからすると、法律上の権利の有無にかかわらず、金銭に見積もることのできる経済的価値のある被相続人に係る全ての財産をいい、また、物権、債権、債務のような現実の権利義務に限らず、財産上の地位も含まれると解される。 そうすると、相続税法上の財産には、いまだ明確な権利といえない財産法上の地位、期限未到来の始期付権利及び条件未成就の停止条件付権利が含まれると解される。 (2) 本件和解契約は、①第1項ないし第7項に定められた本件被相続人らの行為の履行、又

1《評価の原則》において不特定多数の当事者間で自由な取引が行われる場合に通常成立すると認められる価額によるものと定められている。

上記のとおり、条件未成就の「停止条件付債権」は、その性質上、「権利」ですらなく、将来においても「権利」となるかどうか分からないものであって、その価額が「不特定多数の当事者間における自由な取引によって通常成立」するものと考えることは困難であり、「時価」が観念できず、評価することができないものといわざるを得ないのであるから、たとえそれが相続財産であっても、その評価額は0円とならざるを得ない。

(2) 本件和解契約は、①本件和解契約書の第1項ないし第7項に定められた本件被相続人らの行為（訴訟の取下等）の履行及び本件土地の所有権の移転登記の完了を停止条件として（第8項柱書）、また、同第10項ないし第13項に定められた本件被相続人らの妨害行為等を解除条件として本件和解金の支払の条件が定められ、②さらに、同第8項各号ごとに本件和解金に関する定めがある。

(3) そして、本件で問題となる本件和解契約書の第8項第3号に定められた権利の性質・内容については、その条項の意味を十分に理解するとともに、合意の背景を理解する必要があるところ、本件和解契約締結時は、X社は、本件処分場の竣工どころか、本件処分場の設置許可を受けておらず、その大前提である本件土地の所有権すら確保できていなかった状況であった。

この点、本件和解契約書の第8項第3号は、X社が決算期ごとに利益を上げた場合には50,000,000円を上限として税引後利益の＊＊%（**筆者注**非公開）の割合の金額を支払うという約定であるところ、本件和解契約締結時においては、上記のとおり、本件処分場の設置許可さえ受けておらず、また、その後本件処分場が稼働したとしても利益が上がるか不明であったのであるから、同第8項第3号は、単なる期限を定めたものではなく、法的にX社が決算期末において税引後利益を計上することを停止条件とするものである。

実際に、X社は「平成24年9月期」及び「平成25年9月期」は大きな赤字になるなど収益に大きな変動が見られ、本件相続開始日の前後では、本件和解契約に基づく和解金の支は確認、及び②本件土地の所有権の移転登記をX社又は同社の指定する者へ完了することの2つの事実があった場合に、X社がA社らに対し本件和解金を支払う旨を定めているところ（第8項柱書）、これらの事実が実現するか否かは、X社と本件被相続人らとの間で訴訟が乱立している状況からすれば到来が確実な事実とはいえず、これらは条件に該当するものである。

そうすると、上記①及び②の事実が成就した場合には、X社に本件和解金を支払う義務が生じ、また、A社らに本件和解金を受ける権利が生じると認められる。

そうすると、本件和解契約書の第8項第1号ないし第3号は、上記①及び②の停止条件の成就により生じた本件和解金の支払に関する「期限」が定められているものである。

また、本件和解契約書の第10項ないし第13項は、上記①及び②の条件が成就した場合において、本件被相続人らが妨害行為を行ったときは、X社は、A社らに対する本件和解金の支払を停止することができる旨、また、両者による協議後も本件被相続人らに妨害行為が解消されないときには、本件和解金を受ける権利が消滅する旨定めている。

それらの事実は、いずれも将来の不確定の事実の成否にかからしめるものであるから、条件に該当し、本件被相続人のX社に対する妨害行為が解消されないという事実が発生した場合には、X社は本件和解金を支払う義務が免除され、A社らは本件和解金を受ける権利を失うものと認められる。

(3) この点、X社は、本件和解契約書の第1項ないし第7項に定められた本件被相続人らの行為の履行、又は確認の事実が成就し、平成13年1月18日の売買を原因として、Y社への本件土地の移転登記手続が完了していることから、本件和解契約書の第8項の定める条件が成就し、A社らに対する総額1,000,000,000円の本件和解金を受ける権利を取得したものであり、かつ、本件相続開始日まで本件被相続人らによる妨害行為が解消されない事実が発生したとは認められないことから、A社らは、X社に対し、本件相続開始日時点で本件権利を有していたといえる。

(4) 本件和解金の実質的な受取人は本件被相続人であり、実際に本件相続開始日後、A社らが本件権利に基づき、本件和解金の一部を受

払は行われていない。 なお、本件和解契約では、本件和解契約書の第10項ないし第12項の定める妨害行為を行わないことを約束している者が本件被相続人以外にも存することから、本件相続開始日において妨害行為自体もあり得ないものと見ることもできない。 したがって、本件権利は、本件相続開始日において条件未成就の停止条件付債権となる。 (4) 上記(1)ないし(3)より、本件権利は停止条件付債権であって本件相続税の課税対象となる財産を構成せず、本件権利は本件相続税の対象とならない。仮に、相続税の課税対象となる財産を構成するとしても、その評価額は0円である。	領したことからすれば、本件相続開始日において、金銭に見積もることのできる経済的価値のある本件被相続人に係る財産であると認められる。 したがって、本件権利は相続税の課税対象となる財産を構成し、本件相続税の対象となるものである。 (5) そして、本件相続税の課税価格の計算上、本件権利の評価額を算出すると、評価通達204《貸付金債権の評価》及び同通達205《貸付金債権等の元本価額の範囲》に基づき、本件相続開始日においてX社の事業経営が破綻している等の事情は認められず、本件和解金残額の元本である＊＊円（筆者注非公開）となる。

（争点２） 仮に、本件権利が相続税の課税対象となる財産を構成する場合において、本件権利が本件相続税の税額の計算の基礎とされていなかったことについて、請求人らに国税通則法第65条《過少申告加算税》第４項所定の「正当な理由」があると認められるか否か

請求人ら（納税者）の主張	原処分庁（課税庁）の主張
＊＊税務署長（筆者注請求人甲の納税地の所轄税務署長）は、請求人甲に対する本件各通知処分において、本件和解契約書に基づく本件和解金を受け取る権利及び本件権利に基づく金員の受領は、相続の時点では権利として「特定されているものではない」と認定し、その後に「受領する権利が確定」した時点において所得税の課税対象となると判断しているのであって、上記（争点１）の「請求人ら（納税者）の主張」欄の(1)の請求人らが主張するところと同様の見解を示している。 全く同じ事案について他の税務署長が採用する見解と同様の見解にしたがって税務申告をした者については、仮に、結果として所管税務署長の見解と異なった場合であっても、それによって過少申告加算税を課すという判断は誤っており、国税通則法第65条《過少申告加算税》第４項が規定する「正当な理由があると認められる場合」に該当すると判断すべきである。	＊＊税務署長（筆者注請求人甲の納税地の所轄税務署長）による請求人甲に対する本件各通知処分は、いずれも平成29年10月31日付でされたものであり、本件相続税の申告書の提出後にされたものであるから、請求人らの本件相続税の各申告における本件権利の判断に何ら影響を与えるものではない。 そうすると、本件権利が本件相続税の納付すべき金額の計算の基礎とされていなかったことは請求人らの判断に基づくものであり、税法に対する誤解にすぎないと認められるため、国税通則法第65条《過少申告加算税》第４項が規定する「正当な理由があると認められる場合」に該当しない。

〔5〕国税不服審判所の判断

(1) 争点1（本件権利は、相続税の課税対象となる財産を構成し、本件相続税の対象となるか否か。本件相続税の対象となる財産に該当すれば、その評価額は、いくらか）について

① 認定事実

(イ) X社は、平成24年1月頃、本件処分場の＊＊（筆者注 詳細は不明であるが、操業上の違法性が確認されたの意ではないかと推認される）されたため、＊＊（筆者注 X社の業務に係る監督官庁と推認される）から＊＊（筆者注 年月日）及び＊＊（筆者注 年月日）に＊＊（筆者注 別件土地と推認される）及び本件処分場への＊＊（筆者注 産業廃棄物の搬入の禁止又は制限の措置と推認される）を受けた。

そのため、X社は、平成24年9月期及び平成25年9月期において税引後の当期純利益に損失が生じたことから、当該各期に係る本件和解金を支払わなかった（図表－2の㈱ 参照）。

(ロ) X社は、本件相続開始日を含む平成25年9月期において、本件和解金残額を「長期未払金」として同社の貸借対照表上の固定負債に計上し、本件和解契約書第8項第3号に定める支払額が算定される都度、長期未払金から「未払金」に振り替える経理処理を行っていた。

(ハ) 本件和解契約書には、本件和解金に関しての利息の定めはなく、X社は本件被相続人に対して利息を支払っていないことなどから、本件和解金については無利息のものであった。

② 法令解釈等

相続税法第2条《相続税の課税財産の範囲》第1項は、相続税の課税財産の範囲を「相続又は遺贈により取得した財産の全部」と規定しているところ、これには特に限定は付されておらずまた、同法は「財産」についての規定を設けていないから、社会通念上財産と認められるものは、原則として、全て相続税の課税財産に含まれると解される。

もっとも、相続税法上の「財産」とは、これを課税価格に算入する必要上、金銭的に評価することが可能なものでなければならず、そうすると、相続税の課税財産は、金銭に見積もることができる経済的価値のある全てのものをいい、既に存在する物権や債権のほか、いまだ明確な権利とはいえない財産法上の法的地位なども含まれると解するのが相当であり、これには、相続開始時において期限未到来の始期付権利や、条件未成就の停止条件付権利も含まれると解される。

③ 当てはめ

(イ) 本件権利の相続税法上の課税財産の該当性等について

上記②のとおり、ある財産が相続税法上の課税財産となるか否かは、当該財産が相続等により取得した財産であって、その財産が金銭に見積もることができる経済的価

値のあるものであることが必要となる。

そこで、まず、本件権利に関する本件和解契約の内容及び本件和解金の支払に関する履行状況等（下記㋑及び㋺）を検討した上で、本件権利の相続税法上の課税財産の該当性について検討することとする（下記㋩）。

㋑　本件権利に関する本件和解契約の内容について

(A)　本件和解契約書第１項ないし第８項柱書（**図表－１**の１及び２参照）には、大要、①本件被相続人らがＸ社に対し、第１項から第７項までの裁判を取り下げる等の行為を履行することを前提とし、②本件土地のＸ社の指定する者への所有権移転登記手続が完了することを条件として、Ｘ社が本件被相続人に対して、本件和解金に関する金員の支払をすることが定められている。

上記①及び②の事実があるまでは、Ｘ社に本件和解金を支払う義務はなく、本件被相続人ら側も本件和解金を請求することはできないのであるから、上記①及び②は停止条件と解するのが相当である。

(B)　また、本件和解契約書第10項ないし第12項の定めをみると（**図表－１**の３ないし５参照）、上記(A)の条件が成就した場合において、同第10項は、本件被相続人らが別件土地についての競売事件の進行を妨げる異議申立てを行ったとＸ社が認めた場合には、同社は直ちに本件和解金の支払を停止する旨、同第11項は、本件被相続人において本件土地の周辺土地の取得行為があったとＸ社が認めた場合には、同社は直ちに本件和解金の支払を停止する旨、同第12項は、本件被相続人において本件処分場の建設及び運営の妨害があるとＸ社が認めた場合においても、同社は直ちに本件和解金の支払を停止する旨定めている。

本件和解契約書第10項ないし第12項は、これらに定める事項が発生した場合には、本件被相続人は本件和解金の支払を受けられない定めとなっていることからすると、それぞれが解除条件であると解される。

(C)　そうすると、本件和解契約は、停止条件が成就し（上記(A)）、解除条件となる事実がない限りは（上記(B)）、本件和解契約書第８項第１号ないし第３号の定めに基づき、本件和解金をＸ社から本件被相続人に支払うことを約したものであると解される。

㋺　本件和解金の支払に関する履行状況等について

本件和解金は、本件相続開始日現在において、その一部（本件和解契約書第８項第３号に関する本件和解金残額）が支払われていないところ、本件和解契約書第８項第３号は、Ｘ社の各事業年度の税引後利益の＊＊％（筆者注 非公開）相当額（暦年通算50,000,000円を上限）を総額500,000,000円に達するまで支払うこととしている（**図表－１**の２の(3)）。

この点、X社の平成24年9月期及び平成25年9月期には同社の税引後の当期純利益に損失が生じ本件和解金が支払われなかったものの（上記①(イ)。図表－2参照）、図表－2の順号3ないし9のとおり、本件相続開始日までに本件和解金＊＊円（筆者注 非公開）が支払われ、審判所の調査によっても本件相続開始時にX社の事業経営が破綻している事情も認められず、その後、本件相続により本件権利を承継した請求人甲に対して各年に継続して本件和解金が支払われている状況（図表－2の順号10ないし12）を併せ考慮すれば、本件相続開始日において、X社が将来税引後利益を計上できなくなる可能性は低かったものと推認される。

加えて、本件相続開始日現在において、本件和解契約書第10項ないし第12項で解除条件とされた事実は発生していないものと認められる。さらに、本件相続によって本件権利を承継した請求人甲が、自身の経営法人（X社）の事業である本件処分場の操業を妨害することは現実的に考え難いこと、また、本件被相続人及びX社以外の本件和解契約に関する他の契約当事者が、本件被相続人の死亡後もなお本件処分場の操業を妨害することの合理的理由もないことを前提とすれば、将来にわたり当該解除条件が成就する可能性は僅少であったものと認められる。

㋩ 本件権利の相続税法上の課税財産の該当性について

(A) 上記②のとおり、相続人が相続等により取得した財産であって、金銭に見積もることができる経済的価値があれば、相続税法上、課税財産の範囲に含まれるところ、本件権利は、上記〔2〕(3)③のとおり、請求人甲が相続により取得したものであると認められる。

(B) 次に、本件権利の経済的価値について検討すると、①X社が本件和解契約の締結によって本件被相続人らに対し支払うと約した本件和解金の総額は1,000,000,000円であること（上記〔2〕(3)②及び図表－1の2）、②本件和解契約書第8項第1号ないし第3号に基づき、本件相続開始日まで、実際に本件被相続人に対して本件和解金が支払われていたこと（図表－2の順号1ないし9）、③本件相続開始日において、X社が将来税引後利益を計上できなくなり、本件和解金残額が支払われなくなる可能性は低かったと推認されること（上記㋺）、④本件相続開始日現在において、本件和解契約書第10項ないし第12項で解除条件とされた事実は発生しておらず、将来にわたっても当該解除条件が成就し、本件和解金に係る債権・債務が消滅する可能性は僅少であったものと認められること（上記㋺）、⑤X社における本件和解金残額の経理処理の状況（上記①(ロ)）から、X社は本件和解金残額を確定した債務と認識していたといえ、また、債権・債務は表裏一体の関係にあることから、本件被相続人の側からみれば本件和解金残額に関して請求権（本件権利）が存していたものと推認されること、⑥本件相続開始日以降も、本件権利を承継した請求人甲に対し、本件各年支払和解金＊＊円（筆者注 非公開）が支払われていること（図表－2の順号10ないし12）等からすれば、本件相続開始日現在において、X社に対して本件和解金の残額を請求できる権利（本件権利）が存在しており、相続開始日以降に本件和解金を請求できなくなる状況もなかったといえるから、本件権利には、金銭に見積もることができる経済的価値があったものと認められる（なお、具体的な財産評価の計算方法は後記(ロ)(ハ)のとおりである）。

(C) そうすると、本件権利は、相続人が相続等により取得した財産であって（上記(A)）、金銭に見積もることができる経済的価値があることから（上記(B)）、相続税法上、本件相続税の課税対象となる財産を構成することとなる。

(D) この点、請求人らは、本件和解金残額はX社が利益を上げなければ支払われないものであることなどを理由として、本件権利は条件未成就の停止条件付の権利で、その条件が成就するか否かは分からないものであり、本件相続税の課税財産とはならない旨主張する（上記〔4〕の図表－5の（争点1）の「請求人ら（納税者）の主張」欄）。

しかしながら、上記②のとおり、相続税法上、相続財産に含まれるものの範囲は、金銭に見積もることができる経済的価値のある全てのものをいい、明確な権利とはいえない財産法上の法的地位なども含まれ、期限未到来の始期付権利や条件未成就の停止条件付権利も含まれると解される。

このことからすれば、本件権利が停止条件付債権であるか否かにかかわらず、本件権利は経済的価値を有しており、相続税法上、本件相続税の課税対象となる財産を構成することは上記(C)のとおりであるから、この点に係る請求人らの主張には理由がない。

(ロ) 本件権利の価額の評価方法について

㋑ 本件権利について

本件権利は、本件相続開始日後のX社の各事業年度の税引後利益に応じて本件和解金残額の支払を受けられる債権であり（図表－1の2の(3)）、また、本件和解金の支払に関しては無利息であったことなどからすると（上記①(ハ)）、本件権利は無利息の金銭債権に類似するものである。

㋺ 本件権利のような無利息の金銭債権の評価について

(A) 本件権利に係る支払の態様は、暦年通算で支払われる金額に上限（50,000,000円）があることから、本件相続開始日以降、一括で支払われるものではなく（図表－1の2の(3)）、X社の利益に連動して金額が決定し複数回にわたり支払われるものであり、本件権利の本件相続開始日における現在価値を算定するに当たっては、相続開始日からそれぞれ支払期日まで個々に支払われた（支払われる）支払金ごとに、本件相続開始日から支払期日まで、各別に中間利息を控除する方法によって算定するのが合理的というべきである。

(B) そして、本件権利に係る相続開始日以降の各年の本件和解金の支払金額は、X社の利益に連動して金額が決定するという性質のものであって（図表－1の2の(3))、本件相続開始日に確定的に各年の支払金額及びその支払終期が定まっているものではない。

このため、課税時期（本件相続開始日）において、本件権利の評価額の計算上、本件相続開始日以降の支払期日において支払われる本件和解金の各支払額について合理的に算出する必要がある。

この点、営業権の評価の際に用いられる平均利益金額等の計算を定めた評価通達166《平均利益金額等の計算》が、平均利益金額の計算に当たっては課税時期の属する年の前年以前３年間の平均を基とする旨定めていることからすれば、これを準用し、過去３年間のX社の本件和解金の支払額の平均値（なお、上記①(イ)の＊＊（筆者注 行政処分による業績悪化による赤字の意と推認される）により本件和解金が支払われなかった特殊要因のある事業年度は除くものとする）を指標として採用することが相当と認められる。

そうすると、特殊要因のある事業年度を除いた直近３年の平成20年10月１日から平成23年９月30日までの各決算期に係る本件和解金の支払金額（図表－2の順号７ないし９）の平均値を用いて算出すると、下記の算式のとおり＊＊円（筆者注 非公開）（以下「各支払金額相当額」という）となり、これを、本件相続開始日以降の各支払期日に支払われる金額とし、これを基礎として本件権利の価額を評価することが相当である。

(算式)

(＊＊円＋＊＊円＋＊＊円)÷３≒＊＊円

(C) また、各年の支払期日については、本件和解契約書第８項第３号の定めに基づき、各決算期の３か月を経過した日の後最初の金融機関の営業日である各年の１月４日に支払われるとすることが合理的である（図表－1の２の(3))。

㋩ 具体的な評価について

(A) 上記㋺のような事情を斟酌すれば、本件権利のような無利息の金銭債権の価額を相続の開始時の時価で評価するには、各支払金額相当額に通常の利率を基に算出した複利現価率を乗ずる方法で行うべきである。具体的には、次の算式により算定すべきである。

(算式)

①無利息の金銭債権の価額＝支払を受ける金額×複利現価率

②複利現価率＝１÷(１＋r) のX乗

③r＝通常の利率

④ X ＝残存期間年数

(B) 評価通達4-4《基準年利率》は、財産の評価において適用する年利率は、基準年利率による旨を定め、基準年利率は、年数又は期間に応じて、日本証券業協会において売買参考統計値が公表される利付国債に係る複利利回りを基に計算し、短期（3年未満）、中期（3年以上7年未満）及び長期（7年以上）に区分して、各月ごとに定める旨を定めている。

基準年利率は、上記のとおり、売買参考統計値が公表された利付国債に係る複利利回りに基づいて計算された客観的な利率であること及び一般に長期金利であるほど金利が高くなる傾向を踏まえて、短期、中期及び長期の期間ごとに区分して定められていることからして、財産を評価する際の「通常の利率」として、審判所においても合理的なものと認められるから、上記(A)の算式に用いられる通常の利率は、基準年利率によることが相当である。

(C) そうすると、上記㋺(B)で算定した各支払金額相当額を本件相続開始日以降の各年において本件和解金残額の支払が行われるものとし、上記(A)の算式を基に、本件相続開始日における本件権利の価額を算出すると、**図表－6**のとおり＊＊円（筆者注 非公開）となる。

図表－6 本件相続開始時における本件権利の価額の評価明細（審判所認定額）

順号	支払金額（円）（①）	残金（円）	期間		率（②）	評価額（円）（①×②）
			月数	年		
1	＊＊＊＊	＊＊＊＊	7	1	0.999	＊＊＊＊
2	＊＊＊＊	＊＊＊＊	19	2	0.998	＊＊＊＊
3	＊＊＊＊	＊＊＊＊	31	3	0.993	＊＊＊＊
4	＊＊＊＊	＊＊＊＊	43	4	0.990	＊＊＊＊
5	＊＊＊＊	＊＊＊＊	55	5	0.988	＊＊＊＊
			相続開始日現在評価額			＊＊＊＊

（注）1 「期間」の「月数」欄は、本件相続開始日から本件和解金の支払日までの月数を表す。例えば、順号2の月数（「19」）は、平成25年＊＊月＊＊日（筆者注 本件相続開始日）から平成27年1月4日までの間の1年7か月を月数で表したものである。

2 「期間」の「年」欄は、「期間」の「月」欄の年換算であり、1年未満の端数は1年に切り上げたものである。

3 「率」は、「期間」の「年」欄に対応する「平成25年分の基準年利率について（法令解釈通達）」に定める複利表に掲げられた「複利現価率」である。

④ 請求人らの主張について

請求人らは、仮に、本件権利が相続税の課税対象となる財産を構成するとしても、本件権利は条件未成就の停止条件付債権であって、その性質上、「権利」ですらなく、将来においても「権利」となるかどうか分からないものであり、時価も観念できないのであるから、その評価額は0円である旨主張する（**【4】**の**図表－5**の（争点1）の「請求人ら（納税者）の主張」欄）。

しかしながら、本件相続開始日までの本件和解金の支払の経緯や本件相続開始日現在の事情等に鑑みると、本件権利は、停止条件付債権であるか否かにかかわらず、金銭に見積もることができる経済的価値があると認められ（上記③(イ)(ハ)(B)）、さらに、その評価額については＊＊円（筆者注非公開）と算定し得る（上記③(ロ)(ハ)(C)）のであるから、請求人らの主張には理由がない。

⑤　原処分庁の主張について

原処分庁は、本件権利の本件相続の開始時における価額については、本件和解契約において定められた支払を受ける金額（本件和解金残額）である＊＊円（筆者注非公開）で評価すべきである旨主張する。

しかしながら、本件権利のような無利息の金銭債権は、上記③(ロ)(ロ)(A)のとおり、相続開始日からそれぞれ支払期日まで個々に支払われる支払金ごとに、本件相続開始日から支払期日まで、各別に中間利息を控除する方法によって算定するのが合理的と認められ、その具体的な評価額は上記③(ロ)(ハ)(C)のとおりである。

したがって、原処分庁の主張には理由がない。

(2)　争点2（仮に、本件権利が相続税の課税対象となる財産を構成する場合において、本件権利が本件相続税の税額の計算の基礎とされていなかったことについて、請求人らに国税通則法第65条《過少申告加算税》第4項所定の「正当な理由」があると認められるか否か）について

①　法令解釈等

過少申告加算税は、過少申告による納税義務違反の事実があれば、原則としてその違反者に対して課されるものであり、これによって、当初から適正に申告し納税した納税者との間の客観的不公平の実質的な是正を図るとともに、過少申告による納税義務違反の発生を防止し、適正な申告納税の実現を図り、もって納税の実を挙げようとする行政上の措置である。

この趣旨に照らせば、過少申告があっても例外的に過少申告加算税が課されない場合として国税通則法第65条《過少申告加算税》第4項（筆者注現行の規定では、第5項とされている。以下、本問において同じ）に規定する「正当な理由」があると認められる場合とは、真に納税者の責めに帰することのできない客観的な事情があり、上記のような過少申告加算税の趣旨に照らしてもなお納税者に過少申告加算税を賦課することが不当又は酷になる場合をいうものと解するのが相当である。

②　当てはめ

請求人らは、請求人甲の本件各通知処分において、＊＊税務署長が本件権利につき、

請求人らと同様の見解を示したとした上で、請求人らが、その見解と同様な判断をして、本件権利を除き本件相続税の申告をしたのだから、「正当な理由」がある旨主張する（上記〔4〕の図表－5の（争点2）の「請求人ら（納税者）の主張」欄）。

しかしながら、そもそも＊＊税務署長が行った本件各通知処分に係る本件各通知処分理由に提示された内容は図表－3のとおりであるところ、その趣旨は、本件権利につき本件相続税の課税対象となることを前提としたものであり、かつ、所得税等の課税については、本件和解契約書第8項第3号に掲げる日に支払うべき金額が確定したことによって本件各年分に支払われた本件和解金残額の一部について、本件各年分の所得税等の課税対象となる旨を記載しているものであって、請求人らの上記主張は、単に本件各通知処分理由に提示された内容を誤解したにすぎず、本件各通知処分理由が請求人らが主張するところの請求人らと同様の見解を示したものとは認められない。

そして、本件権利が本件相続税の課税対象になることは、上記⑴③(イ)(ハ)で判断したとおりであり、結局のところ、請求人らは、本件権利は、停止条件付債権であり、本件相続税の課税財産に当たらないという誤った解釈に基づき、自らの責任と判断の下に本件相続税に関して申告したのであるから、その事情は、主観的事情にすぎず、本件各更正処分により納付すべき税額の計算の基礎となった事実がその更正処分前の税額の計算の基礎とされていなかったことについて、真に請求人らの責めに帰することのできない客観的な事情があり、過少申告加算税の趣旨に照らしてもなお請求人らに過少申告加算税を賦課することが不当又は酷になるとはいえない。

したがって、国税通則法第65条《過少申告加算税》第4項に規定する「正当な理由」があるとは認められない。

⑶　本件各更正処分の適法性について

本件権利は、上記⑴③(イ)及び(ロ)のとおり、本件被相続人に帰属する相続財産であり、その評価額は図表－6の本件権利に係る「相続開始日現在評価額」欄の金額のとおりであるから、これを前提に、請求人らの納付すべき相続税の金額を計算すると、別表の「審判所認定額」（筆者注 非公開）のとおりとなる。

したがって、請求人らの課税価格及び納付すべき税額は、いずれも本件各更正処分の額を下回るから、本件各更正処分はその一部を別紙の「取消額等計算書」（筆者注 非公開）のとおり取り消すべきである。

なお、本件各更正処分のその他の部分については、請求人らは争わず、当審判所に提出された証拠資料等によっても、これを不相当とする理由は認められない。

⑷　本件各賦課決定処分の適法性について

本件各更正処分は、上記⑶のとおり、その一部を取り消すべきであるところ、その他の本件各更正処分により納付すべき税額の計算の基礎となった事実が本件各更正処分前の税額の基礎とされていなかったことについて、国税通則法第65条《過少申告加算税》第4

項に規定する「正当な理由」があるとは認められない。

したがって、上記(3)に基づき請求人らの過少申告加算税を計算すると、別紙の「取消額等計算書」（筆者注 非公開）のとおりとなるから、本件各賦課決定処分はいずれもその一部を取り消すべきである。

〔6〕まとめ

(1) 裁決事例の結果

先例とされる裁決事例では、本件権利につき、請求人ら（納税者）が相続税の課税財産を構成しない又は予備的に相続税の課税財産を構成するとしてもその価額は0円である旨主張し、また、その一方で原処分庁（課税庁）が相続税の課税財産を構成しその価額は本件相続の開始時における本件和解契約において定められた支払を受けるべき金額（本件和解金残額）であると主張したのに対し、国税不服審判所がこれを相当と判断したのが、本件権利は、本件相続開始日後のX社の各事業年度の税引後利益に応じて本件和解金残額の支払を受けられる債権であることから相続税の課税財産を構成するものの、その価額は本件相続の開始日からそれぞれ支払期日まで個々に支払われた（支払われる）支払金ごとに本件相続の開始日から支払期日まで各別に中間利息を控除する方法（「平成25年分の基準年利率について（法令解釈通達）」に定められた複利表に掲げられた「複利現価率」により求める方法）により算定した金額によることが相当であるとされたことから、請求人ら（納税者）の主張の主位的主張及び予備的主張のいずれもが排斥されたものの、結果として、本件各更正処分及び本件各賦課決定処分の一部が取り消されることとなった。

(2) 参考法令通達等

- 相続税法第2条《相続税の課税財産の範囲》
- 相続税法第22条《評価の原則》
- 相続税法基本通達11の2-1《「財産」の意義》
- 評価通達1《評価の原則》
- 評価通達4-4《基準年利率》
- 評価通達166《平均利益金額等の計算》
- 評価通達204《貸付金債権の評価》
- 評価通達205《貸付金債権等の元本価額の範囲》
- 平成25年分の基準年利率について（法令解釈通達）
- 国税通則法第65条《過少申告加算税》
- 所得税法第9条《非課税所得》
- 民法第127条《条件が成就した場合の効果》

本問から学ぶ重要なキーポイント

⑴　相続税の課税財産は、金銭に見積ることができる経済的価値のある全てのものをいい、既に存在する物権や債権のほか、いまだ明確な権利とはいえない財産法上の法的地位なども含まれると解するのが相当であり、これには、相続開始時において期限未到来の始期付権利や、条件未成就の停止条件付権利も含まれるものと解されています。

⑵　本件権利の価額の算定方法について、次のとおりの判断を示しており、先例とされる裁決事例はこれと同種同様の実務事案における金銭債権の価額を求めるに当たって、実務上、大いに参考とされるべきものと考えられます。

①　本件権利は、本件相続開始日後の債務者の各事業年度の税引後利益に応じて本件和解金残額の支払を受けられる債権であり、また、本件和解金の支払に関しては無利息であったことなどからすると、本件権利は無利息の金銭債権に類似するものであること

②　本件権利の本件相続開始日における現在価値を算定するに当たっては、相続開始日からそれぞれ支払期日まで個々に支払われた（支払われる）支払金ごとに、本件相続開始日から支払期日まで、各別に中間利息を控除する方法によって算定するのが合理的であること

③　本件権利に係る相続開始日以降の各年の本件和解金の支払金額は、債務者の利益に連動して金額が決定するという性質のものであって、本件相続開始日に確定的に各年の支払金額及びその支払終期が定まっているものではないため、課税時期（本件相続開始日）において、本件権利の評価額の計算上、本件相続開始日以降の支払期日において支払われる本件和解金の各支払額について合理的に算出する必要があること

④　上記③につき、営業権の評価に用いられる平均利益金額等の計算を定めた評価通達166《平均利益金額等の計算》（下記 参考 を参照）が、平均利益金額の計算に当たっては課税時期の属する年の前年以前３年間の平均を基とする旨定めていることからすれば、これを準用し、過去３年間の債務者の本件和解金の支払額の平均値（なお、本件和解金が支払われなかった特殊要因のある事業年度は除く）を指標として採用することが相当と認められること

参考　**評価通達166《平均利益金額等の計算》**

前項（筆者注 評価通達165《営業権の評価》をいう）の「平均利益金額」等については、次による。

(1) 平均利益金額

平均利益金額は、課税時期の属する年の前年以前３年間（法人にあっては、課税時期の直前期末以前３年間とする。）における所得の金額の合計額の３分の１に相当する金額（その金額が、課税時期の属する年の前年（法人にあっては、課税時期の直前期末以前１年間とする。）の所得の金額を超える場合には、課税時期の属する年の前年の所得の金額とする。）とする。この場合における所得の金額は、所得税法第27条《事業所得》第２項に規定する事業所得の金額（法人にあっては、法人税法第22条第１項に規定する所得の金額に損金に算入された繰越欠損金の控除額を加算した金額とする。）とし、その所得の金額の計算の基礎に次に掲げる金額が含まれているときは、これらの金額は、いずれもなかったものとみなして計算した場合の所得の金額とする。

イ　非経常的な損益の額

ロ　借入金等に対する支払利子の額及び社債発行差金の償却費の額

ハ　青色事業専従者給与額又は事業専従者控除額（法人にあっては、損金に算入された役員給与の額）

(2) 標準企業者報酬額

標準企業者報酬額は、次に掲げる平均利益金額の区分に応じ、次に掲げる算式により計算した金額とする。

平均利益金額の区分	標準企業者報酬額
1億円以下	平均利益金額×0.3 ＋1,000万円
1億円超　　3億円以下	平均利益金額×0.2 ＋2,000万円
3億円超　　5億円以下	平均利益金額×0.1 ＋5,000万円
5億円超	平均利益金額×0.05＋7,500万円

(注)　平均利益金額が5,000万円以下の場合は、標準企業者報酬額が平均利益金額の２分の１以上の金額となるので、165《営業権の評価》に掲げる算式によると、営業権の価額は算出されないことに留意する。

(3) 総資産価額

総資産価額は、この通達に定めるところにより評価した課税時期（法人にあっては、課税時期直前に終了した事業年度の末日とする。）における企業の総資産の価額とする。

(3) 過少申告があっても例外的に過少申告加算税が課されない場合として国税通則法第65条《過少申告加算税》第４項に規定する「正当な理由」があると認められる場合とは、真に納税者の責めに帰することのできない客観的な事情があり、上記のような過少申告加算税の趣旨に照らしてもなお納税者に過少申告加算税を賦課することが不当又は酷になる場合をいうものと解するのが相当であるとされています。

貸付金債権に係る実務対策

先例とされる裁決事例に係る国税不服審判所の判断に基づいて、金銭債権の評価事例を検証してみることにします。

事例　X及びYとの間に生じた紛争について、次のとおりの和解契約（本件和解契約）が成立し、XがYに対して所定の和解金（本件和解金）を支払う内容となっていたところ、本年6月25日に本件和解金の受取人であるYに相続開始（本件相続）がありました。

（本件和解契約の主な内容）

(1)　XはYの権利を侵害したことを認め、その解決を目的として金90,000,000円を支払うことで両者は合意する。

(2)　上記(1)の支払は、Xの年間所得の20％相当額（支払累計額で90,000,000円を上限とする）をその年の翌年1月31日に支払うものとし、利息は付さないものとする。

本件相続開始日（下表の6年目の受取後に本件相続開始がありました）までにおける本件和解契約に基づく本件和解金の受取状況は、下表のとおりとなっていました。

年分	1年目	2年目	3年目	4年目	5年目	6年目
受取金額	8,000,000円	5,000,000円	7,000,000円	9,000,000円	(注)　0円	11,000,000円

(注)　5年目はXの営む事業が災害により休業したため、所得はありませんでした。

(3)　本件相続開始日に適用される評価通達4-4《基準年利率》及び当該利率によった場合の各計算期間に対応する複利現価率は、下表のとおりであるものとします。

期　間	基準年利率	複利現価率					
		1年	2年	3年	4年	5年	6年
短期（3年未満）	年0.10%	0.999	0.998				
中期（3年以上7年未満）	年0.25%			0.993	0.990	0.988	0.985

回答　(1)　本件相続開始日における本件和解金の未受領残額

90,000,000円－（8,000,000円＋5,000,000円＋7,000,000円＋9,000,000円＋0円＋11,000,000円）＝50,000,000円

(2)　本件相続開始日の属する年の前年以前3年間の本件和解金の受領額

（7,000,000円＋9,000,000円＋11,000,000円）÷3＝9,000,000円

(注)　先例とされる裁決事例における国税不服審判所の判断（当てはめ）に基づいて、5年目を除外した期間で計算しています。

(3)　本件相続開始日における本件和解金の価額（相続税評価額）

本件相続開始日における本件和解金の価額（相続税評価額）は、下表のとおり、49,637,000円となります。

回　数	受取金額（①）	残　金	期　間		複利現価率（②）	評価額（①×②）
			月　数	年		
1回目	9,000,000円	41,000,000円	8月	1年	0.999	8,991,000円
2回目	9,000,000円	32,000,000円	20月	2年	0.998	8,982,000円
3回目	9,000,000円	23,000,000円	32月	3年	0.993	8,937,000円
4回目	9,000,000円	14,000,000円	44月	4年	0.990	8,910,000円
5回目	9,000,000円	5,000,000円	56月	5年	0.988	8,892,000円
6回目	5,000,000円	0円	68月	6年	0.985	4,925,000円
合　計	50,000,000円					49,637,000円

Q 1 -13 被相続人の生前に推定相続人間で被相続人の相続開始を想定した遺産分割の事前合意（本件相続開始前合意）を行った場合において、当該事前合意に基づき代償分割による代償金の一部支払（前払）が行われ、その後の実際の相続開始に係る遺産分割でも代償分割が採用されたときにおける当該代償債権の価額が争点とされた事例

事例 国税不服審判所裁決事例
（令和５年６月23日裁決、名裁（諸）令４－26、相続開始年分不明）

疑問点

私の母は将来発生するであろう自己の相続において、母の子である私（三男）と兄（長男）との間で遺産分割の争いをしてほしくないとの要望から、その生前に家族会議を開催して、母も同席して、私と兄との間で次のとおりの合意の成立及びそれに伴う金銭（10,000,000円）の収受が実行されました。

⑴　母の将来発生する相続開始時において存する財産のうち＊＊所在の土地（本件土地）は全て長男が相続するものとし、三男は本件土地に係る相続権を放棄する旨を記載した「相続放棄に関する念書」と題する書面を作成し、署名捺印をすること

⑵　上記⑴の履行を確認した後に、当該履行の代償として長男は三男に対して総額30,000,000円を分割して交付するものとして、第１回目として上記⑴の書面作成日に10,000,000円を交付すること

なお、上記⑵に掲げる長男からの三男に対する第２回目以後の代償金の支付は行われませんでした。

その後、母に相続開始があり、相続に詳しいとされる者に相談したところ、次のとおりの指摘を受け、それに基づいて次に掲げるとおりに対応しました。

指摘　わが国の民法の規定では、家庭裁判所の許可を受けて行われる遺留分の放棄を除いては、相続に関する権利の相続開始前の処分は認められておらず、上記の母の生前の家族会議における「相続放棄に関する念書」は民法上、無効の書類である。

対応　母に係る相続開始（本件相続）後に、母の共同相続人間（長男及び三男が含まれています）において遺産分割協議（本件遺産分割協議）を行って、次のとおりの遺産分割が成立しました。

㈠　本件土地は、長男が全て相続するものとする。

(ロ)　上記(イ)の成立を条件に長男は三男に対して総額28,000,000円（注）の代償金の交付義務があることを認め、そのうち、上記(2)において既に支払済みである10,000,000円を控除した残額の18,000,000円を支払うものとする。

（注）　上記(2)に掲げる総額（30,000,000円）より2,000,000円減額されているのは、遺産分割協議時の交渉によるものです。

上記のような状況において、本件相続により三男が被相続人である母からの相続により取得したとされる代償金の価額をいくらにするのかについて、次に掲げる２つの考え方が示されています。

考え方1　代償金の価額は28,000,000円とすることが相当

本件遺産分割協議において交付金総額を28,000,000円と確定させていることから、当該金額によることが相当である。

なお、考え方2に掲げるとおり、第１回目の支払金を支払う内容の生前の家族会議が無効であるとしても、本件相続開始後における有効に成立した本件遺産分割協議において、当該生前の家族会議における決定事項を踏まえて遺産分割協議を行うことには何らの問題もないことから、その相当性が認められるものと考えられます。

考え方2　代償金の価額は18,000,000円とすることが相当

上記指摘のとおり、母の生前の家族会議における決議事項は無効であることから、そこで長男から三男に交付された10,000,000円は母の相続とは無関係であり、これを将来の母の相続開始に備えて長男が三男に対して優越的な地位を保持することを目的とした長男から三男に対する贈与又はみなし贈与と評価することが相当と考えられます。

したがって、本件相続に係る遺産分割協議によって三男が取得した代償金の価額である18,000,000円をもって母からの相続によって取得した金額とすることが相当と考えられます。

本件相続により三男が取得した代償金の価額は、上記の考え方1又は考え方2のいずれによることが相当であるのか説明してください。

お尋ねの事例の場合、本件相続により三男が取得した代償金の価額は、上記の考え方1に基づいて28,000,000円とすることが相当であると考えられます。

！　解　説

(1)　母の生前の家族会議（相続開始前の遺産分割協議）が民法上無効であるとしても、本件相続の開始後に新たに当該家族会議の内容と同一内容の遺産分割協議を行うことが許されないと解すべき法令上の根拠はありません。

(2) 上記(1)より、本件相続開始後に遺産分割協議が行われた場合には、当該協議により、共同相続人間において遺産に関する権利の帰属が確定したものと解されることになります。

(3)  疑問点 の(2)に掲げる第1回目の交付金たる10,000,000円の受領金（本件受領金）は、本件相続において長男が本件土地を取得する際に三男に対して支払う代償金の一部の前払いとして交付するという趣旨のものであって、本件受領金の性質を民法上の贈与であると解するのは困難であると考えられます。

また、みなし贈与についても、その成立の要件として贈与を受けたとみなされる者に結果的に経済的な利益が帰属していることが必要とされるところ、三男が受領した本件受領金は将来想定される本件相続時に長男から受領すべき代償金の前受けであるとされることから、実際に本件相続の開始があった場合には当該前受分だけは減額されて代償金の残額が支払われるものであり、当該前払部分の金額（10,000,000円）をもって、長男から三男に対して経済的な利益の移転があったと解するのも困難であり、該当しないと考えられます。

検討先例

Q1-13 の検討に当たっては、下記に掲げる裁決事例が先例として参考になります。

◉国税不服審判所裁決事例（令和5年6月23日裁決、名裁（諸）令4－26、相続開始年分不明）

〔1〕事案の概要

本件は、請求人が、その相続した財産について、遺産分割が未了のまま相続税の申告をした後に遺産分割が確定し、相続税の課税価格に算入すべき代償金の価額は、相続開始日以降に請求人が受領した18,000,000円であるなどとして更正の請求をしたところ、原処分庁が、相続税の課税価格に算入すべき代償金の価額は、遺産分割協議書に記載された代償金の価額である28,000,000円であるとして、当該更正の請求の一部を認めない旨の更正処分を行ったのに対し、請求人が、原処分の一部の取消しを求めた事案である。

〔2〕基礎事実

(1) 本件土地

請求人の父である甲及び請求人の母である乙（以下「被相続人」という）は、従前、**の土地（以下「本件土地」という）を2分の1ずつの持分で共有していたところ、**（筆者注 年月日）に甲が死亡したことから、同人の持分を被相続人が相続により取得し、本件土地は被相続人の単独所有となった。

(2) 本件念書の作成及び本件受領金

請求人は、平成25年7月26日付で、本件長男に宛てて、本件土地につき相続権を放棄する旨を記載した「相続放棄に関する念書」と題する書面（以下「本件念書」という）を作成して、これを本件長男に交付し、同日、本件長男から現金10,000,000円を受領した（以下、請求人（筆者注 被相続人の三男に該当する）が本件長男から受領した当該10,000,000円を「本件受領金」という）。

(3) 本件相続の開始

① 被相続人は、＊＊（筆者注 年月日）に死亡し、被相続人に係る相続（以下「本件相続」という）が開始した。

② 本件相続に係る共同相続人は、被相続人の長男である＊＊（以下「本件長男」という）、二男である亡＊＊の子であるＡ及びＢ並びに三男である請求人の４名（以下、これら４名を併せて「本件共同相続人」という）である。

(4) 本件遺産分割協議

① 本件共同相続人の間において、本件相続に係る遺産分割協議（以下「本件遺産分割協議」という）が合意に達し、令和３年12月15日付で、その合意内容について遺産分割協議書（以下「本件遺産分割協議書」という）が作成された。

なお、本件遺産分割協議書の第10条には、本件長男が請求人に対して支払う代償金について、要旨次のとおり記載されている。

(イ) 本件長男は、本件土地を含む本件被相続人の遺産の一部を取得する代償金として、請求人に対し、28,000,000円の支払義務があることを認める。

(ロ) 本件長男及び請求人は、上記(イ)の代償金28,000,000円のうち、10,000,000円（本件受領金）が、平成25年７月26日に支払済であることを確認する。

(ハ) 本件長男は、請求人に対し、上記(イ)の代償金から本件受領金を控除した残金18,000,000円を、請求人の指定する預金口座に振り込んで支払う。

② 請求人は、令和４年１月25日、本件遺産分割協議書に基づき、本件長男から、上記①(ハ)の18,000,000円を受領した。

(5) 本件相続税の期限内申告

請求人は、本件相続に係る相続税（以下「本件相続税」という）の申告書に、別表の「申告」欄（筆者注 非公開）のとおり記載し、法定申告期限までに申告した。

その際、請求人は、本件相続に係る遺産分割が未了であるとして、相続税法第55条《未分割遺産に対する課税》本文の規定に基づき、課税価格を計算していた。

(6) 相続税の更正の請求

上記(5)の後、請求人は、本件遺産分割協議により、本件相続に係る遺産分割が確定したとして、令和４年３月22日に、別表の「更正の請求」欄（筆者注 非公開）のとおりとすべき旨の更正の請求をした。

その際、請求人は、請求人の本件相続税の課税価格に算入すべき代償金の価額を、18,000,000円としていた。

⑺　本件更正処分

原処分庁は、上記⑹の更正の請求を受けて、令和４年６月22日付で、別表の「更正処分」欄（筆者注非公開）のとおり、減額の更正処分（以下「本件更正処分」という）をした。

その際、原処分庁は、請求人の本件相続税の課税価格に算入すべき代償金の価額を、28,000,000円としていた。

⑻　審査請求

請求人は、本件更正処分に不服があるとして、令和４年８月18日に審査請求をした。

筆者注　上記⑴ないし⑻に掲げる基礎事実につき、本件相続に係る親族図及び時系列的な経過をまとめると、図表－１及び図表－２のとおりとなる。

図表－１　本件相続に係る親族図

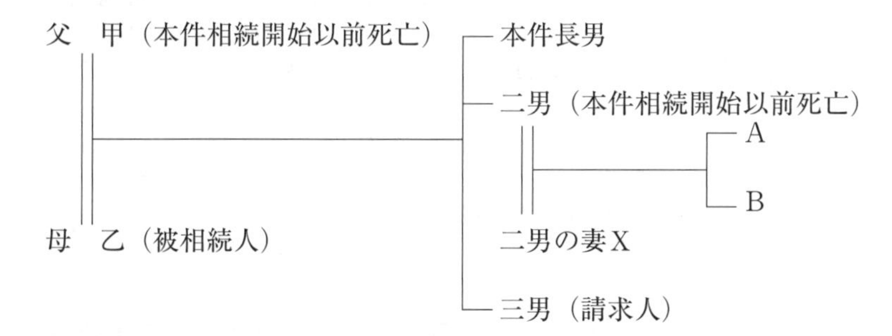

図表－２　本件裁決事例における時系列

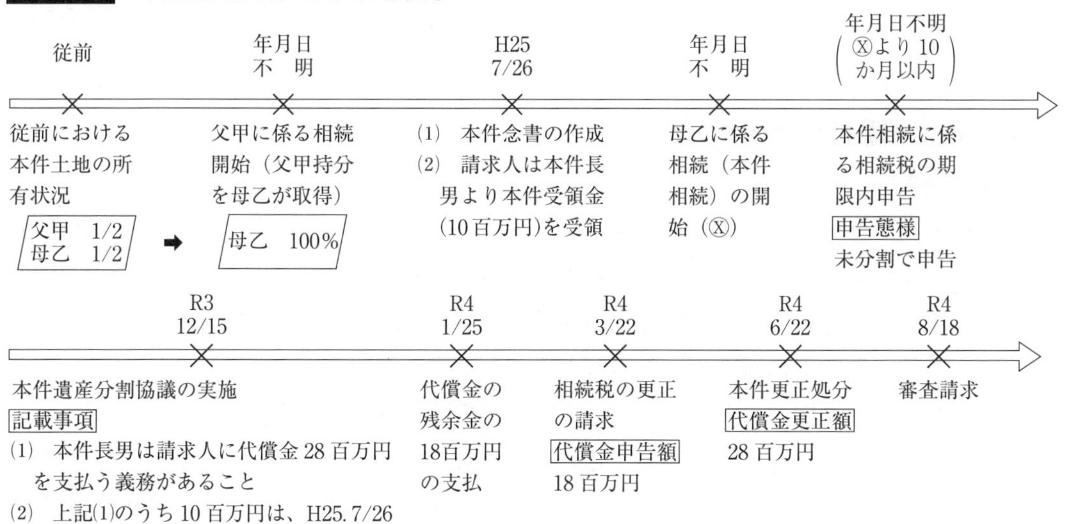

〔3〕争点

請求人の本件相続税の課税価格に算入すべき代償金の価額はいくらか。

〔4〕争点に関する双方（請求人・原処分庁）の主張

争点に関する請求人・原処分庁の主張は、図表－3のとおりである。

図表－3　争点に関する請求人・原処分庁の主張

（争点）　請求人の本件相続税の課税価格に算入すべき代償金の価額はいくらか

請求人（納税者）の主張	原処分庁（課税庁）の主張
本件遺産分割協議書には、代償金28,000,000円のうち10,000,000円は平成25年7月26日に支払済であると記載されているところ、本件相続の開始日である＊＊（筆者注 年月日）より前に本件相続に係る代償金が生じることはないから、請求人が本件相続において取得した代償金の額は、本件相続の開始日以降に支払われた18,000,000円のみとすることが妥当であり、本件受領金は、代償金ではなく、平成25年に請求人が本件長男から贈与を受けたものというべきである。 なお、本件遺産分割協議書の代償金28,000,000円との記載は、代償金の額が最終的に18,000,000円となった経緯を説明するために記載されたものにすぎない。 したがって、請求人の本件相続税の課税価格に算入すべき代償金の価額は、18,000,000円である。	本件受領金は、平成25年7月26日に本件念書と引換えに本件長男から請求人に支払われたものであること、本件共同相続人が本件相続の開始後に本件遺産分割協議に合意し、本件遺産分割協議書に、本件長男の請求人に対する代償金が28,000,000円である旨、そのうち10,000,000円は平成25年7月26日に支払済であることを確認する旨が記載されていることからすると、請求人が本件相続において取得した代償金の額は28,000,000円であり、本件受領金は、平成25年に本件長男から請求人に贈与されたものではなく、本件長男から請求人に預けられた金員であり、それが本件遺産分割協議に基づき代償金の支払に充てられたものと認められる。 したがって、請求人の本件相続税の課税価格に算入すべき代償金の価額は、28,000,000円である。

〔5〕国税不服審判所の判断

(1) 認定事実

① 本件長男は、平成25年に、被相続人の同席する中、請求人及びX（亡二男の配偶者）に対して、次に掲げる(イ)ないし(ハ)に掲げる旨申し出て、請求人はこれを了承した（以下、本件長男からの当該申出に係る了承を「本件相続開始前合意」という）。

(イ) 本件土地の上に賃貸用マンションを建設したいこと

(ロ) 本件相続が開始した場合には、本件長男が本件土地を相続したいこと

(ハ) 本件長男が本件土地を相続することにより三人の兄弟への財産分配が不平等にならないよう、請求人には被相続人が所有する他の土地及び建物を相続してもらうと共に、財産分配の不足分は本件長男から総額30,000,000円を、本件相続の時まで10,000,000円ずつ3回に分けて支払いたいこと

② 上記①(ハ)の総額30,000,000円のうち、本件遺産分割協議の合意に至るまでの間に、請求人が受領したのは本件受領金のみであった。

③ 本件土地には、平成25年8月6日付で、本件長男が代表取締役を務める＊＊社を債務者とする根抵当権が設定され、平成26年には本件土地の上に同社を所有者とする建物が建築された。

④ 本件相続の開始後、本件共同相続人は本件被相続人の遺産分割について協議し、請求人、A及びBの代理人弁護士は、本件長男の代理人弁護士に宛てて、令和3年9月5日付で「御連絡書」と題する書面を送付した。

当該書面には、本件長男は請求人に対し、本件相続において30,000,000円を支払う旨約束し、そのうちの10,000,000円については既に支払われているから、残額20,000,000円を支払ってもらいたい旨の記載がある。

⑤ 本件遺産分割協議の中で、本件長男が、被相続人の住居の不用品を処分する費用の一部を請求人が負担すべきであると主張したことから、請求人は、請求人の取得する代償金の金額を2,000,000円減額することとし、最終的に、本件遺産分割協議書の内容で合意に至った。

(2) 法令解釈等

遺産分割は、共同相続した遺産を各相続人に分割するものであるところ、相続人及び遺産の範囲は、相続の開始によって初めて確定するものであること、相続放棄は、相続開始後一定期間内に家庭裁判所に対する申述によってされなければならず、また、相続開始前における遺留分の放棄は、家庭裁判所の許可を受けたときに限りその効力を生ずるものであって、民法上、相続に関する権利の相続開始前の処分は原則認められていないこと、遺産の分割は相続開始の時に遡って効力を生じる旨の民法第909条《遺産の分割の効力》の規定は、相続開始後に遺産分割協議がされるべきことを当然のこととした規定と解されることからすれば、遺産分割協議は、相続開始後における各相続人の合意によって成立したものでなければ効力を生じないというべきである。

民法第907条《遺産の分割の協議又は審判等》第1項はいつでも共同相続人の協議で遺産の分割をすることができる旨規定しているが、これは遺産分割協議が相続開始後に行われることを当然の前提とした規定であると考えられ、この規定をもって、相続開始前の遺産分割協議の効力を認めたものとは解されない。

なお、相続開始前の遺産分割協議が効力を生じないからといって、相続開始後、新たに同一内容の遺産分割協議をすることが許されないものではなく、相続開始後に遺産分割協議が行われた場合は、その協議により、共同相続人間において遺産に関する権利の帰属が確定するものと解される。

(3) 当てはめ

上記(1)によれば、本件長男及び請求人は、本件相続開始前合意において、本件長男が本件土地を取得する代償として本件長男が請求人に30,000,000円を支払うことを約束し、これに基づいて本件長男から請求人に対して本件受領金が支払われたこと、本件遺産分割協議においても、本件相続開始前合意を基礎として協議を行い、最終的な合意内容を記載した本件遺産分割協議書には、請求人の本件長男に対する代償金債権の額を28,000,000円とする旨、代償金28,000,000円のうち10,000,000円は、本件受領金によって支払済である旨記載されていることが認められるところ、これは、上記(2)のとおり、本件相続開始前合意が遺産分割協議として有効ではないことから、改めて本件相続開始前合意に沿って遺産分割協議をし、請求人の本件長男に対する代償金債権の額を28,000,000円と合意した上、本件受領金を代償金の支払に充当することとしたものと解するのが相当であり、請求人は、本件遺産分割協議によって、28,000,000円の代償金債権を取得したものと認められる。

よって、請求人の本件相続税の課税価格に算入すべき代償金の価額は、28,000,000円と認められる。

(4) 請求人の主張について

請求人は、上記**〔4〕**の**図表－3**の「請求人（納税者）の主張」欄のとおり、代償金を28,000,000円とする旨の本件遺産分割協議書の記載は、代償金を18,000,000円と定めた経緯を記載したもので、本件受領金の性質は贈与である旨主張するが、本件遺産分割協議書の第10条（上記**〔2〕**(4)①）には、代償金の額は28,000,000円と明確に記載され、代償金の額が18,000,000円であるとの記載がなく、同条の記載を代償金を18,000,000円と定めた経緯と読むことは困難であること、上記(1)によれば、本件受領金は、本件相続において本件長男が本件土地を取得する際に請求人に支払う代償金を、前もって支払う趣旨のものであり、本件受領金の性質を贈与であると解するのは困難であることからすれば、請求人の主張には理由がない。

(5) 結論（本件更正処分の適法性）

上記(3)のとおり、請求人の本件相続税の課税価格に算入すべき代償金の価額は28,000,000円であり、これにより請求人の本件相続税の課税価格及び納付すべき税額を計算すると、別表の「更正処分」欄（**筆者注**非公開）のとおりとなり、本件更正処分における請求人の本件相続税の課税価格及び納付すべき税額と同額であると認められる。

また、本件更正処分のその他の部分については、請求人は争わず、審判所に提出された証拠資料等によっても、これを不相当とする理由は認められない。

したがって、本件更正処分は適法である。

〔6〕まとめ

(1) 裁決事例の結果

先例とされる裁決事例では、本件相続税の課税価格に算入すべき代償金の価額につき、請求人（納税者）が18,000,000円と主張したのに対し、原処分庁（課税庁）が主張し国税不服審判所がこれを相当と判断したのが28,000,000円であったことから、結果として、請求人の主張は認められなかった。

(2) 参考法令通達等

- 民法第907条《遺産の分割の協議又は審判等》
- 民法第909条《遺産の分割の効力》

本問から学ぶ重要なキーポイント

(1) 遺産分割協議は、次に掲げる理由から、相続開始後における各相続人の合意によって成立したものでなければ、その効力は生じないものとされています。

① 遺産分割は、共同相続した遺産を各相続人に分割するものであるところ、相続人及び遺産の範囲は、相続の開始によって初めて確定するものであること

② 相続放棄は、相続開始後一定期間内に家庭裁判所に対する申述によってされなければならず（下記 参考1 を参照）、また、相続開始前における遺留分の放棄は、家庭裁判所の許可を受けたときに限りその効力を生ずるものであって（下記 参考2 を参照）、民法上、相続に関する権利の相続開始前の処分は原則認められていないこと

参考1 民法第1049条《遺留分の放棄》第1項は、相続の開始前における遺留分の放棄は、家庭裁判所の許可を受けたときに限り、その効力を生ずる旨規定しています。

参考2 民法第915条《相続の承認又は放棄をすべき期間》第1項本文は、相続人は、自己のために相続の開始があったことを知った時から3か月以内に、相続について、単純若しくは限定の承認又は放棄をしなければならない旨規定しています。

③ 遺産の分割は相続開始の時に遡って効力を生じる旨の民法第909条《遺産の分割の効力》の規定は、相続開始後に遺産分割協議がされるべきことを当然のこととした規定と解されること

(2) 相続開始前の遺産分割協議が効力を生じないからといって、相続開始後、新たに同一内容の遺産分割協議をすることが許されないものではなく、相続開始後に遺産分割協議が行われた場合は、その協議により、共同相続人間において遺産に関する権利の帰属が確定するものと解されています。

(3) 本件裁決事例において代償金の価額は18,000,000円であり、先行する支払額（本件受領金）10,000,000円の性質は贈与である旨の主張は、次の事由により排斥されています。

① 本件遺産分割協議書の第10条には、代償金の額は28,000,000円と明確に記載され、代償金の額が18,000,000円であるとの記載がなく、同条の記載を代償金を18,000,000円と定めた経緯と読むことは困難であること
② 本件受領金は、本件相続において本件長男が本件土地を取得する際に請求人に支払う代償金を、前もって支払う趣旨のものであり、本件受領金の性質を贈与であると解するのは困難であること

貸付金債権に係る実務対策

先例とされる裁決事例では、上記の **本問から学ぶ重要なキーポイント** の(2)に掲げるとおり、無効とされる「相続開始前の遺産分割協議」と同一の内容で、本件相続開始後に新たに「同一内容の遺産分割協議」をすることが許されないものではないとの解釈のもとに、先行する支払額（本件受領金）10,000,000円を本件長男から請求人に対する贈与には該当しないとしています。

それでは、先例とされる裁決事例の事案とは異なり、次に掲げるような事例の場合にはどのように税務上対応することになるのか、関心が集まるものと考えられます。

(1) 被相続人の遺産分割では現物分割が行われ、その際に当該現物分割を定めた遺産分割協議において先行する支払額（本件受領金）10,000,000円に関する措置が決定されなかった場合

(2) 無効とされる母（被相続人）の「相続開始前の遺産分割協議」において先行する支払額（本件受領金）10,000,000円を本件長男から請求人（三男）が受領した場合において、その後、母（被相続人）に係る相続（本件相続）が開始する前に、次に掲げる事象が発生したとき

① 請求人（三男）に相続開始があった場合の本件受領金（例として、本件受領金は定期預金としているものとします）の取扱いとして、次のいずれによることが相当か、判断に迷うことも考えられます。

(イ) 当該定期預金を相続財産として処理すれば適正である。

(ロ) 上記(イ)に加え、本件受領金は本来は母（被相続人）に対する相続時における遺産分割に係るものであることから、母（被相続人）に係る相続開始前の現況では、一種の預かり金であるとしてこれを債務控除の対象とする必要がある。

② 本件長男に相続開始があった場合の本件受領金の取扱いとして、次のいずれによることが相当か、判断に迷うことも考えられます。

(イ) 本件受領金は本件長男の生前に同人が請求人（三男）に支払ったということから、本件長男の相続財産から完全に離脱したものとして取り扱うことが相当

であるとする取扱い

(ロ) 確かに本件受領金は本件長男の生前に同人が請求人（三男）に支払ったものではあるものの、本件受領金は本来は母（被相続人）に対する相続時における遺産分割に係るものであることから、母（被相続人）に係る相続開始前の現況では、一種の前払いの債権としてこれを「前渡金」として相続財産計上をする必要があるとする取扱い

Q1-14 被相続人の生前に相続人が当該被相続人に対して5,000,000円の資金貸付けを行っていた事実があるとして、当該貸付金の価額及びその利息相当額（7,000,000円）の合計12,000,000円を相続税の課税価格の計算において債務控除をすることの可否が争点とされた事例

事例 国税不服審判所裁決事例
（令和3年6月1日裁決、東裁（諸）令2－86、平成29年相続開始分）

疑問点

本年に被相続人に係る相続開始（本件相続）がありました。本件相続に係る相続人Aから聴取した事項は、次のとおりでした。

(1) 相続人Aが本件相続の約22～23年前に自宅を購入するための購入資金の援助（贈与）を被相続人に求めたところ、被相続人から当該援助（贈与）の条件として、本当に相続人Aが自宅を購入するに値する資金能力を有していることを確認するために、相続人Aから被相続人に対して差入保証金の名目で5,000,000円を振り込むことを指示されたこと

(2) 上記(1)の指示につき、相続人Aはこれを承諾して、同人は、被相続人の指定する銀行口座に5,000,000円を振り込んだ（本件振込み）こと

(3) 本件振込みについては、もう相当古いことなので関係書類（振込依頼書、銀行通帳等）は紛失し、また、金銭の差入れに関する契約書類は、そもそも作成していないこと

(4) 本件振込みの以降、本件相続に至るまでの期間（この期間は、約22年10か月）、相続人Aは被相続人から1円たりとも返済を受けていないこと

(5) 本件振込みは金銭消費貸借契約と考えられるところ、貸付元本額（5,000,000円）に上記(4)に掲げる貸付期間における通常の利息額（7,000,000円と算定されます）を合計すると、相続人Aは、被相続人に対して合計12,000,000円の債権を有していると考えられること

上記(1)ないし(5)を前提に、相続人Aから本件相続に係る相続税（本件相続税）の申告に当たって、課税価格の計算上、上記(5)に掲げる12,000,000円を被相続人が有する相続人Aに対する債務であるとして、相続税法第13条《債務控除》に規定する債務控除を適用すべきであるとの考え方が示されています。この考え方の可否について説明してください。

回　答

お尋ねの事例の場合、相続税法第13条《債務控除》に規定する債務控除の適用は認められないものと考えられます。

解　説

お尋ねの事例の場合、相続人Ａの答述の不合理性（贈与者である親が子に資金援助（贈与）を行うに当たって、通常、差入保証金を求めるとは考えられません）及び諸状況（資金移動を示す一切の書類の紛失又は不作成、長期間にわたって返済が行われていないこと等）からすると、相続人Ａが被相続人に対して5,000,000円の資金移動を実行したという事実を認定することができないものと考えられます。

検討先例

Q1-14 の検討に当たっては、下記に掲げる裁決事例が先例として参考になります。

◉国税不服審判所裁決事例（令和３年６月１日裁決、東裁（諸）令２－86、平成29年相続開始分）

〔１〕事案の概要

本件は、請求人（筆者注 上記の ? 疑問点 に掲げる相続人Ａに該当する）が、相続税の期限後申告をしたところ、原処分庁が、請求人は被相続人の生前に当該被相続人から贈与により金銭を取得しており、当該贈与に係る年分以前の年分において相続時精算課税の適用を受ける旨選択していることから、当該贈与により取得した金銭の価額を相続税の課税価格に加算すべきであるなどとして、請求人に対して更正処分及び無申告加算税の賦課決定処分をしたのに対し、請求人が、⑴請求人は当該被相続人に対する貸付金を有しており、相続開始時までにその返済がなかったから、当該貸付金及びその利息に係る債務の額を相続税の課税価格の計算上控除すべきであるとして、当該更正処分の一部の取消しを求めるとともに、⑵請求人に対し無申告加算税を課すことは酷であり、国税通則法の「正当な理由」がある場合に該当するとして、当該賦課決定処分の全部の取消しを求めた事案である。

〔２〕基礎事実

⑴　被相続人からの請求人に対する贈与

①　請求人は、平成21年中に、被相続人から＊＊円の金銭の贈与を受け、当該贈与に係る贈与税の申告書及び本件被相続人を特定贈与者とする相続時精算課税選択届出書を、同年分の贈与税の法定申告期限までに、＊＊税務署長に提出した。

②　請求人は、平成22年中に、本件被相続人から＊＊円の金銭の贈与（以下「本件贈与」

という。）を受けた。

⑵ 本件遺言書

被相続人は、平成23年7月27日、遺言公正証書（以下「本件遺言書」という）を作成した。本件遺言書の要旨は、図表－1のとおりである。

図表－1 本件遺言書の要旨

1 遺言者は、相続開始時に所有する次の財産を、＊＊（筆者注 請求人以外の者）に相続させる。（第2条）

土地	所在：＊＊＊＊ 地目：宅地 面積：280.98m²
建物	所在：＊＊＊＊ 家庭番号：＊＊＊＊ 種類：居宅、事務所、工場、倉庫 構造：鉄筋コンクリート・鉄骨・コンクリートブロック造陸屋根・亜鉛メッキ鋼板葺3階建 床面積：1階178.38m²、2階165.26m²、3階49.60m²
ゴルフ会員権	＊＊＊＊（住所：＊＊＊＊） ＊＊＊＊（住所：＊＊＊＊） ＊＊＊＊（住所：＊＊＊＊）
出資金	＊＊＊＊に対する出資金に関する一切の権利

2 遺言者は、相続開始時に所有する次の財産を、請求人及び兄妹らに各5分の1ずつの割合で相続させる。（第3条）
⑴ ＊＊＊＊（本店：＊＊＊＊）に対する遺言者名義の貸付金に対する一切の権利
⑵ ＊＊＊＊（本店：＊＊＊＊）に対する遺言者名義の貸付金に対する一切の権利

3 遺言者は、相続開始時に所有する次の財産を、請求人及び兄妹らに各5分の1ずつの割合により相続させる。（第4条第1項）
⑴ 遺言者が次の金融機関等との間で遺言者名義の預託契約等（貸金庫契約は含まない）を締結している預貯金、金銭の信託、株式、公社債、投資信託、預け金、金債権その他の預託財産の全て及びこれに関する未収配当金その他の一切の権利
①＊＊＊＊、②＊＊＊＊、③＊＊＊＊、④＊＊＊＊、⑤＊＊＊＊、⑥＊＊＊＊、⑦＊＊＊＊、⑧遺言者名義で契約するその他の金融機関
⑵ その他遺言者が所有する有価証券の全て及びこれに関する未収配当金その他の一切の権利

4 遺言者は、前条までに記載した以外の遺言者が相続開始時に所有する一切の財産（不動産及び現金を含む）及び債務を、＊＊（筆者注 請求人以外の者）に相続させ、また負担・承継させる。（第6条）

(3) 本件相続の開始

① 被相続人は、平成29年5月＊＊日（以下「本件相続開始日」という）に死亡し、その相続（以下「本件相続」という）が開始した。本件相続に係る共同相続人は、いずれも被相続人の子である請求人、＊＊、＊＊、＊＊及び＊＊（以下、請求人を除く共同相続人を併せて「兄妹ら」という）の5名である。

② 請求人は、本件相続開始日の翌日（平成29年5月＊＊＋1日）に被相続人が死亡した事実を知った。

(4) 本件相続税に係る本件申告（相続税の期限後申告）

① 請求人は、＊＊年＊＊月＊＊日（筆者注 本件相続に係る相続税の申告期限後である）、本件相続に係る相続税（以下「本件相続税」という）について、別表1の「申告」欄（筆者注 非公開）のとおり記載した申告書（以下「本件申告書」という）を原処分庁に提出して本件相続税の申告（以下「本件申告」という）をし、同日、本件申告に基づき納付すべき税額を納付した。

② 原処分庁は、令和2年1月27日付で、請求人に対し、本件申告書が本件相続税の法定申告期限（＊＊年＊＊月＊＊日）後に提出されているなどとして、国税通則法第66条《無申告加算税》第1項及び第6項（筆者注）の規定に基づき、本件申告により納付すべきこととなった税額を基礎として、無申告加算税の額を＊＊円とする賦課決定処分をした。

筆者注 国税通則法第66条《無申告加算税》の規定は、現行では第1項から第9項までで構成されている。

(5) 審査請求（先行審査請求）

請求人は、令和2年4月24日、本件相続税の期限内申告書の提出がなかったのは、本件相続の他の共同相続人から本件被相続人に係る相続財産の状況について回答を得ることができず、本件相続に係る相続財産の全容を把握することができなかったことなどによるものであり、期限内申告書の提出がなかったことについて国税通則法第66条《無申告加算税》第1項ただし書に規定する「正当な理由」があると認められる場合に該当するとして、上記(4)②の賦課決定処分の全部の取消しを求める審査請求をした。

(6) 本件更正処分

原処分庁は、令和2年5月22日付で、請求人に対し、原処分庁所属の調査担当職員（以下「本件調査担当職員」という）の調査に基づき、別表の「更正処分等」欄（筆者注 非公開）のとおり、本件相続税の更正処分及び無申告加算税の賦課決定処分をした（以下、当該更正処分を「本件更正処分」といい、当該賦課決定処分を「本件賦課決定処分」という）。

本件更正処分の理由は、次に掲げる①ないし③のとおりであった。

① 本件贈与により取得した金銭の価額が、本件申告において請求人の課税価格に加算されていないこと

② 請求人及び兄妹らが本件相続により取得した各財産及びその各価額は別表の「更正処分等」欄（筆者注 非公開）のとおりであり、本件申告書に記載されたそれらは同「申告」欄（筆者注 非公開）のとおりであるから、請求人及び兄妹らが本件相続により取得した各財産が本件申告において過少申告となっていること

③ 兄妹らが負担した債務及び葬式費用の金額は別表の「更正処分等」欄（筆者注 非公開）のとおりであり、本件申告書に記載されたそれは同「申告」欄（筆者注 非公開）のとおりであるから、兄妹らが負担した葬式費用の金額が本件申告において過大となっていること

⑺ 審査請求（本件更正処分及び本件賦課決定処分に係るもの）

請求人は、令和2年8月24日、次の①及び②に係る審査請求をした。

① 本件更正処分については、請求人の被相続人に対する5,000,000円の貸付金及びその利息に係る債務の額が本件更正処分における課税価格の計算上控除されていないとして、その一部の取消しを求める旨

② 本件賦課決定処分については、請求人に対し無申告加算税を課すことは酷であり、国税通則法の「正当な理由」がある場合に該当するとして、その全部の取消しを求める旨

⑻ 本件先行裁決（上記⑸の先行審査請求に対する審判所の判断）

審判所は、令和3年1月15日付で、請求人は、遅くとも平成29年12月中には、本件遺言書の内容を認識していたものと認められ、被相続人の相続財産の総額が遺産に係る基礎控除額を超えていることを認識し得たのであり、その把握した相続財産につき、法定申告期限内に相続税の申告書を提出することが可能であったといえるから、請求人の主張する事情は、主観的な事情にすぎないことなどを理由として、国税通則法第66条《無申告加算税》第1項ただし書が規定する「正当な理由」があるとは認められないと判断し、上記⑸の審査請求を棄却する裁決（東裁（諸）令2第50号。以下「本件先行裁決」という）をした。

筆者注 上記⑴ないし⑻に掲げる基礎事実及び後記〔4〕に掲げる請求人の主張につき、本件相続に係る親族図及び時系列的な経過をまとめると、**図表－2** 及び **図表－3** のとおりとなる。

図表－2 本件相続に係る親族図

図表－3　本件裁決事例における時系列

H6 7/5	H21 **/**	H22 2/1 ～ H22 3/15	H22 **/**	H23 7/23	H29 5/**	年月日 不明
請求人の主張 請求人が被相続人の口座に5百万円を振り込んだと主張する日	平成21年の贈与 贈与者 被相続人 受贈者 請求人	平成21年の贈与に係る贈与税の申告 ⬇ 相続時精算課税選択届出書を提出	平成22年の贈与（本件贈与） 贈与者 被相続人 受贈者 請求人	本件遺言書の作成	本件相続開始日	請求人による本件申告書の提出（相続税の期限後申告） ⬇ 提出日は申告期限の翌日

R2 1/27	R2 4/24	R2 5/22	R2 8/24	R3 1/15
本件申告書に対する無申告加算税の賦課決定処分	審査請求（先行審査請求） 主張 本件相続税の期限内申告書の提出がなかったことにつき「正当な理由」があるとして、R6.1/27の無申告加算税の賦課決定処分の取消しを主張	本件相続税の税務調査に基づき、本件更正処分及び本件賦課決定処分	審査請求（本件裁決事例に係るもの） 主張 (1) 請求人の被相続人に対する5百万円の貸付金及びその利息に係る債務の合計12百万円の債務控除の計上もれ (2) 本件賦課決定処分に無申告加算税を課すことは酷であり、国税通則法に規定する「正当な理由」がある場合に該当	本件先行裁決（R2.4/24の先行審査請求に対する裁決） 結果 棄却

〔3〕争点

(1)　争点1

請求人は、平成6年7月頃、被相続人に対して5,000,000円を貸し付けたか否か。

(2)　争点2

本件更正処分（筆者注 令和2年5月22日付の本件相続税の課税価格の是正処分をいう）に基づき新たに納付すべき税額に対する無申告加算税を課さない「正当な理由」があるか否か。具体的には、次に掲げるとおりとなる。

① 本件相続税の期限内申告書の提出がなかったことについて、国税通則法第66条《無申告加算税》第1項ただし書に規定する「正当な理由」があると認められる場合に該当するか否か。

② 本件更正処分に基づき納付すべき税額の計算の基礎となった事実が本件更正処分前の税額の計算の基礎とされていなかったことについて、国税通則法第66条《無申告加算税》第5項（筆者注1）の準用する国税通則法第65条《過少申告加算税》第4項（筆者注2）第1号に規定する「正当な理由」があると認められるか否か。

筆者注1 国税通則法第66条《無申告加算税》第５項の規定は、現行では第７項となっている。

筆者注2 国税通則法第65条《過少申告加算税》第４項の規定は、現行では第５項となっている。

〔4〕各争点に関する双方（請求人・原処分庁）の主張

各争点に関する請求人・原処分庁の主張は、図表－４のとおりである。

図表－４ 各争点に関する請求人・原処分庁の主張

⑴ 争点１（請求人は、平成６年７月頃、被相続人に対して5,000,000円を貸し付けたか否か）について

請求人（納税者）の主張	原処分庁（課税庁）の主張
請求人は、平成６年７月５日、被相続人に対して、請求人の自宅購入資金の一部に充てるため請求人に10,000,000円を贈与してもらいたい旨申し入れた。被相続人は、上記の申入れを受けて、請求人が実際に自宅の購入資金を持っているかどうか確認するため、請求人に対して、被相続人宛に5,000,000円を振り込むことを求めた。 そこで、請求人は、平成６年７月５日、被相続人から上記10,000,000円の贈与を受けるため、本件被相続人名義の口座に5,000,000円を振り込んだが、被相続人は、当該5,000,000円を請求人に返還することなく、死亡した。 したがって、当該5,000,000円は、被相続人に対する貸付金として成立しており、当該貸付金と当該5,000,000円を振り込んだ平成６年７月５日から被相続人が死亡した平成29年５月までの22年10か月分の当該貸付金に係る利息相当額7,000,000円との合計12,000,000円が本件相続税の課税価格の計算上控除すべき債務の額となる。	請求人が平成６年７月に被相続人に5,000,000円を貸し付けた事実を示す証拠はなく、当該事実は認められないから、本件相続税の課税価格の計算上、これを債務として控除することはできない。

⑵ 争点２（本件更正処分に基づき新たに納付すべき税額に対する無申告加算税を課さない「正当な理由」があるか否か）について

請求人（納税者）の主張	原処分庁（課税庁）の主張
次の⑴及び⑵の各事情から、請求人に対し無申告加算税を課すことは酷であり、国税通則法の「正当な理由」がある場合に該当する。 ⑴ 相続税の申告書を作成するためには、被相続人の死亡時の実際の財産や債務の額を知っている必要があるところ、請求人は、被相続人と離れて生活していたことから、被相続人の実際の財産や債務の状況を知ることができず、また、請求人が、＊＊や＊＊（筆者注 兄妹らのうちの２名である）に被相続人の実際の財産	相続人間に争いがある等の理由により相続財産の全容を知り得なかったことは、期限内申告書の提出がなかったことについての正当な理由に当たらないから、期限内申告書の提出がなかったことについて、国税通則法第66条《無申告加算税》第１項ただし書所定の「正当な理由」があるとは認められず、本件更正処分により納付すべき税額の

や債務の内容、それらの金額について確認したものの、同人らから回答がなかった。 (2) 請求人は、本件相続税の法定申告期限の日に、＊＊税務署（筆者注 請求人の住所地の所轄税務署と推認される）に赴き、本件相続税の申告書を提出したい旨申し入れたが、提出先は＊＊税務署（筆者注 被相続人の住所地の所轄税務署と推認される）となるとのことだったので、その翌日に本件申告書を原処分庁に提出したものである。	計算の基礎となった事実が本件更正処分前の税額の計算の基礎とされていなかったことについて、請求人に同条第５項により準用される国税通則法第65条《過少申告加算税》第４項（筆者注 現行では、第５項）所定の「正当な理由」があるとも認められない。

〔5〕国税不服審判所の判断

(1) 争点１（請求人は、平成６年７月頃、被相続人に対して5,000,000円を貸し付けたか否か）について

① 認定事実

(イ) 請求人は、令和元年10月30日、本件調査担当職員からの本件贈与に関する質問に対して回答する際に、請求人は、今から22年前か23年前に現在の自宅を購入する時に10,000,000円の援助を本件被相続人にお願いしたが、すぐに援助してもらえず、銀行からの借入金保証料や家具代などの5,000,000円を自ら工面した旨申述した。

(ロ) 請求人は、令和２年１月24日、本件調査担当職員が同日現在における本件相続税の調査の状況について請求人に説明をした際に、本件調査担当職員に対し、次のとおり申述した。

㋑ 平成６年７月頃、請求人が、現在の自宅を購入する際に、被相続人に自宅購入の手付金額10,000,000円の資金援助を求めたところ、被相続人から、ローン返済能力などに不安を感じるとして、保証金のような名目で、被相続人の口座に5,000,000円を振り込むように指示された。

㋺ 請求人は、被相続人に対して上記の5,000,000円の振込み（以下「本件振込み」という）をした。

㋩ 振り込んだ5,000,000円は、返済してもらっていないので、本件相続税の申告で債務控除したい。

㊁ 本件振込みに係る振込依頼書は紛失してしまった。

(ハ) 請求人は、令和２年11月４日、審判所に対して、次のとおり答述した。

㋑ 被相続人は、請求人が実際に自宅購入資金を持っているか確認をするため、請求人に対して、被相続人に5,000,000円を振り込むことを求めた。そこで、請求人は、本件振込みをした。

㋺ 本件振込みに使用した振込用紙は、被相続人の要望で被相続人に手渡したので、請求人の手元にはないが、間違いなく被相続人へ振り込んだ。今日に至るまでそ

の返金はない。

㈧　請求人と被相続人との間で、本件振込みに際して、金銭消費貸借契約書などの書類を作成することはなかった。

㈡　請求人が被相続人へ貸し付けた5,000,000円を被相続人がどうしたかについて、実際のところは分からないが、場合によれば、被相続人の自宅金庫の中にこの5,000,000円の現金とその振込用紙が残っていたかもしれない。

②　当てはめ

(イ)　請求人は、上記〔4〕の**図表－4**の「⑴　**争点１**」の「請求人（納税者）の主張」欄のとおり、被相続人に対して本件振込みをしており、これにより、本件被相続人に対する貸付金が成立している旨主張し、上記①(ロ)及び(ハ)のとおり、被相続人との間で金銭消費貸借契約書などの書類を作成することはなかったとしながら、上記の主張に沿う申述及び答述をしている。

そこで、請求人が、平成６年７月頃に、本件振込みをし、被相続人に5,000,000円を貸し付けたとする請求人の上記申述及び答述の信用性について、以下、検討する。

㋑　上記①(ロ)㋑及び同(ハ)㋑のとおり、請求人の申述及び答述によれば、被相続人が請求人に本件振込みを求めた理由は、被相続人が、自宅購入資金を贈与するに当たり、請求人に自宅購入のための資力があるかどうかを確認するためであるところ、贈与者である親が、子に対し自宅購入資金を贈与等するに当たり、当該子の自宅購入に係る資力の有無を確認するために、当該子に一定額の金銭の振込みを求めるというのは不自然であり、上記の請求人の申述及び答述内容自体が不合理なものであるといえる。

㋺　請求人は、本件調査担当職員に対し、令和元年10月30日には、上記①(イ)のとおり、被相続人に対して本件振込みをした旨の申述をしていなかったにもかかわらず、令和２年１月24日には、同(ロ)のとおり、本件調査担当職員から本件相続税についての調査の状況について説明を受けるや、本件振込みをした旨及び本件振込みに係る貸付金について債務控除をしたいと申し出たが、本件振込みに係る振込依頼書は紛失した旨の申述をし、審判所に対しては、令和２年11月４日に、同(ハ)㋺のとおり、本件振込みに使用した振込用紙は、被相続人の要望で、被相続人に手渡した旨の答述をしている。

このように、請求人の申述及び答述は、本件振込みの有無や本件振込みに係る振込依頼書の存否といった、被相続人に対する貸付金の成立の有無の判断に当たっての重要な点について変遷しており、その変遷について合理的理由を見いだすことはできない。

㋩　請求人が被相続人に対して貸付金の返済を求めた事実は、請求人の申述及び答述や審判所に提出された証拠資料によってもうかがわれず、請求人が本件振込みをして被相続人に貸し付けたという平成6年から被相続人が死亡した平成29年までの長年にわたって、被相続人に返済を求めず、何らの債権保全措置を執らないというのは、債権者の行動として不自然というほかない。

㊁　上記㋑ないし㋩からすれば、請求人が、平成6年7月頃に、本件振込みを行い、被相続人に5,000,000円を貸し付けたとする請求人の申述及び答述は、信用することはできない。

(ロ)　審判所における調査の結果によっても、請求人が、平成6年7月頃、被相続人に対して5,000,000円を貸し付けた事実を認めるに足る証拠はない。

③　結論

上記①及び②より、請求人が、平成6年7月頃、被相続人に対して5,000,000円を貸し付けた事実を認めることはできない。

(2)　争点2（本件更正処分に基づき新たに納付すべき税額に対する無申告加算税を課さない「正当な理由」があるか否か）について

①　認定事実

(イ)　請求人は、平成29年12月中に、＊＊及び＊＊（筆者注 兄妹らのうちの2名である）に対し、弁護士を通じて、現在、本件遺言書に基づく遺言執行が行われており、被相続人の財産を調査するに当たり不明な点があるとして、次の事項について回答されたい旨などを記載した「申入書」と題する書面を送付した。

㋑　被相続人の死亡までの間、平成23年7月までは700,000円、同年8月以降は800,000円が、おおむね毎月、被相続人名義の預金口座から出金されているところ、その出金理由又はその使途

㋺　上記㋑の口座から、平成27年6月9日、10日、11日、15日及び22日の各日に出金された各800,000円の使途

(ロ)　請求人は、令和元年10月30日、本件調査担当職員に対し、葬式費用や介護にかかった費用などは請求人は負担しておらず、兄妹らからも聞いてないので分からなかったので、概算で申告した旨申述した。

②　法令解釈等

国税通則法第66条《無申告加算税》に規定する無申告加算税は、納税者に、期限後申告書を提出したという事実又はその期限後申告書について過少申告による納税義務違反の事実があれば、原則として、その納税者に課されるものであり、これによって当初から適法に申告し納税した納税者との間の客観的な不公平の実質的な是正を図るとともに、無申告又は過少申告による納税義務の違反の発生を防止し、適正な申告納税の実現を図り、もって納税の実を挙げようとする行政上の措置である。

このような無申告加算税の趣旨に照らせば、国税通則法第66条第1項ただし書及び同条第5項（筆者注 現行では、第7項）の準用する国税通則法第65条《過少申告加算税》第4項（筆者注 現行では、第5項）第1号に規定する「正当な理由」があると認められる場合とは、真に納税者の責めに帰することができない客観的な事情があり、上記のような無申告加算税の趣旨に照らしてもなお、納税者に無申告加算税を課することが不当又は酷になる場合をいうものと解するのが相当である。

参考 国税通則法第65条《過少申告加算税》及び同法第66条《無申告加算税》について（要旨）

(1) 国税通則法第65条《過少申告加算税》

① 国税通則法第65条《過少申告加算税》第1項は、期限後申告書が提出された場合で、国税通則法第66条《無申告加算税》第1項ただし書の規定の適用があるときにおいて、更正があったときは、当該納税者に対し、その更正に基づき納付すべき税額に100分の10の割合を乗じて計算した金額に相当する過少申告加算税を課する旨規定している。

② 国税通則法第65条第4項（筆者注 現行では、第5項）柱書及び同項第1号は、同条第1項に規定する納付すべき税額の計算の基礎となった事実のうちにその更正前の税額の計算の基礎とされていなかったことについて正当な理由があると認められるものがある場合には、同項に規定する納付すべき税額からその正当な理由があると認められる事実に基づく税額として政令で定めるところにより計算した金額を控除して、同項の規定を適用する旨規定している。

(2) 国税通則法第66条《無申告加算税》

① 国税通則法第66条《無申告加算税》第1項本文及び同項第2号は、期限後申告書の提出があった後に更正があった場合には、当該納税者に対し、その更正に基づき納付すべき税額に100分の15の割合を乗じて計算した金額に相当する無申告加算税を課する旨規定し、同項ただし書は、期限内申告書の提出がなかったことについて正当な理由があると認められる場合は、無申告加算税を課さない旨規定している。

② また、国税通則法第66条第2項は、同条第1項に規定する納付すべき税額（同項第2号の更正があったときは、その国税に係る累積納付税額を加算した金額）が50万円を超えるときは、同項の無申告加算税の額は、同項の規定により計算した金額に、その超える部分に相当する税額に100分の5の割合を乗じて計算した金額を加算した金額とする旨規定している。

③ 国税通則法第66条第5項（筆者注 現行では、第7項）は、国税通則法第65条《過少申告加算税》第4項（筆者注 現行では、第5項）の規定は、期限後申告書の提出があった後に更正があった場合について準用する旨規定している。

③　当てはめ

(イ)　はじめに（論点の整理）

上記〔2〕(3)②及び同(4)①のとおり、請求人は、本件相続税の法定申告期限（平成29年5月＊＊日）後である5月＊＊日（筆者注 法定申告期限の翌日である）に本件申告書を原処分庁に提出し、上記〔2〕(6)のとおり、本件申告書の提出があった後に本件更正処分がされていることから、国税通則法第66条《無申告加算税》第1項本文及び同項第2号に基づき、原則として、請求人に無申告加算税が課されることとなる。

これに対し、請求人は、通則法の「正当な理由」がある場合に該当するとして、本件賦課決定処分の全部の取消しを求めているところ、本件は、国税通則法第66条第1項第2号の場合であることから、国税通則法の「正当な理由」として、次の㋑と㋺に掲げる事項がそれぞれ問題となる。

㋑　国税通則法第66条第1項ただし書に規定する「正当な理由」（本件相続税の期限内申告書の提出がなかったことについての「正当な理由」）

㋺　国税通則法第66条第5項（筆者注 現行の規定では、第7項）の準用する国税通則法第65条《過少申告加算税》第4項（筆者注 現行の規定では、第5項）第1号に規定する「正当な理由」（本件更正処分に基づき納付すべき税額の計算の基礎となった事実が本件更正処分前の税額の計算の基礎とされていなかったことについての「正当な理由」）

すなわち、上記㋑の「正当な理由」があると認められる場合には、上記㋺の「正当な理由」があると認められなくても、本件賦課決定処分のうち過少申告加算税相当額を超える部分が違法となり、上記㋺の「正当な理由」があると認められる場合には、上記㋑の「正当な理由」があると認められなくても、本件賦課決定処分のうち上記㋺の「正当な理由」があると認められる事実に基づく税額に対応する部分が違法となる。

そこで、以下においては、上記㋑及び㋺の「正当な理由」のそれぞれについて、請求人の主張する各事情がこれらの「正当な理由」に該当するか否かについて検討する。

(ロ)　本件相続税の期限内申告書の提出がなかったことについて、国税通則法第66条《無申告加算税》第1項ただし書に規定する「正当な理由」があると認められる場合に該当するか否か

請求人は、上記〔4〕の図表－4の「(2)　争点2」の「請求人（納税者）の主張」欄のとおり、同欄(1)及び(2)の各事情から、国税通則法の「正当な理由」がある場合に該当する旨主張するところ、請求人の主張するこれらの各事情が、本件相続税の期限内申告書の提出がなかったことについての「正当な理由」に該当するかについ

て検討すると、以下のとおりである。

㋑　請求人の主張する上記〔4〕の**図表－4**の「⑵　争点2」の「請求人（納税者）の主張」の⑴の事情は、上記〔2〕⑸のとおり、請求人が、本件先行裁決に係る審査請求の際に、本件相続税の期限内申告書の提出がなかったことについて国税通則法第66条第1項ただし書に規定する「正当な理由」があると認められる場合に該当する理由として挙げていたところと同じであり、この点について本件先行裁決は、上記〔2〕⑻のとおり、請求人が主張する上記の事情は主観的な事情にすぎないと判断しており、現在においてもその判断を左右するような事実は認められない。

㋺　請求人の主張する上記〔4〕の**図表－4**の「⑵　争点2」の「請求人（納税者）の主張」の⑵の事情については、請求人は法定申告期限前に事前に申告書の提出先について問い合わせることもできたのであるから、これも請求人の主観的な事情といわざるを得ない。

㋩　上記㋑及び㋺とおり、請求人の主張する各事情は、いずれも主観的な事情にすぎず、請求人が本件申告書を法定申告期限までに提出できなかったことについて、真に請求人の責めに帰することのできない客観的な事情があり、無申告加算税の趣旨に照らしてもなお、請求人に無申告加算税を課することが不当又は酷になるとはいえない。

したがって、請求人が主張する各事情は、国税通則法第66条第1項ただし書が規定する「正当な理由」に該当せず、また、審判所の調査の結果によっても、他に同項ただし書に規定する「正当な理由」があるとは認められない。

㈧　本件更正処分に基づき納付すべき税額の計算の基礎となった事実が本件更正処分前の税額の計算の基礎とされていなかったことについて、国税通則法第66条《無申告加算税》第5項（筆者注 現行の規定では、第7項）の準用する国税通則法第65条《過少申告加算税》第4項（筆者注 現行の規定では、第5項）第1号に規定する「正当な理由」があると認められるか否か

請求人は、上記〔4〕の**図表－4**の「⑵　争点2」の「請求人（納税者）の主張」欄のとおり、同欄⑴及び⑵の各事情から、国税通則法の「正当な理由」がある場合に該当する旨主張するところ、請求人の主張する同欄⑵の事情は、本件相続税の期限内申告書の提出がなかったことについての「正当な理由」に係る主張であるから、請求人の主張する同欄⑴の事情が、本件更正処分に基づき納付すべき税額の計算の基礎となった事実が本件更正処分前の税額の計算の基礎とされていなかったことについての「正当な理由」に該当するかについて検討すると、以下のとおりである。

㋑　本件贈与により取得した金銭の価額が本件申告において請求人の課税価格に加算されていなかったこと（上記〔2〕⑹①）についてみると、請求人は、上記〔2〕

⑴①のとおり、平成21年分の贈与税の申告において本件被相続人を特定贈与者とする相続時精算課税選択届出書を提出しており、同年分以降に本件被相続人から贈与により取得した財産の価額は、相続税法第21条の15《相続時精算課税に係る相続税額》第1項の規定により請求人の本件相続税の課税価格に加算されることとなるところ、請求人は、上記〔2〕⑴②のとおり、本件贈与により平成22年中に本件被相続人から贈与により財産を取得しており、本件申告において本件贈与に係る財産の価額を請求人の課税価格に加算しなかったことは、そもそも請求人の法の不知によるものというほかない。

㋺　請求人及び兄妹らが本件相続により取得した各財産が本件申告において過少申告となっていたこと（上記〔2〕⑹②）についてみると、請求人が遅くとも平成29年12月中には本件遺言書の内容を認識していたものと認められることは本件先行裁決で判断したとおりであり（上記〔2〕⑻）、本件遺言書には、上記〔2〕⑵及び **図表−1** のとおり、被相続人の財産について、その種類や所在場所を含めて詳細に記載されており、請求人は、本件遺言書の記載内容から、被相続人の財産であった債権に係る債務者に問合せなどをすることにより、被相続人が所有していた財産やその価額を確認することができたというべきである。

また、兄妹らが取得した被相続人の相続財産である現金についても、請求人は、上記①㈠のとおり、被相続人名義の預金口座を調査して、同口座から相当額の現金が引き出されたことを具体的に認識し、この金員を＊＊や＊＊（筆者注 兄妹らのうちの２名である）が所持していると考えていたものということができるから、これについて適切な調査をすることによって、その内容を把握することが不可能ではなかったものと認められる。

㋩　兄妹らが負担した葬式費用の金額が本件申告において過大となっていたこと（上記〔2〕⑹③）についてみると、上記①㈡の請求人の申述内容からすると、本件申告において請求人が被相続人の葬式費用として申告した金額9,800,000円は、そもそも請求人による適切な調査を経たものではないことが認められる。

㋥　上記㋑ないし㋩のことからすると、請求人の主張する事情は主観的な事情にすぎず、本件更正処分に基づき納付すべき税額の計算の基礎となった事実が本件更正処分前の税額の計算の基礎とされていなかったことについて真に納税者の責めに帰することのできない客観的な事情があり、無申告加算税の趣旨に照らしてもなお、請求人に無申告加算税を課することが不当又は酷になるとはいえない。

したがって、請求人の主張する事情は、国税通則法第66条第５項（筆者注 現行の規定では、第７項）の準用する国税通則法第65条第４項（筆者注 現行の規定では、第５項）第１号に規定する「正当な理由」に該当せず、また、審判所の調査の結果によっても、他に同号に規定する「正当な理由」があるとは認められない。

④　結論

上記②及び③のとおり、(イ)本件相続税の期限内申告書の提出がなかったことについて、国税通則法第66条《無申告加算税》第1項ただし書に規定する「正当な理由」があると認められる場合に該当せず、また、(ロ)本件更正処分に基づき納付すべき税額の計算の基礎となった事実が本件更正処分前の税額の計算の基礎とされていなかったことについて、同条第5項（筆者注 現行の規定では、第7項）の準用する国税通則法第65条《過少申告加算税》第4項（筆者注 現行の規定では、第5項）第1号に規定する「正当な理由」があると認められる場合にも該当しない。

したがって、本件更正処分に基づき新たに納付すべき税額に対する無申告加算税を課さない「正当な理由」があるとは認められない。

(3)　本件更正処分及び本件賦課決定処分の適法性

①　本件更正処分の適法性

上記(1)③のとおり、請求人が被相続人に対して5,000,000円を貸し付けた事実を認めることはできないから、請求人の本件相続税の課税価格から控除すべき債務は存在せず、これに基づき請求人の本件相続税の課税価格及び納付すべき税額を計算すると、いずれも本件更正処分の各金額と同額となる。

そして、本件更正処分のその他の部分については、請求人は争わず、審判所に提出された証拠資料等によっても、これを不相当とする理由は認められない。

したがって、本件更正処分は適法である。

②　本件賦課決定処分の適法性

上記(2)④のとおり、国税通則法第66条《無申告加算税》第1項ただし書の規定及び同条第5項（筆者注 現行の規定では、第7項）の準用する国税通則法第65条《過少申告加算税》第4項（筆者注 現行の規定では、第5項）第1号の規定の適用はなく、これを前提に、審判所において、本件更正処分により新たに納付すべき税額に係る無申告加算税の額を計算すると、別表（筆者注 非公開）のとおり＊＊円（筆者注 非公開）となり、本件賦課決定処分の金額を上回る。

また、本件賦課決定処分のその他の部分については、請求人は争わず、審判所に提出された証拠資料等によっても、これを不相当とする理由は認められない。

したがって、本件賦課決定処分は適法である。

〔6〕まとめ

(1)　裁決事例

先例とされる裁決事例では、請求人（納税者）が請求人の被相続人に対する5,000,000円の貸付金及びその利息に係る債務の合計12,000,000円の債務控除の計上もれを主張したのに対し、原処分庁（課税庁）が主張し国税不服審判所がこれを相当と判断したのが当該貸付金の存在自体が確認できないことから債務控除は認められないとするものであったことから、結果として、請求人の主張は認められなかった。

⑵　参考法令通達等

- 相続税法第13条《債務控除》
- 相続税法第21条の15《相続時精算課税に係る相続税額》
- 国税通則法第65条《過少申告加算税》
- 国税通則法第66条《無申告加算税》
- 国税不服審判所裁決事例（令和3年1月15日裁決、東裁（諸）令2-50、平成29年相続開始分）

本問から学ぶ重要なキーポイント

⑴　贈与者である親が、子に対し自宅購入資金を贈与等するに当たり、当該子の自宅購入に係る資力の有無を確認するために、当該子に一定額の金銭の振込みを求めるというのは不自然であるとされています。

⑵　請求人の申述及び答述（①債務控除の申し出が税務調査中にはなく、調査状況の説明時に初めてあったこと、②本件振込みに係る振込依頼書のその後の保管状況に係るもの）は、本件振込みの有無や本件振込みに係る振込依頼書の存否といった、被相続人に対する貸付金の成立の有無の判断に当たっての重要な点について変遷しており、その変遷について合理的な理由を見い出すことはできないとされています。

⑶　請求人が本件振込みをして被相続人に貸し付けたという平成6年から被相続人が死亡した平成29年までの長年にわたって、被相続人に返済を求めず、何らの債権保全措置を執らないというのは、債権者の行動として不自然というほかはないとされています。

貸付金債権に係る実務対策

⑴　金銭消費貸借契約に係る要件事実

先例とされる裁決事例では、親（被相続人）と子（請求人）との間における貸付金債権の存在（金銭消費貸借契約の有無）が争点とされているところ、民法第587条（消費貸借）において、「消費貸借は、当事者の一方が種類、品質及び数量の(A)同じ物をもって返還することを約して(B)相手方から金銭その他の物を受け取ることによって、その効力を生ずる」と規定されていることから、金銭消費貸借契約は要物契約（契約の成立に当たっては、当事者間における合意以外に、目的物の相手方に対する引渡しなどの給付行為があることを必要とする契約。上記(B)＿＿部分）であることが理解されます。

そうすると、金銭消費貸借契約に係る要件事実として、次の事項が確認される必要があります。

① 金銭の返還の合意があること（上記(A)＿＿部分）

② 金銭を相手方に交付したものであること（上記(B)＿＿部分）

先例とされる裁決事例では、次に掲げる事項が摘示されており、上記の金銭消費貸借契約に係る要件事実を充足していないことが確認されます。

(イ) 本件振込み（請求人が被相続人に対して5,000,000円の振込みをすること）に係る金銭消費貸借契約書が作成されていないこと

(ロ) 本件振込みに使用したとされる振込用紙の存在が確認できないこと

また、上記の摘示項目には該当していないものの、次に掲げる事項についても具体的な説明ができなかったものと考えられます。

(ハ) 本件振込みに係る相手方（被相続人）の通帳における請求人からの振込みに対応する記載

(ニ) 本件振込みに必要な資金原資の調達手段

(2) 自然債務の取扱いについて

① 控除すべき債務の金額の評価について

相続税法は、相続により取得した財産の価額の合計額をもって相続税の課税価格とする（相続税法第11条の2《相続税の課税価格》、被相続人の債務で相続開始の際に確実と認められるものがあるときには、その金額を相続により取得した財産の価額から控除する（相続税法第13条《債務控除》及び同法第14条《控除すべき債務》）こととし、その控除すべき債務の金額を、その時の現況によると規定しています。

これらの規定は、相続税が財産の無償取得によって生じた経済的価値の増加に対して課せられる租税であるところから、その課税価格の算出に当たっては、相続によって取得した財産と相続人が相続により負担することとなる債務の双方について、それぞれの現に有する経済的価値を客観的に評価した金額を基礎とする趣旨のものであり、控除債務については、その性質上客観的な交換価値がないため、交換価値を意味する「時価」に代えて、その「現況」により控除すべき金額を評価する趣旨であると解されています。

そうすると、弁済すべき金額の確定している金銭債務であっても、同金額が当然に当該債務の相続開始の時における消極的経済価値を示すものとして課税価格算出

の基礎となるものではなく、控除すべき金額を個別に評価しなければならないということになります。

（注） 上記＿＿部分の解釈は、相続税法に規定する債務控除に係る重要な法令解釈等となります。

② 「確実と認められるもの」について

相続税法第14条《控除すべき債務》に規定する「確実と認められるもの」とは、相続開始日現在において単に債務が存在するのみならず、次に掲げる(イ)又は(ロ)の要件を充足していることが必要であると解されています。

(イ) 債務者においてその債務の履行義務が法律的に強制されるものであること

(ロ) 上記(イ)以外の債務で、事実的、道義的に履行が義務付けられ、あるいは、履行せざるを得ない蓋然性の表象があり、相続人がその債務を履行し相続財産の負担となることが必然的なものであること

③ 先例とされる裁決事例の取扱い

先例とされる裁決事例において、予備的な検討として、仮に、金銭消費貸借契約における要件事実を充足していたとしても、次に掲げる事項からすると、本件振込みにより被相続人が請求人に対して5,000,000円の返済すべき債務を有するとして、これを相続税法に規定する債務控除の対象となる債務として取り扱うことは、不相当であると考えられます。

(イ) 請求人が被相続人に対して貸付金の返済を求めた事実が、請求人の申述及び答述や審判所に提出された証拠資料によってもうかがわれないこと

(ロ) 請求人が本件振込みをして被相続人に貸し付けたという平成6年から被相続人が死亡した平成29年までの長年にわたって、被相続人に返済を求めず、何らの債権保全措置を執らないというのは、債権者の行動として不自然であること

また、このような債務はいわゆる「自然債務」（債務者が自発的に履行すれば有効な弁済となるが、債務者が履行しなくても債権者から訴えられたり強制執行を受けたりすることのない債務をいいます。）の一種に該当するものとも考えられます。

2 貸付金債権等の回収不能の判断〈形式基準〉

（『次に掲げる金額に該当するとき』の意義）

Q2-1 『課税時期（相続開始時）において債務者が業績不振のため6か月以上休業しているとき』（形式基準）に該当するとして、貸付金債権を評価不要とすることの可否が争点とされた事例

事例 国税不服審判所裁決事例
（平成15年12月19日裁決、関裁（諸）平15－35、平成10年相続開始分）

疑問点

被相続人に係る相続開始があり、その相続財産としてA㈲に対する出資（本件出資）及び同社に対する貸付金155,673,828円（額面金額）（本件貸付金）が存在することが判明しています。A㈲の被相続人の相続開始前後における状況は、次のとおりとなっていました。

(1) A㈲は、建築後の経過年数が約24年の家屋（本件家屋）（被相続人に係る相続開始時における時点で算定）を所有しており、貸店舗として家賃収入を得ることが主な目的である法人です。

(2) 本件家屋は、被相続人に係る相続開始の約4年前から賃借人が存せず、全く未利用のままであり、再利用の可能性も高いとは認められない状況です。

(3) 上記(2)より、A㈲は被相続人に係る相続開始の約4年前から売上高が計上されておらず、継続して休業状態にあるものと認められます。

そして、評価通達205《貸付金債権等の元本価額の範囲》において、要旨「貸付金債権の評価を行う場合において、債務者が業績不振のため又はその営む事業について重大な損失を受けたため、その事業を廃止し又は6か月以上休業しているとき、その他その回収が不可能又は著しく困難であると見込まれたときにおいては、その債権金額の全部又は一部は元本の価額に算入しない」と定められています。

そうすると、A㈲は、上記に掲げる評価通達205の定めを適用するための要件である「債務者（A㈲）が業績不振のため、6か月以上休業しているとき」（上記＿＿部分）に該当するものとして、本件貸付金の価額はその全額が回収が不可能又は著しく困難であると見込まれるものとして、0円で評価（評価不要）とすることが認められるのでしょうか。

お尋ねの本件貸付金の価額については、疑問点に掲げられている事項のみをもって摘示の評価通達205《貸付金債権等の元本価額の範囲》に定める要件を充足していると解釈して、これを0円（評価不要）と断定することは早計であり、更に詳細な調査（例えば、A㈲の本件相続開始時における資産・負債の状況）が必要とされます。

解　説

評価通達205《貸付金債権等の元本価額の範囲》の文面上の定めは、要旨として疑問点に掲げられているとおりですが、その求められる法令解釈等として、「貸付金が評価通達205に定める貸付金に該当するというためには、その貸付金に係る債務者が6か月以上休業しているというだけでなく、債務者の営業、資産状況等が客観的に破綻していることが明白で、債権回収の見込みのないことが客観的に確実であるといい得ることが必要である」と解されています。

Q2-1の検討に当たっては、下記に掲げる裁決事例が先例として参考になります。

◉国税不服審判所裁決事例（平成15年12月19日、関裁（諸）平15－35、平成10年相続開始分）

〔1〕事案の概要

本件は、相続財産である出資の評価に係る家屋の評価及び被相続人の当該出資先に対する貸付金の評価を争点とする事案である。

筆者注 出資先に対する貸付金の評価に当たっては、当該出資先の資産・負債の状況を確認することが不可欠とされていることから、その所有する家屋の評価についても、併せて確認するものとする。

〔2〕基礎事実

⑴　本件相続

請求人は、平成10年7月23日（以下「本件相続開始日」という）に死亡した被相続人の相続人であるが、この相続（以下「本件相続」という）に係る相続税について、法定申告期限までに申告した。

⑵　本件出資

被相続人名義の被相続人が主宰するA㈲の出資（以下「本件出資」という）は、本件相続に係る相続財産であり、その価額は、評価通達の定めに従って純資産価額方式により評価するものである。

⑶　本件家屋

①　A㈲は、本件相続開始日現在において、図表－1記載の家屋（以下「本件家屋」という）の所有権の持分を有していた。

図表－1　本件家屋の明細

所在地	家屋番号	床面積	固定資産税評価額
＊＊市＊＊字＊＊ ＊＊番地＊＊他13筆	＊＊－＊＊	10,963.96㎡のうち 持分50,000分の34,521	473,056,456円

②　本件家屋の平成10年度の固定資産税評価額のうち、A㈲の所有権の持分に相当する価額は、図表－1の「固定資産税評価額」欄記載のとおり、473,056,456円である。

⑷　本件貸付金

①　被相続人は、本件相続開始日現在において、A㈲に対して155,673,828円の貸付金（以下「本件貸付金」という）を有していた。

②　請求人は、本件相続開始日現在において、A㈲に対する4,963,971円の貸付金を有していた。

⑸　本件更正処分等

原処分庁は、平成14年5月17日付で更正処分（以下「本件更正処分」という）をし、併せて、過少申告加算税の賦課決定処分（以下「本件賦課決定処分」という）をした。

⑹　異議申立て及び異議決定

請求人は、本件更正処分及び本件賦課決定処分を不服として、平成14年7月16日に異議申立て（筆者注 現行の規定では、再調査の請求。以下同じ）をしたところ、異議審理庁（筆者注 現行の規定では、再調査審理庁。以下同じ）は、同年10月15日付でいずれも棄却の異議決定（筆者注 現行の規定では、再調査決定。以下同じ）をした。

⑺　審査請求

請求人は、異議決定を経た後の原処分に不服があるとして、平成14年11月14日に審査請求した。

筆者注　上記⑴ないし⑺に掲げる基礎事実（一部につき、国税不服審判所による認定事実を含む）につき、時系列的な経過をまとめると、図表－2のとおりとなる。

図表－2　本件裁決事例における時系列

S49	H6 以後	H10 7/23	H11 5/24	H14 5/17	H14 7/16	H14 10/15	H14 11/14
本件家屋の新築 （貸店舗に供用）	(1)　本件家屋の入居者不存在 (2)　A㈲は継続して休業状態	本件相続開始	本件相続に係る期限内申告 (1)　本件出資の価額…0円 (2)　本件貸付金の価額…0円	本件更正処分等	異議申立て	異議決定	審査請求

〔3〕争点

(1) 争点1

本件出資の価額を評価するための本件家屋の評価について

(2) 争点2

本件貸付金の価額について

〔4〕争点に関する双方（請求人・原処分庁）の主張

各争点に関する請求人・原処分庁の主張は、図表－3のとおりである。

図表－3　各争点に関する請求人・原処分庁の主張

（争点1）本件出資の価額を評価するための本件家屋の評価について

請求人（納税者）の主張	原処分庁（課税庁）の主張
(1)　本件家屋は、次に述べるとおり、評価通達の定めにより評価し難い特別な事情があるから、評価通達により評価するべきではなく、客観的な交換価値、すなわち、本件家屋をその敷地である借地権（以下「本件借地権」という）付で処分することを前提として不動産鑑定士＊＊が行った、平成12年6月7日付鑑定評価書（以下「本件鑑定評価書」という）による不動産鑑定評価（以下「本件鑑定評価」という）により評価すべきである。 ①　評価通達89《家屋の評価》に定める家屋の評価の方法は、固定資産税評価額に1.0倍を乗じて算定するというものであるが、この算定の基礎となる固定資産税評価額は、家屋を使用して収益することに着目してその価額が算定されている。 　したがって、家屋が通常の形で使用され、収益を生じている場合であれば、評価通達に定める家屋の評価方法もある程度の妥当性があるものであるが、通常の形で使用できない家屋については、評価方法に定める方式によって評価することは合理性を欠くものである。 ②　本件家屋は、昭和49年に新築されて以来、貸店舗として使用されていたが、平成6年6月以降、全く使われておらず、再利用の可能性もない。 ③　上記①及び②のような状況にあって、本件鑑定評価における本件家屋の価額はないものとされている。 (2)　上記(1)のとおりであるから、本件家屋は、本件鑑定評価に基づき評価することが相当であり、これによると、本件家屋の価額はないこと（筆者注 0円）になる。	相続税における財産の評価は、特別な事情のない限り、評価通達の定めに基づいて行うことが合理的であると解される。 本件出資の額を純資産価額方式によって評価するためには、本件家屋を評価通達89《家屋の評価》の定めに従って評価することが相当であり、これによると本件家屋の評価額は473,056,456円となる。

（争点２）本件貸付金の価額について

請求人（納税者）の主張	原処分庁（課税庁）の主張
本件貸付金は、次に述べるとおり、評価通達205《貸付金債権等の元本価額の範囲》に基づき元本の価額に算入しない貸付金、すなわち、相続税の計算上、相続財産に計上する必要のない貸付金に該当する。 ⑴　A㈲は、平成６年６月から収入がなく、６か月以上休業状態であり、また、同社の主要財産である本件家屋の再利用や解体処分は、事実上不可能であって、同社の事業再開の見込みはない。 したがって、本件貸付金の債務者であるA㈲は、評価通達205に定める業績不振のため、６か月以上休業しているときに該当する。 ⑵　A㈲の資産及び負債の状況を検討する上では次の事情を考慮すべきであり、これにより同社の資産及び負債を純資産価額方式で評価すると、図表－４（筆者注欄外に掲載）記載のとおり、同社の負債の額は同社の資産の額を大幅に上回っている。 ①　A㈲が同社の負債を弁済するためには、本件家屋及び本件借地権を処分し、その代金によって弁済するしか方法がない。 ②　本件鑑定評価よれば、本件家屋を取り壊すことを前提に本件家屋の価額をないものとし、また、本件借地権の価額を23,130,000円としているから、本件家屋及び本件借地権の価額は、これらの価額によることが妥当である。 ⑶　上記⑴及び⑵のとおり、A㈲の資産状況からすれば、本件貸付金を回収することは不可能又は著しく困難であるから、本件貸付金は、評価通達205に定めるその債権の全部の回収が不可能又は著しく困難であると見込まれる場合にも該当する。	⑴　相続財産である貸付金が評価通達205《貸付金債権等の元本価額の範囲》の定めにより元本の価額に算入しない貸付金、すなわち、相続財産に計上する必要のない貸付金に該当するためには、債務者の営業、資産状況等が客観的に破綻していることが明白で、その貸付金の回収の見込みがないことが客観的に確実であることが必要であるというべきである。 ⑵　上記⑴を本件についてみると、A㈲は、請求人が主張するとおり６か月以上休業状態ではあるが、A㈲の資産の額は同社の負債の額を上回っているから、同社が破綻状態にあることが明白で、本件貸付金の回収の見込みがないことが客観的に確実であるとはいえない。 したがって、本件貸付金は、評価通達205に定める貸付金には該当しないので、本件貸付金の全額がその元本に算入されることになり、これによると本件相続開始日現在の本件貸付金の額は155,673,828円となる。

図表－４　A㈲の資産・負債の状況（請求人主張額）

（単位　千円）

資産の部		負債の部	
科目等	金額	科目等	金額
本件家屋	0	本件貸付金	0
本件借地権	23,130	請求人の貸付金	0
その他の資産	72,117	その他の負債	173,956
計	95,247	計	173,956

〔5〕国税不服審判所の判断

(1) 争点1（本件出資の価額を評価するための本件家屋の評価について）

① 認定事実

(イ) 本件鑑定評価書の内容

請求人が審判所に提出した本件鑑定評価書の内容は、おおむね次のとおりであった。

㋑ 本件相続開始日における本件借地権付本件家屋の価額を算定している。

㋺ 具体的には、本件借地権の最有効使用の観点から本件家屋を取り壊し、その後に必要十分な駐車場を確保した適正規模の建物を建築して利用することが妥当であるとして、本件家屋の価額はないものとし、本件借地権のみの価額を23,130,000円と算定している。

(ロ) 本件家屋に関する事項

㋑ A㈲は、平成6年6月1日以降の収入はなく、本件家屋は、同日以降使用されていない。

㋺ 請求人は、審判所に対し、請求人は本件相続の開始前においてはA㈲の経営にほとんど関与していなかったため、被相続人が本件家屋をどのようにしようと計画し、行動していたのかはわからない旨答述している。

㋩ 審判所が請求人に対し、本件家屋が使用されなくなって以後本件相続開始日まで、被相続人及び請求人が取壊しを含めて本件家屋をどのように扱おうとしていたかを示す資料の提出を求めたところ、請求人は、被相続人が平成6年ころに本件家屋を貸し付ける目的で複数の企業と交渉していたことを証する資料を提出したが、本件家屋の取壊しをうかがわせる資料は提出されていない。

㊁ ＊＊市役所＊＊課課長補佐である＊＊は、審判所に対し、今まで本件家屋の固定資産税評価額に関する異議申立て等を受けたことはない旨答述している。

② 法令解釈等

相続税法第22条《評価の原則》は、特別の定めのあるものを除き、相続により取得した財産の価額は、当該財産の取得の時における時価による旨規定しているところ、同条に規定する時価とは、課税時期におけるそれぞれの財産の現況に応じ、不特定多数の当事者間で自由な取引が行われた場合に通常成立すると認められる価額、すなわち、客観的な交換価値を示す価額をいうものと解されている。

また、相続税の課税実務上、相続財産の価額は、評価通達によって定められた画一的な方式によって評価することとされているが、これは相続財産の客観的な交換価値を個別に評価する方法を採ると、その評価方式や基礎資料の選択の仕方等により異なった評価額を生じることが避け難いなどの理由により、あらかじめ定められた評価方式によって、これを画一的に評価する方が納税者間の公平などの観点から合理的であるという理由に基づくものと解されている。

そうすると、評価通達に定められた評価方法が形式的にすべての納税者に適用されることによって、納税者間の租税負担の実質的な公平をも実現することができるものと解されるから、特定の納税者あるいは特定の財産についてのみ、特別な理由もなく、評価通達に定められた方法以外の方法によってその評価を行うことは、納税者の租税負担の実質的公平を欠くことになり、許されないというべきである。

③　本件家屋の評価方法

(イ)　請求人は、本件家屋は通常の形で使用されておらず、また、再利用の可能性もないから、評価通達を適用して本件家屋を評価することは合理性を欠く旨主張する。

しかしながら、相続税課税における家屋の価額は、評価すべき家屋そのものの客観的交換価値を示す価額をいうのであるから、家屋が使用されていないからといって、そのことが本件家屋の価額に影響を及ぼすものと解することはできない。

(ロ)　請求人は、本件家屋の評価は本件家屋の取壊しを前提とした本件鑑定評価に基づいて行うべきである旨主張し、その根拠として本件鑑定評価書を提出した。

しかしながら、上記①(ロ)(ロ)のとおり、請求人はA(有)の主宰者であった被相続人が、本件家屋の使用や取壊しについて具体的にどのように計画し、行動していたのかは分からない旨答述しており、また、上記①(ロ)(ハ)のとおり、請求人から、本件家屋の取壊しが予定されていたということを示す証拠資料の提出もない。

したがって、本件相続開始日現在において、本件家屋の取壊しが具体的に予定されていたとは認められないから、本件家屋を評価するについて本件鑑定評価を根拠とすることは、合理性を欠くものといわざるを得ない。

(ハ)　上記(イ)及び(ロ)のとおりであり、本件家屋の価額を評価するに当たり、評価通達により難い特別な事情があるということはできず、また、上記①(ロ)(ニ)の認定事実によれば、本件家屋の固定資産税評価額は、所有者に認知され、争われていなかったものと認められるから、本件家屋を評価通達89《家屋の評価》の定めに従い評価することは合理的と解される。

したがって、この点に関する請求人の主張には理由がない。

④　本件家屋の価額

本件家屋の評価方法については上記③のとおりであり、原処分庁が本件家屋の価額を評価通達89《家屋の評価》の定めに従い本件家屋の平成10年度の固定資産税評価額に1.0倍を乗じて473,056,456円と算定したことは、審判所においても相当と認められる。

また、原処分庁は、本件家屋の価額473,056,456円をA(有)の資産の額に算入して純資産価額方式により本件出資の額を算定しているところ、審判所の調査によっても、原処分庁の本件出資の額の算定は適正に行われていると認められる。

⑵　争点２（本件貸付金の価額について）

①　法令解釈等

評価通達205《貸付金債権等の元本価額の範囲》は、被相続人の有していた貸付金のうち、相続財産に計上する必要のない貸付金については、債務者が業績不振のため又はその営む事業について重大な損失を受けたため、その事業を廃止し又は６か月以上休業しているとき、その他その回収が不可能又は著しく困難であると見込まれるときにおいては、その債権金額の全部又は一部は元本の価額に算入しない旨を定めているところ、請求人は本件貸付金は同通達205に定める貸付金に該当する旨主張する。

しかしながら、貸付金が評価通達205に定める貸付金に該当するというためには、その貸付金に係る債務者が６か月以上休業しているというだけでなく、債務者の営業、資産状況等が客観的に破綻していることが明白で、債権回収の見込みのないことが客観的に確実であるといい得ることが必要であると解されている。

②　当てはめ

A㈲の資産状況が客観的に破綻しているか否かについて、同社の資産及び負債の状況から検討したところ、次のとおりである。

㈠　請求人はA㈲の資産及び負債の状況を検討する上では、本件家屋及び本件借地権の価額は、本件家屋の取壊しを前提とした本件鑑定評価により評価することが妥当である旨主張する。

しかしながら、本件相続開始日現在において本件家屋を取り壊す具体的な予定があったとは認められないことは上記⑴③㈺のとおりであるから、A㈲の資産及び負債の状況を検討する上で、本件鑑定評価に基づき本件家屋及び本件借地権を評価することに合理性があるとは認められない。

㈺　審判所において、A㈲の資産及び負債の状況を評価通達の定めに従い純資産価額方式により評価すると、図表－５記載のとおりとなり、本件貸付金及び請求人の同社に対する貸付金を同社の負債に計上しても、なお、同社の資産の額は同社の負債の額を大幅に上回ることが認められる。

図表－５　A㈲の資産・負債の状況（国税不服審判所の認定額）

（単位　千円）

資産の部		負債の部	
科目等	金額	科目等	金額
本件家屋	473,056	本件貸付金	155,673
本件借地権	275,501	請求人の貸付金	4,963
その他の資産	72,117	その他の負債	173,956
計	820,674	計	334,592

③　本件貸付金の価額

上記①及び②のとおりであるから、同社の資産状況が客観的に破綻していることが明白であるとは認められず、本件貸付金を回収する見込みのないことが客観的に確実であるということはできない。

したがって、この点に関する請求人の主張には理由がなく、原処分庁が、本件貸付金をその全額である155,673,828円と算定したことは、審判所においても相当であると認められる。

〔6〕まとめ

(1)　裁決事例の結果

先例とされる裁決事例における本件家屋及び本件貸付金の各価額につき、請求人（納税者）が主張したもの及び原処分庁（課税庁）が主張しこれを国税不服審判所が相当と判断したものを示すと、図表－6のとおりとなったため、結果として、請求人（納税者）の主張は容認されなかった。

図表－6　本件家屋及び本件貸付金の価額（双方の主張及び国税不服審判所の判断）

財　　　産	請求人（納税者）の主張額	原処分庁（課税庁）の主張額	国税不服審判所の判断額
本件家屋	0円	473,056,456円	473,056,456円
本件貸付金	0円	155,673,828円	155,673,828円

(2)　参考法令通達等

- 相続税法第22条《評価の原則》
- 評価通達89《家屋の評価》
- 評価通達205《貸付金債権等の元本価額の範囲》

本問から学ぶ重要なキーポイント 

(1)　相続税課税における家屋の価額は、評価すべき家屋そのものの客観的交換価値を示す価額をいうのであるから、家屋が使用されていないからといって、そのことが本件家屋の価額に影響を及ぼすものと解することはできないとされています。

(2)　本件相続開始日現在において、本件家屋の取壊しが具体的に予定されていたとは認められないから、本件家屋を評価するについて本件鑑定評価を根拠とすることは、合理性を欠くものといわざるを得ないとされています。

⑶　貸付金が評価通達205《貸付金債権等の元本価額の範囲》に定める貸付金に該当するというためには、その貸付金に係る債務者が6か月以上休業しているというだけでなく、債務者の営業、資産状況等が客観的に破綻していることが明白で、債権回収の見込みのないことが客観的に確実であるといい得ることが必要であると解されています。

貸付金債権に係る実務対策

先例とされる裁決事例で確認した本件貸付金につき、国税不服審判所の判断は別として、実務上の観点から考えた場合に、これを回収することは、次に掲げる事由から極めて困難であると考えられます。

⑴　本件家屋は昭和49年に新築されており、本件相続開始日（平成10年7月23日）において経過年数は約24年であり、かつ、平成6年6月以降の家賃収入がないとのことで、その資産価値の低下は相当なものと認められること

（注）　上記のような状況にある本件家屋に、平成10年度の固定資産税評価額473,056,456円が付されているものの、当該事項が本件家屋の価値を示すものであるか否かについては実際の不動産市場では、大いに疑問視されるところとなっています。

⑵　上記⑴より、本件家屋の換金化（売却）は非常に困難と考えられ、また仮に本件家屋の購入者が出現したとしても、本件家屋の存する土地は借地権（一般的には建物の所有を目的とする賃借権と考えられる）とされている（本件借地権）ことから、本件借地権の譲渡には借地権設定者（土地所有者）の承諾が必要とされ、そのためには更に「名義書換料」も必要と考えられること

⑶　**図表－5**に掲げるA㈲の資産・負債の状況（国税不服審判所の認定額）を前提とすると、その他の負債（173,956,000円）を弁済するに、その他の資産（72,117,000円）のみでは弁済しきれない状況にあると認められること

⑷　上記⑶より、本件貸付金及び請求人の貸付金をその他の資産（72,117,000円）から弁済することは困難であると考えられること

そうすると、本件貸付金につき、被相続人に係る本件相続開始日前にA㈲に対する債務免除（この場合には、税務上の諸問題（法人税の課税問題、同族会社における個人株主に対するみなし贈与課税等）の確認が必要です）や債権贈与等の対応も求められたものと思われます。

Q2-2 貸付金債権につき課税時期（相続開始時）後に成立した訴訟上の和解により『課税時期後５年を経過した日後に弁済されることとなる部分の金額』が確定した場合に当該金額を評価不要とすることの可否が争点とされた事例

事例 国税不服審判所裁決事例
（平成18年12月11日裁決、広裁（諸）平18－23、平成15年相続開始分）

疑問点

被相続人に係る相続（令和Ａ年４月25日相続開始）により同人が有していた貸付金債権を承継した相続人は、その後、貸付金債権の返還請求訴訟を裁判所に提訴したところ、次に掲げる内容で債務者との間で令和Ｃ年１月20日に和解が成立しました。

⑴　債務者につき、貸付金債権50,000,000円（当該金額は、被相続人に係る相続開始時と同額です）の支払義務があること

⑵　上記⑴の支払義務につき、令和Ｃ年３月１日を第１回目として、毎年３月１日に5,000,000円ずつで10分割の年賦払い（最終支払期日：令和Ｌ年３月１日）でその履行を行うこと

相続人は被相続人に係る当初の相続税の期限内申告において、上記の貸付金債権の価額を50,000,000円（元本の価額）として評価していました。

ところで、評価通達205《貸付金債権等の元本価額の範囲》においては、要旨、次のとおりの定めが設けられています。

要旨　貸付金債権等の評価を行う場合において、その債権金額の全部又は一部が、課税時期において次に掲げる金額に該当するときその他その回収が不可能又は著しく困難であると見込まれるときにおいては、それらの金額は元本の価額に算入しない。

⑴　（略）

⑵　更生計画認可の決定、再生計画認可の決定、特別清算に係る協定の認可の決定又は法律の定める整理手続によらないいわゆる債権者集会の協議により、債権の切捨て、棚上げ、年賦償還等の決定があった場合において、これらの決定のあった日現在におけるその債務者に対して有する債権のうち、その決定により切り捨てられる部分の債権の金額及び次に掲げる金額

①　弁済までの据置期間が決定後５年を超える場合におけるその債権の

金額

㋺　年賦償還等の決定により割賦弁済されることとなった債権の金額のうち、課税時期後5年を経過した日後に弁済されることとなる部分の金額

(ハ)　当事者間の契約により債権の切捨て、棚上げ、年賦償還等が行われた場合において、それが金融機関のあっせんに基づくものであるなど真正に成立したものと認めるものであるときにおけるその債権の金額のうち、上記(ロ)の㋑及び㋺に掲げる金額に準ずる金額

そうすると、本件事例は裁判所における和解で貸付金債権の支払方法が年賦償還とされたものであり、これを上記(ロ)及び(ハ)に掲げる貸付金債権の元本の価額を評価不要とする事由と同視できるものであるとして、当該貸付金債権50,000,000円のうち、上記(ロ)㋺の＿＿部分に掲げる「課税時期後5年を経過した日後に弁済されることとなる部分の金額」として、**図表－1**より求められた金額である30,000,000円を控除した20,000,000円が本件相続により相続人が取得した貸付金債権の額であるとして、本件相続に係る相続税の更正の請求をすることは可能となりますか。

図表－1　本件事例における貸付金債権の価額（算定案）

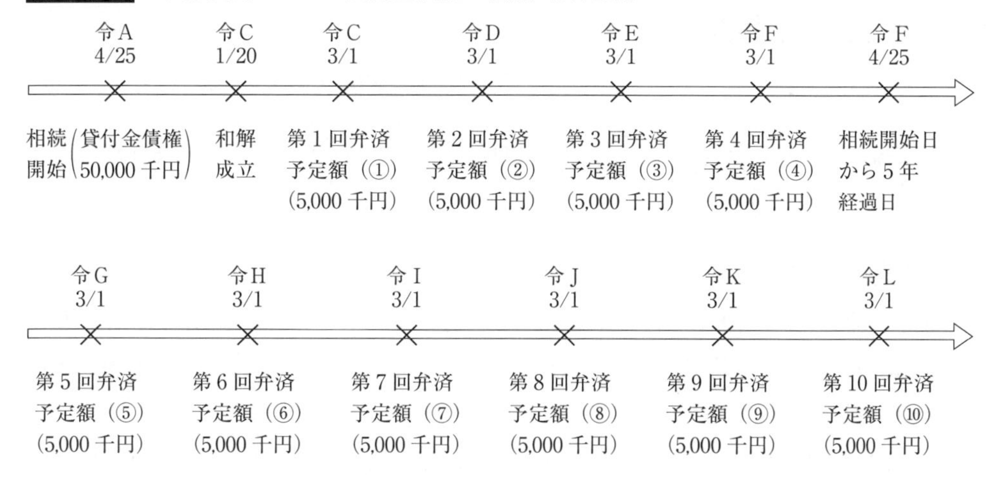

(A)　貸付金債権のうち相続開始日から5年経過日後に弁済される部分の金額

5,000,000円×6回（上記⑤ないし⑩）＝30,000,000円

(B)　相続税の更正の請求を求める場合の貸付金債権の価額

50,000,000円（貸付元本の価額）－30,000,000円（上記(A)）＝20,000,000円

お尋ねの本件相続において、相続税の更正の請求をすることができるとの解釈は質問者の独自の解釈であってその相当性はないものと考えられます。したがって、本件事例における貸付金債権の価額は、50,000,000円として取り扱うことが相当と考えられます。

解　説

次に掲げる事項から判断すると、お尋ねの本件相続に係る貸付金債権について、評価通達205《貸付金債権等の元本価額の範囲》の定めを適用することは相当ではないと考えられます。

(1)　同通達の定めではその適用可否の判断時点は、課税時期（本件相続の開始日）（疑問点の要旨の＿＿部分を参照）とされているところ、本件事例における訴訟上の和解は当該課税時期後に成立したものであること

(2)　上記(1)の点を措くとしても、課税時期において債務者に対する貸付金債権の回収につき、その回収が不可能又は著しく困難であると見込まれることが必要と解されるところ、当該貸付金債権の回収の見込みがないことが客観的に確実であるとの証拠が確認できないこと

Q2-2の検討に当たっては、下記に掲げる裁決事例が先例として参考になります。

◉国税不服審判所裁決事例（平成18年12月11日裁決、広裁（諸）平18－23、平成15年相続開始分）

〔1〕 事案の概要

本件は、審査請求人二男Ｂ及び同三男Ｃ（以下、これらの両名を併せて「請求人ら」という）が、貸付金債権の評価誤りなどを理由として行った相続税の更正の請求について、原処分庁が更正をすべき理由がない旨の通知処分及び更正処分を行ったのに対し、請求人らが更正の請求には理由があるとして原処分の一部の取消しを求めた事案であり、争点は、貸付金債権の回収が不可能又は著しく困難であると見込まれるか否かである。

〔2〕 基礎事実

(1)　被相続人に係る本件相続の開始

平成15年＊＊月＊＊日に死亡した被相続人の相続（以下「本件相続」という）に係る相続人は、本件相続の開始時点（以下「本件相続開始時」という）において、妻乙、長男Ａ及び請求人らの４名であったが、平成16年２月26日、＊＊家庭裁判所において長男Ａ

につき不在者財産管理人X（以下「X財産管理人」という）が選任された。

(2) 被相続人に係る遺産分割協議

① 妻乙、請求人ら及びX財産管理人は、平成16年3月30日に被相続人の遺産分割協議を行った。

② 上記①の遺産分割協議には、妻乙が取得する財産として債務者αに対する貸付金35,000,000円の2分の1（17,500,000円）、長男Aが取得する財産として債務者αに対する貸付金35,000,000円の2分の1（17,500,000円）及び二男Bが取得する財産として債務者β（以下、債務者αと併せて「本件債務者ら」という）に対する貸付金11,000,000円が含まれていた。

(3) 相続税の申告書の提出

妻乙、請求人ら及びX財産管理人は、平成16年4月28日、原処分庁に対し、本件相続にかかる相続税の申告書を提出した。

(4) 貸付金の返還請求訴訟及び和解

① 妻乙、二男B及びX財産管理人は、平成＊＊年＊＊月＊＊日に＊＊地方裁判所へ本件債務者らを被告として上記(2)②の貸付金の返還請求訴訟を提訴した。

② 上記①の後、平成＊＊年＊＊月＊＊日、＊＊地方裁判所において、本件債務者らが、上記(2)②の貸付金につき支払義務があること、平成17年2月から160回ないし171回の月払いで分割し支払うこと等を内容とする訴訟上の和解が成立した（以下、この和解を「本件和解」という）。

(5) 被相続人に係る遺産分割協議（再協議）

① 長男Aは、＊＊家庭裁判所において失踪宣告を受け＊＊年＊＊月＊＊日（筆者注 当該年月日は、本件相続開始時より前である）に死亡したものとみなされた。そのため、妻乙及び請求人らは、上記(2)で成立した遺産分割協議をやり直すこととなり、平成17年4月11日、被相続人の遺産分割協議を再度行った。

② なお、上記遺産分割協議においても、妻乙が取得する財産として債務者αに対する貸付金35,000,000円の2分の1並びに二男Bが取得する財産として債務者αに対する貸付金35,000,000円の2分の1及び債務者βに対する貸付金11,000,000円が含まれていた（以下、これらの貸付金を「本件貸付金」という）。

(6) 相続税の修正申告書の提出

請求人らは、平成17年4月20日、原処分庁に対し、上記(5)の遺産分割に伴い相続税が増加したことから相続税の修正申告書を提出した。

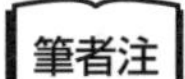
長男Aに係る失踪宣告を受けて、長男Aは本件相続に係る被相続人よりも以前に死亡として取り扱われ、かつ、長男Aの子（被相続人に係る代襲相続人）が存在しなかったため、当初の遺産分割で長男Aが取得したものとされた財産を請求人らが遺産分割のやり直しにより取得した結果、請求人らは相続税の修正申告書を提出したものと推認される。

(7) 相続税の更正の請求

請求人らは、平成17年4月28日、原処分庁に対し、本件貸付金の価額につき上記(4)②に掲げる本件和解に基づいて評価通達205《貸付金債権等の元本価額の範囲》（以下「本件通達」という）の定めを適用して元本の価額よりも減額した金額で評価されるべきであるとして、本件相続に係る相続税の更正の請求をした。

(8) 本件通知処分

上記(7)の相続税の更正の請求に対して、平成17年9月6日、原処分庁は更正をすべき理由がない旨の通知処分（以下「本件通知処分」という）を行った。

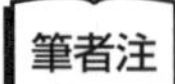
筆者注　上記(1)ないし(8)に掲げる基礎事実及びその他参考となる事項につき、本件相続に係る親族図及び時系列的な経過をまとめると、図表－2及び図表－3のとおりとなる。

図表－2　本件相続に係る親族図

被相続人（平成15年＊＊月＊＊日相続開始）
　├─長男A（失踪宣告により相続開始以前死亡）
　├─二男B
　└─三男C
妻　乙

図表－3　本件裁決事例における時系列

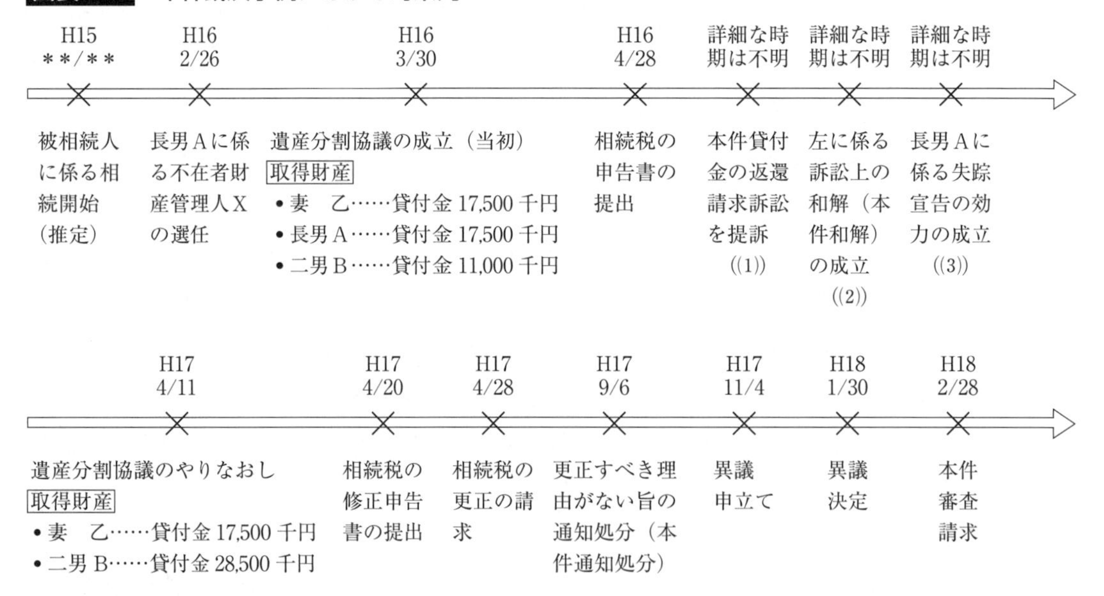

（注1）「異議申立て」は、現行の規定では、「再調査の請求」に該当する。
（注2）「異議決定」は、現行の規定では、「再調査決定」に該当する。

留意点 (イ) 図表－3(1)ないし(3)については、次のとおりに推認される。

㋑ 上記(1)ないし(3)に係る詳細な時期は不明であるが、平成16年4月28日以後、平成17年4月11日以前の間に生じたものであること

㋺ 上記(1)ないし(3)については、「(1)⇨(2)⇨(3)」の順番に生じたものであること

(ロ) 長男Aに係る失踪宣告の効力により、被相続人に係る法定相続人は当初の申告（相続税の期限内申告）時の4名から3名に変動したものと推認される。

〔3〕 争点

本件の争点は、本件貸付金の回収が不可能又は著しく困難であると見込まれるか否かである。

〔4〕 争点に関する双方（請求人ら・原処分庁）の主張

争点に関する請求人ら・原処分庁の主張は、図表－4のとおりである。

図表－4 争点に関する請求人・原処分庁の主張

（争点）本件貸付金の回収が不可能又は著しく困難であると見込まれるか否か

納税者（請求人ら）の主張	原処分庁（課税庁）の主張
(1) 本件貸付金は、以下のとおり、課税時期において、貸付金債権の回収が不能又は著しく困難であると見込まれるから、本件通達を適用し、課税時期後5年を経過した日後に弁済されることとなる部分の金額は、貸付金債権の元本価額に算入しなくてもよいこととなる。 ① 本件債務者らが、金融機関から多額の融資を受けるにつき、担保として本件債務者ら自身の不動産だけでは対応できず、被相続人の多数の不動産も担保提供を受けている。 ② 本件債務者らは、本件相続開始時において債務超過の状況にあったから、本件通達に定めている「当事者間の契約により債権の切捨て、棚上げ、年賦償還等が行われた場合」に該当する。	(1) 本件貸付金は、以下のとおり、課税時期において、貸付金債権の回収が不能又は著しく困難であると見込まれないから、本件通達を適用できない。 ① 被相続人がその生存中に本件貸付金の回収のために手段を尽くした形跡は認められない。 ② 本件債務者らは、本件相続開始時において弁済の意思を有していなかったとは認められない。 ③ 本件債務者らが本件相続開始時において債務超過の状況にあったと判断するに足りる証拠は認められない。 ④ 本件和解の成立は、本件貸付金の回収の可能性が向上した根拠となり得ても、債権の回収の見込みがないことが客観的に確実であるとする根拠にはなり得ない。
(2) 本件相続の開始後ではあるが、本件和解の内容によって、本件相続開始時の本件貸付金の状況が明瞭になったので、本件和解の時期が課税時期として取り扱われるべきであり、本件通達を適用できる。	(2) 本件通達を適用するには、相続税の課税時期において当事者間の契約が成立していることを要するが、本件貸付金の返済請求の日、本件和解に係る提訴の日及び本件和解の日のいずれも本件相続の開始後であるから、本件通達を適用できない。

〔5〕 国税不服審判所の判断

(1) 認定事実

① 本件債務者らは、本件貸付金及び各金融機関からの借入金を主な原資として不動産賃貸業を継続して営んでいる。

② 本件債務者らは、本件相続開始時において、各金融機関からの借入金に対する返済を約定どおり行っており、その返済は滞っていない。

③ 本件債務者らは、平成18年7月11日（筆者注この時点は、国税不服審判所における審理段階である）現在において、本件貸付金に対する返済を本件和解のとおり行っており、その返済は滞っていない。

(2) 法令解釈等

① 本件通達は、貸付金債権等の評価を行う場合において、その債権金額の全部又は一部が、課税時期において「次に掲げる金額に該当するときその他その回収が不可能又は著しく困難であると見込まれるとき」には、その債権金額の全部又は一部を貸付金元本の価額に算入しない旨を定めているところ、審判所においてもそのように解するのが相当と認められる。

② 本件通達に定める「次に掲げる金額に該当するときその他その回収が不可能又は著しく困難であると見込まれるとき」とは、債務者の営業状況、資産状況等が客観的に破綻していることが明白であって、債権の回収の見込みのないことが客観的に確実であると言い得るときであると解される。

(3) 当てはめ

本件通達に係る法令解釈等は上記(2)に掲げるとおりであるところ、上記(1)に掲げる認定事実のとおり、本件債務者らは、本件相続開始時（課税時期）において、事業活動を継続しており、金融機関等への返済も滞っておらず、債権者から強制執行の申立て等を受けた事実もないから、その経営は客観的に破綻しておらず、本件貸付金の回収が不可能又は著しく困難な状況であったとは認められない。

したがって、本件貸付金は、本件相続開始時において本件通達を適用できず、請求人らの課税価格及び納付すべき税額は本件更正処分の額と同額になるから、本件通知処分は適法である。

(4) 請求人らの主張について

① 請求人らは、本件債務者らが、金融機関の融資の借り換えにおいて、本件債務者らの不動産だけでは対応できず、被相続人所有の不動産の担保提供を受けていたこと及び本件相続開始時において債務超過の状況にあったことから、本件相続開始時における本件貸付金の回収の可能性は極めて少ない旨主張する。

しかしながら、上記(3)のとおり、本件相続開始時において、本件貸付金の回収が不可能又は著しく困難な状況であったと認められない以上、仮に本件債務者らが債務超過であったとしても本件貸付金の価額の評価が左右されるものではない。

② 請求人らは、本件相続の開始後の本件和解の内容によって、本件相続開始時の本件貸付金の状況が明瞭になったので、本件和解の時期が課税時期として取り扱われるべきであり、本件貸付金は、本件通達により評価すべきである旨主張する。

しかしながら、債権の回収が不可能又は著しく困難な状況であるか否かの判断は、課税時期を基準に判断されるものであり、本件相続後の事情は判断の資料とはならないから、いずれにしても請求人らの主張には理由がない。

〔6〕 まとめ

⑴ 裁決事例の結果

先例とされる裁決事例では、本件貸付金の価額につき、請求人（納税者）が本件通達を適用して課税時期後5年を経過した日後に弁済されることとなる部分の金額相当額を評価不要と主張したのに対し、原処分庁（課税庁）が主張し国税不服審判所がこれを相当と判断したのが元本の価額（債務者 α に対する貸付金35,000,000円、債務者 β に対する貸付金11,000,000円）で評価することであったため、結果として、請求人（納税者）の主張は容認されなかった。

⑵ 参考法令通達等

● 評価通達205《貸付金債権等の元本価額の範囲》

本問から学ぶ重要なキーポイント

評価通達205《貸付金債権等の元本価額の範囲》の定めでは、貸付金債権の金額の全部又は一部の回収が不可能又は著しく困難な状況であるか否かの判断は、課税時期の現況に基づいて判断されることになります。

したがって、前掲の？疑問点や先例とされる裁決事例のように、課税時期（被相続人に係る相続開始）後に訴訟上の和解（訴訟上の和解は、判決と同一の効力を有するものと解されています）が行われたとしても、このことは、評価対象財産である貸付金債権の価額の算定について、何らの影響を与えるものではないものとされます。

貸付金債権に係る実務対策

先例とされる裁決事例で採り上げた本件貸付金の債権者（被相続人）と債務者（本件債務者（α 及び β））との関係は、同族関係その他の特殊関係が認められない第三者間であると推認されます。（その証拠として、両者間において本件貸付金の返還請

求訴訟（当該訴訟がなれ合いであるとの証拠も認められません）が本件相続開始後に提起されています）

そして、上記訴訟に係る和解として、本件貸付金の返済条件が160回ないし171回の分割月払い（これによると、完済までの期間が約13年から14年という長期間に及ぶことになります）が確定したというのですから、本件貸付金の全額の支障のない回収を図ることについては、本件相続開始前においてもこれを危惧する状況にあったと想定される場合もあり得るものと考えられます。

もし仮にそうであるとしたならば、本件相続開始前に本件貸付金の債権者である被相続人と債務者である本件債務者（α及びβ）との間で、真正に成立したものと認定できる裏付けに基づいて債権の切捨て（債権整理）が検討されるべきものであったと考えられます。

Q2-3 被相続人に係る相続開始時点で相当長期間（約７～８年）にわたり休業中である法人に対して有していた貸付金債権につき、当該債権の価額を評価通達205の⑴へに掲げる事実（６か月以上休業しているとき）に該当するとして評価不要とすることの可否が争点とされた事例

事例 国税不服審判所裁決事例
（平成28年12月12日裁決、広裁（諸）平28－8、平成23年相続開始分）

? 疑問点

被相続人の相続開始時において同人が代表取締役として関与する同族会社である法人（相続開始時点において清算手続中）に対して貸付金債権を有していた場合において、当該貸付金債権の価額はどのようにして求めることになりますか。

なお、当該法人は、相続開始時点で相当長期間（約７～８年）にわたって売上金額が０円であったため、評価通達205《貸付金債権等の元本価額の範囲》に定める「業績不振のため又はその営む事業について重大な損失を受けたため、その事業を廃止し又は６か月以上休業しているとき」（形式基準）に該当するものとして、当該貸付金債権の価額につき、これを評価不要とすることは認められますか。

A 回　答

お尋ねの場合の貸付金債権の価額は、借主である法人の残余財産の価額を基に評価することが合理的であると考えられます。

なお、ご指摘の評価通達205《貸付金債権等の元本価額の範囲》に定める形式基準を適用して評価（評価不要）とすることは、認められないものと考えられます。

! 解　説

貸付金債権の原則的な評価方法を定めた評価通達204《貸付金債権の評価》の定めでは、貸付金債権の価額は、元本の価額（その返済されるべき金額）と利息の価額（課税時期現在の既経過利息として支払を受けるべき金額）との合計額によって評価するものとされています。

ただし、お尋ねの場合、被相続人の有する貸付金債権の相手方（債務者）である法人は、当該被相続人に係る相続開始日において清算手続中であることから、本件貸付金債権の価

額は当該法人の清算による残余財産の価額を基に算定した合理的な回収可能額によって評価することが相当であると考えられます。

なお、清算手続中の法人が有する宅地の価額（客観的な交換価値）を算定するに当たっては、当該宅地の近隣で状況が類似する地域における地価公示地の公示価格を算定の基礎とするのが相当と考えられます。

Q2-3の検討に当たっては、下記に掲げる裁決事例が先例として参考になります。

◉国税不服審判所裁決事例（平成28年12月12日裁決、広裁（諸）平28－8、平成23年相続開始分）

〔1〕事案の概要

本件は、平成23年＊＊月＊＊日（筆者注）に死亡した被相続人の相続（以下「本件相続」という）に係る相続税について、請求人が、被相続人が有していた貸付金等の債権の一部は、回収が不可能又は著しく困難な金額に該当し評価額が過大であったとして更正の請求をしたところ、原処分庁が、更正をすべき理由がない旨の通知処分を行ったことに対し、同処分の全部の取消しを求めた事案である。

筆者注　相続開始月は非公開とされたが、全般的な資料から「8月」であると推定される。

〔2〕基礎事実

(1)　本件相続の相続財産の分割協議

①　本件相続に係る共同相続人は、いずれも被相続人の子である請求人及び＊＊（以下、請求人と併せて「請求人ら」という）の2名である。

②　請求人らは、本件相続の相続財産の分割協議の結果として平成24年6月15日付遺産分割協議書を作成し、被相続人名義の各預金、X社（筆者注本件相続開始日において、被相続人が代表清算人を務める会社）に対する貸付金439,050,000円及び未収金42,099,996円（以下、当該貸付金及び未収金を併せて「本件貸付金等」という）、被相続人宅の土地建物などを分割した。

なお、本件貸付金等には、いずれも弁済期及び利息の定めがなかった。

(2)　X社の概要等

①　X社の解散及び清算結了に至る経緯

(イ)　X社は、亡配偶者（筆者注）が創業した海産物貿易業等を目的とする会社であるが、平成12年の亡配偶者の死亡後も、被相続人を代表取締役として、海産物貿易に関わる事業で売上げを得ていたが、平成15年4月1日から平成16年3月31日までの事業年度以降、売上金額は0円となった。

筆者注 亡配偶者とは、被相続人に係る配偶者で当該被相続人に係る相続開始以前に死亡した者をいう。

(ロ) X社は、本件相続開始日の約11か月前である平成＊＊年＊＊月＊＊日の株主総会決議で解散（代表清算人には、被相続人が就任し、その死亡後は、請求人が就任した）し、平成＊＊年＊＊月＊＊日に清算結了し、平成27年4月15日にその旨登記を経由した。

② X社所有の不動産の状況について

(イ) X社所有の不動産

X社は、本件相続開始日において、＊＊の宅地（登記簿上の地積2,444.07㎡。以下「本件宅地」という）を含む土地（3筆）及び建物1棟を所有していた。

(ロ) 現況地目及び所在地域等

㋑ 現況地目及び所在地域の状況

本件宅地の本件相続開始日における現況地目は宅地であり、本件宅地は、都市計画法第7条《区域区分》に規定する市街化区域の同法第8条《地域地区》に規定する工業地域に所在した。

本件宅地は、A県が造成した＊＊（以下「本件団地」という）の第1次団地内に存在し、道路1本隔てて本件団地の第2次団地に隣接している。

㋺ 所在する地域の相続税評価額の算出方法

本件相続開始日において、本件宅地の所在する地域は、評価通達11《評価の方式》及び21《倍率方式》に定める倍率方式により評価する地域であり、評価通達に定める平成23年分の倍率は1.1であった。

㋩ 近隣の地価公示地及びその公示価格

本件宅地の近隣には、地価公示法第2条《標準地の価格の判定等》（筆者注）に規定する地価公示地として標準地番号「＊＊」（＊＊所在の宅地。登記簿上の地積988㎡。以下「本件地価公示地」という）が存在しており、平成23年及び平成24年の公示価格は、＊＊（筆者注非公開）のとおりである。

筆者注 地価公示法第2条《標準地の価格の判定等》第1項は、土地鑑定委員会は、公示区域内の標準地（以下「地価公示地」という）について、毎年1回、2人以上の不動産鑑定士の鑑定評価を求め、その結果を審査し、必要な調整を行って、一定の基準日における当該地価公示地の単位面積当たりの正常な価格を判定し、これを公示するものとする旨規定し、同条第2項は、同条第1項の「正常な価格」とは、土地について自由な取引が行われるとした場合におけるその取引において通常成立すると認められる価格をいう旨規定している。

(ハ) 本件宅地の個別要因

㋑ 本件宅地は、X社が、昭和50年にA県から購入した土地であり、同県との売買契約上、買主であるX社は、本件宅地を一定の期日までに水産加工場等の用途に供することが義務付けられていた。

しかし、X社は、A県との売買契約後、後記㋩のとおり本件宅地を売却するまでの間、本件宅地を水産加工場等の用途に供しなかった。

㋺ A県との売買契約上、X社は、本件宅地を一定の期日までに水産加工場等の用途に供した以後10年間、引き続き水産加工場等の用途に供しなければならず、当該期間内の転売や担保設定についてA県の承認を得ることが要求され、これらの履行状況についてA県の実地調査を拒めない等の義務（以下「本件義務」という）を負い、本件義務に反した場合、A県に違約金を支払うこととされていた。

㋩ X社は、上記㋑のとおり、本件宅地を売却するまで本件宅地を水産加工場等の用途に供しなかったため、本件相続開始日及び本件宅地の売却時にも、A県に対し本件義務を負っていた。

㊁ A県は、X社が第三者に対して本件宅地を売却する場合、当該第三者である譲受人が本件宅地に関して、本件義務と同旨の契約上の義務を負うことを了承しない限りは、当該売却を承認しないこととしていた。

㈡ 本件宅地の固定資産税評価額

本件宅地の平成23年度及び平成24年度の固定資産税評価額は、**図表－1**のとおりである。

図表－1　本件宅地の固定資産税評価額

年　度	固定資産税評価額
平成23年度	47,260,981円
平成24年度	42,619,692円

㈭ X社の調査による本件宅地の評価額

X社の代表清算人であった請求人が、平成24年5月末頃、本件宅地の調査を依頼した＊＊（筆者注 団体名）の会員である＊＊（筆者注 不動産鑑定士の氏名）は、同年6月15日付「不動産調査報告書（意見書）」（以下「本件意見書」という）を作成し、同日時点での本件宅地の更地の正常価格を26,100,000円とした。

なお、本件意見書の要旨は、**図表－2**のとおりである。

図表－2　本件意見書の要旨

1　評価対象不動産の評価額：26,100,000円（10,700円／㎡・35,400円／坪） 2　評価対象不動産の表示：＊＊（本件宅地）、地積2,444.07㎡（登記簿） 3　評価の価格時点：平成24年6月15日 4　評価対象不動産の類型：更地 5　求めるべき価格の種類：正常価格 6　評価の依頼目的：売買の参考資料として 7　適用した評価手法：本評価では、対象不動産の種類、所在地の実情、資料の信頼性等に鑑み、取引事例比較法を適用した。 8　土地価格の査定：評価対象地の所在する近隣地域の標準的使用における標準的画地の価格（標準価格）を査定し、次に対象地を標準的画地の価格形成要因と比較した個別的要因に基づいて格差修正率を求めて試算価格（比準価格）を査定し、市場性を検討の上、評価額を決定する。 (1)　標準価格20,000円／㎡×個別格差82/100 　＝1㎡当たりの価格16,400円／㎡ (2)　1㎡当たりの価格16,400円／㎡×地積2,444.07㎡ 　≒土地価格40,100,000円 (3)　土地価格40,100,000円×市場性修正率65/100 　≒評価額26,100,000円 9　評価額の決定：再吟味した結果、おおむね妥当なものと認められたので評価額を26,100,000円（26,100,000円×100/100）と決定した。

(ヘ)　本件宅地の売却価額

X社は、平成26年5月12日、A県の承認を得て、本件宅地を＊＊（筆者注 所在地）の水産加工会社に対し32,000,000円で売却したが、これにより、同社（筆者注 本件宅地の購入者である水産加工会社）は、A県に対し、本件義務と同旨の義務を負うこととされた。

(3)　請求人による相続税の申告

請求人は、法定申告期限までに、本件相続に係る相続税の申告をしたところ、この申告に係る相続財産に、本件貸付金等を含めていた。

(4)　請求人による更正の請求

①　請求人は、本件貸付金等の金額の一部は、回収が不可能又は著しく困難な金額に該当するから、本件貸付金等の評価額は過大であったとして、平成27年8月31日に更正の請求をした。

②　原処分庁は、上記①に対し、平成27年12月9日付で更正をすべき理由がない旨の通知処分（以下「本件通知処分」という）をした。

筆者注　上記(1)ないし(4)に掲げる基礎事実を時系列的にまとめると、図表－3のとおりとなる。

図表－3　本件裁決事例における時系列

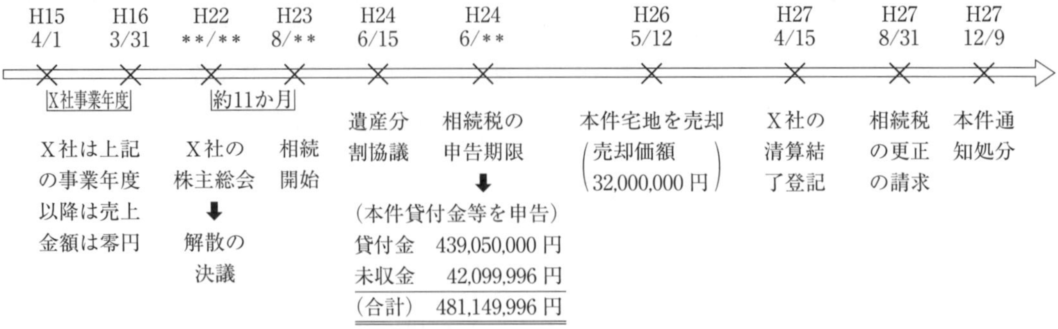

H15 4/1	H16 3/31	H22 **/**	H23 8/**	H24 6/15	H24 6/**	H26 5/12	H27 4/15	H27 8/31	H27 12/9
X社事業年度		約11か月							
X社は上記の事業年度以降は売上金額は零円		X社の株主総会 ⬇ 解散の決議	相続開始	遺産分割協議	相続税の申告期限 ⬇ （本件貸付金等を申告） 貸付金　439,050,000円 未収金　42,099,996円 （合計）　481,149,996円	本件宅地を売却 （売却価額 32,000,000円）	X社の清算結了登記	相続税の更正の請求	本件通知処分

〔3〕争点

本件貸付金等の金額の一部は、評価通達205《貸付金債権等の元本価額の範囲》に定める元本の価額に算入しない金額に該当するか否か。

〔4〕争点に関する双方（請求人・原処分庁）の主張

争点に関する請求人・原処分庁の主張は、**図表－4**のとおりである。

図表－4　争点に関する請求人・原処分庁の主張

（争点）　本件貸付金等の金額の一部は、評価通達205《貸付金債権等の元本価額の範囲》に定める元本の価額に算入しない金額に該当するか否か

請求人（納税者）の主張	原処分庁（課税庁）の主張
以下のとおり、本件貸付金等の金額（481,149,996円）の一部（31,533,438円）は、評価通達205《貸付金債権等の元本価額の範囲》に定める元本の価額に算入しない金額に該当する。 ⑴　評価通達205の該当性について X社は、上記〔2〕⑵①(イ)のとおり、平成15年4月1日から平成16年3月31日までの事業年度以降に係る売上金額が0円の事業停止状態となり、本件相続開始日時点では、清算手続中であって、貸借対照表上、本件貸付金等の額を含む負債が、資産の額を大幅に上回る債務超過の状態であった。 したがって、本件貸付金等の債務者であるX社は、本件相続開始時点で、評価通達205の⑴のトに掲げる「業務不振のため又はその営む事業について重大な損失を受けたため、その事業を廃止し又は6か月以上休業しているとき」又	以下のとおり、本件貸付金等の金額は、その全額が評価通達205《貸付金債権等の元本金額の範囲》に定める元本の価額に算入しない金額に該当しない。 ⑴　評価通達205の該当性について 評価通達205に定める「その他その回収が不可能又は著しく困難であると見込まれるとき」とは、評価通達205の⑴から⑶までに掲げる事由と同程度に債務者が経済的に破綻していることが客観的に明白であり、債権の回収の見込みがないか、又は著しく困難であると確実に認められるときであると解すべきである。 そして、X社は、平成＊＊年＊＊月＊＊日の解散後、本件相続開始日までの間に破産手続開始の決定を受け、その他事実上の倒産状態等に陥った事情は認められず、評価通達205の⑴のトを含め同通達⑴から⑶までに掲げる事由と同

は評価通達205に定める「その他その回収が不可能又は著しく困難であると見込まれるとき」のいずれかに該当した。 (2) 本件貸付金等に係る回収が不可能又は著しく困難な金額について 以下の①及び②から、本件宅地の価額は26,100,000円である。そうすると、X社の本件相続開始日の資産の合計額は、**図表－5**の⑥欄のとおり450,396,102円となり、負債の額481,929,540円を下回る31,533,438円が、回収が不可能又は著しく困難な金額に該当する。 ① 公示価格による時価算定の可否 (イ) 本件団地内に位置する本件宅地には、上記〔2〕(2)②(ハ)の㋑ないし㊁に掲げる個別要因が存在するため、X社は、本件宅地の高値売却に手を尽くしたが買手が付かず、上記〔2〕(2)②(ヘ)のとおり、本件宅地をA県の承認が得られた水産加工会社に32,000,000円で売却せざるを得なかった。 上記の個別要因が存在する本件宅地は、不特定多数者間で自由に取引される宅地ではなく、A県の承認が得られる特定の水産加工会社等の間のみで取引が行われる宅地である。 (ロ) 原処分庁が本件宅地の時価算定の基準とした本件地価公示地は、本件団地外に位置しており、上記の個別要因がないから、その公示価格は、本件宅地の時価を算定するための基準となり得ない。 ② 本件宅地の時価 (イ) 上記①のとおり、本件地価公示地の公示価格を基準に時価を算定できない本件宅地の価額の算定は、不動産鑑定士の評価によるべきである。 (ロ) よって、本件宅地の価額は、本件意見書の価額26,100,000円である。	程度に経済的に破綻していることが客観的に明白であるとも、債権の回収の見込みがないとも、著しく困難であるとも認められないから、評価通達205に該当しない。 (2) 本件貸付金等に係る回収が不可能又は著しく困難な金額について 以下の①及び②から、本件宅地の価額は60,442,788円である。そうすると、X社の本件相続開始日の資産の合計額は、**図表－5**の⑥欄のとおり484,738,890円となり、負債の額481,929,540円を上回るから、回収が不可能又は著しく困難な金額は存在しない。 ① 公示価格による時価算定の可否 (イ) 本件宅地の価額は、不特定多数者間で自由に取引が行われる場合に通常成立する価額、すなわち時価をもって算定するのが相当である。 本件宅地の近隣には、本件地価公示地が存在し、その公示価格は、上記の時価と同義であるから本件宅地の時価を算定する基準となる。 (ロ) 本件通知処分では、本件宅地の相続税評価額に時点修正率を乗じて本件相続開始日の本件宅地の時価を**図表－6**のとおり算定しており、同表の本件宅地の1㎡当たりの相続税評価額は、上記〔2〕(2)②(ロ)㋺のとおり、固定資産税評価額を1.1倍して計算しているところ、当該固定資産税評価額の算定において、請求人主張の個別要因も考慮して算定されている。 ② 本件宅地の時価 (イ) 本件意見書は、請求人主張の個別要因をどう反映したか不明であり、本件相続開始日ではなく平成24年6月15日（筆者注 遺産分割協議書の作成日）時点の価額を評価している上、その評価額26,100,000円は平成24年分から平成26年分までの本件宅地近隣の土地価格の推移と矛盾しているから、本件宅地の価額は本件意見書によるべきではない。 (ロ) 上記①(ロ)によれば、本件宅地の価額は、60,442,788円（筆者注 **図表－6**の⑨欄を参照）である。

図表－5　本件相続開始日現在のX社の資産及び負債の状況

（単位：円）

項目＼区分			請求人主張額	原処分庁主張額
資産の部	現金預金	①	5,026,188	5,026,188
	土地	②	406,904,106	441,246,894
	本件宅地	③	26,100,000	60,442,788
	その他	④	380,804,106	380,804,106
	建物	⑤	38,465,808	38,465,808
	資産の部計（①＋②＋⑤）	⑥	450,396,102	484,738,890
負債の部	本件貸付金等	⑦	481,149,996	481,149,996
	その他	⑧	779,544	779,544
	負債の部計（⑦＋⑧）	⑨	481,929,540	481,929,540
差引金額（⑥－⑨）		⑩	▲31,533,438	2,809,350

図表－6　本件宅地の価額（原処分庁主張額）

（単位：円）

本件地価公示地	地価公示地の標準地番号		＊＊＊＊
	1㎡当たりの公示価格（平成23年分）	①	＊＊＊＊
	1㎡当たりの公示価格（平成24年分）	②	＊＊＊＊
	時点修正率（1－（1－②／①）×8/12）	③	＊＊＊＊
	時点修正後の1㎡当たりの価格（①×③）	④	＊＊＊＊
	1㎡当たりの相続税評価額（平成23年分）	⑤	＊＊＊＊
本件宅地	1㎡当たりの相続税評価額（平成23年分）	⑥	21,270
	面積	⑦	2,444.07㎡
	相続税評価額（⑥×⑦）	⑧	51,985,368
	価額（④/⑤×⑧）	⑨	60,442,788

（注）　⑤欄及び⑥欄の各金額は、本件地価公示地及び本件宅地の平成23年度の各固定資産税評価額を各土地の面積で除した後、評価倍率（1.1倍）を乗じ、1円未満の端数を切り捨てたものである。

〔5〕国税不服審判所の判断

本件貸付金等の債務者であるX社は、上記〔2〕(2)①(ロ)のとおり、本件相続開始日においては清算手続中であったから、本件貸付金等の引き当てとなるのは本件宅地を含むX社の残余財産である。

そこで、本件貸付金等について評価通達205《貸付金債権等の元本価額の範囲》の適用の可否を判断する前提として、評価通達205の債権回収不能となる「その債権金額の全部又は一部」が存在するか、すなわち、当該残余財産の価額が本件貸付金等の額を下回るかを検討する必要があるから、当該残余財産に含まれ、争いのある本件宅地の価額について以下検討する。

(1) 認定事実

① 本件宅地の売却

(イ) X社の代表清算人は、上記〔2〕(2)①の(イ)及び(ロ)のとおり、被相続人であったが、本件相続開始日後は、請求人が就任し、X社が所有する不動産の売却を進めた。

(ロ) 請求人は、本件宅地についても、引き続き、不動産業者に媒介を依頼し、平成23年12月時点で売却希望価額42,000,000円としたが売却できず、平成26年1月頃には、本件宅地を分筆して2社が合計35,000,000円で購入したいとの申入れがあったもののうち1社が水産加工業を目的とする会社ではなかったため売却についてA県の承認が得られず、上記〔2〕(2)②(ヘ)のとおり、32,000,000円で売却した。

② 本件宅地の状況等

本件宅地は、本件団地の第1次団地内に存在し、道路1本隔てて本件団地の第2次団地及び＊＊（筆者注 施設名（例＊＊漁港）と推定される）にそれぞれ隣接しており、周辺には水産加工場が密集している。

③ 本件地価公示地の場所

本件地価公示地は、本件団地の外に存在している。

(2) 法令解釈等

① 相続税法第22条の時価について

相続税法第22条《評価の原則》にいう時価とは、相続開始時における当該財産の客観的交換価値、すなわち、それぞれの財産の現況に応じ、不特定多数の当事者間で自由な取引が行われる場合に通常成立すると認められる価額をいうものと解される。

② 公示価格について

地価公示地の公示価格は、自由な取引が行われるとした場合に通常成立すると認められる価額であり、いわゆる時価の概念と同意義であると解されていることから、時価の検討に当たっては、公示価格を考慮することが相当である。

筆者注 上記②に関連して、地価公示法第8条《不動産鑑定士の土地についての鑑定評価の準則》は、官報で公示された標準地の価格を「公示価格」という旨及び不動産鑑定士は、公示区域内の土地について鑑定評価を行う場合において、当該土地の同法第2条《標準地の価格の判定等》第2項に規定する正常な価格を求めるときは、公示価格を規準としなければならない旨を規定している。

③ 当てはめ

(イ) 本件宅地の価額

㋑ 上記②のとおり、本件宅地の時価を算定するに当たっては公示価格を算定の基礎とするのが相当であるが、本件宅地に公示価格が付されていない場合、本件宅地の近隣で状況が類似する地域における地価公示地の公示価格を採用することが相当であるとすると、本件地価公示地は、本件団地の外であるものの本件団地の近隣で状況が類似する地域に存在するので、本件地価公示地の公示価格を採用することには合理性がある。

㋺　上記㋑に基づいて、平成23年と平成24年の本件地価公示地の公示価格を比較して時点修正を行い、本件地価公示地の平成23年の相続税評価額と本件宅地の平成23年の相続税評価額の比率を基に本件相続開始日における本件宅地の価額を算定すると、**図表－7**の⑨欄のとおり、60,442,789円となる。

図表－7　本件宅地の価額（国税不服審判所認定額）

（単位：円）

本件地価公示地	地価公示地の標準地番号		＊＊＊＊
	1㎡当たりの公示価格（平成23年分）	①	＊＊＊＊
	1㎡当たりの公示価格（平成24年分）	②	＊＊＊＊
	時点修正率（1－（1－②／①）×8/12）	③	＊＊＊＊
	時点修正後の1㎡当たりの価格（①×③）	④	＊＊＊＊
	1㎡当たりの相続税評価額	⑤	＊＊＊＊
本件宅地	固定資産税評価額	⑥	47,260,981
	1㎡当たりの相続税評価額（平成23年分：⑥／⑧×1.1）	⑦	21,270
	面積	⑧	2,444.07㎡
	価額（④×⑤/⑦×⑧）	⑨	60,442,789

（注）1　③欄の「時点修正率」は、公示の時点（平成23年1月1日）から本件相続開始日までの変動率である。
2　⑤欄の金額は、本件地価公示地の平成23年度の固定資産税評価額を土地の面積で除した後、評価倍率（1.1倍）を乗じ、1円未満の端数を切り捨てたものである。

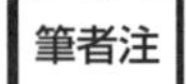

本件宅地の価額につき、上表に掲げる国税不服審判所認定額と**図表－6**に掲げる原処分庁主張額とを比較すると、その表示方法は異なるものの、その考え方及び結果の数値（端数処理の差額である1円を除く）は同一となる。

(ロ)　結論

㋑　上記(イ)より、**図表－8**の⑥欄のとおり、X社の本件相続開始日の資産合計額は484,738,891円であるのに対し、同図表の⑨欄のとおり、負債の合計額は481,929,540円であって、当該資産の額は、当該負債の額を上回ることから、本件貸付金等の債権回収不能額は存在しない。

図表－8　本件相続開始日現在のX社の資産及び負債の状況

（単位：円）

区分	項目			審判所認定額
資産の部	現金預金		①	5,026,188
	土地		②	441,246,895
		本件宅地	③	60,442,789
		その他	④	380,804,106
	建物		⑤	38,465,808
	資産の部計（①＋②＋⑤）		⑥	484,738,891
負債の部	本件貸付金等		⑦	481,149,996
	その他		⑧	779,544
	負債の部計（⑦＋⑧）		⑨	481,929,540
差引金額（⑥－⑨）			⑩	2,809,351

㋺　上記㋑のとおりであるから、評価通達205《貸付金債権等の元本価額の範囲》の適用はない。

したがって、本件貸付金等の一部は、評価通達205に定める元本の価額に算入しない金額に該当しない。

④　請求人の主張について

(イ)　評価通達205の該当性について

請求人の **図表－4** の(1)の主張（筆者注 X社が評価通達205《貸付金債権等の元本価額の範囲》に定める「業務不振のため又はその営む事業について重大な損失を受けたため、その事業を廃止し又は6か月以上休業しているとき」又は「その他その回収が不可能又は著しく困難であると見込まれるとき」のいずれかに該当する）に関しては、本件では評価通達205の適用がないので、その検討を要しない。

したがって、請求人の主張には理由がない。

(ロ)　個別要因（本件義務の負担）の存在について

請求人は、**図表－4** の(2)①のとおり、本件団地内に位置し、本件義務の負担という個別要因が存在する本件宅地は、不特定多数者間で自由に取引される宅地ではなく、他方で、本件団地外に位置する本件地価公示地には当該個別要因がないから、その公示価格は、本件宅地の時価を算定するための基準となり得ない旨主張する。

確かに、上記〔2〕(2)②(ハ)のとおり、本件宅地の売却先が水産加工業者等に制限されることからすると、本件義務は本件宅地の価額を減価させる要因にもなると考えられる。

しかしながら、他方で、本件宅地は、上記(1)②のとおり、＊＊（筆者注 施設名（例

＊＊漁港）と推定される）に隣接し、その周辺には水産加工場が密集している。このような本件宅地の状況からすれば、その最有効使用は、水産に関する工場用地であると認められる。

そうすると、本件義務は、本件宅地の購入者に上記の最有効使用を行うよう義務付けるものにすぎず、本件義務の存在は、かえって本件宅地を含む本件団地内の土地の用途の統一性を保ち、価額の維持に資するものであるという利点も認められる。

このように、本件義務には、自由な売買を制約する一方で、本件団地の価額を維持するという利点もあり、それらを総合勘案すると、本件義務の存在は、本件地価公示地から本件宅地の価額を算定するに当たっての減価要因とはならない。

したがって、請求人の主張には理由がない。

(ハ) 本件意見書の評価額について

請求人は、**図表－4**の(2)②のとおり、本件宅地の価額は、不動産鑑定士が作成した本件意見書の評価額26,100,000円である旨主張する。

しかしながら、本件意見書を作成した不動産鑑定士の審判所に対する答述によると、本件意見書は、上記**〔2〕**(2)②(ホ)のとおり、平成24年5月末頃依頼されて、同年6月15日付で作成するまで、僅か2、3週間程度で取引事例を収集しており、十分な数の取引事例を収集できていないおそれがある等、必ずしも不動産鑑定評価基準に則って作成されたものではない。

さらに、本件意見書の評価額26,100,000円は、本件相続開始日を基準とするのではなく、しかも、売り進みを考慮して減価した価額である等、合理性を欠く点があり、そのことが本件宅地の評価額を時価より低くしている可能性が多分にあるから、本件意見書を根拠に、本件宅地の相続開始日現在の時価が26,100,000円であるとする請求人の主張は、直ちに採用できない。

したがって、請求人の主張には理由がない。

〔6〕まとめ

(1) 裁決事例の結果

先例とされる裁決事例における本件貸付金等の価額につき、請求人（納税者）の主張が本件貸付金等の金額である481,149,996円のうちその一部である31,533,438円を評価不要として控除して評価するものであったことに対し、原処分庁（課税庁）が主張し国税不服審判所がこれを相当として判断したものが本件貸付金等をその額面金額（481,149,996円）で評価することであったため、結果として、請求人（納税者）の主張は認められなかった。

(2) 参考法令通達等

- 相続税法第22条《評価の原則》
- 評価通達204《貸付金債権の評価》

● 評価通達205《貸付金債権等の元本価額の範囲》
● 地価公示法第2条《標準地の価格の判定等》
● 地価公示法第8条《不動産鑑定士の土地についての鑑定評価の準則》

本問から学ぶ重要なキーポイント

(1) 被相続人の有する貸付金債権の相手方（債務者）である法人が、当該被相続人に係る相続開始日において清算手続中である場合における当該貸付金債権の価額は、当該法人の清算による残余財産の価額を基に算定した合理的な回収可能額で評価されます。

(2) 評価通達205《貸付金債権等の元本価額の範囲》の(1)のトに掲げる「(X)業務不振のため又はその営む事業について重大な損失を受けたため、(Y)その事業を廃止し又は6か月以上休業しているとき」に該当するか否かの判断に当たっては、ただ単に、その事業を廃止し又は6か月以上休業しているとき（上記(Y)＿＿部分）という形式のみではなく、業務不振のため又はその営む事業について重要な損失を受けたため（上記(X)＿＿部分）とされていることから、併せて、債務者の資産・負債の状況及び損益の状況を考慮して総合的に判断する必要があります。

Q2-4 被相続人が有する貸付金債権につき債務者である同族会社（被相続人が代表取締役）が課税時期（相続開始時）において『事業を廃止』していたと認定されるか否かが争点とされた事例

事例　青森地方裁判所
（令和3年10月22日判決、令和2年（行ウ）第6号、平成28年相続開始分）

疑問点

被相続人はホテル及びレストランを経営する同族会社（本件会社）の代表取締役で、本件会社に対する貸付金債権が同人の相続開始時において370,295,000円（額面金額）（本件貸付金債権）存在していることが判明した。

これ以外に、本件貸付金債権の価額を求めるために調査した事項として、次に掲げるものがあります。

(1)　被相続人に係る相続（10月＊＊日）の直前（10月5日）に開催されたとする（これには疑問を唱える者もいます）本件会社の取締役会議事録において、本年12月30日をもって本件会社を休業する旨決議（本件決議）が行われたとの記載がされています。

(2)　被相続人に係る相続開始後の本件会社の状況は、次に掲げるとおりです。

①　上記(1)に掲げるとおり、本件会社はその期日をもって休業しています。

②　上記①に掲げる休業後、本件会社は解散、清算の結了が行われています。

(3)　本件会社は、被相続人に係る相続開始前の直近5事業年度（3月決算）において、連続して損失を計上し、債務超過の状況が継続していました。

(4)　被相続人は本件貸付金債権につき、本件会社から何らの担保物も徴求していません。

本件貸付金債権の価額を求めるに当たって、次に掲げる事項を根拠にその金額を0円（評価不要）とできると表明する者がいます。この見解の相当性について説明してください。

根拠事項

評価通達205《貸付金債権等の元本価額の範囲》の定めでは、要旨、「貸付金債権等の評価を行う場合において、その債権金額の全部又は一部が、課税時期において次に掲げる金額に該当するときにおいては、その金額は元本の価額に算入しない」としており、いわゆる形式基準を設けている。

そして、その形式基準の1つとして、同通達の(1)では、「債務者について次に掲げる事実が発生している場合におけるその債務者に対して有する貸付金債権等の金額（その金額のうち、質権及び抵当権によって担保されている部分の金額を除く）」とされており、さらに摘示の『次に掲げる事実』の１つとして、同通達の(1)の（へ）において、「業況不振のため又はその営む事業について重大な損失を受けたため、その事業を廃止し又は６か月以上休業しているとき」と定められている。

そうすると、上記の＿＿部分のとおりであるから、本件貸付金債権は正にこれに該当し、その価額は０円（評価不要）となる。

A 回　答

お尋ねの本件貸付金債権については、上記？疑問点に掲げる根拠事項に示された評価通達205《貸付金債権等の元本価額の範囲》の定めの適用は認められず、評価通達204《貸付金債権の評価》の定めにより評価する必要があると考えられます。

そうすると、本件貸付金債権の価額は、元本の価額（370,295,000円）及び利息の価額（０円（利息は発生していません））の合計額である370,295,000円で評価することが相当と考えられます。

！ 解　説

(1)　仮に本件決議が真正に成立したものであるとしても、本件会社が休業したのは本件決議後、約２、３か月経過した時点であり、相続財産の価額は相続税法第22条《評価の原則》の規定及び評価通達１《評価の原則》の(1)（時価の意義）の定めにより『課税時期の現況』によるものとされており、課税時期後に生じた事項（休業、解散及び清算の結了）は考慮外とされます。

(2)　上記(1)を措くとしても、評価通達205《貸付金債権等の元本価額の範囲》の文面上の定めは、要旨として？疑問点に掲げられているとおりですが、その求められている法令解釈等として、「貸付金債権等が評価通達205に定める貸付金債権等に該当するというためには、その貸付金債権等に係る債務者がその営む事業を廃止したというだけではなく、債務者の資産状況等が客観的に破綻していることが明白で、債権回収の見込みのないことが客観的に確実であるといい得ることが必要である」と解されています。

そうすると、本件会社につき、連続して債務超過の状況が継続していた（？疑問点の(3)）とのことですが、当該事項のみでは、上述の法令解釈等の成立を確認することはできないものと考えられます。

Q2-4の検討に当たっては、下記に掲げる裁判例が先例として参考になります。

◉青森地方裁判所（令和3年10月22日判決、令和2年（行ウ）第6号、平成28年相続開始分）

筆者注 先例とされる裁判例では、上記の疑問点に掲げる評価通達205《貸付金債権等の元本価額の範囲》で論点とされた形式基準以外に、同通達に定める「その他その回収が不可能又は著しく困難であると見込まれるとき」（いわゆる実質基準）についても併せて争点とされているので、これらの双方について確認してみることにする。

〔1〕事案の概要

本件は、被相続人を相続した原告が、相続財産のうち株式会社X（以下「本件会社」という）に対する貸付金返還請求権については、評価通達205《貸付金債権等の元本価額の範囲》の定めにより時価が0円となることを前提にして相続税の申告をしたところ、処分行政庁（十和田税務署長）が、評価通達204《貸付金債権の評価》の定めに基づき同請求権の時価を相続開始時の残額（370,295,000円）で評価した上で、本件処分をしたことが違法であるなどと主張して、被告に対し、これらの取消しを求める事案である。

〔2〕前提事実（争いがないか証拠等により容易に認められる事実）

⑴ 原告等

① 原告A（以下「原告」という）は、平成28年10月＊＊日に死亡した被相続人（以下、当該相続を「本件相続」という）と同人の妻である乙の長男である。

② 被相続人と乙との間には、子として、原告の他に、B（**筆者注** 被相続人の二男に該当）及びCがいる。

筆者注 参考までに、本件相続に係る相続関係図を示すと、図表－1のとおりとなる。

図表－1　本件相続に係る相続関係図

被相続人（平成28年10月＊＊日相続開始）
‖　┌─原告（長男）
‖──┼─B（二男）
‖　└─C
妻　乙

⑵ 本件会社

① 本件会社は、三沢市内においてホテル及びレストラン（以下、本件会社が営んでいたホテル及びレストランを「本件ホテル等」という）を営んでいたが、平成28年12

月30日に営業を休止し、平成30年12月＊＊日に解散し、令和元年6月＊＊日に清算が結了した株式会社である。

② 被相続人は本件会社の設立から同人が死亡するまで、Bは平成25年11月14日から本件会社が解散するまで、それぞれ本件会社の代表取締役を務めており、原告は、遅くとも平成15年6月17日から本件会社が解散するまで、本件会社の取締役を務めていた。

また、本件会社の事業年度は、4月1日から翌年3月31日までである（以下、平成23年4月1日から平成24年3月31日の事業年度を「平成24年3月期」とし、他の事業年度も同様の略称表記をする）ところ、平成24年3月期から平成27年3月期までの本件会社の株主は、被相続人、乙、B及び有限会社Y（被相続人が主宰していた同族会社）であり、平成28年3月期から被相続人死亡日までは、被相続人が本件会社の発行済株式のすべてを保有していた。

筆者注 本件会社における役員（取締役）の就任状況及び支配関係（株主）の状況を示すと、それぞれ図表－2及び図表－3のとおりとなる。

図表－2　本件会社における役員の就任状況

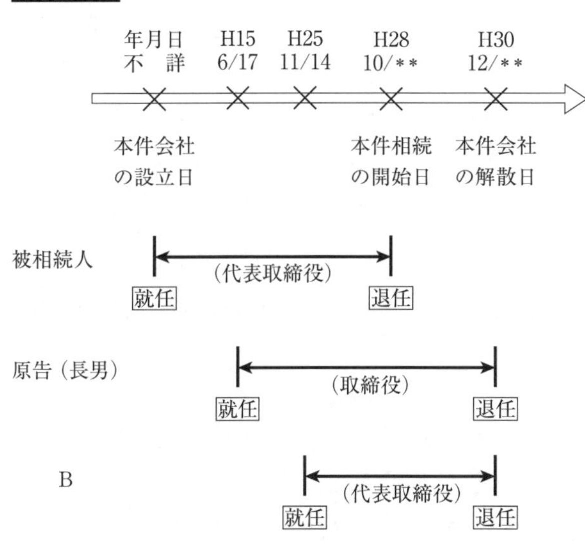

図表－3　本件会社に係る支配関係（株主）

（平成28年3月期から本件相続開始日まで）

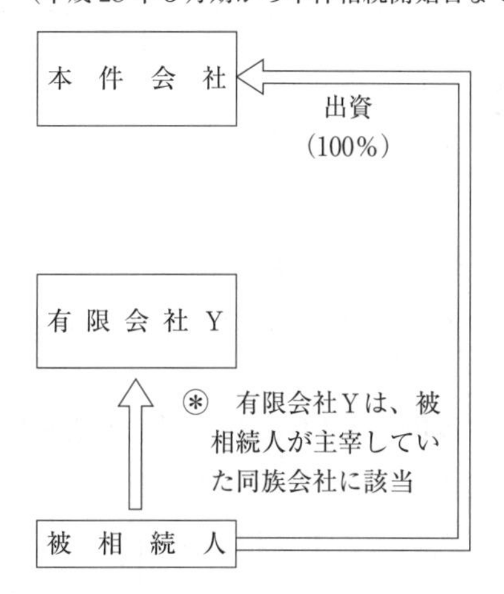

③ 平成24年3月期から平成29年3月期までの本件会社の損益の状況並びに資産及び負債の状況は、別紙（筆者注 非公開）本件会社の損益の状況及び別紙（筆者注 非公開）本件会社の資産及び負債の状況記載のとおりである。

このうち、別紙（筆者注 非公開）記載の役員報酬のうち4,364,000円（平成29年3月期においては3,962,000円）は、被相続人、乙、原告及びCに対するものであり、同じく地代家賃は、本件ホテル等の敷地の地代を乙に支払ったものである。また、別紙（筆者注 非公開）記載の長期借入金は、すべて被相続人からの借入である（筆者注 本件会社には金融機関等の外部からの借入金は存在しない）。

⑶ 借入金債務の免除の意思表示

被相続人は、本件会社に対し、別紙（筆者注 非公開）「亡甲の本件会社に対する貸付・免除等状況」の「貸付日」欄記載の日に、同「利率（%）」、「損害金（%）」、「担保」、「返済開始年月日」及び「月額返済額（円）」の各欄記載等の条件で、同「貸付金額」欄記載の貸付をし、同「免除日」欄記載の日に、同「免除金額（円）」欄記載の借入金債務の免除の意思表示をした。

本件会社は、被相続人が死亡するまで、同人に対する上記借入金及び利息の弁済を怠ったことはなかった。

なお、被相続人は、処分行政庁に対し、平成28年3月5日、平成27年12月31日時点での被相続人の本件会社に対する貸付金が300,095,000円である旨記載されている同日分財産債務調書合計表及び同日分財産債務調書を提出していた。

筆者注 上記に掲げる別紙は非公開とされたが、これと近似で参考に資することが可能な資料として 図表－4 を参照されたい。

図表－4 本件会社が被相続人から受けた長期借入金の額及び支払利息額等の推移

（単位：円）

項目＼事業年度	平成24年3月期	平成25年3月期	平成26年3月期	平成27年3月期	平成28年3月期	平成29年3月期
新規借入額	70,000,000	60,000,000	74,000,000	70,000,000	50,000,000	50,000,000
借入金返済額	14,955,000	18,035,000	19,335,000	18,250,000	19,295,000	9,635,000
支払利息額	3,314,321	3,656,197	3,556,118	3,523,193	3,633,055	1,747,954
債務免除額	28,925,000	50,175,000	56,780,000	45,550,000	44,525,000	－
期末残高	347,875,000	339,665,000	337,550,000	343,750,000	329,930,000	370,295,000

⑷ 本件相続の開始と本件貸付金債権

被相続人は、上記⑴①のとおり、平成28年10月＊＊日（以下「本件相続開始時」という）に死亡した。本件相続開始時における被相続人の法定相続人は、乙、原告、B、Cの4名であったが、被相続人の全ての財産は、平成23年12月22日付け公正証書に基づき、原告が相続した。

なお、本件相続開始時における亡甲の本件会社に対する貸付金債権の残額は、370,295,000円であった（以下、かかる貸付金債権を「本件貸付金債権」という）。

⑸ 本件会社における本件決議

本件会社は、平成28年12月30日をもって本件会社を休業する旨の取締役会決議（以下「本件決議」という）を行い、その旨を従業員及び取引先に告知した（原告提出の本件会社の臨時取締役会議事録では平成28年10月5日に本件決議がなされた旨の記載があるが、本件決議がなされた日時については争いがある）。

⑹ 相続税の期限内申告書の提出

原告は、法定申告期限内である平成29年7月25日、処分行政庁（筆者注 十和田税務署長）に対し、本件相続について、本件貸付金債権の価額は0円と評価することを前提として、課税価格を2,964,694,000円、相続税の総額及び相続税額を1,330,113,300円などとする申告書を提出した。

⑺ 本件更正処分等

上記⑹に対し、処分行政庁は、本件相続開始時における本件貸付金債権の価額を370,295,000円と評価すべきであるとして、平成31年4月23日付で、課税価格を2,964,694,000円から3,334,989,000円へと（筆者注1）、相続税の総額及び相続税額を1,330,113,300円から1,524,518,200円へと（筆者注2）更正する本件更正処分及び過少申告加算税額を9,720,000円（筆者注3）とする本件賦課決定処分（以下、本件更正処分と本件賦課決定処分を併せて「本件更正処分等」という）をし、原告に対し、相続税の更正通知書及び加算税の賦課決定通知書を送付した。

筆者注1 両課税価格の差額は370,295,000円（3,349,989,000円－2,964,694,000円）となり、この金額は本件貸付金債権の金額と一致する。

筆者注2 相続税の総額（算出相続税額）の差額は194,404,900円（1,524,518,200円－1,330,113,300円）となる。

筆者注3 本件更正処分により原告が納付すべきこととなった相続税額194,404,900円（ただし、国税通則法第118条《国税の課税標準の端数計算等》第3項の規定に基づき、1万円未満の端数を切り捨てた後のもの）に同条第1項及び内国税の適正な課税の確保を図るための国外送金等に係る調書の提出等に関する法律第6条の3《財産債務に係る過少申告加算税又は無申告加算税の特例》第1項の規定による割合を乗じて、下記のとおりに計算したものである。

計算 194,400,000円（万円未満切捨）× 5％（割合）＝ 9,720,000円

⑻ 本件更正処分等の根拠

被告の主張する本件更正処分等の根拠は、別紙（筆者注 非公開）「課税処分の根拠」記載のとおりであり、本件貸付金債権の価額については、評価通達204《貸付金債権の評価》を適用し、本件相続開始時の本件貸付金債権の額面価額を評価額とした。

なお、本件貸付金債権の評価に関する部分を除き、その計算の基礎となる金額及び計算方法について、当事者間に争いはない。

⑼ 審査請求

原告は、国税不服審判所長に対し、令和元年5月15日、本件更正処分等の取消しを求める旨の審査請求をした。

⑽ 裁決

上記⑼に対し、国税不服審判所長は、令和2年3月18日、原告の審査請求をいずれも棄却する旨の裁決をした。

⑾ **本件訴訟**

原告は、令和2年9月15日、本件訴訟を提起した。

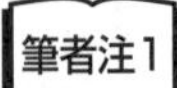

上記⑴ないし⑾に掲げる基礎事実につき、**図表－2**で示したものを除き時系列的な経過をまとめると、**図表－5**のとおりとなる。

図表－5　本件裁判例における時系列

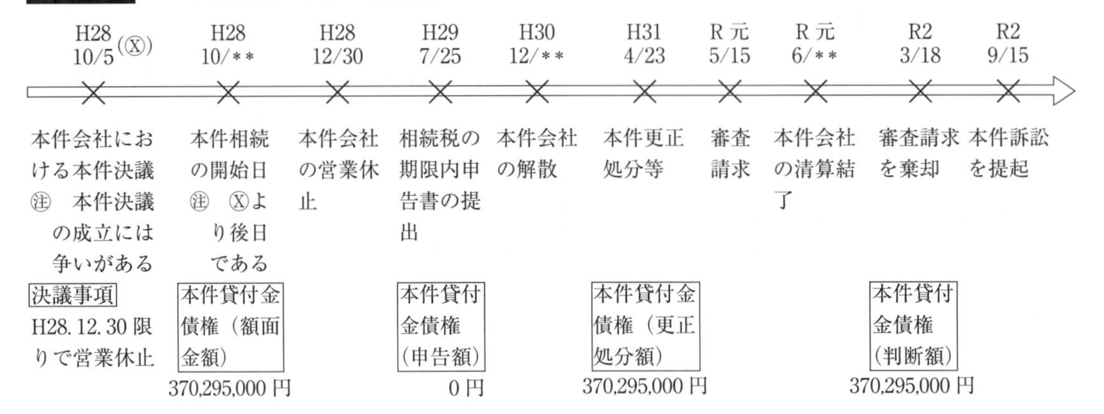

筆者注2

先例とされる裁判例の判決文には記載されていないが、併せて、次に掲げる事実も確認されている。

(イ) 本件会社が営業を休止することを決定した臨時取締会を平成28年10月5日（ただし、この日付には争いがある）に開催するに至ったのは、平成28年5月頃から体調不良のため入院中の被相続人の容態が芳しくなく、本件会社が被相続人から資金提供等を受けられなくなる可能性を考慮したものであること

(ロ) 本件貸付金債権につき、本件相続開始日において被相続人が支払を受けるべき既経過利息の価額は認められないこと

(ハ) 本件会社は、残余財産確定事業年度において、被相続人の全財産を相続した原告が、本件会社に債務免除した本件貸付金債権の額370,295,000円について、『特別利益　債務免除益』の名目で利益計上をしていること

〔3〕争点

本件の争点は、本件相続開始時における本件貸付金債権の時価であるが、その具体的な争点としては、次のとおりである。

⑴ **争点1**

本件貸付金債権に、評価通達205《貸付金債権等の元本価額の範囲》⑴に該当する事由が存するか否か。

⑵ **争点2**

本件貸付金債権に、評価通達205《貸付金債権等の元本価額の範囲》柱書の「その回収が不可能又は著しく困難であると見込まれるとき」に該当する事由が存するか否か。

⑶ **争点3**

本件貸付金債権の価額はいくらになるのか。また、本件更正処分等は適法であるか否か。

〔4〕争点に関する双方（請求人・原処分庁）の主張

各争点に関する請求人・原処分庁の主張は、図表－6のとおりである。

図表－6　各争点に関する請求人・原処分庁の主張

（争点1）　本件貸付金債権に、評価通達205《貸付金債権等の元本価額の範囲》(1)に該当する事由が存するか否か

原告（納税者）の主張	被告（国）の主張
本件会社が自己の収益をもって債務超過の解消が見込めない状況にあり、本件会社が被相続人からの資金援助に依存して運営されていたにもかかわらず、同人の容態が思わしくなく、今後、同人から本件会社に対する資金援助を受けられなくなると予想されたことから、本件相続開始時よりも前の平成28年10月5日に本件会社を休業（事実上の営業廃止）する旨の本件決議をしていた。 したがって、本件貸付金債権につき、評価通達205《貸付金債権等の元本価額の範囲》(1)に該当する事由があるというべきである。	本件会社は、本件相続開始時において、評価通達205《貸付金債権等の元本価額の範囲》(1)イないしホに該当する事由が生じておらず、また本件相続開始時においても事業を継続していた以上、同(1)へに該当する事由もない。 したがって、本件貸付金債権につき、同通達205(1)に該当する事由が存するということはできない。 なお、原告は、本件相続開始時以前の平成28年10月5日に、同年12月30日をもって本件会社を休業する旨の本件決議をしたことから、本件貸付金債権に同通達205(1)に該当する事由がある旨主張するが、本件会社が本件相続開始時においては現に事業を継続しており、事業廃止又は休業をしていた事実はないから、上記事由をもって同通達205(1)に該当するということができないことは明らかである。

（争点2）　本件貸付金債権に、評価通達205《貸付金債権等の元本価額の範囲》柱書の「その回収が不可能又は著しく困難であると見込まれるとき」に該当する事由が存するか否か

原告（納税者）の主張	被告（国）の主張
(1)　次に掲げる事項からすれば、本件相続開始時において、本件会社は本件貸付金債権の返済原資を確保できない状況にあった。 ①　本件貸付金債権は約定どおりに返済しても30年以上の長期間を要するところ、本件会社は債務超過が続いており、金融機関から借入れの見込みがなく、高額の相続税の支払のため被相続人の遺産を本件会社に提供することも困難であり、長期間の事業継続は困難であったことから、事業収入による返済は期待できなかったこと ②　本件会社の所有する不動産は借地上の本件ホテル等の建物のみであるため、事業を継続しながらこ	(1)　評価通達205《貸付金債権等の元本価額の範囲》柱書の「その回収が不可能又は著しく困難であると見込まれるとき」とは、それが同通達205(1)ないし(3)の各事由と並列的に規定されていることなどからして、同通達205(1)ないし(3)と同程度に債務者が経済的に破綻していることが客観的に明白であり、そのため債権回収の見込みがないか、又は著しく困難であると確実に認められるときをいうと解すべきである。 (2)　本件会社は、平成24年3月期以降の各事業年度のいずれにおいても債務超過であったものの、本件相続開始時において、本件貸付金債権は、本件会社の負債の大部分を占めており、これ以外に長期貸付金はなく、しかも本件貸付金債権は約定に従って遅滞なく返済され、期限の利益が喪失するなどして一括返済を求められている状況ではなく、本件相続開始時において会社更生手続等の法的処理や強制執行等が行われていたわけでもなかった。

れを売却することで返済原資を工面することもできなかったこと

③　本件会社の預貯金残高も本件貸付金債権の残高の約６％にすぎず、預貯金からの返済もできる状況になかったこと

(2)　上記(1)に加え、次に掲げる事項などの本件会社の債務等の状況も併せ考えれば、本件会社は実質的、客観的にみて経済的に破綻していたというべきである。

①　本件会社は、被相続人から毎期多額の債務免除を受けて、被相続人への返済の大部分を免れており、約定どおりの返済をしていたと評価できないこと

②　既に本件ホテル等の予約をしていた顧客のために一定期間の業務を継続するための運転資金を確保するために、事業廃止をする旨の本件決議をした後に借入れをしなければならないほど資金繰りが行き詰っていたこと

③　本件会社の売上高の増加傾向は大規模施設の工事に伴う一時的なものであるにすぎないこと

④　売上高の約２倍の経費を支出していること

(3)　本件会社は、上記（**争点１**）のとおり、本件相続開始時よりも前に、事業廃止を決議（本件決議）していた以上、本件会社は評価通達205《貸付金債権等の元本価額の範囲》(1)へに定める「業況不振のため又はその営む事業について重大な損失を受けたため、その事業を廃止」した場合に準じる事由が生じているというべきであるから、本件貸付金債権は、評価通達205柱書に定める「その他その回収が不可能又は著しく困難であると見込まれる」債権に該当するというべきである。

(4)　被告は、本件会社が本件相続開始時よりも前に本件決議をした事実はない旨主張するが、本件会社は本件決議をした平成28年10月５日に関係者に対し営業休止を通知したのであり、同日に被相続人から事業資金

また、上記各事業年度のいずれにおいても損失を計上していたものの、売上高は約30,000,000円から約40,000,000円を計上し、その額は年々増加傾向にあり、役員報酬や地代の支払が滞っているわけでもなく、本件会社は、大幅な支出削減を余儀なくされるなどして事業継続が制限される状況にはなかった。

さらに、本件会社は被相続人の二男であるＢが統括しており、本件会社の敷地は被相続人の妻である乙から賃借していることなどからすれば、本件相続開始時以降も事業を継続できる状況にあった。

したがって、本件会社は、評価通達205(1)ないし(3)と同程度に、経済的に破綻していることが客観的に明白であり、そのため債権の回収の見込みがないか、又は著しく困難であると確実に認められるということはできず、このことは、本件相続開始時以降に、本件会社が解散したことにより左右されるものではない。

(3)　原告は、本件相続開始時以前の平成28年10月５日に、同年12月30日をもって本件会社を休業する旨の本件決議をしていたことから、本件相続開始時において、本件会社に対する本件貸付金債権の回収が不可能又は著しく困難であった旨主張する。

しかしながら、次に掲げる事項からすれば、平成28年10月５日に本件決議をしたとは考え難い。

①　本件会社が休業する旨の文書は、平成28年10月５日よりも１週間以上後に送付（**筆者注**）されたと認められること

筆者注　この記述から平成28年10月５日から当該送付日までの間に本件相続の開始日があったものと合理的に推認される。

②　平成28年10月５日に被相続人から運転資金として20,000,000円を借り入れる決議をして借入れを実行しており、同日時点で事業を廃止する意思があったのか疑わしいこと

③　本件会社自身が、被相続人の死去に伴いホテル営業等を継続することが困難な状況となったため営業活動を終了した旨説明していること

この点を措くとしても、本件相続開始時においては、本件会社は現に事業を継続していたのであり、本件会社の経営を改善するため、新たに金融機関から借入れをする、支出を削減するなどのほか、被相続人の遺産総額は、原告に課された相続税額よりも多額であり、被相続人の遺産を本件会社に提供するなどの方策をとることも可能であった（本件会社のような同族会社においては代表者等が個人資産を提供して事業を継続することもまれではない）ことからすれば、本件相続開始時に本件決議がなされていたとしても、本件相続開始時において、本件貸付金債権の回収が不可能又は著

の借入れをしたのは、上記のとおり、既にホテル等の予約をしていた顧客のために一定期間の業務を継続するためにすぎない。	しく困難であったということはできない。

（争点３）　本件貸付金債権の価額はいくらになるのか。また、本件更正処分等は適法であるか否か

原告（納税者）の主張	被告（国）の主張
上記（争点１）及び（争点２）より、処分行政庁は、評価通達205《貸付金債権等の元本価額の範囲》に従って、本件貸付金債権の時価を０円と評価すべきであったのに、そのような評価をせずに本件更正処分等をしたものであるから、本件更正処分等は違法である。	上記（争点１）及び（争点２）より、処分行政庁が、評価通達204《貸付金債権の評価》を適用して、本件相続開始時における本件貸付金債権の時価を370,295,000円と評価したことは相当であるから、本件更正処分等は適法である。

〔5〕裁判所の判断

⑴　法令解釈等

相続税法第22条《評価の原則》は、特別の定めのあるものを除くほか、相続により取得した財産の価額は、当該財産の取得の時における時価とする旨を定めているところ、同条にいう時価とは当該財産の客観的な交換価値をいうものと解される（最高裁平成20年（行ヒ）第241号、同22年７月16日第二小法廷判決）。

ところで、相続税法は、かかる客観的交換価値の評価方法について定めを置いていないところ、課税実務においては、評価通達において財産の価額評価の一般的基準を定めている。課税実務がこのような評価方法を採用しているのは、財産の客観的交換価値は必ずしも一義的に確定されるものではないため、これを個別に評価する方法をとると、その評価方式、基礎資料の選択の仕方等により異なった評価額が生じることを避けがたく、また、課税庁の事務負担が重くなり、課税事務の迅速な処理が困難となるおそれがあることなどからして、あらかじめ定められた評価方式によりこれを画一的に評価する方法を採用することが、納税者の公平、納税者の便宜、徴税費用の節減という見地から見て合理的であることに基づくものと考えられる。

そうであるとすれば、評価対象の財産に適用される評価通達の定める評価方法が適正な時価を算定する方法として一般的な合理性を有する場合は、評価通達に定める評価方法によっては財産の時価を適切に評価することのできない特段の事情がある場合を除き、評価通達の定める評価方法により財産評価を行うことも、相続税法第22条が許容するところであるというべきである。

そして、貸付金債権は、その回収可能性がない場合又は極めて低い場合等以外は、その債権額が客観的な交換価値であるというべきであるから、債務者が破産手続開始決定を受

けた場合等の債権の回収が不可能又は著しく困難であると認められる一定の場合以外にはその債権額をもって客観的な交換価値であると評価する旨を定める評価通達204《貸付金債権の評価》及び205《貸付金債権等の元本価額の範囲》は、客観的な交換価値を評価する方法として一般的な合理性を有するというべきである。

⑵ 当てはめ

① （**争点1**：本件貸付金債権に、評価通達205《貸付金債権等の元本価額の範囲》⑴に該当する事由が存するか否か）について

本件相続開始時において、本件会社が破産手続開始決定等を受けていたという事実はない以上、本件会社に、評価通達205《貸付金債権等の元本価額の範囲》⑴イないしホのいずれに該当する事由がないことは明らかである。

また、原告は、本件相続開始時よりも前の平成28年10月5日に本件決議がなされた旨主張しているが、仮に本件相続開始時よりも前に本件決議がなされていたとしても、本件決議は、同年12月30日をもって休業するというものにすぎず、本件会社は、本件相続開始時において、現に事業を継続していたものであるから、本件会社が、本件相続開始時において、「業況不振のため又はその営む事業について重大な損失を受けたため、その事業を廃止し又は6か月以上休業して」いたものということができないのは明らかであり、評価通達205⑴へに該当する事由もない。

したがって、本件貸付金債権が、評価通達205⑴に該当する債権であるということはできない。

② （**争点2**：本件貸付金債権に、評価通達205《貸付金債権等の元本価額の範囲》柱書の「その回収が不可能又は著しく困難であると見込まれるとき」に該当する事由が存するか否か）について

㈠ 評価通達205《貸付金債権等の元本価額の範囲》は、貸付金債権等の元本価額を相続財産に算入しない場合として、同通達⑴ないし⑶と並列して同柱書において「その他その回収が不可能又は著しく困難であると見込まれるとき」を挙げていることからすれば、評価通達205柱書の「その他その回収が不可能又は著しく困難であると見込まれる」とは、同通達⑴ないし⑶と同程度に、債務者が経済的に破綻していることが客観的に明白であり、そのため債権回収が不可能又は著しく困難であると確実に認められる場合をいうものと解するのが相当である。

㈺ 平成24年3月期以降本件相続開始時が属する平成29年3月期までの本件会社の資産及び負債の状況並びに損益の状況を見ると、本件会社は、被相続人から債務免除を受けているにもかかわらず、毎期200,000,000円以上の債務超過となっており、平成26年3月期以外は毎期損失を計上しているから、決して経営状態が良好であったということはできない。

しかしながら、本件会社の負債の大半は、代表者であった被相続人の本件会社に

対する本件貸付金債権が占めており、これ以外に金融機関等からの長期借入金はなかったところ、本件相続開始時に至るまで、本件会社が本件貸付金債権等の負債の返済を怠り、期限の利益を喪失していたなどの事情はなかったのであるから、本件相続開始時において、本件会社は現に支払不能に陥っていたものではなく、また、これらの負債の状況からは、直ちに支払不能に陥ることが確実な状況にあったものともいえない。

また、本件会社の売上高は、平成24年3月期以降平成29年3月期までいずれも30,000,000円を超えており、その売上高は平成26年3月期以降、本件相続開始時が属する平成29年3月期まで漸増傾向にあったばかりか、本件会社は、被相続人及びその他役員に対する役員報酬及び地代を毎期一定額支出する（上記前提事実〔2〕(2)③）など、本件相続開始時において、本件会社において大幅な支出削減を余儀なくされていたわけでもなく、本件会社の資産に対する強制執行等がされていたわけでもない。

さらに、本件会社は、本件相続開始時において、被相続人の二男であるBが統括しており、本件ホテル等の敷地は被相続人の妻である乙から賃借しているなど、被相続人の親族からの資産提供等により運営されており、事業継続の基盤となる資産は確保できているというべきである。事業継続のための資金についても、本件会社が、事業収入や新規の借入れをすることなどによってこれを確保することは客観的に不可能であったとはいえず、また、本件会社は、株主や役員のほとんどを被相続人の親族等が占める（上記前提事実〔2〕(2)②）、いわゆる同族会社であるところ、同族会社においては、代表者等が資産を提供して事業を継続することも一般的にあり得るもので、実際に被相続人の生前にはそのように事業を継続してきたのであるから、本件相続開始時以降においても、その役員又は株主となっている被相続人の親族が自身の資産を提供するなどの方法によって、事業継続のための資金を確保することは不可能であったとまでいえない。

以上の本件会社の負債や収支等の状況からすれば、本件会社が、本件相続開始時において、直ちに支払不能に陥るなどして事業継続が不可能となることが確実な状況にあったとはいえないのであって、実際に、本件会社は、本件相続開始時以降約2か月間にわたって、本件ホテル等への宿泊等を受け付けるなどして事業を継続し、この間、資金繰りが行き詰るなどして評価通達205《貸付金債権等の元本価額の範囲》(1)に定めるいずれかの事由が生じたわけではなく、倒産手続を利用せずに清算結了に至っていることからしても、本件会社が、本件相続開始時において経済的に破綻していたとまではいえないことが十分裏付けられるというべきである。

したがって、本件会社が、本件相続開始時において、経済的に破綻していることが客観的に明白であったということはできないから、本件貸付金債権について、「その他その回収が不可能又は著しく困難であると見込まれる」事由があるということはできず、本件貸付金債権について評価通達205を適用して、本件貸付金債権の評価額を0円と評価することはできない。

③　（**争点３：本件貸付金債権の価額はいくらになるのか。また、本件更正処分等は適法であるか否か**）について

上記①及び②より、本件相続開始時における本件貸付金債権の評価に当たって、評価通達204《貸付金債権の評価》を適用し、その時価額を370,295,000円と評価したことは適法である。

そして、本件においては、評価通達に定める評価方法によっては原告が相続した財産の時価を適切に評価することのできない特段の事情が存するとは認められず、本件相続について原告に課される相続税及び過少申告加算税は、別紙（筆者注 非公開）課税処分の根拠に記載のとおりの方法で算定されたものであるから、本件更正処分等はいずれも適法である。

(3)　原告の主張について

上記(2)に対し、原告は、下記のとおり主張するが、いずれも採用することはできない。

①　原告は、次に掲げる事項などからして、本件会社は、負債の大部分を占めている本件貸付金債権の返済原資を確保できない状況であったから、本件貸付金債権の回収が不可能又は著しく困難であったと主張する。

(イ)　本件会社が事業収入による返済をすることは期待できないこと

(ロ)　本件会社の所有する不動産は借地上の本件ホテル等の建物のみであるため、事業を継続しながらこれを売却することで返済原資を工面することもできないこと

(ハ)　預貯金残高は本件貸付金債権の残高の約６％にすぎなかったこと

しかしながら、上記(2)②(ロ)で説示したとおり、本件相続開始時において、本件会社が直ちに支払不能に陥ることが確実な状況にあったとはいえないのであるから、本件貸付金債権の全額を返済できる見込みが必ずしも高くなかったとしても、そのことのみをもって本件会社が経済的に破綻しているのと同視し得るとはいえない。

②　原告は、次に掲げる事項などの本件会社の債務や収支等の状況からすれば、本件相続開始時において、本件会社が経済的に破綻していたことは客観的に明白であったと主張する。

(イ)　本件会社は、被相続人から毎期多額の債務免除を受けていたにもかかわらず債務超過であり、約定どおりの返済をしていたと評価できないこと

(ロ)　既に本件ホテル等の予約をしていた顧客のために一定期間の業務を継続するための運転資金を確保するために、事業廃止をする旨の本件決議をした後に借入れをしなければならないほど資金繰りが行き詰まっていたこと

(ハ)　本件会社の売上高は増加傾向にあったものの、これは大規模施設の工事に伴う一

時的なものであるにすぎにないし、そもそも売上高の約２倍の経費を支出していること

しかしながら、上記⑵②(ロ)で説示したとおり、本件会社の経営が良好な状況にあったということはできないものの、本件相続開始時に至るまで、本件会社は、代表者であった被相続人に対する本件貸付金債権が負債の大半を占めており、これ以外に金融機関等からの長期借入金はなく、そのため、被相続人から債務免除を受けながらも支払不能に陥ることはなかったのであり、また、本件会社は事業継続の基盤となる資産も確保できており、直ちに強制執行等がなされたり、大幅な支出削減を余儀なくされていたなどの事情も認められなかったこと等も踏まえると、原告主張の上記事由をもって、本件会社が、本件相続開始時において、直ちに事業継続が不可能となることが確実な状況にあったということはできない。

また、原告は、本件会社が新規の借入れをすることは困難であり、相続税の支払のため被相続人の遺産を原告が提供することも困難であったことから、本件会社は事業継続のための資金を確保することができなかったと主張するが、本件会社が資金を確保することが客観的に不可能であったとまでいえないことは上記⑵②(ロ)で説示したとおりである。

また、上述のとおり、本件相続開始時において、本件会社が直ちに事業継続が不可能となることが確実な状況にあったということはできないのであるから、将来において資金が確保できず、事業継続が困難となる可能性があったとしても、そのことのみをもって、本件会社が、本件相続開始時において、経済的に破綻していたことが客観的に明白であったということはできない。

③　原告は、本件会社は、本件相続開始時以前に既に経済的に破綻した状態であったところ、本件相続開始時以前の平成28年10月５日に、同年12月30日をもって事実上事業を廃止する旨の本件決議をし、近日中に、取引先に対してその旨の通知を発出していたのであるから、本件会社は本件相続開始時において、評価通達205《貸付金債権等の元本価額の範囲》⑴への定める「業況不振のため又はその営む事業について重大な損失を受けたため、その事業を廃止」した場合に準じる事由が生じているというべきであるなどと主張する。

しかしながら、本件会社が本件相続開始時において経済的に破綻していたことが客観的に明白であったといえないことは上記⑵②(ロ)並びに前記①及び②で説示したとおりであるところ、仮に本件相続開始時より前に本件決議を行っていたとしても、本件相続開始時において現に事業を継続しており、その後も約２か月間は事業を継続することが予定されていたのであるから、本件決議を行っていたことをもって、本件相続開始時において、本件会社に「業況不振のため又はその営む事業について重大な損失を受けたため、その事業を廃止」した場合に準じる事由が生じていたということはで

きない。

〔6〕まとめ

(1) 裁判例の結果

先例とされる裁判例では、本件貸付金債権の価額につき、原告（納税者）が本件会社は本件相続開始以前に既に経済的に破綻した状態であり、かつ、本件相続開始前の時点で約2、3か月経過日後に事実上事業を廃止する旨の臨時取締役会決議も実行されていることから0円である旨を主張したのに対し、被告（国）が主張し裁判所がこれを相当と判断したのが本件会社は本件相続の開始時点でその事業を廃止したものとも、本件貸付金債権について「その回収が不可能又は著しく困難であると見込まれるとき」にも該当せず、370,295,000円（本件貸付金債権の元本価額）で評価することが相当というものであったことから、結果として、原告（納税者）の主張は容認されなかった。

(2) 参考法令通達等

- 相続税法第22条《評価の原則》
- 評価通達1《評価の原則》
- 評価通達204《貸付金債権の評価》
- 評価通達205《貸付金債権等の元本価額の範囲》
- 国税通則法第118条《国税の課税標準の端数計算等》
- 内国税の適正な課税の確保を図るための国外送金等に係る調書の提出等に関する法律第6条の3《財産債務に係る過少申告加算税又は無申告加算税の特例》

本問から学ぶ重要なキーポイント

(1) 貸付金債権は、その回収可能性がない場合又は極めて低い場合等以外は、その債権額が客観的な交換価値であるというべきであるとされています。

(2) 上記(1)より、債務者が破産手続開始決定を受けた場合等の債権の回収が不可能又は著しく困難であると認められる一定の場合以外にはその債権額をもって客観的な交換価値であると評価する旨を定める評価通達204《貸付金債権の評価》及び評価通達205《貸付金債権等の元本価額の範囲》は、客観的な交換価値を評価する方法として一般的な合理性を有するというべきであるとされています。

(3) 被相続人に係る相続開始時よりも前に債務者である会社に係る事業廃止の決議（廃止日を将来における一定日と定めたもの）がされていたとしても、当該相続開始時において現に事業を継続していた場合には、評価通達205《貸付金債権等の元本価額の範囲》(1)へに定める「業況不振のため又はその営む事業について重大な損失を受けたため、その事業を廃止し又は6か月以上休業しているとき」に該当しないとされています。

(4) 被相続人に係る相続開始時において、債務者である会社が直ちに事業継続が不可能となることが確実な状況にあったと認めることができない場合には、将来において資金が確保できず、事業継続が困難となる可能性があったとしても、そのことのみをもって、当該会社が当該相続開始時において、経済的に破綻していたことが客観的に明白であったということはできないとされています。

貸付金債権に係る実務対策

(1) 先例とされる裁判例では、本件貸付金債権の価額370,295,000円（本件貸付金債権の元本価額）の相続財産計上もれを理由に相続税の更正処分等が行われたものであり、これに伴って新たな租税負担額として、本税194,404,900円（上記〔2〕(7)筆者注2を参照）及び過少申告加算税9,720,000円（上記〔2〕(7)筆者注3を参照）の負担が必要とされたものです。

(2) 上記(1)に関しての実務対策として、被相続人の生存中に本件会社の事業廃止、解散及び清算結了までの一連の会社整理手続きの実行があり、その結果として、本件貸付金債権の元本価額370,295,000円に対して支弁可能額を返済して、債権から現預金に財産を変換させることで、実質的な評価替えをすべきであったと考えられます。

(3) 上記(2)に関して、これは単なる余談となりますが、被相続人の生存中の考え方として「私の存命中は、ぜひとも、本件会社の事業を継続させて欲しい。私の死後は相続人の手で本件会社を清算することは差し支えない」というものがあれば、その説得は相当困難を伴うことも想定されます。

3 貸付金債権等の回収不能の判断〈実質基準〉

（『その回収が不可能又は著しく困難であると見込まれるとき』の意義）

Q3-1 実質基準に該当するか否かを判断するときにおける法令解釈等の在り方が争点とされた事例

事例 **国税不服審判所裁決事例**
（平成26年2月17日裁決、熊裁（諸）平25－11、平成21年又は平成22年相続開始分）

? 疑問点

被相続人の相続開始時において同人が関与する同族会社である法人に対して貸付金債権を有していた場合において、当該貸付金債権の価額につき、評価通達205《貸付金債権等の元本価額の範囲》に定める『その回収が不可能又は著しく困難であると見込まれるとき』に該当するか否かを判断するときにおける法令解釈等は、次に掲げるいずれにより行うことが適切とされますか。

(1) 『その回収が不可能又は著しく困難であると見込まれるとき』とは、評価通達205の(1)ないし(3)の事由と同程度に、債務者が経済的に破綻していることが客観的に明白であり、そのため、債権の回収の見込みがないか、又は著しく困難であると確実に認められるときであると解される。

(2) 『その回収が不可能又は著しく困難であると見込まれるとき』の判断に当たっては、評価時点における債務者の業務内容、財務内容、収支状況、信用力などを具体的総合的に検討した上で、その実質的価値を判断すべきであると解される。

A 回答

評価通達205《貸付金債権等の元本価額の範囲》に定める「その回収が不可能又は著しく困難であると見込まれるとき」の法令解釈等は、? 疑問点(1)によることが相当とされています。

解説

評価通達205《貸付金債権等の元本価額の範囲》に定める「(X)その他その回収が不可能又は著しく困難であると見込まれるとき」が(Y)同通達205の(1)ないし(3)の事由と並列的に定められている(注)ことから、上記(X)＿＿部分に該当すると認められるためには、上記(Y)＿＿部分と同程度の事由であることが要求されると考えられます。

したがって、上記(X)＿＿部分に該当するか否かの法令解釈等は、疑問点(1)によることが相当とされます。

（注） 上記(X)＿＿部分の出だしが「その他」という並列関係を示す接続用語が使用されており、「その他の」という例示を示す接続用語が使われているものではないことに留意する必要があります。

Q3-1の検討に当たっては、下記に掲げる裁決事例が先例として参考になります。

◉国税不服審判所裁決事例
（平成26年２月17日裁決、熊裁（諸）平25－11、平成21年又は平成22年相続開始分）

〔1〕事案の概要

本件は、請求人が相続により取得した貸付金債権の評価額は10,000,000円であるとして相続税の申告をしたところ、原処分庁が当該貸付金債権の評価額は46,567,883円であるとして相続税の更正処分を行ったのに対し、請求人が原処分庁の評価額には評価通達205《貸付金債権等の元本価額の範囲》の解釈に誤りがあるとして同処分等の全部の取消しを求めた事案である。

〔2〕基礎事実

(1) 本件相続について

被相続人は、平成＊＊年＊＊月＊＊日（以下「本件相続開始日」という）（筆者注）に死亡し、被相続人に係る相続（以下「本件相続」という）が開始した。

筆者注 本件相続開始日は不明であるが、平成21年９月１日から平成22年８月31日までの間であることが合理的に推認される。

(2) 本件会社について

① ＊＊（以下「本件会社」という）は、昭和44年９月18日に設立された法人税法第２条《定義》第１項第10号に規定する同族会社であり、食料品・日用雑貨等の販売を業とし、現在も事業を継続している。

② 請求人は、平成６年２月26日に本件会社の代表取締役に、同人の妻の＊＊は同年10月３日に同社の取締役に就任し、現在に至っている。また、被相続人は、設立時から平成20年８月31日まで本件会社の取締役であった。

③ 本件会社の決算書によれば、平成16年９月１日から平成17年８月31日までの事業年度（以下「平成17年８月期」といい、他の事業年度についても同様に表記する）ないし平成24年８月期までの各事業年度末日現在の資産・負債の状況及び当該各事

業年度の営業収入等の状況は、それぞれ＊＊及び＊＊（筆者注 いずれも非公開）のとおりである。

⑶　**本件貸付金債権について**

被相続人は、本件相続開始日において、本件会社に対し、46,567,883円の貸付金債権（以下「本件貸付金債権」という）を有していたところ、本件貸付金債権は、請求人が相続した。

⑷　**相続税の申告について**

請求人は、本件相続開始日における本件貸付金債権の評価額は10,000,000円であるとして、本件相続に係る相続税の申告をした。

⑸　**本件更正処分等について**

原処分庁は、本件相続開始日における本件貸付金債権の評価額は元金の46,567,883円であるとして、本件相続に係る相続税の更正処分及び過少申告加算税の賦課決定処分（以下、両処分を併せて「本件更正処分等」という）をした。

〔3〕争点

本件相続開始日における本件貸付金債権の評価額はいくらか。

〔4〕争点に関する双方（請求人・原処分庁）の主張

争点に関する請求人・原処分庁の主張は、図表－1のとおりである。

図表－1　争点に関する請求人・原処分庁の主張

（争点）本件相続開始日における本件貸付金債権の評価額はいくらか

請求人（納税者）の主張	原処分庁（課税庁）の主張
⑴　評価通達205《貸付金債権等の元本価額の範囲》に定める「その回収が不可能又は著しく困難であると見込まれるとき」の判断に当たっては、評価時点における債務者の業務内容、財務内容、収支状況、信用力などを具体的総合的に検討した上で、その実質的価値を判断すべきである。 また、評価通達205に定める「その他その回収が不可能又は著しく困難であると見込まれるとき」が同通達205の⑴ないし⑶の事由と並列的に規定されていることは争わないが、並列的に規定されていることとは、当該事由と同程度の事由として規定されていることを意味するものではない。 原処分庁の主張は、評価通達205の「その	⑴　評価通達205《貸付金債権等の元本価額の範囲》は、⑴ないし⑶の事由のほか、「その回収が不可能又は著しく困難であると見込まれるとき」も評価通達204《貸付金債権の評価》の定めによる評価の例外的事由として掲げているところ、以下のことからすると、評価通達205に定める「その回収が不可能又は著しく困難であると見込まれるとき」とは、評価通達205の⑴ないし⑶の事由と同程度に、債務者が経済的に破綻していることが客観的に明白であり、そのため、債権の回収の見込みがないか、又は著しく困難であると確実に認められるときであると解すべきである。 ①　評価通達204及び205の定めが原則として額面の評価によることとし、例外とし

他」を並列関係ではなく、例示的な役割を果たす趣旨で使っていると解釈していることにほかならず、同通達205の読み方について、並列関係にあると主張しつつ、実質的には例示関係と解した上で、誤った解釈基準を導いている。

⑵　本件相続開始日における本件会社の業務内容、財務内容、収支状況、信用力などを具体的総合的に検討すると、以下のとおり、本件貸付金債権については、評価通達205《貸付金債権等の元本価額の範囲》に定める「その回収が不可能又は著しく困難であると見込まれるとき」に該当する。

①　収支状況

(イ)　売上高

本件会社の売上げは、平成13年8月期に200,000,000円弱あったが、平成15年8月期に170,000,000円台、平成21年8月期に150,000,000円台、平成22年8月期に140,000,000円台と減少し続けている。

また、本件会社は、ここ10年ほど、地元における人口の減少及び経済の衰退から売上高の減少も著しく、平成23年8月期、平成24年8月期も従前と同程度の赤字営業が継続していることからも、収支状況等について、今後、劇的な回復の兆しは存在しない。

(ロ)　売上総利益

本件会社に一定程度の売上総利益があるとしても、最終的な決算は、長年にわたって大幅な赤字状態であり、収支状況としては、回復不能な欠損企業として評価すべきである。

また、本件会社の売上総利益率は、平成13年8月期に20%を超えていたが、その後減少が続き、平成21年8月期に17%、平成22年8月期に16%と減少し続けている。

(ハ)　減価償却後の所得金額

本件会社の所得金額の平成16年8月期から平成22年8月期までの7期分を集計すると、その所得金額の赤字の累積額は＊＊円にも及んでいる。しかも、本件会社の決算では、減価償却費について、損金の額

て、債権の回収が不可能等であることについて客観的に明白な事由がある場合に限り当該部分について元本に算入しない取扱いをすることとしていること

②　上記①が評価通達205の⑴ないし⑶の事由と並列的に規定されていることは明らかであること

⑵　本件相続開始日において、本件会社に法的倒産処理手続等あるいは私的整理手続等が取られている事実又は事業廃止等の事態が生じている事実等は認められないところ、以下のことからすると、本件相続開始日において、同社の資産状況及び営業状況等が破綻していることが客観的に明白であるとは認められず、本件貸付金債権の回収が不可能等であるとは認められない。

①　収支状況

本件会社の売上高が平成17年8月期ないし平成21年8月期（以下「本件各事業年度」という）において、減少傾向にあり、経常損失を計上しているとしても、本件各事業年度においては、年間約158,000,000円から約188,000,000円の売上げを計上し、年間約27,000,000円から約33,000,000円の売上総利益を維持している。

なお、本件会社の売上高が本件各事業年度において減少傾向にあるからといって、同社の収支状況等に今後回復の兆しが存在しないと直ちに認められるものではなく、今後の収支状況等の改善は、事業経営いかんによるものである。

また、本件会社が本件各事業年度において経常損失を計上しているからといって、同社が回復不能の欠損企業であると直ちに認められるものではなく、回復不能か否かは明らかではない。

に算入できる全額を計上すると大幅な欠損となるため、その一部しか計上していないのであり、その全額を計上して所得金額を再計算すると、過去7期にわたって各単年度1千数百万円の赤字を出し、平成22年8月期のその累積額は＊＊円の巨額に及んでおり、およそ回復不能の欠損企業となっている。

㈡　営業キャッシュフロー

本件会社の平成16年8月期から平成22年8月期までの7期分の営業キャッシュフローの累積額は▲57,590,000円にも及んでいる。

㈭　役員給与

本件会社の同族の役員給与の合計額は、平成13年8月期に18,000,000円であったが、その後減少が続き、平成19年8月期に10,000,000円を切り、平成22年8月期は4,800,000円へ減少している。しかも、被相続人の給与は平成17年8月期の当初に打切りとなっている。

このことは、同族の役員給与を削りに削っても赤字体質が回復不能の状況にまで陥っていたことを示すものである。

②　資産・負債の状況

本件会社の平成21年12月31日現在の評価通達における資産の評価額は51,500,000円であり、負債の評価額は92,910,000円であるから、同社は41,410,000円の債務超過状態である。

なお、債務超過は、破産法において、法人の破産原因として規定されている。

したがって、本件会社は、本件相続開始日において、いつでも債権者から破産の申立てを受ける、又は自ら破産を申し立てることができる状態にあった。

③　事業の継続性

名古屋地方裁判所平成16年11月25日判決（平成15年（行ウ）第68号相続税更正処分等取消請求事件）が判示するとおり、法的倒産手続や任意整理手続などが実施されておらず、かつ営業も継続しているような場合であっても、貸付金債権等の実質的価値が額面金額に満たない事態は存在する。そして、そのような場合に、「その回収が不可能又は著しく困難であると見込まれるとき」の該当性の

②　資産・負債の状況

本件会社の平成20年8月期及び平成21年8月期の貸借対照表における期末純資産価額が債務超過の状態を示しているからといって、本件相続開始日において、同社に法的倒産処理手続等が取られている事実は認められず、たとえ、同社が破産を申し立てることができる状態等にあったとしても、当該状態は、一つの判断要素にはなるものの、下記③ないし⑥の同社の諸状況を踏まえると、被相続人、請求人及び＊＊（以下、三者を併せて「被相続人ら」という）からの借入金につき弁済不能の状態にあったことを強く推認させるものではない。

③　事業の継続性

本件会社は、本件相続の前後を通して店舗を閉鎖することなく食料品・日用雑貨等の販売を営んでいること、同社が本件被相続人から借り入れた資金は、設備の資金又は運転資金として使われていること及び同社は、請求人の息子が跡を継いだので止められない状態であること、そして、本件相続開始前において同社が事業を停止し、休業し、又は廃業を準備する等の事実があったことも認められな

判断をすることになるのであるから、評価通達205に定める「その他その回収が不可能又は著しく困難であると見込まれるとき」の該当性判断に当たって、事業継続性の有無は、その判断に大きな影響を与えるものではない。

④ 被相続人らからの借入れ・返済の状況

本件会社の被相続人及び請求人への借入金の返済原資は、被相続人らからの借入金であった。つまり、単発の大口で、被相続人らからの借入れ増をし、そのごく一部から最小限の生活費の足し程度の少額を毎月返済に充て、残部を圧倒的に不足する運転資金に充ててきたものである。

⑤ 同族会社の維持運営

同族会社が同族株主、役員等からの経済的支援を受けて維持運営されることが異例でないことと、評価通達205に定める「その他その回収が不可能又は著しく困難であると見込まれるとき」の該当性の判断には何ら関係がない。異例であるかどうかが、本件会社の財務状況、資産状況等に影響を与えるものではないからである。

また、同族株主、役員等からの経済的支援を受けて維持運営されることが異例でないのは、通常、経済的支援を行った株主、役員等が当該経済的支援の見返りを期待しないからであって、これらの事情はむしろ本件貸付金債権の回収可能性がないことを基礎づける事実であるといえる。

⑥ 信用力

(イ) 本件会社の業務内容、収支状況、資産・負債の状況に鑑み、同社へ新たに融資する金融機関はあり得ず、既存の金融負債も同族借入れへシフトせざるを得ないことから、企業としての信用性がゼロ（正確には著しいマイナス）である。

そして、企業の信用性は、本来、企業の経済活動から評価されるべきものであって、同族関係人の財産から当該企業の信用性が評価されるものではない。

(ロ) Ｘ銀行からの借入金は、人的物的担保が付されており、他の借入金より優先して返済すべき状態にあったこと及び返済原資を役員等からの借入金によって賄っていたことから、Ｘ銀行への返済を継続していることが、本件会社の信用力を示すものではない。

(ハ) ＊＊（筆者注 Ｘ銀行の融資担当者名と

いことを踏まえると、本件相続の前後を通して、同社が事業を継続し、続ける意思を有していたことは明らかである。

④ 被相続人らからの借入れ・返済の状況

本件会社の本件各事業年度の期末借入金残高の大部分を占める債権者は被相続人らであり、被相続人らからの借入金は返済期限等の定めがないものであると認められ、被相続人らからの借入金について返済が行われていることが認められる。

⑤ 同族会社の維持運営

同族会社が同族株主、役員等からの経済的な支援等を受けて維持運営されるのは異例のことではなく、また、経済的に事業を維持運営している会社が資産・負債の財務諸表上債務超過の状態であることをもって会社が経済的に破綻していることが明白であるとみることは相当ではない。

⑥ 信用力

(イ) 本件会社は、本件相続開始前の平成15年12月16日及び平成20年7月18日にＸ銀行Ｙ支店から融資を受けている事実が認められるところ、他方、同社が金融機関から融資を拒否された事実は認められず、また、法人が既存の金融負債を借り換えるに当たって同族関係人から資金を調達するからといって、信用性に影響を与えるものではない。

(ロ) 本件会社の本件各事業年度における期末借入金残高のうち、被相続人らからの借入金以外の部分は、Ｘ銀行からの借入金のみであるところ、Ｘ銀行からの借入金については、本件相続開始以前から計画どおり返済されており、Ｘ銀行は、同社に対して繰上一括償還の請求あるいは連帯保証人へ代位弁済の請求を行ったことはなかったこと及びＸ銀行Ｙ支店は、

推認される）の本件会社に対し、新規融資を行うことができる旨の申述がないことからすれば、同人の「信用力がある」との申述は、一般的な同社の信用力を示したものではなく、X銀行が同社に対して有する当該債権に対する信用力という意味であったと捉えるべきである。X銀行の当該債権は、担保の設定がなされており、当該債権に対する信用力が一般的な本件会社の信用力を判断する指標とはなり得ない。 ㈡ 原処分庁の主張は、本件貸付金債権の回収可能性に関する信用性判断に対して、金融機関からの融資実績を挙げること自体が誤りであり、財産評価について、過去の融資実績を殊更に強調するものである。	同社とは取引も長く、同社を信用度の高い取引先と評価していたこと等が認められる。
⑶ 上記⑴及び⑵より、本件貸付金債権については、その評価額は0円であり、多くとも、10,000,000円を上回ることはない。	⑶ 上記⑴及び⑵より、本件貸付金債権については、評価通達205《貸付金債権等の元本価額の範囲》に定める「その回収が不可能又は著しく困難であると見込まれるとき」には該当しないから、その評価額は46,567,883円（筆者注 本件貸付金債権の額面金額）である。

〔5〕国税不服審判所の判断

⑴ 認定事実

① 借入金の返済状況等

㈠ 金融機関からの借入金

本件会社は、X銀行から平成15年12月15日に15,000,000円を借り入れ、その返済に関しては、当初の返済計画どおり、各月250,000円（年間3,000,000円）を遅延なく返済し、平成20年12月15日に完済した。

また、本件会社は、X銀行から平成20年7月18日に6,000,000円を借り入れ、その返済に関しては、当初の返済計画どおり、各月71,000円（年間852,000円）を遅延なく返済している。

本件会社のX銀行からの借入れ及び返済の状況については、図表－2のとおりである。

図表－2　本件会社のX銀行からの借入れ及び返済の状況

（単位：円）

事業年度	借入額	返済額	事業年度末残高	摘　要
前期繰越			13,000,000	平成15年12月15日 15,000,000円借入れ
平成17年８月期	0	3,000,000	10,000,000	
平成18年８月期	0	3,000,000	7,000,000	
平成19年８月期	0	3,000,000	4,000,000	
平成20年８月期	6,000,000	3,071,000	6,929,000	平成20年７月18日 6,000,000円借入れ
平成21年８月期	0	1,852,000	5,077,000	
平成22年８月期	0	284,000	4,793,000	

（注）「平成22年８月期」欄は、期首から本件相続開始日までの金額を示す。

(ロ)　被相続人らからの借入金

本件会社の被相続人らからの借入れ及び返済の状況については、**図表－3**のとおりである。

本件会社の被相続人らからの借入金については、いずれも同社と被相続人らとの間で、契約書等は作成されず、弁済期限及び利息の定めもなかった。

図表－3　本件会社の被相続人らからの借入れ及び返済の状況

（単位：円）

借入先	事業年度	借入額	返済額	事業年度末残高
被相続人	前期繰越			30,903,639
	平成17年８月期	0	2,425,535	28,478,104
	平成18年８月期	5,000,000	2,426,384	31,051,720
	平成19年８月期	0	2,426,645	28,625,075
	平成20年８月期	11,000,000	2,227,075	37,398,000
	平成21年８月期	0	830,117	36,567,883
	平成22年８月期	10,000,000	0	46,567,883
請求人	前期繰越			841,267
	平成17年８月期	88,860	20,000	910,127
	平成18年８月期	6,086,770	0	6,996,897
	平成19年８月期	5,087,560	2,095,000	9,989,457
	平成20年８月期	500,000	3,366,000	7,123,457
	平成21年８月期	6,000,000	2,866,730	10,256,727
	平成22年８月期	2,300,000	2,533,000	10,023,727

＊＊	平成18年8月期	2,500,000	0	2,500,000
	平成19年8月期	16,450,000	4,950,000	14,000,000
	平成20年8月期	4,000,000	500,000	17,500,000
	平成21年8月期	8,100,000	3,200,000	22,400,000
	平成22年8月期	710,000	710,000	22,400,000
合計	前期繰越			31,744,906
	平成17年8月期	88,860	2,445,535	29,388,231
	平成18年8月期	13,586,770	2,426,384	40,548,617
	平成19年8月期	21,537,560	9,471,645	52,614,532
	平成20年8月期	15,500,000	6,093,075	62,021,457
	平成21年8月期	14,100,000	6,896,847	69,224,610
	平成22年8月期	13,010,000	3,243,000	78,991,610

(注)「平成22年8月期」欄は、期首から本件相続開始日までの金額を示す。

(ハ) その他

本件会社の平成17年8月期から平成22年8月期までの各事業年度における借入金は、X銀行からの借入金及び本件被相続人らからの借入金以外はなかった。

② X銀行Y支店の融資担当者の答述

X銀行Y支店の融資担当者(以下「X銀行融資担当者」という)は、本件会社に対して、審判所に対し要旨次のとおり答述した。

本件会社は、業歴が長く、不動産を所有し、当行に預金をしていること、請求人及びその家族も当行に預金をしていることから、非常に信用度が高い取引先であると評価している。今後、仮に本件会社から融資の相談があった場合には、前向きに検討したい。

(2) 法令解釈等

① 相続税法第22条に規定する時価

相続税法第22条《評価の原則》に規定する時価とは、相続の場合、相続開始時における当該財産の客観的な交換価値をいうものと解される。

② 相続税法第22条と評価通達との関係

上記①の客観的な交換価値は、必ずしも一義的に把握されるものではないから、課税実務上、相続税法に特別の定めのあるものを除き、相続財産の評価の一般的基準が評価通達により定められ、これにより定められた評価方式により相続財産を評価することとされている。

このことは、上記①の客観的な交換価値を個別に評価する方法をとると、評価方式、基礎資料の選択の仕方等により異なった評価価額が生じ、また、課税庁の事務負担が加重となって課税事務の迅速な処理が困難となる等のおそれがあることから、あらかじめ定められた評価方式によりこれを画一的に評価する方が納税者間の公平、納税者の便宜、徴税費用の節減等の見地から見て合理的であるという理由に基づくものと解される。

したがって、評価通達の内容が相続税法第22条《評価の原則》の規定に照らして合理的なものである限り、評価通達により定められた評価方式により相続財産を評価することは許容されるというべきである。

③　評価通達に定める貸付金債権等の評価

(イ)　評価通達204《貸付金債権の評価》は、貸付金債権等の価額は、原則として、元本の価額と利息の価額との合計額によって評価すると定め、評価通達205《貸付金債権等の元本価額の範囲》は、評価通達204の定めにより貸付金債権等の評価を行う場合において、例外的に、その債権金額の全部又は一部が、課税時期において評価通達205の(1)ないし(3)に掲げる金額に該当するときその他その回収が不可能又は著しく困難であると見込まれるときにおいては、それらの金額は元本の価額に算入しないと定めている。

(ロ)　上記(イ)の評価通達205の(1)ないし(3)に掲げる金額に該当するときのうち、(1)に掲げる金額に該当するときとは、支払停止、支払不能等の状態にある債務者について法的倒産処理手続等がとられている場合におけるその債務者に対して有する貸付金債権等の金額に該当するときをいい、(2)及び(3)に掲げる金額に該当するときとは、債務者について私的整理手続等がとられている場合において債権者集会の協議又は債権者と債務者の契約により債権の減免等がされたときの減免等の金額に該当するときをいうものと解される。

(ハ)　上記(ロ)に加えて、評価通達205は、(1)ないし(3)の事由のほか、「その回収が不可能又は著しく困難であると見込まれるとき」も評価通達204による評価の例外的事由として掲げているが、これが(1)ないし(3)の事由と並列的に規定されていることは規定上明らかである。

(ニ)　上記(イ)ないし(ハ)に掲げるような評価通達205の趣旨及び規定ぶりからすると、評価通達205にいう「その回収が不可能又は著しく困難であると見込まれるとき」とは、評価通達205の(1)ないし(3)の事由と同程度に、債務者が経済的に破綻していることが客観的に明白であり、そのため、債権の回収の見込みがないか、又は著しく困難であると確実に認められるときであると解すべきであり、評価通達205の(1)ないし(3)の事由を緩和した事由であると解することはできない。

(ホ)　上記(イ)ないし(ニ)によれば、評価通達204及び205は、貸付金債権等の評価として、原則として額面の評価によることとし、例外的に債権の回収が不可能等であることについて客観的に明白な事由がある場合に限り当該部分について元本に算入しない取扱いをすることとしているものであって、この定めは、相続税法第22条《評価の原則》を具体化した基準として合理的なものであり、審判所においても相当であると認められる。

⑶ 当てはめ

① 本件貸付金債権について

本件貸付金債権については、上記⑵のとおり、評価通達の定めに基づいて評価するのが相当であるところ、本件会社について、評価通達205《貸付金債権等の元本価額の範囲》の⑴ないし⑶に掲げる金額に該当するときとは認められないことから、本件貸付金債権の全部又は一部が、本件相続開始日において、評価通達205に定める「その他その回収が不可能又は著しく困難であると見込まれるとき」に該当するか否かについて、同社の平成17年8月期から平成22年8月期までの各事業年度における資産・負債の状況及び営業状況等に照らし判断すると、次のとおりである。

(イ) 本件会社の資産・負債の状況及び営業収入等の状況をみると、同社は、平成20年8月期から平成22年8月期までの各事業年度は債務超過であるものの、年間約149,000,000円から188,000,000円の売上げを計上し、年間約24,000,000円から33,000,000円の売上総利益を確保し、現在も事業を継続している。

(ロ) 本件会社の借入金債務は、本件被相続人らからの債務が大半であって、上記⑴①(ロ)のとおり、同社と本件被相続人らとの間で、契約書等は作成されず、弁済期限及び利息の定めもなかったが、同社は、**図表－3**のとおり、本件被相続人らに対し毎期返済をしていた事実が認められる。

(ハ) 上記⑴①(ハ)のとおり、本件会社の借入金のうち、本件被相続人らからの借入金以外の部分は、X銀行からの借入金のみであるところ、上記⑴①(イ)のとおり、X銀行からの借入金については、本件相続開始以前から当初の返済計画どおり返済されている。また、X銀行融資担当者は、上記⑴②のとおり、本件会社を非常に信用度が高い取引先と評価し、今後も同社からの融資の相談には前向きに検討したいとしている。

(ニ) 上記(イ)ないし(ハ)のことから、本件貸付金債権については、本件相続開始日において、評価通達205に定める「その他その回収が不可能又は著しく困難であると見込まれるとき」、すなわち、同通達205の⑴ないし⑶の事由と同程度に、債務者が経済的に破綻していることが客観的に明白であり、そのため、債権の回収の見込みがないか、又は著しく困難であると確実に認められる状況にあったとはいえない。

② 請求人の主張について

(イ) 請求人は、本件会社の売上高は、地元における人口の減少及び経済の衰退から、平成13年8月期に200,000,000円弱あった後減少し続けていること、同社に一定程度の売上総利益があるとしても、最終的な決算は、長年にわたって大幅な赤字状態であり、同社の所得金額は、平成16年8月期から平成22年8月期までの7期分を集計すると、その赤字の累積額は＊＊円に及び、減価償却費について、損金の額に算入できる全額を計上して所得金額を再計算すると、同期間の赤字の累積額は＊＊

円にも及ぶこと、さらに、同社の役員給与の合計額は、平成13年8月期には18,000,000円であったが、平成22年8月期には4,800,000円に減少していることなど、同社の収支状況から、同社は回復不能の欠損企業であり、本件貸付金債権が評価通達205《貸付債権等の元本価額の範囲》に定める「その回収が不可能又は著しく困難であると見込まれるとき」に該当する旨主張する。

しかしながら、一般的に、売上高が減少し決算が赤字あるいは所得金額が欠損であったとしても、直ちに事業経営が破綻するわけではなく、このような状況でも事業を継続している企業は多数存在し、現に、本件会社は本件相続開始日の前後を通して事業を継続しているのであるから、同社の収支状況をもって、同社が経済的に破綻していることが客観的に明白であるとまでいうことはできず、請求人の主張には理由がない。

(ロ) 請求人は、本件会社の平成21年12月31日現在の資産・負債を評価通達によって評価すると、同社は41,410,000円の債務超過状態であり、本件相続開始日において、いつでも債権者又は自らが破産の申立てができる状態にあり、本件貸付金債権が評価通達205に定める「その回収が不可能又は著しく困難であると見込まれるとき」に該当する旨主張する。

しかしながら、一般的に債務超過の状態であったとしても、直ちに事業経営が破綻するわけではなく、このような状況でも事業を継続している企業は多数存在する。

また、次に掲げる事項からすると、同社について破産の申立てをする債権者がいるとは考えられず、現実にも破産の申立てはされていないのであるから、債務超過の状態であることやいつでも債権者又は自らが破産の申立てができる状態にあったことをもって、同社が経済的に破綻していることが客観的に明白であるとまでいうことはできず、請求人の主張には理由がない。

① 本件会社は、＊＊（筆者注 非公開）のとおり、各期末日現在、平成20年8月期が815,310円、平成21年8月期が9,197,643円、平成22年8月期が17,691,540円の債務超過にすぎないこと

② 本件会社の被相続人からの借入金額の負債に占める割合は、各期末日現在、平成20年8月期が75.1％、平成21年8月期が80.9％、平成22年8月期が85.3％であり、同社の負債の大半が被相続人からの借入金であること

(ハ) 請求人は、本件会社は、被相続人らから単発大口の借入れ増をして、そのごく一部を被相続人及び請求人への借入金の返済に充て、残りを運転資金に充ててきたのであり、同社の収支状況、資産・負債の状況等に鑑み、同社へ新たに融資する金融機関はあり得ず、既存の金融負債も同族借入れへシフトせざるを得ないことから、企業としての信用性はゼロであり、本件貸付金債権が評価通達205に定める「その回収が不可能又は著しく困難であると見込まれるとき」に該当する旨、また、X銀

行からの借入金は、人的物的担保が付されており、他の借入金より優先して返済すべき状態にあったこと及び返済原資を役員等からの借入金によって賄っていたことから、X銀行への返済を継続していることが、同社の信用力を示すものではない旨主張する。

しかしながら、次に掲げる事項からすれば、既存の金融負債を同族借入れへシフトしたことをもって、同社の信用性がゼロであるとはいえないから、同社が経済的に破綻していることが客観的に明白であるとまでいうことはできない。

㈠　同族会社においては、その会社固有の資産のみならず、代表者及びその親族役員個人の資産も引き当てにするという社会的実態があることからすれば、同族会社の信用性を判断するに当たっては代表者及びその親族役員の資金注入も積極的要素として考慮されるべきものであること

㈡　X銀行融資担当者が、本件会社を非常に信用度が高い取引先であると評価しており、今後も同社から融資の相談があった場合には前向きに検討したいとしていること

また、金融機関からの借入金に人的物的担保が付され、その返済原資を役員からの借入金によって賄い、他の借入金より優先して返済することは、同社に限らず、金融機関からの借入金を有する同族会社であれば一般的にいえることであるから、X銀行への返済を継続していることが、同社の信用力を示すものではないということはできない。

したがって、請求人の主張には理由がない。

㈡　請求人は、本件相続開始日における本件会社の業務内容、財務内容、収支状況、信用力などを具体的総合的に検討すると、本件貸付金債権については、評価通達205に定める「その回収が不可能又は著しく困難であると見込まれるとき」に該当し、その評価額は0円である旨主張する。

しかしながら、上記①で判断し、また、上記㈠ないし㈢で述べたとおりであるから、本件会社が経済的に破綻していることが客観的に明白であるとまでいうことはできず、請求人の主張には理由がない。

③　本件貸付金債権の評価額

本件貸付金債権については、上記①のとおり、本件相続開始日において、評価通達205《貸付金債権等の元本価額の範囲》の⑴ないし⑶に掲げる金額に該当するとき及び「その回収が不可能又は著しく困難であると見込まれるとき」に該当しないことから、その評価上、同通達205の適用はない。

そして、評価通達204《貸付金債権の評価》においては、貸付金債権等の評価について、貸付金債権等の元本の価額と利息の価額との合計額により評価する旨定めているところ、これを本件についてみると、上記⑴①㈡のとおり、本件貸付金債権の評価上、計上

すべき利息は認められないから、本件貸付金債権の評価額は、元本の価額である46,567,883円となる。

〔6〕まとめ

⑴　裁決事例の結果

先例とされる裁決事例における本件貸付金債権の価額は、請求人（納税者）の主張額が0円又は多くとも10,000,000円（筆者注 この金額に具体的な裏付けはない）を上回ることはないであり、原処分庁（課税庁）が主張し国税不服審判所がこれを相当と判断したものが46,567,883円（本件貸付金債権の額面金額）であったため、結果として、請求人（納税者）の主張は認められなかった。

⑵　参考法令通達等

- 相続税法第22条《評価の原則》
- 評価通達204《貸付金債権の評価》
- 評価通達205《貸付金債権等の元本価額の範囲》
- 名古屋地方裁判所（平成16年11月25日判決、平成15年（行ウ）第68号）

本問から学ぶ重要なキーポイント

⑴　評価通達205《貸付金債権等の元本価額の範囲》は、⑴ないし⑶の事由（いわゆる形式基準）のほか、「その回収が不可能又は著しく困難であると見込まれるとき」（いわゆる実質基準）も評価通達204《貸付金債権の評価》による評価の例外的事由として掲げているが、これが⑴ないし⑶の事由と並列的に定められているものであり、⑴ないし⑶の事由を単なる例示列挙の役割りを有するに留まると解釈するものではないことに留意する必要があります。

⑵　上記⑴より、評価通達205にいう「その回収が不可能又は著しく困難であると見込まれるとき」の解釈については、次のとおりとなります。

①　評価通達205の⑴ないし⑶の事由と同程度に、債務者が経済的に破綻していることが客観的に明白であり、そのため、債権の回収の見込みがないか、又は著しく困難であると確実に認められるときであると解すべきであること

②　評価通達205の⑴ないし⑶の事由を緩和した事由であると解することはできないから、「その回収が不可能又は著しく困難であると見込まれるとき」の解釈につき、評価時点における債務者の業務内容、財務内容、収支状況、信用力など具体的総合的に検討した上で、その実質的価値を判断するというような柔軟な（緩和的な）解釈をするものではないこと

⑶　貸付金債権の相手方（借主である債務者）が評価時点において債務超過の状態にあり、いつでも債権者又は自らが破産の申立てができる状態にあったとしても、そのことのみをもって当該債務者が経済的に破綻していることが客観的に明白であるとまではいえず、当該貸付金債権が評価通達205に定める「その回収が不可能又は著しく困難であると見込まれるとき」に該当することにはなりません。

Q3-2 実質基準に係る判断事例〔その1：被相続人が有する貸付金債権の回収可能性につき、債務者である同族会社とその主力取引銀行との取引状況等から総合的に判断することの相当性が争点とされた事例〕

事例 国税不服審判所裁決事例
（平成18年12月22日裁決、東裁（諸）平18－118、平成14年相続開始分）

疑問点

被相続人の相続開始時において同人が代表取締役を務める法人に対して貸付金債権を有していた場合において、当該法人が次に掲げる状況にあると認められるときには、当該貸付金債権の価額は評価通達205《貸付金債権等の元本価額の範囲》に定める実質基準である『その回収が不可能又は著しく困難であると見込まれるとき』に該当するとして、評価不要とすることは認められますか。

(1) 被相続人の相続開始前に生じていた事実

① 当該法人については、被相続人に係る相続開始日（本件相続開始日）の属する日を含む事業年度（帰属事業年度）の前事業年度中に、主力取引先との間でトラブルが発生し、取引が打ち切られることになりました。

② 上記①が原因となり、前事業年度の売上高は約190百万円となり、その1期前の事業年度の売上高である約520百万円と比して、約330百万円（比率に換算して、約63.5%）の減少となってしまいました。

③ 上記①及び②より、当該法人の資金繰りが急速に悪化したため、主力金融機関（信用金庫）との協議の結果、当該法人に係る借入金の月々の返済額について、当初の約定である約160万円を変更後は約26万円（当初約定額の約16%）に減額することとなりました。

(2) 被相続人の相続開始以後に生じた事実

① 帰属事業年度末日における当該法人の資産及び負債の状況（貸借対照表からの抜粋）は、次のとおりとなっていました（数値は概数で、百万円単位で表示しています）。

資産の部の合計額(イ)……　353百万円
負債の部の合計額(ロ)……　628百万円 ➡〔負債のうち借入金〕617百万円
純資産価額((イ)－(ロ))……▲275百万円　内訳 金融機関等……510百万円
役員借入金……107百万円

（注） 役員借入金のうち、67百万円が被相続人からの借入金となっています。

② 被相続人の死亡を保険事故として当該法人は死亡保険金等を約129百万円受領しましたが、その大部分の金額は、上記①に掲げる金融機関等からの借入金の繰上返済に充当されました。

③ 当該法人は、帰属事業年度の翌事業年度の末日に、被相続人からの借入金も含めて総額で約89百万円の役員借入金につき、債権者からの債権放棄の通知を受け、債務免除益を計上しました。

④ 被相続人に係る相続人等は、帰属事業年度の翌々事業年度中にその所有する土地を63.8百万円で第三者に売却し、当該売却代金から仲介手数料等を差し引いた残額である61.86百万円を当該法人に貸し付けました。当該法人は、当該借入資金の全額を上記①に掲げる金融機関等からの借入金の繰上返済に充当しました。

⑤ 被相続人に係る相続人等は、帰属事業年度の翌々事業年度中にその所有する土地及び建物（時価：約44百万円）を当該法人に贈与しました。当該法人は、この受贈不動産に上記①に掲げる金融機関等からの借入金の返済及び今後の新規借入れを担保するものとして、抵当権の設定を承諾しています。

⑥ 帰属事業年度の3事業年度後の事業年度中に、当該法人は、上記①に掲げる金融機関等から10百万円の新規融資を受けることになりました。

回　答

お尋ねの場合における被相続人の当該法人に対する貸付金債権の価額は、評価通達205《貸付金債権等の元本価額の範囲》に掲げる形式基準（各種の法的手続の開始決定又は事業廃止若しくは長期間の休業による事業再開の困難性）及び実質基準（回収の不可能又は著しい困難性）のいずれにも該当しないものと判断されることから、課税時期における貸付金債権の金額（額面金額）で評価することが相当であると考えられます。

解　説

評価通達205《貸付金債権等の元本価額の範囲》に掲げる実質基準の要件として、「債務者の資産状況及び営業状況等が客観的に破たんしていることが明白であって、債権の回収の見込みのないことが客観的に確実であること」が必要とされており、その判断に当たっては、「債務者の負債及び資産状況、事業の性質、事業上の経営手腕及び信用等を総合考慮し、合理的な経済活動に関する社会通念に照らして判断すべき」とされています。

そうすると、お尋ねの事例では、当該法人に係る主力取引金融機関の当該法人に対する取組み（(1)当該法人からの金融機関に対する借入金の月々の返済額の減免要請の承認、(2)金融機関からの当該法人に対する本件相続開始日後における新規融資の実行等）を考慮した場合には、上記の判断基準から同通達の実質基準の要件を充足していないものと考えられます。

したがって、現行の評価実務上の取扱いでは、お尋ねの貸付金債権の価額について、同通達の適用を求めることは、認められないことになります。

検討先例

Q3-2 の検討に当たっては、下記に掲げる裁決事例が先例として参考になります。

◉国税不服審判所裁決事例（平成18年12月22日裁決、東裁（諸）平18－118、平成14年相続開始分）

〔1〕事案の概要

本件は、請求人が、相続により取得した貸付金債権は回収が不可能又は著しく困難であるとして相続税の課税価格に含めないで申告したところ、原処分庁が、当該貸付金債権は回収不能ではないとし、これを相続財産として相続税の更正処分等を行ったことに対し、請求人が、その全部の取消しを求めた事案である。

〔2〕基礎事実

(1) 本件相続について

① 請求人Xは、平成14年＊＊月＊＊日（筆者注 この月日は、本件裁決事例に係る全体の資料から8月1日から10月31日までの間と推認される。以下「本件相続開始日」という）に死亡した被相続人の共同相続人3人のうちの1人であり、この相続（以下「本件相続」という）に係る相続税についての申告書を法定申告期限までに提出した（以下、この提出した申告書を「本件申告書」という）。

筆者注 本件申告書には、下記(3)に掲げる本件更正処分において相続財産の価額に加算された被相続人の主宰同族会社に対する貸付金（本件貸付金等）は計上されていない。

② 被相続人に係る共同相続人の3人（全員）は、本件相続について、＊＊家庭裁判所に対して限定承認の申述を行い、平成15年1月16日、同申述が受理された。なお、相続財産管理人として請求人Xが選任されている。

(2) A㈱について

① A㈱は、金属プレス加工業を営む法人であり、事業年度は11月1日から翌年10月31日まで（以下、A㈱の平成11年11月1日から平成12年10月31日までの事業年度を「平成12年10月期」といい、これ以降の各事業年度についても、順次「平成13年10月期」、「平成14年10月期」、「平成15年10月期」、「平成16年10月期」及び「平成17年10月期」という）であり、本件相続開始日を含む同社の事業年度は平成14年10月期である。

② A㈱の決算書によると、平成12年10月期から平成16年10月期までの各期末日現在

の資産及び負債の状況並びに当該各期の売上高等の状況は、それぞれ図表－1及び図表－2のとおりである。

図表－1　A㈱の資産及び負債の状況

（単位：円）

区　分	平成12年10月期末日現在	平成13年10月期末日現在	平成14年10月期末日現在	平成15年10月期末日現在	平成16年10月期末日現在
流動資産	339,377,949	52,448,567	31,074,026	81,876,045	44,259,270
固定資産等	318,872,823	321,750,805	322,239,167	306,222,830	326,868,326
①資産の部合計	658,250,772	374,199,372	353,313,193	388,098,875	371,127,596
流動負債	159,513,765	17,384,430	18,949,152	13,877,370	9,989,219
固定負債	544,531,897	600,866,984	609,239,553	462,774,881	433,398,603
②負債の部合計	704,045,662	618,251,414	628,188,705	476,652,251	443,387,822
①－②	▲45,794,890	▲244,052,042	▲274,875,512	▲88,553,376	▲72,260,226
負債の内借入金					
合　計	622,831,897	608,598,052	616,868,992	468,863,247	437,076,603
役員借入金	74,235,355	90,166,390	107,164,959	10,792,887	63,756,609
（被相続人）	47,717,684	58,978,534	67,085,747	0	0
金融機関等	548,596,542	518,431,662	509,704,033	458,070,360	373,319,994

（注）1　▲印は債務超過の金額を示す。
（注）2　表中（被相続人）の欄は、役員借入金のうち被相続人分である。

筆者注　平成14年10月期が、本件相続開始日の属するA㈱の事業年度に該当する。

図表－2　A㈱の売上高等の状況

（単位：円）

区　分	平成12年10月期	平成13年10月期	平成14年10月期	平成15年10月期	平成16年10月期
売上高	522,732,100	194,664,020	80,792,717	65,892,370	90,938,892
売上原価	469,392,553	342,948,022	74,294,597	63,068,428	95,603,822
売上総利益	53,339,547	▲148,284,002	6,498,120	2,823,942	▲4,664,930
販売管理費	34,098,124	31,200,996	20,772,176	16,378,308	19,729,201
営業損益	19,241,423	▲179,484,998	▲14,274,056	▲13,554,366	▲24,394,131
営業外収益	2,167,053	985,250	835,295	126,891,644	1,279,287
営業外費用	20,507,231	19,604,645	17,255,232	9,718,882	4,038,609
経常損益	901,245	▲198,104,393	▲30,693,993	103,618,396	▲27,153,453
特別利益	902,500	0	0	89,530,540	43,587,021
特別損失	1,168,239	0	0	6,687,485	0
当期損益	635,506	▲198,104,393	▲30,693,993	186,461,451	16,433,568

（注）　▲印は損失の金額を示す。

筆者注 平成14年10月期が、本件相続開始日の属するA㈱の事業年度に該当する。

③ 商業登記簿には、A㈱の代表取締役の変更について、図表－３のとおり登記がされている。

図表－３ A㈱の商業登記簿（代表取締役の変更）

⑴ 被相続人	平成12年12月25日重任 平成14年＊＊月＊＊日死亡　平成14年12月16日登記
⑵ 請求人X	平成14年12月 6日就任　平成14年12月16日登記 平成14年12月31日退任　平成15年 4月10日登記
⑶ 被相続人の姉Y	平成15年 3月24日就任　平成15年 4月10日登記

④ A㈱は、平成15年10月31日、被相続人からの役員借入金64,531,482円、請求人Xからの役員借入金22,601,333円及び請求人Xの母であるZからの役員借入金1,961,535円に対する債務免除益を計上した。

筆者注 ㈠ 被相続人は、平成14年8月1日から同年10月31日までの間に、既に相続が開始している。
㈡ 債務免除益の合計額は、89,094,350円となる。

⑤ A㈱は、平成17年4月27日（筆者注本件相続開始日後の日付である）、α信用金庫（筆者注A㈱の主力取引金融機関と推認される）から10,000,000円の新規融資を受けた。

⑶ 本件更正処分について

① 原処分庁は、平成17年7月5日、原処分庁所属の調査担当職員の調査に基づき、請求人に対し、本件相続に係る相続税について更正処分（以下「本件更正処分」という）及び過少申告加算税の賦課決定処分をした。

② 本件更正処分は、主として、次に掲げる財産（以下、これらの財産を「本件貸付金等」という）について、相続財産に加算するというものであった。

㈠ A㈱に対する貸付金　64,056,086円
㈡ A㈱に対する未収金　5,407,443円
㈢ 合計（㈠＋㈡）　69,463,529円

⑷ 本件通知書について

被相続人の姉Yが請求人Xにあてた「今般、A㈱の代表取締役に就任するに当たり、A㈱は大幅な債務超過になっており、前代表取締役　被相続人、請求人X、請求人Xの母であるZ名義の借入金については返済できませんので、ご通知します」と記載された平成15年3月20日付の「通知書」（以下「本件通知書」という）と題する書面が存在する。

筆者注1 上記(1)ないし(4)に掲げる基礎事実及び後記【5】(1)に掲げる認定事実を時系列的にまとめると、図表－4のとおりとなる。

図表－4　本件裁決事例における時系列

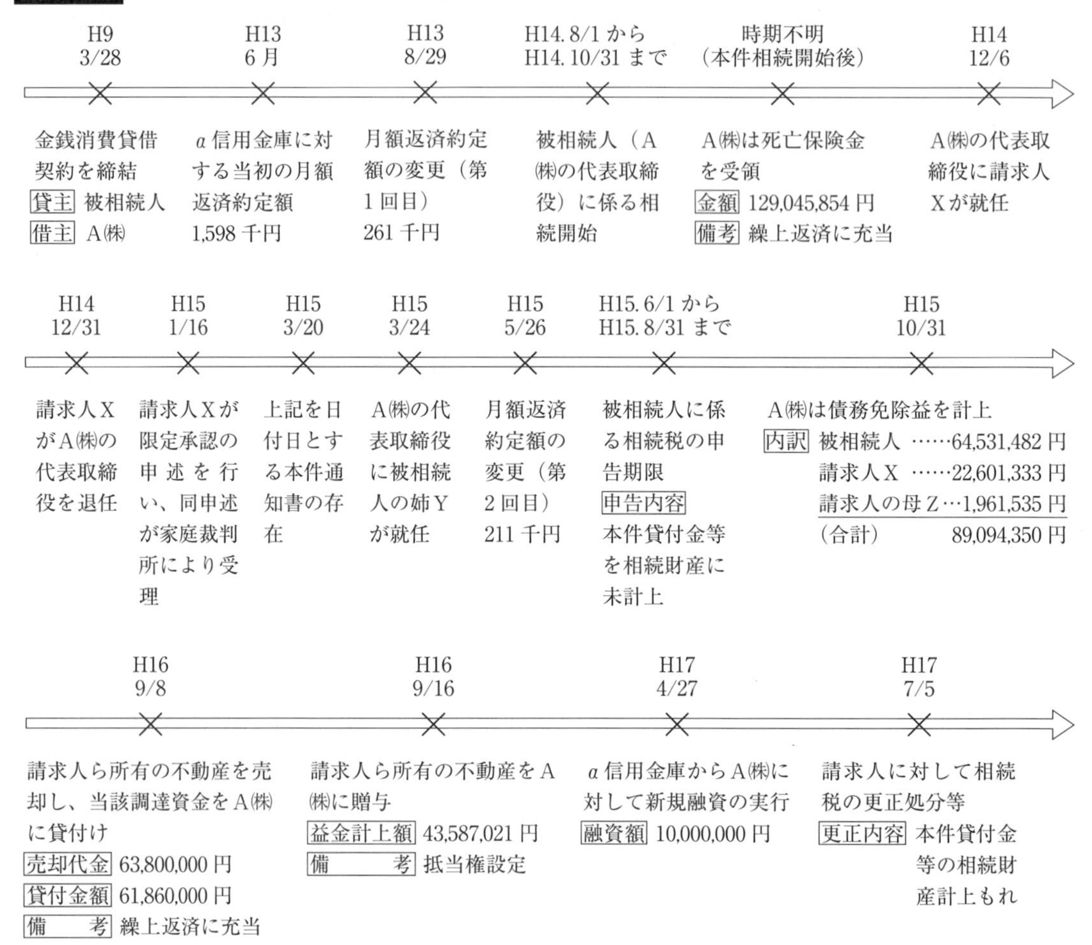

筆者注2 本件裁決事例では事案に係る親族図は公開されていないが、その推定例を示すと、図表－5のとおりである。

図表－5　本件裁決事例に係る親族図（推定例）

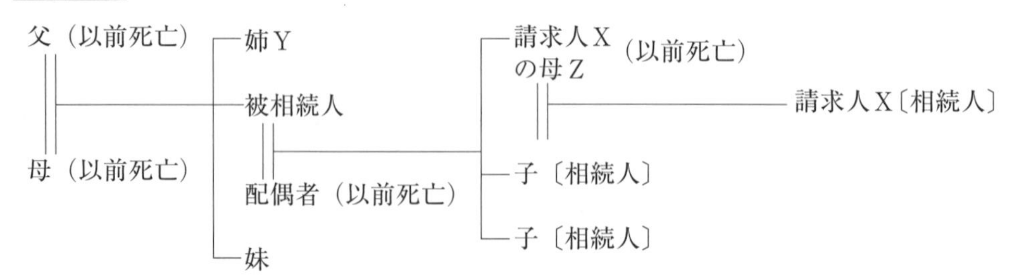

〔3〕争点

本件貸付金等は、評価通達205《貸付金債権等の元本価額の範囲》に定める「課税時期においてその回収が不可能又は著しく困難であると見込まれるとき」に該当するか否か。

〔4〕争点に関する双方（請求人・原処分庁）の主張

争点に関する請求人・原処分庁の主張は、図表－6のとおりである。

図表－6　争点に関する請求人・原処分庁の主張

（争点）　本件貸付金等は、評価通達205《貸付金債権等の元本価額の範囲》に定める「課税時期においてその回収が不可能又は著しく困難であると見込まれるとき」に該当するか否か

請求人（納税者）の主張	原処分庁（課税庁）の主張
原処分は、次の理由により違法であるから、その全部の取消しを求める。 **本件貸付金等について** (1)　評価通達205《貸付金債権等の元本価額の範囲》は、課税時期においてその回収が著しく困難であると見込まれる貸付金債権の金額については、元本の価額に算入しないと定めているところ、次のとおり、本件貸付金等はこれに該当する。 ①　財産状況 (イ)　本件相続開始日には、A㈱及びB㈱（筆者注）には金融機関等からの借入金が518,528,033円あり、また、個人からの借入金が109,040,959円あった。 **筆者注**　被相続人はB㈱（同族会社）の経営にも関与していた。 (ロ)　原処分庁は、「A㈱の総勘定元帳によると、同社の被相続人からの役員借入金については、おおむね毎月15万円ないし30万円の返済が行われている」旨主張しているが、当該支払は役員借入金の返済ではなく、数年来の未払給与について、必要最低限の生活費を支払ったものであり、本来の役員借入金の返済とは異なる。したがって、本来の役員借入金の回収可能性の判断材料とすることには誤りがある。 また、本件相続開始日後の未払給与の支払は、本件相続開始日現在における債務者の返済能力によるものではなく、請求人らが債権放棄を行い、さらに追加融資を行ったことにより可能となった極めて少額部分について行われたものである。 ②　経営成績	原処分は、次の理由によりいずれも適法であるから、本件審査請求を棄却するとの裁決を求める。 **本件貸付金等について** 評価通達205《貸付金債権等の元本価額の範囲》は、課税時期において債務者が手形交換所において取引停止処分を受けたとき、会社更生手続又は民事再生手続の開始の決定のあったとき、破産の宣告があったとき等の貸付金債権等の金額及び再生計画認可の決定、整理計画の決定、更生計画の決定等により切り捨てられる金額等に該当するときに、それらの金額は元本の価額に算入しない旨定めているものであるところ、A㈱については、これらに該当する事実が存せず、また、次のとおり、A㈱の資産状態及び営業状況等からA㈱が客観的明白に破たんしていたと認めることはできないから、本件貸付金等の評価上、同通達205の適用はない。 (1)　財産状況 ①　A㈱の資産状態は、平成12年10月期から平成16年10月期までのいずれの期末時点でも債務超過の状態にあるが、本件相続開始日の前後を通じて金融機関に対する債務の履行遅滞等の事実が存在しないだけでなく、平成17年4月27日には、新規に金融機関から融資を受けられた状態にあり、同社の資産状態において破たんしているものと認めるこ

(イ)　A㈱は平成14年10月期の売上高が80,792,717円、営業損失が14,274,056円であったが、その後、更に売上高が減少し、平成15年10月期には、売上高65,892,370円、営業損失13,554,366円となっているため、本件相続開始日には本件貸付金等の回収可能性はない。

(ロ)　原処分庁は、あたかもA㈱が全く問題なく当初の返済予定どおりに銀行借入の返済を行い、新規融資も問題なく受けられたかのように主張しているが、法形式的には債務不履行状態を回避してきたものの、返済金額を減額してもらって債務不履行を回避してきたものであって、実質的には経営も資金繰りも既に破たんしていた。

(ハ)　新規借入は、本件相続開始日後に、請求人らが自宅を譲渡して得た売却代金で借入金を立替返済し、さらに請求人らが所有していた＊＊の土地及び建物を贈与したことにより、その不動産を担保として融資を受けられたものである。

すなわち、本件相続開始日には新規借入能力はなく、本件相続開始日後の新規借入を理由とする本件相続開始日現在の役員借入金の回収可能性判断には重大な事実誤認がある。

(2)　原処分庁は、評価通達205《貸付金債権等の元本価額の範囲》にいう債権の回収可能性を著しく狭く解釈しており、その解釈には明白な誤りがある。

①　国税不服審判所の平成14年6月28日非公開裁決(平成10年＊＊月＊＊日相続開始)によれば、「相続開始日現在において、破産、和議、会社更生あるいは強制執行等の手続開始を受けたり、又は事業閉鎖等の事実は認められず、一見、営業活動は継続していると認められるものの、その実態は極めて危機的な状況にあったものというべきであり、〔中略〕本件貸付金の回収は著しく困難であると認めるのが相当であり、本件貸付債権については、財産的価値がなかったものと判断するのが相当である」と裁決している。

(イ)　A㈱の状況は、「一見、営業活動は継続していると認められるものの、その実態は極めて危機的な状況にあった」ものであり、評価通達205本文の「その他その回収が不可能又は著しく困難であると見込まれるとき」に該当する。

(ロ)　仮に、債務者が今後法的に存続し続けたとしても、本件相続開始日から平成17年10月期までの各期の実際の決算書の具体的な数値に基づけば、第三者からの借入金を返済するだけで1009年間もかかる状態であり、この状態が「一見、営業活動は継続していると認められるものの、その実態は極めて危機的な状況にあった」とはできない。

②　A㈱の総勘定元帳によると、同社の被相続人からの役員借入金については、おおむね毎月150,000円ないし300,000円の返済が行われており、仮にこれが未払給与の支払だったとしても、貸付金に係る債権は未収給与に係る債権と同様に金銭債権であり、いずれの債権に対して弁済がなされたとしても、弁済は弁済資力を有することを示す事実であることに差異が生じないことから、判断に影響するものではない。

(2)　経営成績

①　A㈱の売上高は、平成12年10月期から平成16年10月期までにおいて減少してきてはいるが、平成16年10月期には若干の売上高の上昇がみられ、また、平成17年4月28日には、新規の融資も受けられた状況にあることからすれば、同社の営業状況において破たんしていると認めることはできない。

②　請求人は、A㈱の状態について、法形式的には債務不履行状態を何とか回避してきたものの、実質的には経営も資金繰りも破たんしていた旨主張しているが、これはA㈱が資金調達に苦慮していた状況を述べるものであって、主観的な事情にすぎず、「客観的明白に破たんしているもの」と評価するには、到底及ばないものである。

③　A㈱が新規に融資を受けた事実は、同社が本件相続開始日後も経営を継続していたことを示す明白な事実である。

(3)　原処分庁の見解は、最高裁判所の判例における判断に沿ったものであり、また、請求人が引用する裁決においても「『その他その回収が不可能又は著しく困難であると認められるとき』とは、上に述べた『次に掲げる金額に該当するとき』に準ずるものであって、それと同視できる程度に債務者の営業状況、資産状況等の諸般の状況に照らして貸付債権の回収の見込みがないことが客観的に確実であるときをいうも事例に該当する。

② 原処分庁の主張は、裁決事例における危機的状況についての具体的な判断基準及び請求人が示した非現実的な回収可能期間が裁決事例で認められている事例に相当しない理由を具体的に明らかにせず、形式的判断基準の主張を繰り返しているにすぎない。

原処分庁は、評価通達205の(1)に例示列挙した法的手続に該当しないことをもって、本件貸付金等に回収可能性があると主張しているが、これは、本件相続開始日後に請求人らが自宅を売却して追加融資をしたからこそ倒産を回避しているのであって、本件相続開始日現在における被相続人の債権の回収可能性は著しく困難であった。

(3) 原処分庁は、債務免除の話が本件相続開始日から約1年後に初めて出たように主張しているが、実際には本件相続開始日後早い時点で、請求人Xが顧問弁護士から「会社に対する貸付金は、実際には返済してもらうことは不可能である」と言われ、また、被相続人の姉Yから社長として会社経営を引き継ぐ旨の連絡があった際、同人から「会社の資産内容から被相続人及び請求人Xからの役員借入金の返済は不可能である」と通知され、事実上回収可能性がない債権を法形式的に残しておいて後日トラブルの種になるのを避けるため、改めて回収可能性のない役員借入金を債権放棄による整理として行ったものであり、回収可能性のある債権を放棄したものではない。

のとして取り扱うことが相当である」との見解が示されており、いずれも原処分庁による法令解釈と同旨の見解に立つものである。

(4) 被相続人のA㈱に対する貸付金等の債務の免除が行われたのは、「本件相続開始日の後」である以上、判断に影響するものではない。

なお、原処分庁は、債務免除が行われたのが「本件相続開始日の後」であると判断したのであって、「本件相続開始日の1年後に初めて回収可能性のある債権を放棄した」と判断したものではない。

〔5〕国税不服審判所の判断

(1) 認定事実

① A㈱は、金融機関に対する借入金の返済については、本件相続開始日まで履行遅滞となった事実も強制執行等の手続を受けた事実もない。

さらに、本件相続開始日後においても返済条件の変更はあるものの借入金の返済について履行遅滞となった事実はない。また、α信用金庫＊＊支店は、平成15年6月2日付の「相殺通知書」と題する書面を内容証明郵便により請求人Xに送付し、被相続人のA㈱に対する保証債務と被相続人の＊＊支店に有する預金及び出資金（合計623,298円）の相殺を行ったが、これ以外、保証債務の履行を求めていない。

② 被相続人とA㈱との間で締結された平成9年3月28日付の「金銭消費貸借契約書」と題する書面には、被相続人を甲とし、A㈱を乙として、要旨次の記載がある。

(イ) 乙は、甲より限度額50,000,000円以内で金銭を借り受ける。

(ロ) 乙は、資金の手当がつき次第、その都度返済をする。

③　α信用金庫は、借入金の返済条件の変更を申し入れたA㈱に対し、この申入れを受け入れ、返済条件を変更した。繰上返済があるまでの返済条件の変更内容は、**図表－7**のとおりである。

図表－7　A㈱のα信用金庫からの借入金返済条件の変更状況

借入金 返済条件の変更	平成13年3月6日実行の証書借入	平成13年5月31日実行の証書借入	平成13年5月29日実行の証書借入
当初の返済条件	①　平成13年3月から平成18年1月まで1か月ごと683,000円返済 ②　最終回平成18年2月703,000円返済	①　平成13年6月から平成22年12月まで1か月ごと320,000円返済 ②　最終回平成23年1月200,000円返済	①　平成13年6月から平成20年4月まで1か月ごと595,000円返済 ②　最終回平成20年5月615,000円返済
平成13年8月29日承認後の返済条件	①　平成13年8月から同年12月まで1か月ごと112,000円返済 ②　平成14年1月から平成18年6月まで1か月ごと683,000円返済 ③　最終回平成18年7月143,000円返済	①　平成13年8月から同年12月まで1か月ごと52,000円返済 ②　平成14年1月から平成23年4月まで1か月ごと320,000円返済 ③　最終回平成23年5月260,000円返済	①　平成13年8月から同年12月まで1か月ごと97,000円返済 ②　平成14年1月から平成20年9月まで1か月ごと595,000円返済 ③　最終回平成20年10月130,000円返済
平成14年1月4日承認後の返済条件	①　平成14年1月から同年12月まで1か月ごと112,000円返済 ②　平成15年1月から平成19年3月まで1か月ごと683,000円返済 ③　最終回平成19年4月848,000円返済	①　平成14年1月から同年12月まで1か月ごと52,000円返済 ②　平成15年1月から平成24年2月まで1か月ごと320,000円返済 ③　最終回平成24年3月276,000円返済	①　平成14年1月から同年12月まで1か月ごと97,000円返済 ②　平成15年1月から平成21年6月まで1か月ごと595,000円返済 ③　最終回平成21年7月751,000円返済
平成15年5月26日承認後の返済条件	①　平成15年6月から平成16年6月まで1か月ごと62,000円返済 ②　平成16年7月から平成20年5月まで1か月ごと683,000円返済	①　平成15年6月から平成16年6月まで1か月ごと52,000円返済 ②　平成16年7月から平成24年1月まで1か月ごと320,000円返済	①　平成15年6月から平成16年6月まで1か月ごと97,000円返済 ②　平成16年7月から平成22年7月まで1か月ごと595,000円返済

平成16年6月25日承認後の返済条件	①　平成16年7月から平成17年7月まで1か月ごと62,000円返済 ②　平成17年8月から平成20年11月まで1か月ごと783,000円返済	①　平成16年7月から平成17年7月まで1か月ごと52,000円返済 ②　平成17年8月から平成24年1月まで1か月ごと365,000円返済	①　平成16年7月から平成17年7月まで1か月ごと97,000円返済 ②　平成17年8月から平成23年1月まで1か月ごと640,000円返済

④　本件通知書に記載された日付は、平成15年3月20日とされているが、調査担当職員の調査によれば、この書面は、本件申告書の作成を担当した会計事務所の担当者が本件申告書の提出日の前日の平成15年8月27日、パーソナルコンピュータを用いてこの日付をさかのぼって作成したものである。

⑤　A㈱は、被相続人の死亡により、＊＊から死亡保険金等129,045,854円を受領し、一部はA㈱のα信用金庫その他金融機関からの借入金の返済に充て、α信用金庫の了解の下、残金をA㈱の運転資金に充てていた。

⑥　請求人ら（筆者注）、＊＊及び被相続人の妹である＊＊は、平成16年9月8日、＊＊（筆者注不動産業者名と推認される）に対し、共同で有する＊＊所在の土地100.19㎡及びその上に存する建物（家屋番号＊＊）総床面積321.56㎡を63,800,000円で譲渡した（以下、この譲渡を「本件譲渡」といい、この譲渡代金を「本件譲渡代金」という）。

筆者注　請求人X以外に他に2名の請求人がいる。

⑦　請求人ら、＊＊及び請求人の妹である＊＊は、本件譲渡代金から仲介手数料等の費用を支払った残額を次のとおりA㈱に貸し付けた。

(イ)	請求人X	28,740,984円
(ロ)	請求人＊＊	8,226,830円
(ハ)	請求人＊＊	8,226,830円
(ニ)	＊＊	8,332,678円
(ホ)	被相続人の妹である＊＊	8,332,678円
	合　計	61,860,000円

⑧　A㈱は、平成16年9月8日、同社のα信用金庫からの借入金のうち61,860,000円を繰上返済した。

⑨　請求人ら、＊＊及び被相続人の妹である＊＊は、平成16年9月16日、A㈱に対し、＊＊所在の土地495.58㎡及びその上に存する建物（家屋番号＊＊）総床面積814.60㎡に係る各々の共有持分を贈与した。

⑩　A㈱の平成16年10月期の法人税の申告書に添付されている勘定科目内訳書には、

取引の内容を「＊＊土地建物受贈」とする土地建物受贈益43,587,021円が計上されている。

⑵ 関係者の申述

① 請求人Xの申述

請求人Xは、調査担当職員に対し、要旨次のとおり申述した。

㈠ 被相続人の急死後、同人が頑張って経営していた会社（A㈱）であるので、何とか盛り上げたい一心で、会社の顧問弁護士と相談し、代表取締役に就任することとした。

しかし、会社の状況がどうこうというよりも、私は経理の手伝いしかしたことのない人間だったので、実務が全くわからなかった。八方手を尽くしたが、自分では被相続人の代わりが務まらないことを痛感した。それで、再度弁護士に相談し、会社経営から手を引かせてもらうこととした。

㈡ 代表取締役の引継ぎの際、会社への貸付金については、具体的な話はなかったが、心の中では、Yさんに会社のことをお願いする以上、貸付金を返してもらうのは虫のいい話だと思っていた。

② 被相続人の姉Yの申述

A㈱の代表取締役である被相続人の姉Yは、調査担当職員に対し、要旨次のとおり申述した。

㈠ 元々A㈱は父＊＊が設立した会社であり、そのころから私は実家の手伝いという形で経理を担当し、主に銀行に対する資金繰りを担当していた。私は母＊＊の死を機に会社（A㈱）を離れていたが、結局は、請求人Xの後を引き継いで代表取締役に就任した。

㈡ 平成15年2月ころ、弁護士から電話で「請求人Xが会社（A㈱）を辞めたがっており、あなたが引き受けなければ会社を潰すしかないがどうするか」と言われたが、その時はお断りをした。

しかし、その後も弁護士から度重なる説得を受け、少しは考えてみることにした。弁護士からの説得の内容は、次に掲げるものだった。

㋑ 被相続人に掛けていた生命保険金約120,000,000円が会社に入ってきたため運転資金ができたこと

㋺ 銀行の資金繰りについては、昔からあなた（被相続人の姉Y）が担当していたので、銀行側も「あなたがやるなら協力する。生命保険金も全額返済に充当しないでいいから建て直しを図ってください」と言ってくれていること

㋩ 会社は得意先とはまだ良好な関係を保っているので、再建は可能であること

㈢ 最終的に決心した理由は、親の興した会社なので潰したくないということに尽きる。

㈡　代表取締役の引継ぎに当たり、請求人Xとは話をしていない。仲が悪いということはないのだが、すべて弁護士が手はずを整えてくれた。

㈭　役員借入金の返済をどうするかといった話もしなかったが、そもそも自分が会社（A㈱）を引き継ぐ前提として、親族からの借入金はなしにするという暗黙の了解があったので、当然ゼロになると考えていた。そのため、とりたててそのことに言及したり、ましてや書類を作成したりすることは考えていなかった。

㈬　自分の会社（A㈱）に対する貸付金については、債権放棄はしていない。

③　α信用金庫担当者の申述

α信用金庫でA㈱を担当する職員（以下「α信用金庫担当者」という）は、調査担当職員に対し、要旨次のとおり申述した。

㈠　A㈱は、平成13年に主要取引先を失い、翌年には社長である被相続人が亡くなられたためごたごたしており、業績も悪かったものの、現在は手堅い分野に絞り込み、確かな技術力を生かして業績回復中であると分析している。

㈡　A㈱は、過去、経営状況の悪化により、返済条件の変更はあったものの、自分の記憶している限り、一度も返済不能に陥ったり、遅延したりということはなかったはずである。

㈢　A㈱への平成17年4月の新規融資と平成16年10月の繰上返済は全く関係がない。会社のビルを売却するという話は先方から聞いたもので、当方から働きかけたものではない。我々の抵当権設定物件であるから、そういうお話があれば、当然売却代金の中から優先的に弁済をお願いすることになるので、結果として繰上返済してもらっただけである。

㈣　我々が今回新規融資することとしたのは、あくまでA㈱の現在の経営状況を分析して、資金的に信用するに値する会社だからである。

㈭　代表者に相続が開始した場合には、一般論として、限定承認されて、かつ、新代表者が決まらない場合、つまり、包括保証の引受人がいない場合や会社が事業継続できないような状況に陥っている場合、保証債務の履行を相続人に請求することになるが、A㈱の場合は、これに該当しないと判断した。

⑶　法令解釈等

①　相続税法第22条に規定する時価

財産の価額について、相続税法第22条《評価の原則》は、「この章で特別の定めのあるものを除くほか、相続、遺贈又は贈与により取得した財産の価額は、その財産の取得の時における時価により、その財産の価額から控除すべき債務の金額は、その時の現況による」旨規定しているところ、この時価とは、その財産の取得の時において、それぞれの財産の現況に応じ、不特定多数の当事者間で自由な取引が行われる場合に通常成立すると認められる価額、すなわち客観的な交換価値をいうものと解される。

しかしながら、相続税の課税対象となる財産は多種多様であり、また、財産の客観的な交換価値は、必ずしも一義的に確定されるものではないところ、これを個別に評価する方法を採ると、その評価方法、基礎資料の選択の仕方等により異なった評価額が生じることを避け難いことなどから、課税実務上、国税庁長官は、財産の評価方法に共通する原則や財産の種類及び評価単位ごとの評価方法などを評価通達に定め、相続財産の評価を統一的に行うとともに、これを公開し、納税者の申告及び納税の利便に供しているもので、相続財産を評価通達の定めにより評価することは、審判所においても合理性があると認められる。

② 評価通達に定める貸付金債権等の評価

評価通達204《貸付金債権の評価》は、貸付金債権等の価額の評価について、貸付金債権等の元本の価額は、その返済されるべき金額である旨定め、これを受け、同通達205《貸付金債権等の元本価額の範囲》は、貸付金債権等の価額の評価を行う場合において、その債権金額の全部又は一部が、課税時期において次に掲げる金額に該当するときその他その回収が不可能又は著しく困難であると見込まれるときにおいては、それらの金額を元本の価額に算入しない旨定めている。

この場合の「次に掲げる金額」とは、債務者について手形交換所の取引停止処分等に該当する事実があったときの貸付金債権等の金額並びに再生計画認可の決定、整理計画の決定及び更生計画の決定等により切り捨てられる債権の金額等を指している。

そうすると、「次に掲げる金額に該当するとき」とは、いずれも、債務者の資産状況及び営業状況等が客観的に破たんしていることが明白であって、債権の回収の見込みのないことが客観的に確実であるといい得るときであると解される。

したがって、「その他その回収が不可能又は著しく困難であると見込まれるとき」とは、上記の「次に掲げる金額に該当するとき」に準じるものであり、これと同視できる程度に債務者の資産状況及び営業状況等が客観的に破たんしていることが明白であって、債権の回収の見込みのないことが客観的に確実であるといい得るときであると解するのが相当である。

そして、この債務者の資産状況及び営業状況等が客観的に破たんしていることが明白であって、債権の回収の見込みのないことが客観的に確実であるか否かの判断に当たっては、債務者の負債及び資産状況、事業の性質、事業上の経営手腕及び信用等を総合考慮し、合理的な経済活動に関する社会通念に照らして判断すべきである。

⑷ 当てはめ（本件貸付金等の回収可能性について）

本件貸付金等について上記⑶②に照らし、A㈱の資産状況及び営業状況等について検討したところ、次のとおりである。

① A㈱の資産状況について

A㈱の平成12年10月期から平成16年10月期までの事業年度の資産状況は、

図表－１のとおりであり、いずれの期末時点においても債務超過の状態ではあるが、一般的に借入金額が多くとも返済条件に従った返済が行われている限り、債権者がそれ以上の返済を求めることはなく事業経営を継続することは可能であるから、借入金額が多いことのみをもって直ちに本件貸付金等の回収の見込みがないことが客観的に明白であるとまではいえないところ、A㈱については、上記(1)①のとおり、金融機関に対する借入金の返済が履行遅滞となった事実も強制執行等の手続を受けた事実もないことから、A㈱の資産状況が破たんしていることが客観的に明白であるとまで認めることはできない。

A㈱は、平成13年10月期に前期に比し急激に資産状況が悪化しているが、これは主要取引先から取引を打ち切られたことによる在庫の処分等によるものと認められ、図表－１によれば借入金の残額についてはむしろ減少していることが認められる。

なお、借入金については、請求人は、上記図表－６の「請求人（納税者）の主張」欄のとおり、被相続人に対する毎月の支払は未払給与の支払であって借入金の返済ではないとし、また、本件相続開始日後の未払給与の支払は請求人らが債権放棄を行い、さらに追加融資を行ったことにより可能となった極めて少額部分について行われたものであるとして、これらを本来の役員借入金の回収可能性の判断材料とすることに反論しているが、仮に、A㈱からの毎月の支払が役員借入金の返済ではなく、請求人が主張するとおり請求人らが援助したことによって行われた未払給与の一部だったとしても、原処分庁が上記図表－６の「原処分庁（課税庁）の主張」欄で主張しているとおり、たとえいずれの債権に対してなされた弁済であっても、弁済それ自体が資力を有することを示す事実であることに加え、上記(1)②の事実のとおり、そもそもA㈱と被相続人の間の金銭消費貸借契約では、返済はA㈱の資金の手当てがついた時に行うこととされていることから、A㈱の役員借入金の返済が毎月ではなかったとしても、本件貸付金等について回収の見込みがない理由とはなり得ないので、上記毎月の支払を役員借入金の回収可能性の判断材料から除く必要はない。

② A㈱の売上高の状況について

A㈱の平成12年10月期から平成16年10月期までの事業年度の売上高の状況は、図表－２のとおりであり、平成13年10月期以降の各売上高は平成12年10月期の売上高に比して減少しているが、一般的に売上高が減少し営業状況が赤字であっても直ちに事業経営が破たんするわけではなく、このような状況でも事業を継続している企業は存在するから、A㈱の売上高が減少していることのみをもって事業経営が客観的に破たんしていることが明白で本件貸付金等の回収の見込みがないことが客観的に確実であったとまでいうことはできない。

また、A㈱は、平成13年に主要取引先を失ったことから急激に売上げが減少したが、本件相続開始日以降、現在に至るまで破たんすることなくその営業を継続し、平成16

年10月期には前２期を上回る売上げを上げている。

③　α信用金庫からの借入金について

A㈱のメインバンクであるα信用金庫からの借入金については、上記⑴③の事実のとおり、本件相続の開始前から返済条件の変更を申し入れ、毎月の返済金額の圧縮を図っていた事実は認められるが、返済条件の変更は月々の返済額を一時的に軽減する方法によっており、当初の変更では返済額の軽減は平成13年末で終了するところであったが、申出により１年延長することとなり、その間に本件相続が開始され、変更条件の終了を経て、再度条件変更に至ったものであるから、本件相続開始時点では変更された返済条件に従って期日に遅れることなく返済を行っていたものといえる。

また、これは当然のことながら、α信用金庫の了承の下に行われてきたものであり、金融機関としては返済条件の変更の申出があった都度債務者の返済能力を吟味して、その変更を認めるか、回収に乗り出すか判断した上で承認しているものであるから、α信用金庫は金融機関としてA㈱を破たん状態であるとは認めていないと評価することができる。

④　請求人らのA㈱に対する資金貸付及び贈与行為について

上記⑴⑥ないし⑩のとおり、請求人ら、＊＊及び請求人の妹である＊＊が本件譲渡代金の大部分をA㈱に貸し付け、A㈱がα信用金庫に対する借入金を返済したこと並びに請求人ら、＊＊及び請求人の妹である＊＊が＊＊に所在する土地及び建物の共有持分をA㈱に贈与したことは認められるものの、この贈与がなければ事業経営が破たんしていたとまでいえる事情が見当たらず、加えて、本件相続開始日から本件譲渡代金により借入金の一部返済が行われるまでの約２年間、A㈱は破たんすることなく現実に営業を継続していたのであるから、請求人らのA㈱に対する上記貸付け及び贈与行為がなければA㈱の事業経営が破たんしていたとは認められない。

むしろ、請求人らから提出された資料をみても、本件譲渡がα信用金庫等からのあっせん等により行われたものと認められる証拠はないことに加え、上記〔2〕⑵③の事実、上記⑵の請求人X、被相続人の姉Y、α信用金庫担当者の各申述を総合勘案すると、本件譲渡に端を発した上記貸付け及び贈与行為は、これらの行為がなければA㈱が破たんしてしまう状況下でやむなく行われたものではなく、請求人Xが会社経営に対する力量不足を痛感し、一旦就任したA㈱の代表取締役を被相続人の姉Yに引き継ぐ際の経営健全化策の一環として自主的に行われたものと認めるのが相当である。

⑤　α信用金庫のA㈱に対する評価

請求人らは、上記〔2〕⑴②の事実のとおり本件相続について限定承認の申述を行っているが、これは、請求人らは被相続人が保証した債務の全額について、保証債務の履行を求められることを懸念したものと推認されるが、上記⑴①の事実のとおり、α信用金庫から623,298円について保証債務の履行を求められたものの、これ以外には保証債務の履行を求められた事実はなく、また、A㈱のメインバンクであるα信用金庫は、上記(2)③のとおり、A㈱の場合、保証債務の履行を相続人に請求する場合に該当しないと判断しており、これは、メインバンクであるα信用金庫がA㈱の経営状況は破たんしていないと評価していたことにほかならない。

⑥ 小括

上記①ないし⑤を総合すると、A㈱は、本件相続開始日においてその資産状況及び営業状況が相当悪化していた点は認められるものの、その資産状況及び営業状況が客観的に破たんしていることが明白であるとまではいえず、また、今後において営業状況の改善の見込みが全くないとはいえないことから、債権の回収の見込みのないことが客観的に確実であるとまでいうことはできない。

(5) 請求人の主張について

① 上記【4】の **図表－6** の「請求人（納税者）の主張」欄の(1)について

本件貸付金等の回収可能性については、上記(4)のとおりであるから、請求人の主張は採用できない。

② 上記【4】の **図表－6** の「請求人（納税者）の主張」欄の(2)について

(イ) 評価通達205《貸付金債権等の元本価額の範囲》の解釈については、上記(3)②のとおりである。

(ロ) 請求人が引用する裁決（筆者注）は、債務者について、次に掲げる事項など、本件とは異なる事情が認定された上で判断されたものであって、本件とは状況が異なっているから、引用は当を得たものではない。

㋑ 債務者はその事業の一部として貸金業を営んでおり、保有する資産のうち貸金業に係る貸付金は不良債権となっており、帳簿上金額はあるものの、実質的には無価値であると認められること

㋺ 債務者の支出項目には人件費の計上がなく、また、事業の一部である建設業に係る売上げはすべて親会社に対するものであり、経営実態があったのかどうか定かでないこと

㋩ 短期借入金の借入先は、すべて個人又は事業法人で金融機関は存在せず、正常な金融取引がなされていたとは必ずしもいえないこと

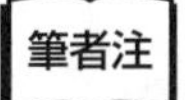

請求人が引用している裁決は、「国税不服審判所裁決事例（平成14年6月28日裁決、関裁（諸）平13－98、平成10年相続開始分）」であるが、その詳細については、次々問のQ3－4で紹介しているので、参照されたい。

(ハ) A㈱が今後法的に存続し続けたとしても、第三者からの借入金を完済するだけで1009年間もかかるとの主張は、A㈱の平成17年10月期現在の経営状況が継続し、向上しないと仮定した主張であり、また、仮に、A㈱の経営状況が飛躍的に向上しないとしても、第三者に対する月々の返済額以上の資金手当ができれば、第三者か

らの借入金の全額返済前でも、並行して役員借入金に対する返済が可能である。

㈡　上記㈠ないし㈢のとおり、請求人の主張には理由がない。

③　上記〔4〕の **図表－6** の「請求人（納税者）の主張」欄の(3)について

本件通知書は、上記(1)④のとおり日付をさかのぼって作成されたものであるばかりか、その内容も、上記〔2〕(4)のとおり、被相続人及び請求人Xに係る借入金には関係がない「請求人の母であるZに係る借入金は返済できない」ことが含まれていることなどから、いずれも記載どおりの内容を認定することはできないものである。また、請求人が主張する債務免除は本件相続開始日後早い時期ということであるから、いずれにしても本件相続開始日現在で本件貸付金等が回収不可能であったことの理由とはなり得ない。

したがって、請求人の主張には理由がない。

〔6〕まとめ

(1)　裁決事例の結果

先例とされる裁決事例における本件貸付金等の価額は、請求人（納税者）の主張額が0円（評価不要）であり、一方、原処分庁（課税庁）が主張し国税不服審判所がこれを相当と判断したものが69,463,529円（本件貸付金等の額面金額）であったため、結果として、請求人（納税者）の主張は認められなかった。

(2)　参考法令通達等

- 相続税法第22条《評価の原則》
- 評価通達204《貸付金債権の評価》
- 評価通達205《貸付金債権等の元本価額の範囲》
- 国税不服審判所裁決事例（平成14年6月28日裁決、関裁（諸）平13－98、平成10年相続開始分）

本問から学ぶ重要なキーポイント

本件裁決事例では、同族法人に対する主宰者（被相続人）の有する貸付金債権の評価に当たって、注目すべき事項が多数、確認されます。

(1)　貸付金債権の借主（同族法人）が長期間、継続して債務超過の状態にあったとしても、一般的に借入金額が多くとも返済条件に従った返済が行われている限り、債権者がそれ以上の返済を求めることはなく事業経営を継続することは可能であるから、借入金額が多いことのみをもって直ちに貸付金債権の回収の見込みがないことが客観的に明白であるとまではいえないと解されています。

⑵　上記⑴につき、相続開始前に返済条件の変更（返済額の減額）があったとしても、当該相続開始時点では変更された返済条件に従って遅行遅滞なく返済を行っている事例が見受けられる場合があります。

このような事例では、金融機関としては返済条件の変更の申出があった都度債務者の返済能力を吟味して、その変更を認めるか、回収に乗り出すか判断して承認しているものであるから、金融機関としては該当法人を破たん状態であるとは認めていない状況にあると解されています。

また、併せて、当該金融機関が該当法人に新規融資（特に、相続開始後における新規融資）を実行している場合には、金融機関として該当法人を破たん状態にあると解することは困難と解されます。

さらに、当該金融機関が該当法人に行っていた融資（被相続人が保証債務を負っている場合を前提とします）につき、当該被相続人に係る相続開始後に、当該保証債務の履行を相続人に請求する場合に該当しないと判断した場合には、当該金融機関は該当法人につき、その経営状況は破たんしていないと評価しているものと解されます。

⑶　貸付金債権の借主（同族法人）が長期間、継続して売上高が減少している状態にあったとしても、一般的に売上高が減少し営業状況が赤字であっても直ちに事業経営が破たんするわけではなく、このような状況でも事業している企業は存在するから、当該法人の売上高が減少していることのみをもって事業経営が客観的に破たんしていることが明白で貸付金債権の回収の見込みがないことが客観的に確実であったとまでいうことはできないと解されています。

⑷　貸付金債権の貸主（被相続人）と借主（同族法人）との間の金銭消費貸借契約に返済は借主の資金の手当次第とされている場合には、たとえ、借主の当該借入金の返済が毎月継続して行われなかったとしても、当該貸付金債権についての回収の見込みがない理由とはなり得ないと解されています。

⑸　本件裁決事例では、基礎事実を裏付ける請求人（納税者）側の提出書類（本件通知書）が会計事務所の職員作成の日付をバックデートで記したものというのであることから、これは非常に問題視されるべきものであり、審判官の心証形成上も不利なものになったと解されます。

Q3-3 実質基準に係る判断事例〔その2：被相続人が有する貸付金債権の回収可能性につき、債務者である同族会社が中小企業再生支援指針による再生計画に従って再建途上にあったことが判断の対象とされるか否かが争点とされた事例〕

事例 国税不服審判所裁決事例
（平成28年5月12日裁決、東裁（諸）平27－134、平成24年又は平成25年相続開始分）

疑問点

被相続人の相続開始時において同人が関与する同族会社である法人に対して貸付金債権を有していた場合において、当該同族会社が中小企業再生支援指針により中小企業再生支援協議会事業を行う者の指導に基づく再生計画に従って、経営再建の中途であったときには、当該貸付金債権の価額の一部の金額につき、評価通達205《貸付金債権等の元本価額の範囲》に定める「その回収が不可能又は著しく困難であると見込まれるとき」に該当するものと解釈して、独自に算定した合理的と考えられる回収可能額によって評価することは認められますか。

なお、当該再生計画では、当該同族会社に対する経営責任を明確にする証として、被相続人は役員を辞任することが条件とされていたため、再生計画の始動に伴って、同人は役員を辞任したことが判明しています。

回答

貸付金債権の相手方（債務者）である同族法人が疑問点に掲げるような再生計画に基づいて経営再建が行われていた中途であったとしても、当該事項をもって直ちに、当該貸付金債権の価額につき、評価通達205《貸付金債権等の元本価額の範囲》に定める「その回収が不可能又は著しく困難であると見込まれるとき」に該当するものとして取り扱うことは認められません。

解説

評価通達205《貸付金債権等の元本価額の範囲》に定める「その回収が不可能又は著しく困難であると見込まれるとき」とは、債務者の資産負債の状況、売上金額、営業利益及び当期純利益の推移、対象となる債権の返済（回収）状況、金融機関等の債権者の協力状況等を総合的に検討し、同通達の(1)ないし(3)に掲げる事由（いわゆる形式基準）と同視し得る程度に債務者の資産状況及び営業状況等が破綻していることが客観的に明白であって、債権の回収の見込みのないことが客観的に確実であるといい得るときであると解するのが相当とされます。

したがって、お尋ねのような状況（⑴中小企業再生支援指針により中小企業再生支援協議会事業を行う者の指導に基づく再生計画による経営再建中である場合、⑵当該再生計画の条件である経営責任を明確化するための特定の役員の辞任）のみでは、上記に掲げる解釈基準を充足したものとは認められないことから、お尋ねの貸付金債権の価額につき、評価通達205の適用は認められないものとされます。

検討先例

Q3-3の検討に当たっては、下記に掲げる裁決事例が先例として参考になります。

◉国税不服審判所裁決事例
（平成28年5月12日裁決、東裁（諸）平27－134、平成24年又は平成25年相続開始分）

〔1〕事案の概要

本件は、請求人が、被相続人が同族会社に対して有していた貸付金債権（156,600,000円）の一部は回収することができないことを理由に、回収可能額（46,980,000円）を当該貸付金債権の価額として相続税の申告をしたところ、原処分庁が、当該貸付金債権は、相続開始日において、その回収が不可能又は著しく困難であるとは見込まれないことを理由に、元本の金額（156,600,000円）を当該貸付金債権の価額として相続税の更正処分等をしたのに対し、請求人がその処分等の全部の取消しを求めた事案である。

〔2〕基礎事実

⑴　被相続人の関係法人について

① ＊＊（以下「本件会社」という）は、昭和55年3月3日に設立された＊＊等の製造、販売等を目的とする法人であり、法人税法第2条《定義》第1項第10号に規定する同族会社である。

② 本件会社の事業年度は、3月1日から翌年2月末日までであり（以下、平成21年3月1日から平成22年2月28日までの事業年度を「平成22年2月期」といい、それ以降の事業年度についても、順次、「平成23年2月期」、「平成24年2月期」、「平成25年2月期」などという）、被相続人に係る相続開始日（以下「本件相続開始日」という）を含む事業年度は、平成25年2月期である。

③ 本件会社の代表取締役は、平成15年4月22日までは被相続人であり、同日以降は請求人である。

④　被相続人は、代表取締役を辞任（筆者注 上記③を参照）した後、平成24年4月20日まで本件法人の監査役であり、請求人は同日まで取締役であった。

(2)　本件会社の経営改善計画の策定等に係る支援について

①　本件会社は、債権者である金融機関からの要請により、平成22年11月頃までに、中小企業再生支援協議会（筆者注1）事業を行うA（筆者注2）に対し、経営改善計画の策定等の支援を依頼した。

②　当時、＊＊（筆者注 本件会社の所在地の地方自治体）では、Aが、産業活力の再生及び産業活動の革新に関する特別措置法第40条《中小企業再生支援指針》第1項の規定に基づく中小企業再生支援指針（筆者注3）により、中小企業再生支援協議会事業を行っていた。

③　本件会社は、当該支援の依頼に際し、今後の経営改善計画を策定等した平成23年9月28日付の事業計画書をA（以下「支援協」という）に提出した（以下、当該事業計画書に基づく再生計画を「本件再生計画」という）。

筆者注1　中小企業の活性化を支援する公的機関として47都道府県に設置されており、全国の商工会議所等が運営しており、地域の中核となって、金融機関、民間専門家及び各種支援機関と連携して地域全体での収益力改善、経営改善、事業再生、再チャレンジの最大化を追求するために、平成15年に中小企業再生支援協議会が創設された。
　なお、中小企業再生支援協議会は、令和4年3月4日に「中小企業活性化パッケージ」が公表されたことに伴って、経営改善支援センターと統合されて、中小企業活性化協議会となっている。

筆者注2　本件会社所在地の商工会議所等の名称と考えられる。

筆者注3　同条の規定では、経済産業大臣は、事業再構築、経営資源再活用、経営資源融合、資源生産性革新、中小企業経営資源活用その他の事業活動を行うことによりその生産性を向上させようとする中小企業を総合的かつ効果的に支援するとともに、中小企業承継事業再生その他の取組みによる中小企業の事業の再生を適切に支援し、その活力の再生に資するため、国、地方公共団体、独立行政法人中小企業基盤整備機構及び認定支援機関が構ずべき支援措置に関する基本的な指針（中小企業再生支援指針）を定めなければならないものとされている。

(3)　被相続人が本件会社に対して有していた貸付金債権について

①　被相続人は、本件相続開始日（筆者注 平成24年4月21日から平成25年2月27日までの間と推定される）において、本件会社に対して156,600,000円の貸付金債権（以下「本件貸付金債権」という）を有しており、請求人が本件貸付金債権を相続した。

②　請求人は、平成25年2月28日（筆者注 本件相続開始日後の日付である）に本件貸付金債権について債権放棄した。

(4)　本件貸付金債権の価額について

①　請求人は、本件貸付金債権について、破産法を参考に回収可能額を算定し、当該回収可能額である46,980,000円（筆者注 当該金額は、本件貸付金債権の額面金額の30％相当額である）を本件貸付金債権の価額として、本件相続税の期限内申告をした。

② 原処分庁は、本件貸付金債権について、評価通達205《貸付金債権等の元本価額の範囲》の(1)ないし(3)に掲げる金額に該当するものはなく、また、評価通達205に定める「その他その回収が不可能又は著しく困難であると見込まれるとき」には該当しないとして、評価通達204《貸付金債権の評価》の定めに基づき、本件貸付金債権の価額を156,600,000円と評価し、本件相続税の更正処分及び過少申告加算税の賦課決定処分をした。

筆者注 上記(1)ないし(4)に掲げる基礎事実及び後記〔5〕(1)に掲げる認定事実を時系列的にまとめると、図表－1のとおりとなる。

図表－1　本件裁決事例における時系列

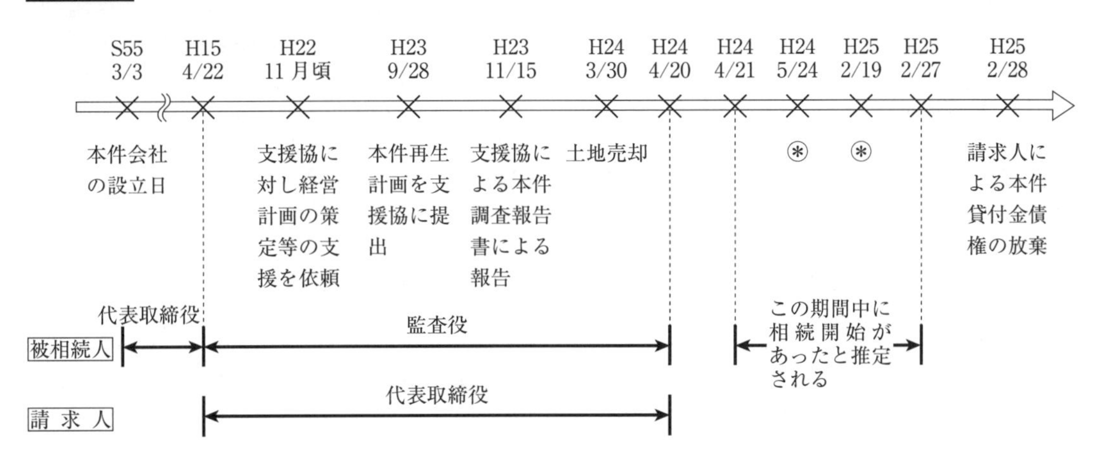

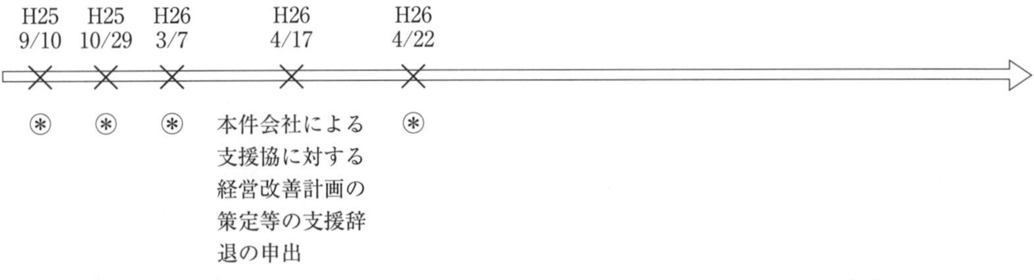

㊟→支援協及び本件各金融機関等が一堂に会するモニタリング会議又はアドバイザー会議が開催されたことを示す。

〔3〕争点

本件貸付金債権は、評価通達205《貸付金債権等の元本価額の範囲》に定める「課税時期において……その他その回収が不可能又は著しく困難であると見込まれるとき」に該当するか否か。

〔4〕争点に関する双方（請求人・原処分庁）の主張

争点に関する請求人・原処分庁の主張は、図表－2のとおりである。

図表－2　争点に関する請求人・原処分庁の主張

（争点）本件貸付金債権は、評価通達205《貸付金債権等の元本価額の範囲》に定める「課税時期において……その他その回収が不可能又は著しく困難であると見込まれるとき」に該当するか否か

請求人（納税者）の主張	原処分庁（課税庁）の主張
次の事実から、本件相続開始日において、本件会社は、事業経営が客観的に破綻しており、本件貸付金債権は、回収の見込みがないことが客観的に確実であったことから、本件貸付金債権は、評価通達205《貸付金債権等の元本価額の範囲》に定める「課税時期において……その他その回収が不可能又は著しく困難であると見込まれるとき」に該当し、本件貸付金債権の価額は、46,980,000円（回収可能額として、元本の価額に配当率３割を乗じた価額）である。 ⑴　本件会社は、支援協による私的再生手続、すなわち、事業経営が破綻した債務者の倒産処理について債務者と債権者とが裁判外で合意することにより債務者の事業を再生する手続を受けており、支援協は、本件会社が窮境に至った原因分析及び事業再生計画の策定を支援し、金融機関との調整を実施した。 ⑵　本件会社は、毎期決算で営業損失及び経営損失を計上しており、営業キャッシュフローがマイナスであることから、本業で資金不足となっており、債務の弁済は不可能又は困難な状態であって、公租公課も納期限までに完納できていない。 ⑶　本件会社は、金融機関からの借入れにより不動産投資を行ったものの、地価の下落により、オーバーローンとなり、債務超過に陥っている。 ⑷　本件会社は、金融機関から新規の融資を受けられず、資金繰りに窮しており、資金不足を補填するために、役員借入金が著しく増加している。 　事業経営が破綻している本件会社が存続できる唯一の理由は、役員からの資金提供による。	次の事実から、本件相続開始日において、本件会社の事業経営が破綻していることが客観的に明白であって、本件貸付金債権の回収の見込みがないことが客観的に確実であるといい得る状況にあったとは認められないから、本件貸付金債権は、評価通達205《貸付金債権等の元本価額の範囲》に定める「課税時期において……その他その回収が不可能又は著しく困難であると見込まれるとき」には該当せず、本件貸付金債権の価額は、元本の価額156,600,000円である。 ⑴　本件会社は、本件相続開始日において債務超過の状況にあり、営業損益及び経常損益のいずれも毎期赤字の状況であることから、経営状況が良好であるとはいえないが、業務を停止し、休業し、又は廃業を準備する等の事実があったとは認められず、本件相続開始日の前後を通じて事業を継続し、事業収入を得ている。 ⑵　本件会社は、本件再生計画に基づき、本件相続開始日において、平成40年（筆者注　令和10年）２月期の借入金完済に向けた各種改善策を実行している。 ⑶　金融機関からの借入金について、本件会社に対する債務の切捨てや免除が行われた事実は見当たらず、融資が継続している。 ⑷　本件相続開始後においても、返済が滞ったために期限の利益を喪失し、金融機関からの借入金の一括返済を求められているといったような事情はうかがわれない。 ⑸　本件再生計画においても、本件貸付金債権の切捨てが前提条件となっているとまでは認められない。

〔5〕国税不服審判所の判断

(1) 認定事実

① 本件会社の資産及び負債の状況について

本件会社の平成22年２月期末ないし平成25年２月期末における貸借対照表上の資産及び負債の状況は、**図表－３**のとおりであり、平成22年２月期末、平成23年２月期末及び平成24年２月期末は債務超過ではなかったが、本件相続開始日が属する平成25年２月期末は376,273,212円の債務超過であった。

図表－３ 本件会社の資産及び負債の状況

（単位：円）

			平成22年２月期末	平成23年２月期末	平成24年２月期末	平成25年２月期末
資産の部	流動資産	現金及び預金	23,843,412	22,500,486	9,230,313	35,197,771
		売掛金	123,508,634	22,086,798	25,691,860	17,284,239
		未収入金	41,851,803	18,150,587	10,653,357	10,346,446
		商品	415,408,955	252,510,566	191,993,963	159,084,471
		前払費用	7,297,951	7,308,102	6,670,851	6,347,264
		仮払金	4,616,000	–	–	30,000
		立替金	–	–	14,420	20,763
		貸倒引当金	–	–	△300,000	△270,000
		短期貸付金	–	–	–	9,800
		計	616,526,755	322,556,539	243,954,764	228,050,754
	固定資産	建物	13,196,724	12,492,332	11,830,265	11,207,470
		建物付属設備	2,532,214	2,741,503	1,993,889	1,612,030
		造作	10,505,660	9,293,639	6,446,355	5,839,288
		車両運搬具	177,744	105,295	32,846	–
		工具器具備品	3,524,916	2,549,559	1,601,170	1,024,338
		土地	1,450,667,438	1,450,667,438	1,450,667,438	555,495,558
		電話加入権	2,386,469	2,386,469	2,386,469	2,386,469
		出資金	130,000	130,000	130,000	130,000
		投資有価証券	68,023,000	68,023,000	68,023,000	40,377,000
		敷金	36,797,067	36,797,067	48,464,987	44,111,771
		差入保証金	20,457,203	16,508,071	347,745	353,983
		計	1,608,398,435	1,601,694,373	1,591,924,164	662,537,907
	繰延資産	更新料	224,928	522,500	1,249,730	1,121,532
		長期前払費用	15,288,077	15,668,444	6,105,666	5,716,618
		計	15,513,005	16,190,944	7,355,396	6,838,150
資産の部合計			2,240,438,195	1,940,441,856	1,843,234,324	897,426,811

負債の部	流動負債	支払手形	49,049,039	37,520,125	13,905,490	14,247,803
		買掛金	38,167,360	43,899,293	53,046,159	52,266,216
		短期借入金	135,341,000	−	−	−
		未払費用	12,557,309	12,060,087	8,543,446	15,355,875
		前受金	30,000	64,348	112,446	201,837
		預り金	1,456,382	1,190,915	631,105	2,854,498
		仮受金	262,743	4,178,922	494,006	570,307
		未払法人税等	530,400	1,225,200	1,059,885	1,033,324
		未払消費税	−	−	5,415,900	9,158,600
		計	237,394,233	100,138,890	83,208,437	95,688,460
	固定負債	長期借入金	1,205,097,000	1,354,938,000	1,218,838,000	1,081,786,078
		長期未払金	2,772,000	1,663,200	554,400	−
		退職給与引当金	−	38,345,000	36,075,000	36,075,000
		役員借入金	−	−	160,100,000	60,150,485
		計	1,207,869,000	1,394,946,200	1,415,567,400	1,178,011,563
負債の部合計			1,445,263,233	1,495,085,090	1,498,775,837	1,273,700,023

（注１） △印の金額は、控除の金額を示す。

（注２） **図表－５**に掲げる被相続人及び請求人の借入金は、平成22年２月期末においては短期借入金勘定に、平成23年２月期末においては長期借入金勘定に、平成24年２月期末及び平成25年２月期末においては、役員借入金勘定にそれぞれ含まれている。

② 本件会社の営業状況等について

(イ) 本件会社は、本件相続開始日の前後を通じて事業を継続し、事業収入を得ており、手形交換所における取引の停止処分、再生計画認可の決定、事業の廃止等の評価通達205《貸付金債権等の元本価額の範囲》の(1)ないし(3)に掲げる事由が発生したとは認められない。

(ロ) 本件会社は、本件相続開始日において、＊＊のほか、＊＊、＊＊、＊＊、＊＊及び＊＊（筆者注 いずれも、地名）の各直営店舗で営業していた。

(ハ) 本件会社の平成22年２月期ないし平成25年２月期における損益の状況は、**図表－４**のとおり、毎期営業損失、経常損失及び税引前当期純損失を計上しているものの、売上高は、約1,180,000,000円ないし約800,000,000円であった。

図表－４ 本件会社の損益の状況

（単位：円）

	平成22年２月期	平成23年２月期	平成24年２月期	平成25年２月期
売上高	1,186,521,696	1,007,720,335	840,695,562	795,847,446
売上原価	553,122,927	567,513,927	411,608,316	397,216,017
売上総利益	633,398,769	440,206,408	429,087,246	398,631,429
販売費及び一般管理費	654,636,215	571,160,012	481,754,339	476,692,344
営業損益	△21,237,446	△130,953,604	△52,667,093	△78,060,915

営業外収益	41,694,439	6,482,807	2,481,689	4,844,550
営業外費用	30,424,910	49,183,055	38,391,707	57,596,201
経常損益	△9,967,917	△173,653,852	△88,577,111	△130,812,566
特別損益	△897,220,161	△174,939,144	△11,259,364	△588,884,065
税引前当期純損益	△907,188,078	△348,592,996	△99,836,475	△719,696,631

（注）△印の金額は、損失の金額を示す。

③　本件会社と被相続人との間の金銭の貸借等について

(イ)　本件会社は、平成19年頃から、資金繰りが悪化する都度、被相続人から金銭を借り入れていた。

なお、本件会社と被相続人との間の金銭の貸借に際しては、契約書を作成しておらず、利息の支払等の取決めはしていなかった。

(ロ)　本件会社の平成22年２月期末ないし平成25年２月期末における被相続人及び請求人からの借入金残高は、**図表－５**のとおりであり、また、本件会社は、被相続人から借り入れた金銭を一切返済していない。

なお、被相続人が債権を放棄する意向を示したことはなかった。

図表－５　本件会社の被相続人及び請求人からの借入金残高

（単位：円）

	平成22年２月期末	平成23年２月期末	平成24年２月期末	平成25年２月期末
被相続人	114,600,000	119,600,000	135,600,000	－
請求人Ａ	5,000,000	14,500,000	18,500,000	52,000,000
請求人Ｂ	－	－	6,000,000	8,150,485
合計	119,600,000	134,100,000	160,100,000	60,150,485

筆者注　本件会社は、被相続人以外に請求人Ａ及び請求人Ｂの２名の者から資金を借り入れている。

④　金融機関への借入金の返済状況について

(イ)　本件会社は、複数の金融機関から金銭を借り入れており、平成22年２月期末ないし平成25年２月期末における当該金融機関からの借入金残高は、**図表－６**のとおりである（以下、本件会社が金銭を借り入れている各金融機関を併せて「本件各金融機関」という）。

図表－６　本件会社の各期末における本件各金融機関からの借入金残高

（単位：円）

	平成22年２月期末	平成23年２月期末	平成24年２月期末	平成25年２月期末
＊＊銀行	630,050,000	630,050,000	630,050,000	617,001,000
＊＊銀行	263,002,000	263,002,000	263,002,000	184,505,878
＊＊銀行	179,023,000	179,023,000	179,023,000	174,663,000

＊　＊　銀　行	72,128,000	72,128,000	72,128,000	70,212,000
＊　＊　銀　行	38,290,000	38,290,000	38,290,000	－
＊　＊　銀　行	25,500,000	25,500,000	25,500,000	24,823,200
＊　＊　銀　行	10,845,000	10,845,000	10,845,000	10,581,000
合　　　　計	1,218,838,000	1,218,838,000	1,218,838,000	1,081,786,078

(ロ)　本件会社は、平成22年2月期から平成24年2月期までにおいては、本件各金融機関に対して借入金元本を返済しておらず、利息のみを支払っていたが、平成25年2月期には、下記⑤(ハ)㋺のとおり、その所有する不動産を売却するなどして、本件各金融機関に対して借入金の一部又は全部を返済した。

⑤　支援協による本件会社に対する支援等について

(イ)　本件再生計画について

本件会社は、上記〔2〕(2)③のとおり、本件再生計画を策定したところ、その具体策としては、下記のとおりであった。

㋑　社長以外の役員の交代など組織の再構築

㋺　マーケティング手法の改善

㋩　在庫の圧縮

㋥　管理体系の変更

㋭　遊休資産等の売却による累積債務の圧縮

㋬　事業承継

(ロ)　本件再生計画の実行可能性等について

㋑　支援協は、本件再生計画の相当性及び実行可能性等について、公認会計士及び中小企業診断士と共に調査検討し、その結果を平成23年11月15日付「＊＊(筆者注本件会社)　再生計画　調査報告書」(以下「本件調査報告書」という)にまとめ、本件各金融機関に報告した。

㋺　本件調査報告書によれば、本件再生計画の実行可能性等については、次のとおりである。

(A)　本件再生計画の実行可能性については、本件各金融機関による支援を前提とすれば、財務面においても実現可能性は高い。

(B)　金融支援については、平成25年2月期に不動産を売却して、本件各金融機関への弁済を行い、当該売却による弁済予定額を控除した後の残高を要償還債務として、実質16年で完済可能となるよう、本件各金融機関に対してリスケジュールを要請する必要がある。

(C)　結論として、本件再生計画は、その必要性が認められ、相当かつ実行可能性を有していることから、全体として妥当なものである。

(ハ) 本件再生計画の実行等について

㋑ 被相続人は、平成24年4月20日、本件再生計画に沿って、上記〔2〕(1)④のとおり監査役を辞任し、また、請求人は取締役を辞任した。

㋺ 本件会社は、本件再生計画のとおり、平成24年3月30日に＊＊に所在する土地（帳簿価額708,771,880円）を76,617,097円で売却した。

また、平成25年2月28日には、＊＊に所在する土地（帳簿価額186,400,000円）を73,500,000円で売却し、同日、その売却代金で、＊＊（筆者注 銀行名）からの借入金を全額返済した。

(ニ) 本件再生計画に関する会議について

本件再生計画に関して、平成24年5月24日、平成25年2月19日、同年9月10日、同年10月29日及び平成26年3月7日に、支援協及び本件各金融機関等が一堂に会するモニタリング会議又はアドバイザー会議が開催され、本件会社は議場で本件再生計画の進捗状況などについて説明した。

なお、本件会社は、平成25年2月19日のモニタリング会議において、本件再生計画が大幅に未達であること及びその理由等について説明した。

(ホ) 支援の辞退の申出について

本件会社は、平成26年4月17日頃、支援協に対して、経営改善計画の策定等の支援の辞退を申し出た。これを受けて、平成26年4月22日、本件会社、支援協及び本件各金融機関等が出席するアドバイザー会議が開催され、本件会社は、本件各金融機関に対して、支援協による支援の辞退を申し出た旨及び本件会社が着実に取り組める最大限の自主計画に基づき経費削減策に取り組んでいく旨を伝えるとともに、同年11月30日までの期間、借入金の元本返済猶予を継続してほしい旨を願い出た。

(2) 法令解釈等

① 評価通達に基づく評価の一般的な当否について

相続税法第22条《評価の原則》は、相続財産の価額は、特別に定める場合を除き、当該財産の取得の時における時価による旨を規定しており、ここにいう時価とは相続開始の時における当該財産の客観的な交換価値をいうものと解するのが相当である。

しかし、客観的交換価値は、必ずしも一義的に確定されるものではないから、これを個別に評価する方法を採った場合には、その評価方式等により異なる評価額が生じたり、課税庁の事務負担が重くなり、大量に発生する課税事務の迅速な処理が困難となったりするおそれがある。

そこで、課税実務上は、特別の定めがあるものを除き、相続財産の評価の一般的基準が評価通達によって定められ、原則としてこれに定められた画一的な評価方式によって相続財産を評価することとされている。このように、あらかじめ定められた評価方式によってこれを画一的に評価することは、税負担の公平、効率的な租税行政の実現という観点から見て合理的であり、相続財産の評価に当たっては、評価通達によって評価することが著しく不適当と認められる特別の事情がない限り、評価通達に定められた評価方法によって画一的に評価することが相当である。

② 評価通達に定められた貸付金債権の評価について

㋑ 評価通達204《貸付金債権の評価》は、貸付金、売掛金、未収入金、預貯金以外の預け金、仮払金、その他これらに類するもの（以下「貸付金債権等」という）の価額は、貸付金債権等の元本の価額と利息の価額との合計額により評価する旨定めている。

これを受けて、評価通達205《貸付金債権等の元本価額の範囲》は、貸付金債権等の評価を行う場合において、その債権金額の全部又は一部が、課税時期において「次に掲げる金額に該当するときその他その回収が不可能又は著しく困難であると見込まれるとき」においては、それらの金額は元本の価額に算入しない旨定めている。

以上の定めからすれば、貸付金債権等の価額は、原則として元本の価額と利息の価額との合計額により評価し、例外的に、一部ないし全部の金額を元本の価額に算入しないという取扱いをしているということができる。

㋺ 貸付金債権等は日々その元本の価額が変動するといった性質の財産であるとは認められず、一般に公開された取引市場は存せず、その元本の価額に対する日々の取引価格の変動といったものを把握し得ないことからすると、評価通達204及び205の定めは、いずれも合理性が認められ、審判所においても相当と認める。

③ 評価通達205に定める「その他その回収が不可能又は著しく困難であると見込まれるとき」等の解釈について

㋑ 評価通達205に定める「次に掲げる金額」には、評価通達205の⑴ないし⑶のとおり、債務者について手形交換所の取引の停止処分等に該当する事実があったときの貸付金債権等の金額並びに再生計画認可の決定、整理計画の決定及び更生計画の決定等により切り捨てられる部分の債権の金額等が掲げられている。

その内容からすれば、「次に掲げる金額に該当するとき」とは、いずれも、債務者の資産状況及び営業状況等が破綻していることが客観的に明白で、債権の回収の見込みのないことが客観的に確実であるといい得るときであると解するのが相当である。

㋺ そして、「その他その回収が不可能又は著しく困難であると見込まれるとき」は、「次に掲げる金額に該当するとき」と並列的に定められていること並びに上記②及び上記㋑の点を併せれば、評価通達205に定める「その他その回収が不可能又は著しく困難であると見込まれるとき」とは、債務者の資産負債の状況、売上金額、営業利益及び当期純利益の推移、対象となる債権の返済（回収）状況、金融機関等の債権者の協力状況等を総合的に検討し、上記㋑の「次に掲げる金額に該当するとき」と同視し得る程度に債務者の資産状況及び営業状況等が破綻していることが客観的に明白であって、債権の回収の見込みのないことが客観的に確実であるといい得るときであると解するのが相当である。

⑶ 当てはめ

① 上記⑵のとおり、評価通達204《貸付金債権の評価》及び205《貸付金債権等の元本価額の範囲》の定めは、審判所においても相当と認めるのであって、これらの通達による評価が著しく不適当であると認められる特別の事情はない。

また、上記⑴②(イ)のとおり、本件会社に評価通達205の⑴ないし⑶に掲げる事由の発生も認められない。

② 上記①に基づいて、以下では、争点、すなわち本件貸付金債権が、評価通達205に定める「課税時期において……その他その回収が不可能又は著しく困難であると見込まれるとき」に該当するか否かについて、上記⑵③の解釈を踏まえて検討する。

(イ) 本件会社の資産及び負債の状況についてみると、本件会社は、貸借対照表上、平成22年2月期末から平成24年2月期末まで債務超過ではなかった（上記⑴①）が、平成25年2月期において、帳簿価額を大きく下回る価額で所有する土地を売却した（上記⑴⑤(ハ)(ロ)）結果、平成25年2月期末には債務超過となっている（上記⑴①）ことからすれば、本件会社は、本件相続開始日において債務超過の状況にあったといえる。

(ロ) 本件会社の売上高、営業損益及び税引前当期純損益についてみると、平成22年2月期ないし平成25年2月期において、本件会社はいずれも営業損失及び税引前当期純損失を計上していた（上記⑴②(ハ)）ことからすれば、本件会社の経営状況は良好であったとはいい難い。

(ハ) 上記(イ)及び(ロ)にかかわらず、一般的に、債務超過であり、経営状況が良好でない状況にあったとしても、直ちに事業経営が破綻するわけではなく、実際、本件会社の売上高は、減少傾向ではあるものの、約1,180,000,000円ないし約800,000,000円で推移していた上（上記⑴②(ハ)）、本件会社は、本件相続開始日において、全国6店舗で営業していた。（上記⑴②(ロ)）

(ニ) 本件会社の被相続人に対する債務の返済状況等についてみると、本件会社は被相続人からの借入れを受けながらも、返済を一切していない。（上記⑴③(ロ)）

しかしながら、同族会社において、代表者及び役員であるその親族が個人の資産を投じて事業を継続することはまれではない。また、その際、契約書を作らなかったり、利息を定めなかったりしている（上記⑴③(イ)）としても、同族会社と代表者等との人的関係に鑑みれば、これらのことは、同族会社の経営状況とは無関係になされ得るものといえる。

そして、本件のように、代表者等と金融機関からの借入れが併存している状況にあっては、代表者等への返済よりも、第三者的な立場にある金融機関への返済を優先すること（上記⑴④）は不自然でない。

このことに加え、本件会社の経営に参画していた被相続人が、債権を放棄する意向を示しておらず（上記⑴③㈺）、回収可能性がないとの認識を有していたとはいえないことをも併せれば、被相続人が返済を一切受けていないとしても、そのことをもって本件会社の事業経営が破綻しているとまでは認められない。

㈭　金融機関等の協力状況についてみると、本件会社は支援協に経営改善計画の策定等の支援を依頼（上記〔2〕⑵①）、支援協は、本件再生計画の実行可能性等について公認会計士及び中小企業診断士と共に調査検討し、本件各金融機関に対し報告する（上記⑴⑤㈺㋑）など、本件会社が支援辞退の申出をする平成26年４月頃まで支援を継続していた。（上記⑴⑤㈭）

そして、本件各金融機関は、モニタリング会議及びアドバイザー会議が開催される都度出席している（上記⑴⑤㈡）上、期限の利益が喪失したことを理由に債権の一括返済を求めた事実もないことからすれば、本件会社の経営改善について協力的だったといえる。

㈫　本件会社は、次に掲げる事項からすれば、本件相続開始日において、本件会社の事業経営が破綻していたとまでは認めらない。

㋑　専門家である公認会計士及び中小企業診断士が相当かつ実行可能性を有していると判断した本件再生計画（上記⑴⑤㈺㋺）に沿って、被相続人は監査役を、請求人は取締役をそれぞれ辞任し（上記⑴⑤㈧㋑）、本件相続の開始前後には不動産を売却する（上記⑴⑤㈧㋺）など、本件会社の経営改善に取り組んでいたこと

㋺　平成25年２月期末には本件再生計画が大幅に未達となってしまった（上記⑴⑤㈡）ものの、その後においても、本件会社は、着実に取り組める最大限の自主計画に基づき経費削減策に取り組んでいく旨を本件各金融機関に対し報告している（上記⑴⑤㈭）こと

㈩　上記㈰ないし㈫のことからすれば、本件会社は、評価通達205の⑴ないし⑶の事由と同視し得る程度に資産状況及び営業状況等が破綻していることが客観的に明白であって、本件貸付金債権の回収の見込みのないことが客観的に確実であるとまでは認められないから、本件貸付金債権は、評価通達205に定める「課税時期において……その他その回収が不可能又は著しく困難であると見込まれるとき」には該当しない。

⑷　請求人の主張について

請求人は、次の①ないし④に掲げる事項が、本件相続開始日において本件会社の事業経営が破綻しており、本件貸付金債権の回収見込みがないことの客観的事実である旨主張す

る。

① 本件会社が支援協による私的再生手続を受けていること

② 本件会社の営業キャッシュフローがマイナスで債務の弁済が不可能又は困難な状況であること

③ 本件会社が債務超過に陥っていること

④ 役員からの資金提供によって本件会社が存続していること

しかしながら、上記①ないし④の事実があったとしても、評価通達205《貸付金債権等の元本価額の範囲》の(1)ないし(3)の事由と同視し得る程度に資産状況及び営業状況等が破綻していることが客観的に明白であって、本件貸付金債権の回収の見込みのないことが客観的に確実であるとまではいえないことは、上記(3)のとおりであるから、請求人の主張は理由がない。

〔6〕まとめ

(1) 裁決事例の結果

先例とされる裁決事例における本件貸付金債権の価額は、請求人（納税者）の主張額が46,980,000円（独自に算定した回収可能額として、元本の価額に想定回収率3割を乗じた価額）、原処分庁（課税庁）が主張し国税不服審判所がこれを相当と判断したものが156,600,000円（本件貸付金債権の額面金額）であったため、結果として、請求人（納税者）の主張は認められなかった。

(2) 参考法令通達等

- 相続税法第22条《評価の原則》
- 評価通達204《貸付金債権の評価》
- 評価通達205《貸付金債権等の元本価額の範囲》
- 産業活力の再生及び産業活動の革新に関する特別措置法第40条《中小企業再生支援指針》

本問から学ぶ重要なキーポイント

(1) 評価通達205《貸付金債権等の元本価額の範囲》に定める「その債権金額の全部又は一部が、課税時期において……その他その回収が不可能又は著しく困難であると見込まれるとき」とは、同通達に掲げる(1)ないし(3)の事由と同視し得る程度に資産状況及び営業状況等が破綻していることが客観的に明白であって、当該貸付金債権の回収の見込みのないことが客観的に確実であると認められるものをいうと解されています。

(2) 上記(1)より、被相続人に係る相続開始時に当該被相続人が有する貸付金債権の相手方（借主）である同族法人が、中小企業再生支援協議会（現行では中小企業活性化協議会）の支援に基づく事業再生計画の遂行中であったとしても、当該事由を根拠として評価通達205《貸付金債権等の元本価額の範囲》の定めを適用することは認められません。

(3) 上記(2)の判断に当たっては、事業再生計画の要件として、債権者が債務者である同族法人の役員に就任していた場合において、当該役員を辞任して当該同族法人の経営に関与しないことが条件となっているときであっても、変動がないことに留意する必要があります。

貸付金債権に係る実務対策

Q3-3 のような事例で、被相続人の有する貸付金債権の全部又は一部が回収不能であると認識されるのであれば、当該回収不能と認識される金額（先例とされる裁決事例の場合では、156,600,000円（額面金額）のうち、46,980,000円（請求人が独自に主張する回収可能見込額）を超える部分の金額である109,620,000円）を事業再生の進行過程において、被相続人による債権放棄（同族会社側において債務免除）の実行の可否が検討されるべきものであったと考えられます。

ただし、被相続人による債権放棄を実行する場合においても、税務上、次に掲げる重要な留意事項がありますので、慎重な事前確認が求められます。

留意事項 (1) 債務免除を受ける側の同族法人における法人税法上の各種の課税問題を検討していること

(2) 債務免除を受けた結果、債務者側であった同族会社の株式の価額が相続税法基本通達9-2《株式又は出資の価額が増加した場合》の(3)の定めにより増加した場合におけるみなし贈与課税問題を検討していること

（注）上記については、『5貸付金債権等の放棄とみなし贈与課税』の Q5-1 ないし Q5-3 の各問を参照してください。

Q3-4 実質基準に係る判断事例〔その３：被相続人が有する貸付金債権の回収可能性につき、債務者である同族会社に営業活動の実態が事実上認められず危機的な状況にあると認められることが判断の対象とされるか否かが争点とされた事例〕

事例 国税不服審判所裁決事例
（平成14年6月28日裁決、関裁（諸）平13－98、平成10年相続開始分）

疑問点

被相続人に係る相続開始時において同人が184,000,000円を貸し付けていた同族法人（㈱A）の当該相続開始の前後における営業状況は、次のとおりとなっていました。

(1) ㈱Aの事業は、次に掲げる建設業及び貸金業を営んでいました。

① 建設業は、㈱Aの親会社から発注される事業のみを受託するものであり、当該親会社の事業不振に伴って㈱Aが施工した工事に対応する代金入金は、ほとんどされていない状況となっていました。

② 貸金業は、いわゆる『サラ金』（小口の市中金融）で、その大部分が回収不可能又は困難な不良債権となっており、日常の運転資金を確保するために金融機関に該当しない事業法人又は個人からの借り入れに頼るという状況で、A㈱は多額の債務超過になっていました。

(2) 上記(1)のような状況にあるため、㈱Aの決算書は外形上の見栄えを良くするために、いわゆる粉飾決算（①本来は貸倒処理すべき資金を資産計上のまま放置、②本来は計上すべき経費（人件費）を未計上等）が行われていたことが判明しています。

(3) ㈱Aは、被相続人に係る相続開始時においては外観上は営業しており（事業閉鎖等の事実は認められない）、手形交換所における取引停止処分を受けたり、会社更生、民事再生、特別清算又は破産手続等の法律上の手続に入ったという事実も確認されていません。

(4) ㈱Aは、被相続人に係る相続開始の約10か月後に発生した親会社の倒産に伴って連鎖的に倒産し、被相続人の相続人が相続により取得した上記に掲げる貸付金債権の全額（184,000,000円）が回収不能となりました。

上記に掲げる状況において、被相続人が㈱Aに対して有していた貸付金債権（額面金額184,000,000円）の価額を評価通達205《貸付金債権等の元本価額の範囲》

に定める実質基準である『その回収が不可能又は著しく困難であると見込まれるとき』に該当するとして、評価不要として処理することは認められますか。

お尋ねの場合における貸付金債権の金額（額面金額184,000,000円）は、？疑問点に掲げる実質基準（回収の不可能又は著しい困難性）に該当するものとして、これを評価不要とすることが相当であると考えられます。

！ 解説

相続財産の価額は、原則として、相続開始時における時価によるべきものと規定されています。そうすると、お尋ねの㈱Aの事例のように、被相続人に係る相続開始時においては事業閉鎖等の事実はなく、手形交換所の取引停止処分もなく、また、会社更正、民事再生、特別清算又は破産手続等の法律上の手続を経ていない場合であっても、営業活動の実態が事実上認められず危機的な状況にあると認められる場合には、㈱Aに対する貸付金はその回収が不可能又は著しく困難なものに該当するものと考えられます。

Q3-4の検討に当たっては、下記に掲げる裁決事例が先例として参考になります。

◉国税不服審判所裁決事例（平成14年6月28日、関裁（諸）平13－98、平成10年相続開始分）

〔1〕事案の概要

本件は、請求人が相続財産として申告した貸付債権（申告額は額面金額である184,000,000円）について、当該貸付債権の財産的価値の有無（請求人は相続税の更正の請求を行い、当該貸付債権の価額を0円とする旨主張したところ、原処分庁は更正をする理由がない旨の通知処分を行ったので、請求人がこれを不服として審査請求に及んだものである）を争点とする事案である。

〔2〕基礎事実

⑴ 本件相続について

請求人は、平成10年10月4日（以下「本件相続開始日」という）に死亡した被相続人の共同相続人のうちの1人である。

⑵　本件貸付債権について

①　被相続人は、平成10年6月20日付で、㈱Aとの間で、次のような内容の合意書（以下「本件合意書」という）を取り交わしている。

㈠　貸主被相続人と借主㈱Aとの間の平成10年6月20日における金銭消費貸借残高（以下「本件貸付債権」という）は、**図表－1**のとおりである。

図表－1　本件貸付債権

順号	金銭消費貸借額	利率	支払済金利の計算期間最終日
①	69,500,000円	6.0%	平成10年4月10日
②	55,000,000円	10.0%	平成10年4月10日
③	54,500,000円	6.0%	平成10年4月10日
④	5,000,000円	6.0%	平成10年6月20日
合計	184,000,000円	——	——————

㈺　㈱Aの経営状態が直ちに改善に向かう傾向ではなく、会社倒産の危機もあり得るので、今後、上記㈠の**図表－1**の順号①ないし③については平成10年4月11日以降、④については平成10年6月21日以降の利子を減免し、金利相当額は元金に充当する。

②　㈱Aの代表取締役は、Bである（筆者注 被相続人ではない）。

⑶　相続税の申告について

請求人は、平成11年6月11日、被相続人に係る相続税について、本件貸付債権を相続財産として申告（相続人Xが50,000,000円、相続人Yが134,000,000円）しているが、その際、㈱Aの財政状態等からして返済不可能な状態にあるから、債権放棄をする予定であり、その場合には更正の請求をする旨の文書を提出している。

⑷　㈱Aの倒産について

㈱Aは、平成11年8月16日、親会社である㈱Cの倒産に連鎖して倒産した。

⑸　相続税の更正の請求について

請求人は、平成12年6月8日、原処分庁に対して、上記⑶及び⑷に基づいて、本件貸付債権の価額は0円であるとして、相続税の更正の請求を行った。

⑹　原処分庁による通知処分

上記⑸に対して、原処分庁は、平成12年11月20日、請求人に対して更正の請求に理由がない旨の通知処分を行った。

筆者注　上記⑴ないし⑹に掲げる基礎事実を時系列的にまとめると、**図表－2**のとおりとなる。

図表－２　本件裁決事例における時系列

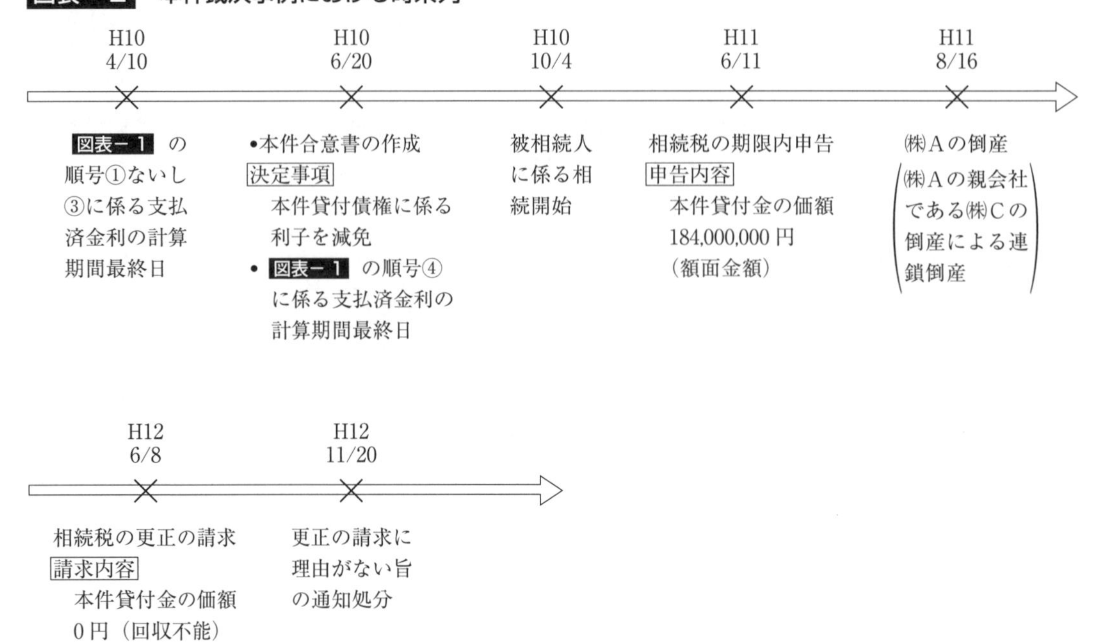

〔3〕争点

本件の争点は、本件貸付債権の財産的価値の有無である。

〔4〕争点に関する双方（請求人・原処分庁）の主張

争点に関する請求人・原処分庁の主張は、図表－３のとおりである。

図表－３　争点に関する請求人・原処分庁の主張

（争点）本件貸付金債権の財産的価値の有無

請求人（納税者）の主張	原処分庁（課税庁）の主張
次のとおり、本件貸付債権については、本件相続開始日において財産的価値がないものを申告したのであるから、減額更正を求める。 ⑴　㈱Aは、平成５年３月期において既に債務超過となっており、相続開始後特別な事象が起こっていないにもかかわらず、約10か月後に倒産していることからして、相続開始時においても重大な債務超過に陥ったことは明らかである。 ⑵　倒産の危険性については、本件合意書において、㈱Aの代表者であるB自身がその懸念を表明している。	次のとおり、相続開始時に㈱Aの営業状況、資産状況が客観的に破綻していることが明白で債権の回収の見込みがないことが客観的に確実であるとは認められないから、本件貸付債権は財産的価値がないとする更正の請求には理由がない。 ⑴　貸付金債権の評価については、債務者の営業状況、資産状況等が客観的に破綻していることが明白で債権の回収の見込みがないことが客観的に確実であるときは、当該回収できない金額を貸付金の元本の評価額に算入しないと解されているところ、本件貸付債権につ

(3) 上記(1)及び(2)より、本件貸付債権については、評価通達205《貸付金債権等の元本価額の範囲》の例示にある「事業の廃止又は6か月以上の休業」に準じた状況にあったこと、又は少なくとも、同通達に定める「その他その回収が不可能又は著しく困難であるとき」に該当するから、財産的価値がなかったものである。 (4) 原処分庁は、異議決定書（筆者注 現行の規定では、再調査決定書）の中で、㈱Aが売上げを計上しているから営業が破綻していないとしているが、余りにも短絡的な判断であり、売上計上額からのみでは同社の事業状態は判断できないと考える。	いては、本件合意書において、㈱Aの経営不振の状況から利息を減免する旨合意されているが、元本について、むしろその存在を明確に確認し合っている。 (2) ㈱Aの損益計算書によれば、本件相続開始日の属する平成10年4月1日から平成11年3月31日までの事業年度（以下「平成11年3月期」という）における売上金額は400,714,307円であり、さらに相続開始当時、手形交換所における取引の停止処分を受けた等の事実もなく、営業活動を継続していることが認められる。

〔5〕国税不服審判所の判断

(1) 認定事実

① ㈱Aは、昭和49年に設立され、旧商号を株式会社＊＊といい、貸金業を営んでいた。

② 平成7年に同社の本店所在地は、＊＊市＊＊番＊＊号から同市＊＊番地＊＊の＊＊号に移転されているが、本店所在地に実態はなく、連絡先は＊＊内となっていた。

③ 同社の法人税の確定申告書は、平成11年3月期まで提出されており、それによれば、事業種目は、建築業及び貸金業となっている。

④ 同社の確定申告書に基づき、平成11年3月期以前5事業年度の営業状況及び営業損益の状況を整理すると図表－4のとおりであり、多額な支払利息によって、平成11年3月期を除いて営業赤字が続いている。

図表－4　㈱Aの営業状況及び営業損益の状況

決算期	営業収入		営業損益			販売費及び一般管理費	当期損益
	貸金業利息収入	建設業収入	建設損益	貸金損益	貸金損益に係る支払利息		
平成7年3月期	18,545千円	642,860千円	117,858千円	▲103,183千円	121,728千円	5,358千円	▲2,230千円
平成8年3月期	14,658千円	663,345千円	62,104千円	▲112,711千円	127,369千円	4,229千円	▲61,104千円
平成9年3月期	11,457千円	555,325千円	54,130千円	▲106,761千円	118,218千円	7,841千円	▲64,372千円
平成10年3月期	20,829千円	516,415千円	42,507千円	▲76,529千円	97,358千円	4,854千円	▲43,240千円
平成11年3月期	4,470千円	396,244千円	19,738千円	▲18,744千円	23,214千円	2,524千円	268千円

⑤　建設関係の売上げは、すべて㈱C（筆者注㈱Aの親会社）に対するものである。

⑥　平成11年3月期の確定申告書によると、従業員は1名とされているが、人件費の計上がない。

⑦　㈱Aの資産・負債の状況は、図表－5のとおりである。

図表－5　㈱Aの資産及び負債の状況

決算期	総資産価額	総負債額	純資産額	貸付金	短期借入金	長期借入金
平成7年3月期	1,035,047千円	1,187,078千円	▲152,031千円	608,528千円	796,589千円	345,370千円
平成8年3月期	1,122,318千円	1,335,454千円	▲213,136千円	584,444千円	857,100千円	309,466千円
平成9年3月期	1,160,742千円	1,438,251千円	▲277,508千円	577,302千円	846,500千円	295,853千円
平成10年3月期	1,035,633千円	1,356,382千円	▲320,749千円	557,951千円	814,000千円	285,108千円
平成11年3月期	920,835千円	1,241,315千円	▲320,480千円	580,298千円	873,981千円	282,489千円

⑧　平成8年3月期以降の短期借入金は、すべて個人及び事業法人からのものである。

⑨　貸金業に係る貸付金及び未収入金は、前期に比較してほとんど変化しておらず、ほとんど回収不可能な不良債権であると認められる。

⑩　㈱Aは、本件相続開始日において、破産、和議（筆者注）、会社更生あるいは強制執行等の手続開始を受けたり、又は事業閉鎖等の事実はない。

筆者注　平成12年4月1日前にされた和議開始の申立てに係る和議事件については、旧和議法の規定が適用されるものとされていた。なお、同日以後においては、再生手続開始の申立てに係る再生事件については、民事再生法の規定が適用されるものとされている。以下、本問において同じ。

⑪　本件貸付債権について、㈱C（筆者注㈱Aの親会社）及び代表者であるB（筆者注㈱Aの代表者）が保証等している事実はない。

⑵　法令解釈等

相続税法第22条《評価の原則》は、相続により取得した財産の価額は、原則として、当該財産の取得における時価による旨規定している。そして、貸付債権の評価に関して、評価通達205《貸付金債権等の元本価額の範囲》は、「債権金額の全部又は一部が、課税時期において次に掲げる金額に該当するとき、その他その回収が不可能又は著しく困難であると見込まれるときにおいては、それらの金額は元本の価額に算入しない」と定め、次に掲げる金額には、債務者が手形交換所において取引の停止処分を受けたとき、会社更正手続の開始の決定のあったとき、及び業況不振のため又はその営む事業について重大な損失を受けたため、その事業を廃止し又は6か月以上休業しているとき等のその有する貸付金債権の金額並びに和議の成立、整理計画の決定、更正計画の決定等により切り捨てられる部分の債権の金額を掲げており、これは相続税法第22条の規定の趣旨に即したものと解される。

したがって、「その他その回収が不可能又は著しく困難であると見込まれるとき」とは、上に述べた「次に掲げる金額に該当するとき」に準ずるものであって、それと同視できる程度に債務者の営業状況、資産状況等の諸般の状況に照らして貸付債権の回収の見込みがないことが客観的に確実であるときをいうものとして取り扱うことが相当である。

⑶ 当てはめ

① ㈱Aは、上記⑴④及び⑦のとおり、多額の借入金とそれに係る金利の支払のため、平成7年3月期から平成10年3月期まで赤字決算と債務超過の状態が続いており、平成11年3月期において、ごくわずかの当期利益はあるものの、営業規模は大幅に縮小され、借入金残高がほとんど減少していないにもかかわらず、支払利息の計上額が急減していることからみても、その営業活動が悪化していることは明らかであると認められる。

② 次に掲げる事項などから判断すると、㈱A自らの資金調達は困難な状況にあり、㈱Aとしての営業活動の実態はほとんどないものと認めるのが相当である。

⑴ 上記⑴⑨のとおり、資産のうち貸付金については、貸金業に係る不良債権と認められること

⒭ 営業活動に係る基本的な経費である人件費の計上がなく、しかも、建設売上げはすべて親会社である㈱Cに対するものと認められること

⒣ 短期借入金の借入先は、すべて個人及び事業法人からのものであり、正常な金融取引がなされていたとは必ずしもいえないこと

③ 上記①及び②のことからすれば、㈱Aにおいては、上記⑴⑩のとおり、本件相続開始日現在において、破産、和議、会社更生あるいは強制執行等の手続開始を受けたり、又は事業閉鎖等の事実は認められず、一見、営業活動は継続していると認められるものの、その実態は極めて危機的な状況にあったものというべきであり、上記⑴⑪の事情も考慮すると、本件貸付債権の回収は著しく困難であると認めるのが相当であり、本件貸付債権については、財産的価値がなかったものと判断するのが相当である。

⑷ 原処分庁の主張について

原処分庁は、本件合意書について、むしろ本件貸付債権の存在を明確に確認し合っていると主張する。

しかしながら、本件合意書の本来の趣旨は、利息の減免にあり、㈱Aの倒産の危機があり得ることについて、当事者間で確認し合ったもので、貸金の返済を確約したものではないとみるのが相当である。

⑸ 結論

上記⑴ないし⑷の結果、本件貸付債権の184,000,000円については、財産的価値がなかったものと認められることから、その価額は0円となり、本件相続に係る課税価格の計算上、相続人Xについては50,000,000円、相続人Yについては134,000,000円の減額となる。

〔6〕まとめ

⑴ 裁決事例の結果

先例とされる裁決事例における本件貸付債権の価額は、請求人（納税者）が主張し国税不服審判所がこれを相当と判断したものが0円（評価不要）であり、一方、原処分庁（課税庁）の主張額が184,000,000円（本件貸付債権の額面金額）であったため、結果として、請求人（納税者）の主張が全面的に認められることとなった。

⑵ 参考法令通達等

- 相続税法第22条《評価の原則》
- 評価通達205《貸付金債権等の元本価額の範囲》

本問から学ぶ重要なキーポイント

⑴ 本件裁決事例は、債務者について課税時期において、破産、和議（現行では、民事再生）、会社更生あるいは強制執行の手続開始を受けておらず、また、事業閉鎖等の事実が認められず、外形的に営業活動を継続しているように見える場合であっても、本件裁決事例に示されたような一定の状況（企業経営上の危機的状況）にある場合には、当該債務者に対する貸付金債権の価額は、0円（評価不要）とするという内容の濃いものとなっています。

⑵ 上記⑴を担保する一定の状況の証左（下記に主な項目を列挙）について、十分に確認しておく必要があります。

① 外形的に営業活動を継続しているとしても、当該事業活動の経済的実質（合理性）が認められないこと。例えば、本件裁決事例では、次に掲げる事項が挙げられます。

㈠ 建設業の売上先は、業況不振である親会社に対するもののみであったこと

㈡ 貸金業に係る貸付債権の相当部分が不良債権化していたこと

㈢ 企業経営に係る運転資金（短期借入金）の借入先が個人又は事業法人からのものであること

② 会社における事業活動を記録した会計帳簿の信頼性に重大な疑問点が生じていること。例えば、本件裁決事例では、次に掲げる事項が挙げられます。

(イ)　貸金業に係る不良債権につき、計上すべき貸倒損失が計上されていないこと
(ロ)　借入金残高はほぼ一定であるにもかかわらず、支払利息の計上額が急減していることから簿外処理された経費（支払利息）の存在が推認されること
(ハ)　㈱Aにおいて従業員が1名存在することが確認されているにもかかわらず、人件費の計上がされていないことから簿外処理された経費（給与）の存在が推認されること

③　債権者の有する貸付金債権につき、課税時期において保証能力を有すると認められる保証人による債務保証を受けているという事実が確認されていないこと。すなわち、本件裁決事例では、認定事実として、本件貸付債権について保証は一切付与されていないとなっています。

貸付金債権に係る実務対策

Q3-4の事例で紹介した裁決事例では、結果として国税不服審判所の判断で納税者が救済されることになりましたが、疑義が生じやすい判断に悩む案件であると考えられます。

そこで、より評価実務の安全性に配慮するのであれば、被相続人に係る相続開始前（ただし、当該被相続人に意思能力が認められることが大前提となります。以下本問で同じです）に、当該被相続人が有する貸付金債権の相手方（借主）である法人（同族会社である㈱A）を整理（解散及び清算の結了）し、当該貸付金債権を実際の金銭にする（回収可能額の実現化を図る）対応（相続開始前における事前対応）を検討すべきであるとの意見表明がされるかもしれません。

しかしながら、本件裁決事例では、本件貸付債権を所有していた被相続人は、㈱Aの代表者ではなく（代表者はB）、また、㈱Aの意思決定権を有する程の大株主であるとも認められず（㈱Aは、㈱Cの子会社。ただし、㈱Cの株主は不明）、被相続人の意向をもって上記に掲げる㈱Aの整理を実行することは、困難であると考えられます。

そこで、このような事例については、被相続人に係る相続開始前に、当該被相続人が有する貸付金債権の放棄（債務者側の㈱Aからすると、債務の免除に該当します）を検討することも、一つの対応であると考えられます。

ただし、同族会社に対する貸付金債権の放棄については、検討すべき種々の論点もあり、この点については、前問のQ3-3の貸付金債権に係る実務対策欄を併せて参照してください。

Q3-5 実質基準に係る判断事例〔その4：被相続人が有する貸付金債権の回収可能性につき、債務者である同族会社の代表者（被相続人）の罹患による長期間の従事不能を理由とする休業状態にあることが判断の対象とされるか否かが争点とされた事例〕

事例 国税不服審判所裁決事例
（平成25年9月24日裁決、熊裁（諸）平25－2、平成21年相続開始分）

? 疑問点

被相続人の相続開始時において同人が代表取締役を務める法人（相続開始前から同人の病気療養のため相当長期間にわたって休業中であり、債務超過の状況にあります）に対して貸付金債権を有していた場合において、当該法人が次に掲げる状況にあると認められるときには、当該貸付金債権の価額は評価通達205《貸付金債権等の元本価額の範囲》に定める形式基準である『業況不振のため又はその営む事業について重大な損失を受けたため、その事業を廃止し又は6か月以上休業しているとき』又は実質基準である『その回収が不可能又は著しく困難であると見込まれるとき』に該当するとして、評価不要とすることは認められますか。

(1) 当該法人の業務遂行上、個人の有資格者（宅地建物取引業法に基づく取引主任者）を管理責任者として配置（常勤であることが必要）することが求められており、旧来は代表取締役である被相続人がこれに該当する者として当該業務に従事していました。

(2) 上記(1)に係る被相続人が同人に係る相続開始の約3年前に罹患した後は、同人は上記(1)に掲げる業務に従事することが不可能となり、他の代替する有資格者を確保することも困難であったことから、やむを得ず長期間の休業を実施せざるを得なくなりました。

(3) 上記(1)及び(2)に掲げる状況から、当該法人は金融機関等から新規に融資を受けることは不可能であると認められます。

(4) 被相続人は、当該法人に対する貸付金債権について、何ら、質権及び抵当権によって担保されている部分の金額を有していないことが確認されています。

お尋ねの場合における貸付金債権の金額（額面金額）は、疑問点に掲げる形式基準（長期間の休業による事業再開の困難性）及び実質基準（回収の不可能又は著しい困難性）の両面から判断すると、これを評価不要とすることが相当であると考えられます。

解　説

相続財産の価額は、原則として、相続開始時における時価によるべきものと規定されています。そうすると、お尋ねの法人は代表者の罹患による休業で事業再開の目処が立たず、営業状況及び資産状況等から判断して新規の融資を受ける見込みもなく、債権の回収の見込みのないことが客観的に確実であるものと解されることから、当該法人に対して有する被相続人の当該相続開始時における貸付金債権の金額（額面金額）は、その回収が不可能又は著しく困難なものに該当するものと考えられます。

Q3-5の検討に当たっては、下記に掲げる裁決事例が先例として参考になります。

◉国税不服審判所裁決事例（平成25年9月24日裁決、熊裁（諸）平25－2、平成21年相続開始分）

〔1〕事案の概要

本件は、請求人の相続税の申告について、請求人が相続により取得した貸付金債権は『その回収が不可能又は著しく困難であると見込まれるとき』に該当するとして0円で評価すべきであるとしたところ、原処分庁が当該貸付金債権につき請求人の主張する事由には該当しないとして相続税の更正処分等をしたことから、請求人がこれを不服として、原処分の全部の取消しを求めた事案である。

〔2〕基礎事実

⑴　本件相続に係る相続税の申告

請求人は、平成21年7月＊＊日（以下「本件相続開始日」という）に死亡した被相続人の妹であるが、当該被相続人に係る相続（以下「本件相続」という）に係る相続税について、相続税の申告書を法定申告期限までに提出した。

⑵　被相続人が代表者であった法人（A社）の概要等

①　概要

A社は、不動産仲介を目的として、昭和59年11月＊＊日に設立された会社である。

被相続人は、設立当初から取締役に就任していた。

A社の事業年度は、毎年9月1日から翌年8月31日まで（平成16年9月1日から平成21年8月31日までの各事業年度を、以下、「平成17年8月期」、「平成18年8月期」（以下略）と呼称する）である。

② 代表者借入金

被相続人は、本件相続開始日において、A社に対する貸付金（以下「本件貸付金」という）5,292,500円を有していた。

〔3〕争点

本件貸付金は、評価通達205《貸付金債権等の元本価額の範囲》で定める「その回収が不可能又は著しく困難であると見込まれるとき」に当たるか否か。

〔4〕争点に関する双方（請求人・原処分庁）の主張

争点に関する請求人・原処分庁の主張は、**図表－1**のとおりである。

図表－1 争点に関する請求人・原処分庁の主張

（争点） 本件貸付金は、評価通達205《貸付金債権等の元本価額の範囲》で定める「その回収が不可能又は著しく困難であると見込まれるとき」に当たるか否か

請求人（納税者）の主張	原処分庁（課税庁）の主張
⑴ 本件貸付金の本件相続に係る相続財産の評価は、「その回収が不可能又は著しく困難であると見込まれるとき」という条件が相続開始日に現実に存在しているだけでなく、相続開始日における債務者の財産状態や信用能力を客観的に観察した結果、相続開始日に、当該条件に該当する事実が潜在的に存在する場合にも「その回収が不可能又は著しく困難であると見込まれるとき」に当たるとの解釈により判断されるべきである。 ⑵ 上記⑴を本件貸付金に当てはめると、A社は、過去から営業収入のない状況が継続し、かつ、宅地建物取引業法に基づく取引主任者の資格を有する被相続人の死亡時点から営業できないことは明らかであり、その後、廃業届けを＊＊県に提出済であることからも、貸付金の回収は不可能である。 ⑶ 上記⑴及び⑵より、本件貸付金は「その回収が不可能又は著しく困難であると見込まれるとき」に当たる。	⑴ 本件貸付金につき、A社は、本件相続開始日前後において営業実態は認められないものの、本件相続開始日において解散しておらず、清算手続を行っていない。 ⑵ 上記⑴より、本件貸付金は「その回収が不可能又は著しく困難であると見込まれるとき」に当たらない。

〔5〕国税不服審判所の判断

⑴ 認定事実

① A社の財産・損益の状況は、平成17年8月期から平成21年8月期（筆者注 本件相続開始日は、平成21年7月＊＊日）までの5期全てで、売上金額は＊＊円で休眠状態にあり、常に負債の額が資産の額の3倍を上回るなど債務超過の状態が継続してい

た。

② A社の代表取締役であった被相続人は、平成21年＊＊月＊＊日から同年＊＊月＊＊日まで入院していた。

被相続人は、退院後の平成21年7月＊＊日に、＊＊銀行＊＊支店支店長と面談したが、その際、経営判断や接客ができる状況にはなく、同月＊＊日に死亡した。

③ A社において、宅地建物取引業法に基づく取引主任者の資格を持っている者は、被相続人のみであり、かつ、同社には被相続人以外の役員及び従業員がいなかった。

⑵ 法令解釈等

相続税法第22条《評価の原則》は、相続、遺贈又は贈与により取得した財産の価額は、特別の定めがあるものを除き、当該財産の取得の時における時価によるべき旨定めているが、全ての財産の時価（客観的交換価値を示す価額）は、必ずしも一義的に確定できるものではない。

そこで、課税実務上は財産評価の一般的基準が評価通達によって定められており、評価通達により算定される価額が時価を上回るなど、評価通達に定められた評価方法を画一的に適用するという形式的な平等を貫くことによりかえって実質的な租税負担の平等を著しく害することが明らかであるといった特別の事情がある場合を除き、評価通達に定められた評価方法によって、当該財産の評価をすることとされている。

審判所においても、この取扱いは、納税者間の公平や効率的な租税行政の実現等の観点から相当であると認めることができる。

そして、貸付金債権の評価については、同通達204《貸付金債権の評価》の本文において、要旨「貸付金、売掛金、未収入金、預貯金以外の預け金、仮払金、その他これらに類するもの（以下「貸付金債権等」という）の価額は、元本の価額（返済されるべき金額）と利息の価額（課税時期現在の既経過利息として支払を受けるべき金額）との合計金額によって評価する」と定められている。

また、貸付金債権等の元本価額の範囲については、同通達205《貸付金債権等の元本価額の範囲》の本文において、要旨「貸付金債権等の評価を行う場合において、その債権金額の全部又は一部が、課税時期においてその回収が不可能又は著しく困難であると見込まれるときにおいては、それらの金額は元本の価額に算入しない」とされているところ、「課税時期においてその回収が不可能又は著しく困難であると見込まれるとき」とは、債務者の営業状況、資産状況等が破綻していることが客観的に明白であって、債権の回収の見込みのないことが客観的に確実であるときを指すものということができる。

このような解釈基準は、結局のところ、相続税法第14条《控除すべき債務》第1項（筆者注）に掲げる「確実と認められるもの」についての基準とほとんど同様のものというべきである。

筆者注 本問では省略したが、本件裁決事例では本件貸付金の評価方法以外に、被相続人が代表社員に就任していたＢ社及びＣ社の金融機関からの借入金に対する被相続人のそれぞれの連帯保証債務が、相続税法第14条《控除すべき債務》第１項に規定する「確実と認められるもの」に該当するか否かが争点となっていた。

当該争点に対する判断のなかで、国税不服審判所は同条同項に規定する「確実と認められるもの」に係る法令解釈等を、次のとおりに示している。

(法令解釈等)

相続税法第14条《控除すべき債務》第１項は、相続税の課税価格の計算上、「控除すべき債務は、確実と認められるものに限る」と規定しているところ、連帯保証債務は、原則として同項に規定する「確実と認められるもの」には該当しないが、相続開始の時点を基準として、主たる債務者がその債務を弁済することができないため保証人がその債務を履行しなければならない場合で、主たる債務者に求償しても補填を受ける見込みがないことが客観的に認められる場合には、同項に規定する「確実と認められるもの」に当たると解される。

この点、請求人は、保証債務履行後の求償権の行使が不可能という条件に該当する事実が潜在する場合にも、相続税法第14条第１項に規定する「確実と認められるもの」に当たる旨主張するが、保証債務は、主たる債務者がその債務を履行しない場合に備えてなされる契約（保証契約）によって生じるものであることから、保証契約が成立すれば、保証人において保証債務を履行する可能性は常に潜在するのである。請求人の主張は保証債務一般の性質を述べるものであって、相続税法第14条第１項の正当な解釈とはいえない。

⑶ 当てはめ

原処分庁は、Ａ社について、本件相続開始日前後において、営業実態は認められないが、解散しておらず、清算手続を行っていないとして本件貸付金の回収が不可能又は著しく困難ではない旨主張する。

しかしながら、債務者について、破産、民事再生、会社更生又は強制執行等の手続が開始していなくても、事業の閉鎖、代表者の行方不明等により、債務超過の状態が相当期間継続していて他からの融資を受ける見込みもなく、再起のめどが立たない場合には、営業状況、資産状況等が破綻していることが客観的に明白であって、債権の回収の見込みのないことが客観的に確実であるときに当たると解されるところ、Ａ社の財産・損益の状況等は、上記⑴①のとおりであり、債務超過の状態が本件相続開始前から相当期間継続しており、本件相続開始日においては、代表者の病気により実質的には事業活動を休止しており、他から融資を受ける見込みもなく、また、再起のめどが立っていなかったといえる。

そうすると、Ａ社は、本件相続開始日において、営業状況、資産状況等が破綻し弁済不態の状態に陥っていたことが客観的に明白であって、同社に対する債権は回収の見込みのないことが客観的に確実であるときにあったと認められるので、本件貸付金は、その全てが「回収が不可能又は著しく困難」であったといわざるを得ないから、本件貸付金の評価額は０円となる。

したがって、原処分庁の主張は採用できない。

〔6〕まとめ

⑴　裁決事例の結果

先例とされる裁決事例における本件貸付金の価額は、請求人（納税者）が主張し国税不服審判所がこれを相当と判断したものが0円（評価不要）であり、一方、原処分庁（課税庁）の主張額が5,292,500円（本件貸付金の額面金額）であったため、結果として、請求人（納税者）の主張が全面的に認められることとなった。

⑵　参考法令通達等

- 相続税法第14条《控除すべき債務》
- 相続税法第22条《評価の原則》
- 評価通達204《貸付金債権の評価》
- 評価通達205《貸付金債権等の元本価額の範囲》

本問から学ぶ重要なキーポイント

⑴　債務者について課税時期において、破産、民事再生、会社更生又は強制執行等の手続が行われていない場合であっても、事業の閉鎖、代表者の行方不明、代替性を認めることが困難な有資格技能者の不存在等による収益の悪化のため、債務超過の状態が相当期間継続し他から融資を受ける見込みもなく再起のめどが立たないと認められるときには、営業状況、資産状況等が破綻していることが客観的に明白であって、債権の回収の見込みのないことが客観的に確実であるときに当たる（実質基準である「その回収が不可能又は著しく困難であると見込まれるとき」に該当）と解されます。

⑵　上記⑴の判断に当たっては、課税時期（本件裁決事例の場合は、本件相続開始日）において、債務者である法人が解散していることや清算手続が結了していることが、必ずしも要件とされているものではないことに留意する必要があります。

貸付金債権に係る実務対策

Q3-5の事例で紹介した裁決事例では、結果として国税不服審判所の判断で納税者が救済されることになりましたが、疑義が生じやすい判断に悩む案件であると考えられます。

そこで、より評価実務の安全性に配慮するのであれば、被相続人に係る相続開始前

（ただし、当該被相続人に意思能力が認められることが大前提となります）に、当該被相続人が有する貸付金債権の相手方（借主）である法人（同族会社）を整理（解散及び清算の結了）し、当該貸付金債権を実際の金銭にする（回収可能額の実現化を図る）対応（相続開始前における事前対応）を視野に入れるべきであったと考えられます。

Q3-6 実質基準に係る判断事例〔その５：被相続人が有する貸付金債権の回収可能性につき、債務者である個人（被相続人との特殊関係なし）のいかなる状況が判断の対象とされるのか（換言すれば、相手先債務者の法人又は個人の違いによって判断の対象が異なるのか）が争点とされた事例〕

事例 **国税不服審判所裁決事例**
（平成24年９月13日裁決、大裁（諸）平24－24、平成19年相続開始分）

疑問点

被相続人の相続開始時において、同人には知人Ａ（あくまでも知人であり、特殊関係人には該当していません）に対する貸付金債権（貸付金額は少なくとも額面金額で約100,000,000円は認められます）が存在していたことが判明しています。

知人Ａの被相続人に係る相続開始時の状況は次のとおりであり、どう判断しても同人に返済能力があるとは考えられません。

⑴　被相続人からの調達資金はすべて知人Ａにおいて費消済みであり、知人Ａ名義で返済能力を裏付ける担保力を有する資産として現存するもの（不動産、有価証券、預貯金等）は、一切認められません。

⑵　知人Ａには被相続人に係る相続開始前の数年間において、所得税及び住民税の課税実績が認められず、事実上、無収入の状況にあると認められます。また、この状況は今後も継続するものと考えられます。

⑶　被相続人の知人Ａに対する貸付金債権について、保証人は採っていません。

そうすると、被相続人の知人Ａに対する貸付金債権の価額の全部の金額につき、評価通達205《貸付金債権等の元本価額の範囲》に定める「その回収が不可能又は著しく困難であると見込まれるとき」に該当するものと解釈して、その価額を０円として評価（評価不要）とすることは認められますか。

また、上掲の「その回収が不可能又は著しく困難であると見込まれるとき」に該当するか否かの解釈基準につき、貸付金債権の相手方（債務者）が？疑問点に掲げるように個人である場合とこれに該当しない場合（法人である場合）とでは、差異が生じることになるのでしょうか。

回　答

貸付金債権の相手方（債務者）である個人（貸主である債権者と特殊関係を有していな

いことが前提とされます）について、?疑問点の(1)ないし(3)に掲げる事情が認められる場合には、当該貸付金債権の価額につき、評価通達205《貸付金債権等の元本価額の範囲》に定める「その回収が不可能又は著しく困難であると見込まれるとき」に該当するものとして取り扱われるべきものと考えられます。

!解　説

評価通達205《貸付金債権等の元本価額の範囲》に定める「その回収が不可能又は著しく困難であると見込まれるとき」とは、同通達の(1)ないし(3)に掲げる事由（いわゆる形式基準）と同視できる程度に債務者の資産状況及び営業状況等が破綻していることが客観的に明白であって、債権の回収の見込みのないことが客観的に確実であるといい得るときをいうものと解するのが相当とされています。

そして、「同視できる程度」（上記____部分）とは、債務者が個人である場合には、債務者の債務超過の状態が著しく、その者の信用、才能等を活用しても、現にその債務を弁済するための資金を調達することができないだけでなく、近い将来においても調達することができる見込みがない場合をいうものと解するのが相当とされています。

検討先例

Q3-6の検討に当たっては、下記に掲げる裁決事例が先例として参考になります。

◉国税不服審判所裁決事例（平成24年9月13日裁決、大裁（諸）平24－24、平成19年相続開始分）

〔1〕事案の概要

本件は、原処分庁が、請求人が行った被相続人の相続税の申告において、被相続人にはA（筆者注個人）に対する貸付金債権が存在し、当該貸付金債権の評価額は、貸付金債権の元本額と遅延損害金との合計額をもって評価額とすべきであるとして、相続税の更正処分及び過少申告加算税の賦課決定処分を行ったことに対し、請求人が、当該貸付金債権は存在しないか、存在したとしても回収が不可能又は著しく困難であるからその評価額は0円であるとして、原処分の一部の取消しを求めた事案である。

〔2〕基礎事実

○本件相続について

被相続人は、平成19年10月**日（以下「本件相続開始日」という）に死亡し、被相続人に係る相続（以下「本件相続」という）が開始した。

〔3〕争点

本件の争点は、貸付金債権の存否及びその評価額はいくらかという点である。

〔4〕争点に関する双方（請求人・原処分庁）の主張

争点に関する請求人・原処分庁の主張は、図表－１のとおりである。

図表－１　争点に関する請求人・原処分庁の主張

（争点）貸付金債権の存否及びその評価額はいくらか

請求人（納税者）の主張	原処分庁（課税庁）の主張
(1)　請求人は、本件相続開始日において、貸付金債権が存在したか否か及びその金額がいくらかについて知らない。 原処分庁が認定を行った貸付金債権の有無及び金額については、被相続人のＡに対する催告書記載の金額の合計額であり、個別の確約書、預り書、受領書、借用書の原本の存在を確認したものではない。 また、債務者であるというＡが原処分庁の調査担当者に多分間違いがないと思う旨の申述をしていることから本件相続開始日における貸付金債権の元本を認定しているが、そのような安易な認定は不当である。	(1)　被相続人とＡは、平成13年、平成15年及び平成16年に、金銭消費貸借契約等に係る公正証書を作成しており、被相続人は、Ａに対して催告書を送付していることから、被相続人を債権者、Ａを債務者とする金銭消費貸借契約が存在し、貸付金債権が本件相続開始日に存在していたものである。 貸付金債権の金額については、被相続人がＡに対して平成17年２月７日に催告書を送付して以降、書面による催告を行っていないこと、Ａは、原処分庁の調査担当者に対して、被相続人から約100,000,000円を借り入れていること及び当該催告書記載の金額は多分間違いがないと思う旨の申述をしていることから、当該催告書に記載された117,900,000円が本件相続開始日における貸付金債権の元本であり、また、遅延損害金についても、被相続人に帰属する財産であると認められる。 したがって、貸付金債権の本件相続開始日における金額は、元本117,900,000円であって、その遅延損害金は2,979,726円である。
(2)　評価通達205《貸付金債権等の元本価額の範囲》は、元本の価額に算入しない金額について、「その他その回収が不可能又は著しく困難であると見込まれるとき」と定めており、原処分庁が主張するように、自己破産の申請をした及び破産宣告を受けた事実が認められない場合には直ちに元本金額が確定するというものではない。 仮に、貸付金債権が存在するとしても、被相続人の催告に対してＡが返済をしなかったのは、返済原資が存在しなかったというような事情があったためであるとも考えられると	(2)　Ａについては、本件相続開始日から、本件相続に係る相続税の法定申告期限までの期間において、自己破産の申請をした及び破産宣告を受けた事実は認められず、評価通達205《貸付金債権等の元本価額の範囲》に定める破産の宣告等の事実はないことから、評価通達204《貸付金債権の評価》に基づく貸付金債権の評価額は額面金額と同額である。

ころ、Aの資産関係等を調査すれば当該貸付金債権について回収が困難な金額を評価することは可能であるにも関わらず、原処分庁はこれを行わず、評価通達に則った適正な評価を行っていない。	

〔5〕国税不服審判所の判断

(1) 認定事実

① 公正証書

被相続人とAは、平成15年9月8日付で、Aは、被相続人に対して、平成10年3月から平成15年8月9日までの間の多数回にわたる金銭消費貸借の平成15年8月10日現在の残債務として175,000,000円の債務を負うことを承認する等を内容とする公正証書（以下「平成15年公正証書」という）を作成した。

② 平成17年2月7日送付の催告書

被相続人は、Aに対し、平成17年2月7日、催告書と題する書面（以下「本件催告書」という）を送付した。

本件催告書は、要旨、被相続人が、A及びAの使者であるBに対し、＊＊の土地の隣接土地購入費用の名目で、平成15年1月25日付から平成16年7月30日付までの合計17回（回数ごとに項目として表記したもの）に渡って金銭を寄託及び貸与したのでその支払を求めるというものである。そして、本件催告書には、寄託及び貸与した各回（各項目）ごとに、①「確約書」や「預り書」等の記載があり、②寄託金か貸与金かの区別及び金額の記載がされており、更に、返済期限、「『A氏に手渡す為』 B氏へ」、「追記 目的が達成されない時は、即時返済します」等の記載がされている。

本件催告書に記載されている合計17回の寄託金及び貸与金の金額の合計額は、117,900,000円である。

③ 本件催告書に対するAの返信

Aは、被相続人に対し、本件催告書に対する返信として、平成17年2月22日付で、次の内容が記載された回答書と題する書面を送付した。

(イ) 貴殿より受領した金員は＊＊の土地購入費用ではなく、当方の借入金である。

(ロ) 本件催告書記載の1項目より17項目の借入金は二重三重にも重なり記載されているが、借入金は全て貴殿と当方で締結した金銭消費貸借契約（公正証書）に含まれていることと思う。

(ハ) 貴殿との貸借については今後話し合い、正当な借入金を確定し円満に解決したく思っている。

④ 銀行口座における出金

被相続人が利用していた銀行口座においては、本件催告書記載の日付の一部と合致する出金の履歴がある。

⑤　Aの収入等

(イ)　Aが原処分庁所属の調査担当者に対して手交した名刺等からすると、Aの職業は、釣り堀業となっており、また、Aは、審判所に対し、総合土木建設業で5,000,000円くらいの所得がある旨の答述をしているが、平成18年分、平成19年分及び平成20年分の市民税は課されていない。

(ロ)　X市の固定資産税《土地・家屋》課税一覧によれば、Aは、平成18年度にはX市内に宅地（固定資産税評価額3,306,660円）を有していたが、登記簿謄本によると、当該宅地は、平成18年11月22日に、譲渡担保が設定され、その後、第三者に所有権が移転している。

(ハ)　審判所においてAの住所地であるX市内における金融機関等に対して、Aの取引状況等の調査を実施したところ、被相続人に対する借入金の返済が可能と認められる程度のA名義での預金残高は把握できなかった。

⑥　関係者の答述等

(イ)　Aの平成22年8月23日の原処分庁に対する申述要旨

㋑　私は被相続人からお金を借りるようになり、Y銀行の私の口座に被相続人から振り込んでもらったこともあるし、現金で借りた分もある。途中で元金の返済や利息の支払をしたりしているが、借入れの残高が100,000,000円ほどになった。

平成15年公正証書は正しいものであり、175,000,000円の借入れのうち、返済した残りが100,000,000円ほどある。

平成17年4月の時点で100,000,000円ほど借りていて、それがそのまま今も残っているということである。

㋺　本件催告書には、土地購入費用と被相続人が書いているが、土地のことには一切関係なく、私が被相続人から借り入れたものである。

本件催告書に書いてあるように、主にBさんに被相続人のところに行ってもらってお金を借りていた。なので、ここに書いてある日付や金額は多分間違いないと思う。

(ロ)　Aの平成24年5月11日の審判所に対する答述要旨

㋑　被相続人からの借金は約100,000,000円程度残っている。ただ、本件催告書については、二重三重に重なっており、細かくは分からないが、大体90,000,000円から100,000,000円程度の借金が残っているという記憶である。

したがって、合計の借入額が本件催告書の合計の117,000,000円であるかと言われると必ずしもそうではないと思う。もっとも、本件催告書記載の日付や金額が、大きく事実と異なっているわけではないと思う。

㋺　本件催告書記載の各借入れは、無担保である。結局、現在に至るまで返済していない。お金があって隠しているというわけでもなく、返せないから返さないということである。

⑵ 法令解釈等

① 相続税法第22条について

相続税法第22条《評価の原則》は、相続により取得した財産の価額は、当該財産の取得の時における時価による旨規定しているが、この時価とは、当該財産の取得の日において、それぞれの財産の現況に応じ、不特定多数の当事者間で自由な取引が行われる場合に通常成立すると認められる価額、すなわち当該財産の客観的な交換価値をいうものと解するのが相当である。

もっとも、相続税の課税対象となる財産は多種多様であり、当該財産の客観的な交換価値を適正に把握することは容易でないことから、課税実務上、国税庁長官は、財産の評価の一般的基準である各種財産の時価の評価に関する原則及びその具体的評価方法等を定めた評価通達を発遣し、課税当局は、そこに定められた画一的な評価方法によって財産を評価することとしている。

これは、単に、課税当局の事務負担の軽減、課税事務処理の迅速性、徴税費用の節減のみを目的とするものではなく、これをもって課税当局の取扱いを統一するとともに、納税者間で財産の評価が異なることは課税の公平の観点からみて好ましくないことから、特別の事情がある場合を除き、あらかじめ評価通達に定められた評価方法により画一的に評価することをもって、課税の適正・公平の確保を図るものである。

このような課税実務に照らせば、評価通達に定める基準が、時価評価の方式としてその合理性を肯定することができるものである限り、相続税法の予定する時価に合致するものというべきであるから、相続により取得した財産の評価は、評価通達によって定められた評価方式によらないことが正当として是認されるような特別な事情がある場合を除き、課税の公平の観点から、評価通達の定める評価方式に基づいて行うことが相当であると解される。

② 評価通達204及び205について

評価通達204《貸付金債権の評価》は、貸付金債権等の評価は、貸付金債権等の元本の価額と利息の価額との合計額により評価する旨定めている。

また、評価通達205《貸付金債権等の元本価額の範囲》は、貸付金債権等の評価を行う場合において、その債権金額の全部又は一部が、課税時期において「次に掲げる金額に該当するときその他その回収が不可能又は著しく困難であると見込まれるとき」においては、それらの金額は元本の価額に算入しない旨定めている。

この場合の「次に掲げる金額」とは、債務者について手形交換所の取引停止処分等に該当する事実があったときの貸付金債権等の金額並びに再生計画認可の決定、整理計画の決定及び再生計画の決定等により切り捨てられる債権の金額等が掲げられている。そうすると、「次に掲げる金額に該当するとき」とは、いずれも、債務者の資産状況及び営業状況等が破綻していることが客観的に明白であって、その債務者に対して有する貸付金債権等の金額の回収の見込みのないことが客観的に確実であるといい得るときであると解するのが相当である。

また、「その他その回収が不可能又は著しく困難であると見込まれるとき」とは、貸付金債権等の評価方法として、評価通達204及び205の定めが、上記のとおり、原則として元本の価額と利息の合計額とし、例外として債務者について手形交換所の取引停止処分等に該当するような客観的に明白な事由が存する場合に限り、その債務者に対して有する貸付金債権等の金額を元本の価額に算入しない取扱いをしていること及び同通達205において、「次に掲げる金額に該当するとき」、すなわち、債務者について手形交換所の取引停止処分等に該当する事実があったときの貸付金債権等の金額並びに再生計画認可の決定、整理計画の決定及び再生計画の決定等により切り捨てられる債権の金額等に該当するときと並列的に定められていることからすると、上記の「次に掲げる金額に該当するとき」と同視できる程度に債務者の資産状況及び営業状況等が破綻していることが客観的に明白であって、債権の回収の見込みのないことが客観的に確実であるといい得るときをいうものと解するのが相当である。

そして、「同視できる程度」とは、債務者が個人である場合には、債務者の債務超過の状態が著しく、その者の信用、才能等を活用しても、現にその債務を弁済するための資金を調達することができないだけでなく、近い将来においても調達することができる見込みがない場合をいうものと解される。

⑶ 当てはめ

原処分庁は、貸付金債権について、本件催告書に記載の金額の合計額（117,000,000円）が貸付金債権の元本として存在し、その評価額は、当該貸付金債権の元本と遅延損害金（2,979,726円）の合計額である旨を主張するので、まず、貸付金債権が存在するか否かについて判断した後、貸付金債権の評価額について検討することとする。

① 貸付金債権の存否

㈠ 本件催告書は、被相続人が、平成15年1月25日付から平成16年7月30日付まで合計17回に渡って寄託及び貸与した117,900,000円について、Aに支払を求める旨の内容のものであるところ、同書には、「確約書」や「預り書」などの金銭を寄託又は貸与していたことの証拠書類と想定される書面の表題などが貸付日ごとに具体的に記載されており、また、被相続人が利用していた銀行口座と照合すると、本件催告書記載の日付の一部と合致する日に出金の履歴が認められることに加え、本件催告書記載の寄託又は貸与の期間と一部重なる期間を対象とする金銭消費貸借の残債務に係る平成15年公正証書が存在することからすると、本件催告書の内容には、一応の信用性が認められる。

(ロ)　Aは、㋑被相続人に対して、本件催告書に記載された17項目の借入金は二重三重にも重なり記載されているが、借入金は全て被相続人とAで締結した金銭消費貸借契約（公正証書）に含まれていると思う旨の回答書を返信し、㋺原処分庁に対して、平成15年公正証書は正しいものであり、175,000,000円の借入れのうち、返済した残りが100,000,000円ほどある旨及び本件催告書に記載された日付や金額は多分間違いないと思う旨の申述をし、㋩審判所に対しても、本件催告書に記載された借入金は二重三重に重なっており、合計の借入金が117,000,000円であるかと言われると必ずしもそうではないと思うが、本件催告書に記載された日付や金額が大きく事実と異なるわけではないと思う旨及び被相続人からの借入金は大体90,000,000円から100,000,000円程度残っているという記憶である旨の答述をしており、本件催告書の記載内容及び被相続人からの借入金の残高額についてのこれらのAの申述等は大筋において一致している。

(ハ)　上記(イ)及び(ロ)のことからすると、被相続人は、Aに対して、平成17年2月7日時点で、多くて本件催告書に記載された金額（117,900,000円）程度の貸付債権を有しており、本件相続開始日においても、少なくとも合計100,000,000円程度の貸付金債権を有していたものと認めるのが相当である。

②　貸付金債権の評価額

評価通達205《貸付金債権等の元本価額の範囲》に定める「その他その回収が不可能又は著しく困難であると見込まれるとき」には、上記(2)②で説示したとおり、債務者が個人である場合には、債務者の債務超過の状態が著しく、その者の信用、才能等を活用しても、現にその債務を弁済するための資金を調達することができないだけでなく、近い将来においても調達することができる見込みがない場合も含まれると解されるところ、上記①の貸付金債権の債務者であるAが、この場合に該当するか否かについて、以下検討する。

(イ)　Aの資産状況等についてみると、平成18年分ないし平成20年分の市民税の課税実績はなく、本件相続開始日において少なくともY市内に不動産を有していなかったことが認められ、また、審判所の調査の結果によってもA名義で返済原資となるような預金を保有していた事実は認められない。

このような資産状況等であるにも関わらず、Aは、少なくとも合計100,000,000円程度の被相続人からの借入金を有していたというのであるから、Aは著しい債務超過の状態にあったと判断するのが相当である。

(ロ)　Aが被相続人からの借入金を返済するための資金調達が可能か否かをみると、上記(イ)のとおり、本件相続開始日を挟んで3年分連続して市民税の課税実績がないことからすると、収入面からの返済原資は期待できないということができ、また、少なくともその住所地であるY市内に不動産を所有しておらず、他に返済原資に当てることのできる不動産を所有している様子もうかがわれず、返済原資となるような預貯金の存在も確認できない。

そうすると、Aはその収入及び資産からみて被相続人からの少なくとも100,000,000円程度も残っている借入金を返済するための資金を調達することは極めて困難であるということができる。

(ハ) 本件の全証拠によっても、本件催告書を受け取った平成17年2月以降、Aは被相続人に対して借入金の一部でも返済した事実は認められず、また、被相続人もAに対して貸付金の返済を受けるための何らかの手続（強制執行手続）を採った事実が認められないことからすると、Aに弁済能力がないことを被相続人も認識していた様子がうかがわれる。

(ニ) 審判所に提出された全証拠によっても、Aの具体的資力、返済能力等を裏付ける証拠は認められず、Aの審判所に対する答述を踏まえ、審判所において実施した調査によっても、Aの具体的資力、返済能力を認めるに足りる証拠は見いだせない。

(ホ) 上記(イ)ないし(ニ)のことからすると、Aは、本件相続開始日においては、上記のとおり著しい債務超過の状態にあって、現に被相続人に対する債務を弁済するための資金を調達することができないのみならず、近い将来においても調達することができる見込みがないというべきであるから、上記(2)の法令解釈に照らせば、被相続人のAに対する貸付金債権については、評価通達205に定める「回収が不可能又は著しく困難であると見込まれるとき」に該当するというべきである。

そうすると、被相続人のAに対する貸付金債権の評価額は零円となるのであるから、原処分庁の上記主張は採用することができない。

〔6〕まとめ

(1) 裁決事例の結果

先例とされる裁決事例における貸付金債権の価額は、請求人（納税者）が主張し国税不服審判所がこれを相当と判断したものが0円（評価不要）、原処分庁（課税庁）が主張しものが元本の金額117,900,000円及びその遅延損害金2,979,726円であったため、結果として、請求人（納税者）の主張が全面的に認められることとなった。

(2) 参考法令通達等

- 相続税法第22条《評価の原則》
- 評価通達204《貸付金債権の評価》
- 評価通達205《貸付金債権等の元本価額の範囲》

本問から学ぶ重要なキーポイント

(1) 評価通達205《貸付金債権等の元本価額の範囲》に定める「その回収が不可能又は著しく困難であると見込まれるとき」とは、同通達の(1)ないし(3)に掲げる事由（いわゆる形式基準）と同視できる程度に債務者の資産状況及び営業状況等が破綻していることが客観的に明白であって、債権の回収の見込みのないことが客観的に確実であるといい得るときをいうものと解するのが相当とされています。

(2) 上記(1)に掲げる「同視できる程度」（上記(1)の＝＝部分）とは、債務者が個人である場合には、次に掲げるすべての事項を充足していることが必要であると解するのが相当とされています。

債務者が個人である場合の解釈基準

① 債務者の債務超過の状態が著しく、その者の信用、才能等を活用しても、現にその債務を弁済するための資金を調達できないこと

② 上記①に掲げる資金調達につき、近い将来においても調達することができる見込みがないこと

(3) 債務者が個人である場合における上記(1)に掲げる「同視できる程度」の解釈基準は、上記(2)のとおりとされていますが、一方、貸付金債権の相手方である債務者が法人である場合の上記(1)に掲げる「同視できる程度」の解釈基準は、下記に掲げるとおりとされており、債務者が個人である場合と法人である場合とでは異なるものとなっていることに留意する必要があります。

債務者が法人である場合の解釈基準

債務超過や経常赤字を計上している状況で事業を継続している会社は多数あるし、事業を継続しながら借入金の返済を行うことは可能であるから、債務者である会社が債務超過等であることをもって直ちに、当該会社の資産状況及び営業状況等が破綻していることが客観的に明白であって、貸付金債権の回収の見込みのないことが客観的に確実であるとまでは認められません。

Q3-7 実質基準に係る判断事例〔その６：被相続人が有する貸付金債権の回収可能性につき、債務者である法人（被相続人が経営に関与する同族会社）の近い将来における経営環境、財務内容及び営業収支を考慮することが許容されるか否かが争点とされた事例〕

事例 名古屋地方裁判所
（平成16年11月25日判決、平成15年（行ウ）第68号、平成11年相続開始分）

疑問点

被相続人の相続財産を確認したところ、当該相続開始日において、㈱X（被相続人が役員として経営に関与する同族会社で、産業廃棄物処理を主たる業種としています）に対して額面金額で439,514,200円の貸付金債権を有していたことが判明しました。

債務者である㈱Xについては、次に掲げる事項が指摘されており、これは貸付金債権の回収可能性を危惧するものであり、これらの事項を総合的に考慮した場合には、評価通達205《貸付金債権等の元本価額の範囲》に定める「その他その回収が不可能又は著しく困難であると見込まれるとき」に該当するとして、当該貸付金債権の価額を０円として評価しても差し支えないとの見解を表明する者がいます。

⑴　近年の環境重視型の社会下においては、産業廃棄物処理業を営む㈱Xを取り巻く経営環境は厳しいものがあること

⑵　産業廃棄物処分場の土地を被相続人の相続開始時における時価評価で算定すると多額の含み損失が生じており、㈱Xは約2,600,000,000円の債務超過の状態にあること

⑶　㈱Xは産業廃棄物処分場として主にH処分場を利用しているところ、H処分場の残存容積率は残り約10％台となっており、その閉鎖は時間の問題となっており、それによる売上及び収益の大幅な下落が近い将来に想定されること

⑷　H処分場の稼動開始後５年間における㈱Xの返済可能限度額は平均で年間約276,390,000円であるところ、同社の年間返済必要額（元本額）が400,000,000円であるため、結果として、年間約120,000,000円の返済資金の不足が生じていたこと

⑸　上記⑷に対処するため、㈱Xは同社の主力取引銀行であるG銀行からの追

加融資を受けていたところ、当該融資が打ち切られた場合には、もはや同社の事業継続は不可能であると認められること

(6) 被相続人の㈱Xに対する貸付金債権は何らの担保も徴求していない一般債権であり、担保物を処分して回収するという対応ができないこと

(7) 上記(1)ないし(6)の事実又は事情下にあるにもかかわらず、被相続人はその立場（同人は同族会社である㈱Xの役員として経営に関与）上、㈱Xに対する継続した資金貸付けを余儀無くされ、H処分場の設置後の5年間においても159,700,000円の追加の貸付けを実行していること

以上を前提に、上記で表明された見解の相当性について説明してください。

回　答

お尋ねの貸付金債権（額面金額439,514,200円）については、評価通達204《貸付金債権の評価》の定めにより評価する必要があり、その価額は元本の価額（439,514,200円）及び利息の価額（0円（利息を定めていません））の合計額である439,514,200円で評価することが相当であると考えられます。

! 解　説

上掲の ? 疑問点 に掲げる(1)ないし(7)の事項をもってしても、下記に掲げる事項からすると、㈱Xが課税時期（被相続人に係る相続開始時）において、評価通達205《貸付金債権等の元本価額の範囲》に定める「その他その回収が不可能又は著しく困難であると見込まれるとき」に該当するとは認められないことから、評価通達の定めにより貸付金債権の価額を求めるのであれば、評価通達204《貸付金債権の評価》に基づいて評価する必要があります。

(1) 評価通達1《評価の原則》の(2)（時価の意義）では、財産の価額は課税時期の現状によって判断するものとされていることから、当該貸付金債権につき、上記＿＿部分に該当するか否かの判断に当たっても、課税時期（被相続人に係る相続開始時）における客観的な事項をもって行う必要があること

(2) 上掲の ? 疑問点 の(1)ないし(5)に摘示されている事項は、単に債務者である㈱Xの経営状況が将来においても良好なものになるとの想定が見通せないことを述べているに留まると考えられること

(3) 上掲の ? 疑問点 の(6)及び(7)に摘示されている事項は、単に債権者である被相続人の立場（被相続人は同族会社である㈱Xの役員として同社の経営に関与）から生じる主観的な事情に起因するにすぎないと考えられること

Q3-7 の検討に当たっては、下記に掲げる裁判例（そのうちの「争点１」）が先例として参考になります。

◉名古屋地方裁判所（平成16年11月25日判決、平成15年（行ウ）第68号、平成11年相続開始分）

〔1〕事案の概要

本件は、原告Ａの母乙について相続が開始したのに伴い、原告Ａら相続人（原告Ａを含めて、共同相続人は３名）が相続税の申告をしたところ、被告が、その相続財産に申告漏れがあることなどを理由に、更正及び過少申告加算税の賦課決定をしたので、これを不服とする原告Ａが、その取消し（一部）を求めた抗告訴訟である。

〔2〕前提事実

(1) 当事者等

① 原告Ａは、父である甲及び母である乙の間の長男であって、現在、産業廃棄物処理業等を営む株式会社Ｘ（昭和46年６月１日に設立。以下「㈱Ｘ」という）及びＹ株式会社（昭和49年４月１日に設立。以下「Ｙ㈱」という）の代表取締役の地位にある。

② 甲は、上記各会社の設立以来、それらの代表取締役の地位にあったが、平成３年８月10日にＹ㈱の代表取締役を辞任し、また、後記のとおり、平成９年５月10日に死亡した。

③ 乙は、平成３年８月10日、原告Ａと共にＹ㈱の代表取締役に、平成９年６月８日、㈱Ｘの代表取締役にそれぞれ就任し、後記のとおり、平成11年10月29日に死亡するまでそれらの地位にあった。

(2) 甲を被相続人とする相続の発生と相続税の申告

① 甲は、平成９年５月10日、死亡し、妻である乙、長男である原告Ａ、長女であるＢ及び次女であるＣの４名が共同相続した。

上記４名は、平成10年２月ころ、甲の遺産のうち、社団法人＊＊の出資金2,000,000円、㈱Ｘの株式9,000株及びＹ㈱の株式6,800株を原告Ａが、その他の遺産（遺産分割協議書に記載された遺産以外に発見された遺産をも含む）を乙がそれぞれ相続する旨の遺産分割に合意した。

② 上記①に従い、乙及び原告Ａは、被告に対し、平成10年３月10日、甲の相続に係る相続税の申告書（課税価格の総額498,264,000円、乙の納付すべき税額56,252,800円、原告Ａの納付すべき税額０円）を、平成11年６月９日、相続税の修正申告書（課税価格の総額547,100,000円、乙の納付すべき税額62,058,600円、原告Ａの納付すべき税

額3,961,100円）をそれぞれ提出した。

なお、上記2通の申告書に添付された「相続税がかかる財産の明細書」には、㈱Xに対する貸付金141,444,200円、甲の弟であるDに対する貸付金37,000,000円、甲の同級生であるEに対する貸付金49,372,785円が計上され、乙がこれらを取得した旨の記載がある。

⑶ 乙を被相続人とする相続の発生と相続税の申告

① 乙は、平成11年10月29日（以下「本件相続開始日」という）死亡し、原告A、B及びCの3名（以下「原告ら」ともいう）が、乙を共同相続した（以下「本件相続」という）。

原告らは、平成12年7月27日、乙の遺産の分割について合意したところ、その際作成された遺産分割協議書には、同書面に記載された遺産以外に発見された遺産は原告Aがその全部を相続する旨の記載がある。

② 原告らは、平成12年8月9日、被告に対し、本件相続に係る相続税の申告をした（課税価格の総額は291,079,000円、うち原告Aの取得した遺産の課税価格は230,295,000円、その納付すべき税額は13,427,100円。以下「本件申告」といい、その申告書を「本件申告書」という）。

なお、本件申告書に添付された「相続税がかかる財産の明細書」には、㈱Xに対する貸付金が0円と記載され、Y㈱、D及びEに対する各貸付金の記載はなかった。

⑷ 被告による更正処分等

被告は、平成14年3月20日付けで、原告Aに対し、図表－1の「更正決定等」欄記載のとおり、納付すべき相続税額を242,775,800円とする更正処分及び過少申告加算税33,730,000円の賦課決定処分（以下、両者を併せて「本件処分」という）をした。

図表－1　本件訴えに至る経緯等（原告Aに係るもの）

区　分	年 月 日	課税価格	納付すべき税額	過少申告加算税
期限内申告	平成12年8月9日	230,295,000円	13,427,100円	――
更正決定等	平成14年3月20日	844,255,000円	242,775,800円	33,730,000円
異議申立て 筆者注1	平成14年5月16日	316,997,000円	筆者注3 31,913,＊00円	2,100,000円
異議決定 筆者注2	平成14年8月7日	（棄　却）		
審査請求	平成14年9月10日	316,997,000円	筆者注3 31,913,＊00円	2,100,000円
裁　決	平成15年10月3日	（棄　却）		

筆者注1 「異議申立て」は、現行の規定では「再調査の請求」に該当する。以下同じ。

筆者注2 「異議決定」は、現行の規定では「再調査決定」に該当する。以下同じ。

筆者注3 異議申立て及び審査請求における納付すべき税額の100円台の数値は、公開されていないため不明である。

(5) 原告Aによる不服申立て

① 原告Aは、本件処分を不服として、同年5月16日付けで、被告に対し、異議申立てをしたところ、被告は、同年8月7日付けで、これを（いずれも）棄却する旨の異議決定（以下「本件異議決定」という）を行い、同月12日、これを原告Aに通知した。

② 原告Aは、さらに、同年9月10日、国税不服審判所長に対し、審査請求をしたところ、国税不服審判所長は、平成15年10月3日付けで、これをいずれも棄却する旨の裁決をし、同月8日ころ、原告Aに通知した。

(6) 本件訴えの提起と請求の縮減

原告Aは、平成15年12月16日、本件処分（ただし、相続税額34,381,500円を超える部分）の取消しを求めて本訴を提起したが、平成16年6月2日の第4回口頭弁論期日において、同年4月23日付け「請求の減縮申立書」により、被告が申告漏れと主張する乙の遺産のうち、㈱X、D及びEに対する各貸付金以外については争わないとして、原告Aの請求（筆者注）のとおり、請求を減縮した。

筆者注 原告Aの請求は、相続税額34,439,500円を超える部分及び過少申告加算税2,480,000円を超える部分をいずれも取り消すというものであった。

(7) ㈱Xに対する貸付金債権の存在

乙は、本件相続開始日において、㈱Xに対して額面439,514,200円の貸付金債権を有していた。

(8) 甲によるDの預金口座への振込み

甲は、F銀行浅井支店のD名義の普通預金口座に、平成5年11月8日に9,000,000円、平成6年3月30日に5,000,000円、同年6月20日に10,000,000円、同年11月25日に13,000,000円、以上4回にわたって総額37,000,000円を振り込んだ。

(9) 甲によるEへの金員交付等

①(イ) 平成3年10月4日付けで、債権者を甲、債務者をEとする金額30,000,000円の「抵当権設定金円借用証書」が作成されているところ、同証書には、Eは甲から30,000,000円を借り受けたこと、Eは甲に対し、同証書末尾記載の土地（同人の所有する滋賀県東浅井郡の土地。面積3,016㎡。以下「本件田」という）について一番抵当権を設定するとともに、代物弁済予約を原因とする所有権移転請求権仮登記をすることを約する旨記載されている。

本件田については、平成3年10月22日受付第＊＊号をもって、同月4日金銭消費貸借の同日設定を原因とし、抵当権者を甲、債務者をE、債権額を30,000,000円とする抵当権設定登記と、平成3年10月22日受付第＊＊号をもって、同月4日代物弁済を原因とし、権利者を甲とする条件付所有権移転仮登記がそれぞれ経由されている。

(ロ) 債権者を甲、債務者をEとする平成4年4月7日付けの名古屋法務局所属公証人作成平成4年第＊＊号抵当権設定債務承認弁済契約公正証書には、次に掲げる事項などの条項が記載されている。

㋑　債務者が債権者から平成3年10月4日に借り受けた30,000,000円を担保すべく、本件田について、抵当権を設定し、その登記を完了したこと

㋺　代物弁済の予約をなし、条件付所有権移転登記の仮登記を了したこと

㋩　債務者が本債務を履行しないときは、債権者は、抵当権の実行に代えて代物弁済として本件田を取得することができること

㊁　上記㋩の場合、債権者は、債務者に対し代物弁済を求める意思を配達証明付内容証明郵便で表示することによって完結すること

②(イ)　甲は、平成8年12月11日、Eに対して、年利を2.5%とし、平成9年1月より5年間で分割弁済するとの約定で、20,000,000円を貸し付けた。

(ロ)　Eは、平成9年5月28日、G銀行八熊支店の乙名義の貯蓄預金口座に1,064,841円を、同年6月以降、ほぼ毎月354,947円（ただし、うち1回は355,577円）を26回分振り込んだ。

筆者注　本件裁判例を理解するために参考になると考えられる親族図（一部、筆者の推定に基づく作成である）を掲げると、**図表－2**のとおりとなる。また、上記(1)ないし(9)に掲げる基礎事実等につき、時系列的な経過をまとめると、**図表－3**のとおりとなる。

図表－2　本件裁判例における親族図

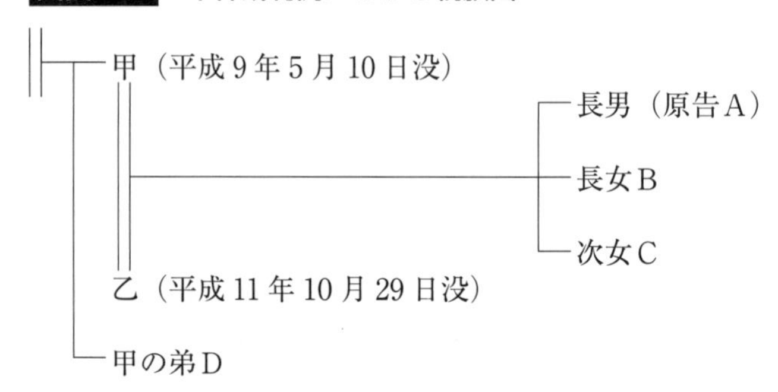

上記以外の主な登場者　㈱X、Y㈱、甲の同級生E、Eが経営するP㈱、乙の妹N、Nの子M、F銀行浅井支店、G銀行八熊支店

図表－3　本件裁判例における時系列

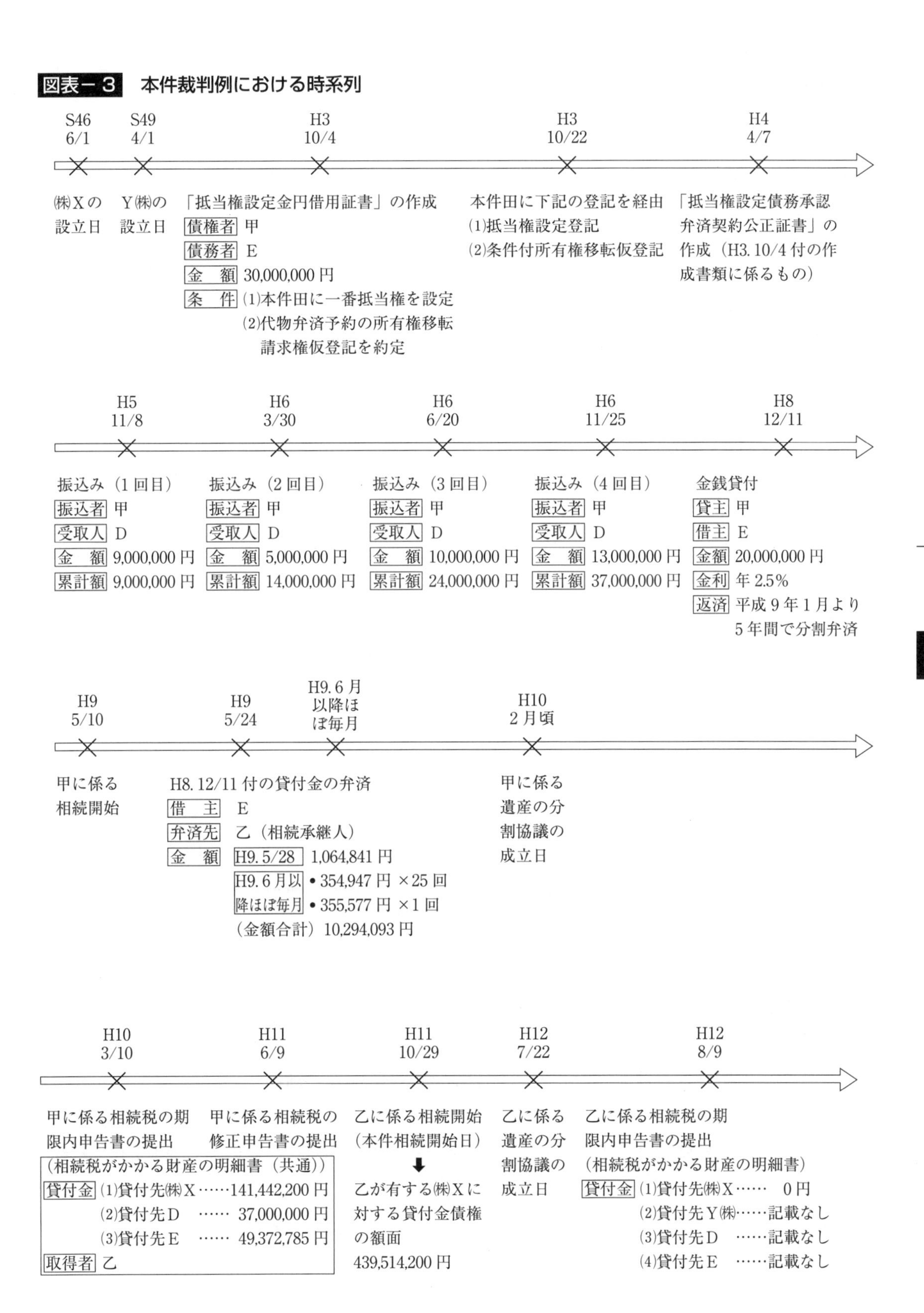

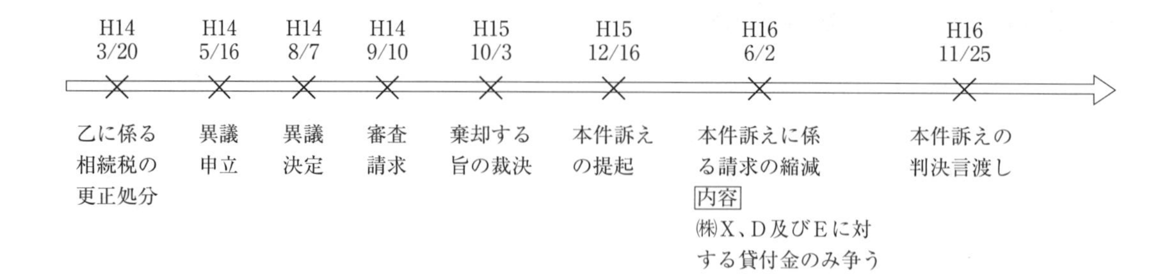

参考 ㈱X及びY㈱における役員（代表取締役）の就任状況

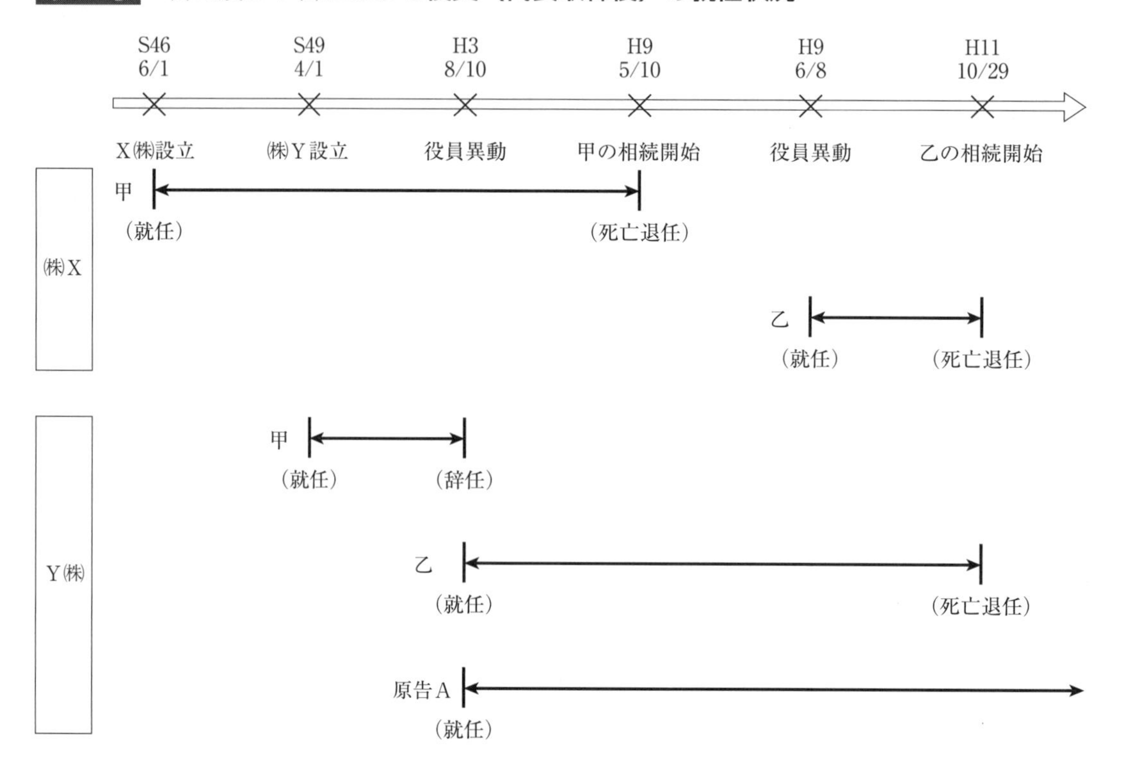

〔3〕争点

⑴ 争点1

本件相続開始日における乙の㈱Xに対する貸付金債権の評価額

⑵ 争点2

本件相続開始日における乙のDに対する貸付金債権の有無及びその額。具体的には、次のとおりである。

① 甲からDに対して送金された37,000,000円は、貸付金か贈与金か。

② 貸付金であるとしても、債権放棄によって消滅したか。

⑶ 争点3

本件相続開始日における乙のEに対する貸付金債権の有無及びその額。具体的には、次のとおりである。

① 平成3年10月4日に甲からEに対して交付された30,000,000円は、貸付金か本件田の売却代金（又は売却代金と贈与金）か。

② 30,000,000円の交付が貸付金であるとしても、本件田の代物弁済によって消滅したか。

③ 平成8年12月11日に甲からEに対して行われた20,000,000円の貸付けに際し、甲及び乙は、Eに対し、甲及び乙の両名の生きている間だけ返済すればよいとの不確定期限付き債権放棄の意思表示をしたか。

〔4〕争点に関する双方（原告A・被告）の主張

各争点に関する原告A・被告の主張は、図表－4のとおりである。

図表－4　各争点に関する原告A・被告の主張

（争点1）　本件相続開始日における乙の㈱Xに対する貸付金債権の評価額

原告A（納税者）の主張	被告（国）の主張
⑴　貸付金債権の時価の評価方法について ①　評価通達204、205の合理性 相続税法第22条《評価の原則》の時価が相続開始時における当該財産の客観的な交換価額を意味することは、原告において争うものではなく、また、課税実務上の必要性の観点から、評価通達に一定の意義が存するという一般論も争うものではない。 しかしながら、評価通達は、経済事情の変化等に伴って適宜改正されるものである上、そもそも、行政官庁内部で拘束力を有する指示命令にすぎず、納税者や裁判所に対して何ら拘束力を有するものではない。加えて、下記の各点に鑑みれば、貸付金債権等の時価を、原則として「元本の価額と利息との価額の合計額」（評価通達204《貸付金債権の評価》）とし、銀行取引停止処分等一定の場合やその他その回収が不可能又は著しく困難であると見込まれるときに限り、債権金額の全部又は一部を元本の価額に算入しないという取扱い（評価通達205《貸付金債権等の元本価額の範囲》）は適切ではない。 (イ)　評価通達204は、返済されるべき元本は全額で評価するというものであるが、返済期限が評価基準時よりも後であるときは、中間利息を控除しない点で不合理である。 また、評価通達205は、昭和27年7月4日付けの極めて古い法人税通達を基礎としており、現状にそぐわない。 (ロ)　貸付金債権等については、市場が十分に形成されている	⑴　貸付金債権の評価方法について 相続税法第22条《評価の原則》は、相続により取得した財産の価額は、特別に定める場合を除き、当該財産の取得の時における「時価」によるべき旨規定しているところ、同条の「時価」とは、課税時期である相続開始時において、それぞれの財産の現況に応じ、不特定多数の当事者間で自由な取引が行われる場合に通常成立すると認められる価額、すなわち客観的な交換価値を示す価額であると解するのが相当である。 もっとも、相続税の課税対象となる財産は多種多様であり、客観的な価値を示す価額は、必ずしも一義的に確定されるものではない。そこで、国税庁は、相続税における財

とはいい難いものの、昨今、サービサー（債権管理回収業に関する特別措置法第２条《定義》第３項の「債権回収会社」をいう。以下同じ）が相次いで設立され、債権についても流動化の動きが認められるところであるし、サービサーは債権を評価して買い取っているのであるから、一般論として債権の客観的価値の把握が困難であるとはいい難い。

(ハ) 仮に債権の算定が容易ではないとしても、そのことと債権を額面金額で評価することとの間に論理的必然性はない。例えば、ゴルフ会員権は通常の取引価格の70%に相当する額で評価することとされ（評価通達211《ゴルフ会員権の評価》）、貸付金債務については債務の利率、弁済期等の現況によって控除すべき金額を個別に評価することとされている。

すなわち、債権については一律額面金額のまま評価するというのは、課税庁の便宜を過度に優先した思想であり、納税者（国民）にとって甚だ不利益な取扱いであって、算定が困難であれば、控え目に評価する方法が検討されて然るべきである。

現に、評価通達205ですら、「その債権金額の全部又は一部が、・・・・その回収が不可能又は著しく困難であると見込まれるときにおいては、それらの金額は元本の価額に算入しない」と規定し、回収不能と認定される債権額がゼロか全額かという二者択一でないことを認めている。

② 評価通達205の「その他その回収が不可能又は著しく困難であると認められる」場合の解釈

仮に、評価通達204《貸付金債権の評価》、205《貸付金債権等の元本価額の範囲》が妥当なものであるとしても、以下の諸点を考慮すれば、評価通達205の「その他その回収が不可能又は著しく困難であると認められる」場合を、債務者が客観的に破綻していることが明白であって、回収の見込みのないことが客観的に確実であるといい得るときと限定的に解釈することは適切ではなく、法人税法における貸倒引当金の要件や評価通達７－４、75（**筆者注**判決文のまま記載したが、摘示の通達は存在しないか又は本件事案との関係性を見い出すことが困難なものである）の要件を参考にしつつ、債務者の資産状態等の個別的事情を十分に考慮して、適切な時価を評価するよう努めるべきである。

(イ) 本件通達205において元本不算入として定められている事由は、債務者の経済的破綻を示すとされる一般的事由を例示的に列挙したにすぎないものであり、「その他その回収が不可能又は著しく困難であると見込まれるとき」をこれら列挙事由と同様に、客観的に破綻が明らかな場合に限定しなければならない必然的な理由はない。

(ロ) 本来であれば破産宣告等に値する債務超過会社が、単に破産又は民事再生を申し立てないが故に、同社に対する債権は額面評価を受けるとすれば余りに形式的にすぎる扱いである。

産の評価について本件通達を定め、各種財産の時価の評価に関する原則及び具体的評価方法を明らかにし、これにより課税庁部内の取扱いを統一し課税の公平を保つとともに、これを公開することにより、納税者の申告及び納税の便に供している。

貸付金債権の評価に関しては、評価通達204《貸付金債権の評価》によれば、元本と課税時期現在の既経過利息として支払を受けるべき金額との合計金額によって評価する旨定められている。そして、本件通達204を踏まえた上で、評価通達205《貸付金債権等の元本価額の範囲》は、「前項の定めにより貸付金債権等の評価を行う場合において、その債権金額の全部又は一部が、課税時期において次に掲げる金額に該当するときその他その回収が不可能又は著しく困難であると見込まれるときにおいては、それらの金額は元本の価額に算入しない」とした上で、「次に掲げる金額」を元本不算入事由として例示的に列挙し、債務者が手形交換所において取引停止処分を受けたとき、会社更生手続、和議の開始の決定があったとき、破産の宣告があったときなどの貸付金債権等の金額及び和議の成立、整理計画の決定、更生計画の決定等により切り捨てられる金額等を掲げている。上記の各要件は、いずれも、債務者の営業状況、資産状況等が客観的に破綻していることが明白であって、債権の回収の見込みがないことが客観的に確実であるときを指している。

したがって、同通達本文中の「その他その回収が不可能

(ハ) 被告は、事業活動の継続の有無や当期損益の黒字という要素を重視して「その他の回収可能性」の有無を判断すべき旨を主張しているが、事業活動の停止は評価通達205の列挙事由「事業を廃止し又は6か月以上休業しているとき」に通常該当するし、民事再生手続も評価通達205の列挙事由に該当するところ、当期損益が赤字の会社に民事再生を利用する価値はないと考えられるから、被告の主張は、列挙事由以上の厳しい要件を「その他回収が不可能又は著しく困難であると見込まれるとき」に課すものとして不当である。

また、事業活動の継続や当期損益の黒字といった事由が認められれば、債権の回収可能性が認められるという発想自体、極めて幼稚かつ短絡的である。例えば、ゴルフ場の経営会社の中には、当期損益は黒字であって事業を継続していても、多額の開設資金に充てるために集めた預託金の返還債務を期限どおりに返還できないものがある。

(ニ) 相続税の場合は、相続開始時における財産を時価評価するものであり、将来の事情をほとんど斟酌できないという大きな制約があるのであるから、貸倒損失に該当するような場合にしか回収不能と認定しないとすれば余りに厳格にすぎる。

(ホ) 「その他回収が不可能又は著しく困難であると見込まれるとき」を、列挙事由に準じるものであって、それと同視できる程度に債務者の営業状況、資産状況等が客観的に破綻していることが明白であって、回収の見込みのないことが客観的に確実であるといい得るときと解する被告の主張は、対外的な側面を非常に重視しており、そうであれば、破産法にいう「支払停止」に限りなく近い。破産法においては、支払停止は支払不能を推認させる事由であり、破産原因の証明を容易にするために設けられたものにすぎない。

そうすると、評価通達205の列挙事由を「支払停止」と考えるのであれば、「その他回収が不可能又は著しく困難であると見込まれるとき」とは典型的な支払停止に該当しない場合の「支払不能」を包括的に定めたものと考えるのが自然であるから、「支払停止」的な意味合いに限定するのは本末転倒である。

③ 回収可能性の判断基準

債務者に対する貸付金債権等の回収可能性の判断に当たっては、一時点における資産及び負債の状況という静的な視点（いわゆる「債務超過」の視点）と、収支やキャッシュフローという動的な視点（いわゆる「支払不能」の視点）を基本にするべきである（このような手法は破産法等において破産原因等として採用されている）。そして、後者の視点につき、破産法における支払不能は、「債務者の資力が欠如しているために、即時に弁済すべき債務を全般にわたって一般的、継続的に支払うことができないと認められる客観的状態」をいうと解されているところ、次に掲げる事項に留意すべきである。

又は著しく困難であると見込まれるとき」というのは、「次に掲げる金額に該当するとき」に準ずるものであって、それと同視し得る程度に債務者の営業状況、資産状況等が客観的に破綻していることが明白であって、債権の回収の見込みがないことが客観的に確実であるといえるときであることが必要であると解される（もっとも、仮に貸付金債権等が額面金額以下で取引されるなどの事実があり、その時価が明らかに算定できるのであれば、その時価で評価することは当然にあり得る）。

なお、通達によって相続財産の時価を定めることは、その評価方式が合理的なものである限り、納税者に対する租税負担の実質的な公平を実現することができるから、租税法律主義に反するものでないことは、最高裁判所や下級審の判決によって示されているとおりである。

(2) 同族会社に対する貸付金債権の評価の困難性

① 会社に対する債権の評価

会社に対する債権は、社債などと異なって市場価格が存在しない場合、その客観的交換価値を算定するのは非常に困難である。財務諸表作成のための指導的・教育的な基本原則として企業会計の実務において機能している企業会計原則によっても、債権は市場性がないことを前提に、時価評価は行われない。なるほど、わが国においても債権売買市場が存在しているものの、それは極めて最近の出来事であって、時価が明らかに算定できる程度に機能して

(イ) 資力の判定に当たっては、債務者の信用や労力等を総合的に判断しなければならないという点

(ロ) 即時に弁済すべき債務を一時的、継続的に弁済できないという点

(ハ) 債務者の客観的状態でなければならないという点

(2) ㈱Xに対する貸付金債権の回収可能性

本件相続開始日における㈱Xの経営状況や事業の将来性等は、下記のとおりであるところ、これらを具体的に検証すると、乙の㈱Xに対する貸付金債権は、その回収が全額不可能又は著しく困難であると見込まれるから、評価通達205《貸付金債権等の元本価額の範囲》に従っても、課税価格として算入されるべきではない。

① 産業廃棄物処理業を取り巻く経営環境、最終処分業の特殊性等

(イ) 産業廃棄物処理業を取り巻く厳しい経営環境

昨今、排出者自身による廃棄物処理技術の向上や廃棄物を出さない製造方法等の進化、工場の海外移転、リサイクルの普及、公共団体による廃棄物処理への一部関与などの要因により、産業廃棄物処理業者は厳しい経営環境にさらされている。

ことに、㈱Xのような最終処分業者は、有害物質の流出を危惧する近隣住民の反対から都道府県知事の許可が下りず、新たな最終処分場の建設が極めて困難になっているとの要因も加わり（平成10年度の国内における新規許可は129件であったが、平成11年度はわずかに9件に激減している）、より一層厳しい経営環境下に立たされている。

(ロ) 最終処分業の特殊性（鉱山業との比較考察）

㋑ 最終処分業の特徴を会計的視点から見ると、次に掲げる点に特徴がある。

(A) 開発時に投じた巨額の資金が、貸借対照表上は土地勘定や繰延資産勘定で計上されていること

(B) 開発資金の大半は借入金で賄われることが多いこと

(C) 売上高を維持し続けるためには、既存の処分場の残存容積がある間に新たな処分場を開設しなければならないこと

(D) 跡地処理等の予定費用額は処分場の営業中は含み損の状態になっていること

これらによれば、既存処分場の閉鎖時までに借入金の返済を終えるか、新たな処分場を開設できれば会社の存続は可能であるが、いずれの対応もできないまま十分な内部留保も有していない場合には、既存処分場の閉鎖と同時又はその直後に事業廃止という結末を迎えるおそれが極めて高いといえる

㋺ 最終処分業は、次に掲げる点で鉱山業と類似していると評価されている。

(A) 掘って最終的に跡を覆うという工程を有すること

(B) 用地の選定や確保といった開発段階で多額の資金と労力を有すること

いるというには程遠いのが現状である。

すなわち、会社に対する債権については、額面の持つ意味は決定的であり、その客観的交換価値の評価は、債権の回収率の算定が会社の営業状況や将来性等必ずしも客観的一義的な評価方法が確立していない要素に左右される面が大きいため不可能であり、そのような客観的に明白な事由なしに回収率を算定するとすれば、納税者の恣意を許し、課税庁に過大な負担を強いることになって不当である。

② 同族会社に対する貸付金債権の評価の困難性

親族が役員を務める同族会社においては、株式を保有しているのは役員その他の親族に限られており、役員報酬の増減についてのチェック機能が、株式を公開している大企業のようには働かないことから、役員が自らの報酬の増減を自由に決定できる実情にある。

そして役員報酬が給与所得として扱われることから、給与所得控除の適用の結果、法人税を支払うよりも役員報酬から生ずる源泉所得税を負担する方がより合理的な節税となる。

このようなことから、現在わが国の法人276万社のうち72%が赤字であり、法人税を支払っている会社は全体の3分の1に満たないという状況が生じている。

つまり同族会社においては、その収支状態及び財産状態についての評価は、収支計算書や貸借対照表を分析するだけでは、その実態が把握しにくいのである。

(C) 埋めるスペース又は理蔵量に物理的限界があること
(D) 跡地処理や浸出水処理等の事後責任が残ること
しかし、最終処分業は、次に掲げるとおり、十分な減価償却費が計上できない結果、多額の法人税を課せられた後の税引き後当期利益の中から金融機関への元本返済資金を捻出しなければならず、内部留保もままならない。
(A) 鉱山業では優遇措置として認められている生産高比例法による減価償却が認められていないこと
(B) 実質的には消耗品にすぎない遮水シートが構築物と同様の長期の法定耐用年数（22年）での償却しか認められていないこと
(ハ) 上記(イ)及び(ロ)に掲げるように、最終処分業者の資産状況や経営状況を決算書等から分析するに当たっては、上記特異性があることを念頭に置いた上で、当該業者の個別的事情を総合考慮すべきである。

② ㈱Xの会社概要等
(イ) ㈱Xは、昭和48年ころ、愛知県海部郡内に産業廃棄物最終処分場を開設して以来、現在までに十数か所の最終処分場を開設してきたが、本件相続開始日当時、残存容積が残っていた最終処分場は、平成6年12月に愛知県小牧市ほかに開設した許可容積717,250㎥の管理型最終処分場（以下「H処分場」という）のみであったところ、平成11年4月時点の残存容積は約170,563㎥（開設時の約23%)、平成12年4月時点の残存容積は約80,043㎥(開設時の約11%）まで減少しており、従前のペースで埋立てを継続した場合には、本件相続開始日から1、2年以内に残存容積が底をつくことが確実視される状況下にあった。
(ロ) ㈱XはH処分場の用地取得に当たり、少なくとも約2,506,470,000円（追加購入分を含めると約2,838,290,000円）の資金を投じているところ、そのうち大半をG銀行八熊支店及びI事業団からの借入金で賄っていたが、平成11年8月期時点でG銀行からの借入金は総額2,901,690,000円、I事業団の借入金は476,100,000円も残っていた。
(ハ) ㈱Xには、本件相続開始日当時、新たな最終処分場を建設する事業計画は全くなかった。

③ ㈱Xの財政状態（静的観点）
平成11年8月期の貸借対照表によれば、㈱Xの資産合計額は約5,162,970,000円、負債合計額は約4,613,030,000円であり、平成12年2月期の貸借対照表によれば、資産合計額は約4,951,130,000円、負債合計額は約4,311,160,000円となっており、いずれの時点でも資産が負債を大幅に上回る健全な財政状態であるかに見える。
しかし、平成11年8月期の全資産のうち土地価額が約3,601,940,000円（69%）として計上されているところ、上記のとおり土地の帳簿価格は時価とはかけ離れた金額である。

そして、仮に、原告Aの主張するように、代表取締役の同族会社に対する貸付金は、実質的には出資金的な要素が強いのであるとすると、同族会社の債権の回収可能性を判断するに当たっては、会社の資産のみならず、事実上代表者の個人資産からの回収可能性を併せて判断することが必要になることにもなりかねないが、このような実質的判断を評価通達205《貸付金債権等の元本価額の範囲》が許容していないことはもちろんであり、また、このような実質的判断を課税庁が行うことは合理的でもない。
このような同族会社の社会的、財政的実態に鑑みれば、会社に対する債権、とりわけ同族会社に対する債権の回収可能性の判断については、客観的に明白な事由によらざるを得ないのであり、これが納税者の恣意を排除し、課税の公平に資することになる。

③ ㈱Xに対する貸付金債権の評価について
(イ) ㈱Xの営業状況
会社の営業は、極めて動的要素が大きいものであって、債務超過であるとか、経常赤字であるからといって、直ちに会社倒産とか当該会社に対する債権の回収可能性がないということはできないところ、㈱Xは、平成8年8月期（平成7年9月1日から平成8年8月31日までの事業年度をいう。以下同じ）から平成11年8月期まで、いずれも300,000,000円ないし400,000,000円余そこで、評価通達に則って、所有の全土地を評価し直すと、土地価額の合計は約1,444,260,000円となり、これを前提として貸借対照表を作成すると債務超過額は2,600,000,000円を超えている。

なお、本件申告の際、純資産価額方式に基づいて㈱Xの株式の価値を0円と評価しているが、更正処分ではこの点について特に問題にしていないことから、被告も、㈱Xが実質上債務超過状態に陥っていることについては積極的に争わないようである。

もっとも、貸付金債権の回収可能性を判断するためには、法人税法における貸倒引当金の基準を用いるのがより適切であるところ、これにあてはめて㈱Xに対する貸付金債権の回収可能性を判断した場合、優先債権すら全額支払うことができない状態であって、一般債権の回収可能性は0%である。

④ ㈱Xの収支状態（動的観点）

(イ) ㈱Xの平成11年8月期における純売上高は約2,000,920,000円、当期利益約318,380,000円、平成11年9月1日から平成12年2月29日までの事業年度（平成12年2月期）における純売上高は約992,310,000円、当期利益約90,030,000円であり、いずれの時点でも収支状況は良好であるかのように見える。

しかし、これらの純売上高及び当期利益の計上は、H処分場における最終処分が順調に行われていたからこそ可能であったにすぎず、同処分場の残存容積が11%に低下していた平成12年4月時点では、新たな最終処分場建設計画もなかったから、㈱Xの売上高や収益力が大幅に下落するのは時間の問題であった（実際、㈱Xが最終処分場の埋設量を大きく絞り込み始めた平成14年2月期以降の決算では、売上高は約1,100,000,000円ないし1,200,000,000円と相続開始当時の約60%にまで落ち込み、税引き後当期利益は100,000,000円を下回っている)。

なお、上記当期利益の数値には最終処分場閉鎖後の事後処理費用や最終処分場跡地の売却の際に発生する特別損失等といった含み損が一切反映されていないことに留意すべきである。

すなわち、H処分場跡地が取得価格の1割で売却できたときの特別損失額は約2,554,460,000円となるところ、これを相続開始日当時の埋立率（80%）で乗ずると、平成11年8月期決算時において少なくとも約2,043,560,000円となるのに対し、平成7年8月期から平成11年8月期までの税引き前当期損益を合計しても約1,888,460,000円にしかならない。したがって、含み益を斟酌すると当期損益はむしろマイナスに転じることとなる。

(ロ) また、H処分場の残存容積が十分にあった平成7年8月期から平成11年8月期の5年間における㈱Xの債務返済可能限度額（当期利益に減価償却費を加えた金額）の

りの当期利益を計上し、平成12年2月期においても90,030,821円の当期利益を計上しており、いわゆる黒字状態にあって、現在まで、事業の閉鎖等の事態が生じたり、強制執行や会社更生法上の申立て等がされることもなく事業を継続している。

すなわち、㈱Xは、産業廃棄物の最終処分のみならず、愛知県、名古屋市、岐阜県をはじめ合計13の県及び市から多数の産業廃棄物品目について収集運搬の許可を得ており、運搬用車両もダンプカー21台ほか数十台の車両を保有し、愛知県内の廃棄物処理業者の中では、老舗かつ大規模業者に位置づけられている。

さらに、㈱XとY㈱は、事業内容、役員をほぼ共通にし、所在地も近隣にある関連会社であるところ、Y㈱は、中間処理施設を有し、リサイクル事業を行っているから、㈱Xの最終処分場が満杯となったからといって、直ちに事業が行き詰まるとは考えられず、現に、㈱Xは、本件相続開始日から現在に至るまで営業を継続している。

また、㈱Xは、原告Aを含む役員報酬が極めて高額であり〔平成7年8月期では、甲及び乙の役員報酬合計は156,000,000円、平成8年8月期では、同96,000,000円（なお、被告の第2準備書面11頁には、それぞれ「1,560,000,000円」と

年間平均値は、約276,390,000円であるところ、平成11年8月当時の借入金は3,457,670,000円であり、年間に返済しなければならない元本額400,000,000円にも満たなかった。

(ハ) このように㈱Xの本件相続開始日当時の収支状況は極めて危機的であった。

なお、㈱Xが現在も事業を継続することができるのは、メインバンクであるG銀行が毎年200,000,000円を追加融資しているからであって、この追加融資が止まった段階で㈱Xは直ちに破綻してしまう状態である。㈱Xは、既に本件相続開始日時点において、このような自転車操業の状態に陥っていた。

⑤ ㈱Xに対する貸付金債権の性質

(イ) ㈱Xに対する貸付金債権は、物的又は人的担保の設定がされていない一般債権であるばかりか、利息、返済期限及び返済方法等についても明確な約定がない。

このような債権を「期限の定めのない債権」ととらえるのであれば、請求を受ければ直ちに返済しなければならない以上、即時に弁済すべき債務を支払えない状態であると評価できる。

(ロ) ㈱Xに対する貸付金のような同族会社の代表者からの貸付金については、世間一般上、会社に資金的余裕があるときにしか返済されないものであるから、その点を割り引いて考えるべきである、あるいは、このような、いわば「ある時払いの催促なし」というような貸付金は、実質的には出資金的要素が強く、財務分析上資本金に準じて考察すべきであると考えるならば、貸付金の時価評価に当たってもこの点を斟酌すべきであり、単純に額面金額で評価すべきではない。

(ハ) 上記④に掲げるとおり、㈱Xは、本件相続開始日において、自転車操業の状態にあったのであるから、本来は、当事者間の契約において債権の切捨て、棚上げ等がされて然るべき事案である。

⑥ ㈱Xに対する貸付金債権の時価

上記①ないし⑤のとおり、次に掲げる事項などの各事情を総合的に考慮すると、㈱Xは、本件相続開始日において支払不能の状態にあり、乙の㈱Xに対する貸付金債権には回収可能性が認められないことは明らかであって、その時価を0円と評価すべきである。

(イ) 本件相続開始日において、㈱Xは約2,600,000,000円の債務超過状態であり、一般債権者への返済可能性は0%であったこと

(ロ) ㈱Xの売上高の最大の源であったH処分場の残存容積は残り10数%となっており、同処分場の閉鎖は時間の問題であり、売上げ及び収益の大幅な下落が避けられない状態であったこと

(ハ) H処分場設置後の平成7年8月期から平成11年8月期までの5年間での返済可能限度額は、平均で年間約

「960,000,000円」と記載されているが、明白な誤記と認める)、平成9年8月期では、同86,000,000円、平成10年8月期では、原告Aと乙の役員報酬合計は89,000,000円、平成11年8月期では、同59,200,000円)、この結果、㈱Xの当期利益を押し下げ、内部留保を少なくしているところ、それでも、上記のとおり、㈱Xが300,000,000円ないし400,000,000円余の黒字を出していることに鑑みれば、㈱Xの経営状態が悪いとは考え難い。

(ロ) 金融機関との取引状況

㈱Xは、G銀行八熊支店及びJ銀行内田橋支店から、融資を受けてきたところ、本件相続開始日前後を通じて、金利元本ともに怠ることなく返済を継続している上に、本件相続開始日前後から現在に至るまで、新規融資も継続して受けている。

(ハ) 評価通達の当てはめ

上記(イ)及び(ロ)の事実を総合して検討すると、㈱Xの本件相続開始日前後における営業状況は、評価通達205《貸付金債権等の元本価額の範囲》に例示する元本不算入事由及びこれと同視できる程度に客観的に破綻しているとはいえないから、㈱Xに対する貸付金の評価については、これを適用することなく、評価通達204《貸付債権の評価》によって額面金額とすべきである。

276,390,000円であり、㈱Xが年間に返済しなければならない元本額に約120,000,000円不足していたこと ㈡　上記㈧のため、G銀行からの追加融資なくして、㈱Xはもはや存続できない状態であったこと ㈭　㈱Xに対する貸付金債権は担保のない一般債権であり、H処分場設置から５年間に159,700,000円も増加していること	

（争点２）本件相続開始日における乙のDに対する貸付金債権の有無及びその額

原告A（納税者）の主張	被告（国）の主張
被告の主張のうち、甲が、Dに対して、平成５年11月８日から平成６年11月25日にかけて合計37,000,000円を交付したことは認めるが、その余は争う。 なお、原告Aは、仮に上記金員が貸付金であった場合、Dがその一部を弁済した旨の主張をしない。 ⑴　甲のDに対する37,000,000円の贈与について 上記交付金は、下記のとおり、贈与されたものであって、貸付金ではない。 ①　両人の関係及び贈与の目的 甲は、＊＊家の三男であるが、両親との折り合いが必ずしも良くなく、また、地元で不倫騒動を起こしたため、勘当寸前の状態で名古屋に出て、事業を興し、一定の成果を収めた。他方、四男のDは、甲と年齢が近く、最も仲が良かったことから、実家との間のかすがい役となっていた。甲は、これらのことについて深く感謝し、家業の木材業が経営不振に陥ってDが失職した際に、わざわざ滋賀県内に㈱Xの養鶏事業部を立ち上げて、同人を㈱Xの従業員として採用したことがあったほどである。 このような事情から、甲は、平成５年ないし平成６年にかけて、Dの息子であるKの土地建物の購入を援助するため、合計37,000,000円を全額贈与した。したがって、当然のことながら、甲とDとの間では何ら借用書等の書面が一切取り交わされていない。仮に、Dに返済の意思があったとしても、甲には返済を求める意思がなかったのであるから、金銭消費貸借契約が成立することはない。 ②　Dから返済がないこと 甲及び乙は、Dに対して37,000,000円の返還を求めたことは一度もない。また、Dは、約10年もの間、甲、乙及び原告Aに対して、一度も返済していない。	⑴　甲からDに対する貸付けの事実 下記の①ないし③の事実を総合すると、甲が平成５年11月８日ころから平成６年11月25日にかけて合計37,000,000円をDに貸し付けた事実が認められ、原告Aの主張するような贈与の事実はない。 したがって、乙は、本件相続開始日において、Dに対し、37,000,000円の貸付金債権を有していた。 ①　甲は、前記**〔2〕**前提事実⑻のとおり、F銀行浅井支店のDの普通預金口座に、平成５年11月８日に9,000,000円、平成６年３月30日に5,000,000円、同年６月20日に10,000,000円、同年11月25日に13,000,000円、合計37,000,000円を振り込んでいるところ、甲の死亡に伴い、乙及び原告Aは、甲の相続税申告書に、Dに対する貸付金債権37,000,000円を相続財産に計上し、乙が相続により取得した旨記載している。 ②　上記相続税申告書の作成に関与したL税理士は、D発行の領収証があったことから乙に確認したところ、乙から、上記37,000,000円はDに渡したものであるが贈与したとは聞いていない旨の返答があり、乙自身はDから上記金員を返してもらう認識があったと判断したので、Dに対する貸付金として申告書に計上した旨説明している。 ③　上記①及び②に対し、原告Aは、上記37,000,000円は甲からDに対する贈与金である旨主張する。 しかし、贈与とは、当事者の一方が自己の財産を無償で相手方に与える旨の意思を表示し、相手方がこれを受諾するこ

この点について、Dは、10,000,000円を超える金員を返済したと証言するが、次に掲げる事項などからみて信用できない。

(イ) Dには農協から10,000,000円を借り入れるだけの信用がなかったこと

(ロ) Dの返済を証する資料が全くないこと

(ハ) 甲のDに対する最終の振込日は平成6年11月25日であるところ、その後平成7年ころまでの短期間に10,000,000円超の金員を現金で返済したというのは極めて不自然であること

③ 甲の遺産分割協議時における乙らの認識

甲の遺産分割協議書には、Dに対する貸付金が記載されていなかった。このことからも、乙及び原告Aらが、Dに対する貸付金が存在しないと認識していたことが明らかである。

④ 被告の主張に対する反論

被告は、次に掲げる事項などを根拠に、甲がDに対して37,000,000円を貸し付けたことが認められる旨主張する。

(イ) 甲の相続税申告書にDに対する貸付金37,000,000円が計上されていること

(ロ) 被告所部係官の質問に対して、Dが甲から借入していたと回答したこと

(ハ) Dが贈与税の申告をしていないこと

しかし、これらは、いずれも貸付金債権の成立の根拠としては甚だ薄弱である。特に、Dが贈与税の課税を危惧していたことからすれば、自ら贈与税の申告をしたり、税務署職員に対して贈与であることを積極的に認める発言をするはずがない。

また、乙が、Dとのトラブルを避けるために、Dに遠慮して、相続税申告書にあえて事実と異なる貸付金として計上したことが十分に考えられる。

⑵ 債権放棄による消滅

仮に、上記37,000,000円の金員が当初は貸し付けられたものであったとしても、これによる貸付金債権を相続した乙が、亡くなる半年くらい前（平成11年4月ころ）、Dに対し、債務免除（債権放棄）の意思表示をしているから、いずれにせよ本件相続開始日においてDに対する貸付金債権は存在しない。

とによって成立する契約である（民法第549条《贈与》）ところ、Dは、平成13年8月20日の調査において、被告所部係官に対し、甲から37,000,000円くらいを借り入れたが、借用書は作成していない旨供述し、本訴における証人尋問においても、甲から借り入れた旨証言するなど、一貫して借入金であると認識していたから、贈与でないことは明らかである。現に、Dは、37,000,000円について贈与税の申告をしていない。

仮に、甲にDに対する贈与の意思があったとしても、上記のとおり、贈与の相手方であるDがこれを受諾していなかったことが明らかであるから、この点に関する原告Aの主張には理由がない。

⑵ 原告Aの債権放棄（債務免除）の主張に対する反論

原告Aは、仮にDに対する貸付金債権が存在するとしても、乙が債権放棄しているから、本件相続開始日において上記貸付金債権は存在しないと主張する。

しかし、債権放棄は、その意思表示が相手方に到達しなければ効力を生じないところ、乙が債権放棄したことに係るDの証言は、変遷がある上にあいまいであり、その意思表示がDに到達していたかどうかも疑わしい。現に、Dは、甲、乙又は原告Aから、上記借入金の債務免除を受けたことの裏付けとなる平成6年分ないし平成12年分における贈与税の申告をしていない。

また、乙は、平成7年2月10日から同年12月13日の間に、M（乙の妹であるNの子）に対して、合計25,000,000円を貸し付けたのに対し、Mは、月々200,000円、ボーナス月は350,000円をNを通じて返済し、乙もその返済を受け入れていた。この事実に照らしても、Dに対する貸付金についてのみ、乙が債権放棄をするべき特段の理由も見当たらない。

よって、債権放棄がされた旨の原告Aの主張は理由がない。

（争点３）本件相続開始日における乙のＥに対する貸付金債権の有無及びその額

原告Ａ（納税者）の主張	被告（国）の主張
被告の主張のうち、甲が、平成８年12月11日、Ｅに対して、返済期間平成９年１月より５年間、年利2.5%の約定をもって20,000,000円を貸し付けたことは認めるが、その余は争う。 ⑴　平成３年10月４日付けの30,000,000円の金員交付の趣旨 ①　甲は、平成３年10月４日ころ、同級生であるＥに対して30,000,000円を交付しているが、これは少なくとも貸付金ではなく、同人が所有かつ耕作していた本件田の売買代金として、あるいは売買代金と贈与金として交付されたものである。 すなわち、甲とＥは、同郷の竹馬の友であり、ＥがＰ㈱を設立したときには、甲が株主として出資したこともあるほど親しい間柄であった。また、甲は、もともと面倒見のよい性格であることに加え、地元の評判回復には並々ならぬ意欲を持っており、約50,000,000円ないし60,000,000円もする神輿等の寄付すら行うほどの資力を当時は有していた。他方、Ｅの経営するＰ㈱は、平成３年10月当時、運転資金に窮していて、甲に対して運転資金の融資を依頼したものの返済の見込みがつかない状況であった。 そこで、甲は、Ｅの窮状を見かねて、同人から本件田を30,000,000円で購入することで支援をすることとしたのである。 これを法的に構成すると、30,000,000円と引換えに田を渡した（売買）と評価するか、そうでなければ、田と対価的均衡がある部分は売買代金、その余は甲の贈与金と評価するほかない。 ②　被告は、債務者をＥとする金30,000,000円の抵当権設定金円借用証書が作成されていること、抵当権設定債務承認弁済契約公正証書が作成されていること、Ｅ所有の本件田には金銭消費貸借の債務不履行を条件とし	⑴　平成３年10月４日付けの30,000,000円の消費貸借契約に基づく貸付金債権の有無について ①　平成３年10月４日付けの30,000,000円の消費貸借契約の締結の有無 下記の各点を総合すると、甲がＥに対して、平成３年10月４日に30,000,000円を貸し付けたことが明らかである。 ㈠　前記前提事実〔2〕⑼①㈠のとおり、平成３年10月４日付けで、債権者を甲、債務者をＥとする金額30,000,000円の「抵当権設定金円借用証書」が作成され、同証書には、Ｅは甲に対し、本件田について一番抵当権を設定するとともに、代物弁済予約を原因とする所有権移転請求権仮登記をすることを約する旨記載されている。 実際、本件田については、平成３年10月22日受付第12295号をもって、抵当権者を甲、債務者をＥ、債権額を30,000,000円とする抵当権設定登記と、同日受付第12296号をもって、権利者を甲とする条件付所有権移転仮登記がそれぞれ経由されている。 ㈡　債権者を甲、債務者をＥとする抵当権設定債務承認弁済契約公正証書には、債務者が債権者から平成３年10月４日に借り受けた30,000,000円を担保すべく、本件田について、次に掲げる事項などの条項が記載されている。 ㋑　抵当権を設定し、その登記を了したこと ㋺　代物弁済の予約をなし、条件付き所有権移転登記の仮登記を了したこと ㋩　債務者が本債務を履行しないときは、債権者は、抵当権の実行に代えて代物弁済として本件田を取得することができること ㊁　上記㋩の場合、債権者は、債務者に対し代物弁済を求める意思を配達証明付内容証明郵便で表示することによって完結すること ㈢　Ｅは、被告所部係官に対して、「30,000,000円の借入金については、土地を担保として提供しており、売却していないが、土地の権利証も甲に渡しているから貸し借りが終わっていると思っており、借入金は全く返済していない」旨供述している。 ㈣　この点について、原告Ａは、甲がＥに対し

た代物弁済を原因とする条件付所有権移転仮登記がされていることなどを根拠に、甲のEに対する30,000,000円の交付が貸付金である旨主張する。

しかし、農業を営んでいない甲への本件田の所有権移転登記手続は、農地法上の制約から直ちにできないことは明らかであるから、移転登記ができなかったからといって、甲とEとの間で所有権移転の意思がなかったというものではない。むしろ、一度は所有権移転登記手続をしようとした事実があるのであるから、両者の間では本件田の所有権を移転する意思があったことは明らかである。

現に、Eは、一貫して、本件田とその権利証を甲に渡したことでこの30,000,000円は終わったものという趣旨の発言を繰り返しており、実際、同金員が交付された直後からDが甲の承諾を得て本件田の耕作を開始し、地代として毎年米2、3俵を甲に交付しているのであるから、単なる担保権の設定にとどまるものではなく、本件田の排他的な使用収益権限がEから甲に完全に移転していたことは明らかである。

仮に、上記金員が貸付金であるとすると、20,000,000円の貸付金については継続的に返済をしているEが、30,000,000円の貸付金の返済期限とされる平成8年12月末日以降一度も返済をしていないことや、返済を受けていないにもかかわらず、甲はEに対して一度も返済を催促をしていないことについて合理的な説明がつかない。

また、甲は、平成8年12月、返済条件を守らないEから20,000,000円の追加融資の申入れを受けて、言われるままの金額を無担保でさらに貸し付けたことになるが、このような事態は通常では考え難い。

③ 仮に、被告の主張するとおり、上記30,000,000円がEに対する貸付金であったとしても、甲は、その交付の直後にEから本件田を代物弁済として受け取っているから、貸付金債権は消滅している。

て30,000,000円を交付したのは、本件田の売買代金などとしてであり、金銭消費貸借契約に基づく貸付金としてではない旨主張する。

しかし、本件田の平成11年における固定資産税評価額は3,275,623円であり、甲は最終処分業をも手掛けており、その業務の性格上土地の相場や活用については十分知っていたと推認できるから、本件田を30,000,000円で購入したとは考えられない。

また、Eに対する贈与についても、同人が贈与税の申告をしていないことなどに照らすと、考えられない。

② 代物弁済による消滅の主張について

原告Aは、仮に上記30,000,000円がEに対する貸付金であったとしても、甲は、同貸付金交付直後にEから本件田を代物弁済として受け取っており、貸付金債権は消滅している旨主張する。

しかし、そうだとすると、30,000,000円の金員が交付された平成3年10月4日から、約半年後の平成4年4月7日付けで上記抵当権債務承認弁済契約公正証書を作成する意味がない。そのほか、甲は所有権移転登記を経由しておらず、Eも譲渡所得の申告をしていないことから、原告Aの主張には理由がない。

(2) 平成8年12月11日付け消費貸借契約に係る20,000,000円の貸付金の本件相続開始日における残金額及び不確定期限付き債権放棄の有無

① 平成8年12月11日付け消費貸借契約に係る貸付金の本件相続開始日における残金額

前記前提事実〔2〕(9)②のとおり、甲は、平成8年12月11日、Eに対して、20,000,000円を、返済期間平成9年1月より5年間、年利2.5%の約定で貸し付けたところ、Eは、平成9年5月28日に、上記貸付金債権を相続した乙に対して、同人の貯蓄預金口座に振り込む方法で、1,064,841円を、同年6月から平成11年9月まで毎月354,947円（ただし、うち1回は355,577円）をそれぞれ返済している。

したがって、本件相続開始日における残高は、8,974,034円である。

② Eに対する不確定期限付き債権放棄の有無

原告Aは、甲及び乙が、上記貸付時において、Eに対して、甲及び乙の両名の生きている間だけ返済すればよいとして、上記貸付金債権を不確定期限付きで放棄する旨の意思表示をした旨主張する。

しかし、Eは、乙の死亡事実を原告Aが来たと

⑵　平成８年12月11日付けの20,000,000円の貸付金について

前記のとおり、甲は、平成８年12月11日、乙立会いのもと、Ｅに対して、平成９年１月より５年間の分割弁済、年利2.5％の約定で20,000,000円を貸し付けているところ、その際、乙は、同貸付金に関して、双方一代限りで清算する旨の意思表示をし、Ｅもこれを了承した。

その意味するところは多義的ではあるが、乙が生前、「Ｅに対する貸付金をなしにする」旨を原告Ａに述べていたことからすれば、このような金銭の貸借関係は自分たちの生存中にすべて清算することとし、次世代（子の代）においては請求しないという趣旨のものと解すべきであって、Ｅに対して、同人ら両名が共に生きている間だけ返済すればよい旨の不確定期限付き債権放棄（債務免除）の意思表示をしたと推認するのが合理的である。

このように解さないと、原告Ａが、何らの親戚関係も取引上の利害関係のないＥに対して、乙死亡後にＥから振り込まれてきた3,194,523円をわざわざ全額返還する理由が見当たらない。なぜなら、かかる貸付金債権があったとして相続税を課税されたとしても、残高以上に課税されることはなく、従前のＥの返済状況は極めて良好であったから回収可能性も十分認められ、債権放棄を仮装する理由はないからである。

きに初めて知った旨証言し、乙とは疎遠な関係であったことがうかがわれることからしても、乙が「私たちの代で終わりにしましょう」と発言したとしても、それは、むしろ、お金を貸してくれというような関係をもうやめたいという趣旨だったと評価すべきである。

Ｌ税理士の「乙さん自身もこれは相手方から借入れの申込みがあったものだし、断固として返してもらうと言っていた・・・・甲相続後も、乙からＤ貸付金、Ｅ貸付金を放棄したと聞いたことはなかった」旨の申述もこれを裏付けるものである。

また、Ｅは、乙の死後も同人の口座に振り込む方法で平成11年11月から平成12年７月まで返済を続けていたところ、原告Ａから借入金の返済不要の旨を告げられ、乙の死亡後に返済された合計3,194,523円の返還を受けたこと、甲、乙又は原告Ａから借入金の免除を受けたとする贈与税の申告を、平成11年分ないし平成12年分では行っていないこと、これらの事情に照らすと、不確定期限付きの債権放棄（債務免除）の意思表示は存在しないというべきであり、原告Ａの主張は理由がない。

③　小括

上記①及び②より、本件相続開始日において存在するＥに対する貸付金は、38,974,034円と認められる。

〔５〕裁判所の判断

⑴　争点１（本件相続開始日における乙の㈱Ｘに対する貸付金債権の評価額）について

①　貸付金の評価方法

㈠　評価通達による評価の合理性

相続税法は、相続により取得した財産の評価は、当該財産の取得の時における時価によるべきことを定めているところ（相続税法第22条《評価の原則》）、地上権、永小作権、定期金に関する権利及び立木のように評価が著しく困難と考えられるものについてその具体的評価方法を定めている（相続税法第23条《地上権及び永小作権の評価》ないし同法第26条の２《土地評価審議会》）が、その余の財産については特別の規定を置いていない。

そのため、国税庁長官により、評価通達が相続税及び贈与税の課税価格計算の基礎となる財産の評価に関する基本的な取扱いを定めるため発せられているところ、これ

は法形式上は行政内部の機関や職員に対する関係で拘束力を有する行政規則（国家行政組織法第14条《行政機関の長の権限》２項）にすぎず、国民に対して効力を有する法令としての性質を有するものではない（最高裁判所昭和38年12月24日第三小法廷判決）。

もっとも、大量・反復して発生する課税事務を迅速かつ適正に処理するためには、あらかじめ法令の解釈や事務処理上の指針を明らかにし、納税者に対して申告内容を確定する便宜を与えるとともに、各課税庁における事務処理を統一することが望ましいと考えられるから、通達に基づく課税行政が積極的な意義を有することは否定し難く、したがって、通達の内容が法令の趣旨に沿った合理的なものである限り、これに従った課税庁の処分は、一応適法なものであるとの推定を受けるというべきである。

しかしながら、通達の意義は以上に尽きるものであり、納税者が反対証拠を提出して通達に基づく課税処分の適法性を争うことは何ら妨げられないというべきであり、その場合には、通達の内容の合理性と当該証拠のそれとを比較衡量して、どちらがより法令の趣旨に沿ったものであるかを判断して決すべきものである。

そして、本件で問題となっている相続税法第22条の「時価」は、不特定多数の者の間において通常成立すべき客観的な交換価値を意味するから、通達による評価額が、この意味における「時価」を上回らない場合には、適法であることはいうまでもないが、他の証拠によって上記「時価」を上回ると判断された場合には、これを採用した課税処分は違法となるというべきである（固定資産税について定めた地方税法第341条《固定資産税に関する用語の意義》第５号の「適正な時価」に関する最高裁判所平成15年６月26日第一小法廷判決）。

(ロ)　評価通達204及び205による評価の合理性

評価通達204《貸付金債権の評価》は、貸付金債権等の価額は、元本の価額（返済されるべき金額）と利息の価額（課税時期現在の既経過利息として支払を受けるべき金額）との合計額によって評価する旨定めているが、これは、貸付金債権等の実質的価値は、通常、その受け取ることのできる金額、すなわち返済されるべき元本金額と課税の基準時点までの既経過利息を合わせた金額によって定まることを明らかにしたものであって、その回収可能性が肯定される限り、その合理性について異論を挟む余地のないことが明らかである。

そして、評価通達205《貸付金債権等の元本価額の範囲》は、同204を踏まえて、その債権金額の全部又は一部が、課税時期において以下に掲げる金額に該当するときその他その回収が不可能又は著しく困難であると見込まれるときにおいては、それらの金額は元本の価格に算入しないとし、具体的には、次に掲げる事項などを定めている。

㋑　債務者について、一般の破産原因である支払不能を推定させる支払停止の典型例である手形交換所における取引停止処分、会社更生手続、和議（民事再生）、会社整理、特別清算、破産法等の法的倒産手続の開始、業況不振等による事業廃止又は6月以上の休業などの事実が生じたときには、担保権によって保全されている金額を除いた貸付金債権等の金額を元本の価額には算入しないこと

㋺　和議（民事再生）の成立、整理計画の決定、再生計画の決定又は任意整理手続における債権者集会の協議により、債権の切捨て、棚上げ、年賦償還等の決定があった場合において、これらの決定のあった日現在におけるその債務者に対して有する債権のうち、その決定により切り捨てられる部分の債権の金額、弁済までの据置期間が決定後5年を超える場合におけるその債権の金額及び年賦償還等の決定により割賦弁済されることとなった債権の金額のうち、課税時期後5年を経過した日後に弁済されることとなる部分の金額を元本の価額には算入しないこと

㋩　当事者間の契約により債権の切捨て、棚上げ、年賦償還等が行われた場合において、それが金融機関のあっせんに基づくものであるなど真正に成立したものと認めるものであるときにおけるその債権の金額のうち㋺に掲げる金額に準ずる金額を元本の価額には算入しないこと

そうすると、評価通達205の趣旨は、原則的な取扱準則である同通達204を、貸付金債権等の回収が不可能又は著しく困難であると見込まれる場合にまで適用してその額面金額で評価するのは甚だ不合理であることから、このような金額については評価の対象から外すことを許容したものであり、いわば同通達204の例外規定を定めたものであるから、それ自体としては、合理的なものと評価することができる。

この点について、原告Aは、次に掲げる事項などを理由に、評価通達204、205は不合理である旨主張する。

㋑　返済期限が評価基準時よりも後であるときは、中間利息を控除しない点で不合理であること

㋺　債権の交換価値の査定は困難ではなく、困難であるとしても額面全額と評価することにはつながらないこと

しかしながら、㋑については、本件において問題になるものではなく（ちなみに、民法第412条《履行期と履行遅滞》第3項によれば、期限の定めのない債務については、債権者はいつでも請求でき、債務者は請求を受けた時点から遅滞に陥ることになる）、㋺についても、次項でも述べるとおり、評価通達205の「その他その回収が不可能又は著しく困難であると認められるとき」を弾力的に解することによって、合理性を維持できると考えられるから、上記判断を覆すには足りない。

(ハ)　評価通達205の「その他その回収が不可能又は著しく困難であると認められるとき」の解釈

被告は、上記「その他その回収が不可能又は著しく困難であると認められるとき」

とは、「次に掲げる金額に該当するとき」として掲げられた(1)ないし(3)の事由に準ずるものであって、それと同視し得る程度に債務者の営業状況、資産状況等が客観的に破綻していることが明白であって、債権の回収の見込みがないことが客観的に確実であるといえるときと解すべきであり、このことは、会社、特に同族会社に対する貸付金の実質的な回収可能性を判断することは困難であることから、納税者の恣意を排除し、課税の公平を確保する上でも当然である旨主張する。

なるほど、上記(1)ないし(3)の事由が貸付金債権等の実質的価値に影響を及ぼすと考えられる典型的な要因であることは否定できないが、その実質的価値に影響を及ぼす要因は、ほかにも多種多様なものが考えられ、必ずしも法的倒産手続や任意整理手続などが実施されておらず、かつ営業も継続しているような場合であっても、貸付金債権等の実質的価値が額面金額に満たない事態は存在する。

そして、課税対象となる資産の時価の評価額は、基本的に課税庁がその立証責任を負担しているところ、実質的な価値の評価が困難であることは、何も同族会社に対する債権にとどまらない（例えば、知的財産権の評価も困難性において劣らない）上、少なくとも、貸借対照表を基礎にした純資産法を適用することによって、最も堅く評価した場合の回収の可能性、程度を認識することができるというべきである。

そうすると、上記(1)ないし(3)の事由に準ずるものであって、それと同視し得る事態に限り、債権額の全部又は一部を評価額に算入しないとする扱いは相当とはいえず、仮に評価通達205の趣旨がそのようなものであるとするならば、その合理性に重大な疑問を抱かざるを得ない（このような評価通達205の厳格な適用によってのみ、租税公平主義が実現されるとの立論に与することはできない）。

したがって、上記(1)ないし(3)の事由に準ずるものであって、それと同視し得る事態に当たらない場合であっても、貸付金債権の回収可能性に影響を及ぼし得る要因が存在することがうかがわれる場合には、評価時点における債務者の業務内容、財務内容、収支状況、信用力などを具体的総合的に検討した上で、その実質的価値を判断すべきものである（もっとも、被告自身、貸付金債権等が額面金額以下で取引されるなどの事実があり、その時価が明らかに算定できるのであれば、その時価で評価することは当然にあり得るとしており、上記扱いが例外を許さないものではないことを認めている）。

② 本件相続開始日における㈱Xの経営状況等

㈱Xに対する貸付金債権の実質的な回収可能性の判断の前提となる経営状況等について検討するに、証拠及び弁論の全趣旨によれば、以下の事実が認められる。

(イ) ㈱Xの業務内容

㈱Xは、昭和38年6月、甲が個人で創業した一般・産業廃棄物処理を業とする「Q」が昭和46年4月に法人成りし（有限会社Q）、次いで昭和55年1月に組織及び名称を変更したものである。

㈱Xは、本件相続開始日当時、産業・一般廃棄物処分及び建築その他各種営繕工事等を目的とする株式会社として、愛知、岐阜、三重、静岡、長野、福井の各県知事や名古屋、岐阜、川崎の各市長から一般廃棄物及び産業廃棄物（燃え殻、汚泥、木くず、繊維くず、動植物性残さ、鉱さい、ダスト類、廃プラスチック類、金属くず、ガラスくず及び陶磁器くず（自動車等破砕物を含む）等）の処理業（最終埋立処分）や収集運搬業の許可を受け、産業廃棄物の収集、運搬、最終処分業を営んでいたほか、特別管理産業廃棄物の収集運搬をも営業項目としていた。

㈱Xは、名古屋市南区に廃水処理工場を有するほか、運搬車両として、各種規模のダンプカー21台、4トンパッカー車10台、4トンロング車2台、アームロール車5台、回送車2台、6トンクラム車2台、アームロールコンテナー70台を、さらに埋立て及び収集用の設備機械として、35トンコンバクター1台、ブルドーザー3台、パワーショベル10台、タンクローリー2台、散水車1台、ショベルカー2台、フォークリフト10台などを保有していて、業界では有力企業の一つに数えられている。

(ロ)　経常利益、当期利益、減価償却費等の状況

㈱Xの営業収支を見るに、次の**図表－5**のとおりである。

図表－5　㈱Xの営業収支

項目＼事業年度	平成7年8月期	平成8年8月期	平成9年8月期	平成10年8月期	平成11年8月期	平成12年2月期
総売上高	1,103,382,643円	1,547,789,939円	1,832,349,616円	1,817,237,076円	2,000,927,212円	992,316,086円
売上総利益	1,091,321,440円	1,533,090,553円	1,847,690,208円	1,790,103,338円	1,986,416,422円	990,927,803円
営業利益	87,057,668円	625,530,364円	745,961,512円	254,453,403円	751,431,404円	149,670,187円
経常利益	▲66,255,596円	530,682,597円	719,437,315円	180,312,271円	699,055,605円	118,024,637円
当期利益(税引後)	▲62,805,025円	305,052,846円	386,500,651円	44,669,763円	318,385,405円	90,030,821円
減価償却費	66,662,688円	80,493,828円	79,157,175円	87,454,755円	76,403,578円	32,072,334円

（注1）「経常利益」欄の▲表示は、経常損失を示している。
（注2）「当期利益（税引後）」欄の▲表示は、当期損失（税引後）を示している。
（注3）平成12年2月期は、平成11年9月1日から平成12年2月29日までの6月間である。

(ハ)　役員報酬等

㈱Xは、役員報酬等を**図表－6**のとおり支払っている。

図表－6　㈱Xの役員報酬等

項目 ＼ 事業年度		平成7年8月期	平成8年8月期	平成9年8月期	平成10年8月期	平成11年8月期	平成12年2月期
役員報酬	甲（代表取締役）	96,000,000円	60,000,000円	44,000,000円			
	乙（取締役）	60,000,000円	36,000,000円	42,000,000円			5,600,000円
	乙（代表取締役）				54,000,000円	35,600,000円	
	R（監査役）			1,200,000円			
	原告A（取締役）				35,000,000円	23,600,000円	
	原告A（代表取締役）						19,600,000円
	原告Aの妻（取締役）						6,000,000円
	原告Aの妹（取締役）						6,000,000円
株主に対する配当金			96,000,000円	180,000,000円	36,000,000円		

㈡　金融機関の取引状況

㈱Xの主力取引金融機関は、G銀行八熊支店及びJ銀行内田橋支店であるところ、㈱Xの平成10年10月から平成13年10月までの借入金の返済状況は、＊＊（筆者注非公開）のとおりであり、相当回数にわたって数千万円から数億円単位の新規融資を受ける一方、返済も順調になされている。

㈭　資産、負債、資本の状況

㈱Xの資産、負債、資本の状況は、図表－7のとおりである。

図表－7　㈱Xの資産、負債、資本の状況

項目 ＼ 事業年度	平成7年8月期	平成8年8月期	平成9年8月期	平成10年8月期	平成11年8月期	平成12年2月期
流動資産	1,008,887,881円	1,194,913,553円	1,227,109,467円	1,016,368,930円	1,075,178,112円	911,615,783円
流動負債	3,740,230,867円	1,304,154,314円	1,389,912,275円	1,502,399,771円	1,647,560,005円	1,545,049,277円
固定資産	4,036,817,540円	4,047,804,161円	4,069,622,859円	3,822,096,655円	4,087,795,112円	4,039,522,850円
固定負債	1,504,140,947円	3,826,176,947円	3,407,932,947円	3,068,508,947円	2,965,470,947円	2,766,116,263円
流動比率	370.7%	109.1%	113.2%	147.8%	153.2%	169.4%
固定比率	37.2%	94.5%	83.7%	80.2%	72.5%	68.4%
純資産価額	▲198,666,393円	112,386,453円	498,887,104円	267,556,867円	549,942,272円	639,973,093円

（注1）　流動比率は、流動負債を流動資産で割った指数である。
（注2）　固定比率は、固定負債を固定資産で割った指数である。
（注3）「純資産価額」欄の▲表示は、債務超過を示している。
（注4）　平成7年8月期の債務超過は、H処分場の土地（固定資産）の購入代金を手形借入（流動負債）により調達したためと推測される。

(ヘ)　常滑処分場の状況

㈱Xは、愛知県常滑市の土地合計70,210㎡を取得し（取得価格合計554,610,000円。ただし、平成10年8月期の間接経費の取得原価への算入後の価格）、処分場として保有していたが、操業から5、6年程度で残存容積がなくなり、その後平成13年2月期に売却した。なお、売却価格は、Y㈱が所有していた土地と併せて100,000,000円である。

(ト)　H処分場の状況

㈱Xは、平成5年12月21日、愛知県小牧市の土地（42,533㎡）を2,250,000,000円で、平成7年5月29日、同所の土地（4,613㎡）を251,175,600円で、平成10年12月22日、同所の土地（合計8,587㎡）を331,820,122円で、それぞれ購入した。

㈱Xは、平成6年12月、愛知県知事から、H処分場の埋立最終処分場としての許可（許可容積717,250㎥）を受け、その操業を開始した。I処分場の埋立実績は、平成6年度（平成6年12月から平成7年3月まで）14,584㎥、平成7年度（平成7年4月から平成8年3月まで。以下この例による）84,352㎥、平成8年度138,821㎥、平成9年度85,267㎥、平成10年度92,363㎥、平成11年度131,300㎥であり、許可容積の残存は平成11年3月時点では301,863㎥、平成12年3月時点では170,563㎥であった。

③　㈱Xに対する貸付金債権の回収可能性

(1)　上記②に掲げる認定事実によれば、㈱Xは、法人成りしてから数えても、本件相続開始日までに28年余の間、廃棄物処理業を営んでいるものであり、広範囲な地域にわたる地方公共団体の長からその処理、収集運搬の許可を受け、廃水処理工場（1基）のほか、運搬車両として、各種規模のダンプカー21台、その他の車両21台、コンテナー70台、埋立て及び収集用設備機械として、パワーショベル10台、ブルドーザー3台、その他の機械16台をそれぞれ保有して事業を展開していること、同社の総売上高は、平成7年8月期の1,100,000,000円余から平成11年8月期の約2,000,000,000円まで徐々に増加していること、営業利益も、平成7年8月期の87,050,000円余を底値として、平成8年8月期から平成11年8月期までの間、600,000,000円から700,000,000円台を維持していたこと（ただし、254,450,000円余であった平成10年8月期を除く）、当期利益は、平成7年8月期は、62,660,000円余のマイナス（損失）であったが、平成8年8月期から平成11年8月期までの間、300,000,000円台を維持していたこと（ただし、44,660,000円余であった平成10年8月期を除く）、貸借対照表上の財務状況も、多額の借入れをした平成7年8月期は約200,000,000円の債務超過となっているが、平成8年8月期から平成11年8月期までの間は、112,380,000円余から550,000,000円弱の資産超過となっていること、このような経営状況を反映してか、甲、乙及び原告Aに支払われた役員報酬の金額も、平成7年8月期から平成11年8月期までの間、多い年度で156,000,000円、低い年度でも59,200,000円の高額が安定的に支払われていること、以上が明らかであり、これによれば、本件相続開始日における㈱Xの経営状況は、ほぼ順調に推移しており（このことは、本件相続開始日後の平成12年2月期の営業収支の状況や財務内容等に照らしても、裏付けられる）、同社に対する141,440,000円余の貸付金債権の回収について、危惧を抱かせる事情は存在しないというべきである。

(2) 上記(1)について、原告Aは、次に掲げる事項などを理由に、㈱Xに対する貸付金債権は、回収可能性が認められないことは明らかであり、時価を0円と評価すべきである旨主張する。

① 産業廃棄物処理業を取り巻く経営環境は厳しいものであること

② 処分場の土地を時価評価すると、本件相続開始日において、㈱Xは、含み損を抱えており、実質的には約2,600,000,000円の債務超過状態であること

③ ㈱Xの売上高の最大の源であったH処分場の残存容積は残り十数%となっており、同処分場の閉鎖は時間の問題であり、売上げ及び収益の大幅な下落は避けられない状況であったこと

④ H処分場設置後の平成7年8月期から平成11年8月期までの5年間での返済可能限度額は平均で年間約276,390,000円であるが、㈱Xが年間に返済しなければならない元本額400,000,000円に約120,000,000円不足していたこと

⑤ 上記④のため、G銀行の追加融資なくして、㈱Xはもはや存続できない状態であったこと

⑥ 乙の㈱Xに対する貸付金は担保のない一般債権であり、H処分場設置から5年間に159,700,000円も増加していること

しかしながら、①については、これに沿うかのごとき証拠もないではないが、こと㈱Xの経営状況に関する限り、ほぼ順調に推移していたと認められることは既述のとおりであり、②についても、これに沿うかのごとき証拠はあるものの、その土地価額の評価は、評価通達11《評価の方式》以下で定める方式によっており、これが実際の時価に符合することを認めるに足りる証拠はない。したがって、この債務超過額を前提として、㈱Xに対する貸付金債権が回収不能である旨記載された証拠も、直ちに採用することはできない。

もっとも、㈱Xが実質的に債務超過状態にあったこと自体は、L税理士も供述しているところであるが、債権の回収可能性は、財務内容だけで決定されるものではなく、その借入れを含む資金調達能力や、営業上の信用力などにも大きく左右されるところ、上記認定事実のとおり、㈱Xはこれらを十分に備えていたと認められる。したがって、㈱Xが実質的に債務超過の状態にあったとしても、最終処分場が売却されるまでは含み損が顕在化することはないので、事業を現に継続している以上、債務の返済をすることは十分に可能というべきであって（現に、平成11年8月期

から平成12年２月期では固定負債、流動負債ともに減少している)、その回収可能性がないとはいえない。

また、③については、なるほど、H処分場の残存容積が減少しつつあった以上、他に代替の施設を確保できる見通しがなければ、いずれ廃棄物の最終処理業の廃業を余儀なくされるものと推認されるが、本件相続開始日において、かかる見通しが皆無であったことを証する客観的証拠はない上に、㈱Xは、最終処理業以外にも収集運搬業をも展開しているのであるから、上記事実だけでは、その時点における貸付金債権の回収可能性が乏しかったことをうかがわせる事情とはなり得ないというべきである（現に、㈱Xが現在に至るまで営業を継続していることは、原告において自認するところである)。

さらに、④ないし⑥の事情も、㈱Xの営業収支の状況、財務内容、資金調達能力、営業上の信用力などに照らせば、貸付金債権の回収可能性に関する上記の認定・判断を覆すものとはいえない（返済すべき債務額が返済能力を大きく上回る状態にあったのであれば、前記認定事実のように、多額の役員報酬を支払っていたことが説明できない)。

④　小　　括

上記①ないし③のとおりであって、㈱Xに対する貸付金債権が一般債権であったことを考慮しても、本件相続開始日において、回収可能性について疑念を抱かせるような事情を認めることはできず、前記のとおり、評価通達205《貸付金債権等の元本価額の範囲》を弾力的に解する立場を採っても、なお、同債権の実質的価値は、額面金額である439,514,200円であると評価するのが相当である。

⑵　争点２（本件相続開始日における乙のDに対する貸付金債権の有無及びその額）について

①　Dに対する金員振込みを巡る事実関係

前記前提事実**〔2〕**⑻に証拠及び弁論の全趣旨を総合すると、以下の事実が認められる。

㈠　甲とDの関係など

甲及びDは、＊＊家のそれぞれ三男、四男であって、３歳違いという比較的年齢差の少ない兄弟であったことから、かねてから仲が良かった。ところで、甲は、滋賀県東浅井郡の地元で結婚したにもかかわらず、以前から交際をしていた別の女性と一緒に名古屋に出奔したことがあり、以来、帰郷し難い状況が生じたが、Dが実家とのかすがい役となってくれたおかげで何とか縁を切らずに済んでいた。また、Dは、昭和50年ころから、家業である木材業に従事していた。

このような事情から、甲は、Dに対して感謝の念を抱いており、家業の経営状況が悪化したときに、滋賀県内に㈱Xの養鶏事業を立ち上げ、Dを㈱Xの従業員として雇用するなどの援助をした。

なお、Dは、平成4年ころから、Eの申出に基づき、本件田（3,016㎡）を耕作し、甲に地代として毎年米2俵を渡していた。

㈺　37,000,000円の振込みの状況

Dは、その息子Sのために家を建てることを決意したが、金融機関から、十分な担保がないことを理由に融資を断られていた。そこで、Dが甲に相談したところ、甲は、とにかく使ってくれと述べて金員を提供する意思のあることを示したが、その際、返済に関して何らの話をすることがなかった。これに対して、Dは、もらうというわけにはいかないから返す旨の返事をした。

その後、甲は、平成5年11月8日に9,000,000円、平成6年3月30日に5,000,000円、同年6月20日に10,000,000円、同年11月25日に13,014,750円を、それぞれD名義の預金口座に振り込んだ。

なお、これらの金銭の振込みに際して借用証等は作成されなかったが、領収証は作成された。

㈻　甲の相続に係る相続税申告等の経緯

甲の死亡に伴い、㈱X及びY㈱の関与税理士であったL税理士は、平成10年2月付け遺産分割協議書及び平成10年3月10日付け相続税の申告書の原案を作成した。

この原案に基づいて作成された遺産分割協議書には、Dに対する貸金についての記載はないが、平成10年3月10日付け相続税の申告書には、Dに対する貸付金37,000,000円が記載されている。

この点について、L税理士は、被告所部係官に対し、次に掲げる事項などを述べた。

- ㋑　乙が甲のほとんどの財産を相続することになり、これに他の相続人にも異論がなかったので、登記や名義変更の必要な土地、預貯金と原告Aの相続分のみを記載することにし、問題とならない財産については、それ以外の遺産が発見された場合でも乙がすべて相続するという表現をすれば足りることなので、既に把握している財産であっても記載しなかったこと
- ㋺　相続税の申告に際して甲の資料を整理しているときに、Dが書いた領収証があったので、乙に聞いたところ、「甲がDに渡したものであるが贈与したとは聞いていない」、「一部も返済を受けていない」、「返してもらうつもりである」との返事だったことから、貸付金として計上したこと、もっとも、乙からは、返済期限についての具体的な話はなかったこと
- ㋩　乙から、その後、Dへの貸付金を放棄したとか、実は甲が贈与したものだったという話を聞いたことはないこと

㈡　弁済等に関するDの供述

㋑　被告所部係官に対する供述

被告所部係官は、平成13年8月20日、Dの自宅の離れにおいて、同人に対して、甲から振り込まれた金銭等に関して質問をした。これに対して、Dは、下記のとおり供述した。

⑷　返済の経緯

Ⓐ　まず、農協から息子名義で借り入れた10,000,000円と自分の預貯金等を合わせて20,000,000円を現金で返済した。返済の記録については残っていない。甲がしっかり管理してくれると思っていたから、細かい返済状況まで把握していない。

Ⓑ　残りの17,000,000円についても、甲が来たときに余裕があるとき、現金で直接返済していたので、どれくらい返済したかまではよく分からない。

⑸　債権放棄（債務免除）等の経緯

同人（筆者注 甲）の死亡後、乙から、借入れの残金は1,000,000円くらいなので、「退職金と相殺しておくよ」と言われたことから、その時に借入れの返済はすべて終わったんだと思った。

㋺　証人尋問における証言

Dは、証人尋問において、下記のとおり証言した。

⑷　返済の経緯

Ⓐ　まず、甲に対し、農協から息子名義で借り入れた10,000,000円のうち4,000,000円ないし5,000,000円を現金で返済した。

Ⓑ　その後は、1回に1,000,000円とか500,000円くらいの単位で、はじめのうちはちょこちょこと返したが、あとは年1回か2回くらいの程度で、最終は平成7年かそれくらいまで、甲に現金を手渡して返済した。

Ⓒ　なぜ、質問応答書にこれと異なる記載があるのかは分からないが、今証言した方が正しい記憶である。

⑸　債権放棄（債務免除）等の経緯

Dは、乙が亡くなる半年くらい前（平成11年4月ころ）、同人を見舞いに訪れたが、その際、お金を返すことができないと言ったところ、同人は、「そんなものいいわ、お父さんそんな金要らん言うたさかいに。あとは1,000,000円くらいだと。そのくらいのもん退職金で相殺したらええで、そんなもんいいがな」と言った。本来の残額との差額については、詳しいことは分からないが、それを穴埋めするようなものがあったと想像している。

②　Dに対する貸付けの有無

上記①を前提として、まず、平成5年11月から平成6年11月までの37,000,000円の振込みの趣旨について検討する。

(イ) Dの意思等

上記認定事実①(イ)及び(ニ)によれば、Dは、平成5年11月から平成6年11月までに自己名義の銀行口座に合計37,000,000円が振り込まれるのに先立ち、甲に対して、これらの金員を返還する意思があることを表示したものであり、現に振込金の一部（その金額については、被告所部係官に対する供述と当法廷における証言との間に乖離があって、確定できない）を返済していたと認められる。

この点について、原告Aは、次に掲げるとおりであるなどと主張する。

㋑ かねて甲は仲の良いDに対して感謝の気持ちを抱いていたことから、上記金員はDの子であるKの家の購入資金として贈与されたものである。

㋺ Dに返済する資力はなく、返済を証する資料も存在しない。

なるほど、甲とDとが良好な関係にあり、甲としてはDに助力したいとの意思があったことは否定できないが、Dに助力する形態としては、贈与だけでなく無利息の貸付けもあり得るし、また、Dは、金額の点はさておいても、振込金の一部を返済したこと自体は一貫して述べている上、兄弟などの親しい者の間の貸し借りにおいては、その返済について特段記録を残さないことは何ら不自然とはいえないから、返済を証する資料がないからといって、上記供述・証言の信用性を否定することはできない（なお、Dによる一部弁済の事実については、当事者双方ともに主張しないが、借入れの事実を推認するための間接事実として考慮することは、もとより弁論主義に違反するものではない）。

そうすると、Dは、37,000,000円を貸付金と理解していたと認めるのが相当である。

(ロ) 甲の意思

上記認定事実①(イ)及び(ニ)によれば、甲は、37,000,000円の振込みの前後のいずれにおいても、Dに対して同金員の返還を求めていない事実が認められ、これに照らすと、仮にDに返済の意思があったとしても、甲には返済を求める意思がなかった旨の原告の主張も理解できないものではない。

しかしながら、親族間、ことに仲の良い兄弟間にあっては、真意は貸すつもりであっても、「使ってくれ」などといった文言が用いられることも十分にあり得るし、上記のような親族間における金銭の貸借においては、任意の返済を待つことも多いと考えられるから、上記の事実だけでは、甲が贈与の意思で振込みを行ったと認めることはできない。

かえって、Dが返還の意思があることを表明した際に、甲がこれを峻拒した事実は全くうかがえない上、振込みの際に、Dから同人作成の領収証を受け取っている事実は、甲においても、（督促までは考えていなかったものの）返済を受けることを了解していた事実を推認させるというべきである。

(ハ) 乙の認識

上記認定事実①(ハ)によれば、乙は、甲の相続税の申告に際して、Dに対する貸付金債権の存在を認識しており、かつこれが甲の相続財産に含まれることを理解していたと認められる。

③ 債権放棄の有無

原告Aは、仮にDに対する振込みが貸付けに当たるとしても、乙は、亡くなる半年ほど前、Dに対し、これを放棄する旨の意思表示をした旨主張するところ、Dは、被告所部係官からの質問や当法廷における証人尋問の際に、乙が貸付金残金1,000,000円を退職金と相殺しておくと言った旨を一貫して供述、証言している。

しかしながら、上記認定事実①(ハ)のとおり、乙は、甲の相続の際にはDからの返済を求める意思があることを表明していたのであるから、病床にあったとはいえ、それから短期間のうちに放棄することはやや不自然に思われる上、当初の37,000,000円の貸金が残額1,000,000円となった経緯について全く明らかでなく、放棄の対象が貸付金残金全額の趣旨なのか、それとも1,000,000円に限定されたものなのかが不明であるばかりか、その理由として挙げられた退職金請求権の発生の事実がどのようなものであったのかについても確定できない。

さらに、債権放棄を受けたとすれば、Dに、相続税の納付義務が生ずる（相続税法第8条《贈与又は遺贈により取得したものとみなす場合—免除等を受けた債務》）が、かかる申告の事実も存在しない。

そうすると、原告Aの主張する債権放棄の事実は、これを認めるに足りる的確な証拠がないというほかない。

④ 小　　括

上記①ないし③のとおり、甲はDに対して37,000,000円を貸し付けたと認められるところ、債権放棄の事実は認められないから、本件相続開始日において、同金額の貸付金債権が相続財産に含まれていたと判断するほかない（裁判所としては、Dが証言した約12,000,000円の一部弁済の事実は、採用する余地があると考えるが、当事者双方ともに、かかる一部弁済の事実を主張しない態度を明らかにしているから、これを考慮してDに対する貸付金債権の金額を判断することは、弁論主義に反するものとして許されない）。

(3) 争点3（本件相続開始日における乙のEに対する貸付金債権の有無及びその額）について

① 平成3年10月4日付けで交付された30,000,000円について

(イ) 認定事実

上記〔2〕(9)①に証拠及び弁論の全趣旨を総合すると、以下の事実が認められる。

㋑ 甲とEとの関係

甲とEとは親戚関係にはないが、実家が近く、幼少からの友人（同級生）であっ

た。Eは、昭和55年3月に滋賀県東浅井郡浅井町内に、P㈱を設立したが、その際、甲は、1,000,000円を出資したほか、その後も、Eに対して、同社の経営に関して何かと助言をすることがあった。なお、その後、甲は、同社の株式をEと同郷の兄に譲渡している。

㋺　甲からEへの30,000,000円の金銭の交付及びこれに至る経緯

P㈱は、平成3年10月ころ、運転資金に窮し、また金融機関から追加融資を受けられる見込みもつかなかった。そのころ、Eは、自宅のほか、本件田（3,016㎡）を所有し、自ら耕作をしていたが、それ以外の不動産を所有していなかった。

そこで、Eは、平成3年10月4日ころ、甲に対して、P㈱の運転資金について相談をしたところ、同人は30,000,000円を援助する旨を告げ、同金員を交付した。

その際、Eは、平成3年10月4日付け抵当権設定金円証書の債務者欄に署名押印し、甲に同証書を差し入れた。同証書には、次に掲げる事項などが記載されている。

(A)　債務者Eが、甲から30,000,000円を、返済期限平成8年12月31日、利息及び損害賠償金の定めなしの約定で借り受けたこと

(B)　債務者は、本件田について順位第一番抵当権を設定する旨を確約したこと

(C)　弁済義務不履行の場合には、弁済期日の翌日から債務者に対して代物弁済により所有権移転の効力が発生することを約し、所有権移転登記申請に必要な委任状、権利書、印鑑証明書等一切の書類を交付すること

(D)　本件田に対して代物弁済予約による所有権移転登記請求権仮登記の申請手続を行うこと

これを受けて、Eは、そのころ、甲に対し、登記手続のために必要な委任状、印鑑証明書を交付した。そして、両名から委任を受けた司法書士は、平成3年10月22日、本件田について30,000,000円の貸付金債権を被担保債権とする抵当権設定登記及び貸付金返還債務の債務不履行を停止条件とする代物弁済を原因とする条件付所有権移転仮登記の手続をした。

㋩　抵当権設定債務承認弁済契約公正証書の作成等

甲の代理人である原告AとEの代理人であるSは、平成4年4月7日、名古屋法務局所属公証人に対して、抵当権設定債務承認弁済契約公正証書の作成を嘱託し、同日付けの同公正証書が作成された。同公正証書には、次に掲げる事項などが記載されている。

(A)　債務者Eが債権者甲に対し、債務者が平成3年10月4日付け金銭消費貸借契約に基づき借り受けた30,000,000円の債務を負担していることを承認すること

(B)　債務者は、債権者に対し、借受金30,000,000円を平成8年12月31日限り一

括して返済すること

(C) 債務者は、本債務を担保するため、平成３年10月４日、その所有する本件田に順位第一番の抵当権を設定し、債権者のため、同月22日付けでその抵当権設定登記を了したこと

(D) 債権者及び債務者は、本債務を担保するため、本件田に対し、同月４日、債務者が本件債務を履行しないときは、債権者は本抵当権の実行に代えて、農地法等関係法令の定めるところに従い、本件田の所有権を本債権に対する代物弁済として取得することができ、代物弁済の予約権の行使は、債権者が債務者に対し、代物弁済を求める意思を配達証明付内容証明郵便で表示することによって行うとの代物弁済の予約をしたこと

(E) 債務者は、本件田に対し、債権者のため、同月22日付けで、代物弁済予約に基づく条件付所有権移転の仮登記をしたこと

(F) 債務者は、本契約に基づく金銭債務を履行しないときは直ちに強制執行に服する旨陳述したこと

㈡ 弁済及びその督促の有無等

Ｅは、これまで、平成３年10月４日に甲から交付を受けた30,000,000円については一切弁済をしていない。また、甲も、Ｅに対して弁済するように一切催促をしていないほか、平成８年12月11日に、Ｅに対して20,000,000円を貸し付けた際に、平成３年10月４日に交付した30,000,000円の返済について言及しなかった。

㈭ 本件田の使用収益状況等

Ｅは、甲に対して、本件田をＤに耕作させたい旨を申し出た上で、Ｄに対して、本件田の耕作を依頼した。これを受けて、Ｄは、平成３年10月４日の直後ころから、本件田の耕作を開始し、甲（同人の死亡後は乙、さらに乙の死亡後は原告Ａ）に地代として毎年２俵（120kg）くらいの米を渡している。

なお、本件田の所有名義人がＥのままである関係で、その固定資産税の納税義務者もＥとされているが、本件田の課税標準額は251,791円にすぎないため、固定資産税は賦課されていない。

㈬ Ｅの認識

Ｅは、平成13年８月20日の被告所部係官からの質問に対して、30,000,000円については本件田を渡したことで終わっていると思っていたが、本件田を売ったという認識はない旨回答している。

また、Ｅは、当法廷における証人尋問の際、30,000,000円については返済する義務はないと考えているが、本件田について所有権移転登記が完了するまでは本件田は自分のものであると思っている旨証言している。

㈦ 甲の相続に係る相続税申告書の作成経緯等

甲の死亡に伴い、Ｌ税理士は、平成10年２月付け遺産分割協議書及び平成10年３月10日付け相続税の申告書の原案を作成した。この原案に基づいて作成された遺産分割協議書には、Ｅに対する貸付金についての記載はないが、平成10年３月10日付け相続税の申告書には、同人に対する貸付金49,372,785円が記載されている。

そして、Ｌ税理士は、被告所部係官に対し、次に掲げる事項などを供述をした。

(A)　乙が甲のほとんどの財産を相続することになり、これに他の相続人にも異論がなかったので、登記や名義変更の必要な土地、預貯金と原告の相続分のみを記載することにし、問題とならない財産については、それ以外の遺産が発見された場合でも乙がすべて相続するという表現をすれば足りるので、既に把握している財産であっても記載しなかったこと

(B)　Ｅへの貸付金30,000,000円については、「抵当権設定金円借用証書」があったことから貸付金であると判断し、相続財産に計上したこと

(C)　原告Ａや乙から、本件田は買ったものだという話は聞いたことはないこと

(ロ)　当てはめ

上記(イ)に掲げる認定事実によれば、甲は、平成３年10月４日、Ｅに対して、30,000,000円の金銭を弁済期平成８年12月31日の約定で貸し付けたと判断するのが相当である。

この点について、原告Ａは、Ｅに交付された30,000,000円は、本件田の売買代金（あるいは売買代金と贈与金）である旨主張し、その理由として、次に掲げる事項などを指摘する。

㋑　甲とＥとの間で所有権移転の合意がされているところ、Ｅは本件田と権利証を甲に渡したことで30,000,000円は終わったものとの趣旨の発言を繰り返しており、現に本件田の使用収益権限が甲に移転していること

㋺　Ｅは一度も弁済していないが、にもかかわらず甲も一度も催促をしていないこと

㋩　仮に30,000,000円が貸付金であるのであれば、平成８年12月に20,000,000円を追加で貸し付けることは不合理であること

しかしながら、上記㋑については、Ｅは、上記(イ)に掲げる認定事実のとおり、30,000,000円の返済義務はない旨一貫して述べているものの、他方で、本件田を売っておらず、所有権移転登記が終了するまでは本件田は自分のものと認識している旨述べているのであるから、同人が、平成３年10月４日、甲に対して、本件田を確定的に売却するとの意思を有していたとは認められない。

また、本件田について、甲のために抵当権設定登記及び条件付所有権移転仮登記が経由されているにもかかわらず、同人の発案により、30,000,000円交付時から約半年を経過した平成４年４月７日になって、抵当権設定債務承認弁済契約公正証書が作成されていることに照らすと、甲も、平成３年10月４日、確定的に本件田の所有権を

購入する意思を有していたとは認められない。

上記㋺や㋩についても、認定に係る甲とEの関係に照らせば、上記30,000,000円が売買代金であると判断しなければ理解できないものとはいえない。

そうすると、Eと甲との間で、本件田についての売買契約が成立し、30,000,000円はその代金として授受されたとの原告の主張は採用できない。

(ハ) 原告Aの主張について

原告Aは、上記30,000,000円がEに対する貸付金であったとしても、その交付直後に、本件田を代物弁済することによって当該債務は消滅した旨主張する。

しかしながら、交付の直後に債務が消滅したのであれば、上記のとおり、交付時から約半年を経過した平成4年4月7日になって、抵当権設定債務承認弁済契約公正証書が作成されることは考えられない上、そもそも、不動産を対象とする代物弁済においては、原則として、その所有権が債権者に完全に移転することによって債務消滅の効果が発生すると解されているところ、本件田については、いまだ農業委員会の許可が得られておらず、甲に対する所有権移転登記も完了していないのであるから、予約の状態が継続しているとみるほかなく、上記原告Aの主張は採用できない。

(ニ) まとめ

上記(イ)ないし(ハ)のとおり、乙は、本件相続開始日において、甲から承継したEに対する30,000,000円の貸付金債権を有していたと認められ、原告Aもこれを相続したものと判断するのが相当である。

② 平成8年12月11日付けの20,000,000円の貸付金について

(イ) 認定事実

上記〔2〕(9)②に証拠及び弁論の全趣旨を総合すれば、以下の事実が認められる。

㋑ 貸付けの際の乙の発言等

Eは、平成8年12月ころ、P㈱の経営が思わしくなかったことから、㈱Xの事務所で、再度、甲に対して、運転資金の相談をもちかけた。甲は、自分の手持ち資金ではもはや用立てできないが、妻名義の資産があるので、妻の承諾があれば貸すことができる旨回答した。

その後、乙が同席し、20,000,000円であれば貸すことができるとの回答をした。同人は、その際、Eに対して、付き合いは、私たちの時代で終わりにする旨を告げた。

㋺ 甲の相続に係る相続税申告書の作成経緯等

平成10年2月付け遺産分割協議書及び平成10年3月10日付け相続税の申告書の原案を作成したL税理士は、被告所部係官に対し、次に掲げる事項などを供述している。

(A)　Eへの貸付金20,000,000円については、借用書があったことと、乙自身もこれは相手方から借入れの申込みがあったものだとし、断固として返してもらうと言っていたので貸付金であると判断し、相続財産として計上したこと

(B)　甲の亡くなった後、乙からEへの貸付金を放棄したと聞いたことはないこと

㋩　乙死亡後の経緯

Eは、平成11年10月29日に乙が死亡したことを知らないまま、平成12年7月まで、同人の預金口座に毎月354,947円（合計3,194,523円）を振り込む方法で返済を続けた。

しかるところ、原告Aは、同年8月2日、P㈱の事務所を訪れ、Eに対し、乙死亡後に振り込まれた3,194,523円を現金で返却した。

なお、原告らは、同月9日、被告に対し、本件相続に係る相続税の申告書を提出している。

(ロ)　当てはめ

原告Aは、乙は貸付けの際に、同人ら両名が共に生きている間だけ返済すればよい旨の意思表示をした旨主張し、このような意思表示がなければ、原告Aが、何らの親戚関係も取引上の利害関係のないEに対して、Eから振り込まれた3,194,523円を返還する理由がない旨指摘する。

そこで判断するに、証人Eは、20,000,000円の貸付けの際の乙の上記発言〔(イ)㋑〕の趣旨について、原告A代理人からの「一代限りで清算しましょうという趣旨だったわけですね」との質問に対して、「はい」と証言する一方、被告代理人からの「乙さんから、私たちの代で終わりにしましょうというお話があったということですが、こういうお金の貸し借りをもうやめましょうという趣旨ですね」との質問に対しても、「はい」と答え、さらに「結局、友人関係だからということで、お金に困ってるから、お金を貸してくれというような関係をもうやめたいという趣旨だったんじゃないですか」との質問に対して、「乙さんとの話はそうですね」と、「清算しましょうということは、亡くなったときには全部返してくれと、そういう趣旨じゃないんですか」との質問に対して、「そういう意味じゃないんです。ただ、付き合いを私らの年代で終わりにしましょうと。息子のとこまでしないでくださいということで、やめましょうということで話したんです」と、それぞれ証言している。

このような証言内容に鑑みると、乙の発言の趣旨は一義的に明確なものではなく、原告Aをはじめとする乙の子らに対してお金を無心するようなことはやめてほしい旨を婉曲に述べたものと解することも可能であり（死期が切迫した状況ならばともかく、貸付けに当たり、返済について死後の扱いを決めること自体、自然なこととは考え難い）、むしろこのように解することによって、乙が返済を求める強い意思をL税理士に語ったことが理解できるというべきである。

そして、甲とEとが幼なじみの親しい仲であったからといって、甲の妻である乙が甲と同様の感情を抱いていたとは限らず、現に、Eが、乙の死亡を10か月以上も知らなかったのは、甲との友人関係に比べるとはるかに疎遠だったためと推認することができることをも考え併せると、乙が、20,000,000円の貸付けの際に、Eに対して、あらかじめ、甲及び乙の両者ともに亡くなった場合には、返済をする必要はない旨の不確定期限付き債権放棄（債務免除）の意思表示をしたと認めることは困難である。

なお、原告Aが、Eに対して、乙の死亡後に振り込まれた3,194,523円を返還したことは、いかなる意図によるものかは判断しかねるが、相続税の申告に接近した時点で行われたことを考慮すると、原告Aが主張するような理由に基づくものとは断定できず、上記認定・判断を覆すには足りない。

(ハ) まとめ

上記(イ)及び(ロ)に加え、証拠によれば、本件相続開始日における乙のEに対する貸金の残高は8,974,034円であると認められ、原告Aもこれを相続したものというべきである。

③ 小　括

上記①及び②のとおり、本件相続開始日におけるEに対する貸付金債権は、合計38,974,034円であると認められる。

〔6〕まとめ

(1) 裁判の結果

先例とされる裁判例につき、双方（原告A（納税者）・被告（国））の主張及び裁判所の判断をまとめると、図表－8のとおりとなり、結果として、原告A（納税者）の主張は容認されなかった。

図表－8　双方（原告A（納税者）・被告（国））の主張及び裁判所の判断

	（争点1）㈱Xへの貸付金	（争点2）Dへの貸付金	（争点3）Eへの貸付金	
			平成3年10月4日出金分	平成8年12月11日出金分
原告A（納税者）の主張	0円	0円	0円	0円
被告（国）の主張	439,514,200円	37,000,000円	30,000,000円	8,974,034円
裁判所の判断	439,514,200円	37,000,000円	30,000,000円	8,974,034円

(2) 参考法令通達等

- 相続税法第22条《評価の原則》
- 評価通達11《評価の方式》
- 評価通達204《貸付金債権の評価》

- 評価通達205《貸付金債権等の元本価額の範囲》
- 評価通達211《ゴルフ会員権の評価》
- 地方税法第341条《固定資産税に関する用語の意義》
- 国家行政組織法第14条《行政機関の長の権限》
- 民法第412条《履行期と履行遅滞》
- 民法第549条《贈与》
- 最高裁判所第三小法廷（昭和38年12月24日判決、昭和37年（オ）第1007号、贈与税不当課税処分取消等請求事件）
- 最高裁判所第一小法廷（平成15年6月26日判決、平成10年（行ヒ）第41号、固定資産課税審査却下決定取消請求事件）

本問から学ぶ重要なキーポイント

(1) 先例たる裁判例の（争点1）に係る第一義のキーポイントは、相続財産（貸付金債権）の価額は、相続税法第22条《評価の原則》の規定により相続開始時の時価としており、あくまでも評価時点である相続開始時の現況によることが要請されています。

そうすると、相続開始時においてはその発生が確定的とは認められない近い将来に発生するかも知れないという不確定要素を包含した債務者のおかれた経営環境、財務内容及び営業収支等を相続財産（貸付金債権）の価額の算定上、考慮対象とすることは許されないことになります。

(2) 先例たる裁判例（争点1）のなかで、筆者が最も注目しているのが評価通達205《貸付金債権等の元本価額の範囲》に定める貸付金債権等に係る『その他その回収が不可能又は著しく困難であると見込まれるとき』の解釈です。具体的には次に掲げるとおりであり、貸付金債権等の評価実務における重要先例になるものと考えられます。

① 裁判例のなかで原告（納税者）が「債権の交換価値の査定は困難ではなく、困難であるとしても額面金額と評価することにはつながらない」との主張に対し、裁判所は「評価通達205の『その他その回収が不可能又は著しく困難であると見込まれるとき』を弾力的に解することによって、合理性を維持できると考えられる」との判断を示して、結果として、原告（納税者）の主張を排斥しています。

② 上記①において注目すべきは、「弾力的に解する」（上記①の＿＿部分）とした裁判所の判断部分です。該当部分の詳細につき、従来から繰り返されてきた被告（国）の定番の主張とこれに対する裁判所の判断を示すと、**図表－9**のとおりと

なります。

図表－9　評価通達205の『その他その回収が不可能又は著しく困難であると見込まれるとき』の解釈（被告（国）の従来からの主張と裁判所の判断）

被告（国）の主張	裁判所の判断
評価通達205《貸付金債権等の元本価額の範囲》に定める『その他その回収が不可能又は著しく困難であると見込まれるとき』とは、評価通達204《貸付金債権の評価》に定める『次に掲げる金額に該当するとき』として掲げられた⑴ないし⑶の事由（筆者注いわゆる形式基準をいう）に準ずるものであって、それと同視し得る程度に債務者の営業状況、資産状況等が客観的に破綻していることが明白であって、債権の回収の見込みがないことが客観的に確実であるといえるときと解すべきであり、このことは、会社、特に同族会社に対する貸付金の実質的な回収可能性を判断することは困難であることから、納税者の恣意を排除し、課税の公平を確保する上でも当然である。	評価通達204《貸付金債権の評価》に定める『次に掲げる金額に該当するとき』として掲げられた⑴ないし⑶の事由（筆者注いわゆる形式基準をいう）が貸付金債権等の実質的価値に影響を及ぼすと考えられる典型的な要因であることは否定できないが、その実質的価値に影響を及ぼす要因は、ほかにも多種多様なものが考えられ、必ずしも法的倒産手続や任意整理手続などが実施されておらず、かつ営業も継続しているような場合であっても、貸付金債権等の実質的価値が額面金額に満たない事態は存在する。 そして、課税対象となる資産の時価の評価額は、基本的に課税庁がその立証責任を負担しているところ、実質的な価値の評価が困難であることは、何も同族会社に対する債権にとどまらない（例えば、知的財産権の評価も困難性において劣らない）上、少なくとも、貸借対照表を基礎にした純資産法を適用することによって、最も堅く評価した場合の回収の可能性、程度を認識することができるというべきである。 そうすると、上記⑴ないし⑶の事由に準ずるものであって、それと同視し得る事態に限り、債権額の全部又は一部を評価額に算入しないとする取扱いは相当とはいえず、仮に評価通達205《貸付金債権等の元本価額の範囲》の趣旨がそのようなものであるとするならば、その合理性に重大な疑問を抱かざるを得ない（このような評価通達205の厳格な適用によってのみ、租税公平主義が実現されるとの立論に与することはできない）。 したがって、上記⑴ないし⑶の事由に準ずるものであって、それと同視し得る事態に当たらない場合であっても、貸付金債権の回収可能性に影響を及ぼし得る要因が存在することがうかがわれる場合には、評価時点における債務者の業務内容、財務内容、収支状況、信用力などを具体的総合的に検討した上で、その実質的価値を判断すべきものである。 筆者注　アンダーライン及び・・印は、重要項目として筆者が付設したものである。

③　上記②のとおりに被告（国）は主張する一方で、「貸付金債権等が額面金額以下で取引されるなどの事実があり、その時価が明らかに算定できるのであれば、その時価で評価することは当然にあり得る」との見解を示している（アンダーライン部分は筆者が付設）が、当該部分は評価対象である貸付金債権等の価額を普遍的に算定可能とする状態を求めているものであり、単に、当該貸付金債権等の実際の取引事例が一例、二例存在していたという状況を指すものではないと考えられます。

Q3-8 実質基準に係る判断事例〔その7：被相続人の相続開始後に清算結了した同族会社（当該会社には金融機関からの借入金があり、個人保証をしていた相続人が不足分を弁済）に対する貸付金債権の価額を実質的に回収不能であるとして0円で評価することの可否が争点とされた事例〕

事例 国税不服審判所裁決事例
（平成19年10月10日裁決、東裁（諸）平19－46、平成16年相続開始分）

疑問点

被相続人に係る相続（本件相続）が本年3月にあり同人の相続財産を調査したところ、甲㈱（同族会社で、本件相続開始の約2年半までは、被相続人が代表取締役に就任していました）に対する貸付金が元本価額で177,000,000円（本件貸付金）存在（利息に関する約定はありません）することが確認されました。また、併せて、甲㈱及び本件貸付金に関して、次に掲げる事項も判明しています。

(1) 甲㈱（9月決算）は不動産賃貸業（貸ビル業）を営んでいますが、近年の経営成績は低調であり、本年9月期（本件相続開始日の属する決算期）の状況は次のとおりです。

① 資産及び負債の状況については、資産の部の合計額から負債の部の合計額を控除すると、約210,000,000円の債務超過の状況となっています。

② 営業収入等は、売上高（貸室料収入）が約200,000,000円で、営業経費は当該金額を上回ることから営業損失を計上しています。

(2) 甲㈱の売上高（貸室料収入）の起因となる不動産（甲ビル）は、主に金融機関からの借入金を原資に取得したもので、本件相続開始日における借入金残高は約2,470,000,000円となっていました。

(3) 甲㈱の年間売上高（貸室料収入）が約200,000,000円（上記(1)②）である一方で、その有する外部負債が約2,470,000,000円（上記(2)）にもなっていることから、甲㈱の経営の前途に活路がないと判断して、本件相続開始後に次に掲げる条件で甲㈱の清算結了が行われることになりました。

① 甲㈱はその所有する甲ビルを譲渡し、当該譲渡代金をもって上記(2)に掲げる金融機関からの借入金の返済に充当する。

② 上記①により充当しきれなかった金融機関からの借入金が存在した場合には、甲㈱の代表取締役である被相続人に係る相続人（同人は、甲㈱に係る金融機関に係る借入金の連帯保証人に就任しています）が、保証債務

の履行としてこれを支弁する。

③　本件貸付金については、これを相続取得した者（甲㈱の代表取締役である被相続人に係る相続人）がその全額について、債務免除を行うものとする。

(4)　上記(3)のプランに従って、甲㈱は実際に解散し、清算結了の登記まで実行されました。

そうすると、上記のような事情下にある本件債権の価額については、評価通達205《貸付金債権等の元本価額の範囲》に定める貸付金債権等につき「その回収が不可能又は著しく困難であると見込まれるとき」に該当するものとして、評価不要（評価額０円）とすることが相当であると考えていますが、その相当性について説明してください。

回　答

お尋ねの本件貸付金については、評価通達204《貸付金債権の評価》の定めにより評価する必要があり、その価額は元本の価額（177,000,000円）及び利息の価額（０円（利息を定めていません））の合計額である177,000,000円で評価することが相当と考えられます。

解　説

(1)　評価通達205《貸付金債権等の元本価額の範囲》に定める貸付金債権等につき「その回収が不可能又は著しく困難であると見込まれるとき」に該当する場合とは、債務者の営業状況、資産状況等が破綻していることが客観的に明白であって、債権の回収の見込みのないことが客観的に確実であるといい得るときを指すものとされており、お尋ねの事例については、これに該当しないものと考えられます。

(2)　お尋ねの事例について、？疑問点の(3)に掲げる条件により甲㈱の清算結了が行われ、結果として本件貸付金については債務免除の対象となり一切の回収が不可能となったことを摘示する向きがあるかも知れませんが、評価通達１《評価の原則》の(2)（時価の意義）において、「時価とは、課税時期において、それぞれの財産の現況に応じ、不特定多数の当事者間で自由な取引が行われる場合に通常成立すると認められる価額をいう」とされており、財産評価の時点は「課税時期」（上記＿＿部分）とされています。

そうすると、甲㈱の清算結了が決定したのは本件相続開始後のこととされており、当該事項は本件貸付金の価額の算定に当たっては、一切考慮の対象とされないことになります。

検討先例

Q3-8 の検討に当たっては、下記に掲げる裁決事例が先例として参考になります。

●国税不服審判所裁決事例（平成19年10月10日裁決、東裁（諸）平19－46、平成16年相続開始分）

〔1〕事案の概要

本件は、請求人らが、相続により取得した貸付金債権は、回収不能であり、当該貸付金債権の相続開始日における評価額は零円であるとして相続税の課税価格に算入しないで申告したところ、原処分庁が、当該貸付金債権は相続開始日においては回収不能ではなかったとし、相続税の更正処分等を行ったのに対し、請求人らが、当該貸付金債権の評価は、評価通達に定める評価方法で評価することは妥当ではなく、評価額は0円とすべきであるとして、その全部の取消しを求めた事案である。

〔2〕基礎事実

⑴ 本件相続

① 被相続人は、平成16年3月＊＊日（以下「本件相続開始日」という）に死亡した（以下、被相続人の死亡により開始した相続を「本件相続」という）。

② 本件相続に係る相続人は、被相続人の妻である乙（以下「請求人乙」という）、同長女であるA（以下「請求人A」といい、これら両名を併せて「請求人ら」という）及び同長男であるBの3名である。

⑵ 本件貸付金

被相続人は、本件相続開始日において、甲㈱に対する貸付金177,000,000円を有していた（以下、この貸付金177,000,000円を「本件貸付金」という）。

本件貸付金に係る金銭消費貸借契約書は存在せず、その貸付時期、返済期限、返済方法及び利息の取決めなどは明らかでない。

⑶ 甲㈱の概要（設立、役員、事業内容及び事業年度）

① 甲㈱は、本店を＊＊市＊＊町＊＊番地（以下「本店所在地」という）に置く法人であり、平成元年10月○日、不動産の所有及び賃貸並びに飲食店の経営等を目的として設立された。

② 被相続人は、甲㈱の設立時から平成13年10月19日までの間、同社の代表取締役の職にあったが、同日辞任し、請求人乙が同日、同社の代表取締役に就任した。

③ 甲㈱は、本店所在地に所在する被相続人所有の土地上に、地上9階地下2階建ての建物（以下「甲ビル」という）を所有し、不動産賃貸業を営んでいた。

④ 甲㈱の事業年度は10月1日から翌年9月30日まで（以下、平成10年10月1日から

平成11年9月30日までの事業年度を「平成11年9月期」といい、これ以降の事業年度についても以下同様に「平成12年9月期」、「平成13年9月期」、「平成14年9月期」、「平成15年9月期」、「平成16年9月期」及び「平成17年9月期」という）であり、本件相続開始日を含む同社の事業年度は平成16年9月期である。

(4) 甲㈱の資産及び負債の状況並びに営業収入等の状況

① 甲㈱の決算書によれば、平成11年9月期から平成17年9月期までの各期末日現在の資産及び負債の状況並びに当該各期の営業収入等の状況は、それぞれ**図表－1**及び**図表－2**のとおりである。

図表－1 甲㈱の資産及び負債の状況

（単位：円）

区　分	平成11年9月期末日現在	平成12年9月期末日現在	平成13年9月期末日現在	平成14年9月期末日現在	平成15年9月期末日現在	平成16年9月期末日現在	平成17年9月期末日現在
流動資産	****	****	****	****	****	****	****
固定資産	****	****	****	****	****	****	****
①資産の部合計	****	****	****	****	****	****	****
流動負債	****	****	****	****	****	****	****
固定負債	****	****	****	****	****	****	****
②負債の部合計	****	****	****	****	****	****	****
①－②	32,617,997	33,154,265	33,923,533	△1,198,011	5,745,713	△212,046,149	△333,788,287
負債のうち借入金	****	****	****	****	****	****	****
(内訳)							
本件各銀行分	****	****	****	****	****	****	****
本件貸付金	177,000,000	177,000,000	177,000,000	177,000,000	177,000,000	177,000,000	177,000,000

（注）△印は債務超過の金額を示す。

図表－2 甲㈱の営業収入等の状況

（単位：円）

区　分	平成11年9月期	平成12年9月期	平成13年9月期	平成14年9月期	平成15年9月期	平成16年9月期	平成17年9月期
①貸室料収入	332,865,280	328,112,750	331,134,810	324,438,530	245,814,629	200,958,395	300,288,072
②営業経費	****	****	****	****	****	****	****
②のうち減価償却費	****	****	****	****	****	****	****

③営業利益 (①－②)	＊＊＊＊	＊＊＊＊	＊＊＊＊	＊＊＊＊	△＊＊＊＊	△＊＊＊＊	△＊＊＊＊
④その他収入	＊＊＊＊	＊＊＊＊	＊＊＊＊	＊＊＊＊	＊＊＊＊	＊＊＊＊	＊＊＊＊
⑤その他費用及び損失	＊＊＊＊	＊＊＊＊	＊＊＊＊	＊＊＊＊	＊＊＊＊	＊＊＊＊	＊＊＊＊
⑥差引損益 (③＋④－⑤)	＊＊＊＊	＊＊＊＊	＊＊＊＊	△＊＊＊＊	＊＊＊＊	△＊＊＊＊	△＊＊＊＊

（注）1 「④その他収入」欄は、貸室料収入以外の収入の合計額である。
2 「⑤その他費用及び損失」欄は、営業経費以外の費用及び損失の合計額である。
3 △印は損失の金額を示す。

② 甲㈱の平成11年9月期から平成16年9月期までの各期の決算書には、被相続人に対する甲ビルの敷地の支払賃借料として、平成11年9月期から平成14年9月期までは年額98,400,000円、平成15年9月期は年額91,200,000円及び平成16年9月期は年額71,300,000円が計上されている。

なお、本件申告書に記載されている甲㈱からの未収地代は、1,200,000円であり、請求人らが本件申告書に添付して原処分庁へ提出した未収入金の明細に関する書面には、この未収地代は、平成16年3月分（平成16年3月1日から同月15日まで）である旨の記載がある。

(5) 甲㈱の銀行借入金

① 甲㈱は、設立直後の平成2年から平成4年にかけて、X銀行、Y銀行及びZ銀行から、図表－3のとおり、ビル建築資金の借入れをしており、その合計金額は、4,100,000,000円である。

図表－3 甲㈱のビル建築資金の借入金

借入先	借入年月日	金　額
X銀行	平成2年6月27日	550,000,000円
Y銀行	平成2年6月28日	1,000,000,000円
Z銀行	同　上	590,000,000円
X銀行	平成3年11月15日	460,000,000円
Z銀行	同　上	480,000,000円
X銀行	平成4年5月15日	490,000,000円
Z銀行	同　上	530,000,000円
合　計		4,100,000,000円

② 甲㈱は、本件相続開始日において、Z銀行、X銀行及びY銀行（これら3行を併せて、以下「本件各銀行」という）から、図表－4の「本件相続開始日現在の残高」欄の各借入金（以下「本件各銀行借入金」という）を有していたが、本件各銀行借入金は、平成18年3月27日までに完済されている。

図表－４　本件各銀行借入金の内訳

（単位：円）

	本件相続開始日現在の残高	一括返済額	一括返済日
X銀行	359,220,000	262,160,000	平成23年11月15日
	380,788,000	269,033,000	平成24年10月31日
	89,845,000	42,595,000	平成22年６月30日
	1,352,000	－	－
	5,352,000	－	－
小計	836,557,000	573,788,000	
Z銀行	421,260,000	400,800,000	平成18年12月31日
	517,020,000	491,600,000	平成18年12月31日
	164,140,000	141,200,000	平成18年12月31日
小計	1,102,420,000	1,033,600,000	
Y銀行	528,280,000	512,380,000	平成17年５月31日
小計	528,280,000	512,380,000	
合計	2,467,257,000	2,119,768,000	

(6)　甲㈱による甲ビルの売却（本件売買契約）

①　甲㈱が、平成18年３月15日付で、請求人乙との間において締結した甲ビルの売買契約（以下「本件売買契約」という）に係る売買契約書（以下「本件売買契約書」という）には、要旨次の記載がある。

(イ)　甲㈱は、請求人乙に、平成18年３月15日、甲ビルを売り渡した（第１条）。

(ロ)　甲ビルの売買代金は1,195,000,000円とする（第２条）。

(ハ)　請求人乙は、甲㈱に対し、平成18年３月27日限り、売買代金の1,195,000,000円を一括して支払う（第３条）。

(ニ)　甲ビルの所有権は、平成18年３月27日限り、甲㈱から請求人乙へ移転する（第４条）。

(ホ)　甲㈱は、平成18年４月１日限り、甲ビルを請求人乙へ引き渡す（第４条）。

②　甲ビルの所有権の移転登記は、甲㈱から請求人乙への売買を登記原因として平成18年３月27日付でなされている。

(7)　甲㈱の清算結了

甲㈱に係る商業登記簿の閉鎖事項全部証明書には、同社は、平成18年４月＊＊日に解散し、同年８月＊＊日清算結了した旨の記載がある。

⑻　被相続人の遺言

＊＊地方法務局所属の公証人＊＊が作成した被相続人を遺言者とする平成15年11月28日付「平成15年第＊＊号遺言公正証書」には、被相続人は、被相続人の相続財産のうち、被相続人の長男Ｂ及び長女請求人Ａに相続させる財産以外の財産を被相続人の妻請求人乙に相続させる旨の記載があり、当該公正証書に、本件貸付金をＢ又は請求人Ａに相続させる旨の記載がないことから、本件貸付金は請求人乙が相続した。

⑼　相続税の期限内申告書（本件申告書）

①　請求人ら及びＢは、本件相続に係る相続税について、原処分庁に対し、別表（筆者注非公開）の「申告」欄のとおり記載した相続税の申告書（以下「本件申告書」という）を法定申告期限までに共同で提出した（以下、この申告を「本件申告」という）。

②　請求人らが本件申告書に添付して原処分庁へ提出した「甲㈱に対する貸付金について」と題する書面には、本件貸付金の取得経緯として、当初は、丙㈱に貸し付けていたが、同社が平成10年１月＊＊日、合併により吸収されたことに伴い、甲㈱に引き継がれたものである旨記載がある。

③　請求人らは、本件貸付金について、評価通達による評価額は零円であるとして、本件申告及び本件修正申告（筆者注下記⑽を参照）において相続税の課税価格に含めないで申告した。

⑽　相続税の修正申告書（本件修正申告書）

請求人ら及びＢは、平成17年４月８日、別表（筆者注非公開）の「修正申告」欄のとおり記載した相続税の修正申告書（以下「本件修正申告書」という）を原処分庁に共同で提出した。

⑾　本件各更正処分

原処分庁は、上記⑽に対し、本件貸付金（筆者注貸付金額177,000,000円）が本件修正申告において申告漏れとなっていたとして、平成18年７月31日付で別表（筆者注非公開）の「更正処分等」欄のとおりの各更正処分（以下「本件各更正処分」という）及び過少申告加算税の各賦課決定処分（以下「本件各賦課決定処分」といい、これらの各処分を併せて「本件各更正処分等」という）をした。

⑿　異議申立て及び異議決定

請求人らは、平成18年９月27日、これらの処分を不服として異議申立て（筆者注現行の規定では、「再調査の請求」に該当。以下同じ）をしたところ、異議審理庁（筆者注現行の規定では、「再調査審理庁」に該当。以下同じ）は、同年12月25日付でいずれも棄却の異議決定（筆者注現行の規定では、「再調査決定」に該当。以下同じ）をした。

⒀　審査請求

請求人らは、平成19年１月23日、異議決定を経た後の原処分に不服があるとして、審査請求をした。

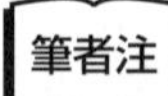
上記(1)ないし(13)に掲げる基礎事実につき、時系列的な経過をまとめると、図表－5のとおりとなる。

図表－5　本件裁決事例における時系列

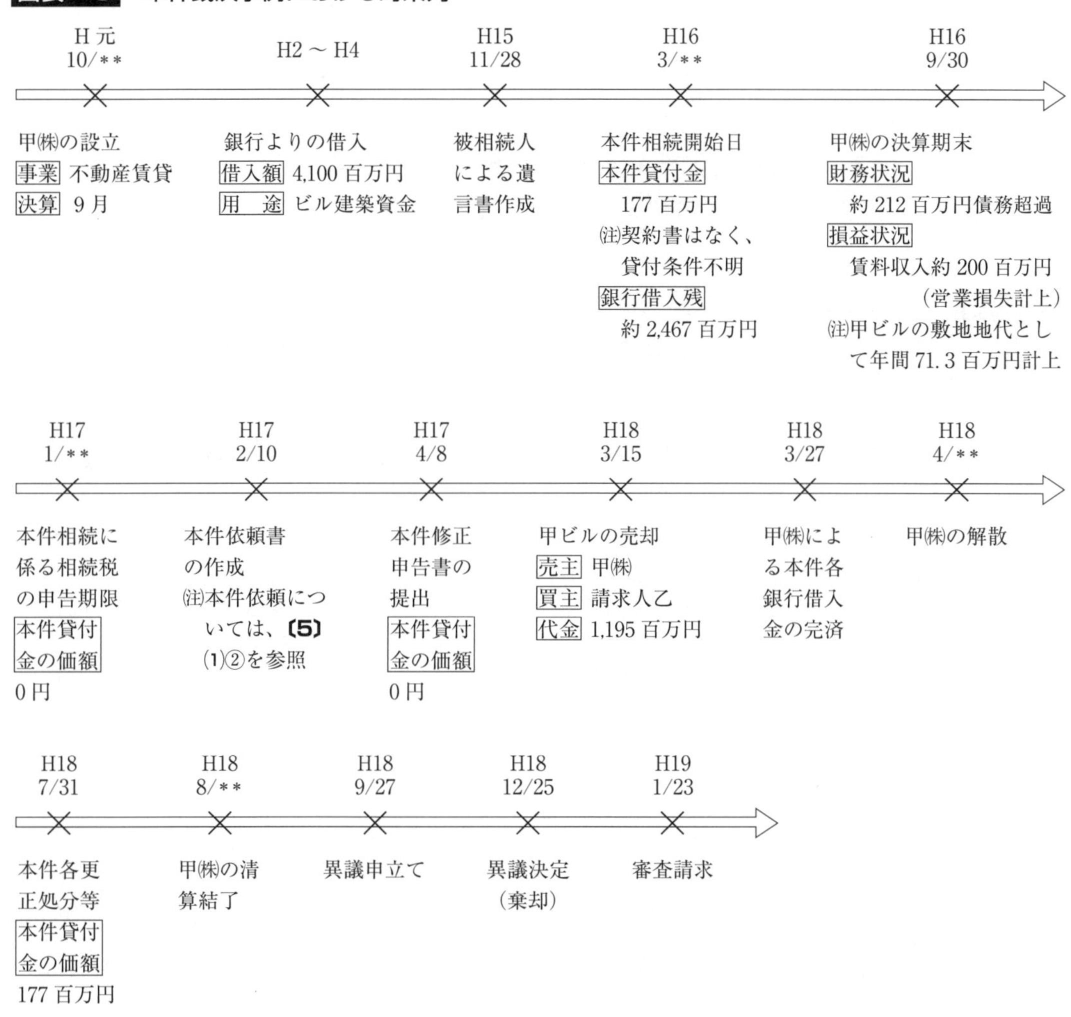

〔3〕争点

本件の争点は、本件貸付金の価額は、評価通達に定める評価方法で評価することは妥当ではなく、その評価額を0円とすることが相当であるか否かであるが、その具体的な争点としては、次のとおりである。

(1)　争点1

貸付金債権の評価を評価通達の定めにより画一的基準で評価することは、相続税法第22条《評価の原則》の趣旨を逸脱しているか否か。

⑵　**争点２**

本件貸付金が評価通達205《貸付金債権等の元本価額の範囲》に定める「その他その回収が不可能又は著しく困難であると見込まれるとき」に該当するか否か。

⑶　**争点３**

本件相続開始時における本件貸付金の価額はいくらになるのか。

〔４〕争点に関する双方（請求人ら・原処分庁）の主張

各争点に関する請求人ら・原処分庁の主張は、**図表－６**のとおりである。

図表－６　各争点に関する請求人ら・原処分庁の主張

（争点１）　貸付金債権の評価を評価通達の定めにより画一的基準で評価することは、相続税法第22条《評価の原則》の趣旨を逸脱しているか否か

請求人ら（納税者）の主張	原処分庁（課税庁）の主張
相続により取得した財産の時価は、相続税法第22条《評価の原則》に規定する当該財産の相続時の時価、すなわち不特定多数の当事者間で自由な取引が行われる場合に通常成立すると認められる価額をいうのである。 相続財産の評価の際の課税庁の事務負担の軽減、事務処理の迅速性、徴税費用の節減は課税庁の事務処理上の便宜にすぎず、徴税権という国家権力の行使により国民の財産権を侵害しないようにするためには、財産を評価する基準は相続税法第22条によるべきであり、課税庁の事務処理上のマニュアルにすぎない通達によるべきではない。 さらに、貸付金債権は、その前提事実が区々に分かれているから、本来、個別に評価されるべきものであり、公平の観点から画一的基準で評価することは、財産の個別性を無視するものであり、財産の時価を評価するという相続税法第22条の趣旨を逸脱している。	課税実務上、相続税法に特別の定めがあるものを除き、評価通達に定める評価方法により、画一的に評価することとしているのは、単に課税庁の事務負担の軽減、事務処理の迅速性、徴税費用の節減のみを目的とするものではなく、課税の公平の観点から特別の事情があるものを除き、あらかじめ定められた評価方法により評価することとしているものである。 評価通達は法令ではないが、納税者間の課税の適正、公平の確保という見地からすると、評価通達に定められた評価方法を適用して、相続財産を評価する方法には合理性があるといえる。

（争点２）　本件貸付金が評価通達205《貸付金債権等の元本価額の範囲》に定める「その他その回収が不可能又は著しく困難であると見込まれるとき」に該当するか否か

請求人ら（納税者）の主張	原処分庁（課税庁）の主張
⑴　本件貸付金の評価額であるが、甲㈱は、以下のとおり、事実上経営破たんしていたので、本件貸付金債権は、回収の見込みがなかったことが客観的に確実であり、０円と評価される。 ①　外形的事実としては、甲㈱は原処分庁が認定しているとおり事業を継続していた。 しかし、例えば、自己破産会社又は会社更生会社の場合でも、当該申立日の前日まで外形的に事業を継続している	⑴　甲㈱については、評価通達205の《貸付金債権等の元本価額の範囲》⑴ないし⑶に定める事実に該当する事実が存在せず、また、仮に甲㈱の財政状態が本件相続開始日において著しい債務超過の状況にあったとしても、次のとおり、

ことは公知の事実であるから、当該会社が外形的に事業を継続していることをもって破たん状況にないという根拠にすることは誤りである。

② 甲㈱は、甲ビルの建設資金約4,000,000,000円の大部分を借入れし、この借入金を、甲ビルの賃料収入で返済する計画であったことから、毎年の賃料収入総額を前提とし、固定資産税、修繕費、人件費及び利息などの経費を控除した後の経常利益を基準に、金融機関に対する毎年の返済元本金額を算定している。経常利益がないビル賃貸業に対し金融機関が融資しないことを考えれば、甲㈱が一定の経常利益を計上していることは当然である。

③ 本件各銀行の融資はバルーン方式（融資額に対する約定利息と賃料収入から諸経費を控除した経常利益から毎年の返済可能元本金額を算定して約定返済額を定め、返済期日において残額を一括で返済する方式）によるものであり、甲㈱の賃料収入から諸経費を控除した経常利益により返済可能な金額を約定返済額としているのであるから、甲㈱が元本を返済できたことは当然であり、返済が滞ったことがないことも当然である。

また、本件各銀行借入金が甲㈱の経営を圧迫していたか否かは、本件各銀行借入金のうちの、Y銀行分及びZ銀行分を、それぞれの一括返済期限である平成17年5月31日及び平成18年12月31日に返済できる原資が甲㈱にあるか否か、又は、Y銀行及びZ銀行が金銭消費貸借契約を更新しない可能性があるか否かを基準として、さらには、甲㈱の資産と収益を比較し金融債務が過大であるか否かという客観的な事実により判断されるべきであるところ、原処分庁の主張は、「請求人らが債務の返済を申し出た」という主観的な事情がその判断の一つになるというものであり、失当と言わざるを得ない。

一般論としても、年商300,000,000円程度の会社が2,461,000,000円の借入債務を負担していること自体が異常で、客観的にみて破たん状況にあるとみなされる。

甲㈱は、請求人乙に対し、甲ビルを1,195,000,000円で売却し、その売却代金及びその他の資産である預金をもって本件各銀行に対する債務の一部を返済し、不足分については、保証人である請求人らが個人資産をもって保証債務の履行として返済した（**筆者注**）。

筆者注 **図表－4**において、本件各銀行借入金の一括返済日が甲㈱の解散日（平成18年4月＊＊日）後と表示されているものは、上記に掲げる不足分について、保証人である請求人らが個人資産をもって保証債務の履行として返済した日が表示されているものと推認される。

したがって、甲ビルの売買契約を締結した平成18年3月15日現在、甲㈱が、本件貸付金について返済する原資甲㈱の事業経営が客観的に破たんしていることが明白で、本件貸付金の回収の見込みがないことが客観的に確実であるといい得る状況にあったとは認められない。

① 甲㈱は、本件相続開始後から解散するまで事業を継続している。

② 平成11年9月期から本件相続開始日の直近である平成15年9月期までの甲㈱の営業状況は平成14年9月期を除いて利益が計上されており、さらに、減価償却費を除けば、これらのすべての期で利益が計上されることとなる。

③ 本件銀行の甲㈱の担当行員は、原処分庁の調査担当職員に対して、次に掲げる旨申述していることから、本件各銀行借入金については、その完済のときまで返済が滞ったことはなく、また、本件各銀行借入金の完済は、本件相続開始日後において請求人らから申し出たことによるものであることからすれば、本件各銀行借入金が甲㈱の経営を圧迫していたとは認められない。

(イ) 本件各銀行借入金について、甲㈱がその返済を滞ったということは行内書類に記録されていない。

(ロ) 本件各銀行から甲㈱に対して本件各銀行借入金の臨時弁済を求めた事実はない。

(ハ) 本件各銀行から本件各銀行借入金の連帯保証人である被相続人の相続人に対して弁済を求めた事実はない。

(ニ) 本件各銀行借入金の完済は請求人らの意向に基

を所有していなかったことは、客観的に明らかであり、本件相続開始日において、甲㈱が所有していた資産の内容はおおむね同一であったから、本件相続開始日においても、本件貸付金を返済する原資を所有していない。 そうすると、本件貸付金は、回収不能債権であることが明らかであるから、0円と評価される。 ④ 原処分庁の「甲㈱の解散は、本件相続開始日後において計画された、甲㈱と請求人らの間における本件各銀行借入金の整理の一環にすぎない」旨の主張は「甲㈱が破たんしているから解散したのではない」という主張と理解されるが、この主張は、情緒的な主張であると言わざるを得ない。年商約300,000,000円の会社が2,400,000,000円の金融債務を負担している事実、債務超過であるという事実及びキャッシュフローによる返済期限が超長期になるという事実を考え併せると、甲㈱は財政的に破たんしているとみなされる。 このような事態の解決策として請求人らが実行した計画は、経済合理性に適合するものであり、甲㈱は、唯一の資産である甲ビルを譲渡することにより、固定資産及び賃料収入も失うこととなり、会社として存続する意味がなくなることから結果的に解散したものである。 (2) 仮に、本件貸付金の全額が回収不能でなかったとしても、本件貸付金は、利息と返済期限の定めのないものであり、金融債務完済後に返済する合意があり、劣後債権と位置づけられる。 本件各銀行借入金完済までの期間は、43年かかることから、その評価額は、元本の価額ではなく、Discounted Cash Flow（以下「DCF」という）の手法により計算した2,938,244円とすべきである。金融機関が不良債権を処理する過程で、無担保債権の評価はDCFの手法で行うことが定着し、その評価額を前提とし無担保債権が売買の対象となり流通していることは公知の事実である。	づきなされたものである。 ④ 甲㈱の解散は、本件相続開始日後において計画された、甲㈱と請求人らの間における本件各銀行借入金の整理の一環にすぎないと認められる。 (2) 上記(1)のとおり、甲㈱の事業経営が客観的に破たんしていることが明白で、本件貸付金の回収の見込みがないことが客観的に確実であるといい得る状況にあったとは認められないから、評価通達204《貸付金債権の評価》によれば、本件貸付金の相続税評価額は、本件貸付金の元本額である177,000,000円となる。 請求人らが主張する、DCFの手法とは、金融機関等が不良債権を流動化（売却や証券化すること）する際の売買価値を評価する方法をいうものであり、投資の対象として取得する債権を評価する方法である。 しかしながら、相続税が相続という偶発的、消極的な事由によって取得した財産を担税力の対象として課税するものであることからすると、投資目的という自発的、積極的な事由によって取得する場合の評価方法を適用することは適切とはいえない。

（争点３）　本件相続開始時における本件貸付金の価額はいくらになるのか

請求人ら（納税者）の主張	原処分庁（課税庁）の主張
(1) 上記（**争点２**）の(1)に掲げるとおり、本件貸付金の価額は回収の見込みがないことから０円として評価すべきである。 (2) 仮に上記(1)によらない場合であっても、上記（**争点２**）の(2)に掲げるとおり、本件貸付金の価額は、DCF法の手法により計算した2,938,244円とすべきである。	上記（**争点２**）の(1)に掲げるとおり、本件貸付金の価額は評価通達204《貸付金債権の評価》の定めによることが相当とされることから、その元本額である177,000,000円で評価すべきである。

〔5〕国税不服審判所の判断

(1) 認定事実

① 甲㈱は、本件相続開始日以後、平成18年4月＊＊日に解散するまで、不動産賃貸業を継続し、事業収入を得ていた。

② 甲㈱及び請求人らが、本件各銀行に共同で提出した平成17年2月10日付の「ご依頼書」と題する書面（以下「本件依頼書」という）には、要旨次の記載がある。

(イ) 甲㈱の本件各銀行借入金の弁済方法については、次の方法を考えている。

㋑ 本件各銀行借入金の連帯保証人である請求人らが、被相続人から相続により取得した財産（有価証券）を譲渡し、当該譲渡に係る代金により、保証債務の一部を履行する。

㋺ 甲㈱は解散し、その清算会社が、同社所有の甲ビルを請求人乙に譲渡する。

㋩ 請求人乙は、上記㋺の譲渡に係る譲渡代金相当額を、本件各銀行から借り入れし、清算会社に支払う。

㊁ 清算会社は、当該譲渡に係る代金によって、上記㋑の保証債務の履行後に残っている本件各銀行借入金を完済する。

(ロ) 請求人乙は、被相続人から相続した本件貸付金を放棄する。

(ハ) 甲㈱が解散する必要性について

㋑ 甲㈱が本件各銀行借入金を返済する方法としては、同社が請求人らから上記(イ)㋑の譲渡に係る代金を借り入れ、それにより一部返済する方法も考えられるが、この方法によれば、当該譲渡に係る所得に対して課税され、その結果、本件各銀行借入金の返済額が減少することとなる。

これに対し、上記(イ)の方法を採り、甲㈱に対する請求人らの求償権行使が不可能であると証明されれば、当該課税の問題が生じない。

甲㈱に対する求償権の行使が不能であるといえるためには、会社が破産又は解散などして、法的に回収不能の状況にあることが必要になるから、甲㈱については、清算会社にすることが良いと考えている。

㋺ 将来、請求人乙に係る相続が開始した際には、請求人乙が甲ビルを所有するとともに債務（借入金）を負担している方が、当該相続に係る相続税を節税することができ、債務の弁済が容易になる。

㋩ 甲ビルの所有権が請求人乙に移転すれば、甲ビルを所有し不動産賃貸業を営むために設立された甲㈱を存続させる意味がなくなる。

③ 本件貸付金について、本件相続開始日において、評価通達205《貸付金債権等の元本価額の範囲》の(1)ないし(3)（筆者注 いわゆる形式基準に該当するもの）に該当する金額はない。

④ 甲㈱と請求人らの間で交わされた平成18年8月30日付の「債務免除にかかる合意

書」と題する書面において、本件貸付金については、請求人乙がその全額を免除する旨の合意がなされている。

⑤　甲㈱、請求人乙、請求人A及び請求人らの代理人である＊＊弁護士の間で作成された平成17年9月13日付の「債務弁済に関する合意書」と題する書面には、被相続人のX銀行に対する債務32,200,000円を返済するため、平成17年9月14日、甲㈱が請求人乙及び請求人Aに対して32,200,000円を貸し付ける旨の記載がある。

⑥　本件各銀行の担当行員は、原処分庁の調査担当職員に対し、いずれも、要旨次のとおり申述している。

㈠　本件各銀行借入金について、甲㈱がその返済を滞らせたということは行内書類に記録されていない。

㈡　本件各銀行から甲㈱に対して本件各銀行借入金の臨時弁済を求めた事実はない。

㈢　本件各銀行から本件各銀行借入金の連帯保証人である被相続人の相続人に対して弁済を求めた事実はない。

㈣　本件各銀行借入金の完済は、本件依頼書に基づきなされたものである。

㈤　甲㈱の貸付先格付ランクは「正常先」又は「正常先」よりは下の「要注意先」であるが、担保も充実しており、返済が滞った事実もないことから、「破たん懸念先」、「破たん先」とは認められず、本件相続開始日現在においても、他の正常な貸付先法人と同じ取扱いをしている。

⑦　甲㈱の＊＊元監査役は、平成18年4月26日、原処分庁の調査担当職員に対し、要旨次のとおり申述している。

㈠　私は、平成15年か平成16年に甲㈱の監査役を辞め、現在は無職である。

㈡　被相続人と私の関係は、社長と経理という関係である。被相続人の父である＊＊（以下「亡父」という）が亡くなった時の相続税申告書の基礎資料を作成したことがある。

㈢　丙㈱（**筆者注**甲㈱に吸収合併された会社。上記**〔2〕**⑼②を参照）は、亡父が設立した会社で、＊＊市に工場があり、＊＊を製造していた。

㈣　丙㈱には被相続人からの借入金177,000,000円があったが、その貸付時期及び内訳については、全く分からない。

㈤　亡父に係る相続税の申告書に当該貸付金が計上されているので、被相続人が当該貸付金を相続したのかもしれない。

㈥　甲㈱は、借入金でビルを建築し、家賃収入から借入金を返済していた。家賃収入で借入金返済資金は十分賄えた。被相続人の個人での持ち出しはない。

㈦　甲ビルにテナントが入らなくて困ったようなことはなかった。出入りは順調だった。

㈧　甲㈱は、帳簿上は赤字であるが、お金の流れからいえば回っていたので、赤字とはいえない。

(リ)　返済も順調だったので、借入金を被相続人個人にシフトするような話は聞いたことがない。

(ヌ)　銀行から督促や臨時弁済を求められたことは、一切なかった。敷金は、運転資金に使っていたが、借入金の返済に充てたことはない。

(2)　法令解釈等

①　相続税法第22条に規定する時価

財産の価額について、相続税法第22条《評価の原則》に規定する「時価」とは、その財産の取得の時において、それぞれの財産の現況に応じ、不特定多数の当事者間で自由な取引が行われる場合に通常成立すると認められる価額、すなわち客観的な交換価値をいうものと解されている。

なお、この点については、請求人ら及び原処分庁のいずれもが同様の主張をしている。

②　相続税法第22条と評価通達との関係

(イ)　相続税の課税対象となる財産は多種多様であり、また、財産の客観的な交換価値は、必ずしも一義的に確定されるものではないところ、これを個別に評価する方法を採ると、その評価方法、基礎資料の選択の仕方等により異なった評価額が生じることを避け難く、納税者の法的安定性及び予見可能性を損ね、納税者間の公平を害する可能性があることなどから、課税実務上、国税庁長官は、財産の評価方法に共通する原則や財産の種類及び評価単位ごとの評価方法などを評価通達に定め、相続財産の評価を画一的に行うとともに、これを公開し、納税者の申告及び納税の利便に供している。

そして、評価通達は、法形式上は国税庁内部における行政規則（行政命令）にとどまるものの、租税公平主義との関係でいえば、納税者に対して申告内容を確定する指針を与えるとともに、課税庁における課税事務を統一するという積極的な意義を有することは否定し難いから、上記の観点からみて「時価」の評価として合理的な内容のものである限り、評価通達に基づき評価した結果を「時価」と判断して差し支えないと解すべきであり、その限りで国民に対し事実上の法規範として機能する場合もあると解されている。

(ロ)　上記(イ)より、このような評価通達の趣旨に照らすと、評価通達に定められた評価方式が合理的なものである限り、これをすべての納税者に適用することが、租税負担の実質的な公平の実現に適するところでもあり、特定の納税者あるいは特定の相続財産についてのみ評価通達に定める評価方法以外の方法によってその評価を行うことは、納税者間の実質的な負担の公平を欠くことになり、ひいては、相続税法第22条《評価の原則》の解釈適用上要請される評価の客観性を損なうおそれがあるものとなるから、評価通達に定められた評価方法を画一的あるいは形式的に適用することによって、実質的な租税負担の公平を著しく害し、相続税法あるいは評価基本通達自体の趣旨に反するような結果を招くというような特別な事情が認められない限り、課税上は評価通達に定められた評価方法によって画一的に評価することが相当であるというべきである。

③　評価通達に定める貸付金債権等の評価

評価通達204《貸付金債権の評価》は、貸付金債権等の価額は、貸付金債権等の元本の価額と課税時期現在の既経過利息との合計額により評価する旨定め、貸付金債権等の元本の価額は、その返済されるべき金額である旨定めている。

また、同通達205《貸付金債権等の元本価額の範囲》は、貸付金債権等の価額の評価を行う場合において、債権金額の全部又は一部が、課税時期において「次に掲げる金額に該当するときその他その回収が不可能又は著しく困難であると見込まれるとき」においては、それらの金額を元本の価額に算入しない旨定めている。

この場合の「次に掲げる金額」としては、評価通達205の(1)ないし(3)（筆者注 いわゆる形式基準に該当するもの）のとおり、債務者について手形交換所の取引停止処分等に該当する事実があったときの貸付金債権等の金額並びに再生計画認可の決定、整理計画の決定及び更生計画の決定等により切り捨てられる債権の金額等が掲げられている。

そうすると、「次に掲げる金額に該当するとき」とは、いずれも、債務者の資産状況及び営業状況等からみて事業経営が破たんしていることが客観的に明白であって、債権の回収の見込みのないことが客観的に確実であるといい得るときであると解される。

また、「その他その回収が不可能又は著しく困難であると見込まれるとき」とは、上記の「次に掲げる金額に該当するとき」に準じる状況をいい、これと同視できる程度に債務者の資産状況及び営業状況等からみて事業経営が破たんしていることが客観的に明白であって、債権の回収の見込みのないことが客観的に確実であるといい得るときであると解するのが相当である。

このような評価通達204及び205に定める評価方法は、上記①の相続税法第22条《評価の原則》に定める「時価」の解釈に沿ったものであり、審判所においても相当であると認められる。

(3)　当てはめ

①　争点1（貸付金債権の評価を評価通達の定めにより画一的基準で評価することは、相続税法第22条《評価の原則》の趣旨を逸脱しているか否か）について

請求人らは、「徴税権という国家権力の行使により国民の財産権を侵害しないようにするためには、財産を評価する基準は相続税法第22条《評価の原則》によるべきであり、課税庁の事務処理上のマニュアルにすぎない評価通達によるべきではない」旨、また、「貸付金債権は、その前提事実が区々に分かれているから、個別に評価されるべきである」旨主張する。

しかしながら、納税者間の実質的な負担の公平を保つため、評価通達に定める評価方法を画一的あるいは形式的に適用することが、相続税法第22条の趣旨に合うものであることは、上記(2)②のとおりであり、評価通達に定める貸付金債権の評価方法が、相続税法第22条に規定する「時価」の解釈に照らして相当であることは、上記(2)③のとおりであるから、この点に関する請求人らの主張には理由がない。

② **争点２（本件貸付金が評価通達205《貸付金債権等の元本価額の範囲》に定める「その他その回収が不可能又は著しく困難であると見込まれるとき」に該当するか否か）について**

(イ) 本件貸付金の回収可能性

上記①のとおり、本件貸付金については、評価通達の定めに基づいて評価するのが相当であるところ、相続財産の評価における貸付金債権の評価方法は、上記(2)③のとおり、評価通達204《貸付金債権の評価》及び205《貸付金債権等の元本価額の範囲》に定められている。

そして、上記(1)③のとおり、本件貸付金について評価通達205の(1)ないし(3)（筆者注 いわゆる形式基準に該当するもの）に掲げる金額に該当する事実はないことから、課税時期（本件相続開始日）において、本件貸付金が、同通達205に定める「その他その回収が不可能又は著しく困難であると見込まれるとき」に該当するか否かについて判断すると、次のとおりである。

④ 甲㈱の平成11年９月期から平成16年９月期までの各事業年度末の資産及び負債の状況は、各期の決算書によると**図表－１**のとおりであり、平成14年９月期、平成16年９月期以外は債務超過にはなっていない。

また、一般的に、借入金額が多額であっても返済条件に従った返済が行われている限り、債権者がそれ以上の返済を求めることはなく、事業経営を継続することは可能であるから、単に債務超過であることをもって、甲㈱の事業経営が破たんしていることが客観的に明白であるということはできない。

さらに、次に掲げる事項からすると、甲㈱の事業経営が破たんしていることが客観的に明白であるとまで認めることはできない。

(A) **図表－４**並びに上記(1)⑥の本件各銀行の担当行員の申述及び上記(1)⑦の＊＊元監査役の申述のとおり、本件各銀行借入金については、本件相続開始日現在において返済期限は到来しておらず、かつ、過去において、その返済が滞ったことはなく、本件各銀行から臨時弁済を求められた事実もないこと

(B) 上記(1)⑤のとおり、「債務弁済に関する合意書」において、債務者である甲㈱が債権者である被相続人のＸ銀行に対する債務を弁済するために、請求人に資金を貸し付ける旨の合意がなされているが、仮に甲㈱の事業経営が破たん状況にあったとした場合、このような合意をすることは極めて不自然であること

㋺　甲㈱の平成11年9月期から平成16年9月期までの各事業年度の収入等の状況は、各期の決算書によると**図表－2**のとおりであり、平成14年9月期以降の各貸室料収入は年々減少しているものの、一般的に売上高が減少し営業状況が赤字であったとしても、直ちに事業経営が破たんするわけではなく、このような状況でも事業を継続している企業は多数存在するから、貸室料収入が減少していることをもって、甲㈱の事業経営が破たんしていることが客観的に明白であるとまでいうことはできない。

加えて、上記**〔2〕**⑷②のとおり、甲㈱は、同社の元代表取締役である被相続人に対する甲ビルの敷地の賃借料を遅滞することなく支払っていたことが認められる。甲㈱にとってみれば、第三者である各銀行に対する債務の支払が困難な状況にあるとすれば、まず同社にとって特別な関係にある被相続人に対する債務の不履行が生ずるのが一般的であることからみても、甲㈱の事業経営が破たんしていることが客観的に明白であったということはできない。

㈺　請求人らの主張について

㋑　請求人らは、「甲㈱は、財政的に破たんしていたため解散した」旨主張する。

しかしながら、甲㈱が解散するに至ったのは、上記⑴②㈧のとおり、請求人らの有価証券の譲渡に係る譲渡所得の課税において、甲㈱に対する請求人らの求償権が行使不能である状況を作り出す必要があること、また、将来請求人乙が死亡した場合の相続税において、個人で債務を有していることが課税上有利であるという判断をしたためであると認められ、甲㈱が本件相続開始日において、事業経営が破たん状態にあったことによるということはできない。したがって、この点に関する請求人らの主張には、理由がない。

㋺　請求人らは、次に掲げる旨主張する。

(A)　本件各銀行からの借入金は、いわゆるバルーン方式によるものであり、甲㈱が一定の経常利益を計上していることは当然であるから、経常利益を計上していることをもって甲㈱の事業経営が破たん状況になかった根拠とはならない。

(B)　賃料収入から諸経費を控除した経常利益により返済可能な金額を約定返済額としているのであるから、甲㈱が元本を返済できたこと及び返済が滞ったことがないことも当然である。

(C)　年商300,000,000円程度の会社が2,461,000,000円の借入債務を負担していること自体が異常で、客観的にみて破たん状況にあるとみなされる。

しかしながら、上記(A)及び(B)の主張のとおり、バルーン方式による返済方式は、甲㈱が、借入金の返済により財政的に破たんを来さないために採られた方策であると認められるものの、飽くまでも事業としての継続可能性を前提としたものと考えられ、当初の予定どおり返済が実行されてきたことは、甲㈱の事業経営が破たんしていないことの証左であると考えられる。

また、上記(1)⑥(ホ)のとおり、本件各銀行の担当行員は、「銀行による甲㈱の貸付先格付ランクは「正常先」又は「正常先」よりは下の「要注意先」であるが、担保も充実しており、返済が滞った事実もないことから、「破たん懸念先」、「破たん先」とは認められず、本件相続開始日現在においても、他の正常な貸付先法人と同じ取扱いをしている」旨申述しており、最終返済期限に一括返済できない可能性は皆無ではないものの、Y銀行及びZ銀行が最終返済期限において金銭消費貸借契約を更新するなど、改めて資金調達できる可能性は十分考えられるところである。

さらに、上記(C)の主張については、甲㈱のような、銀行等からの借入金により不動産を取得し、賃貸料収入を得ている法人は、債務超過の状態でスタートして営業を行っているのが通常である。

しかし、上記(イ)④のとおり、たとえ、借入金額が多額であっても返済条件に従った返済が行われている限り、債権者がそれ以上の返済を求めることはなく、事業経営を継続することは可能であるから、借入金額が多額であることのみをもって直ちに甲㈱の事業経営が破たんしており、本件貸付金の回収の見込みがないことが客観的に確実であるとまではいえない。

現に甲㈱は、上記〔2〕(5)①のとおり、設立当初には4,100,000,000円もの借入れをしていたのであるから、単に借入金が多額であることをもって、客観的にみて破たん状況にあったとはいえないことは明らかである。

そして、**図表－4**のとおり、本件各銀行借入金については、本件相続開始日現在において返済期限は到来しておらず、かつ、上記(1)の⑥及び⑦の申述のとおり、過去において、その返済が滞ったことはなく、本件各銀行から臨時弁済を求められた事実もないのであるから、これらの点に関する請求人らの主張には、いずれも理由がない。

㋩　請求人らは、甲㈱は、請求人乙に対し、甲ビルを売却し、その売却代金及びその他の資産である預金をもって本件各銀行に対する債務の一部を返済し、不足分については、保証人である請求人らが個人資産をもって保証債務の履行として返済したものであるから、甲ビルの売買契約を締結した平成18年3月15日現在、甲㈱が、本件貸付金について返済する原資を所有していなかったことは客観的に明らかである旨主張するとともに、本件相続開始日において、甲㈱が所有していた資産の内容はおおむね同一であったから、本件相続開始日においても、本件貸付金を返済する原資を所有しておらず、本件貸付金は、回収不能債権であることが明らかであるから零円と評価される旨主張する。

しかしながら、甲㈱は、本件相続開始日においては、甲ビルを所有しており、本件貸付金について当初約定どおり返済する原資を所有していたのであり、平成

18年3月15日現在とは事情が異なることは明らかであるから、この点に関する請求人らの主張には理由がない。

(ハ) 小　括

上記(イ)及び(ロ)から総合的に判断すると、本件相続開始日において、甲㈱の資産状況及び営業状況等からみて事業経営が破たんしていることが客観的に明白であって、本件貸付金の回収の見込みのないことが客観的に確実であるとはいえないから、本件貸付金については、評価通達205に定める「その他その回収が不可能又は著しく困難であると見込まれるとき」に該当すると認めることはできない。

③ 争点3（本件相続開始時における本件貸付金の価額はいくらになるのか）について

(イ) 本件貸付金の価額

本件貸付金については、上記②のとおり、本件相続開始日において、評価通達205《貸付金債権等の元本価額の範囲》の(1)ないし(3)（**筆者注**いわゆる形式基準に該当するもの）に定める金額に該当する事実及び同通達に定める「その他その回収が不可能又は著しく困難であると見込まれる」事実はないことから、本件貸付金の評価上、同通達205の適用はない。

そして、評価通達204《貸付金債権の評価》においては、貸付金債権等の評価について、貸付金債権等の元本の価額（その返済されるべき金額）と利息の価額との合計額によって評価する旨定めているところ、これを本件についてみると、上記〔2〕(2)のとおり、本件貸付金については利息の取決めは明らかでないから、元本額である177,000,000円が本件貸付金の評価額となる。

(ロ) 請求人らの主張について

請求人らは、仮に本件貸付金の全額が回収不能でなかったとしても、本件貸付金は、利息と返済期限の定めのないものであり、金融債務完済後に返済する合意があるので、その評価額は、DCFの手法により評価した2,938,244円とすべきである旨主張する。

ところで、民法第412条《履行期と履行遅滞》第3項は、「債務の履行について期限を定めなかったときは、債務者は、履行の請求を受けた時から遅滞の責任を負う」旨規定している。

本件貸付金については、上記〔2〕(2)のとおり、返済期限や利息の定めは明らかでないが、請求人らの主張どおり、本件貸付金が返済期限の定めのないものであったとすると、法的には、債権者である被相続人は甲㈱に対し、いつでも貸付金元本額の返済あるいは相当な利息の支払を請求できたことになる。そして、請求人らが主張するような本件貸付金を金融債務完済後に返済するという被相続人と甲㈱との間の合意の存在を示す証拠もない。結局、被相続人が甲㈱に対する債務の履行等を請求しなかったのは、債権者である被相続人の甲㈱に対する好意に基づくものというべきである。

上記(2)①のとおり、相続税法第22条《評価の原則》に規定する時価とは、客観的な交換価値をいうものとされており、そのような債権者の主観的な意思により財産の評価額が左右されるのは相当ではない。したがって、この点に関する請求人らの主張には理由がない。

⑷ 結論

上記⑴ないし⑶によれば、本件貸付金については、評価通達に定められた評価方法を画一的にあるいは形式的に適用することによって、実質的な租税負担の公平を著しく害し、相続税法あるいは評価通達自体の趣旨に反するような結果を招くというような特別な事情は認められず、評価通達に基づいて評価することが相当であると認められ、また、評価通達205《貸付金債権等の元本価額の範囲》に定める「その他その回収が不可能又は著しく困難であると見込まれる」事実もないことから、上記⑶③(イ)のとおり、元本金額により評価するのが相当であり、その評価額は177,000,000円となる。

〔6〕まとめ

⑴ 裁決事例の結果

先例とされる裁決事例では、本件貸付金の価額につき、請求人（納税者）が本件相続開始時において甲㈱が財政的に破たんしており実質的には回収不能であることから0円である旨を主張したのに対し、原処分庁が主張し国税不服審判所がこれを相当と判断したのが本件貸付金は「その他その回収が不可能又は著しく困難であると見込まれるとき」には該当しないとして、元本の価額である本件相続開始当時の残高の177,000,000円で評価するというものであったことから、本件各更正処分等は適法とされ、結果として、請求人（納税者）の主張は容認されなかった。

⑵ 参考法令通達等

- 相続税法第22条《評価の原則》
- 評価通達204《貸付金債権の評価》
- 評価通達205《貸付金債権等の元本価額の範囲》
- 民法第412条《履行期と履行遅滞》

本問から学ぶ重要なキーポイント

⑴ 一般的に、借入金額が多額があっても返済条件に従った返済が行われている限り、債権者がそれ以上の返済を求めることはなく、事業経営を継続することは可能であるから、単に債務超過であることをもって、債務者の事業経営が破たんしていることが客観的に明白であるということはできないとされています。

⑵ 一般的に、売上高が減少し営業状況が赤字であったとしても、直ちに事業経営が

破たんするわけではなく、このような状況でも事業を継続している企業は多数存在するから、貸室料収入が減少していることをもって、債務者の事業経営が破たんしていることが客観的に明白であるとまでいうことはできないとされています。

⑶　民法第412条《履行期と履行遅滞》第３項は、「債務の履行について期限を定めなかったときは、債務者は、履行の請求を受けた時から遅滞の責任を負う」旨規定しています。

⑷　貸付金債権が返済期限の定めのないものであった場合には、法的に債権者は、債務者に対し、いつでも貸付金元本額の返済あるいは相当な利息の支払を請求することができるとされています。

⑸　上記⑷につき、債権者が債務者に対する債務の履行等を請求しなかったとしても、それは債権者の債務者に対する好意に基づくものというべきであり、相続税法第22条《評価の原則》に規定する時価とは、客観的な交換価値をいうものとされており、そのような債権者の主観的な意思により財産の評価額が左右されるのは相当ではないとされています。

貸付金債権に係る実務対策

⑴　先例とされる裁決事例では、貸主である被相続人（平成16年３月に相続開始）と借主である甲㈱との間で生じた本件貸付金については、利息の定めが設けられていないため、本件貸付金の価額は本件相続開始時の本件貸付金債権の元本残高である177,000,000円で評価するものとされています。

⑵　上記⑴にかかわらず、次に掲げるとおり、本件貸付金は債権者（本件相続による承継者である請求人乙）によって回収された金額は皆無となっています。

①　本件依頼書（本件相続開始後の平成17年２月10日付で作成）において、請求人乙は、被相続人から相続した本件貸付金を放棄する旨の記載があること

②　「債務免除にかかる合意書」（本件相続開始後の平成18年８月30日付で作成）において、本件貸付金については、請求人乙がその全額を免除する旨の記載があること

⑶　上記⑴及び⑵より、最終的には請求人乙にとっては担税力無き課税とも考えられる事象が生じており、これを回避するためには、次に掲げる事項を検討すべきであったと考えられます。

①　本件相続の開始前における債務者である甲㈱の解散及び清算結了

②　本件相続の開始前における債権者たる被相続人から債務者である甲㈱に対する債務免除

Q 3 - 9 実質基準に係る判断事例〔その８：被相続人が有する貸付金債権の回収可能性につき、債務者である法人（被相続人が代表取締役に就任）の事業規模が極めて小さく、短期的・長期的に経営の安定性が望めないことを考慮することが許容されるのかが争点とされた事例〕

事 例 **大阪地方裁判所**
（令和３年１月13日判決、令和元年（行ウ）第88号、平成27年相続開始分）

疑問点

被相続人は、遊漁船業及び旅館（民宿）の営業を行う同族会社（本件会社）の代表取締役で、本件会社に対する貸付金債権が同人の相続開始時において22,054,347円（額面金額）（本件貸付金債権）存在していることが判明しました。また、これ以外に、本件貸付金の価額を求めるために調査した事項として、次に掲げるものがあります。

(1) 被相続人に係る相続（本件相続）の約10年前の事業年度には、本件会社は売上高約18,000,000円、売上総利益約13,000,000円を計上していましたが、これらの数値はその後の事業年度では年々減少し、その後の各事業年度では営業損失となり、ほとんどの事業年度で経営損失及び当期損失の計上を余儀なくされています。

(2) 本件相続の開始後、間もなく遊漁船の船長に相続開始があったために遊漁船業は廃業し、旅館（民宿）の営業のみを行っていましたが、当該営業についても諸般の事情から旅館（民宿）内における飲食の提供を廃止し、いわゆる素泊まり形態にする等、事業規模の縮小が続いています。

(3) 本件貸付金債権には、被相続人と本件会社との間において弁済期日や利息に関する約定はされていません。

(4) 本件会社は、本件相続の開始時前後の事業年度において、債務超過であったものと認められます。

本件貸付金債権の価額を求めるに当たって、次に掲げる事項を根拠にその金額を０円（評価不要）とできると表明する者がいます。この見解の相当性について説明してください。

根拠事項

評価通達205《貸付金債権等の元本価額の範囲》の定めでは、要旨、「貸付金債権等の評価を行う場合において、その債権金額の全部又は一部が、課税時期において(A)同通達に定める(1)から(3)に掲げる金額に該当するときその他(B)その回収が不可能又は著しく困難であると見込まれるときにおいては、それらの金額は元本の価額に算入しない」とされている。

そうすると、評価通達205の定めの射程となる貸付金債権等は、(A)＿＿部分に掲げるいわゆる形式基準が適用されるもの以外に、これと同列対等に取り扱われるべきものとして(B)＿＿部分に掲げるいわゆる実質基準で判定されるものも含まれることになる。

本件貸付金債権については、次に掲げる事項が摘示されることから、これは、正に上記(B)＿＿部分に該当すると判断（実質基準の適用が可能）されるものであり、その結果、本件貸付金債権の価額は0円（評価不要）とされる。

(イ) 上記(1)より、本件会社の営業状況等は極めて低調であり、また、財政状態も債務超過であると認められること

(ロ) 上記(2)のとおり、本件相続開始後のこととはいえ、本件会社は遊漁船業を廃業し、その後さらに旅館（民宿）業も飲食の提供を伴わない素泊り形態に変更する等、事業規模が縮小されていること

(ハ) 上記(イ)及び(ロ)のような状況にある本件会社が、本件貸付金債権（額面金額22,054,347円）を素泊り形態の旅館（民宿）業から生ずる利益を返済原資として、債権者（被相続人の相続人）に返済することは困難と認められること

A 回　答

お尋ねの本件貸付金債権については、上記 ? 疑問点 に掲げる 根拠事項 に示された評価通達205《貸付金債権等の元本価額の範囲》の定めの適用は認められず、評価通達204《貸付金債権の評価》の定めにより評価する必要があります。

そうすると、本件貸付金債権の価額は、元本の価額（22,054,347円）及び利息の価額（0円（利息は発生していません））の合計額である22,054,347円で評価することが相当と考えられます。

! 解　説

(1) 評価通達205《貸付金債権等の元本価額の範囲》の文面上の定めは、要旨として ? 疑問点 に掲げられているとおりですが、その求められている法令解釈等として、「貸付債権等が評価通達205に定める貸付金債権等に該当するというためには、単にその貸付金債権等に係る債務者が営む事業に係る収益状況等が低下傾向にあるとか、又は財政状態につき債務超過の状況に陥っているというだけでは足りず、債務者が経済的に破綻

していることが客観的に明白であり、そのため、債権の回収の見込みがないか、又は著しく困難であると確実に認められるときをいう」と解されています。

(2) お尋ねの本件貸付金債権の価額につき、疑問点に掲げる根拠事項(ロ)に摘示される要因（本件相続開始後に、遊漁船業を廃止し、かつ、旅館（民宿）業を素泊り形態にして事業規模を縮小したこと）があったとしても、相続財産の価額は相続税法第22条《評価の原則》の規定及び評価通達1《評価の原則》の(2)（時価の意義）の定めにより『課税時期の現況』によるものとされており、課税時期後に生じた上記に掲げる要因は考慮外とされます。

検討先例

Q3-9の検討に当たっては、下記に掲げる裁判例が先例として参考になります。

◉大阪地方裁判所（令和3年1月13日判決、令和元年（行ウ）第88号、平成27年相続開始分）

〔1〕事案の概要

本件は、被相続人を平成27年1月＊＊日に相続（以下「本件相続」という）した被相続人の子である原告が、被相続人が代表者を務めていた有限会社A（以下「本件会社」という）に対する被相続人の貸付金債権（以下「本件貸付金債権」という）について、課税価格の計算の際に計上することなく本件相続に係る相続税（以下「本件相続税」という）の申告をしたところ、新宮税務署長から、本件貸付金債権22,054,347円が本件相続税に係る課税価格に含まれること等を理由として、本件相続税の更正処分（以下「本件更正処分」という）及び過少申告加算税賦課決定処分（以下「本件賦課決定処分」といい、本件更正処分と併せて「本件各処分」という）を受けたことから、本件各処分が違法である旨主張して、本件更正処分のうち、本件貸付金債権の価額を0円と評価して計算した課税価格及び税額を超える部分並びに本件賦課決定処分の取消しを求める事案である。

〔2〕前提事実（争いがないか証拠等により容易に認められる事実）

(1) 関係者等

① 原告は、被相続人の子である。被相続人は、平成27年1月＊＊日に死亡して本件相続が開始したところ、その法定相続人は、被相続人の養子であるA及びB（いずれも被相続人の夫の実子である）並びに実子である原告の3名であった。

A及びBが、それぞれ、平成27年6月18日及び同年3月24日、和歌山家庭裁判所新宮支部において相続放棄の申述を行って受理されたことにより、原告が、被相続人の遺産を全て相続した。

② 有限会社＊＊（以下「本件会社」という）は、平成元年9月＊＊日に有限会社とし

て設立された、船舶による瀬渡業務等を営む法人である。和歌山県東牟婁郡＊＊に本店を置いており、毎年４月１日から翌年３月31日までを事業年度としている。

被相続人は、本件会社設立時に取締役に就任し、平成15年９月３日から死亡までの間は代表取締役を務めていた。

原告は、平成15年９月３日に本件会社の取締役に就任し、被相続人の死亡により、唯一の取締役となった。

⑵　本件貸付金債権

被相続人は、本件会社の取締役又は代表取締役であった期間を通じて、本件会社に対し、繰り返し金銭を貸し付け、一部について返済を受けていたところ、本件相続の開始時（平成27年１月＊＊日）において、被相続人の本件会社に対する貸付金債権（本件貸付金債権）の残額は、22,054,347円であった。

本件貸付金債権について、弁済期及び利息の定めはなかった。

⑶　相続税の期限内申告書の提出（本件申告）

原告は、平成27年10月22日、図表－１に掲げる課税の経緯の「当初申告」欄記載の内容で、新宮税務署長に対し、本件相続税に係る申告書を提出した（以下「本件申告」という）。原告は、本件申告において、課税価格の計算の際に本件貸付金債権を計上しなかった。

なお、原告は、法定相続人が実際には３人であるのに、５人であることを前提として遺産に係る基礎控除額を60,000,000円（筆者注 30,000,000円＋6,000,000円×５人（法定相続人の数））として本件申告を行っているところ、これは、被相続人の養子であったＣ（平成９年に死亡）の子２人について、被相続人とＣの養子縁組（昭和63年12月７日）以前に出生したため、被相続人の直系卑属ではなく、本件相続において代襲相続人とならないにもかかわらず、相続人に含めて申告したものである。

図表－１　課税の経緯

（単位：円）

		当初申告	更正処分等	審査請求	裁　決
原告	年月日	平成27年10月22日	平成30年２月15日	平成30年４月18日	平成31年１月11日
	取得財産の価額	90,931,663	101,963,618	全部取消し	棄却
	債務及び葬式費用の金額	35,790,341	35,790,341		
	課税価格（1,000円未満切捨て）	55,141,000	66,173,000		
	算出税額	0	1,817,100		
	納付すべき税額（100円未満切捨て）	0	1,817,100		

	過少申告加算税の額		246,500		
相続税の総額	取得財産価額の合計額	90,931,663	101,963,618		
	債務控除の合計額	35,790,341	35,790,341		
	課税価格の合計額 （1,000円未満切捨て）	55,141,000	66,173,000		
	（法定相続人の数） 遺産に係る基礎控除額	（5人） 60,000,000	（3人） 48,000,000		
	相続税の総額 （100円未満切捨て）	0	1,817,100		

筆者注 上記(1)及び(3)を基にして、本件相続に係る相続関係図を示すと、**図表－2**のとおりとなる。

図表－2　本件相続に係る相続関係図

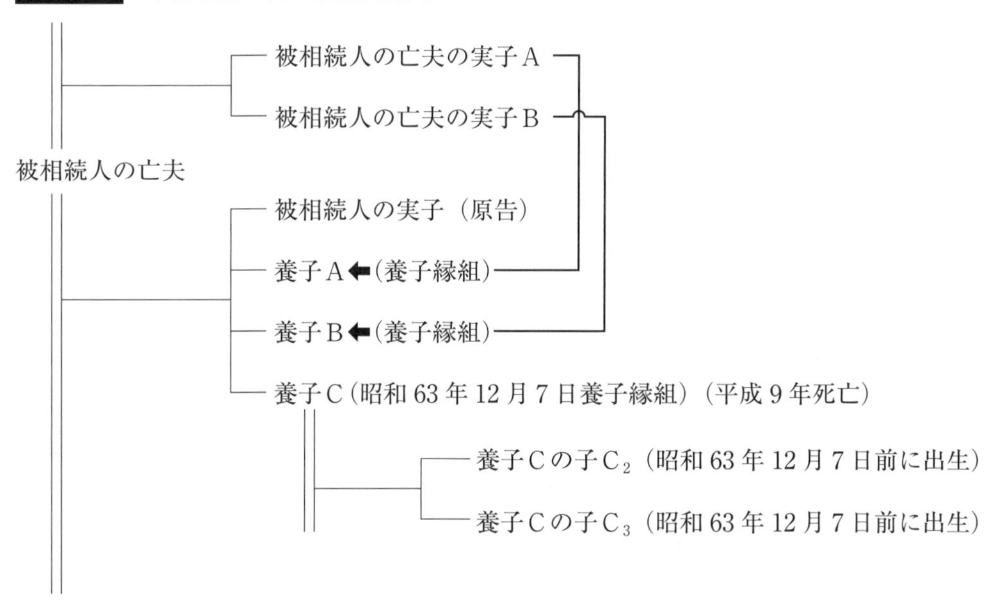

(4)　本件各処分

新宮税務署長は、本件相続税について、次に掲げる事項を理由として、平成30年2月15日付で、**図表－1**に掲げる課税の経緯の「更正処分等」欄のとおり、本件相続税を更正する更正処分（本件更正処分）及び過少申告加算税の賦課決定処分（本件賦課決定処分）をした。

① 申告されていない本件貸付金債権の価額が22,054,347円であること

② 和歌山県東牟婁郡＊＊の土地及び同土地上の家屋の評価に誤りがあること

③ 遺産に係る基礎控除額に誤りがあること（上記(3)のなお書）

(5) 審査請求

原告は、国税不服審判所長に対し、平成30年4月18日、本件各処分の取消しを求めて審査請求をしたところ、平成31年1月11日付けで、同審査請求を棄却する旨の裁決を受けた。

(6) 本件訴えの提起

原告は、令和元年6月27日、本件訴えを提起した（顕著な事実）。

筆者注 上記(1)ないし(6)に掲げる前提事実につき、時系列的な経過をまとめると、**図表－3**のとおりとなる。

図表－3 本件裁決事例における時系列

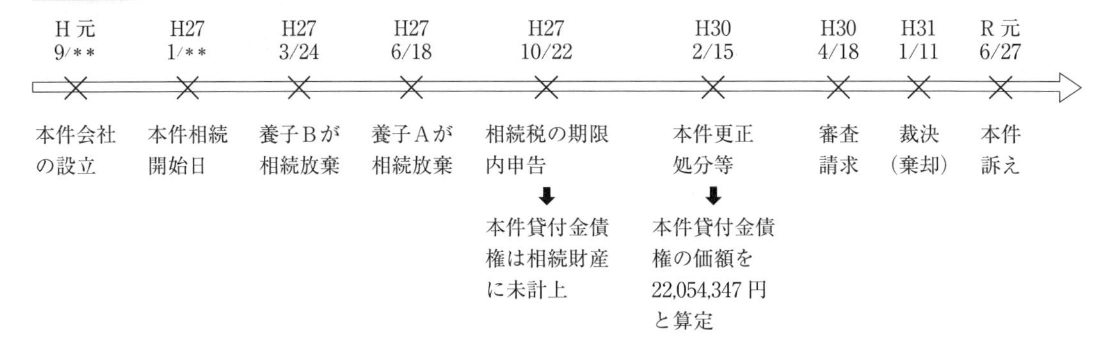

参　考 **被相続人及び原告の本件会社における役員への就任状況は、次のとおりである。**

(1) 被相続人

① 平成元年9月**日（本件会社の設立日）から平成15年9月3日まで……取締役

② 平成15年9月3日から平成27年1月**日（本件相続開始日）まで……代表取締役

(2) 原告

平成15年9月3日以降……取締役

〔3〕争点

本件における争点は、本件貸付金債権の時価である。

〔4〕争点に関する双方（原告・被告）の主張

争点に関する原告・被告の主張は、**図表－4**のとおりである。

図表－４　争点に関する原告・被告の主張

（争点）　本件貸付金債権の時価

原告（納税者）の主張	被告（国）の主張
⑴　「被告（国）の主張」欄⑵のような評価通達205《貸付金債権等の元本価額の範囲》の解釈は、債権金額の全部又は一部の回収が不可能又は著しく困難であると見込まれるときは全く価額に算入されないが、それ以外の場合は全額算入されるという二者択一的な評価に帰結するもので不合理な解釈であり、そのように解するのであれば評価通達205は合理性を欠くことになるから、評価通達によらずに本件貸付金債権の「時価」が認定されなければならない。 　相続税法22条《評価の原則》にいう「時価」とは、当該財産の客観的交換価値であり、不特定多数の当事者間で自由な取引が行われた場合に通常成立する価額を意味するところ、本件貸付金債権は以下のとおり履行可能性が乏しいため、同債権の「時価」は０円である。 　本件会社は、平成18年３月期には総売上高18,094,024円、売上総利益12,852,805円を計上していたが、いずれも平成27年３月期まで年々減少し、毎事業年度において営業損失を出し、ほとんどの事業年度で経常損失及び当期損失を計上している。また、貸借対照表上も大幅な債務超過であり、その額も急速に増加しているなど、本件相続の開始時において、本件会社は、短期的にも長期的にも全く経営安定性が望めない状態であり、いつ倒産してもおかしくない経営状態であった。 　本件会社の事業の規模は極めて小さいうえ、総売上高・売上総利益は年々悪化していることや、賃借して事業に使用している船舶及び旅館建物の老朽化を考慮すれば、本件会社が経常的な利益を上げて本件貸付金債権について分割返済を継続することは非現実的である。 　なお、被告が主張する以下の事情は、いずれも、本件貸付金債権の時価を元本の額面額と評価する根拠にはならない。 ①　倒産する会社も、直前までは事業活動を継続して売上高を計上するのが通常であるから、本件会社が毎期売上高を上げていても、健全な経営状態の会社と等しく評価することはできない。まだ倒産していなくても、いつ倒産してもおかしくない状態であれば、当該会社に対する貸付金債権は０円と評価すべき	⑴　相続税法22条《評価の原則》にいう「時価」とは、当該財産の客観的交換価値をいうものと解されるところ、これは、必ずしも一義的に確定されるものではなく、個別に評価すると、その評価方法及び基礎資料の選択の仕方等によっては異なる評価となることが避け難く、課税庁の事務負担も重くなる。そこで、国税庁長官は、法に特別の定めのあるものを除いて、評価通達によって財産評価の一般的基準を定め、課税実務においては、原則としてこれに定められた画一的な評価方法によって、当該財産の評価を行うこととしている。 　そして、評価通達の内容自体が「時価」を算定する上での一般的な合理性を有していると認められる限りは、評価通達の定める評価方法に従って算定した財産の評価額をもって、相続税法上の「時価」であると事実上推認することができるから、評価通達の定める方法によっては財産の時価を適切に評価することのできない特別の事情がない限り、評価通達に定める方法によって相続財産を評価することに合理性があるというべきである。 ⑵　貸付金債権については、通常は元本及び利息の金額を一義的に定めるものである一方、取引相場のように客観的交換価値を具体的に示すものはない。また、貸倒れリスクを評価し、元本等の価額から減額して貸付金債権の時価を算出するという方法は、そのための客観的かつ的確な評価方法を見いだし難い。 　そのため、評価通達204《貸付金債権の評価》が、原則として、貸付金の価額は元本と利息の合計額で評価すると定め、評価通達205《貸付金債権等の元本価額の範囲》が、その例外として、債権金額の全部又は一部の回収が不可能又は著しく困難であると見込まれるときに限り、それらの金額を元本の価額に算入しないと定めていることは、このような貸付金債権の性質に照らして合理的である。 　そして、評価通達205は、その⑴から⑶

である。

② 平成27年５月の事業内容の見直しや、平成29年３月期に営業黒字に転じたことは、いずれも本件相続の開始後の事情であって、本件相続の開始時の本件貸付金債権の時価に影響を及ぼさない。

③ 本件貸付金債権に期限の定めがなく強制執行の可能性が低いことは、債権者から見ればその回収可能性が低いことを意味する。

④ 本件会社が本件相続の開始後に原告に対して本件貸付金債権の一部を弁済したことは、上記①と同様、本件相続の開始時の本件貸付金債権の時価に影響を及ぼさない。

被相続人に対する弁済についても一部にとどまり、本件貸付金債権の残額は年々増加していたのであり、これだけの貸付けを受けても経営状態が改善されない本件会社に対する債権の評価が額面どおりとなるはずがない。

したがって、本件貸付金債権には22,054,347円の客観的交換価値がなかったことは明らかであり、０円と評価すべきである。

⑵ 仮に、評価通達205《貸付金債権等の元本価額の範囲》に合理性が認められるとしても、評価通達１《評価の原則》の⑶（財産の評価）が定めるとおり、「財産の評価に当たっては、その財産の価額に影響を及ぼすべきすべての事情を考慮する」べきであるから、評価通達205の「その回収が不可能又は著しく困難であると見込まれるとき」との文言は、同⑴から⑶と同視し得る事態に当たらない場合でも、貸付金債権の回収可能性に影響を及ぼし得る要因が存在することがうかがわれる場合には、評価時点における債務者の業務内容、財務内容、収支状況、信用力などを具体的総合的に検討した上でその実質的価値を判断することを定めたものと解釈すべきである。

そして、上記⑴の事情からすると、本件会社には見るべき資産が存在せず、その遊漁船業と旅館業から短期に多額の利益を得ることも現実的に不可能であるから、本件貸付金が回収される見込みはほとんど皆無であり、その実質的価値は全くない。

⑶ 仮に、「被告（国）の主張」欄⑵のように評価通達205《貸付金債権等の元本価額の範囲》を解釈するとしても、実質的に判断される時価が零円である本件貸付金債権を額面どおり評価することは著しく不適当であるから、本件貸付の事由のほか、「その回収が不可能又は著しく困難であると見込まれるとき」も評価通達204による評価の例外的事由として掲げているが、これは評価通達205⑴ないし⑶の事由と同程度に、債務者が経済的に破綻していることが客観的に明白であり、そのため、債権の回収の見込みがないか、又は著しく困難であると確実に認められるときをいうと解すべきである。

⑶ 本件会社は、次のとおり、本件相続の開始時、倒産状態にあることが客観的に明白であるとか、本件貸付金債権の回収可能性がないことが確実であるとはいえないから、本件貸付金債権は評価通達205《貸付金債権等の元本価額の範囲》の「その他その回収が不可能又は著しく困難であると見込まれるとき」に当たらない。

① 本件会社は、本件相続の開始時前後の事業年度において、債務超過であったものの、事業活動を継続し、毎期売上高を計上していた。

② 平成27年５月に飲食店事業を廃止したことに伴い、本件会社の営業赤字が減少し、平成28年４月１日から平成29年３月31日までの事業年度（以下「平成29年３月期」といい、他の事業年度についても同様に呼称する）には営業黒字に転じているなど、事業内容の見直しによって本件会社の経営状況が改善されている。

なお、本件相続の開始後の事情であっても、本件相続の開始時において本件会社が経済的に破綻していなかったことを裏付けるものであり、これらを考慮できないとする原告の主張は合理的根拠がない。

また、債権の回収可能性は、将来にわたる継続的な回収の可能性も考慮すべきであり、期限の定めのない本件貸付金債権については、本件相続の開始時において全額を回収することができたか否かではなく、将来にわたって回収する見込みがなかったか否かが検討されるべきであるから、本件相続の開始後の事情も本件貸付金債権の評価に影響を及ぼすというべきである。

③ 本件会社の負債の大半は本件貸付金債権によるものであり、期限の定めがない

金債権は評価通達６《この通達の定めにより難い場合の評価》の「この通達の定めによって評価することが著しく不適当と認められる財産」に該当する。 　したがって、本件貸付金は、国税庁長官の指示を受けて０円と評価されるべきであった。	ため、本件会社が同債権の強制執行を受けることにより運転資金を失って事業の継続が困難となる可能性は低かった。 ④　本件会社は、本件相続の開始時前後において、被相続人及び原告に対して本件貸付金債権の一部を弁済しており、原告に対する役員報酬を支払っていることからも、経済的に破綻した状態にあったとはいえない。 (4)　上記(1)ないし(3)のとおり、本件貸付金債権は、評価通達204《貸付金債権の評価》により、元本の価額である22,054,347円と評価すべきである。

〔5〕裁判所の判断

(1)　認定事実

①　本件会社の設立時における社員は被相続人を含めて３名であったが、平成18年頃には、被相続人が唯一の株主となった。

②　本件会社は、本件相続の開始時において、遊漁船業者の登録を受け、被相続人が所有する遊漁船で遊漁船業を営むとともに、被相続人が旅館業の営業の許可を受け、本件会社が旅館（民宿）を営んでいた。

③　本件会社は、本件相続の開始時において、被相続人の養子であるＡが代表者を務める会社が所有する土地及び建物を賃借して上記旅館（民宿）を営んでいたが、平成28年４月、原告が前記土地建物を前記会社から売買によって取得した。

　また、遊漁船は、原告が相続した。

④　本件相続の開始時において、本件会社の従業員は、被相続人、原告（取締役）及び遊漁船の船長の合計３名であったが、被相続人の死亡後、当該船長が死亡したため、口頭弁論終結時点では、本件会社の業務に従事しているのは原告のみである。

⑤　本件会社について、本件相続の開始前後の事業年度における資産及び負債等の状況の概要は、別表（筆者注非公開）のとおりであって、平成23年３月期から平成26年３月期までについては、負債の部のうち97％以上を占める短期借入金はその全てが本件貸付金債権である。

　また、後記⑦のとおり、本件会社は、本件相続の開始後は、本件貸付金債権を相続した原告に対し、新たな借入れ及び本件貸付金債権の返済を繰り返しており、平成27年３月期から平成31年３月期についても、同様に、計上された短期借入金は全てが本件貸付金債権である。

⑥　本件会社について、本件相続の開始前後の事業年度における損益の状況は、別表

（筆者注非公開）のとおりである。

本件会社は、平成27年5月をもって、旅館業における飲食店営業を廃止し、以降は素泊まりの客だけを受け入れている。

⑦　本件会社は、本件貸付金債権について、本件相続の開始時までは被相続人との間で、本件相続の開始後は原告との間で、別表（筆者注非公開）の「日付」欄記載の日に、「借方（返済）」欄記載の金額を返済し、「貸方（借入）」欄記載の金額を借り入れ、本件貸付金債権の残高は、「残高」欄記載の金額で推移した。

(2)　法令解釈等

①　相続税法第22条について

相続税法22条《評価の原則》は、特別の定めのあるものを除き、相続により取得した財産の価額は、相続の時における時価による旨を規定しているところ、同条に規定されている「時価」とは、当該財産の客観的交換価値をいうものと解される。

ところで、財産の客観的交換価値は、必ずしも一義的に確定されるものではなく、これを個別に評価すると、その評価方法及び基礎資料の選択の仕方等によっては異なる評価額が生じることが避け難いし、また、課税庁の事務負担が重くなり、課税事務の迅速な処理が困難となるおそれがある。

そこで、課税実務上は、法に特別の定めのあるものを除き、財産評価の一般的基準が評価通達によって定められ、原則としてこれに定められた画一的な評価方法によって、当該財産の評価を行うこととされている。

このような扱いは、税負担の公平、納税者の便宜、徴税費用の節減といった観点からみて合理的であり、これを形式的に全ての納税者に適用して財産の評価を行うことは、通常、税負担の実質的な公平を実現し、租税平等主義にかなうものである。

そして、評価通達の内容自体が財産の「時価」を算定する上での一般的な合理性を有していると認められる限りは、評価通達の定める評価方法に従って算定された財産の評価額をもって、相続税法上の「時価」であると事実上推認することができるものと解される。

もっとも、評価通達の上記のような趣旨からすれば、評価通達に定める評価方法を画一的に適用することによって、当該財産の「時価」を超える評価額となり、適正な時価を求めることができない結果となるなど、評価通達に定める評価方法によっては財産の時価を適切に評価することのできない特別の事情がある場合には、他の合理的な評価方法により「時価」を評価するのを相当とする場合もあると解されるのであって、このことは、評価通達6《この通達の定めにより難い場合の評価》が、「この通達の定めによって評価することが著しく不適当と認められる財産の価額は、国税庁長官の指示を受けて評価する」と定め、評価通達自らが例外的に評価通達に定める評価方法以外の方法をとり得るものとしていることからも明らかである。

以上によれば、評価通達に定める方法によって相続財産を評価することには合理性があるというべきである。

② 評価通達204及び205の合理性について

評価通達204《貸付金債権の評価》では、原則として、貸付金債権の価額を元本の金額と利息との合計額で評価するとしつつ、評価通達205《貸付金債権等の元本価額の範囲》において、例外として、債務者が手形交換所において取引停止処分を受けたとき等、債権金額の全部又は一部の回収が不可能又は著しく困難であると見込まれるときに限り、それらの金額を元本の価額に算入しないとしている。

そもそも、貸付金債権は、債務の内容が金銭の支払という抽象的な内容であり、通常元本及び利息の金額が一義的に定まっているものであるから、その履行は債権者及び債務者の個性に左右されにくく、したがって額面どおりの価値を有するものといえる場合が多いといえる。

確かに、貸付金債権は、債務者の資力等によっては全額の履行を求めることが困難となり、額面どおりの価値を有するものとはいい難い場合が生じ得る。しかし、貸付金債権は、株式などの有価証券と異なり、もともと取引がほとんど行われず、取引相場のように交換価値を客観的かつ合理的に探究するための手段がない。そのような中で、貸付金債権については、原告が主張するように、個別に債権回収率を予測して価値を評価することとしては、貸付金債権につき確立していない評価方法を無理に適用するに等しく、恣意を排除することができなくなって課税の公平性を保つことが困難となるほか、課税庁に過大な負担を強いて徴税コストの増大を招くことに繋がる。

そうすると、貸付金債権については、原則として額面評価とし、その履行を期待し得ない客観的かつ明白な事由がある場合に限って元本価額に算入しないとすることには、一般的な合理性があるということができる。

そこで、評価通達205の趣旨を検討すると、評価通達204は、原則として貸付金債権の価額を元本の金額及び利息との合計額で評価すると定めた上で、評価通達205はその例外に当たる事由として(1)ないし(3)を挙げ、「その他」と続けて、「その回収が不可能又は著しく困難であると見込まれるとき」と規定しているから、貸付金債権の履行を期待し得ない客観的かつ明白な事由がある場合に元本価額に算入しないこととするものであり、それ自体が一般的な合理性を有するといえる。

そして、このような定め方に鑑みれば、「その回収が不可能又は著しく困難であると見込まれるとき」とは、評価通達205(1)ないし(3)の事由と並列的に規定されていることは明らかである。

このような評価通達の規定の内容や、上記評価通達の趣旨に照らせば、「その回収が不可能又は著しく困難であると見込まれるとき」とは、評価通達205の(1)ないし(3)の事由と同程度に、債務者が経済的に破綻していることが客観的に明白であり、そのため、債権の回収の見込みがないか、又は著しく困難であると確実に認められるときをいうものと解するのが相当である。

(3) 当てはめ

本件貸付金債権の時価について、評価通達205《貸付金債権等の元本価額の範囲》(1)ないし(3)に相当する事情は認められない。そこで進んで、本件貸付金債権について「その回収が不可能又は著しく困難であると見込まれる」と評価できるか検討する。

上記(1)に掲げる認定事実によれば、本件会社は、平成23年3月期から本件相続の開始日を含む平成27年3月期まで債務超過状態であり、同期間のうち平成27年3月期を除いた事業年度では、約400,000円から2,200,000円の経常損失を計上していることが認められる。しかし、上記(1)に掲げる認定事実によれば、次に掲げる事項が認められる。

① 本件会社は、この間、従業員数名で遊漁船業及び旅館業を継続しており、平成27年5月に旅館業における飲食業を廃業しつつも現在に至るまで事業活動を継続していること

② 平成23年3月期から平成27年3月期の本件会社の負債の97%以上を占めている本件貸付金債権の債権者は、被相続人の死亡により本件会社の唯一の取締役となった原告であったこと

③ 本件貸付金債権には弁済期や利息の定めはなかったこと

④ 本件相続の開始直後の、原告の本件会社に対する100,000円の貸付けをはじめ、本件相続の開始前後において、被相続人及び原告と本件会社との間で追加の貸付けや返済が繰り返し行われていたこと

そうすると、本件会社は、本件相続の開始時において債務超過の状態が継続していたとはいえ、負債の大部分を占める本件貸付金債権に係る債務について直ちに強制執行を受けることにより、あるいは利息の支払により、運転資金を欠く可能性がある状況であったとは認められない。また、金融機関からの借入れや、その返済が滞っていたなどの事情も見当たらない。

以上に照らせば、本件相続の開始時において、本件会社が経済的に破綻していることが客観的に明白といい得る状況にあったと認めることはできない。したがって、本件貸付金債権について、「その回収が不可能又は著しく困難であると見込まれたとき」に当たるとは認められない。

(4) 原告の主張について

① 原告は、評価通達205《貸付金債権等の元本価額の範囲》について上記(2)②のように解釈した場合、貸付金債権が全く価額に算入されないが、それ以外の場合は全額算入されるという二者択一的な評価に帰結することになり不合理であると主張する。

しかしながら、評価通達205を上記(2)②のとおり解釈したとしても、評価通達205の「債権金額の全部又は一部・・の回収が不可能又は著しく困難であると見込まれる

とき」との文言からすれば、債権の一部について、評価通達205の(1)ないし(3)に該当する場合又はこれと同程度に、債務者が経済的に破綻していることが客観的に明白であり、そのため、債権の回収の見込みがないか、又は著しく困難であると確実に認められるとき（上記(2)②）には、当該部分を元本の価額に算入しない場合もあるというべきであって、原告の指摘は当たらない。

したがって、原告の上記主張は採用することはできない。

② 原告は、評価通達205《貸付金債権等の元本価額の範囲》の「その回収が不可能又は著しく困難であると見込まれるとき」との文言は、同(1)から(3)と同視し得る事態に当たらない場合でも、貸付金債権の回収可能性に影響を及ぼし得る要因が存在することがうかがわれる場合には、評価時点における債務者の業務内容、財務内容、収支状況、信用力などを具体的総合的に検討した上でその実質的価値を判断する旨定めたものと解釈すべきであると主張する。

しかしながら、貸付金債権には市場性がなく、取引相場のように客観的交換価値を具体的に評価するものがなく、原告が挙げるような要素に照らしつつ、税負担の公平性を害することなく貸付金債権の価額を適切に評価する客観的方法は見出し難い。

そうであるにもかかわらず、原告が挙げるような個別事情を踏まえた実質的な回収可能性に応じて貸付金債権の価額を評価することになれば、公平性及び客観性を欠く財産評価となるおそれがあるといわざるを得ない。

したがって、原告の上記主張は採用できない。

③ 原告は、次に掲げる事項などを指摘して、本件貸付金債権について実質的な回収可能性がない旨主張する。

(イ) 本件会社の経常利益等が年々減少していること

(ロ) 役員報酬が年々減少しており、原告に支払われている役員報酬が稼動実態に照らして安価であること

(ハ) 本件会社の事業に用いられている船舶及び旅館建物が本件会社所有でないこと

しかしながら、これらの事情を踏まえた実質的な回収可能性をもって本件貸付金債権の価額を定めることが妥当でないことは上記②で述べたとおりである。また、原告が挙げるこれらの事情を考慮しても、本件会社が経済的に破綻していると客観的に明白とはいえないとの上記判断が左右されるものではない。

したがって、原告の上記主張は採用できない。

④ 原告は、仮に、評価通達205《貸付金債権等の元本価額の範囲》を上記(2)②のように解釈するとしても、実質的に判断される時価が0円である本件貸付金債権を額面どおり評価することは著しく不適当であるから、本件貸付金債権は、評価通達6《この通達の定めにより難い場合の評価》の「この通達の定めによって評価することが著しく不適当と認められる財産」に該当する旨主張する。

しかしながら、評価通達205の各事由に該当しない以上、本件貸付金債権の価額は、評価通達204《貸付金債権の評価》に沿って、元本の価額と利息の価額との合計額によって評価するのが相当というべきであって、本件貸付金債権を元本の額面通り評価することが著しく不適当ということはできない。その他、本件全証拠をもってしても、本件貸付金債権の時価を評価通達204及び205に基づいて評価することによっては適正に算定することができない特段の事情は見当たらない。

したがって、原告の上記主張は採用できない。

⑸　**結論**

上記⑴ないし⑷より、本件貸付金債権の時価は、元本の価額である22,054,347円と認められる。

〔6〕まとめ

⑴　**裁判例の結果**

先例とされる裁判例では、本件貸付金債権の価額につき、原告（納税者）が本件貸付金債権に係る履行可能性が乏しいため零円である旨を主張したのに対し、被告（国）が主張し裁判所がこれを相当と判断したのが本件貸付金債権は「その他その回収が不可能又は著しく困難であると見込まれるとき」には該当しないとして、元本の価額である本件相続開始当時の残高の22,054,347円で評価するというものであったことから、結果として、原告（納税者）の主張は容認されず、本件各処分は適法とされた。

⑵　**参考法令通達等**

- 相続税法第22条《評価の原則》
- 評価通達1《評価の原則》
- 評価通達6《この通達の定めにより難い場合の評価》
- 評価通達204《貸付金債権の評価》
- 評価通達205《貸付金債権等の元本価額の範囲》

本問から学ぶ重要なキーポイント

(1)　貸付金債権は、株式などの有価証券と異なり、もともと取引がほとんど行われず、取引相場のように交換価値を客観的かつ合理的に探究するため手段がないとされています。そのような中で、貸付金債権については、個別に債権回収率を予測して価値を評価することにすると、貸付金債権につき確立していない評価方法を無理に適用するに等しく、恣意を排除することができなくなって課税の公平性を保つことが困難となるほか、課税庁に過大な負担を強いて徴税コストの増大を招くことに繋がるとされています。

(2)　評価通達205《貸付金債権等の元本価額の範囲》に定める「その回収が不可能又は著しく困難であると見込まれるとき」とは、同通達に定める(1)ないし(3)の事由と同程度に、債務者が経済的に破綻していることが客観的に明白であり、そのため、債権の回収の見込みがないか、又は著しく困難であると確実に認められるときをいうものと解するのが相当であるとされています。

(3)　上記(2)の法令解釈等の下では、先例とされる裁判例に摘示される「本件相続の開始前後において、被相続人及び原告と本件会社との間で追加の貸付けや返済が繰り返し行われていた」という事実関係がある場合に、本件貸付金債権に当該法令解釈等を当てはめることは、相当ではないとされています。

貸付金債権に係る実務対策

(1)　先例とされる裁判例では、被相続人に係る相続開始時において遊漁船業が営まれ、かつ、旅館（民宿）業も飲食店営業も含めて営業されていたことから、本件相続開始前において本件会社を解散及び清算結了させることは想定されていなかったものと考えられます。

(2)　上記(1)のような状況下においては、被相続人の生前における本件貸付金債権に対する実務対策として、次に掲げるものが想定されます。

①　被相続人に対する役員報酬の支払に代えて、本件貸付金債権の弁済を行うこと

②　被相続人による本件会社に対する本件貸付金債権の放棄（債務免除）を行うこと

③　被相続人からの同人の親族等に対する本件貸付金債権の生前贈与を行うこと

Q3-10 実質基準に係る判断事例〔その９：被相続人が生前に法人と締結していた購入商品預託等取引契約に基づくレンタル料債権の受給権は相続開始時に既に当該法人が実質破綻状態にあり、その回収が不可能又は著しく困難であると認められるか否かが争点とされた事例〕

事例 国税不服審判所裁決事例
（令和４年６月７日裁決、東裁（諸）令３－125、相続開始年分不明）

疑問点

被相続人に相続開始（本件相続）があり、本件相続に係る相続財産のうちには次に掲げる内容のレンタル料債権の受給権があり、これも含めて相続税評価額を算出して、相続税の期限内申告書（本件申告）を課税庁に提出しました。

レンタル料債権に係る受給権の内容

⑴　被相続人は生前に法人（本件法人）との間で商品購入契約を締結し、その購入代金を全額支払うものとする。

⑵　被相続人は上記⑴で購入した商品（購入商品）を本件法人に預託するものとし、その預託の代価として、預託後、当初に約定していた一定期間（契約期間）にわたって、本件法人からレンタル料を受け取る権利（レンタル料債権）を有するものとする。

なお、本件申告に当たっては、上記のレンタル料債権は、相続税法第24条《定期金に関する権利の評価》１項（欄外の 参考１ を参照）に規定するいわゆる『有期定期金』に該当するとしてその価額を算出していました。

上記のレンタル料債権の受給権を相続した者は、取得後、数回は分配額を受領しましたが、その後、本件法人は一切の支払ができなくなり、債権者等の関係者からの破産申立てが行われることになり、提訴を受けた管轄裁判所は保全管理人を選任して保全管理命令を行った上で、本件法人の破産手続開始決定をしました。

本件法人の破産管財人が作成した破産法の規定に基づく報告書（本件報告書）には、次のとおりの記載がありました。

本件報告書の記載内容

(イ)　本件法人が行った事業は顧客に対して商品を販売し、当該商品を他の顧客にレンタルし、レンタル料を配分するという形式で創業したものの、実態として大部分の取引は商品の介在はなく、単に新規の顧客から受領した一時金（商品販売の対価として受領した金員）が既存の顧客に対するレンタル料として分配

されていたにすぎないものであったこと

(ロ) 上記(イ)の状況であるから本件法人の資金繰りは、いわば自転車操業の状態が相当旧来から継続していたものであると認められること

(ハ) 上記(イ)及び(ロ)より、今回、本件法人の債権者らによって、破産法第15条《破産手続開始の原因》及び同第16条《法人の破産手続開始の原因》（欄外の **参考2** を参照）に基づいて、本件法人の破産手続の開始の申立てが行われたこと

以上のような状況を知った相続人は、本件法人に対する破産手続の開始の申立てにより本件申告に計上したレンタル料債権の受給額（相続税法第24条第１項に規定する有期定期金として算出）したのは誤り、又は当該算出方法自体に誤りはないとしても、当該債権は本件相続の開始時において評価通達205《貸付金債権等の元本価額の範囲》に定める「その他その回収が不可能又は著しく困難であると見込まれるとき」（いわゆる『実質基準』）に該当するとして、国税通則法第23条《更正の請求》に規定する更正の請求をしたいと考えています。

上記に掲げる相続人による本件申告に対する更正の請求に対する取扱いについて説明してください。

参考1 **相続税法第24条《定期金に関する権利の評価》第１項に規定する有期定期金の評価（要旨）**

相続税法第24条《定期金に関する権利の評価》第１項は、定期金給付契約で当該契約に関する権利を取得した時において定期金給付事由が発生しているものに関する権利の価額は、同項各号に掲げる定期金又は一時金の区分に応じ、当該各号に定める金額による旨規定し、同項第１号は、有期定期金を掲げ、次に掲げる金額のうちいずれか多い金額である旨規定している。

(1) 当該契約に関する権利を取得した時において当該契約を解約するとしたならば支払われるべき解約返戻金の金額（同号イ）

(2) 定期金に代えて一時金の給付を受けることができる場合には、当該契約に関する権利を取得した時において当該一時金の給付を受けるとしたならば給付されるべき当該一時金の金額（同号ロ）

(3) 当該契約に関する権利を取得した時における当該契約に基づき定期金の給付を受けるべき残りの期間に応じ、当該契約に基づき給付を受けるべき金額の１年当たりの平均額に、当該契約に係る予定利率による複利年金現価率（複利の計算で年金現価を算出するための割合として財務省令で定めるものをいう）を乗じて得た金額（同号ハ）

参考2 **破産法第15条《破産手続開始の原因》及び同第16条《法人の破産手続開始の原因》（要旨）**

(1) 破産法第15条《破産手続開始の原因》第１項は、債務者が支払不能の状態にある場

合において裁判所は、破産手続開始の申立てがあり破産手続開始の原因となる事実があると認められるときは、申立てにより、決定で、破産手続を開始する旨、第2項において、債務者が支払を停止したときは、支払不能にあるものと推定する旨をそれぞれ規定している。

(2) 破産法第16条《法人の破産手続開始の原因》第1項は、債務者が法人である場合における上記(1)の規定の適用につき、上記(1)の「支払不能」（____部分）とあるのは、「支払不能又は債務超過（債務者が、その債務につき、その財産をもって完済することができない状態をいう）」とする旨規定している。

回答

お尋ねのレンタル料債権の価額（相続税評価額）につき、本件相続の開始時において当該債権が評価通達205《貸付金債権等の元本価額の範囲》に定める「その他その回収が不可能又は著しく困難」には該当しないことから、国税通則法第23条《更正の請求》に規定する更正の請求は認められないものと考えられます。

解説

(1) 上記の疑問点に掲げられているとおり、本件相続の開始時に至るまでは被相続人はレンタル料債権の受給権に基づく分配金を受け取っており、当該受取りが停止したのは本件相続の開始後とされています。

そうすると、相続税法第22条《評価の原則》の規定及び評価通達1《評価の原則》の(2)（時価の意義）の定めから、相続財産の価額は課税時期（お尋ねの場合には、本件相続の開始時）の現況により行うものとされており、摘示の本件相続の開始後に本件法人からのレンタル料債権の受給権に基づく分配金の受取りができなくなったこと（さらに、本件法人にその後、破産の申立てがされたこと）は、考慮外の事項となります。

(2) 本件法人が疑問点に掲げられているような状況にあるということは、多分に本件相続の開始時において本件法人が債務超過の状態にあることが推認される一つの要素であると考えられます。

しかしながら、たとえ債務超過の状態にあったとしても事業を継続している法人は多数あり、債務者が債務超過の状態にあるというだけで、当該債務者に対する債権につき、評価通達205《貸付金債権等の元本価額の範囲》に定める「その他その回収が不可能又は著しく困難」という当てはめにはならないものと解されています。

(3) 付言すると、本件相続に係る本件申告における相続財産の種類をレンタル料債権の受給権として、相続税法第24条《定期金に関する権利の評価》第1項に規定する『有期定期金』として取り扱っていますが、本件法人が行っている事業の性格（換言すれば、当該事業は無限連鎖取引を前提としており、一種のマルチ商法とも考えられること）からすれば、被相続人が本件法人に対して有していた相続財産の種類は、『不当利得返還請求権』ないし『原状回復請求権』であるとも考えられます。

検討先例

Q3-10 の検討に当たっては、下記に掲げる裁決事例が先例として参考になります。

●国税不服審判所裁決事例（令和４年６月７日裁決、東裁（諸）令３－125、相続開始年分不明）

〔1〕事案の概要

本件は、請求人が、相続により取得した被相続人と販売会社との間の預託等取引契約に基づくレンタル料の支払を受ける権利が相続税法に規定する定期金給付契約に関する権利のうち有期定期金に当たるとしてした相続税の申告について、相続開始時点において販売会社が債務超過であり、かつ、支払不能であったことなどから相続財産の価額の計算に誤りがあるとして更正の請求をしたのに対し、原処分庁が、当該価額の計算に誤りはないとして更正をすべき理由がない旨の各通知処分を行ったことから、請求人が、当該各通知処分の全部の取消しを求めた事案である。

〔2〕基礎事実

⑴　相続関係について

被相続人は、＊＊（筆者注年月日）（以下「本件相続開始日」という）に死亡し、その相続（以下「本件相続」という）が開始した。

本件相続に係る共同相続人は、被相続人の長男である請求人＊＊、同二男である＊＊及び同三男である請求人＊＊の３名である。

なお、被相続人が次の⑵①の契約により有していた権利は、本件相続により＊＊が取得した。

⑵　預託等取引契約について

被相続人は、＊＊（筆者注年月日）から＊＊（筆者注年月日）までの間に、＊＊（以下「本件法人」という）から、図表－１のとおり、「購入日」欄の各年月日に、「購入商品」欄の各商品を、「契約高」欄の各代金で購入し、その頃代金を支払った（以下、この９件の売買契約を総称して「本件各売買契約」という）。

被相続人と本件法人は、本件各売買契約と同時に、被相続人が購入した図表－１の「購入商品」欄の各商品を本件法人に預託し、本件法人が各商品を第三者に賃貸して得た同表の「月額レンタル料」欄の金額の賃料をレンタル料として被相続人に支払う旨合意した（以下、この９件の預託等取引契約を総称して「本件各預託契約」といい、本件各預託契約に基づくレンタル料の支払請求権を「本件各レンタル料債権」という。また、本件各売買契約及び本件各預託契約を併せて「本件各契約」という)。

本件各預託契約においては、その期間は、契約締結日から＊＊年間（筆者注 年数は非公開）とされ、契約が終了すると本件法人は上記の預託された各商品を被相続人に返還するが、期間満了の日の3か月前までに被相続人又は本件法人から契約終了の書面による通知がない場合には、本件各預託契約は更に1年間更新され、以後も同様とし、最長＊＊年間（筆者注 年数は非公開）とされた。契約期間が＊＊年（筆者注 年数は非公開）の場合、本件各レンタル料債権の総額は、図表－2の順号3のとおり＊＊円（筆者注 金額は非公開）である。

図表－1　本件各契約の内容

（単位：円）

順号	購入日	購入商品	数量	契約高	月額レンタル料	年間レンタル料
1	平成＊＊年＊＊月＊＊日	＊＊	1	＊＊＊	＊＊＊	＊＊＊
2	平成＊＊年＊＊月＊＊日	＊＊	1	＊＊＊	＊＊＊	＊＊＊
		＊＊	1	＊＊＊	＊＊＊	＊＊＊
		（小計）		（＊＊＊）	（＊＊＊）	（＊＊＊）
3	平成＊＊年＊＊月＊＊日	＊＊	1	＊＊＊	＊＊＊	＊＊＊
		＊＊	1	＊＊＊	＊＊＊	＊＊＊
		＊＊	1	＊＊＊	＊＊＊	＊＊＊
		（小計）		（＊＊＊）	（＊＊＊）	（＊＊＊）
4	平成＊＊年＊＊月＊＊日	＊＊	3	＊＊＊	＊＊＊	＊＊＊
5	平成＊＊年＊＊月＊＊日	＊＊	1	＊＊＊	＊＊＊	＊＊＊
		＊＊	1	＊＊＊	＊＊＊	＊＊＊
		（小計）		（＊＊＊）	（＊＊＊）	（＊＊＊）
6	平成＊＊年＊＊月＊＊日	＊＊	1	＊＊＊	＊＊＊	＊＊＊
7	平成＊＊年＊＊月＊＊日	＊＊	1	＊＊＊	＊＊＊	＊＊＊
8	平成＊＊年＊＊月＊＊日	＊＊	1	＊＊＊	＊＊＊	＊＊＊
		＊＊	6	＊＊＊	＊＊＊	＊＊＊
		（小計）		（＊＊＊）	（＊＊＊）	（＊＊＊）
9	平成＊＊年＊＊月＊＊日	＊＊	5	＊＊＊	＊＊＊	＊＊＊
合計				＊＊＊	＊＊＊	＊＊＊

図表－2　レンタル料の支払状況

（単位：円）

順号	期間等	支払先	金額
1	＊＊＊＊＊	被相続人	＊＊＊
2	＊＊＊＊＊	財産取得者（相続人）	＊＊＊
3	最長＊＊年間（筆者注 年数は非公開）契約を更新した場合の支払予定総額		＊＊＊
4	上記順号3の金額のうち未払分		＊＊＊

(3) レンタル料の支払状況について

本件法人は、＊＊（筆者注 年月日）から＊＊（筆者注 年月日）までの間、被相続人に対し、本件各預託契約に基づくレンタル料の毎月分をその月末限り、合計＊＊円（図表－2の順号1の金額（筆者注 非公開））を支払った。

また、本件法人は、本件相続開始日後の＊＊（筆者注 年月日）から＊＊（筆者注 年月日）までの間、＊＊（筆者注 本件相続による財産取得者）に対し、本件各預託契約に基づくレンタル料の毎月分をその月末限り、合計＊＊円（図表－2の順号2の金額（筆者注 非公開））を支払ったが、＊＊（筆者注 月の表示）以降は支払っていない。

(4) 本件法人の破産手続等について

① 破産手続開始の申立て

本件法人の債権者らは、＊＊（筆者注 年月日）、＊＊地方裁判所に対し、本件法人についての破産手続開始の申立てをした。

② 破産手続の開始決定

＊＊地方裁判所は、＊＊（筆者注 年月日）（筆者注 上記①の日付と同一日である）、保全管理人を選任して保全管理命令をした上で、同年＊＊月＊＊日、本件法人の破産手続開始決定をした。

③ 本件報告書

本件法人の破産管財人弁護士（以下「本件破産管財人」という）は、＊＊地方裁判所に対し、＊＊（筆者注 年月日）付の「破産法157条の報告書」と題する書面（以下「本件報告書」という）において、本件各契約を含む本件法人が行ってきた＊＊等と称する預託取引ないし連鎖販売取引（以下、総称して「＊＊商法」という）について、＊＊（筆者注 レンタル商品の借主と推認される）から受領する賃料が、そのまま顧客に対して支払われる賃料の原資となっている旨、及びこのような制度の構造上、本件法人に利益が残らないだけでなく、少なくとも＊＊（筆者注 年月日）以降、＊＊（筆者注 レンタル商品の借主と推認される）から受領する賃料総額より顧客に対して支払われる賃料総額が大きく上回る状況が一貫して続いており、顧客への支払賃料の原資は、新規契約をした新たな顧客からの払込金であり、新規契約の獲得に伴い増加する顧客への賃料の支払のためには、更に新規契約を獲得しなければならないという、いわば自転車操業の状態が続いていた旨報告した。

筆者注 破産法第157条《裁判所への報告》（要旨）

破産法第157条《裁判所への報告》第1項は、破産管財人は、破産手続開始後遅滞なく、次に掲げる事項を記載した報告書を、裁判所に提出しなければならない旨規定している。

(1) 破産手続開始に至った事情
(2) 破産者及び破産財団に関する経過及び現状
(3) 破産法第177条《役員の財産に対する保全処分》第1項の規定による保全処分又は第178条《役員の責任の査定の申立て等》第1項に規定する役員責任査定決定を必要とする

事情の有無

⑷　その他破産手続に関し必要な事項

また、破産法第157条第2項は、破産管財人は、第1項の規定によるもののほか、裁判所の定めるところにより、破産財団に属する財産の管理及び処分の状況その他裁判所の命ずる事項を裁判所に報告しなければならない旨規定している。

⑸　財産取得者による本件各契約に係る解除及び取消しの意思表示について

＊＊（筆者注本件相続により本件各レンタル料債権を相続により取得した者。以下「財産取得者」という）は、＊＊（筆者注年月日）、本件破産管財人に対し、本件各契約について、次に掲げる意思表示（以下、これらの意思表示を併せて「本件解除等」という）をした。

①　特定商品等の預託等取引契約に関する法律（以下「預託法」という）にいう預託等取引契約に該当する契約については、同法第8条《預託等取引契約の解除等》第1項に基づいて解除する旨

②　特定商取引に関する法律（以下「特商法」という）にいう訪問販売に該当する契約については、同法第9条《訪問販売における契約の申込みの撤回等》第1項又は第9条の3《訪問販売における契約の申込み又はその承諾の意思表示の取消し》第1項に基づいて、解除し又は取り消す旨

③　特商法にいう業務提供誘引販売契約に該当する契約については、同法第58条《業務提供誘引販売契約の解除》第1項又は第58条の2《業務提供誘引販売契約の申込み又はその承諾の意思表示の取消し》第1項に基づいて、解除し又は取り消す旨

④　財産取得者が商品の引渡しを受けていないなど本件法人の債務不履行がある契約については、民法第543条《履行不能による解除権》に基づいて解除する旨

筆者注　上記①ないし④に掲げる各法律の各条文の要旨は、次に掲げるとおりである。

⑴　預託法第8条《預託等取引契約の解除等》（筆者注現行法では第7条）第1項は、預託者は、同法第3条《書面の交付》第2項の書面を受領した日から起算して14日を経過するまでの間（預託者が、預託等取引業者等がこの項の規定による預託等取引契約の解除に関する事項につき不実のことを告げる行為をしたことにより当該告げられた内容が事実であるとの誤認をし、又は預託等取引業者等が威迫したことにより困惑し、これらによって当該期間を経過するまでにこの項の規定による預託等取引契約の解除を行わなかった場合には、預託等取引業者が内閣府令で定めるところによりこの項の規定による預託等取引契約の解除を行うことができる旨を記載した書面を交付し、当該預託者がこれを受領した日から14日を経過するまでの間）は、書面又は電磁的記録（電子的方式、磁気的方式その他人の知覚によっては認識することができない方式で作られる記録であって、電子計算機による情報処理の用に供されるものをいう。以下同じ）により預託等取引契約の解除を行うことができる旨規定している。

⑵　特商法第9条《訪問販売における契約の申込みの撤回等》第1項はその頭書において、販売業者若しくは役務提供事業者が営業所等以外の場所において商品若しくは特定権利若しくは役務につき売買契約若しくは役務提供契約の申込みを受けた場合若しくは販売業者若しくは役務提供事業者が営業所等において特定顧客から商品若しくは特定権利若しくは役務につき売買契約若しくは役務提供契約の申込みを受けた場合におけるその申込みをした者又は販売業者若しくは役務提供事業者が営業所等以外の場所において商品若しくは特定権利若しくは役務につき売買契約若しくは役務提供契約を締結した場合（営業所等において申込みを受

け、営業所等以外の場所において売買契約又は役務提供契約を締結した場合を除く）若しくは販売業者若しくは役務提供事業者が営業所等において特定顧客と商品若しくは特定権利若しくは役務につき売買契約若しくは役務提供契約を締結した場合におけるその購入者若しくは役務の提供を受ける者（以下この条から第９条の３までにおいて「申込者等」という）は、書面又は電磁的記録（電子的方式、磁気的方式その他人の知覚によっては認識することができない方式で作られる記録であって、電子計算機による情報処理の用に供されるものをいう。以下同じ）によりその売買契約若しくは役務提供契約の申込みの撤回又はその売買契約若しくは役務提供契約の解除（以下この条において「申込みの撤回等」という）を行うことができる旨規定している。

また、同条同項のただし書において、申込者等が第５条《訪問販売における書面の交付》第１項又は第２項の書面を受領した日（その日前に第４条《訪問販売における書面の交付》第１項の書面を受領した場合にあっては、その書面を受領した日）から起算して８日を経過した場合（申込者等が、販売業者若しくは役務提供事業者が第６条《禁止行為》第１項の規定に違反して申込みの撤回等に関する事項につき不実のことを告げる行為をしたことにより当該告げられた内容が事実であるとの誤認をし、又は販売業者若しくは役務提供事業者が同条第３項の規定に違反して威迫したことにより、これによって当該期間を経過するまでに申込みの撤回等を行わなかった場合には、当該申込者等が、当該販売業者又は当該役務提供事業者が主務省令で定めるところにより当該売買契約又は当該役務提供契約の申込みの撤回等を行うことができる旨を記載して交付した書面を受領した日から起算して８日を経過した場合）においては、この限りでない旨規定している。

㈧　特商法第９条の３《訪問販売における契約の申込み又はその承認の意思表示の取消し》第１項は、申込者等は、販売業者又は役務提供事業者が訪問販売に係る売買契約又は役務提供契約の締結について勧誘をするに際し、次の㋑又は㋺に掲げる行為をしたことにより、それぞれに定める誤認をし、それによって当該売買契約若しくは当該役務提供契約の申込み又はその承諾の意思表示をしたときは、これを取り消すことができる旨規定している。

㋑　第６条《禁止行為》第１項の規定に違反して不実のことを告げる行為
当該内容が事実であるとの誤認

㋺　第６条《禁止行為》第２項の規定に違反して故意に事実を告げない行為
当該事実が存在しないとの誤認

㈡　特商法第58条《業務提供誘引販売契約の解除》第１項は、業務提供誘引販売業を行う者がその業務提供誘引販売業に係る業務提供誘引販売契約を締結した場合におけるその業務提供誘引販売契約の相手方（その業務提供誘引販売業に関して提供され、又はあっせんされる業務を事業所等によらないで行う個人に限る。以下この条から第58条の３までにおいて「相手方」という）は、第55条《業務提供誘引販売取引における書面の交付》第２項の書面を受領した日から起算して20日を経過したとき（相手方が、業務提供誘引販売業を行う者が第52条《禁止行為》の規定に違反してこの項の規定による業務提供誘引販売契約の解除に関する事項につき不実のことを告げる行為をしたことにより当該告げられた内容が事実であるとの誤認をし、又は業務提供誘引販売業を行う者が同条第２項の規定に違反して威迫したことにより困惑し、これらによって、当該期間が経過するまでにこの項の規定による業務提供誘引販売契約の解除を行わなかった場合には、相手方が、当該業務提供販売業を行う者が主務省令で定めるところによりこの項の規定による当該業務提供誘引販売契約の解除を行うことができる旨を記載して交付した書面を受領した日から起算して20日を経過したとき）を除き、書面又は電磁的記録によりその業務提供誘引販売契約の解除を行うことができる旨規定している。

また、上記に該当する場合には、その業務提供誘引販売業を行う者は、その業務提供誘引販売契約の解除に伴う損害賠償又は違約金の支払を請求することができない旨、併せて規定している。

㈭　特商法第58条の２《業務提供誘引販売契約の申込み又はその承諾の意思表示の取消し》

第１項は、相手方は、業務提供誘引販売業を行う者がその業務提供誘引販売業に係る業務提供誘引販売契約の締結について勧誘をするに際し、次の㋑又は㋺に掲げる行為をしたことにより、それぞれに定める誤認をし、それによって当該業務提供誘引販売契約の申込み又はその承諾の意思表示をしたときは、これを取り消すことができる旨規定している。

㋑　第52条《禁止行為》第１項の規定に違反して不実のことを告げる行為
　当該告げられた内容が事実であるとの誤認

㋺　第52条《禁止行為》第１項の規定に違反して故意に事実を告げない行為
　当該事実が存在しないとの誤認

(ヘ)　民法第543条《履行不能による解除権》は、その頭書において、履行の全部又は一部が不能となったときは、債権者は、契約の解除をすることができる旨規定している。

　また、同条のただし書において、その債務の不履行が債務者の責めに帰することができない事由によるものであるときは、この限りでない旨規定している。

　なお、上記の民法第543条の規定は、現行では、民法第542条《催告によらない解除》の規定に移管されている。

(6)　審査請求に至る経緯等

①　本件申告

請求人は、＊＊（筆者注 年月日）、本件相続に係る相続税（以下「本件相続税」という）について、別表（筆者注 非公開）の「期限内申告」欄のとおり記載した申告書を原処分庁に提出して、申告（以下「本件申告」という）をした

請求人は、本件申告において、本件相続により財産取得者が取得した本件各契約に係る権利（以下「本件各相続財産」という）は本件各レンタル料債権であり、相続税法第24条《定期金に関する権利の評価》第１項に規定する定期金給付契約に関する権利のうち同項第１号に規定する有期定期金に該当し、本件各預託契約の契約期間が＊＊年（筆者注 年数は非公開）であるとして、本件各レンタル料債権の価額を別表（筆者注 非公開）の「期限内申告」欄のとおり評価した。

②　本件更正の請求

請求人は、＊＊（筆者注 年月日）、原処分庁に対し、本件法人が相続開始当時から債務超過及び支払不能の状態であることや、本件解除等をしたことなどから、本件各相続財産については評価通達205《貸付金債権等の元本価額の範囲》が適用されるべきであるから、本件各相続財産の価額の計算に誤りがあり本件相続税の税額が過大であるとして、別表（筆者注 非公開）の「更正の請求」欄のとおりとすべき旨の更正の請求（以下「本件更正の請求」という）をした。

請求人は、本件更正の請求において、本件各相続財産の価額について、図表－３の「更正の請求」欄のとおり評価した。

図表－3 本件各相続財産の価額

区　分	別表1の順号	1年当たりの平均額（①）	予定利率	給付期間の年数	複利年金現価率（②）	価　額（①×②）
期限内申告	1～3	****	*	**	***	****
	4～8	****	*	**	***	****
	9	****	*	**	***	****
	合計					****
更正の請求	1～9	****	*	**	***	****

③　本件通知処分

原処分庁は、**（筆者注 年月日）、本件更正の請求に対し、更正をすべき理由がない旨の通知処分（以下「本件通知処分」という）をした。

④　審査請求

請求人は、**（筆者注 年月日）、本件通知処分に不服があるとして、審査請求をした。

なお、請求人は、本審査請求において、本件各相続財産の種類について、次に掲げる2つの異なる主張をしている。

(イ)　不当利得返還請求権ないし原状回復請求権（以下「本件不当利得返還請求権等」という）

(ロ)　本件各預託契約の期間を**年（筆者注 非公開）とした本件各レンタル料債権

本件法人において生じた各未払部分について、本件各相続財産に係る請求人の主張に応じて、(イ)の不当利得返還請求権等の場合は、支払総額（図表－1の「契約高」欄の合計金額）から被相続人及び財産取得者が支払を受けた金額（図表－2の順号1及び2の金額の合計）を差し引いた残額に相当する部分（**円）を、(ロ)の本件各レンタル料債権の場合は、その総額（図表－2の順号3の金額）から被相続人及び財産取得者が支払を受けた金額（図表－2の順号1及び2の金額の合計）を差し引いた残額に相当する部分（図表－2の順号4の金額である**円）を、以下「本件未払部分」という。

筆者注　上記(1)ないし(6)に掲げる基礎事実につき、時系列的な経過をまとめると、図表－4のとおりとなる。

図表－4　本件裁決事例における時系列

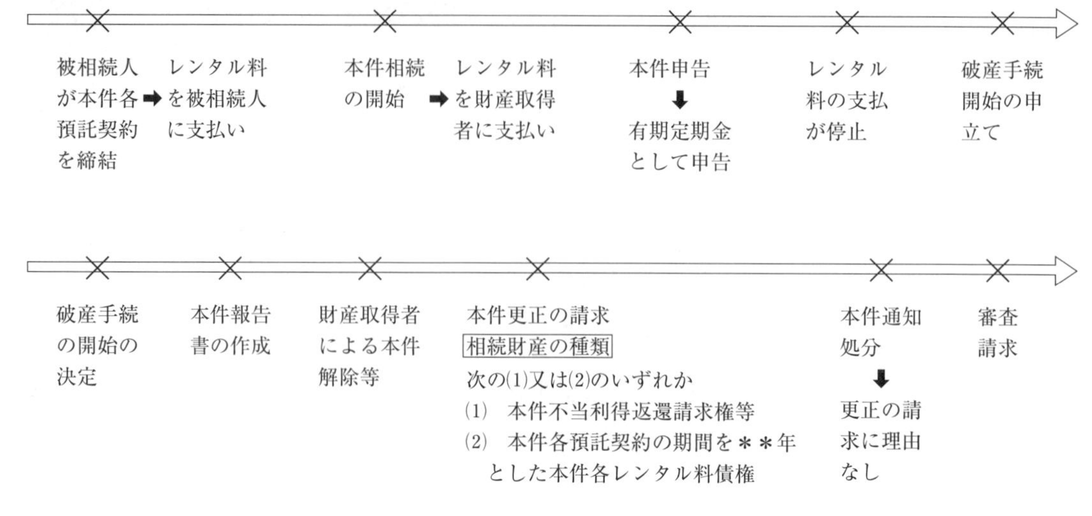

（注）　本件裁決事例では、発生した事象に係るすべての年月日が非公開とされた。

〔3〕争点

本件の争点は、本件更正の請求は、国税通則法第23条《更正の請求》第１項第１号による更正の請求ができる場合に該当するか否かであり、具体的には、本件各相続財産のうち本件未払部分が、本件相続開始日において、評価通達205《貸付金債権等の元本価額の範囲》に定める「その他その回収が不可能又は著しく困難であると見込まれるとき」に該当するか否かである。

〔4〕争点に関する双方（請求人・原処分庁）の主張

争点に関する請求人・原処分庁の主張は、図表－5のとおりである。

図表－5　争点に関する請求人・原処分庁の主張

（争点）　本件各相続財産のうち本件未払部分が、相続開始日において、評価通達205《貸付金債権等の元本価額の範囲》に定める「その他その回収が不可能又は著しく困難であると見込まれるとき」に該当するか否か

請求人（納税者）の主張	原処分庁（課税庁）の主張
以下のとおり、本件更正の請求は、国税通則法第23条《更正の請求》第１項第１号による更正の請求ができる場合に該当する。 (1)　本件解除等により、本件各契約はいずれも遡及的に無効又は消滅するので、本件各相続財産は、評価通達204《貸付金債権の評価》に定める貸付金債権等である本件不当利得返還請求権等となる。そして、＊＊（筆者注 本件法人が取	以下のとおり、本件更正の請求は、国税通則法第23条《更正の請求》第１項第１号による更正の請求ができる場合に該当しない。 (1)　本件各相続財産が本件不当利得返還請求権等であるとしても、本件法人が銀行取引停止処分を受けたのは＊＊（筆者注 年月日）、破産手続開始の決定があったのは＊＊（筆者注 年月日）であり、本件相続開始日（＊

り扱っている事業を指しているものと推認される）が自転車操業の状態であったことからすれば、本件法人は、本件相続開始日において、債務超過であり、かつ、支払不能の状態であった。

したがって、本件未払部分は、評価通達205《貸付金債権等の元本価額の範囲》に定める「その他その回収が不可能又は著しく困難であると見込まれるとき」に該当するので、相続財産としての実態を伴っておらず、実質無価値（殆ど価値がない）である。

こうした点を踏まえると、本件不当利得返還請求権等の価額は、別表図表－3の「更正の請求」欄のとおり評価するべきであるから、本件申告における本件各相続財産の価額の計算には誤りがあり、本件相続税の税額は過大である。

(2)　仮に、本件解除等の効力が生じなかった場合、本件各相続財産は本件各レンタル料債権となり、相続税法第24条《定期金に関する権利の評価》第１項第１号に規定する有期定期金に該当する。

しかしながら、本件相続開始日において、本件法人に上記(1)記載の事情があるから、相続税法第22条《評価の原則》に規定する「特別の定め」である同法第24条の規定による評価は、時価を上回り適切な評価をすることができなくなった。

そこで、本件各レンタル料債権の評価に当たっては、相続税法第22条及び評価通達205《貸付金債権等の元本価額の範囲》を準用して、本件未払部分が「その他その回収が不可能又は著しく困難であると見込まれるとき」に該当するとして評価すべきである。

そうすると、相続税法第24条第１項第１号ハに規定する定期金の給付を受けるべき残りの期間（図表－3の「給付期間の年数」）は、最

＊（筆者注 年月日））において、本件法人に評価通達205《貸付金債権等の元本価額の範囲》に定める手形交換所において取引停止処分を受けた等の事実はない。

そして、本件相続開始日が属する＊＊（筆者注 年月日）から＊＊（筆者注 年月日）までの間、財産取得者は本件法人から本件各レンタル料債権の支払を受けているから、本件法人の営業は継続していると認められる。

そうすると、本件未払部分に限っても、評価通達205《貸付金債権等の元本価額の範囲》の「その他その回収が不可能又は著しく困難であると見込まれるとき」に該当するとはいえず、評価通達204《貸付金債権の評価》の定めにより評価することとなる。

この場合、本件不当利得返還請求権等の価額は、被相続人の本件法人に対する契約高（購入金額）である＊＊円（筆者注 金額は非公開）と、本件相続開始日までに被相続人が受領したレンタル料で財産取得者が本件各契約を解除したことによる原状回復義務として本件法人へ返還すべき金額（＊＊円（筆者注 金額は非公開））との差額である＊＊円（筆者注 金額は非公開）となり、別表（筆者注 非公開）の「期限内申告」欄の合計価額＊＊円（筆者注 金額は非公開）を上回るので、本件申告における本件相続税の税額は過大ではない。

(2)　仮に、本件各相続財産が本件各レンタル料債権であるとすれば、本件各レンタル料債権が相続税法第24条《定期金に関する権利の評価》第１項第１号に規定する有期定期金に該当するので、同法第22条《評価の原則》に規定する「特別の定め」である同法第24条の規定により評価することとなる。

そして、相続税法において、同法第24条に規定する有期定期金に該当するにもかかわらず、評価通達205の定めを準用して評価すべき理由も根拠もない。

また、上記(1)と同様の理由により、本件相続開始日において、評価通達205の「その他その回収が不可能又は著しく困難であると見込まれるとき」に該当する事情は認められない。

そうすると、本件各相続財産の価額は、相続税法第24条第１項第１号の規定に基づき、図表－3の「期限内申告」欄のとお

長＊＊年間（筆者注年数は非公開）の契約を更新した場合の＊＊年間（筆者注年数は非公開）から本件未払部分に対応する期間及び被相続人が支払を受けていた期間の合計である＊＊年間（筆者注年数は非公開）を差し引いた＊＊年間（筆者注年数は非公開）（本件相続開始日以降、最後の入金があった＊＊（筆者注年月日）までの＊＊年間（筆者注年数は非公開））とすべきであり、本件各相続財産の価額は、同表の「更正の請求」欄のとおり評価することになるから、本件申告における本件各相続財産の価額の計算には誤りがあり、本件相続税の税額は過大である。	り評価することになるから、本件各相続財産の価額の計算に誤りはなく、本件申告における本件相続税の税額は過大ではない。

〔5〕国税不服審判所の判断

(1) 認定事実

① 本件法人は、売上に占める比率は少ないものの、＊＊（筆者注商品購入顧客と本件法人との間の預託等取引契約に基づく商品のレンタル事業と推認される）のほかに、＊＊の事業も行っていた。

② 本件法人は、＊＊（筆者注下記(イ)ないし(ニ)（いずれも、表題は非公開）のとおり、各種の法令違反を行っていることが確認されているとの意であると推認される)。

(イ) ＊＊＊＊

本件法人は、＊＊（筆者注年月日)、＊＊（筆者注商品購入顧客と本件法人との間の預託等取引契約の意と推認される）の取引の際の預託法違反により、預託等取引契約の契約締結や勧誘行為等の業務につき、＊＊（筆者注法令等に違反することに対する行政処分と推認される）を受けた。同時に、勧誘目的等不明示による特商法違反を理由に、＊＊（筆者注法令等に違反することに対する行政処分と推認される）を受けた。

(ロ) ＊＊＊＊

本件法人は、＊＊（筆者注年月日)、＊＊（筆者注商品購入顧客と本件法人との間の預託等取引契約の意と推認される）の取引の際、少なくとも＊＊（筆者注期間（何時から何時まで）を示しているものと推認される）の間に複数の顧客に対して、顧客の判断に影響を及ぼし得る重要な事実につき故意による不告知があったことや顧客に交付する書面に虚偽記載があったことなどの預託法違反を理由に、預託等取引契約の契約締結や勧誘行為等の業務につき、＊＊（筆者注法令等に違反することに対する行政処分と推認される）を受けた。同時に、特商法違反による＊＊（筆者注法令等に違反することに対する行政処分と推認される）を受けた。

なお、本件法人は、当該＊＊（筆者注法令等に違反することに対する行政処分と推認される）において、顧客に対して、＊＊（筆者注期間（何時から何時まで）を示しているものと推認される）の事業年度（以下「X事業年度」という）の短期契約（＊＊（筆者注商品購入顧客と本件法人との間の預託等取引契約の意と推認される）のうち買戻特約がある代わりに販売金額の割引がないもの）に係る負債額が少なくとも＊＊円であったにもかかわらず、貸借対照表の負債の部に＊＊円しか計上しない虚偽記載等をしたとされた。

(ハ)　＊＊＊＊

本件法人は、公認会計士から、過去の決算整理仕訳のうち、根拠不明の仕訳を取り消した結果、＊＊（筆者注期間（何時から何時まで）を示しているものと推認される）の事業年度（以下「Y事業年度」という）末時点で本件法人が大幅な債務超過状態にあったとの報告を受けたにもかかわらず、＊＊（筆者注年月）以降も業務提供誘引販売取引の契約締結の勧誘に際して、契約締結の判断に影響を及ぼす重要な事項である大幅な債務超過の事実につき、故意に事実を告げなかったとして、＊＊（筆者注年月日）、特商法違反を理由に、業務提供誘引販売取引に係る新規勧誘、申込受付及び契約締結の業務につき、＊＊（筆者注法令等に違反することに対する行政処分と推認される）を受けた。

(ニ)　＊＊＊＊

本件法人は、＊＊（筆者注年月日）、＊＊（筆者注決算の公開の意と推認される）に際して負債を過少計上した虚偽記載のある計算書類及び附属明細書につき、適法に修正した書類を備え置くこと等を命じる＊＊（筆者注是正命令の意と推認される）を受けたにもかかわらず、これを修正せず、その修正見込みがない等として、書類の備置義務に違反する預託法違反を理由に、預託等取引契約の契約締結や勧誘行為、申込受付業務につき、＊＊（筆者注法令等に違反することに対する行政処分と推認される）を受けた。同時に、特商法違反により＊＊（筆者注法令等に違反することに対する行政処分と推認される）を受けた。

③　本件法人は、＊＊（筆者注Y事業年度と推認される）に係る計算書類について監査を行った公認会計士から、その前事業年度及び当該事業年度の決算整理仕訳について監査するために必要な資料が提出されず、当該仕訳の根拠に関する証拠も入手できなかったなどの理由から意見を表明しない旨の判断を受けた。

④　本件法人は、＊＊、＊＊。

筆者注＊＊部分は約70文字からなるが不明である。

⑤　本件法人は、＊＊（筆者注年月日）には、その従業員＊＊（筆者注人数と推認される）に一斉退職され、＊＊（筆者注年月日）には銀行取引停止処分を受けた。

⑥　本件破産管財人は、＊＊（筆者注年月日）、＊＊地方裁判所に対し、破産法第157

条《裁判所への報告》による本件報告書を提出した。

本件破産管財人は、同報告書において、本件法人が破産に至った経緯として、上記②の＊＊（筆者注 上記②に掲げる各種の法令等に対する違反を指しているものと推認される）を受け、契約者からの解除及び返金申請が増加した一方で、新規契約の獲得が十分に見込めなくなる中で資金繰りが悪化した旨報告している。

(2) 法令解釈等

① 相続税法第22条について

相続税法第22条《評価の原則》は、相続により取得した財産の価額は、当該財産の取得の時における時価による旨規定しており、この時価とは、相続開始時における相続財産の客観的な交換価値をいうものと解するのが相当である。

しかし、相続財産の客観的な交換価値は、必ずしも一義的に確定されるものではないから、これを個別に評価する方法を採った場合には、その評価方式等により異なる評価額が生じることや、課税庁の事務負担が重くなり、大量に発生する課税事務の迅速な処理が困難となるおそれがある。

この点、相続税法は、一定の例外を除いて財産の評価の方法について直接定めていないが、これは、上記のような納税者間の公平の確保、納税者及び課税庁双方の便宜、経費の節減等の観点から、評価に関する通達により全国一律の統一的な評価の方法を定めることを予定し、これによって財産の評価がされることを当然の前提とする趣旨であると解するのが相当である。

相続税法の上記趣旨からすれば、相続財産の評価に当たっては、評価通達によって評価することが著しく不適当と認められる特別の事情がない限り、評価通達に定められた評価方法によって画一的に評価することが相当である。

② 評価通達204及び205について

評価通達204《貸付金債権の評価》は、貸付金債権等の価額を元本の価額と利息の価額との合計額で評価することとし、この例外として、評価通達205《貸付金債権等の元本価額の範囲》は、債務者が手形交換所において取引停止処分を受けたとき等、債権金額の全部又は一部の回収が不可能又は著しく困難であると見込まれるときに限り、それらの金額を元本の価額に算入しないこととしている。

貸付金債権等については、一般に公開の取引市場は存在せず、その元本の価額に対する日々の取引価格の変動といったものを把握できないことに加え、企業者に対する貸付金債権等について「その他その回収が不可能又は著しく困難であると見込まれるとき」は通常とはいえず、その債務者たる企業者において外形上企業活動を継続している限り、すなわち債務者について手形交換所の取引停止処分を受けた場合などの特別の事情が認められない限り、回収可能であるのが一般的であることに照らすと、評価通達204及び205に定める評価方法は、上記①の相続税法第22条《評価の原則》に定める「時価」の解釈に沿ったものといえ、いずれも合理性が認められるから、審判所においても相当であると認められる。

また、評価通達205は、その(1)ないし(3)の事由のほか、「その他その回収が不可能又は著しく困難であると見込まれるとき」も評価通達204による評価の例外的事由として掲げているが、これが評価通達205の(1)ないし(3)の事由と並列的に定められていることからすると、評価通達205に定める「その他その回収が不可能又は著しく困難であると見込まれるとき」とは、その(1)ないし(3)の事由と同程度に、債務者が経済的に破綻していることが客観的に明白であり、そのため、貸付金債権等の回収の見込みがないか、又は著しく困難であると確実に認められるときをいうものと解すべきである。

③　相続税法第24条に規定する財産の価額

相続税法第22条《評価の原則》は、「この章で特別の定めのあるものを除くほか」と規定しており、「この章」である同法第3章は、特別の定めとして、同法第23条《地上権及び永小作権の評価》、同法第24条《定期金に関する権利の評価》、同法第25条《定期金に関する権利の評価》及び同法第26条《立木の評価》をそれぞれ規定している。

そうすると、ある相続財産が「特別の定め」である相続税法第24条に規定する財産に当たる場合、当該財産の価額は、特別の定めである同条に規定する評価方法によって評価されるのであって、同法第22条に規定する時価を評価することは予定しておらず、したがって、また、同条を受けて定められた評価通達により評価することも予定していない。

(3)　当てはめ

①　はじめに

国税通則法第23条《更正の請求》第1項第1号に規定する更正の請求は、納税申告書に記載した課税標準等若しくは税額等の計算が国税に関する法律の規定に従っていなかったこと又は当該計算に誤りがあったことにより、当該申告書の提出により納付すべき税額が過大であることを要件とするものであるところ、財産取得者は、上記**〔2〕**(5)のとおり、本件解除等をし、請求人は、**図表－5**の「請求人（納税者）の主張」欄のとおり、本件各相続財産が本件不当利得返還請求権等又は本件各レンタル料債権のいずれの場合もあり得ることを前提に、本件各相続財産の価額の計算に誤りがあり、本件相続税の税額が過大であるとして本審査請求をしている。

そこで、以下、本件各相続財産が本件不当利得返還請求権等である場合と本件各レンタル料債権である場合について、それぞれ検討する。

②　本件各相続財産が本件不当利得返還請求権等である場合

(イ)　請求人の主張

請求人らは、**図表－5**の「請求人（納税者）の主張」欄の(1)のとおり、本件不当利得返還請求権等は評価通達204《貸付金債権の評価》の貸付金債権等に当たるが、本件相続開始日において、本件法人は債務超過であり、かつ、支払不能の状態であったことから、本件未払部分は、評価通達205《貸付金債権等の元本価額の範囲》の「その他その回収が不可能又は著しく困難であると見込まれるとき」に該当する旨主張する。

(ロ) 検討

㋑ 上記(イ)につき、本件法人は、上記(1)②のとおり、＊＊（筆者注 各法令等を所管する行政管庁の名称と推認される）から立て続けに（筆者注 法令等に違反することに対する行政処分と推認される）を受けたと認められるものの、これより前に（筆者注 本件法人が取り扱っている事業を指しているものと推認される）に係る営業を停止していたといえる事実は認められない。また、上記〔2〕(4)③のとおり、＊＊（筆者注 本件法人が取り扱っている事業を指しているものと推認される）による営業をしていた本件法人は、少なくとも＊＊（筆者注 年月日）以降、いわば自転車操業の状態であったと評価されていたものの、上記〔2〕(3)のとおり、財産取得者は、本件相続開始日後も＊＊（筆者注 年月日）の＊＊（筆者注 期間）にわたり継続して本件各預託契約に定められたレンタル料の全額の支払を受けていたというのであるから、上記＊＊（筆者注 法令等に違反することに対する行政処分と推認される）によって完全に＊＊（筆者注 本件法人が取り扱っている事業を指すものと推認される）の営業自体が停止したといえるかどうかも不明であるといわざるを得ない。

加えて、仮に＊＊（筆者注 本件法人が取り扱っている事業を指すものと推認される）の営業自体が停止したとしても、本件法人は、上記のとおり、売上に占める比率は少ないものの、＊＊（筆者注 本件法人が取り扱っている事業を指すものと推認される）のほかに、＊＊（筆者注 本件法人の行う前掲以外の事業の内容と推認される）の事業も行っていたのであるから、従業員の＊＊（筆者注 人数と推認される）が退職する＊＊（筆者注 年月日）（上記(1)⑤）までは、本件法人の営業が継続していなかったとはいえない。

これらの事情からすれば、少なくとも本件相続開始日においては、本件法人は営業を継続していたといえる。

㋺ 上記㋑の一方で、上記(1)②(ロ)のとおり、本件法人は、＊＊（筆者注 期間（何時から何時まで）を示しているものと推認される）の貸借対照表上の負債の部の一部について負債額を＊＊円少なく計上する虚偽記載をし、また、上記(1)③のとおり、監査を行った公認会計士に＊＊（筆者注 Y事業年度と推認される）及びその前事業年度の決算整理仕訳に係る資料を提出せず、上記(1)②(ハ)のとおり、公認会計士から、過去の決算整理仕訳のうち根拠不明の仕訳を取り消した結果、＊＊（筆者注 Y事業年度と推認される）末時点で本件法人が大幅な債務超過状態にあったとの報告を受けている。これらの事情を踏まえると、本件相続開始日において、本件法人が債務超過であったことは否定できない。

しかしながら、本件法人が破産に至った経緯をみると、上記(1)⑥のとおり、本件破産管財人は、＊＊地方裁判所に対し、＊＊（筆者注 各種の法令等に違反したことによる行政処分を指すものと推認される）を受け、契約者からの解除及び返金申請が増加した一方で、新規契約の獲得が十分に見込めなくなる中で資金繰りが悪化した旨報告している。

実際にも、本件法人は、上記(1)④のとおり、＊＊（筆者注 分析不能）、＊＊（筆者注 分析不能）上記(1)⑤のとおり、＊＊（筆者注 年月）には、銀行取引停止処分を受けているものの、それらはいずれも上記＊＊（筆者注 各種の法令違反に対する行政処分を指すものと推認される）が行われた期間中又はその後に生じている。

そして、審判所の調査によっても、本件破産管財人の報告に反して、当該行政処分より前に債権者に対する支払が遅滞し又は停止していた事実は認められない。

(ハ) 小括

① 上記(ロ)によれば、本件法人は、本件相続開始日において、営業を継続していた上、債権者に対する支払が遅滞し又は停止していたなどの事実は認められないから、本件法人が、経済的に破綻していることが客観的に明白で、そのため、本件未払部分の回収の見込みがないか、又は著しく困難であると確実に認められるものであったとはいえない。

したがって、本件未払部分について、本件相続開始日において、「その他その回収が不可能又は著しく困難であると見込まれるとき」に当たるとはいえない。

② 上記①のとおり、本件各相続財産が本件不当利得返還請求権等であることを前提としても、評価通達205《貸付金債権等の元本価額の範囲》の適用はない。

そして、評価通達204《貸付金債権の評価》に従って評価すると、その元本の価額は、被相続人の本件法人に対する契約高（購入金額）である＊＊円（上記〔2〕(2)①及び図表－1の「契約高」欄）から、本件相続開始日までに本件被相続人が受領したレンタル料で財産取得者が本件各契約を解除したことによる原状回復義務として本件法人へ返還すべき金額＊＊円（上記〔2〕(3)及び図表－2の順号1）を差し引いた金額である＊＊円となり、本件申告における本件各相続財産の価額＊＊円（図表－3の「期限内申告」の「価額」欄）を上回ることとなる。

(ニ) 結論

上記(イ)ないし(ハ)より、本件各相続財産が本件不当利得返還請求権等であることを前提にした場合は、その価額は本件申告における価額を上回るから、本件申告による申告書の提出により納付すべき税額が過大であるとはいえない。

③　本件各相続財産が本件各レンタル料債権である場合

(イ)　請求人の主張

請求人は、**図表－5**の「請求人（納税者）の主張」欄の(2)のとおり、本件各相続財産が本件各レンタル料債権である場合、相続税法第24条《定期金に関する権利の評価》第1項第1号の有期定期金に該当するが、本件法人は債務超過であり、かつ、支払不能の状態であったことから、同法第22条《評価の原則》及び評価通達205《貸付金債権等の元本価額の範囲》を準用して、本件未払部分については、評価通達205に定める「その他その回収が不可能又は著しく困難であると見込まれるとき」に該当するとして評価すべきである旨主張する。

(ロ)　検討

請求人は上記(イ)のとおり主張するが、本件各相続財産が相続税法第24条《定期金に関する権利の評価》第1項第1号に該当する有期定期金に当たる場合、評価通達による評価をすることが予定されていないことについては、上記(2)③で述べたとおりである。

仮にこのような場合に評価通達205《貸付金債権等の元本価額の範囲》を準用するとすれば、本件相続税の課税標準の算定が法令に適合しないこととなる。

また、本件未払部分が評価通達205に定める「その他その回収が不可能又は著しく困難であると見込まれるとき」に該当しないことについては、上記②(ハ)(イ)で述べた理由と同様である。

(ハ)　結論

上記(イ)及び(ロ)より、本件各相続財産が本件各レンタル料債権であることを前提としても、評価通達205《貸付金債権等の元本価額の範囲》は準用されないから、本件申告における本件各相続財産の価額を異動させるべき理由もないため、本件申告による申告書の提出により納付すべき税額が過大であるとはいえない。

〔6〕まとめ

(1)　裁決事例の結果

先例とされる裁決事例では、本件各相続財産の価額につき、請求人（納税者）が不当利得返還請求権又は有期定期金のいずれかに該当するとしても「その他その回収が不可能又は著しく困難であると見込まれるとき」に該当するとして本件未払部分を除外して評価すべきである旨を主張したのに対し、原処分庁（課税庁）が主張し国税不服審判所がこれを相当と判断したのが、本件未払部分も含めて有期定期金として評価するというものであったことから、結果として、請求人（納税者）の主張は容認されず、本件更正の請求に対し、更正をすべき理由がない旨の本件通知処分は適法とされた。

⑵　参考法令通達等

●相続税法第22条《評価の原則》
●相続税法第23条《地上権及び永小作権の評価》
●相続税法第24条《定期金に関する権利の評価》
●相続税法第25条《定期金に関する権利の評価》
●相続税法第26条《立木の評価》
●評価通達１《評価の原則》
●評価通達204《貸付金債権の評価》
●評価通達205《貸付金債権等の元本価額の範囲》
●国税通則法第23条《更正の請求》
●民法第543条《履行不能による解除権》
　➡現行の規定では民法第542条《催告によらない解除》
●破産法第15条《破産手続開始の原因》
●破産法第16条《法人の破産手続開始の原因》
●破産法第157条《裁判所への報告》
●破産法第177条《役員の財産に対する保全処分》
●破産法第178条《役員の責任の査定の申立て等》
●特定商品等の預託等取引契約に関する法律第３条《書面の交付》
　➡現行の規定では預託等取引に関する法律第３条《書面の交付》となっている。
●特定商品等の預託等取引契約に関する法律第８条《預託等取引契約の解除》
　➡現行の規定では預託等取引に関する法律第７条《預託等取引契約の解除》となっている。
●特定商取引に関する法律第４条《訪問販売における書面の交付》
●特定商取引に関する法律第５条《訪問販売における書面の交付》
●特定商取引に関する法律第６条《禁止行為》
●特定商取引に関する法律第９条《訪問販売における契約の申込みの撤回等》
●特定商取引に関する法律第９条の３《訪問販売における契約の申込み又はその承諾の意思表示の取消し》
●特定商取引に関する法律第52条《禁止行為》
●特定商取引に関する法律第55条《業務提供誘引販売取引における書面の交付》
●特定商取引に関する法律第58条《業務提供誘引販売契約の解除》
●特定商取引に関する法律第58条の２《業務提供誘引販売契約の申込み又はその承諾の意思表示の取消し》

本問から学ぶ重要なキーポイント

⑴　評価対象財産（相続財産）が相続税法第３章《財産の評価》に規定する「この章で特別の定めのあるもの」に該当する相続税法第24条《定期金に関する権利の評価》に規定する財産（先例とされる裁決事例の場合では、有期定期金）に当たる場合、当該財産の価額は、特別の定めである相続税法第24条に規定する評価方法によって評価されるのであって、相続税法第22条《評価の原則》に規定する時価を評価することは予定しておらず、したがって、また、同条を受けて定められた評価通達により評価することも予定していないとされています。

⑵　仮に、上記⑴のような場合において、評価通達205《貸付金債権等の元本価額の範囲》の定めを準用して評価（本件未払部分を評価不要として取扱うこと）すると、本件相続税の課税標準の算定が法令に適用しないことになるとされています。

⑶　仮に、本件未払部分につき、評価通達205《貸付金債権等の元本価額の範囲》に定める「その他その回収が不可能又は著しく困難であると見込まれるとき」に該当するか否かを検討したとしても、これに該当しないものとされています。

貸付金債権に係る実務対策

先例とされる裁決事例では本件法人が営んでいた事業（商品購入者と販売会社との間の預託等取引契約に基づく商品のレンタル事業）は、各種の法令等の違反が摘示され、最終的には債権者からの破産法に規定する破産の申立てで、事業が破綻し、被相続人が本件法人に対して有していた債権は最終的（破産による清算処理後の最終配当後）において、ほとんど、回収されなかったものと推認されます。

先例とされる裁決事例の場合には該当しませんが、もし仮に、被相続人の生存中に、本件法人からの毎月のレンタル料の支払が全くされなくなった、又は相当の期間に渡って支払が遅延する等の事態が生じた場合において、支払先法人の支払能力等に疑問が生じその有する債権の回収が困難であると理解したときには、「損した（又は騙された)」という気持ちになったとしても、財産評価の観点からは、被相続人による明確な意思表示による契約解除が検討されるべきものと考えられます。

4 貸付金債権等の回収不能額の計算
（部分評価（一部評価不要）を行うことの可否）

Q4-1

被相続人の生前の不動産譲渡に係る未収入金（26,000,000円）の価額につき、相手先債務者（個人）が債務超過にあることを理由に当該未収入金の価額を独自に算定した合理的と考えられる回収可能額（17,600,000円）とすることの可否が争点とされた事例

事例 **国税不服審判所裁決事例**
（平成21年2月23日裁決、東裁（諸）平20－130、相続開始年分不明）

? 疑問点

被相続人の相続開始時において個人である者に対して貸付金債権（被相続人に係る相続開始の約15年前に当該者に売却した不動産（土地）の譲渡代金26,400,000円のうち未回収となっている26,000,000円）を有していた場合において、当該債務者（個人）が当該被相続人に係る相続開始時において債務超過の状態に陥っていると認められるときには、これを理由に直ちに当該貸付金債権の価額の一部の金額につき、評価通達205《貸付金債権等の元本価額の範囲》に定める「その回収が不可能又は著しく困難であると見込まれるとき」に該当するものと解釈して、独自に算定した合理的と考えられる回収可能額である17,600,000円によって評価することは認められますか。

A 回答

貸付金債権の相手方（債務者）である個人が ? 疑問点 に掲げるように、被相続人に係る相続開始時において債務超過の状態に陥っていると認められるときであっても、当該事項をもって直ちに、当該貸付金債権の価額につき、評価通達205《貸付金債権等の元本価額の範囲》に定める「その回収が不可能又は著しく困難であると見込まれるとき」に該当するものとして取り扱うことは認められません。

! 解説

評価通達205《貸付金債権等の元本価額の範囲》に定める「その回収が不可能又は著しく困難であると見込まれるとき」とは、債務者の財産、信用、労働力（能力）等を総合的に検討し、同通達の(1)ないし(3)に掲げる事由（いわゆる形式基準）と同視し得る程度に債務者の資産状況及び営業状況等が破たんしていることが客観的に明白であって、債権の回収の見込みのないことが客観的に確実であるといい得るときであると解するのが相当とされます。

したがって、お尋ねにある貸付金債権の相手方（債務者）である個人が被相続人に係る相続開始時点で債務超過の状態に陥っていたとしても、当該事項のみでは上記に掲げる解釈基準を充足したものとは認められないことから、お尋ねの貸付金債権の価額につき、評価通達205の適用は認められないものとされます。

検討先例

Q4-1の検討に当たっては、下記に掲げる裁決事例が先例として参考になります。

◉国税不服審判所裁決事例（平成21年２月23日裁決、東裁（諸）平20－130、相続開始年分不明）

〔１〕事案の概要

本件は、請求人が、相続財産である貸付金債権は、相続開始日においてその一部の回収が著しく困難であるなどとして元本の額を減額して相続税の申告をしたところ、原処分庁が、回収が著しく困難であるなどの事情は認められず、当該貸付金債権はその元本の価額によって評価すべきであるとして更正処分等を行ったのに対し、請求人が、同処分等の全部の取消しを求めた事案である。

〔２〕基礎事実

(1)　被相続人及びＡ並びにこれらの者における不動産売買契約について

①　被相続人は、＊＊（以下「本件会社」という）の代表取締役であった。また、Ａ（筆者注 下記②に掲げるとおり、被相続人と不動産売買契約を締結し、土地を購入した者である。ただし、本件相続に係る請求人ではない者である）は、昭和59年に本件会社に入社し、現在まで同社に勤務している。

②　被相続人は、平成３年12月６日、Ａとの間で不動産売買契約を締結し、甲（筆者注 所在地）の雑種地87㎡及び乙（筆者注 所在地）の雑種地31㎡を代金総額26,400,000円（以下「本件売買代金」という）で譲渡した。

なお、これら２筆の土地は、平成３年12月６日売買を原因として、被相続人からＡへ所有権移転登記がされた後、平成４年12月14日、甲の土地が乙の土地に合筆され、更に丙（筆者注 所在地）の土地27㎡と丁（筆者注 所在地）の土地91㎡（以下、これら２筆の土地を「本件各土地」という）に分筆された。

(2) Aによる本件各土地の利用状況等

① Aは、本件各土地上の建物（平成４年１月10日新築の家屋番号＊＊の建物。以下「本件建物」という）を所有し、家族と共に本件建物に居住している。

② Aは、本件建物の建築代金17,000,000円のうち12,000,000円を、＊＊（筆者注 金融機関名）から借入期間が15年（平成４年３月３日から平成19年３月７日）の借入金（以下「本件建物借入金」という）により支払っており、被相続人に係る相続開始日（以下「本件相続開始日」という）における本件建物借入金の残高は1,229,100円である。

なお、本件各土地及び本件建物には、図表－１の順号１のとおり、本件建物借入金に係る保証委託契約による求償債権を被担保債権とする抵当権設定登記がされた。

図表－１　抵当権の内容

順号	受付年月日・受付番号	原　　因	権利者その他の事項
1	平成４年３月９日 第6140号	平成３年12月11日保証委託契約による求償債権平成４年３月３日設定	債権額　12,000,000円 損害金　年18％ 債務者　A 抵当権者　＊＊（筆者注 金融機関名）
2	平成４年３月９日 第6141号	平成３年12月６日金銭消費貸借平成４年３月３日設定	債権額　26,400,000円 利　息　年4.5％ 損害金　年14％ 債務者　A 抵当権者　本件被相続人

③ 本件各土地及び本件建物について、図表－１の順号２のとおり、債権額26,400,000円、債務者A、抵当権者被相続人、原因平成３年12月６日金銭消費貸借平成４年３月３日設定の抵当権設定登記がされた。

(3) Aの資産及び負債の状況

Aの本件相続開始日当時の預貯金の額及び負債合計額は、図表－２記載のとおりであった。

図表－２　Aの資産及び負債の状況

（単位：円）

	請求人ら主張額			原処分庁主張額		
資産	本件各土地	（注１）	14,088,791	本件各土地	（注３）	14,605,545
	本件建物	（注２）	3,169,624	本件建物	（注４）	10,960,405
	預貯金		179,861	預貯金		179,861
	資産合計		17,438,276	資産合計		25,745,811

負 債	銀行借入金	1,229,100	銀行借入金	1,229,100
	本件貸付金	26,000,000	本件貸付金	26,000,000
	負 債 合 計	27,229,100	負 債 合 計	27,229,100
	債務超過額	9,790,824	債務超過額	1,483,289

（注１） 相続税評価額（路線価による評価額）を公示価格水準に割り戻した価額。
（注２） 平成＊＊（筆者注 本件相続開始日の属する年分）年度の固定資産税評価額。
（注３） 近隣の公示価格に基づいて算出した価額。
（注４） 再建築価格に基づいて算出した価額。

⑷ 本件貸付金債権の価額

① 請求人は、本件相続に係る相続税の申告書において、上記⑵②の抵当権の被担保債権である貸付金（以下「本件貸付金」という）の残額は26,000,000円であり、その価額は17,600,000円であるとして申告した。

また、上記の申告書には、本件貸付金の取得者は請求人である旨の記載がある。

② 原処分庁は、本件貸付金は、その元本の価額（26,000,000円）によって評価すべきであるとして、本件相続に係る相続税の更正処分及び過少申告加算税の賦課決定処分（以下、これらの両処分を併せて「本件更正処分等」という）を行った。

〔3〕争点

本件貸付金の価額につき、本件相続開始日においてその一部の回収が著しく困難であるとして元本の額を減額して相続税の申告を行うことは認められるのか。

〔4〕争点に関する双方（請求人・原処分庁）の主張

争点に関する請求人・原処分庁の主張は、図表－３のとおりである。

図表－３ 争点に関する請求人・原処分庁の主張

（争点） 本件貸付金の価額につき、本件相続開始日においてその一部の回収が著しく困難であるとして元本の価額を減額して申告を行うことは認められるのか

請求人（納税者）の主張	原処分庁（課税庁）の主張
次のとおり、本件相続に係る相続税の課税価格に算入される本件貸付金の価額は、請求人の申告額である17,600,000円を下回るから、本件更正処分等はその全部を取り消すべきである。 ⑴ 課税時期における債務者の債務超過部分については、評価通達205《貸付金債権等の元本価額の範囲》の適用ができると解釈するのが正しい。	次のとおり、本件貸付金は、その元本額で評価することが相当であり、本件更正処分は適法である。 ⑴ 評価通達205《貸付債権等の元本価額の範囲》の「その他その回収が不可能又は著しく困難であると見込まれるとき」とは、単に債務者の資産状況が債務超過であるという事実

<table>
<tr>
<td>本件貸付金に係る債務者であるAの財産状況を判断する上で本件建物の評価は、地方税法第341条《固定資産税に関する用語の意義》第5号に規定のとおり適正な時価を反映している固定資産税評価額によるべきである。
そうすると、本件相続の開始時における財産債務の状況が図表－2の「請求人ら主張額」欄のとおり債務超過で、その全財産を処分しても本件貸付金の一部につき一時に回収することができない状況にあるから、本件貸付金をその元本の全額で評価することは合理的ではなく、Aの債務超過部分については、評価基本通達205の適用がある。</td>
<td>のみでなく、債務者の営業状況、資産状況等が客観的に破綻していることが明白で、債権の回収の見込みのないことが客観的に確実であるといい得るときであることが必要である。
本件において、本件相続開始日における本件建物の価額を算定するに当たっては、図表－2の（注4）のとおり、再建築価格に基づき算出するのが合理的である。
そうすると、本件相続開始日におけるAの資産及び負債の状況は、図表－2の「原処分庁主張額」欄のとおり、1,483,289円の債務超過状態にあるものの、同人は、次に掲げる事項から、本件相続開始日において本件貸付金の返済能力を十分有していたものと認められる。
①　本件相続の開始時の年間収入額が約＊＊円であること
②　本件建物の取得資金に係る住宅ローンを年間約1,000,000円返済し、平成19年5月にはこれを完済していること
③　本件相続開始日以降定年退職予定年まで約20年存すること
したがって、本件貸付金の回収の見込みのないことが客観的に確実であるといい得る状況にあったとはいえない。</td>
</tr>
<tr>
<td>(2)　Aの本件相続の開始時における収入（給与収入＊＊円、可処分所得＊＊円）とその家族の生活費等を考慮すると、返済余力は乏しく、本件貸付金を一時に弁済できない以上、その回収は定期的かつ長期的になり、このように長期にわたる金銭の一方向への定期的移動にかかる権利の経済的本質は、相続税法第24条《定期金に関する権利の評価》にいうところの有期定期金にほかならない。
したがって、本件貸付金につき、その元本全額をもって評価することは合理的でない。</td>
<td>(2)　本件貸付金の返済が長期間に及ぶとしても、評価通達204《貸付金債権の評価》により、貸付金債権等の元本の価額は、その返済されるべき金額によって評価するべきである。
また、相続税法第24条《定期金に関する権利の評価》は、定期金給付契約の評価方法を定めるものであるから、本件貸付金の評価方法としてこれを適用することはできない。</td>
</tr>
</table>

〔5〕国税不服審判所の判断

(1)　認定事実

①　Aは、本件被相続人に対して、本件各土地を譲り受けた当時のボーナスから本件売買代金のうち400,000円を支払った。しかし、その後、Aは、被相続人ないし請求人に対し、本件売買代金ないし本件貸付金を一切返済したことはなく、利息を支払ったこともない。

なお、Aは、調査担当職員及び異議審理庁所属の異議申立て（筆者注現行の取扱いでは、再調査審理庁所属の再調査の請求に該当する）に係る調査担当職員（以下「異議調査担当職員」という）に対して、被相続人との間で、本件売買代金の残金26,000,000円は、本件建物借入金の返済が終わった後に被相続人に支払う約束になっており、本件相続開始日まで被相続人から返済を求められたことはなかった旨、また、利息について被相続人から話をされたことはなく、自分から確認したこともなかった旨申述している。

② Aは、本件建物借入金をその約定どおり＊＊（筆者注 金融機関名）に対して返済をしたことから、平成19年5月14日付で、同月10日解除を原因とする**図表－1**の順号1の抵当権設定登記の抹消登記がされた。

③ 平成14年から平成19年までにおけるAの本件会社からの給与収入は、＊＊円ないし＊＊円である。

④ 本件会社では、体を壊さなければ、満60歳が定年であり、本件相続開始日当時、Aは定年まで約20年勤務することが可能であった。

また、同社には、退職給与規定はないが、退職者の勤続期間等を考慮して退職金が支払われている。

⑤ A及び請求人は、いずれも調査担当職員及び異議調査担当職員に対して、本件貸付金に関する契約書は保管していない旨申述している。

(2) 法令解釈等

○評価通達に定める貸付金債権等の評価

評価通達204《貸付金債権の評価》は、貸付金債権等の価額は、貸付金債権等の元本の価額と課税時期現在の既経過利息との合計額により評価する旨定め、貸付金債権等の元本の価額は、その返済されるべき金額である旨定めている。

また、評価通達205《貸付金債権等の元本価額の範囲》は、貸付金債権等の評価を行う場合において、その債権金額の全部又は一部が、課税時期において「次に掲げる金額に該当するときその他その回収が不可能又は著しく困難であると見込まれるとき」においては、それらの金額は元本の価額に算入しない旨を定めている。

この場合の「次に掲げる金額」とは、評価通達の205の(1)ないし(3)のとおり、債務者について手形交換所の取引停止処分等に該当する事実があったときの貸付金債権等の金額（質権及び抵当権によって担保されている部分の金額を除く）並びに再生計画認可の決定、整理計画の決定及び更正計画の決定等により切り捨てられる債権の金額等が掲げられている。

そうすると、「次に掲げる金額に該当するとき」とは、いずれも、債務者の資産状況及び営業状況等が破綻していることが客観的に明白であって、債権の回収の見込みのないことが客観的に確実であるといい得るときであると解するのが相当である。

また、「その他その回収が不可能又は著しく困難であると見込まれるとき」とは、上記の「次に掲げる金額に該当するとき」と同視できる程度に、債務者の資産状況及び営業状況等が破綻していることが客観的に明白であって、債権の回収の見込みのないことが客観的に確実であるといい得るときであると解するのが相当である。

このような評価通達204及び205に定める評価方法は、相続税法第22条《評価の原則》に定める「時価」、すなわち、財産の客観的交換価値を評価する方法として合理的であり、審判所においても相当であると認められる。

(3) 当てはめ

① 本件貸付金について

本件貸付金は、**図表－1**の順号2の抵当権の被担保債権である平成3年12月6日金銭消費貸借契約に係る26,000,000円の貸金返還請求権であるところ、当該金銭消費貸借に係る契約書の確認はできない。

しかしながら、その債権額は、本件売買代金から支払済みの400,000円を控除した残額と同額であり、本件各土地が被相続人からAに譲渡された日と同日に消費貸借が行われた旨登記されていること等からすると、**図表－1**の順号2の登記記録のとおり、Aの被相続人に対する本件売買代金債務を消費貸借契約上の債務とした準消費貸借契約（以下「本件金銭消費貸借契約」という）が成立したものと認められる。

② 本件貸付金の回収可能性

本件貸付金については、評価通達205《貸付金債権等の元本価額の範囲》の(1)ないし(3)に掲げる金額に該当する事実は認められないことから、本件貸付金が、評価通達205に定める「その他その回収が不可能又は著しく困難であると見込まれるとき」に該当するか否かについて判断すると、次のとおりである。

債務者であるAは、本件相続開始日の当時、本件会社から年間＊＊円弱の給与収入を得ており、本件相続開始日当時、Aは定年まで20年程度本件会社に勤務することが可能であって、経常的な給与収入が見込まれた。更に、本件会社に退職給与規定はないものの、前例に照らすと、本件会社の退職時に勤続期間等を考慮した退職金の支給も見込まれた。

そして、本件相続開始日当時、Aの債務は、本件貸付金のほかには本件建物借入金しかなく、同人は、それまで本件建物借入金を約定通りに返済し、その残元本を1,229,100円まで減らしており、＊＊（筆者注 本件相続開始日よりの期間を示すものと推定される）後の平成19年3月ころまでに完済すると見込まれていた。

加えて、本件貸付金は、**図表－1**の順号2のとおり、本件各土地及び本件建物に設定された抵当権により担保されていたところ、本件相続開始日現在の先順位の**図表－1**の順号1の抵当権の被担保債権は1,229,100円であった。

これらの事情に照らせば、たとえ本件相続開始日におけるAの資産及び負債の状況が、**図表－2**の請求人ら主張額のとおり9,790,824円の債務超過状態であったとしても、A

の資産状況及び支払状態が破綻していて、本件貸付金の回収の見込みのないことが客観的に確実であるとはいえないから、本件貸付金については、評価通達205に定める「その他その回収が不可能又は著しく困難であると見込まれるとき」に該当すると認めることはできない。

③　本件金銭消費貸借契約に係る利息

本件貸付金について**図表－1**の順号2のとおり、年4.5%の利息の定めが登記されている。

しかしながら、Aは、被相続人との間で、本件貸付金は本件建物借入金の返済が終わった後に返済する約束であり、利息について話し合ったことはない旨申述しており、現に本件相続開始日までに本件貸付金の元本及び利息の支払を一切していないことからすると、本件建物借入金を完済するまでの利息の支払を免除する約定がされていたものと推認される。

したがって、本件においては、本件金銭消費貸借契約に係る利息は、本件相続に係る相続税の課税価格に算入すべき必要は認められない。

(4)　本件貸付金の評価額

本件貸付金については、上記(3)②のとおり、本件相続開始日において、評価通達205《貸付金債権等の元本価額の範囲》の(1)ないし(3)に掲げる金額に該当する事実及び評価通達205に定める「その他その回収が不可能又は著しく困難であると見込まれる」事実はないことから、その評価上、評価通達205の適用はない。

そして、評価通達204《貸付金債権の評価》においては、貸付金債権等の評価について、貸付金債権等の元本の価額と利息の価額との合計額により評価する旨定めているところ、これを本件についてみると、上記(3)③のとおり、本件貸付金の評価上、計上すべき利息は認められないから、元本額である26,000,000円が本件貸付金の評価額となる。

(5)　請求人の主張について

①　債務者が債務超過状態であることに関する主張について

請求人は、債務者が債務超過状態であれば、債務超過相当額は「その他その回収が不可能又は著しく困難であると見込まれるとき」に該当する旨主張する。

しかしながら、債務の支払は、債務者の財産、信用、労働力を総合的に活用してなされるものであるところ、一般に、債務者に、多額の債務があり、債務超過の状態にあったとしても、返済条件に従った返済が行われている限り、債権者から繰り上げ弁済を求められることはなく、債務の支払を継続することは可能であるから、単に債務超過の状態にあることをもって、債務超過相当額が「その他その回収が不可能又は著しく困難であると見込まれるとき」に該当するということはできない。

したがって、この点に関する請求人の主張は採用できない。

② 相続税法第24条に関する主張について

請求人は、本件貸付金は、その回収が定期的かつ長期的になるから、相続税法第24条《定期金に関する権利の評価》に規定する有期定期金にほかならない旨主張する。

しかしながら、相続税法第24条は定期金給付契約に関する権利を評価する規定であるところ、本件貸付金は、上記(3)①のとおり、本件金銭消費貸借契約に基づく貸付金債権であるから、権利内容の異なる有期定期金として評価すべき理由は認められない。また、本件貸付金について、評価通達204及び205に定める方法により評価すべきでない特別な事情も認められない。

したがって、請求人の主張には理由がない。

〔6〕まとめ

(1) 裁決事例の結果

先例とされる裁決事例における本件貸付金債権の価額は、請求人（納税者）の主張額が17,600,000円（債務者が債務超過状態にあることを考慮して、独自に算定した回収可能額）、原処分庁（課税庁）が主張し国税不服審判所がこれを相当と判断したものが26,000,000円（本件貸付金債権の額面金額）であったため、結果として、請求人（納税者）の主張は認められなかった。

(2) 参考法令通達等

- 相続税法第24条《定期金に関する権利の評価》
- 評価通達204《貸付金債権の評価》
- 評価通達205《貸付金債権等の元本価額の範囲》
- 地方税法第341条《固定資産税に関する用語の意義》

本問から学ぶ重要なキーポイント

(1) 評価通達205《貸付金債権等の元本価額の範囲》に定める「その他その回収が不可能又は著しく困難であると見込まれるとき」とは、同通達に掲げる(1)ないし(3)の事由と同視できる程度に、債務者の資産状況及び営業状況等が破綻していることが客観的に明白であって、債権の回収の見込みのないことが客観的に確実であるといい得るときであると解されています。

(2) 上記(1)より、被相続人に係る相続開始時に当該被相続人が有する貸付金債権の相手方（借主）である者が、債務超過の状態にあったとしても、単にそれのみを理由に評価通達205《貸付金債権等の元本価額の範囲》の定めを適用することは認められません。

⑶　本件貸付金については、債務者の有する不動産（本件各土地及び本件建物）の乙区欄に抵当権設定登記がされており、年4.5％の利息の定めが登記されています。そうすると、本件貸付金の価額の算定につき、既経過利息の金額の取扱いを巡って判断を悩ますことも想定されるところです。

しかしながら、先例とされる裁決事例では、次に掲げる認定事実から、本件貸付金については本件建物借入金（金融機関からの借入金）を完済するまでの利息の支払を免除の約定があったものと推認されるとして、既経過利息の金額を計上することは不要であると判断しており、実務上、貴重な先例になるものと考えられます。

①　借主⒜が、貸主（被相続人）との間で、本件貸付金は本件建物借入金の返済が終わった後に返済する約束であり、利息について話し合ったことはない旨を申述していること

②　現に、借主⒜は貸主（被相続人）に対して本件相続開始日までに本件貸付金の元本及び利息の支払を一切していないこと

⑷　先例とされる裁決事例における争点とは無関係であるが、当該事例で税理士として最も注目すべき点は、本件貸付金の存在を把握することにあると考えられます。本件貸付金については、金銭消費貸借契約書も作成されておらず、また、その借主（債務者）は非営業性の個人であるため、帳面（帳簿）をもって確認することもできないことから、相続人等からの積極的な情報提供がなければ、捕捉は困難となることが想定されます。

ただし、次のような資料を確認することによって、本件貸付金の存在を推認することが可能になると考えられます。

①　被相続人に係る『財産債務調書』（注）

（注）　所得税等の確定申告書を提出しなければならない者又は所得税の還付申告書（その年分の所得税の額の合計額が配当控除額及び年末調整で適用を受けた住宅借入金等特別控除額の合計額を超える場合におけるその還付申告書に限ります）を提出することができる者で、その年分の退職所得を除く各種所得金額の合計額が2,000万円を超え、かつ、その年の12月31日において、その価額の合計額が3億円以上の財産又はその価額の合計額が1億円以上の国外転出特例対象財産を有する者は、その財産の種類、数量及び価格並びに債務の金額その他必要な事項を記載した財産債務調書を、その年の翌年3月15日までに所得税の納税地の所轄税務署長に提出しなければならないものとされています。

筆者注　上記（注）は、先例とされる裁決事例に係る課税年分当時のものであり、現行の規定とは異なっています。

②　被相続人に係る生前の所得税の確定申告書

③　被相続人に係る預金通帳

Q4-2 被相続人の相続財産である同族会社に対する貸付金債権（額面60,364,325円）の価額につき、当該法人が相続税の申告期限までに解散し清算結了していた場合における現実の回収額（14,054,288円）とすることの可否が争点とされた事例（その1）

事例 国税不服審判所裁決事例
（令和３年11月１日裁決、東裁（諸）令３－30、平成29年相続開始分）

疑問点

被相続人の相続開始時において同人が関与する同族会社である法人（相続開始時点では、通常どおりの営業を継続中）に対して貸付金債権を有していた場合において、当該法人が相続税の申告期限までに解散し清算を結了していたときには、当該貸付金債権の金額（額面金額）のうち、現実に回収することができた金額を超える部分の金額は、評価通達205《貸付金債権等の元本価額の範囲》に定める『その回収が不可能又は著しく困難であると見込まれるとき』に該当するとして、評価不要とすることは認められますか。

回答

お尋ねの場合における現実の回収可能額を超過する部分を評価不要とする考え方は容認されず、当該法人に対する貸付金債権は、額面金額で評価することが相当であると考えられます。

解説

相続財産の価額は、原則として、相続開始時における時価によるべきものと規定されています。すなわち、相続財産の評価時点は、被相続人に係る相続開始時と解釈されます。そうすると、当該同族法人の解散及び清算結了は、被相続人の相続開始後における当該同族法人による経営判断に基づく帰結にすぎず、被相続人の相続財産である貸付金債権の価額の評価に当たって考慮すべき客観的な事情には該当しないものとされます。

検討先例

Q4-2の検討に当たっては、下記に掲げる裁決事例が先例として参考になります。

◉国税不服審判所裁決事例（令和３年11月１日裁決、東裁（諸）令３－30、平成29年相続開始分）

〔１〕事案の概要

本件は、請求人が、相続税の申告において評価通達205《貸付金債権等の元本価額の範囲》の定める『その回収が不可能又は著しく困難であると見込まれるとき』に該当するとして相続により取得した貸付金の一部を元本価額に算入しなかった（筆者注 元本価額60,364,325円、申告額14,054,288円）ところ、原処分庁が、同通達の定めに該当しないとして原処分を行ったのに対し、請求人が原処分の取消しを求めた事案である。

〔２〕基礎事実

⑴　本件相続について

①　被相続人は、平成29年12月11日（以下「本件相続開始日」という）に死亡し、被相続人に係る相続（以下「本件相続」という）が開始した。

②　請求人（筆者注 被相続人の弟）は、被相続人の遺言に基づき、本件相続により、被相続人が本件相続開始日において＊＊株式会社（以下「本件法人」という）に対して有していた貸付金（以下「本件貸付金」という）を含む被相続人の全ての財産を取得した。

⑵　本件法人について

①　本件法人は、石油製品及び自動車部品の販売、各種自動車の整備、不動産管理及び賃貸業務等を目的として昭和35年12月２日に設立された法人であり、＊＊（筆者注 所在地）201号室を本店所在地としていた。

②　本件法人の代表取締役であった被相続人は、平成16年８月20日、取締役を辞任し、同日、取締役であった被相続人の妻が代表取締役に就任した。その後、同人が平成29年１月８日に死亡したことに伴い、同日、請求人が代表取締役に就任した。

③　本件法人は、本件相続開始日現在、＊＊（筆者注 所在地）に所在する鉄骨鉄筋コンクリート・鉄筋コンクリート造陸屋根11階建の建物（昭和47年４月24日新築。以下「本件建物Ａ」という）の201号室及び601号室並びに＊＊（筆者注 所在地）に所在する鉄筋コンクリート造陸屋根地下１階付12階建の建物（平成４年９月24日新築）の406号室（以下「本件建物Ｂ406号室」という）を保有していた。

④　本件法人の資産及び負債の状況並びに損益の状況は、本件法人に係る法人税の各事業年度に係る確定申告書に添付された決算報告書及び各科目の内訳書によれば、それぞれ 図表－１ 及び 図表－２ のとおりである。

図表－1　本件法人の資産及び負債の状況

（単位：円）

事業年度		平成20年10月期	平成21年10月期	平成22年10月期	平成23年10月期	平成24年10月期	平成25年10月期
①資産の部		59,814,381	55,668,963	58,344,702	57,831,598	58,919,780	59,872,332
内訳	流動資産	6,301,312	2,855,776	7,892,369	6,602,820	7,318,642	7,898,834
	現金・預金	5,901,312	2,855,776	7,309,353	6,602,820	7,318,642	7,898,834
	未収入金等	400,000	－	583,016	－	－	－
	固定資産	53,513,069	52,813,187	50,452,333	51,228,778	51,601,138	51,973,498
	有形固定資産	49,572,668	48,399,626	46,434,214	46,804,699	46,804,699	46,804,699
	建物等	36,550,909	35,461,945	33,351,027	33,920,382	33,920,382	33,920,382
	土地　（注2）	12,624,000	12,624,000	12,624,000	12,624,000	12,624,000	12,624,000
	その他	397,759	313,681	459,187	260,317	260,317	260,317
	無形固定資産	664,851	664,851	498,315	498,315	498,315	498,315
	借地権（注3）	519,251	519,251	352,715	352,715	352,715	352,715
	電話加入権	145,600	145,600	145,600	145,600	145,600	145,600
	特別修繕積立金	3,275,550	3,748,710	3,519,804	3,925,764	4,298,124	4,670,484
②負債及び資本の部		59,814,381	55,668,963	58,344,702	57,831,598	58,919,780	59,872,332
内訳	負債の部	61,167,219	58,742,219	57,652,219	58,272,824	59,882,872	61,300,131
	未払金等（注4）	129,500	254,500	4,500	4,500	4,500	765,844
	長期借入金	60,289,148	57,839,148	57,129,148	57,758,324	59,413,372	60,069,287
	被相続人	51,658,648	49,808,648	49,448,648	49,297,824	49,297,824	49,047,824
	被相続人の妻	6,530,500	6,530,500	6,780,500	7,860,500	9,965,548	11,021,463
	請求人	2,100,000	1,500,000	900,000	600,000	150,000	－
	受入保証金	748,571	648,571	518,571	510,000	465,000	465,000
	純資産の部	▲ 1,352,838	▲ 3,073,256	692,483	▲ 441,226	▲ 963,092	▲ 1,427,799
	資本金	10,000,000	10,000,000	10,000,000	10,000,000	10,000,000	10,000,000
	利益剰余金	▲11,352,838	▲13,073,256	▲ 9,307,517	▲10,441,226	▲10,963,092	▲11,427,799

事業年度		平成26年10月期	平成27年10月期	平成28年10月期	平成29年10月期	平成30年7月期	平成30年10月期
①資産の部		59,848,726	59,285,523	58,944,191	58,650,567	63,976,539	14,077,688
内訳	流動資産	7,502,468	6,562,105	5,966,466	5,295,682	18,027,820	14,077,688
	現金・預金	7,498,118	6,562,105	5,966,466	5,295,682	11,287,204	14,077,683
	未収入金等（注1）	4,350	－	0	0	6,740,616	5
	固定資産	52,346,258	52,723,418	52,977,725	53,354,885	45,948,719	0
	有形固定資産	46,804,699	46,804,699	46,681,846	46,681,846	42,312,059	0
	建物等	33,920,382	33,920,382	33,920,382	33,920,382	29,550,595	0
	土地　（注2）	12,624,000	12,624,000	12,624,000	12,624,000	12,624,000	0
	その他	260,317	260,317	137,464	137,464	137,464	0
	無形固定資産	498,315	498,315	498,315	498,315	145,600	0
	借地権（注3）	352,715	352,715	352,715	352,715	0	－

	電話加入権	145,600	145,600	145,600	145,600	145,600	0
	特別修繕積立金	5,043,244	5,420,404	5,797,564	6,174,724	3,491,060	0
②負債及び資本の部		59,848,726	59,285,523	58,944,191	58,650,567	63,976,539	14,077,688
内訳	負債の部	61,375,481	61,995,282	61,302,386	61,101,751	68,571,979	14,077,688
	未払金等（注4）	161,194	93,496	0	6,126	8,207,654	23,400
	長期借入金	60,749,287	61,456,786	60,857,386	60,657,625	60,364,325	14,054,288
	被相続人	48,647,824	48,259,358	47,459,958	60,364,325	60,364,325	14,054,288
	被相続人の妻	12,101,463	13,197,428	13,397,428	–	–	–
	請求人	–	–	–	293,300	–	–
	受入保証金	465,000	445,000	445,000	438,000	0	–
	純資産の部	▲ 1,526,755	▲ 2,709,759	▲ 2,358,195	▲ 2,451,184	▲ 4,595,440	0
	資本金	10,000,000	10,000,000	10,000,000	10,000,000	10,000,000	10,000,000
	利益剰余金	▲11,526,755	▲12,709,759	▲12,358,195	▲12,451,184	▲14,595,440	▲10,000,000

（注1）「未収入金等」の「平成30年7月期」欄の金額は、本件建物Aの201号室の売却代金である。

（注2）「土地」は、本件建物B 406号室に係るものである。

（注3）「借地権」は、本件建物Aの201号室及び601号室（平成21年10月期までは、これらに加えて本件建物Aの803号室）に係るものである。

（注4）「未払金等」の各期の内訳は、未払の租税公課、未払の役員給与、前受家賃、未払手数料であり、「平成30年7月期」欄については、請求人及びその妻子に対する退職金等8,101,954円と、都民税等の当期確定額105,700円との合計額である。

図表－2　本件法人の損益の状況

事業年度		平成20年10月期	平成21年10月期	平成22年10月期	平成23年10月期	平成24年10月期	平成25年10月期
①売上高（注1）		4,295,000	4,115,833	2,520,000	1,986,000	2,882,833	2,967,000
②販売費、一般管理費		6,144,910	5,698,972	5,341,784	5,230,668	3,264,141	3,290,987
内訳	役員報酬	1,020,000	1,020,000	670,000	600,000	600,000	600,000
	減価償却費	2,034,998	1,963,986	1,946,774	2,181,561	–	–
	支払手数料	448,500	520,500	475,500	609,750	525,750	393,750
	管理費	820,320	819,800	716,680	636,330	667,660	660,480
	修繕費	572,982	221,470	425,713	139,361	327,825	570,780
	租税公課	339,000	334,800	337,250	299,100	276,500	322,800
	賃借料（地代）	534,982	537,790	519,008	518,753	518,591	518,562
	燃料費	138,147	52,689	56,748	40,311	86,104	15,999
	通信費	24,622	24,137	24,377	23,448	22,567	21,100
	水道光熱費	72,239	75,680	58,193	71,722	63,894	57,526
	保険料ほか	139,120	128,120	111,541	110,332	175,250	129,990
③営業利益（①－②）		▲1,849,910	▲1,583,139	▲2,821,784	▲3,244,668	▲381,308	▲323,987
④営業外収益（受取利息ほか）（注2）		2,301	4,428	584,459	1,667	398	334
⑤特別利益（注3）		–	–	6,144,025	2,250,559	–	–
⑥特別損失		–	–	–	–	–	–
⑦（③＋④＋⑤－⑥）		▲1,847,609	▲1,578,711	3,906,700	▲992,442	▲380,910	▲323,653

⑧法人税、住民税等	141,410	141,707	140,961	141,267	140,956	141,054
⑨当期純利益	▲1,989,019	▲1,720,418	3,765,739	▲1,133,709	▲521,866	▲464,707

事業年度		平成26年10月期	平成27年10月期	平成28年10月期	平成29年10月期	平成30年7月期	平成30年10月期
①売上高　（注1）		2,779,800	3,009,500	2,699,500	2,653,567	1,662,157	0
②販売費、一般管理費		2,737,951	4,051,785	2,173,189	2,545,844	2,666,235	1,736,622
内訳	役員報酬	600,000	600,000	600,000	600,000	1,395,000	－
	減価償却費	－	－	0	0	－	－
	支払手数料	395,550	702,550	367,200	650,880	388,200	1,329,696
	管理費	661,500	678,720	642,520	628,020	466,090	96,762
	修繕費	85,260	1,006,429	－	164,862	－	－
	租税公課	281,000	326,600	230,500	300,800	233,600	299,450
	賃借料（地代）	520,025	521,092	241,091	41,091	23,304	－
	燃料費	54,814	53,658	－	－	－	－
	通信費	19,575	21,165	21,366	21,129	15,777	1,956
	水道光熱費	61,137	57,409	54,716	54,050	42,222	8,758
	保険料ほか	59,090	84,162	15,796	85,012	102,042	－
③営業利益（①－②）		41,849	▲1,042,285	526,311	107,723	▲1,004,078	▲1,736,622
④営業外収益（受取利息ほか）		213	335	89,116	335	47	8,779
⑤特別利益　（注3）		－	－	－	－	6,206,475	46,310,037
⑥特別損失　（注4）		－	－	122,853	－	7,100,000	39,963,349
⑦（③＋④＋⑤－⑥）		42,062	▲1,041,950	492,574	108,058	▲1,897,556	4,618,845
⑧法人税、住民税等		141,018	141,054	141,010	201,047	246,700	23,405
⑨当期純利益		▲98,956	▲1,183,004	351,564	▲92,989	▲2,144,256	4,595,440

（注1）平成22年1月以後の「売上高」は、本件建物Aの201号室及び601号室の賃料収入のみである。

（注2）「営業外収益」の「平成22年10月期」欄の金額には、漏水事故の損害保険金583,016円を含む。

（注3）「特別利益」の各金額は、「平成22年10月期」欄は本件建物Aの803号室の売却、「平成23年10月期」欄は雨漏りに係る損害保険金、「平成30年7月期」欄は本件建物Aの201号室及び601号室の売却、「平成30年10月期」欄は本件貸付金についてされた債務免除益に係るものである。

（注4）「特別損失」の各金額は、「平成28年10月期」欄の金額は車両の除却損、「平成30年7月期」欄は被相続人に対する弔慰金300,000円及び退職金2,000,000円と、請求人及びその妻子に対する退職金4,800,000円との合計、「平成30年10月期」欄は本件建物B406号室の売却に係るものである。

⑤　本件法人及び本件貸付金については、本件相続開始日において、評価通達205《貸付金債権等の元本価額の範囲》の(1)ないし(3)に掲げる事実そのものは存在しない。

⑥　本件法人は、本件相続開始日（筆者注 平成29年12月11日）後の平成30年5月30日に本件建物Aの601号室を、同年7月18日に本件建物Aの201号室を、同年9月6日に本件建物B406号室をそれぞれ売却した。

なお、本件建物B406号室を本件法人が請求人に代金6,000,000円で売却することは、平成30年9月5日開催の臨時株主総会において、会社法第356条《競業及び利益相反取引の制限》の取締役の利益相反取引の承認が可決された（筆者注）。

筆者注 会社法第356条《競業及び利益相反取引の制限》第1項の規定は、次に掲げるとおりである。
取締役は、次に掲げる場合には、株主総会において、当該取引につき重要な事実を開示し、その承認を受けなければならない。
(イ) 取締役が自己又は第三者のために株式会社の事業の部類に属する取引をしようとするとき
(ロ) 取締役が自己又は第三者のために株式会社と取引をしようとするとき
(ハ) 株式会社が取締役の債務を保証することその他取締役以外の者との間において株式会社と当該取締役との利益が相反する取引をしようとするとき

⑦ 本件法人は、平成30年7月31日の臨時株主総会において解散することが可決され、同年10月2日の臨時株主総会において清算結了が承認された。

(3) 請求人による申告について

請求人は、本件相続に係る相続税の申告書を法定申告期限までに原処分庁に提出して申告した。なお、本件貸付金の金額は、当該申告において14,054,288円とされていた。

(4) 原処分庁による更正処分等について

原処分庁は、令和2年4月22日付で、本件貸付金の金額が60,364,325円であるとして、本件相続に係る相続税の更正処分（以下「本件更正処分」という）及び過少申告加算税の賦課決定処分（以下「本件賦課決定処分」という）をした。

筆者注 上記(1)ないし(4)に掲げる基礎事実を時系列的にまとめると、**図表－3**のとおりとなる。

図表－3　本件裁決事例における時系列

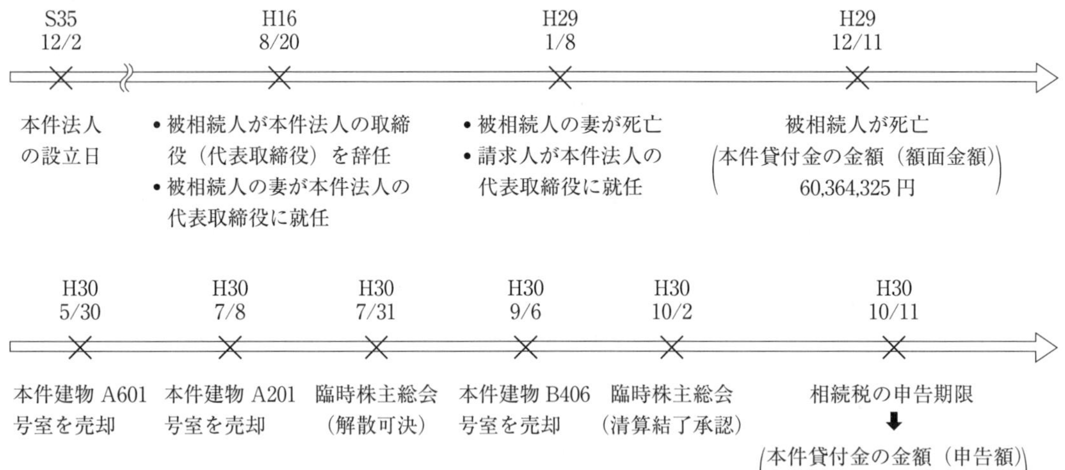

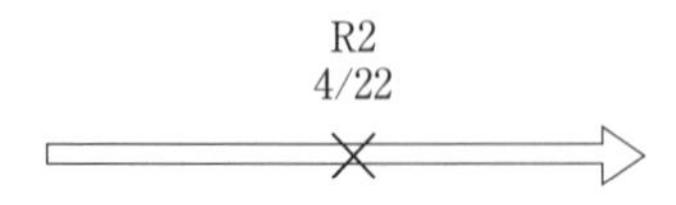

• 本件更正処分
• 本件賦課決定処分
（本件貸付金の金額（更正処分額）60,364,325円（額面金額））

〔3〕争点

本件貸付金の債権金額の一部が、本件相続開始日において「その回収が不可能又は著しく困難であると見込まれるとき」に該当するか否か。

〔4〕争点に関する双方（請求人・原処分庁）の主張

争点に関する請求人・原処分庁の主張は、図表－4のとおりである。

図表－4　争点に関する請求人・原処分庁の主張

（争点）本件貸付金の債権金額の一部が、本件相続開始日において「その回収が不可能又は著しく困難であると見込まれるときに該当するか否か

請求人（納税者）の主張	原処分庁（課税庁）の主張
次のとおり、本件貸付金の債権金額の一部が、本件相続開始日において「その回収が不可能又は著しく困難であると見込まれるとき」に該当する。 (1)　本件法人の資産状況について 本件法人は、平成22年10月期に本件建物Aの803号室を売却したため、それ以後の賃料収入は年間2,000,000円から3,000,000円程度となり翌期以降、債務超過に陥っていた。 また、本件建物Aは昭和47年に建築された老朽化した物件で、頻繁に不具合が生じ恒常的に修繕費が必要となることは容易に予想され、賃料収入が得られるのは、せいぜいあと数年程度のことであった。 したがって、本件法人の債務超過の状態は、本件相続開始日まで継続し長期に及んでおり、これが解消する目途も全く立っていなかった。 なお、本件法人の負債は、同族関係者を債権者とするものであった。しかし、その返済義務を免れることはできなかったものであり、これを金融機関等からの債務と区別する理由はない。	次のとおり、本件貸付金の債権金額の一部が、本件相続開始日において「その回収が不可能又は著しく困難であると見込まれるとき」に該当しない。 (1)　本件法人の資産状況について 確かに本件法人は、平成20年10月期ないし平成29年10月期の各事業年度における貸借対照表上、平成22年10月期を除いて債務超過の状態が継続していた。 しかしながら、本件法人の負債の大部分は被相続人からの無利息の借入金であり、その他の負債についても、同族関係者である請求人及び被相続人の妻からの無利息の借入金であり、金融機関等からの有利子負債は全くなかった。 すなわち、本件法人には直ちに返済を要するような負債はなく、本件相続開始日において、金融機関等の第三者から借入金の返済を迫られているような状況にはなかった。
(2)　本件法人の営業状況について 請求人と被相続人との間で、本件相続開始前に、本件法人の事業を継続しないことが決定されていた。かかる経緯があったため、被相続人は、本件貸付金の一部について債権の切捨てを了承していたといえる。 事業継続に関する上記決定は、次に掲げる事情を考慮したものである。 ①　本件建物Aは老朽化により大規模改修・地震等のリスクが大きすぎること ②　請求人は昭和13年＊＊月＊＊日生まれの高齢者であり、居住している＊＊市から物件管理のために定期的に＊＊に通勤する	(2)　本件法人の営業状況について 請求人は、本件相続開始日以前に本件法人の事業を継続しないことを決定し、被相続人が本件貸付金の一部についての債権の切捨てを了承していた旨主張する。 しかしながら、請求人が主張の根拠とする事情は、本件法人の代表取締役であった請求人の個人的なものにすぎない。 したがって、請求人が主張する上記各事実をもって、本件法人において経済的に破綻していることが客観的に明白な事情があるとは認められない。

ことは困難であること
③　本件法人は事業が黒字化する見込みがなかったこと

したがって、本件貸付金の債権金額の一部の切捨ては、当事者による独自の判断によって行ったものとはいえない。

⑶　本件相続開始日後の事情等について

本件法人は、本件相続開始日直後、本件建物Aの201号室及び601号室並びに本件建物B406号室をそれぞれ売却した。この事実から、本件法人において、本件相続開始日までに本件法人の事業廃止が決定していたことは明らかである。

また、上記の各売却により、請求人は、本件貸付金について14,054,288円の返済を受けた。同金額は、本件貸付金について、市場においてその財産処分を行った場合の清算価値であるものと認められる。

したがって、本件貸付金の時価が14,054,288円であると客観的に立証したことは明らかであり、評価通達6《この通達の定めにより難い場合の評価》（**筆者注**）の定めにより売却価格を評価額とする場合もあることからも当該時価により評価すべきである。

⑷　国税当局における実務上の取扱いについて

本来、相続財産の現況は、相続開始時点で評価することになっているが、相続税の申告期限までに会社が解散している場合は、それを相続時の事情として、社長が会社に貸し付けている貸付金債権は回収不能だったと認めるのが実務である。

このような実務運用がなされているのは、相続税の申告期限は相続開始時点から10か月間しかないため、相続税の申告期限までに会社を解散した場合には、相続開始時点で会社の解散が決まっていたとみるのが合理的だからである。

本件法人は、相続税の申告期限までに解散、清算しており、しかも相続開始前から所有不動産の売却の準備を進めていたのであり、相続開始時点で会社の解散が決まっていたことは明らかである。

⑸　本件貸付金の評価

上記⑴ないし⑷より、本件法人の解散の際に回収することができた金額14,054,288円を超える部分については、本件貸付金は「その回収が不可能又は著しく困難であると見込まれる

⑶　本件相続開始後の事情等について

本件法人は、本件相続開始日後に解散及び清算結了が行われた。

しかし、かかる事情は本件相続開始日以後の事情にすぎず、これをもって、本件相続開始日において本件法人が経済的に破綻していることが客観的に明白であったことにはならない。

⑷　国税当局における実務上の取扱いについて

国税当局において、請求人が主張するような相続税の申告期限までに法人が解散している場合に、それを相続時の事情として、社長が法人に貸し付けている貸付金債権が相続開始時点において回収不能だったと認める実務上の取扱いは存在しない。

そもそも、相続税法第22条《評価の原則》は、相続等により取得した財産の価額は、当該財産の取得の時における時価による旨を明文により規定している。

したがって、法人に対する貸付金債権の時価の算定において、相続税法第22条の文言に反して、相続税の申告期限までに法人が解散している場合には、社長が法人に貸し付けている貸付金債権は回収不能だったと認めることや相続開始時点で法人の解散が決まっていたとみることを合理的であるとする請求人の主張は非合理であり、理由がない。

⑸　本件貸付金の評価

上記⑴ないし⑷より、本件相続開始日における本件貸付金の時価は、その元本価額により評価した金額60,364,325円と認めるべきである。

とき」に該当するものと認めるべきである。	

筆者注 評価通達6《この通達の定めにより難い場合の評価》の定めは、次に掲げるとおりである。
この通達の定めによって評価することが著しく不適当と認められる財産の価額は、国税庁長官の指示を受けて評価する。

〔5〕国税不服審判所の判断

(1) 認定事実

① 本件法人の株主、役員、従事員等の状況

平成20年10月期以後の法人税の確定申告書によると、本件法人は、株式の発行済総数が20,000株であり、被相続人及び被相続人の妻が計13,300株で66.5%を、請求人が5,200株で26%を保有し、他の親族と併せると被相続人とその親族がその100%を保有しており、法人税法第2条《定義》第10号に規定する同族会社であった。

また、本件法人の従事員であり常勤役員である者は、平成20年10月期から平成29年10月期までの各事業年度は代表者1名、平成30年7月期は請求人の妻を加えた2名であった。

なお、役員報酬は、平成29年10月期には請求人及び被相続人の妻に対して合計600,000円が支払われていたが、これより事業年度の月数が3か月短い平成30年7月期には請求人及びその妻に対して合計1,395,000円が支払われていた。

② 本件相続開始日までの本件法人の資産及び負債の状況

(イ) 本件法人の資産の金額は、**図表－1**のとおり、本件相続開始日の直前の平成29年10月期までの各事業年度とも、本件建物Aの201号室及び601号室並びに本件建物B406号室とこれらの敷地権の価額をもって全体の約80%（平成21年10月期までは、本件建物Aの803号室が含まれ、全体の約83%及び約87%）を占めていた。なお、本件建物Aは、＊＊線＊＊駅から徒歩約5分の場所に位置する物件であった。

そのほかの資産の中で特に金額が大きいものは、現金・預金と特別修繕積立金であった。現金・預金の金額は、平成21年10月期に残高が2,855,776円であったが、本件建物Aの803号室を売却した平成22年10月期以後、平成29年10月期までは、残高は5,295,682円ないし7,898,834円の間で推移していた。特別修繕積立金の金額は、本件建物Aの803号室を売却した平成22年10月期以後、毎期370,000円程逓増していた（平成29年10月期末残高6,174,724円）。

(ロ) 本件法人の負債の金額は、**図表－1**のとおり、本件相続開始日の直前の平成29年10月期までの各事業年度において、60,000,000円前後で推移しており、賃借人からの受入保証金と毎期発生する未払の租税公課等のほかは、被相続人、被相続人の妻及び請求人からの長期借入金のみで、当該長期借入金が全体の約99%を占めていた。

なお、被相続人からの長期借入金（本件貸付金）は返済期限の定めのない無利息のものであった。

(ハ) 本件法人の純資産の金額は、**図表－１**のとおり、平成22年10月期には本件建物Ａの803号室の売却により、一旦、692,483円となったが、平成23年10月期に再び債務超過額が441,226円となった。それ以後は債務超過の状況が継続し、本件相続開始の直前の平成29年10月期には債務超過額は2,451,184円であった。

③ 本件相続開始日までの本件法人の損益の状況

(イ) 本件法人の収入金額は、**図表－２**のとおり、平成22年10月期に本件建物Ａの803号室を売却した後、本件建物Ａの201号室及び601号室の賃料収入のみで、平成23年10月期以後、本件相続開始日の直前の平成29年10月期まで、1,986,000円ないし3,009,500円の間で推移していた。

また、上記の定期的な収入以外には、平成22年10月期に本件建物Ａの803号室の売却益の額6,144,025円（特別利益）と損害保険金の額583,016円（営業外収益）、平成23年10月期に損害保険金の額2,250,559円（特別利益）があった。

(ロ) 本件法人の支出金額は、**図表－２**のとおり、役員報酬の額は、平成21年10月期までは1,020,000円、平成22年10月期は670,000円、平成23年10月期以後、本件相続開始日の直前の平成29年10月期までは各600,000円が計上されていた。

また、減価償却費の額は、平成23年10月期までは2,000,000円前後が計上されていたが、平成24年10月期以後は計上されていない。そのほかに平成23年10月期以後、本件相続開始日の直前の平成29年10月期までの各事業年度の支出額の大きいものは、次に掲げるとおりであった。

㋑ 管理費及び支払手数料の額は、併せて1,009,720円ないし1,381,270円の間

㋺ 修繕費の額は支出のない年もあるものの、85,260円ないし1,006,429円の間で、平均すると約350,000円

㋩ 租税公課の額は、おおむね300,000円前後

㊁ 賃借料（地代）の額は、本件建物Ａの201号室及び601号室の借地代に約40,000円（平成28年３月期までは駐車場代に月額40,000円）

㋭ 保険料ほかの額は、おおむね100,000円前後

(ハ) 本件法人の純利益の金額は、**図表－２**のとおり、本件建物Ａの803号室の売却のあった平成22年10月期は3,765,739円が計上されたが、平成23年10月期以後、本件相続開始日の直前の平成29年10月期までの各事業年度では、平成28年10月期に351,564円が計上されたのを除き、92,989円ないし1,183,004円の間の純損失の金額が生じていた。

④ 本件相続開始日後の本件法人の状況

(イ) 本件法人は、**図表－２**のとおり、平成30年７月期に、次に掲げる金額を計上した。

㋑　本件建物Aの201号室及び601号室の売却益の金額6,206,475円を特別利益として

㋺　請求人及びその妻に対する定期給与の金額1,395,000円を役員報酬として

㋩　被相続人に対する弔慰金の金額300,000円及び退職金の金額2,000,000円と、請求人及びその妻子に対する退職金の金額4,800,000円との合計金額7,100,000円を特別損失として

(ロ)　本件法人は、**図表－2**のとおり、平成30年10月期に、次に掲げる金額を計上した。

㋑　本件建物B 406号室の売却損の金額39,963,349円を特別損失として

㋺　本件貸付金について債務免除を受けた金額46,310,037円を特別利益として

(ハ)　本件貸付金は、上記(ロ)㋺のとおりその一部が債務免除され、その残額14,054,288円（請求人が主張する本件貸付金の評価額と同額）については、平成30年9月20日から令和2年4月13日までの間に、本件法人の当座預金から請求人の預金口座への振込等により返済された。

⑤　本件建物Aの201号室及び601号室の各売却に係る状況

本件建物Aの201号室及び601号室の各売却を仲介したX株式会社の代表取締役である＊＊は、令和3年4月9日、審判所に対して答述を行っているところ、同人は、本件相続に係る相続税に関し請求人と利害関係がなく、その答述内容は、上記**〔2〕**(2)⑥の事実関係とも符合し、信用することができることから、以下のとおりの事実関係が認められる。

(イ)　本件建物Aは、敷地が借地権であったため地主や管理組合が事前調査の相手となり、その事前調査中に、本件建物Aの201号室は、同601号室の入居者から購入の意向が示され最終的には同人の親族が、本件建物Aの601号室は、管理組合の理事が購入することで話が進んだ。

(ロ)　本件建物Aの601号室は平成30年5月17日締結の売買契約で物件価格が7,600,000円、同じく201号室は同年7月18日締結の売買契約で物件価格が7,440,000円であった。

(ハ)　本件建物Aの201号室及び601号室は、共に賃貸中で賃借権の負担付の売買であった。なお、X株式会社は、本件建物Aの201号室及び601号室の賃貸借契約の更新や賃借人の出入に際しても仲介に携わっていた。

(ニ)　重要事項の説明では、本件建物Aの201号室及び601号室が直接の発生原因ではないものの、本件建物Aで漏水の問題が発生したことがあり、本件建物Aの201号室及び601号室の買主に対して、下記に掲げる事項などを伝えたが、これ以上の説明は特段行わなかった。

㋑　現状有姿売買であること

㋺　過去に本件建物Aにおいて原因不明の漏水事故があったが、現在は発生してい

ないこと

㈧　築後46年を経過し、建物及び設備には、経年変化、性能低下、傷、汚れ等があること

⑵　法令解釈等

①　相続税法第22条について

相続税法第22条《評価の原則》は、相続財産の価額は、特別に定める場合を除き、当該財産の取得の時における時価によるべき旨を規定している。

ここにいう時価とは、相続開始時における当該財産の客観的な交換価値をいうものと解するのが相当である。

しかし、客観的な交換価値は、必ずしも一義的に確定されるものではないから、これを個別に評価する方法を採った場合には、その評価方式等により異なる評価額が生じたり、課税庁の事務負担が重くなり、大量に発生する課税事務の迅速な処理が困難となったりするおそれがある。

この点、相続税法は、一定の例外を除いて財産の評価の方法について直接定めていないが、これは、上記のような納税者間の公平の確保、納税者及び課税庁双方の便宜、経費の節減等の観点から、評価に関する通達により全国一律の統一的な評価の方法を定めることを予定し、これによって財産の評価がされることを当然の前提とする趣旨であると解するのが相当である。

相続税法上の上記趣旨からすれば、相続財産の評価に当たっては、評価通達によって評価することが著しく不適当と認められる特別の事情がない限り、評価通達に定められた評価方法によって画一的に評価することが相当である。

②　評価通達204及び205について

㈠　評価通達204《貸付金債権の評価》は、貸付金の価額は、貸付金の元本の価額と利息の価額との合計額により評価する旨定めている。また、評価通達205《貸付金債権等の元本価額の範囲》は、貸付金の評価を行う場合において、その債権金額の全部又は一部が、課税時期において「次に掲げる金額に該当するときその他その回収が不可能又は著しく困難であると見込まれるとき」においては、それらの金額は元本の価額に算入しない旨定めている。

貸付金債権については、一般に公開の取引市場は存在せず、その元本の価額に対する日々の取引価額の変動といったものを把握できないことに加え、企業者に対する貸付金について「その回収が不可能又は著しく困難であると見込まれるとき」は通常とはいえず、その債務者たる企業者において外形上企業活動を継続している限り、すなわち債務者について手形交換所の取引停止処分を受けたような場合などといった特別の事情が認められない限り、回収可能であるのが一般的であることに照らすと、評価通達204及び205に定める評価方法は、上記①の相続税法第22条《評

価の原則》に定める「時価」の解釈に沿ったものといえ、いずれも合理性が認められるから、審判所においても相当であると認められる。

(ロ)　上記(イ)の趣旨を踏まえ、評価通達205《貸付金債権等の元本価額の範囲》に定める「その回収が不可能又は著しく困難であると見込まれるとき」に該当する場合については、下記に掲げる事項に照らすと、評価通達205の(1)ないし(3)の事由と同視できる程度に債務者が資産状況及び営業状況等から経済的に破綻していることが客観的に明白であり、そのため、当該貸付金債権の回収の見込みがないか、又は著しく困難であると確実に認められるときをいうものと解するのが相当である。

㋑　上記(イ)に掲げるとおり、評価通達は、貸付金債権の価額について、原則として元本の価額と利息の価額との合計額をもって評価し、例外として債務者について手形交換所の取引停止処分を受けた場合に該当するような客観的に明白な事由が存在する場合に限り、その部分の金額を元本の価額に算入しないこととしていること

㋺　上記の「その回収が不可能又は著しく困難であると見込まれるとき」については、「次に掲げる金額に該当するとき」と並列的に挙げられていること

(3)　当てはめ

①　本件法人の資産状況について

(イ)　本件法人の資産は、上記(1)②(イ)のとおり、本件建物Aの201号室及び601号室並びに本件建物B406号室に係るものがその大部分を占めるところ、本件建物Aの201号室及び601号室については、上記〔2〕(2)③のとおり、昭和47年4月24日に新築されたものであって、上記(1)⑤(ニ)のとおり、経年変化、性能低下、傷、汚れ等の事情が認められるものの、そのほかに資産価値の低下を認めるべき特段の事情は認められず、同(イ)のとおり、実際にも入居者の親族又は管理組合の理事といった、本件建物Aの状況を知悉する者への売却が実現している。また、本件建物B406号室は、上記〔2〕(2)③のとおり、平成4年9月24日に新築されたものであって、上記のような事情は認められない。加えて、上記(1)②(イ)及び**図表－1**のとおり、平成29年10月期末に特別修繕積立金の残高が6,174,724円であり、必要であれば修繕等を実施することも可能であったことを踏まえると、本件相続開始日において、本件建物Aの201号室及び601号室並びに本件建物B406号室には十分な資産価値があったものと認められる。

また、現金・預金については、その残高は、平成22年10月期以後の各事業年度において5,000,000円以上の金額を維持しており、上記(1)③(ロ)の㋑ないし㋭の第三者への毎期の支払金額はおおむね2,000,000円程であるところ、これらの支払に充当し得る程度の資金を保有していたものと認められる。

(ロ)　本件法人の負債は、上記(1)②(ロ)のとおり、金融機関からの借入金はなく、負債の

約99％を占める長期借入金は、本件貸付金のほか、被相続人の妻及び請求人といった、同族会社である本件法人の株主を債権者とするものであった。

そして、本件貸付金は、返済期限の定めがなく、かつ無利息のものであって直ちにその全額を返済しなければならないものとは認められず、また、本件法人の負債は、本件相続によってほとんどは請求人自身が債権者となり、請求人が代表を務める本件法人との間で、その返済期限や方法を調整することは可能であったと認められ、本件法人が破綻しているかの判断に与える影響は大きいものとはいえない。

(ハ) 一般的に、債務超過の状況で事業を継続している会社は多数存在するところ、その事業を継続しながら資産状況を回復させ、借入金を返済することは可能であるから、債務超過であることをもって直ちに本件法人が経済的に破綻しているとはいえない。

(ニ) 上記(イ)ないし(ハ)のことからすれば、本件法人は、平成20年10月期以後、平成22年10月期以外は債務超過であったと認められるものの、本件相続開始日（筆者注 平成29年12月11日）において、本件法人の資産状況から、本件法人は経済的に破綻していることが客観的に明白であったとは認められない。

② 本件法人の営業状況等について

(イ) 本件法人は、上記(1)③(イ)のとおり、本件相続開始日の直前の平成29年10月期まで本件建物Aの201号室及び601号室の賃料収入をおおむね安定的に得ていたものと認められ、本件建物で雨漏りが発生したとされる平成23年10月期（図表－2の（注3）を参照）は、その売上高は1,986,000円であり、他の事業年度より落ち込みがみられるものの、損害保険金2,250,559円の支払を受け補填されている。

(ロ) 本件建物Aの201号室及び601号室については、本件相続開始日に、その売買契約の締結がされていたなどの事実は認められず、賃料収入を得ることができないことが確定したとは認められない。

そして、本件法人は、現に上記(1)⑤(ハ)のとおり、本件相続開始日以降、各売却時まで本件建物Aの201号室及び601号室の賃貸を継続し、安定的に賃料収入を得ていたことからも、不動産賃貸業が業績不振であったと認められず、その賃料収入に著しい影響を及ぼすべき事業が生じていたとも認められない。

(ハ) 本件法人は、上記(1)③(ハ)のとおり、平成23年10月期以後、本件相続開始日の直前の平成29年10月期まで、平成28年10月期を除いて、92,989円ないし1,183,004円の純損失が生じているものの、当該各金額は、図表－2のとおり、おおむね役員報酬及び減価償却費の合計額を下回るものであり、また、上記①(イ)のとおり、第三者に対する支払資金に充当し得る程度の現金・預金の残高を有していたと認められることに照らすと、少なくとも、賃料収入を得る基となる本件建物Aの201号室及び601号室の売却を余儀なくされる状況であったとは認められない。

㈡　本件建物Aの201号室及び601号室の各売却は、上記⑴⑤㈺のとおり、本件相続開始日から約7か月後及び約5か月後の事情であるところ、本件相続開始日から相当期間が経過していることに加えて、本件相続開始日に、当該各売却に係る契約がされていたなどの事実を認めることはできないから、本件相続開始後に当該各売却があったことは、本件相続開始日において本件法人が経済的に破綻していたかを判断し得る事情と認めるべき理由にはならない。

㈭　上記㈠ないし㈡のことからすれば、本件法人は、本件相続開始日（筆者注 平成29年12月11日）において、その営業状況等から経済的に破綻していることが客観的に明白であったとは認められない。

③　結論

本件法人は、上記①及び②のとおり、本件相続開始日において、資産状況及び営業状況等から経済的に破綻していることが客観的に明白であったと認められない。

なお、本件貸付金の元本の価額は60,364,325円と多額であるものの、上記①㈺のとおり、その返済時期や方法等を調整することは可能であったと認められることからすれば、本件相続開始日における本件貸付金に係る負債の回収の見込みについて、これを否定すべき特別な事情に当たるものではない。

以上より、本件貸付金の債権金額の一部が、本件相続開始日において「その回収が不可能又は著しく困難であると見込まれるとき」に該当するとは認められない。

⑷　請求人の主張について

①　請求人は、本件法人の資産状況について、本件法人は、債務超過に陥っており、本件建物の老朽化により賃料収入が得られる期間は数年間程度であったとした上、本件法人の負債についても、金融機関等からの債務と同様に返還義務を免れることはできなかった旨主張する。

しかしながら、請求人の主張のとおり、本件法人の負債について金融機関等からの債務と同様に返済義務を免れることはできなかったとしても、本件法人の資産状況については、上記⑶①のとおりであり、債務超過であることをもって直ちに本件法人が経済的に破綻しているとまではいえない。

したがって、請求人の主張には理由がない。

②　請求人は、本件法人の営業状況について、下記に掲げる事項から、本件相続開始日前に事業を継続しないことが決定されていたものであり、このように事業廃止が決定していたことは、本件相続開始直後に本件建物Aの201号室及び601号室並びに本件建物B 406号室をそれぞれ売却した事実から明らかであるとして、被相続人は、本件貸付金の一部について債権の切捨てを了承していた旨主張する。

㈠　本件建物が老朽であること

㈺　請求人が高齢者であって、定期的な通勤が困難であること

(ハ)　本件法人は事業が黒字化する見込みがなかったこと

しかしながら、本件建物の老朽化の主張については、上記(3)①(イ)のとおり、本件建物Aの201号室及び601号室の賃貸業の継続に支障を生じさせる事情があったと認められないうえ、当該賃貸業を行うに当たり、請求人の年齢やその定期的な通勤が困難であったか否かという事情が影響するとはいえない。

また、審判所の調査の結果によっても、本件相続開始日前に本件法人において事業を継続しない旨を決定していた事実を認めることはできず、本件相続開始日から本件建物Aの601号室は約5か月後に、本件建物Aの201号室は約7か月後にされた各売却によって、上記事実を推認することはできない。

さらに、被相続人が本件貸付金の一部について債権の切捨てを了承していたとの主張については、評価通達205《貸付金債権等の元本の範囲》の(3)は、当事者間の契約により債権の切捨て等が行われた場合において、それが金融機関のあっせんに基づくものであるなど真正に成立したものと認めるときに、その債権の金額の一部を減額して評価することを認めるところ、上記〔2〕(2)⑤のとおり、本件において、当該事実は認められないことに加え、審判所の調査の結果によっても、本件相続開始日において、被相続人が上記のような債権の切捨てを了承したとも認めることはできない。

したがって、請求人の主張には理由がない。

③　請求人は、本件貸付金について、本件建物Aの201号室及び601号室並びに本件建物B406号室の各売却により請求人が返却を受けた金額14,054,283円は、市場における財産処分を行った場合の清算価値であって、時価であると客観的に立証しており、評価通達6《この通達の定めにより難い場合の評価》の定めにより売却価格を評価額とする場合もあることからも当該金額で評価すべきである旨主張する。

しかしながら、請求人が本件貸付金の時価であると主張する金額14,054,288円とは、上記(1)④のとおり、本件法人が、本件建物Aの201号室及び601号室並びに本件建物B406号室を売却したほか、被相続人に対する退職金及び弔慰金並びに請求人及びその妻子への退職金や大幅に増額された役員報酬の支払を経た後の金額であって、本件相続開始日における本件貸付金の客観的な交換価値すなわち時価を表すものとは認められないものであるうえ、請求人の上記主張によって、評価通達204及び205の定めによることが不適当であるとはならないし、評価通達6の定めの例によるべきことにもならない。

なお、本件貸付金の債権金額の一部が、本件相続開始日において「その回収が不可能又は著しく困難であると見込まれるとき」に該当しないことについては、上記(3)③のとおりである。

したがって、請求人の主張には理由がない。

④　請求人は、本件法人が相続税の申告期限までに解散、清算しており、それを相続時

の事情として社長が会社に貸し付けている貸付金債権は回収不能と認めるのが実務であるとし、本件貸付金の一部については「その回収が不可能又は著しく困難であると見込まれるとき」に該当するものと認めるべき旨を主張する。

しかしながら、請求人が主張するような上記実務も、相続税の申告期限における事実をもって財産の取得の時における事情とする旨の国税当局の見解も存在しない。

請求人の上記主張は、財産の取得の時における時価による旨を定める相続税法第22条《評価の原則》の規定に明らかに反するものであって、上記(3)③の判断を覆すものとはいえず、また、上記のような実務及び公的見解が存在しない以上、当該判断をもって不当というにも当たらない。

したがって、請求人の主張には理由がない。

〔6〕まとめ

(1) 裁決事例の結果

先例とされる裁決事例における本件貸付金の価額は、請求人（納税者）の主張額が14,054,288円（本件貸付金の債権金額につき、本件法人の解散により実際に回収された金額）、原処分庁（課税庁）が主張し国税不服審判所がこれを相当と判断したものが60,364,325円（本件貸付金の額面金額）であったため、結果として、請求人（納税者）の主張は認められなかった。

(2) 参考法令通達等

- 相続税法第22条《評価の原則》
- 評価通達6《この通達の定めにより難い場合の評価》
- 評価通達204《貸付金債権の評価》
- 評価通達205《貸付金債権等の元本価額の範囲》
- 会社法第356条《競業及び利益相反取引の制限》

本問から学ぶ重要なキーポイント

⑴　被相続人に係る相続開始時に当該被相続人が有する貸付金債権の相手方（借主）が法人である場合において、当該法人が当該被相続人に係る相続開始日後に解散及び清算結了がなされたときであっても、当該事情は、相続税法第22条《評価の原則》の規定（注）から判断すると、相続開始日以後の相続人等による主観的な事情にすぎず、考慮の対象とされません。

（注）　相続税法第22条《評価の原則》の規定は、相続等により取得した財産の価額は、当該財産の取得の時における時価による旨を規定しています。

⑵　被相続人に係る相続開始時に当該被相続人が有する貸付金債権の相手方（借主）が法人である場合において、当該法人が当該被相続人に係る相続税の申告期限までに解散しているときには、それを相続時の事情として、当該被相続人が当該法人に貸し付けている貸付金債権が相続開始時点において回収不能だったと認める評価実務上の取扱いは存在しません。

貸付金債権に係る実務対策

Q4-2のような事例では、被相続人に係る相続開始前に当該被相続人が有する貸付金債権の相手方（借主）である法人（同族会社）を整理（解散及び清算の結了）し、当該貸付金債権を実際の金銭にする（回収可能額の実現化を図る）ことを検討する対応（相続開始前における事前対応）が最も望ましいものと考えられます。

Q4-3 被相続人の相続財産である同族会社に対する貸付金債権（額面2,890,524,400円）の価額につき、当該法人が相続税の申告期限までに解散し清算結了していた場合における現実の回収額（1,592,445,540円）とすることの可否が争点とされた事例（その2）

事例 神戸地方裁判所
（平成22年9月14日判決、平成21年（行ウ）第26号、平成16年相続開始分）

疑問点

被相続人の相続開始時において同人が経営に関与する同族会社である法人「A株式会社」及び「有限会社B」（いずれも、被相続人が代表者に就任しており、株式又は出資の100％を所有。業種は不動産賃貸業）に対して、貸付金債権（額面金額）を下記のとおりに有していたことが判明しています。

(1) A株式会社に対するもの……2,039,821,917円
(2) 有限会社Bに対するもの…… 850,702,483円
合計（(1)＋(2)）………………2,890,524,400円

被相続人に係る相続人は事業承継に関心がなかったことから、両会社ともに相続税の申告期限までに解散の決議を行って清算が結了しています。なお、両会社ともに清算結了時において、次に掲げる金額の債務超過が確認されています。

(イ) A株式会社に係る金額……952,976,582円
(ロ) 有限会社Bに係る金額……429,628,721円
合計（(イ)＋(ロ)）…………1,382,605,303円

そうすると、被相続人に係る相続財産の申告に当たって、上記に掲げるA株式会社及び有限会社Bに対する貸付金については、評価通達205《貸付金債権等の元本価額の範囲》に定める「その回収が不可能又は著しく困難であると見込まれるとき」に該当するものと解釈して、その価額を被相続人の相続開始時に、双方の同族会社を清算したと仮定した場合の合理的な残余財産の配当予想金額として算定された次に掲げる金額によって評価することは認められますか。

(A) A株式会社に係る金額……1,100,568,003円
(B) 有限会社Bに係る金額…… 491,877,537円
合計（(A)＋(B)）……………1,592,445,540円

回　答

貸付金債権の相手方（債務者）である同族法人について、疑問点に掲げるように、たとえ、相続税の申告書の提出期限までに解散し清算結了が行われ、その結果として債務超過となったために貸付金債権の金額（額面金額）に回収不能が生じたとしても、当該事項をもって直ちに、当該貸付金の価額につき、評価通達205《貸付金債権等の元本価額の範囲》に定める「その回収が不可能又は著しく困難であると見込まれるとき」に該当するものとして取り扱うことは認められません。

解　説

評価通達205《貸付金債権等の元本価額の範囲》に定める「その回収が不可能又は著しく困難であると見込まれるとき」とは、同通達の(1)ないし(3)に掲げる事由（いわゆる形式基準）と同視できる程度に債務者の資産状況及び営業状況等が破綻していることが客観的に明白であって、債権の回収の見込みのないことが客観的に確実であるといい得るときをいうものと解するのが相当とされています。

そうすると、お尋ねの事例の場合には、次に掲げる事項からすると、貸付金債権の貸主である被相続人の相続開始時においてA株式会社及び有限会社Bに対する各貸付金の回収可能性がないことが客観的に確実であるということはできないものと判断されます。

(1)　両会社は、被相続人に係る相続開始時より後に解散し、清算結了時において債務超過になっているが、債権の回収可能性は、そもそも将来にわたる継続的な回収の可能性も考慮されなければならないこと

(2)　会社の営業は、動的要素が大きいので、ある時点において債務超過であるといっても、そのことのみで判断することは相当ではないこと

検討先例

Q4-3の検討に当たっては、下記に掲げる裁判例が先例として参考になります。

◉神戸地方裁判所（平成22年9月14日判決、平成21年（行ウ）第26号、平成16年相続開始分）

〔1〕事案の概要

本件は、妹である被相続人の財産を相続により承継した原告が、相続財産の大部分を占める本件被相続人が経営していた会社に対する貸付金債権について、その会社が破綻状態にあったなどとして、その時価を額面額よりも相当程度低い価額と評価した上で相続税の申告をしたところ、税務署長が上記貸付金債権の時価は額面額であると判断して相続税の更正処分及び過少申告加算税賦課決定処分をしたため、原告が、更正処分のうち申告にお

ける納付すべき税額を超える部分と過少申告加算税の賦課決定処分の取消しを求めた事案である。

〔2〕前提事実

⑴ 本件相続

原告は、被相続人の姉であり、その唯一の相続人である。

被相続人は、平成16年5月30日に死亡し、相続が開始した（以下、この相続を「本件相続」といい、開始した時点を「本件相続開始時」という）。

⑵ 被相続人の関連会社

被相続人は、本件相続開始時において、いずれも不動産賃貸等の事業を営む会社であるA株式会社（以下「A㈱」という）の100％の株式及び有限会社B（以下「㈲B」といい、「A㈱」と併せて、「本件各法人」という）の100％の出資口数を有し、それぞれの代表者であった。

被相続人は、本件各法人の他にC有限会社（以下「C㈲」という）に25％出資し（残り75％は㈲Bが出資した）、同社の代表者であり、同社に999,652,403円を貸し付けていた。

⑶ 被相続人が本件各法人に対して有していた貸付金債権

被相続人は、本件相続開始時において、本件各法人に対して貸付金債権を有していた（以下、A㈱に対する貸付金債権を「本件貸付金A」と、㈲Bに対する貸付金債権を「本件貸付金B」といい、これらを併せて「本件各貸付金」という）。

本件相続開始時において、A㈱の総勘定元帳の長期借入金勘定には、本件貸付金Aとして2,048,241,917円が計上されていた。しかし、本件貸付金Aの上記計上金額には被相続人の家事使用人への給与支払額8,420,000円が含まれており、それを控除した本件貸付金Aの評価額（評価通達204《貸付金債権の価額》の「返済されるべき金額」）は、2,039,821,917円である。

㈲Bの総勘定元帳の長期借入金勘定には本件貸付金Bとして850,702,483円が計上されていた。

なお、本件各法人が借入債務を負っていたのは被相続人に対してのみであり、本件各貸付けは、いずれも弁済期の定めがなく、利息の支払の定めがないものであった。

⑷ 原告による相続税の申告

原告は、平成17年3月30日付けで、本件相続に関して、課税価格を3,563,839,000円、納付すべき税額を2,045,903,400円とする相続税の申告書を灘税務署長に提出した（以下「本件申告」という）。

⑸ 本件更正処分等

灘税務署長は、本件申告についての調査に着手し、その結果、原告が相続によって取得した財産のうち、本件各貸付金についての原告の申告額が過少であるとの判断にいたり、平成19年10月12日、本件相続に関して、原告に対し、課税価格を4,859,787,000円、納付すべき税額を2,823,472,200円とする相続税の更正処分（以下「本件更正処分」という）を行い、さらに77,756,000円の過少申告加算税の賦課決定処分（以下「本件加算税賦課決定処分」といい、「本件更正処分」と併せて「本件更正処分等」という）を行った。

⑹ 異議申立て

原告は、平成19年12月7日、灘税務署長に対し、本件更正処分等につき異議申立て（筆者注 現行の制度では、「再調査の請求」に該当する。以下同じ）をした。

灘税務署長は、平成20年3月6日、上記異議申立てを棄却する旨の異議決定（筆者注 現行の制度では、「再調査決定」に該当する。以下同じ）をした。

⑺ 審査請求

原告は、平成20年4月1日、国税不服審判所長に対し、本件更正処分等の取消しを求める旨の審査請求をした。

国税不服審判所長は、平成21年3月16日、上記審査請求を棄却する旨の裁決（筆者注 国税不服審判所裁決事例（平成21年3月16日裁決、大裁（諸）平20-58））をした。

⑻ 本件訴えの提起

原告は、平成21年4月8日に本件訴えを提起した。

⑼ 相続財産に関するその他の事実

① 本件各法人の計算書類上の営業状況

本件相続開始時を含む事業年度及び過去3期の各事業年度における本件各法人の営業状況等は、損益計算書及び貸借対照表からすると、図表－1ないし図表－4のとおりであり、その概略は以下のとおりである。

図表－1 A㈱に係る損益計算書の概要

（単位：円）

	平成14年1月期	平成15年1月期	平成16年1月期	平成16年12月期
売上高	203,376,894	228,864,356	230,190,067	229,094,607
売上総利益	203,376,894	228,864,356	230,190,067	229,094,607
販売費及び一般管理費	106,189,087	86,822,894	91,229,970	89,723,297
営業利益	97,187,807	142,041,462	138,960,097	139,371,310
営業外収益	9,146	1,832,318	1,206	396,223
営業外費用	6,902,698	4,282,191	6,000,000	5,490,410
経常利益	90,294,255	139,591,589	132,961,303	134,277,123
特別利益	0	3,390,111	16,101,029	26,718,481
特別損失	12,777,478	174,710	550,900,000	0
税引前当期純利益	77,516,777	142,806,990	－	160,995,604
税引前当期純損失	－	－	401,837,668	－
当期純利益	77,516,777	89,419,190	－	160,960,604
当期純損失	－	－	440,297,368	－

（注）「平成16年12月期」は、平成16年２月１日から平成16年12月31日までの11か月間の事業年度である。

図表－２　A㈱に係る貸借対照表の内容

（単位：円）

		平成14年１月期	平成15年１月期	平成16年１月期	平成16年12月期
資産の部	現金・預金	51,414,578	186,944,888	56,482,850	162,865,120
	貸付金	−	−	−	36,638,443
	未収入金	69,000	−	4,339,755	13,331,695
	前払費用	−	−	−	120,960
	建物	389,667,159	372,057,503	355,210,880	351,823,579
	付属設備	54,425,385	46,696,985	40,066,018	34,697,176
	構築物	16,924,474	13,438,034	10,669,802	8,471,824
	什器備品	147,873	109,275	88,392	76,784
	土地	2,651,600,000	2,651,600,000	1,953,600,000	1,953,600,000
	建設仮勘定	−	−	−	−
	出資金	150,814,726	150,814,726	150,814,726	150,814,726
資産の部合計		3,315,063,195	3,421,661,411	2,571,272,423	2,712,440,307
負債の部	未払金	211,867,769	208,652,368	192,551,339	169,775,058
	前受金	16,833,489	17,116,789	15,011,567	1,491,468
	預り金	184,730	184,730	18,060	696,850
	未払費用	5,159,000	13,275,291	11,477,191	9,840,801
	社債	−	200,000,000	200,000,000	200,000,000
	長期借入金	2,574,245,235	2,403,324,351	2,033,673,182	2,055,489,342
	長期預り金	317,018,460	299,934,180	279,664,750	275,309,850
	短期借入金	−	−	−	−
	負債の部合計	3,125,308,683	3,142,487,709	2,732,396,089	2,712,603,369
資本の部	資本金	10,000,000	10,000,000	10,000,000	10,000,000
	当期未処分利益	179,754,512	269,173,702	−	−
	当期未処理損失	−	−	171,123,666	10,163,062
	資本の部合計	189,754,512	279,173,702	△161,123,666	△163,062
負債資本の部合計		3,315,063,195	3,421,661,411	2,571,272,423	2,712,440,307

図表－３　㈲Bに係る損益計算書の概要

（単位：円）

	平成13年９月期	平成14年９月期	平成15年９月期	平成16年９月期
売上高	51,664,159	68,320,109	83,106,189	79,753,520
売上総利益	51,664,159	68,320,109	83,106,189	79,753,520
販売費及び一般管理費	41,789,519	29,439,504	33,623,924	33,988,396
営業利益	9,874,640	38,880,605	49,482,265	45,765,124
営業外収益	1,954,007	4,471,913	134,019	8,314

営業外費用	101,202,545	0	178,781	250,017
経常利益	−	43,352,518	49,437,503	45,523,421
経常損失	89,373,898	−	−	−
税引前当期純利益	−	43,352,518	49,437,503	45,523,421
税引前当期純損失	89,373,898	−	−	−
当期純利益	−	43,352,518	49,367,503	41,553,921
当期純損失	89,373,898	−	−	−

図表－4　㈲Bに係る貸借対照表の内容

（単位：円）

		平成13年9月期	平成14年9月期	平成15年9月期	平成16年9月期
資産の部	現金・預金	13,276,454	34,462,163	18,912,108	80,547,361
	未収入金	67,000	−	−	−
	前払費用	−	−	387,054	702,314
	建物	169,039,304	160,925,038	270,831,439	259,601,491
	付属設備	21,958,484	18,298,590	44,450,649	37,769,905
	構築物	3,793,183	3,011,788	2,391,360	1,898,740
	一括償却資産	122,500	−	−	−
	土地	505,209,201	505,209,201	505,209,201	505,209,201
	出資金	100,800,000	100,800,000	100,800,000	100,800,000
	差入れ敷金	−	−	68,000	68,000
	水道工事分担金	−	−	1,288,219	1,050,394
資産の部合計		814,266,126	822,706,780	944,338,030	987,647,406
負債の部	未払金	35,857,010	5,502,100	1,989,300	2,254,000
	前受金	3,158,000	5,100,300	5,972,000	4,984,000
	預り金	39,000	9,000	9,000	12,000
	長期借入金	778,491,792	775,179,488	851,566,035	856,191,790
	長期預り金	32,818,650	30,861,700	30,580,000	29,630,000
	建設協力金	17,300,000	16,100,000	14,900,000	13,700,000
負債の部合計		867,664,452	832,752,588	905,016,335	906,771,790
資本の部	資本金	3,000,000	3,000,000	3,000,000	3,000,000
	当期未処分利益	−	−	36,321,695	77,875,616
	当期未処理損失	56,398,326	13,045,808	−	−
	資本の部合計	△53,398,326	△10,045,808	39,321,695	80,875,616
負債資本の部合計		814,266,126	822,706,780	944,338,030	987,647,406

(イ)　A㈱

A㈱の平成13年2月1日から平成16年12月31日までの期間の各事業年度（以下、事業年度の表記については、平成13年2月1日から平成14年1月31日までの事業年度を「平成14年1月期」というように、当該事業年度の最終月を用いて表記する）

の損益計算書の記載からすると、各事業年度において、毎期100,000,000円前後の経常利益が計上されている。

なお、平成16年1月期のみ、特別損失の計上により、当期純損失が発生したが、その主な理由は、A㈱が所有していた土地の売却によるものである。

また、上記各事業年度の貸借対照表の記載からすると、平成16年1月期及び同年12月期については、いずれも債務超過となっているが、平成16年12月期の債務超過額は163,062円にすぎず、これは同年1月期の債務超過額に比してそれほど多額ではない。

(ロ) ㈲B

㈲Bの、平成12年10月1日から平成16年9月30日までの期間の各事業年度の損益計算書の記載からすると、平成14年9月期、平成15年9月期、平成16年9月期の各事業年度において、毎期40,000,000円を超える経常利益が計上されている。

なお、平成13年9月期のみ、経常損失の計上により、当期純損失が発生したが、その主な理由は、㈲Bが保有していた建物の除却損によるものである。

また、上記各事業年度の貸借対照表からすると、平成13年9月期及び平成14年9月期について、いずれも債務超過となっているが、平成15年9月期以降は、資産超過に転じている。

② 本件各法人の解散及び清算結了

本件各法人は、本件相続開始時の後、平成16年12月31日の総会決議によりいずれも解散し、平成17年3月10日付けで清算結了し、同月16日にその旨の登記をしている。清算結了時において、A㈱が952,976,582円、㈲Bが429,628,721円といずれも債務超過であった。

本件各法人は、清算に際し、C㈲に所有不動産の一部を売却し、同社は、平成17年4月に設立された株式会社D（以下「㈱D」という）にこれを売却した。

㈱Dは、この不動産を担保として提供し、C㈲や原告からも担保を提供してもらって、E銀行からこの不動産購入資金を借り入れたが、その融資額は1,600,000,000円であった。

筆者注 上記(1)ないし(9)に掲げる前提事実を時系列的にまとめると、**図表－5**のとおりとなる。

図表－5　本件裁判例における時系列

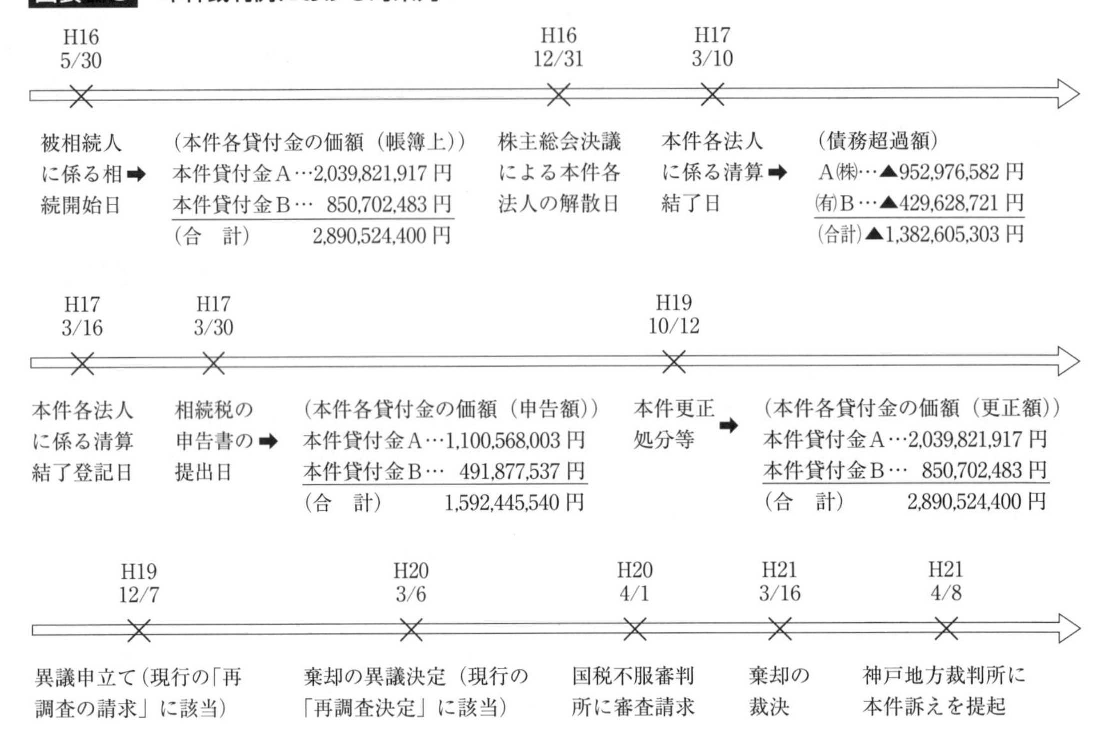

〔3〕争点

本件の争点は、本件更正処分等の適法性であるが、具体的には、本件各貸付金の相続税の課税における評価額が争われている。

なお、本件各貸付金を評価通達によって評価すべきことについては当事者間に争いがなく、双方の主張が対立しているのは、本件各貸付金について、評価通達205《貸付金債権等の元本価額の範囲》の「その他その回収が不可能又は著しく困難であると見込まれるとき」に該当するか否かである。

〔4〕争点に関する双方（原告・被告）の主張

争点に関する原告・被告の主張は、**図表－6**のとおりである。

図表－6　争点に関する原告・被告の主張

（争点）　本件各貸付金について、評価通達205《貸付金債権等の元本価額の範囲》の「その他その回収が不可能又は著しく困難であると見込まれるとき」に該当するか否か

原告（納税者）の主張	被告（国）の主張
(1)　評価通達205《貸付金債権等の元本価額の範囲》の「その他その回収が不可能又は著しく困難であると見込まれるとき」に該当する	(1)　評価通達205《貸付金債権等の元本価額の範囲》の「その他その回収が不可能又は著しく困難であると見込まれるとき」に該当する

か否か

以下の事情を考慮すると、本件各法人は、本件相続開始時において、それぞれ純資産額よりも被相続人からの借入金（本件各貸付金）が大幅に上回る破綻状態であったというべきである。

したがって、本件各貸付金については、本件相続開始時において、評価通達205の定めるその他その回収が不可能又は著しく困難であると見込まれる状況にあったと認めるべきである。

① 本件各法人の貸借対照表上は資産超過となっているが、これは保有する不動産についての大幅な含み損を計上していないからであって、実質的には大幅な債務超過状態であった。

② 本件各法人の損益計算書上、経常利益が計上されているのは、被相続人からの多額の借入れについて利息の定めがなく、利息の支払が計上されていないからである。

③ 本件各貸付金についての返済可能性を固定金利年４％でシミュレーションしてみると、本件各法人とも、返済に50年以上を要することが明らかとなった。また、さらにそのシミュレーションを無利息に修正したところ30年を要することが明らかになった。

か否か

本件各貸付金について、評価通達205の⑴のイからト（筆者注 欄外の 参 考 を参照）の事由に準じる事情は認められない。

① Ａ㈱の経営状況からみた本件貸付金Ａの回収可能性

Ａ㈱の本件相続開始時より前約３年間の経営状態については、毎期相当額の経常利益を計上しており、平成16年１月期には、多額の特別損失により、当期純損失が発生しているものの、その理由は所有していた土地を売却したという一時的なもので、現に、翌平成16年12月期には当期純利益を得ている。

貸借対照表上は、平成16年１月期及び同年12月期について、債務超過であることが認められるが、これらも、平成16年１月期の多額の特別損失に起因する一時的なものといえ、実際に、翌平成16年12月期には、債務超過はほぼ解消されている。

これらの状況からすれば、本件貸付金Ａについて、本件相続開始時において、評価通達205の定めるその他その回収が不可能又は著しく困難であると見込まれる状況にあったとはおよそ認められない。

② ㈲Ｂの経営状況からみた本件貸付金Ｂの回収可能性

㈲Ｂの本件相続開始時より前約３年間の経営状態については、平成14年９月期、平成15年９月期、平成16年９月期に相当の額の経常利益を計上しており、平成13年９月期には、多額の営業外費用により経常損失が発生しているが、その理由は保有していた建物の除却損という一時的なものであり、現に翌平成14年９月期には、経常利益を得ている。

貸借対照表上は、平成13年９月期及び平成14年９月期について、債務超過であることが認められるが、これらも平成13年９月期の多額の営業外費用に起因する一時的なものであり、実際に、翌平成15年９月期には、債務超過は解消され、資産超過に転じている。

これらの状況からすれば、本件貸付金Ｂについて、本件相続開始時において、評価通達205の定めるその他その回収が不可能又は著しく困難であると見込まれる状況にあったとはおよそ認められない。

(2) 本件各貸付金の評価額 本件各法人は、被相続人と完全な経済的一体関係の会社であった。 それを前提とすると、被相続人と本件各法人を一体としてみて課税価格を決定すべきであり、本件各法人の積極財産だけを評価の対象とすべきである。 本件各法人は、本件相続開始時後に解散し、既に清算を結了しているが、本件各貸付金の評価額は、それまでの間に原告が、本件各法人から本件各貸付金の一部を回収することができた金額と各法人に係る経費の立て替えを行った金額を控除した残額とすべきであり、その金額は、次のとおりである。 本件貸付金A　1,100,568,003円 本件貸付金B　　491,877,537円	(2) 本件各貸付金の評価額 本件各法人と被相続人とは、法的人格を異にし、それぞれ独立した経済活動を営んできたことは明らかである。被相続人が本件各法人に100%出資してこれらを経営し、本件各貸付金について、契約書がなく返済期限や利息が定められていないとしても、前者についていわゆる1人会社において出資者が経営することも認められているし、後者についていわゆる代表者貸付の故であり、経済的完全一体関係とみることはできない。 以上を前提とすると、本件各貸付金の評価額（評価通達204《貸付金債権の評価》の「返済されるべき金額」）は、次のとおりである。 本件貸付金A　2,039,821,917円 本件貸付金B　　850,702,483円

資　料　本件相続開始時（平成16年5月30日）当時に適用されていた評価通達205《貸付金債権等の元本価額の範囲》の定め

前項の定めにより貸付金債権等の評価を行う場合において、その債権金額の全部又は一部が、課税時期において次に掲げる金額に該当するときその他その回収が不可能又は著しく困難であると見込まれるときにおいては、それらの金額は元本の価額に算入しない。

(1) 債務者について次に掲げる事実が発生している場合におけるその債務者に対して有する貸付金債権等の金額（その金額のうち、質権及び抵当権によって担保されている部分の金額を除く）
　イ　手形交換所（これに準ずる機関を含む）において取引の停止処分を受けたとき
　ロ　会社更生手続の開始の決定があったとき
　ハ　民事再生法（平成11年法律第225号）の規定による再生手続開始の決定があったとき
　ニ　会社の整理開始命令があったとき
　ホ　特別清算の開始命令があったとき
　ヘ　破産の宣告があったとき
　ト　業況不振のため又はその営む事業について重大な損失を受けたため、その事業を廃止し又は6か月以上休業しているとき

(2) 再生計画認可の決定、整理計画の決定、更生計画の決定又は法律の定める整理手続によらないいわゆる債権者集会の協議により、債権の切捨て、棚上げ、年賦償還等の決定があった場合において、これらの決定のあった日現在におけるその債務者に対して有する債権のうち、その決定により切り捨てられる部分の債権の金額及び次に掲げる金額
　イ　弁済までの据置期間が決定後5年を超える場合におけるその債権の金額
　ロ　年賦償還等の決定により割賦弁済されることとなった債権の金額のうち、課税時期後5年を経過した日後に弁済されることとなる部分の金額

(3) 当事者間の契約により債権の切捨て、棚上げ、年賦償還等が行われた場合において、それが金融機関のあっせんに基づくものであるなど真正に成立したものと認めるものであるときにおけるその債権の金額のうち(2)に掲げる金額に準ずる金額

〔5〕裁判所の判断

(1) 法令解釈等（評価通達205の「その他その回収が不可能又は著しく困難であると見込まれるとき」の意義）

相続税法第22条《評価の原則》は、相続税の課税価格となる相続財産の価額は、特別に定める場合を除き、当該財産の取得時における時価によるべき旨を規定しているところ、時価とは課税時期（相続の場合は、相続開始時）における当該財産の客観的な交換価値をいい、それぞれの財産の現況に応じ、不特定多数の当事者間において自由な取引が行われる場合に通常成立すると認められる価額をいうものと解するのが相当である（評価通達1《評価の原則》参照）。

そして、評価通達の内容が相続税法第22条の規定に照らして合理的なものである限り、それによって課税することは法の予定するところであり、評価通達に則った課税がすべての納税者に対して行われることによって租税負担の実質的公平をも実現することができる。

評価通達205《貸付金債権等の元本価額の範囲》の「その他その回収が不可能又は著しく困難であると見込まれるとき」とは、評価通達205の(1)から(3)の事由と同視できる程度に債務者の営業状況等が客観的に破綻していることが明白であって、債権の回収の見込みのないことが客観的に確実であるといい得るときであるというべきである。

(2) 当てはめ（本件各貸付金について、評価通達205の「その他その回収が不可能又は著しく困難であると見込まれるとき」に該当するか否か）

上記**〔2〕**(9)①で述べた本件各法人の計算書類上の営業状況を前提とすると、本件各法人は、本件相続開始時より前の約3年間において、一時、損失を計上した時期もあるが、おおむね多額の経常利益を計上しており、また、一時、債務超過になった時期もあるが、おおむね資産超過の状態であり、本件相続開始時において、本件各法人の営業状態が、評価通達205《貸付金債権等の元本価額の範囲》の(1)から(3)の事由と同視できる程度に客観的に破綻していることが明白であって、本件各貸付金の回収の見込みのないことが客観的に確実であるとは認められない。

なお、前記のとおり、本件各法人は、本件相続開始時より後に解散し、清算結了時において債務超過になっているが、債権の回収可能性はそもそも将来にわたる継続的な回収の可能性も考慮されなければならないし、会社の営業は、動的要素が大きいので、ある時点において債務超過であるといっても、そのことのみで本件相続開始時において本件各貸付金の回収可能性がないことが客観的に確実であるということはできない。

特に、本件各法人は、不動産賃貸業を営むものであり、賃貸の継続について格別の知識・能力を要することがなく、存続してその営業利益によって返済していくことも可能であったのに、経営上の判断により解散したものとみられるから、この解散やその時点での債務超過をもって、評価通達205の⑴から⑶の事由と同視できる程度に本件各法人の営業状態が客観的に破綻していることが明白であるということはできない。

なお、原告は、原告が相続税の支払のため本件各法人に対して本件各貸付金の返済を求めても、本件各法人において返済できなかったので、本件各法人の資産をすべて売却して貸付金の返済に充てた上で解散したと指摘するが、仮に本件各法人の解散の経緯が原告主張のとおりであったとしても、上記と同様、解散時において返済ができないことをもって本件各貸付金の回収可能性がないということはできない。

したがって、本件各貸付金について、評価通達205の「その他その回収が不可能又は著しく困難であると見込まれるとき」に該当する状態にあることを前提とした評価をするべきものではなく、本件各貸付金は、その額面どおり評価すべきものと認められる。

⑶　結論（本件各貸付金の評価額）

上記⑴及び⑵を前提とすると、本件各貸付金の評価額（評価通達204《貸付金債権の評価》の「返済されるべき金額」）は、次のとおりである。

本件貸付金Ａ　2,039,821,917円

本件貸付金Ｂ　　850,702,483円

⑷　原告の主張について

①　不動産の含み損の主張について

原告は、本件各法人が貸借対照表上資産超過の状態にあるように見えるのは、不動産の含み損が計上されていないからであると主張する。

たしかに、不動産の含み損が計上されていれば、本件各法人について、貸借対照表上債務超過となる可能性は否定できない。

しかしながら、会社の営業は、動的要素が大きいので、ある時点において債務超過であるといっても、そのことのみで直ちに会社が倒産するとか、当該会社に対する債権の回収可能性がないということはできない。

特に、本件各法人は、いずれも被相続人が100％出資者の立場にある会社であり、被相続人以外に金融機関などの外部機関からの借入れも見当たらないこと、被相続人が債務の履行を求めていたことを明らかにする証拠がないことからすれば、倒産に至る危険性は特に見当たらない。

本件相続開始時において、本件各法人の土地建物に含み損があったとしても、本件各法人は、継続的に利益を計上している上、存続困難であったと認める具体的事情も見当たらないことからすると、本件各貸付金について回収可能性がないとはいえず、回収可能性があることを前提として評価すべきものである。

② 利息支払の計上の主張について

原告は、本件各貸付金についての利息支払が本件各法人の損益計算書に計上されていないので利益を上げているように見えるが、利息を計上することを考慮すれば、本件各法人は破綻状態にあったと主張する。

しかし、本件各貸付金について、実際に利息は支払われておらず、利息の支払が約定されていた事実も認められない。

したがって、本件各法人の経営状態を評価する際に本件各貸付金についての利息の支払を考慮する必要はなく、この原告の主張は失当である。

③ 返済期間のシミュレーションの主張について

(イ) 50年以上のシミレーション

原告は、本件各貸付金についての返済可能性をシミュレーションしてみると、本件各法人のいずれも、本件各貸付金の返済に50年以上を要することが明らかとなったとして、それを考慮すれば、本件各法人は破綻状態にあったと主張する。

原告の主張するシミュレーションは、役員報酬の金額を、現在活動している本件被相続人の関連法人である㈱DとC㈲が現在支給している役員報酬額の合計金額である51,600,000円を基礎として算出している。

しかし、本件各法人の本件相続開始時を含む事業年度及びそれ以前の３期の各事業年度における本件各法人の役員報酬の支払金額は最も多かったときでも、A㈱については14,400,000円であり、㈲Bについては3,600,000円であって、それらを合計しても18,000,000円にしかならず、原告のシミュレーションの前提とする役員報酬の金額は過大であって相当ではない。

また、原告の主張するシミュレーションは、管理費の金額を、やはり㈱DとC㈲が負担している管理費の合計金額である24,700,000円を基礎として算出している。

しかし、本件各法人の本件相続開始時を含む事業年度及びそれ以前の３期の各事業年度における本件各法人の管理費の計上金額は最も多かったときでも、A㈱については2,400,000円であり、㈲Bについては3,145,066円であって、それらを合計しても5,545,066円にしかならず、原告のシミュレーションの前提とする管理費の金額は過大であって相当ではない。

原告の主張するシミュレーションは、本件各貸付金について固定金利として４%の利息の支払を前提としているが、前記のとおり、本件各貸付金について利息の支払を前提とすることは相当ではない。

これらに照らすと、原告のこの点に関する主張は、その前提が相当なものとは認められず、本件各貸付金の返済に50年以上を要するということを前提とする主張を認めることはできない。

㈺　返済期間30年間のシミュレーション

原告は、返済期間50年以上のシミュレーションを修正した結果、30年の返済期間が必要であることが判明したと主張する。

しかし、原告が主張するシミュレーションは、前提とする管理費の金額が修正されていないので上記同様の問題があり、役員報酬については、減額修正してはいるものの修正後の金額は合計約24,000,000円であって、依然として、本件各法人の本件相続開始時を含む事業年度及びそれ以前の３期の各事業年度における本件各法人の役員報酬の支払金額の最も多かったときの金額の合計額である18,000,000円に比して過大である。

さらに上記50年以上のシミュレーションでは計上されていなかった修繕費や建設協力金の返済額が計上されているが、これらを計上することの合理性については明らかではなく、やはり、その前提が相当なものとは認められず、それを前提とする主張を認めることはできない。

④　被相続人と本件各法人との経済的一体性の主張について

原告は、被相続人と本件各法人とが完全に経済的に一体であるので、本件各貸付金の財産的価値を評価する上で、被相続人と本件各法人を一体としてみて課税価格を決定すべきであり、本件各法人の積極財産だけを評価の対象とするべきであると主張する。

しかし、被相続人はＡ㈱の100％株主及び㈲Ｂの100％の出資口数を有する者であるが、そのことのゆえに被相続人と本件各法人が完全に経済的に一体であるとはいえないことは明らかである。

本件各法人は、それぞれ独立した法主体であり、前記のとおり、相当程度の利益を出しながら経営されていたものであって、被相続人の相続税にかかる評価において、本件各法人を被相続人と一体的に評価すべき理由はなく、原告の主張は失当である。

〔6〕まとめ

⑴　裁判の結果

先例とされる裁判例における本件各貸付金の価額は、原告（納税者）が主張したものが本件貸付金Ａが1,100,568,003円、本件貸付金Ｂが491,877,537円（合計1,592,445,540円）であり、一方、被告（国）が主張し裁判所がこれを相当と判断したものが本件貸付金Ａが2,039,821,917円、本件貸付金Ｂが850,702,483円（合計2,890,524,400円）であったため、結果として、原告（納税者）の主張は認められなかった。

⑵　参考法令通達等

- 相続税法第22条《評価の原則》
- 評価通達204《貸付金債権の評価》
- 評価通達205《貸付金債権等の元本価額の範囲》

本問から学ぶ重要なキーポイント

⑴　本件各法人は、本件相続開始時より後の本件相続に係る相続税の申告期限までに解散し、清算結了時において債務超過になっていますが、次に掲げる事項からすると、当該事象をもって本件相続開始時において本件各貸付金の回収可能性がないことが客観的に確実であるということはできないものと判断されています。

①　債権の回収可能性は、そもそも将来にわたる継続的な回収の可能性も考慮されなければならないこと

②　会社の営業は、動的要素が大きいので、ある時点において債務超過であるといっても、そのことのみで判断することは相当ではないこと

⑵　被相続人がA㈱の100％株主、㈲Bの100％出資者であったとしても、そのことをもって当該被相続人と両法人が完全に経済的に一体であるとはいえないことから、本件各貸付金の財産的価値を評価する上で、当該被相続人と両法人を一体としてみて課税価格を決定すべきであり、両法人の積極財産だけを評価の対象とすべきであるとの考え方（この考え方に基づくと、被相続人が両法人に対して有する本件各貸付金の価額は、評価の対象としないということになります）は、認められないことになります。

貸付金債権に係る実務対策

Q4-3のような事例で、被相続人の有する貸付金債権の一部が回収不能であると認識され、かつ、被相続人に係る事業承継者の不在が想定されるのであれば、被相続人に係る相続開始前までに実際に貸付金債権の相手方（債務者である会社）を解散させて清算結了を完成させることを検討すべきであると考えられます。

追　記

上記の神戸地方裁判所で敗訴した原告は、下記のとおり、大阪高等裁判所に控訴しましたが、結果として、控訴人（納税者）の主張は認められませんでした。なお、本件は、上告されませんでしたので、大阪高等裁判所の判断で確定しています。

（大阪高等裁判所（平成23年3月24日判決、平成22年（行コ）第154号））

大阪高等裁判所における控訴人（納税者）の主張及びこれに対する判断をまとめると、図表－7のとおりとなります。

図表－7　大阪高等裁判所における控訴人（納税者）の主張及びこれに対する判断

控訴人（納税者）の主張	大阪高等裁判所の判断
(1)　本件各貸付金の相続税の課税における評価額を合計2,890,524,400円とし、相続財産の課税価格を合計4,859,787,000円とし、納付すべき税額を2,823,472,200円とすると、控訴人は、仮に、本件各貸付金以外の相続財産をすべて換価したとしても、本件各貸付金のうち少なくとも800,000,000円について速やかに返済を受けない限り、相続税を全額納付することはできない。 本件各法人には、相続開始時に800,000,000円もの流動資産はなく、返済金を捻出するためには、賃貸用不動産を換価するしかないが、賃貸用不動産を売却してしまうと、賃料収入は減少するから、本件相続開始時以前と同様の経常利益を計上し続けることは不可能となる。 したがって、控訴人にとっては、本件各法人を存続させ、将来にわたる経常利益から本件各貸付金の全額の返済を受けるという選択肢はなかったのであり、本件各貸付金は、評価通達205《貸付金債権等の元本価額の範囲》に定める「その他その回収が不可能又は著しく困難であると見込まれるとき」に該当する。	(1)　控訴人の主張(1)について 本件各法人は、不動産賃貸業を営むものであるところ、不動産賃貸業は、その継続について格別の知識・能力を要するものではないから、代表者である被相続人の死亡によって事業の継続に支障が生じるとは考え難く、本件相続開始後も存続し、将来にわたって生じる相当程度の経常利益を本件各貸付金の弁済に充てつつ事業を継続することは十分に可能であったことを考慮すると、本件各法人の解散及び清算は、あくまでも、本件各法人における本件相続開始後の経営上の判断によるものと認められることは、前記補正（筆者注 略）の上で引用した原判決の説示するとおりである。 そして、控訴人が本件相続税の納税資金を調達する手段は、本件各貸付金の回収等には限られない。また、本件各貸付金には弁済期の定めがなく、本件各法人においては、借入先が代表者である被相続人のみであり、また、毎期相当の経常利益を計上していたのであって、本件相続開始時、客観的にみて、直ちに本件各貸付金全額の弁済を求められるような状況にあったとも認め難い。 したがって、本件相続開始時に本件各貸付金を全額返済すべきことを前提にするのは相当ではない。 以上によれば、控訴人にとって、本件各法人を存続させ、本件各貸付金の全額の返済を受けるという選択肢がなかったということはできず、控訴人の主張(1)は採用することができない。
(2)　評価通達205《貸付金債権等の元本価額の範囲》に定める「その他その回収が不可能又は著しく困難であると見込まれるとき」に該当するか否かの判断は、債務者の債務超過の状態が著しい場合において、その者の資産状況や返済能力等を総合的かつ客観的に判断して行うものと解されるところ、その返済能力においては、その者の所得の状況はもちろん、その者の信用、才能等を活用しても、現にその債務を弁済するための資金を調達することができないのみならず、近い将来においても調達することができないと認められる場合を	(2)　控訴人の主張(2)について 評価通達205《貸付金債権等の元本価額の範囲》に定める「その他その回収が不可能又は著しく困難であると見込まれるとき」とは、同205の趣旨及び規定の仕方に照らして、同205の(1)から(3)の事由と同視できる程度に債務者の営業状況等が客観的に破綻していることが明白であって、債権の回収が不可能又は著しく困難であると見込まれる場合を指すものと解するのが相当であることは、前記補正（筆者注 略）の上で引用した原判決の説示するとおりである。

いう。
以上を踏まえて検討するに、本件各法人には次に掲げる事項が認められることから、本件相続開始時において、本件各貸付金のうち本件各法人の積極財産を超える部分は、返済不能の状態であったことは明らかであって、評価通達205に定める「その他その回収が不可能又は著しく困難であると見込まれるとき」に該当する。
① 本件相続開始時において、その所有不動産を時価評価すると、大幅な債務超過の状態であったこと
② 本件相続開始時において本件各貸付金を全額返済するためには、所有不動産を売却するしかないが、そうすると経常利益を計上する手段を失い、本件各貸付金の残金を返済することができなくなること
③ 無利息、弁済期の定めがないことを前提とし、シミュレーションどおりの安定経営ができたとしても、本件各貸付金の返済には30年以上を要するところ、減収は考えられてもおよそ増収は見込めないことからすると、返済期間が更に長期化することは明らかであること

そして、本件各法人は、その財務内容について含み損を有しており、実質的には債務超過の状態にあったとしても、継続的に相当額の経常利益を計上している上、存続困難であったと認めるに足りる具体的な事情も見当たらないことから、本件相続開始時において、その営業が客観的に破綻していることが明白であって、本件各貸付金債権の回収が不可能又は著しく困難であると見込まれたということができないことは、前記補正（筆者注略）の上で引用した原判決の説示するとおりである。
また、本件相続開始時に本件各貸付金を全額返済すべきことを前提にするのが相当ではないことは、上記(1)のとおりである。
さらに、控訴人の主張するシミュレーションは、その前提条件の設定等が相当ではなく、したがって、これを根拠として、本件各貸付金債権について回収が不可能又は著しく困難であると見込まれたということができないことも、前記補正（筆者注略）の上で引用した原判決の説示するとおりである。
以上によれば、控訴人の主張(2)は、採用することができない。

Q4-4 被相続人の相続財産である同族会社に対する貸付金債権（額面954,221,723円）の価額につき、同社は10億円に近い債務超過の状態にあり、かつ、当該相続開始後に裁判所より破産手続開始の決定を受けたこと等から、当該相続開始時に同社を清算したと仮定した場合の残余財産の配当予想金額（290,054,900円）とすることの可否が争点とされた事例

事例 国税不服審判所裁決事例
（平成29年3月9日裁決、東裁（諸）平28－99、平成24年相続開始分）

? 疑問点

被相続人の相続開始時において同人が経営に関与する同族会社である法人に対して貸付金債権（被相続人に係る相続開始時の元本価額954,221,723円）を有していた場合において、当該債務者である法人に次に掲げる事情があると認められるときには、当該貸付金債権の価額の一部の金額につき、評価通達205《貸付金債権等の元本価額の範囲》に定める「その回収が不可能又は著しく困難であると見込まれるとき」に該当するものと解釈して、その価額を被相続人の相続開始時に当該同族会社を清算したと仮定した場合の合理的な残余財産の配当予想金額である290,054,900円（元本価額の約30.39％に相当）によって評価することは認められますか。

(1) 被相続人の相続開始時において、当該同族会社は相続税評価基準で約990,000,000円の債務超過であること
(2) 当該同族会社の年間の純利益は約1,000,000円であり、これを全額、貸付金債権の返済資金に充当したとしても、返済完了までに約955年間（954,221,723円÷1,000,000円）が必要とされること
(3) 被相続人の相続開始時において、当該同族会社には後継者が不在であり、事業存続が危ぶまれること
(4) 被相続人に係る相続開始後において、当該同族会社は実際に経営破綻しており、裁判所より破産手続開始の決定を受けたこと

A 回答

貸付金債権の相手方（債務者）である同族会社について、?疑問点の(1)ないし(4)に掲げる事情が認められたとしても、当該事項をもって直ちに、当該貸付金債権の価額につき、

評価通達205《貸付金債権等の元本価額の範囲》に定める「その回収が不可能又は著しく困難であると見込まれるとき」に該当するものとして取り扱うことは認められません。

解　説

評価通達205《貸付金債権等の元本価額の範囲》に定める「その回収が不可能又は著しく困難であると見込まれるとき」とは、債務者の資産負債の状況、売上金額、営業利益及び当期純利益の推移、対象となる債権の返済（回収）状況、金融機関等の債権者の協力状況等を総合的に検討し、同通達の(1)ないし(3)に掲げる事由（いわゆる形式基準）と同視できる程度に債務者の資産状況及び営業状況等が破綻していることが客観的に明白であって、債権の回収の見込みのないことが客観的に確実であるといい得るときと解するのが相当とされます。

したがって、お尋ねにある貸付金債権の相手方（債務者）である同族会社が、被相続人に係る相続開始時点において疑問点の(1)ないし(4)に掲げる事情下にあったとしても、当該事項のみでは上記に掲げる解釈基準を充足したものとは認められないことから、お尋ねの貸付金債権の価額につき、評価通達205の適用は認められないものとされます。

検討先例

Q4-4の検討に当たっては、下記に掲げる裁決事例が先例として参考になります。

◉国税不服審判所裁決事例（平成29年3月9日裁決、東裁（諸）平28－99、平成24年相続開始分）

〔1〕事案の概要

本件は、請求人が、相続により取得した＊＊＊＊（以下「本件会社」という）に対する貸付金債権について、本件会社は長期間債務超過の状況にあり、会社を清算しても当該債権の30.39％程度しか回収できないことから、評価通達205《貸付金債権等の元本価額の範囲》の定めにより評価すべきであるとして相続税の更正の請求をしたところ、原処分庁が、当該債権について評価通達205の定めにより評価することはできないとして、更正をすべき理由がない旨の通知処分をしたのに対し、請求人が、その処分の全部の取消しを求めた事案である。

〔2〕基礎事実

(1)　本件相続について

被相続人は＊＊＊＊（筆者注 中華人民共和国と推認される）の国籍であり、平成24年＊＊月＊＊日に死亡し、その相続（以下「本件相続」という）が開始した。

(2) 本件会社について

① 本件会社は、土地建物の賃貸借、不動産の管理及びポリエチレン袋の製造、加工、輸出入販売等を目的として、平成元年２月10日に日本で設立された法人である。

本件会社は、平成25年３月７日の株主総会の決議により解散したものとして、同年７月25日に清算結了したが、平成26年＊＊月＊＊日、同総会決議の不存在確認判決が確定したことにより、同年２月５日に復活の登記がされるとともに、上記清算結了の登記が抹消された。

その後、本件会社は、平成27年＊＊月＊＊日、破産手続開始決定を受け、平成＊＊年＊＊月＊＊日、破産手続が終結し、同月14日に本件会社の登記は閉鎖された。

② 本件会社は、いわゆる同族会社であり、具体的には、本件相続の開始時における本件会社の発行済株式は5,000株であったところ、そのうち500株を被相続人が所有し、その他の株式は、＊＊、＊＊及びその配偶者、請求人Ａ及びその配偶者、請求人Ｂ並びに請求人Ｃ及びその配偶者が所有していた。

③ 本件会社の平成17年２月１日から平成18年１月31日までないし平成24年２月１日から平成25年１月31日までの各事業年度（以下、順次「平成18年１月期」、「平成19年１月期」、「平成20年１月期」、「平成21年１月期」、「平成22年１月期」、「平成23年１月期」、「平成24年１月期」及び「平成25年１月期」といい、これらを併せて「本件各事業年度」という）に係る各法人税の確定申告書に添付された決算報告書及び元帳（以下「決算書等」という）によれば、本件会社の資産及び負債の状況、営業状況並びに期末借入金残高、期中の支払利子額及び返済状況は、それぞれ**図表－１**ないし**図表－３**のとおりである。

図表－１ 本件会社の資産及び負債の状況

（単位：円）

	資産			負債			①－②
	流動資産	固定資産	①資産合計	流動負債	固定負債	②負債合計	
平成18年１月期	171,647,737	1,181,297,108	1,352,944,845	364,460,055	1,108,738,000	1,473,198,055	△120,253,210
平成19年１月期	209,129,176	1,167,676,037	1,376,805,213	376,535,362	1,096,508,000	1,473,043,362	△96,238,149
平成20年１月期	27,674,468	1,151,804,532	1,179,479,000	350,325,690	934,110,250	1,284,435,940	△104,956,940
平成21年１月期	33,898,866	1,133,622,365	1,167,521,231	349,295,359	923,966,250	1,273,261,609	△105,740,378
平成22年１月期	25,545,913	1,112,552,593	1,138,098,506	342,299,229	908,674,000	1,250,973,229	△112,874,723
平成23年１月期	22,752,093	1,097,027,515	1,119,779,608	338,466,794	893,455,000	1,231,921,794	△112,142,186
平成24年１月期	24,060,925	1,082,854,989	1,106,915,914	359,790,723	858,158,000	1,217,948,723	△111,032,809
平成25年１月期	20,159,798	1,068,906,988	1,089,066,786	359,053,213	843,110,000	1,202,163,213	△113,096,427

（注）表中の△印は、マイナスを示す。

図表－2　本件会社の営業状況

（単位：円）

		平成18年1月期	平成19年1月期	平成20年1月期	平成21年1月期	平成22年1月期	平成23年1月期	平成24年1月期	平成25年1月期
①	売上高	109,211,264	107,115,902	96,131,688	101,549,353	78,072,555	74,625,210	68,420,747	59,262,857
	家賃収入	26,087,910	25,904,539	27,069,847	30,715,595	28,295,147	30,459,935	29,123,198	29,581,935
	商品売上高	68,565,158	68,212,026	58,868,016	62,284,705	41,942,161	36,155,651	32,935,165	25,419,422
	画廊売上	128,477	302,381	304,382	141,429	672,858	356,762	40,000	0
	画廊家賃収入	14,429,719	12,696,956	9,889,443	8,407,624	7,162,389	7,652,862	6,322,384	4,261,500
②	売上原価(a+b+c-d)	59,570,719	61,161,868	46,488,320	46,699,911	28,005,566	23,866,200	21,913,877	17,781,595
	a 期首棚卸高	10,123,230	10,390,602	9,064,566	9,154,594	8,290,439	8,042,825	8,498,150	9,820,738
	b 商品仕入高	59,838,091	59,835,832	46,457,152	45,784,461	27,377,000	24,321,525	22,321,460	17,100,622
	c 画廊仕入			121,196	51,295	380,952		16,762	484,000
	d 期末棚卸高	10,390,602	9,064,566	9,154,594	8,290,439	8,042,825	8,498,150	8,922,495	△9,623,765
③	売上総利益 ①－②	49,640,545	45,954,034	49,643,368	54,849,442	50,066,989	50,759,010	46,506,870	41,481,262
④	販売費及び一般管理費	45,704,662	46,179,569	48,638,254	46,921,650	45,304,882	42,176,626	38,397,160	37,403,688
	減価償却費	23,032,607	21,214,976	19,570,633	18,136,567	16,859,833	15,701,812	14,674,476	13,772,698
	減価償却費控除後	22,672,055	24,964,593	29,067,621	28,785,083	28,445,049	26,474,814	23,722,684	23,630,990
⑤	営業損益 ③－④	3,935,883	△225,535	1,005,114	7,927,792	4,762,107	8,582,384	8,109,710	4,077,574
⑥	営業外収益	2,378,980	4,914,171	1,635,205	1,483,650	1,464,847	1,343,974	1,349,883	1,072,633
⑦	営業外費用	13,809,031	13,380,165	10,506,201	10,089,880	13,291,299	9,123,821	8,280,216	7,211,165
⑧	経常損益 ⑤＋⑥－⑦	△7,494,168	△8,691,529	△7,865,882	△678,438	△7,064,345	802,537	1,179,377	△2,060,958
⑨	特別利益	50,000,000	150,000,000	2,069,391					
⑩	特別損失		98,740,999						
⑪	当期損益（税引前） ⑧＋⑨－⑩	42,505,832	42,567,472	△5,796,491	△678,438	△7,064,345	802,537	1,179,377	△2,060,958

（注）表中の△印は、マイナスを示す。

図表－3　本件会社の期末借入金残高、期中の支払利子額及び返済状況

(イ)　借入先（被相続人）

（単位：円）

	①短期借入金	②長期借入金	③合計（①＋②）	期中の支払利子額	④返済状況（前年③－当年③）
平成18年1月期	353,708,095	622,000,000	975,708,095	－	
平成19年1月期	353,648,825	622,000,000	975,648,825	－	59,270
平成20年1月期	347,149,129	622,000,000	969,149,129	－	6,499,696
平成21年1月期	343,119,123	622,000,000	965,119,123	－	4,030,006
平成22年1月期	339,158,423	622,000,000	961,158,423	－	3,960,700
平成23年1月期	335,245,923	622,000,000	957,245,923	－	3,912,500
平成24年1月期	332,441,923	622,000,000	954,441,923	－	2,804,000
平成25年1月期	332,024,723	622,000,000	954,024,723	－	417,200

(ロ) 借入先（金融機関） （単位：円）

	①短期借入金	②長期借入金	③合計（①＋②）	期中の支払利子額	④返済状況（前年③－当年③）
平成18年1月期		482,500,000	482,500,000	13,809,031	
平成19年1月期		470,000,000	470,000,000	13,380,165	12,500,000
平成20年1月期		310,000,000	310,000,000	10,506,201	160,000,000
平成21年1月期		300,000,000	300,000,000	10,035,686	10,000,000
平成22年1月期		285,000,000	285,000,000	9,626,960	15,000,000
平成23年1月期		270,000,000	270,000,000	9,123,821	15,000,000
平成24年1月期		235,000,000	235,000,000	8,280,216	35,000,000
平成25年1月期		220,000,000	220,000,000	7,211,165	15,000,000

(ハ) 借入先（その他） （単位：円）

	①＊＊	②＊＊	③合計（①＋②）	期中の支払利子額	④返済状況（前年③－当年③）
平成18年1月期	－	4,000,000	4,000,000	－	
平成19年1月期	－	86,300	86,300	－	3,913,700
平成20年1月期	59,340	－	59,340	－	26,960
平成21年1月期	－	－	－	－	59,340
平成22年1月期	－	－	－	－	－
平成23年1月期	－	16,709	16,709	－	△16,709
平成24年1月期	－	25,000,000	25,000,000	－	△24,983,291
平成25年1月期	－	25,000,000	25,000,000	－	0

（注）表中の△印は、借入金残高の増加を示す。

④ 本件会社は、本件相続の開始時、「＊＊＊＊」という名称の一棟の建物（所在：＊＊＊＊、構造：鉄筋コンクリート造陸屋根4階建、床面積：1階270.07㎡、2階262.43㎡、3階248.04㎡、4階89.40㎡）及びその敷地（所在：＊＊＊＊、地番：＊＊、地目：宅地、地積：499.43㎡。以下、建物及び敷地を併せて「本件不動産」という）を所有していたが、平成25年4月30日、第三者に対し、380,000,000円で譲渡した。

⑤ 本件会社の平成25年1月期に係る決算書等によれば、本件会社が平成25年1月31日において所有する固定資産の金額1,068,906,988円のうち、本件不動産（建物附属設備を含む）の金額は1,061,372,932円であった。

⑥ 本件会社は、平成24年1月期に係る決算書等において、被相続人からの借入金（被相続人からみれば貸付金）として954,441,923円を計上していた。

(3) 請求人による申告等の状況

① 請求人は、本件相続に係る相続税について、被相続人が本件相続の開始時に有していた本件会社に対する貸付金債権（以下「本件貸付金」という）の価額を954,441,923

円と評価した相続税の申告書を法定申告期限までに原処分庁に提出して、相続税の期限内申告をした。

② 請求人は、平成25年8月21日、原処分庁に対し、本件貸付金はその一部の回収が著しく困難であるから評価通達205《貸付金債権等の元本価額の範囲》の定めを適用し、その価額を290,054,900円と評価すべきであるとして、更正の請求（以下「本件更正の請求」という）をした。

⑷ 原処分庁による更正処分等の状況

原処分庁は、本件更正の請求に対し、本件貸付金を評価通達205《貸付金債権等の元本価額の範囲》の定めにより評価することはできないとして、平成28年1月26日付で更正をすべき理由がない旨の通知処分（以下「本件通知処分」という）をするとともに、同日付で、本件貸付金の価額を954,221,723円（価額の算定につき、〔5〕⑴④参照）とし、他に申告漏れ財産があるなどとして、相続税の更正処分及び過少申告加算税の賦課決定処分をした。

筆者注 上記⑴ないし⑷に掲げる基礎事実を時系列的にまとめると、**図表－4**のとおりとなる。

図表－4　本件裁決事例における時系列

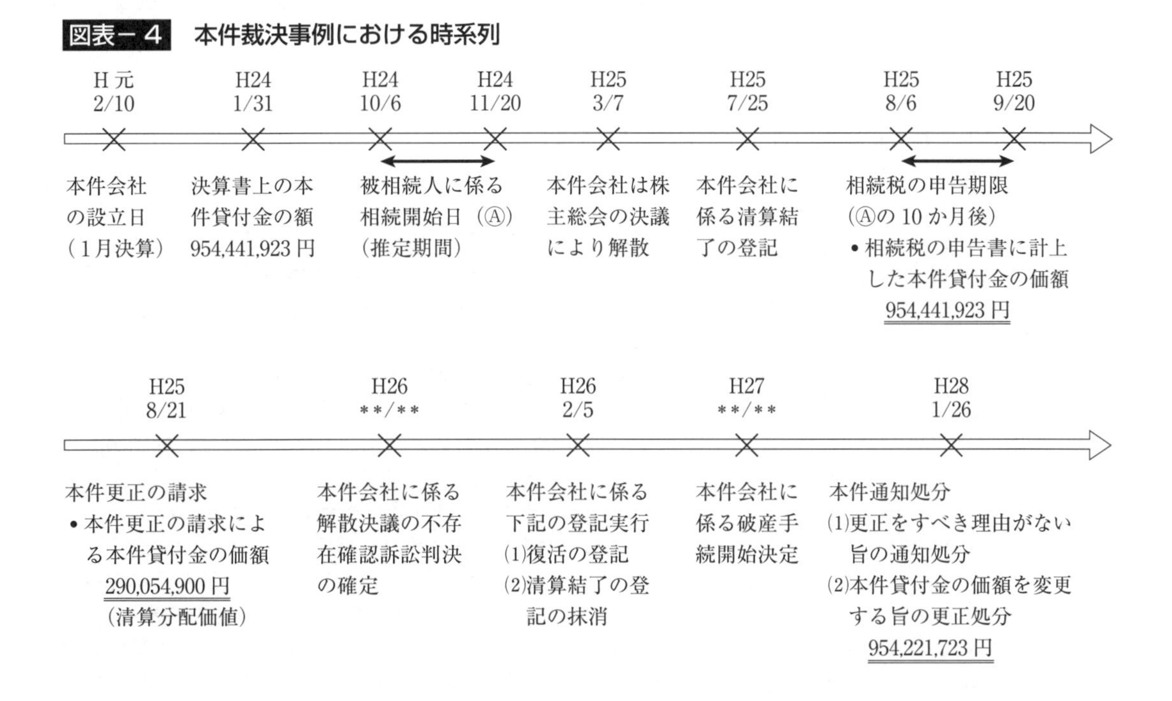

〔3〕争点

本件貸付金の一部が、評価通達205《貸付金債権等の元本価額の範囲》が定める「その回収が不可能又は著しく困難であると見込まれるとき」に該当するか否か。

〔4〕争点に関する双方（請求人・原処分庁）の主張

争点に関する請求人・原処分庁の主張は、図表－5のとおりである。

図表－5　争点に関する請求人・原処分庁の主張

（争点）　本件貸付金の一部が、評価通達205《貸付金債権等の元本価額の範囲》が定める「その回収が不可能又は著しく困難であると見込まれるとき」に該当するか否か

請求人（納税者）の主張	原処分庁（課税庁）の主張
⑴　評価通達205《貸付金債権等の元本価額の範囲》は貸付金債権等の金額の全部又は一部が「その他その回収が不可能又は著しく困難であると見込まれるとき」にはそれらの金額は元本の価額に算入しないものと定めており、その要件として、それ以上に「『次に掲げる金額に該当するとき』と同視できる程度に債務者の資産状況及び営業状況等が破綻していること」とは記載されていないことから、その適用の可否は飽くまでも本件貸付金の回収可能性で考えるべきである。 なお、法人税法第25条《資産の評価益の益金不算入等》第３項が適用される債務整理においてデット・エクイティ・スワップが行われる場合、債権の時価と額面の差額が債務消滅益として益金に算入されることから、相続税法においても債権の評価は時価により行うべきである。	⑴　評価通達205《貸付金債権等の元本価額の範囲》が定める「その他その回収が不可能又は著しく困難であると見込まれるとき」とは、同通達205が定める「次に掲げる金額に該当するとき」と同視できる程度に債務者の資産状況及び営業状況等が破綻していることが客観的に明白であって、債権の回収の見込みがないことが客観的に確実であるといい得るときをいうものと解すべきである。
⑵　本件貸付金は、次の理由から、「その回収が不可能又は著しく困難であると見込まれる」といえる。したがって、その評価額は、本件相続の開始時に本件会社を清算した場合の配当予想額である290,054,900円（元本価額の約30.39%）となる。 ①　本件会社の純利益は毎期 1,000,000円前後であり、かつ、その資産及び負債の状況としては、本件相続の開始時の相続税評価において986,735,000円の債務超過である。仮に本件会社が存続し毎年1,000,000円の利益を返済に充てても完済まで955年を要することに照らせば、本件貸付金を全額回収可能とすることは常識	⑵　本件貸付金は、本件相続の開始時において、評価通達205《貸付金債権等の元本価額の範囲》の⑴ないし⑶に掲げる場合に該当せず、また、次の理由から、「その回収が不可能又は著しく困難であると見込まれる」ともいえない。したがって、評価通達204《貸付金債権の価額》の定めにより本件貸付金の評価額は954,221,723円となる。 なお、本件会社が営業を継続している以上、資産の時価評価は常に変動しており、ある時で債務超過であっても、それが直ちに本件貸付金の評価額を減額すべき要因とはならない。 ①　本件会社の売上高はおおむね毎年減少してはいるものの、売上総利益はおおむね横ばいであり、減価償却費を経費から除外した場合の経常利益は毎年おおむね10,000,000円を超えており、また、一般に売上高が減少し営業赤字でも事業を継続している会社は多数存在するから、本件会社の事業が破綻していることが客観的に

的に考えてあまりに不合理である。 また、＊＊（筆者注 被相続人の子に該当する）の子には本件会社の事業を引き継ぐ意向がないため、本件会社には後継者がおらず、今後も収益力がない。	明白であるとはいえない。 しかも、本件会社は、本件各事業年度において債務超過の状況にあるものの、借入金が多額であっても返済条件に従って返済が行われている限り事業経営を継続することは可能である。 そのうえ、本件会社の借入金の大半は被相続人及びその親族からのものであって、直ちに返済を求められる可能性は極めて低い上、金融機関も元本回収を急いでおらず、無理のない範囲で返済を受け、貸付契約を更新していたことから、単に借入金が多額であることのみをもって、直ちに本件会社の事業が破綻しているとはいえない。 また、事業の後継者の有無は、将来的な懸念事項ではあっても、本件相続の開始時における本件貸付金の評価額に影響を与えるものではない。
②　本件不動産は経年劣化により修繕費が増大し最終的には取壊しに至るもので、収益力は低下する上、本件不動産の売却により返済するとしても、購入時と比較して時価が大幅に下落して回復の見込みが全くない。	②　本件会社は、本件不動産の経年劣化による修繕や建替えに備え、毎期、利益の一部を減価償却費に計上している。
③　本件会社は本件相続（筆者注 平成24年相続開始）の開始時において事実上破綻しており、平成27年＊＊月＊＊日に破産手続開始決定を受けた。	③　本件相続（筆者注 平成24年相続開始）の開始後の平成27年＊＊月＊＊日に本件会社が破産手続開始決定を受けたとしても、上記①の認定、判断には何ら影響を及ぼさない。

〔5〕国税不服審判所の判断

(1)　認定事実

①　被相続人は、平成元年２月、当時のいわゆるバブル経済期における不動産価格の上昇等を商機と捉えて、不動産業を営む主体として本件会社を設立した。

②　本件会社は、平成元年３月、主に金融機関からの融資により賃貸用マンションとして本件不動産を購入し、不動産賃貸業を開始した。

しかし、その後のバブル経済の崩壊等の事情により、当初予定していた賃料収入を得ることができなかったことから、本件会社は、収支改善のため、ポリエチレン袋の輸入販売業及び画廊転貸業の事業にも進出した。

ポリエチレン袋の輸入販売業とは、本件会社が海外の会社からポリエチレン袋を輸入し、スーパーなどにポリエチレン袋を卸す卸売会社に転売する事業であり、画廊転貸業とは、本件会社が経営する画廊に、絵画の所有者に展示場所を貸与して賃料を得る事業であり、付随して展示された絵画の購入希望者が現れた場合には、本件会社が当該絵画を持主から仕入れ、購入希望者に販売する絵画販売を行っていた。

③ 上記②のとおり、本件会社の収入は必ずしも十分ではなかったことから、金融機関からの借入金の返済、利子の支払及び運転資金等につき不足が生じた場合には、適宜、被相続人が本件会社に対し返済期限を定めることなく無利息で資金を貸し付けていた。本件貸付金は、これらの貸付けが累積したものであった。

④ 本件相続の開始時、本件貸付金の元本価額は、平成24年1月期決算書における本件被相続人からの短期借入金332,441,923円から、平成24年2月1日から本件相続の開始時までの間における短期借入金の借入れ及び返済を加減算した332,221,723円と、被相続人からの長期借入金622,000,000円（平成24年1月期及び平成25年1月期で変動がない）を合計した954,221,723円であった。

⑤ 本件相続の開始時の本件会社の借入金は、本件貸付金を除き、＊＊（筆者注 被相続人の親族）からの25,000,000円及び＊＊（筆者注 金融機関の名称）からの220,000,000円であった。

なお、平成18年1月期から平成25年1月期までの各決算書等における本件会社の＊＊（筆者注 金融機関の名称）からの借入金の期末残高等の推移は**図表－3**の(ロ)のとおりである。

⑥ ＊＊（筆者注 金融機関の名称）は、本件相続の開始時、本件会社に対する貸付金につき、被相続人が中華民国（台湾）で経営していたX社が保証していたことから、十分な担保があると判断し、1年ごとに貸付契約を更新することを繰り返し、貸付金元本の回収を急いでいなかった。

⑦ 本件会社の代表取締役は、その設立時から被相続人であったが、同人は平成24年＊＊月＊＊日に死亡した（同年11月20日に辞任した旨の登記がされている）。また、＊＊は、本件相続の開始前の平成24年10月5日に本件会社の代表取締役に就任した。

なお、本件相続の開始時、本件会社の事実上の経営は、＊＊及び＊＊（筆者注 いずれも、被相続人の親族）が行っていた。

筆者注 上掲の認定事実より、被相続人に係る相続開始日は、平成24年10月6日から同年11月20日までの間と推認される。

⑧ 本件会社は、本件相続の開始後の平成24年11月26日、取締役会を開催し、＊＊（筆者注 金融機関の名称）からの借入金を他の銀行より借り換えること、本件会社を将来最終的に解散すること、今後の業務はビル賃貸業（マンション）のみとすること、今後のマンション管理をビル管理会社に委託すること等を議決した。

この趣旨は、本件会社としては、当面の間、マンションの賃貸事業を続けて、＊＊（筆者注 金融機関の名称）からの借入金を同銀行又は他の金融機関から借り換えながら、返済を行いつつ、時期を見計らって本件会社を解散することを検討するというものであった。

⑨　本件会社は、平成25年2月1日、＊＊及び＊＊（筆者注 いずれも、被相続人の親族）が同年1月17日に設立したY社に対し、ポリエチレン袋の輸入販売業及び画廊転貸業を譲渡した。

(2)　法令解釈等

①　相続税法第22条の規定について

相続税法第22条《評価の原則》は、相続財産の価額は、特別に定める場合を除き、当該財産の取得の時における時価によるべき旨を規定しており、ここにいう時価とは相続開始時における当該財産の客観的な交換価値をいうものと解するのが相当である。

しかし、客観的交換価値は、必ずしも一義的に確定されるものではないから、これを個別に評価する方法をとった場合には、その評価方式等により異なる評価額が生じたり、課税庁の事務負担が重くなり、大量に発生する課税事務の迅速な処理が困難となったりするおそれがある。そこで、課税実務上は、特別の定めのあるものを除き、相続財産評価の一般的基準が評価通達によって定められ、原則としてこれに定められた画一的な評価方式によって相続財産を評価することとされている。

このように、あらかじめ定められた評価方式によってこれを画一的に評価することは、税負担の公平、効率的な租税行政の実現という観点から見て合理的であり、相続財産の評価に当たっては、評価通達によって評価することが著しく不適当と認められる特別の事情がない限り、評価通達に規定された評価方法によって画一的に評価することが相当である。

②　評価通達204及び205の定めについて

評価通達204《貸付金債権の評価》は、貸付金債権等の価額は、貸付金債権等の元本の価額と利息の価額との合計額により評価する旨定めている。

また、評価通達205《貸付金債権等の元本価額の範囲》は、貸付金債権等の評価を行う場合において、その債権金額の全部又は一部が、課税時期において「次に掲げる金額に該当するときその他その回収が不可能又は著しく困難であると見込まれるとき」においては、それらの金額は元本の価額に算入しない旨定めている。

この場合の「次に掲げる金額に該当するとき」とは、評価通達205の(1)ないし(3)のとおり、債務者について手形交換所の取引停止処分、会社更生手続開始決定、民事再生手続開始決定、特別清算開始命令及び破産宣告等に該当する事実があったときの貸付金債権等の金額並びに再生計画認可の決定、更生計画の決定、債権者集会の協議による私的整理及び金融機関のあっせん等に基づく当事者間の契約により切り捨てられる部分の債権の金額等が掲げられ、いずれも、債務者の資産状況及び営業状況等が破綻していることが客観的に明白で、債権の回収の見込みのないことが客観的に確実であるといい得るときであると解される。

そして、「その他その回収が不可能又は著しく困難であると見込まれるとき」とは、貸付金債権等の評価方法として、上記のとおり、評価通達204の定めが、原則として元本の価額と利息の価額の合計額とし、例外として同通達205の定めが、債務者について手形交換所の取引停止処分等に該当するような客観的に明白な事由が存する場合に限り、その部分の金額を元本の価額に算入しない取扱いをしていること、及び評価通達205の(1)ないし(3)の事由と並列的に規定されていることからすると、債務者の資産負債の状況、売上金額、営業利益及び当期純利益の推移、対象となる債権の返済（回収）状況、金融機関等の債権者の協力状況等を総合的に検討し、上記の「次に掲げる金額に該当するとき」と同視できる程度に債務者の資産状況及び営業状況等が破綻していることが客観的に明白であって、債権の回収の見込みのないことが客観的に確実であるといい得るときと解するのが相当である。

上記評価通達204及び205の定めは、貸付金債権等は日々その元本の価額が変動するといった性質の財産であるとは認められず、一般の公開の取引市場が存しないことからすると、いずれも十分な合理性が認められ、審判所においても相当と認めることができる。

(3) 当てはめ

本件相続の開始時の本件貸付金の元本価額は、上記(1)の④のとおり、954,221,723円であったから、無利息である本件貸付金は、評価通達205《貸付金債権等の元本価額の範囲》の定めの適用のない限り、同通達204《貸付金債権の評価》の定めにより当該価額により評価すべきこととなる。

本件会社につき、本件相続の開始時に評価通達205の(1)ないし(3)に掲げる各事由が生じていたことは特にうかがわれないから、本件貸付金が、評価通達205が定める「その回収が不可能又は著しく困難であると見込まれるとき」に該当するか否かについて検討する。

① 本件会社の資産及び負債の状況について

本件会社の資産及び負債の状況は**図表－1**のとおりである。これによれば、本件会社は、平成18年1月期から平成25年1月期を通して、帳簿価格でおおむね100,000,000円前後の債務超過であり、また、本件会社の所有する固定資産の大半はバブル期の平成元年に取得した本件不動産であって、本件相続の開始時において時価評価をすれば債務超過額が拡大するものと認められ、実際にも、本件相続の開始後の本件不動産の譲渡価格は帳簿価格を下回っていた。

② 本件会社の営業状況について

本件会社の営業状況は**図表－2**のとおりである。本件会社は、平成18年1月期から平成22年1月期の各期において700,000円弱から8,700,000円程度の経常赤字を計上していたが、本件相続の開始直前の平成23年1月期及び平成24年1月期は1,000,000円前後の経常黒字に転じていた。

このような本件会社の資産状況及び営業状況に照らせば、本件会社の事業は必ずしも常に順調であったとはいえず、被相続人からの資金提供により事業を維持していた時期もあったものと認められる。

しかしながら、債務超過や経常赤字を計上している状況で事業を継続している会社は多数あるし、事業を継続しながら借入金の返済を行うことは可能であるから、本件会社が債務超過等であることをもって直ちに、本件会社の資産状況及び営業状況等が破綻していることが客観的に明白であって、本件貸付金の回収の見込みがないことが客観的に確実であるとまでは認められない。そこで、続いて、本件会社の売上高の状況、借入金の返済状況及び金融機関等の債権者の協力状況等について検討することとする。

本件会社の売上高の状況についてみると、**図表－2**のとおり、平成18年1月期の100,000,000円余から漸減していたものの、本件相続の開始直前の平成24年1月期でも70,000,000円弱に及んでおり、不動産賃貸業については、家賃収入が安定して年間30,000,000円前後あったことからすれば、本件会社には本件不動産を急いで売却し、不動産賃貸業を廃業するべき特段の事情があったとは認められない。

また、その他の事業であるポリエチレン袋の輸入販売業及び画廊転貸業についても、不動産賃貸業を補う事業として立ち上げられ、事業として相当額の売上げがあったところ、本件会社が、平成25年3月7日の株主総会の決議により解散したものとして、同年7月25日に清算結了する少し前の平成25年2月に、本件会社からＹ社に譲渡され、これら事業の継続が図られていると認められることに照らせば、事業として継続するに値する収益力ないし価値があったものと認められる。

③　本件会社の債権者について

本件会社の債権者は、被相続人のほか、＊＊（筆者注 被相続人の親族）及び＊＊（筆者注 金融機関の名称）であった。

金融機関である＊＊以外の借入金は、被相続人及びその親族からの借入れであり、被相続人からの借入れには返済期限の定めがなく無利息であること、本件会社が同族会社であること並びに被相続人、＊＊及び＊＊（筆者注 いずれも、被相続人の親族）が本件会社を経営していたことを併せ考えれば、本件会社は、被相続人及び＊＊（筆者注 被相続人の親族）からの借入金の返済を急ぐ必要はなかったものと認められる。

また、＊＊（筆者注 金融機関の名称）は、**図表－3**の(ロ)のとおり、本件会社から、毎年、10,000,000円以上の元本の返済を受けて、上記(1)⑥のとおり、貸付契約を1年ごとに更新してきたものであり、特に貸付金の回収を急いではいなかった。

これに加えて、本件会社の平成18年1月期から平成24年1月期までの各期の当期損益（**図表－2**参照）に実質的な現金支出を伴わない費用である減価償却費を加算すると、その金額は毎年約10,000,000円ないし60,000,000円となり、本件会社には毎年これに相当するキャッシュフローがあったと認められることからすれば、本件会社は、金融機関からの債務を返済しつつ事業を継続することは十分に可能であったと認められる。

現実にも、本件会社については、本件相続の開始直後に開催した取締役会で、＊＊（筆者注 金融機関の名称）からの借入金を借り換え、マンション賃貸業に事業を集約して銀行借入れの返済を続けながら事業を継続し、その後において解散することを検討するにとどまり、少なくとも直ちに本件会社を解散する意図はなかったものと認められ、その他、その当時において、直ちに解散しなければならない特段の事情も見当たらない。

なお、本件会社は、その後、平成25年３月７日の株主総会決議により解散したものとして清算結了登記に至ったが、平成26年＊＊月＊＊日に総会決議不存在確認の判決が確定し、復活の登記もされていることから、平成25年３月７日の時において、株主総会において解散決議を余儀なくされるほどの状況にあったとはいえない。

また、本件会社は、平成27年＊＊月＊＊日に破産手続開始決定を受けたものの、これは本件相続の開始後３年余を経過した後の事情であることからすれば、これら一連の事情のいずれも、本件相続の開始時の上記認定を左右するものとは認められない。

④　結論

上記①ないし③の事情を総合的に検討すれば、本件会社が本件相続の開始時点において、評価通達205《貸付金債権等の元本価額の範囲》の⑴ないし⑶に掲げる事由と同視できる程度に債務者の資産状況及び営業状況等が破綻していることが客観的に明白であって、本件貸付金の回収の見込みのないことが客観的に確実であるとは認められない。

したがって、本件貸付金の全部又は一部は、評価通達205が定める「その回収が不可能又は著しく困難であると見込まれるとき」に該当しないから、その価額は、同通達204《貸付金債権の評価》の定めにより元本の価額により評価すべきである。

なお、本件貸付金につき、上記⑵②で述べた評価通達の合理性にもかかわらず、同通達204の定めを適用すべきでない特段の事情は認められない。

⑷　請求人の主張について

①　評価通達205の適用要件について

請求人は、評価通達205《貸付金債権等の元本価額の範囲》は「その他その回収が不可能又は著しく困難であると見込まれるとき」と定めており、それ以上に要件として「次に掲げる金額に該当するとき」と同視できる程度に債務者の資産状況及び営業状況等が破綻していることとは定められていないことから、その適用の可否はあくまでも本件貸付金の回収可能性で考えるべきである旨主張する。

しかしながら、同通達205の解釈については上記⑵②で述べたとおりであるから、請求人の主張は採用できない。

②　法人税法に規定する債権評価について

請求人は、法人税法ではデット・エクイティ・スワップを行う場合に債権が時価で評価されることから、相続税法でも同様に債権を時価で評価すべきである旨主張する。

しかしながら、本件では相続税法上の債権の時価が争点となっているのであって、その意義等はあくまで相続税法で解釈すべきであるから、法人税法上の債権の時価と同様に評価されるべきであるとする請求人の主張は採用できない。

③　本件貸付金の返済に955年を必要とすることについて

請求人は、本件会社の純利益が年間1,000,000円程度であるから返済に955年を要し、本件マンションは経年劣化により収益性は毎年低下する上、価格も下落して売却により返済できる見込みがない旨主張する。

しかしながら、請求人の主張する上記事実を前提としても、本件貸付金が評価通達205に定める「その回収が不可能又は著しく困難であると見込まれるとき」に該当しないことは上記(3)で述べたとおりであるから、請求人の主張は採用できない。

④　本件会社に後継者がいないことについて

請求人は、本件会社につき＊＊（筆者注 被相続人の子に該当する）の子が事業を承継する意向がなく後継者がいなかったとも主張する。

しかしながら、それは、被相続人の子である＊＊の更に次の世代による経営に関わる事項であって、本件相続の開始時の本件会社の返済能力に影響することではないから、請求人の主張は採用できない。

〔6〕まとめ

(1)　裁決事例の結果

先例とされる裁決事例における本件貸付金債権の価額は、請求人（納税者）の主張額が290,054,900円（本件相続の開始時に本件会社を清算した場合の配当予測額）、原処分庁（課税庁）が主張し国税不服審判所がこれを相当と判断したものが954,221,723円（本件貸付金債権の額面金額）であったため、結果として、請求人（納税者）の主張は認められなかった。

(2)　参考法令通達等

- 相続税法第22条《評価の原則》
- 評価通達204《貸付金債権の評価》
- 評価通達205《貸付金債権等の元本価額の範囲》
- 法人税法第25条《資産の評価益の益金不算入等》

本問から学ぶ重要なキーポイント

(1) 評価通達205《貸付金債権等の元本価額の範囲》に定める「その他その回収が不可能又は著しく困難であると見込まれるとき」とは、同通達に掲げる(1)ないし(3)の事由と同視できる程度に、債務者の資産状況及び営業状況等が破綻していることが客観的に明白であって、債権の回収の見込みのないことが客観的に確実であるといい得るときであると解されています。

(2) 上記(1)に該当するか否かに際しては、債務者の資産負債の状況、売上金額、営業利益及び当期純利益の推移、対象となる債権の返済（回収）状況、金融機関等の債権者の協力状況等を総合的に検討する必要があります。

(3) 貸付金債権等の評価方法として、評価通達204《貸付金債権の評価》の定めが、原則として元本の価額と利息の価額の合計額とし、例外として評価通達205《貸付金債権等の元本価額の範囲》の定めが、債務者について手形交換所の取引停止処分等に該当するような客観的に明白な事由が存する場合に限り、その部分の金額を元本の価額に算入しない取扱いをしています。

上記に掲げる各通達の定めは、貸付金債権等は日々その元本の価額が変動するといった性質の財産であるとは認められず、一般の公開の取引市場が存しないことからすると、いずれも十分な合理性が認められることから相当な取扱いであると解されています。

(4) 評価通達1《評価の原則》の(2)（時価の意義）において、「財産の価額は、時価によるものとし、時価とは、課税時期において、それぞれの財産の現況に応じ、不特定多数の当事者間で自由な取引が行われる場合に通常成立すると認められる価額をいう」と定められていることから、本件相続の開始（平成24年10月6日から同年11月20日までの間と推認される）後に発生した次に掲げる事項は、本件相続の開始時における本件貸付金の価額の算定に何らの影響を与えるものではないことが理解されます。

① 本件会社が、平成25年3月7日の株主総会決議により解散したものとして清算結了登記に至ったこと

② 本件会社が、本件相続の開始後3年余を経過した平成27年＊＊月＊＊日に破産手続開始決定を受けたこと

Q4-5 被相続人に係る相続開始の約７年前から返済されることなく逆に５回の債務免除を実施した同族会社に対する貸付金債権（額面68,500,000円）の価額につき、当該同族会社の財政状況から判断した実質回収可能額（55,790,236円）とすることの可否が争点とされた事例

事例 国税不服審判所裁決事例
（平成30年10月25日裁決、大裁（諸）平30－28、平成27年又は平成28年相続開始分）

疑問点

被相続人に係る相続開始があり、その相続財産としてA㈱（被相続人及びその同族関係が発行済株式総数の100％を所有し、かつ、当該同族関係者が代表取締役に就任している会社）に対する貸付金（本件貸付金債権）（額面金額68,500,000円。無利息）があることが判明しました。上記以外に、本件貸付金債権及びA㈱に関して確認された事項は、次のとおりです。

⑴ 判明する限り、本件貸付金債権は被相続人に係る相続開始の約７年前には存在しており、当時の貸付金残高は89,530,000円となっていました。

⑵ 上記⑴に掲げる当時の貸付金残高につき、その後、被相続人に係る相続開始までの間に１回の貸付金額の増額（2,000,000円）及び合計５回の債務免除（免除額合計23,030,000円）を経て、相続開始時における貸付金残高になったものであり、この間、A㈱からの被相続人に対する本件貸付金債権の返済は一切行われなかったことが確認されています。

⑶ A㈱は創立以来、継続して営業活動を行っており、民事再生法等の法律手続及び災害や事業不振等を理由とする休業の実施等の事実は、被相続人に係る相続開始時までの間、一切確認されていません。

被相続人に係る相続人は、相続税の期限内申告において本件貸付金債権の価額につき、評価通達204《貸付金債権の評価》の定めを適用してその元本の価額である68,500,000円と評価して、申告しました。

上記の態様を相続税業務に精通しているとされる者に話したところ、次に掲げるアドバイスを受けました。

㈠ A㈱の財政状況（決算書上では、債務超過であると認められます）からすると、本件貸付金債権の額面金額68,500,000円の全額を回収することはおよそ可能とは考えられず、本件貸付金債権の価額は、評価通達205《貸付金債権等の元本価額の範囲》の定めを適用して評価すべきであること

(ロ)　上記(イ)につき、本件貸付金の場合、12,709,764円が評価通達205に定める「その他その回収が不可能又は著しく困難であると見込まれるとき」に該当することから、本件貸付金債権の価額は、55,790,236円（68,500,000円（額面金額）－12,709,764円（回収不能額））とすることが相当であること

(ハ)　上記(イ)及び(ロ)より、相続税の期限内申告における本件貸付金債権の価額は過大な金額となっていることから、相続税の更正の請求の手続を採用すべきであること

上記に掲げる相続税業務に精通するという者のアドバイスは正しいのでしょうか。

A 回　答

本件貸付金債権の価額については、評価通達205《貸付金債権等の元本価額の範囲》に定める「その他その回収が不可能又は困難であると見込まれるとき」に該当するものはないことから、お尋ねの本件貸付金債権に係る相続税の更正の請求は認められないものと考えられます。

! 解　説

お尋ねにある相続税業務精通者の主張を採用すると、評価通達に定めるような客観的に明白な事由が生じていないにもかかわらず、実質的な回収可能性を評価することを認めるものとされ、極めて不確実な将来予測をもって財産評価をせざるを得ない事態となり、画一的な処理を行うことにより、税負担の公平、効率的な税務行政の運営を図るという評価通達の趣旨に反することになります。

検討先例

Q4-5の検討に当たっては、下記に掲げる裁決事例が先例として参考になります。

◉国税不服審判所裁決事例
（平成30年10月25日裁決、大裁（諸）平30－28、平成27年又は平成28年相続開始分）

〔1〕事案の概要

本件は、請求人が、死亡した請求人の母親の相続財産である同族会社に対する貸付金について、その元本の価額で評価して母親の死亡により開始した相続に係る相続税の申告をした後、その一部の回収が不可能であることは明らかであり、当該回収不能額を減額して評価すべきであるとして当該相続税の更正の請求をしたところ、原処分庁が、当該貸付金について、その回収が不可能又は著しく困難であったとは認められないことなどから、元

本の価額で評価すべきであるとして、更正をすべき理由がない旨の通知処分をしたのに対し、請求人らが、原処分の全部の取消しを求めた事案である。

〔2〕基礎事実

⑴　本件相続について

被相続人は、平成＊＊年＊＊月＊＊日（筆者注 平成27年10月1日から平成28年9月21日までの間である）（以下「本件相続開始日」という）に死亡し、同人に係る相続（以下「本件相続」という）が開始した。

⑵　A㈱について

A㈱は、＊＊（筆者注 年月日）に設立された、工作機械の製造及び販売等を目的とする株式会社である。

A㈱の代表取締役は、平成8年頃から平成24年11月20日まで請求人であり、同日以後請求人の妻であるXであった。また、A㈱の株式は、平成19年9月21日から平成20年9月20日までの事業年度（以下、A㈱の事業年度については、「平成20年9月期」などと各個別の終了年月をもって表記する）及び平成21年9月期において、被相続人及び請求人が83％以上を保有しており、平成22年9月期ないし平成28年9月期の期間において、請求人のみが保有していた。

⑶　被相続人からA㈱への貸付け

① 被相続人は、本件相続開始日において、A㈱に対する貸付金（以下「本件貸付金債権」といい、本件貸付金債権に係るA㈱の債務を「本件貸付金債務」という）として68,500,000円を有していた。また、平成20年9月期ないし平成28年9月期におけるA㈱の借入金の推移は 図表－1 のとおりである。なお、本件貸付金債権に利息の定めはない。

図表－1　A㈱の借入金の推移

（単位：円）

事業年度 項目	平成20年 9月期	平成21年 9月期	平成22年 9月期	平成23年 9月期	平成24年 9月期
被相続人からの借入金残高	89,530,000	15,000,000 74,530,000	4,530,000 70,000,000	2,000,000 68,000,000	1,000,000 67,000,000
請求人からの借入金残高	−	−	−	2,000,000	2,000,000

（単位：円）

事業年度＼項目	平成25年9月期	平成26年9月期	平成27年9月期	平成28年9月期
被相続人からの借入金残高	500,000 68,500,000	68,500,000	68,500,000	－
請求人からの借入金残高	－	－	－	67,700,000

（注）「被相続人からの借入金残高」欄の□内の記載金額は、債務免除金額を示す。

② A㈱の平成20年9月期ないし平成28年9月期における資産、負債及び損益の状況は、＊＊（筆者注 非公開）のとおりである。

なお、当該各事業年度のA㈱の短期借入金は、平成23年9月期及び平成24年9月期において、本件貸付金債務及び請求人からの借入金であり、それら以外の事業年度において、本件貸付金債務のみであり、いずれの事業年度においても金融機関からの借入れはない。

③ A㈱は、過去に休業をしたことはなく、また、本件相続開始日において、再生手続開始や破産手続開始の決定等、評価通達205《貸付金債権等の元本価額の範囲》の⑴ないし⑶に定める事由が生じていた事実はなく、現在に至るまで事業を継続している。

なお、A㈱は、本件相続開始日において、製造業は行っておらず、機械のあっせん・販売や修理、同社が所有する土地・建物の賃貸及び不動産の管理等によって収入を得ていた。

④ 平成28年9月期の本件相続開始日後において、請求人が相続した本件貸付金債権のうち800,000円が、A㈱の請求人に対する不動産管理による報酬請求権800,000円と対等額にて相殺された。

⑷ 相続税の期限内申告

請求人は、原処分庁に対し、本件相続に係る相続税の申告書（以下「本件申告書」という）を、法定申告期限までに、共同して提出（筆者注 提出日は、平成28年9月21日である）した。

その際、本件貸付金債権の価額について、本件相続開始日の元本の価額によって68,500,000円と評価した。

⑸ 相続税の更正の請求

請求人は、本件貸付金債権について、A㈱の返済限度額である55,790,236円と評価すべきであるとして、平成29年7月12日、本件相続に係る相続税の更正の請求書を提出した。

上記A㈱の返済限度額の算定方法は、以下のとおりである。

① 所有する土地の売却により得られる金額40,148,429円

当該土地の売却見込額52,534,153円（路線価方式により算定した金額42,027,323円

を0.8で除した金額）－平成28年９月期の法人税、地方法人税及び地方税の合計額10,749,700円（なお、地方税については均等割を除いた金額）－仲介手数料1,636,024円

② 平成27年９月期末の現預貯金等の合計額9,322,293円

③ 平成27年９月期末の負債（本件貸付金債務を除く）3,749,412円

④ A㈱の本件相続開始日後の利益の見込額10,068,926円

719,209円（平成25年９月期ないし平成27年９月期の純利益の平均額）×14年（本件相続開始日において＊＊歳であったA㈱の実質経営者の請求人が＊＊歳まで稼動すると仮定した稼動可能期間）

⑤ A㈱の返済限度額55,790,236円

40,148,429円（上記①）＋9,322,293円（上記②）－3,749,412円（上記③）＋10,068,926円（上記④）

⑹ 本件通知処分

原処分庁は、本件相続開始日において、A㈱について、評価通達205《貸付金債権等の元本価額の範囲》が掲げるような事実が認められず、また、その資産状況及び営業状況等が破綻していることが客観的に明白であって、債権の回収が不可能又は著しく困難であったとも認められないとして、平成29年９月14日付で、上記⑸の更正の請求に対して更正をすべき理由がない旨の通知処分（以下「本件通知処分」という）をした。

⑺ 審査請求

請求人は、本件通知処分を不服として、平成29年11月22日に審査請求をした。

筆者注 上記⑴ないし⑺に掲げる基礎事実につき、時系列的な経過をまとめると、図表－２のとおりとなる。

図表－２ 本件裁決事例における時系列

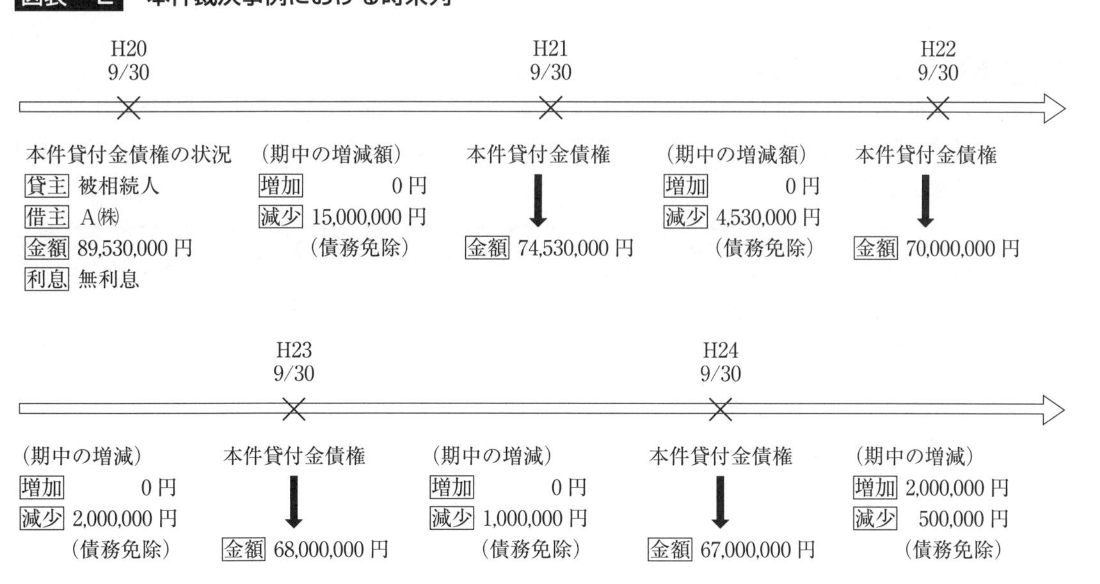

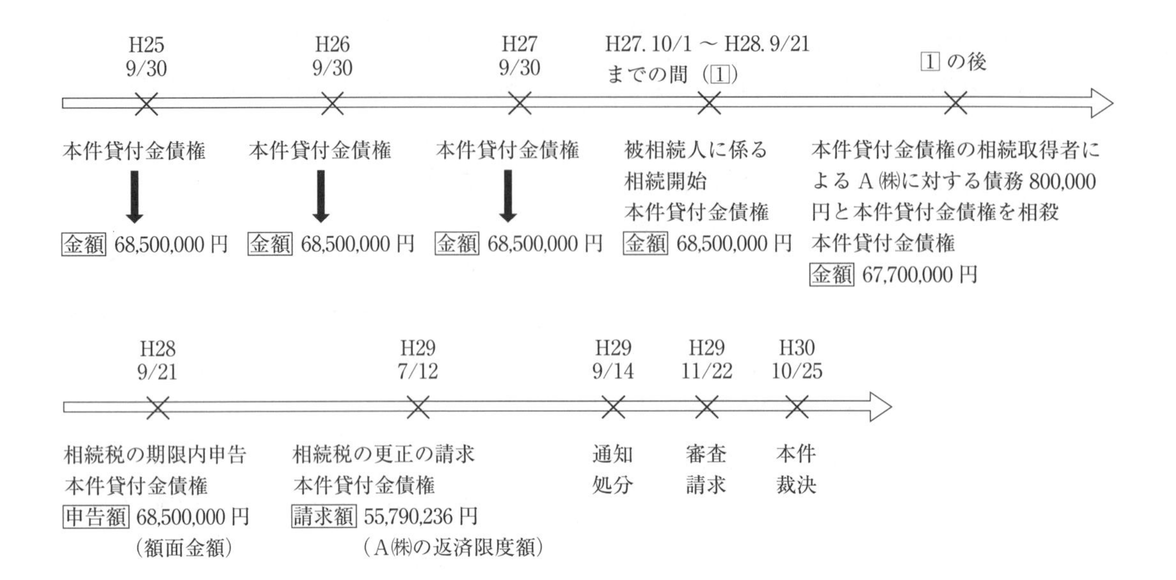

〔3〕争点

(1) 争点1

本件貸付金債権は、本件相続開始日において、評価通達205《貸付金債権等の元本価額の範囲》に定める「その他その回収が不可能又は著しく困難であると見込まれるとき」に該当するか。

(2) 争点2

本件貸付金債権の価額はいくらになるのか。

〔4〕争点に関する双方（請求人・原処分庁）の主張

各争点に関する請求人・原処分庁の主張は、**図表－3**のとおりである。

図表－3　各争点に関する請求人・原処分庁の主張

（争点1）本件貸付金債権は、本件相続開始日において、評価通達205《貸付金債権等の元本価額の範囲》に定める「その他その回収が不可能又は著しく困難であると見込まれるとき」に該当するか

請求人（納税者）の主張	原処分庁（課税庁）の主張
以下のとおり、本件貸付金債権は、そのうち12,709,764円が、本件相続開始日において「その他その回収が不可能又は著しく困難であると見込まれるとき」に該当する。 (1)「その他その回収が不可能又は著しく困難であると見込まれるとき」とは、貸付金債権等の価額が、その債務者の資産や事業状況等か	以下のとおり、本件貸付金債権は、「その他その回収が不可能又は著しく困難であると見込まれるとき」に該当しない。 (1)「その他その回収が不可能又は著しく困難であると見込まれるとき」とは、評価通達205《貸付金債権等の元本価額の範囲》の(1)ないし

ら合理的に算定される返済限度額を超える場合をいうものと解するのが相当であり、原処分庁の主張のように当該貸付金債権が確実な不良債権といえる場合に限定することは相当ではない。 (2)　上記(1)を本件についてみると、上記〔2〕(5)の①ないし⑤のとおり、本件貸付金債務に係るＡ㈱の合理的な返済限度額は55,790,236円にとどまるから、本件貸付金債権のうち同額を超える12,709,764円は、「その他その回収が不可能又は著しく困難であると見込まれるとき」に該当する。 なお、Ａ㈱は、その事業が停滞しており、実質的経営者である請求人の跡を継ぐ者もいないことから、同人が稼動可能な期間しか利益を出すことができないものと考えられる。	(3)と同視できる程度に債務者の資産状況及び営業状況等が破綻していることが客観的に明白であって、債権の回収の見込みのないことが客観的に確実であるといい得るときであると解するのが相当である。 (2)　上記(1)を本件についてみると、以下の各事情から、本件貸付金債権は、評価通達205《貸付金債権等の元本価額の範囲》の(1)ないし(3)と同視できる程度に債務者の資産状況及び営業状況等が破綻していることが客観的に明白であって、債権の回収の見込みのないことが客観的に確実であったとはいえない。 ①　Ａ㈱は、過去に休業したことがなく、本件相続開始後も事業を行っており、本件相続開始日に手形交換所の取引停止処分等の評価通達205に掲げるような事実が生じていたとは認められない。 ②　Ａ㈱は、本件相続開始日の直前の期末において、貸借対照表上は債務超過であったものの、その所有する土地の評価額を請求人らが算定した金額に置き換えると、債務超過額は6,687,032円にとどまる。 他方、Ａ㈱の借入金債務は、返済期限等の定めのない本件貸付金債務のみであり、直ちに債務の返済を求められる可能性は極めて低かった。 そうすると、Ａ㈱の経営が債務により圧迫されていた事実は認められない。 ③　Ａ㈱は、本件相続開始日前の３事業年度において、当期純利益を計上している。

（争点２）本件貸付金債権の価額はいくらになるのか

請求人（納税者）の主張	原処分庁（課税庁）の主張
上記（争点１）より、本件貸付金債権の価額は、Ａ㈱の合理的な返済限度額である55,790,236円となる。	上記（争点１）より、本件貸付金債権の価額は、本件貸付金債権が無利息であることからその元本の価額である68,500,000円となる。

〔5〕国税不服審判所の判断

(1)　法令解釈等

①　相続税法第22条と評価通達の関係について

相続税法第22条《評価の原則》は、相続財産の価額は、特別に定める場合を除き、当該財産の取得の時における時価によるべき旨を規定しており、ここにいう時価とは相続開始時における当該財産の客観的な交換価値をいうものと解される。

しかし、相続財産は多種多様であるから、その客観的交換価値は必ずしも一義的に確定されるものではなく、これを個別に評価することとしたときには、その評価方法等により異なる評価額が生じて納税者間の公平を害する結果となったり、課税庁の事務負担が過重となって大量に発生する課税事務の適正迅速な処理が困難となったりするおそれがある。

そこで、課税実務上は、相続財産評価の一般的基準が評価通達によって定められ、原則としてこれに定める画一的な評価方法によって相続財産を評価することとされている。このように、評価通達の定める評価方法によって相続財産を評価することは、税負担の公平、効率的な税務行政の運営という観点からみて合理的であると考えられるから、相続財産の評価に当たっては、評価通達の定める評価方法によって評価することが著しく不適当と認められる特別の事情がない限り、評価通達の定める評価方法によって評価を行うのが相当である。

② 評価通達204及び205について

(イ) 評価通達の定め

評価通達204《貸付金債権の評価》は、貸付金債権等の価額は、元本の価額と利息の価額との合計額によって評価する旨定めている。

そして、評価通達205《貸付金債権等の元本価額の範囲》は、評価通達204の定めにより貸付金債権等の評価を行う場合において、その債権金額の全部又は一部が、課税時期において「次に掲げる金額に該当するときその他その回収が不可能又は著しく困難であると見込まれるとき」においては、それらの金額は元本の価額に算入しないとした上で、「次に掲げる金額」として、債務者について再生手続開始の決定や破産手続開始の決定があった場合等におけるその債務者に対して有する貸付金債権等の金額や、再生計画認可の決定等により切り捨てられる部分の債権の金額等を掲げている（評価通達205の(1)ないし(3)）。

このように、評価通達205の(1)ないし(3)が、例外的に債権金額の全部又は一部が元本の価額に算入されない「その回収が不可能又は著しく困難であると見込まれるとき」として、再生手続開始の決定や破産手続開始の決定など債務者の経済状態等が破綻していることが客観的に明白である事由を掲げていることに鑑みれば、これと並列的に定められている「その他その回収が不可能又は著しく困難であると見込まれるとき」とは、当該事由と同視できる程度に債務者の経済状態等の悪化が著しく、その貸付金債権等の回収の見込みがないことが客観的に明白であることをいうものと解するのが相当である。

(ロ) 請求人の主張について

上記(イ)に対し、請求人は、評価通達205《貸付金債権等の元本価額の範囲》の定める「その他その回収が不可能又は著しく困難であると見込まれるとき」とは、貸付金債権等の価額が、その債務者の資産や事業状況等から合理的に算定される返済限度額を超える場合をいうものと解するのが相当である旨主張する。

しかしながら、請求人の主張のように、評価通達の示すような客観的に明白な事由が生じていないにもかかわらず、実質的な回収可能性を評価することとなれば、極めて不確実な将来予測をもって財産評価をせざるを得ない事態となり、画一的な処理を行うことにより税負担の公平、効率的な税務行政の運営を図るという評価通達の趣旨（上記①）に反することとなる。

よって、請求人の主張は採用することができない。

⑵ 当てはめ

① **争点1**（本件貸付債権は、本件相続開始日において、評価通達205《貸付金債権等の元本価額の範囲》に定める「その他その回収が不可能又は著しく困難であると見込まれるとき」に該当するか）について

㋑ 検討

本件貸付金債権を評価通達の定めによって評価することについては請求人らと原処分庁との間に争いはなく、審判所の調査の結果によっても、評価通達の定める評価方法によって評価することが著しく不適当と認められる特別の事情は認められない。

そこで、以下、評価通達205《貸付金債権等の元本価額の範囲》の定める「その他その回収が不可能又は著しく困難であると見込まれるとき」の要件該当性について判断する。

Ⓘ A㈱の経営状況

A㈱は、機械のあっせん・販売や修理、不動産の賃貸及び不動産管理等を行っており、平成20年9月期ないし平成24年9月期及び平成28年9月期は、営業損失及び経常損失を出しながらも現在に至るまで事業を継続し、平成25年9月期及び平成26年9月期は、営業損失を出していたものの経常利益を計上し、平成27年9月期は営業利益及び経常利益を計上していた〔上記**〔2〕**⑶②及び③、原処分関係資料〕。

このように、A㈱は、本件相続開始日の前後を通じ、事業を継続し、その間利益を出すこともあったことからすると、本件相続開始日において、その経営状況が破綻していたとはいえない。

Ⓡ A㈱の資産状況

＊＊（筆者注 非公開）のとおり、A㈱は、本件相続開始日を含む平成20年9月期ないし平成28年9月期のいずれの事業年度においても、債務超過であった。

しかしながら、上記**〔2〕**⑶②及び図表－1のとおり、上記期間におけるA㈱の借入金は、本件貸付金債務及び請求人からの借入金のみであり、金融機関等からの借入れはなかった。

そして、被相続人とA㈱との関係は、もともと被相続人の夫であった甲がA㈱を設立し、同人が亡くなった後は、被相続人の長男である請求人が代表取締役となり、本件相続開始時点においては、請求人の妻Xが代表取締役であった（審判所の調査の結果）。すなわち、当該期間におけるA㈱の借入金は、同族会社に対する親族からの貸付けのみであった。

しかも、上記**〔2〕**⑶④のとおり、A㈱の借入金の全部又は大部分を占める本件貸付金債務は、平成20年9月期以降本件相続開始日まで一切返済されておらず、本件相続開始日後にA㈱の請求人に対する800,000円の債権と相殺されたにすぎない。

このような事情からすると、A㈱は、本件相続開始日において、本件貸付金債務についてその債権者から強制執行などの回収手段を講じられることによって強制的に重要な会社財産を失う可能性は低かったといえるため、債務超過ではあったものの、その資産状況が破綻していたとはいえない。

㈺　小括

上記㈠のとおり、A㈱は、本件相続開始日において、その経営状況及び資産状況のいずれの観点からみても破綻していたとはいえないことからすれば、評価通達205《貸付金債権等の元本価額の範囲》の⑴ないし⑶に掲げる事由と同視できる程度にA㈱の経営状態の悪化が著しく、本件貸付金債権の回収の見込みがないことが客観的に明白であるとは認められない。

したがって、本件貸付金債権は、本件相続開始日において、評価通達205に定める「その他その回収が不可能又は著しく困難であると見込まれるとき」に該当するとは認められない。

㈧　請求人の主張について

請求人は、評価通達205《貸付金債権等の元本価額の範囲》に定める「その他その回収が不可能又は著しく困難であると見込まれるとき」に係る上記**⑴**②㈺の解釈を前提に、A㈱の業況や資産状況等を考えれば、本件貸付金債権のうち回収が可能な限度額は55,790,236円であり、これを超える部分（12,709,764円）は「その他その回収が不可能又は著しく困難であると見込まれるとき」に該当するため、元本の価額に算入すべきではない旨主張する。

しかしながら、上記**⑴**②㈺のとおり、請求人の主張する「その他その回収が不可能又は著しく困難であると見込まれるとき」の解釈を採用することはできないから、これを前提とする請求人の主張は、前提を欠くものであり、採用することができない。

②　**争点2**（本件貸付金債権の価額はいくらになるのか）について

上記①㈠のとおり、本件貸付金債権は、本件相続開始日において、評価通達205《貸付金債権等の元本価額の範囲》に定める「その他その回収が不可能又は著しく困難であると見込まれるとき」に該当するとは認められないから、本件貸付金債権の価額の評価に当たり、元本の価額に算入しないこととなる金額があるとは認められない。

また、本件貸付金債権には利息の定めがないことから〔上記〔2〕(3)①〕、本件貸付金債権の価額は、返済されるべき元本の価額である68,500,000円と評価するのが相当である。

〔6〕まとめ

(1) 裁決事例の結果

先例とされる裁決事例では、本件貸付金債権の価額につき、請求人（納税者）が被相続人に係る相続開始時までの本件貸付金債権（元本の価額68,500,000円）の相手方（債務者）であるA㈱の保有資産及び事業状況等を考慮して、合理的に算定される返済限度額である55,790,236円であると主張したのに対し、原処分庁（課税庁）が主張し国税不服審判所がこれを相当と判断したのが評価通達205《貸付金債権等の元本価額の範囲》の定めに該当するものはなく評価通達204《貸付金債権の評価》の定めを適用して、元本の価額である68,500,000円で評価することであったため、結果として、請求人（納税者）の主張は容認されなかった。

(2) 参考法令通達等

- 相続税法第22条《評価の原則》
- 評価通達204《貸付金債権の評価》
- 評価通達205《貸付金債権等の元本の範囲》

本問から学ぶ重要なキーポイント

「評価通達205《貸付金債権等の元本価額の範囲》に定める『その他その回収が不可能又は著しく困難であると見込まれるとき』とは、貸付金債権等の価額が、その債務者の資産や事業状況等から合理的に算定される返済限度額を超える場合をいう」との解釈を採用すると、評価通達の示すような客観的に明白な事由が生じていないにもかかわらず、実質的な回収可能性を評価することとなり、極めて不確実な将来予測をもって財産評価をせざるを得ない事態となり、画一的な処理を行うことにより税負担の公平、効率的な税務行政の運営を図るという評価通達の趣旨に反することとなり、当該解釈は相当なものとは認められないことになります。

貸付金債権に係る実務対策

先例とされる裁決事例で確認した本件貸付金債権につき、評価通達205《貸付金債権等の元本価額の範囲》に定める「その他その回収が不可能又は著しく困難であると見込まれるとき」(いわゆる実質基準)に該当するとして、その全部又は一部の価額を評価不要とすることは、本来的に無理があるように思われます。

また、先例とされる裁決事例における当てはめにおける認定事実(上記〔5〕(2)①(イ)(イ))におけるA㈱の経営状況(利益の発生状況)及び図表－1に掲げる被相続人からのA㈱に対する債務免除金額の状況(これらをまとめたものとして、以下の図表－4を参照)からすると、被相続人はその生前において、貸付金債権に係る実務対策としてA㈱における利益の発生状況をみながら債務免除を活用していたものと推認されます。

図表－4　A㈱の利益の発生状況と債務免除金額

	H20.9月期	H21.9月期	H22.9月期	H23.9月期	H24.9月期	H25.9月期	H26.9月期	H27.9月期	H28.9月期
営業段階(利益又は損失)	損失	損失	損失	損失	損失	損失	損失	利益	損失
経常段階(利益又は損失)	損失	損失	損失	損失	損失	利益	利益	利益	損失
債務免除額	−	15,000千円	4,530千円	2,000千円	1,000千円	500千円	−	−	−
本件貸付金債権	89,530千円	74,530千円	70,000千円	68,000千円	67,000千円	68,500千円	68,500千円	68,500千円	67,700千円
備考						(注1)			(注2)

(注1)　H25.9月期に係る事業年度中に、被相続人のA㈱に対する貸付金残高が2,000千円増加しています。

(注2)　H28.9月期に係る事業年度中に被相続人に係る相続開始があり、請求人が本件貸付金債権を相続するとともに、承継後に請求人のA㈱に対する債務(800千円)と相殺されています。

そうすると、被相続人に係る相続開始時における本件貸付金債権は元本の価額として68,500,000円存在していたことになり、より一層の対策として被相続人の親族等に対する債権贈与等の対応も考慮に入れるべきではなかったのかということが考えられる事例となります。

Q 4 - 6　被相続人の相続財産である同族会社に対する貸付金債権（額面1,775,950,000円）の価額につき、同社の株式の価額（純資産価額）が０円であることを理由に当該相続開始時における合理的な回収可能額（1,190,462,752円）とすることの可否が争点とされた事例

事例　国税不服審判所裁決事例
（平成24年８月17日裁決、東裁（諸）平24−38、（推定）平成21年相続開始分）

疑問点

被相続人に係る相続開始時において同人が関与する同族会社に対して有する貸付金債権（額面金額1,775,950,000円）を有していた場合において、当該相続開始時における当該同族会社の株式の価額（評価通達の定めにより純資産価額（相続税評価額によって計算した価額））が０円となるときには、次に掲げる事由を摘示して、独自に算定した貸付金債権の価額（相続開始時における合理的な回収可能額（1,190,462,752円）を算定）によって評価することは認められますか。

(1)　貸付金債権の貸主が経営に関与する同族会社に対する資金拠出は、貸付金債権の形態を採用していたとしても実質的には出資と何ら変わることなく、出資（同族会社の株式）の価額であるならば０円と評価されるのに、貸付金債権の場合には評価通達204《貸付金債権の評価》の定めによって、元本の価額と既経過利息の価額の合計額で評価されるのは、不合理であると考えられること

(2)　貸付金債権の借主である同族会社の株式の価額が０円となるという危機的状況にあったとしても、当該事由は貸付金債権等の価額の全部又は一部の評価を不要とする旨を定めた評価通達205《貸付金債権等の元本価額の範囲》による救済の対象とされておらず、財産評価の適正な執行（時価による評価）を定めた相続税法第22条《評価の原則》にも違反するものであると考えられること

回　答

貸付金債権の相手方（債務者）である同族会社が疑問点に掲げるように、被相続人に係る相続開始時において債務超過の状態にあるため当該株式の価額（純資産価額（相続税評価額によって計算した価額））が０円であると認められるときであっても、当該事項

をもって直ちに、当該貸付金債権の価額を独自に算定した金額（相続開始時における合理的な回収可能額）とすることは認められません。

解　説

たとえ、相手先が貸付金の貸主が関与する同族会社であっても、貸付金と出資（同族会社の株式）は法的にも会計的にも全く異なる別個のものと認識されることから、その評価方法には自から差異があり、結果としてその評価額に大きな差異が生じたとしても何ら不合理はないものと考えられます。

また、評価通達205《貸付金債権等の元本価額の範囲》に定める「その回収が不可能又は著しく困難であると見込まれるとき」とは、同通達(1)ないし(3)に掲げる事由と並列的に定めていることからすると、これらの事由と同程度に、債務者が経済的に破綻していることが客観的に明白であり、そのため、債権の回収の見込みがないか、又は著しく困難であると確実に認められるときであると解されています。

以上より、お尋ねにある貸付金債権の相手方（債務者）である同族会社（貸主が関与する会社）が被相続人に係る相続開始時点で債務超過の状態にあるため当該株式の価額（純資産価額（相続税評価額によって計算した価額））が０円になったとしても、当該事項のみでは上記に掲げる解釈基準を充足したものとは認められないことから、お尋ねの貸付金債権の価額につき、評価通達205の適用は認められないものとされます。

検討先例

Q4-6の検討に当たっては、下記に掲げる裁決事例が先例として参考になります。

●国税不服審判所裁決事例
（平成24年８月17日裁決、東裁（諸）平24－38、（推定）平成21年相続開始分

〔１〕事案の概要

本件は、請求人が、相続により取得した貸付金の価額を評価通達の定めにより元本の金額に基づき評価して相続税の申告をした後、当該貸付金の評価額が過大であったことを理由として更正の請求をしたところ、原処分庁が、当該評価額に誤りは認められないとして、更正をすべき理由がない旨の通知処分を行ったのに対し、請求人が、当該貸付金の評価は評価通達の定めにより難い特別の事情があるなどとして、当該通知処分の取消しを求めた事案である。

〔2〕基礎事実

⑴ 審査請求に至る経緯

① 請求人は、平成21年（筆者注推定である）＊＊月＊＊日（以下「本件相続開始日」という）に死亡した被相続人の共同相続人の１人であり、この相続に係る相続税の申告書（以下「本件申告書」という）を法定申告期限までに原処分庁へ提出して相続税の申告をした。

② 請求人は、平成22年12月28日、相続財産として申告した貸付金の評価額が過大であったことを理由として、国税通則法第23条《更正の請求》第１項第１号の規定に基づき、課税価格及び納付すべき税額をそれぞれ＊＊円及び＊＊円とすべき旨の更正の請求をした（以下「本件更正の請求」という）。

③ これに対し、原処分庁は、平成23年４月７日付で、更正をすべき理由がない旨の通知処分をした（以下「本件通知処分」という）。

④ 請求人は、本件通知処分を不服として、平成23年６月６日に異議申立て（以下「本件異議申立て」という。筆者注異議申立ては、現行の規定では、再調査の請求に該当する。以下同じ）をしたところ、異議審理庁（筆者注現行の規定では、再調査審理庁に該当する。以下同じ）は、同年８月５日付で棄却する旨の異議決定（筆者注現行の規定では、再調査決定に該当する。以下同じ）をした。

⑤ 請求人は、異議決定を経た後の本件通知処分に不服があるとして、平成23年９月２日に審査請求をした。

⑵ 相続税の申告書における本件各貸付金の評価

本件申告書の第11表（相続税がかかる財産の明細書）には、次表に掲げる各貸付金（以下、これらの各貸付金を併せて「本件各貸付金」という）が記載されており、請求人らは、本件各貸付金の価額を図表－１の元本の金額に基づき評価していた。

図表－１　本件各貸付金の価額

種　類	利用区分、銘柄等	所在場所等	価　額
その他の財産	貸付金	＊＊＊＊	1,675,950,000円
	請求人Ａ名義貸付金	＊＊＊＊	50,000,000円
	請求人Ｂ名義貸付金		50,000,000円

⑶ 本件更正の請求における本件各貸付金の評価

請求人は、本件更正の請求において、本件各貸付金の評価に当たり、債務者である＊＊＊＊（筆者注法人名）（以下「本件会社」という）の過去の決算状況及び借入金残高の推移等からみて、次の①ないし③の３つの指標を考慮して評価すべきであるとして、評価通達の定めによらずに、その評価額を①及び③の金額の平均により算定した回収可能額である1,190,462,752円とし、この金額と申告における評価額である上記⑵の金額の合計

1,775,950,000円との差額である585,487,248円について、本件申告書における本件各貸付金の価額が過大であるとした。

① 将来の調整後利益に基づく回収見込額

本件各貸付金の元本の金額（1,775,950,000円）に、本件会社が、将来10年間会社を継続し、本件相続開始日後の調整後利益を生み出したものと仮定して算定した返済見込額（452,925,940円）と10年後の本件会社の清算価値（1,090,787,328円）との合計額が本件会社の負債総額（2,245,051,000円）に占める割合を乗じた金額により、その回収可能額を算定したところ、1,221,156,035円となる。

② 過去の借入金返済合計額

本件相続開始日の前３年間で本件会社の経営状況に急激な変化があったことから、過去の返済状況を本件相続開始日時点の貸付金の回収可能性の見積りに加味することは適切ではないものと判断した。

③ 本件相続開始日の直前期での返済原資

本件各貸付金の元本の金額（1,775,950,000円）に、本件相続開始日に本件会社を清算したものと仮定して算定した借入金返済原資の額（1,466,112,000円）が本件会社の負債総額（2,245,051,000円）に占める割合を乗じた金額により、その回収可能額を算定したところ、1,159,769,469円となる。

⑷ 本件異議申立てにおける本件各貸付金の評価

請求人は、本件異議申立てにおいて、本件更正の請求において主張した上記⑶の評価方法の見直しを行い、本件各貸付金の評価額を次の①ないし③の金額の平均による金額932,795,343円と主張した。

① 収益還元価値による評価

本件各貸付金の元本の金額（1,775,950,000円）に、本件会社において将来に獲得されるキャッシュフローとして見積もった金額（本件相続開始日の属する事業年度及びその翌事業年度の確定した決算に基づく税引後キャッシュフローの平均により算定した金額39,417,000円）を収益還元率（５％）で割り戻した金額（788,340,000円）が本件会社の負債総額（2,245,051,000円）に占める割合を乗じた金額により、その回収可能額を算定したところ、623,617,202円となる。

② 複利年金現価による評価

本件各貸付金の元本の金額（1,775,950,000円）に、㈠本件各貸付金の元本の金額を上記①の将来に獲得されるキャッシュフローとして見積もった金額（39,417,000円）で除して回収期間45年を算定し、㈺当該見積金額（39,417,000円）に当該期間に応じた複利年金現価率（利率1.5％に応ずる32.552）を乗じて算出した金額（1,283,102,184円）が本件会社の負債総額（2,245,051,000円）に占める割合を乗じた金額により、その回収可能額を算定したところ、1,014,999,358円となる。

③　本件相続開始日の直前期での返済原資による評価

上記⑶の③と同じ方法により、その回収可能額を算定したところ、1,159,769,469円となる。

⑸　審査請求における本件各貸付金の評価

請求人は、審査請求において、本件異議申立てにおいて主張した上記⑷の評価方法の見直しを行い、本件各貸付金の評価額を次の①及び②の金額の平均による金額1,087,384,413円と主張した。

①　複利年金現価による評価

上記⑷の②と同じ方法によりその回収可能額を算定したところ、1,014,999,358円となる。

②　本件相続開始日の直前期での返済原資による評価

上記⑶の③と同じ方法によりその回収可能額を算定したところ、1,159,769,469円となる。

〔3〕争点

本件の争点は、次の3点である。

⑴　争点1　評価通達204《貸付金債権の評価》及び205《貸付金債権等の元本価額の範囲》は、相続税法第22条《評価の原則》に反するものであるか否か。

⑵　争点2　本件各貸付金の評価に当たり、評価通達204《貸付金債権の評価》の定めにより難い特別の事情があるか否か。

⑶　争点3　本件各貸付金には、評価通達205《貸付金債権等の元本価額の範囲》に定める「その回収が不可能又は著しく困難であると見込まれるとき」に該当する部分があるか否か。

〔4〕争点に関する双方（請求人・原処分庁）の主張

上記〔3〕に掲げる各争点に関する請求人・原処分庁の主張は、図表－2のとおりである。

図表－2　争点に関する請求人・原処分庁の主張

⑴　争点1（評価通達204《貸付金債権の評価》及び205《貸付金債権等の元本価額の範囲》は、相続税法第22条《評価の原則》に反するものであるか否か）について

請求人（納税者）の主張	原処分庁（課税庁）の主張
相続税法第22条《評価の原則》が、相続財産の評価を相続開始時の時価と定めている趣旨は、不当に高額な相続財産評価により多額に相続税が課せられることのないようにする点にあるところ、以下のとおり、評価通達204《貸付金債権の評価》及び205《貸付金債権等の元本価額の範	相続税法第22条《評価の原則》は、相続により取得した財産の評価は原則として相続開始時における時価によるべきである旨定めていることから、貸付金債権等の評価については、

<table>
<tr>
<td>囲》による評価額は、時価と乖離しているから、相続税法第22条の趣旨に反し違法である。
①　評価通達204及び205は、自己所有の会社に対する貸付金を例外としていないところ、自己所有の会社に対する貸付金は、外形的には貸付金という形をとっているものの実質的には出資と変わらず、これを資本金という形、貸付金という形のいずれを選択するとしても会社への資金の拠出というその機能に変わるところはない。
　このように実質的にみると、資本金・貸付金と全く変わらないにもかかわらず、これを形式的にみて評価を行っているため、資本金とした場合にはこれを株式の評価として計算し、貸付金とした場合には単純にその拠出額での評価となるが、会社の技術的な会計処理で評価が変わってしまうのは課税の公平に反する。
②　評価通達204について
　評価通達が、市場での取引価格よりも低い価格で評価額を定めているのは、財産が必ずしも市場価格での最高額で売れるとは限らないことから、評価の安全性を考慮した結果である。
　しかるに、評価通達204では、元本の価額と利息の価額の合計額というように、金銭債権の額面での評価を定めており、評価の安全性が一切考慮されていない。
③　評価通達205について
　一般的には回収不能として扱われるべき貸付金債権等についても、額面金額での評価となってしまう評価通達205は、評価の適切性を図る相続税法第22条に反する。</td>
<td>それが回収可能である限りは、その返済されるべき貸付金債権等の元本の価額（元本の金額）と利息の価額（相続開始時現在の既経過利息、遅延損害金として支払を受けるべき金額）の合計額によるべきこととなるが、相続開始時において貸付金債権等の債権金額の全部又は一部の回収が不可能又は著しく困難であると見込まれるときは、当該回収が不可能又は著しく困難であると見込まれる債権金額は元本の価額に算入しないで評価するのが相当であるところ、評価通達204《貸付金債権の評価》及び205《貸付金債権等の元本価額の範囲》は、原則として貸付金債権等の金額により評価することとし、例外的に債権の回収が不可能又は著しく困難であると見込まれることについて客観的に明白な事由がある場合に限り、債権の回収が不可能又は著しく困難であると見込まれる部分について元本の価額に算入しない取扱いをすることとしているものであるから、相続税法第22条を具現化した基準として合理的なものである。</td>
</tr>
</table>

(2)　争点2（本件各貸付金の評価に当たり、評価通達204《貸付金債権の評価》の定めにより難い特別の事情があるか否か）について

<table>
<tr>
<th>請求人（納税者）の主張</th>
<th>原処分庁（課税庁）の主張</th>
</tr>
<tr>
<td>①　仮に、評価通達204《貸付金債権の評価》及び205《貸付金債権等の元本価額の範囲》が適法であるとしても、以下のとおり、本件各貸付金の評価は、評価通達の定めにより難い特別の事情がある。
(イ)　評価通達204及び205が想定しているのは短期で全額回収が見込まれる貸付金債権等であるが、本件各貸付金は、回収期間が長期にわたり、かつその回収が危ぶまれる債権であり、評価通達204及び205の想定外の債権であるところ、本件においては、次に掲げる特別の事情がある。
㋑　本件会社の売上高は全て＊＊＊＊（以下「関連会社」という）からの賃料収入であり、関連会社の業績悪化による関連会社からの賃料の急激な減少に伴い本件各貸付金の回収可能性が減少していること
㋺　本件会社の資産状況は実質的に債務超過の状態にあると</td>
<td>①　評価通達の定めにより難い特別の事情とは、評価通達を画一的に適用する形式的な平等を貫いた場合にはかえって実質的な租税負担の公平を著しく害することが明らかであると認められる事情をいうものと解すべきところ、請求人の主張する事情は、いずれも、評価通達の定めにより難い特別の事情に該当するとは認められない。</td>
</tr>
</table>

認められ、本件申告書上の本件会社の株式の相続税評価額も0円となっていること ㋩　本件会社の代表取締役と関連会社の代表取締役は異母兄弟に当たるため潜在的な感情の対立があり、かつ、関連会社の代表取締役が本件会社の代表取締役より14歳も年長という状況から、本件会社側で賃料などの賃貸条件につき自由にコントロールすることの困難性があること (ロ)　本件各貸付金は、被相続人が経営に関与している本件会社の運営資金として拠出しているものであり、初めから回収を前提としておらず、返済期限も長期にわたるという特別の事情がある。 (ハ)　本件各貸付金の回収期間（45年）は一般的な相続による世代交代のタイミング（30年）を大幅に超過しているという特別の事情がある。	
②　本件各貸付金の時価は以下のとおりである。 (イ)　折衷法は広く用いられている手法であり、客観性、評価の妥当性、計算の迅速性・簡便性も満たしていることから、時価評価の指標として適切なものである。 (ロ)　そこで、折衷法により本件各貸付金を評価すると、㋑複利年金現価による評価額（1,014,999,358円）及び㋺本件会社に係る本件相続開始日の直前期での返済原資による評価額（1,159,769,469円）の平均額1,087,384,413円となる。 　したがって、本件各貸付金の価額は、請求人が本件更正の請求において主張した金額1,190,462,752円とするのが相当である。	②　請求人の主張する、各評価方法を折衷した評価方法が、評価通達204《貸付金債権の評価》及び205《貸付金債権等の元本価額の範囲》に比して合理的なものといえる根拠は見当たらず、請求人の主張する評価方法は独自の見解によるものといわざるを得ない。

(3)　争点3（本件各貸付金には、評価通達205《貸付金債権等の元本価額の範囲》に定める「その回収が不可能又は著しく困難であると見込まれるとき」に該当する部分があるか否か）について

請求人（納税者）の主張	原処分庁（課税庁）の主張
①　評価通達205《貸付金債権等の元本価額の範囲》に定める「その回収が不可能又は著しく困難であると見込まれるとき」とは、法的な破産等の場合のみならず、事実上回収不能となった場合をも含むと解すべきである。 ②　仮に、本件各貸付金の評価に当たり、評価通達の定めにより難い特別の事情があると認められない場合であっても、本件各貸付金には、評価通達	①　評価通達205《貸付金債権等の元本価額の範囲》に定める「その回収が不可能又は著しく困難であると見込まれるとき」とは、単に債務者の資産状況が債務超過で、営業状態が赤字であるという事情のみではなく、債務者が経済的に破綻していることが客観的に明白であり、そのため、債権の回収の見込みがないか、又は著しく困難であると確実に認められるときであると解すべきである。 ②　これを本件についてみると、次に掲げる事項などを総合勘案すると、本件相続開始日において、本件会社の事業経営が破綻していることが客観的に明白であって、本件各貸付金の回収の見込みのないことが客観的に確実であるといい得る状況にあったとは認められない。 (イ)　資産状況が債務超過であっても、直ちに事業が破綻するわけではなく、このような状況でも、事業を継続している企業は存するところ、本件会社において、業務を停止し、休業し、又は廃業を準備する等の事実があったとは認められないこと

205に定める「その回収が不可能又は著しく困難であると見込まれるとき」に該当する部分があるから、請求人が本件更正の請求において主張した金額1,190,462,752円を上回る部分は、回収不能見込額として本件各貸付金の金額から控除されるべきである。	(ロ) 本件会社の場合、本件相続開始日後も営業を継続しており、事業による利益は、減少傾向にあるとはいうものの、各期においておおむね100,000,000円を超える収入があり、経常利益を計上している状況であること (ハ) 本件会社の借入金債務については、被相続人からの債務がその大半を占めるところ、これらの借入金債務について返済期間が定められていたという事実や具体的に返済を求めていたという事実も見当たらないこと、また、金融機関からの借入金は割合的に少なく、その返済に遅延等の事実も見当たらないことから、これらの債務が本件会社の経営をひっ迫させていたとは認められないこと (ニ) 本件会社の各期において相当額の本件各貸付金に係る支払利息を計上していることからすると、経営努力によって債務超過の状態を改善できる余地があるとも考えられること

〔5〕国税不服審判所の判断

争点1（評価通達204《貸付金債権の評価》及び205《貸付金債権等の元本価額の範囲》は、相続税法第22条《評価の原則》に反するものであるか否か）について

(1) 認定事実

筆者注 争点1に関する認定事実の記載はない。

(2) 法令解釈等

相続税法第22条《評価の原則》は、相続により取得した財産の価額は、特別の定めのあるものを除き、当該財産の取得の時における時価による旨規定しているところ、同条にいう時価とは、相続開始時における当該財産の客観的な交換価値を示す価額をいうものと解するのが相当である。

しかしながら、全ての財産の客観的交換価値は必ずしも一義的に確定されるものではないから、課税実務上は評価通達によって財産評価の一般的基準が定められ、そこに定められた画一的な評価方法によって財産を評価することとされている。

このような取扱いは、次に掲げる事項等からして、納税者間の公平、納税者の便宜、徴税費用の節減という見地からみて合理的な取扱いであると解される。

① 財産の客観的な交換価値を適切に把握することは、必ずしも容易ではないこと

② 財産を個別に評価する方法をとると、その評価方式、基礎資料の選択の仕方等により異なった評価額が生じることが避け難く、課税の公平の観点からみて好ましいとはいえないばかりか、回帰的かつ大量に発生する課税事務の事務負担が重くなり、課税事務の迅速な処理が困難となるおそれがあること

そうすると、評価通達の内容が相続税法第22条の規定に照らして合理的なものである限り、それによって相続税を課税することは許されるというべきである。

⑶　当てはめ（評価通達204及び205について）

評価通達204《貸付金債権の評価》及び205《貸付金債権等の元本価額の範囲》は、貸付金債権等の評価額は原則として元本の価額及び利息の価額の合計額であるとしつつ、例外として評価通達205の⑴ないし⑶に掲げる事由のような客観的に明白な事由が存在する場合に限り、その部分について元本の価額に算入しないとする取扱いである。

評価通達は、財産の種類、性質、市場性の有無等に応じて様々な評価方法を定めているところ、貸付金債権等は日々その元本の価額が変動するといった性質の財産であるとは認められず、一般に公開の取引市場は存せず、その元本の価額に対する日々の取引価格の変動といったものを把握できないことからすると、評価通達204が、原則として元本の価額及び利息の価額との合計額によって評価することとしたことについては、十分な合理性が認められる。

また、客観的に明白な事由なしに貸付金債権等を個別に評価することは、債務者等の状況や将来性等必ずしも客観的一義的な評価方法が確立していない要素に左右され、納税者の恣意的な評価を許すことになりかねず、また、その価額が適正か否かの判断について課税庁に過大な負担を強いることになるから、評価通達205が、客観的に明白な事由が存在する場合に限り、その部分について元本の価額に算入しないとしたことについては、十分な合理性が認められる。

したがって、評価通達204及び205は、貸付金債権等の客観的な交換価値を評価する取扱いとして合理性を有するものであり、相続税法第22条《評価の原則》に反するものではない。

⑷　請求人の主張について

①　自己所有の会社に対する貸付金評価について

請求人は、自己所有の会社に対する貸付金は、実質的には出資と変わらず、会社への資金の拠出というその機能に変わるところはないにもかかわらず、資本金とした場合には株式の評価とし、貸付金とした場合には単純にその拠出額での評価となり、会社の技術的な会計処理で評価が変わるのは課税の公平に反する旨主張する。

しかしながら、そもそも、貸付金と資本金は、法的にも会計的にも全く別個のものであるから、その評価方法に差異があっても何ら不合理なものではなく、課税の公平に反するものでもない。

したがって、この点に関する請求人の主張には理由がない。

②　評価通達204及び205が相続税法第22条に反する旨について

請求人は、㈠評価通達204《貸付金債権の評価》は評価の安全性が考慮されておらず、また、㈡評価通達205《貸付金債権等の元本価額の範囲》は一般的には回収不能として扱われるべき貸付金債権等が額面での評価になってしまうのは評価の適切性を図る相続税法第22条《評価の原則》に反する旨主張する。

しかしながら、評価通達204及び205の取扱いが合理性を有するものであると認められることについては上記(3)のとおりである。請求人が上記(イ)の主張において述べる「評価の安全性」とは、「財産が必ずしも市場価格の最高額で売れるとは限らないこと」を考慮して、市場での取引価格よりも低い価格で評価額を定めるべきものであると主張されているところ、そもそも貸付金債権等に関する公開の取引市場は存在しないし、また、上記(ロ)の主張については、上記(3)のとおり、客観的に明白な事由なしに貸付金債権等を個別に評価することは、納税者の恣意的な評価を許すことになりかねない。

したがって、評価通達204及び205が相続税法第22条《評価の原則》に反する旨の請求人の主張は採用できない。

争点2（本件各貸付金の評価に当たり、評価通達204《貸付金債権の評価》の定めにより難い特別の事情があるか否か）について

(1) 認定事実

① 被相続人と本件会社及び関連会社の関係について

(イ) 本件会社は、不動産の売買・賃貸等を目的として平成14年4月4日に設立された同族会社であり、本件会社の代表取締役は、設立から本件相続開始日までは被相続人が、本件相続開始日以降は請求人Aが、これを務めていた。

また、本件相続開始日以前の本件会社の筆頭株主（株式保有割合約33%）は被相続人であり、被相続人は、本件会社の運営等を決定し得る立場にあった。

(ロ) 関連会社は、パチンコ店の経営等を目的として昭和58年6月23日に設立された同族会社であり、関連会社の代表取締役は、設立から平成13年8月1日までは被相続人が、同日から平成20年10月25日までは＊＊＊＊（被相続人の兄）が、同日以降は請求人Aが、これを務めていた。

また、本件相続開始日以前の関連会社の筆頭株主（株式保有割合約46%）は本件被相続人であり、被相続人は、関連会社の運営等を決定し得る立場にあった。

② 本件会社及び関連会社の間の不動産の賃貸借について

(イ) 本件会社は、関連会社に対して不動産（パチンコ店の店舗（店舗及びその敷地）や駐車場等）を賃貸していた。

(ロ) 本件会社が関連会社から受領していた上記(イ)の不動産賃貸借に係る月額賃料の推移は、以下の**図表－3**のとおりである。

図表－3　不動産賃貸借に係る月額賃料の推移

（単位：千円）

対象期間	平成17年4月分～	平成18年4月分～	平成18年12月分～	平成21年7月分～	平成21年8月分～	平成22年8月分～	平成23年4月分～
月額賃料	24,040	20,040	12,040	14,000	8,000	5,050	4,000

(ハ)　上記(ロ)のとおりの減額（本件相続開始日までの２回の減額）を経た上記(イ)の不動産賃貸借に係る賃料は、近傍類似の土地の地代等及び近傍同種の建物の賃料の相場に比して低廉であった。

(ニ)　本件会社は、関連会社に対して、上記(イ)の不動産賃貸借に係る賃料の増額を求める民事調停等の申立てを行ったことはなく、逆に、関連会社から当該賃料の減額を求められた際、求められるままに減額に応じていた。

③　本件会社の売上高等の状況について

本件会社の平成17年８月１日から平成18年７月31日まで、平成18年８月１日から平成19年７月31日まで、平成19年８月１日から平成20年７月31日まで、平成20年８月１日から平成21年７月31日まで及び平成21年８月１日から平成22年７月31日までの各事業年度（以下、順次「平成18年７月期」、「平成19年７月期」、「平成20年７月期」、「平成21年７月期」及び「平成22年７月期」という）の売上高等の状況は、以下の**図表－4**のとおりである。

なお、本件会社の売上高は、平成20年７月期の一部を除き、全て関連会社からの賃料収入である。

図表－4　本件会社の売上高等の状況について

（単位：千円）

事業年度	平成18年7月期	平成19年7月期	平成20年7月期	平成21年7月期	平成22年7月期
売上高	259,504	168,076	140,075	139,466	91,428
経常利益	88,612	1,163	6,258	44,670	△37,497
当期純利益	88,612	1,163	6,258	44,670	△37,734

（注）「経常利益」欄の金額は、被相続人等からの借入金に係る支払利息を控除した後の金額であり、平成18年７月期ないし平成21年７月期の長期借入金の残高及び期中の支払利息の状況は、**図表－6**のとおりである。
なお、同欄及び「当期純利益」欄の△印は損失金額を示す。

④　関連会社の売上高等の状況について

関連会社の平成18年４月１日から平成19年３月31日まで、平成19年４月１日から平成20年３月31日まで、平成20年４月１日から平成21年３月31日まで、平成21年４月１日から平成22年３月31日まで及び平成22年４月１日から平成23年３月31日までの各事業年度（以下、順次「平成19年３月期」、「平成20年３月期」、「平成21年３月期」、「平成22年３月期」及び「平成23年３月期」という）の売上高等の状況は、**図表－５**のとおりである。

図表－５　関連会社の売上高等の状況について

（単位：千円）

事業年度	平成19年３月期	平成20年３月期	平成21年３月期	平成22年３月期	平成23年３月期
売上高	5,872,524	4,681,170	3,382,698	2,575,205	2,024,152
経常利益	△17,877	37,749	119,394	98,374	83,377
当期純利益	△85,775	△50,402	△12,036	82,225	73,324

（注）「経常利益」欄の金額は、本件会社への支払賃料を控除した後の金額である。
なお、同欄及び「当期純利益」欄の△印は損失金額を示す。

⑤　本件各貸付金について

(イ)　本件被相続人は、本件相続開始日の直前において、本件会社に対して、**図表－６**のとおり、元本額の合計1,775,950,000円の貸付金債権等（本件各貸付金）を有していた。

図表－６　本件会社の長期借入金の残高及び期中の支払利息の金額の内訳

（単位：円）

借入先＼事業年度	平成18年７月期	平成19年７月期	平成20年７月期	平成21年７月期
本件被相続人	1,321,000,000	1,611,000,000	1,704,000,000	1,727,950,000
	30,122,100	29,152,702	33,603,499	11,735,723
請求人Ａ	－	－	－	50,000,000
	－	－	－	0
請求人Ｂ	52,000,000	52,000,000	52,000,000	50,000,000
	153,862	1,039,994	1,042,843	91,178
小計	1,373,000,000	1,663,000,000	1,756,000,000	1,827,950,000
	30,275,962	30,192,696	34,646,342	11,826,901
＊＊＊＊	379,096,400	189,596,400	94,596,400	0
	14,383,865	7,561,287	5,549,834	797,202
金融機関	173,600,000	153,800,000	134,000,000	114,200,000
	4,567,829	4,573,135	4,315,968	3,528,340
合計	1,925,696,400	2,006,396,400	1,984,596,400	1,942,150,000
	49,227,656	42,327,118	44,512,144	16,152,443

（注）１　各欄の上段の金額は、各事業年度末における各借入先に対する借入金残高であり、下段の金額は、各借入先に対する各事業年度中の支払利息の金額を示す。
２　平成21年７月期の被相続人からの借入金残高1,727,950,000円のうちの52,000,000円は、請求人Ａからの借入金である。また、平成21年７月期の請求人Ａ名義の借入金残高50,000,000円及び請求人Ｂ名義の借入金残高50,000,000円については、被相続人の資金を原資としたものであるとして、被相続人に帰属する相続財産（貸付金）として申告されている。

(ロ) 本件会社の平成18年7月期ないし平成21年7月期の被相続人からの借入金の異動状況は、図表－7のとおりであった。

なお、被相続人からの借入金に係る支払利息で各期末において未払となっているものはなかった。

図表－7 本件会社の被相続人からの借入金の異動状況

（単位：円）

事業年度＼項目	借入金増加	借入金返済	借入金残高
前期繰越	－	－	1,236,000,000
平成18年7月期	318,000,000	233,000,000	1,321,000,000
平成19年7月期	420,000,000	130,000,000	1,611,000,000
平成20年7月期	124,000,000	31,000,000	1,704,000,000
平成21年7月期	30,000,000	58,050,000	1,675,950,000

（注）1 平成18年7月期ないし平成21年7月期の「借入金残高」欄の金額は、平成16年8月1日から平成17年7月31日までの事業年度の借入金の残高を「前期繰越」欄の金額としてこれに借入金増加額を加算し、借入金返済額を控除することにより、順次算定された金額である。

2 平成21年7月期の異動状況は、図表－6の（注）2の請求人Aからの借入金52,000,000円並びに請求人A名義の借入金50,000,000円及び請求人B名義の借入金50,000,000円は含まない。

(ハ) 被相続人と本件会社との間で、少なくとも平成14年以降、本件各貸付金に関して金銭消費貸借契約書が作成されたことはなく、返済期限の定めもなかった。

⑥ 本件会社の資産及び負債の状況について

本件会社の平成18年7月期ないし平成21年7月期の帳簿価額に基づく各事業年度末の資産及び負債の状況は、図表－8のとおりである。

図表－8 本件会社の各事業年度末の資産及び負債の状況

（単位：千円）

事業年度	平成18年7月期	平成19年7月期	平成20年7月期	平成21年7月期
資産（①）	2,419,080	2,484,078	2,470,897	2,443,270
負債（②）	2,198,233	2,262,068	2,242,628	2,170,331
純資産（①－②）	220,846	222,010	228,268	272,939

⑦ 本件会社の発行済株式の1株当たりの相続税評価額について

本件相続開始日における本件会社の発行済株式の1株当たりの相続税評価額は、評価通達に基づき純資産価額方式により評価すると、図表－9の「純資産」欄のとおり債務超過であることから、0円である。

図表－9　本件会社の純資産価額（相続税評価額によって計算した価額）

（単位：千円）

項目		相続税評価額
資産（①）		1,554,661
内訳	建物、土地	1,525,439
	上記以外の資産	29,222
負債（②）		2,245,051
純資産（①－②）		△690,390

⑵　法令解釈等

評価通達に定められた評価方法により画一的に財産の評価を行うことは、上記**争点1**の⑵のとおり合理的と認められるが、例えば、評価通達により算定される価額が時価を上回るなど、評価通達に定められた評価方法を画一的に適用するという形式的な平等を貫くことによって、かえって実質的な租税負担の平等を著しく害することが明らかであるといった特別の事情がある場合には、評価通達に定められた評価方法に基づいて財産の評価を行うのは相当ではなく、かかる特別の事情がある場合を除き、財産の評価は、評価通達に定められた評価方法に基づいて行うのが相当であると解される。

⑶　当てはめ

①　請求人の主張する事情が評価通達の定めにより難い特別の事情に当たるかについて

⑴　本件会社の売上高の急激な減少に伴い本件各貸付金の回収可能性が減少している旨の主張について

㋑　本件会社の売上高のほぼ全ては関連会社からの不動産賃貸借に係る賃料収入であるところ、関連会社の売上高の減少に伴い、平成17年4月分から平成21年6月分にかけて月額賃料が約2分の1にまで減少しており、2回の減額を経た当該賃料は、近傍類似の土地の地代等及び近傍同種の建物の賃料の相場に比して低廉であった。

㋺　しかるに、上記⑴の②の⑴の不動産賃貸借のうち借地借家法の適用があるものについては、本件会社は関連会社に対して、借地借家法第11条《地代等増減請求書》及び第32条《借賃増減請求権》に基づく賃料増額請求権を有していたにもかかわらず、賃料の増額を求める交渉や民事調停の申立て等の法的手段を行っておらず、逆に、関連会社から賃料の減額を求められた際、求められるままに減額に応じていた。

㋩　そうすると、本件会社は、関連会社から求められるままに賃料の減額に応じていた上で、法律上認められた賃料増額請求権に基づき適切な措置を講ずれば賃料収入の増額を確保することが可能であったにもかかわらず、自らの意思でその措置を講じなかったのであるから、関連会社の売上高の急激な減少に伴い本件各貸付金の回収可能性が減少したとしても、これが実質的な租税負担の平等を著しく害することが明らかであるといった評価通達の定めにより難い特別の事情に当たるとは認められない。

(ロ) 本件会社は実質的に債務超過の状態にあり、本件申告書上の本件会社の株式の相続税評価額も0円となっている旨の主張について

上記(イ)の状況を併せ考えれば、本件会社が実質的に債務超過の状態にあったからといって、その事実が本件各貸付金の評価に際し、評価通達の定めにより難い特別の事情に当たると認めることはできない。

(ハ) 本件会社及び関連会社の両代表取締役間の潜在的な感情の対立等があるため、本件会社側で賃料などの賃貸条件につき自由にコントロールすることの困難性がある旨の主張について

このような事情は、主観的な事情にすぎず、これが本件各貸付金の評価に際し、評価通達の定めにより難い特別の事情に当たるとは認められない。

(ニ) 本件各貸付金は、被相続人が本件会社の運営資金として拠出したものであり、初めから回収を前提としていない旨の主張について

本件各貸付金（1,775,950,000円）については、請求人A名義の貸付金50,000,000円及び請求人B名義の貸付金50,000,000円をその余の貸付金1,675,950,000円と異なる性格の貸付金とする証拠は見当たらないところ、上記(1)の⑤の(ロ)のとおり、本件会社が被相続人に対して元本の返済を行ってきた事実が認められるから、そもそも被相続人が本件各貸付金の回収を予定していなかったとは認められない。

(ホ) 本件各貸付金の回収期間（45年）は一般的な相続による世代交代のタイミング（30年）を大幅に超過している旨の主張について

仮に本件各貸付金の回収期間が30年を超えるものであったとしても、返済期間が30年を超える金融商品（ローン）は一般に存在するから、回収期間が30年を超過していることが、本件各貸付金の評価に際し、評価通達の定めにより難い特別の事情に当たるものではない。

(ヘ) 本件各貸付金が評価通達204《貸付金債権の評価》及び205《貸付金債権等の元本価額の範囲》の想定外の債権である旨の主張について

評価通達204《貸付金債権の評価》及び205《貸付金債権等の元本価額の範囲》が本件各貸付金をその範囲外とするような取扱いを予定していないことは、文理上明らかである。

② 請求人が主張する本件各貸付金の価額について

請求人は、評価通達によらずに本件各貸付金の価額を算定するに当たり、複利年金現価による評価額（1,014,999,358円）及び本件会社に係る本件相続開始日の直前期での返

済原資による評価額（1,159,769,469円）の平均額（1,087,384,413円）によるべきと主張しているところ、当該手法すなわち折衷法は、広く用いられている手法であり、客観性、評価の妥当性、計算の迅速性・簡便性も満たしていることから、時価評価の指標として適切なものであるとして、請求人の主張する金額が本件各貸付金の価額である旨主張する。

しかしながら、上記**争点１**で判断したとおり、評価通達204《貸付金債権の評価》及び205《貸付金債権等の元本価額の範囲》は、貸付金債権等の客観的交換価値を評価する取扱いとして合理性を有するものであるところ、請求人の主張する事情が評価通達の定めにより難い特別の事情に当たらないことは上記①のとおりであることに加え、請求人は、本件更正の請求から審査請求に至るまでの間、本件各貸付金の評価方法をその都度変更しているのであって、そこには一貫性は全くみられず、その評価方法に合理性が担保されているとは到底認められない。

したがって、請求人の主張する金額が本件各貸付金の価額であるとはいえない。

③　小括

上記①及び②によれば、評価通達の定めにより難い特別の事情はないから、本件各貸付金の価額は、原則として評価通達204《貸付金債権の評価》の定めにより評価することが相当である。

争点３（本件各貸付金には、評価通達205《貸付金債権等の元本価額の範囲》に定める「その回収が不可能又は著しく困難であると見込まれるとき」に該当する部分があるか否か）について

(1)　認定事実

①　本件会社の平成18年７月期ないし平成21年７月期の各事業年度末の長期借入金の残高及び期中の支払利息の状況は、**図表－６**のとおりである。

②　本件会社が有する**図表－６**に掲げる金融機関からの借入金について、その返済の全部又は一部が滞った事実はない。

(2)　法令解釈等

評価通達205《貸付金債権等の元本価額の範囲》(1)に掲げる金額に該当するときとは、支払停止、支払不能等の状態にある債務者について法的倒産処理手続等がとられている場合におけるその債務者に対して有する貸付金債権等の金額に該当するときをいい、評価通達205(2)及び(3)に掲げる金額に該当するときとは、債務者について私的整理手続等がとられている場合に行われた債権者集会の協議又は債権者と債務者の契約により、債権の減免等がされた場合における減免等に係る貸付金債権等の金額に該当するときをいうものと解される。

また、評価通達205にいう「その回収が不可能又は著しく困難であると見込まれるとき」

とは、評価通達205⑴ないし⑶の事由と並列的に定められていることからすると、これらの事由と同程度に、債務者が経済的に破綻していることが客観的に明白であり、そのため、債権の回収の見込みがないか、又は著しく困難であると確実に認められるときであると解される。

⑶ 当てはめ

① 本件各貸付金に評価通達205《貸付金債権等の元本価額の範囲》に定める「その回収が不可能又は著しく困難であると見込まれるとき」に該当する部分があるかについて

確かに、本件相続開始日において、本件会社は実質的に債務超過の状態にあった事実が認められる。

しかしながら、本件会社の借入金の大部分は被相続人が債権者のものであるところ（**図表－6**）、金融機関からの借入金について本件会社が返済を滞らせた事実はなく、また、本件会社は本件相続開始日前の各事業年度において、おおむね100,000,000円を超える収入があり、継続的に経常利益を確保しており、本件会社は被相続人に対し元本の返済及び利息の支払を継続的に行っていることからすると、本件会社の借入金が本件会社の経営をひっ迫させていたとは認められない。

加えて、上記**争点2**の⑴②(ハ)のとおり、本件会社は関連会社から求められるままに賃料の減額に応じていたのであり、本件会社が関連会社に対して賃料増額のための適切な措置を講ずれば、本件会社の賃料収入は増加し、経営状況の改善が十分見込まれたことを併せ考えれば、本件会社が実質的に債務超過の状態にあったからといって、直ちに本件会社が経済的に破綻していることが客観的に明白であり、そのため、本件各貸付金の回収の見込みがないか、又は著しく困難であると確実にいい得る状況にあったとまではいえない。

以上によれば、本件各貸付金には、評価通達205に定める「その回収が不可能又は著しく困難であると見込まれるとき」に該当する部分はないと認められる。

② 請求人の主張について

請求人は、請求人が評価通達によらずに算定した本件各貸付金の価額（1,087,384,413円）がその元本の金額（1,775,950,000円）を大幅に下回っていることをもって、「その回収が不可能又は著しく困難であると見込まれるとき」に該当するので、本件更正の請求において主張した本件各貸付金の価額（1,190,462,752円）を超える部分の金額を本件各貸付金の金額から控除すべきである旨主張する。

しかしながら、本件会社が経済的に破綻していることが客観的に明白であり、そのため、本件各貸付金の回収の見込みがないか、又は著しく困難であると確実にいい得る状況にあったといえないことは上記①のとおりであるから、請求人の主張には理由がない。

〔6〕まとめ

(1) 裁決事例の結果

先例とされる裁決事例における本件各貸付金の価額は、請求人（納税者）の主張額が**図表－10**のとおりであった。

図表－10　本件各貸付金の価額（請求人の主張額）

区　分	計算の明細
更正の請求時	①　将来の調整後利益に基づく回収見込額　……1,221,156,035円 ②　本件相続開始日の直前期での返済原資　……1,159,769,469円 ③　本件貸付金の価額（(①＋②)÷2）　……1,190,462,752円
異議申立て時	①　収益還元価値による評価　……623,617,202円 ②　複利年金現価による評価　……1,014,999,358円 ③　本件相続開始日の直前期での返済原資　……1,159,769,469円 ④　本件貸付金の価額（(①＋②＋③)÷3）……932,795,343円
審査請求時	①　複利年金現価による評価　……1,014,999,358円 ②　本件相続開始日の直前期での返済原資　……1,159,769,469円 ③　本件貸付金の価額（(①＋②)÷2）　……1,087,384,413円

一方、原処分庁（課税庁）が主張し国税不服審判所がこれを相当と判断したものが、1,775,950,000円（本件各貸付金の額面金額）であったため、結果として、請求人（納税者）の主張は認められなかった。

(2) 参考法令通達等

- 相続税法第22条《評価の原則》
- 評価通達204《貸付金債権の評価》
- 評価通達205《貸付金債権等の元本価額の範囲》
- 借地借家法第11条《地代等増減請求権》
- 借地借家法第32条《借賃増減請求権》

本問から学ぶ重要なキーポイント

(1)　自己所有の会社に対する貸付金は、当該会社に対する資金拠出という点で実質的には出資（株式）と変わりがないにもかかわらず、両者の評価方法に差異があり課税の公平を逸する旨の主張が行われることがありますが、本来的に、貸付金と出資（株式）は法的にも会計的にも全く別個のものであることから、当該主張は不相当なものと解されています。

(2)　貸付金債権の価額を評価通達204《貸付金債権の価額》及び205《貸付金債権等

の元本価額の範囲》の定めに基づいて一律に評価することは、次に掲げる事項から合理性があるものと認められることから、両通達は相続税法第22条《評価の原則》の解釈の範囲内にあるものとされます。

① 評価通達204において貸付金債権の価額につき、「額面価額＋既経過利息額」と定めているのは、そもそも貸付金債権等については公開の取引市場が存在していないこと

② 評価通達205に定める客観的に明白な事由なしに貸付金債権等を個別に評価することは、納税者の恣意的な評価を許すことにもなりかねないこと

(3) 上記(2)より、請求人が主張する独自の考え方に基づく本件各貸付金債権の評価方法（審査請求時においては、複利年金現価による評価額及び本件会社に係る本件相続開始日の直前期での返済原資による評価額との平均額によるべき旨を主張）は、いわゆるデューデリジェンス（適当かつ相当な調査の意）における貸付金債権の評価方法において用いられる可能性があったとしても、相続税等の財産評価に用いられることは相当とされていません。

Q4-7 被相続人の相続財産である同族会社に対する貸付金債権（額面54,920,000円）につき、同社の主宰者（被相続人の甥）の簡易生命表から求めた余命年数を基に算定した回収可能額（20,585,866円）とすることの可否が争点とされた事例

事例　国税不服審判所裁決事例
（平成27年12月3日裁決、広裁（諸）平27－8、平成23年相続開始分）

疑問点

被相続人の相続財産である貸付金債権の価額を算定する場合に、当該同族会社の主宰者（被相続人の甥に該当する者で、当該同族会社の代表取締役であり、同人及び同人の妻で発行済株式総数のすべてを保有）の簡易生命表から求めた余命年数を基に回収可能額を算定し、当該回収可能額をもって当該貸付金債権の客観的な交換価値（時価）であるとして申告することは認められるのでしょうか。

また、被相続人に係る相続開始後に、当該同族会社が自己破産の申請を行ったことは貸付金債権の価額の評価に影響を与えることになるのでしょうか。

A 回　答

お尋ねの貸付金債権の価額を債務者である同族会社の主宰者（被相続人の甥）の簡易生命表から求めた余命年数に基づいて求める方法は、独自の方法で主観的なものと認められることから採用されるべきでないと考えられます。

また、被相続人に係る相続開始後に当該同族会社が自己破産の申請をしたことは、貸付金債権の価額の算定に当たって、考慮の対象にはなりません。

！ 解　説

貸付金債権の価額は、その原則的な評価方法として評価通達204《貸付金債権の評価》の定めがあり、また、その債権金額の全部又は一部の評価不要に係る定めが評価通達205《貸付金債権等の元本価額の範囲》に設けられています。

そして、評価通達205では、債権金額の全部又は一部を評価不要とするためには、当該貸付金債権等が課税時期において一定の状況にあるとき（形式基準）、その他その回収が不可能又は著しく困難であると見込まれるとき（実質基準）とされています。

そうすると、お尋ねの貸付金債権の評価方法（債務者たる同族会社の代表取締役（被相続人の甥）の余命年数に基づいて、回収可能額を算定する方法）は、上掲の形式基準又は

実質基準のいずれにも属さない提唱者の独自かつ主観的な方法であり、かつ、会社が継続性を前提とするもの（債務者たる同族会社の代表者に相続開始があったとしても、次の代表者が就任すれば、会社は法的に存続します）であること等を考慮すると、認められないものと考えられます。

なお、被相続人に係る相続開始後に当該同族会社が自己破産の申請をしたとのことですが、財産の評価は課税時期の現況により行われるものであることからすると、当該事項が当該貸付金債権の価額に影響を与えるべきではないと考えられます。

検討先例

Q4-7の検討に当たっては、下記に掲げる裁決事例が先例として参考になります。

◉国税不服審判所裁決事例（平成27年12月3日裁決、広裁（諸）平27－8、平成23年相続開始分）

〔1〕事案の概要

本件は、請求人らが、被相続人から相続した貸付金債権の額を減額して相続税を申告したことについて、原処分庁が、当該貸付金債権を減額して評価すべきではないとして更正処分等をしたのに対し、請求人らが、当該貸付金債権は相続開始日においてその一部が回収不能であるからその額を減額すべきであるとして、原処分の全部の取消しを求めた事案である。

〔2〕基礎事実

⑴　本件相続に係る遺産分割協議

①　A及び請求人ら（筆者注）は、平成22年7月12日付遺言公正証書の内容を踏まえて本件相続に係る遺産分割の協議を行い、平成24年6月18日付で遺産分割協議書を作成して協議を成立させている。

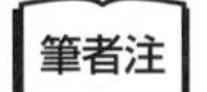
筆者注　A及び請求人らは、平成23年＊＊月＊＊日（以下「本件相続開始日」という）に死亡した被相続人の相続（以下「本件相続」という）に係る共同相続人又は包括受遺者に該当する。なお、Aは、被相続人のおいに該当する者である。

②　上記①の遺産分割協議書には、α（筆者注 請求人らのうちの1人の者である。以下同じ）は、A㈱に対する本件相続開始日現在の残元金とする貸付金を相続財産の一部として取得する旨記載されている。

以下、上記①の遺産分割協議書にαが相続する相続財産の一部として記載された貸付金を「本件貸付金債権」という。

⑵　A㈱の概要

①　A㈱は、＊＊（筆者注 年月日）に設立され、＊＊（筆者注 所在地）に本店を置く、

物品販売業等を目的とする株式会社であり、平成18年6月1日から平成19年5月31日までの事業年度（以下「平成19年5月期」といい、他の事業年度も同様に略称する）から平成25年5月期までの各事業年度（以下「本件各事業年度」という）において、主に婦人服小売業を営んでいた。

② 本件相続開始日におけるA㈱の資本金の額は26,000,000円、発行済株式の総数は＊＊株であり、そのうちA㈱の代表取締役で被相続人の甥のAが＊＊株、A㈱の取締役でAの妻のBが＊＊株を所有していた。

③ A㈱の本件各事業年度の法人税の各確定申告書に添付された損益計算書及び貸借対照表によれば、A㈱の損益の状況及び資産負債の状況は、それぞれ、＊＊及び＊＊（筆者注 いずれも非公開）のとおりである。

⑶ 本件貸付金債権について

① 本件相続開始日における本件貸付金債権の元本の価額は54,920,000円であり、その債権者は被相続人である。

② 本件貸付金債権は、平成18年12月15日の貸付金（以下「本件甲貸付金」という）とそれ以外の貸付金（以下「本件乙貸付金」という）であり、本件相続開始日における本件甲貸付金及び本件乙貸付金の元本の価額は、それぞれ50,000,000円及び4,920,000円である。

⑷ A㈱の金融機関からの借入れに係る物上保証等

被相続人は、平成6年5月11日、被相続人が所有していた土地について、極度額30,000,000円、債務者をA㈱、根抵当権者をX銀行とする根抵当権設定登記を経由して、A㈱の債務につき物上保証をした。

また、被相続人は、生前、A㈱とX銀行との継続的融資契約に関し連帯保証をしていた。

⑸ 相続税の申告状況

請求人らは、αが取得した本件貸付金債権の価額を20,585,866円と評価して、本件相続に係る相続税の申告書を作成し、その申告書を法定申告期限までに原処分庁に提出して、相続税の申告を行った。

⑹ 原処分の状況

原処分庁は、本件相続に係る相続税の調査を実施し、本件貸付金債権には、本件相続開始日において、評価通達205《貸付金債権等の元本価額の範囲》に定める債権金額の全部又は一部の回収が不可能又は著しく困難であると見込まれる事実はないとして、原処分（筆者注 相続税の更正処分及び過少申告加算税の賦課決定処分）を行った。

〔3〕争点

本件貸付金債権は、本件相続開始日において、評価通達205《貸付金債権等の元本価額の範囲》に定める回収が不可能又は著しく困難であると見込まれる場合に該当するか否か。

〔4〕争点に関する双方（請求人ら・原処分庁）の主張

争点に関する請求人ら・原処分庁の主張は、**図表－１**のとおりである。

図表－１　争点に関する請求人ら・原処分庁の主張

（争点）本件貸付金債権は、本件相続開始日において、評価通達205《貸付金債権等の元本価額の範囲》に定める回収が不可能又は著しく困難であると見込まれる場合に該当するか否か

請求人ら（納税者）の主張	原処分庁（課税庁）の主張
本件貸付金債権の金銭消費貸借契約に係る債務者は、いずれもＡ㈱であるところ、以下のとおり、本件相続開始日において、Ａ㈱の資産状況、営業状況等が客観的に破綻していることが明確であって、債権の一部の回収の見込みのないことが客観的に確実である。 したがって、本件貸付金債権は、本件相続開始日において、評価通達205《貸付金債権等の元本価額の範囲》に定める回収が不可能又は著しく困難であると見込まれる場合に該当する。 なお、本件貸付金債権の評価額は、後記⑶のとおり、20,585,866円となる。 ⑴　本件甲貸付金 本件相続開始日において、本件甲貸付金の債務者であるＡ㈱の資産状況、営業状況等が客観的に破綻していることが明確であって、債権の一部の回収の見込みのないことが客観的に確実であることは、後記⑵のとおりである。 ⑵　本件乙貸付金 ①　Ａ㈱の各事業年度についてみると、売上高が平成20年５月期の約79,900,000円をピークに平成23年５月期では約20％も減少し、本件各事業年度の期間内の営業損益の累計赤字は約3,850,000円で、同期間内では約60,000,000円から約75,000,000円までの債務超過の状態が継続していたことからすると、被相続人が本件乙貸付金を貸し付けた以降から本件相続開始日までの期間においてＡ㈱の財務状況の改善は図られておらず、また、本件相続開始日の後もＡ㈱の財務状況の改善は図られていない。 ②　Ａ㈱が金融機関から受けた新規の融資は、被相続人の物上保証等を根拠に受けた融資であり、Ａ㈱の財務状況等の信用力を根拠に受けた融資ではない。 Ａ㈱は、そもそも被相続人からの借入れ等	本件貸付金債権の金銭消費貸借契約に係る債務者は、本件甲貸付金の債務者はＡ（筆者注 この点につき、欄外を参照）で、本件乙貸付金の債務者はＡ㈱であるところ、以下のとおり、本件相続開始日において、Ａ及びＡ㈱の資産状況、営業状況等が客観的に破綻していることが明確であって、債権の一部の回収の見込みのないことが客観的に確実であるとはいえない。 したがって、本件貸付金債権は、本件相続開始日において、評価通達205《貸付金債権等の元本価額の範囲》に定める回収が不可能又は著しく困難であると見込まれる場合に該当しない。 ⑴　本件甲貸付金 本件甲貸付金の債務者であるＡは、次のことからすると、本件相続開始日において、評価通達205の⑴ないし⑶と同視することができる程度の状態とは認められない。 ①　Ａは、本件相続開始日において、Ａ㈱から役員報酬の支給を受け、また、Ａ㈱に対する貸付金の返済を受けている。 ②　Ａは、本件相続開始日の後であるが、αに対し本件甲貸付金の返済を行っている。 ⑵　本件乙貸付金 本件乙貸付金の債務者であるＡ㈱は、次のことからすると、本件相続開始日において、評価通達205の⑴ないし⑶と同視することができる程度の状態とは認められない。 ①　Ａ㈱は、本件相続開始日の前後を通じて継続的に売上高を計上し、営業利益の金額が黒字の事業年度もあるなど、本件相続開始日において引き続き営業活動を行っている。 ②　Ａ㈱は、金融機関に対する借入金については本件相続開始日の前後を通じて継続的に当該借入金の返済を行っており、

<table>
<tr>
<td>がなければ経営が成り立たない財務状況の法人であり、平成26年10月以降において、A㈱の経営は破綻し、A㈱が自己破産の申請をしているということは、結局、A㈱は、本件相続開始日時点で実質的に経営破綻の状態に陥っていたといえる。
③　上記①及び②のA㈱の経営状況であれば、A㈱の代表取締役であるA（筆者注被相続人の甥）が亡くなればA㈱は継続できず本件貸付金債権を回収することは困難であり、また、簡易生命表によるとAの本件相続開始日における余命年数が＊＊年間であるから、本件貸付金債権が完済される見込みはない。
(3)　本件貸付金債権の評価額
本件貸付金債権の評価額は、本件相続開始日におけるA㈱及びAの状況から判断すると、毎月の債権回収想定額を200,000円、債権回収可能期間を＊＊年、年運用利率を5％及び返済実績率を75%として計算することが相当であり、その評価額は20,585,866円となる。</td>
<td>また、金融機関から新規の融資を受けて資金調達を行っている。
③　A㈱の借入金は、A又はその親族（被相続人を含む）からの借入金が大半であり、直ちに返済を求められる可能性は低い。</td>
</tr>
</table>

筆者注　紙幅の関係で省略したが、本件裁決事例では、本件甲貸付金の債務者が誰であるのかも争点とされている。この点に関し、請求人ら（納税者）はA㈱とし、一方、原処分庁（課税庁）はAと主張したところ、国税不服審判所はA㈱であると判断したことから、請求人ら（納税者）の主張が容認されることとなった。

〔5〕国税不服審判所の判断

(1)　認定事実

A㈱について、本件各事業年度において、評価通達205《貸付金債権等の元本価額の範囲》の各列挙事由に該当する事実がなかったこと及び次の事実が認められる。

①　A㈱の本件各事業年度における損益の状況及び資産負債の状況はそれぞれ＊＊及び＊＊（筆者注いずれも非公開）のとおりであり、A㈱の法人税の確定申告書に添付された「借入金及び支払利子の内訳書」によれば、A㈱の本件各事業年度の各末日現在の借入金の内訳は、＊＊（筆者注非公開）のとおりである。

そして、本件各事業年度において、次の事実が認められる。

(イ)　A㈱の本件各事業年度の売上げの状況についてみると、売上高が約80,000,000円から約50,000,000円程度へ減少傾向にあるものの、継続して売上げを計上している。

(ロ)　A㈱の経常利益（企業の基本的な収益力を表す業績指標として重視されている）の状況についてみると、本件相続開始日前の平成20年5月期及び平成21年5月期にそれぞれ約＊＊円及び約＊＊円（筆者注いずれも非公開）の経常利益を計上し、平成22年5月期から本件相続開始日を含む平成24年5月期までの期間は損失額を計上したもののその期間内の損失額は減少傾向にあり、本件相続開始日を含む平成24年5月期においても債務超過の額をさほど増加させることなく事業を継続している。

(ハ) A㈱の本件各事業年度末の各末日現在の資産及び負債の状況についてみると、本件各事業年度を通じて債務超過の状態（約60,000,000円から約75,000,000円まで）にあったが、その負債の大部分は、銀行等及び被相続人を含むAの親族からの借入金である（負債の金額のうち借入金の金額の占める割合は約85％前後であるが、当該借入金のうち被相続人を含むAの親族からの借入金の金額の占める割合が約65％前後とその大半を占めている）。

そして、A㈱は、同社の総勘定元帳によれば、本件相続開始日の前後を通じて銀行等からの借入金を継続して返済している。

② A㈱は、本件各事業年度において、X銀行Y支店からの借入金があるところ、同支店の審判所に対する「照会に係る回答について」と題する書面によれば、同支店は、A㈱に対し、本件相続開始日から約1年後の平成24年8月27日に3,050,000円の追加融資を行っており、当該追加融資はA㈱の経営状態が極端に悪化していないとの理由で実施されたことが認められる。

(2) 法令解釈等

① 相続税法第22条に規定する時価

相続税法第22条《評価の原則》に規定する時価とは、相続により取得した時において、それぞれの財産の状況に応じ、不特定多数の当事者間で自由な取引が行われる場合に通常成立すると認められる価額、すなわち、当該財産の客観的な交換価値をいうものと解される。

しかしながら、相続税の課税対象となる財産は多種多様であり、また、財産の客観的な交換価値は、必ずしも一義的に確定されるものではないところ、これを個別に評価する方法を採ると、その評価方法、基礎資料の選択の仕方等により異った評価額が生じることが避け難いことなどから、国税庁長官は、財産の評価方法に共通する原則や財産の種類及び評価単位ごとの評価方法などを評価通達に定め、相続財産の評価を統一的に行うとともに、これを公開し、納税者の申告及び納税の利便に供しているものであり、これは、納税者間の公平、納税者の便宜、徴税費用の節減という見地から見て合理的であるという理由に基づくものと解され、相続財産を評価通達の定めにより評価することは、審判所においても合理性があると認められる。

② 評価通達に定める貸付金債権等の評価

貸付金債権等の価額の評価について、評価通達204《貸付金債権の評価》は、その価額を元本の価額と利息の価額との合計額により評価する旨定め、評価通達205《貸付金債権等の元本価額の範囲》は、貸付金債権等の評価を行う場合において、その債権金額の全部又は一部が、課税時期において、評価通達205の各列挙事由（債務者について手形交換所の取引停止処分等に該当するような客観的に明白な事由をいう。以下同じ）の金額に該当するときその他その回収が不可能又は著しく困難であると見込まれるときにおいては、それらの金額は元本の価額に算入しない旨定めているが、これらは、相続税法第22条《評価の原則》を具体的に適用する基準として、合理的なものであると認められる。

そして、評価通達205の「その他その回収が不可能又は著しく困難であると見込まれるとき」とは、これが評価通達205の各列挙事由と並列的に定められていることからすると、これらの各事由と同視できる程度に債務者の資産状況、営業状況等が破綻していることが客観的に明白であって、債権の回収の見込みがないことが客観的に確実であるといい得るときであるというべきである。

(3) 当てはめ

① A㈱は、上記(1)①の(イ)及び(ロ)のとおり、本件相続開始日の前後を通じて売上げを計上し、本件相続開始日を含む平成24年5月期においても債務超過の額をさほど増加させることなく事業を継続している。

また、上記(1)①(ハ)のとおり、A㈱の負債のうち約85％前後を占めている借入金の存在が債務超過の原因と認められるところ、その借入金の大半（約65％前後）が被相続人を含むAの親族からの借入金であり、その返済を直ちに求められる可能性は極めて低く、加えて、A㈱は銀行等からの借入金は返済しながら事業を継続しているのであるから、本件相続開始日において、A㈱の経営が借入金の存在及びその返済のために圧迫されていたとは認め難い。

そして、本件相続開始（筆者注 平成23年8月又は9月頃と推定される）の後ではあるが、平成24年3月にはA㈱は本件相続に係る共同相続人からの返済の求めに応じて本件甲貸付金に係る借入金の返済を開始（筆者注）し、平成24年8月には上記(1)②のとおり、X銀行Y支店がA㈱の経営状況が極端に悪化していないと判断して追加融資を行っている。

筆者注 A㈱が本件相続開始後に実施した本件甲貸付金に係る借入金の返済状況は、以下の 図表－2 のとおりである。

図表－2　A㈱による被相続人から振り込まれた50,000,000円の返済状況

年　月　日	金　　額	年　月　日	金　　額	年　月　日	金　　額
平成24年3月30日	250,000円	平成24年10月4日	250,000円	平成25年4月1日	200,000円
平成24年4月27日	250,000円	平成24年11月5日	250,000円	平成25年5月7日	200,000円
平成24年6月1日	250,000円	平成24年12月5日	200,000円	平成25年6月10日	200,000円
平成24年7月5日	250,000円	平成25年1月11日	200,000円	平成25年7月11日	200,000円
平成24年8月2日	250,000円	平成25年2月1日	200,000円	平成25年9月9日	200,000円
平成24年8月31日	250,000円	平成25年3月28日	200,000円		

② 上記①からすれば、本件相続開始日において、評価通達205《貸付金債権等の元本価額の範囲》の各列挙事由と同視できる程度にA㈱の資産状況、営業状況等が破綻していることが客観的に明白であって、本件貸付金債権の回収の見込みがないことが客観的に確実であるということはできない。

よって、本件貸付金債権は、本件相続開始日において、評価通達205に定める回収が不可能又は著しく困難であると見込まれる場合に該当しない。

(4) 請求人らの主張について

請求人らは、次に掲げる事項からすると、本件相続開始日において、A㈱の資産状況、営業状況等が客観的に破綻していることが明確であって、本件貸付金債権は、評価通達205《貸付金債権等の元本価額の範囲》に定める回収が不可能又は著しく困難であると見込まれる場合に該当する旨主張する。

① A㈱においては、本件各事業年度において財務状況が改善されていないこと

② A㈱の代表取締役であるA（筆者注 被相続人の甥）の本件相続開始日における平均的な余命年数からすると、本件貸付金債権が完済される見込みがないこと

③ A㈱は、平成26年10月以降、経営破綻していること

しかしながら、本件相続開始日において、本件貸付金債権が評価通達205に定める回収が不可能又は著しく困難であると見込まれる場合に該当しないことは、上記(3)②の判断のとおりであり、上記余命年数を理由とする債権の完済見込みに係る主張は請求人らの独自の見解にすぎず、また、請求人らが主張するとおりA㈱が平成26年10月以降に経営破綻しているとしても、この事実をもって、本件相続開始日における本件貸付金債権に係る上記(3)②の判断を覆すものではない。

よって、請求人らのこれらの主張には理由がない。

なお、請求人らは、本件貸付金債権の評価額についても併せて主張するが、本件貸付金債権に評価通達205の定めの適用はないから、この点についての判断は要しない。

(5) 本件貸付金債権の価額

上記(3)②のとおり、本件貸付金は、本件相続開始日において、評価通達205《貸付金債

権等の元本価額の範囲》に定める回収が不可能又は著しく困難であると見込まれる場合に該当しないことから、評価通達204《貸付金債権の評価》の定めにより、本件貸付金債権の価額は54,920,000円と評価することになる。

〔6〕まとめ

⑴ 裁決事例の結果

先例とされる裁決事例における本件貸付金債権の価額は、請求人ら（納税者）の主張額が20,585,866円（債務者である法人の代表取締役であるＡ（被相続人の甥）につき、簡易生命表による余命年数を基に算定した回収見込額）、原処分庁（課税庁）が主張し国税不服審判所がこれを相当と判断したものが54,920,000円（本件貸付金債権の額面金額）であったため、結果として、請求人ら（納税者）の主張は認められなかった。

⑵ 参考法令通達等

- 相続税法第22条《評価の原則》
- 評価通達204《貸付金債権の評価》
- 評価通達205《貸付金債権等の元本価額の範囲》

本問から学ぶ重要なキーポイント

⑴ 被相続人に係る相続開始時に当該被相続人が有する貸付金債権の相手方（借主）が同族会社である場合には、当該同族会社の代表者（被相続人以外の者であることを前提とします）が亡くなれば、当該同族会社の継続は困難となり当該貸付金債権を回収することは困難とされることから、当該貸付金債権の価額を簡易生命表による当該被相続人に係る相続開始時における平均余命に基づいて算定すべきであるとの考え方が提唱されることがあるかもしれません。

しかしながら、上記の考え方は評価通達の定めにもなく、また、会社における継続性（債務者たる同族会社の代表者に相続開始があっても、次の代表者が就任することで会社は法的に存続することが可能）を考慮した場合には、不合理なものであると認められます。

したがって、上記の考え方が受け入れられる余地は、ないものと考えられます。

⑵ 被相続人に係る相続開始時に当該被相続人が有する貸付金債権の相手方（借主）が会社（同族会社）である場合において、当該会社が当該被相続人に係る相続開始後（先例となる裁決事例に係る事案の場合では、約３年超の経過が確認されています。）に破産の申請を行い、事実上において経営破綻しているときであっても、当該事情は、相続税法第22条《評価の原則》の規定（注）から判断すると、相続開始

日以後の相続人等の側の主観的な事情にすぎず、考慮の対象とされません。

（注）相続税法第22条《評価の原則》の規定は、相続等により取得した財産の価額は、当該財産の取得の時における時価による旨を規定しています。

貸付金債権に係る実務対策

Q4-7 のような事例（下記に該当要件をまとめています）の場合には、被相続人に係る相続開始前に当該被相続人が有する貸付金債権の相手方（借主）である会社（同族会社）を整理（解散及び清算の結了）し、当該貸付金債権を実際の金銭にする（回収可能額の実現化を図る）ことを検討する（回収可能額の実現化を図る）ことを検討する対応（相続開始前における事前対応）が最も望ましいものと考えられます。

該当要件

⑴　同族会社に対して貸付金債権を有する者が、当該同族会社の代表者等の主要な経営従事者ではないこと

⑵　上記⑴に掲げる貸付金債権者と主要な経営従事者の双方につき、年齢、健康状況等から総合的に考慮して、近い将来に相続開始が想定されること

⑶　上記⑴に掲げる主要な経営従事者に相続開始があった場合には、後継者の経営能力等の観点から当該同族会社の継続性に問題が生じる懸念が想定されること

Q4-8 被相続人に係る相続開始後に清算結了した同族会社に対する貸付金（元利合計200,098,630円）につき、当該相続開始前に清算されることが確実であると見込まれるとして当該相続開始時点で合理的に算定した回収見込可能額を基礎に評価（31,695,699円）とすることの可否が争点とされた事例

事例 国税不服審判所裁決事例
（平成18年5月12日裁決、東裁（諸）平17－170、平成15年相続開始分）

疑問点

本年4月に相続開始（本件相続）があった被相続人の相続財産を確認したところ、同人の親族（相続人）が代表取締役であるA㈱（同族会社）に対する貸付金（元本200,000,000円。本件貸付金）が存在し、本件相続開始時における本件貸付金の価額につき、評価通達204《貸付金債権の評価》の定めにより評価すると、200,098,630円（うち、98,630円は既経過利息の額）となることが判明しました。本件貸付金につき、更に詳細を調査したところ、次に掲げる事項も確認されました。

(1) A㈱は、X㈱（同族会社。代表取締役はA㈱の代表取締役と同一である）を中核とする企業グループ（X㈱グループ）内の傘下企業のうちの1社であり、同様の状況にある会社として、別途、B㈱が存在していました。

(2) A㈱は半導体部品の製造を行っており多額の研究開発費を必要（A㈱は連年多額の赤字計上で債務超過が継続）としていたことから、その資金をX㈱からの融資（X㈱における当該融資の原資はX㈱による甲銀行よりの借入金（迂回融資））に頼っていました。

(3) 上記(2)に掲げる迂回融資を確認した甲銀行は、本件相続の開始の約2年前にA㈱の事業廃止、解散（清算）をX㈱グループに強く要請し、要請が認められない場合にはX㈱グループ全体からの資金回収を行う旨の認識も示していました。

(4) 上記(3)に対応するため、本件相続の開始の約1年5か月前に、X㈱は甲銀行に対してA㈱の営業の一部（採算の成立する部門）をB㈱に営業譲渡し、その後、解散及び清算する旨の報告を行いました。

その際に甲銀行に提出された資料には、被相続人及びX㈱グループの企業よりの借入金についてはこれをA㈱からの営業譲渡の対象外として計算された弁済見込額及び債権放棄予定額の記載が認められました。

(5) 上記(4)の報告の１か月後に甲銀行は、X㈱の関連製造会社事業再編に伴って、A㈱に対する貸付金債権の一部を放棄せざるを得ない旨を取締役会（経営会議）で承認可欠しました。

(6) 上記(4)及び(5)に基づいて、本件相続の開始の約２か月前に、A㈱において臨時株主総会及び取締役会が、X㈱において取締役会がそれぞれ開催され、A㈱の営業の一部（採算の成立する部門）をB㈱に営業譲渡した後に、解散及び清算をする方向で、そのために必要な作業を開始することが承認可欠されました。

(7) A㈱のB㈱に対する営業譲渡は、本件相続の開始の約７か月後に開催された臨時株主総会において承認可欠されました。

なお、当該総会において交付された資料においても、被相続人からの借入金（本件貸付金）はB㈱（営業譲渡先）には承継されないものとなっていました。

(8) 上記(7)の後に、A㈱については臨時株主総会で解散する旨の決議が承認され、解散の登記が実行されました。

上記のような状況において、本件貸付金の価額を評価通達204の定める金額（200,098,630円）とすることには不相当であるとして、本件相続の開始日において合理的に算定された回収可能見込額を基礎に算定した金額（31,695,699円）により評価したいと考えていますが、その相当性について説明してください。

なお、付言となりますが、A㈱は本件相続の開始の約１年10か月後（相続税の期限内申告後）に清算が結了し、本件貸付金に対する配当額は、29,721,497円とされました。

A 回　答

お尋ねのような状況下にある本件貸付金については、評価通達205（貸付金債権等の元本価額の範囲）に定める「その他その回収が不可能又は著しく困難であると見込まれるとき」（いわゆる実質基準）に該当するものとして、本件相続の開始日における回収可能見込額に基づいて算定することが相当であると考えられます。

! 解　説

(1) 貸付金債権に係る債務者が、単に毎年多額の赤字計上、債務超過の継続及び債務返済に充てるための資金調達能力の欠如という理由のみで、評価通達205《貸付金債権等の元本価額の範囲》に定めるいわゆる実質基準が適用されるということにはなりません。

(2) 上記(1)にかかわらず、お尋ねの事例では、いずれも本件相続の開始前に上記 ? 疑問点 の(4)ないし(5)の事実が発生しており、A㈱のB㈱に対する営業譲渡後の解散及び清算結了及び当該営業譲渡に当たっての本件貸付金のB㈱に対する不承継が確定しており、これらの状況は本件貸付金が評価通達205に定めるいわゆる実質基準に該当するものと考えられます。

(3) 上記(2)に併せて、今回のX㈱グループの事業再編が外部の甲銀行による主導であることから、A㈱の解散及び清算結了につき、被相続人の相続税負担の不当減少も認められないことも摘示されます。

(4) お尋ねの事例では、本件貸付金の価額を本件相続の開始日において合理的に算定された回収可能見込額を基礎に算定することに合理性があるものと考えられます。しかし、その一方で評価実務においては当該金額の算定には相当の困難性を伴うものと考えられますので、この点にも留意する必要があります。

検討先例

Q4-8の検討に当たっては、下記に掲げる裁決事例が先例として参考になります。

◉国税不服審判所裁決事例（平成18年5月12日裁決、東裁（諸）平17－170、平成15年相続開始分）

〔1〕事案の概要

本件は、請求人が、被相続人の貸付金債権について、債務者が著しい債務超過の状態にあり、その回収が著しく困難であると見込まれるとして、当該債権の相続開始時の回収可能見込額及び既経過利息の額で評価して申告したことについて、原処分庁が、相続開始時において債務者の営業状況、資産状況等が客観的に破たんしていることが明白であって、債権の回収の見込みのないことが客観的に確実であるといい得るとは認められないとして当該債権の評価額を元本価額とする相続税の更正処分等を行ったのに対し、請求人が、同処分は違法であるとして、その全部の取消しを求めた事案である。

〔2〕基礎事実

(1) 本件相続

被相続人は、平成15年4月＊＊日（以下「本件相続開始日」という）に死亡した（以下、被相続人の死亡により開始した相続を「本件相続」という）。

(2) 本件貸付金

① 被相続人は、平成12年11月21日、A㈱との間で、要旨次の内容の金銭消費貸借契約を締結した（以下、この契約に基づく貸付金を「本件貸付金」という）。

(イ) 被相続人は、同日、A㈱に対し金200,000,000円を貸与し、同社はこれを借り受けた。

(ロ) 貸付期間は、1年ごとに自動継続する。

(ハ) 元金は、契約期間満了日に被相続人の指定する銀行に送金して支払う。

㈡ 利息は、元金に対し年＊％とし、毎月末に当月分を被相続人の指定する銀行に送金し支払う。

② 本件相続開始日において、本件貸付金の契約期間は満了しておらず、その元本残高は200,000,000円である。

また、本件貸付金に係る利息は、平成15年3月分まで清算済みであり、本件相続開始日現在の既経過利息として支払を受けるべき金額（以下「本件既経過利息の金額」という）は、98,630円（200,000,000円×＊％×＊日/365日）である。

③ 本件貸付金は、本件相続に係る遺産分割協議により、請求人が取得した。

(3) A㈱の概況

① A㈱は、請求人を代表取締役とする同族会社であり、また、請求人が代表取締役であるX㈱を中心とする同族会社グループ（以下「X㈱グループ」という）の一員である。

② A㈱は、＊＊（筆者注 半導体部分と推認される）の製造を主たる業としており、同社の平成12年3月1日から平成13年2月28日までの事業年度ないし平成15年3月1日から平成16年2月29日までの事業年度（以下、これらの各事業年度を順次「13年2月期」、「14年2月期」、「15年2月期」及び「16年2月期」という）の法人税の確定申告書に添付されている貸借対照表、長期借入金の内訳書及び損益計算書によると、各事業年度末の資産及び負債状況、長期借入金残高はそれぞれ図表－1及び図表－2のとおりであり、各事業年度の売上高等の状況は、＊＊（筆者注 非公開）のとおりである。

図表－1　A㈱の各事業年度末の資産及び負債状況

（単位：千円）

項目＼区分	13年2月期	14年2月期	15年2月期	16年2月期
【資産の部】				
流動資産	1,092,460	1,081,544	1,027,701	446,989
固定責産	316,555	268,470	235,356	2,510
繰延資産	54,487	36,324	18,162	0
① 合計	1,463,503	1,386,339	1,281,220	449,499
【負債の部】				
流動負債	507,250	110,301	296,016	26,015
固定負債	2,169,437	2,776,154	2,661,629	2,785,000
② 合計	2,676,687	2,886,455	2,957,646	2,811,015
①－②	△1,213,184	△1,500,116	△1,676,425	△2,361,516

図表－2　A㈱の各事業年度末の長期借入金残高

（単位：千円）

項　目	13年2月期	14年2月期	15年2月期	16年2月期
金融機関借入金	188,995	124,650	3,080	0
X㈱グループからの借入金	1,774,000	2,450,000	2,452,000	2,585,000
被相続人借入金（本件貸付金）	200,000	200,000	200,000	200,000
合　計	2,162,995	2,774,650	2,655,080	2,785,000

⑷　本件営業譲渡

①　平成15年8月25日付のA㈱とX㈱グループの一員であるB㈱の営業譲渡契約書（以下、この契約書に係る契約及び営業譲渡をそれぞれ「本件営業譲渡契約」及び「本件営業譲渡」という）には、要旨次の記載がある。

(イ)　A㈱は、平成15年12月31日（以下「本件営業譲渡日」という）をもって、B㈱に対し、A㈱の営業の全部を譲渡する。

(ロ)　譲渡財産は、本件営業譲渡日現在のA㈱に属する資産及び負債とし、その細目及び対価については、別途協議の上決定する。

(ハ)　本件営業譲渡契約は、平成15年11月下旬に開催される双方の株主総会において承認を得られたときに、その効力を生じるものとする。

②　A㈱は、平成15年11月18日、臨時株主総会において本件営業譲渡契約について承認可決した。

なお、上記総会における資料で平成15年8月31日現在で試算した譲渡予定財産の明細（書）には、被相続人からの借入金（本件貸付金）は含まれていない。

⑸　A㈱の解散

①　A㈱は、平成＊＊年＊＊月＊＊日、臨時株主総会において＊＊月＊＊日をもって解散する旨承認可決され、清算人として請求人を選任した。

②　A㈱は、平成＊＊年＊＊月＊＊日、「平成＊＊年＊＊月＊＊日株主総会の決議により解散」した旨の商業登記をした。

⑹　相続税の期限内申告

①　請求人は、本件相続に係る相続税について、原処分庁に対し、相続税の申告書を法定申告期限までに共同で提出した（以下、この申告を「本件申告」という）。

②　請求人は、本件相続開始日において、本件貸付金の一部は回収が著しく困難であったとして**図表－3**の「申告額」欄に記載のとおり、本件貸付金に対する配当見込額を31,597,069円と見積もり、その額を本件貸付金の本件相続開始日における回収可能見込額として、本件既経過利息の金額98,630円を加算した31,695,699円を本件貸付金の

評価額として本件申告を行った。

なお、上記配当見込額の計算は、次のとおり行われている。

(イ) **図表－3** の「申告額」欄の①営業譲渡対象資産の額587,265,158円は、A㈱の本件営業譲渡日における貸借対照表の資産の額の合計額1,114,473,093円に製造固定費の配賦額128,407,865円及び土地の含み益7,449,000円を加算し、製品等の不良在庫等の額597,641,637円及び営業譲渡対象外資産（現金・預金等）の額65,423,163円を減算した後の金額である。

(ロ) **図表－3** の「申告額」欄の②営業譲渡対象負債の額204,432,582円は、A㈱の本件営業譲渡日における貸借対照表の負債の額の合計額3,003,338,032円から、営業譲渡対象外負債の額2,798,905,450円（内、本件貸付金及びX㈱グループからの借入金の合計額2,785,000,000円）を減算した後の金額である。

(ハ) 本件貸付金に対する配当見込額は、営業譲渡対象資産の額587,265,158円から営業譲渡対象負債の領204,432,582円を差し引き、これに営業譲渡対象外とした現金預金の残高、未払消費税額、労働保険料還付予定額及び投資有価証券譲渡予定額を加算して配当可能額の総額を算出し、これを各配当対象債権の額によりあん分計算することにより算出している。

図表－3　本件貸付金の評価額の計算

項　　目	申　告　額	審判所認定額
	円	円
①営業譲渡対象資産の額	587,265,158	610,105,781
内、本件宅地の価額	16,458,434	39,299,057
②営業譲渡対象負債の額	204,432,582	204,432,582
③差引営業譲渡予定価格（①－②）	382,832,576	405,673,199
④現金預金残高	48,355,369	48,355,369
⑤未払消費税額	4,723,856	4,723,856
⑥労働保険料還付予定額	1,567,389	1,567,389
⑦投資有価証券譲渡予定額	2,510,000	2,510,000
⑧配当可能額の総額	（③＋④＋⑤＋⑥＋⑦） 439,989,190	（③＋④－⑤＋⑥＋⑦） 453,382,101
⑨配当対象債権の総額	2,785,000,000	2,785,000,000
⑩本件貸付金の元本価額	200,000,000	200,000,000
⑪本件貸付金に対する配当見込額 （⑧×⑩÷⑨）	31,597,069	32,558,858
⑫本件既経過利息の金額	98,630	98,630
⑬本件貸付金の評価額（⑪＋⑫）	31,695,699	32,657,488

⑺　本件更正処分等

原処分庁は、上記⑹に対し、平成17年3月31日付で、本件貸付金は、本件相続開始日においてその回収が著しく困難であるとは認められないとして、本件貸付金の評価額を額面金額の200,000,000円として、本件相続に係る相続税の更正処分（以下「本件更正処分」という）及び過少申告加算税の賦課決定処分（以下「本件賦課決定処分」という）をした。

⑻　異議申立て

請求人は、平成17年5月2日、上記⑺に掲げるこれらの処分を不服として異議申立て（筆者注 現行の規定では、再調査の請求。以下同じ）をしたところ、異議審理庁（筆者注 現行の規定では、再調査審理庁。以下同じ）は、同年7月29日付でいずれも棄却の異議決定（筆者注 現行の規定では、再調査決定。以下同じ）をした。

⑼　審査請求

請求人は、上記⑻の異議決定を経た後の原処分に不服があるとして、平成17年8月19日に審査請求をした。

筆者注　上記⑴ないし⑼に掲げる基礎事実（一部、後記〔5〕⑴に掲げる認定事実を含む）につき、時系列的な経過をまとめると、**図表－4**のとおりとなる。

図表－4　本件裁決事例における時系列

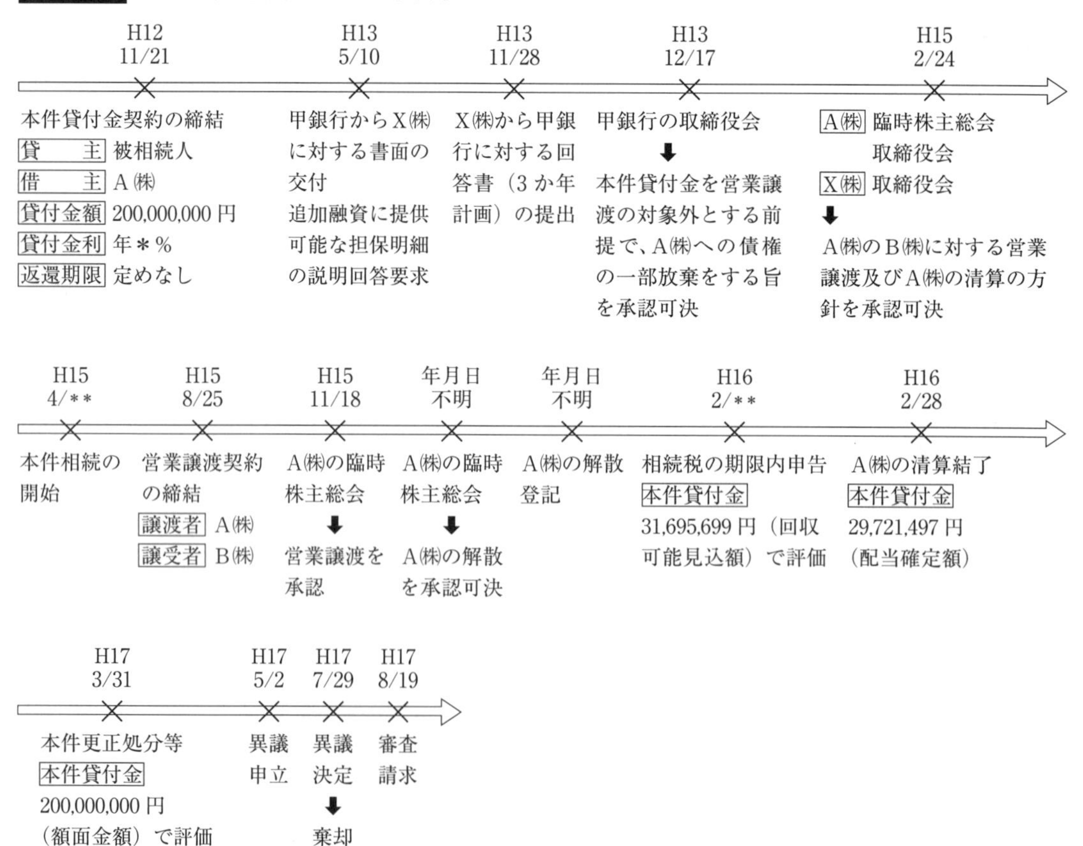

〔3〕争点

本件の争点は、本件相続の開始時における本件貸付金の価額に対する本件更正処分及び本件賦課決定処分（以下、これらの処分を併せて「原処分」という）が違法であるか否かであるが、その具体的な争点は、次のとおりである。

⑴　争点１

本件相続の開始時において本件貸付金は、評価通達205《貸付金債権等の元本価額の範囲》に定める「その他その回収が不可能又は著しく困難であると見込まれるとき」に該当するか。

⑵　争点２

本件相続の開始時における本件貸付金の価額はいくらになるのか。

〔4〕争点に関する双方（請求人・原処分庁）の主張

各争点に関する請求人・原処分庁の主張は、図表－５のとおりである。

図表－５　各争点に関する請求人・原処分庁の主張

（争点１）本件相続の開始時において本件貸付金は、評価通達205《貸付金債権等の元本価額の範囲》に定める「その他その回収が不可能又は著しく困難であると見込まれるとき」に該当するか

請求人（納税者）の主張	原処分庁（課税庁）の主張
⑴　評価通達205《貸付金債権等の元本価額の範囲》では、一定の事項に該当することとなった債権金額の他に、債権放棄の有無とは関係なく、債務者が債務超過の状態にあって、その回収が不可能又は著しく困難であると見込まれる債権金額についても元本の価額に算入しないことができるとされている。 ⑵　A㈱は、本件相続開始日において多額の債務超過状態にある上、この状況は平成７年８月期から続いており、また、金融機関からの新規融資も平成12年以降打ち切られ、事業好転の見通しも立たないことから、各債権者に対する返済資金を調達することは不可能であった。 ⑶　被相続人は、A㈱の役員ではないが、X㈱グループの経営者一族の一員として同グループ全体に対する経営責任を自認していた。 　また、本件貸付金は、担保権の設定がされた優先債権でなく、他の債権者に先立って債権の回収を図ることは取引先に対する同グループの信用を低下させることになるため、積極的にその回収を図ることはできなかった。	⑴　評価通達205《貸付金債権等の元本価額の範囲》の「その他その回収が不可能又は著しく困難であると認められるとき」とは、同通達の「次に掲げる金額に該当するとき」に準ずるものであって、それと同視できる程度に債務者の営業状況、資産状況等が客観的に破たんしていることが明白であって、債権の回収の見込みのないことが客観的に確実であるといい得るときであると解されている。 　すなわち、本件においては、債権者集会の協議又は当事者間の契約により債権の切捨ての決定が行われた場合において、それが真正に成立したものと認めるものであるときに準ずるものであって、それと同視できる程度に債務者の営業状況、資産状況等が客観的に破たんしていることが明白な場合であると認められる。 　そうすると、債権者集会の協議又は当事者間の契約に準ずるものは、それは株主総会でなければならないところ、本件営業譲

(4)　A㈱の債権者であるX㈱は、平成14年3月1日から平成15年2月28日までの事業年度の決算において、A㈱に対する貸付金は法人税法に規定されている「債務者の債務超過の状態が相当期間継続し、かつ、その営む事業に好転の見通しがなく、取立て等の見込みがない金銭債権」に該当すると判断し、個別評価金銭債権として貸倒引当金を計上したが、X㈱の税務調査においてそれは問題点として指摘されなかった。

このことは、A㈱が実質的に経営破綻しており、同社に対する債権は実質的に回収不能であると認定されたからである。

X㈱は、X㈱グループの中核としてA㈱を資金面からも支援してきたが、A㈱の債務超過が長期化したため、X㈱の主力取引銀行から融資に難色を示されるようになり、グループ内の関連企業について整理・再編を迫られ、A㈱については、不採算事業を廃し、本件営業譲渡を行った上で債務を整理し、清算することとなった。これらは取引銀行からの強い圧力により行われたものであり、本件相続開始日以前の平成15年2月24日のX㈱の取締役会における決定事項であった。

その時点において本件貸付金が回収不能となることは明らかであり、本件相続開始日から本件営業譲渡までの間にA㈱の業績は変化していないから、不良在庫を適正に評価した後の本件営業譲渡の資料を基に回収可能見込額を算定して行った本件貸付金の評価は適正であり、本件申告は適法であって、本件貸付金の評価額を200,000,000円としてされた本件各更正処分は違法である。

渡契約についての株主総会は本件相続開始日から7か月後の平成15年11月に行われたものであり、平成15年2月の臨時株主総会及び取締役会において決議されたのは営業譲渡に向けた作業の指示にすぎず、その時点で債権の切捨てが決定されたと認めることはできないから、本件相続開始日において、本件貸付金の一部が回収不可能であったとは認められない。

(2)　また、請求人は、A㈱が債務超過であること、同社が本件相続開始日において債務返済の資金を調達する手段を持たないこと、被相続人が積極的に債権保全を図れなかったこと、及びX㈱の税務調査においてA㈱に対する貸倒引当金の損金経理が認められたことをもって、本件貸付金の一部が回収不能であると主張するが、それらの事実が直ちにA㈱が客観的に破たんしていることが明白であって、本件貸付金の回収の見込みのないことが客観的に確実であるとまでは認められないから、請求人の主張には理由がない。

（争点２）本件相続の開始時における本件貸付金の価額はいくらになるのか

請求人（納税者）の主張	原処分庁（課税庁）の主張
上記（**争点１**）より、本件相続開始日において、本件貸付金の一部は回収が不可能又は著しく困難であると認められることから、本件相続開始日における本件貸付金に対する配当見込額を31,597,069円と見積もり、本件貸付金の価額は本件貸付金の本件相続開始日における回収可能見込額として、本件既経過利息の金額98,630円を加算した31,695,699円とすべきである。	上記（**争点１**）より、本件相続開始日において、本件貸付金につきその回収が不可能又は著しく困難であると認められる理由はないことから、本件相続開始日における本件貸付金の価額は200,000,000円とすべきである。 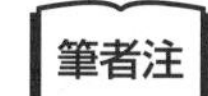 上記の主張額は本件貸付金の元本額であり、既経過利息の額（98,630円）は加算されていない。なお、その理由は示されていない。

〔5〕国税不服審判所の判断

⑴　認定事実

①　A㈱の本件相続開始日における長期借入金の残高は、**図表－６**のとおりであり、このうち、甲銀行以外の借入先からの借入金は、被相続人及びX㈱グループ内の関係法人からの借入金である。

なお、本件貸付金（被相続人からの借入金）には、担保権の設定その他の債権担保措置はなされていない。

図表－６　**本件相続開始日におけるA㈱の長期借入金残高の明細**

借入先	借入金残高
被相続人	200,000,000円
X㈱	2,114,000,000
C㈱	221,000,000
D㈱	100,000,000
甲銀行	3,080,200
合計	2,638,080,200

筆者注　C㈱及びD㈱はともに、X㈱グループを構成する傘下企業に該当する。

②　A㈱は、平成10年３月１日から平成11年２月28日までの事業年度及び平成11年３月１日から平成12年２月29日までの事業年度（以下、それぞれ「11年２月期」及び「12年２月期」という）の法人税について、確定申告書にそれぞれ欠損金額を＊＊円及び＊＊円と記載して申告した。

③　X㈱のメインバンクである甲銀行において保管されている平成12年11月30日付「追報～＊＊（筆者注 半導体事業を指すものと推認される）取組方針について」と題する書面には、平成13年２月までにA㈱の業績不振が改善されない場合は、追加融

資不可とし、融資条件を同社の＊＊（筆者注 半導体事業を指すものと推認される）撤退として交渉する旨の記述がある。

④　甲銀行は、平成13年5月10日付書面により、X㈱に対して、次に掲げる事項についての説明・回答を求めた。

(イ)　B㈱及びA㈱合併後の業績3か年計画

(ロ)　A㈱の事業撤退を含めた抜本的計画の再策定

(ハ)　A㈱が赤字の状況下でX㈱に追加融資するために必要な提供可能担保の明細

⑤　X㈱は甲銀行に対して、平成13年11月28日付で、A㈱は＊＊と＊＊（筆者注 いずれも、A㈱の営む事業を指すものと推認される）について収益を圧迫しない体制でB㈱へ譲渡し、清算する旨を記載した「3か年計画」と題する書面を提出した。

⑥　甲銀行は、平成13年12月17日、取締役会において、X㈱の関連製造会社事業再編に伴い、A㈱に対する債権の一部を放棄せざるを得ない旨を承認可決した。

なお、上記の取締役会の審議において提示された営業譲渡をした場合の資金の流れを示した資料には、被相続人及びX㈱グループ内からの借入金を営業譲渡の対象外として計算された弁済見込額及び債権放棄予定額の記載がある。

⑦　甲銀行において保管されている平成14年3月8日付「店内連絡メモ」には、要旨次の記載がある。

(イ)　X㈱は、A㈱の＊＊（筆者注 半導体事業を指すものと推認される）が平成14年8月までに黒字化しない場合は＊＊（筆者注 半導体事業を指すものと推認される）から完全撤退する方針であると申し立てた。

(ロ)　当行は、平成14年2月15日にX㈱に対してA㈱の＊＊（筆者注 半導体事業を指すものと推認される）からの完全撤退を申し入れており、当行の策定によれば＊＊（筆者注 半導体事業を指すものと推認される）の黒字化は見込めず、今後の支援はできないため、上記(イ)について念書差入れを要求し、X㈱は応諾した。

⑧　A㈱とB㈱は、平成14年3月11日付で、甲銀行に対し、要旨次の内容を記載した念書を提出した。

(イ)　A㈱の＊＊（筆者注 半導体事業を指すものと推認される）の黒字化実現は、未だできていないが、B㈱の新規取引が実現し、今後安定した製品の納入が見込める。

(ロ)　A㈱は、不採算製品の供給停止等、黒字化実現に向け、早期に＊＊（筆者注 半導体事業を指すものと推認される）の黒字定着を図り、同事業の黒字定着後は＊＊（筆者注 半導体事業を指すものと推認される）とともに正常資産をB㈱に営業譲渡し、清算する考えである。

(ハ)　今上期中（平成14年8月末まで）に黒字化できなかった場合は＊＊（筆者注 半導体事業を指すものと推認される）から完全撤退する。

⑨　A㈱は、平成15年2月24日、臨時株主総会及び取締役会において、16年2月期中

に同社の営業をB㈱に譲渡した後、解散し清算するため、作業を開始することをそれぞれ承認可決した。

なお、上記臨時株主総会及び取締役会における資料（＊＊（筆者注 半導体事業を指すものと推認される）の業績・方針説明）には、今後は、＊＊（筆者注 半導体事業を指すものと推認される）において早急に収益改善を図り、＊＊（筆者注 A㈱の営む半導体以外の事業を指すものと推認される）とともに正常資産をB㈱に営業譲渡し、A㈱は清算する旨記載がある。

⑩ A㈱とB㈱の間において交わされた平成15年12月31日付「覚書」と題する書面には、本件営業譲渡の対価を、404,170,414円（うち、営業譲渡に係る消費税23,955,598円）と合意した旨の記載がある。

⑪ A㈱は、16年2月期の決算において、特別損失＊＊円（内訳：固定資産廃棄損＊＊円、棚卸資産廃棄損＊＊円）及び雑損失298,660円の合計額＊＊円の損失を計上した。

⑫ A㈱は、平成17年2月28日に清算し、本件貸付金200,000,000円に対する配当額29,721,497円が確定した。

(2) 関係者の答述

① 請求人の答述

(イ) 私は、＊＊（筆者注 製造技術関係の特許と推認される）を持っており、X㈱グループにおいてそれらを活用して様々な事業展開を行っている。

A㈱は、もともと私がX㈱グループ以外の会社に製造を委託していた＊＊（筆者注 部品の名称と推認される）を、事業展開上同グループ内で加工・製造するために昭和41年に設立した法人であり、平成5年から半導体製造用の＊＊（筆者注 部品の名称と推認される）の製造を手がけるようになったことから、＊＊（筆者注 半導体事業を指すものと推認される）が中心事業となった。

(ロ) A㈱の製品は、品質において半導体メーカーからの信頼は厚かったが、自社負担で行う研究開発費がかさみ、採算が合わない状態が経常化していた。

また、半導体メーカーが関連会社において＊＊（筆者注 半導体事業を指すものと推認される）を行うようになったため、競合会社が増え、納品価格が下落し、経営逼迫に拍車がかかった。

(ハ) A㈱の運転資金は、設立時から全額銀行借入れで賄っていたが、平成12年ころから、業績不振を理由に銀行から新規融資を打ち切られた。

そこで、X㈱グループ内の余剰資金をA㈱に融通して事業を継続していたが、X㈱のメインバンクから迂回融資の防止を理由に同社以外の同グループ企業の全部に対しても融資の打切りが宣言されるに及び、同グループとしては、同社の経営状態の改善なくして再融資は望めなくなり、取引銀行の意向により同社を完全に整理するか、健全資産の営業譲渡により事業を継続するかの選択肢しかなかった。

(ニ)　A㈱の納品先は、X㈱グループ内の各社の取引先でもあることから、同社が突然廃業することによって同グループ内の他社に影響が及ぶおそれがあり、同社を速やかに完全整理するという選択肢はとり得なかった。

また、引受先となったB㈱には、A㈱を債務も含めて引き受けるだけの体力がなく、被相続人からの借入金（本件貸付金）込みで承継するという選択肢も当初からあり得なかった。

(ホ)　本件営業譲渡に当たっては、不良資産の切捨て、機械設備等の時価評価に伴う償却等の圧縮により、赤字幅は一時的に減少したが、＊＊（筆者注 半導体事業を指すものと推認される）そのものが不採算であるため、いずれ赤字幅が増大するのは明らかであり、B㈱においても、本件営業譲渡後から少しずつ準備を進め、取引先の承諾を得て同事業から完全撤退する運びとなっている。

②　X㈱の取締役経理部長Yの答述

(イ)　Yの経歴について

私は、平成11年1月にX㈱に入社以降同社の経理を担当しており、X㈱の資金手当てをする上での必要性から、A㈱を含むX㈱グループ内の企業の内容についてはある程度把握している。

(ロ)　A㈱の整理の経緯について

㋑　A㈱の事業は採算が取れておらず、私がX㈱に入社した当時、既に取引銀行からA㈱に対し、＊＊（筆者注 半導体事業を指すものと推認される）からの撤退要請が暗になされていた。

㋺　A㈱は、甲銀行と取引があり、以前はX㈱の資金力を担保に融資も受けていたが、X㈱からA㈱の回収の見込めない貸付金が増加してX㈱の財務内容が悪化していると評価され、平成12年ころから新規融資を受けられなくなった。

㋩　A㈱は、少なくとも私の入社した時点で、既に原材料の仕入代金すら自力調達できなかったことから、X㈱からの借入れにより、弁済期の到来した既存の融資の弁済資金や運転資金を調達した。また、X㈱の支払手形を裏書して仕入代金を支払っており、X㈱が取引銀行から受けた融資資金が自動的にA㈱の運転資金となっていたため、毎月30,000,000円前後不足する決済資金をX㈱が穴埋めせざるを得ず、結果としてX㈱からの借入金が増えていった。

㊁　X㈱の取引銀行の甲銀行は、かねてからこのような点を問題にしつつもX㈱の実績を信頼して半ば黙認していたと思われるが、X㈱のA㈱に対する貸付金の増加に伴い、金融機関独自の査定方法によればX㈱自身が債務超過と判断されるに至り、金融庁の不良債権処理に対する要請が強まっていたこともあって、A㈱に対する迂回融資的な資金融通を止めなければX㈱にも融資しないと申し入れてきた。

㋭　A㈱は、X㈱からの資金融通が止まればたちまち潰れてしまうことから、金融機関に対しては＊＊（筆者注 半導体事業を指すものと推認される）からの完全撤退を視野に入れたX㈱グループの事業改善計画を提出することでX㈱に対する融資を続けてもらうなどしていた。

㋬　A㈱は、研究者でもある社長（請求人）のこだわりと思い入れもあって、なかなか＊＊（筆者注 半導体事業を指すものと推認される）からの完全撤退を決断できなかったが、その後も収支が改善することはなかったことから、金融機関との約束に従い、本件営業譲渡を行って、清算せざるを得なかった。

(ハ)　本件貸付金について

本件貸付金については、社長（請求人）からX㈱経由で貸付けしたいという申出があったが、取引銀行の理解が得られないとして、それだけはできないと拒否した経緯がある。

(ニ)　A㈱の在庫等について

㋑　A㈱は、月々の売上げが約100,000,000円しかないにもかかわらず、常時、在庫が900,000,000円、というように、明らかに異常な在庫を抱えていた。

その原因は、試作品・サンプル等、本来試験研究費となるようなものや陳腐化して商品とならないものがすべて在庫として計上されていたからである。

㋺　A㈱の主力商品である＊＊（筆者注 半導体事業を指すものと推認される）は、納品先ごとに仕様が異なることから、製品ごとに機械や金型も異なるため、取引をやめた納品先の商品に係る機械・金型や返品された製品は再利用することができず、廃棄するしかないのであるが、A㈱では、こうした使用しない機械や金型、商品とならなくなった＊＊（筆者注 不良在庫の意と推認される）が工場内や敷地内に山積みにされ、青いビニールシートがかけられて放置されていた。

㋩　A㈱では、決算期に合わせて1月末と8月末に実地棚卸を行っていたが、上記㋑及び㋺の廃棄すべき在庫について何ら処理しておらず、結果的に帳簿残高と実地残高が全く合っていなかった。

これらについては、会社の公認会計士から口頭で指摘を受けたこともあったが、そのままにしていたようである。

㋥　本件営業譲渡に当たっては、引き継ぐべき機械設備や正常在庫を実地調査により確認し、帳簿残高との差額を一括して廃棄損として計上し、放置してあった不良在庫や機械等を処分した。

これらは実際には帳簿上の処理が行われたときに発生したものではなく、そのほとんどが営業譲渡のための作業を開始することが正式に決定された平成15年2月の時点において既に発生していたものである。

③　甲銀行の担当者である次長乙の答述

(イ)　私は、平成14年6月以降、X㈱を担当している。

(ロ)　A㈱の＊＊（筆者注 半導体事業を指すものと推認される）は、収支が大幅な赤字で事業として成り立っておらず、先の見込みが全くないことから、当行はX㈱のメインバンクとして平成10年ころから同事業からの撤退を勧めていた。

(ハ)　当行がA㈱の＊＊（筆者注 半導体事業を指すものと推認される）からの撤退に本格的に介入するようになった最大の要因は、当行が運転資金としてX㈱に融資した資金がA㈱に流れていることが明らかになったことである。

このままではA㈱のみならずX㈱が共倒れとなってしまうとの懸念から、A㈱の11年2月期及び12年2月期の大幅な赤字決算を受けて、平成12年7月ころからX㈱に対しては、A㈱への資金流出のストップと＊＊（筆者注 半導体事業を指すものと推認される）からの完全撤退を強く申し入れてきた。

これに伴い、前任者が平成13年ころに＊＊（筆者注 半導体事業を指すものと推認される）からの撤退について社長（請求人）から念書の提出を受けていたと記憶しており、これに従って当行としてできる限りのフォローをしてきた。

(ニ)　X㈱グループは、不採算企業をいくつか抱えており、過去にも状況に応じて会社整理等を含めて指導してきた。会社の整理方法として合併させるか解散させるかは会社資本の毀損の程度によっており、過去にはX㈱への合併により整理した会社もあるが、A㈱の場合は資本の毀損が著しく、合併させればX㈱本体が立ち行かなくなるため、合併による整理という選択肢は有り得なかった。

(ホ)　X㈱グループとしては、取引先との関係上いきなりA㈱の全事業を休止することはできない状況から、営業用資産等を当時余力のあったB㈱に移し、債務を切り捨てて損失処理するという選択肢しかなかった。

ただし、X㈱に対する融資継続に当たっては、＊＊（筆者注 半導体事業を指すものと推認される）をその後可及的速やかに完全廃止するという約束があり、現在その約束が履行されていると理解している。

(ヘ)　X㈱とのやり取りについては、「店内連絡メモ」を作成し、支店長まで報告している。

(3)　法令解釈等

①　相続税法第22条に規定する時価

財産の価額について相続税法第22条《評価の原則》に規定する時価とは、当該財産の取得の時において、それぞれの財産の現況に応じ、不特定多数の当事者間で自由な取引が行われる場合に通常成立すると認められる価額、すなわち客観的な交換価値をいうものと解される。

しかしながら、相続税の課税対象となる財産は多種多様であり、また、財産の客観的な交換価値は、必ずしも一義的に確定されるものではないところ、これを個別に評価する方法を採ると、その評価方法、基礎資料の選択の仕方等により、異なった評価額が生じることを避け難いことなどから、課税実務上、国税庁長官は、財産の評価方法に共通する原則や財産の種類及び評価単位ごとの評価方法などを評価通達に定め、相続財産の評価を統一的に行うとともに、これを公開し、納税者の申告及び納税の利便に供しているもので、相続財産を評価通達の定めにより評価することは、審判所においても合理性があると認められる。

② 評価通達に定める貸付金債権等の評価

評価通達204《貸付金債権の評価》は、貸付金債権等の価額の評価について、貸付金債権等の元本の価額は、その返済されるべき金額である旨定め、これを受け、同通達205《貸付金債権等の元本価額の範囲》は、貸付金債権等の価額の評価を行う場合において、その債権金額の全部又は一部が、課税時期において次に掲げる金額に該当するときその他その回収が不可能又は著しく困難であると見込まれるときにおいては、それらの金額を元本の価額に算入しない旨定めている。

この場合の「次に掲げる金額」としては、同通達の⑴ないし⑶のとおり、債務者について手形交換所の取引停止処分等に該当する事実があったときの貸付金債権等並びに再生計画認可の決定、整理計画の決定及び更生計画の決定等により切り捨てられる債権の金額等を掲げている。

そうすると、「次に掲げる金額に該当するとき」とは、上記に示したように、いずれも、債務者の資産状況及び営業状況等が客観的に破たんしていることが明白であって、債権の回収の見込みのないことが客観的に確実であるといい得るときであると解される。

したがって、「その他その回収が不可能又は著しく困難であると見込まれるとき」とは、上記「次に掲げる金額」に該当する事実に準じる状況をいい、これと同視できる程度に債務者の資産状況及び営業状況等が客観的に破たんしていることが明白であって、債権の回収の見込みのないことが客観的に確実であるといい得るときであると解するのが相当である。

⑷ 当てはめ

① 本件貸付金の評価

(イ) 各答述人の各答述の信用性

上記⑵の①ないし③の各答述については、請求人は本件審査請求の当事者であり、Yは請求人が代表取締役であるX㈱の被雇用者という立場ではあるが、その答述内容は首尾一貫しており、本件審査請求と利害関係のない乙の答述及び上記⑴の各事実とも整合しており、いずれも信用できるものと認められる。

(ロ) A㈱の状況

㋑ A㈱の13年2月期ないし16年2月期の各事業年度末の資産及び負債状況並び

に各事業年度の売上高等の状況は、それぞれ**図表－1**、＊＊（筆者注 非公開）のとおりであり、同社は大幅な債務超過の状態が相当期間続き、営業状態も大幅な赤字が続いていたことが認められ、上記(1)⑪及び(2)②(ニ)のとおり、帳簿には多額の不良資産が計上されていたことからすると、同社の資産状況及び営業状況が飛躍的に改善される見込みはないと認められる。

そして、上記(2)の①ないし③の各答述によれば、A㈱は、金融機関からの融資も受けられず、仕入代金を含む運転資金の不足をX㈱に経常的に頼らざるを得ず、およそ正常な営業活動が行われている状況ではなかったことがうかがわれ、これが維持されたのはひとえにX㈱が無制限に資金援助を続けていたからであったと認められる。

これらのことからすれば、A㈱は、本件相続開始日において、営業活動は継続しているものの、同社の資産状況、営業状況は極めて危機的な状況にあったと認めるのが相当である。

(ロ) 上記(1)の③ないし⑧の各事実及び上記(2)の関係者の各答述からうかがえるとおり、本件営業譲渡の主要な目的は、X㈱グループの経営を圧迫しているA㈱に対する貸付金を不良債権として処理しつつ、同グループ内の不採算会社を整理し、同グループを再編してその経営内容を改善することにあり、本件営業譲渡は、同グループの中心企業であるX㈱のメインバンク（甲銀行）という第三者の強い申入れにより行われたものであってその内容にし意を差し挟むことは現実には不可能であったことが認められ、さらに、上記(1)⑧のとおり、かかる状況下において念書の提出がなされている。

そして、上記(1)⑥のとおり、X㈱グループは、遅くとも平成13年12月ころには、A㈱について、同社の有する被相続人及びX㈱グループ内からの借入金をB㈱に対して引き継がずに営業譲渡することを計画し、上記(1)⑨のとおり、A㈱においては、本件相続開始日の2月前である平成15年2月には、営業譲渡・解散の時期を16年2月期中とすることが決定されたことが認められ〔なお、全事実及び各答述からすれば、上記(1)⑨のA㈱の臨時株主総会及び取締役会が相続税を不当に減少する目的で行われたとは認められない〕、実際にこの計画に従い本件営業譲渡が実行された結果、本件貸付金の一部が回収できなかったことが認められる。

これらのことからすれば、A㈱の株主総会及び取締役会において本件営業譲渡の実行準備に入ることが決定された平成15年2月24日（筆者注 本件相続開始前）には、A㈱は、被相続人及びX㈱グループからの借入金をB㈱に引き継がずに営業譲渡し、解散・清算することが事実上確実となったと認めるのが相当である。

(ハ) 本件相続開始日における本件貸付金の客観的価値

上記(イ)及び(ロ)のことから、資産状況、営業状況が危機的状況にあったA㈱は、本件相続開始日において、B㈱に対して本件貸付金等を除いた営業用の資産・負債を営業譲渡し、解散・清算することが確実であったのであるから、同日における本件貸付金の客観的価値は、A㈱の営業譲渡見込額及び残余財産見込額を合理的に算出した場合の本件貸付金の配当見込額相当額にとどまるというべきである。

よって、本件においては、本件貸付金の一部は、同日において、回収の見込みのないことが客観的に確実であったと認められる。

② 原処分庁の主張について

(イ) 本件営業譲渡契約の効力が本件相続開始日において発生していない旨の主張について

原処分庁は、本件営業譲渡契約の効力が本件相続開始日においては発生しておらず、営業譲渡に向けた作業の指示がされたのみでは債権の切捨てが決定されたとは認められないから、本件相続開始日において本件貸付金の一部が回収不可能であったとは認められない旨主張する。

しかしながら、評価通達205《貸付金債権等の元本価額の範囲》は債権の切捨てが決定されることを必ずしも要件にしておらず、本件においては、上記①(ロ)㋑のとおり、本件相続開始日において、A㈱の資産状況、営業状況は極めて危機的な状況であったことが認められる上、上記①(ハ)のとおり、本件貸付金の一部は、回収の見込みのないことが客観的に確実であると認めるのが相当である。

したがって、この点に関する原処分庁の主張は採用できない。

(ロ) 本件相続開始日において本件貸付金の一部が回収不可能であったとは認められない旨の主張について

原処分庁は、次に掲げる事項が、直ちにA㈱が客観的に破たんしていることが明白であって、本件貸付金の回収の見込みのないことが客観的に確実であるとまでは認められないから、本件相続開始日において本件貸付金の一部が回収不可能であったとは認められない旨主張する。

㋑ A㈱が債務超過であること

㋺ A㈱が本件相続開始日において債務返済の資金を調達する手段を持たないこと

㋩ 被相続人が積極的に債権保全を図れなかったこと

㋥ X㈱の税務調査においてA㈱に対する貸倒引当金（**筆者注**個別設定の貸倒引当金である）の損金経理が認められたこと

確かに、債務者等が単に債務超過、赤字決算及び債務返済の資金調達能力がないという状況にあるからといって、直ちに、上記(3)②のとおりの手形交換所の取引停止処分等の事実と同視できる程度に債務者等が客観的に破たんしていることが明白であり、債権の回収の見込みのないことが客観的に確実であるとまで評価できるものではない。

また、相続税における貸付金債権等の評価は、相続開始（課税時期）時点で債務者等が客観的に破たんしているか及び債権の回収の見込みのないことが客観的に確実であるかを判断するものであり、法人税確定手続においてX㈱のA㈱への貸付金について、貸倒引当金の損金経理をしたことが税務調査で指摘されなかったことをもって、本件貸付金までも回収の見込みがないものと判断できるものではない。

しかしながら、本件は、上記①(ロ)㋺のとおり、本件相続開始日において、A㈱が本件貸付金を除いて営業譲渡し、解散・清算することが確実であったと認められることから、同日において、本件貸付金の一部は、回収の見込みのないことが客観的に確実であると認めるのが相当である。

したがって、この点に関する原処分庁の主張は採用できない。

③　請求人の主張について

請求人は、本件相続開始日から営業譲渡までの間にA㈱の業績は変化していないから、不良在庫を適正に評価した後の営業譲渡時の資料を基に回収可能見込額を算定して行った本件貸付金の評価は適正である旨主張する。

審判所の調査によっても、A㈱の資産及び負債については、本件相続開始日から本件営業譲渡の間、著しい増減がないと認められ、また、同社の本件相続開始日における帳簿資料にはかなりの不良在庫等が資産計上されており、帳簿内容は実態と乖離している状況であると認められる。

そうすると、上記①(ハ)のとおり、各債権者に対する配当の原資は、本件営業譲渡の対価及び本件営業譲渡後の残余財産となることから、請求人の採った評価方法も一つの合理的な評価方法と認めるのが相当である。

しかしながら、請求人の本件貸付金の評価（回収可能見込額）の算定には、その計算過程において、次の誤りが認められるため、審判所においてそれらを是正すると、**図表－３**の「審判所認定額」欄に記載のとおりとなる。

(イ)　A㈱は、＊＊所在の宅地ほか３筆（2,084.85㎡。以下「本件宅地」という）を所有し、自社工場の敷地として使用している。

請求人は、本件宅地の評価について、固定資産税の課税標準額に国税局長の定める倍率を乗じてその評価額（相続税評価額ではない）としているが、本件のような場合において、その価額の算定については、不特定多数の当事者間で自由に取引が行われる場合に通常成立すると認められる価額、すなわち客観的な交換価値をもって算定するのが相当であり、審判所において検討したところ、次のとおりである。

㋑　本件宅地の近隣で地域的に状況が類似する土地の取引事例は見当たらないが、本件宅地が所在する地域に類似する地域には、地価公示地（地価公示法第２条《標準地の価格の判定等》第１項に規定する標準地をいう）で標準地番号「＊＊」（宅地383㎡。以下「本件公示地」という）がある。

㋺　地価公示地の公示価格は、自由な取引が行われるとした場合に通常成立すると認められる価格であり、いわゆる時価の概念と同意義であると解されている。

そこで、本件公示地の公示価格と相続税評価額の比率を基に本件宅地の価額を算定すると、**図表－7**のとおり、39,299,057円となる。

図表－7　本件公示地に基づく本件宅地の価額

本件公示地	①1㎡当たりの公示価格	30,800円
	②時点修正率	0.97
	③時点修正後の1㎡当たりの価格	29,876円
	④1㎡当たりの相続税評価額	25,188円
⑤本件宅地の1㎡当たりの相続税評価額		15,892円
⑥本件宅地の面積		2,084.85㎡
⑦本件宅地の相続税評価額（⑤×⑥）		33,132,436円
⑧本件宅地の価額（③÷④×⑦）		39,299,057円

（注）1　時点修正率は次のとおり計算した。

$$\left\{1-\left(1-\frac{\langle B\rangle\ 27{,}200}{\langle A\rangle\ 30{,}800}\right)\times\frac{3}{12}\right\}=0.97$$

なお、〈A〉及び〈B〉は、それぞれ平成15年分及び平成16年分の本件公示地の公示価格である。

2　相続税評価額は、評価通達21《倍率方式》の定めに基づき、次のとおり算出した。

(1)　本件公示地の1㎡当たりの相続税評価額（④）
17,992円×1.4＝25,188円
（本件公示地の1㎡当たりの固定資産税評価額×倍率）

(2)　本件宅地の1㎡当たりの相続税評価額（⑤）
14,448円×1.1＝15,892円
（本件宅地の1㎡当たりの固定資産税評価額×倍率）

(ロ)　請求人は、配当可能額の算出に当たり、未払消費税額を加算項目としているが、この未払消費税額は、残余財産から支出が予定される未払金の見込額であるため、減算項目とするのが相当である。

(ハ)　請求人は、配当対象債権の総額を本件営業譲渡日における長期貸付金残高の総額である2,785,000,000円としているところ、これは相当と認められる。

すなわち、この金額は、本件相続開始日における長期貸付金残高の総額2,638,080,200円とは異なっているが、本件貸付金の評価額の基とされているA㈱の資産及び負債の額には、本件相続開始日後に増加した長期貸付金に相当する額が反映されていると認められることから、配当対象債権の総額を2,785,000,000円として本件貸付金に対する配当見込額を算出することは相当と認められるのである。

また、上記以外の計算過程については、いずれも相当と認められる。

(5)　本件貸付金の価額

上記(1)ないし(4)のとおり、本件相続開始日における本件貸付金の評価額は、**図表－3**

の「審判所認定額」欄の本件貸付金に対する配当見込額32,558,858円に本件既経過利息の金額98,630円を加算した32,657,488円とするのが相当であり、原処分庁の本件更正処分における本件貸付金の評価額200,000,000円は過大に評価していることが認められる。

〔6〕まとめ

(1) 裁決事例の結果

先例とされる裁決事例では、本件貸付金の価額につき、請求人（納税者）が31,695,699円（請求人による本件相続開始日における本件貸付金に対する配当見込額を基に算定）とし、また、原処分庁（課税庁）が200,000,000円（本件相続開始日における本件貸付金の元本額）であったところ、国税不服審判所がこれを相当と判断したのが32,657,488円（国税不服審判所による本件相続開始日における本件貸付金に対する配当見込額を基に算定）であったことから、請求人（納税者）の主張の一部が容認され、原処分の一部が取り消されることとなった。

(2) 参考法令通達等

- 相続税法第22条《評価の原則》
- 評価通達21《倍率方式》
- 評価通達204《貸付金債権の評価》
- 評価通達205《貸付金債権等の元本価額の範囲》
- 地価公示法第2条《標準地の価格の判定等》

本問から学ぶ重要なキーポイント

(1) 本件裁決事例では、「A㈱は、金融機関からの融資も受けられず、仕入代金を含む(甲)運転資金の不足をX㈱に経常的に頼らざるを得ずおよそ正常な営業活動が行われている状況ではなかったことがうかがわれ、これが維持されたのはひとえに(乙)X㈱が無制限に資金援助を続けていたからであったと認められる」との前提をもとに、「A㈱は、本件相続開始日において、営業活動は継続しているものの、同社の資産状況、営業状況は極めて危機的な状況にあったと認めるのが相当である」と判断されています。

一般的には、営業活動（製造行為や販売行為等）が行われているのであれば、当該活動者に対する貸付金債権につき、その回収が不可能又は著しく困難であると主張することは容易ではないとされるところ、本件裁決事例では当該営業活動が『正常な営業活動』であることが必要である（上記(甲)及び(乙)部分）と踏み込んだ判断をしているものとして、注目されます。

(2)　本件裁決事例では、「A㈱の株主総会及び取締役会において本件営業譲渡の実行準備に入ることが決定された平成15年２月24日（筆者注 本件相続開始前）には、A㈱は、被相続人及びX㈱グループからの借入金をB㈱に引き継がずに営業譲渡し、解散・清算することが事実上確実となったと認めるのが相当である」と判断されています。

そうすると、相続税等における財産評価の認識に必要な『課税時期の現況』という用語について、単に物理的な認識（解散・清算することを法令的に確定させたこと）のみならず、事実上の認識（ただし、当該認識が確実なものであることが必要とされる）をもって対応する場合があることに留意する必要があります。

(3)　本件裁決事例では、「評価通達205《貸付金債権等の元本価額の範囲》は債権の切捨てが決定されることを必ずしも要件にしておらず、本件においては、本件相続開始日において、A㈱の資産状況、営業状況は極めて危機的な状況にあったと認められる上、本件貸付金の一部は、回収の見込みのないことが客観的に確実であると認めるのが相当である」と判断されています。

そうすると、貸付金債権等の評価不要には、いわゆる形式基準と実質基準がの双方が存在することが再度確認されます。

貸付金債権に係る実務対策

(1)　本件裁決事例では、請求人（納税者）に相当有利な判断が国税不服審判所によって行われたものと考えられるところ、その要因は、次に掲げる事項にあるものと考えられます。

①　A㈱からB㈱に対する本件営業譲渡及びA㈱の解散・清算という各行為が第三者性が強い金融機関の指導（意向）で行われたものであると認められること

ポイント　上記の事項は、当該各行為が本件貸付金に対する相続税対策として行われたものではないという心証形成に大きく寄与したものです。本件裁決事例のような事案では、上記＝＝部分の確認を行うことが重要と考えられます。

②　本件裁決事例に係る各関係者（請求人、X㈱の経理担当者及び金融機関の担当者）の各答述が正確なもので、その相互間における矛盾も認められないこと

ポイント　資産税は特に「事実認定」が重要であるといわれます。そうすると、広範に各関係者からの答述を求め、これを分析検討することが必要とされます。

(2)　本件裁決事例では、本件相続開始日における本件貸付金の客観的価値を求めるものと判断されているところ、具体的には、図表－３（本件貸付金の評価額の計算）のように求められており、評価実務上の具体的な算定方法の一つに位置付けられ

るものとして、先例になるものと考えられます。

Q4-9 第１次相続の遺産分割で代償分割が行われた場合において、その後、代償債権者に相続（第２次相続）が開始したときにおける当該代償債権（第２次相続に係る被相続人の相続財産）の価額につき、相手方である代償債務者が債務超過であることから元本評価ではなく、その一部を回収不能として評価することの可否が争点とされた事例

事例 国税不服審判所裁決事例
（平成14年11月28日裁決、東裁（諸）平14－99、平成11年相続開始分）

疑問点

本年１月14日（本件相続開始日）に被相続人乙（第２次被相続人）に係る相続（本件第２次相続）が開始しました。第２次被相続人の相続財産を確認したところ、次に掲げる状況にある債権（本件代償債権）が存在することが判明しました。

⑴　本件第２次相続の約８年前に開始した被相続人甲（第１次被相続人）に係る相続（本件第１次相続）に係る遺産分割協議において、代償分割の方法を採用し、被相続人乙はＡ（甲・乙間の子）に対して554,000,000円の本件代償債権（利息に関する約定はありません）を有することになりました。

⑵　上記⑴の本件代償債権については、本件第１次相続に係る遺産分割協議後、本件相続開始日までの間に、Ａ（本件代償債務者）から被相続人乙に対する本件代償債権の支払は、一切されていませんでした。

⑶　本件相続開始日におけるＡ（本件代償債務者）の資産及び負債の状況は、次に掲げるとおりであり、約400,000,000円と相当の債務超過（注）になっていることが確認されました。

Ａ（本件代償債務者）の資産及び負債の状況

①　資産の価額……301,139,706円

②　負債の金額……699,068,677円

（内訳）　(イ)本件代償債務……554,000,000円

(ロ)その他の債務……145,068,677円

③　純資産価額……▲397,928,971円

（注）　相当の債務超過になっている理由は、Ａ（本件代償債務者）が本件第１次相続により取得した不動産が、その後、本件第２次相続の開始に至るまでの間に発生した不況に伴う大幅な地価下落が要因で、当面回復の見込みはないものと認められます。

(4) 本件相続開始日の属する年分を含む以前数年分のA（本件代償債務者）の年間所得は、約10,000,000円であり、これが今後、飛躍的に増加するという見込みはありません。

以上のような状況にある本件代償債権の本件相続開始日における価額につき、相続税等の財産評価に詳しいとされる複数の者に意見を求めたところ、次に掲げる2つの考え方が示されました。

考え方1　本件代償債権の価額は元本の価額により評価することが相当

評価通達204《貸付金債権の評価》の定めでは、要旨、貸付金債権等の価額は、元本の価額（その返済されるべき金額）と利息の価額（課税時期現在の既経過利息として支払を受けるべき金額）との合計額によって評価するものとされており、本件代償債権の価額は利息の約定がないことから元本の価額である554,000,000円で評価することが相当とされます。

考え方2　本件代償債権の価額は本件相続開始日における回収可能見込額により評価することが相当

評価通達205《貸付金債権等の元本価額の範囲》の定めでは、要旨、貸付金債権等の評価を行う場合において、その債権金額の全部又は一部が、課税時期においてその回収が不可能又は著しく困難であると見込まれるときにおいては、それらの金額は元本の価額に算入しない（換言すれば、評価しない）とされています。

そうすると、上記(3)及び(4)から判断すると、本件代償債権は、まさに、この状況にあるものと考えられます。

したがって、本件代償債権の価額は、本件相続開始日における回収可能額として、次の計算により求めた金額である156,071,029円で評価することが相当とされます。

（計算）　301,139,706円（資産の価額（上記(3)①））－145,068,677円（その他の負債の金額（上記(3)②(ロ)））＝156,071,029円＜554,000,000円（本件代償債権）

∴156,071,029円（いずれか少ない方の金額）

上記に掲げる考え方1又は考え方2のいずれによることが相当であるのか、説明してください。

A 回　答

お尋ねの事例の場合、考え方2によることが相当であると考えられます。

解　説

お尋ねの事例のように、債務者が個人（A（本件代償債務者））である場合には、その返済能力については、その者の所得の状況はもちろん、その者の信用、才能等を活用しても、現にその債務を弁済するための資金を調達することができないのみならず、近い将来においても調達することができないと認められる場合をいうものと解されています。

そうすると、A（本件代償債務者）が本件相続開始日において債務超過であり当面回復の見込みがないこと及び同人の近年の年間所得及びこれに飛躍的な増加の見込みがないことを考慮すれば、本件代償債権の価額は元本の価額により評価するのではなく、本件相続開始日における合理的に算定された回収可能見込額によって評価することが相当であると考えられます。

検討先例

Q4-9 の検討に当たっては、下記に掲げる裁決事例が先例として参考になります。

◉国税不服審判所裁決事例（平成14年11月28日裁決、東裁（諸）平14－99、平成11年相続開始分）

〔1〕事案の概要

本件は、請求人（筆者注 ? 疑問点 に掲げるAに該当する。以下同じ）の母である被相続人乙（以下、必要に応じて「本件被相続人」又は「本件第2次被相続人」と呼称する場合がある）が有していた代償分割債権（以下「本件代償債権」という）の評価に当たり、代償債務者である請求人（以下「本件代償債務者」という）の債務超過の状況が、評価通達205《貸付金債権等の元本価額の範囲》に定める回収が不可能又は著しく困難であると見込まれるか否か及び当該債務超過相当額を本件代償債権の元本の価額に含めないことの可否を争点とする事案である。

〔2〕基礎事実

(1)　本件第1次相続について

請求人は、平成3年1月25日に死亡した甲（筆者注 本件第2次被相続人の夫であり、請求人の父に該当する）に係る相続（以下「本件第1次相続」という）について、共同相続人間での協議により、相続財産の一部を代償分割の方法により分割するとした遺産分割協議書（以下「本件分割協議書」という）を同年7月14日に作成した。

本件分割協議書には、本件代償債権の価額を554,000,000円とし、当該代償債権は、本件被相続人が取得をすること、本件代償債権に係る同額の代償分割債務（以下「本件代償債務額」という）については、本件代償債務者が負担する旨の記載がある。

そして、請求人は、本件分割協議書に基づいて、本件第1次相続に係る相続税の申告書を作成し、原処分庁に提出した。

(2) 本件第2次相続について

① 本件申告書（相続税の期限内申告書）の提出

請求人は、平成11年1月14日（以下「本件相続開始日」という）に死亡した本件被相続人に係る相続（以下「本件第2次相続」という）の共同相続人であるが、本件第2次相続に係る相続税について、別表の「申告」欄（筆者注 非公開）のとおり記載した申告書（以下「本件申告書」という）を法定申告期限までに共同で提出した。

② 本件代償債権の価額

請求人は、本件申告書の提出に当たり、本件代償債権の価額については、本件代償債務者が債務超過の状況にあることから、債務超過相当額を498,783,948円と算定して、当該金額を本件代償債権の元本の価額から控除し、本件代償債権の価額を55,216,052円と評価した。

(3) 本件修正申告書について

① 本件修正申告書の提出

請求人は、本件第2次相続について、原処分庁所属の調査担当職員の調査を受け、平成12年11月7日に、別表の「修正申告等」欄（筆者注 非公開。ただし、本件代償債権の価額は、上記(2)②のとおりで不変）のとおり記載した修正申告書（以下「本件修正申告書」という）を提出した。

② 過少申告加算税の賦課決定処分

原処分庁は、上記①に対し、平成12年11月27日付で、本件修正申告書により新たに納付すべきこととなった税額を基として、別表の「修正申告等」欄（筆者注 非公開）のとおりの過少申告加算税の賦課決定処分をした。

(4) 本件更正処分等について

① 本件更正処分等の実施

原処分庁は、平成12年12月26日付で、本件第2次相続について、別表の「更正処分等」欄（筆者注 非公開）のとおりの更正処分（以下「本件更正処分」という）及び過少申告加算税の賦課決定処分（以下「本件賦課決定処分」といい、本件更正処分と併せて「本件更正処分等」という）をした。

② 本件更正処分の内容

原処分庁は、本件代償債権は回収可能であるとして、本件代償債権の価額を554,000,000円として本件更正処分をした。

(5) 異議申立て

請求人は、本件更正処分を不服として、平成13年2月20日に異議申立て（筆者注 現行の規定では、再調査の請求。以下同じ）をしたところ、異議審理庁（筆者注 現行の規定では、再調査審理庁。以下同じ）は、同年5月18日付で棄却の異議決定（筆者注 現行の規定では、再調査決定）をした。

(6) 審査請求

請求人は、異議決定を経た後の本件更正処分に不服があるとして、平成13年6月14日に審査請求をした。

筆者注 上記(1)ないし(6)に掲げる基礎事実につき、時系列的な経過をまとめると、図表－1のとおりとなる。

図表－1　本件裁決事例における時系列

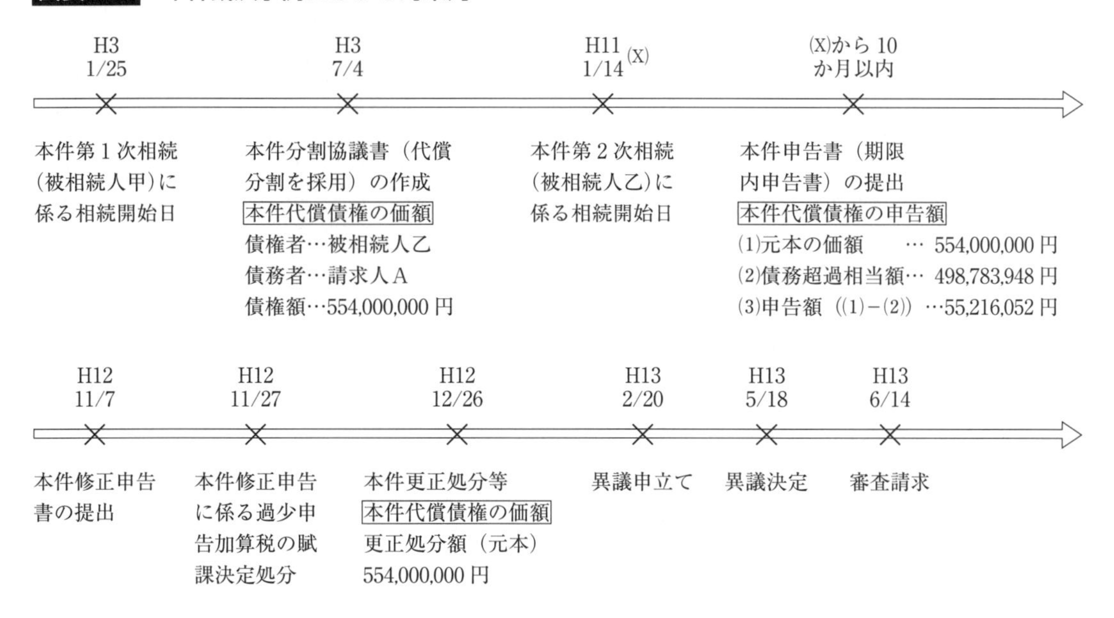

〔3〕争点

本件の争点は、本件代償債権の価額につき、評価通達205《貸付金債権等の元本価額の範囲》に定める回収が不可能又は著しく困難であると見込まれるか否か及び請求人（本件代償債務者）に係る債務超過相当額を本件代償債権の元本の価額に算入しないことの可否である。

〔4〕争点に関する双方（請求人・原処分庁）の主張

争点に関する請求人・原処分庁の主張は、図表－2のとおりである。

図表－2　**争点に関する請求人・原処分庁の主張**

（争点）　本件代償債権の価額につき、評価通達205《貸付金債権等の元本価額の範囲》に定める回収が不可能又は著しく困難であると見込まれるか否か及び請求人（本件代償債務者）に係る債務超過相当額を本件代償債権の元本の価額に算入しないことの可否

請求人（納税者）の主張	原処分庁（課税庁）の主張
原処分は、次の理由により違法であるから、その全部の取消しを求める。 (1)　本件代償債務者の資産価額等の算定について ①　本件代償債務者は、現在、原処分庁の本件更正処分等の結果、本税として153,808,500円、過少申告加算税として22,325,000円、合計176,133,500円が課されているが、本件代償債務者はすべての所有資産を処分しても、次のように納税できない。 (イ)　原処分庁査定の資産合計額　281,329千円 (ロ)　原処分庁査定の借入金合計額　133,069千円 (ハ)　原処分庁査定の預り保証金　12,000千円 (ニ)　差引（(イ)－((ロ)＋(ハ))）　136,260千円 (ホ)　本件更正処分等による納税額　176,134千円 (ヘ)　差引不足額（(ニ)－(ホ)）　39,874千円 かかる状態は、相続税は相続財産に担税力を認めて課している税金であることからして、明らかに行き過ぎであり、本件更正処分は担税力の点からみても不相当である。 ②　原処分庁は、上記①(イ)の金額のうち、本件代償債務者の所有する土地の価額を路線価に基づいて算定した金額に80分の100を乗じて算定しているが、これは、「路線価は、公示価額の80%の水準をもってする」との方針を引用していたものと推測される。 しかし、本件では本件代償債務者の所有資産の価額決定は重要であり、実際の不動産取引は必ずしも公示価額では行われていないところから、かかる簡便法によるのではなく、正式な鑑定評価額をもって行うべきである。	原処分は、次の理由により適法であるから、本件審査請求をいずれも棄却するとの裁決を求める。 (1)　本件代償債務者の資産価額等の算定について 請求人は、本件代償債務者が所有する資産の価額決定は重要であり、鑑定評価によるべきである旨主張するが、本件代償債務者の経常的な年間所得をもって本件代償債権の回収の可能性の有無を判断したのであるから、資産の価額の評価方法によってその結果は左右されないというべきである。
(2)　本件代償債権の価額について ①　原処分庁は、本件代償債権の価額の算定に当たり、当該代償債権に係る本件代償債務者が大幅な債務超過の状況にあることを認めながら、本件代償債務者に年間約10,000,000円前後の経常的な所得があることを理由に「本件代償債権について、その回収が不可能又は著しく困難であると見込まれるときに該当することはできない」とし、本件代償債権の価	(2)　本件代償債権の価額について ①　相続により取得した資産の価額は、一般的に、評価通達の定めにより算定するのが相当と認められるところ、評価通達205《貸付金債権等の元本価額の範囲》の定めの運用に当たっては、相続により取得した債権のうち、課税時期においてその回収が不可能又は著しく困難であると見込まれるときにおいては、当該債権

額について、評価通達205《貸付金債権等の元本価額の範囲》の定めの適用を一切認めず、元本の価額である554,000,000円をもってその価額としている。

しかしながら、本件においては、本件代償債務者の主要な所有資産が従来から借入金の担保として提供されており、当該借入金は担保不動産から優先返済されることとなるから、本件代償債務者は大幅な債務超過の状況となり、本件代償債権の価額のうち債務超過相当額（原処分庁の査定では、417,740,000円）に相当する部分の価額については、回収できないことを意味するものであり、債務超過相当額は回収不能であるとして評価通達205の定めを適用することにより、当該債務超過相当額を本件代償債権の元本の価額に算入しないことが相当である。

② 原処分庁は、本件代償債務者に一定の年間所得があることをもって、評価通達205《貸付金債権等の元本価額の範囲》の定めの不適用の根拠としているが、次の理由により相当であるとはいえない。

(イ) 原処分庁は、本件代償債務者の年間所得をもって本件代償債権を回収不能でない又は著しく困難でないと判断する以上、年間10,000,000円前後の経常的な所得をもってどのように大幅な債務超過の状況を解消していくのか算定根拠を示すべきであり、結論のみを示していることは適当ではない。

(ロ) 原処分庁が示した本件代償債務者の年間所得のうち4,413,232円（平成９年から平成11年までの年間の平均所得金額）は、本件代償債権の回収資産とした不動産からのものである。回収資産に区分している以上、当該資産は処分されると捉えるべきものであって、その運用収益を再度債務返済の原資とすることは、同一資産を２度評価することとなり誤りである。

現に、本件代償債権の回収資産の主要なものについて原処分庁の差押えを受けており、これが実行されれば該当資産は無くなり、当該資産からの運用収益は得られなくなるのであるから、この点からも運用収益を債務返済の原資とすることは誤りである。

(ハ) 本件代償債務者の上記(ロ)の不動産から生じる所得を除いたところでの年間所得は、5,313,423円（平成９年から平成11年までの年間の平均所得金額）であり、この債務者の資産及び債務の状況並びに同人の債務の返済能力等を総合的に考慮し、かつ、客観的に判断して算定すべきものと解される。

② 本件代償債権は金銭債権であり、その価額の算定に当たって、請求人は、本件代償債務者の本件相続開始日における財産の状況から本件代償債権の回収可能額を算出している。

しかしながら、この算出方法は、本件代償債務者に通常の生活をするのに必要な最小限の所得しかない場合であればともかく、同人には**図表－３**のとおり、年間約10,000,000円前後の経常的な所得があると認められることから、評価通達205《貸付金債権等の元本価額の範囲》の定めの適用に当たって、妥当性を欠くものと認められる。

③ 本件相続開始日における本件代償債務者の資産及び債務の状況は、次表のとおり、債務超過の状況にあると認められるが、同人には年間約10,000,000円前後の経常的な所得があることから、本件代償債権の場合、その元本の価額の全部又は一部が、本件相続開始日において、その回収が不可能又は著しく困難であると見込まれるときに該当すると認めることはできない。

区分		金額
資産	(イ)不動産の価額の合計額	225,172千円
	(ロ)預貯金の価額の合計額	16,375
	(ハ)立替金の価額の合計額	39,782
	(ニ)合計額（(イ)＋(ロ)＋(ハ)）	281,329
債務	(ホ)借入金等残高の合計額	145,069
	(ヘ)本件代償債務額	554,000
	(ト)合計額（(ホ)＋(ヘ)）	699,069
差引（(ニ)－(ト)）		△417,740

④ 通常の金銭債権は、返済期限及び返済方法等の定めがあり、返済不能になれば法的手段を実行されるが、本件代償債権は、返済期限及び返済方法等の定めがないため、回収が不可能な金額の算定をすることができず、また、返済能力がある間は回収不能とはいえない。

⑤ 本件代償債権の返済の原資とした本件代償債務者の経常的な年間所得金額には、不動産所得が含まれているが、資産

金額から所得税・社会保険料等の公租公課を差し引くと、通常の生活をするに必要な所得にとどまる。 加えて、年間所得が有期（本件代償債務者は本件相続開始時点で既に46歳であり、公務員としての定年までの期間は14年間である）であるから、到底債務超過の状況を解消できるものとはいえない。	の処分価額をその原資としていないから、当該資産を２度評価していないし、本件代償債権の価額は、本件相続開始日の状況で判断すべきものであり、将来の未確実な換価処分を考慮すべきではない。 ⑥　上記①ないし⑤より、本件代償債権の価額は、評価通達204《貸付金債権の評価》の⑴及び同通達205《貸付金債権等の元本価額の範囲》の定めを適用して算定すると554,000,000円となるから、請求人の主張にはいずれも理由がない。 ⑶　本件更正処分の適法性 上記⑴及び⑵より、本件代償債権の価額である554,000,000円に、請求人の提出した本件修正申告書に記載された課税価格を併せて、請求人の本件第２次相続に係る相続税の総額及び各納付すべき税額を計算すると、それぞれ別表の各欄（筆者注 非公開）のとおりであるから、これらの金額と同額で行った本件更正処分は適法である。

図表－３　本件代償債務者の所得金額

（単位：円）

所得＼年分	平成９年分	平成10年分	平成11年分
不動産所得	5,146,417	4,971,067	3,122,213
給与所得	5,097,642	5,392,888	5,449,740
合　　計	10,244,059	10,363,955	8,571,953

〔5〕国税不服審判所の判断

本件は、本件被相続人が本件第１次相続に係る相続財産として有していた本件代償債権の評価に当たり、本件代償債務者の債務超過の状況が、評価通達205《貸付金債権等の元本価額の範囲》に定める回収が不可能又は著しく困難であると見込まれるか否か及び当該債務超過相当額を本件代償債権の元本の価額に含めないことの可否が争点であるので、以下審理する。

⑴　認定事実

①　上記〔2〕⑴の本件代償債権554,000,000円は、共同相続人間において、本件代償債務者が本件第１次相続に係る相続財産として取得した土地を譲渡し、その譲渡代金で返済することで合意していたところ、相続後の地価の下落により土地の譲渡が思うに任せず、本件相続開始日までに一切の返済をしない状態で、本件代償債権の債権者

である本件被相続人が死亡した。

② 本件代償債務者は、本件第１次相続により、不動産（土地、建物）及び預金等を資産として合計1,228,769,585円を、本件代償債務額及びM金融公庫からの借入金等を債務として合計740,596,636円をそれぞれ取得した。

③ 上記②の本件代償債務者の資産は、本件第１次相続に係る相続税の支払及び同相続後における地価の下落により減少し、本件相続開始日における総資産価額は、図表－４ないし図表－６までに記載のとおり、不動産の価額244,982,229円、預貯金の金額16,375,269円及び立替金の金額39,782,208円の合計金額301,139,706円であり、その反面、同人の債務は、図表－７に記載のとおり、借入金等の残高145,068,677円であり、本件代償債務額を加えた合計金額は699,068,677円となる。

図表－４　資産の状況（土地等）

所在地	種目	地目等	面積（m²）	金　額（円）
P市Q町	土地	宅地	807.3587 × 3/10	53,090,776
P市Q町	土地	貸宅地	486.13375	27,570,919
P市S町	土地	宅地	382.51	123,589,179
P市S町	建物	店舗共同住宅	748.49	40,731,355
不動産の価額の合計額				244,982,229

図表－５　資産の状況（預貯金）

銀　行　等	種類	口座番号	金　額（円）
N銀行＊＊支店	普通	No. ＊＊＊＊	1,267,006
	定期	No. ＊＊＊＊	156,000
	小　計		1,423,006
＊＊銀行＊＊支店	普通	No. ＊＊＊＊	32,627
＊＊銀行＊＊支店	普通	No. ＊＊＊＊	9,538
＊＊銀行＊＊支店	普通	No. ＊＊＊＊	25,230
	定期	No. ＊＊＊＊	809,733
	小　計		834,963
＊＊信用金庫＊＊支店	普通	No. ＊＊＊＊	135,801
	定積	No. ＊＊＊＊	40,000
	小　計		175,801
＊＊農業共同組合（＊＊支店）	普通	No. ＊＊＊＊	60,762
＊＊農業共同組合（＊＊出張所）	定期	No. ＊＊＊＊	12,000,000
郵便局	通常	No. ＊＊＊＊	33,572
	定額	２口	1,805,000
	小　計		1,838,572
預貯金の金額の合計額			16,375,269

図表－6　資産の状況（立替金）

債務者	立替金年月日	金　額（円）
G	平成 8 年11月19日	8,184,800
	平成 8 年11月19日	2,700,540
	平成 9 年 6 月17日	3,785,508
	平成 9 年 9 月25日	△ 3,000,000
	平成10年 3 月24日	1,397,200
	小　計	13,068,048
H	平成 8 年11月19日	12,091,300
	平成 8 年12月16日	4,705,203
	平成 9 年 6 月17日	6,138,400
	平成10年 3 月24日	1,820,600
	小　計	24,755,503
T	平成 8 年11月19日	1,085,700
	平成 8 年12月16日	22,557
	平成 9 年 6 月17日	850,400
	小　計	1,958,657
立替金の金額の合計額		39,782,208

図表－7　債務の状況

種　　類	借入年月日	金　額（円）
M金融公庫からの借入金	昭和63年 4 月25日	77,112,589
	昭和63年 4 月25日	9,062,714
	小　計	86,175,303
N銀行からの借入金	昭和63年 1 月28日	46,893,374
預り保証金		12,000,000
各借入金等の残高の合計額		145,068,677

⑵　法令解釈等

①　相続税法第22条について

相続税法第22条《評価の原則》は、相続により取得した財産の価額は、特別の定めのあるものを除き、当該財産の取得の時における時価による旨規定し、この時価とは、当該財産の取得の日において、それぞれの財産の現状に応じ、不特定多数の当事者で自由な取引が行われる場合に通常成立すると認められる価額、すなわち当該財産の客観的な交換価値をいうものと解するのが相当である。

しかしながら、相続税の課税対象となる財産は多種多様であり、当該財産の客観的な交換価値を適正に把握することは容易ではないことから、課税実務上、国税庁長官は、財産の評価の一般的基準である各種財産の時価の評価に関する原則及びその具体的評価方法等を定めた評価通達を発遣し、課税当局は、そこに定められた画一的な評価方法によって財産を評価することとしている。

これは、単に、課税当局の事務負担の軽減、課税事務処理の迅速性、徴税費用の節減のみを目的とするものではなく、これをもって課税当局の取扱いを統一するとともに、納税者間で財産の評価が区々になることが課税の公平の観点からみて好ましくないことから、特別の事情がある場合を除き、あらかじめ評価通達に定められた評価方法により財産を画一的に評価することをもって、課税の適正・公平の確保を図るものである。

したがって、評価通達は法令ではないが、一般に納税者間の課税の適正・公平の確保という見地から、評価通達を適用して、相続財産を画一的に評価する方法には、合理性があるといえる。

② 評価通達204について

評価通達204《貸付金債権の評価》では、貸付金、売掛金、未収入金、預貯金以外の預け金、仮払金、その他これらに類するもの（以下「貸付金債権等」という）の価額は、貸付金債権等の返済されるべき元本の価額と課税時期現在の既経過利息として支払を受けるべき金額との合計額によって評価する旨定めている。

③ 評価通達205について

評価通達205《貸付金債権等の元本価額の範囲》では、貸付金債権等の元本価額の範囲について、貸付金債権等の評価を行う場合において、その債権金額の全部又は一部が、課税時期において次に掲げる金額に該当するときその他その回収が不可能又は著しく困難であると見込まれるときにおいては、それらの金額は元本の価額に算入しない旨定めている。

(イ) 債務者について、次に掲げる事実が発生している場合におけるその債務者に対して有する貸付金債権等の金額（その金額のうち、質権及び抵当権によって担保されている金額を除く）

㋑ 手形交換所において取引の停止処分を受けたとき

㋺ 会社更生手続の開始の決定があったとき

㋩ 和議の開始の決定（筆者注1）があったとき

㋥ 会社の整理開始命令があったとき

㋭ 特別清算の開始命令があったとき

㋬ 破産の宣告があったとき

㋣ 業況不振のため又はその営む事業について重大な損失を受けたため、その事業を廃止し又は6月以上休業しているとき

(ロ) 和議の成立、整理計画の決定、更生計画の決定（筆者注2）又は法律の定める整理手続によらないいわゆる債権者集会の協議により、債務の切捨て、たな上げ、年賦償還等の決定があった場合において、次に掲げる金額

㋑　これらの決定のあった日現在におけるその債務者に対して有する債権のうち、その決定により切り捨てられる部分の債権の金額

㋺　弁済までの据置期間が決定後５年を超える場合におけるその債権の金額

㋩　年賦償還等の決定により割賦弁済されることになった債権の金額のうち課税時期後５年を経過した日後に弁済されることとなる部分の金額

(ハ)　当事者間の契約により債権の切捨て、たな上げ、年賦償還等が行われた場合において、それが金融機関のあっせんに基づくものであるなど真正に成立したものであるときにおけるその債権の金額のうち上記(ロ)に掲げる金額に準ずる金額

筆者注1　「和議の開始の決定」は、現行の定めでは「民事再生法の規定による再生手続開始の決定」となっている。

筆者注2　「和議の成立、整理計画の決定、更生計画の決定」は、現行の定めでは「更生計画認可の決定、再生計画認可の決定、特別清算に係る協定の認可の決定」となっている。

(3)　当てはめ

①　本件代償債務者の資産価額等の算定について

本件代償債務者の有する資産及び債務について、その価額を算定すると、次のとおりである。

(イ)　資産の状況

㋑　土地等の価額

請求人は、総資産価額のうち土地の価額の算定に当たり、相続税評価額（路線価）を採用しているところ、本件代償債務者が所有する土地の価額決定に当たっては、実際の不動産取引は必ずしも公示価額では行われていないところから、正式な鑑定評価額によるべきである旨主張する。

しかしながら、本件代償債務者の所有する土地の近隣の売買実例について、審判所において調査したところ、請求人の主張するような公示価格を下回る売買実例の存在が確認できないのであり、また、請求人から不動産鑑定士等による鑑定書の提出がなく鑑定評価を検討する余地もないのであるから、この点に関する請求人の主張には理由がない。

本件のような場合において、本件代償債務者の所有する土地の価額の算定については、不特定多数の当事者間で自由に取引が行われる場合に通常成立すると認められる価額、すなわち客観的な交換価値をもって算定するのが相当であり、審判所において本件代償債務者の所有する土地の価額を検討したところ、次のとおりである。

(A)　審判所の調査によれば、本件代償債務者の所有する土地の近隣で、同土地と地域的に状況が類似する土地の取引事例は見当たらないが、**図表－8**のとおり、状況が類似する公示地が存在する。

図表－8　比準する路線との格差検討表

1　物件所在地　P市Q町＊－＊＊、＊＊＊（$807.3587m^2 \times \frac{3}{10}$）

（1）商業地用

【公示地】所在地　Q町＊－＊			
価格形成要因（地域要因及び画地条件以外の個別的要因）			
条　件	比　較　項　目	調　査　事　績	格差率
道路条件	道路の系統・連続性 前面道路の幅員 アーケード等の有無	6.0m	0.0
交通接近条件	最寄駅（バス停）までの道路距離 商業地域の中心への距離	X駅まで200m	0.0
環境条件	顧客の通行量	多い	10.0
行政的条件	用途地域等の制限 その他行政上の制限	用途地域（　　） 容積率（200）％ 建ぺい率（ 80）％	0.0
将来の動向		現状で推移	0.0
（格差率計）			10.0
100＋（格差率計）			110.0
標準地を100とした場合の公示地又は物件土地の格差		公示価格（円） 100/110	310,000

【物件土地】所在地　Q町＊－＊＊、＊＊＊			
価格形成要因（地域要因及び画地条件以外の個別的要因）			
条　件	比　較　項　目	調　査　事　績	格差率
道路条件	道路の系統・連続性 前面道路の幅員 アーケード等の有無	3.0m	－5.0
交通接近条件	最寄駅（バス停）までの道路距離 商業地域の中心への距離	R駅まで200m	0.0
環境条件	顧客の通行量	やや少ない	－10.0
行政的条件	用途地域等の制限 その他行政上の制限	用途地域（　　） 容積率（200）％ 建ぺい率（ 80）％	0.0
将来の動向		現状で推移	0.0

（格差率計）	−15.0
100 +（格差率計）	85.0
標準地を100とした場合の公示地又は物件土地の格差	85/100
本件土地の価格　310,000円×100/110×85/100 = 239,545円	

11年分路線価（参考）　公示地　245,000円
物件土地　160,000円

(2)　画地要件

①　自宅部分　＊＊＊の一部、＊－＊＊の一部　673.42875m²

奥行きの距離　29.4m　奥行価格補正率　1.00

1m²当たりの価額　239,545円×1.00 = 239,545円

総額　239,545円×673.42875m² = 161,316,489円

②　自用地　＊＊＊の一部　43.3275m²

総額　239,545円×43.3275m² = 10,378,885円

③　通路部分　＊－＊＊の一部、＊＊＊の一部　90.6025m²

奥行きの距離　31.0m　奥行価格補正率　1.00

間口の距離　2.0m　間口狭小補正率　0.90

奥行長大補正率　0.90

私道評価率　0.3

1m²当たりの価額

239,545円×1.00×0.90×0.90×0.3 = 58,209円

総額　58,209円×90.6025m² = 5,273,880円

①+②+③= 176,969,254円

④　分割状況に応じた評価額

請求人　相続分（3/10）

176,969,254円×3/10 = 53,090,776円

2　物件所在地　P市Q町＊－＊－＊、＊＊（486.13375m²）

(1)　商業地用

【公示地】　所在地　Q町＊－＊			
価格形成要因（地域要因及び画地条件以外の個別的要因）			
条　件	比　較　項　目	調　査　事　績	格差率
道路条件	道路の系統・連続性 前面道路の幅員 アーケード等の有無	6.0m	0.0

交通接近条件	最寄駅（バス停）までの道路距離 商業地域の中心への距離	X駅まで200m	0.0
環境条件	顧客の通行量	多い	10.0
行政的条件	用途地域等の制限 その他行政上の制限	用途地域（　　） 容積率　（200）％ 建ぺい率（ 80）％	0.0
将来の動向		現状で推移	0.0
（格差率計）			10.0
100＋（格差率計）			110.0
標準地を100とした場合の公示地又は物件土地の格差		公示価格（円） 100/110	310,000

【物件土地】所在地　Q町＊－＊－＊、＊＊			
価格形成要因（地域要因及び画地条件以外の個別的要因）			
条　　件	比　較　項　目	調　査　事　績	格差率
道路条件	道路の系統・連続性 前面道路の幅員 アーケード等の有無	3.0m	－5.0
交通接近条件	最寄駅（バス停）までの道路距離 商業地域の中心への距離	R駅まで200m	0.0
環境条件	顧客の通行量	やや少ない	－10.0
行政的条件	用途地域等の制限 その他行政上の制限	用途地域（　　） 容積率　（200）％ 建ぺい率（ 80）％	0.0
将来の動向		現状で推移	0.0
（格差率計）			－15.0
100＋（格差率計）			85.0
標準地を100とした場合の公示地又は物件土地の格差		85/100	
本件土地の価格　310,000円×100/110×85/100＝239,545円			

11年分路線価（参考）　　公示地　　245,000円
　　　　　　　　　　　　物件土地　160,000円

⑵　画地要件

①　貸宅地（U）　　＊－＊－＊　210.22375m²

奥行きの距離　36m　奥行価格補正率　0.98

間口の距離　　 2m　間口狭小補正率　0.90

　　　　　　　　　　奥行長大補正率　0.90

借地権割合　　0.7

1m²当たりの価額

239,545円×0.98×0.90×0.90＝190,150円

総額　190,150円×210.22375m²×（1－0.7）＝11,992,213円

②　貸宅地（W）　　＊＊の一部　275.91m²

奥行きの距離　43m　奥行価格補正率　0.97

間口の距離　　 2m　間口狭小補正率　0.90

　　　　　　　　　　奥行長大補正率　0.90

借地権割合　　0.7

1m²当たりの価額

239,545円×0.97×0.90×0.90＝188,210円

総額　188,210円×275.91m²×（1－0.7）＝15,578,706円

①＋②＝27,570,919円

3　物件所在地　P市S町＊－＊－＊（382.51m²）

⑴　商業地用

【公示地】　所在地　S町＊＊			
価格形成要因（地域要因及び画地条件以外の個別的要因）			
条　　件	比　較　項　目	調　査　事　績	格差率
道路条件	道路の系統・連続性 前面道路の幅員 アーケード等の有無	優る 18.0m	5.0 －5.0
交通接近条件	最寄駅（バス停）までの道路距離 商業地域の中心への距離	Y駅まで100m 近接	3.5 5.0
環境条件	顧客の通行量	多い	10.0
行政的条件	用途地域等の制限 その他行政上の制限	用途地域（　　　） 容積率　（200）％ 建ぺい率（ 80）％	5.0
将来の動向		発展的に推移	10.0

（格差率計）	33.5
100 +（格差率計）	133.5
標準地を100とした場合の公示地又は物件土地の格差	公示価格（円）　520,000 100/133.5

【物件土地】所在地　S町＊－＊－＊			
価格形成要因（地域要因及び画地条件以外の個別的要因）			
条　　件	比　較　項　目	調　査　事　績	格差率
道路条件	道路の系統・連続性 前面道路の幅員 アーケード等の有無	普通 18.0m	0.0 －5.0
交通接近条件	最寄駅（バス停）までの道路距離 商業地域の中心への距離	R駅まで200m 近接	0.0 5.0
環境条件	顧客の通行量	普通	0.0
行政的条件	用途地域等の制限 その他行政上の制限	用途地域（　　　） 容積率　（200）％ 建ぺい率（ 80）％	5.0
将来の動向		現状で推移	0.0
（格差率計）			5.0
100 +（格差率計）			105.0
標準地を100とした場合の公示地又は物件土地の格差		105/100	
本件土地の価格　520,000円 × 100/133.5 × 105/100 = 408,988円			

11年分路線価（参考）　　公示地　　450,000円
　　　　　　　　　　　　物件土地　310,000円

(2)　画地要件

自用地　382.51m²

奥行きの距離　28.12m　奥行価格補正率　1.00

間口の距離　　13.6m　 間口狭小補正率　1.00

借地権割合　　0.7

借家権割合　　0.3

1路線に面する宅地　408,988円 × 1.0 = 408,988円

自用地の評価額　408,988円 × 382.51m² = 156,441,999円

貸家建付地の価額

156,441,999円 ×（1 － 0.7 × 0.3）= 123,589,179円

そこで、当該公示地の公示価格を基に、土地価格比準表（昭和50年1月20日付国土地第4号国土庁土地局地価調査課長通達「国土利用計画法の施行に伴う土地価格の評定等について」）に準じて地域的要因及び個別的要因の格差補正を行い、本件相続開始日における本件代償債務者の所有する土地の価額を算定する。

その結果、土地等の価額は、**図表－4**、**図表－8**及び**図表－9**に記載のとおり、合計244,982,229円となる。

図表－9　建物（P市S町：店舗共同住宅）

物件所在地	P市S町＊－＊－＊＊（748.49m²）	
	固定資産税評価額	58,187,650円
	倍数	1－0.3（借家権割合）＝0.7
	価額	58,187,650円×0.7＝40,731,355円

㋺　預貯金の価額

預貯金の価額は、**図表－5**に記載のとおり、N銀行＊＊支店ほか7社の合計16,375,269円となる。

㋩　立替金の価額

立替金の価額は、**図表－6**に記載のとおり、G、H及びTに対する立替金の合計39,782,208円となる。

(ロ)　債務の状況

債務の価額は、本件代償債務額を除くと、**図表－7**に記載のとおり、M金融公庫及びN銀行からの借入金並びに預り保証金の合計145,068,677円となる。

(ハ)　本件代償債務に対する財産上の返済可能額

上記(イ)及び(ロ)より、本件代償債務者の正味財産の価額は、**図表－10**の「審判所」欄のとおり、156,071,029円となるから、当該価額が本件相続開始日における同人の本件代償債務に対する財産上の返済可能額であると認めるのが相当である。

図表－10　本件代償債務者の正味財産の比較

（単位：円）

項目＼区分		請求人	審判所
資産	不動産	188,284,729	244,982,229
	預貯金	0	16,375,269
	立替金	0	39,782,208
	合計	188,284,729	301,139,706
債務	借入金	133,068,677	145,068,677
差引正味財産		55,216,052	156,071,029

②　本件代償債権の価額について

原処分庁は、本件相続開始日における本件代償債務者の有する資産及び債務の状況は、債務超過の状況にあると認められるが、同人には年間約10,000,000円前後の経常的な所得があると認められるから、本件代償債権の場合、その元本の価額の全部又は一部が、本件相続開始日において、その回収が不可能又は著しく困難であると見込まれるときに該当すると認めることはできないこと、また、本件代償債権には返済期限、返済方法の定めがないため、回収不可能な金額の算定をすることができず、また、返済能力がある間は、回収不能とはいえない旨主張するので、以下、検討する。

(イ) 評価通達205《貸付金債権等の元本価額の範囲》に定める回収が著しく困難であると見込まれるときとは、原処分庁も上記 **図表－２** の「原処分庁（課税庁）の主張」の(2)①で述べているとおり、通常、債務者の債務超過の状態が著しい場合において、その者の資産状況や返済能力等を総合的かつ客観的に判断して行うものと解されているところ、その返済能力については、その者の所得の状況はもちろん、その者の信用、才能等を活用しても、現にその債務を弁済するための資金を調達することができないのみならず、近い将来においても調達することができないと認められる場合をいうものと解される。

(ロ) 上記(イ)を本件についてみると、本件代償債務者については、本件代償債務額が上記①(ハ)の正味財産の価額を著しく超えているのは明らかであり、原処分庁も認めているとおり、本件代償債務者は、債務超過の状況にあるといえる。

(ハ) 原処分庁において債権が回収可能であるとの根拠とする本件代償債務者の経常的な年間所得の存在については、まず、同所得の全額を本件代償債権の返済に充てたとしても、返済完了までには55年の長期間が必要となるのであり、まして、本件代償債務者は公務員としての定年までの勤続年数が14年しかなく、さらに通常の生活費等を考慮すると、返済完了までの期間が更に長期化して55年を超えることは明らかであるから、この存在をもって返済方法、返済期限が現実に想定できるものではないというべきである。

(ニ) 本件代償債務者が、本件相続開始日において本件代償債権の返済を実行するならば、上記①(ハ)の正味財産の価額がその返済の限度額であって、当該財産には経常的な年間所得の過半を占める不動産所得の基因となる不動産が含まれているのであるから、この不動産を返済に充てると、当然にして、この不動産所得が発生しないこととなる。

そうすると、不動産所得を除いた給与所得から通常の生活費等を差し引くと、本件代償債務者は、到底本件代償債権を返済する資金的余力を有しないこととなることはもちろん、本件代償債権を返済するための資金調達の手段や資産をも失うこととなるのであるから、その正味財産をもって本件代償債権の一部を返済したその後においては、本件代償債務者は、返済不可能の状態になるといわざるを得ない。

(ホ) 上記(ロ)から(ニ)までのとおり、本件代償債務者は、債務超過の状態が著しく、正味財産を超える部分の本件代償債権について、その返済が不可能な状態にあると判断されるから、評価通達205《貸付金債権等の元本価額の範囲》に定める債権の一部の回収が不可能又は著しく困難であると見込まれるときに該当すると解するのが相当であり、本件代償債務者の経常的な年間所得を有することをもって、本件代償債権の全部が回収可能とする原処分庁の主張は採用することができない。

(ヘ) また、本来、相続の遺産分割による代償債権の返済期限及び返済方法は、共同相続人間での遺産分割協議により取り決められるものであるが、本件の場合、上記(1)①のとおり、本件代償債務者は、本件相続開始日までに、本件代償債権の返済を一切行っていないのであるから、この点において、本件代償債権は、返済期限及び返済方法の定めのない金銭債権であるとするのが相当である。

そうすると、債務の履行について期限の定めのないときは、債務者は履行の請求を受けた時が一般的に履行の期限となるのであり、原処分庁が主張する返済期限及び返済方法等の定めがないことをもって、回収が不可能な金額の算定をすることができないとはいえないから、この点に関しても原処分庁の主張は採用できない。

(ト) 上記(イ)ないし(ヘ)より、本件代償債権の価額の評価に当たっては、本件相続開始日における本件代償債務者の正味財産の価額を限度とし、当該財産の価額を上回るところの債務超過相当額に相当する部分の金額については、回収が著しく困難であると見込まれることとなるから、本件代償債権の元本の価額に算入しないこととするのが相当であると認められる。

(4) 結論

① 本件更正処分について

上記(1)ないし(3)のとおり本件相続開始日における本件代償債権の価額は、本件代償債務者の返済可能額である156,071,029円とするのが相当であり、原処分庁の本件更正処分において本件代償債権の価額であるとした554,000,000円との差額に相当する金額397,928,971円が減少する。

したがって、請求人の本件第2次相続に係る課税価格及び納付すべき税額を計算すると、71,261,600円となり、この金額は、本件更正処分の金額を下回るから、本件更正処分の一部を取り消すのが相当である。

② 本件賦課決定処分について

請求人は、本件第2次相続に係る相続税を計算するに当たり、本件更正処分の一部が取り消されることに伴い、減額される部分以外の税額については、これを計算の基礎としていないことについて国税通則法第65条《過少申告加算税》第4項（筆者注 現行の規定では、第5項とされている。以下、本問において同じ）に規定する正当な理由があるとは認められず、減額される部分以外の税額について、同法第65条第1項及び第2項に基づいてなされた本件賦課決定処分は適法である。

そして、上記①のとおり、本件更正処分の一部が取り消されることに伴い、請求人に係る本件賦課決定処分についてはその一部をいずれも取り消すのが相当である。

〔6〕まとめ

(1) 裁決事例の結果

先例とされる裁決事例では、本件代償債権の価額につき、評価通達205《貸付金債権等の元本価額の範囲》に定める「その回収が不可能又は著しく困難であると見込まれるとき」に該当するか否かが争点とされたものであり、双方（請求人・原処分庁）の主張額及び国税不服審判所の判断額を示すと、図表－11のとおりとなり、結果として、請求人（納税者）の主張の一部が容認されることになった。

図表－11　本件代償債権の価額（双方の主張額及び国税不服審判所の判断額）

区　分	価　額	評価方法	計算過程
請求人（納税者）	55,216,052円	回収可能額	554,000,000円－498,783,948円＝55,216,052円 （本件代償債権の元本額）（本件代償債務者に係る債務超過額）
原処分庁（課税庁）	554,000,000円	元本の価額	
国税不服審判所	156,071,029円	回収可能額	301,139,706円－145,068,677円＝156,071,029円 （本件代償債務者に係る資産の合計額）（本件代償債務者に係る本件代償債務を除く負債の合計額）

(2) 参考法令通達等

- 評価通達204《貸付金債権の評価》
- 評価通達205《貸付金債権等の元本価額の範囲》

本問から学ぶ重要なキーポイント

(1)　貸付金債権等の回収可能見込額を算定する場合において、債務者が所有する土地の価額決定に当たっては、実際の不動産取引は必ずしも公示価額では行われていないことから、正式な鑑定評価によるべきであると主張する向きがあるかもしれません。

しかしながら、次に掲げるような状況にある場合には、上記に掲げる主張は認められないものとされています。

①　公示価額を下回る売買実例の存在が確認できない状況

② 主張者から不動産鑑定士等による不動産鑑定書の提出がなく、鑑定評価を検討する余地もない状況

⑵ 貸付金債権等の価額につき、評価通達205《貸付金債権等の元本価額の範囲》に定める「その回収が不可能又は著しく困難であると見込まれるとき」に該当するかどうかの判断に当たっては、貸付金債権等に係る債務者が個人である場合には、それが法人である場合に比して明らかに異なる事項があり、その点の確認に留意をする必要があります。

先例とされる裁決事例からこれを抽出すると、次のとおりです。

① 評価通達205に定める回収が著しく困難であると見込まれるときとは、通常、債務者の債務超過の状態が著しい場合において、その者の資産状況や返済能力等を総合的かつ客観的に判断して行うものと解されているところ、その返済能力については、その者の所得の状況はもちろん、その者の信用、才能等を活用しても、現にその債務を弁済するための資金を調達することができないのみならず、近い将来においても調達することができないと認められる場合をいうものと解されています。

② 本件代償債務者の経常的な年間所得（約10,000,000円）の存在については、まず、同所得の全額を本件代償債権の返済に充てたとしても、返済完了までは55年の長期間が必要となるものであり、そして、本件代償債務者は公務員としての定年までの勤続年数が14年しかなく、さらに通常の生活費を考慮すると、返済完了までの期間が更に長期化して55年を超えることは明らかであるから、この存在をもって返済方法、返済期間が現実に想定できるものではないというべきであるとされています。

③ 本件代償債務者が本件相続開始日において本件代償債権の返済を実行した場合

㈠ 本件代償債務者が、本件相続開始日において本件代償債権の返済を実行するならば、正味財産の価額がその返済の限度額であって、当該財産には経常的な年間所得の過半を占める不動産所得の基因となる不動産が含まれているのであるから、この不動産を返済に充てると、当然にして、この不動産所得は発生しないことになります。

㈡ 上記㈠より、不動産所得を除いた給与所得から通常の生活費等を差し引くと、本件代償債務者は、到底本件代償債権を返済する資金的余力を有しないこととなることはもちろん、本件代償債権を返済するための資金調達の手段や資産をも失うこととなります。

㈢ 上記㈠及び㈡より、その正味財産をもって本件代償債権の一部を返済したその後においては、本件代償債務者は、返済不可能の状態になるといわざるを得ないものとされています。

④　債務の履行について期限の定めのないとき（本件代償債務については履行期限その他の履行条件の定めはなし）は、債務者は履行の請求を受けた時が一般的に履行の期限となるのであり、返済期限及び返済方法等の定めがないことをもって、回収が不可能な金額の算定をすることができない（換言すれば、回収は可能である）とはいえないとされています。

貸付金債権に係る実務対策

被相続人の相続財産に係る遺産分割において、代償分割の方法が採用される事例が近時、増加傾向にあるといわれています。この代償分割を採用すると、当然ながら、代償債権者は代償債務者に対して代償債権を有することになりますが、この代償債権については、次に掲げる事項に留意する必要があります。

⑴　代償債務者の代償債権者に対する代償債務の支払能力

特に、先例となる裁決事例のように、代償分割に係る相続（本件第１次相続）により取得した不動産の譲渡代金をもって弁済原資に充当する旨を想定していたところ、その後の地価下落等によって譲渡のタイミングを逸失してしまったという事例が多いように思われます。

⑵　代償債権者が有する代償債権（未回収分）への対応

代償債権者が有する代償債権（未回収分）の価額が論点とされる事例（先例とされる裁決事例がこれに該当）が摘示されるところ、先例とされる裁決事例のように、代償債権者に係る相続（本件第２次相続）において、その回収が不可能又は著しく困難であると見込まれるとして、当該代償債権に係る回収可能見込額をもって評価するという対応も一つの方法として考えられます。

また、他の方法として、代償債権者が代償債務者に対して有する代償債権の全部又は一部の支払を免除するという方策も考慮の一つになるものと考えられます。この債務免除があった場合の債務者に対する課税関係は、相続税法第８条《贈与又は遺贈により取得したものとみなす場合―免除等を受けた債務》に規定されており、これをまとめると、次のとおりになります。

代償債権者からその生前に代償債務者（個人）に対して債務免除があった場合の取扱い

①　原則的な取扱い（代償債務者が贈与により取得したものとみなされて贈与税が課税される場合）

（課税要件）　対価を支払わないで、又は著しく低い価額の対価で債務の免除による利益を受けた場合

（課税時期）　当該債務の免除があった時

（課税対象者）　当該債務の免除により利益を受けた者

（課税対象額）　当該債務の免除の金額に相当する金額（対価の支払があった場合には、その価額を控除した金額）

（取得原因）　当該債務の免除をした者から贈与により取得したものとみなされます。

②　特例的な取扱い（課税されない場合）

上記①に掲げる債務の免除が次に掲げる要件に該当する場合には、当該贈与により取得したものとみなされた金額のうち、当該債務を弁済することが困難である部分の金額については、贈与税の課税対象（みなし贈与）とされないものとされています。

(イ)　債務者が資力を喪失して債務を弁済することが困難であること

(ロ)　当該債務の全部又は一部の免除を受けたこと

（注）　債務の免除の場合には、「当該債務の免除をする者と当該債務の免除を受けようとする者の関係が扶養義務者の関係でなければならない」というような制約条件は設けられていません。

5 貸付金債権等の放棄とみなし贈与課税

Q5-1

相続税法基本通達9－2《株式又は出資の価額が増加した場合》の定め（要旨：同族会社の株式の価額が債務免除により増加した場合には当該同族会社の株主が当該増加部分に相当する金額を当該債務免除者より贈与により取得したものとする取扱い）につき、各種論点よりその適法性が争点とされた事例

事例 国税不服審判所裁決事例
（平成18年6月8日裁決、金裁（諸）平17－35、平成15年贈与分）

疑問点

個人甲は同族会社（法人税法第2条《定義》第10号に規定する同族会社に該当し、当該法人の株主は個人甲の長男であるA（長男A）がその発行済株式総数の100%を所有しています）である甲㈱（同社の代表取締役は、個人甲です）に対して25,000,000円の貸付金を有していましたが、この度、諸般の事情からその全額を放棄することとし、その旨を甲㈱に通知しました。

相続税法基本通達9－2《株式又は出資の価額が増加した場合》においては、要旨、「同族会社（法人税法第2条《定義》第10号に規定する同族会社をいう）の株式の価額が対価を受けないで会社の債務免除があったことにより増加したときは、同族会社の株主が当該増加した部分に相当する金額を、当該債務の免除をした者から贈与によって取得したものとして取り扱う」と定めています。

そうすると、上記の債権放棄に対して、この相続税法基本通達9－2の定めはどのように適用されるのか説明してください。また、同通達の実務上の運用として、次に掲げる論点についてはどのように解釈することが相当とされるのでしょうか。

論点1 上記の債権放棄があったとしても直接的に利益を受けるのは会社（甲㈱）であり、甲㈱の株主である長男Aが直接利益を受けるものとは解されず、このような利益を課税適状とすることに問題はないのか。

論点2 **論点1**を仮におくとしても、相続税法基本通達9－2の定めの対象とされているのは同族会社の株主とされており、非同族会社の株主は対象とされていない。この点において、同通達は課税の公平の観点から問題はないのか。

回　答

お尋ねの場合、甲㈱は同族会社であることから、債務免除によりその株式の価額が増加したのであれば、たとえ間接的利益であっても、甲㈱の株主である長男Ａは、当該利益を贈与により取得したものとみなされて贈与税が課税されることになります。

解　説

(1)　お尋ねの場合、甲㈱が債務免除を受けたことによって甲㈱の株式の価額が増加したと認められるときには、甲㈱の株主である長男Ａは、債権放棄者である個人甲より当該増加部分の金額に相当する経済的利益を贈与により取得したものとみなされて、長男Ａに対して贈与税が課税されることになります。

　これは、相続税法第９条《贈与又は遺贈により取得したものとみなす場合―その他の利益の享受》の具体的な適用事例の一つであると考えられます。

(2)　相続税又は贈与税を課税する趣旨は、その財産を新規取得した者又は旧来から継続所有している者に対する無償又は著しく低い価額の対価による経済的利益の移転を担税力とするものであることから、当該利益の享受者が直接利益を受ける者であるか、又はお尋ねの場合のように間接的に利益を受ける者であるかは問われるものではないと考えられます。

　なお、お尋ねの場合の甲㈱の株式の価額の増加額は、評価益とは異なるものであることに併せて留意する必要があります。

(3)　上記(2)に掲げる無償又は著しく低い価額の対価による経済的利益の移転に対する相続税又は贈与税の課税に当たっては、その利益を相手方に享受（帰属）させることについての「積極的な行為」が必要と解されていることから、当該行為を恣意的に実行することが容易な同族会社を対象に相続税法基本通達９－２《株式又は出資の価額が増加した場合》が定められたものと考えられており、同通達は合理的な法令解釈等の範囲内にあるものと解されています。

検討先例

Q5-1 の検討に当たっては、下記に掲げる裁決事例が先例として参考になります。

◉国税不服審判所裁決事例（平成18年６月８日裁決、金裁（諸）平17－35、平成15年贈与分）

〔1〕事案の概要

　本件は、請求人が株主となっている同族会社が有する債務が免除されたことに伴い当該同族会社の株価が増加したことについて、原処分庁が、株価の増加した部分に相当する経済的利益を請求人が贈与により取得したとみなして、贈与税の決定処分等をしたことに対し、請求人が、調査手続及び贈与税課税の違法又は不当を理由として、同処分等の全部の取消しを求めた事案である。

〔2〕基礎事実

(1) 甲㈱について

① 甲㈱は、被相続人を創業者として昭和57年9月16日に設立された同族会社である。

② 甲㈱は、平成11年7月30日に、同社の代表者を被相続人から請求人に変更した。

(2) 甲㈱に対する貸付金債権の返済免除

① 被相続人は、甲㈱に対して有していた貸付金債権について、平成12年1月12日に60,000,000円、平成13年7月26日に74,000,000円をそれぞれ免除した。

なお、甲㈱は、平成11年9月1日から平成12年8月31日までの事業年度、平成12年9月1日から平成13年8月31日までの事業年度（以下「平成13年8月期」という）の決算において、これらと同額の債権放棄受贈益及び債務免除益を計上した。

② 被相続人の妻である甲は、甲㈱に対して有していた貸付金債権について、平成14年8月31日に17,000,000円を免除した。

なお、甲㈱は、平成13年9月1日から平成14年8月31日までの事業年度（以下「平成14年8月期」という）の決算において、これと同額の債務免除益を計上した。

③ 甲は、甲㈱に対して有していた貸付金債権について、平成15年8月31日に25,000,000円を免除（以下「本件債務免除」という）した。

なお、甲㈱は、平成14年9月1日から平成15年8月31日までの事業年度（以下「平成15年8月期」という）の決算において、これと同額の債務免除益を計上した。

(3) 本件相続と相続税申告について

請求人は、平成＊＊年＊＊月＊＊日（筆者注）に死亡した被相続人の相続人であるが、この相続（以下「本件相続」という）開始に係る相続税について、法定申告期限までに申告した。

筆者注 本件裁決事例では被相続人に係る相続開始日は非公開とされたが、関係資料から合理的に判断すると、平成13年7月26日以降で概ね平成14年中と推認される。

(4) 本件相続税調査について

請求人は、平成16年5月19日、本件相続に係る相続税について、原処分庁所属の調査担当職員の調査（以下「本件相続税調査」という）を受け、平成16年10月8日に相続税の修正申告書を提出した。

なお、本件相続税調査においては、被相続人が甲㈱に債務免除を行っていた（筆者注平成12年中に60,000,000円、平成13年中に74,000,000円）ことから、被相続人に係る贈与税についても同時並行して調査が行われた。なお、甲に係る贈与税についても調査が行われた。

⑸　平成15年分の贈与税の決定処分等について

原処分庁は、請求人の平成15年分の贈与税（筆者注）について、平成17年１月28日付で決定処分及び無申告加算税の賦課決定処分をした。

筆者注　平成15年分の贈与税は、平成15年８月31日に甲（本件相続に係る被相続人の妻）が有していた甲㈱に対する貸付金債権25,000千円を免除（本件債務免除）したことに起因するものである。

筆者注　上記⑴ないし⑸に掲げる基礎事実を時系列的にまとめると、図表－１のとおりとなる。

図表－１　本件裁決事例における時系列

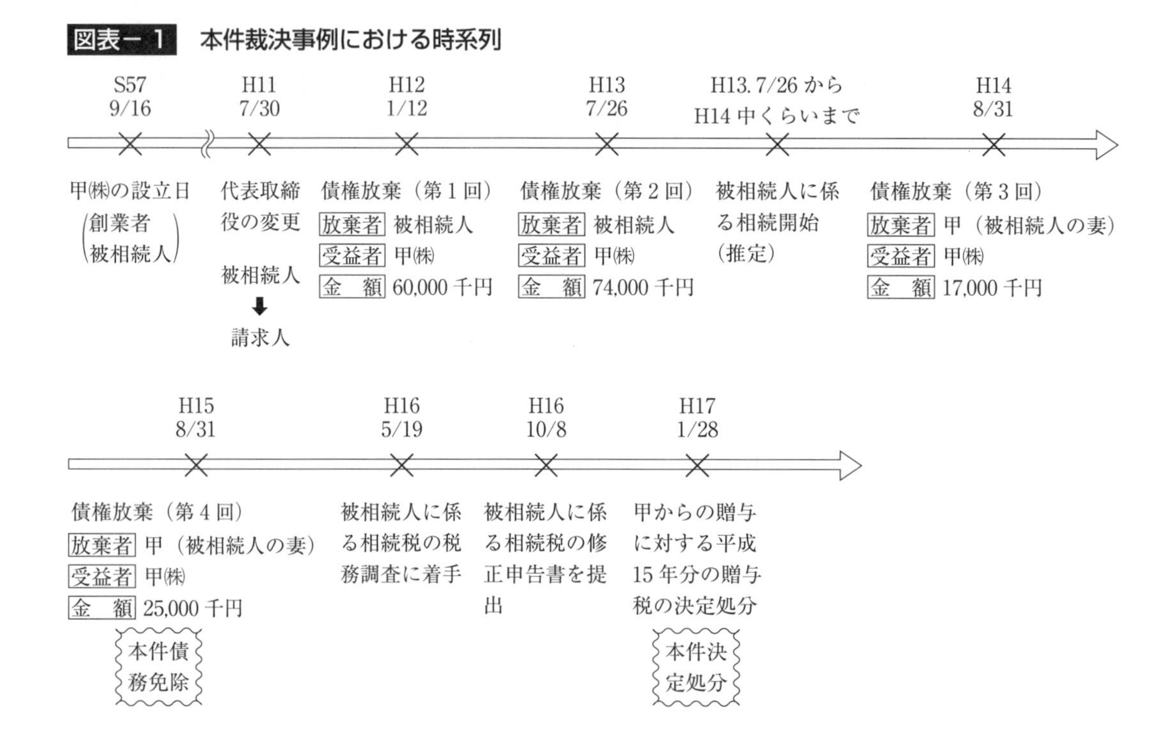

〔３〕争点

本件の争点は、本件債務免除により相続税法第９条《贈与又は遺贈により取得したものとみなす場合―その他の利益の享受》に規定するいわゆるみなし贈与財産に該当する利益が生じているとして、相続税法基本通達９－２《株式又は出資の価額が増加した場合》の定めを適用することの適法性の可否にあり、具体的には、次の２点となる。

⑴　**（争点１）**　株式評価益に対する課税の可否

⑵　**（争点２）**　課税対象を同族会社の株主に限定することの可否

〔４〕争点に関する双方（請求人・原処分庁）の主張

各争点に関する請求人・原処分庁の主張は、図表－２のとおりである。

図表－2　各争点に関する請求人・原処分庁の主張

（争点１）株式評価益に対する課税の可否

請求人（納税者）の主張	原処分庁（課税庁）の主張
相続税法、所得税法、法人税法及び商法は、未実現利益は利益でないことから株式評価益そのものを財産とする規定はなく、所得税法、法人税法及び商法の各規定は、資産の評価益を利益として認めておらず、資産を取得すれば会計帳簿に取得価額で記載することになっており、所有している株式に評価益が生じても、その評価益を財産の取得と認めていない。 したがって、所有株式の評価益は相続税法第９条《贈与又は遺贈により取得したものとみなす場合―その他の利益の享受》に規定する利益の享受に当たらず、同条を逸脱した相続税法基本通達９－２《株式又は出資の価額が増加した場合》を適用して、請求人らが所有している株式の評価益を経済的利益とし、利益でない株式の評価益を財産の取得であるとした本件決定処分は違法である。 なお、原処分庁は、甲㈱が債務免除を受ける必要性の実態調査を行わないで、当該会社の貸借対照表上の財産状態だけで本件決定処分を行っているが、甲㈱の財務状態は、連年にわたり債務超過状態のため数回の債務免除を受け、更に、増資をも実施して会社の信用回復と経営維持へ懸命の努力を行っているのであるから、課税の公平という相続税法第９条の趣旨を取り違えた誤った判断をしている。	⑴　相続税法第９条《贈与又は遺贈により取得したものとみなす場合―その他の利益の享受》の趣旨及び具体的判断基準については、次のとおりである。 相続税法第９条は、一般的に対価を支払わないで又は著しく低い価額の対価で利益を受けた場合には、当該利益を受けた時において、当該利益を受けた者が、当該利益の価額に相当する金額を当該利益を受けさせた者から贈与又は遺贈により取得したものとみなして、贈与税又は相続税の課税財産とする旨規定している。 相続税法基本通達９－２《株式又は出資の価額が増加した場合》は、同族会社の株式の価額が、対価を受けないで会社の債務の免除があったことにより増加したときにおいては、同族会社の株主又は社員が当該株式の価額のうち増加した部分に相当する金額を、当該債務の免除をした者から贈与によって取得したものとして取り扱うものとし、この場合における贈与による財産の取得時期は、債務の免除があった時によるものとする旨定めている。 そうすると、本件債務免除により利益を受けたか否かについては、本件債務免除直後の１株当たりの価額が本件債務免除直前の１株当たりの価額より増加しているか否かによりこれを判定することになる。 ⑵　上記⑴を本件についてみると、次に掲げる事項から、相続税法第９条に該当し、みなし贈与課税がなされることになる。 ①　本件債務免除は、同族会社に対するものであること ②　本件債務免除は、甲㈱が資力を喪失した場合において行われたものでないこと ③　本件債務免除により、会社の株式の価額が増加していること

（争点２） 課税対象を同族会社の株主に限定することの可否

請求人（納税者）の主張	原処分庁（課税庁）の主張
相続税法基本通達９－２《株式又は出資の価額が増加した場合》は、債務免除益による株価増加部分の金額は、債務免除した者から株主への贈与に当たるとしているが、この株主は同族会社の株主に限定適用になっており、債務免除の同一果実に対して、特定の株主だけに贈与税課税を強制して納税義務者として取り扱うことは、不当である。	贈与行為は、通常、親族間などの同族関係者間で行われることが一般的であり、また、通常第三者間では行われない行為（取引）が同族会社においては容易に行われるので、同族会社に対する同族関係者の債務免除により、同族会社の純資産が増加し、株主の所有する株式の価額が増加することについては、当該株主は、実質的に増加した株式の価額に相当する額の経済的利益を贈与により取得したとみることが税負担の公平の見地から相当と認められる。 したがって、同族会社に限ってみなし贈与課税の取扱いをすることは、違法なものではない。

参考　原処分庁（課税庁）が主張する本件債務免除により請求人が受けた利益の価額の計算方法

(1)　甲㈱の株価の評価については、評価通達の定めに基づき評価することになる。甲㈱は非上場会社であることから、取引相場のない株式となる。

そして、相続税法第９条《贈与又は遺贈により取得したものとみなす場合―その他の利益の享受》の規定の趣旨は、贈与により取得した財産でなくても、実質的にこれと同様の経済的利益を受けたと認められる場合には、課税の公平の見地から、その経済的利益の額を贈与により取得したものとみなして、贈与税の課税財産とすることとしたものである。

そうすると、相続税法第９条の「対価を支払わないで利益を受けた場合」とは、対価を支払わないで経済的利益を受け、それが贈与と同様の実質を有する場合をいうと解される。

(2)　請求人は、所有株式の評価益は相続税法第９条《贈与又は遺贈により取得したものとみなす場合―その他の利益の享受》に規定する利益に当たらず、相続税法第９条を逸脱した相続税法基本通達９－２《株式又は出資の価額が増加した場合》を適用して、請求人が所有している株式の評価益を経済的利益とし、利益でない株式の評価益を財産の取得であるとした本件決定処分は違法である旨主張する。

確かに、債務免除のように、会社に対して財産の無償提供等があった場合、会社の純資産が増加した部分に対応する部分については、直接利益を受けるのは会社であり、その結果として株式の価額が増加したとしてもそれは株主の受ける間接的な利益であることから、形式的には個人から個人に対する贈与には当たらない。

しかし、直接、財産の移転があった場合に贈与税の課税が行われ、会社に対して贈与を行ったことによる間接的な株主の利益すなわち株式の価額が増加した部分に相当する利益に贈与税の課税が行われないとすれば、課税の公平を失することとなる。このため、財産の無償提供等により会社の純資産が増加した場合に、株式の価額が増加した部分に相当する利益を財産上の利益として評価通達に基づき評価すると、本件債務免除前の1株当たりの価額は、13,965円となり、本件債務免除後の1株当たりの価額は、32,715円となる。

(3) 利益の価額に相当する金額については、本件債務免除後の1株当たりの価額から本件債務免除前の1株当たりの価額を差し引いた18,750円（32,715円－13,965円）となり、経済的利益の贈与とみなされる請求人の経済的利益の額に相当する金額は、1株当たりの株式価額の増加額18,750円に、請求人の各保有株数を乗じて算定した金額になる。

〔5〕国税不服審判所の判断

(1) 争点1（株式評価益に対する課税の可否）について

① 法令解釈等

相続税法第9条《贈与又は遺贈により取得したものとみなす場合―その他の利益の享受》は、対価を支払わないで利益を受けた場合は、当該利益を受けた者が、当該利益を受けた時における当該利益の価額に相当する金額を当該利益を受けさせた者から贈与により取得したものとみなす旨規定している。

これは、私法上の贈与契約によって財産を取得したものでないが、贈与と同じような実質を有する場合に、贈与税を課税することができないとするならば、課税の公平を失することになるので、この不合理を補うために、対価を支払わないで経済的利益を受けた場合においては、贈与契約の有無にかかわらず贈与により取得したものとみなし、これを課税財産として贈与税を課税することとしたものである。株式の価額が増加した部分に相当する利益を財産上の利益として相続税法第9条の規定により、財産の無償提供等を行った者から贈与により取得したものとみなして贈与税の課税財産とするのが相当であり、相続税法基本通達9－2《株式又は出資の価額が増加した場合》は、同法同条の規定の趣旨に沿って、具体的な取扱いについて例示しているものである。この取扱いについては審判所においても相当と認められ、相続税法基本通達9－2を相続税法第9条に反した取扱いであるということはできない。

② 当てはめ

上記①を本件における請求人の所有する甲㈱の株式についてみると、本件債務免除により対価を支払わないでその価額が増加していることが認められる。請求人が受けたかかる経済的利益は、私法上の贈与契約によって取得したものではなく、また、形式的にも個人から個人に対する贈与には当たらないが、対価を支払わないで甲㈱から受けた経済的利益であって、贈与と同じような実質を有するといわざるを得ない。

したがって、この経済的利益が相続税法第9条《贈与又は遺贈により取得したものとみなす場合―その他の利益の享受》に規定する利益に当たらないとする請求人の主張には理由がない。

⑵ 争点2（課税対象を同族会社の株主に限定することの可否）について

○当てはめ

請求人は、相続税法基本通達9－2《株式又は出資の価額が増加した場合》が同族会社の株主に限定した不当な取扱いである旨主張する。

しかしながら、相続税法第9条《贈与又は遺贈により取得したものとみなす場合》において「利益を受けさせた者から贈与により取得したものとみなす」と規定されているところ、その利益を受けさせることについての積極的な行為を判定する必要上、相続税法基本通達9－2は、贈与行為が親族間などの同族関係者間で行われることが一般的であることから、相続税法第9条についての比較的典型的な事例として同族会社の例を挙げているものであって、相続税法第9条が適用される場合を限定的に列挙しているものではない。

したがって、この点に関する請求人の主張には理由がない。

⑶ 総括（本件決定処分の適法性）

上記⑴及び⑵のとおり、本件債務免除により株式の価額が増加した部分に相当する利益については、相続税法第9条に規定するみなし贈与財産に該当すると認めるのが相当である。

そして、その利益の価額に相当する金額は、本件債務免除により増加した株式の評価額と本件債務免除直前の株式の評価額の差額相当分となり、株式の評価額が増加したことによる請求人の平成15年分の贈与税の課税価格及び納付すべき税額を計算すると、いずれも本件各決定処分の額と同額となるから、本件各決定処分は、いずれも適法である。

〔6〕まとめ

⑴ 裁決事例の結果

先例とされる裁決事例では、本件債務免除（平成15年中における甲の甲㈱に対する貸付金債権25,000,000円の免除）の結果において生じた甲㈱の株式価額の増加額相当額の経済的利益に対するみなし贈与課税につき、請求人（納税者）が当該課税を違法と主張したのに対し、原処分庁（課税庁）が主張し国税不服審判所がこれを相当と判断したのが当該課税を課税適状にあり適法としたものであったため、結果として、請求人（納税者）の主張は容認されなかった。

⑵ 参考法令通達等

- 相続税法第9条《贈与又は遺贈により取得したものとみなす場合―その他の利益の享受》
- 相続税法基本通達9－2《株式又は出資の価額が増加した場合》

● 法人税法第２条《定義》

本問から学ぶ重要なキーポイント

⑴　債務免除による同族会社の株式価額の増加額に対するみなし贈与に関する重要認識事項

①　相続税法第９条《贈与又は遺贈により取得したものとみなす場合―その他の利益の享受》の「対価を支払わないで利益を受けた場合」とは、対価を支払わないで経済的利益を受け、それが贈与と同様の実質を有する場合をいうと解されます。

②　上記①より、財産の無償提供等により会社の純資産が増加した場合に、株式の価額が増加した部分に相当する利益を財産上の利益として相続税法第９条の規定により、財産の無償提供等を行った者から贈与により取得したものとみなして贈与税の課税財産とするのが相当とされます。

③　相続税法基本通達９－２《株式又は出資の価額が増加した場合》は、相続税法第９条の規定の趣旨に沿って、具体的な取扱いについて例示しているものといえます。

⑵　株式価額の増加額の算定方法

①　債務免除による同族会社の株式価額の増加額に係るみなし贈与による財産の取得時期は、当該債務の免除があった時によるものと定められていることから、債務免除により利益を受けたか否かについては、当該債務免除直後の１株当たりの価額が当該債務免除直前の１株当たりの価額より増加しているか否かにより、これを判定することが相当とされます。

②「債務免除により利益を受けた」（上記①の＿＿部分）その価額に相当する金額は、当該債務免除により増加した株式の評価額と当該債務免除直前の株式の評価額の差額相当分とされます。

（注）　この株式価額の増加額の算定方法につき、その具体的な求め方は、下記の【貸付金債権に係る実務対策】の⑴及び⑵を参照してください。

⑶　本件債務免除が着目された経緯

相続税の税務調査においては、一般に相続人等が相続等により取得した財産の確認等のため、必要に応じて相続開始以前及び相続開始後の財産の移動状況等についても、その確認が行われるものとされています。本件裁決事例においても、被相続人に係る相続税の税務調査の過程において相続開始後の状況について調査が行われた過程のなかで、本件債務免除（被相続人に係る相続開始後の甲の甲㈱に対する貸付金債権の免除）を原処分庁（課税庁）が把握したものと考えられます。

したがって、同族会社の関係者が被相続人である相続税の申告業務を受託した場合には、当該同族会社に対する債付金債権の免除につき、次に掲げる幅広い観点からの確認が必要とされます。

① 貸付金債権の免除の時期につき、被相続人に係る相続開始の前後を問わず確認する必要があること

② 貸付金債権の免除者につき、被相続人又は当該被相続人以外の者を問わず確認する必要があること

貸付金債権に係る実務対策

⑴ 同族会社の株式の価額の算定方法

上記の **本問から学ぶ重要なキーポイント** の⑵①に掲げる「債務免除直後の１株当たりの価額」と「債務免除直前の１株当たりの価額」の算定方法を当該同族会社の株式価額の評価態様別（純資産価額方式・類似業種比準価額方式）にまとめると、次のとおりとなります。

① 純資産価額方式

㈠ 原則的な取扱い

債務の免除があったときにおける評価会社の資産及び負債（換言すれば、債務の免除があったときの状況における仮決算に基づく資産及び負債）を基に算定します。

㋑ 債務免除直後の１株当たりの純資産価額（相続税評価額によって計算した金額）

債務免除があったものとして、当該債務免除に係る債務の減免後の債務（負債）を基に算定します。

なお、この場合において、評価会社が受けた債務免除益の価額が法人税法に規定する益金の額に算入されるときには、当該益金の額に対応する法人税額等相当額を評価会社に係る負債として認識することが相当と考えられます。

この取扱いについて、次の **図表－３** ないし **図表－５** を参照してください。

図表－３　債務免除直前における仮決算に基づく甲㈱（同族会社）の資産及び負債の状況

資産の部			負債の部		
勘定科目	相続税評価額	帳簿価額	勘定科目	相続税評価額	帳簿価額
諸資産	20億円	8億円	役員甲借入金 その他諸負債	5億円 10億円	5億円 10億円
（合計）	20億円	8億円	（合計）	15億円	15億円

債務免除の状況 **図表－3** の状況において、役員甲の有する債権の全額（5億円）の支払を免除する旨の通知が甲㈱（発行済株式数10,000株で自己株式は保有していません）に対して行われました。

なお、甲㈱においては、債務免除が行われた事業年度の直前事業年度の段階で、法人税法上、繰越控除が可能な欠損金額が、6億円存在する（**事例1**）又は2億円存在する（**事例2**）ものとします。

図表－4　債務免除直後における甲㈱（同族会社）の資産及び負債の状況〔事例1の場合〕

資産の部			負債の部		
勘定科目	相続税評価額	帳簿価額	勘定科目	相続税評価額	帳簿価額
諸資産	20億円	8億円	役員甲借入金 その他諸負債 債務免除益に対応する法人税額等相当額（注）	0億円 10億円 0億円	0億円 10億円 0億円
（合計）	20億円	8億円	（合計）	10億円	10億円

（注）　債務免除益に対応する法人税額等相当額
5億円（債務免除による益金算入額）＜6億円（控除可能な繰越欠損金額）　∴0円

事例1の場合の1株当たりの純資産価額（相続税評価額によって計算した金額）

$$\frac{(20億円-10億円)-\{(20億円-10億円)-〔(8億円-10億円)\Rightarrow 0円)〕\}\times 37\%}{10{,}000株}=\underline{\underline{63{,}000円}}$$

図表－5　債務免除直後における甲㈱（同族会社）の資産及び負債の状況〔事例2の場合〕

資産の部			負債の部		
勘定科目	相続税評価額	帳簿価額	勘定科目	相続税評価額	帳簿価額
諸資産	20億円	8億円	役員甲借入金 その他諸負債 債務免除益に対応する法人税額等相当額（注）	0億円 10億円 1.11億円	0億円 10億円 1.11億円
（合計）	20億円	8億円	（合計）	11.11億円	11.11億円

（注）　債務免除益に対応する法人税額等相当額
（5億円（債務免除による益金算入額）－2億円（控除可能な繰越欠損金額））×37％＝1.11億円

事例2の場合の1株当たりの純資産価額（相続税評価額によって計算した金額）

$$\frac{(20億円-11.11億円)-\{(20億円-11.11億円)-〔(8億円-11.11億円)\Rightarrow 0円)〕\}\times 37\%}{10{,}000株}=\underline{\underline{56{,}007円}}$$

㋺　債務免除直前の１株当たりの純資産価額（相続税評価額によって計算した金額）

債務免除があった場合であっても、当該債務免除に係る債務の減免前の債務（負債）を基に算定します。

この取扱いについて、上記㋑の**図表－３**に基づいて１株当たりの純資産価額（相続税評価額によって計算した金額）を算定すると、次のとおりとなります。

$$\frac{(20億円-15億円)-\{(20億円-15億円)-〔(8億円-15億円)\Rightarrow 0円)〕\}\times 37\%}{10,000株}=31,500円$$

参考　原則的な取扱いの算定時点のイメージは、次の**図表－６**のとおりです。

図表－６　**原則的な取扱い（債務免除時基準）のイメージ**

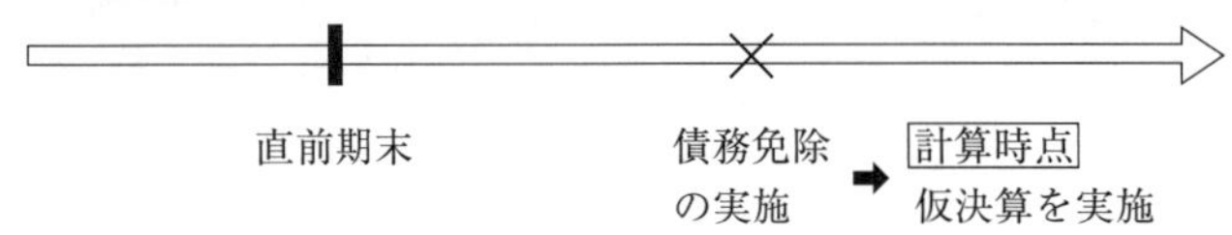

(ロ)　特例的な取扱い

評価会社につき、次に掲げる要件を充足しているものと認められる場合においては、債務免除があったときにおける評価会社の資産及び負債の金額は、当該債務免除があった日の属する事業年度に係る直前期末における資産及び負債を対象として算定することも認められるものと考えられます。

要件１　仮決算を行っていないため、評価会社の課税時期（債務免除時）における資産及び負債の金額が明確でないこと

要件２　評価会社に係る直前期末から課税時期（債務免除時）までの間に資産及び負債について著しく増減がないため評価額の計算に影響が少ないと認められること

㋑　債務免除直後の１株当たりの純資産価額（相続税評価額によって計算した金額）

評価会社に係る課税時期（債務免除時）の直前期末の時点において当該債務免除があったものとして、当該債務免除に係る債務の減免後の債務（負債）を基に算定します。

なお、この場合において、評価会社が受けた債務免除益の価額が法人税法に規定する益金の額に算入されるときには、当該益金の額に対応する法人税額等相当額を評価会社に係る負債として認識することが相当と考えられます。

この取扱いについては、上記(イ)に掲げる**図表－３**ないし**図表－５**を参照してください。

ただし、当該参照に当たっては、**図表－３**を「甲㈱（同族会社）の直前期末

における資産及び負債の状況（債務免除前）」と読み替える必要があります。

参　考　特例的な取扱いの算定時点のイメージは、次の**図表－7**のとおりです。

図表－7　特例的な取扱い（直前期末時基準）のイメージ

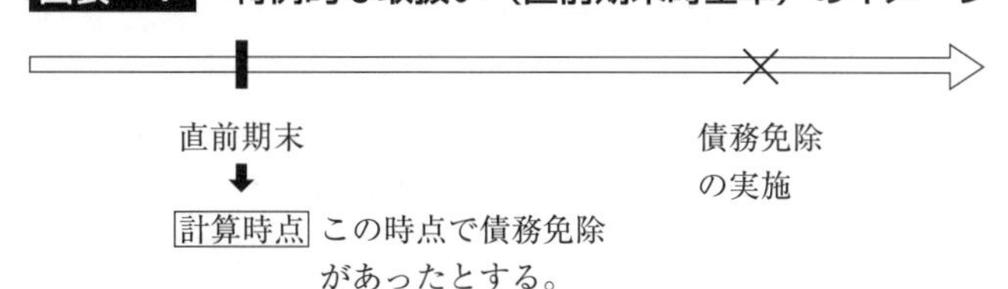

②　類似業種比準価額

評価通達183《評価会社の１株当たりの配当金額等の計算》の定めでは、評価会社の「１株当たりの配当金額（Ⓑ）」、「１株当たりの利益金額（Ⓒ）」及び「１株当たりの純資産価額（帳簿価額によって計算した金額）（Ⓓ）」の計算は、いずれも評価会社の課税時期に係る直前期末以前の数値資料を用いて計算するものとされています。

そうすると、同族会社が債務免除を受ける等の財産の無償提供を受けた場合における株式の価額の増加部分の算定方法について疑義が生じるところとなりますが、評価実務上では、次に掲げる**資　料**のとおりに取り扱われています。

資　料　同族会社に対して財産の無償提供があった場合の類似業種比準価額の増加部分の算定方法等

算定方法　同族会社に対して財産の無償提供があった場合の類似業種比準価額の増加部分の価額は、次に掲げる(1)の金額から(2)の金額を控除した金額によるものとされています。

(1)　直前期末において、財産の無償提供があったものと仮定して計算した類似業種比準価額

(2)　直前期末において、財産の無償提供がなかったものとして計算した類似業種比準価額

参　考　上記の取扱いのイメージは、次の**図表－8**のとおりです。

図表－8　類似業種比準価額を算定する場合のイメージ

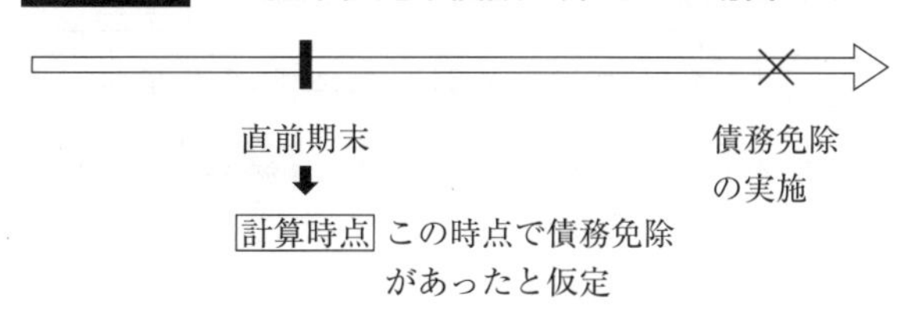

留意点　上記の**算定方法**の(1)（直前期末において、財産の無償提供があったものと仮定して計算した類似業種比準価額）の計算においては、次に掲げる事項に留意する必要があります。

(1)　「１株当たりの配当金額（Ⓑ）」の金額は、評価会社の直前期末において財産の無償提供がなかったものとして計算します。

(2) 「1株当たりの利益金額（Ⓒ）」の金額は、評価会社の直前期末において財産の無償提供がなかったものとして計算します。

ただし、評価会社が無償取得した財産をその取得前に事業の用に供し使用料を支払っていた場合には、その使用料相当額はなかったものとして計算します。

(3) 「1株当たりの純資産価額（帳簿価額によって計算した金額）（Ⓓ）」の金額は、直前期末において財産の無償提供がなかったものとして計算した類似業種比準価額計算上のⒹの金額の計算の基とした純資産価額に無償取得した財産の価額を加算した金額を直前期末現在の発行済株式数で除して計算した1株当たりの金額によります。

また、上記＿＿部分の「無償取得した財産の価額」については、次に掲げる点にも留意する必要があります。

① 無償取得した財産の価額は、法人税の税務計算上の財産の価額、すなわち、その財産の取得の時における当該資産の取得のために通常要する価額によります（**理　由**類似業種比準方式の比準要素は、法人税における税務計算上の結果によることとしているからと考えられます）。

② その財産の無償提供について課されるべき法人税等がある場合には、当該法人税等の額を控除して算定します。

また併せて、同族会社に対して財産の無償提供があった場合の類似業種比準価額の増加部分の価額を上記の**算定方法**に掲げるとおり、評価会社に係る課税時期（財産の無償提供時）の直前期末において当該財産の無償提供があったものとした場合となかったものとした場合の価額差を基に算定するものとされていますが、この場合においても、類似業種比準価額の計算の基とされる「類似業種の株価（Ⓐ）」は、次に掲げるとおり、評価会社に係る課税時期（財産の無償提供時）を基にして求めるものとされていることに留意する必要があります。

（類似業種の株価（Ⓐ）の求め方）

① 課税時期の属する月の株価
② 課税時期の属する月の前月の株価
③ 課税時期の属する月の前々月の株価
④ 課税時期の属する月の前年平均株価
⑤ 課税時期の属する月以前2年間の平均株価
⑥ ①ないし⑤のうち最も低いもの

上記の**資　料**に基づいて、同族会社に対して財産の無償提供があった場合の類似業種比準価額の増加部分の価額の算定事例を示すと、次の**設　例**のとおりとなります。

設 例 令和Ａ年８月に甲㈱（同族会社で代表取締役は甲、株主は甲の長男Ａ）は、甲からの借入金債務50,000千円（額面金額）の債務免除を受けることになりました。次の前提に基づいて、当該債務免除によって甲㈱の株式の価額の増加額を類似業種比準価額によって求めるといくらになりますか。

前提

⑴ 類似業種の株価……350円（注）

（注） 類似業種の株価は、次に掲げる①ないし⑤のうち最も低い金額によっています。
① 令和Ａ年８月の株価……380円
② 令和Ａ年７月の株価……400円
③ 令和Ａ年６月の株価……405円
④ 令和Ａ年の前年平均株価……350円
⑤ 令和Ａ年８月以前２年間の平均株価……362円

⑵ 甲㈱の直前期末以前２年間の年平均配当金額（総額）……1,000千円

⑶ 甲㈱の直前期の差引利益金額（総額）……480,000千円

⑷ 甲㈱の直前々期の差引利益金額（総額）……520,000千円

⑸ 甲㈱の直前期末の純資産価額（総額）……560,000千円

⑹ 比準業種の１株（50円）当たりの配当金額等
① １株当たりの年配当金額⒝……４円30銭
② １株当たりの年利益金額⒞……35円
③ １株当たりの純資産価額⒟……270円

⑺ 甲㈱の直前期末の資本金等の額……10,000千円

⑻ 甲㈱の直前期末の発行済株式数……2,000株

⑼ 甲㈱の会社規模区分……大会社

⑽ 甲㈱は今回債務免除を受けた借入金債務50,000千円につき、旧来より、各事業年度において利率を10％として5,000千円の支払利息を計上し、損金の額に算入していました。

回 答 ⑴ 直前期末において、財産の無償提供があったものとして仮定して計算した類似業種比準価額

① １株当たりの配当金額（Ⓑ）

1,000千円（前提⑵）÷200,000株（注）＝５円00銭

（注） １株当たりの資本金等の額を50円とした場合の発行済株式数
10,000千円（前提⑺）÷50円＝200,000株

② １株当たりの利益金額（Ⓒ）

485,000千円（注）÷200,000株＝2,425円

（注） 差引利益金額の計算
㈠ 直前期末基準
480,000千円（前提⑶）＋5,000千円（前提⑽）＝485,000千円
㈡ 直前期末以前２年間平均基準
（485,000千円（上記㈠）＋（520,000千円（前提⑷）＋5,000千円（前提⑽）））÷２＝505,000千円

(ハ)　(イ)＜(ロ)　∴いずれか低い方(イ)（485,000千円）

③　１株当たりの純資産価額（帳簿価額によって計算した金額）（Ⓓ）

(560,000千円（前提(5)）＋31,500千円（注））÷200,000株＝2,957円（円未満切捨）

（注）　利益積立金の額に加算する債務免除益の額

(イ)　債務免除益に計上された金額　　……50,000千円

(ロ)　上記(イ)に対する法人税額等相当額……50,000千円×37％（税率）＝18,500千円

(ハ)　(イ)－(ロ)　　　　　　　　　　　……31,500千円

④　類似業種比準価額

$$\underbrace{\left\{\underset{\text{前提(1)}}{350\text{円}}\times\underbrace{\left(\frac{\dfrac{5\text{円}00\text{銭（上記①）}}{4\text{円}30\text{銭（前提(6)①）}}+\dfrac{2{,}425\text{円（上記②）}}{35\text{円（前提(6)②）}}+\dfrac{2{,}957\text{円（上記③）}}{270\text{円（前提(6)③）}}}{3}\right)}_{(27.13)}\times\underset{\text{（前提(9)）}}{0.7}\right\}}_{(6{,}646\text{円}80\text{銭})}$$

$$\times\frac{5{,}000\text{円（注）}}{50\text{円}}=664{,}680\text{円}$$

（注）　甲㈱の１株当たりの資本金等の額

10,000千円（前提(7)）÷2,000株（前提(8)）＝5,000円

(2)　直前期末において、財産の無償提供がなかったものとして計算した類似業種比準価額

①　１株当たりの配当金額（Ⓑ）

５円00銭（計算過程は、上記(1)①と同様）

②　１株当たりの利益金額（Ⓒ）

480,000千円（注）÷200,000株＝2,400円

（注）　差引利益金額の計算

(イ)　直前期末基準

480,000千円（前提(3)）

(ロ)　直前期末以前２年間平均基準

(480,000千円（前提(3)）＋520,000千円（前提(4)））÷２＝500,000千円

(ハ)　(イ)＜(ロ)　∴いずれか低い方(イ)（480,000千円）

③　１株当たりの純資産価額（帳簿価額によって計算した金額）（Ⓓ）

560,000千円（前提(5)）÷200,000株＝2,800円

④　類似業種比準価額

$$\underbrace{\left\{\underset{\text{（前提(1)）}}{350\text{円}}\times\underbrace{\left(\frac{\dfrac{5\text{円}00\text{銭（上記①）}}{4\text{円}30\text{銭（前提(6)①）}}+\dfrac{2{,}400\text{円（上記②）}}{35\text{円（前提(6)②）}}+\dfrac{2{,}800\text{円（上記③）}}{270\text{円（前提(6)③）}}}{3}\right)}_{(26.70)}\times\underset{\text{（前提(9)）}}{0.7}\right\}}_{(6{,}541\text{円}50\text{銭})}$$

$$\times\frac{5{,}000\text{円（注）}}{50\text{円}}=654{,}150\text{円}$$

（注）　甲㈱の１株当たりの資本金等の額

10,000千円（前提(7)）÷2,000株（前提(8)）＝5,000円

(3)　甲㈱の株式の価額の増加額

①　１株当たりの増加額

664,680円（上記(1)④）－654,150円（上記(2)④）＝10,530円

② 全体の増加額

10,530円（上記①）× 2,000株（発行済株式総数）= 21,060,000円

⑵ 会社の株式の価額が増加したことの確認

相続税法第9条《贈与又は遺贈により取得したものとみなす場合―その他の利益の享受》の規定及び相続税法基本通達9－2《株式又は出資の価額が増加した場合》の定めより、財産の無償提供等により同族会社の純資産が増加した場合には、当該株式の価額が増加した部分に相当する利益をみなし贈与財産として、贈与税の課税財産とするものとされています。

そして、上記の財産の無償提供等により利益を受けたか否か（換言すれば、株式の価額の増加部分が存するか否か）については、当該財産の無償提供等直後の1株当たりの価額が当該財産の無償提供等直前の1株当たりの価額より増加しているか否かにより判定することが相当であると判断されています。

そうすると、事例によっては、財産の無償提供等があったにもかかわらず、当該財産の無償提供等の前後で株式の価額に異動が認められないということも想定されていることになります。

次に、同族会社に対して財産の無償提供等があった場合に、当該財産の無償提供等により当該同族会社の株式の価額が増加したか否かを**事例**で示すと、下記のとおりとなります。

事例 個人甲は、同族会社である甲㈱（同社の株式（発行済株式数10,000株）は、すべて甲の長男Aが所有していました）に対して貸付金債権300,000,000円を有していましたが、この度、諸般の事情からその全額を放棄する旨を甲㈱に通知しました。この債権放棄によって、甲㈱の株式の価額の増加の有無について、次に掲げる各設問ごとに判定してください。なお、回答に当たっては、両設問ともに次の事項を前提とします。

⑴ 甲㈱の株式の価額の増加の有無については、純資産価額方式（相続税評価額によって計算した金額）による価額を用いて算定するものとします。

⑵ 甲㈱は多額の控除可能な繰越欠損金を有しているため、上記の債権放棄による債務免除益の計上について、法人税法上の課税問題は生じないものとします。

［設問1］

⑴ 債権放棄前の『甲㈱』の状況（B/S）

資産の部			負債の部		
勘定科目	相続税評価額	帳簿価額	勘定科目	相続税評価額	帳簿価額
諸資産	20億円	5億円	個人甲借入金 その他諸負債	3億円 8億円	3億円 8億円
（合計）	20億円	5億円	（合計）	11億円	11億円

(2) 債権放棄後の『甲㈱』の状況（B/S）

資産の部			負債の部		
勘定科目	相続税評価額	帳簿価額	勘定科目	相続税評価額	帳簿価額
諸資産	20億円	5億円	個人甲借入金 その他諸負債	0億円 8億円	0億円 8億円
(合計)	20億円	5億円	(合計)	8億円	8億円

［設問2］

(1) 債権放棄前の『甲㈱』の状況（B/S）

資産の部			負債の部		
勘定科目	相続税評価額	帳簿価額	勘定科目	相続税評価額	帳簿価額
諸資産	5億円	5億円	個人甲借入金 その他諸負債	3億円 8億円	3億円 8億円
(合計)	5億円	5億円	(合計)	11億円	11億円

(2) 債権放棄後の『甲㈱』の状況（B/S）

資産の部			負債の部		
勘定科目	相続税評価額	帳簿価額	勘定科目	相続税評価額	帳簿価額
諸資産	5億円	5億円	個人甲借入金 その他諸負債	0億円 8億円	0億円 8億円
(合計)	5億円	5億円	(合計)	8億円	8億円

回答 (1)〔設問1〕の場合

① 債務免除直後における1株当たりの価額

$$\frac{(20億円-8億円)-\{(20億円-8億円)-〔(5億円-8億円)\Rightarrow 0円〕\}\times 37\%}{10{,}000株}$$

=75,600円

② 債務免除直前における1株当たりの価額

$$\frac{(20億円-11億円)-\{(20億円-11億円)-〔(5億円-11億円)\Rightarrow 0円〕\}\times 37\%}{10{,}000株}$$

=56,700円

③ 債務免除の前後における1株当たりの株価の増加額

①－②＝18,900円

④ 甲㈱の株式の価額の増加額（全体）

18,900円（③）×10,000株（発行済株式数）＝189,000,000円

(2)〔設問2〕の場合

① 債務免除直後における1株当たりの価額

5億円（資産の部の相続税評価額）－8億円（負債の部の相続税評価額）＜0

∴0円

② 債務免除直前における1株当たりの価額

5億円（資産の部の相続税評価額）－11億円（負債の部の相続税評価額）＜0

∴0円

③　債務免除の前後における１株当たりの株価の増加額
①－②＝0円
④　甲㈱の株式の価額の増加額（全体）
0円（③）× 10,000株（発行済株式数）＝ 0円

⑶　同族会社の株式評価の重要性

先例とされる裁決事例では、同族会社である甲㈱に対して全部で４回の債務免除が実行されたにもかかわらず、そのうち、実際に甲㈱の株主に対してみなし贈与による財産の取得があったとして贈与税課税が行われたのは１回限り（本件債務免除）のみです。これをまとめると、次の図表－９のとおりとなります。

図表－９　先例とされる裁決事例における甲㈱の債務免除と株主に対する贈与税課税

	第１回	第２回	第３回	第４回
債務免除の実行年月日	平成12年１月12日	平成13年７月26日	平成14年８月31日	平成15年８月31日
債権放棄者	被相続人	被相続人	甲（被相続人の妻）	甲（被相続人の妻）
債務免除による受益者	甲㈱	甲㈱	甲㈱	甲㈱
債務免除額	60,000千円	74,000千円	17,000千円	25,000千円
株主へのみなし贈与課税の有無	無	無	無	有（本件債務免除）

上記図表－９のとおり、第１回から第３回に係る債務免除については、甲㈱の株主に対して贈与税課税は行われていません。その理由は、次のとおりです。

理　由　①　甲㈱の貸借対照表を確認すると、その所有する減価償却資産につき減価償却費を計上していない事業年度があり、当該事業年度につき減価償却を実施した（強制償却）とした場合の帳簿価額（理論簿価）を算定したところ、帳簿価額による株式評価額（注）は、債務免除の直前及び直後を通じていずれも０円とされました。

（注）　取引相場のない株式の評価につき、純資産価額（相続税評価額によって計算した金額）を求める場合の減価償却資産の相続税評価額は、評価通達の定めでは、再調達価額を基礎に算定した価額、精通者意見価格等を基礎に算定するものとされていますが、先例とされる裁決事例では、評価実務上の便宜の観点から、帳簿価額が採用されています。

②　上記①に基づいて、債務免除による甲㈱の株式の価額の増加額を算定すると０円となり、結果として、甲㈱の株主が受けた経済的利益はないものとされることから、贈与税課税は行われないことになります。

そうすると、同族会社に対して債務免除が行われた場合における当該同族会社の株主が受けた経済的利益の計算に当たっては、改めて、取引相場のない株式の評価方法を習得することの重要性が認識されます。

⑷　債権贈与の検討とその留意点

①　債権贈与の検討

同族会社に対して多額の債権を有する者（個人）が高齢者である場合には、当該債権に対して生前に対策を実行しておきたいと考えることも数多く想定されます。先例とされる裁決事例は、正にこの観点から当該個人が当該同族会社に対してその有する債権を放棄した（当該同族会社側からみた場合には、債務免除を受けた）事案に該当し、当該事案では、考慮外であった債権放棄者である個人から当該同族会社の株主である個人に対するみなし贈与（債務免除による当該同族会社の株式の価額の増加額を経済的利益とする課税）が行われることになりました。そうすると、貸付金債権を対策対象者の生前に放棄するという対応も慎重にならざるを得ない事例もあるものと考えられます。

そこで、このような場合においても採用を検討すべきと考えられる対応として、債権贈与が挙げられます。債権贈与とは、現行における債権者の地位を他者に無償で移転させることをいいます。債権贈与を実行した場合の税務上のポイントとして、次に掲げる事項があります。

⑴　貸付金債権の相手方である同族会社の財政状態及び損益状況に、何らの影響も与えないこと（当該同族会社にとっては、借入金勘定の相手方（債権者）の氏名変更のみが行われることになります）

⑵　上記⑴より、債権放棄を実行した場合に懸念すべき先例とされる裁決事例における係争事項（みなし贈与課税の可否）は、一切生じないこと

②　債権贈与に係る留意点（民法上の手続）

債権（本項目においては、「貸付金債権」を取り扱うものとします）の譲渡（注）については、「民法　第三編　第四節（債権の譲渡）」の規定を確認する必要があります。

（注）　贈与は譲渡の一形態とされていますので、譲渡に関する規定が適用されることになります。

民法第466条《債権の譲渡性》第１項の本文において、「債権は、譲り渡すことができる」と規定されており、対策対象者が有する同族会社に対する貸付金債権をその者の推定相続人その他の者に贈与することが可能であることが理解されます。

ただし、債権の譲渡（贈与）に当たっては、次に掲げる民法第467条《債権の譲渡の対抗要件》の規定に留意する必要があります。

資 料　民法第467条《債権の譲渡の対抗要件》

第1項　債権の譲渡（現に発生していない債権の譲渡を含む。）は、譲渡人が債務者に通知をし、又は債務者が承諾をしなければ、債務者その他の第三者に対抗することができない。 **第2項**　前項の通知又は承諾は、確定日付のある証書によってしなければ、債務者以外の第三者に対抗することができない。

上記に掲げる民法の規定では、債権を譲渡（贈与）する場合には、物権の変動と同様に譲渡人（旧債権者）と譲受人（新債権者）との間における様式（契約）行為によってその効果が生じるものの、当該効果を債務者その他の第三者に対抗（この場合は、譲渡人又は譲受人以外の他人に当該債権が譲渡されたことを主張することを意味します）するためには、次に掲げるいずれかの手続を採用することが必要とされています。（民法第467条第1項）

(イ)　譲渡人（旧債権者）が債務者に通知すること

(ロ)　債務者が承諾すること

そして、上記(イ)又は(ロ)の手続は、確定日付のある証書（注）によって行う必要があるものとされており、当該手続きが履践されていない場合には、債権譲渡の効果を債務者以外の第三者に対抗（この場合は、譲渡人若しくは譲受人又は債務者以外の他人に当該債権が譲渡されたことを主張することを意味します）することができないものとされています。（民法第467条第2項）

（注）　確定日付（証書の作成日として制度上、完全な証拠力を認められた日付をいいます）のある証書として、実務上における作成頻度が高いものには、次に掲げるものがあります。

㋑　公正証書（その日付をもって、確定日付とします）

㋺　登記所又は公証人役場において私署証書に日付ある印章を押捺したとき（その印章の日付をもって、確定日付とします）

㋩　郵便認証司が郵便法の規定により内容証明の取扱いに係る認証をしたとき（郵便法の規定に従い記載した日付をもって、確定日付とします）

参考として、上記(イ)に掲げる譲渡人（旧債権者）が債務者に対してその有する債権を譲渡した旨の通知、上記(ロ)に掲げる債務者が債権譲渡があった旨を承諾した旨について、それぞれの証書の書式例を示すと、**図表－10**及び**図表－11**のとおりとなります。

図表－10　債権譲渡通知書の書式例

債権譲渡通知書

私が貴社に対して本日（令和Ａ年２月21日）現在有する債権のうち、下記記載の債権については、これをそれぞれに記載する者に本日、譲渡（贈与）いたしましたので、その旨をご通知いたします。

（譲渡債権等の表示）

	債権名	債権譲受者の住所	債権譲受者名	譲渡債権金額
(1)	貸付金	○○県○○市○○区○○通１丁目２番３号	田中一郎	2,000,000円
(2)	貸付金	○○県○○市○○区○○通１丁目２番３号	田中二郎	2,000,000円
(3)	貸付金	○○県○○市○○区○○通１丁目２番３号	田中三郎	2,000,000円
計				6,000,000円

令和Ａ年２月21日

（住　所）：　○○県○○市○○区○○通１丁目２番３号
債権譲渡者
（氏　名）：　田　中　花　子　　㊞

（相手先債務者の表示）
（所　在）：　○○県○○市○○区○○通３丁目４番５号
債　務　者
（商　号）：　株式会社　田中
代表取締役　田　中　花　子　　殿

確　定　日　付

解　説　上記の債権譲渡通知書は、譲渡者（旧債権者）である田中花子が有していた貸付金債権が田中一郎、二郎及び三郎の各氏に１人当たり2,000,000円ずつ合計6,000,000円が譲渡されたことを債務者である㈱田中に通知する書面です。

図表－11　債権譲渡承諾書の書式例

債権譲渡承諾書

貴殿が弊社に対して令和A年2月21日付けをもって通知されました下記内容による『債権譲渡通知』につきましては、本日（令和A年2月25日）その内容を確認し、当該債権譲渡を弊社は承諾いたしましたので、その旨を本書をもちまして通知させていただきます。

（譲渡債権等の表示）

	債権名	債権譲受者の住所	債権譲受者名	譲渡債権金額
(1)	貸付金	○○県○○市○○区○○通1丁目2番3号	田中一郎	2,000,000円
(2)	貸付金	○○県○○市○○区○○通1丁目2番3号	田中二郎	2,000,000円
(3)	貸付金	○○県○○市○○区○○通1丁目2番3号	田中三郎	2,000,000円
計				6,000,000円

令和A年2月25日

（住　所）：　○○県○○市○○区○○通1丁目2番3号
債権譲渡者
（氏　名）：　田　中　花　子　　殿

（債権譲渡承諾者の表示）
（所　在）：　○○県○○市○○区○○通3丁目4番5号
承　諾　者
（商　号）：　株式会社　田中
代表取締役　田　中　花　子　　㊞

確　定　日　付

解　説　上記の債権譲渡承諾書は、譲渡者（旧債権者）である田中花子が有していた貸付金債権が田中一郎、二郎及び三郎の各氏に1人当たり2,000,000円ずつ合計6,000,000円が譲渡されたことを債務者である㈱田中が承諾したことを証する書面です。

Q5-2 同族会社に対する債務免除があった場合における当該同族会社の株式の価額増加部分に係るみなし贈与課税の適用に当たって、当該債務免除に係る関係者の相続税又は贈与税の負担の不当減少につながることを立証挙証することが課税要件とされるか否かが争点とされた事例

事例 国税不服審判所裁決事例
(平成22年5月12日裁決、大裁(諸)平21－60、平成16年贈与分・平成18年相続開始分)

疑問点

相続税法第9条《贈与又は遺贈により取得したものとみなす場合—その他の利益の享受》の規定の具体的な運用を定めたものとされる相続税法基本通達9－2《株式又は出資の価額が増加した場合》では、要旨、「同族会社(法人税法第2条《定義》第10号に規定する同族会社をいう)の株式の価額が対価を受けないで会社の債務免除があったことにより増加したときは、同族会社の株主が当該増加した部分に相当する金額を、当該債務の免除をした者から贈与によって取得したものとして取り扱う」と定めています。

また一方で、相続税法第64条《同族会社等の行為又は計算の否認等》第1項及び第3項では、それぞれ、要旨を次のとおりに規定しています。

第1項 同族会社等の行為又は計算で、これを容認した場合においてはその株主若しくは社員又はその親族その他これらの者と特別の関係がある者の相続税又は贈与税の負担を不当に減少させる結果になると認められるものがあるときには、税務署長は、相続税又は贈与税についての更正又は決定に際し、その行為又は計算にかかわらず、その認めるところにより、課税価格を計算することができる。

第3項 第1項の「同族会社等」とは、法人税法第2条《定義》第10号に規定する同族会社又は所得税法第157条《同族会社等の行為又は計算の否認等》第1項第2号に掲げる法人をいう。

そうすると、上記の相続税法基本通達9－2の定め及び相続税法第64条の規定は、いずれもその対象を「同族会社」としていることが理解されます。

以上を総合的に勘案すると、相続税法第64条の適用要件として「相続税又は贈与税の負担を不当に減少させる結果になると認められるものがあるとき」(上記＝＝部分)が摘示されていることから、「相続税法基本通達9－2の定め、す

なわち、同族会社に対する債務免除があった場合における当該同族会社の株式の価額増加部分に係るみなし贈与課税が適用されるか否かの判断に当たっても、当該債務免除が行われた場合に一定の関係者に係る相続税又は贈与税の負担を不当に減少させる結果になっていることが要件として必要と考えられる」との法令解釈等を行うことは認められるのでしょうか。

A 回答

相続税法基本通達9－2《株式又は出資の価額が増加した場合》の定め（当該定めの根拠条文として、相続税法第9条《贈与又は遺贈により取得したものとみなす場合―その他の利益の享受》があります）の適用要件として、ご指摘の「一定の関係者に係る相続税又は贈与税の負担を不当に減少させる結果になっていること」は求められておらず、お尋ねの法令解釈等は独自のものであって、失当であると考えられます。

! 解説

相続税法基本通達9－2《株式又は出資の価額が増加した場合》は、同族会社の債務免除等の場合について定められたものではありますが、その制定趣旨は、同族会社の債務免除等の場合には当該同族会社の株式又は出資を保有している同族関係者が債務免除等をした者から直接財産の移転等を受けたものではないものの、それと同様の経済的利益を享受したと考えられることから課税の公平の見地から贈与を受けたものとみなして贈与税を課するというものです。

そうすると、上記の通達の適用要件に、さらに「一定の関係者に係る相続税又は贈与税の負担を不当に減少させる結果となっていること」という解釈上の要件を付加することは、当該通達の根拠条文である相続税法第9条《贈与又は遺贈により取得したものとみなす場合》に規定する課税要件に新たな課税要件を付加することになり、法の拡張解釈とされ、租税法律主義の観点からも容認されないことになります。

検討先例

Q5-2の検討に当たっては、下記に掲げる裁決事例が先例として参考になります。

◉国税不服審判所裁決事例
（平成22年5月12日裁決、大裁（諸）平21－60、平成16年贈与分・平成18年相続開始分）

〔1〕事案の概要

本件は、原処分庁が、被相続人が生前にした同族法人に対する債務の免除により株式又は出資の価額が増加した部分に相当する金額は、相続税法上、その株主又は社員で相続人である請求人Ａが被相続人から生前の贈与により取得したものとみなされるとして、相続人である共同審査請求人（以下「請求人ら」という）に対し、贈与税の決定処分等又は相続税の更正処分等を行ったことに対し、請求人らが、当該金額は贈与により取得したものとみなすべきではないとして違法を理由にその全部の取消しを求めた事案であり、争点は、上記債務の免除により株式又は出資の価額が増加した部分に相当する金額を、請求人Ａが被相続人から生前の贈与により取得したものとみなされるか否かである。

〔2〕基礎事実

⑴ 被相続人に係る本件相続について

請求人らは、平成18年＊＊月＊＊日（筆者注）に死亡した被相続人（以下、被相続人の死亡により開始した相続を「本件相続」という）の長女（請求人Ａ）及び次女（請求人Ｂ）であり、被相続人の法定相続人は、請求人ら２名である。

筆者注 本件相続開始日は、平成18年８月18日以後、同年12月31日までの間と合理的に推認されます。

⑵ 被相続人による債務免除

① 平成16年債務免除について

(イ) 被相続人は、平成16年10月15日、法人税法第２条《定義》第10号に規定する同族会社（以下「同族会社」という）であり不動産賃貸業を営む甲有限会社に対して有していた貸付金のうち10,000,000円について債務の免除をした（以下「平成16年債務免除」という）。

また、平成16年10月15日現在において、被相続人及び請求人Ａは、甲有限会社の資本の総額＊＊円（出資の総数は500口）について、それぞれ＊＊円（250口）を出資していた（請求人Ａの当該出資持分を、以下「本件出資」という）。

(ロ) 会社法（平成17年７月26日法律第86号）が平成18年５月１日に施行され、それに伴い有限会社法が廃止され、会社法の施行に伴う関係法律の整備等に関する法律（平成17年７月26日法律第87号）により、会社法施行の際に現に存する有限会社は株式会社として存続するものとされ、旧有限会社の定款、社員、持分及び出資一口はそれぞれ当該株式会社の定款、株主、株式及び一株とみなされることとなった（甲有限会社及び会社法施行後の甲有限会社を、以下「甲社」という。また、会社法施行後において請求人Ａの所有する甲社の株式（250株）を、以下「本件株式」という）。

② 平成18年債務免除について

(イ) 被相続人は、平成18年８月18日に、同族会社である甲社に対して有していた貸付金のうち9,000,000円について債務の免除をした（当該債務免除を、以下「平成

18年債務免除」といい、平成16年債務免除と併せて「本件各債務免除」という）。

(ロ) 平成18年8月18日現在、被相続人及び請求人Aは、甲社に対し、それぞれ250株を有していた。

(3) 本件相続に係る遺産分割協議の成立

請求人らにおいて、平成19年6月20日に本件相続に係る遺産分割協議が成立し、請求人Bは、被相続人が所有していた甲社の株式250株を相続した（以下、請求人Bが相続した当該250株を「本件相続株式」という）。

(4) 原処分庁による平成16年債務免除に対する贈与税の決定処分等

① 原処分庁は、平成16年債務免除による本件出資の価額の増加額（以下「本件出資の増加額」という）が＊＊円であり、本件出資の増加額に相当する金額について、相続税法基本通達9－2《株式又は出資の価額が増加した場合》（以下「本件通達」という）により相続税法第9条《贈与又は遺贈により取得したものとみなす場合―その他の利益の享受》の規定に基づき、請求人Aが被相続人から贈与によって取得したものとみなして、請求人Aに対する平成16年分の贈与税の決定処分（以下「本件決定処分」という）及び無申告加算税の賦課決定処分を行った。

② 原処分庁は、本件審査請求後、本件出資の増加額について、＊＊円となる旨主張し、請求人らは、本件出資の増加額の当該金額自体については争っていない。

筆者注 相続税法第9条《贈与又は遺贈により取得したものとみなす場合―その他の利益の享受》は、要旨、「対価を支払わないで利益を受けた場合においては、当該利益を受けた時において、当該利益を受けた者が、当該利益を受けた時における当該利益の価額に相当する金額を当該利益を受けさせた者から贈与により取得したものとみなす」旨規定している。

(5) 原処分庁による平成18年債務免除に対する相続税の更正処分等

① 原処分庁は、平成18年債務免除による本件株式の価額の増加額（以下「本件株式の増加額」という）は＊＊円であり、本件株式の増加額に相当する金額についても本件通達により相続税法第9条《贈与又は遺贈により取得したものとみなす場合―その他の利益の享受》の規定に基づき、請求人Aが被相続人から贈与によって取得したものとみなし、本件出資の増加額（＊＊円）とともに相続税法第19条《相続開始前3年以内に贈与があった場合の相続税額》第1項の規定により、これらの増加額に相当する金額を本件相続に係る請求人Aの相続税の課税価格に加算をすべきであるとして、請求人Aに対する相続税の更正処分及び過少申告加算税の賦課決定処分並びに請求人Bに対する相続税の更正処分（以下、請求人らに対する各更正処分を併せて「本件各更正処分」という）を行った。

筆者注 本件株式の増加額によるみなし贈与課税の帰属年分は平成18年であり、本件相続は平成18年に開始したことから、請求人Aに対する贈与税の課税は相続税法第21条の2《贈与税の課税価格》第4項の規定（注）により、非課税とされる。

（注） 相続税法第21条の２《贈与税の課税価格》第４項は、要旨、「相続又は遺贈により財産を取得した者が相続開始の年において当該相続に係る被相続人から受けた贈与により取得した財産の価額で相続税法第19条《相続開始前３年以内に贈与があった場合の相続税額》の規定により相続税の課税価格に加算されるものは、贈与税の課税価格に算入しない」と規定している。

② 原処分庁は、本件審査請求（筆者注 平成21年７月１日に請求）後、本件株式の増加額について、＊＊円となる旨を、また、本件相続株式の価額について＊＊円となる旨を主張し、請求人らは当該金額自体についてはいずれも争っていない。

③ 本件株式の増加額は本来「純資産価額に加算される暦年課税分の贈与財産価額」に含まれるべきものであるが、原処分庁は、これを取得財産の価額（筆者注 本来の取得財産の価額）に含めていた。

筆者注 上記(1)ないし(5)に掲げる基礎事実及びその他参考となる事項を時系列的にまとめると、図表－１のとおりとなる。

図表－１ 本件裁決事例における時系列

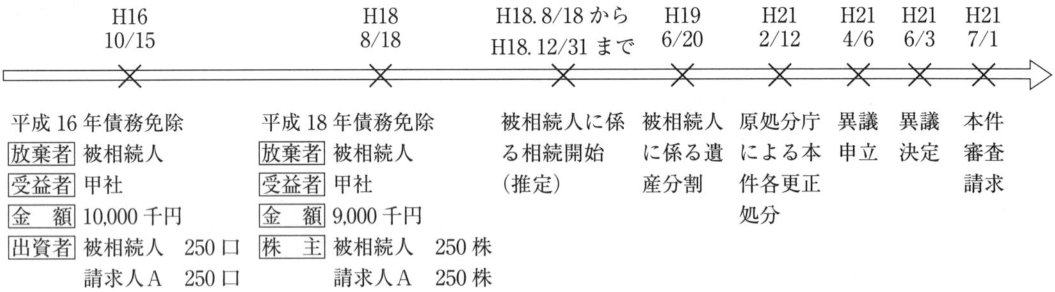

H16 10/15	H18 8/18	H18.8/18から H18.12/31まで	H19 6/20	H21 2/12	H21 4/6	H21 6/3	H21 7/1
平成16年債務免除 放棄者 被相続人 受益者 甲社 金額 10,000千円 出資者 被相続人 250口 請求人A 250口	平成18年債務免除 放棄者 被相続人 受益者 甲社 金額 9,000千円 株主 被相続人 250株 請求人A 250株	被相続人に係る相続開始（推定）	被相続人に係る遺産分割	原処分庁による本件各更正処分	異議申立	異議決定	本件審査請求

（注１）「異議申立」は、現行の規定では「再調査の請求」に該当する。
（注２）「異議決定」は、現行の規定では「再調査決定」に該当する。

〔３〕争点

本件の争点は、本件各債務免除により株式又は出資の価額が増加した部分に相当する金額を、請求人Ａが被相続人からの生前贈与により取得したものとみなされるか否かである。

〔４〕争点に関する双方（請求人ら・原処分庁）の主張

争点に関する請求人ら・原処分庁の主張は、図表－２のとおりである。

図表－2　争点に関する請求人ら・原処分庁の主張

（争点）　本件各債務免除により株式又は出資の価額が増加した部分に相当する金額を、請求人Ａが被相続人からの生前贈与により取得したものとみなされるか否か

請求人ら（納税者）の主張	原処分庁（課税庁）の主張
(1)　本件通達について 　本件通達は、相続税又は贈与税の負担を不当に減少させる結果がある場合において適用すべきものと解されるから、相続税や贈与税の負担を不当に減少させる結果がある場合に限って適用されるべきである。 　なぜなら、相続税法第９条《贈与又は遺贈により取得したものとみなす場合―その他の利益の享受》は、経済的利益を受けたと認められる場合に課税するものと規定し、その取扱いを定めた本件通達は、同族会社に限って債務免除があった場合の取扱いを示しており、これは相続税法第64条《同族会社等の行為又は計算の否認等》に規定されている同族会社に対する課税の取扱いに対応しているものと考えられるからである。	(1)　本件通達について 　本件通達は、相続税法第９条《贈与又は遺贈により取得したものとみなす場合―その他の利益の享受》の適用の対象となる行為の例示であるところ、本件通達は、同族会社の債務の免除があった場合には、それだけ会社の純資産及びその会社の出資の価額が増加し、その会社の社員又は株主が利益を受けることになるから、当該社員又は株主に贈与があったとみなすことを明らかにしたものであって、「相続税や贈与税の負担を不当に減少させる結果」となると認められるものがあるときに適用される相続税法第64条《同族会社等の行為又は計算の否認等》の適用を前提としたものではない。
(2)　当てはめ 　被相続人が行った本件各債務免除は、甲社において累積損失が膨らむことを避けるため、また、将来の金融機関からの借入れに備え財務体質の改善を図るために行ってきたもので、甲社を守るための行為であり、相続税又は贈与税の負担を不当に減少させるような行為ではない。 　したがって、本件出資の増加額及び本件株式の増加額について、本件通達の定め及び相続税法第９条《贈与又は遺贈により取得したものとみなす場合―その他の利益の享受》の規定を適用すべきではないから、各増加額に相当する金額を請求人Ａが贈与により取得したとはいえず、原処分はその全部を取り消すべきである。	(2)　当てはめ 　被相続人が同族会社である甲社に対し、本件各債務免除を行ったことにより生じた本件出資の増加額及び本件株式の増加額に相当する金額については、本件通達により相続税法第９条《贈与又は遺贈により取得したものとみなす場合―その他の利益の享受》を適用して、本件各債務免除時の甲社の社員又は株主であった請求人Ａが被相続人からの贈与により取得したものとみなされる。

筆者注　相続税法第64条《同族会社等の行為又は計算の否認等》は、要旨、次のとおりである。

①　同条第１項は、「同族会社等の行為又は計算で、これを容認した場合においてはその株主若しくは社員又はその親族その他これらの者と特別の関係がある者の相続税又は贈与税の負担を不当に減少させる結果となると認められるものがあるときは、税務署長は、相続税又は贈与税についての更正又は決定に際し、その行為又は計算にかかわらず、その認めるところにより、課税価格を計算することができる」旨規定している。

②　同条第３項は、「同条第１項の「同族会社等」とは、法人税法第２条《定義》第10号に規定する同族会社又は所得税法第157条《同族会社等の行為又は計算の否認等》第１項第２号に掲げる法人をいう」旨規定している。

〔5〕国税不服審判所の判断

(1) 法令解釈等

① 相続税法第９条の趣旨について

相続税法第９条《贈与又は遺贈により取得したものとみなす場合―その他の利益の享受》は、私法上の贈与契約によって財産を取得したものではないが、贈与と同じような実質を有する場合に、贈与の意思がなければ贈与税を課税することができないとするならば、課税の公平を失することになるので、この不合理を補うために、実質的に対価を支払わないで経済的利益を受けた場合においては、贈与契約の有無にかかわらず、当該経済的利益を贈与により取得したものとみなして、相続税法上の課税財産として贈与税又は相続税を課税することとしたものである。

そうすると、相続税法第９条の「対価を支払わないで利益を受けた場合」とは、対価を支払わないで経済的利益を受け、それが贈与と同様の実質を有する場合をいうものと解される。

また、当該規定の趣旨からすると、相続税法第９条に規定する「利益を受けた場合」とは、財産の新たな取得に限られるものではなく、すでに所有している財産の価額が増加したり、従前から負担している債務が減少する場合も含むものと解される。

② 本件通達について

(イ) 相続税法基本通達は、本件通達以下、相続税法基本通達９－13《法第７条の規定に関する取扱いの準用》までにおいて、相続税法第９条《贈与又は遺贈により取得したものとみなす場合―その他の利益の享受》に規定する「利益を受けた場合」についての具体的取扱いについて例示している。

本件通達は、その例示の一つとして、同族会社の株式又は出資の価額が増加した場合で、贈与により取得したものとみなされるときの、贈与者、その課税対象となる価額及びその課税の時期を明らかにしたものである。

(ロ) 会社に対して対価なくして債務免除がされた場合や無償での財産の提供等があった場合、それにより会社の純資産が増加した部分に相当する金額については、直接利益を受けるのは会社であり、その結果として当該会社に係る株式又は出資の価額が増加したとしてもそれは株主又は社員の受ける間接的な利益であることから、形式的には個人から個人に対する贈与には当たらない。

しかし、直接、個人から個人に対して財産の移転があった場合に贈与税の課税が行われ、個人から会社に対して対価なくして債務免除等があった場合における間接的な株主又は社員の利益すなわち株式又は出資の価額が増加した部分に相当する金額（経済的利益）に贈与税の課税が行われないとすれば、課税の公平を失することとなる。

そして、上記のように株主又は社員が従前から保有していた株式又は出資という財産の価額が増加した場合は、上記①に照らして、相続税法第９条に規定する「利益を受けた場合」に該当するといえる。

(ハ) そして、このような、債務免除などの事由により、会社の純資産の価額が増加し、株式又は出資の価額が増加するのは、何も同族会社に限られたことではないが、相続税法第９条が「利益を受けさせた者から贈与により取得したものとみなす」と規定していること、及び、贈与行為が親族間など同族関係者間で行われることが一般的であることからすると、債務免除等をした者から株主又は社員に対する贈与行為が行われることがおよそありえないような関係にある会社においては、そのような会社に対する債務免除等の場合についてまで一律に同条の規定を適用して価額の増加部分に相当する金額を贈与により取得したものとみなすことは特段の事情がある場合を除いて妥当ではないと解せられる一方、同族会社に対する債務免除等の場合には、同族関係者である同族会社の株主又は社員がその有する株式又は出資という財産の価額の増加により上記(ロ)の「利益を受けた場合」に該当することになるのであって、同族関係者に対し同条を適用して債務の免除等をした者から贈与により取得したものとして取り扱うことは、一般に同族会社においては所有と経営が一体的であることからも、相続税法第９条の規定を適用する場合として相当であると解される。

(ニ) 上記(イ)ないし(ハ)のことから、同族会社において、対価なくして債務免除等があった場合に、その株主又は社員が当該株式又は出資の価額のうち増加した部分に相当する金額を財産上の利益として、対価なくして債務免除等を行った者から贈与により取得したものとして取り扱うことは相続税法第９条の趣旨に照らして相当であるから、この旨を定めた本件通達の取扱いについては審判所においても相当と認められる。

(2) 当てはめ

① 本件通達について

原処分庁が、被相続人の本件各債務免除により生じた本件出資の増加額及び本件株式の増加額に相当する金額について、相続税法第９条《贈与又は遺贈により取得したものとみなす場合―その他の利益の享受》及び本件通達を適用して本件決定処分及び本件各更正処分をしたのに対し、請求人らは、本件通達は、同族会社に限って債務免除があった場合の取扱いを示しており、相続税法第64条《同族会社等の行為又は計算の否認等》に規定されている同族会社に対する課税の取扱いに対応しているから、同条と同様に、本件通達についても、相続税や贈与税の負担を不当に減少させる結果がある場合に限って適用されるべきである旨主張する。

しかしながら、請求人らの主張は、要するに、本件通達に定める場合に該当するときは、相続税法第９条に基づく課税要件について、さらに、「その株主等の相続税又は贈与税の負担を不当に減少させる結果となると認められるものがある」ことを課税要件として付加して解釈すべきであるとの主張にほかならないが、同条には、同法第64条とは異なり、「その株主等の相続税又は贈与税の負担を不当に減少させる結果となると認められるものがある」ことを適用要件とする文言はないし、同法第９条の適用に当たり、同族会社の場合には同法第64条を準用することを定めた規定もない。

また、本件通達は、確かに同族会社の債務免除等の場合についての定めとなっているものの、その趣旨は、上記(1)②の(ハ)及び(ニ)のとおり、同族会社の債務免除等の場合は同社の株式又は出資を保有している同族関係者が債務免除等をした者から直接財産の移転等を受けた場合等と同様の「利益を受けた場合」に該当するからなどというものであり、本件通達の文言自体から見ても、相続税法第９条の課税要件に新たな課税要件を付加した定めであるとみることもできない。

したがって、請求人らの主張は採用することができない。

② 本件決定処分及び本件各更正処分について

上記(1)①及び②(ロ)のとおり、債務免除により会社の株主又は社員が従前から保有していた株式又は出資という財産の価額が増加した場合は、相続税法第９条《贈与又は遺贈により取得したものとみなす場合―その他の利益の享受》に規定する「利益を受けた場合」に該当するところ、上記**〔2〕**(2)①及び②並びに同(4)及び(5)のとおり、同族会社である甲社に対する被相続人の本件各債務免除により、甲社の本件出資については、審判所認定額（筆者注非公開）のとおり、また、本件株式については、審判所認定額（筆者注非公開）のとおりそれぞれ増加したものと認められるから、各増加額に相当する金額については、いずれも本件通達の定めにより相続税法第９条の規定が適用され、本件各債務免除時において、被相続人から請求人Ａが贈与により取得したものとみなされる。

上記各金額に基づき、請求人Ａの平成16年分の贈与税の課税価格及び納付すべき税額を計算すると、審判所認定額（筆者注非公開）のとおりとなり、また、請求人らの本件相続に係る相続税の課税価格及び納付すべき税額を計算すると、審判所認定額（筆者注非公開）のとおりとなる。

これらの審判所認定額における贈与税及び相続税に係る納付すべき税額は、いずれも本件決定処分の贈与税の納付すべき税額及び本件各更正処分の相続税の納付すべき税額を上回るから、この金額の範囲内でされた本件決定処分及び本件各更正処分はいずれも適法である。

〔6〕まとめ

(1) 裁決事例の結果

先例とされる裁決事例では、本件各債務免除（被相続人の甲社に対する貸付金債権に係る平成16年中における10,000千円及び平成18年中における9,000千円の免除）の結果において生じた甲社の株式価額の増加額相当額の経済的利益に対するみなし贈与課税につき、請求人ら（納税者）が当該課税の取消しを主張したのに対し、原処分庁（課税庁）が主張し国税不服審判所がこれを相当と判断したのが当該課税を適法とするものであったため、結果として、請求人ら（納税者）の主張は容認されなかった。

(2) 参考法令通達等

- 相続税法第９条《贈与又は遺贈により取得したものとみなす場合―その他の利益の享受》
- 相続税法第19条《相続開始前３年以内に贈与があった場合の相続税額》
  （注）上記の条文は現行の規定では、相続税法第19条《相続開始前７年以内に贈与があった場合の相続税額》となっている。
- 相続税法第21条の２《贈与税の課税価格》
- 相続税法第64条《同族会社等の行為又は計算の否認等》
- 相続税法基本通達９－２《株式又は出資の価額が増加した場合》
- 相続税法基本通達９－13《法第７条の規定に関する取扱いの準用》
- 所得税法第157条《同族会社等の行為又は計算の否認等》
- 法人税法第２条《定義》

本問から学ぶ重要なキーポイント

(1) 相続税法第９条《贈与又は遺贈により取得したものとみなす場合―その他の利益の享受》の「対価を支払わないで利益を受けた場合」とは、対価を支払わないで経済的利益を受け、それが贈与と同様の実質を有する場合をいうものと解されます。

(2) 相続税法第９条に規定する「利益を受けた場合」とは、財産の新たな取得に限られるものではなく、すでに所有している財産の価額が増加したり、従前から負担している債務が減少する場合も含むものと解されます。

(3) 同族会社に対して対価なくして債務免除された場合や無償での財産の提供等があった場合において、それにより株主又は社員が従前から保有していた株式又は出資の価額が増加したときは、上記(2)に照らして、相続税法第９条に規定する「利益を受けた場合」に該当するといえます。

(4) 同族会社に対する債務免除等の場合には、同族関係者である同族会社の株主又は社員がその有する株式又は出資という財産の価額の増加により、上記(3)の「利益を受けた場合」に該当することになるのであって、同族関係者に対し同条を適用して債務の免除等をした者から贈与により取得したものとして取り扱うことは、一般に同族会社において所有と経営が一体的であることからも、相続税法第９条の規定を適用する場合として相当であると解されます。

貸付金債権に係る実務対策

⑴　債権贈与の検討

先例とされる裁決事例においても、Q5-1で確認した裁決事例と同様に、同族会社に対して有する貸付金債権を有する個人がその返済を免除したところ、当該同族会社の個人に対してみなし贈与課税（債務免除による当該同族会社の株式の価額の増加額を経済的利益とする課税）が行われるものであり、当該行為の実行に当たっては慎重な対応が求められることが再確認されます。

そこで、Q5-1の〈貸付金債権に係る実務対策〉の⑷（債権贈与の検討とその留意点）で紹介された貸付金債権を対策対象者の推定相続人その他の者に贈与するという対応を考慮することも重要になると考えられます。

⑵　生前贈与加算の必要性等の検討

本項目は貸付金債権に係る実務対策ではないが、相続税申告を受託した場合（特に、一見の顧客である場合に注意が必要と思われます）に、当該相続に係る被相続人がその生前に同族会社に対して有していた貸付金債権を免除したという事実の有無を確認しておく必要があります。

その事実次第では、贈与税の申告書の提出や相続税法第19条《相続開始前7年以内に贈与があった場合の相続税額》（現行法）に規定する生前贈与加算が必要となることに留意しなければならず、先例とされる裁決事例でも、次のとおりの処理を行う必要が生じていました。

●平成16年債務免除……贈与税の申告書の提出、生前贈与加算

●平成18年債務免除……生前贈与加算（㊟贈与税は非課税）

Q5-3 同族会社の株式の価額が債務免除により増加したとして当該同族会社の株主が贈与税の申告を行った後に民事訴訟で債務免除の意思表示が存在しない旨を確認する確定判決があったことから、みなし贈与による利益の不存在を理由として贈与税の更正の請求を行うことの可否が争点とされた事例

事例 **国税不服審判所裁決事例**
(令和5年3月10日裁決、名裁(諸)令4－14、平成27年分及び平成29年分贈与税)

疑問点

甲家一族の親族図は、図表－1のとおりでした。

図表－1　甲家一族の親族図

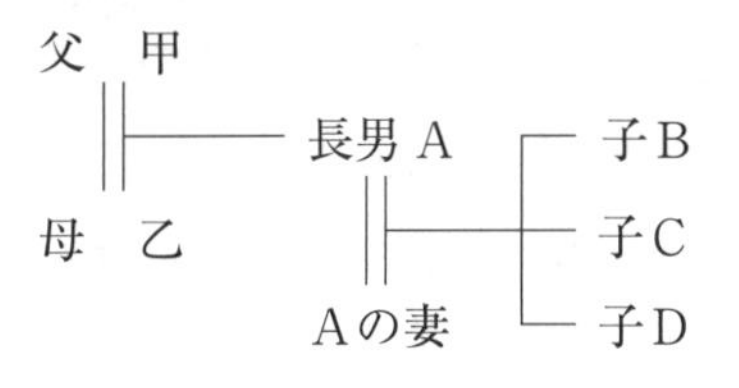

(注1)　左図の7名で後述のX社の発行済株式の総数を所有しています。なお、X社では父甲が代表取締役、母乙が取締役に就任しています。
(注2)　左図の7名で後述のY社の発行済株式の総数を所有しています。なお、Y社では父甲が代表取締役、母乙が取締役に就任しています。

父甲及び母乙ともに相当の資産を有しており、相続税対策として毎年のように長男A、Aの妻、子B、子C及び子D(以下、これら5名を疑問点において「長男Aら」)に、不動産や金融資産を贈与しており、長男Aらも適法に贈与税の申告及び納付をしていました。

父甲及び母乙は、図表－1の(注1)及び(注2)に掲げるとおり法人税法第2条《定義》第10号に規定する同族会社(X社及びY社)を経営しており、両社の資金繰りの関係から、相当多額の貸付金債権を有していました。

上記の貸付金債権が両者の将来の相続財産になることを危惧した顧問税理士から上記貸付金債権の放棄(X社及びY社からすると、債務免除)の提案を受けたところ、これを了承して2年分に分けて、それぞれ、220,000,000円(X社に対するもの)と1,000,000,000円(Y社に対するもの)の貸付金債権の放棄を行いました。この点については、X社及びY社の損益計算書及び総勘定元帳に「債務免除益」と記載されています。

その後、税務調査(上記債務免除益に係る個人株主側の税務上の対応は一切行われていません)があり、上記の債務免除の結果、X社及びY社の取引相場のない株式の価額が増加したとして、相続税法基本通達9－2《株式又は出資の価額が

増加した場合》の(3)（対価を受けないで会社の債務の免除、引受け又は弁済があった場合）の定めが適用されるとして、父甲及び母乙に対しては各年分の贈与税の期限後申告、長男Ａらに対しては贈与税の修正申告の勧奨を受けたことから仕方なくこれらに応じることとして適正に申告及び納税を行いました。

上記に係る贈与税の申告及び納付後に一連の債務免除に係る行為を不満に思ったＸ社及びＹ社の個人株主７名（上記 **図表－１** の親族図に記載されている者）は、地方裁判所にＸ社及びＹ社に対するそれぞれの債務免除の意思表示が存在しないことの確認を求める訴訟（本件確認訴訟）を提起したところ、両社が同族会社であることから事実上争うことなく、本件確認訴訟を認める旨の判決（本件判決）を受けました。

そうすると、本件判決により、上記の債務免除という法律行為が消滅したことから、その結果として、Ｘ社及びＹ社の取引相場のない株式の価額の増加もその経済的な成果が消滅したとして、国税通則法第23条《更正の請求》第２項に規定する事由である「その申告、更正又は決定に係る課税標準等又は税額等の計算の基礎となった事実に関する訴えについての判決（判決と同一の効力を有する和解その他の行為を含む）により、その事実が当該計算の基礎としたところと異なることが確定したとき」に該当することから、贈与税の更正の請求が認められるものと考えらます。

上記に掲げる贈与税の更正の請求の可否について説明してください。

A 回答

お尋ねの事例の場合には、Ｘ社及びＹ社の個人株主７名の贈与税の更正の請求は認められないものと考えられます。

! 解説

(1)　更正の請求に係る通説としての法令解釈等では、更正の請求の趣旨や国税通則法第23条《更正の請求》の規定の文言等を併せ考慮すれば、自ら計上記載した申告内容の更正を請求する納税者側において、その申告内容が真実に反するものであることの主張立証をすべきであり、かかる主張立証がなされない限り、申告に係る税額をもって正当なものと認めるのが相当であるとされています。

(2)　上記 **? 疑問点** に掲げるとおり、本件確認訴訟は事実上争われていないとのことですから、本件判決は利害が対立する当事者間で客観的・合理的な根拠に基づく審理の結果と認定することはできず、いわゆる「馴合判決」と考えられることから、たとえ、司法機関の判断であったとしても、これをもって、上記(1)に掲げる主張立証を果たしたものとは認められないものと考えられます。

検討先例

Q5-3 の検討に当たっては、下記に掲げる裁決事例が先例として参考になります。

◉国税不服審判所裁決事例（令和５年３月10日裁決、名裁（諸）令４－14、平成27年分及び平成29年分贈与税）

〔1〕事案の概要

本件は、請求人父甲ほか６名（以下、これら７名を併せて「請求人ら」という）が、請求人らを株主とする法人が受けた債務免除により当該法人の株式の価額が増加し、当該増加額に相当する金額の利益を贈与により取得したとして贈与税の修正申告等をした後に、判決で当該債務免除の意思表示が存在しないことが確認されたなどとして、それぞれ更正の請求をしたところ、原処分庁が、いずれの更正の請求に対しても更正をすべき理由がない旨の通知処分を行ったことに対し、請求人らが、原処分の全部の取消しを求めた事案である。

〔2〕基礎事実

(1) 請求人らについて

請求人父甲及び請求人母乙は夫妻である。

また、請求人長男Ａ及び請求人Ａの妻は、請求人父甲及び請求人母乙の長男夫妻であり、請求人子Ｂ、請求人子Ｃ及び請求人子Ｄは、いずれも当該長男夫妻の子である（以下、請求人父甲、請求人母乙、請求人長男Ａ、請求人子Ｂ、請求人子Ｃ及び請求人子Ｄの５名を併せて「請求人長男Ａら」という）。

(2) Ｘ社について

① Ｘ社の概要

請求人らは、その７名で、遅くとも平成26年７月１日以降、請求人らの住所地を所在地とする＊＊（以下「Ｘ社」という）の全発行済株式を有しており、Ｘ社は法人税法第２条《定義》第10号（平成27年３月31日以前については平成27年法律第９号による改正前のもの。以下同じ）に規定する同族会社であった。

また、Ｘ社においては、＊＊（筆者注 年月日）の設立時から、請求人父甲が代表取締役を、請求人母乙が取締役をそれぞれ務めていた。

② Ｘ社に計上された債務免除益

Ｘ社は、平成26年７月１日から平成27年６月30日までの事業年度（以下「Ｘ社平成27年６月期」という）の法人税について、青色の確定申告書を法定申告期限までに提出した。

その際に申告された所得金額は、繰越欠損金の控除により0円であったが、X社は、当該所得金額の計算上、X社平成27年6月期の損益計算書の雑収入勘定の金額232,049,482円を益金の額に算入しており、申告書に添付した「雑益、雑損失等の内訳書」に、当該232,049,482円には、請求人父甲からの債務免除益220,000,000円が含まれる旨記載していた。

なお、X社平成27年6月期の総勘定元帳の短期借入金勘定には、平成27年6月30日付で請求人父甲からの借入金が220,000,000円減少した旨が記載され、同総勘定元帳の雑収入勘定には、同日付で債務免除益220,000,000円が計上されていた。

(3) Y社について

① Y社の概要

X社は、**（筆者注 年月日）に、当時X社の完全子会社であり、所在地を同じくしていた**（以下「Y社」という）に吸収合併された。

請求人らは、当該合併の日以降、Y社の全発行済株式を有しており、Y社は法人税法第2条《定義》第10号に規定する同族会社である。

また、Y社においては、**（筆者注 年月日）の設立時から、請求人父甲が代表取締役を、請求人母乙が取締役をそれぞれ務めている。

② Y社に計上された債務免除益

Y社は、平成28年7月1日から平成29年6月30日の事業年度（以下「Y社平成29年6月期」という）の法人税について、青色の確定申告書（以下、上記(2)②の確定申告書と併せて「本件各法人税申告書」という）を法定申告期限までに提出した。

その際に申告された所得金額は▲**円（欠損金額）であったが、Y社は、当該所得金額の計算上、Y社平成29年6月期の損益計算書の雑収入勘定の金額1,011,384,661円を益金の額に算入しており、申告書に添付した「雑益、雑損失等の内訳書」に、当該1,011,384,661円には、請求人父甲及び請求人母乙からの債務免除益それぞれ500,000,000円、合計で1,000,000,000円が含まれる旨記載していた。

なお、Y社平成29年6月期の総勘定元帳の短期借入金勘定には、平成29年6月30日付で請求人父甲及び請求人母乙からの借入金が500,000,000円ずつ減少した旨が記載され、同総勘定元帳の雑収入勘定には、同日付で債務免除益合計1,000,000,000円が計上されていた（以下、上記(2)②のX社の総勘定元帳に記載されていた債務免除益と併せて「本件各債務免除益」といい、本件各債務免除益に係る各債務免除を「本件各債務免除」という）。

(4) 本件各法人税申告書について

X社平成27年6月期及びY社平成29年6月期の各総勘定元帳並びに本件各法人税申告書及びその添付書類は、いずれも、X社及びY社の顧問税理士であった税理士**（以下

「本件税理士」という）が作成したが、本件各法人税申告書には、いずれも「代表者自署押印」欄に「父甲」と記入されており、X社又はY社の印章が押印されていた。

また、本件各法人税申告書に添付されたX社平成27年6月期及びY社平成29年6月期の決算報告書（以下、併せて「本件各決算報告書」という）の最終ページにも、代表取締役として「父甲」の記名があり、X社又はY社の印章が押印されていた。

(5) 請求人らの贈与税の申告状況（平成27年分及び平成29年分について）

請求人長男Aらは、平成27年分及び平成29年分の贈与税について、別表1及び別表2の各「確定申告」欄（筆者注非公開）のとおり記載した各贈与税申告書をいずれも法定申告期限までに提出した。

この際、請求人長男Aらは、本件各債務免除によって増加したX社又はY社の株式の価額に相当する金額については、贈与により取得した財産の価額に含めていなかった。

また、請求人父甲及び請求人母乙は、平成27年分及び平成29年分の贈与税について、いずれも法定申告期限までに申告していなかった。

(6) 本件各贈与税修正等申告書の提出

請求人らは、原処分庁所属の調査担当職員（以下「本件調査担当職員」という）による調査（以下「本件調査」という）に基づき、平成30年10月31日に、平成27年分又は平成29年分の贈与税について、別表1及び別表2の各「修正申告等」欄（筆者注非公開）のとおり記載した各期限後申告書又は各修正申告書（以下、併せて「本件各贈与税修正等申告書」という）を、それぞれ提出した。

この際、請求人母乙及び請求人長男Aらの平成27年分の贈与税については、いずれも、平成27年6月30日に請求人父甲の債務免除によって増加したX社の株式の価額に相当する金額が、贈与により取得した財産の価額に含められ、請求人らの平成29年分の贈与税については、いずれも、平成29年6月30日に請求人父甲又は請求人母乙の債務免除によって増加したY社の株式の価額に相当する金額が、贈与により取得した財産の価額に含められていた。

なお、上記(5)の各贈与税申告書及び本件各贈与税修正等申告書は、いずれも、請求人らの顧問税理士であった本件税理士が作成した。

(7) 本件確認訴訟の提起及び本件判決の確定

請求人父甲及び請求人母乙は、令和2年4月17日に、Y社に対して、本件各債務免除の意思表示が存在しないことの確認を求める訴訟（以下「本件確認訴訟」という）を＊＊地方裁判所に提起し、同年＊＊月＊＊日に、本件各債務免除の意思表示が存在しないことを確認する旨の判決（以下「本件判決」という）を受け、本件判決は、同月20日の経過により確定した。

(8) 本件各更正の請求

請求人らは、令和2年12月1日に、平成27年分又は平成29年分の贈与税について、各更正の請求書の「更正の請求をする理由」欄に、本件各債務免除が本件判決により無効とされた旨記載し、別表1及び別表2の各「更正の請求」欄（筆者注 非公開）のとおりとすべき旨の各更正の請求（以下「本件各更正請求」という）をした。

(9) 本件各通知処分

原処分庁は、本件各更正請求に対し、令和3年8月27日付で更正をすべき理由がない旨の各通知処分（以下「本件各通知処分」という）をした。

(10) 再調査の請求及び再調査決定

請求人らは、本件各通知処分を不服として、令和3年9月28日にそれぞれ再調査の請求をしたところ、再調査審理庁は、令和4年2月24日付でいずれも棄却の再調査決定をした。

(11) 本件審査請求

請求人らは、再調査決定を経た後の本件各通知処分に不服があるとして、令和4年3月18日に審査請求（以下「本件審査請求」という）をした。

(12) 本件損害賠償請求訴訟の提起と本件和解の成立

請求人父甲、請求人母乙及びY社は、令和4年5月31日に、本件税理士に対して、税理士顧問契約上の注意義務違反（①本件各債務免除の意思表示がされていないにもかかわらず、無断で本件各債務免除に係る会計処理を行った上、請求人父甲及び請求人母乙が申告すべきであった贈与税の申告を行わなかったこと、②X社の減価償却に係る会計処理を誤ったこと等）により、本来負担する必要のなかった贈与税や加算税等の負担を余儀なくされるとともに、精神的な苦痛を受けて、損害を被ったなどとして、債務不履行に基づく損害賠償を求める訴訟（以下「本件損害賠償請求訴訟」という）を＊＊地方裁判所に提起し、同年＊＊月＊＊日に、請求人父甲、請求人母乙及びY社と本件税理士との間で、訴訟上の和解（以下「本件和解」という）が成立した。

筆者注 上記(1)ないし(12)に掲げる基礎事実につき、時系列的な経過をまとめると、図表－2のとおりとなる。

図表－2　本件裁決事例における時系列

H27 6/30	H28 2/1～H28 3/15	H29 6/30	H30 2/1～H30 3/15	H30 月日不明	H30 10/31
X社に対する債務免除の実行 ［免除者］請求人父甲 ［免除額］220百万円 ［決算書］X社のP/Lに雑収入計上済	［H27の贈与税の申告状況］ (1)　請求人長男Aらは他の受贈財産に係る贈与税の期限内申告書を提出 (2)　請求人母乙は申告なし	Y社に対する債務免除の実行 ［免除者］請求人父甲 請求人母乙 ［免除額］父甲500百万円 母乙500百万円 ［決算書］Y社のP/Lに雑収入計上済	［H29の贈与税の申告状況］ (1)　請求人長男Aらは他の受贈財産に係る贈与税の期限内申告書を提出 (2)　請求人父甲及び請求人母乙は申告なし	贈与税の税務調査の実施 ［調査内容］債務免除に伴う株価増加分に対するみなし贈与	本件各贈与税修正等申告書の提出 (1)　請求人父甲及び請求人母乙贈与税の期限後申告書 (2)　請求人長男Aら贈与税の修正申告書

R2 4/17	R2 月日不明	R2 12/1	R3 8/27	R3 9/28	R4 2/24	R4 3/18	R4 5/31	R4 月日不明
本件確認訴訟の提起 ［提起内容］ 本件各債務免除の意思表示が存在しないことの確認を求める	本件判決 ［本件内容］ 本件確認訴訟の確認を認める	本件各更正の請求	本件各通知処分 ［結果］ 更正をすべき理由がない	再調査の請求	再調査決定 ［結果］ 棄却	本件審査請求	本件損害賠償請求訴訟を提起 ［原告］請求人父甲 請求人母乙 Y社 ［被告］本件税理士	本件和解の成立

〔3〕争点

本件の争点は、請求人らに、請求人父甲又は請求人母乙からの贈与により取得したとみなされる利益はなかったか否かであり、具体的には、本件各債務免除はなかったといえるか否かである。

〔4〕争点に関する双方（請求人ら・原処分庁）の主張

争点に関する請求人ら・原処分庁の主張は、図表－3のとおりである。

図表－3　争点に関する請求人ら・原処分庁の主張

(争点)　請求人らに、請求人父甲又は請求人母乙からの贈与により取得したとみなされる利益はなかったか否かであり、具体的には、本件各債務免除はなかったといえるか否か

請求人ら（納税者）の主張	原処分庁（課税庁）の主張
次のとおり、請求人父甲又は請求人母乙による本件各債務免除は存在せず、本件各債務免除によるX社及びY社の株式の価額の増加も生じ	次のとおり、請求人父甲又は請求人母乙による本件各債務免除がなかったとはいえず、本件各債務免除によるX社及びY社の株式の価額の

ていないから、請求人らに、請求人父甲又は請求人母乙からの贈与により取得したとみなされる利益はなかった。

(1) 請求人父甲及び請求人母乙は、本件税理士から、債務免除が相続税対策となる旨の説明は受けていたものの、債務免除を行う具体的な時期や金額については説明を受けておらず、本件各債務免除の意思表示をしていない。X社及びY社の各総勘定元帳並びに本件各法人税申告書及びその添付書類への本件各債務免除益の計上又は記載は、請求人父甲及び請求人母乙の承諾を得て行われたものではない。

なお、請求人父甲及び請求人母乙は、本件調査において、本件各債務免除の意思表示をしていない旨の主張をしなかったが、それは、本件各債務免除の有無を争うことができる雰囲気ではないと感じたからにすぎない。

請求人父甲、請求人母乙及び本件税理士のいずれも、本件調査において、いつ、いくらの債務免除が行われたのかについて明確に申述しているわけではないから、これらの申述を根拠に本件各債務免除の意思表示があったということはできない。

(2) 本件各債務免除は、総額 1,220,000,000円という多額な取引であるにもかかわらず、本件各債務免除の記録や債務免除通知書等の書面は作成されていない。

(3) 本件確認訴訟では、請求人父甲及び請求人母乙とY社との間で、本件各債務免除の意思表示の有無が争われ、客観的な第三者である裁判所において証拠調べ等が行われた結果、本件判決において、本件各債務免除の意思表示がいずれも存在しないことが確認された。

なお、本件確認訴訟におけるY社の代表者の選定及び本件各債務免除の意思表示の有無に関するY社の認否は適切なものであり、本件確認訴訟はなれ合い訴訟などではない。

(4) 本件税理士は、＊＊（**筆者注**顧問契約解約後の意と推認される）、請求人父甲及び請求人母乙と利害が対立しており、なれ合いもあり得ないところ、本件税理士は、本件損害賠償

増加が生じていないことにはならないから、請求人らに、請求人父甲又は請求人母乙からの贈与により取得したとみなされる利益がなかったとはいえない。

(1) 請求人父甲及び請求人母乙は、いずれも本件調査において、本件各債務免除は将来の相続税対策を目的として本件税理士から提案されたものである旨及び当該提案に了承した経緯を具体的に申述している。

これらの申述は、本件各債務免除を行うことについて請求人父甲及び請求人母乙から了解を得ていた旨の、本件調査の時から一貫する本件税理士の申述とも整合するから、請求人父甲及び請求人母乙は、本件各債務免除を行う意思を有し、その意思を表示していたといえる。

また、請求人らは、本件調査の調査結果に基づいて、自ら、請求人父甲及び請求人母乙による本件各債務免除があったことを前提に、本件各債務免除による株式の価額の増加分の利益を贈与により取得したものとして本件各贈与税修正等申告書を提出した上、請求人父甲が代表取締役として署名及び押印して提出した本件各法人税申告書及びその添付書類にも、本件各債務免除益が計上又は記載されていた。

(2) 上記(1)の事情からすれば、本件各債務免除の記録や債務免除通知書等の書面が作成されていないからといって、本件各債務免除の意思表示がなかったとはいえない。

(3) 本件確認訴訟は、請求人父甲及び請求人母乙が、本件各債務免除の意思表示が存在しないことを判決で確認させて、本件各贈与税修正等申告書に係る更正の請求を行うために、一経理担当者を本件確認訴訟におけるY社の代表者に定めて提起したものであり、本件確認訴訟において、Y社は、本件各債務免除の意思表示の有無につき「不知」と認否したのみである。

したがって、本件判決は、利害が対立する当事者間において客観的・合理的根拠に基づく審理がされた上で下されたものとはいえないから、本件判決をもって、本件各債務免除が存在しないとはいえない。

(4) 本件和解の和解条項には、支払義務の確認の定めがあるのに、支払方法についての定めがないものがあるなど、不自然な点がいくつも認められることからすると、本件税理士が

請求訴訟において、何ら反論せず、請求人父甲及び請求人母乙が本件各債務免除の意思表示をしていなかったこと及び本件税理士が独断で本件各債務免除益を計上したことなどを含む、訴状等に記載された事実を全て認める内容の本件和解が成立した。	訴状等に記載の事実を全て認めたのは、＊＊（筆者注 顧問契約解約後の意と推認される）、請求人父甲及び請求人母乙の審査請求を有利ならしめ、ひいては本件税理士の損害賠償責任を減免させることを企図したためであることは明らかであるから、本件和解は原処分の判断に影響を及ぼすものではない。

〔5〕国税不服審判所の判断

(1) 認定事実

① X社及びY社の事業について

X社は、その事業として、有価証券の保有及び運用業務等のほか、＊＊（筆者注 事業活動の内容）などを行っていたが、上記〔2〕(3)①の吸収合併により、Y社が、これらX社の事業を引き継いだ。

請求人父甲及び請求人母乙は、X社及びY社に対し、両社が＊＊（筆者注 事業活動の内容）をするための資金を貸し付けており、＊＊（筆者注 本件各債務免除を実行する前のある年月を指すものと推認される）の末日において、総勘定元帳上、請求人父甲及び請求人母乙のX社に対する貸付金の残高は、それぞれ約20億円であり、＊＊（筆者注 本件各債務免除を実行する前のある年月を指すものと推認される）の末日において、総勘定元帳上、請求人父甲及び請求人母乙のY社に対する貸付金の残高は、それぞれ約9億円及び約13億円であったが、請求人父甲又は請求人母乙とX社又はY社との間で、金銭消費貸借契約書などの書類は作成されていなかった。

② 本件税理士の助言について

本件税理士は、請求人父甲及び請求人母乙が、それぞれの個人事業について本件税理士へ会計帳簿の記帳代行や税務申告書の作成などを依頼したことをきっかけとして、X社及びY社についても、設立の時から、顧問税理士として財務書類の作成並びに税務申告書の作成及び提出を任せられていた。

本件税理士は、顧問税理士として、請求人父甲及び請求人母乙に対し、相続税対策の助言なども行っており、従前から、請求人父甲及び請求人母乙がX社又はY社に対して有する貸付金について債務免除をすることは、所得金額がマイナスになることの多いX社及びY社の財務状況からすると、X社又はY社に法人税負担の面で不利益を与えることなく、請求人父甲及び請求人母乙の相続の際の相続税対策となる旨の助言を行っていた。

本件各債務免除益は、上記〔2〕(2)②及び同(3)②のとおり、各総勘定元帳に記載されていたが、債務免除通知書等の債務免除の意思表示そのものを示す書類は作成されていなかった。

③　本件調査における質問応答等について

本件調査担当職員は、本件調査において、本件各債務免除益が計上された経緯を質問し、これに対し、本件税理士、請求人父甲及び請求人母乙は、それぞれ要旨次の(イ)ないし(ハ)のとおり申述した。

なお、本件税理士は、本件各更正請求に係る調査の調査担当職員に対しても、次の(イ)と同旨の申述をしたが、請求人父甲及び請求人母乙は、いずれも、本件確認訴訟において、次の(ロ)又は(ハ)の申述を翻し、上記**〔4〕**の**図表－3**の「請求人ら（納税者）の主張」欄の(1)に沿う内容の陳述書の提出等を行い、本件各更正請求に係る調査の調査担当職員及び再調査審理庁に対しても、本件確認訴訟における陳述等と同旨の申述をした。

(イ)　本件税理士

本件各債務免除に係る書類は作成していないが、X社平成27年6月期及びY社平成29年6月期の決算前に、請求人父甲又は請求人母乙に対し、相続税対策として、当該各事業年度において本件各債務免除を行う旨連絡し、請求人父甲及び請求人母乙の了解を得た上で、本件各債務免除益の計上を行った。本件各債務免除や本件各債務免除益の計上といった重大なことは、本件税理士の一存ではできない。

X社平成27年6月期以前から、請求人父甲及び請求人母乙の了解を得た上で、債務免除に係る会計処理を行っていた。

(ロ)　請求人父甲

Y社平成29年6月期に債務免除をすることは、当該事業年度の決算前に本件税理士から電話で聞き、将来の相続税対策になるということで納得した。本件税理士が本件各債務免除の金額や時期を提案し、これを了承した。

(ハ)　請求人母乙

本件各債務免除をすることは、X社平成27年6月期及びY社平成29年6月期の決算前に、本件税理士から電話で聞いた。X社及びY社は、請求人母乙が有する貸付金を返済しきれないため、貸付金を残しておいても仕方がないと説明を受け、さらに将来の相続税対策になるということで、本件各債務免除をすることに納得したと思う。

④　本件調査における上記③の質問応答後のやりとり等について

本件調査担当職員は、上記③の質問応答の後、本件各債務免除によりX社又はY社の株式の価額が増加したため、請求人らは、それぞれ、本件各債務免除を行った請求人父甲又は請求人母乙から、本件各債務免除によって増加した株式の価額に相当する金額の利益を贈与により取得したものとみなされ、贈与税の申告を要する旨指摘した。

この指摘に対し、本件税理士は、法人に対する債務免除が贈与とみなされるとどこに規定されているのか、過去にも債務免除はしていたのに、これまでに受けた税務調査において指摘も指導もされていなかった旨反論し、請求人父甲も、調査担当者によって対応に一貫性がないなどと反論したが、本件税理士、請求人父甲及び請求人母乙から、本件各債務免除自体がそもそも存在しなかった旨の反論はなかった。

なお、本件調査担当職員は、本件各債務免除が贈与とみなされる場合に該当する根拠は、相続税法基本通達9－2《株式又は出資の価額が増加した場合》の(3)（対価を受けないで会社の債務の免除、引受け又は弁済があった場合）の定めである旨説明した。

⑤　上記④の後の経過について

その後、上記**〔2〕**(6)のとおり、請求人らは、平成30年10月31日に、本件税理士の作成した本件各贈与税修正等申告書により、平成27年分又は平成29年分の贈与税の期限後申告又は修正申告を行い、同年末頃、本件税理士は、自ら辞意を表明して、Y社、請求人父甲及び請求人母乙の顧問税理士を辞任した。

⑥　本件確認訴訟について

(イ)　請求人父甲及び請求人母乙は、本件各更正請求を行う前提として、請求人父甲及び請求人母乙が役員を務めるY社に本件確認訴訟を提起することとし、令和2年4月6日、Y社の株主総会において、会社法第353条《株式会社と取締役との間の訴えにおける会社の代表》に基づいて、本件確認訴訟におけるY社を代表する者を、請求人父甲及び請求人母乙の秘書を長く務めていた＊＊（以下「本件秘書」という）と定めた。

また、原告である請求人父甲及び請求人母乙の訴訟代理人並びに被告であるY社の訴訟代理人は、いずれも、本件税理士に代わって請求人父甲、請求人母乙及びY社の税務代理をすることとなった税理士＊＊が、請求人父甲及び請求人母乙に紹介した弁護士であった。

(ロ)　Y社の訴訟代理人は、本件秘書と一度も打合せを行うことなく、本件確認訴訟の訴状に記載された、請求人父甲及び請求人母乙が本件各債務免除の意思表示を行った事実は存在しないこと及び本件税理士が請求人父甲及び請求人母乙の知らないうちに本件各債務免除益を計上したことについて、「不知」と答弁し、弁論の終結に至るまで、ほかに反論、書証の提出及び証人申請を行わなかった。

(ハ)　本件判決では、原告である請求人父甲及び請求人母乙の各陳述書及び各尋問の結果並びに弁論の全趣旨から、その請求どおり、本件各債務免除の意思表示が存在しないことが認定された。

⑦　本件損害賠償請求訴訟について

(イ)　請求人父甲、請求人母乙及びY社は、本件審査請求後の令和4年5月31日に、本件税理士に対し、本件損害賠償請求訴訟を提起し、同訴訟において、上記**〔2〕**(12)の税理士顧問契約上の注意義務違反により、請求人父甲、請求人母乙及びY社は、本来負担する必要のなかった贈与税の本税に加え、贈与税、法人税及び地方法人税の加算税及び延滞税の負担を余儀なくされ、精神的な苦痛も受けたなどとして、請求人父甲は＊＊円（うち慰謝料部分1,000,000円）、請求人母乙は＊＊円（うち慰謝料部分1,000,000円）、Ｙ社は＊＊円の損害を主張し（損害主張額合計＊＊円）、当該債務不履行に基づく損害賠償請求権の一部請求として、請求人父甲は11,000,000円、請求人母乙は11,000,000円、Ｙ社は10,000,000円に、それぞれ遅延損害金を加えた金額の支払を請求した。

なお、請求人父甲及び請求人母乙に係る損害のうち慰謝料を除く部分は、いずれも本件各債務免除が存在する場合に生じる贈与税の本税、加算税及び延滞税であり、本件損害賠償請求訴訟の訴状には、請求人父甲及び請求人母乙の損害主張額は、本件審査請求で請求人らの主張が認められた場合には、変更（減額）される可能性がある旨記載されていた。

(ロ) 本件税理士は、弁護士に依頼することなく、本件損害賠償請求訴訟に対応し、令和４年７月25日の第１回口頭弁論において、請求原因事実を全て認め、話合いによる解決を希望した。これにより、第１回口頭弁論期日で、弁論が終結された。

(ハ) 上記(ロ)の後、本件税理士は、請求人父甲、請求人母乙及びＹ社の訴訟代理人である弁護士から、本件和解の和解条項と同旨の和解条項案の送付を受け、同弁護士に対し、令和４年９月５日に、法人税の申告は本件税理士が独断で行ったものではない旨などを記載した文書を送付したが、上記和解条項案での和解には応じる旨回答した。

(ニ) 令和４年＊＊月＊＊日、本件和解が成立し、その和解条項には、本件税理士が、本件損害賠償請求訴訟の訴状及び訴状訂正申立書の記載の事実に誤りがないことを認めること、損害賠償債務として、請求人父甲に対して＊＊円、請求人母乙に対して＊＊円、Ｙ社に対して＊＊円（合計＊＊円）の支払義務があることを認めること、そのうちＹ社に対する損害賠償債務＊＊円については、同年10月16日を期限として、指定の銀行口座に振り込む方法により支払うことが定められたが、請求人父甲及び請求人母乙に対する損害賠償債務の支払の時期や方法の定めはなかった。

⑧ 本件税理士の答述について

本件税理士は、本件損害賠償請求訴訟の第１回口頭弁論期日後、本件和解成立前である令和４年８月４日に、審判所に対して、本件各債務免除益を、請求人父甲及び請求人母乙に確認せずに計上することはあり得ない旨答述するとともに、本件損害賠償請求訴訟については、訴状をよく読んではいないが、払える金額であれば支払う旨の答述をした。

(2) 法令解釈等

申告納税方式を採用する贈与税にあっては、納付すべき税額は、原則として、納税者のする申告によって確定し、その申告がない場合又はその申告に係る税額が税務署長の調査したところと異なる場合に限り、例外的に税務署長の処分によって確定する。

このように、納税申告が具体的な租税法律関係を形成する行為として公法行為の性質を持つことに鑑み、国税通則法は、その申告内容に過誤があることを理由として更正の請求をなし得る場合を限定的に列挙し（国税通則法第23条《更正の請求》第１項各号）、また、その手続上、請求者において、更正請求書に、その請求に係る更正前の課税標準等又は税額等、当該更正後の課税標準等又は税額等、その更正の請求をする理由、当該請求をするに至った事情の詳細その他参考となるべき事項を記載すべきものとし（同条第３項）、請求の理由が課税標準たる所得が過大であることその他その理由の基礎となる事実が一定期間の取引に関するものであるときは、その取引の記録等に基づいてその理由の基礎となる事実を証明する書類を添付しなければならないとして（国税通則法施行令第６条《更正の請求》第２項）、請求者側でまずその過誤の存在を明らかにすることを要求している。

上記のことからすると、更正の請求は、申告内容の過誤から生じる納税者の不利益を救済するため、租税行政の法的安定の要請を一定の要件の下に制限する趣旨のものと考えられ、このような更正の請求の趣旨や上記各規定の文言等を併せ考慮すれば、自ら計上記載した申告内容の更正を請求する納税者側において、その申告内容が真実に反するものであることの主張立証をすべきであり、かかる主張立証がなされない限り、申告に係る税額をもって正当なものと認めるのが相当である。

⑶　当てはめ及び請求人らの主張について

請求人らは、上記**〔4〕**の**図表－３**の「請求人ら（納税者）の主張」欄のとおり、本件各債務免除が存在せず、請求人らに請求人父甲又は請求人母乙からの贈与により取得したとみなされる利益はなかった旨主張するところ、上記⑵のとおり、更正の請求に係る事実関係は、納税者において立証すべきものであるから、請求人らにおいて、かかる立証をしたか否かについて、以下検討する。

(ｲ)　本件各債務免除に係る書類等について

㋑　上記⑴②のとおり、本件各債務免除につき、債務免除通知書等の債務免除の意思表示そのものを示す書類は作成されていないものの、上記**〔2〕**⑵及び⑶のとおり、請求人父甲が代表取締役を務め、請求人母乙が取締役を務めるＸ社及びＹ社の、Ｘ社平成27年６月期及びＹ社平成29年６月期の各総勘定元帳には、請求人父甲又は請求人母乙からの借入金が減少し、それに対応して本件各債務免除益が生じた旨が記載されており、上記各事業年度の損益計算書においても、本件各債務免除益は雑収入勘定の金額に含められ、Ｘ社及びＹ社は、本件各法人税申告書に、本件各債務免除益が雑益に含まれる旨記載した内訳書を添付して、いずれも本件各債務免除益を益金の額に算入して所得金額の計算をして法人税の確定申告を行っていたから、Ｘ社及びＹ社における各書類及び会計処理の状況からは、本件各債務免除が存在したことがうかがわれる。

㋺　これに対し、請求人らは、上記**〔4〕**の**図表－３**の「請求人ら（納税者）の主張」欄の⑴のとおり、請求人父甲及び請求人母乙は、本件税理士から、債務免除が相続税対策となる旨の説明は受けていたものの、債務免除を行う具体的な時期や金額については説明を受けておらず、X社及びY社の各総勘定元帳並びに本件各法人税申告書及びその添付書類への本件各債務免除益の計上又は記載は、請求人父甲及び請求人母乙の承諾を得て行われたものではない旨主張しており、請求人父甲及び請求人母乙は、本件確認訴訟において当該主張に沿う陳述等をし、本件各更正請求に係る調査の調査担当者及び再調査審理庁に対しても、同旨の申述をした。

しかしながら、上記〔2〕⑵②、同⑶②及び同⑷のとおり、本件各債務免除益について記載された本件各法人税申告書（添付書類を含む）には、「代表者の自署押印」欄に「父甲」の記入及びX社又はY社の印章の押印がされ、本件各決算報告書にも、代表者としての「父甲」の記名及びX社又はY社の印章の押印がされている上、請求人父甲が、当該各書面の作成当時、請求人父甲に無断で作成されたものであるなどと述べていた事情も認められないことからすると、請求人父甲は、これらの書類に記載されている内容を承諾していたと考えるのが自然である。

また、上記〔2〕⑵①及び同⑶①のとおり、請求人母乙も、X社及びY社の取締役として、両社の経営の責任を負う者であり、請求人母乙が名目取締役であったなどの事情も認められないから、請求人母乙も、X社及びY社の各総勘定元帳や本件各決算報告書の記載内容につき、承諾していたと考えるのが自然である。

実際に、本件税理士、請求人父甲及び請求人母乙はいずれも、上記⑴③のとおり、本件調査の際に、本件各債務免除及び本件各債務免除益の計上については、本件税理士が請求人父甲及び請求人母乙の了解を得て行っていた旨、相互に整合する申述をし、本件税理士は、上記⑴⑧のとおり、審判所に対しても、一貫して、同旨の答述をしていた。

そして、本件各債務免除には、上記⑴②のとおり、請求人父甲及び請求人母乙の相続の際の相続税対策となる面があったとしても、請求人父甲及び請求人母乙が、その有する資産（貸付金債権）を失うという面もあったのであり、本件税理士には、本件各債務免除に係る会計処理を請求人父甲及び請求人母乙に無断で行うことによるリスクはあっても、それによって得られる利益があったとは認められないから、本件税理士が、本件各債務免除に係る会計処理を、請求人父甲及び請求人母乙の承諾を得ずに行うことは通常考えにくい。

さらに、請求人父甲は、上記⑴④のとおり、本件調査における質問応答の後に本件調査担当職員から、本件各債務免除により増加した株式の価額に相当する金額について、利益の贈与を受けたものとして課税対象となる旨説明を受けた際、本件税理士とともに、課税の根拠や従前に債務免除を行った際との対応の違いについては反論していたものの、本件各債務免除の存在自体については特に争っておらず本件各債務免除益の計上が請求人父甲及び請求人母乙の承諾の下で行われたことを前提とする態度であったといえる。

仮に本件税理士が無断で本件各債務免除に係る処理を行っていたとすれば、当然、直ちに信頼関係の問題や責任問題等が生じたはずであるが、上記(1)⑤のとおり、本件各債務免除の存在を前提に本件各贈与税修正等申告書を提出したと認められ、本件調査の後においても、本件確認訴訟の提起に至るまで約1年半もの間、請求人父甲及び請求人母乙が本件税理士の処理を問題視していたことをうかがわせる事情は認められない。

これらの事情からすると、X社及びY社の各総勘定元帳並びに本件各法人税申告書及びその添付書類への本件各債務免除益の計上又は記載は、請求人父甲及び請求人母乙の承諾を得て行われたものでないとはいえない。

㋩ 請求人らは、上記【4】の**図表－3**の「請求人ら（納税者）の主張」欄の(1)のとおり、請求人父甲及び請求人母乙は、本件調査においては、本件各債務免除の有無を争うことができる雰囲気ではないと感じたから、上記(1)③(ロ)及び同(ハ)のような申述をしたにすぎない旨や、本件税理士、請求人父甲及び請求人母乙の申述はいずれも、いついくらの債務免除が行われたのかについて明確に述べたものではない旨主張するが、請求人父甲及び請求人母乙の当該申述は、上記㋺のとおり、帳簿等の記載や本件税理士の申述と整合し、かつ内容的にも自然なものであり、申述後の請求人父甲及び請求人母乙の言動にも沿うものであって、請求人父甲及び請求人母乙が、本件調査において、不本意ながら虚偽の事実を述べたことをうかがわせる事情は認められない。

また、本件調査における本件税理士、請求人父甲及び請求人母乙の申述は、上記(1)③のとおりであり、明確性に欠ける点はない。

㊁ 請求人らは、上記【4】の**図表－3**の「請求人ら（納税者）の主張」欄の(2)のとおり、本件各債務免除は、多額な取引であるにもかかわらず、債務免除通知書等の書面は作成されていない旨主張する。

確かに、上記(1)②のとおり、債務免除通知書等の本件各債務免除の意思表示そのものを示す書類は作成されていなかったが、民法第519条《免除》に債務免除の意思表示の方法は規定されておらず、債務免除の意思表示は書面によってしなければ効力を有しないこととなるものではないし、上記(1)①のとおり、請求人父甲又は請求人母乙のX社又はY社に対する貸付金は、残高が総額約40億円となるなど多額であるにもかかわらず、金銭消費貸借契約書などの書類が一切作成されていなかったことからすれば、本件各債務免除について、その意思表示そのものを示す書類が作成されていなかったとしても、本件各債務免除の意思表示自体がなかったことを裏付ける事実とはいえない。

(ロ) 本件確認訴訟について

請求人らは、上記〔4〕の図表－3の「請求人ら（納税者）の主張」欄の(3)のとおり、本件各債務免除がなかったといえることの根拠として、本件判決において、請求人父甲及び請求人母乙とＹ社との間で、本件各債務免除の意思表示がいずれも存在しないことが確認されたことを主張する。

しかしながら、上記〔2〕(3)①のとおり、原告である請求人父甲及び請求人母乙は、被告であるＹ社の取締役及び代表取締役であるとともに、Ｙ社の株主であり、上記(1)⑥(イ)のとおり、Ｙ社の本件確認訴訟における代表者に指定された本件秘書は、長年、請求人父甲及び請求人母乙の指揮命令下で秘書として稼働していた者であって、被告であるＹ社の訴訟代理人も、請求人父甲及び請求人母乙が手配した弁護士であったから、被告であるＹ社が請求人父甲及び請求人母乙の意に反する訴訟活動を行うことは見込まれなかったといえる。

実際に、上記(1)⑥(ロ)のとおり、Ｙ社の訴訟代理人は本件秘書と打合せを行うこともなく、本件確認訴訟の訴状に記載された、請求人父甲及び請求人母乙が本件各債務免除の意思表示を行った事実は存在しないこと及び本件税理士が請求人父甲及び請求人母乙の知らないうちに本件各債務免除益を計上したことなどについて、「不知」と答弁し、弁論の終結に至るまで、具体的な反論も、書証の提出も、本件各債務免除に係る会計処理を行った本件税理士の証人申請も行わず、実質的な主張立証を何も行わなかった。

以上の事情からすると、本件判決は、実質的に当事者間に争いのない中で、弁論主義の下、請求人父甲及び請求人母乙の陳述書等に基づき、原告の言い分どおりの認定がされ、判断がされたにすぎないものといえ、利害の対立する当事者間において攻撃防御が尽くされた上で、裁判所が本件各債務免除に係る意思表示の有無について実質的に判断を下したものとはいえないから、本件判決により、本件各債務免除がなかった事実が明らかにされたとはいえない。

(ハ)　本件損害賠償請求訴訟について

①　請求人らは、上記〔4〕の図表－3の「請求人ら（納税者）の主張」欄の(4)のとおり、本件各債務免除がなかったといえることの根拠として、本件損害賠償請求訴訟において、本件税理士が、請求人父甲及び請求人母乙が本件各債務免除の意思表示をしていなかったこと及び本件税理士が独断で本件各債務免除益を計上したことなどを含む、訴状等に記載された事実を全て認める内容の本件和解が成立したことを主張する。

この点、上記〔2〕⑿並びに上記(1)⑦(イ)及び同(ロ)のとおり、本件損害賠償請求訴訟は、多岐にわたる注意義務違反（債務不履行事由）が主張され、損害額は慰謝料も含め総額＊＊円にも上る訴訟であったにもかかわらず、本件税理士は、弁護士に依頼することなく本件損害賠償請求訴訟に対応し、何の反論もすることなく、第１回口頭弁論期日において、請求原因事実を全て認めて、話合いによる解決を希望し、同期日で本件損害賠償請求訴訟の弁論は終結された。

他方で、本件税理士は、上記⑴⑧のとおり、審判所に対して、本件各債務免除益を、請求人父甲及び請求人母乙に確認せずに計上することはあり得ない旨、請求原因事実を否認する内容の答述をし、本件損害賠償請求訴訟については、訴状をよく読んでいないので分からないが、払える金額であれば支払うなどと答述したり、上記⑴⑦(ハ)のとおり、請求人父甲、請求人母乙及びY社の訴訟代理人である弁護士に対して、本件各債務免除益を益金の額に算入して行った法人税の申告は、本件税理士が独断で行ったものではない旨、請求原因事実を争う趣旨の記載を含む文書を送付したりしていた。

しかも、本件各債務免除に関する上記⑴⑧の本件税理士の答述は、同③(イ)の本件調査の段階の本件税理士の申述と一貫している上、既に請求原因事実を全て認めた本件損害賠償請求訴訟の弁論終結後の段階になって、本件税理士に、審判所に対して虚偽で上記のような答述をする利益はなかったといえるから、本件税理士の当該答述が虚偽でなされたものであるとは考えにくい。

上記のような訴訟経過と本件税理士の答述等に加え、審判所の調査及び審理の結果によれば、本件税理士には、本件各債務免除益の計上をしながら、本件各債務免除に伴う贈与税の申告をしていなかったことや、減価償却の計算を誤ったことなどの事情もあり、何らかの賠償義務は免れない状況にあったといえることも踏まえると、本件損害賠償請求訴訟における本件税理士の対応は、本件税理士の実際の認識とは異なる部分もあるものの、なるべく事を荒立てず、早期に低額の和解を実現したいなどの動機から、安易に請求原因事実を全て認めたものであることが推認される。

このような事情からすると、本件税理士が本件損害賠償請求訴訟の弁論で、訴状等に記載された事実を全て認めていたとしても、これをもって、本件各債務免除がなかった事実が明らかにされたとはいえない。

そして、本件和解は、本件税理士が弁論において請求原因事実を全て認めたことを前提にされたものであるから、本件和解において、本件税理士が、請求人父甲及び請求人母乙が本件各債務免除の意思表示をしていなかったこと及び本件税理士が独断で本件各債務免除益を計上したことなどを含む、訴状等に記載の事実に誤りがないことを認める条項が含まれていたとしても、本件各債務免除がなかった事実が明らかにされたものといえないことは、上記と同様である。

㋺ なお、請求人らは、上記【4】の**図表－3**の「請求人ら（納税者）の主張」欄の⑷のとおり、本件税理士は、Y社、請求人父甲及び請求人母乙と利害が対立しており、なれ合いはあり得ないなどとも主張する。

しかしながら、上記⑴⑦(イ)のとおり、本件損害賠償請求訴訟において主張された損害＊＊円のうち、大部分を占める＊＊円は、本件各債務免除が存在する場合に生じる贈与税の本税、加算税及び延滞税を内容とするものであるから、本件各債務免除がなかったこととすることができれば、上記税金は還付され、損害自体がなかったこととなるものであり、現に、上記⑴⑦㈡のとおり、本件和解の和解条項においても、本件税理士の請求人父甲及び請求人母乙に対する損害賠償義務＊＊円については、その支払義務の確認のみがされて、支払条項の定めが設けられていない。

そうすると、本件各債務免除の意思表示そのものを示す書類が作成されていない中で、本件税理士が、請求人父甲及び請求人母乙が本件各債務免除の意思表示をしていなかったこと及び本件税理士が独断で本件各債務免除益を計上したことを認めることは、本件各債務免除が存在しなかったとの評価、ひいては本件税理士が請求人父甲及び請求人母乙から請求を受ける損害額の減額につながり、本件税理士の利益にもなるという関係にあるから、少なくともその点については、本件税理士と請求人父甲及び請求人母乙との間で利害が対立しているとはいえない。

⑷　小括

上記⑴ないし⑶からすると、本件各債務免除がなかったことについて、請求人らにおいて立証がされたとはいえず、審判所の調査及び審理の結果によっても、ほかに本件各債務免除がなかったことをうかがわせる事情は認められない。

したがって、本件各債務免除はなかったとはいえず、請求人らに、請求人父甲又は請求人母乙からの贈与により取得したとみなされる利益がなかったとは認められない。

⑸　原処分の適法性について

上記⑷のとおり、請求人らに、請求人父甲又は請求人母乙からの贈与により取得したとみなされる利益はなかったとはいえないから、これを前提に請求人らの平成27年分及び平成29年分の贈与税の納付すべき税額を計算すると、いずれも別表１及び別表２の各「修正申告等」欄の「納付すべき税額」欄（**筆者注**非公開）と同額となる。

また、本件各通知処分のその他の部分については、請求人らは争わず、審判所に提出された証拠資料等によっても、これを不相当とする理由は認められない。

したがって、本件各更正請求に対し、いずれも更正をすべき理由がないとした本件各通知処分はいずれも適法である。

〔6〕まとめ

⑴　裁決事例の結果

先例とされる裁決事例では、本件各債務免除によるＸ社及びＹ社の株式価額の増加に係るみなし贈与課税の相当性につき、請求人ら（納税者）が本件確認訟訴に係る本件判決により本件各債務免除の意思表示の不存在が確定したことから不相当である旨を主張したところ、原処分庁（課税庁）が主張しこれを国税不服審判所が相当と判断したのが本件判決はいわゆる『馴合訴訟』であり利害が対立する当事者間における客観的・合理的な審理によるものではないとして本件各債務免除の存在を認め相当と判断したことから、結果として、請求人ら（納税者）の主張は認められず、本件各通知処分は適法とされました。

⑵ 参考法令通達等

- ●相続税法基本通達9－2《株式又は出資の価額が増加した場合》
- ●国税通則法第23条《更正の請求》
- ●国税通則法施行令第6条《更正の請求》
- ●法人税法第2条《定義》

本問から学ぶ重要なキーポイント

⑴ 同族会社の株式の価額が債務免除により増加した場合のみなし贈与課税の問題については、既に確認してきたところですが、本問はその特徴として、当該債務免除の意思表示が不存在であるとの確定判決（本件判決）を得たことによって、当該みなし贈与課税が生じなかったという状況を作出（贈与税の更正の請求）しようとするものです。

⑵ 通説の法令解釈等として、更正の請求は、申告内容の過誤から生じる納税者の不利益を救済するため、租税行政の法的安定の要請を一定の要件の下に制限する趣旨のものと考えられ、このような更正の請求の趣旨や国税通則法第23条《更正の請求》第1項各号や国税通則法施行令第6条《更正の請求》第2項の各規定の文言等を併せ考慮すれば、自ら計上記載した申告内容の更正を請求する納税者側において、その申告内容が真実に反するものであることの主張立証をすべきであり、かかる主張立証がなされない限り、申告に係る税額をもって正当なものと認めるのが相当であるとされています。

⑶ 本件判決は、本件確認訟訴に係る確定判決であり裁判所という司法権を有する機関としての権限のある判断を示したものと位置付けられますが、そうであったとしても、本件判決は、利害が対立する当事者間における客観的・合理的根拠に基づく審理下の基に下されたものではない（いわゆる「馴合判決」）として、更正の請求の相当性を裏付ける主張立証には当たらないものとされたことに注目する必要があります。

貸付金債権に係る実務対策

貸付金債権を免除するか否かの判断に当たって、税務上の重要な留意事項として、当該債務免除を受ける同族会社の株主に対する株価上昇時の『みなし贈与課税』の問題があります。具体的な項目及びその解説については、Q5-1の本問から学ぶ重要なキーポイント及び貸付金債権に係る実務対策の項目を確認してください。

なお、先例とされる裁決事例では、税務調査担当職員による贈与税申告の必要性の指摘に対し、「法人に対する債務免除が贈与とみなされるとどこに規定されているのか。過去にも債務免除はしていたのに、これまでに受けた税務調査において指摘も指導もされていなかった」旨の反論をしていますが、債務免除による株価の上昇額が贈与とみなされる場合の取扱いについては、相続税法基本通達9－2《株式又は出資の価額が増加した場合》の(3)（対価を受けないで会社の債務の免除、引受け又は弁済があった場合）に定められていますので、確認しておく必要があります。

Q5-4 第三者に対する貸付金債権につき債権者に係る相続開始前までに債権者による債務免除があったのか又は債務者による弁済が行われたのかのいずれであるかが争点とされた事例

事例 東京地方裁判所
(平成19年1月19日判決、平成18年(行ウ)第29号、贈与税決定処分取消等請求事件、平成14年分贈与税)

疑問点

甲は元スポーツ選手(力士)であったが、現役引退後は部屋持ちの親方として相撲部屋を運営していた。

乙は、乙株式会社(乙㈱)の創業オーナーであり、大の相撲好きであり、甲の支援者として現役時代及びその引退後も同人に対して多大な資金支援を行っていたが、本年3月11日に相続開始(本件相続)がありました。

本件相続に係る相続税の申告準備のためにさまざまな調査を行ったところ、乙の甲に対する資金支援として、次のような事実があったことが確認されました。

⑴ 本件相続開始の約2年前に、甲が乙㈱に対して有する債務(甲が乙㈱から購入した不動産に係る購入未払金)66,431,000円を乙が肩代わり(第三者のためにする債務の弁済)したこと

⑵ 上記⑴に伴って、当該債務の肩代わり後は、債権者が乙、債務者が甲となったこと

⑶ 乙の法務上の代理人を務める丙弁護士から本件相続開始の約2か月前に甲に対して、上記⑴に掲げる66,431,000円を放棄する旨の通知書(本件債権放棄通知書)を内容証明郵便により送付し、甲はこれを受領した記録が確認されること

⑷ 上記⑴ないし⑶の事項を甲に照会したところ、次に掲げるとおりであったこと

① 上記⑴に掲げる債務の肩代わりの事実を甲は当初知らなかったが、その後、当該事実を知るや、これ以上、支援者である乙に迷惑を掛けてはいけないと考えて、手持資金を集めて、乙の自宅を訪問して当該債務全額の弁済を完了したこと

② 上記①の弁済時に、甲と乙の関係から、甲としては立場上、領収書の作成要求などはできず、返済を直接示す証拠を提示することはできないが、当時の日記には「返済のため乙氏宅を訪問」と記載されていること

③　上記(3)の内容証明郵便を受け取ったことは認めるが、意味・趣旨が理解不能であるため丙弁護士に電話をしたところ、正当な対応がなされず不本意であると考えていること

上記のような状況において、乙によって甲のために代肩わりされた債務66,431,000円はどのように取り扱われることになるのか説明してください。

回答

お尋ねの事例の場合、相続税法第８条《贈与又は遺贈により取得したものとみなす場合―免除等を受けた債務》の規定により、甲は、乙より債務の免除による利益を受けたものとみなされて、贈与税の課税対象とすることが相当と考えられます。

解説

債務の免除については相続税法第８条《贈与又は遺贈により取得したものとみなす場合―免除等を受けた債務》の前段において、要旨、「対価を支払わないで債務の免除による利益を受けた場合においては、当該債務の免除があった時において、当該債務の免除による利益を受けた者が、当該債務の免除に相当する金額を当該債務の免除をした者から贈与により取得したものとみなす」と規定されており、お尋ねの事例の場合、甲の証言（甲は乙に対して手持資金を集めて自宅を訪問して弁済したが、立場上、領収書は受領しなかったこと）は俄に信じ難く、状況認定からすると同条の適用があると解釈することが相当と考えられます。

なお、お尋ねの事例は、他人間（元力士である甲とその支援者である乙という関係で、これらの両者間で特殊関係は認められません）における贈与（みなし贈与）であっても、わが国ではこれを課税対象とすることが容認されていますので留意する必要があります。

検討先例

Q5-4の検討に当たっては、下記に掲げる裁判例が先例として参考になります。

◉東京地方裁判所（平成19年１月19日判決、平成18年（行ウ）第29号、贈与税決定処分取消等請求事件、平成14年分贈与税）

〔1〕事案の概要

本件は、原告（筆者注 上記 疑問点 に掲げる甲をいう。以下同じ）が乙から66,431,000円の債務（以下「本件債務」という）の免除を受けたとして、処分行政庁が、相続税法第８条《贈与又は遺贈により取得したものとされる場合―免除等を受けた債務》に基づき、

原告に対し、贈与税の決定処分（以下「本件決定処分」という）及び無申告加算税の賦課決定処分（以下「本件賦課決定処分」といい、本件決定処分と併せて「本件各処分」という）をしたところ、原告が、本件債務は既に乙に対し弁済しており、免除された事実はないので、本件各処分は違法である旨主張して、その取消しを求める事案である。

〔2〕前提事実

⑴ 原告及び乙について

① 原告は、昭和62年に財団法人日本相撲協会（以下「日本相撲協会」という）の力士を引退し、同63年12月から、日本相撲協会所属の相撲部屋である甲部屋の親方として同部屋を運営するものである。

② 乙は、乙株式会社（以下「乙㈱」という）の創業者であり、平成14年3月11日、死亡した。

⑵ 本件不動産に係る本件売買契約の締結

原告は、平成12年3月9日、乙㈱との間で、**図表－1** 物件目録記載1及び2の土地建物（以下、同土地を「本件土地」、同建物を「本件建物」といい、両者を併せて「本件不動産」という）について、売主を乙㈱、買主を原告、売買代金を126,431,000円（内訳は、本件土地につき96,380,000円、本件建物につき28,620,000円、消費税として1,431,000円とされている）、支払期日を同月15日、弁済方法を一括払いとする不動産売買契約（以下「本件売買契約」という）を締結した。

図表－1　物件目録

1	所　在	東京都練馬区
	地　番	＊＊＊＊
	地　目	宅地
	地　積	495.93 ㎡
2	所　在	東京都練馬区
	家屋番号	＊＊＊＊
	種　類	教習所　寄宿舎　居宅
	構　造	鉄筋コンクリート造陸屋根3階建
	床面積	1階　201.12 ㎡
		2階　195.00 ㎡
		3階　129.94 ㎡

⑶ 本件残代金について

原告は、平成12年3月15日、株式会社Ａ銀行（以下「Ａ銀行」という）から65,000,000円を借り入れ、乙㈱に対し、本件売買契約の代金のうち60,000,000円を支払った。本件売買契約の残代金66,431,000円（以下「本件残代金」という）については、乙㈱本社において、同日付けで、未収入金科目借方に、相手科目を「支社勘定」、摘要を「東京支社　甲部屋売却代金」として計上するとともに、同科目貸方に、相手科目を「その他預り金」、摘要に「乙　甲部屋売却代金充当」として計上する経理処理（筆者注）をし、乙㈱の乙に対する債務が本件残代金相当額において減額されるとともに、乙が原告に対し、本件残代金相当額の債権を有することとなった。

また、本件不動産につき、同日付け売買を原因として、乙㈱から原告に対し、所有権移転登記がされた。

筆者注　当該経理処理を仕訳で示すと、図表－2のとおりとなる。

図表－2　本件残代金に係る経理処理（仕訳）

(1)（借方）未収入金　66,431,000円（貸方）支社勘定　66,431,000円
摘要　東京支社　甲部屋　売却代金

(2)（借方）その他預り金　66,431,000円（貸方）未収入金　66,431,000円
摘要　乙　甲部屋　売却代金充当
（注）この仕訳により、乙㈱の甲に対する債権が乙の甲に対する債権となった。

(4) 本件債権放棄通知書の送付

丙弁護士は、乙の代理人として、平成14年1月17日、原告に対し、乙が原告に対して有している本件残代金相当額の貸金債権66,431,000円を放棄する旨の通知書（以下「本件債権放棄通知書」という）を内容証明郵便により送付し、原告は、同月18日、これを受領した。

(5) 本件決定処分及び本件賦課決定処分

練馬東税務署長は、平成16年8月2日付けで、原告に対し、同14年分贈与税の課税価格を66,431,000円、納付すべき税額を36,565,100円とする本件決定処分及び無申告加算税額を5,484,000円とする本件賦課決定処分（以下、これらの処分を併せて「本件各処分」という）をそれぞれ行った。

(6) 異議申立て

原告は、東京国税局長に対し、平成16年8月20日、本件各処分について異議申立て（筆者注現行の規定では、再調査の請求に該当する。以下同じ）をしたが、東京国税局長は、同年11月17日、原告の異議申立てをいずれも棄却する旨の決定をした。

(7) 審査請求

原告は、さらに、上記(6)の決定を経た後の本件各処分に不服があるとして、平成16年12月22日に国税不服審判所長に対して審査請求をしたが、国税不服審判所長は、平成17年7月27日、原告の審査請求をいずれも棄却する旨の裁決をした。

(8) 本件訴訟の提起

原告は、平成18年1月24日、本件各処分の取消しを求めて、本件訴訟を提起した。

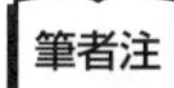

上記(1)ないし(8)に掲げる前提事実につき、時系列的な経過をまとめると、図表－3のとおりとなる。

図表－3　本件裁判例における時系列

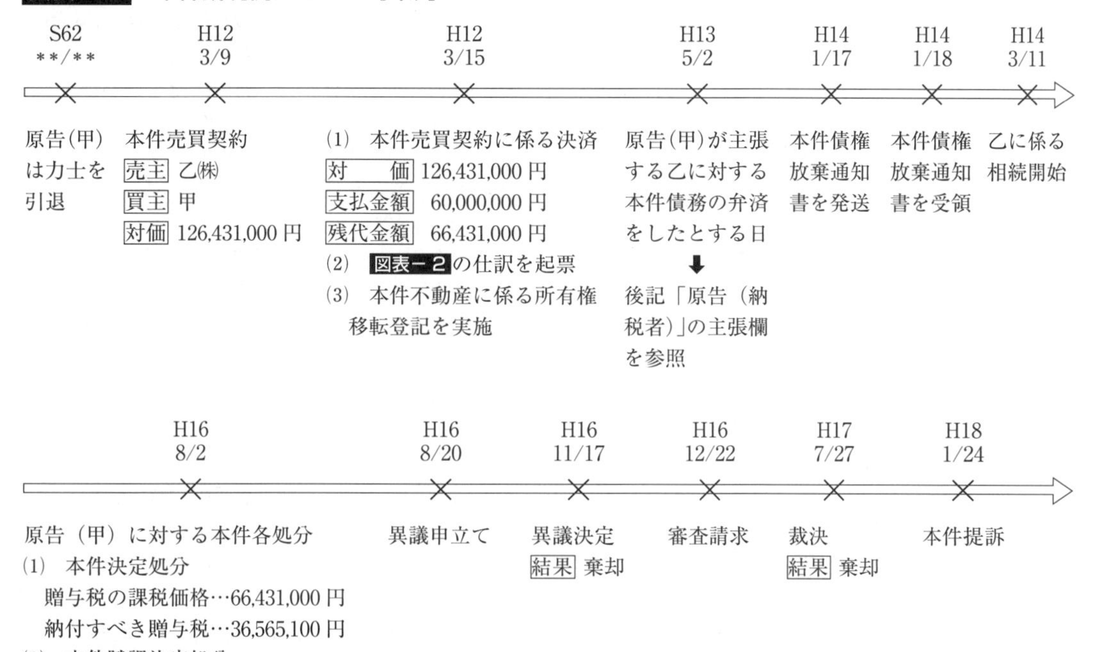

〔3〕争点

本件の争点は、原告が、平成13年5月2日に、乙に対し、本件債務の弁済をしたか否かである。

〔4〕争点に関する双方（原告・被告）の主張

争点に関する原告・被告の主張は、図表－4のとおりである。

図表－4　争点に関する原告・被告の主張

（争点）　原告が平成13年5月2日に、乙に対し、本件債務の弁済をしたか否か

原告（納税者）の主張	被告（国）の主張
(1) 本件各処分の違法性について 原告は、平成13年5月2日、京都市にある乙の自宅を訪問し、乙に対し、本件債務66,431,000円を現金で全額弁済した。した	(1) 本件各処分の適法性について 原告が主張するような弁済の事実を示す客観的な証拠は何一つ存在しない上、本件債務の弁済経緯についての原告の供述は、本件各処分時

がって、本件各処分は違法である。

⑵　本件各処分が違法であることの理由

①　原告は、現役の力士を引退後、乙の強い勧めで、新たに相撲部屋を設立することになった。

しかし、原告には相撲部屋を設立する資金が不足していたので、原告は、平成元年1月ころ、乙の指示により、乙㈱所有の本件建物を借り、そこで甲部屋を始めた。原告は、同12年ころ、乙㈱の担当者から、本件不動産を購入する話を持ち掛けられた。

②　本件売買代金は130,000,000円近くであったが、原告にとって可能な毎月の弁済額は300,000円ほどであったので、原告は、A銀行から65,000,000円しか融資を受けられなかった。

原告は、本件売買契約に当たって、乙㈱の担当者から、購入代金のうち銀行から融資を受けられない部分についてはすぐに弁済できないので、将来原告が相撲部屋を売却する際に弁済するということでよい旨了承をとった。

このように、原告は、乙と乙㈱の支援によって本件不動産を購入したが、当時、原告は、このような本件残代金の支払の猶予は乙㈱からの「借金」であるとの認識だった。

③　原告は、平成13年2月ころ、乙㈱の担当者から、本件残代金の債権者が、乙㈱から乙へ変わっていたことを知らされた。原告は、本件残代金は乙㈱からの「借金」であったのに、乙㈱の独断で乙からのものになっ

ないし本件訴訟の提起時に至るまで変遷を繰り返しており、その供述は全く信用できない。原告が本件債務を弁済した事実はない。

原告は、本件債権放棄通知書を受け取り、対価を払うことなく本件債務の免除による利益を受けたため、相続税法第8条《贈与又は遺贈により取得したものとみなす場合―免除等を受けた債務》により本件債務の金額に相当する66,431,000円を贈与により取得したものとみなされるので、贈与税の納税義務を負う。

また、原告は、上記利益に係る平成14年分贈与税の期限内申告書を提出していないところ、同期限内申告書を提出しなかったことについて正当な理由はない。

原告の同年分の贈与税額及び無申告加算税額の算出根拠等は、別紙「本件各処分の根拠及び適法性」記載（**筆者注**非公開）のとおりであり、本件各処分は適法である。

⑵　本件各処分が適法であることの理由

①　原告は、本件不動産の購入資金について、「預貯金及び金融機関からの借入金によって調達した」「35,000,000円は知人から借り入れた」「乙から66,431,000円を借り入れた」などと、供述を目まぐるしく変遷させている。

また、本件債務の弁済時期についても、「平成13年の6月中旬、名古屋場所の番付発表のころ」「平成13年の4月から6月ころ」「平成13年5月2日」と、変遷がある。

さらに、弁済時の状況についても、乙の世話をしていた人の様子や乙との会話の内容について供述を変遷させており、原告の本件債務を弁済したとの供述は信用できない。

②　本件売買契約に係る乙㈱の担当者らが、原告は本件売買契約に先立ち、30,000,000円ないし60,000,000円くらいしか出せないという話をしていた旨の供述をしていること、原告が経営する相撲部屋は、経常的に赤字であったこと及び原告は相撲部屋の運転資金や生活資金等を用途として、金融機関から多額の借入をしていることなどからすると、原告が、本件債務を弁済できるだけの現金を自宅に保管していたとは考えられない。

このことからも、原告の本件債務を弁済したとの供述は信用できない。

③　仮に、原告が乙に対し、本件債務を弁済していたのであれば、その後、乙の代理人

ていたことに憤った。

④　原告は、若いころから世話になってきた乙に対してこれ以上迷惑は掛けられないと思い、平成13年5月1日、原告の妻に対し、翌日、乙に対し本件債務を弁済することを説明した。

⑤　本件債務の弁済に用いた現金は、原告の現役時代からの給料、引退興行における収入及び引退後の日本相撲協会からの収入等の中から、自宅にためていた1億円以上の現金のうちの一部である。

原告がそのように多額の現金を保管していたのは、大相撲の本場所及び巡業先において、設営費用等に高額の現金が必要になるところ、仮に銀行預金をしていたら、払戻しの際に煩雑な手続が必要になるので、現金を手元に置いておいた方が、金員の支払等が容易であったからである。

⑥　原告が本件売買契約の際、自宅に保管してあった現金を本件残代金に充当しなかったのは、相撲部屋の運用資金としてプールしておきたかったからである。

⑦　平成13年5月2日、原告が京都市にある乙の自宅へ行くと、乙の面倒を見ていた丁は池の清掃に出掛けており、原告は、居間で乙と2人きりで面会した。

乙は鼻にチューブを通し酸素吸入をしていたので、原告が、「どうしたのですか」と聞くと、乙は、「ちょっと調子が悪い」旨述べた。そして、原告は、「いろいろありますが、残金として持ってきました。お納めください」と言って、土産物の袋と共に、現金の入った紙袋を乙に渡した。

乙は体調が悪い様子で、特に何も反応せずに、暗黙のうちにそれらを受け取った。原告は、「帰ります」と言い残し、帰った。

⑧　乙は、当時の乙㈱の「天皇的存在」であり、乙の一声で乙㈱の従業員が解雇されることがあったので、原告が弁済に関して余分なことを言えば、乙㈱の担当者が解雇される危険があった。

そのため、原告は、乙に対し詳細を語れず、また、対等に話ができる立場でもなかったので、領収証を要求することもできなかった。

⑨　原告は、平成14年1月18日、丙弁護士から送付された本件債権放棄通知書を受領したが、その内容は、原告にとって趣旨である丙弁護士から本件債務に係る本件債権放棄通知書を受け取った際に、丙弁護士に対し、その趣旨を問い合わせ、抗議をしたはずである。

しかし、原告は、丙弁護士に対して電話を1度架けたのみで、債務を弁済した者が通常すると考えられる行動をしていない。このことからも、原告の本件債務を弁済したとの供述は信用できない。

④　66,431,000円の現金を東京都から京都市へ運ぶことは手間が掛かる上、紛失及び盗難の危険があり、また、現金の受渡しに当たって、正確に数えることに手間が掛かり、数え間違いのおそれもある。

本件債務相当額を乙の銀行口座等に送金すれば安全であり、かつ、返済の記録も残せるのにもかかわらず、わざわざ原告が京都市にある乙の自宅まで現金を運んで手渡しで弁済することは不自然である。

このことからも、原告の本件債務を弁済したとの供述は信用できない。

⑤　原告の主張する相撲手帳の発見の経緯等は、本件訴状の記載内容等に照らすと、極めて不自然で、到底信用できない。

また、原告は、本件に係る税務調査において供述を変遷させたのは戊の指示によった旨主張するが、原告の供述の変遷部分には、変遷を繰り返すことが通常考えられないものや戊の指示によるとは考えにくいものが含まれており、それらの原告の供述は、原告が自らの意思で行っていたことが明らかである。なお、戊は税理士の資格を有していない。

が不明であった。 　原告は、丙弁護士に対して電話を架け、事情を問い合わせたが、丙弁護士からは、書いてあるとおりだとぶっきらぼうに言われただけであった。このような処理は、原告にとって不本意であるし、その事情も不明である。 ⑩　原告が乙に対し本件債務を弁済した平成13年5月2日の行動は、原告が所持する相撲手帳に記載されている。 　また、原告が、本件に係る税務調査において主張を変遷させたのは、原告の顧問税理士であった戊からの指示に従ったからである。 　原告は、税理士報酬を高くされることを恐れて、本件債務を現金で乙に弁済したということを戊に言えなかったのである。	

〔5〕裁判所の判断

(1)　認定事実

①　原告及び乙について

(イ)　原告は、現役の力士時代から、金銭面その他において、乙から多大な援助を受けていた。原告は、現役を引退後、新たに相撲部屋を設立するための名跡を取得するための資金として、乙から、100,000,000円ほどの援助を受けた。

(ロ)　原告は、平成元年1月ころ、乙㈱が購入し、又は新築した本件不動産を賃借し、そこで甲部屋を開設した。

　原告が本件不動産の賃料を払っていなかったことなどから、平成11年8月ころから、原告と乙㈱との間で、本件不動産の売却に関する話合いが行われ、最終的に、原告が本件不動産を買い取ることになった。

　本件売買契約の締結、売買代金の支払及び本件債務の発生等の経緯は、前記前提事実〔2〕(2)及び同(3)のとおりである。

(ハ)　原告は、平成12年3月20日、乙から、利息を年0.2％、利息の弁済期を毎年翌年の3月20日、元金は据え置くとして、35,000,000円を借り入れた。

(ニ)　丙弁護士は、乙の代理人として、平成14年1月17日、原告に対し、「乙は、貴殿に対し、金66,431,000円の貸金債権を有していますが、今般、貴殿に対する前記債権を放棄します」と記載した本件債権放棄通知書を送付し、原告は、同月18日、これを受領した。

(ホ)　乙は、前記前提事実〔2〕(1)②のとおり、平成14年3月11日に死亡した。

② 甲部屋の収支について

甲部屋の平成元年分から同13年分までの収支は、次の **図表－5** のとおりである。

図表－5　甲部屋の収支

平成 元年分	297,632円の赤字
平成 2年分	6,363,913円の赤字
平成 3年分	5,623,886円の赤字
平成 4年分	5,232,275円の赤字
平成 5年分	3,424,380円の赤字
平成 6年分	5,545,206円の赤字
平成 7年分	5,310,867円の赤字
平成 8年分	5,501,977円の赤字
平成 9年分	5,421,965円の赤字
平成10年分	6,378,198円の赤字
平成11年分	3,212,167円の赤字
平成12年分	12,126,501円の赤字
平成13年分	10,692,870円の赤字

③ 借入れの状況について

原告が、B農業協同組合＊＊支店から、金銭を借り入れた状況等は、次の **図表－6** のとおりである。

図表－6　B農業協同組合＊＊支店からの金銭の借入状況等

年　月　日	借入金額	用　　途
平成 6年 2月 7日	12,000,000円	運転資金
平成 8年10月 1日	2,000,000円	生活資金
平成 8年10月 8日	2,000,000円	九州相撲部屋修理
平成 9年 1月 6日	6,000,000円	旧債務返済及び学費
平成 9年 8月14日	5,400,000円	旅行費用
平成 9年 9月10日	20,000,000円	他行借替（運転資金）
平成11年 6月 3日	18,000,000円	運転資金
平成11年 9月 2日	6,000,000円	家財道具購入資金

④ 税務調査における原告の申述等について

(イ) 原告は、平成16年3月16日、大阪国税局財務事務官に対し、本件残代金である66,431,000円は乙から借りた旨、その金は現在も乙から借りているものだと認識しており、相続人に弁済するつもりである旨、及び借入れは乙㈱からのものであると認識していたが、丙弁護士から本件債権放棄通知書が送付され、乙からの借入れだということが分かった旨申述した。

(ロ) 原告は、平成16年5月13日、東京国税局の職員に対し、本件残代金は乙㈱から借り入れた旨、乙に対して金額、資金及び援助の申出はしていない旨、同13年3月に乙㈱の担当者から、本件残代金は乙から借りていることになっていることを聞いた旨、同年６月中旬の名古屋場所の番付発表のころ、京都市にある乙の自宅に本件残代金を現金で持って行った旨、本件債権放棄通知書を受け取った時、本件債務は弁済しているので、もう済んだ話だと思った旨、及び同16年３月16日に異なる話をしたのは、乙に迷惑が掛かると思ったからである旨申述した。

(ハ)　原告は、平成16年５月14日付けで、東京国税局長に対し、本件債務について、乙には世話になっており、迷惑を掛けるのが申し訳なかったので、同13年６月ころ、乙の自宅を訪問し、直接弁済した旨、並びに同12年３月20日の乙との35,000,000円の消費貸借について、手持ちの現金が目減りしていたので、乙から幾らか借り、手持ちと合わせて弁済しようと考えていた旨、及びその後、今現金を手放すとこれからが大変だから会社との貸借のままにしようと思い直し、借りた金は返した旨を記載した回答書と題する書面を提出した。

(ニ)　原告は、平成16年10月12日、東京国税局財務事務官に対し、乙に本件債務を弁済したのは同13年の４月から６月の間である旨、具体的な日は覚えておらずメモも残していない旨、乙以外の人とは会っていない旨、乙の世話をしている人は寝ていた旨、及び乙から「そんなものいらない」と言われたが現金を置いて帰った旨申述した。

⑤　本件訴訟における原告の供述等について

原告は、本件訴訟において、乙に対して本件債務を弁済したのは平成13年５月２日である旨、乙の自宅に行った時には、乙の世話をしている人は池の清掃に行っていた旨、及び乙に対し、「いろいろありますが、残金として持ってきました。お納めください」と言って現金を差し出すと、乙は特に何も反応せず、暗黙のうちにそれを受け取った旨供述し、原告訴訟代理人の＊＊弁護士が原告の陳述を録取した「原告陳述聴取書」にも同旨の記載がある。

(2)　当てはめ

①　本件訴訟における原告の供述部分及び聴取書の記載部分の信用性

本件訴訟における上記原告の供述部分及び聴取書の記載部分（以下「本件供述部分等」という）について、以下、その信用性を検討する。

(イ)　相撲手帳について

㋑　原告は、平成13年５月２日に本件債務を弁済したことの裏付けとして、相撲手帳の同日欄に、「AM6:00 ～ 9:00東京－京都（日帰り）乙会長宅＊＊に寄る」と記載されていることを挙げる。

㋺　原告は、平成18年３月に相撲手帳が見付かり、それで正確な弁済の日付が分かった旨供述する（原告本人）が、同年１月24日付けの本件訴状では既に弁済の日が５月２日と特定されているところ、原告は、その説明として、同訴状を作成した当時、相撲手帳の５月分の「はんぴら」があったからだと供述する一方で、相撲手帳の写し等を取った記憶はないとも供述しており（原告本人）、上記相撲手帳の作成経過やその発見の経緯等を明らかにする証拠はないことなどに照らすと、上記のような原告の供述部分を直ちに信用することはできない。

㈧　上記相撲手帳の記載内容は、原告が本件債務を弁済した事実を直接うかがわせるものではなく、本件では、本件供述部分等を裏付ける客観的な証拠は存在しないというほかない。

(ロ)　原告の供述等の内容が自然かつ合理的であるかについて

㋑　原告は、丙弁護士からの本件債権放棄通知書を受領した際、その意味が分からず不本意であったため、丙弁護士のところへ１度電話を架けたところ、丙弁護士かどうか分からない相手方から、書いてあるとおりであるとだけ言われた旨供述する（原告本人）。

しかし、約66,000,000円もの多額の金銭を弁済したにもかかわらず、債権者からそのことを認識していないかのような書面が送られてくれば、たとえその書面に債権を放棄する旨記載してあったとしても、債権者から事情を聞き、債権者に対して十分な説明をしようとするのが通常であると考えられるところ、上記供述によれば、原告は、たった１度だけ丙弁護士のところへ電話をしたのみで、電話に出た相手が誰かも分からないままに、相手が書いてあるとおりである旨述べるのに対し、特段の反論等も述べず、それ以降、丙弁護士に対し何らの行動もしていないことになり、このような行動は、多額の弁済を行った者の行動としては不自然かつ不合理である。

ましてや、原告の主張するように、本件債務を弁済した理由が乙に対し迷惑をかけたくないためであるとするならば、本件債権放棄通知書を受領した原告としては、弁済をしたことを乙に確実に認識してもらえるよう説明する等の行動をするのが通常であろうから、原告がこのような行動をしていないことは極めて不自然であるといわざるを得ない。

㋺　原告は、本件売買契約時、残代金である約66,000,000円はすぐに支払えないから、本件不動産を売却することになったときに弁済することにした旨供述し（原告本人）、原告陳述聴取書にも同旨の記載があるところ、次に掲げる事項などに照らすと、そのような状況で、本件売買契約からわずか１年ほどしか経たないうちに、原告が自宅に保管していた約100,000,000円の現金の中から本件債務を支払ったというのは、その現金の出所を明らかにする証拠がないこととあいまって、いかにも不自然である。

(A)　前記⑴③のとおり、原告は、平成６年から同11年にかけて、８回以上にわたって、少なくとも計71,400,000円の融資を受けていたこと

(B)　上記(A)以外にも、前記⑴①㈧のとおり、原告は、平成12年３月20日に乙か

ら35,000,000円を借り入れていること

(C) 前記(1)②のとおり、甲部屋の収支は平成元年分から同13年分まで一貫して赤字を計上していること

㋩ 原告は、本件債務の弁済の際、乙に対し、持参した金銭がいかなるものかについて全く説明をしていない旨供述する（原告本人)。

しかし、原告は、本件残代金が乙㈱の経理処理により乙㈱の債権から乙の債権へと変わったことについて、乙は知らないと思うとも供述しているところ（原告本人)、それでは乙は原告が持参した金銭の趣旨を理解できないことになるのであるから、原告の供述する弁済時の状況は不自然かつ不合理であるというほかない。

(ハ) 税務調査における原告の申述等から本件供述部分等に至る内容の変遷について

㋑ 前記(1)④(イ)のとおり、原告は、平成16年3月16日の当初の税務調査では、本件債務は弁済しておらず、相続人に弁済するつもりである旨申述しているのに対し、その後の税務調査では、本件債務は既に弁済した旨申述等しており、最も基本的な事実である弁済の有無自体に関してその申述等が変遷している。

しかも、原告は、本件債務を弁済したと申述等を変えた後も、弁済をした時期に関し、同13年6月中旬、同年4月から6月ころ、あるいは同年5月2日（本件供述部分等）と、その内容を変遷させている。

さらに、原告は、本件債務を弁済した時の状況に関しても、乙の世話をしていた丁の様子及び乙との会話の内容について、その内容を変遷させている。

㋺ 上記㋑に対し、原告は、税務調査に際し、戊の指示に基づいて申述等をしたため、その内容が変遷する結果となった旨主張する。

しかしながら、他方で、原告は、平成16年5月13日の東京国税局職員による税務調査において、以前の調査の際に異なる供述をしたのは、乙に迷惑がかかると思ったからである旨、上記主張と異なる申述をしている。

また、原告は、つじつまが合わないと思いながらも、戊の指示に従い、税務調査に応じて申述等をしていた旨供述する（原告本人）ところ、そもそも原告が本件債務を弁済した時期や弁済した時の会話内容といったものは、毎回異なる申述をするように戊から指示されるようなことではないし、また、真実弁済をしてその場を体験した者であれば、その内容が変遷するはずのないものである。

したがって、申述等が変遷したのは戊の指示によるものである旨の原告の供述は信用できない。

㋩ 原告は、弁済の時期が変遷した理由について、本件に係る税務調査において、当初は弁済したのがいつだか分からなかったが、平成18年3月に相撲手帳が見つかり、それで正確な弁済の日付が分かった旨供述する（原告本人）が、その手帳の記載をもって本件供述部分等を信用するに至らないことは、上記(イ)㋺のとお

りである。

(ニ) 小括

以上検討の結果によれば、原告が平成13年5月2日に本件債務を弁済した旨の本件供述部分等は信用することができず、また、本件債務を弁済したとする原告の税務調査の際の申述等の内容も同様の理由により信用することができない。

(3) 結論

上記に掲げるものの他、原告が本件債務を弁済したことを認めるに足りる証拠はなく、前記前提事実によれば、本件債権放棄通知書によって、本件債務は免除されたものと認めるのが相当であり、弁論の全趣旨に照らし、本件各処分は適法であると認めることができる。

〔6〕まとめ

(1) 裁判例の結果

先例とされる裁判例では、原告（納税者）が本件残代金（66,431,000円）は既に弁済が完了していると主張したのに対し、被告（国）が主張しこれを裁判所が相当と判断したのが、本件残代金相当額の債務は本件債権放棄通知書をもって免除されたことから原告は相続税法第8条《贈与又は遺贈により取得したものとみなす場合―免除等を受けた債務》の規定により当該債務の免除による利益を受けたものとみなされるというものであったことから、結果として、原告（納税者）の主張は認められなかった。

(2) 参考法令通達等

- 相続税法第8条《贈与又は遺贈により取得したものとみなす場合―免除等を受けた債務》

本問から学ぶ重要なキーポイント

(1) 相続税法第8条の規定の適用について

① 課税される場合

相続税法第8条《贈与又は遺贈により取得したものとみなす場合―免除等を受けた債務》の前段の規定では、対価を支払わないで、又は著しく低い価額の対価で債務の免除、引受け又は第三者のためにする債務の弁済による利益を受けた場合においては、当該債務の免除、引受け又は弁済があった時において、当該債務の免除、引受け又は弁済による利益を受けた者が、当該債務の免除、引受け又は弁済に係る債務の金額に相当する部分（対価の支払があった場合には、その価額を控除した金額）を当該債務の免除、引受け又は弁済をした者から贈与（当該債務の免除、引受け又は弁済が遺言によりなされた場合には、遺贈）により取得したものとみなされて、贈与税又は相続税の課税対象とされる旨が掲げられています。

② 課税されない場合

相続税法第8条《贈与又は遺贈により取得したものとみなす場合―免除等を受けた債務》のただし書の規定では、当該債務の免除、引受け又は弁済が次の(イ)又は(ロ)のいずれかに該当する場合においては、上記①の贈与又は遺贈により取得したものとみなされた金額のうちその債務を弁済することが困難である部分の金額については、贈与税又は相続税の課税対象とされない旨が掲げられています。

(イ) 債務の免除である場合

債務者が資力を喪失して債務を弁済することが困難である場合において、当該債務の全部又は一部の免除を受けたとき

(ロ) 債務の引受け又は弁済である場合

債務者が資力を喪失して債務を弁済することが困難である場合において、その債務者の扶養義務者によって当該債務の全部又は一部の引受け又は弁済がなされたとき

ワンポイント

上記(1)②(イ)に掲げるとおり、相続税法第8条《贈与又は遺贈により取得したものとみなす場合―免除等を受けた債務》は、債務者（裁判例の場合には原告（甲））が資力を喪失して債務を弁済することが困難である場合には当該債務の全部又は一部が債権者（裁判例の場合には乙）によって免除されたものであるときには、一定の金額については贈与により取得したものとはみなされない旨を規定しています。

そうすると、裁判例の場合には、原告（甲）の主張にはないものの、次に掲げる事項を総合的に考慮すると、たとえ、本件不動産を原告（甲）が所有していることを考慮したとしても、同人は、資力を喪失して債務を弁済することが困難な状況にあったのではないかと推認されるところであり、本来的には、この点からの検証も必要になるものと考えられます。

(1) 平成12年3月15日に本件不動産の購入資金の一部に充当する目的で、A銀行から65,000,000円を借り入れていること

(2) 原告（甲）が乙から債務免除を受ける直前において、66,431,000円という本件残代金相当額の債務が存在していること

(3) **図表－5** に示すとおり、原告（甲）が営む甲部屋の収支は相当な赤字（甲部屋の平成元年分から平成13年分までの累計赤字額を合計すると、75,131,837円となります）となっていたこと

(4) **図表－6** に示すとおり、原告（甲）のB農業協同組合＊＊支店からの金銭の借入は、平成6年2月7日から平成11年9月2日までの期間において、その

累計額が71,400,000円となっていたこと

(5) 原告（甲）の現在の立場（相撲部屋の親方）における信用力、才能を総合考慮しても、近い将来において同人の所得が急増する可能性は低いと考えられること

(2) みなし贈与課税の特徴について

先例とされる裁判例では、みなし贈与が認定されています。みなし贈与については、次に掲げる点が特徴であるとされています。

① みなし贈与は相続税法上における擬制行為であり、契約行為（様式行為）ではないことから、みなし贈与の成立を立証挙証する場合には、契約行為（様式行為）が成立している旨の疎明は要件とされていません。

② みなし贈与は諾成契約には該当しないので、両当事者（贈与者及び受贈者）間の贈与に関する意思の申出と受諾の合致（諾成）は要求されていないことから、みなし贈与の成立を立証挙証する場合には、贈与者及び受贈者間の贈与に関する意思の申出と受諾の合致は要求されていません。

③ みなし贈与は贈与者から受贈者に対する結果としての経済的な利益の移転（結果受益）が確認できれば、原則として課税要件事実が成立して贈与税の課税対象とされます。

そうすると、上記①及び②に掲げるとおり、契約行為（様式行為）の成立及び諾成の成立に関する立証挙証も必要とされず、ただ唯一、結果受益を疎明すれば「みなし贈与課税」はその課税要件の成立をみることとされるので、本件裁判例のように他人間における贈与税課税の事案においても、贈与税課税の相当性を主張しやすくなるのではと考えられます。

貸付金債権に係る実務対策

(1) 本件残代金を返済したとの主張について

先例とされる裁判例では、原告（甲）は乙からの借入債務（本件残代金相当額）は弁済したもので、債務免除の事実はない旨を主張したものの、次に掲げる事項から当該主張は認められないとされています。

① 原告（甲）の供述等を裏付ける客観的な証拠が存在しないこと

② 原告（甲）の弁済時の供述は不自然かつ不合理であること

③ 原告（甲）の弁済時期についての供述等の変遷があり、当該供述等の変遷には合理的な理由が認められないこと

本件裁判例で、もし仮に、原告（甲）が借入債務（本件残代金相当額）は弁済が完了しているとの主張を維持（立証挙証）するためには、少なくとも、次に掲げる事項を明確にする必要があるものと考えられます。

(イ) 原告（甲）が債権者である乙に対して本件残代金（66,431,000円）を返済したという事実を疎明する証拠（例として、原告（甲）から乙の銀行口座に対する振込書）があること

(ロ) 原告（甲）が上記(イ)に掲げる返済資金（66,431,000円）を合理性を有する状態で調達（例として、原告（甲）が相続等により現金預金を取得した）したという事実を疎明する証拠

(2) 原告に対する贈与税の決定処分の経緯

原告（甲）に対する平成14年分の贈与税の決定処分（原告（甲）は乙から本件残代金相当額の借入債務の免除を受けたとみなされ、贈与税の課税対象とされる）が行われることとなった経緯を推定すると、次の **図表－7** のとおりとなります。

図表－7　原告に対する平成14年分の贈与税の決定処分の経緯

(1) 生前の乙（平成14年3月11日相続開始）の諸状況により想定される事項

① 乙は乙㈱の創業オーナー経営者であり、継続して相当の長期間にわたって高額報酬等を受領している（毎年の所得税の確定申告書より）ことから、相当の預貯金、有価証券（上場株式、公社債、投資信託等）等の不表現資産の保有が推定される。

② 乙は乙㈱の同族関係者であることから、両者間における貸借取引（本件裁判例の場合には、乙が貸主であり、乙㈱が借主である金銭の消費貸借取引）の存在が想定される（現に、毎年の乙㈱に係る法人税申告書の添付書類の科目明細書には、金額の記載が認められる）可能性が高い。

(2) 原処分庁に実際に提出された被相続人の相続税申告書から生じる疑問点

① 上記(1)①より想定された相当の不表現資産の保有高よりも低調な水準の金融資産の有高の申告に留まっており、これらの両者の差異について確認する必要があるものと考えられる。

② 上記(1)②より想定される両者間の貸借取引につき、乙㈱の各事業年度ごとの貸借残高の推移を確認すると、平成12年3月15日（**図表－2** の仕訳が行われた年月日）の属する事業年度末の残高が当該事業年度に係る前事業年度の残高に比して大幅に減少（他の増減要因がないとすれば、66,431,000円）していることが認められるものの、その一方で、被相続人乙名義の金融機関口座

には当該貸付金債権減少額に見合う入金（貸付金債権の回収高）が確認できず、乙㈱の該当事業年度間における経理処理（当該貸付債権減少額の相手勘定）及び当該処理の税務上における相当性を確認する必要があるものと考えられる。

⑶　被相続人乙に係る相続税の税務調査の過程で判明した事項

①　上記⑵①に係る疑問点を解明するために調査したところ、被相続人乙の生前の資産の動きとして、同人は、平成12年３月20日に、原告（甲）に対して金35,000,000円を貸し付けていた（利息：年0.2％、弁済期：平成13年３月20日（ただし、弁済期にいたっても返済はされていないものと推認される））ことが判明した。

②　上記⑵②に係る疑問点を解明するために調査したところ、原告（甲）と乙㈱との間で締結されていた本件売買契約に基づく本件不動産の売買代金の一部（66,431,000円）が未決済であることに基因して乙㈱が原告（甲）に対して有する未収入金債権に係る債権者の地位が、**図表－２**に掲げるとおり、平成12年３月15日付による乙の代位弁済（具体的な手法として、乙㈱の乙に対する支払債務との相殺処理）の結果、乙に移転（乙㈱から乙に対する債権譲渡）していたことが判明した。

③　上記②に基づいて、乙が原告（甲）に対して求償的に取得した本件残代金相当額の貸金債権（66,431,000円）については、乙の代理人である丙弁護士によって、本件債権放棄通知書（発信日：平成14年１月17日、着信日：同月18日）により放棄されていたことが判明した（その結果、本件残代金相当額の貸金債権は被相続人乙の相続財産を構成しないことになる）。

⑷　被相続人乙に対する相続税調査に関連する原告（甲）に対する調査で想定される事項

上記⑶②及び③より、原告（甲）は、平成14年１月18日に本件債権放棄通知書を受け取り、対価を支払うことなく本件残代金相当額の支払債務（66,431,000円）の免除による利益を受けたと認められ、当該利益は相続税法第８条《贈与又は遺贈により取得したものとみなす場合―免除等を受けた債務》の規定により、贈与により取得したものとみなされるので、原告（甲）の平成14年分の贈与税の課税価格に算入して、贈与税を課税することが相当である。

すなわち、被相続人乙に係る相続（相続開始日：平成14年３月11日）により、同人に係る相続税の期限内申告書が提出（提出期限は、原則として、平成15年１月11日となる）されたものと推認されます。

一般的には、相続税に係る税務調査は、相続税の申告書の提出後、少なくとも１年間位を経過した後に実施される事例が多いと考えられるところ、本件の場合でも、推測ではあるものの、平成16年の春ころに実施されたのではないかと考えられます。

そして、**図表－7** に掲げるとおり、被相続人乙に係る生前の預貯金の動き及び同人が主宰する同族法人である乙㈱との貸借取引を確認していく過程で、被相続人乙と原告（甲）との関係が浮かびあがり、結果的に、原告（甲）に対するみなし贈与課税が行われた（原告（甲）に対する贈与税の決定処分は、平成16年8月2日）と推認されます。

そうすると、先例とされる裁判例を通じて、相続税の申告業務を受任した場合には、被相続人に係る生前の預貯金の動き等を確認することが重要となり、それ次第では、被相続人以外の者に係る課税関係（本件の場合は、原告（甲）に対するみなし贈与課税）の派生にも留意する必要があることが理解されます。

⑶　先例とされる裁判例における筆者の疑問点

先例とされる裁判例では原告（甲）の主張に「原告は、平成13年2月ころ、乙㈱の担当者から、本件残代金の債権者が、乙㈱から乙へ変わっていた（筆者注 当該債権譲渡が行われたのは、平成12年3月15日）ことを知らされた。原告は、本件残代金は乙㈱からの「借金」であったのに、乙㈱の独断で乙からのものになっていたことに憤った」というものがあります。

仮にこの主張が真実であるとすると、筆者は先例とされる裁判例の結論（原告（甲）に対するみなし贈与課税を相当と支持すること）には疑問が生じるものと考えています。その思考過程は、次のとおりです。

①　民法第467条の規定について

債権の譲渡（先例とされる裁判例の場合では、譲渡人が乙㈱、譲受人が乙となります）に当たっては、次に掲げる民法第467条《債権の譲渡の対抗要件》の規定が適用されます。

参　考　民法第467条《債権の譲渡の対抗要件》

第1項　債権の譲渡（現に発生していない債権の譲渡を含む。）は、(A)譲渡人が債務者に通知をし、又は(B)債務者が承諾をしなければ、債務者その他の第三者に対抗することができない。

第2項　前項の通知又は承諾は、確定日付のある証書によってしなければ、債務者以外の第三者に対抗することができない。

すなわち、民法の規定では、債権を譲渡する場合には、物権の変動と同様に譲渡人（旧債権者）と譲受人（新債権者）との間における様式（契約）行為によってその効果が生じるものの、当該効果を債務者その他の第三者に対抗（この場合は、譲渡人又は譲受人以外の他者に当該債権が譲渡されたことを主張することの意）するためには、次のいずれかの手続を採用することが必要とされています。

⑴　譲渡人（旧債権者）が債務者に該当する債権の譲渡があった旨を通知すること
⑵　債務者が該当する債権の譲渡があったことを承諾すること

そして、上記⑴又は⑵の手続は、確定日付のある証書（注）によって行う必要があり、当該手続が履践されていない場合には、債権譲渡の効果を債務者以外の第三者に対抗（この場合は、譲渡人若しくは譲受人又は債務者以外の他者に当該債権が譲渡されたことを主張することの意）することができないものとされています。

（注）確定日付（証書の作成日として制度上完全な証拠力を認められた日付をいいます）のある証書として、実務上における作成頻度の高いものには次に掲げるものがある。
　㋑　公正証書（その日付をもって確定日付とされます）
　㋺　登記所又は公証人役場において私署証書に日付ある印章を押捺したとき（その印章の日付をもって確定日付とされます）
　㋩　郵便認証司が郵便法の規定により内容証明の取扱いに係る認証をしたとき（郵便法の規定に従い記載した日付をもって確定日付とされます）

②　先例とされる裁判例における当てはめ

⑴　譲渡人による債務者への通知

上記①の**参考**の(A)＿＿部分のとおり、債権の譲渡の対抗要件の1つとして、譲渡人（本件裁判例の場合、乙㈱）が債務者（本件裁判例の場合、原告（甲））に対して通知することが必要と規定しています。なお、当該通知はその相手方が債務者であるため、必ずしも確定日付のある証書によることまでをも義務付けているものではありません。

そうすると、先例とされる裁判例の場合、上掲の乙㈱の担当者の発言（本件残代金の債権者が、乙㈱から乙へ変わっていた旨）をもって、債権の譲渡の要件事実である譲渡人（乙㈱）による債務者（原告（甲））への通知と解することができるのか大いに疑問視されます。

すなわち、乙㈱の担当者から原告（甲）が聞き及んだ話の内容（上記＿＿部分）は、当該担当者が乙㈱を代表して原告（甲）に通知したものと解する（注）のか、それとも、当該担当者と原告との単なる日常的会話（いわゆる世間話と称すべきもの）に留まるもので、当該会話の当事者の一方である当該担当者が、乙㈱に属する企業組織人としての立場からのものではないと解するのか、そのいずれに正当性があるのか、事実認定によって確認されるべきであると考えられます。

（注）仮にこの立場を採るとしても、たとえ、民法上は要件事実とされていないとしても、法人格を有する乙㈱（同社は、いわゆる大手企業に分類されます）が、このような重要な法律行為を法人名（乙㈱）を記載した書面（当該書面を『債権譲渡通知書』といいます。その例として、**図表－8**を参照してください）を作成することなく、担当者からの口頭による通知のみで実行することは、企業統治の面で著しい疑念が生じることは否定されません。

図表－8　『債権譲渡通知書』のモデル（本件裁判例で想定される書式）

債権譲渡通知書

弊社が貴殿に対して本日（平成＊＊年＊＊月＊＊日）現在有する債権のうち、下記記載の債権については、これを下記に記載する者に本日、譲渡いたしましたので、その旨をご通知いたします。

（譲渡債権等の表示）

債権名	債権譲受者の住所	債権譲受者名	譲渡債権金額
未収入金	京都府京都市＊＊区＊＊通＊＊丁目＊＊番＊＊号	乙	66,431,000円

平成＊＊年＊＊月＊＊日

（所　在）：京都府京都市＊＊区＊＊通＊＊丁目＊＊番＊＊号
債権譲渡者
（商　号）：乙　株式会社　代表取締役　＊＊＊＊　　　㊞

（相手先債務者の表示）

（住　所）：東京都練馬区＊＊通＊＊丁目＊＊番＊＊号
債　務　者
（氏　名）：＊＊＊＊（原告（甲））　　　殿

確　定　日　付

以上から、上記①に掲げる民法第467条《債権の譲渡の対抗要件》第１項の(A)＿＿部分の取扱いについて、上記に掲げる２つの解釈のうち後者の立場を採用するのであれば、先例となる裁判例の場合は、譲渡人（乙㈱）は債権譲渡の対抗要件の１つである債務者（原告（甲））に対する通知という要件を充足していないことになります。

(ロ)　債務者による譲渡者に対する承諾

上記①の**参考**の(B)＿＿部分のとおり、債権の譲渡の対抗要件の１つとして、債務者（本件裁判例の場合、原告（甲））が当該債権の譲渡を承諾することが必要と規定しています。なお、当該承諾はその当事者が債務者であるため、必ずしも確定日付のある書面によることまでをも義務付けているものではありません。

そうすると、先例とされる裁判例の場合、上掲の原告（甲）の状況（原告は、本件残代金は乙㈱からの「借金」であったのに、乙㈱の独断で乙からのものになっていたことに憤った）を認定事実とするのであれば、原告（甲）は少なくとも、債権の譲渡時には当該事実さえ知らされていないのであるから債務者として承諾の仕様がなく、また、後日、当該担当者から口頭で知らされたとしても「憤った」というのであれば、少なくともこれを積極的に承知したということにはならないものと考えられます。

また、先例とされる裁判例では裁判所において認められていませんが、原告(甲)は京都に出向いて乙に本件残代金を返金したと主張するのであるから、結局のところは債権の譲渡を承諾した（追認）ものであると考える向きもあるかも知れません。

しかしながら、このような主張は自己を防御するための発言にすぎず、過大に評価したとしても、極めて消極的な結果としての追認にすぎないものであって、このような行動をもって、債権の譲渡の対抗要件とされる「債務者（原告（甲））の承諾」に該当すると指摘することには疑問が生じることになります。

以上の前提に立脚するのであれば、先例とされる裁判例の場合には、債務者（原告（甲））は債権譲渡の対抗要件の１つである債権者（乙㈱）への承諾という要件を充足していないことになります。

③　まとめ

上記①及び②より、先例とされる裁判例において、民法に規定する債権の譲渡が成立していないのであれば、その結果として、乙は債権者にはなり得ないため、当該乙からの民法に規定する債務の免除もあり得ないことになります。その結果として、相続税法第８条《贈与又は遺贈により取得したものとみなす場合―免除等を受けた債務》を根拠とする贈与税課税は、その存立起因を失うことになるものと考えられます。

6 貸付金債権等の評価もれと重加算税の賦課決定処分

Q6-1 被相続人の生前における相続人に対する預け金を相続税の期限内申告書に計上しなかったことは相続人による隠蔽又は仮装の行為に該当するとして重加算税の賦課決定処分をすることの可否が争点とされた事例

事例 **国税不服審判所裁決事例**
（令和３年３月１日裁決、仙裁（諸）令２－15、相続開始年分不明）

？疑問点

被相続人に相続開始がありました。被相続人に係る共同相続人は３名（被相続人の配偶者及び子供２名）であり、これらの者は共同して相続税の期限内申告書を納税地の所轄税務署長に提出していました。

その後、相続税の税務調査があり、調査官から次に掲げる事項が指摘されました。

⑴　被相続人の生前に被相続人の自宅から請求人らが持ち出した現金（本件現金）で、その後、当該被相続人の配偶者名義の銀行預金口座に入金されたものは、被相続人の相続財産に該当すると認められるところ、相続税の期限内申告書に計上されていないことから、申告計上もれ財産として修正申告を行う必要があること

⑵　本件現金につき、請求人は当該財産が被相続人の相続財産に該当するものであることを知りながら、これをあえて当該被相続人に係る相続税の期限内申告書に計上しなかったものと認められるから、隠蔽又は仮装の行為があったことになり、次のとおりの規定が適用されること

①　国税通則法第68条《重加算税》第１項の規定により、過少申告加算税（税率10％）に代えて、重加算税（税率35％）が課される。

②　相続税法第19条の２《配偶者に対する相続税額の軽減》第５項の規定により、本件現金部分に対応する相続税額については、配偶者に対する相続税額の軽減の対象にはならない。

上記の指摘に対し、請求人らは次のとおりの反論を行っています。

(イ)　本件現金については、次のとおりに考えることが相当であり、そのいずれの考え方によったとしても、もはや、被相続人に係る相続財産とはならないこと

㋑　被相続人はその生前に個人事業（その後に法人組織に改編）を営んでおり、被相続人の配偶者は当該事業から青色事業専従者給与及び役員給与を受けていたこと

㋺　被相続人の配偶者は、国民年金を受給していたこと

㋩　被相続人の配偶者は、過去に被相続人からの贈与を受けていた可能性も考えられること

(ロ)　上記(イ)より、本件現金が被相続人に係る相続財産を構成しないのであるから、調査官が指摘する上記(2)に掲げる各規定の適用は生じ得ないこと

上記のような状況において、本件現金の相続財産の該当性並びにもし仮に相続財産に該当するとした場合における重加算税の賦課決定処分及び配偶者に対する相続税額の軽減規定の不適用についての各取扱いの相当性について説明してください。

お尋ねに掲げる前提条件が十分ではありませんので明言は困難ですが、本件現金は相続財産に該当する可能性が高いものと考えられます。その一方で、重加算税の賦課決定処分及び配偶者に対する相続税額の軽減規定の不適用の相当性については、適用要件の充足の観点から再検討する余地があるものと考えられます。

解　説

(1)　被相続人の自宅に存していた現金（本件現金）は、特別な事情がない限り、家計の主宰者（お尋ねの場合では、事業主宰者である被相続人）に帰属するものと考えられます。

(2)　上記(1)を前提にすると、本件現金が被相続人の配偶者の銀行預金口座に入金された時点で、特別な事情がない限り、当該被相続人は当該配偶者に対して、本件現金相当額の金銭債権（返還請求権）を取得したものと取り扱うことが相当とされます。

(3)　重加算税の賦課決定処分及び配偶者に対する相続税額の軽減の不適用の対象とされるためには、本件現金が「被相続人の相続財産に該当するものであることを知りながら」（上記 ? 疑問点 に掲げる＿＿＿部分）という要件が重要とされます。換言すれば、「事実の歪曲」・「事実の脱漏」と評価されなければ隠蔽又は仮装にはならないものとされています。そして、これらの立証挙証責任は、課税庁側にあるものとされています。

したがって、お尋ねの事例の場合には、上記に掲げる立証挙証責任を課税庁側が果たしたものであるかどうかの検討が必要になるものと考えられます。

Q6-1の検討に当たっては、下記に掲げる裁決事例が先例として参考になります。

◉国税不服審判所裁決事例（令和３年３月１日裁決、仙裁（諸）令２－15、相続開始年分不明）

（おことわり）

本件裁決事例は非公開部分が非常に多く判読が困難なものとなっており、以下の検討に当たっては一部、筆者による推認部分があることを、あらかじめ、了解されたい。

〔1〕事案の概要

本件は、原処分庁が、請求人Ａ及び請求人Ｂ（以下、請求人Ａと併せて「請求人ら」という）に対し、請求人らが被相続人の預け金を相続税の当初申告において相続財産として申告しなかったことは、隠蔽又は仮装の行為に当たるとして、重加算税の賦課決定処分をしたのに対し、請求人らが、隠蔽又は仮装の行為はないとし、また、請求人Ａのした配偶者に対する相続税額の軽減などを求めた更正の請求について、更正をすべき理由がない旨の通知処分をしたのに対し、請求人らが、隠蔽仮装行為はないとして、原処分の一部の取消しを求めた事案である。

〔2〕基礎事実

⑴ 本件相続

被相続人は、平成＊＊年＊＊月＊＊日に死亡し、その相続（以下「本件相続」という）が開始した。

⑵ 本件相続人ら

本件相続に係る共同相続人は、本件被相続人の配偶者である請求人Ａ、同長女である請求人Ｂ及び同長男であるＣの３名（以下、これら３名を併せて「本件相続人ら」という）であった。

筆者注 本件裁決事例における相続関係説明図を示すと、**図表－１**のとおりとなる。

図表－１ 本件裁決事例における相続関係説明図

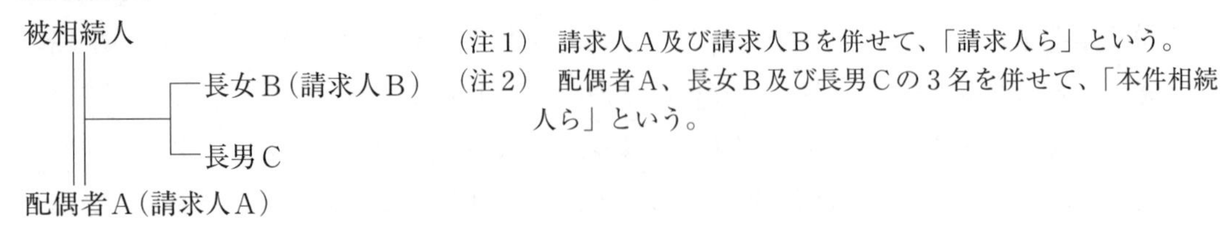

⑶　被相続人の職業

被相続人は、＊＊（筆者注年月）に、＊＊市＊＊（筆者注場所）において、「X」の名称で＊＊（筆者注個人事業でその事業内容が記載されているものと推認される）を開業した。

また、被相続人は、＊＊（筆者注年月）に、同市内において、Y（筆者注法人名又は団体名）を設立し、＊＊（筆者注役職名。例えば、取締役、理事等）に就任した後、＊＊（筆者注年月日）にXを廃業し、さらに、＊＊（筆者注年月日）にCがYの＊＊（筆者注役職名。例えば、取締役、理事等）に就任したことに伴い＊＊（筆者注役職名。例えば、取締役、理事等）を退任し、＊＊（筆者注役職名。例えば、会長、相談役等）となった。

⑷　被相続人夫婦の避難

被相続人及び請求人A（以下「被相続人夫婦」という）は、＊＊（筆者注地震や風水害が発生したとの意と推認される）によりその居住していた＊＊（筆者注所在地）の自宅（以下「本件旧A自宅」という）に＊＊（筆者注居住が困難になった状況の意と推認される）から、＊＊（筆者注所在地）の請求人Bの住居（以下「請求人B住居」という）に一時的に避難した。

⑸　本件現金

① 被相続人夫妻、請求人B及び請求人Bの配偶者は、平成＊＊年＊＊月＊＊日本件旧A自宅から、＊＊（筆者注自宅内に存在していたの意と推認される）現金＊＊円（以下「本件現金」という）を収集し、請求人B住居に持ち帰った。

なお、本件現金は、請求人Aが（筆者注発災前にの意と推認される）に、本件旧A自宅において管理していたものであった。

② 請求人らは、平成＊＊年＊＊月＊＊日本件現金をZ銀行＊＊支店（以下「Z銀行」という）に持ち込み、請求人A名義の普通預金口座（以下「本件新規口座」という）を開設した後、＊＊、＊＊、＊＊及び＊＊（筆者注いずれも年月日を指す）の計4回に分けて、本件現金を本件新規口座に順次入金した。

⑹　本件当初申告

本件相続人らは、本件相続に係る相続税について、D税理士に税務代理を委任し、相続税の申告書（以下、当該申告書に係る申告を「本件当初申告」という）を法定申告期限までに共同で原処分庁に提出した。

⑺　本件修正申告

本件相続人らは、本件相続に係る相続税について、原処分庁所属の調査担当職員（以下「本件調査担当職員」という）の調査を受け、平成29年11月28日、＊＊（筆者注請求人Bへとの意と推認される）の預け金（以下「本件預け金」という）などの申告漏れがあったとして、D税理士に税務代理を委任し、修正申告書（以下「本件修正申告書」といい、本件修正申告書に係る修正申告を「本件修正申告」という）を原処分庁に提出した。

⑻ 重加算税決定処分

原処分庁は、上記⑺の本件修正申告を受け、申告漏れ財産のうち本件預け金は、請求人らが本件当初申告に計上しなかったことにつき隠蔽又は仮装の行為があったものとして、平成29年12月11日付で、請求人Ａに対する重加算税の賦課決定処分（以下「本件Ａ賦課決定処分」という）並びに請求人Ｂに対する過少申告加算税及び重加算税の各賦課決定処分（以下、当該重加算税の賦課決定処分を「本件Ｂ重加算税賦課決定処分」という）をした。

⑼ 再調査の請求及び再調査決定

請求人Ａは、本件Ａ賦課決定処分のうち過少申告加算税相当額を超える部分の取消しを求めて、また、請求人Ｂは、上記⑻の請求人Ｂに対する過少申告加算税の賦課決定処分及び本件Ｂ重加算税賦課決定処分のうち過少申告加算税相当額を超える部分の取消しを求めて、平成30年１月24日、それぞれ再調査の請求をしたところ、再調査審理庁は、同年８月２日付で、いずれも棄却の再調査決定をした。

⑽ 審査請求（本件Ａ賦課決定処分・本件Ｂ重加算税賦課決定処分に係るもの）

請求人Ａは、上記⑼の再調査決定を経た後の本件Ａ賦課決定処分のうち過少申告加算税相当額を超える部分に不服があるとして、また、請求人Ｂは、上記⑼の再調査決定を経た後の本件Ｂ重加算税賦課決定処分のうち過少申告加算税相当額を超える部分の取消しを求めて、平成30年８月29日に審査請求をした。

⑾ 本件第一次更正請求

請求人Ａは、平成30年８月29日、本件当初申告において、相続税の課税価格の計算の基礎となるべき事実の全部又は一部を隠蔽し、又は仮装した事実はないから、請求人Ａが取得した財産の全部について、相続税法第19条の２《配偶者に対する相続税額の軽減》第１項の規定による軽減措置（以下、当該軽減措置により軽減される税額を「配偶者の税額軽減額」という）の適用が認められるべきであるとして、更正の請求（以下「本件第一次更正請求」という）をした。

⑿ 本件第一次通知処分

原処分庁は、本件第一次更正請求に対し、平成30年９月28日付で、更正をすべき理由がない旨の通知処分（以下「本件第一次通知処分」という）をした。

⒀ 審査請求（本件第一次通知処分に係るもの）

請求人Ａは、平成30年12月28日、本件第一次通知処分を不服として審査請求をした。

⒁ 本件各第二次更正請求

請求人らは、平成31年１月11日、本件預け金を誤って本件修正申告書に記載し本件修正申告をしたとして、各更正の請求（以下「本件各第二次更正請求」という）をした。

⒂ 本件各第二次通知処分

原処分庁は、本件各第二次更正請求に対し、平成31年２月６日付で、それぞれ更正をすべき理由がない旨の通知処分（以下「本件各第二次通知処分」という）をした。

⒃　審査請求（本件各第二次通知処分に係るもの）

請求人らは、本件各第二次通知処分を不服として、平成31年3月7日に審査請求をした。

⒄　併合審理

審判所は、国税通則法第104条《併合審理等》第1項の規定に基づき、上記⑽、⒀及び⒃の各審査請求について併合審理をした。

筆者注　上記⑴ないし⒄に掲げる基礎事実につき、時系列的な経過をまとめると、**図表－2**のとおりとなる。

図表－2　本件裁決事例における時系列

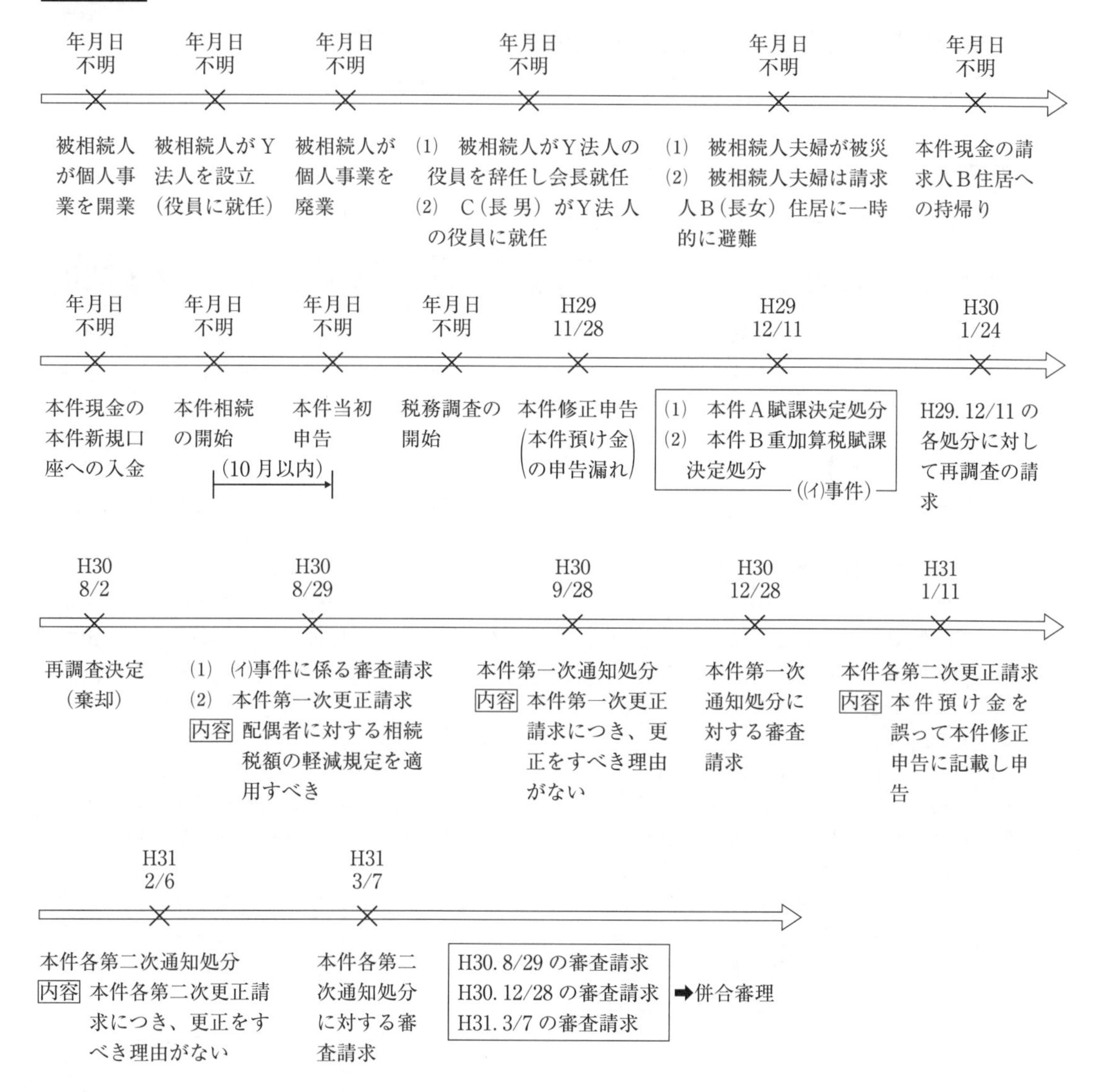

〔3〕争点

(1) 争点1

本件預け金は、本件相続に係る相続財産か否か。

(2) 争点2

請求人らに、国税通則法第68条《重加算税》第1項に規定する隠蔽又は仮装の行為があったか否か。

(3) 争点3

請求人Aに、相続税法第19条の2《配偶者に対する相続税額の軽減》第5項に規定する隠蔽仮装行為があったか否か。

〔4〕争点に関する双方(請求人ら・原処分庁)の主張

各争点に関する請求人ら・原処分庁の主張は、図表－3のとおりである。

図表－3 各争点に関する請求人ら・原処分庁の主張

(1) 争点1(本件預け金は、本件相続に係る相続財産か否か)について

請求人ら(納税者)の主張	原処分庁(課税庁)の主張
次のとおり、本件預け金の原資は本件現金であり、本件現金は請求人Aの固有の財産であるから、本件預け金は、本件相続に係る相続財産ではない。 (1) 請求人Aが得た被相続人の事業の専従者としての給与(以下「専従者給与」という)は＊＊円推計され、所得税法に規定する青色事業専従者としての給与(以下「青色専従者給与」という)＊＊円及びYの役員給与＊＊円との合計額＊＊円は、本件現金の額を上回るから、本件現金の全てが請求人Aに帰属するとの主張には合理性がある。 また、本件現金は、青色専従者給与、専従者給与、Yからの役員給与及び国民年金などの収入並びに被相続人から贈与を受けた金員などを原資とするものであることに加えて、請求人Aが、本件旧A自宅の請求人Aが寝起きする部屋の金庫やタンスの引き出し等で保管管理し占有していたのであるから、請求人Aの固有の財産であったといえる。	本件預け金は本件現金であり、また、次のとおり、本件現金は被相続人の固有の財産であるから、本件預け金は、本件相続に係る相続財産である。 (1) 請求人Aの本件相続開始日までの固有の収入は、青色専従者給与、Yの役員給与及び国民年金であり、証拠上認められる請求人Aの本件相続開始日までの貯蓄可能額は＊＊円である。 このうち、Yの役員給与及び国民年金は、いずれも＊＊銀行＊＊支店の請求人A名義の普通預金口座(以下「本件従来口座」という)に振り込まれていたところ、本件相続開始日までの間、本件従来口座に目立った出金がなく、また、本件相続開始日における本件従来口座の残高は、＊＊円であり、これは上記本件相続開始日における請求人Aの貯蓄可能額＊＊円を＊＊(筆者注 大きく超過との意と推認される)している。 このような本件従来口座の残高と請求人Aの貯蓄可能額からみて、これとは別に請求人Aが、その固有の財産として本件現金の原資を出捐することはできない。 また、請求人Aは、本件調査担当職員に対し、本件現金について、請求人Aの収入で貯めたお金ではなく、被相続人のものである旨申述している。 以上を鑑みれば、本件現金の原資は、X(筆者注

(2) 仮に、本件現金の原資が被相続人の固有の財産であったとしても、請求人Aが被相続人の指示に基づき、本件新規口座を開設して本件現金を入金したことは、被相続人の請求人Aに対する財産的利益の付与であって、相続人の請求人Aに対する贈与に当たる。 また、贈与に当たらないとしても、贈与とみなして相続税法第9条《贈与又は遺贈により取得したものとみなす場合》に規定する贈与税を課税すべきである。	被相続人が営む個人事業）を開業していたときの被相続人の収入以外には考えられない。 (2) 請求人Aが贈与税の申告書を提出した事実はなく、ほかに請求人Aが被相続人から贈与を受けたことを認定し得る証拠も確認されていないから、本件現金の所有権が請求人Aへ移転したとは認められない。
(3) 請求人Aは、本件現金を被相続人から預かった事実はない。 また、本件現金の一部の原資が被相続人の収入であったとしても、本件現金は、本件新規口座に入金された時点で、請求人Aの固有の財産となる。	(3) 本件修正申告書には、本件現金が預け金として相続税の課税価格に含まれている。

(2) 争点2（請求人らに、国税通則法第68条《重加算税》第1項に規定する隠蔽又は仮装の行為があったか否か）について

請求人ら（納税者）の主張	原処分庁（課税庁）の主張
次のとおり、請求人らに、国税通則法第68条《重加算税》第1項に規定する隠蔽又は仮装の行為はなかった。 (1) 本件現金は請求人Aに帰属するものであり、本件相続開始日には被相続人の遺産として存在していないのであるから、相続人らが本件当初申告において本件預け金を相続財産として申告しなかったのは当然である。 仮に、請求人らが被相続人の指示に基づき、本件現金を本件A名義口座に入金したとしても、そのこと自体は隠蔽又は仮装の行為には該当しない。	次のとおり、請求人らに、国税通則法第68条《重加算税》第1項に規定する隠蔽又は仮装の行為があったと認められる。 (1) 請求人Aは、本件調査担当職員に対し、被相続人から、請求人Aの方が長生きするから請求人Aの名前で預金口座を作れと言われて本件新規口座を開設した旨申述したこと、そして、本件新規口座を開設する際、Z銀行の行員（以下「本件銀行員」という）に対して、被相続人が＊＊（筆者注 事業の意と推認される）をしていたので請求人Aが多額の現金を保有している旨の話をしていた旨本件銀行員が申述し、また、この話を請求人Bが聞いていると認められることからすると、請求人らは、本件現金が被相続人に帰属するものであることを認識しながら、請求人Aが本件新規口座を開設して本件現金を本件新規口座に入金したことは、「事実の歪曲」と評価できる。
(2) D税理士は、請求人らに対し、被相続人の収入から作成された財産は被相続人以外の名義であっても相続財産になる旨の説明をしていないのであるから、請求人らが本件A名義口座の存在をD税理士に告げなかったことは	(2) 請求人らは、本件当初申告においてD税理士に本件新規口座の存在を告げておらず、そのため、請求人らの税務代理人であるD税理士は、本件預け金を相続財産として申告しない確定申告書を作成し、原処分庁に提出した

意図的なものではない。	のであり、これは「事実の脱漏」と評価できる。

⑶　争点３（請求人Ａに、相続税法第１９条《配偶者に対する相続税額の軽減》第５項に規定する隠蔽仮装行為があったか否か）について

請求人ら（納税者）の主張	原処分庁（課税庁）の主張
相続税法第１９条の２《配偶者に対する相続税額の軽減》第５項に規定する隠蔽仮装行為は、国税通則法第６８条《重加算税》第１項に規定する隠蔽又は仮装の行為と同義であると解されるところ、上記⑵の（争点２）の「請求人ら（納税者）の主張」欄のとおり、請求人らには国税通則法第６８条第１項に規定する隠蔽又は仮装の行為がなかったのであるから、請求人Ａに、相続税法第１９条の２第５項に規定する隠蔽仮装行為はなかった。	相続税法第１９条の２《配偶者に対する相続税額の軽減》第５項に規定する隠蔽仮装行為は、国税通則法第６８条《重加算税》第１項に規定する隠蔽又は仮装の行為と同義であると解されるところ、上記⑵の（争点２）の「原処分庁（課税庁）の主張」欄のとおり、請求人らには国税通則法第６８条第１項に規定する隠蔽又は仮装の行為があったといえるから、請求人Ａには、相続税法第１９条の２第５項に規定する隠蔽仮装行為があった。

〔５〕国税不服審判所の判断

⑴　争点１（本件預け金は、本件相続に係る相続財産か否か）について

①　認定事実

㈠　被相続人は、上記〔２〕⑶のとおり＊＊（筆者注年月）から＊＊（筆者注場所）において＊＊（筆者注職業の名称と推認される）として稼動していたところ、＊＊（筆者注年月）から＊＊（筆者注年月）までの間に、Ｙの＊＊（筆者注役職名。例えば、取締役、理事等）として、役員給与収入合計＊＊円を得ていた。

㈡　請求人Ａは、Ｙから、＊＊（筆者注年月）から＊＊（筆者注年月）までの間に、役員給与収入として、合計＊＊円を得ていた。

なお、当該収入は、本件従来口座に振り込まれていた。

㈢　請求人Ａは、平成19年１月１日から平成＊＊年＊＊月＊＊日（筆者注本件相続の開始日と推認される）までの間に、国民年金収入として、合計＊＊円を得ていた。

なお、当該収入は、本件従来口座に振り込まれていた。

㈣　請求人Ａは、平成＊＊年＊＊月＊＊日、本件銀行員に対して、被相続人が＊＊（筆者注職業と推認される）であり多額の資産を有していたことから、請求人Ａが本件現金を保有している旨説明していた。

②　本件現金に関する請求人Ａの申述等

㈠　請求人Ａは、平成29年８月29日、本件調査担当職員に対し、本件新規口座は、被相続人から、請求人Ａの方が長生きするから請求人Ａの名前で預金口座を作れと言われて開設した旨申述した。

なお、申述した事項を記録した質問応答記録書の内容を本件調査担当職員が請求人Ａに読み聞かせたところ、請求人Ａは、質問応答記録書の内容について訂正を申

し出ることなく問答末尾に署名指印をした。

(ロ) 請求人Aは、平成29年11月1日、本件調査担当職員に対し、本件現金は、被相続人が＊＊（筆者注 職業の名称と推認される）として個人事業を営んでいた頃からの収入を現金で本件旧A自宅において保管していたものであり、被相続人のものである旨申述した。

なお、申述した事項を記録した質問応答記録書の内容を本件調査担当職員が請求人Aに読み聞かせたところ、請求人Aは、質問応答記録書の内容について訂正を申し出ることなく問答末尾に署名指印をした。

(ハ) 上記(イ)及び(ロ)の各質問応答記録書（以下「本件各質問応答記録書」という）の作成に当たっては、本件調査担当職員が請求人Aに対して、その内容を読み聞かせた際、請求人B、D税理士及びD税理士の事務所の＊＊（筆者注 事務職員の氏名）（以下、D税理士と併せて「D税理士等」という）は、その場に同席の上、その内容を聞いていた。

③ 検討

(イ) はじめに

本件では、請求人Aによって本件現金が請求人A名義で本件新規口座に入金されたことについては、原処分庁と請求人らとの間に争いはない。

一方で、本件現金の原資について、原処分庁は被相続人に帰属する財産である旨主張し、請求人らは請求人Aに帰属する財産である旨主張している。

この点、仮に、本件現金の原資が、被相続人に帰属する財産であった場合、特別な事情がない限り、本件現金が請求人Aによって本件新規口座に入金された時点で、被相続人は請求人Aに対し、本件現金相当額の金銭債権（返還請求権）を取得し、また、当該金銭債権は、本件相続の開始により、相続財産を構成する（本件修正申告における本件預け金とは、当該金銭債権と同一のものであると認められる）。

よって、まず、本件現金の原資が、被相続人と請求人Aのいずれに帰属する財産であるかについて検討する。

(ロ) 被相続人及び請求人Aの貯蓄能力について

被相続人は、上記①(イ)のとおり、＊＊（筆者注 年月）から、請求人Aが本件新規口座を開設した＊＊（筆者注 年月日）までの間に、Yの＊＊（筆者注 役職名。例えば、取締役、理事等）して、役員給与収入＊＊円を得ていたところ、当該金額は、本件現金の額を大きく上回っているから、被相続人には本件現金相当額の貯蓄能力があったと認められる。

一方、請求人Aは、証拠上明らかな収入として、上記①(ロ)のとおり、役員給与収入＊＊円を得ており、これに上記①(ハ)の平成19年1月1日から平成＊＊年＊＊月＊＊日（筆者注 本件相続の開始日と推認される）までの間に取得した国民年金収入合計＊

＊円を加えても、その合計は＊＊円にすぎず、当該金額は、本件現金の額に及ばない。

加えて、上記①の(ロ)及び(ハ)のとおり、請求人Ａの収入であるＹの役員給与及び国民年金は、本件従来口座に振り込まれており、本件従来口座の預金残高の一部を構成していると考えられること、また、本件従来口座からは、本件現金の原資となるべき出金事実が認められないことなどを併せ鑑みると、請求人Ａには、上記の＊＊円にすぎない収入により本件従来口座の預金とは別に本件旧Ａ自宅に本件現金を貯蓄することは到底できない。

以上のとおり、被相続人には本件現金相当額の貯蓄能力が認められ、請求人Ａには当該能力が認められないことは、本件現金の原資が被相続人に帰属する財産であることを強く推認させる。

(ハ)　請求人Ａが、本件現金についての説明及び申述において、本件現金の原資が被相続人に帰属する旨述べた上、本件修正申告をしていることについて

㋑　請求人Ａは、上記①(ニ)のとおり、平成＊＊年＊＊月＊＊日、本件銀行員に対して、被相続人が＊＊（筆者注 職業と推認される）であり多額の資産を有していたことから、請求人Ａが本件現金を保有している旨説明した。

この点、仮に本件現金の原資が、請求人Ａの固有の財産（青色専従者給与や役員給与など）であったり、被相続人から贈与を受けたものであるなら、請求人Ａにおいて本件銀行員からその原資について尋ねられた際にその旨説明するのが通常である。

それにもかかわらず、請求人Ａが、上記のとおり、本件現金の原資について、単に被相続人が＊＊（筆者注 職業と推認される）であり多額の資産を有していた旨説明したことは、やはり本件現金の原資が被相続人に属するものであることを推認させるといえる。

㋺　請求人Ａは、上記②(ロ)のとおり、平成29年11月１日、本件調査担当職員に対し、本件現金は、被相続人が＊＊（筆者注 職業と推認される）として個人事業を営んでいた頃からの収入を現金で本件旧Ａ自宅において保管していたものであり、被相続人のものである旨申述しており、また、請求人らは、上記**〔2〕**(ア)のとおり、同月28日、当該申述に沿う内容の本件修正申告をした。

また、本件各質問応答記録書は、上記②(ハ)のとおり、請求人Ｂ及びＤ税理士等が同席し、本件調査担当職員の読み聞かせも聞いていた上、上記②の(イ)及び(ロ)のとおり、その内容に訂正を求めることなく署名指印をした請求人Ａの応答状況からも、その任意性、信用性について疑いを抱かせるような事実は認められない。

加えて、本件各質問応答記録書の内容としても、上記②(イ)のとおり、本件新規口座は、被相続人から、請求人Ａの方が長生きするから請求人Ａの名前で預金口座を作れと言われて開設したという、請求人Ａが話さなければ記載し得ないもの

となっている。

これらの事情からみれば、本件各質問応答記録書の信用性は高いというべきである。

㋩　したがって、上記㋑の説明及び本件各質問応答記録書の内容はいずれも、本件現金の原資が被相続人に属することを前提とするものといえるから、これらの説明及び申述からみて、本件現金の原資は被相続人に属する財産であると推認される。

(ニ)　小括

以上のとおり、被相続人及び請求人Aの貯蓄能力並びに請求人Aの申述等からみて、本件現金の原資は被相続人の財産であると強く推認される一方、当該推認を妨げるような事情は認められないから、本件現金の原資は、被相続人の財産であると認められる。

そして、上記(イ)のとおり、特別な事情がない限り、本件相続開始日において、被相続人は、請求人Aに対して、本件現金相当額の債権を有し、これが本件修正申告における「本件預け金」に当たるところ、審判所の調査の結果によっても、特別な事情があったとは認められないから、本件預け金は、本件相続に係る相続財産を構成すると認められる。

④　請求人らの主張について

(イ)　請求人らは、**図表－３**の(1)（**争点１**）の「請求人ら（納税者）の主張」欄の(1)のとおり、次に掲げる旨、それぞれ主張する。

㋑　請求人Aには、青色専従者給与、役員給与及び国民年金などの収入とともに、請求人Aが青色専従者給与を受け取る以前の専従者給与の収入があり、請求人Aには、本件現金相当額の貯蓄能力があったこと

㋺　本件現金は、請求人Aが得た青色事業専従者給与、専従者給与、役員給与及び国民年金などの収入並びに被相続人から贈与を受けた金員などを原資とするものであることに加えて、請求人Aが、本件旧A自宅の請求人Aが寝起きする部屋の金庫やタンスの引き出し等で保管管理し占有していたのであるから、請求人Aの固有の財産であったこと

しかしながら、請求人Aが専従者給与及び青色専従者給与を得ていたことを裏付ける証拠はないから、請求人Aにそのような収入があったと認めることはできない。

また、本件現金の本件旧A自宅での保管場所が、請求人Aが寝起きする部屋の金庫やタンスの引き出し等であったとする証拠は、請求人Aの申述しかなく、その申述の信用性は慎重に判断せざるを得ないし、さらに、この点はおくとしても、現金について所有と占有を一致させるとの考慮は、取引の安全を図るためであるから、本件旧A自宅に保管されていた本件現金について所有と占有の一致を考慮する必要はない上、

被相続人夫妻の収入は被相続人の＊＊（筆者注 職業の名称と推認される）としての収入に基づくものであることからして、請求人Ａが、被相続人の占有補助者又は占有代理人として、本件現金を保管していたと考えるのが自然であり、請求人Ａが本件旧Ａ自宅の部屋で本件現金を保管していた事実があったとしても、本件現金が請求人Ａの固有の財産であったとは認められない。

したがって、請求人らの主張には理由がない。

(ロ) 請求人らは、**図表－３**の(1)（争点１）の「請求人ら（納税者）の主張」欄の(2)のとおり、次に掲げる旨、それぞれ主張する。

㋑ 被相続人の固有の財産であったとしても、請求人Ａが本件新規口座を開設して本件現金を入金したことは、被相続人の請求人Ａに対する贈与に当たること

㋺ 仮に、上記㋑に掲げる贈与に当たらないとしても、贈与とみなして相続税法第９条《贈与又は遺贈により取得したものとみなす場合》に規定する贈与税を課税をすべきであること

しかしながら、被相続人が、請求人Ａ名義で本件新規口座への本件現金の入金を許可したことが、直ちに被相続人の請求人Ａへの本件現金（本件新規口座入金後は本件預け金）の贈与意思の存在を推認させるものとはいえない。

実際に、請求人Ａは被相続人からの贈与を原因とする贈与税の申告をしていないのであり、本件現金の入金が被相続人から請求人Ａに対する贈与であったとまでは認められない。

また、相続税法第９条《贈与又は遺贈により取得したものとみなす場合》の規定の趣旨は、私法上の贈与契約によって財産を取得したのではないが、実質的に対価を支払わないで経済的利益を受けた場合においては、贈与契約の有無にかかわらず贈与により取得したものとみなし、これを課税財産として贈与税を課税することとしたものである。

本件では、上記③(ニ)のとおり、本件相続開始日において、被相続人は、請求人Ａに対して、本件現金相当額の債権を有しているものと認められることから、本件現金の入金時において、請求人Ａが被相続人から経済的利益を受けたものとは認められない。

したがって、請求人らの主張には理由がない。

(ハ) 請求人らは、**図表－３**の(1)（争点１）の「請求人ら（納税者）の主張」欄の(3)のとおり、請求人Ａは、本件現金を被相続人から預かった事実はなく、また、本件現金の一部の原資が被相続人の収入であったとしても、本件現金は、本件新規口座に入金された時点で、請求人Ａの固有の財産となる旨主張する。

確かに、本件現金が本件新規口座に入金されたことにより、請求人ＡはＺ銀行預金債権を有することとなる。

しかしながら、請求人Ａが当該預金債権を有することとなったとしても、本件相

続開始日において、被相続人が請求人Ａに本件現金相当額の債権を有しこれが相続財産に含まれるとの判断には影響を及ぼさないというべきである。

したがって、請求人らの主張には理由がない。

⑵ 争点２（請求人らに、国税通則法第68条《重加算税》第１項に規定する隠蔽又は仮装の行為があったか否か）について

① 認定事実

(イ) 請求人Ａは、本件当初申告及び本件修正申告に係る手続を請求人Ｂに任せており、Ｄ税理士等への書類の提出や、Ｄ税理士等からの質問に対する受け答え等の対応は、いずれも請求人Ｂにより行われた。

(ロ) Ｄ税理士の事務所の＊＊（筆者注 事務職員の氏名）は、請求人Ｂに対して、本件相続の開始直前に被相続人の預金口座から引き出した金員があればその明細を提出するよう依頼したが、被相続人以外の名義の財産に係る書類の提出は依頼しなかった。

また、請求人Ｂも、Ｄ税理士等に対し、本件現金や本件預け金に関する資料等を提出しなかったことから、Ｄ税理士は、本件当初申告に係る申告書に、本件預け金を相続財産として記載しないまま、上記【2】⑹のとおり、請求人らの本件当初申告を行った。

② 法令解釈等

国税通則法68条《重加算税》第１項に規定する重加算税の制度は、納税者が過少申告をするについて隠蔽、仮装という不正手段を用いていた場合に、過少申告加算税よりも重い行政上の制裁を科することによって、悪質な納税義務違反の発生を防止し、もって申告納税制度による適正な徴税の実現を確保しようとするものである。

したがって、重加算税を課するためには、納税者のした過少申告行為そのものが隠蔽、仮装に当たるというだけでは足りず、過少申告行為そのものとは別に、隠蔽、仮装と評価すべき行為が存在し、これに合わせた過少申告がされたことを要するものである。

しかし、上記の重加算税制度の趣旨に鑑みれば、架空名義の利用や資料の隠匿等の積極的な行為が存在したことまで必要であると解するのは相当でなく、納税者が、当初から相続財産を過少に申告することを意図し、その意図を外部からもうかがい得る特段の行動をした上、その意図に基づく過少申告をしたような場合には、重加算税の賦課要件が満たされるものと解するのが相当である。

③ 当てはめ及び原処分庁の主張について

(イ) 上記①(ロ)のとおり、請求人Ｂは、Ｄ税理士等に対し、本件現金や本件預け金に関する資料等を提出しなかったことから、Ｄ税理士が、本件当初申告に係る申告書に、本件預け金を相続財産として記載しなかったことについては、原処分庁と請求人らとの間で争いはない。

(ロ) 原処分庁は、**図表－3**の(2)（**争点2**）の「原処分庁（課税庁）の主張」欄の(1)のとおり、次に掲げる事項からすると、請求人らは、本件現金が被相続人に帰属するものであることを認識しながら、請求人Ａが本件新規口座を開設して本件現金を本件新規口座に入金したことは、「事実の歪曲」と評価できる旨主張する。

㋑ 被相続人から、請求人Ａの方が長生きするから請求人Ａの名前で預金口座を作れと言われて本件新規口座を開設したこと

㋺ 請求人Ａが、本件新規口座を開設する際、本件銀行員に対して、被相続人が＊＊（筆者注 職業と推認される）をしていたので請求人Ａが多額の現金を保有している旨の話をし、請求人Ｂもこの話を聞いていること

しかしながら、必ずしも民法が採用する夫婦別産意識の強いとはいえない夫婦関係においては、様々な理由から、例えば夫の財産を妻の名義で預金がなされることは通常にみられることであり、これについて一概に将来の相続税を免れるための事実の歪曲と評価することはできない。

本件において、本件新規口座の開設は、本件相続開始日の＊＊（筆者注 平成＊＊年＊＊月＊＊日前の意と推認される）なされているのであり、このような、本件相続の開始時期も予想できない時点での請求人Ａ名義による本件新規口座開設について、これを直ちに、国税通則法第68条《重加算税》第１項に規定する隠蔽又は仮装行為とは認め難い。

(ハ) 原処分庁は、**図表－3**の(2)（**争点2**）の「原処分庁（課税庁）の主張」欄の(2)のとおり、請求人らは、本件調査担当職員に対し、本件当初申告においてＤ税理士に本件新規口座の存在を告げなかったことは、「事実の脱漏」と評価できる旨主張する。

しかしながら、請求人Ａが、自らＤ税理士等の対応をしていた事実は認められないところ、請求人Ａが高齢であることや請求人らが親子関係にあることからすれば、上記①(イ)のとおり、請求人Ａが、本件相続に係る相続税に関して、Ｄ税理士等との対応を請求人Ｂに任せていたことに不自然な点は認められず、請求人Ａについて事実の脱漏があったとはいえない。

また、請求人Ｂは、上記①(ロ)のとおり、＊＊（筆者注 Ｄ税理士事務所の事務職員の氏名）から、被相続人以外の名義の財産に係る書類の提出は依頼されなかったというのであるから、請求人Ｂが、本件新規口座の存在をＤ税理士等に伝えなかったことが、過少申告の意図を外部からもうかがい得る特段の行動であったとまでは認められない。

さらに、請求人Ｂが本件現金の存在を知ったのは、証拠上、平成＊＊年＊＊月＊＊日、被相続人夫妻とともに本件旧Ａ自宅に赴いた日以降であり、本件当初申告に先立ち、本件現金の原資などを含む本件預け金をめぐる法律関係について、請求人Ｂが、正確な知識を有していたと認めるに足りる証拠はないから、請求人ＢがＤ税

理士等に本件預け金に関する資料等を提出しなかったことが、直ちに確定的な過少申告の意図に基づくものとはいえない。

したがって、請求人Bが、D税理士等に対し、本件現金や本件預け金に関する資料等を提出していないことについても、隠蔽又は仮装の行為と認めることもできない。

(ニ) 小括

上記(イ)ないし(ハ)によれば、本件において、請求人らの本件当初申告における過少申告が、隠蔽又は仮装の行為に基づくものであるとまではいえず、他にこの認定を覆すに足りる証拠はない。

したがって、原処分庁の主張には理由がない。

(3) 争点3(請求人Aに、相続税法第19条《配偶者に対する相続税額の軽減》第5項に規定する隠蔽仮装行為があったか否か)について

① 法令解釈等

相続税法第19条の2《配偶者に対する相続税額の軽減》第5項は、同条第1項の相続又は遺贈により財産を取得した者が、隠蔽仮装行為に基づき相続税の申告書を提出し、その相続税について調査があったことにより更正を予知して修正申告書を提出するときの同条第1項の規定による金額の計算に当たって、相続税の総額は、課税価格の合計額に配偶者が行った隠蔽仮装行為による事実に基づく金額を含まないものとして計算したものとし、配偶者の課税価格は、相続又は遺贈により財産を取得した者が行った隠蔽仮装行為による事実に基づく金額を控除した金額とするなど、隠蔽仮装行為による事実に基づく金額を、配偶者に対する相続税額の軽減の対象から除外する旨規定しているところ、当該規定は、適正な申告を確保し、課税の公平を図るため、納税義務者が過少申告をした場合に、隠蔽仮装行為による事実に基づく金額まで、配偶者に対する相続税額の軽減の適用を受けるのは不合理であるとの趣旨から設けられたものと解される。

そして、相続税法第19条の2第5項にいう隠蔽仮装行為とは、同条第6項で相続税の課税価格の計算の基礎となるべき事実の全部又は一部を隠蔽し、又は仮装することをいう旨規定しているところ、この趣旨は、国税通則法第68条《重加算税》第1項に規定する隠蔽又は仮装と同義であると解される。

② 当てはめ及び原処分庁の主張について

原処分庁は、**図表－3**の(3)(**争点3**)の「原処分庁(課税庁)の主張」欄のとおり、請求人らには国税通則法第68条《重加算税》第1項に規定する隠蔽又は仮装の行為があったといえるから、請求人Aには、相続税法第19条の2《配偶者に対する相続税額の軽減》第5項に規定する隠蔽仮装行為があった旨主張する。

しかしながら、上記(2)③(ハ)のとおり、請求人らに、国税通則法第68条第1項に規定する隠蔽又は仮装の行為があったとは認められず、また、上記①のとおり、国税通則法

第68条第1項に規定する隠蔽又は仮装と相続税法第19条の2第5項にいう隠蔽仮装行為は同義であると解されることから、請求人Aについて、同項に規定する隠蔽仮装行為があったとは認められない。

したがって、原処分庁の主張には理由がない。

(4) 結論

① 本件第一次通知処分の適法性について

上記(3)②のとおり、請求人Aに、相続税法第19条の2《配偶者に対する相続税額の軽減》第5項に規定する隠蔽仮装行為があったとは認められず、請求人Aの配偶者の税額軽減額及び納付すべき税額は別表の「審判所認定額」欄（筆者注 非公開）のとおりとなり、本件第一次更正請求には更正すべき理由がある。

したがって、本件第一次通知処分は、その全部を取り消すのが相当である。

② 本件A賦課決定処分の適法性について

上記(2)③(ニ)のとおり、請求人らに、国税通則法第68条《重加算税》第1項に規定する隠蔽又は仮装の行為があったとは認められず、また、上記①のとおり、本件第一次通知処分は、その全部を取り消すべきであるから、本件A賦課決定処分はその全部を取り消すのが相当である。

③ 本件B重加算税賦課決定処分の適法性について

上記(2)③(ニ)のとおり、請求人らに、国税通則法第68条《重加算税》第1項に規定する隠蔽又は仮装の行為があったとは認められないから、請求人Bについて、国税通則法第68条第1項所定の重加算税の賦課要件を満たさない。

他方、請求人Bについて、国税通則法第65条《過少申告加算税》第1項所定の要件を充足するところ、本件修正申告により納付すべき税額の基礎となった事実のうちに、当該修正申告前の税額の計算の基礎とされていなかったことについて、同法第65条第4項（筆者注 現行の規定では、第5項とされている。以下本問において同じ）に規定する正当な理由があるとは認められない。

そして、請求人Bは過少申告加算税の額等につき、計算の基礎となる金額及び計算方法等については争わず、審判所に提出された証拠資料等によっても、これを不相当とする理由は認められない。

したがって、本件B重加算税賦課決定処分は、過少申告加算税相当額を超える部分の金額につき違法であり、別紙の「取消額等計算書」（筆者注 非公開）のとおり取り消すのが相当である。

④ 本件各第二次通知処分の適法性について

上記(1)③(ニ)のとおり、本件預け金は、本件相続に係る相続財産を構成するものと認められ、また、本件各第二次通知処分のその他の部分について、請求人らは争わず、審判所に提出された証拠資料等によっても、本件各第二次通知処分を不相当とする理由は認められない。

したがって、本件各第二次更正請求に対し、更正をすべき理由がないとした本件各第二次通知処分は適法である。

〔6〕まとめ

(1) 裁決事例の結果

先例とされる裁決事例では、本件預け金の相続財産の該当性及び本件預け金が本件当初申告に計上されていなかったことに対する重加算税の賦課決定処分及び配偶者に対する相続税額の軽減の規定の適用につき、**図表－4**のとおりとされたことから、結果として、請求人ら（納税者）の主張の一部が容認されることとなった。

図表－4 先例とされる裁決事例

係争項目	請求人ら（納税者）の主張	原処分庁（課税庁）の主張	国税不服審判所の判断
本件預け金の相続財産の該当性	非該当	該　当	該　当
重加算税の賦課決定処分の可否	違　法	適　法	違　法
配偶者の税額軽減の適用の可否	適用可能	適用不可能	適用可能

（注）「重加算税の賦課決定処分の可否」とは、過少申告加算税を超える部分に対するものをいう。

(2) 参考法令通達等

- 相続税法第９条《贈与又は遺贈により取得したものとみなす場合》
- 相続税法第19条の２《配偶者に対する相続税額の軽減》
- 国税通則法第65条《過少申告加算税》
- 国税通則法第68条《重加算税》

本問から学ぶ重要なキーポイント

(1) 本件現金について

① 本件現金の原資が、被相続人に帰属する財産であった場合、特別な事情がない限り、本件現金が被相続人の配偶者によって当該配偶者名義の預金口座に入金された時点で、被相続人は当該配偶者に対し、本件現金相当額の金銭債権（返還請求権）を取得し、また、当該金銭債権は、本件相続の開始により、相続財産を構成するとされ、「贈与（みなし贈与を含む）」とは解されていないことに留意する必要があります。

② 現金について所有と占有を一致させるとの考慮は、取引の安全を図るためであるから、被相続人夫妻の自宅に保管されていた本件現金について所有と占有の一致を考慮する必要はない上、被相続人夫妻の収入は被相続人の＊＊（職業）としての収入に基づくものであることからして、被相続人の配偶者が被相続人の占有補助者又は占有代理人として、本件現金を保管していたと考えるのが自然であると判断されています。

③ 本件現金が被相続人の配偶者名義の預金口座に入金されたことにより、当該配偶者は金融機関に対して預金債権を有することとなりますが、そうなったとしても、本件相続開始日において、被相続人が当該配偶者に本件現金相当額の債権を有しこれが相続財産に含まれるとの判断には影響を及ぼさないと判断されています。

⑵ 「事実の歪曲」について

必ずしも民法が採用する夫婦別産意識の強いとはいえない夫婦関係においては、様々な理由から、例えば夫の財産を妻の名義で預金がなされることは通常にみられることであり、これについて一概に将来の相続税を免れるための「事実の歪曲」と評価することはできないと判断されています。

⑶ 「事実の脱漏」について

被相続人の配偶者が、自ら相続税申告の依頼をした税理士事務所の対応をしていた事実は認められないところ、当該配偶者が高齢であることや同人が共同相続人である長女と親子関係にあることからすれば、当該配偶者が本件相続に係る相続税に関して、当該税理士事務所との対応を長女に任せていたことに不自然な点は認められず、当該配偶者について「事実の脱漏」があったとはいえないと判断されています。

貸付金債権に係る実務対策

⑴ 低金利時代には利息が得にくいこと、また、様々な事情により手持現金を保有しておきたいとの考え方に基づいて、被相続人又は同人の関係者の自宅や主宰同族会社の事務所等において多額の現金が被相続人の手許に保管されていたり（手許現金）、先例とされる裁決事例のように関係者が保管している（本件預け金）事例が見受けられますので、相続税申告の受任時には、相続財産の確認として、手許現金や預け金の存在にも留意しておく必要があります。

⑵ 国税通則法第68条《重加算税》第１項の規定では、重加算税の課税要件として、「納税者がその国税の課税標準等又は税額等の計算の基礎となるべき事実の全部又は一部を隠蔽し、又は仮装し、その隠蔽し、又は仮装したところに基づき納税申告

書を提出していたとき」と規定されているところ、その具体的な判断に当たっては、上記 **本問から学ぶ重要なキーポイント** の(2)及び(3)に掲げる「事実の歪曲」や「事実の脱漏」と評価すべき事象や行為の有無についての慎重な判断が求められることになります。

Q6-2 被相続人の生前に同人名義の預金から相続人等が出金した金員が不当利得返還請求権を形成し、また、当該相続人がこれを相続財産に計上しなかったことは隠蔽又は仮装の行為に該当するとして重加算税の賦課決定処分をすることの可否が争点とされた事例

事例 国税不服審判所裁決事例
（令和3年1月6日裁決、仙裁（諸）令2－11、相続開始年分不明）

? 疑問点

被相続人（女性）に相続開始がありました。被相続人に係る相続人は1人（被相続人の子（男性））のみであり、当該相続人は、相続税の期限内申告書を納税地の所轄税務署長に提出していました。

その後、相続税の税務調査があり、調査官から次に掲げる事項が指摘されました。

(1) 被相続人は同人に係る相続開始の約8年前から老人ホーム（本件老人ホーム）に入居していたこと

(2) 入居当時は「住宅型居室」に入居していたが、相続開始の約2年前からは「介護付居室」に住み替え（当該状況は相続開始時まで継続）ており、この事柄は同人の要介護が上がったことを証明するものであり、被相続人には、意思能力が認められないものと考えられること

(3) 被相続人が上記(2)のような状況にあるにもかかわらず、相続人及びその妻（これら両者を本件夫妻）は、被相続人の本件老人ホーム入居期間中にわたって、被相続人から同人の日常の生活費を支弁する目的で預かったキャッシュカードを使用して被相続人名義の口座から当該目的を超えた多額の出金（本件金員）を行っていたことが認められること

(4) 本件金員は、被相続人の同意を得ない出金で本件夫妻の利益になるものと認められるから、被相続人には本件夫妻に対する不当利得返還請求権があるものと認められること

(5) 上記(4)に併せて、本件金員が被相続人に係る相続税の期限内申告書に計上されていなかったことは、国税通則法第68条《重加算税》に規定する「隠蔽し、又は仮装し」に該当することから、重加算税の賦課決定処分の対象となること

上記に掲げる調査官の指摘の妥当性について、説明してください。

回　答

お尋ねの事例の場合、もし仮に本件金員が被相続人のために費消されていたのであれば、本件金員は不当利得返還請求権を構成することにはなりません。もちろん、その場合には重加算税の賦課決定処分の対象にもされません。

解　説

(1)　民法第703条《不当利得の返還義務》以下に規定する不当利得返還請求権が成立するためには、本件金員につき、本件夫妻が法律上の原因なくして利得を得ていることが構成要件とされています。上記の____部分の立証挙証責任については、課税庁側にあることになります。

(2)　上記(1)の確認のためには、お尋ねの事例の場合、被相続人は本件老人ホームに入所していたとのことですから、本件老人ホームにおける入所記録や担当職員等より聞き取り等を行うことが必要になるものと考えられます。

検討先例

Q6-2 の検討に当たっては、下記に掲げる裁決事例が先例として参考になります。

◉国税不服審判所裁決事例（令和3年1月6日裁決、仙裁（諸）令2－11、相続開始年分不明）

〔1〕事案の概要

本件は、原処分庁が、被相続人名義の預金から請求人及びその妻が出金した金員について、請求人及びその妻が法律上の原因なくして利得したものであり、被相続人は請求人及びその妻に対して当該金員と同額の不当利得返還請求権を有していたから、当該不当利得返還請求権は相続財産であるなどとして相続税の更正処分等を行ったのに対し、請求人が、当該不当利得返還請求権は存在しておらず相続財産ではないなどとして、当該更正処分等の取消しを求めた事案である。

〔2〕基礎事実

(1)　本件相続について

請求人の母である＊＊（以下「被相続人」という）は、平成＊＊年＊＊月＊＊日（以下「本件相続開始日」という）に死亡し、被相続人に係る相続（以下「本件相続」という）が開始した。

なお、本件相続に係る相続人は請求人のみである。

⑵ 被相続人の生前の生活状況について

① 被相続人は、平成20年6月4日、請求人を身元引受人として、有料老人ホームである＊＊（以下「本件老人ホーム」という）の住宅型居室に入居した。

② 被相続人は、平成25年10月頃、＊＊（筆者注 被相続人に係る加齢に伴う生活状況の変化を示すものと推認される）平成26年1月23日に＊＊（筆者注 被相続人に係る加齢に伴う生活状況の変化を示すものと推認される）。

③ 被相続人は、上記②の＊＊（筆者注 被相続人に係る加齢に伴う生活状況の変化を示すものと推認される）自宅に戻ることなく、平成26年1月23日、本件老人ホームの介護付居室へ住み替え、その後、同ホームで死亡した。

⑶ 被相続人名義の預金口座からの出金について

請求人及びその妻であるA（以下、請求人とAを併せて「本件夫妻」という）は、＊＊（筆者注 被相続人の本件老人ホームへの入所から本件相続開始の意と推認される）までの間（以下「本件期間」という）に、被相続人から預かったキャッシュカードを使用して、＊＊（筆者注 場所）等に設置されたATMを通じて、＊＊（筆者注 金融機関の名称と推認される）の被相続人名義の普通預金口座（以下「本件口座」という）から、＊＊（筆者注 出金回数、出金合計額が記載されているものと推認される）を出金した（以下、当該出金した＊＊円を「本件金員」という）。

⑷ 相続税の期限内申告

請求人は、本件相続に係る相続税について、相続税の申告書を法定申告期限までに申告した。

⑸ 本件更正処分等

原処分庁は、原処分庁所属の調査担当職員の調査に基づき、本件相続に係る相続税について令和元年5月9日付で、請求人に対して、更正処分（以下「本件更正処分」という）及び重加算税の賦課決定処分（以下「本件重加算税賦課決定処分」といい、本件更正処分と併せて「本件更正処分等」という）をした。

⑹ 再調査

請求人は、令和元年8月8日、本件更正処分等を不服として、原処分庁に対し、再調査の請求をしたところ、再調査審理庁は、同年11月5日付で棄却の再調査決定をした。

⑺ 審査請求

請求人は、令和元年12月4日、再調査決定を経た後の本件更正処分等に不服があるとして審査請求をした。

筆者注 上記⑴ないし⑺に掲げる基礎事実につき、時系列的な経過をまとめると、**図表−1** のとおりとなる。

図表－1　本件裁決事例における時系列

H20 6/4	H26 1/23	年月日不明（Ⓐ）	Ⓐから10か月以内	R元 5/9	R元 8/8	R元 11/5	R元 12/4
被相続人の本件老人ホームへの入居（住宅型居室）	本件老人ホームの住替え（介護付居住へ移転）	本件相続開始（本件老人ホームで死亡）	相続税の期限内申告	本件更正処分等	再調査の請求	再調査決定（棄却）	審査請求

本件夫妻による本件金員の支出（H20 6/4～年月日不明（Ⓐ））

〔3〕争点

(1)　争点１

被相続人に、本件金員に相当する額の不当利得返還請求権があったか否か。

(2)　争点２

請求人に、国税通則法第68条《重加算税》第１項に規定する「隠蔽し、又は仮装し」に該当する事実があったか否か。

〔4〕争点に関する双方（請求人・原処分庁）の主張

各争点に関する請求人・原処分庁の主張は、図表－２のとおりである。

図表－２　各争点に関する請求人・原処分庁の主張

（争点１）被相続人に、本件金員に相当する額の不当利得返還請求権があったか否か

請求人（納税者）の主張	原処分庁（課税庁）の主張
被相続人には、本件相続の開始まで、本件夫妻に対して、本件金員の持参を依頼する＊＊（筆者注 意思能力を意味する用語と推認される）があった。 また、本件金員を引き出した時点において、金員の使途にかかわらず、本件夫妻が「利益を受けた」こと及び被相続人に損失を与えたことにはならない。 そして、本件金員について本件夫妻は、被相続人の利益のために使用することを目的として本件口座から本件金員を引き出したのであって、仮に本件夫妻が、被相続人の了解に基づかずに、本件金員を使用したとしても、本件金員は本件夫妻の利益には当たらないから、本件夫妻が、被相続人の財産から利益を受けたことにはならない。	被相続人は、＊＊（筆者注 各種の事項を摘示して、被相続人には意思能力が認められなかった旨の主張と推認される）ことからすれば、確たる意思に基づき、本件夫妻に対して、本件金員の持参を依頼したとは考えられないから、本件夫妻は、被相続人の了解を得ることなく、本件口座から本件金員を引き出したと推認される。 そして、被相続人が、本件夫妻に対して、本件金員を本件口座から引き出して届けるよう依頼した事実や、本件夫妻が本件金員を被相続人に渡した事実は認められないことからすれば、本件夫妻は、本件金員を自由に使用・消費・処分することができたといえるから、本件夫妻は、被相続人の財産から利益を受けていたといえる。

したがって、被相続人には、本件金員に相当する額の不当利得返還請求権はなかった。	また、本件夫妻は、本件金員を本件口座から引き出したことにより、被相続人に損失を与えた。 したがって、被相続人には、本件夫妻に対する本件金員に相当する額の不当利得返還請求権があった。

（争点２）請求人に、国税通則法第68条《重加算税》第１項に規定する「隠蔽し、又は仮装し」に該当する事実があったか否か

請求人（納税者）の主張	原処分庁（課税庁）の主張
請求人の申述に客観的事実と異なるものがあったとしても、請求人は、自分が信じていた内容を説明したにすぎない。 そして、上記（**争点１**）のとおり、被相続人には、本件金員に相当する額の不当利得返還請求権はなかったのであり、隠蔽仮装に該当する客観的行為も認められない。 したがって、請求人に、国税通則法第68条《重加算税》第１項に規定する「隠蔽し、又は仮装し」に該当する事実はなかった。	被相続人は＊＊（筆者注 被相続人の状況の説明と推認される）いなかった、又は被相続人が＊＊（筆者注 被相続人の状況と推認される）いることを知らなかったとする請求人の申述は、事実に反するものである。 そして、上記（**争点１**）のとおり、被相続人には、本件金員に相当する額の不当利得返還請求権があったにもかかわらず、請求人は、本件金員の引出しは被相続人の指示によるものであったなどとして、被相続人に本件金員に相当する額の不当利得返還請求権がなかったかのように事実を隠蔽仮装した。 したがって、請求人に、国税通則法第68条《重加算税》第１項に規定する「隠蔽し、又は仮装し」に該当する事実があったといえる。

〔5〕国税不服審判所の判断

⑴　認定事実

①　被相続人の主治医が作成した主治医意見書について

被相続人の主治医が作成した平成21年６月４日付、平成23年６月21日付及び平成25年６月11日付の各主治医意見書（以下、順次「平成21年意見書」、「平成23年意見書」及び「平成25年意見書」といい、これらを併せて「本件各意見書」という）には、要旨、以下のとおりの記載がされていた。

㈠　平成21年意見書

㋑　日常の＊＊（筆者注 社会生活の意と推認される）を行うための＊＊（筆者注 基本能力の意と推認される）：自立

㋺　自分の＊＊（筆者注 意思の伝達能力と推認される）：伝えられる

㋩　前回の＊＊（筆者注 能力検査の意と推認される）における主治医意見書の作成時点と比較して＊＊（筆者注 症状の種類と推認される）：多くなった

(ロ) 平成23年意見書

㋑ 日常の＊＊（筆者注 社会生活の意と推認される）を行うための＊＊（筆者注 基本能力の意と推認される）：いくらか困難

㋺ 自分の＊＊（筆者注 意思の伝達能力と推認される）：伝えられる

㋩ 前回の＊＊（筆者注 能力検査の意と推認される）における主治医意見書の作成時点と比較して＊＊（筆者注 症状の種類と推認される）：多くなった

(ハ) 平成25年意見書

㋑ 日常の＊＊（筆者注 社会生活の意と推認される）を行うための＊＊（筆者注 基本能力の意と推認される）：いくらか困難

㋺ 自分の＊＊（筆者注 意思の伝達能力と推認される）：伝えられる

㋩ 前回の＊＊（筆者注 能力検査の意と推認される）における主治医意見書の作成時点と比較して＊＊（筆者注 症状の種類と推認される）：あまり変わらない

② 本件老人ホームにおいて作成された書面について

本件老人ホームの職員が記入し、作成した平成26年1月16日付、＊＊と題する書面（以下「本件書面」という）には、要旨、以下のとおりの記載がされていた。

(イ) 本人の希望：なんでもしたい。美味しいものが食べたい

(ロ) 家族の希望：日中の着替えやおしゃれをして欲しい

(ハ) 身体状況：＊＊（筆者注 認知機能の意と推認される）は「ほぼ可」、反応は「ほぼ良」

なお、本件書面には、被相続人の＊＊（筆者注 日常の社会生活を行う上では基本能力に若干の懸念を有するとの意と推認される）の記載はあるものの、それ以外の点についての問題はない旨の記載があった。

③ 被相続人の＊＊について

被相続人は、平成25年7月3日、＊＊に規定する＊＊を受けたところ、＊＊において、＊＊との意見をした。

筆者注 該当部分は、非開示部部分が多く判読が困難であるが、要旨、「被相続人が平成25年7月3日に所定の規定に基づく検査を受けたところ、当該検査機関において、日常の社会生活を行う上での基本能力（身体機能）には若干の問題（要支援）を必要とするものの、認知機能の点では特別の支障が生じているとまでは認め難い」というような内容のものであると推認される。

④ 本件老人ホームの職員の答述

本件老人ホームの職員は、審判所に対し、要旨、次に掲げる旨答述した。

(イ) 本件老人ホームでは、入居者から現金、通帳、印鑑等の貴重品を預かることはなく、入居者自身で自己管理してもらっていること

(ロ) 被相続人は、少なくとも住宅型居室に入居している間においては、上記の貴重品を同居室の金庫で保管していたと思うこと

(ハ) 被相続人は、日常的に指輪等の貴金属を身に着けていたこと

⑵ 法令解釈等

不当利得返還請求権が成立するためには、受益者（本件夫妻）が法律上の原因なく他人（被相続人）の財産等により利益を受け、これにより他人（被相続人）に損失を及ぼしたと認められることが必要であると解されている。

⑶ 当てはめ

原処分庁は、要旨、次のとおり主張するところ、この点について、請求人との間で争いがあることから、以下のとおり検討する。

① 本件夫妻が、被相続人に無断で本件金員を本件口座から出金し、被相続人に損失を与えていたか否か

上記〔2〕⑶のとおり、本件夫妻が、被相続人から預かったキャッシュカードを使用して、本件口座から本件金員を出金したことについては争いがない。このため、本件期間において、被相続人に、本件金員の出金を本件夫妻に依頼又は指示することができる程度の＊＊（筆者注意思能力の意と推認される）があったか否かを以下検討する。

(イ) 平成21年ないし平成25年頃においては、上記⑴①のとおり、被相続人が日常の＊＊（筆者注社会生活の意と推認される）を行うための＊＊（筆者注基本能力の意と推認される）は、平成21年意見書の「自立」から、平成23年意見書及び平成25年意見書の「いくらか困難」へ変化していたことからすれば、被相続人の＊＊（筆者注基本能力の意と推認される）は、低下傾向にはあったものの、完全に失われていたわけではなかったことが認められる。

また、被相続人の＊＊（筆者注意思の伝達能力と推認される）は、本件各意見書において、いずれも「伝えられる」と記載されていることからすると、＊＊（筆者注基本能力の意と推認される）は低下傾向にあったものの＊＊（筆者注意思の伝達能力と推認される）することは可能であったと推認される。

(ロ) 平成26年1月頃においては、上記⑴②の(イ)及び(ロ)のとおり、＊＊（筆者注認知機能の意と推認される）は「ほぼ可」という状態にあるとともに、被相続人は、本件書面を通じて「なんでもしたい。美味しいものが食べたい」という自身の希望を本件老人ホームに伝えていたことが認められるから、被相続人は、この頃までは、＊＊（筆者注意思の伝達能力と推認される）することができたものと推認される。

(ハ) 被相続人に対する＊＊（筆者注症状の種類と推認される）に関しては、上記⑴①のとおり、平成21年意見書及び平成23年意見書の「多くなった」から、平成25年意見書の「あまり変わらない」へ変化していたこと、上記⑴③のとおり、平成25年7月3日の＊＊において＊＊が、今後、＊＊との意見をしていたこと（筆者注この部分につき、上記⑴③の筆者注を参照）からすると、当該＊＊（筆者注上記⑴③の筆者注に掲げる検査と推認される）の時から本件相続開始日までの間において、被相続人の＊＊（筆者注認知機能の意と推認される）に著しい変化があったものと

は認め難い。

(ニ) 上記(1)④のとおり、本件老人ホームの職員の答述によると、被相続人は、少なくとも平成26年1月頃（住居型居室に入居していた頃）までは、自身の居室内に設置してある金庫で自身の貴重品を管理していたものと認められることから、少なくともこの頃までは、被相続人は、自身の財産を自己の管理下においていたものと認められる。

(ホ) 上記(イ)ないし(ニ)の事情に照らすと、被相続人は、少なくとも平成26年1月頃までは、＊＊（筆者注 意思の伝達能力と推認される）することができ、財産管理の面においても、預金通帳等の貴重品を自己管理していたものと認められる。

また、平成26年1月以降の被相続人の＊＊（筆者注 認知機能の意と推認される）は、＊＊（筆者注 上記(1)③の 筆者注 に掲げる検査と推認される）の時から本件相続開始日までの間に著しく低下していたとまでは認め難く、原処分庁が提出した証拠資料によっても、これを覆すに足る具体的な事情は見当たらない。

したがって、本件期間において、被相続人の＊＊（筆者注 認知機能の意と推認される）が、本件金員の出金を本件夫妻に依頼又は指示することが困難にならしめる程度まで低下していたとは認め難く、被相続人は、本件夫妻に対し、本件金員の出金を依頼又は指示していた可能性は否定できない。

(ヘ) 上記(イ)ないし(ホ)からすると、本件夫妻が、被相続人に無断で本件口座から本件金員を出金したとまでは認め難く、本件夫妻が本件金員の出金をして被相続人に損失を与えていたとまではいえない。

② 本件夫妻が、本件金員から利益を得ていたか否か

上記(1)②(ロ)及び上記(1)④(ハ)のとおり、被相続人は、日常的に指輪等の貴金属を身に着け、このことを請求人も希望していたものと推認されることから、本件夫妻は、被相続人からの依頼又は指示を受けて、本件金員を出金し、これらの貴金属の購入代金としていた可能性を直ちには否定できないし、原処分庁は本件金員の使途を具体的に示す証拠を提出していない。

そして、その他の審判所の調査の結果によっても、本件金員が本件期間において、本件夫妻によって費消されたことを認めるに足る証拠は見当たらない。

このことからすると、本件夫妻が、本件金員から利益を得ていたとまではいえない。

③ 小括

上記①及び②のことからすると、(イ)本件夫妻が、被相続人に無断で本件口座から本件金員を出金し、被相続人に損失を与え、(ロ)本件夫妻が、その出金した本件金員から利益を得ていたとはいえないから、本件夫妻が、本件期間において、法律上の原因なく本件金員に相当する額の利益を得ていたとまでは認められない。

したがって、被相続人は、本件夫妻に対して、本件金員に相当する額の不当利得返還

請求権を有していたとはいえない。

(4) 原処分庁の主張について

原処分庁は、〔4〕の **図表－2** の（争点1）の「原処分庁（課税庁）の主張」欄のとおり、被相続人は、＊＊（**筆者注** 各種の事項を摘示して、被相続人には意思能力が認められなかった旨の主張と推認される）ことからすれば、確たる意思に基づき、本件夫妻に対して、本件金員の持参を依頼したとは考えられず、本件夫妻は、本件金員を自由に使用・消費・処分することができ、被相続人の財産から利益を受けており、被相続人は、本件夫妻に対する不当利得返還請求権があった旨主張する。

しかしながら、上記(3)で述べたとおり、被相続人は、本件期間において、＊＊（**筆者注** 事理を弁識する機能の意と推認される）を失っていたとまでは認められず、また、被相続人が、本件夫妻に対して、本件口座から本件金員を出金して届けるよう依頼し、これを本件夫妻から受け取っていた可能性を否定できないことから、被相続人には本件金員に相当する額の不当利得返還請求権があったとはいえない。

さらに、原処分庁は、上記〔4〕の **図表－2** の（争点1）のとおり、本件夫妻が本件金員を自由に使用・消費・処分することができた旨主張するのみであり、本件金員の使途を具体的に示す証拠を提出していない。

したがって、原処分庁の主張には理由がない。

(5) 結論

① 本件更正処分の適法性について

上記(3)③のとおり、被相続人は、本件夫妻に対して、本件金員に相当する額の不当利得返還請求権を有していたとは認められない。

これに基づいて、本件相続に係る相続税の課税価格及び納付すべき税額を計算すると、これらの金額は、いずれも本件更正処分の金額を下回るから、本件更正処分は、その全部を取り消すべきである。

また、本件更正処分のその他の部分については、請求人は争わず、審判所に提出された証拠資料等によっても、これを不相当とする理由は認められない。

② 本件重加算税賦課決定処分の適法性について

上記①のとおりであるから、〔4〕の **図表－2** の（争点2）について判断するまでもなく、本件重加算税賦課決定処分については、その全部を取り消すべきである。

〔6〕まとめ

(1) 裁決事例の結果

先例とされる裁決事例では、本件金員に相当する額の不当利得返還請求権の存在及びこれが相続税の期限内申告書に計上されなかったことに対する重加算税の賦課決定処分の相当性につき、請求人（納税者）が当該不当利得返還請求権は存在せず、また、隠蔽又は仮装の事実も存在しない旨を主張し、また、その一方で原処分庁（課税庁）が当該不当利得返還請求権が相続財産として存在し、これを相続税の期限内申告書に計上しなかったのは隠蔽又は仮装の事実に基づくものであると主張したのに対し、国税不服審判所がこれを相当と判断したのが当該不当利得返還請求権は存在せず、これに基づくと重加算税の賦課決定処分に対する判断を要しないというものであったことから、結果として、請求人（納税者）の主張が容認され、本件更正処分等はすべて取り消されることとなった。

ワンポイント

これは単なる筆者の感想に過ぎないが、本件重加算税賦課決定処分の可否について検討するとしても、**〔4〕**の**図表－2**の（争点2）に掲げる「原処分庁（課税庁）の主張」の範囲内では、国税通則法第68条《重加算税》に規定する「隠蔽し、又は仮装し」に該当する事実を立証挙証した（立証挙証責任は課税庁側にある）と認めることは困難であると思われる。

⑵ 参考法令通達等

- 国税通則法第68条《重加算税》
- 民法第703条《不当利得の返還義務》

本問から学ぶ重要なキーポイント

⑴ 民法に規定する不当利得返還請求権が成立するためには、受益者が法律上の原因なく、他人の財産等により利益を受け、これにより他人に損失を及ぼしたと認められることが必要であると解されています。重要ポイントは、次に掲げる2点です。

① 法律上の原因がないこと

留意点 逆に、法律上の原因がある事例として、「贈与」が挙げられます。

② 受益者が他人の財産等により利益を受け、これにより他人に損失を及ぼしたと認められること

留意点 受益者の利益（財産の増加又は債務の減少）が認定されることが重要となります。また、受益者の利益は、表裏一体のものとして、当該利益を付与した者にとっての損失に該当することになります。

⑵ 上記⑴②の**留意点**の＿＿部分の認定に当たっては、相当の慎重性を伴うものであると考えられます。すなわち、本件裁決事例でも国税不服審判所の判断として、「原処分庁は、本件夫妻が本件金員を自由に使用・消費処分することができた旨主張するのみであり、本件金員の使途を具体的に示す証拠（筆者注）を提出していない」と摘示しています。

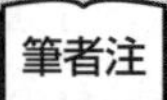
本件裁決事例の場合には、被相続人にも一定の意思能力があると認定されたことから本件金員を使用・収益・処分することができる可能性を有する者は、本件夫妻以外に被相続人も挙げられることに留意する必要があります。

(3) 民法に規定する不当利得返還請求権について、その返還の範囲が受益者の態様（善意の受益者又は悪意の受益者）により異なるものとされています。この事項を取り上げたものとして、Q1-10及びQ1-11を併せて参照してください。

貸付金債権に係る実務対策

(1) 不当利得返還請求権の存否が争点とされる事案は、通常、契約書等は作成されていないことが多く、その確認に当たっては、被相続人の生前における預金に関する各種事項（預金の出入の回数、金額、預金通帳（カード、印鑑を含む）の管理者等）及び被相続人の健康状況（身体的状況及び精神的状況）をもって、総合的に判断すること必要となります。

(2) 不当利得返還請求権の相続財産計上漏れが課税庁より指摘される事案については、加算税の種類が重加算税とされることが近時増加しているように思われます。重加算税の賦課決定処分に係る立証挙証責任は課税庁側にあるとされており、国税通則法第68条《重加算税》に規定する重加算税を賦課するために必要とされる課税要件を充足しているか否かの確認が重要となります。

Q 6-3 被相続人はその生前に同族会社に対する債権を放棄した事実がないのに当該会社の実質的経営者（相続人）が債権放棄があったとする経理処理をして当該債権を除外して相続税申告をしたことは隠蔽又は仮装の行為に該当するとして重加算税の賦課決定処分をすることの可否が争点とされた事例

事例 国税不服審判所裁決事例
（平成27年10月1日裁決、東裁（諸）平27－39、平成23年相続開始分）

疑問点

被相続人に相続開始（本件相続）がありました。被相続人及び同人の子であるXは、共同で同族会社を経営していました。当該同族会社の経営は、Xがまだ若年であったころは被相続人が中心となり、また、Xが年輩になってからは同人が中心となって行われていました。

被相続人はワンマン経営であり絶大な権力を有していたため、会社の資金と個人の資金との区別が理解できない行動をすることがあり、個人的に興味のあった次に掲げる2点の美術品を会社の資金で購入し（当該美術品が会社の業務に直接必要であるとは認められない）、会社の帳簿上では「美術品勘定」で資産計上されていました。

⑴　仏像6体（資産計上額：85,000,000円）
⑵　古伊万里（資産計上額：1,500,000円）

上記⑴の仏像6体については購入後の調査で美術品的価値はなく被相続人もだまされて購入したものと自覚しているとのことであり、また、上記⑵の古伊万里についてはその所在が確認できないことから本件相続の開始前に被相続人に照会したところ、「知らない。記憶にない」とのことでした。

同族会社の経営を引き継いだXは、上記の2点について被相続人に経営責任を果たしてもらいたいと考えており、被相続人がまだ元気（意思能力があると認められるとの意です）だった時期に、とりあえず、金額の大きい上記⑴の仏像6体について話をしたところ、被相続人から「お前の好きなようにしろ」との発言があり、具体的には、次のとおりとしました。

㈠　被相続人は若いころから同族会社に対して多額の貸付金を有していたので、仏像6体の資産計上額をもって当該同族会社における被相続人からの借入金と相殺すること（仕訳を参照）とする。

仕訳　（借）被相続人からの借入金　85,000,000　（貸）美術品　85,000,000

(ロ) 上記(イ)の処理をすることにつき、何年何月何日に明確に被相続人の承諾を得たとまでの正確な記憶はないものの、そのような話しをしたような記憶があり、被相続人の生前に、Xは会社の経理担当者に指示して当該仕訳処理を実施させた。

なお、上記(2)の古伊万里については、被相続人と具体的な処理方法について協議したという記憶はないものの、古伊万里の金額（1,500,000円）の50倍以上も高い仏像6体についての処理（上記(イ)の仕訳を行うこと）が容認されるのであれば、同様に取り扱っても被相続人との間で何等の問題も生じないであるとのXの単独の判断で、会社の経理担当者に次に掲げる仕訳をすることを指示しました。

仕訳 （借）被相続人からの借入金　1,500,000　（貸）美術品　1,500,000

本件相続に係る相続税の申告においては、被相続人の同族会社に対する貸付金は上記に掲げる仕訳で減額された金額（合計86,500,000円）分だけ減少した金額が対象とされました。

その後において実施された本件相続に係る相続税の税務調査の結果、担当調査官から次のような指摘を受けました。

(A) 被相続人の同族会社に対する貸付金を減額させる処理につき、債権放棄通知書などが作成されておらず、被相続人の債権放棄の意思表示を確認することができないので、仕訳処理だけで貸付金債権が消滅したとは解し難く、上掲の86,500,000円分の貸付金債権の計上もれが認められること

(B) 上記(A)の財産が計上もれとなった経緯において、実際には被相続人よりの債権放棄という事実はなかったにもかかわらず、あたかも当該事実があったかのように上記に掲げる仕訳処理を指示したXの行為は、相続税の課税標準等又は税額等の計算の基礎となるべき事実を隠蔽し、又は仮装したものであるとして国税通則法第68条《重加算税》に規定する重加算税の賦課決定処分が相当とされること

Xとしては、被相続人との生前の意思疎通が十分ではなかったことから上記(A)の指摘は受け入れる気持ちがあるとのことですが、その一方で上記(B)の指摘については、何故に上記の仕訳を行った結果として当該減額分だけ減少した貸付金の価額をもって被相続人の相続税申告をしたという行動が「事実を隠蔽し又は仮装したもの」とされて重加算税の対象とされるのか、全く理解できないとのことです。

そこで、このような状況における重加算税の賦課決定処分の相当性について説明してください。

回答

疑問点の(2)に掲げる古伊万里（資産計上額：1,500,000円）に係る仕訳を行わさせたXの行為に対して、国税通則法第68条《重加算税》に規定する重加算税の賦課決定処分を行うことは相当であると考えられます。

一方、疑問点の(1)に掲げる仏像6体（資産計上額：85,000,000円）に係る仕訳を行わせたXの行為に対して、国税通則法第68条に規定する重加算税の賦課決定処分を行うことには課税要件事実の完全な充足を得たものとは考え難い部分があり、なお一層の事実認定が必要になるものと考えられます。

解説

(1) 疑問点の(2)に掲げる古伊万里に係る仕訳に関与したXの行為は、Xと貸付金債権の債権者である被相続人との間で何らの行渉を行うことのない単独行為で本件相続に係る相続税の課税標準等又は税額等の計算の基礎となるべき事実を仮装又は隠蔽したものと考えられます。

(2) 疑問点の(1)に掲げる仏像6体に係る仕訳に関与したXの行為は、Xと貸付金債権の債権者である被相続人との間で当該貸付金債権の処理につき何等かの協議に基づいて実施された可能性があることを完全に否定することはできず、本件相続に係る相続税の課税標準等又は税額等の計算の基礎となるべき事実を仮装又は隠蔽したものと課税庁側において完全に立証挙証責任が果たせたものとまでは認められません。

検討先例

Q6-3の検討に当たっては、下記に掲げる裁決事例が先例として参考になります。

◉国税不服審判所裁決事例（平成27年10月1日裁決、東裁（諸）平27－39、平成23年相続開始分）

〔1〕事案の概要

本件は、請求人が、相続の開始前に、自らが実質的に経営する同族会社における被相続人からの借入金の帳簿上の残高を減少させる仕訳を行い、仕訳により減少させた後の帳簿上の借入金の残高を被相続人の同族会社に対する貸付金の額であるとして相続税の期限後申告をした後、貸付金の額に誤りがあったなどとして修正申告をしたところ、原処分庁が、請求人は、根拠となる私法上の行為が存在しない仕訳を故意に行うことにより、貸付金の額を減少させたのであるから、相続税の課税標準等又は税額等の計算の基礎となる事実を仮装したとして、重加算税の賦課決定処分をしたことに対し、請求人が、仕訳は被相続人と協議の上で行ったものであるから、事実を仮装したものではないとして、賦課決定処分のうち過少申告加算税相当額を超える部分の取消しを求めた事案である。

〔2〕基礎事実

(1) 本件相続の開始

平成23年12月＊＊日に死亡した被相続人に係る共同相続人は、被相続人の子である請求人（筆者注 同人が ? 疑問点 に掲げるXに該当するものである）、＊＊、＊＊、＊＊及び＊＊の計5名である。

(2) 請求人及び被相続人に係る関係会社における役職への就任状況

① 請求人は、図表－1の「期間」欄の各期間において、同表の「会社名」欄の各会社における同表の「役職」欄の各役職に就いていた。

図表－1 請求人の関係会社における役職への就任状況

会社名	期　　間	役　職
A社	平成16年1月14日～平成18年3月30日	取締役
	平成23年5月30日以降	取締役
B社	平成16年1月26日～平成18年3月30日	取締役
	平成16年1月26日～平成17年1月20日	代表取締役
	平成23年5月20日以降	取締役
		代表取締役
C社	平成9年3月20日以降	取締役
D社	平成13年3月30日～平成15年3月31日	取締役
		代表取締役
	平成20年2月20日～平成26年4月18日	取締役
		代表取締役

② 被相続人は、図表－2の「期間」欄の各期間において、同表の「会社名」欄の各会社における同表の「役職」欄の各役職に就いていた。

図表－2 被相続人の関係会社における役職への就任状況

会社名	期　　間	役　職
A社	平成16年11月25日～平成23年12月○日	取締役
	平成23年12月○日～平成23年12月○日	代表取締役
B社	平成16年1月26日～平成23年12月○日	取締役
	平成17年1月20日～平成23年5月20日	代表取締役
D社	平成17年2月25日～平成23年12月○日	取締役

⑶　請求人及び被相続人に係る関係会社の概況

①　A社

A社は、昭和＊＊年＊＊月＊＊日に設立された不動産の売買及び賃貸などを目的とする株式会社であり、本件相続の開始前において、その発行済株式の全てを請求人及び被相続人が保有する同族会社であった。

なお、平成16年1月14日以降の期間のうち、被相続人がA社の代表取締役に就いていた期間（平成23年12月＊＊日から同月＊＊日までの期間）を除く期間は、請求人の母（被相続人の元配偶者）である＊＊がA社の代表取締役に就いていた。

②　B社

B社は、平成＊＊年＊＊月＊＊日に設立された＊＊の経営などを目的とする株式会社であり、本件相続の開始前において、その発行済株式の全てを請求人が保有する同族会社であった。

③　C社

C社（以下、A社及びB社と併せて「本件各会社」という）は、昭和＊＊年＊＊月＊＊日に設立された不動産賃貸などを目的とする株式会社（特例有限会社）であり、本件相続の開始前において、その発行済株式の50％の株式を請求人が保有する同族会社であった。

④　D社

D社は、平成＊＊年＊＊月＊＊日に設立された不動産の管理業務などを目的とする株式会社であり、本件相続の開始前において、その発行済株式の50％の株式を請求人が保有する同族会社であった。

⑷　本件相続の開始前における本件各会社の会計処理等について

①　A社の会計処理

請求人は、本件各会社の経理事務を担当していたYに指示をして、A社の帳簿を作成するための会計ソフトに、平成22年12月31日付で **図表－3** の順号1ないし12の各仕訳（以下、当該各仕訳を、順号に合わせて「本件仕訳1」ないし「本件仕訳12」という）を入力させ、平成23年5月19日付で **図表－3** の順号13の仕訳（以下「本件仕訳13」という）を入力させた。

図表－3　A社における本件仕訳1ないし本件仕訳13

順号	借方		貸方	
	総勘定科目（補助科目）	金額（円）	総勘定科目（補助科目）	金額（円）
1	短期借入金（被相続人）	3××,×××	売掛金（E社）	3××,×××
2	短期借入金（被相続人）	5×,×××,×××	短期貸付金（F社）	5×,×××,×××
3	短期借入金（被相続人）	3××,×××	短期貸付金（P1）	3××,×××
4	短期借入金（被相続人）	1,×××,×××	短期貸付金（G社）	1,×××,×××
5	短期借入金（被相続人）	3,×××,×××	会員権 （＊＊カントリークラブ）	3,×××,×××
6	短期借入金（被相続人）	8×,×××,×××	美術品	8×,×××,×××
7	短期借入金（被相続人）	3,×××,×××	未収入金（B社）	3,×××,×××
8	短期借入金（被相続人）	5,×××,×××	短期貸付金（P2）	5,×××,×××
9	短期借入金（被相続人）	1×,×××,×××	建設仮勘定（P3）	1×,×××,×××
10	短期借入金（被相続人）	2×,×××,×××	建設仮勘定（P4）	2×,×××,×××
11	短期借入金（被相続人） 未収入金（H社） 固定資産売却損	1,×××,××× 3×,×××,××× 5×,×××,×××	土地 固定資産売却損	5×,×××,××× 3×,×××,×××
12	短期借入金（被相続人）	4×,×××,×××	開発費	4×,×××,×××
13	短期借入金（被相続人）	1,×××,×××	美術品	1,×××,×××

② B社の会計処理等について

(イ) B社は、平成23年5月30日、D社に対し、＊＊市＊＊町＊＊及び同＊＊の各土地並びに当該各土地上に存する家屋番号＊＊番の建物を48,875,000円で売り渡した。

B社は、上記売買代金48,875,000円のうち2×,×××,×××円については、その受領に代えて、B社が負担する被相続人からの長期借入金2×,×××,×××円をD社に負担させることとした。

(ロ) 請求人は、上記(イ)の取引に関して、Yに指示をして、平成23年5月30日付で、B社の帳簿を作成するための会計ソフトに**図表－4**の順号14の仕訳（以下「本件14仕訳」という）を入力させた。

図表－4　B社における本件仕訳14

順号	借方		貸方	
	総勘定科目（補助科目）	金額（円）	総勘定科目（補助科目）	金額（円）
14	保証金（D社） 長期借入金（被相続人） 未収入金（D社） 固定資産除却損	2×,×××,××× 2×,×××,××× 5,×××,××× 4×,×××,×××	建物 建物付属設備 構築物 土地	5×,×××,××× 8,×××,××× 7××,××× 2×,×××,×××
	長期借入金（被相続人）	4×,×××,×××	固定資産除却損	4×,×××,×××

(ハ) 上記(イ)により、D社が負担することとした被相続人からの長期借入金2×,×××,×××円については、A社に被相続人からの借入金を集約させるため、上記(ロ)と同日付（平成23年5月30日付）で、A社の帳簿上、被相続人からの短期借入金2×,×××,×××円を計上するとともに、D社の帳簿上、同額をA社からの短期借入金として計上した。

筆者注 上記(ハ)に掲げる事項を仕訳で示すと、次のとおりとなる。
（参考仕訳1） A社における処理
（借） 短期貸付金（D社） 2×,×××,××× （貸） 短期借入金（被相続人） 2×,×××,×××
（参考仕訳2） D社における処理
（借） 長期借入金（被相続人） 2×,×××,××× （貸） 短期借入金（A社） 2×,×××,×××

③ C社の会計処理等について

(イ) C社は、平成23年2月25日、I社に対し、＊＊市＊＊町＊＊の土地及び同＊＊の借地権並びに当該借地権上に存する家屋番号＊＊の建物を35,500,000円で売り渡した。なお、これに伴い、C社は、帳簿上、固定資産除却損7×,×××,×××円を計上した。

(ロ) C社は、平成23年3月18日、A社から、＊＊市＊＊町＊＊同＊＊、同＊＊及び同＊＊の各土地並びに当該各土地上に存する家屋番号＊＊など合計31戸の各区分所有建物を、117,000,000円で買い受けた。

C社は、上記売買代金117,000,000円のうち7×,×××,×××円については、その支払に代えて、A社が有する被相続人からの短期借入金7×,×××,×××円をA社から引き受けた。

筆者注 上記(ロ)に掲げる事項を仕訳で示すと、次のとおりとなる。
（参考仕訳3） C社における処理
（借） 不動産購入未払金（A社） 7×,×××,××× （貸） 短期借入金（被相続人） 7×,×××,×××
（参考仕訳4） A社における処理
（借） 短期借入金（被相続人） 7×,×××,××× （貸） 不動産売却未収入金（C社） 7×,×××,×××

(ハ) 請求人は、Yに指示をして、平成23年6月30日付で、C社の帳簿を作成するための会計ソフトに図表－5の順号15の仕訳（以下「本件仕訳15」といい、本件仕訳1ないし15を併せて「本件各仕訳」という）を入力させた。

図表－5 C社における本件仕訳15

順号	借方		貸方	
	総勘定科目（補助科目）	金額（円）	総勘定科目（補助科目）	金額（円）
15	短期借入金 （被相続人）	7×,×××,×××	固定資産除却損	7×,×××,×××

④ 小括

上記①ないし③のとおり、本件各仕訳により、本件各会社の被相続人からの借入金は帳簿上減少したが、これは、本件各会社が被相続人に対して当該借入金を弁済した事実に基づくものではなかった。

(5) 本件申告書（相続税の期限後申告書）

① 請求人は、本件相続に係る相続税（以下「本件相続税」という）について、平成24年10月23日、課税価格を＊＊円、納付すべき税額を＊＊円と記載した相続税の申告書（以下「本件申告書」という）を＊＊税務署長に提出して、相続税の期限後申告をした。

② 請求人は、本件申告書の第11表の「相続税がかかる財産の明細書」に、B社及びC社に対する貸付金を記載せず、A社に対する貸付金の価額を1,2××,×××,×××円と記載して、上記①のとおり、本件相続税の期限後申告をした。

(6) 本件修正申告（相続税の修正申告）

① 請求人は、原処分庁所属の調査担当職員（以下「本件調査担当職員」という）の調査を受け、平成25年12月20日、課税価格を＊＊円、納付すべき税額を＊＊円と記載した相続税の修正申告書（以下「本件修正申告書」という）をR税務署長に提出して、相続税の修正申告（以下「本件修正申告」という）をした。

② 請求人は、本件修正申告書の第11表の「相続税がかかる財産の明細書」に、次のとおりに記載して、上記①のとおり、本件修正申告をした。

(イ) A社に対する貸付金の価額を1,4××,×××,×××円（本件申告書に記載した上記(5)②の価額に本件仕訳1ないし13により減少した被相続人からの短期借入金の価額の合計額2××,×××,×××円を加算した価額）

(ロ) B社に対する貸付金の価額を4×,×××,×××円（本件仕訳14により減少した被相続人からの長期借入金の価額6×,×××,×××円から、上記(4)②(ハ)によりA社に集約された短期借入金の価額2×,×××,×××円を控除した価額）

(ハ) C社に対する貸付金の価額を7×,×××,×××円（本件仕訳15により減少した被相続人からの短期借入金の価額）

(7) 本件重加算税賦課決定処分

＊＊税務署長は、平成26年6月26日付で、本件修正申告による納付すべき税額を基礎として、過少申告加算税の額を＊＊円及び重加算税の額を＊＊円とする過少申告加算税及び重加算税の各賦課決定処分（以下、重加算税の賦課決定処分を「本件重加算税賦課決定処分」という）をした。

なお、上記の各賦課決定処分は、本件申告書の提出が、国税通則法第66条《無申告加算税》第6項の適用があり、同法第65条《過少申告加算税》第1項に規定する「期限内申告書が提出された場合」に含まれるとして、同条第1項及び第2項並びに第68条《重加算税》第1項の規定に基づきされたものである。

(8) 異議申立て

請求人は、平成26年7月25日、本件重加算税賦課決定処分に不服があるとして、同処分のうち過少申告加算税相当額を超える部分の取消しを求めて異議申立て（筆者注 現行の規定では、再調査の請求。以下同じ）をしたところ、異議審理庁（筆者注 現行の規定では、再調査審理庁。以下同じ）は、同年10月22日付で、棄却の異議決定（筆者注 現行の規定では、再調査決定。以下同じ）をした。

(9) 審査請求

請求人は、平成26年11月19日、異議決定を経た後の本件重加算税賦課決定処分に不服があるとして、同処分のうち過少申告加算税相当額を超える部分の取消しを求めて審査請求をした。

筆者注1 上記(1)ないし(9)に掲げる基礎事実につき、時系列的な経過をまとめると、**図表－6**のとおりとなる。

図表－6　本件裁決事例における時系列

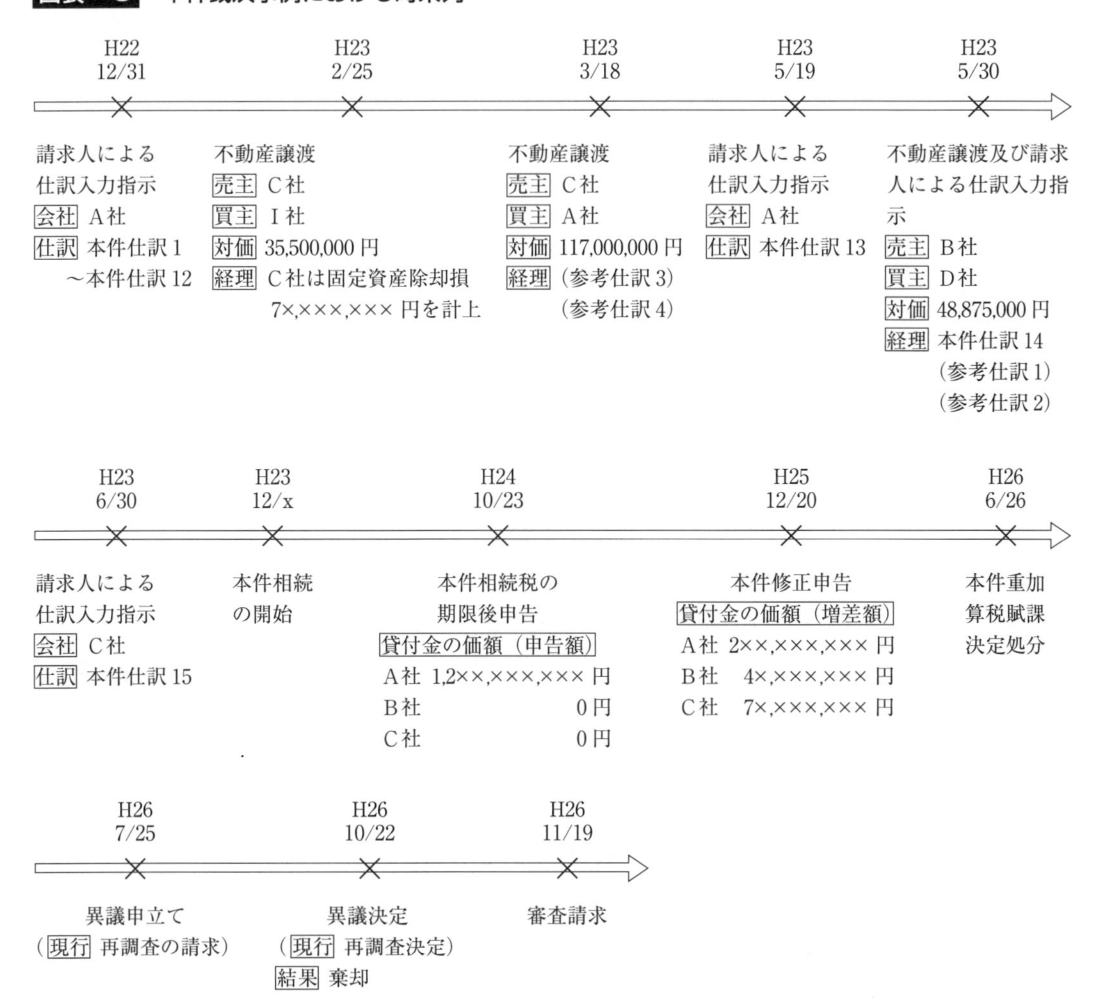

筆者注2 上記**図表－1**における請求人の関係会社における役職への就任状況及び**図表－2**における被相続人の関係会社における役職への就任状況を一覧表の形式で示すと、**図表－7**のとおりとなる。

図表－7　請求人及び被相続人の関係会社における役職への就任状況

会社	相続開始直前の株式の保有状況	対象者	H9 / H10 / H11 / H12 / H13 / H14
A社	請求人及び被相続人の両名で100% 保有	請 求 人	
		被相続人	
B社	請求人 1 名で100% 保有	請 求 人	
		被相続人	
C社	請求人 1 名で50% 保有	請 求 人	3/20 ═══
		被相続人	
D社	請求人 1 名で50% 保有	請 求 人	3/30 ═══ 取締役・代表取締役
		被相続人	

注　H23. 12/x は、本件相続に係る被相続人の相続開始日を示す。

期　　間	
H15 H16 H17 H18 H19 H20 H21 H22 H23	（注）書部分の補足
1/14 ⇒ 3/30 取締役　　5/30 ⇒ 取締役	
11/25 ⇒ 12/x 取締役(注)	H23. 12/ ＊＊から H23. 12/x の期間は代表取締役
1/26 ⇒ 3/30 取締役(注)　　5/20 ⇒ 取締役・代表取締役	H16. 1/26 から H17. 1/20 の期間は代表取締役
1/26 ⇒ 12/x 取締役(注)	H17. 1/20 から H23. 5/20 の期間は代表取締役
⇒ 取締役	
⇒ 3/31　　2/20 ⇒ 取締役・代表取締役(注)	H26. 4/18 までの期間において就任
2/25 ⇒ 12/x 取締役	

〔3〕争点

請求人の行為が、国税通則法第68条《重加算税》第1項に規定する課税標準等又は税額等の計算の基礎となるべき事実の一部を隠蔽し、又は仮装したことに該当するか否か。

〔4〕争点に関する双方（請求人・原処分庁）の主張

争点に関する請求人・原処分庁の主張は、図表－8のとおりである。

図表－8 争点に関する請求人・原処分庁の主張

（争点） 請求人の行為が、国税通則法第68条《重加算税》第1項に規定する課税標準等又は税額等の計算の基礎となるべき事実の一部を隠蔽し、又は仮装したことに該当するか否か

請求人（納税者）の主張	原処分庁（課税庁）の主張
⑴ 請求人は、回収不能な貸付金、価値のない美術品、建設仮勘定として計上されたままであった不動産、開発が中止されたにもかかわらず計上されたままであった開発費等の本件各会社の不良な資産を本件各会社の被相続人からの借入金と「相殺」すること、すなわち、不良な資産の帳簿価額を0円にするとともに、被相続人からの借入金を不良な資産の帳簿価額と同額だけ減少させる処理をすることについて、被相続人と協議した上で本件各仕訳を行ったものである。 そして、そのような被相続人との協議に基づいて請求人が適切な処理をしていたとすれば、当初の申告が適正なものと認められたはずである。 したがって、請求人は、少なくとも、本件各仕訳により故意に事実を隠蔽又は仮装したものではないから、請求人の行為は、国税通則法第68条《重加算税》第1項に規定する「納税者がその国税の課税標準等又は税額等の計算の基礎となるべき事実の全部又は一部を隠蔽し、又は仮装し」たことに該当しない。	⑴ 請求人は、本件各会社の経理処理を自由にできる自身の立場を利用して、本件被相続人からの債務免除等の事実がないにもかかわらず、本件各会社の帳簿において事実に基づかない本件各仕訳を行い、本件被相続人からの借入金の帳簿上の残高を減少させたものと認められる。 そして、そのような請求人の行為は、平成12年7月3日付課資2-263ほか2課共同による「相続税及び贈与税の重加算税の取扱いについて（事務運営指針）」（筆者注欄外の参考1を参照）の第1の1において不正事実として例示されている行為（帳簿について虚偽の表示をしていること）と何ら異なる点がなく、国税通則法第68条《重加算税》第1項に規定する「納税者がその国税の課税標準等又は税額等の計算の基礎となるべき事実の全部又は一部を隠蔽し、又は仮装し」たことに該当する。
⑵ 請求人は、適法に相続税を減少させることを意図して本件各仕訳を行ったことは否定しないものの、相続税を過少に申告することを意図して本件各仕訳を行ったものではない。 したがって、請求人は、相続税を過少に申告することを意図し、その意図を外部からもうかがい得る特段の行動をしたものではないから、請求人の行為は、国税通則法第68条《重加算税》第1項に規定する「納税者がその国税の課税標準等又は税額等の計算の基礎	⑵ 仮に、本件各仕訳をしたことが、直ちに隠蔽又は仮装に該当するとはいえないとしても、以下の①ないし③のことからすれば、請求人は、被相続人の本件各会社に対する貸付金の額を本件各会社の帳簿に基づいて確定させることを予定し、相続税の負担を減少させる目的の下、自身の立場を利用して、本件各会社の帳簿において事実に基づかない本件各仕訳を行い、被相続人からの借入金の帳簿上の残高を減少させたものと認められる。

となるべき事実の全部又は一部を隠蔽し、又は仮装し」たことに該当しない。

なお、請求人の本件調査担当職員に対する「父（被相続人）が亡くなった場合の相続税を少しでも少なくするために関与税理士に相談せず、私（請求人）の独断で行った」旨の申述は、請求人が、上記⑴のとおり、本件被相続人からの借入金を不良な資産の帳簿価額と同額だけ減少させる処理をすることについて、被相続人と協議をしたことを前提にしたものであり、相続税を過少に申告する意図があったことを申述したものではない。

また、請求人が「取引が存在しない」「取引が存在したような操作をした」等の申述をしたとする点については、本件調査担当職員から、会社の機関決定、債権放棄の通知、契約書の作成等、必要な諸手続がなされていなければ取引が存在したとはいえないとの指摘を受け、そのような必要な諸手続はなされていないことを認めたところ、本件調査担当職員が「取引が存在しない」「取引が存在したような操作をした」とする質問応答記録書を作成してきたため、それに押印したにすぎない。

請求人は、本件各仕訳が被相続人との協議に基づくものである旨の説明をしており、原処分庁の主張は、請求人が、そのような説明をしたことを無視している。

そして、そのような請求人の行為は、相続税を過少に申告することを意図し、その意図を外部からもうかがい得る特段の行動をしたということに該当するから、国税通則法第68条《重加算税》第１項に規定する「納税者がその国税の課税標準等又は税額等の計算の基礎となるべき事実の全部又は一部を隠蔽し、又は仮装し」たことに該当する。

① 請求人は、本件調査担当職員に対して、「私の父（被相続人）が各会社（本件各会社）に対して有していた貸付金を少なくし、父が亡くなった場合の相続税を少しでも少なくするために関与税理士に相談せず、私の独断で行ったものです」、「**〔2〕**⑷①の図表－３ないし同③㈧の図表－５のNO.1（本件仕訳１）ないしNO.15（本件仕訳15）までの取引は存在しませんでしたので、書類の作成もなく、父のＡ社への貸付金と相殺し、取引が存在したような操作をしてしまいました」や「同②㈺の図表－４のNO.14（本件仕訳14）及び同③㈧の図表－５NO.15は、同様に父の会社への貸付金を減らしたかったため、各会社の損失を私が会計上は行えない処理で父の各会社への貸付金と相殺したものです」と申述しているところ、当該申述の内容は、請求人の内心に関するものである上、被相続人からの債務免除等の事実が存在しなかったことと符合しており信用性が高い。

② 本件各仕訳は、事実との整合性を無視して簿記上の当否という観点のみでみれば誤りはないため、請求人は簿記に関する知識を有していたと認められる。

③ 本件仕訳15は、Ａ社からＣ社に対する不動産の譲渡に伴い、Ｃ社がＡ社から引き受けた被相続人からの借入金と、Ｃ社が不動産を譲渡した際に生じた損失を、いずれも消滅させたものであり、Ｃ社の財務体質の強化のために債務免除をしたなどというには理由に乏しい。

参考１　平成12年7月3日付課資2-263ほか2課共同による「相続税及び贈与税の重加算税の取扱いについて（事務運営指針）」

課資２－263
課料３－11
査察１－27
平成12年７月３日

国　税　局　長
　　　　　　　殿
沖縄国税事務所長

国　税　庁　長　官

相続税及び贈与税の重加算税の取扱いについて（事務運営指針）

標題のことについて、国税通則法（以下「通則法」という）第68条第１項又は第２項の規定の適用に関し留意すべき事項等を下記のとおり定めたから、今後処理するものからこれにより取り扱われたい。

（趣旨）

相続税及び贈与税の重加算税の賦課に関する取扱基準の整備等を図ったものである。

記

第１　賦課基準

通則法第68条第１項又は第２項に規定する「納税者がその国税の課税標準等又は税額等の計算の基礎となるべき事実の全部又は一部を隠ぺいし、又は仮装し」とは、例えば、次に掲げるような事実（以下「不正事実」という）がある場合をいう。

１　相続税関係

(1)　相続人（受遺者を含む）又は相続人から遺産（債務及び葬式費用を含む）の調査、申告等を任せられた者（以下「相続人等」という）が、帳簿、決算書類、契約書、請求書、領収書その他財産に関する書類（以下「帳簿書類」という）について改ざん、偽造、変造、虚偽の表示、破棄又は隠匿をしていること

(2)　相続人等が、課税財産を隠匿し、架空の債務をつくり、又は事実をねつ造して課税財産の価額を圧縮していること

(3)　相続人等が、取引先その他の関係者と通謀してそれらの者の帳簿書類について改ざん、偽造、変造、虚偽の表示、破棄又は隠匿を行わせていること

(4)　相続人等が、自ら虚偽の答弁を行い又は取引先その他の関係者をして虚偽の答弁を行わせていること及びその他の事実関係を総合的に判断して、相続人等が課税財産の存在を知りながらそれを申告していないことなどが合理的に推認し得ること

(5)　相続人等が、その取得した課税財産について、例えば、被相続人の名義以外の名義、架空名義、無記名等であったこと若しくは遠隔地にあったこと又は架空の債務がつく

られてあったこと等を認識し、その状態を利用して、これを課税財産として申告していないこと又は債務として申告していること

2　贈与税関係

(1)　受贈者又は受贈者から受贈財産（受贈財産に係る債務を含む）の調査、申告等を任せられた者（以下「受贈者等」という）が、帳簿書類について改ざん、偽造、変造、虚偽の表示、破棄又は隠匿をしていること

(2)　受贈者等が、課税財産を隠匿し、又は事実をねつ造して課税財産の価額を圧縮していること

(3)　受贈者等が、課税財産の取得について架空の債務をつくり、又は虚偽若しくは架空の契約書を作成していること

(4)　受贈者等が、贈与者、取引先その他の関係者と通謀してそれらの者の帳簿書類について改ざん、偽造、変造、虚偽の表示、破棄又は隠匿を行わせていること

(5)　受贈者等が、自ら虚偽の答弁を行い又は贈与者、取引先その他の関係者をして虚偽の答弁を行わせていること及びその他の事実関係を総合的に判断して、受贈者等が課税財産の存在を知りながらそれを申告していないことなどが合理的に推認し得ること

(6)　受贈者等が、その取得した課税財産について、例えば、贈与者の名義以外の名義、架空名義、無記名等であったこと又は遠隔地にあったこと等の状態を利用して、これを課税財産として申告していないこと

第2　重加算税の計算

重加算税の計算の基礎となる税額は、通則法第68条及び国税通則法施行令第28条の規定により、その基因となった更正、決定、修正申告又は期限後申告（以下「更正等」という）があった後の税額から隠ぺい又は仮装されていない事実のみに基づいて計算した税額（A）を控除して計算するのであるが、この場合、次の点に留意する。

(1)　相続税の場合

イ　上記Aを算出する上で基となる相続税の総額の基礎となる各人の課税価格の合計額は、その更正等のあった後の各人の課税価格の合計額からその者の不正事実に基づく部分の価額（以下「重加対象価額」という）を控除した金額を基に計算する。

ロ　各人の税額計算を行う上で、上記Aの基礎となるその者の課税価格は、その更正等のあった後のその者の課税価格から当該課税価格に係るその者の重加対象価額を控除した金額を基に計算する。

（注）重加対象価額の基となる財産に対応することが明らかな控除もれの債務（控除不足の債務を含む）がある場合には、当該財産の価額から当該債務の金額を控除した額が重加対象価額となる。

(2)　贈与税の場合

上記Aの基礎となる課税価格は、その更正等のあった後の課税価格から重加対象価額を控除した金額を基に計算する。

なお、上記 参考1 に掲げる事務運営指針につき、その取扱い上の留意点を示したもの

として平成12年7月3日付で、「相続税及び贈与税の重加算税の取扱いに関する留意点について（情報）」（参考2を参照）も、併せて国税庁から公開されたので、併せて参照されたい。

参考2　平成12年7月3日　資産課税課情報第19号「相続税及び贈与税の重加算税の取扱いに関する留意点について（情報）」

資産課税課情報第19号
平成12年7月3日
国税庁資産課税課

相続税及び贈与税の重加算税の取扱いに関する留意点について（情報）

相続税及び贈与税の重加算税の取扱いについて、留意点を質疑応答形式により別添のとおり取りまとめたので、執務の参考とされたい。

別添

目　次

1　隠ぺい又は仮装の行為の主体等
（相続人の代理人等の行為）

問1　相続人から被相続人の遺産の調査、申告等を任せられた者が、その遺産を隠ぺい又は仮装し、それに基づき過少な申告をしていたが、任せた相続人はその隠ぺい又は仮装の行為を知らなかった。
この場合、任せた相続人に対して重加算税が課されるか。

（答）　被相続人の遺産の調査、申告等を任せられた者が隠ぺい又は仮装の行為を行った場合は、任せた相続人がその隠ぺい又は仮装の行為について認識を欠いていたとしても、その任せられた者の申告の有無、態様は、そのまま任せた相続人が行ったものとなり、その責任を負うことから、原則として、任せた相続人に対し重加算税が課される。

【参考裁判例等】

○「納税者が、自らの責任において、納税義務者たる身分のない者に申告を一任し、これをいわば納税申告の道具ないし補助者として使用した以上、その者の申告行為は納税者がしたものと取り扱う……この場合、納税者は、その申告義務を果たすため、信頼できる者を選任し、申告書提出前にこれを点検し、自ら署名押印するなどして、適法に申告するよう監視、監督して、自己の申告義務に遺憾のないようにすべきである。これを怠って、補助者が不正な申告をした場合には、納税者自身の不正な申告として、重加算税の賦課を受ける。履行補助者が税額等の計算の基礎となるべき事実を隠ぺいし、又は仮装し、これに基づいて過少な申告を行った場合、納税者自身が、その隠ぺい、仮装について認識を欠いていたとしても、その履行補助者の申告の有無、態様は、そのまま納税者が行ったものとなり、その責任を負う」（H5.3.19京都地判）

○ 「代理人等の第三者を利用することによって利益を享受する者は、それによる不利益をも原則として甘受すべきであると解されることをも併せて考えれば、譲渡行為の相手方に右行為に伴う税金を負担させることとし、併せてその相手方にその税額を確定するための申告手続を委ねた場合には、その復代理人ないし履行補助者（履行代行者）の行為を含めて、納税者から納税手続を委ねられた相手方の側によって、その申告手続に関し、国税の課税標準等又は税額等の計算の基礎となるべき事実の全部又は一部の隠ぺい又は仮装が行われた以上、復代理人ないし履行補助者を含めて、右手続を行う者の選任、監督について納税者に過失がないと認められる場合を除き、右申告の効果は納税者に帰属するとともに、重加算税の賦課要件を充たす」（H9.2.25大阪高判）

（遺産の調査を他の相続人に任せたことに当たらない場合）

問２　相続人Ａは、自ら遺産の調査を相当な注意義務をもって行ったが、相続人Ｂが隠ぺいしていた遺産を発見できず、過少な申告をしていた。
この場合、相続人Ａに対して重加算税が課されるか。

（答）　相続人Ａは、相続人Ｂに対して遺産の調査、申告等を任せていたわけではないことから、その過少申告行為はＢの隠ぺい行為と切り離して評価されるので、Ａに対して重加算税は課されない（ただし、当該財産を申告しなかったことは、原則として、国税通則法第65条第４項に規定する正当な理由には当たらないので過少申告加算税の対象となる）。

また、相続人間で遺産を巡る争い（遺産分割協議の場における財産取得の争いを除く）があり、一方の相続人が他方の相続人（隠ぺい又は仮装の実行行為者）の遺産の調査報告を受け入れるほか遺産の全容を把握する手段がなかったと認められる場合も同様である。

２　隠ぺい又は仮装の行為の態様

（事実をねつ造して課税財産の価額を圧縮している場合）

問３　事実をねつ造して課税財産の価額を圧縮している場合とは、具体的にどのような場合をいうのか。

（答）　事実をねつ造して課税財産の価額を圧縮している場合とは、例えば、課税財産である土地について、架空の借地権を設定している場合である。

（虚偽答弁があった場合）

問４　調査等の際の具体的事実の質問に対する相続人の虚偽答弁により、重加算税が課されるか。

（答）　重加算税は、隠ぺい又は仮装の行為に基づいて申告書を提出した場合又は申告書を提出しなかった場合に課されるものであることから、調査等の際の虚偽答弁のみをもって重加算税は課されない。

しかしながら、虚偽答弁は答弁時以前において相続人等が隠ぺい又は仮装の行為を認識していたことを推認し得る事実の一つであり、次に掲げるようなその他の事実関係を総合的に判断して、例えば、相続人が遺産であることを知りながらその一部を相続財産から除外して過少な申告をしていたことが合理的に推認される場合は重加算税が課される。

（その他の事実関係の例）

①　当然保存しておくと考えられる原始記録を保存しないこと

②　調査に対する非協力

③　虚偽資料の提出等の仮装工作等

【参考裁判例等】

○「原告は、右金額をその帳簿書類にまったく記載せず、右各事業年度の確定した決算に益金として計上しなかったことに加え、被告の調査に際し、家賃収入についての質問にはことさらにその事実を隠し調査を拒んだこと、また、……右支払い事実がなかったかのように仮装して延滞賃料の全額についてあづま荘の債務を免除したかのような書類（……）を作成したこと、前記定期預金についても、これが原告に帰属しないと主張して、事実に反する経過等を記載した書類（……）を作成したり、……右認定事実によれば、原告には、益金に計上されるべき家賃収入（……）あるいは定期預金利息（……）について、これに対する課税を回避しようとする意図が当初からあったものと推認することができ、そうとすれば、原告は……事実を隠ぺい又は仮装し、その隠ぺい又は仮装したところに基づいて確定申告した（……）ものといわなければならない」（昭和52.7.25東京地判）

○「被上告人は、正確な所得金額を把握し得る会計帳簿類を作成していながら、３年間にわたり極めてわずかな所得金額のみを作為的に記載した申告書を提出し続け、しかも、その後の税務調査に際しても過少の店舗数等を記載した内容虚偽の資料を提出するなどの対応をして、真実の所得金額を隠ぺいする態度、行動をできる限り貫こうとしているのであって、申告当初から、真実の所得金額を隠ぺいする意図を有していたことはもちろん、税務調査があれば、更に隠ぺいのための具体的工作を行うことをも予定していたことも明らかといわざるを得ない。以上のような事情からすると、……単に真実の所得金額よりも少ない所得金額を記載した確定申告書であることを認識しながらこれを提出したというにとどまらず、本件各確定申告の時点において、……真実の所得金額を隠ぺいしようという確定的な意図の下に、必要に応じ事後的にも隠ぺいのための具体的工作を行うことも予定しつつ、前記会計帳簿類から明らかに算出し得る所得金額の大部分を脱漏し、所得金額を殊更過少に記載した内容虚偽の確定申告書を提出したことが明らかである。したがって、本件各確定申告は、単なる過少申告行為にとどまるものではなく、国税通則法第68条第1項にいう税額等の計算の基礎となるべき所得の存在を一部隠ぺいし、その隠ぺいしたところに基づき納税申告書を提出した場合に当たる」（平成6.11.22最判）

（被相続人が隠ぺい又は仮装の行為を行っていた場合）

問5　相続人は、被相続人の行為により遺産の一部が隠ぺい又は仮装されていたことを知りながらその状態を利用し、当該財産を相続財産から除外し過少な申告をしていた。 この場合、その相続人は、隠ぺい又は仮装の行為者といえるか。

（答）　被相続人の隠ぺい又は仮装の行為を知りながらその状態を利用する行為自体が、その相続人の隠ぺい又は仮装の行為である。

【参考裁判例等】

○「控訴人は、自らは本件申告外預金について、隠ぺい、仮装等の積極的行為を行っていないから、本件重加算税賦課決定処分は違法である旨主張するが、国税通則法第68条第1項を同控訴人主張のごとき趣旨に解すべき根拠に乏しく、むしろ、前認定のとおり、同控訴人は被相続人の生前の行為によりその遺産が仮装、隠ぺいされた状態にあるのを利用し、相続税を免れる意図をもって、ことさらに申告外預金を相続財産から除外した内容虚偽の相続税申告書を作成し、これを提出したものであり、同控訴人の右所為は国税通則法の右条項の『納税者が……事実の全部又は一部を隠ぺいし、又は仮装し、その隠ぺいし又は仮装したところに基づき納税申告書を提出していたとき』に該当する」（S57.9.3大阪高判）

3　重加算税の計算

（隠ぺい又は仮装の行為に係る財産をその行為者が取得しなかった場合）

問6　隠ぺい又は仮装の行為者である相続人が、その隠ぺい又は仮装の行為に係る財産を取得しなかった場合であっても、その者に対して重加算税が課されるか。

（答）　国税通則法第68条第1項又は第2項にいう「課税標準等又は税額等の計算の基礎となるべき事実」とは、相続人各人が取得した財産のみを対象とするのではなく、被相続人の遺産を対象とする一切の事実を意味するものと解され、隠ぺい又は仮装の行為者がその行為に係る財産を取得しなかった場合であっても、その者の行為に基づき増加することとなった相続税額について重加算税が課される。

なお、隠ぺい又は仮装の行為者と認められない相続人（その行為者に対して遺産の調査、申告等を任せた者を除く。問1参照）に対しては、隠ぺい又仮装の行為に係る財産を取得したか否かにかかわらずその増加する相続税額について重加算税を課し得ないのであるから留意する。

〔5〕国税不服審判所の判断

⑴　認定事実

①　被相続人の老人ホームへの入所等に係る事実経過

㈠　被相続人は、平成22年6月18日、介護付有料老人ホーム「＊＊」（以下「本件老人ホーム」という）に入所し、死亡（筆者注平成23年12月＊＊日）まで本件老人ホームに入所していた。

(ロ) 本件老人ホームの職員が作成した被相続人の生活記録には、平成22年6月18日の被相続人の「ご様子」として「息子様に付き添われ元気にご入居される」との記載がある。

(ハ) 請求人は、被相続人が本件老人ホームに入所した後、被相続人に面会するために、入所から2か月後の平成22年8月17日までの間に少なくとも4回、同年中に少なくとも21回、本件老人ホームを訪れた。

② 被相続人のA社に対する貸付金の額

被相続人のA社に対する貸付金の額は、同社の平成21年1月1日から同年12月31日までの事業年度末においては4××,×××,×××円、被相続人が本件老人ホームに入所した平成22年6月18日においては4××,×××,×××円であった。

③ 被相続人の本件各会社に対する貸付金の額の管理

被相続人と本件各会社との間において、被相続人の本件各会社に対する貸付金に係る金銭消費貸借契約書は作成されておらず、被相続人の本件各会社に対する貸付金の額は、専ら本件各会社の帳簿上の借入金の残高によって管理されていた。

④ 本件各仕訳の「貸方」の「補助科目」欄に記載された法人等について

(イ) 本件仕訳2にあるF社は、平成22年○月○日、＊＊地方裁判所による破産手続開始の決定を受け、同年＊＊月＊＊日、破産手続廃止の決定が確定した。

(ロ) A社は、平成16年以降、本件仕訳5にある＊＊カントリークラブの年会費（年20,000円）を支払っていない。

(ハ) A社は、昭和63年10月21日に＊＊から8×,×××,×××円で購入した、本件仕訳6にある美術品に相当する仏像6体（以下「本件各仏像」という）について、＊＊社に鑑定評価を依頼したところ、同社は、平成25年12月27日付の鑑定評価書を作成し、本件各仏像は、美術品的価値がないとして、120,000円と評価した。

(ニ) 本件仕訳8にあるP2は、本件調査担当職員に対し、P2やP2の経営する会社が、被相続人やその関係会社から金員を借りたことはあるものの、被相続人の生前に高い金利をつけて全て返済しており、本件相続の開始時点で借入金はない旨申述した。

(ホ) A社は、平成元年11月8日、P5が所有していた＊＊市＊＊町＊＊及び同＊＊の各土地を、農地法第5条《農地又は採草放牧地の転用のための権利移動の制限》の許可を条件として、1×,×××,×××円で買い受ける旨の売買契約上の買主の権利を取得し、平成14年頃、P5の相続人で、本件仕訳9にあるP3に残代金1,000,000円を支払ったものの、農地法第5条の許可が得られなかったことから、本件仕訳9をするまで、帳簿上、「P3」を補助科目とする建設仮勘定として1×,×××,×××円を計上していた。

なお、A社は、平成25年2月26日に、当該各土地について、平成元年11月8日時効取得を原因とする所有権移転登記手続を了している。

(ヘ) A社は、平成4年12月29日、P4との間で、同人が所有していた＊＊市＊＊町＊＊、同＊＊、同＊＊、同＊＊、同＊＊、同＊＊、同＊＊、同＊＊及び同＊＊の各土地を、農地法第5条《農地又は採草放牧地の転用のための権利移動の制限》の許可を条件として買い受ける旨の条件付売買契約を締結したが、平成11年4月16日、両者の間で、上記売買契約の解除を確認するとともに、P4がA社に対し、契約解除に伴う売買代金（預り金）の一部（2×,×××,×××円）の返還に代えて、上記各土地を代物弁済することに合意した。

そして、A社は、平成16年6月11日、P4の相続人であるP6との間で、農地法第5条の許可がなされたときには、A社に対し平成11年4月16日付代物弁済を原因とする所有権移転仮登記に基づく本登記をすることなどにつき合意したものの、農地法第5条の許可が得られなかったことから、A社は、本件仕訳10をするまで、帳簿上、「P4」を補助科目とする建設仮勘定として2×,×××,×××円を計上していた。

なお、A社は、平成25年2月26日に、当該各土地について、平成4年12月29日時効取得を原因とする所有権移転登記手続を了している。

(ト) A社は、Q不動産鑑定（代表：＊＊不動産鑑定士）に対し、上記(ホ)及び(ヘ)の各土地（以下、これらの各土地を併せて「本件R物件」という）の鑑定評価を依頼したところ、Q不動産鑑定は、平成25年12月20日付の不動産調査報告書を作成し、本件R物件を3,500,000円と評価した。

⑤ 請求人の本件各仕訳等に関する申述等

(イ) 原処分庁に対する請求人の申述

請求人は、平成25年12月9日、原処分庁に対して、要旨次のとおり申述した（この項、下記(ロ)及び(ハ)の請求人の申述等では、請求人を「私」、被相続人を「父」という）。

なお、当該申述を記録した同日付の質問応答記録書（以下「本件質問応答記録書」という）には、請求人の申述は記録されているが、本件調査担当職員の請求人に対する質問は記録されていない。

㋑ 私は、本件各会社の経営及び経理処理について、自由にできる立場にいたため、各取引（本件各仕訳）に係る帳簿記入ができ、この帳簿記入については、私の父が本件各会社に対して有していた貸付金を少なくし、父が亡くなった場合の相続税を少しでも減らすため、関与税理士に相談せず、私の独断で行ったものである。

㋺ 本件各仕訳に沿う取引は存在しなかったので、書類の作成もなく、父のA社への貸付金と相殺し、取引が存在したような操作をしてしまった。

(ロ) 異議審理庁に対する請求人の申述

請求人は、平成26年9月3日、同月9日及び同月18日、異議審理庁に対して、要旨次のとおり申述した。

㋑ 父は、ずっとワンマン経営であり、本件各会社の金と父の金とが同じ財布にあるとの考えから、本件各会社の金を他人に貸し付けたり、本件各会社の金で美術品やゴルフ会員権を購入したりしていた。

㋺ 父と本件各会社との間で金銭消費貸借契約書は作られていないため、私は、父の本件各会社に対する貸付金の残高を、本件各会社の補助元帳で確認した。

㋩ いずれ私が本件各会社の経営を引き継ぐに当たり、回収できないような債権や美術品などを何とか整理したいと思っており、これらを整理しなければならないと父と何度も話をした。

父の本件各会社に対する多額の貸付金も、相続財産となってしまうから整理しなければならないと父と何度も話をした。父がやったことは父に精算してほしいと思っており、父からもお前の好きにしろと言ってもらった。

しかし、父が本件各会社に対する貸付金を債権放棄する又は債権譲渡する旨を書面にして通知することはしなかった。

なお、本件各会社の債権と父の貸付金を整理するという話は、父が平成22年6月18日に本件老人ホームに入所してからも、何度もしている。

㊁ 本件各仕訳をした目的について、上記(イ)㋑の平成25年12月9日に申述した「帳簿記入については、私の父が本件各会社に対して有していた貸付金を少なくし、父が亡くなった場合の相続税を少しでも減らすため、関与税理士に相談せず、私の独断で行ったもの」という点は、異議申立てをした現在においても変わりはない。

(ハ) 審判所に対する請求人の答述

請求人は、平成27年5月14日、審判所に対して、要旨次のとおり答述した。

㋑ 被相続人との協議一般について

(A) A社に価値のない不良資産が計上されたままであることや、父からの多額の借入金があることは前々から分かっていたため、かねてより、とりわけ決算の時期になると、これらをどうするのかという話題になったが、結局、父は何もしないままでいた。

(B) 上記(A)にかかわらず、何もせぬまま、父の＊＊（筆者注 体調不良の意と推認される）で分からなくなってしまったら困るので、父が本件老人ホームに入所した頃に、こうした事態を招いた父に責任を取ってもらうとの考えの下、A社の価値のない資産と父からの借入金とを「相殺」するという話を父にした。

なお、資産と借入金を「相殺」するというのは、資産の帳簿価額を0円にして、借入金を資産の帳簿価額と同額だけ減額する処理をするという意味である。父からは「いいよ」と返事があった。その際、本件各仕訳を記載した表を作り、全ての仕訳について父に説明した訳ではない。

(C) 父に個別に打診して拒否されるはずがないので、本件各仕訳のうち資産等を特定して協議をしていないものも処理をすることができると考えていた。

㋺ 本件各仕訳が行われた当時の請求人の本件各会社における立場等について

(A) 本件各仕訳を行った当時、本件各会社の経理処理等について自由にできる立場にあった。

(B) 父が本件老人ホームに入所する以前は、毎期の決算の資料に目を通すくらいで、本件各会社の経営にはほとんど関与していなかったが、父が本件老人ホームに入所した後は、本件各会社の経理処理等の必要な判断を行うようになった。ただ、入所後しばらくは、父が＊＊（筆者注 体調良好の意と推認される）の時もあったので、必要に応じて父に相談をしながら判断をしていた。

㋩ 本件各仕訳の意図及び本件各仕訳に関する協議について

(A) 本件仕訳1について、E社に対する売掛金は未収家賃であり、5年位前から毎期の決算書類に載ったままであった。

父とは、この売掛金と父からの借入金とを「相殺」するという話はしていない。

(B) 本件仕訳2について、F社の短期貸付金5×,×××,×××円は、父が個人的な関係で貸付けをして回収できなくなってしまったものである。

父とは、この短期貸付金と父からの借入金とを「相殺」するという話をしている。

(C) 本件仕訳3について、P1への貸付金は、あげたものだろうと認識していたので、父とは、この貸付金と父からの借入金とを「相殺」するという話はしていない。

(D) 本件仕訳4について、G社に対する貸付金は、保証も取っておらず、父が催促もしていない、いい加減な貸付金である。

父とは、この貸付金と父からの借入金とを「相殺」するという話はしていない。

(E) 本件仕訳5について、＊＊カントリークラブの会員権は、会費をずっと払っておらず、必要がないのであれば売ればよいのに、なぜ残しているのかと思っていた。

本件仕訳5について父と話をしたかは、はっきりと覚えていない。

(F) 本件仕訳6について、本件各仏像は、父がだまされて買ったものであるから、父に引き取ってもらったという認識であった。

本件各仏像については、父からの借入金と「相殺」するという話をしたと思う。

(G) 本件仕訳7について、A社の帳簿にはB社に対する未収入金が計上されていたが、B社には対応する未払金が計上されていなかった。

この未収入金は、A社がB社の隣の土地を取得するに当たって支払った手数料であるが、A社とB社のいずれの経費であるのかも不明であり、そもそも、支払う必要があったのか分からないものであったので、仕訳を行った。

B社に未払金が計上されていないことを以前から認識していたわけではないので、本件仕訳7について、父と協議していないと思う。

(H) 本件仕訳8について、P2は、父と昔から金銭の貸し借りをしていて、返してもらっていない金は、仕訳の額にとどまらないはずであるが、返してもらえそうもないので、仕訳を行った。

父とは、P2への貸付金と父からの借入金とを「相殺」するという話をしたと思う。

(I) 本件仕訳9・10について、貸方の建設仮勘定は、バブルの時にマンション建設計画のために購入した土地であるが、計画は頓挫したので、損失を出して処理をしておけばよいのに、そのままにしていたので仕訳を行った。

父とは、この建設仮勘定につき、父からの借入金と「相殺」するという話をした。

(J) 本件仕訳11について、売買契約に基づく手付金1,×××,×××円が、帳簿上受け取ったことになっていなかったので、父が持っていってしまったのだろうと思い、手付金の金額を父からの借入金残高から減少させる処理をした。

本件仕訳11について、父と具体的に協議していない。

(K) 本件仕訳12について、開発費は、マンション建設のための開発行為等のために支払った金額を計上したものであるが、建設計画が頓挫したので損失として処理すべきであるのに、そのままにしていたので仕訳を行った。

父とは、開発費と父からの借入金とを「相殺」するという話をした。

(L) 本件仕訳13について、古伊万里がなくなってしまっており、父がどこかに持っていってしまったのだろうと思った。父に尋ねても「知らねえ」と言うだけだと思っていたため、確認はしていない。

本件仕訳13について、父と具体的に協議していない。

(M) 本件仕訳14について、このような処理をしたのは、＊＊がD社の経営を引き継ぐ場合に、D社が欠損金や借入金を抱えたままでいるのはかわいそうだと思ったからであり、また、相続税を減らすために父の貸付金を減らしたいという意図もあった。

本件仕訳14について、父と話はしていないし、事後的にも報告していない。

(N) 本件仕訳15について、C社が父からの借入金を負担していると、他の兄弟に継がせにくくなってしまうので、父からの借入金の負担をなくすためにこのような処理をした。

本件仕訳15のような処理をすることについて、父と協議していないし、事後的にも報告していない。

⑵　法令解釈等

国税通則法第68条《重加算税》第１項に規定する重加算税は、納税者がその国税の課税標準等又は税額等の計算の基礎となるべき事実の全部又は一部を隠蔽し、又は仮装し、その隠蔽し、又は仮装したところに基づき納税申告書を提出しているときに課されるものであるところ、ここでいう「事実を隠蔽する」とは、課税標準等又は税額等の計算の基礎となるべき事実について、これを隠蔽し、あるいは故意に脱漏することをいい、また、「事実を仮装する」とは、所得、財産あるいは取引上の名義等に関し、あたかも、それが事実であるかのように装う等、故意に事実をわい曲することをいうと解するのが相当である。

⑶　当てはめ

①　本件仕訳２・６・８・９・10・12について

⑴　請求人は、審判所に対して、上記⑴⑤㈧㋑(B)のとおり、被相続人が本件老人ホームに入所した頃、被相続人に対し、Ａ社の価値のない資産と被相続人からの借入金とを「相殺」する話をした旨答述するとともに、上記⑴⑤㈧㋩(B)、(F)、(H)、(I)及び(K)のとおり、本件仕訳２・６・８・９・10・12（以下、これらを併せて「本件仕訳２等」という）については、被相続人と協議をした旨答述している。

そこで、それらの信用性を検討するに、以下の㋑ないし㋬のことからすれば、本件相続税の納税義務者の答述であることを考慮しても、上記の請求人の答述には一応の信用性が認められることから、請求人と被相続人との間で請求人が答述するような協議があった可能性を十分に認めることができる。

㋑　上記⑴②のとおり、被相続人が本件老人ホームに入所した頃、被相続人のＡ社に対する貸付金の額が4××,×××,×××円を優に超えていたことからすると、請求人が、相続税の負担を軽くすべく、そのような多額の貸付金の額を少しでも減らしたいと考えることは、自然なことである。

㋺　次に掲げる事項からすると、本件仕訳２等の貸方に計上された各資産の大半は、請求人が被相続人と協議をしたとする平成22年６月頃において、ほとんど価値がないか、存否が明確でないか、あるいは価値が著しく低下しているかのいずれかであったことが認められる。

(A)　上記⑴④㈠のとおり、本件仕訳２のＦ社は、平成22年＊＊月までに破産手続の開始及び廃止の各決定を受けていること

(B)　上記⑴④㈧のとおり、本件仕訳６の本件各仏像は、購入額の１％にも満たない120,000円と鑑定評価されていること

(C)　上記(1)④(ニ)のとおり、本件仕訳8のP2が被相続人や被相続人の関係会社からの借入金は全て返済している旨申述していること

(D)　上記(1)④(ホ)及び(ヘ)のとおり、本件仕訳9・10に係る本件R物件は、それを取得する旨の契約を締結してから農地法の許可を得ることができないまま長期間経過している上に、上記(1)④(ト)のとおり、本件R物件は、売買代金額を下回る3,500,000円と鑑定評価されていること

この点を踏まえると、「相殺」を打診する背景として、請求人が上記各資産をA社にとって価値のない資産であると認識したという点は、不自然とはいえない。

㋩　他方で、請求人の親という立場にある被相続人が、請求人を含む相続人らに課される相続税の負担を軽減するため、自らのA社に対する多額の貸付金を減少させることについて応じることも、一般的には十分に考えられるところであり、両者の間に、協議し難い関係にあったことを窺わせるほどの事情は見当たらない。

また、上記(1)①(ロ)のとおり、被相続人の本件老人ホームへの入所時の記録に「息子様に付き添われ元気にご入居される」との記載があることなどから、被相続人の心身の状態は、協議に耐えられないものであったとまではいえず、さらに、上記(1)①(ハ)のとおり、請求人は、入所後2か月の間に、被相続人に面会するために、本件老人ホームを少なくとも4回来訪していることから、被相続人が本件老人ホームに入所した頃に、請求人が被相続人と協議をする機会は十分にあったといえる。

㋥　請求人は、上記(1)⑤(ハ)㋩の(A)、(C)、(D)、(G)、(J)、(L)、(M)及び(N)のとおり、審判所に対し、本件仕訳1・3・4・7・11・13・14・15（以下、これらを併せて「本件仕訳1等」という）について、被相続人と協議していない旨の自らに不利な事実を認める答述もしており、仕訳ごとに区別して答述している様子が窺える。

㋭　上記(1)⑤(ロ)の異議審理庁に対する請求人の申述の内容と上記(1)⑤(ハ)の審判所に対する請求人の答述の内容を比べると、細部において異なるものの、主要な部分においては一致しており、請求人は、少なくとも異議審理庁所属の担当職員の調査の時からおおむね一貫した供述をしているものと認められる。

なお、請求人は、上記(1)⑤(イ)のとおり、原処分庁に対して、被相続人と本件各仕訳について協議をした旨の申述はしていないが、本件相続税の調査において、請求人が本件各仕訳に関して原処分庁に申述した内容を記録したものは本件質問応答記録書のみであり、また、本件調査担当職員が本件各会社による被相続人に対する返済の事実又は被相続人による免除等の意思及び事実に関して質問したか否かが不明であることからすれば、被相続人と本件各仕訳についての協議の有無に関し、請求人が供述を変遷させたとまではいい難い。

㋬　請求人と被相続人との間で請求人が答述するような協議があったことを証する

書類等はないが、上記⑴③のとおり、被相続人と本件各会社との間においても、被相続人の本件各会社に対する貸付金に係る金銭消費貸借契約書が作成されていないことや、親子間の協議であることをも考慮すると、財産の処分に関わるものであるとはいえ、書類等が作成されていないことが不自然とまではいえず、この点をして、答述の信用性が大きく損なわれるとはいい難い。

㋺　上記㋑のとおり、請求人と被相続人との間で請求人が答述するような協議があった可能性を十分に認めることができることを前提にすると、本件仕訳２等は、Ａ社が有する被相続人からの借入金の額を減少させるという被相続人の意思に基づき行われた可能性が十分に認められることになり、そうすると、本件仕訳２等を入力させた請求人の行為は、本件相続税の課税標準等又は税額等の計算の基礎となるべき事実（被相続人のＡ社に対する貸付金の額）を隠蔽し、故意に脱漏し、あるいは故意にわい曲したものであるとまでは認めることができない。

②　本件仕訳１等及び本件仕訳５について

㋑　請求人は、上記⑴⑤㋩㋩の(A)、(C)、(D)、(G)、(J)、(L)、(M)及び(N)のとおり、審判所に対して、本件仕訳１等のような処理をすることについて被相続人と協議をしていない旨答述するところ、その請求人の答述に特に疑うべき事情はないことから、請求人は、本件仕訳１等のような処理をすることについて被相続人と具体的な協議をしなかったことが認められる。

㋺　他方で、請求人は、上記⑴⑤㋩㋩(E)のとおり、本件仕訳５について被相続人と協議をしたか否かについては、はっきりと覚えていない旨答述している。

その覚えていない旨の答述は、被相続人と本件各仕訳についての協議を実施したものとも明確に区別してなされている上〔上記①㋑㊁参照〕、協議の存在自体に関する客観的な証拠書類等がない点は、本件仕訳５以外の各仕訳と同様である。

ところで、請求人の上記⑴⑤㋩㋩(E)の答述内容からすると、請求人は、Ａ社が、平成16年以降、＊＊カントリークラブの年会費（年20,000円）を支払っていないこと〔上記⑴④㋺〕を認識した結果として、同クラブの会員権を不要なものと判断した点が、本件仕訳５の背景にあったといえるところ、請求人は、上記⑴⑤㋩㋺(B)のとおり、被相続人が本件老人ホームに入所する以前は、Ａ社の経営にはほとんど関与しておらず、決算の資料に目を通す程度であった旨答述しており、この答述を前提にすれば、請求人において、被相続人が本件老人ホームに入所した頃に、上記年会費を支払っていなかったことを認識していたこと、更にいえば、上記認識に基づいて協議をしたというのはかなり疑問がある。

一方で、被相続人が本件老人ホームに入所した頃とは別の時期に、本件仕訳５についてのみ別途協議をしたというのであれば、これを覚えていないということは考え難い。

以上によれば、請求人は、本件仕訳5について、被相続人と協議をしなかったものと認めるのが相当である。

(ハ)　上記(イ)及び(ロ)からすると、本件仕訳1等及び本件仕訳5は、本件各会社が有する被相続人からの借入金の額を減少させるという被相続人の意思に基づくことなく行われたものであって、実際には本件各会社の被相続人からの借入金の残高が減少していないにもかかわらず、本件各会社の被相続人からの借入金の帳簿上の残高を減少させたものと認められる。

そして、請求人は、本件仕訳1等及び本件仕訳5のような処理をすることについて被相続人と協議をすることなく、上記〔2〕(4)①（筆者注 図表－3を参照）、同②(ロ)（筆者注 図表－4を参照）及び同③(ハ)（筆者注 図表－5を参照）のとおり、本件仕訳1等及び本件仕訳5を入力させた当事者であるから、本件仕訳1等及び本件仕訳5が本件各会社の有する被相続人からの借入金の額を減少させるという被相続人の意思に基づくことなく行われたものであることについて当然に認識していたものと認められる。

なお、請求人は、上記(1)⑤(ハ)(イ)(C)のとおり、本件被相続人に個別に打診して拒否されるはずがないので、本件各仕訳のうち資産等を特定して協議をしていないものも処理をすることができると考えていた旨答述するが、この答述は、請求人の認識をいうにとどまり、本件仕訳1等及び本件仕訳5が本件各会社の有する被相続人からの借入金の額を減少させるという被相続人の意思に基づくことなく行われたものであるとの認定を妨げるものではない。

(ニ)　上記(ハ)に加え、上記(1)③のとおり、被相続人の本件各会社に対する貸付金の額は、専ら本件各会社の被相続人からの借入金の帳簿上の残高によって把握することが可能であったことからすれば、本件仕訳1等及び本件仕訳5を入力させた請求人の行為は、本件相続税の課税標準等又は税額等の計算の基礎となるべき事実（被相続人の本件各会社に対する貸付金の額）を故意にわい曲したものであると認められる。

(4)　原処分庁の主張について

原処分庁は、請求人が、本件調査担当職員に対し、「私の父（被相続人）が各会社（本件各会社）に対して有していた貸付金を少なくし、父が亡くなった場合の相続税を少しでも少なくするために関与税理士に相談せず、私の独断で行ったものです」、「上記〔2〕(4)の図表－3ないし図表－5のNO.1（本件仕訳1）ないしNO.15（本件仕訳15）までの取引は存在しませんでしたので、書類の作成もなく、父のA社への貸付金と相殺し、取引が存在したような操作をしてしまいました」などと申述したことを根拠に、請求人は、相続税の負担を減少させる目的の下、本件各会社の帳簿において事実に基づかない本件各仕訳を行い、被相続人からの借入金の帳簿上の残高を減少させたものであり、そのような請求人の行為は、相続税を過少に申告することを意図し、その意図を外部からもうかがい得る特段の行動をしたということに該当するから、国税通則法第68条《重加算税》第１項に規定する「課税標準等又は税額等の計算の基礎となるべき事実の全部又は一部を隠蔽し、又は仮装し」たことに該当する旨主張する〔上記【4】の図表－8の「原処分庁（課税庁）の主張」欄の(2)〕。

しかしながら、上記(1)⑤(イ)のとおり、当該申述を記録した本件質問応答記録書には、本件調査担当職員の請求人に対する質問が記録されていないため、当該申述がどのような質問に対する申述であるかが不明で、その趣旨が必ずしも明確とはいえない。

とりわけ、「私の父が本件各会社に対して有していた貸付金を少なくし、父が亡くなった場合の相続税を少しでも少なくするために関与税理士に相談せず、私の独断で行ったものです」との申述については、請求人が相続税を過少に申告することを意図していた旨の申述をしたというよりも、納付すべき相続税額を減らすこと（節税）を意図していた旨の申述をしたとも理解できるのであって、そのような請求人の申述をもって、請求人が相続税を過少に申告することを意図していたとまで認めることはできない。

したがって、原処分庁の主張には理由がない。

(5) 結論（本件重加算税賦課決定処分について）

上記(3)②(ニ)のとおり、本件仕訳１等及び本件仕訳５を入力させた請求人の行為は、本件相続税の課税標準等又は税額等の計算の基礎となるべき事実を仮装したものと認められる一方で、同(3)①(ロ)のとおり、本件仕訳２等を入力させた請求人の行為は、本件相続税の課税標準等又は税額等の計算の基礎となるべき事実を隠蔽又は仮装したものとは認められず、また、本件修正申告に基づき納付すべき税額の計算の基礎となった事実のうちに本件修正申告前の税額の計算の基礎とされていなかったことについて、国税通則法第65条《過少申告加算税》第４項（筆者注 現行の規定では、第５項とされている。以下本問において同じ）に規定する正当な理由があるとは認められない。

そこで、本件修正申告に係る過少申告加算税の額及び重加算税の額を、国税通則法第65条第１項及び第２項並びに同法第68条《重加算税》第１項の規定に基づき計算すると、それぞれ別紙の「取消額等計算書」の３の「加算税の額の計算」の「裁決後の額　B」欄（筆者注 非公開）のとおりの各金額となる。

そうすると、本件重加算税賦課決定処分は、別紙の「取消額等計算書」の１の「加算税の額」欄（筆者注 非公開）のとおり、その一部を取り消すべきである。

【6】まとめ

(1) 裁決事例の結果

先例とされる裁決事例では、相続財産である同族会社に対する貸付金の額を計上して相続税の修正申告をした（この点に関しては、当事者間に争いはない）ところ、原処分庁（課税庁）が本件仕訳２等並びに本件仕訳１等及び本件仕訳５を入力させた行為が事実の隠蔽又は仮装行為に該当するとして本件重加算税賦課決定処分を行ったところ、請求人（納税者）が事実の隠蔽又は仮装行為には該当しないと主張したのに対し、国税不服審判所がこれを相当と判断したのが本件仕訳1等及び本件仕訳5を入力させた行為のみが事実の仮装行為に該当するというものであったことから、結果として、請求人（納税者）の主張の一部が容認され、本件重加算税賦課決定処分の一部が取り消されることとなった。

⑵ **参考法令通達等**

- 国税通則法第65条《過少申告加算税》
- 国税通則法第68条《重加算税》
- 平成12年7月3日付課資2-263ほか2課共同による「相続税及び贈与税の重加算税の取扱いについて（事務運営指針）」
- 平成12年7月3日　資産課税課情報第19号「相続税及び贈与税の重加算税の取扱いに関する留意点について（情報）」
- 農地法第5条《農地又は採草放牧地のための権利移動の制限》

本問から学ぶ重要なキーポイント

⑴ 「事実を隠蔽する」とは、課税標準等又は税額等の計算の基礎となるべき事実について、これを隠蔽し、あるいは故意に脱漏することをいい、また、「事実を仮装する」とは、所得、財産あるいは取引上の名義等に関し、あたかも、それが事実であるかのように装う等、故意に事実をわい曲することをいうと解するのが相当であるとされています。

⑵ 先例たる裁決事例では、税務調査に際して作成される質問応答記録書のあり方についても判断されており、「本件相続税の調査において、請求人が本件各仕訳に関して原処分庁に申述した内容を記録したものは本件質問応答記録書のみであり、また、本件調査担当職員が本件各会社による被相続人に対する返済の事実又は被相続人による免除等の意思及び事実に関して質問したか否かが不明であることからすれば、被相続人と本件各仕訳についての協議の有無に関し、請求人が供述を変遷させたとまではいい難い」と判断されていることは注目に値します。

⑶ 上記⑵に関して、とりわけ、「私の父が本件各会社に対して有していた貸付金を少なくして、父が亡くなった場合の相続税を少しでも少なくするために関与税理士に相談せず、私の独断で行ったものです」との申述については、請求人が相続税を過少に申告することを意図していた旨の申述をしたというよりも、納付すべき相続税額を減らすこと（節税）を意図していた旨の申述をしたとも理解できるのであって、そのような請求人の申述をもって、請求人が相続税を過少に申告することを意

図していたとまで認めることはできないと判断されています。

(4) 請求人と被相続人との間で請求人が答述するような協議があったことを証する書類等はないが、被相続人と本件各会社との間においても、被相続人の本件各会社に対する貸付金に係る金銭消費貸借契約書が作成されていないことや、親子間の協議であることをも考慮すると、財産の処分に関わるものであるとはいえ、書類等が作成されていないことが不自然とまではいえず、この点をして、答述の信用性が大きく損なわれるとはいい難いと判断されています。

貸付金債権に係る実務対策

(1) 先例たる裁決事例に掲げられている本件仕訳1ないし15のように、通常の会計処理のルールでは理解不能又は困難な仕訳が起票されている可能性も絶無とは考えられないことから、特に、被相続人が主宰又は関与する同族会社に対して貸付金債権を有していると認められる場合には、当該法人の仕訳帳及び総勘定元帳を確認することも重要と考えられます。

(2) 先例たる裁決事例に掲げられている本件仕訳1ないし15のような仕訳起票を起案する以前の段階の取組みとして、被相続人が自己に係る意思能力を有していることを前提として、他の対応策（①債権贈与、②債権放棄等、事案に応じて）を検討しておくべきであったと考えられます。

7 貸付金債権等の評価と手続関係

Q7-1 被相続人の相続財産である同族会社に対する貸付金の価額につき、相続開始後に行われた債務免除によりその一部の回収不能が確定したとして相続税の更正の請求を行うことの可否が争点とされた事例

事例 国税不服審判所裁決事例
（平成14年2月26日裁決、広裁（諸）平13－27、平成11年相続開始分）

疑問点

本年1月7日に被相続人に相続開始があり、その相続財産を確認したところ㈲A（被相続人は、相続開始時まで代表取締役に就任していました）に対する貸付金158,934,696円が存在していたことから、被相続人に係る共同相続人は、被相続人の相続財産として㈲Aに対する貸付金が158,934,696円あるとした相続税の期限内申告書を同年11月7日に納税地の所轄税務署長に提出していました。

一方、㈲A（被相続人に係る相続開始後は、共同相続人のうちの1人の者が代表取締役に新たに就任しています）は、前年10月1日から本年9月30日までの事業年度に係る損益計算書の特別利益項目に勘定科目名称を「損失補てん金」（実質は、被相続人からの㈲Aに対する貸付金を本年9月30日（被相続人に係る相続開始後の日付に該当します）に、債務免除されたとして受贈益を計上したものです）、金額を50,000,000円とする内容を含む法人税の申告書が本年11月30日に提出されました。

被相続人に係る共同相続人は、相続税の申告書の提出後に行われた㈲Aの経理処理及び法人税の申告内容から被相続人の㈲Aに対する貸付金債権については、そのうち50,000,000円の回収不能が確定したものであるとして、相続税の更正の請求を行うことを検討しているところですが、この更正の請求の相当性について説明してください。

A 回答

お尋ねの前提のもとでは、相続税の更正の請求は認められず、相続財産である貸付金の価額は158,934,696円として評価することが必要になるものと考えらます。

解　説

相続税法第22条《評価の原則》及び評価通達1《評価の原則》の⑵（時価の意義）の規定又は定めでは、要旨、相続財産の評価の基準時は相続開始時とされています。

そうすると、㈲Aが被相続人からの借入債務につき債務免除50,000,000円を受けたとして受贈益が計上されたことにより、貸付金の価額のうち50,000,000円の回収不能が確定したとしても、当該事項は被相続人に係る相続開始後に生じたものであり、相続財産としての相続開始時における当該貸付金の価額を求めるに当たって、考慮すべきものではないと解するのが相当です。

検討先例

Q7-1の検討に当たっては、下記に掲げる裁決事例が先例として参考になります。

●国税不服審判所裁決事例（平成14年2月26日裁決、広裁（諸）平13－27、平成11年相続開始分）

〔1〕事案の概要

本件は、請求人が相続財産として申告した同族法人に対する貸付金の一部について、相続税の課税価格に算入すべき債権に該当するか否かが主に争われた事案である。

〔2〕基礎事実

⑴　本件相続

請求人は、平成11年1月7日に死亡した被相続人の共同相続人の一人であり、この相続（以下「本件相続」という）に係る他の共同相続人に＊＊がいる（以下、請求人と併せて「相続人ら」という)。

⑵　㈲Aと被相続人との金銭の貸借

① 被相続人は、本件相続の開始日まで、㈲Aの代表取締役の地位にあり、また、㈲Aは、被相続人との金銭の貸借を表わす勘定科目として、総勘定元帳に「役員借入金」勘定を設けていたところ（以下、この勘定科目を「役員借入金勘定」という)、本件の相続開始日における役員借入金勘定の残高は、158,934,696円となっている。

② ㈲Aの商業登記簿によれば、請求人は、平成11年2月20日に同社の代表取締役に就任している。

⑶　相続税の期限内申告

平成11年11月5日、請求人は、本件相続に係る相続税の申告書に、相続財産として、㈲Aに対する貸付金を158,934,696円（以下「本件貸付金」という）と記載して申告した。

⑷ ㈲Aによる受贈益の計上

平成11年11月30日、㈲Aは、平成10年10月1日から平成11年9月30日までの事業年度（以下「平成11年9月期」という）の法人税の申告書に、損益計算書の「特別利益」欄に損失補てん金50,000,000円、また、貸借対照表の「固定負債」欄に役員借入金勘定102,081,741円と記載した決算報告書を添付して申告した。

⑸ 相続税の更正の請求

平成12年2月17日、請求人は、本件貸付金のうち㈲Aが平成11年9月期の法人税の申告で受贈益として計上した50,000,000円部分（以下「本件金員部分」という）について、本件貸付金から減額すべきであるなどとする更正の請求（以下「本件更正の請求」という）をした。

筆者注 本件更正の請求につき、本件貸付金から本件金員部分を減額すべき旨の主張（以下「本件主張」という）は、平成12年6月13日にこれを認めない（ただし、本件貸付金以外の他の主張の一部が容認されたので、手続上は減額更正処分）ものとされた。
また、本件主張の容認を求めて、平成12年8月10日に異議申立て（**筆者注**現行の規定では、再調査の請求。以下同じ）を行ったが、同年11月7日にこれを容認しない旨の異議決定（**筆者注**現行の規定では、再調査決定。以下同じ）を受けたので、同年12月4日に国税不服審判所に審査請求を行ったものである。

筆者注 上記⑴ないし⑸に掲げる基礎事実につき、時系列的な経過をまとめると、**図表－1**のとおりとなる。

図表－1　本件裁決事例における時系列

H11 1/7	被相続人に係る相続開始 （本件貸付金の態様） 貸主　被相続人（㈲Aの代表取締役） 借主　㈲A 貸付残高　158,934,696円
H11 2/20	請求人が㈲Aの代表取締役に就任
H11 9/30	㈲Aの事業年度末（平成11年9月期）
H11 11/5	相続税の期限内申告 貸付金の申告額 158,934,696円 （本件貸付金）
H11 11/30	㈲Aの平成11年9月の法人税申告書を提出 申告内容 本件貸付金のうち50,000,000円につき、9月30日に受贈益計上
H12 2/17	相続税の更正の請求 貸付金の価額 108,934,696円 （本件貸付金から50,000,000円を減額した金額）
H12 6/13	更正処分
H12 8/10	異議申立
H12 11/7	異議決定
H12 12/4	審査請求

〔3〕争点

本件の争点は、主に、㈲Aに対する本件貸付金の一部であり同社において債務免除益が計上された本件金員部分（50,000,000円）が貸付金債権に該当するか否か（**争点1**）であり、予備的には、本件金員部分が貸付金債権に該当するとしても、評価通達205《貸付金債権等の元本価額の範囲》に定める「回収が不可能又は著しく困難」に該当し評価を必要としないとすることが相当であるか否か（**争点2**）であり、結果として本件貸付金の価額はいくらになるのか（**争点3**）である。

〔4〕争点に関する双方（請求人・原処分庁）の主張

各争点に関する請求人・原処分庁の主張は、**図表－2**のとおりである。

図表－2　各争点に関する請求人・原処分庁の主張

（争点1）　本件金員部分が貸付金債権に該当するか否か

請求人（納税者）の主張	原処分庁（課税庁）の主張
被相続人は、損失補てん金として㈲Aに資金を提供していたが、これは回収する意思のない贈与である。 贈与であることは、次に掲げる事項からもいえる。 ⑴　生前、被相続人が本件貸付金の資金原始である個人預金は㈲Aのものであるといっていたこと ⑵　相続人ら及びその関係者は、当時の関与税理士から本件貸付金の存在について何も説明を受けていないこと ⑶　本件相続に係る遺産分割協議書に本件貸付金が個別に記載されていないこと ⑷　相続人らにおいても、本件貸付金が相続財産であるとの認識がなかったこと しかし、㈲Aの会計処理においては、法人税の負担の関係から、役員借入金勘定で処理していたものであるところ、これを平成11年9月期の決算修正において、本件金員部分を受贈益として確定させたものであるから、少なくともこの部分は、㈲Aに対する貸付金には当たらない。 また、決算修正による受贈益の計上という会計処理は、被相続人が㈲Aの代表取締役の地位にあった平成9年10月1日から平成10年9月30日までの事業年度（以下「平成10年9月期」という）においても行っている。	⑴　請求人の主張によれば、役員借入金勘定とは、㈲Aと被相続人との間における金銭等の貸借を表わす勘定科目であるところ、㈲Aの会計処理において、平成11年9月30日に、役員借入金勘定から受贈益として50,000,000円を減額する仕訳がされているところからすると、本件相続の開始日において、本件金員部分は、貸付金として現に存在している。 ⑵　請求人は、㈲Aに対する被相続人からの資金提供は回収する意思のない贈与であった旨主張するが、民法上、贈与とは、当事者の一方（贈与者）が自己の財産を無償にて与える意思表示をし、相手方（受贈者）が受託することによって成立する契約であるところ、資金提供の時点で、被相続人から㈲Aに対し贈与の意思表示がなされ、贈与契約が成立したと認めるに足りる事実は何ら存在しない。 そうすると、本件相続の開始日を含む㈲Aの事業年度の決算期日で受贈益とした経理処理は、同社の資金繰り状況の好転を図るために、㈲Aの代表権を取得した後、請求人から一方的になされたものである。

（争点２）　本件金員部分が評価通達205に定める「回収が不可能又は著しく困難」に該当し評価を必要としないとすることが相当であるか否か

請求人（納税者）の主張	原処分庁（課税庁）の主張
仮に、本件金員部分が貸付金となるとしても、相続税の申告期限までの状況において、本件金員部分は、法人の受贈益として確定しているから、回収が不可能なことは動かし難い事実である。 また、原処分庁が主張する、本件金員部分の「回収が不可能又は著しく困難なものではない」とする理由は、㈲Ａを清算すれば回収不能ではないと主張していることと同じであり、会社を清算しない限り支払えないことは、「著しく困難」に該当するから、本件金員部分は相続財産には当たらず、また、㈲Ａの利益処分（損失処理）計算書上の未処分利益があるのは、数期粉飾決算を続けたことにより生じたものであり、このことは原処分庁も認めている。	評価通達205《貸付金債権等の元本価額の範囲》によれば、貸付金、売掛金、未収入金、預貯金以外の預け金、仮払金、その他これらに類するものの評価を行う場合、その債権金額の全部又は一部が、課税時期において、その回収が不可能又は著しく困難であると見込まれるときは、それらの金額を元本の価額に算入しない旨定められているところ、以下の㈲Ａの財務状態からすれば、本件金員部分について、相続開始の一時点のみならず相続税の申告期限までの状況においてもその回収が不可能又は著しく困難であると見込まれるときには該当しない。 ⑴　平成10年12月２日から同月14日の間に、被相続人の個人預金解約分161,943,200円が、㈲Ａの預金口座に入金され、同社の銀行借入金120,075,629円の返済が行われた結果、230,000,000円程度で推移していた同社の借入金が、平成11年９月期には約110,000,000円減少している。 ⑵　㈲Ａの平成10年９月期の貸借対照表等によれば、資産は、帳簿価額で317,883,000円、相続税評価額で383,139,000円、負債は、帳簿価額、相続税評価額ともに296,562,000円であり、いずれも資産が負債を上回っている。 ⑶　㈲Ａの平成11年９月期の貸借対照表によれば、資産は、帳簿価額で304,004,000円、相続税評価額で377,058,000円、負債は、帳簿価額、相続税評価額ともに303,033,000円であり、いずれも資産が負債を上回っている。 ⑷　㈲Ａの平成10年９月期の利益処分（損失処理）計算書及び平成11年９月期の利益処分（損失処理）計算書によれば、未処分利益は、それぞれ52,447,343円、44,722,230円となっている。

（争点３）　本件貸付金の価額はいくらになるのか

請求人（納税者）の主張	原処分庁（課税庁）の主張
上記の（争点１）及び（争点２）より、㈲Ａの平成11年９月期の決算で受贈益として計上された本件金員部分（筆者注 50,000,000円）を除外して算定された108,934,696円が被相続人の㈲Ａに対する貸付金債権の額となる。	上記の（争点１）及び（争点２）より、㈲Ａの平成11年９月期の決算で受贈益として計上された本件金員部分（筆者注 50,000,000円）を含む158,934,696円が被相続人の㈲Ａに対する貸付金債権の額となる。

〔5〕国税不服審判所の判断

⑴　争点１（本件金員部分が貸付金債権に該当するか否か）について

①　認定事実

㈠　役員借入金勘定について

㋑　本件相続の開始日における役員借入金勘定の残高は、158,934,696円となっているが、役員借入金勘定には、その要因として、平成10年12月２日から同月14日にかけて被相続人から161,943,200円の資金の提供があったことが記載されている。

㋺　上記㋑の資金は、被相続人の定期預金等の解約金を原資として提供が行われている。

㈡　関係者の答述

㋑　関与税理士事務所の担当者の答述

平成12年６月まで㈲Ａの関与税理士であったＸ（以下「Ｘ税理士」という）の事務所の㈲Ａの担当者であったＹは、審判所に対し、㈲Ａの平成11年９月期の決算を締めたところ、かなりの赤字になったので、平成11年11月20日ころ、請求人に対し、50,000,000円の受贈益の計上を指導したものであり、また、平成10年９月期の決算の際にも、被相続人に対し、個人預金を㈲Ａへ提供するよう指導した旨答述した。

㋺　請求人の答述

請求人は、審判所に対し、次に掲げる旨答述した。

(A)　平成11年２月20日に㈲Ａの代表取締役に就任したが、実際の勤務は、前勤務先を退職した同年11月20日からであること

(B)　平成11年の10月か11月ころ、Ｙから銀行対策として赤字決算はまずいので、50,000,000円は動かしましょうと言われ、＊＊（筆者注 地名と推定される）に帰って間がなかった私は訳もわからずこれを了承したこと

②　当てはめ

㈲Ａが被相続人からの資金提供を贈与でなく負債として会計処理していたことに特段の不合理性が認められないことや、上記①㈡のＹ及び請求人の審判所に対する答述を考慮すれば、本件相続の開始時において、本件貸付金は存在し、その後、㈲Ａの平成11年９月期の決算時において、同社の資金繰りの関係から本件金員部分の受贈益を計上したと認めるのが相当である。

③　請求人の主張について

請求人は、㈲Ａに対する被相続人からの資金提供は回収する意思のない贈与であり、このことは、生前、被相続人が、㈲Ａへの資金提供の原資である個人預金は㈲Ａのものであるといっていたことなどからもいえるが、㈲Ａの会計処理においては、法人税の負

担の関係から、役員借入金勘定で処理していたものであるところ、これを平成11年9月期の決算修正において、本件金員部分を受贈益として確定させたものであるから、少なくともこの部分は、㈲Aに対する貸付金には当たらない旨主張する。

しかしながら、請求人は、この資金提供が贈与であったということを認めるに足りる証拠資料を提出せず、また、上記①(イ)(ロ)のとおり、㈲Aに対する被相続人からの資金提供の原資は、被相続人の定期預金等の解約からのものであるところ、その定期預金等が㈲Aのものであると認めるに足りる証拠もない。

さらに、相続人ら及びその関係者が、X税理士から㈲Aに対する本件貸付金の存在について何も説明を受けていないこと及び遺産分割協議書に本件貸付金に関する個別の記載がないこと、相続人らにおいて本件貸付金が相続財産であるとの認識がなかったことをもって、この資金提供の際、被相続人から㈲Aへ当該資金の贈与があったとすることもできない。

また、㈲Aの平成11年9月期の決算時における本件金員部分の受贈益の計上が、本件相続の開始時点の貸付金債権の存在に影響を与えるものではない。

したがって、これらの点に関する請求人の主張にはいずれも理由がない。

(2) 争点2（本件金員部分が評価通達205に定める「回収が不可能又は著しく困難」に該当し評価を必要としないとすることが相当であるか否か）について

① 法令解釈等

債務者が弁済不能の状態にあるか否かは、一般には、破産、和議（筆者注）、会社更生あるいは強制執行等の手続開始を受け、又は事業閉鎖、行方不明、刑の執行等により、債務超過の状態が相当期間継続しながら、他から融資を受ける見込みがなく、再起の目途が立たないなどの事情により、事実上債権の回収が不可能又は著しく困難な状況にあることが客観的に認められるか否かにより判断すべきと解される。

筆者注　平成12年4月1日前にされた和議開始の申立てに係る和議事件については、旧和議法によることとされている。平成12年4月1日以後は、民事再生法の規定による民事再生とされる。

② 当てはめ

原処分関係資料及び審判所の調査によれば、㈲Aは、本件相続の開始当時、赤字申告が続いていた事実は認められるが、債務超過の状態が継続していた事実は認められず、事業活動を継続しており、事業閉鎖等の事実、会社更生又は強制執行の申立て等を受けた事実はなく、弁済不能の状態にあったとは認められない。

そうすると、㈲Aに対する本件貸付金は、本件相続の開始時点において、その回収が不可能又は著しく困難であったとは認められない。

③ 請求人の主張について

(イ) 本件金員部分が法人の受贈益として確定したことについて

請求人は、本件貸付金のうち本件金員部分については、相続税の申告期限までの状況において、法人の受贈益として確定しており、回収が不可能なことは動かし難い事実である旨主張する。

しかしながら、上記②で述べたとおり、回収不能等の判断時期は、相続開始時であるから、本件相続の開始時点において、本件貸付金の回収が不可能又は著しく困難な状況であると認められない以上、相続開始後に起きた事実等に基づいて、本件貸付金の価額の評価が左右されるものではない。

したがって、この点に関する請求人の主張には理由がない。

(ロ) 原処分庁が本件金員部分の「回収が不可能又は著しく困難なものではない」とした理由について

請求人は、原処分庁が本件金員部分の「回収が不可能又は著しく困難なものではない」とした理由は、㈲Aを清算すれば回収不能ではないと主張していることと同じであり、会社を清算しない限り支払えないことは「著しく困難」に該当するから、本件貸付金は相続財産には当たらず、また、㈲Aの未処分利益があるのは、数期粉飾決算を続けたことにより生じたものである旨主張する。

しかしながら、「回収が不可能又は著しく困難なものではない」とは、上記②で述べたとおりであるから、請求人の主張は独自の見解といわざるを得ず、また、審判所の調査によれば、㈲Aが粉飾決算を行っていたことは認められるものの、その事実を考慮した状況においても、本件貸付金の「回収が不可能又は著しく困難なものである」との事実は認められない。

したがって、この点に関する請求人の主張には理由がない。

(3) 争点3（本件貸付金の価額はいくらになるのか）について

上記(1)及び(2)より、本件貸付金の価額は、㈲Aの平成11年9月期の決算で受贈益として計上された本件金員部分（筆者注 50,000,000円）を含む158,934,696円となる。

〔6〕まとめ

(1) 裁決事例の結果

先例とされる裁決事例では、被相続人に係る相続開始後に成立した㈲Aの債務免除益につき、これにより確定した本件金員部分（50,000,000円）を回収不能として除外して請求人（納税者）が本件貸付金の価額を108,934,696円であることを主張したのに対し、原処分庁（課税庁）が主張し国税不服審判所がこれを相当と判断したのが本件貸付金の価額を貸付金額（額面金額）である158,934,696円で評価することであったため、結果として、請求人（納税者）の主張は容認されなかった。

(2) 参考法令通達等

- 相続税法第22条《評価の原則》
- 評価通達1《評価の原則》

●評価通達205《貸付金債権等の元本価額の範囲》

本問から学ぶ重要なキーポイント

⑴　債務者が弁済不能の状態にあるかは否かは、一般には、破産、和議（平成12年4月1日以後は、民事再生)、会社更生あるいは強制執行等の手続開始を受け、又は事業閉鎖、行方不明、刑の執行等により、債務超過の状態が相当期間継続しながら、他から融資を受ける見込みがなく、再起の目途が立たないなどの事情により、事実上債権の回収が不可能又は著しく困難な状況にあることが客観的に認められるか否かにより判断すべきと解されています。

⑵　回収不能等の判断時期は、相続開始時であるから、本件相続の開始時点において、本件貸付金の回収が不可能又は著しく困難な状況であるとは認められない以上、相続開始後に起きた事実等（先例とされる裁決事例の場合では、㈲Aにおける債務免除益の計上）に基づいて、本件貸付金の価額の評価が左右されるものではないと判断されています。

⑶　評価通達205《貸付金債権等の元本価額の範囲》に定める「回収が不可能又は著しく困難」とは、債務者である会社を清算しない限り支払えないことをいうという主張は、独自の見解であって採用することはできないと判断されています。

Q7-2 当初申告において相続税の課税価格に含まれていた貸付金債権につき、その後に当該債権の債務者に係る民事再生手続があり当該再生債権の価額査定の裁判で０円の決定を受けたことを理由に、国税通則法第23条《更正の請求》第２項第１号に規定する『判決と同一の効力を有する和解その他の行為』に該当するとして相続税の更正の請求を行うことの可否が争点とされた事例

事例 国税不服審判所裁決事例
（平成28年10月21日、大裁（諸）平28－18、（推定）昭和62年又は昭和63年相続開始分）

疑問点

被相続人の相続財産を確認したところ、同人が過去において経営に関与していたA㈱にかかわるものとして、次に掲げる事項が判明しました。

⑴　被相続人に係る相続開始時におけるA㈱の帳簿には、同人からの長期借入金として35,270,337円の記載が認められること

⑵　被相続人は同人に係る相続開始の約７年前に当時その経営に参画していたA㈱から独立することになり、その独立の条件としてA㈱に対する債権の全額を放棄するものとされ、当該条件は、A㈱の株主総会においても適法に承認されていること

⑶　被相続人は同人に係る相続開始前（最長でも、相続開始の約８か月前）に書面を作成し、上記⑴に掲げるA㈱の帳簿に記載されている債務（長期借入金）につき、次のとおり、次の内容の記載があること

記載内容　A㈱の帳簿に長期借入金と記載されていることについて、結論として、私（被相続人）に帰すべきもの（私（被相続人）側からみて貸付金債権に該当）ではなく、この件を再確認しておきます。

被相続人に係る相続税の申告では、担当税理士は上記⑴の事実を重視し、かつ、相続税実務の安全性にも配慮するという考え方に立脚して、被相続人はA㈱に対して貸付金35,270,337円（本件貸付金）を有するもの（取得者は相続人A）として取り扱いました。

上記の相続税の申告後、約25年が経過した時点でA㈱は民事再生法に基づく再生手続開始の決定を受けました。これに基づいて、相続人Aは再生債権の価額を35,270,337円（被相続人に係る相続開始後の返済額は０円）として届け出まし

たがA㈱はその全額を認めないものとし、その取扱いはその後の訴訟においても変わらず（査定額を0円とする決定がありました）、最終的に本件貸付金は1円も回収できないことが確定してしまいました。

このような場合、国税通則法第23条《更正の請求》第2項第1号（注）の規定に基づいて、相続税の更正の請求を行って、結果的に担税力なき課税となった相続財産（本件貸付金）に対応する相続税額の還付を受けるべき旨を主張する者がいますが、その相当性について説明してください。

（注）　国税通則法第23条《更正の請求》第2項第1号（要旨）

国税通則法第23条《更正の請求》第2項は、納税申告書を提出した者又は同法第25条《決定》の規定による決定を受けた者は、次の各号の一に該当する場合（納税申告書を提出した者については、当該各号に定める期間の満了する日が前項（筆者注第1項）に規定する期間の満了する日後に到来する場合に限る）には、同項の規定にかかわらず、当該各号に掲げる期間において、その該当することを理由として同項の規定による更正の請求をすることができる旨規定している。

一号　その申告、更正又は決定に係る課税標準等又は税額等の計算の基礎となった事実に関する訴えについての判決（判決と同一の効力を有する和解その他の行為を含む）により、その事実が当該計算の基礎としたところと異なることが確定したとき

その確定した日の翌日から起算して2月以内

二号　（以下略）

回　答

お尋ねの本件貸付金の回収が結果的に不可能となったことを理由とする国税通則法第23条《更正の請求》第2項第1号を根拠規定とする相続税の更正の請求は、その適用要件を充足していないことから認められないものと考えられます。

！解　説

(1)　本件事案では、？疑問点の(2)及び(3)に掲げるとおり、そもそも、被相続人に係る相続開始時において本件貸付金が存在しないと考えることが相当と認められるところ、これを相続財産として申告したものと認められます。

(2)　上記(1)の場合には、国税通則法第23条《更正の請求》第1項第1号（注）の規定に基づく相続税の更正の請求を行うべきであったが、現段階（今回の更正の請求を行う時点）においては、当該手続の期限を既に徒過しており認められないことになります。

（注）　国税通則法第23条《更正の請求》第1項第1号（要旨）

国税通則法第23条《更正の請求》第1項は、納税申告書を提出した者は、次の各号の一に該当する場合には、当該申告書に係る国税の法定申告期限から5年（㊟）以内に限り、税務署長に対し、その申告に係る課税標準等又は税額等（当該課税標準等又は税額等に関し次条又は同法第26条《再更正》の規定による更正があった場合には、当該更正後の課税標準等又は税額等）につき更正をす

べき旨の請求をすることができる旨規定している。

一号 当該申告書に記載した課税標準等若しくは税額等の計算が国税に関する法律の規定に従っていなかったこと又は当該計算に誤りがあったことにより、当該申告書の提出により納付すべき税額（当該税額に関し更正があった場合には、当該更正後の税額）が過大であるとき

二号 （以下略）

㊟ 後に紹介する検討先例に係る相続開始年分当時の国税通則法の規定は、5年ではなく、1年とされていました。

(3) お尋ねの国税通則法第23条《更正の請求》第2項の規定は、国税の申告時には予測し得なかった事態その他やむを得ない事由が後発的に生じたことにより、遡って税額の減額等をなすべきこととなった場合における救済措置であり、本件事案が上記(1)及び(2)のとおりであることからすれば、本件事案に該当条文を適用することは、その要件を充足していないことから、不相当であると考えられます。

検討先例

Q7-2の検討に当たっては、下記に掲げる裁決事例が先例として参考になります。

◉国税不服審判所裁決事例
（平成28年10月21日裁決、大裁（諸）平28－18、（推定）昭和62年又は昭和63年相続開始分

〔1〕事案の概要

本件は、請求人が、亡父の死亡による相続に係る相続税の申告において課税価格に含めたとする貸付金債権について、その後、同債権の債務者に係る再生手続における再生債権の査定の裁判において、同債権の額を0円と査定する旨の決定を受けたことから、国税通則法第23条《更正の請求》第2項第1号に規定する「その申告に係る課税標準等又は税額の計算の基礎となった事実に関する訴えについての判決（判決と同一の効力を有する和解その他の行為を含む）により、その事実が当該計算の基礎としたところと異なることが確定したとき」に該当するとして、更正の請求をした（筆者注）ところ、原処分庁が、更正をすべき理由がない旨の通知処分をしたことから、請求人が、原処分の全部の取消しを求めた事案である。

筆者注 本件の場合における更正の請求が可能とされる期限は、相続税の法定申告期限から1年以内とされていた。

〔2〕基礎事実

(1) 本件相続

請求人の父である被相続人は、昭和＊＊年＊＊月＊＊日（以下「本件相続開始日」という。筆者注）に死亡し、同人に係る相続（以下「本件相続」という）が開始した。

筆者注 本件相続の開始年分は、合理的に推認すると、昭和62年又は昭和63年である。

⑵ 本件貸付金

① 本件相続について相続人間で作成された昭和63年5月21日付遺産分割協議書（以下「本件遺産分割協議書」という）には、請求人が、被相続人のA社に対する貸付金35,270,337円（以下「本件貸付金」という）を取得する旨の記載がある。

② A社の第36期事業年度（昭和60年5月26日から昭和61年5月25日まで）及び第37期事業年度（昭和61年5月26日から昭和62年5月25日まで）の決算報告書には、被相続人からの長期借入金35,270,337円の記載がある。

③ A社は、平成＊＊年＊＊月＊＊日、＊＊地方裁判所に民事再生手続開始を申し立て、同年＊＊月＊＊日、再生手続開始決定を受けた。

請求人は、再生債権として、本件貸付金を届け出たが、A社は、その全額について認めない旨の認否をした。

そのため、請求人は、平成＊＊年＊＊月＊＊日、本件貸付金について＊＊地方裁判所に査定の申立てをした。

④ ＊＊地方裁判所は、平成＊＊年＊＊月＊＊日、上記③の査定の申立てに対し、本件貸付金について、再生債権の額を0円と査定する旨の決定（以下「本件査定決定」という）をした。

⑶ 本件更正請求

請求人は、平成27年2月16日、本件相続に係る相続税について、国税通則法第23条《更正の請求》第2項第1号の規定に基づき、原処分庁に対し、更正の請求（以下「本件更正請求」という）をした。

⑷ 本件通知処分

原処分庁は、平成27年5月15日付で、本件更正請求について、更正をすべき理由がない旨の通知処分（以下「本件通知処分」という）をした。

⑸ 異議申立て・異議決定

請求人は、本件通知処分を不服として、平成27年7月14日付で異議申立て（筆者注 現行の「再調査の請求」に該当する。以下同じ）をしたところ、異議審理庁は、平成27年10月13日付で棄却の異議決定（筆者注 現行の「再調査決定」に該当する。以下同じ）をした。

⑹ 審査請求

請求人は、異議決定を経た後の本件通知処分に不服があるとして、平成27年11月11日に審査請求をした。

筆者注 上記⑴ないし⑹に掲げる基礎事実につき、時系列的な経過をまとめると、図表－1のとおりとなる。

図表－1　本件裁決事例における時系列

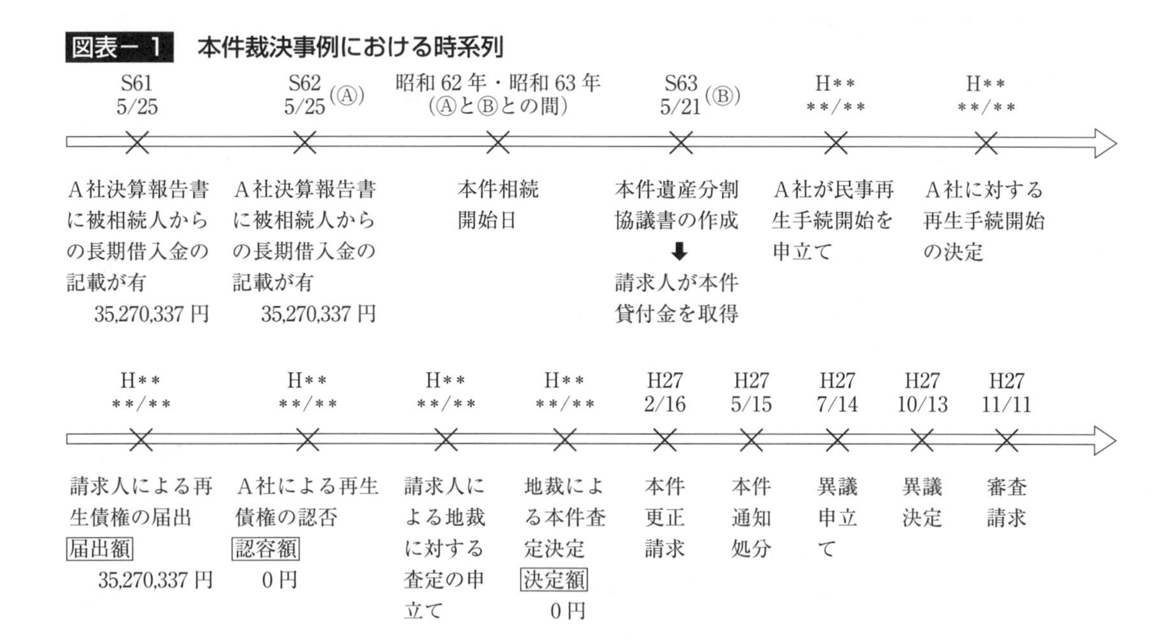

〔3〕争点

本件の争点は、本件更正請求が国税通則法第23条《更正の請求》第2項第1号所定の要件を満たすか否かである。

〔4〕争点に関する双方（請求人・原処分庁）の主張

争点に関する請求人・原処分庁の主張は、**図表－2**のとおりである。

図表－2　争点に関する請求人・原処分庁の主張

（争点）　本件更正請求が国税通則法第23条《更正の請求》第2項第1号所定の要件を満たすか否か

請求人（納税者）の主張	原処分庁（課税庁）の主張
請求人は、本件貸付金が存在するとの前提で、これを本件相続に係る相続税の課税価格に含めて申告をしていたところ、本件査定決定によって、本件貸付金に係る貸付けの事実自体が認められないと判断され、これにより、申告の基礎となった事実が申告の基礎としたところと異なることが確定したといえるから、国税通則法第23条《更正の請求》第2項第1号の規定に基づき、本件更正請求は認められるべきである。	請求人の提出した資料からは、請求人が、本件貸付金債権を本件相続に係る相続税の課税価格に含めて、申告していたか明らかでなく、申告、更正に係る課税標準等又は税額等の計算の基礎とした事実が定かではない。 また、本件貸付金につき本件相続に係る相続税の課税価格に含まれていたとしても、本件査定決定の判断内容は、当該申告の基礎とした本件貸付金に係る権利関係を遡及的に変更するものではないから、同決定は、国税通則法第23条《更正の請求》第2項第1号に規定する「判決と同一の効力を有する和解その他の行為」には該当しない。

〔5〕国税不服審判所の判断

(1) 法令解釈等

国税通則法第23条《更正の請求》第2項（筆者注冒頭の？疑問点の（注）を参照）は、申告時には予測し得なかった事態その他やむを得ない事由が後発的に生じたことにより、遡って税額の減額等をなすべきこととなった場合に、同条第1項所定の期間が経過していることを理由に更正の請求が認められないとすると納税者にとって酷となるような一定の場合について、同項所定の期間経過後においても更正の請求を認め、例外的にその救済を図ったものであると解釈される。

(2) 認定事実

① 本件査定決定は、大要、次のとおり判示し、本件貸付金について、再生債権の額を0円と査定した。

(イ) 一件記録によれば、次の事実が認められる。

㋑ 被相続人は、かつて、A社を含む企業グループ（以下「A社グループ」という）の経営に参画していたが、A社グループからの独立を希望するようになり、昭和55年12月29日に開催されたA社グループ各社の株主総会において、被相続人がA社グループから独立し、その際、独立のために必要な約27億円相当の財産及び負債の一部を承継する一方、当該承継財産以外のA社グループに関する権利（A社に対する債権を含む）を放棄することなどが了承された。

㋺ 被相続人は、昭和62年9月13日、「＊＊＊＊＊＊＊」と題する書面（以下「本件書面」という。なお、「＊＊」は被相続人の通称である）を作成し、A社の決算報告書に「長期借入金」及び「長期未払金」と記載されていることについて、「現状、A社の事業地内とみられる不動産土地等については結論として、会社に所属するものでその費用とみられる長期借入金、未払金については全て個人に帰すべき理由がないので一切何人も関係ないものである」、「この件を再確認のこと」と記載した。

㋩ 上記〔2〕(2)①及び②の事実

(ロ) 一件記録によるも、被相続人が、A社に対し、金銭を貸し付けた事実を認めるに足りない。

(ハ) 仮に本件被相続人がA社に金銭を貸し付けていたとしても、上記(イ)㋑及び㋺の事実に照らせば、本件被相続人は、A社グループから独立する際に、A社に対し、本件貸付金を放棄するとの意思表示をしたものということができる。

(ニ) 請求人とA社が、本件貸付金を復活させる旨の合意をしたことを認めるに足りる証拠はない。

(ホ) 以上によれば、請求人は、A社に対し、本件貸付金を有しているとはいえない。

② 上記①(イ)㋑及び㋺の各事実は、審判所の調査の結果によってもその事実が認められ

る。

③　本件相続に係る相続税の申告書を作成したX税理士は、その作成に当たり、本件貸付金について、A社の決算報告書等を確認したほか、上記①(イ)㋑の内容を記載した昭和55年12月29日付の「覚書」と題する書面（以下「本件覚書」という）や本件書面の内容についても把握したが、本件貸付金を同相続税の課税価格に含めて申告書を作成した。

(3)　当てはめ

本件貸付金については、上記〔2〕(2)①及び②のとおり、債務者とされるA社の決算報告書に「長期借入金」としてその計上があり、本件遺産分割協議書にも相続財産としてその記載がある。

他方、本件貸付金については、上記(2)①(イ)㋑及び同㋺のとおり、被相続人が昭和55年にA社グループから独立した際に放棄したこととされ、また、被相続人が死亡の直前に作成した本件書面において、「個人に帰すべき理由がない」、「この件を再確認のこと」と記されている。

これらの事情からすれば、本件貸付金は、本件相続開始日当時において既に、その権利関係に疑義があることが客観的に現れていたものであるということができる上に、上記(2)③のとおり、本件相続に係る相続税の申告書を作成したX税理士は、上記(2)①(イ)㋑の内容が記載された本件覚書や本件書面の内容を把握した上で、なお、本件貸付金を課税価格に含めて同相続税の申告書を作成し、請求人はこれによって同相続税の申告をしたものと認められる。

また、上記(2)①によれば、本件査定決定は、上記の客観的に顕在化していた本件貸付金の権利関係を巡る疑義に沿って、本件貸付金につき、一件記録によるも認めるに足りず、仮に貸付けがあったとしても被相続人の生前に放棄されている旨判断したにとどまり、請求人が申告時に予測し得なかったような事態に基づき本件貸付金を巡る権利関係をその根底から覆すような判断をしたものではない。

そして、以上にみたような客観的に顕在化していた権利関係を巡る疑義などの本件貸付金に係る事実関係及び本件査定決定の判断内容に加え、そもそも国税通則法第23条《更正の請求》第2項は、申告時には予測し得なかった事態その他やむを得ない事由が後発的に生じたことにより、遡って税額の減額等をなすべきこととなった場合に、同条第1項所定の期間が経過していることを理由に更正の請求が認められないとすると納税者にとって酷となるような一定の場合について、同項所定の期間経過後においても更正の請求を認め、例外的にその救済を図ったものであることにも鑑みれば、本件査定決定は、同条第2項第1号に規定する「判決と同一の効力を有する和解その他の行為」に当たらないものというべきである。

したがって、本件更正請求は、国税通則法第23条第2項第1号所定の要件を満たさない。

⑷　本件通知処分の適法性

上記⑴ないし⑶によれば、本件通知処分は適法である。

〔6〕まとめ

⑴　裁決事例の結果

先例とされる裁決事例では、本件貸付金の価額につき、請求人（納税者）が国税通則法第23条《更正の請求》第２項第１号の規定に該当することから相続税の更正の請求の事由に該当すると主張したのに対し、原処分庁が主張し国税不服審判所がこれを相当と判断したのが、同法同項同号の適用要件を充足していないとしてこれを認めないというものであったことから、結果として、請求人（納税者）の主張は容認されなかった。

⑵　参考法令通達等

- 国税通則法第23条《更正の請求》

本問から学ぶ重要なキーポイント

国税通則法第23条《更正の請求》第２項の規定は、「国税の申告時には予測し得なかった事態その他やむを得ない事由が後発的に生じたことにより、遡って税額の減額等をなすべきこととなった場合に、同条第１項所定の期間（現行では、国税の法定申告期限から５年以内）が経過していることを理由に更正の請求が認められないとすると納税者にとって酷となるような一定の場合について、同項所定の期間経過後においても更正の請求を認め、例外的にその救済を図ったものであること」が立法趣旨であると、その法令解釈等に示されています。

貸付金債権に係る実務対策

⑴　先例とされる裁決事例においては、次に掲げる基礎事実・認定事実が摘示されています。

①　Ａ社の決算報告書には、被相続人からの長期借入金35,270,337円の記載があること

②　本件遺産分割協議書には、請求人が本件貸付金（35,270,337円）を取得する旨の記載があること

③　本件覚書（昭和55年12月29日付）及び本件書面（昭和62年９月13日付）が存在し、これらの書面からは本件貸付金の不存在が想定されること

⑵　上記⑴を前提として、本件相続に係る相続税の申告書を作成したＸ税理士が採用

した実務方針については、次に掲げる事項につき、検討が加えられるべきものと考えられます。

① X税理士は上記⑴①ないし③のすべての事項（特に、③に掲げる事項）を掌握し認識していたにもかかわらず、相続税の申告書に本件貸付金（35,270,337円）を相続財産として計上し、相続税の課税対象としたことの是非

② もし仮に、上記①の行動が課税庁からの相続税調査において相続財産計上もれを指摘された場合における合理的な行動（附帯税及び延滞税の発生を防止するため）とするのであれば（税理士業界でいうところの「とりあえず、財産として申告しておきましょう」）、相続税の申告後、国税通則法第23条《更正の請求》第1項第1号に規定する更正の請求を行う（当時は、相続税の申告期限から1年以内に行う必要がありました）ことの提唱の是非

⑶ もし仮に、X税理士から本件貸付金につき、将来の回収不能確定時には国税通則法第23条《更正の請求》第2項第1号の規定による相続税の更正の請求が可能であるとの説明がされていたとしたならば、大問題（税理士に対する損害賠償請求事件等の発生）になるものと考えられます。

資　料　**先例とされる裁決事例の確認に必要とされる民事再生法の規定（要旨）**

⑴ 民事再生法第101条《認否書の作成及び提出》第2項は、再生債務者等は、第95条《届出の追完等》の規定による届出又は届出事項の変更があった再生債権についても、その内容及び議決権（当該届出事項の変更があった場合には、変更後の内容及び議決権）についての認否を前項の認否書に記載することができる旨規定している。

⑵ 民事再生法第105条《再生債権の査定の裁判》第1項本文は、再生債権の調査において、再生債権の内容について再生債務者等が認めず、又は届出再生債権者が異議を述べた場合には、当該再生債権（以下「異議等のある再生債権」という）を有する再生債権者は、その内容の確定のために、当該再生債務者等及び当該異議を述べた届出再生債権者の全員を相手方として、裁判所に査定の申立てをすることができる旨規定し、ただし書において、第107条《異議等のある再生債権に関する訴訟の受継》第1項並びに第109条《執行力ある債務名義のある債権等に対する異議の主張》第1項及び第2項の場合は、この限りでない旨規定している。

また、同条第3項は、第1項本文の査定の申立てがあった場合には、裁判所は、当該申立てを不適法として却下する場合を除き、査定の裁判をしなければならない旨規定し、同条第4項は、査定の裁判においては、異議等のある再生債権について、その債権の存否及びその内容を定める旨規定している。

Q7-3 被相続人がその生前に知人に交付した資金が貸付金と認定され相続税の決定処分等が行われた場合に当該決定処分の理由付記に行政手続法上の理由提示の不備があるか否か、また、当該貸付金の価額の算定において原処分庁に求められる調査の範囲が争点とされた事例

事例 国税不服審判所裁決事例
(令和3年12月20日裁決、大裁(諸)令3－24、相続開始年分不明(注))

(注) 本件裁決事例に係る相続開始年分は、平成28年から平成30年までの間と合理的に推認されます。

疑問点

被相続人の相続財産を調査したところ、同人に係る相続(本件相続)の開始の約7～8年前に同人の知人Xが設立した会社(X社)に対する経営資金として、Xに対して数回にわたって合計621,950,000円の資金(本件債権)を移転させていることが確認されました。

被相続人に係る相続人は、本件債権の価額は本件相続開始時において評価通達205《貸付金債権等の元本価額の範囲》に定める「その他その回収が不可能又は著しく困難であると見込まれるとき」に該当するものとして、その評価額を0円(評価不要)としたため、本件相続に係る相続税の申告書(期限内申告書、期限後申告書)は一切提出しませんでした。

その後、原処分庁による本件相続に係る税務調査が実施され、債務者Xに対する質問検査権も行使されたその結論として、本件債権の価額については相続人の主張する評価通達205の適用は認められず、評価通達204《貸付金債権の評価》の定めにより、その元本の価額である621,950,000円で評価することが相当であるとして、本件相続に係る相続税の決定処分(本件決定処分)及び無申告加算税の賦課決定処分(本件賦課決定処分)が行われることになりました。

そして、本件決定処分及び本件賦課決定処分(これらの処分を併せて、本件決定処分等)に係る通知書(本件通知書)が原処分庁より相続人に送付されてきました。本件通知書に記載された処分の理由は、図表－1及び図表－2のとおりとなっていました。

図表－1 本件通知書に記載された本件決定処分等の理由の要旨

調査の結果、あなたは、下記1のとおり、平成＊＊年＊＊月＊＊日相続開始の被相続人＊＊＊＊に係る相続税の申告書を、法定申告期限である平成＊＊年＊＊

月＊＊日までに提出する義務があると認められますが、当該申告書をいまだ提出しておりませんので、下記２及び３のとおり、あなたの課税価格及び納付すべき相続税額を計算して、決定します。
また、下記４のとおり、無申告加算税を賦課決定します。

記

1　申告書の提出義務
あなたは、被相続人から相続により財産を取得しており、当該財産を取得した時において、相続税法の施行地に住所（＊＊＊＊）を有していたことから、相続税法第１条の３《相続税の納税義務者》第１項第１号の相続税の納税義務者に該当します。
なお、あなたが当該納税義務者として納付すべき相続税額を計算したところ、次の３のとおりとなることから、相続税法第27条《相続税の申告書》第１項の規定により、相続税の申告書を提出する義務があります。

2　相続税の課税価格
あなたの課税価格は、本件通知書別紙（筆者注 非公開）（本件通知書別紙（筆者注 非公開）の本件債権の記載は図表－２のとおりである）に記載したあなたが相続により取得した財産の価額の合計額＊＊円から、相続税法第13条《債務控除》の規定に基づき、本件通知書別紙（筆者注 非公開）に記載したあなたが負担した被相続人に係る債務及び葬式費用の金額の合計額299,268,157円を控除した＊＊円となります。

3　あなたの納付すべき相続税額
上記２に記載の課税価格＊＊円から相続税法第15条《遺産に係る基礎控除》に規定する基礎控除額36,000,000円（法定相続人の数１人）を控除した金額＊＊円について、相続税法第16条《相続税の総額》及び第17条《各相続人等の相続税額》の規定により計算した＊＊円から、相続税法第19条の３《未成年者控除》の規定に基づき計算した未成年者控除額＊＊円及び相続税法第20条《相次相続控除》の規定に基づき計算した相次相続控除額78,387,710円を控除した＊＊円が、あなたの納付すべき相続税額となります。

4　あなたの納付すべき無申告加算税の額
今回の決定によりあなたが納付すべきこととなる相続税額＊＊円について、国税通則法第66条《無申告加算税》第１項の規定に基づき計算した無申告加算税＊＊円に、同条第２項の規定に基づき計算した無申告加算税＊＊円を加算した＊＊円を賦課決定します。
なお、法定申告期限である平成＊＊年＊＊月＊＊日までに相続税の申告書の提出がなかったことについて正当な理由があるとは認められません。

図表－２　本件通知書に記載された本件決定処分等の理由の本件債権の記載の要旨

○　あなたが相続により取得した財産

種類	細目	利用区分・銘柄	所在場所等	数量	単価	価額	根拠法令等
その他の財産	その他	貸付金	＊＊＊＊	－	－	621,950,000円	評価通達(注)204

(注)　財産評価基本通達をいいます。

上記 図表－1 及び 図表－2 に掲げる事項を相続税申告に精通しているとする者に見せたところ、同人から次に掲げる事項の指摘があり、本件決定処分等は違法なものであるとの助言がありました。

(1) 本件通知書に記載された処分の理由が不明確である。具体的には、次に掲げる事項について、問題が残るものであり、これは行政手続法第14条《不利益処分の理由の提示》第1項本文に規定する理由提示の不備がある。

① 本件債権の価額が621,950,000円とされることについて、図表－2 において結果のみが記載され、その計算過程が明示されていない。

② 相続人が本件債権の価額につき、評価通達205《貸付金債権等の元本価額の範囲》に定める「その他その回収が不可能又は著しく困難であると見込まれるとき」に該当すると主張したのに対し、これに対する何らの見解も示されていない。

参考 行政手続法第14条《不利益処分の理由の提示》第1項本文において、「行政庁は、不利益処分をする場合には、その名あて人に対し、同時に、当該不利益処分の理由を示さなければならない」と規定している。

(2) 原処分庁は、本件債権の価額が評価通達205《貸付金債権等の元本価額の範囲》に定める「その他その回収が不可能又は著しく困難であると見込まれるとき」に該当しないとの判断に当たって、本件債権に係る債務者Xの具体的な資産の額及び債務の額について、詳細な調査を行った形跡は認められずその一事をもってしても、本件決定処分等は主観的な調査の結果によるものと認められる。

上記の助言に対する相当性について、説明してください。

A 回答

(1) 上記 疑問点 の 図表－1 及び 図表－2 に掲げる記載内容から判断する限り、本件決定処分等の理由の付記は、行政手続法第14条《不利益処分の理由の提示》第1項本文に規定する理由提示の不備はないものと考えられます。

(2) 原処分庁が、債務者Xが保有する資産の額及び債務の額について具体的な調査をしなかったことのみをとらえて、本件決定処分等が違法なものであるとの主張は、容認されないものと考えられます。

! 解説

(1) 本件通知書に記載された本件決定処分等の理由の付記は、処分行政庁（課税庁）の恣意抑制及び不服申立ての便宜という見地から欠けるところはなく、理由提示の趣旨目的を充足する程度に処分の理由を具体的に明示したものと認められます。

(2) 通説の法令解釈等として、税務調査の手続において必要な調査が尽くされていないとして違法となるのは、「(A)不備が著しく、(B)何らの調査も経ずに課税処分がされたと同視し得る場合に限られる」とされています。

そうすると、事例の場合には、本件債権に係る債務者Xに対しては、原処分庁において質問検査権の行使の対象とされたとのことですから、上記の法令解釈等に掲げる(A)____及び(B)____部分には該当しないことになります。

検討先例

Q7-3の検討に当たっては、下記に掲げる裁決事例が先例として参考になります。

◉国税不服審判所裁決事例
(令和3年12月20日、大裁(諸)令3-24、(推定)平成28年ないし平成30年相続開始分)

筆者注 本節(7)は貸付金債権等の評価と手続関係を確認するものですが、先例とされる裁決事例について、評価部分はQ1-9で取り扱っていますので、該当部分を参照してください。なお、参考までに当該裁決事例に掲げる基礎事実等を時系列的な経過でまとめると図表-3のとおりとなり、また、評価部分(本件債権の評価)に関して、争点ごとに双方(請求人・原処分庁)の主張及びこれに対する国税不服審判所の判断(要旨)をまとめると、図表-4のとおりとなります。

図表-3 先例とされる裁決事例における時系列

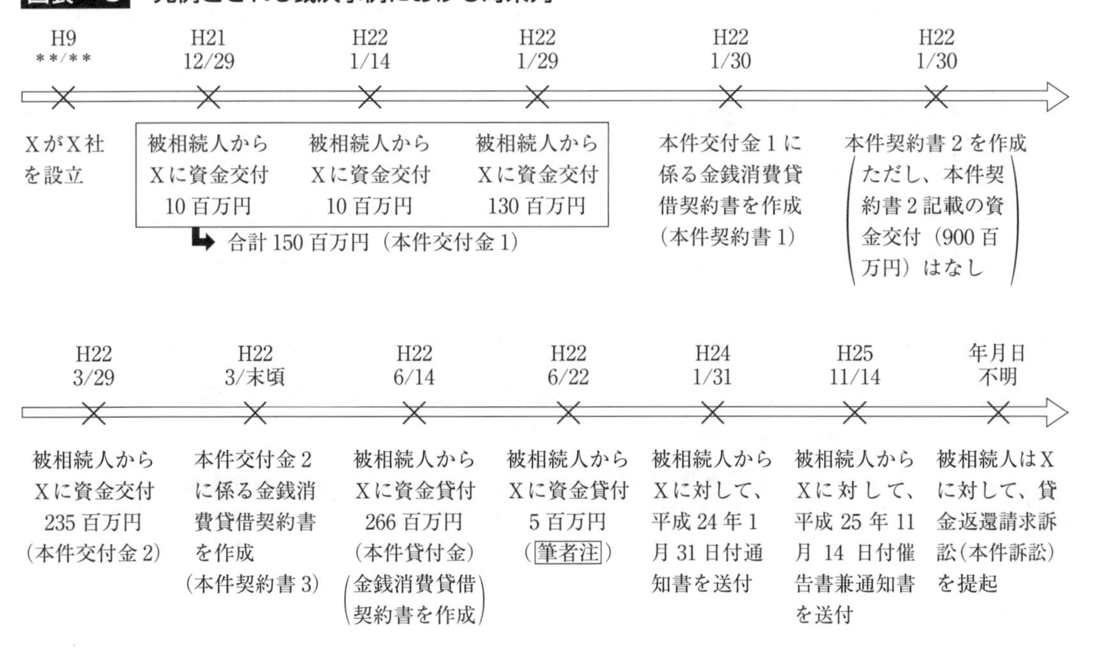

筆者注 平成22年6月22日の被相続人からXに対する資金貸付（5,000,000円）については、本件交付金1及び本件交付金2並びに本件貸付金の各交付又は貸付に際して締結された契約書の類は、作成されていない。

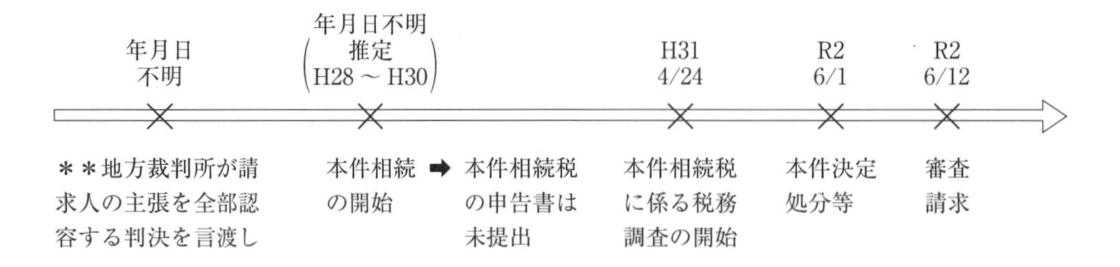

その他　被相続人がX又はX社から受領した金額

（支払期間）　平成22年7月8日から平成28年7月29日まで

（受領金額）　合計29,050,000円

移転資金残高　被相続人とXとの間における資金の移転をまとめると、次のとおりとなる。したがって、本件相続開始時における移転資金残高は、621,950,000円となる。

⑴　被相続人からXに対する交付額

①　本件交付金1に係る交付額……150,000,000円

②　本件交付金2に係る交付額……235,000,000円

③　本件貸付金に係る交付額　……266,000,000円

④　合計（①＋②＋③）　651,000,000円

（注）上記の計算に当たっては、平成22年6月22日の被相続人からXに対する資金貸付5,000,000円（金銭消費貸借契約書が作成されていないもの）は含めないものとして求めている。

⑵　Xから被相続人に対する返還額

29,050,000円（上記その他より）

⑶　資金移転残高

651,000,000円（上記⑴④）－29,050,000円（上記⑵）＝621,950,000円

図表－4　本件債権の評価に係る争点、双方の主張及び国税不服審判所の判断（要旨）

⑴　争点1（本件決定処分が本件債権の価額の認定評価に当たり、本件各交付金をXに対する貸付金としたことは違法か否か）について

請求人（納税者）の主張	原処分庁（課税庁）の主張	国税不服審判所の判断
本件各交付金は、被相続人がXからレアメタル鉱山開発事業及び太陽光発電事業への出資を持ち掛けられ、出資金としてXに交付したものである。	本件交付金1については、本件契約書1が作成されている。本件交付金2については、本件契約書3が作成されている。本件契約書1及び本件契約書3は、いず	被相続人から受領した金銭が投資であるとのXの申述は信用できず、かかるXの申述には、平成24年1月31日付通知書の記載内容を加えても、本件契約書1及び本件契約書3について金銭消費貸借契約を示す

	れも金銭消費貸借契約書である。 　また、被相続人は、本件訴訟において、本件各交付金が貸付金であると主張している。 　以上によれば、本件各交付金はいずれも貸付金であると認められる。	ものではないと解すべき特段の事情があるとは認められない。 　よって、本件契約書１及び本件契約書３に記載された各金銭消費貸借契約の記載どおりの事実があったと認めるのが相当であり、本件各交付金は、本件契約書１及び本件契約書３に記載された各金銭消費貸借契約に基づく貸付金であると認められる。

⑵　**争点２（本件決定処分が、本件債権の価額の認定評価に当たり、評価通達205《貸付金債権等の元本価額の範囲》が定める「その他その回収が不可能又は著しく困難であると見込まれるとき」に該当しないとしたことは違法か否か）について**

請求人（納税者）の主張	原処分庁（課税庁）の主張	国税不服審判所の判断
Xは、被相続人から借り受けた金額の大半を消費している。また、平成28年春頃から、被相続人に送金が不可能である旨の連絡を複数回しており、同年７月29日以降、被相続人への返済も中断している。 　以上によれば、Xは、本件相続の開始時において、財産がなく、債務超過の状態であったといえる。また、Xから毎月300,000円が返済されたとしても、本件債権の認定額621,950,000円の返済には172.76年かかり、現にXは、本件債権に係る債務を弁済するための資金を調達することができていない。 　したがって、本件債権は、その全額が評価通達205《貸付金債権等の元本価額の範囲》に定める「回収が不可能又は著しく困難であると見込まれるとき」に該当する。よって、本件債権の評価額は０	Xは、本件債権の債務者であるところ、X社の代表取締役で経常的に役員報酬を得ており、また、請求人の生活費等に充てるため毎月300,000円を支払っていた。 　したがって、本件相続の開始時において、評価通達205《貸付金債権等の元本価額の範囲》に定める事由と同程度に経済的に破綻していることが客観的に明白であったとはいえず、また、本件債権について、回収の見込みがないか、又は、回収が著しく困難であると確実に認められる状態であったとはいえない。 　したがって、本件債権は、本件相続の開始時において、評価通達205に定める「その他その回収が不可能又は著しく困難であると見込まれるとき」には該当しない。 　そして、本件各交付金も貸付金であるから、本件債権の評価額は返済されるべき元本の価額である621,950,000円とな	⑴　Xは、本件相続の開始時において、330,000,000円程度の資産を有するにすぎず、XがX社のほぼ全ての株式を所有していることを考慮しても、債務超過の状態にあったと認められる。 　しかしながら、継続的に売上高を計上しているX社から、Xは平成27年分及び平成28年分において、30,000,000円から40,000,000円程度の給与等の収入を得ていて、今後も継続的な収入が見込まれることからすれば、Xは本件債権に係る債務について、継続的な収入や自ら有する資産を用いて、返済を行うことは可能であるといえる。 　また、実際に、Xは被相続人に対し継続的に返済を行っていたのであるから、Xは本件債権に係る債務について、一般的かつ継続的に弁済することができない状態にあるとは認められない。 　また、本件全証拠によっても、Xが、弁護士等に委任し、債務者に対し、統一的かつ公平な弁済を図るために受任通知を送付するなど、支払能力を欠くために一般的かつ継続的に債務の支払をすることができない旨を外部に表示した事実も認められない。 ⑵　上記⑴に掲げるような事情からすると、Xは債務超過であったものの、評価通達205《貸付金債権等の元本価額の範囲》の⑴ないし⑶に掲げる破産

円である。	る。	手続開始の決定や再生手続開始の決定等の事由と同視し得る程度に経済状態等の悪化が著しく、本件債権の回収の見込みがないことが客観的に明白であるとは認められない。 　したがって、本件債権は、本件相続の開始時において、評価通達205に定める「その他その回収が不可能又は著しく困難であると見込まれるとき」に該当しないと認められる。 (3)　上記(1)及び(2)より、本件債権の評価額は、返済されるべき元本の価額である621,950,000円となる。

〔1〕事案の概要

Q1-9の「〔1〕　事案の概要」を参照されたい。

〔2〕基礎事実

Q1-9の「〔2〕　基礎事実」を参照されたい。

〔3〕争点

(1)　争点1

本件決定処分の理由付記は、行政手続法第14条《不利益処分の理由の提示》第1項本文に規定する理由提示の不備があるか否か。

(2)　争点2

本件決定処分は、本件債権の価額の認定評価に当たり、評価通達205《貸付金債権等の元本価額の範囲》が定める「その他その回収が不可能又は著しく困難であると見込まれるとき」に該当するか否かについての調査をせずになされたものか否か。

〔4〕争点に関する双方（請求人・原処分庁）の主張

各争点に関する請求人・原処分庁の主張は、図表－5のとおりである。

図表－5　各争点に関する請求人・原処分庁の主張

（争点１）　本件決定処分の理由付記は、行政手続法第14条《不利益処分の理由の提示》第１項本文に規定する理由提示の不備があるか否か

請求人（納税者）の主張	原処分庁（課税庁）の主張
本件通知書に記載された処分の理由には、次の２点についての記載がない。したがって、本件決定処分の理由提示には不備がある。	本件通知書に記載された処分の理由は、次のとおり、行政庁の恣意を抑制し、処分の名宛人に不服申立ての便宜を与えるという行政手続法第14条《不利益処分の理由の提示》第１項の趣旨を充足する程度に本件決定処分の根拠を具体的に明示したものといえる。したがって、本件決定処分の理由提示に不備はない。
(1)　本件通知書に記載された処分の理由には、本件債権の価額が621,950,000円であると記載されているのみで、本件債権の元本の計算過程が記載されていないから、理由の記載に不備がある。	(1)　本件通知書に記載された処分の理由に本件債権の価額の認定評価に係る根拠法令等として「評価通達204《貸付金債権の評価》」とのみ記載しているのは、本件債権の価額の認定評価が評価通達204の定めのみに基づくものであって、評価通達205《貸付金債権等の元本価額の範囲》の定めには基づいていないことを示しており、本件債権の価額の評価の過程は明らかにされている。
(2)　本件通知書には処分の理由として評価通達205《貸付金債権等の元本価額の範囲》の定めについて記載されていないところ、請求人は、本件債権について、評価通達205の「その他その回収が不可能又は著しく困難であると見込まれるとき」に該当すると主張していたのであるから、評価通達205の定めに該当しない理由の記載が必要である。 したがって、当該理由が記載されていない本件通知書には理由の記載に不備がある。	(2)　本件通知書には処分の理由として評価通達205《貸付金債権等の元本価額の範囲》の定めについての記載がないが、これに基づく評価をしていないことが示されていることは、上記(1)のとおりである。 請求人は、本件債権の価額の認定評価の過程を了知し、それに沿った反論やその反論を裏付ける立証をすることができるのであるから、評価通達205の定めについての記載がなくても、不服申立ての便宜という見地から欠けるところはない。

（争点２）　本件決定処分は、本件債権の価額認定に当たり、評価通達205《貸付金債権等の元本価額の範囲》が定める「その他その回収が不可能又は著しく困難であると見込まれるとき」に該当するか否かについての調査をせずになされたものか否か

請求人（納税者）の主張	原処分庁（課税庁）の主張
原処分庁は、XがX社の代表取締役であり経常的に役員報酬を得ていたこと及びXが請求人の生活費等のために毎月300,000円を支払っていることを調査したのみであり、Xと面接する方法等によるXの資産及び負債についての調査を行っていない。 この点、評価通達205《貸付金債権等の元本価額の範囲》に定める「その他その回収が不可能又は著しく困難であると見込まれるとき」とは債務者が個人である場合には、債務者の債務	原処分庁は、本件債権の価額の認定評価に当たり、債務者であるXの資産状況等の調査として、Xから申述を聴取したほか、X及びX社から本件被相続人名義の預金口座への送金状況を調査した。 したがって、原処分庁は、本

超過の状態が著しく、その信用、才能等を活用しても、現にその債務を弁済するための資金を調達できる見込みがない場合も含まれると解されている。 そうすると、本件債権が評価通達205の定めに該当するか否かを判断するためには、Xが相当期間内での返済が可能な経済状態にあったかどうかの調査が必要であるところ、この調査は上記原処分庁が行った調査において行われていない。 したがって、本件決定処分は、必要な調査の上でなされたものではないから、違法である。	件債権の価額が、本件相続の開始時において、評価通達205《貸付金債権等の元本価額の範囲》に定める「その他その回収が不可能又は著しく困難であると見込まれるとき」に該当するか否かについて必要な調査を実施しており、本件決定処分は適法である。

〔5〕国税不服審判所の判断

(1)　争点1（本件決定処分の理由付記は、行政手続法第14条《不利益処分の理由の提示》第1項本文に規定する理由提示の不備があるか）について

①　法令解釈等

行政手続法第14条《不利益処分の理由の提示》第1項本文が、不利益処分をする場合に同時にその理由を名宛人に示さなければならないとしているのは、名宛人に直接に義務を課し又はその権利を制限するという不利益処分の性質に鑑み、行政庁の判断の慎重と合理性を担保してその恣意を抑制するとともに、処分の理由を名宛人に知らせて不服の申立てに便宜を与える趣旨に出たものと解される。

そして、同項本文に基づいてどの程度の理由を提示すべきかは、上記趣旨に照らし、当該処分の根拠法令の規定内容、当該処分に係る処分基準の存否及び内容並びに公表の有無、当該処分の性質及び内容、当該処分の原因となる事実関係の内容等を総合考慮して決定すべきである。

本件では、相続税の決定処分及び当該決定処分によって算出された相続税を本税とする無申告加算税の賦課決定処分が問題となっているところ、相続税は、原則として、相続又は遺贈により取得した財産の価額の合計額をもって課税価格とし（相続税法第11条の2《相続税の課税価格》第1項）、この相続又は遺贈により取得した財産の価額は時価によるとされている（同法第22条《評価の原則》）。この時価の算定方法については、評価通達が財産の種類や内容等に応じて定めており、その内容は広く一般に公表されている。

そして、相続税法は、相続税について申告納税方式を採用し（同法第27条《相続税の申告書》第1項）、税務署長は、相続税の納税義務者から相続税の申告書の提出がない場合に、その調査により、当該申告書に係る課税標準等及び税額等を決定するものである。

以上のような相続税及び相続税の決定処分の内容、性質によれば、相続税の決定処分においては、課税の対象となる納税義務者が相続又は遺贈により取得した財産の範囲や内容、当該財産の価額に係る評価の方法及び内容並びにこれを前提とした税額等の計算の方法及び内容が最も重要であって、この点について行政庁の恣意抑制及び不服申立ての便宜という理由の提示制度の趣旨目的を充足する程度に具体的に明示されているものである限り、法の要求する理由の提示として欠けるところはないと解するのが相当である。

② 当てはめ

(イ) 本件通知書に記載された処分の理由には、申告書の提出義務、請求人が相続により取得した財産及びその価額、相続税の課税価格、請求人の納付すべき相続税額及び請求人の納付すべき無申告加算税の額等が記載されているほか、本件債権について、請求人が本件債権を相続により取得したこと、本件債権の評価額は、評価通達204《貸付金債権の評価》の定めの適用により、621,950,000円であること及び同金額が請求人の課税価格に算入されること等の各事実が記載されている。

このように、本件通知書には、原処分庁が、請求人が相続により取得した本件債権を含む財産を特定し、当該財産の価額から課税価格を算出した上、納付すべき相続税額等を算出した一連の判断過程が示されているから、行政庁の恣意抑制という見地から欠けるところはない。

さらに、本件債権の存否及びその評価額を除いては、請求人と原処分庁との認識に齟齬はなく、請求人は、本件債権の価額の記載から、原処分庁が本件債権の存在を認定し、その評価額を評価通達204の定めにより算出したことを了知し得るのであるから、不服申立ての要否を判断することも可能であるといえる。したがって、不服申立ての便宜という見地からも欠けるところはない。

(ロ) 請求人は、調査段階から、本件債権が貸付金と認定される場合であっても、評価通達205《貸付金債権等の元本価額の範囲》に定める「その他その回収が不可能又は著しく困難であると見込まれるとき」に該当すると主張していたことが認められ、また、本件通知書に記載された処分の理由には、評価通達205の定めに該当しない理由はもとより評価通達205の定めについての言及もないことが認められる。

しかしながら、評価通達205は、相続財産である貸付金債権等の評価については、その元利金合計額によって評価することを前提に（評価通達204《貸付金債権の評価》）、その債権金額の全部又は一部が評価通達205に定める事由その他その回収が不可能又は著しく困難であると見込まれるときには、例外的に、それらの金額を元本の価額に算入しない旨を定めるものである。

そして、本件債権については、本件通知書に記載された処分の理由において、評価通達204の定めにより評価した旨が示されていることから、原処分庁において、請求人の主張は採用できず、本件債権が評価通達205の定める場合に該当しないと判断したことは明らかにされているといえる。

請求人が評価通達205の定める場合に該当するとして主張するところは、請求人において了知するところである上、評価通達205の定めは広く一般に公表されていて、そこに掲げる事由はいずれも客観的事由であることから、本件通知書に記載された処分の理由において、評価通達205の定める場合に該当しない旨が明示されていないとしても、処分の名宛人に不服申立ての便宜を与えるとの理由提示の趣旨に反するものとはいえない。

したがって、本件決定処分の理由提示は、理由提示の趣旨目的を充足する程度に処分の理由を具体的に明示したものと認められ、行政手続法第14条《不利益処分の理由の提示》第1項本文の要求する理由提示として不備はない。

③　請求人の主張について

請求人は、〔4〕の**図表－5**の（争点1）の「請求人（納税者）の主張」欄のとおり、本件債権について、評価通達205《貸付金債権等の元本価額の範囲》に定める「その他その回収が不可能又は著しく困難であると見込まれるとき」に該当すると主張していたにもかかわらず、本件通知書に記載された処分の理由には、評価通達205の定めに該当しない理由の記載がなく、また、本件債権の価額を記載するのみで、その元本の計算過程の記載がないから、理由の記載に不備がある旨主張する。

しかしながら、上記②のとおり、本件通知書に記載された処分の理由は、行政庁の恣意抑制及び不服申立ての便宜という見地から欠けるところはなく、理由提示の趣旨目的を充足する程度に処分の理由を具体的に明示したものと認められ、行政手続法第14条《不利益処分の理由の提示》第1項本文の要求する理由提示として不備はない。

したがって、請求人の主張は採用することができない。

(2)　争点2（本件決定処分は、本件債権の価額の認定評価に当たり、評価通達205《貸付金債権等の元本価額の範囲》が定める「その他その回収が不可能又は著しく困難であると見込まれるとき」に該当するか否かについての調査をせずになされたものか否か）について

①　認定事実

原処分庁関係資料並びに審判所の調査及び審理の結果によれば、調査担当職員は、X及びX社の取引金融機関の取引状況並びにX及びX社の財務状況等を調査し、また、Xに対する質問調査を実施したことが認められる。

②　法令解釈等

請求人は、本件決定処分に当たり、本件債権につき評価通達205《貸付金債権等の元本価額の範囲》の定める場合に該当するか否かについて必要な調査が行われていない旨主張するが、税務調査の手続は、租税の公平かつ確実な賦課徴収のために課税庁が課税要件等の内容を構成する具体的事実の存否を調査する手段として認められた手続であり、その対象とする範囲や調査の具体的な内容及び方法、調査を実施する時期等の実定法上特段の定めのない実施の細目については、質問検査の必要性と相手方の私的利益との衡量において社会通念上相当な限度にとどまる限り、権限ある税務職員の合理的な選択、裁量に委ねられていると解される。

そして、課税庁としては、その調査により課税標準等の存在が認められる限り、課税処分等をしなければならず、また、更正処分等の不服申立て手続においては客観的な課税標準等の有無が争われ、これについて実体的な審査がされることとなる。

以上からすれば、税務調査の手続の瑕疵は、原則として、更正処分等の効力に影響を及ぼすものではなく、殊に課税処分に当たり必要な調査が尽くされているか否かは、結局のところ、課税標準等の存在が認められるか否かの審理に収れんされるものといえる。

したがって、税務調査の手続において必要な調査が尽くされていないとして違法となるのは、不備が著しく、何らの調査も経ずに課税処分がされたと同視し得る場合に限られるというべきである。

③ 当てはめ

請求人は、原処分庁によって、本件債権が評価通達205《貸付債権等の元本価額の範囲》の定めに該当するか否かを判断するための調査、具体的にはXが相当期間内での返済が可能な経済状態であったかどうかの調査が行われていないので、必要な調査を欠いた本件決定処分は違法である旨主張する。

しかしながら、上記②のとおり、調査担当職員は、本件債権が評価通達205に定める「その他その回収が不可能又は著しく困難であると見込まれるとき」に該当するか否かを判断するため、X及びX社の収入、資産及び負債についての調査を行ったと認められ、必要な調査が行われているといえる。

したがって、評価通達205に定める「その他その回収が不可能又は著しく困難であると見込まれるとき」に該当するか否かについての必要な調査が行われていないという違法はない。もとより、不備が著しく、何らの調査も経ずに課税処分が行われたと同視し得る場合に該当しないことは明らかである。

〔6〕まとめ

(1) 裁決事例の結果

先例とされる裁決事例では、本件債権の価額に係る本件決定処分につき、請求人（納税者）が本件通知書の理由付記に行政手続法上の理由提示の不備があり、かつ、評価通達に定める貸付金債権等の回収不能の基準である実質基準に該当するかについての調査もされておらず違法である旨を主張したのに対し、原処分庁（課税庁）が主張し国税不服審判所がこれを相当と判断したのが本件通知書は行政手続法上の理由提示の不備は認められず、かつ、請求人（納税者）が指摘する調査についても必要な調査は行われたものと認められるというものであったことから、結果として、請求人（納税者）の主張は容認されなかった。

⑵　参考法令通達等

- 相続税法第22条《評価の原則》
- 評価通達204《貸付金債権の評価》
- 評価通達205《貸付金債権等の元本価額の範囲》
- 行政手続法第14条《不利益処分の理由の提示》

本問から学ぶ重要なキーポイント

⑴　処分理由の提示の程度について

相続税の決定処分においては、課税の対象となる納税義務者が相続又は遺贈により取得した財産の範囲や内容、当該財産の価額に係る評価の方法及び内容並びにこれを前提とした税額等の計算の方法及び内容が最も重要であって、この点について行政庁の恣意抑制及び不服申立ての便宜という理由の提示制度の趣旨目的を充足する程度に具体的に明示されているものである限り、法の要求する理由の提示として欠けるところはないと解するのが相当であると判断されています。

⑵　税務調査の手続における必要な調査

①　税務調査の手続は、租税の公平かつ確実な賦課徴収のために課税庁が課税要件等の内容を構成する具体的事実の存否を調査する手段として認められた手続であり、その対象とする範囲や調査の具体的な内容及び方法、調査を実施する時期等の実定法上特段の定めのない実施の細目については、質問検査の必要性と相手方の私的利益との衡量において社会通念上相当な限度にとどまる限り、権限ある税務職員の合理的な選択、裁量に委ねられていると解されると判断されています。

②　課税庁としては、上記①の調査により課税標準等の存在が認められる限り、課税処分等をしなければならず、また、更正処分等の不服申立て手続においては客観的な課税標準等の有無が争われ、これについて実体的な審査がされることとなると判断されています。

③　上記①及び②からすれば、税務調査の手続の瑕疵は、原則として、更正処分等の効力に影響を及ぼすものではなく、殊に課税処分に当たり必要な調査が尽くされているか否かは、結局のところ、課税標準等の存在が認められるか否かの審理に収れんされるものといえると判断されています。

したがって、税務調査の手続において必要な調査が尽くされていないとして違法となるのは、不備が著しく、何らの調査も経ずに課税処分がされたと同視し得る場合に限られるというべきであると判断されています。

Q7-4 相続税の申告期限後における訴訟上の和解により被相続人の有する貸金返還請求権の不成立が確定した場合に相続税法第32条《更正の請求の特則》に規定する相続税額の更正の請求をすることができるか否かが争点とされた事例

事例 国税不服審判所裁決事例
（令和元年６月21日裁決、広裁（諸）平30－28、（推定）平成20年相続開始分）

疑問点

被相続人（同人が主宰する同族会社である甲㈱の代表取締役）に相続の開始（本件相続）があり、同人に係る相続税の期限内申告及び遺産分割の状況を確認すると、次のとおりとなっていました。

⑴　被相続人に係る共同相続人は３名（被相続人の妻乙、同父Ａ及び母Ｂ）で、本件相続に係る相続税の申告期限までに、遺産分割協議は成立しませんでした。

⑵　妻乙の本件相続に係る相続税の申告期限までの申告（当初申告）に当たっては、相続税法第55条《未分割遺産に対する課税》の規定に基づいて民法の規定による相続分により、課税価格の計算が行われていました。

⑶　当初申告後に相続人間で提起されていた訴訟における和解（本件和解）が、次に掲げる内容により成立しました。

①　被相続人の甲㈱に対する貸金返還請求権16,072,008円は、成立を認めないこと

②　被相続人に係る兄弟姉妹Ｃの被相続人に対する貸金返還請求権（換言すれば、被相続人のＣに対する貸金返還債務（本件債務））10,000,000円の成立を認め、妻乙は、本件債務のうち同人に係る法定相続分に該当する6,666,666円（10,000,000円×$\frac{2}{3}$（妻乙に係る法定相続分））の支払義務があることを認めること

⑷　上記⑶を踏まえると、本件和解後の妻乙の相続税の課税価格は、次に掲げる計算のとおり、当初申告時における相続税の課税価格より減少し、また、相続税法第19条の２《配偶者に対する相続税額の軽減》の規定の適用も可能（当該規定を受けるために必要な事前の措置に支障はないことが確認されています）であることから、結果として、妻乙の納付すべき相続税額は、当初申告時に比して減少することが認められます。

計算 (イ) 被相続人の甲㈱に対する貸金返還請求権について

当初申告額 10,714,672円（16,072,008円× $\frac{2}{3}$（妻乙の法定相続分））……④

和解後金額 0円……⑩

差 異 額 10,714,672円（④－⑩）➡財産の減少

(ロ) 本件債務について

当初申告額 0円……④

和解後金額 6,666,666円……⑩

差 異 額 6,666,666円（⑩－④）➡債務の増加

(ハ) 合計

10,714,672円（上記(イ)）＋ 6,666,666円（上記(ロ)）＝ 17,381,338円

(5) 上記(1)ないし(4)より、妻乙は、相続税法第32条《更正の請求の特則》第1項の規定を適用して、本件和解があったことを知った日の翌日から4か月以内に当初申告に係る相続税の更正の請求を行いたいと考えています。

参考1 相続税法32条《更正の請求の特則》第1項（要旨のみ）

相続税法第32条《更正の請求の特則》第1項は、相続税について申告書を提出したものは、次のいずれかに該当する事由により当該申告に係る課税価格及び相続税額（当該申告書を提出した後修正申告書の提出又は更正があった場合には、当該修正申告又は更正に係る課税価格及び相続税額）が過大となったときは、その事由が生じたことを知った日の翌日から4月以内に限り、納税地の所轄税務署長に対し、その課税価格及び相続税額につき国税通則法第23条《更正の請求》第1項の規定による更正の請求をすることができる旨規定している。

(1) 相続税法第55条《未分割遺産に対する課税》の規定により分割されていない財産について民法（第904条の2《寄与分》を除く）の規定による相続分又は包括遺贈の割合に従って課税価格が計算されていた場合において、その後当該財産の分割が行われ、共同相続人又は包括受遺者が当該分割により取得した財産に係る課税価格が当該相続分又は包括遺贈の割合に従って計算された課税価格と異なることとなったこと（第1号）。

(2) 第1号から第5号までの各号に規定する事由に準ずるものとして政令で定める事由が生じたこと（第6号）。

(3) 相続税法第19条の2《配偶者に対する相続税額の軽減》第2項ただし書の規定に該当したことにより、同項の分割が行われた時以後において同条第1項の規定を適用して計算した相続税額がその時前において同項の規定を適用して計算した相続税額と異なることとなったこと（第1号に該当する場合を除く）（第8号）。

参考2　相続税法施行令第８条《更正の請求の対象となる事由》第２項第１号（要旨のみ）

相続税法施行令第８条《更正の請求の対象となる事由》第２項第１号は、相続税法第32条《更正の請求の特則》第１項第６号に規定する政令で定める事由として、相続若しくは遺贈又は贈与により取得した財産についての権利の帰属に関する訴えについての判決があったことを掲げている。

上記のような状況において、妻乙が考えているところの相続税の更正の請求は認められるのでしょうか。その取扱いについて説明してください。

回　答

お尋ねの事例の場合には、被相続人の甲㈱に対する貸金返還請求権の減少（財産の減少）及び本件債務の成立（債務の増加）を事由とする妻乙が考えている相続税の更正の請求は認められないものと考えられます。

解　説

相続税法第32条《更正の請求の特則》第１項第６号に規定する事由に基づき相続税の更正の請求を行うためには、相続税法施行令第８条《更正の請求の対象となる事由》第２項第１号の規定から、「相続若しくは遺贈又は贈与により取得した財産についての権利の帰属に関する訴えについての判決」が必要であるとされており、お尋ねの事例の場合には、本件和解によるものであり、判決（上記＝部分）ではありません。したがって、被相続人の甲㈱に対する貸金返還請求権が消滅したとしても、当該事項を事由に相続税の更正の請求を行うことは認められないものとされます。

また、本件債務の成立についても、本件和解により妻乙につき、本件債務の金額10,000,000円のうち、同人の有する法定相続分$\left(\frac{2}{3}\right)$に対応する金額（6,666,666円）の支払義務があることを確認したものですが、上記に掲げる貸金返還請求権の場合と同様に、判決（上記＝部分）により確定したものではありません。したがって、本件債務が成立したとしても、当該事項を事由に相続税の更正の請求を行うことは認められないものとされます。

検討先例

Q7-4 の検討に当たっては、下記に掲げる裁決事例が先例として参考になります。

◉国税不服審判所裁決事例
（令和元年6月21日裁決、広裁（諸）平30－28、（推定）平成20年相続開始分）

〔1〕事案の概要

本件は、請求人が、相続財産の範囲確定等請求訴訟において和解が成立したことにより、相続財産が確定したなどとして、相続税法第32条《更正の請求の特則》の規定に基づく更正の請求をしたのに対し、原処分庁が、当該和解は相続税法施行令第8条《更正の請求の対象となる事由》第2項第1号に規定する「判決」には当たらないなどとして、更正の請求の一部を認める更正処分をしたところ、請求人が、原処分の全部の取消しを求めた事案である。

〔2〕基礎事実

(1) 請求人、被相続人及び共同相続人等

① 平成20年＊＊月（筆者注 2月か3月と合理的に推認される）＊＊日に死亡した被相続人の相続（以下「本件相続」という）に係る共同相続人は、被相続人の妻である乙（以下「請求人」という）、父であるA及び母であるBの3名である。

② 上記①の後、Aが平成＊＊年＊＊月＊＊日に死亡したことにより、B及びC（同人はAとBの子である）は、甲の本件相続に係る相続人の地位を承継した。

③ 上記②の後、Bが平成＊＊年＊＊月＊＊日に死亡したことにより、Cは、Bの本件相続に係る相続人の地位を承継した。

④ 本件被相続人は、甲㈱の設立当初から平成＊＊年＊＊月＊＊日（筆者注 本件相続の開始日であると推認される）までの間、同社の代表取締役であった。

筆者注 本件裁決事例における相続関係図を示すと、図表－1のとおりとなる。

図表－1 本件裁決事例における相続関係図

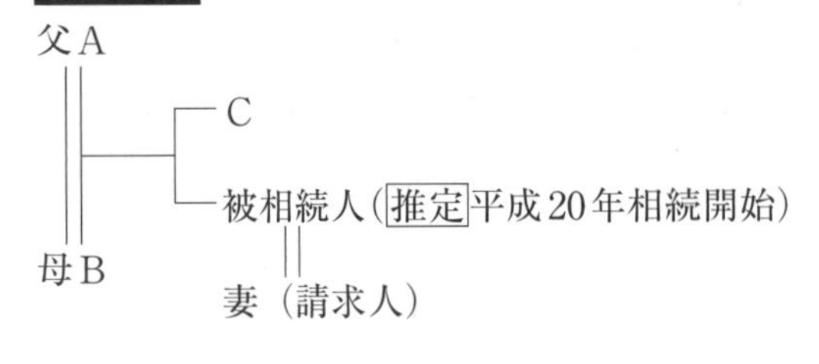

（注） 被相続人に係る相続開始後に、父A及び母Bに順次、相続開始があった。
(1) 被相続人の相続開始による共同相続人
妻（請求人）、父A、母B
(2) 父Aの相続開始による共同相続人
母B、C
(3) 母Bの相続開始による共同相続人
C

（留意点） (1) 被相続人に係る相続（本件相続）開始時における法定相続人及び法定相続分は、配偶者乙（$\frac{2}{3}$）、父A（$\frac{1}{3}\times\frac{1}{2}$）及び母B（$\frac{1}{3}\times\frac{1}{2}$）である。
(2) 本件相続開始後に、父A及び母Bに係る各相続の開始があり、かつ、これらの各時点を通じて被相続人に係る相続財産は未分割の状況が継続したものである。

(3) 上記(1)及び(2)より、父A及び母Bに係る各相続の開始後においては、被相続人の相続財産の分割に当たっては、配偶者乙（法定相続分$\frac{2}{3}$）及び父A及び母Bに係る相続分承継者である兄弟姉妹C（父A及び母Bが有していた法定相続分の承継分$\frac{1}{3}$(($\frac{1}{3}\times\frac{1}{2}$)+($\frac{1}{3}\times\frac{1}{2}$)))との間で、遺産分割協議を行う必要がある。

(2) 相続税の申告等

① 請求人は、本件相続に係る相続税について、本件相続に係る相続税の申告書を法定申告期限までに原処分庁へ提出した。

以下、請求人の本件相続に係る相続税の申告を「当初申告」という。

なお、請求人は、当初申告において、法定申告期限までに本件相続に係る遺産分割が調わなかったとして、相続税法第55条《未分割遺産に対する課税》の規定に基づいて民法の規定による相続分により課税価格の計算をするとともに、原処分庁に「申告期限後3年以内の分割見込書」を提出している。

また、請求人は、上記の分割見込書において、適用を受けようとする特例等として相続税法第19条の2《配偶者に対する相続税額の軽減》第1項等を選択していた。

② 請求人は、平成24年2月1日、被相続人の遺産について、相続税の申告から3年を経過してもなお、相続人間で遺産分割協議が調わず、訴訟を提起しているとして、原処分庁に対し、「遺産が未分割であることについてやむを得ない事由がある旨の承認申請書」を提出した。

(3) 更正処分等

原処分庁は、平成25年12月24日に請求人が提出した「嘆願書」を検討の上、平成25年12月25日付で、本件相続に係る相続税を減額する更正処分をした。

(4) 相続財産の範囲確定事件等に係る判決

＊＊地方裁判所は、平成＊＊年＊＊月＊＊日、上記(2)②の訴訟に関して、相続財産の範囲確定請求事件等4件の事件の判決をした（以下、これらの判決を併せて「本件判決」という）。

なお、本件判決の「当裁判所の判断」欄には、次に掲げる事項の記載がされていた。

① 被相続人の甲㈱に対する貸金返還請求権16,072,008円は成立しない旨

② 被相続人の甲㈱に対する未払報酬請求権は消滅している旨

③ 甲㈱が事務所及び駐車場として使用していた＊＊（筆者注 場所）に所在する土地及び建物について、被相続人の甲㈱に対する賃料支払請求権は成立しない旨

④ Cの被相続人に対する10,000,000円の貸金返還請求権が成立する旨（以下、被相続人の貸金返還債務を「本件債務」という）

(5) 本件判決後の和解

請求人は、平成28年4月12日、＊＊高等裁判所に対して、本件判決の一部に不服があるとして控訴したところ、平成29年11月1日、請求人とC及び甲㈱との間で和解（以下「本

件和解」という）が成立し、和解調書が作成された（以下、本件和解で作成された和解調書を「本件和解調書」という）。

なお、本件和解調書の要旨は、次のとおりである。

① 請求人及びCは、甲㈱の株式80株について、被相続人の遺産であることを確認する。

② 請求人及びCは、上記①の株式を、請求人が53株、Cが27株をそれぞれ取得する旨の一部遺産分割協議が成立したことを確認する。

③ 請求人及びCは、本件和解により被相続人の遺産であることを確認した遺産を含むその他の遺産については、上記②による分割とは別個独立に分割することとし、上記②による分割がその他の遺産分割に影響を及ぼさないことを確認する。

④ 請求人及びCは、本件和解の成立時までの甲㈱に対する賃料請求を放棄する。

⑤ 請求人は、Cに対し、被相続人のCに対する10,000,000円の貸金返還債務のうち、6,666,666円及びこれに対する平成25年7月19日から支払済まで年5分の割合による金員の支払義務のあることを認める。

⑥ 当事者双方は、その他の請求をいずれも放棄する。

⑦ 請求人、C及び甲㈱は、請求人及びCと甲㈱との間において、本件和解調書に記載した各条項に定めるもののほか、何らの債権債務がないことを相互に確認する。

⑧ 請求人及びCは、請求人とCとの間において、本件に関し、本件和解調書に記載した各条項に定めるもののほか、何らの債権債務が存しないことを相互に確認する。

(6) 本件更正請求

請求人は、平成30年2月23日、原処分庁に対し、相続税法第32条《更正の請求の特則》に基づき、本件相続に係る相続税の更正の請求書を提出した（以下、当該更正の請求を「本件更正請求」という）。

なお、本件更正請求の理由は、おおむね以下のとおりである。

① 当初申告において未分割であった甲㈱の株式80株について、本件和解に基づき分割が確定したため、相続税法第19条の2《配偶者に対する相続税額の軽減》第1項の規定による配偶者に対する相続税額の軽減の特例の適用を受けたいこと

② 当初申告において、本件相続に係る財産として計上している下記(イ)から(ハ)までの債権（以下、これらの債権を併せて「本件各債権」という）については、本件和解により本件相続に係る財産ではなくなったことから、相続財産が減少したこと

(イ) 甲㈱に対する貸付金16,072,008円

(ロ) 甲㈱からの未収家賃880,000円

(ハ) 甲㈱からの未収給料383,053円

③ 本件債務が、本件和解により認定され、本件相続に係る債務が10,000,000円増加したこと

④ 当初申告において未分割であった下記(イ)及び(ロ)の財産（以下、これらの各財産を併

せて「本件各財産」という）について、本件和解に基づき分割が確定したため、相続税法第19条の２第１項の規定による配偶者に対する相続税額の軽減の特例の適用を受けたいこと

(イ)　＊＊（旧名称＊＊）の＊＊ 1,695,000円

(ロ)　＊＊の＊＊契約（契約番号＊＊）に関する権利３件（合計 2,967,700円）

(7)　本件更正処分

上記(6)に対して、原処分庁は、平成30年６月１日付で、請求人に対し、上記(6)①の事由については本件更正請求を認め、上記(6)②から④までの事由については更正をすべき理由がないとして、本件更正請求に対する更正処分（以下「本件更正処分」という）をした。

(8)　再調査の請求等

請求人は、平成30年７月25日、本件更正処分を不服として、再調査の請求をしたところ、再調査審理庁は、同年10月19日付で、棄却の再調査決定をした。

(9)　審査請求

請求人は、平成30年11月13日、上記(8)の再調査決定を経た後の本件更正処分に不服があるとして、審査請求をした。

筆者注　上記(1)ないし(9)に掲げる基礎事実等に基づいて、本件裁決事例につき、時系列的な経過をまとめると、**図表－２**のとおりとなる。

図表－２　本件裁決事例における時系列

H20 2月～3月	本件相続の開始日
月日不明	父Ａ死亡
月日不明	母Ｂ死亡
H20 12月～H21 1月	相続税の申告期限Ⓐ
H23 12月～H24 1月	Ⓐから３年経過日
H24 2/1	承認申請書を提出　事由 遺産分割に係る訴訟の提起
H25 5/31	請求人及びＣの各代理人弁護士による話合い
H25 12/24	嘆願書に基づく減額更正処分
年月日不明	本件判決日（一審判決）
H28 4/12	本件判決に対して控訴
H29 11/1	本件和解 ➡ 本件和解調書を作成
H30 2/23	本件更正請求
H30 6/1	本件更正処分 ➡ 更正をすべき理由がない旨の処分
H30 7/25	再調査の請求
H30 10/19	再調査決定 ➡ 棄却処分
H30 11/13	審査請求

筆者注　被相続人に係る共同相続人のうち、父Ａ及び母Ｂの死亡日は不明であるが、少なくとも、「本件相続の開始日」と「本件判決日（一審判決）」との間であると合理的に推認される。

〔3〕争点

⑴　争点１

本件和解により、本件各債権及び本件債務について、相続税法第32条《更正の請求の特則》第１項第６号に規定する後発的事由を理由とした更正の請求が認められるか否か。

⑵　争点２

本件和解により、本件各財産について、相続財産の遺産分割が行われたか否か。

〔4〕争点に関する双方（請求人・原処分庁）の主張

各争点に関する請求人・原処分庁の主張は、**図表－３**のとおりである。

図表－３　各争点に関する請求人・原処分庁の主張

⑴　争点１（本件和解により、本件各債権及び本件債務について、相続税法第32条《更正の請求の特則》第１項第６号に規定する後発的事由を理由とした更正の請求が認められるか否か）について

請求人（納税者）の主張	原処分庁（課税庁）の主張
次のとおり、本件和解は、相続税法第32条《更正の請求の特則》第１項第６号に規定する後発的事由に該当し、同条に基づく更正の請求が認められる。 ⑴　本件和解は、本件判決の内容に従った訴訟上の和解であって、判決とは別異に解すべき、いわゆる「なれあい和解」ではない。 ⑵　国税通則法第23条《更正の請求》第２項第１号に規定する「訴えについての判決（判決と同一の効力を有する和解その他の行為を含む）」と相続税法第32条《相続税の更正の請求》第１項第６号及びそれを受けた相続税法施行令第８条《更正の請求の対象となる事由》第２項第１号に規定する「財産についての権利の帰属に関する訴えについての判決」は、家事審判法第21条《調停の成立及び効力》第１項から同義と解することができる。	次のとおり、本件和解は、相続税法第32条《更正の請求の特則》第１項第６号に規定する後発的事由に該当せず、同条に基づく更正の請求は認められない。 ⑴　請求人、C及び甲㈱は、本件各債権が存在しないこと及び本件債務が存在していたことについて、本件和解により紛争解決を図っており、「権利の帰属に関する訴えについての判決」があったものではない。 ⑵　国税通則法第23条《更正の請求》第２項第１号は「訴えについての判決（判決と同一の効力を有する和解その他の行為を含む）」と規定している一方で、相続税法第32条《相続税の更正の請求》第１項第６号及び相続税法施行令第８条《更正の請求の対象となる事由》第２項第１号は、判決とは別に和解も該当する旨を定めていない。 したがって、「和解」は、相続税法施行令第８条第２項第１号に規定する「相続により取得した財産についての権利の帰属に関する訴えについての判決」に該当しない。

筆者注1　国税通則法第23条《更正の請求》第２項第１号（要旨のみ）

国税通則法第23条《更正の請求》第２項第１号は、納税申告書を提出した者は、その申告に係る課税標準等又は税額等の計算の基礎となった事実に関する訴えについての判決（判決と同一の効力を有する和解その他の行為を含む）により、その事実が当該計算の基礎としたところと異なることが確定したときには、その確定した日の翌日から起算して２月以内の期間において、更正の請求をすることができる旨規定している。

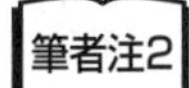
家事審判法第21条《調停の成立及び効力》第１項（要旨のみ）

家事審判法第21条《調停の成立及び効力》は、調停において当事者間に合意が成立し、これを調書に記載したときは、調停が成立したものとし、その記載は、確定判決と同一の効力を有する旨規定している。

（注）上記の規定は、現行の法令では家事審判法第268条《調停の成立及び効力》第１項に移管されている。

⑵ 争点２（本件和解により、本件各財産について、相続財産の遺産分割が行われたか否か）について

請求人（納税者）の主張	原処分庁（課税庁）の主張
⑴ 本件各財産については、平成25年５月31日に、請求人及びＣ双方の各代理人弁護士の話合いにより、法定相続分で遺産分割することが決まったとして更正の請求をしたところ、原処分庁から更正の請求理由に該当しない旨の指導を受けたため、更正の請求を取り下げ、平成25年12月24日に嘆願書を提出したものである。 ⑵ 上記⑴の経緯と併せて、本件和解調書において「ほか、何らの債権債務の存しないことを相互に確認する」と記載されており、今後、本件各財産について遺産分割協議をすることはないのであるから、本件和解により、本件各財産について、相続財産の遺産分割が行われたといえる。	本件和解調書には、甲㈱の株式については遺産分割協議が成立した旨、被相続人のその他の遺産については当該株式の分割とは別個独立に分割することとし、当該株式の分割がその他の遺産分割に影響を及ぼさない旨、請求人はＣとの間において本件に関し本和解条項に定めるもののほかに何も債権債務が存在しないことを相互に確認する旨の記載がされているが、具体的に本件各財産の分割について何も記載されていないことから、本件和解により、本件各財産について、相続財産の遺産分割が行われたとはいえない。

〔５〕国税不服審判所の判断

⑴ 争点１（本件和解により、本件各債権及び本件債務について、相続税法第32条《更正の請求の特則》第１項第６号に規定する後発的事由を理由とした更正の請求が認められるか否か）について

① 法令解釈等

㈠ 相続税法第32条《更正の請求の特則》は、国税通則法第23条《更正の請求》の一般的な規定に対し、相続税法特有の事由があることから、一般的に国税通則法の定める更正の請求の期限後においても後発的事由に基づき、特例的に更正の請求を認めるために設けられた規定であると解されるところ、相続税法第32条第１項第６号は、後発的事由の一つとして、「前各号に規定する事由に準ずるものとして政令で定める事由」と規定し、これを受けた相続税法施行令第８条《更正の請求の対象となる事由》第２項第１号は、「相続若しくは遺贈又は贈与により取得した財産についての権利の帰属に関する訴えについての判決」と規定している。

㈡ 租税法規は、多数の納税者間の税負担の公平を図る観点から、法的安定性の要請が強く働くから、その解釈は、原則として文理解釈によるべきであり、文理解釈に

よっては規定の意味内容を明らかにすることが困難な場合に初めて、規定の趣旨、目的に照らしてその意味内容を明らかにする目的論的解釈が行われるべきであって、みだりに拡張解釈や類推解釈を行うべきではないと解される。

② 当てはめ

(イ) 上記①より、相続税法施行令第8条《更正の請求の対象となる事由》第2項第1号は、「相続若しくは遺贈又は贈与により取得した財産についての権利の帰属に関する訴えについての判決」と規定し、判決に和解を含むと規定していないから、本件和解は、相続税法施行令第8条第2項第1号に規定する「判決」に該当しない。

(ロ) 上記(イ)によれば、本件和解により、本件各債権及び本件債務について、相続税法第32条《更正の請求の特則》第1項第6号に規定する後発的事由を理由とした本件更正請求を認めることはできない。

③ 請求人の主張について

(イ) 本件和解がいわゆる「なれあい和解」ではないことについて

請求人は、上記**図表－3**の(1)（**争点1**）の「請求人（納税者）の主張」欄の(1)のとおり、本件和解は、本件判決の内容に従った訴訟上の和解であり、判決とは別異に解すべき、いわゆる「なれあい和解」ではないから、本件和解は相続税法施行令第8条《更正の請求の対象となる事由》第2項第1号に規定する「相続により取得した財産についての権利の帰属に関する訴えについての判決」に該当する旨主張する。

しかしながら、本件和解が、訴訟上の和解であるか否か、「なれあい和解」であるか否かにかかわらず、本件和解により、本件各債権及び本件債務について、相続税法第32条《更正の請求の特則》第1項第6号に規定する後発的事由を理由とした本件更正請求が認められないことは、上記②(ロ)のとおりである。

したがって、この点に関する請求人の主張には理由がない。

(ロ) 「判決と同一の効力を有する和解」の解釈について

請求人は、上記**図表－3**の(1)（**争点1**）の「請求人（納税者）の主張」欄の(2)のとおり、国税通則法第23条《更正の請求》第2項第1号に規定する「訴えについての判決（判決と同一の効力を有する和解その他の行為を含む）」と相続税法第32条《更正の請求の特則》第1項第6号及びそれを受けた相続税法施行令第8条《更正の請求の対象となる事由》第2項第1号に規定する「財産についての権利の帰属に関する訴えについての判決」は、家事審判法第21条《調停の成立及び効力》第1項から同義と解することができる旨主張する。

しかしながら、家事審判法第21条第1項本文は、成立した調停調書の記載について「確定判決と同一の効力を有する」旨規定しているところ、当該規定は調停に関するものであって、和解に関する規定ではない上、調停が確定判決と同一の効力を有する旨法令等で規定されていたことをもって、和解が判決となるものでもない。

そして、相続税法第32条第１項第６号及びそれを受けた相続税法施行令第８条第２項第１号に規定する「財産についての権利の帰属に関する訴えについての判決」に文理上、和解が含まれると解することができないことは、上記②(イ)のとおりであり、この点に関する請求人の主張には理由がない。

筆者注「和解」と「調停」について

㋑「和解」とは、争いに係る当事者同士が話し合って相互に譲り合って問題を解決して、争いを止めるという合意をすることをいう。和解には、「裁判上の和解（裁判所が関与する和解）」と「裁判外の和解」が存在するが、裁判上の和解は訴訟提起が前提となる。裁判上の和解が成立した場合には、その内容が和解調書に記載されて確定判決と同一の効力を有するものとされている。

㋺「調停」とは、争いに係る当事者同士の間に第三者が入る（これを「仲介」という）ことによって、当該争いの解決を図ることをいう。調停手続は調停委員会（裁判官１名と調停委員２名で構成される）が仲介に入って当事者双方の主張を個別かつ交互に聞きとることによって、自主的な紛争解決の手助けをする制度をいう。

(2) 争点２（本件和解により、本件各財産について、相続財産の遺産分割が行われたか否か）について

① 当てはめ

本件和解調書には、甲㈱の株式80株については遺産分割協議が成立した旨及び被相続人のその他の遺産については当該株式の分割とは別個独立に分割することとし、当該株式の分割がその他の遺産分割に影響を及ぼさない旨の記載はあるが、本件各財産を含む「被相続人のその他の遺産」の具体的な遺産分割は何も記載されていない。

したがって、本件和解により、本件各財産について、相続財産の遺産分割が行われたとは認められない。

② 請求人の主張について

請求人は、**図表－３**の(2)（争点２）の「請求人（納税者）の主張」欄のとおり、本件各財産については、平成25年５月31日に、請求人及びＣ双方の各代理人弁護士の話合いにより、法定相続分で遺産分割することが決まったこと及び本件和解調書において「ほか、何らの債権債務の存しないことを相互に確認する」と記載され、今後、遺産分割協議をすることはないのであり、本件和解により、本件各財産について、相続財産の遺産分割が行われたといえる旨主張する。

しかしながら、上記①のとおり、本件和解調書には、甲㈱の株式以外の被相続人の遺産については別個独立に分割することとする旨記載されているが、その具体的な遺産分割の内容は、記載されていないのであるから、本件和解によって、本件各財産について、相続財産の遺産分割が行われたと認めることはできない。

したがって、この点に関する請求人の主張には理由がない。

〔6〕まとめ

⑴ 裁決事例の結果

先例とされる裁決事例では、本件更正請求の可否につき、請求人（納税者）が相続税法第32条《更正の請求の特則》第1項第6号（これに関連する相続税法施行令を含む）の規定の適用に当たっては訴えについての判決には「判決と同一の効力を有する和解」も含まれる旨を主張したのに対し、原処分庁（課税庁）が主張し国税不服審判所がこれを相当と判断したのが当該規定の適用に当たっては含まれないというものであったことから、結果として、請求人（納税者）の主張は容認されなかった。よって、本件更正処分は適法とされた。

⑵ 参考法令通達等

- ●相続税法第19条の2《配偶者に対する相続税額の軽減》
- ●相続税法第32条《更正の請求の特則》
- ●相続税法第55条《未分割遺産に対する課税》
- ●相続税法施行令第8条《更正の請求の対象となる事由》
- ●国税通則法第23条《更正の請求》
- ●家事審判法第21条《調停の成立及び効力》（㊟現行の規定では、家事審判法第268条《調停の成立及び効力》となっている）

本問から学ぶ重要なキーポイント

⑴ 相続税法第32条と国税通則法第23条との関係

相続税法第32条《更正の請求の特則》は、国税通則法第23条《更正の請求》の一般的な規定に対し、相続税法特有の事由があることから、一般的に国税通則法の定める更正の請求の期限後においても後発的事由に基づき、特例的に更正の請求を認めるために設けられた規定であると解されるところ、相続税法第32条第1項第6号は、後発的事由の一つとして、「前各号に規定する事由に準ずるものとして政令で定める事由」と規定し、これを受けた相続税法施行令第8条《更正の請求の対象となる事由》第2項第1号は、「相続若しくは遺贈又は贈与により取得した財産についての権利の帰属に関する訴えについての判決」と規定しており、国税通則法第23条が一般法であるのに対し、相続税法第32条が特例法として運用されていることが理解されます。

⑵ 租税法規の解釈指針

租税法規は、多数の納税者間の税負担の公平を図る観点から、法的安定性の要請が強く働くから、その解釈は、原則として文理解釈によるべきであり、文理解釈によっては規定の意味内容を明らかにすることが困難な場合に初めて、規定の趣旨、目的に照らしてその意味内容を明らかにする目的論的解釈が行われるべきであって、みだりに拡張解釈や類推解釈を行うべきではないと解されるとしており、租税法規における文理解釈の位置付け及び文理解釈と目的論的解釈（注）との関係について説示しています。

（注）「目的論的解釈」とは、論理解釈ともいい、法令に掲げられている文字や用語のみに固執するのではなく、さまざまな道理、理屈を導入して法令を解釈しようとするものです。

⑶　相続税法第32条第１項第６号に規定する「判決」の解釈

相続税法第32条《更正の請求の特則》第１項第６号及びそれを受けた相続税法施行令第８条《更正の請求の対象となる事由》第２項第１号に規定する「財産についての権利の帰属に関する訴えについての判決」に文理上、和解が含まれないと解することはできない（文理解釈）とされています。

貸付金債権に係る実務対策

⑴　相続財産の種類を貸付金債権等に限定するものではありませんが、いわゆる後発的な事由に基づいて相続税法（相続税法施行令を含みます）を根拠法とする更正の請求（更正の請求の特則）を受けるためには、本件判決に対する控訴審の判決が必要とされ、和解ではその目的を達することができないことに留意する必要があります。

上記の点につき、訴訟担当者（弁護士）との意思の共有（訴訟方針として、先例とされる裁決事例の場合には、決して、和解はしない）が提訴中から求められることになります。

⑵　被相続人に係る相続開始前からその回収に懸念が生じている貸付金債権等（貸付金、未収入金、立替金等）については、生前における債権放棄の可否について検討しておくことも必要と考えられます。

⑶　自己が主宰する同族会社からの給与（役員報酬、賞与）、不動産の貸付に伴う賃料、剰余金の配当等については、その資金繰りの都合から未収未払いを余儀なくされるものについては、支給前にその支給自体を見直すことも必要と考えられます。

8 その他諸項目

Q8-1 【個人間における貸付金債権の譲渡】親子間で主宰同族会社を債務者とする貸付金債権を額面金額の約５％の対価で譲渡（その後、同族会社は解散登記を経由）した場合におけるみなし贈与（低額譲受益）課税の可否が争点とされた事例

事例 **国税不服審判所裁決事例**
（令和４年８月１日裁決、東裁（諸）令４－８、平成27年分贈与税）

疑問点

個人Ａは同人が代表取締役である法人Ａ㈱（同族会社）を主宰していたところ、Ａ㈱の資金調達の大部分は個人甲（同人は、個人Ａの父親に該当します）よりの無利息による資金借入れに頼っていました。

Ａ㈱の事業は不調であり好転する気配もなく、また、事業継続性にも疑問が生じるような状況にもあるとの認識を有していた個人Ａ及び個人甲の協議の結果、個人甲が現時点で有するＡ㈱に対する貸付金債権（本件債権）（元本残高82,802,097円）を次のとおりの取扱いで処理することで、両者の合意が成立しました。

(1)　個人甲は個人Ａに対して、本件債権を4,140,000円（注）で譲渡する。

（注）　当該譲渡価額は、次に掲げる計算のとおり、本件債権の元本残高の約５％に該当します。

計算　82,802,097円（元本残高）×５％＝4,140,104円⇒4,140,000円（端数処理後）

(2)　上記(1)に掲げる譲渡価額は、金融庁が策定した『金融検査マニュアル』等に準じて算定した不良債権の時価（客観的な交換価値）を求めたものであることを個人甲及び個人Ａは相互に確認したものとする。

本件債権の譲渡によって生じることが想定される税務上の問題について説明してください。

なお、本件債権に係る債務者であるＡ㈱は、本件債権の譲渡後、約７年弱が経過した時点で、会社の解散の登記が行われています。

A 回　答

お尋ねの本件債権の譲渡については、本件債権の譲受人（個人A）は、本件債権の譲渡者（個人甲）から当該譲渡時における本件債権の価額（無利息であることから元本の価額である82,802,097円）と本件債権の譲渡価額（4,140,000円）との差額に相当する金額（82,802,097円－4,140,000円＝78,662,097円）についての贈与を受けたものとみなされて、相続税法第7条《贈与又は遺贈により取得したものとみなす場合—低額譲受益》の規定が適用され、贈与税が課税されることになります。

! 解　説

(1) 通説の法令解釈等として、相続税法7条《贈与又は遺贈により取得したものとみなす場合—低額譲受益》に規定する『時価』と相続税法第22条《評価の原則》に規定する『時価』は同一概念と解されています。

(2) 相続税法第22条に規定する時価は、評価通達の定めによらないことが相当と認められる特別の事情がない限り、評価通達に定める評価方法により算定した価額とされています。

(3) 貸付金債権等の価額は評価通達205《貸付金債権等の元本価額の範囲》に定める特例的な評価をする場合を除いては、評価通達204《貸付金債権の評価》の定める原則的な評価が適用されます。

そして、本件債権の価額については、上掲の特例的な評価によることを可能とする要件（例えば、「その回収が不可能又は著しく困難であると見込まれるとき」）を充足しているとは認められないことから、上掲の原則的な評価（お尋ねの事例の場合には、元本残高で評価）を適用することになります。

(4) 上記(1)ないし(3)より、A 回　答に掲げるとおりのみなし贈与（低額譲受益）の課税問題が生じることになります。

なお、本件債権の価額につき、上記? 疑問点の(2)に掲げるとおりに、譲渡契約の当事者で『金融検査マニュアル』等に従った適正なものと主張していますが、『金融検査マニュアル』と贈与税の課税対象財産の価額を定める評価通達は、本来的にその趣旨目的を異にする別物とされることから当該主張に相当性はないものと考えられます。

また、本件債権に係る債務者であるA㈱が本件債権の譲渡後（約7年後）に会社の解散の登記をしたとのことですが、そもそも、財産の価額は相続税法第22条《評価の原則》の規定及び評価通達1《評価の原則》の(2)（時価の意義）の定めから、課税時期の現況によるものとされており、摘示の事項は考慮の対象にはならないものと考えられます。

Q8-1の検討に当たっては、下記に掲げる裁決事例が先例として参考になります。

●国税不服審判所裁決事例（令和４年８月１日裁決、東裁（諸）令４－８、平成27年分贈与税）

〔1〕事案の概要

本件は、請求人が、その父から貸付金債権をその債権額より低い価格で譲り受けたことについて、原処分庁が、当該貸付金債権の価額を債権額と同額であると評価し、当該譲受価額が相続税法第７条《贈与又は遺贈により取得したものとみなす場合―低額譲受益》に規定する「著しく低い価額の対価」に当たるとして、贈与税の更正処分等を行ったことに対し、請求人が、貸付金債権の価額は回収可能性を考慮して評価すべきであるなどと主張して、その全部の取消しを求めた事案である。

〔2〕基礎事実

⑴ 関係当事者の概要

① 請求人は、平成＊＊年＊＊月＊＊日（筆者注 該当年月日は、平成27年12月30日以降である）に死亡した甲の長男である。

② A㈱（以下「本件法人」という）は、平成15年６月６日に設立された株式会社であり、設立以降の本件法人の代表取締役は、請求人であった。

本件法人の事業年度は、６月１日から翌年５月31日までである（以下、本件法人の平成23年６月１日から平成24年５月31日までの事業年度を「平成24年５月期」といい、その後の事業年度も同様に表記する）。

③ 本件法人は、令和３年12月15日に、会社法第472条《休眠会社のみなし解散》第１項の規定（筆者注）により解散の登記がされた。

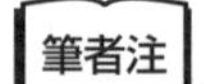
会社法第472条《休眠会社のみなし解散》第１項において、「休眠会社（株式会社であって、当該株式会社に関する登記が最後にあった日から12年を経過したものをいう）は、法務大臣が休眠会社に対し２箇月以内に法務省令で定めるところによりその本店の所在地を管轄する登記所に事業を廃止していない旨の届出をすべき旨を官報に公告した場合において、その届出をしないときは、その２箇月の期間の満了の時に、解散したものとみなす。ただし、当該期間内に当該休眠会社に関する登記がされたときは、この限りではない」と規定されている。

⑵ 本件債権の成立及び債権額について

甲は、遅くとも平成20年頃までに、本件法人の設立当時のプロジェクト資金として、本件法人に対し、無利息で金銭を貸し付けた（以下、この貸付けに係る債権を「本件債権」という）。平成27年４月３日時点での本件債権の元本残額は、82,802,097円であった。

⑶　本件債権の有償譲受け

請求人は、平成27年4月3日（以下「本件譲受日」という）、甲から本件債権を代金4,140,000円（以下「本件譲受価額」という）で譲り受ける旨を合意した（以下、この合意した譲受けを「本件譲受け」という）。

⑷　その他の財産の受贈

請求人は、平成27年12月30日、甲から現金＊＊円の贈与を受けた。

⑸　贈与税の期限後申告

請求人は、令和3年3月23日、平成27年中に甲から現金＊＊円の贈与を受けたとして、原処分庁に対し、同年分の贈与税（以下「本件贈与税」という）の期限後申告をした。

⑹　本件更正処分等

原処分庁は、令和3年4月27日付で、原処分庁所属の調査担当職員の調査に基づき、本件譲受価額と上記⑵の本件債権の元本残額82,802,097円との差額を請求人が贈与により取得したものとみなされるとして、請求人に対し、本件贈与税について、更正処分（以下「本件更正処分」という）及び無申告加算税の賦課決定処分（以下「本件賦課決定処分」といい、本件更正処分と併せて「本件更正処分等」という）をした。

⑺　再調査の請求

請求人は、令和3年7月9日、本件更正処分等を不服として再調査の請求をした。これに対し、再調査審理庁は、令和3年10月4日付で棄却の再調査決定をした。

⑻　審査請求

請求人は、令和3年10月28日、再調査決定を経た後の本件更正処分等に不服があるとして審査請求した。

筆者注　上記⑴ないし⑻に掲げる基礎事実につき、時系列的な経過をまとめると、**図表－1**のとおりとなる。

図表－1　本件裁決事例における時系列

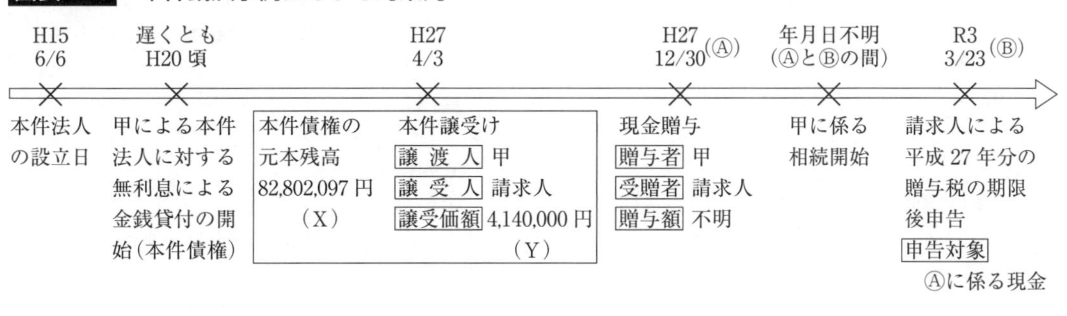

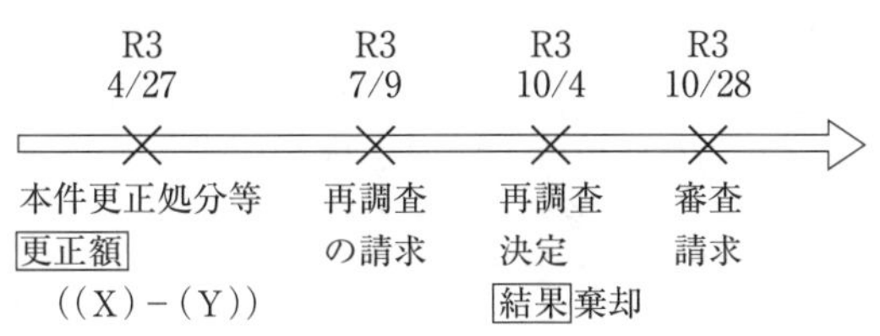

〔3〕争点

本件の争点は、本件譲受価額は、相続税法第７条《贈与又は遺贈により取得したものとみなす場合―低額譲受益》に規定する「著しく低い価額の対価」といえるか否か（具体的には、本件債権に係る相続税法第７条に規定する「時価」は、同法第22条《評価の原則》に規定する「時価」と同様に評価通達204《貸付金債権の評価》及び205《貸付金債権等の元本価額の範囲》に定める評価方法により評価すべきか否か）である。

〔4〕争点に関する双方（請求人・原処分庁）の主張

争点に関する請求人・原処分庁の主張は、図表－２のとおりである。

図表－２　争点に関する請求人・原処分庁の主張

（争点）　本件譲受価額は、相続税法第７条《贈与又は遺贈により取得したものとみなす場合―低額譲受益》に規定する「著しく低い価額の対価」といえるか否か（具体的には、本件債権に係る相続税法第７条に規定する「時価」は、同法第22条《評価の原則》に規定する「時価」と同様に評価通達204《貸付金債権の評価》及び205《貸付金債権等の元本価額の範囲》に定める評価方法により評価すべきか否か）

請求人（納税者）の主張	原処分庁（課税庁）の主張
本件譲受日における本件債権に係る相続税法第７条《贈与又は遺贈により取得したものとみなす場合―低額譲受益》に規定する「時価」は、以下のとおり、評価通達204《貸付金債権の評価》及び205《貸付金債権等の元本価額の範囲》に定める評価方法によるのではなく、本件法人の財政状態及び債権の回収可能性を考慮した『金融検査マニュアル』等に準じた方法により評価すべきであり、この方法に従った本件債権の「時価」は、本件譲受価額と同額の4,140,000円であるから、本件譲受価額は、同条に規定する「著しく低い価額の対価」とはいえない。 (1)　本件譲受けは、債権譲渡という法律行為であり、相続や贈与とは異なるものである。 　譲渡と相続や贈与を比較すると時価の考え方は幾分異なるものであり、債権譲渡の場合は、一方的に権利が移転する相続や贈与の場合と異なり、財政状態と回収可能性を含めた債権の実質的な評価を基に合意するものであって、	本件譲受日における本件債権に係る相続税法第７条《贈与又は遺贈により取得したものとみなす場合―低額譲受益》に規定する「時価」は、以下のとおり、評価通達204《貸付金債権の評価》及び205《貸付金債権等の元本価額の範囲》に定める評価方法により評価すべきであり、この方法に従った本件債権の「時価」は82,802,097円であるから、本件譲受価額は、同条に規定する「著しく低い価額の対価」といえる。 (1)　相続税法第５条《贈与により取得したものとみなす場合》以下のいわゆるみなし贈与財産は、法律的には、贈与によって取得した財産とはいえないが、贈与によって取得した財産と実質を同じくするため、公平負担の見地から、贈与によって取得したものとみなされ、贈与税の対象とされている財産又は権利（経済的利益を含む）であり、同法第７条に規定する「著しく低い価額の対価」で財産の譲渡を受けた場合におけるその対価と財産の時価との差額に相当する金額もその一つである。 　そうすると、相続税法第７条に規定する「時価」は、贈与によって取得したものとみなされる金額の算定基礎となるものであるから、本来の贈与等により取得した財産の評価の原則である同法第22条《評価の原則》に規定する「時価」と同一の基準によって評価するのが合理的である。

この点を考慮しない取引はなく、本件債権の時価の算定に当たり、評価通達204及び205を判断の基準にすることはできない。

(2) 本件債権に係る相続税法第7条に規定する「時価」の判断に当たっては、次のとおり、譲渡の対象となる債権の回収可能性に基づいて時価を算定すべきである。

① 債権の譲渡の場合は、『金融検査マニュアル』の実質基準等により判断すべきである。

『金融検査マニュアル』の実質基準は、貸付金の回収可能性の判断基準として税法と同様、豊富な資料に基づいており、これによる債権の評価は、金融商品取引法に則り統計的・科学的根拠に基づき算出され、この算出された金額こそが不特定多数の間に生まれる客観的な交換価値である。

② 本件法人は、大幅な債務超過が長期にわたって継続しており、実際に、本件法人は令和3年12月15日に解散の登記がなされていることからも、本件譲受日に法的に破綻していなくとも、本件債権が全額回収可能であるとは判断できない。

③ 平成29年5月期には、本件法人の技術者が全て他社に移籍しており、同事業年度以降、本件法人に売上げとして入金されている水槽管理収入は、当該技術者が当該水槽管理業務をしていないから、法的な根拠に基づく収入ではない。

当該水槽管理業務に係る収入を本件法人から当該他社へ移行して決算の修正を行った場合、本件債権は全額回収不能であることは明らかである。

④ 本件法人は、平成27年当時、本件債権以外に約80,000,000円の負債があり、それらが本件債権の返済よりも優先されるべきであるから、請求人に対して僅かな返済があったとしても、請求人の回収可能性は担保されるわけではない。

そして、評価通達の定める評価方法が当該財産の相続税法第7条及び同法第22条に規定する「時価」を算定する方法として一般的な合理性を有するものといえる場合には、評価通達の定める評価方法に従って算出された財産の価額は、同法第7条に規定する「時価」を適正に評価したものと推認されると解される。

本件債権は、評価通達204に定める貸付金債権等に該当するが、評価通達204及び205は、債務の内容が金銭の支払という抽象的な内容であり、通常は元本及び利息の金額を一義的に定めることができるものである一方、市場性がなく、取引相場のように交換価値を具体的に示すものはないという貸付金債権等の性質に照らして一般的な合理性を有するものといえる。

そして、本件法人は、本件譲受日において現に存続し、営業が継続しており、債務超過であったとはいえ、直ちに返済しなければならない債務ではなく、倒産状態にあったとはいえず、本件譲受日以降に、本件債権の一部が請求人に返済されていることからすれば、本件譲受日において、評価通達205の(1)ないし(3)に掲げる金額に該当する部分はなく、その回収が不可能又は著しく困難であると見込まれる事情も認められない。

したがって、評価通達による本件債権の評価額は、利息の取決めがないことから元本額の82,802,097円であり、また、評価通達の定める評価方法によっては本件債権の客観的交換価値を適切に算定することができない特別の事情があるとは認められない。

以上によれば、本件債権の「時価」は、82,802,097円であると認められる。

(2) 請求人は『金融検査マニュアル』等を基に本件譲受価額を算定しているが、当該マニュアルと評価通達とはその趣旨目的を異にするものであり、贈与税における財産の評価の際に、評価通達によらないで、金融機関の業務の健全性と適切性の確保のために用いられる当該マニュアルを使用するのは合理的なものということはできず、これに基づき算定したとする本件譲受価額4,140,000円は、相続税法第7条に規定する「時価」を適正に評価したものとは認められない。

また、請求人が主張する事由はいずれも、本件譲受日以後の事情であり、これらの事情が「時価」の算定に影響を及ぼすものではない。

〔5〕国税不服審判所の判断

(1) 認定事実

① 本件法人の財政状態及び経営成績等

(イ) 本件法人の財政状態

本件法人は、図表－3のとおり、令和3年5月期までの各事業年度において、貸借対照表上の資産として、平均約60,000,000円を計上していた。また、同図表のとおり、本件法人は、令和3年5月期までの各事業年度において、貸借対照表上の負債として、継続して130,000,000円前後を計上しているところ、その約半分を占める短期借入金の内訳は、本件譲受日の属する事業年度の直前期である平成26年5月期においてはその99％以上が甲から、本件譲受日の属する平成27年5月期においてはその97％以上が請求人からの本件債権に係る借入れであり、当該短期借入金の大部分が本件債権により構成されていた。

なお、本件法人の貸借対照表上の純資産の金額は、少なくとも平成24年5月期以降は継続して債務超過の状況であり、本件譲受日の属する事業年度の直前期である平成26年5月期の債務超過額は91,638,252円であった。

図表－3　本件法人の貸借対照表の概要

（単位：円）

事業年度			平成24年5月期	平成25年5月期	平成26年5月期	平成27年5月期	平成28年5月期
①	資産の部		46,871,019	74,536,348	77,193,582	75,283,534	91,993,419
	流動資産		18,167,372	45,937,396	48,679,112	46,837,373	63,600,327
	固定資産		28,703,647	28,598,952	28,514,470	28,446,161	28,393,092
②	負債の部		139,604,615	168,933,984	168,831,834	166,020,359	137,526,349
	短期借入金		69,092,045	99,641,192	82,817,133	84,927,592	85,539,692
		甲	67,452,097	82,802,097	82,802,097	－	－
		請求人	－	－	－	82,802,097	80,302,097
	その他の負債		70,512,570	69,292,792	86,014,701	81,092,767	51,986,657
③	純資産の部		▲92,733,596	▲94,397,636	▲91,638,252	▲90,736,825	▲45,532,930
事業年度			平成29年5月期	平成30年5月期	令和元年5月期	令和2年5月期	令和3年5月期
①	資産の部		42,184,898	40,351,847	44,117,889	45,829,535	51,182,157
	流動資産		13,834,290	12,031,192	15,827,913	17,569,457	22,951,306
	固定資産		28,350,608	28,320,655	28,289,976	28,260,078	28,230,851
②	負債の部		120,575,111	114,156,209	103,194,181	100,136,094	100,455,985
	短期借入金		86,539,692	81,539,692	80,139,692	77,439,692	77,439,692
		甲	－	－	－	－	－
		請求人	80,302,097	75,302,097	73,902,097	71,202,097	71,202,097
	その他の負債		34,035,419	32,616,517	23,054,489	22,696,402	23,016,293
③	純資産の部		▲78,390,213	▲73,804,362	▲59,076,292	▲54,306,559	▲49,273,828

（注）▲の表記は、マイナスの数値を示す。

(ロ) 本件法人の売上高

本件法人は、図表－4の「売上高」欄のとおり、継続して損益計算書上の売上を計上しており、その内訳及び金額は、平成24年5月期以降は、完成工事収入及び管理料収入として50,000,000円前後であったが、平成29年5月期以降は＊＊＊＊（筆者注 請求人又は本件法人と同族関係にある法人と推認される）からの管理料収入のみであった。

(ハ) 本件法人の利益

本件法人は、図表－4の「経常利益金額」欄のとおり、令和3年5月期までの各事業年度において、損益計算書上の経常利益を継続して計上しており、また、同表の「当期純利益金額又は当期純損失金額」欄のとおり、特別損失を計上した平成24年5月期、平成25年5月期及び平成29年5月期の各事業年度を除いて、損益計算書上の純利益を計上していた。

図表－4 本件法人の損益計算書の概要

（単位：円）

事業年度	平成24年5月期	平成25年5月期	平成26年5月期	平成27年5月期	平成28年5月期
売上高	41,157,018	52,640,000	85,801,429	13,792,593	28,600,000
売上総利益金額	28,576,340	22,743,904	12,310,534	3,977,390	16,222,185
営業利益金額	17,242,884	1,475,757	2,660,028	735,057	10,424,215
経常利益金額	＊＊＊＊	＊＊＊＊	＊＊＊＊	＊＊＊＊	＊＊＊＊
特別損失	70,000,000	3,407,000	0	0	0
税引前当期純利益金額又は税引前当期純損失金額	＊＊＊＊	＊＊＊＊	＊＊＊＊	＊＊＊＊	＊＊＊＊
当期純利益金額又は当期純損失金額	＊＊＊＊	＊＊＊＊	＊＊＊＊	＊＊＊＊	＊＊＊＊
事業年度	平成29年5月期	平成30年5月期	令和元年5月期	令和2年5月期	令和3年5月期
売上高	7,200,000	7,200,000	7,200,000	7,872,000	7,920,000
売上総利益金額	6,022,222	7,200,000	7,200,000	7,872,000	7,920,000
営業利益金額	2,673,673	4,564,978	4,709,436	4,759,305	5,127,714
経常利益金額	＊＊＊＊	＊＊＊＊	＊＊＊＊	＊＊＊＊	＊＊＊＊
特別損失	54,630,353	0	0	0	0
税引前当期純利益金額又は税引前当期純損失金額	＊＊＊＊	＊＊＊＊	＊＊＊＊	＊＊＊＊	＊＊＊＊
当期純利益金額又は当期純損失金額	＊＊＊＊	＊＊＊＊	＊＊＊＊	＊＊＊＊	＊＊＊＊

（注） 平成24年5月期ないし平成28年5月期の各事業年度の売上高のうち7,200,000円は水槽管理収入であり、平成29年5月期ないし令和3年5月期の各事業年度の売上高の全額が水槽管理収入である。

㈡　本件法人による本件債権の弁済

本件法人は、平成28年４月から平成30年12月までの間に、本件債権の弁済として、21回にわたり合計9,900,432円を支払った。

②　金融検査マニュアルの趣旨

金融検査は、金融庁が金融システムの安定と再生を図ること等を目的として金融機関を対象として実施している検査であるところ、『金融検査マニュアル』は、その検査の際、金融庁の検査官が用いる手引書として位置付けられるものであり、バブル崩壊後の不動産向け融資を中心とした不良債権への対応を目的に平成11年に導入された。そして、各金融機関においては、当該マニュアル等を踏まえ創意工夫して、より詳細なマニュアルを作成し、金融機関の業務の健全性と適切性の確保に努めることが期待されるというものである。

なお、『金融検査マニュアル』は令和元年12月18日に廃止された。

⑵　法令解釈等

①　相続税法に規定する「時価」

㈠　相続税法第22条に規定する「時価」

相続税法第22条《評価の原則》は、相続、遺贈又は贈与により取得した財産の価額は、当該財産の取得の時における時価による旨規定しており、この時価とは、課税時期における財産の客観的な交換価値をいうものと解するのが相当である。

しかし、財産の客観的な交換価値は、必ずしも一義的に確定されるものではないから、これを個別に評価する方法を採った場合には、その評価方式等により異なる評価額が生じることや、課税庁の事務負担が重くなり、大量に発生する課税事務の迅速な処理が困難となるおそれがある。

この点、相続税法は、一定の例外を除いて、財産の評価の方法について直接定めていないが、これは、上記のような納税者間の公平の確保、納税者及び課税庁双方の便宜、経費の節減等の観点から、評価に関する通達により全国一律の統一的な評価の方法を定めることを予定し、これによって財産の評価がされることを当然の前提とする趣旨であると解するのが相当である。

相続税法の上記趣旨からすれば、財産の評価に当たっては、評価通達によって評価することが著しく不適当と認められる特別の事情がない限り、評価通達に定められた評価方法によって画一的に評価することが相当である。

㈡　相続税法第７条に規定する「時価」

相続税法第５条《贈与により取得したものとみなす場合》以下のいわゆるみなし贈与財産は、法律的には贈与によって取得した財産とはいえないが、贈与によって取得した財産と実質を同じくするため、公平負担の見地から、贈与によって取得したものとみなされ、贈与税の対象とされている財産又は権利（経済的利益を含む）であり、同法第７条《贈与又は遺贈により取得したものとみなす場合―低額譲受益》の「著しく低い価額の対価」で財産の譲渡を受けた場合におけるその対価と財産の時価との差額に相当する金額もその一つである。

そうすると、相続税法第７条に規定する「時価」は、贈与によって取得したものとみなされる金額の算定基礎となるものであるから、本来の贈与等により取得した財産の同法第22条に規定する「時価」と同一の基準によって評価するのが合理的である。

(ハ) 両規定の関係

相続税法第７条に規定する「時価」とは、同法第22条に規定する「時価」と同様に課税時期における客観的交換価値をいい、評価通達の定める評価方法によっては当該財産の客観的交換価値を適切に算定することができない特別の事情の存しない限り、評価通達の定める評価方法に従って算出された価額を「時価」として評価することができると解される。

② 評価通達204及び同205の定め

評価通達204《貸付金債権の評価》は、貸付金債権等の価額を元本の価額と利息の価額との合計額で評価することとし、この例外として、評価通達205《貸付金債権等の元本価額の範囲》は、債務者が手形交換所において取引停止処分を受けたとき等、債権金額の全部又は一部の回収が不可能又は著しく困難であると見込まれるときに限り、それらの金額を元本の価額に算入しないこととしている。

貸付金債権等については、一般に公開の取引市場は存在せず、その元本の価額に対する日々の取引価格の変動といったものを把握できないことに加え、企業者に対する貸付金債権等の回収が不可能又は著しく困難であると見込まれるというのは通常とはいえず、その債務者たる企業者において外形上企業活動を継続している限り、すなわち債務者について手形交換所の取引停止処分を受けた場合などの特別の事情が認められない限り、回収可能であるのが一般的であることに照らすと、評価通達204及び205に定める評価方法は、相続税法第22条《評価の原則》及び同法第７条《贈与又は遺贈により取得したものとみなす場合―低額譲受益》に規定する「時価」の解釈に沿ったものといえ、いずれも合理性が認められるから、審判所においても相当であると認められる。

③ 評価通達205に定める「その他その回収が不可能又は著しく困難であると見込まれるとき」の意義

評価通達205《貸付金債権等の元本価額の範囲》は、その(1)ないし(3)の事由のほか、「その他その回収が不可能又は著しく困難であると見込まれるとき」も評価通達204《貸付金債権の評価》による評価の例外的事由として掲げているが、これが評価通達205の(1)ないし(3)の事由と並列的に定められていることからすると、評価通達205に定める「その他その回収が不可能又は著しく困難であると見込まれるとき」とは、その(1)ないし(3)の事由と同程度に、債務者が経済的に破綻していることが客観的に明白であり、そのため、貸付金債権等の回収の見込みがないか、又は著しく困難であると確実に認められるときをいうものと解すべきである。

(3) 当てはめ

① 本件債権の「時価」

上記(2)に掲げる法令解釈等のとおり、本件債権の「時価」は、相続税法第22条《評価の原則》に規定する時価と同様に、原則として、評価通達204《貸付金債権の評価》及び205《貸付金債権等の元本価額の範囲》の定めに従って評価すべきところ、本件債権については、評価通達205の(1)ないし(3)の事由に該当する事実はないから、評価通達205に定める「その他その回収が不可能又は著しく困難であると見込まれるとき」に該当するか否かを検討すべきことになる。

この点、本件法人は、上記(1)①(イ)のとおり、平成24年5月期から本件譲受日の属する平成27年5月期までの間、継続して債務超過になっているものの、負債の全体の約半分を占める短期借入金の内訳は、本件譲受日の属する事業年度の直前期である平成26年5月期においてはその99%以上が甲から、本件譲受日の属する平成27年5月期においてはその97%以上が請求人からの本件債権に係る借入れであり、それが当該短期借入金の大部分を構成していることから、本件譲受けの時点で直ちに返済しなければならない債務ではないことに加え、一般的に、債務超過の状態になったとしても、直ちに債務者が経済的に破綻していることにはならないものである。

実際に、本件法人は、上記(1)①(ロ)及び(ハ)によれば、本件譲受日の前後を通じて継続して売上高及び経常利益を計上し、一時期を除いて純利益も計上していたのであり、本件譲受日において事業を継続していたことは明らかである。

その上、本件法人は、上記(1)①(ニ)のとおり、本件譲受日後の平成28年4月から平成30年12月までの間に、本件債権について、本件譲受価額を超える9,900,000円以上を弁済していたのであって、本件譲受日において本件法人が債権者に対する返済を遅滞又は停止したことをうかがわせる事実はない。そして、審判所の調査の結果によっても、債権者に対する返済を遅滞又は停止したなどの事実は認められない。

そうすると、本件法人について、経済的に破綻していることが客観的に明白で、そのため、本件債権の回収の見込みがない又は著しく困難であると確実に認められるものであったとはいえず、本件債権は、評価通達205に定める「その他その回収が不可能又は著しく困難であると見込まれるとき」に該当するとはいえないというべきである。

② 本件債権の相続税法第7条に規定する「時価」と特別の事情の有無

上記〔2〕(2)のとおり、本件譲受日における本件債権の元本残額は82,802,097円であり、本件債権は無利息であったのであるから、本件債権の相続税法第7条《贈与又は遺贈により取得したものとみなす場合—低額譲受益》に規定する「時価」は、評価通達204《貸付金債権の評価》の定めに基づき評価すると82,802,097円（以下「本件評価額」という）となる。

なお、提出された証拠書類及び審判所の調査の結果によっても、評価通達の定めに従って本件債権の客観的交換価値を適切に算定することができない特別の事情があるとは認められない。

③　相続税法第７条に規定する「著しく低い価額の対価」の該当性

相続税法第７条《贈与又は遺贈により取得したものとみなす場合—低額譲受益》に規定する「著しく低い価額の対価」とは、その対価に経済合理性のないことが明らかな場合をいうものと解され、その判定は、個々の財産の譲渡ごとに、当該財産の種類、性質、その取引価額の決まり方、その取引の実情等を勘案して、社会通念に従い、時価と当該譲渡の対価との開差が著しいか否かによって行うべきである。

この点、本件譲受けは、上記**〔2〕**(2)及び(3)のとおり、請求人の父である甲が、請求人が代表取締役を務める本件法人に貸し付けた金銭に係る債権を請求人に対して譲渡したのであって、本件譲受価額は、第三者間で成立する客観的な交換価値を示すものと直ちに認めることはできない。そして、その本件譲受価額は4,140,000円であって、本件評価額（82,802,097円）の僅か５％にすぎない。

以上から、本件譲受価額は、本件譲受価額と本件評価額との開差や本件譲受けの実情に照らせば、社会通念上、相続税法第７条に規定する「著しく低い価額の対価」に該当する。

(4)　請求人の主張について

①　請求人は、上記**〔4〕**の**図表－２**の「請求人（納税者）の主張」欄の(2)①のとおり、債権の譲渡の場合は、『金融検査マニュアル』の実質基準等により判断すべきであり、これによって算出された金額こそが不特定多数の間に生まれる客観的交換価値である旨主張する。

しかしながら、上記(1)②のとおり、金融検査は、金融庁が金融システムの安定と再生を図ること等を目的として金融機関を対象として実施しているものであるところ、『金融検査マニュアル』は、その検査の際、金融庁の検査官が用いる手引書として位置付けられるものであり、各金融機関においては、当該マニュアル等を踏まえ創意工夫して、より詳細なマニュアルを作成し、金融機関の業務の健全性と適切性の確保に努めることが期待されるというものである。

そうすると、『金融検査マニュアル』と評価通達とはその趣旨目的を異にするものであり、贈与税における財産の評価の際に『金融検査マニュアル』を使用して評価することは合理的な方法ということはできない。

したがって、請求人の上記主張には理由がない。

②　請求人は、上記**〔4〕**の**図表－２**の「請求人（納税者）の主張」欄の(2)②のとおり、本件法人は、大幅な債務超過が長期にわたって継続しており、実際に、本件法人は令

和３年12月15日に解散の登記がなされていることからも、本件譲受日に法的に破綻していなくとも、本件債権が全額回収可能であるとは判断できない旨主張する。

しかしながら、本件法人が収益を上げながら事業を継続し、経済的に破綻している状況になかったことは上記(3)①で摘示したとおりである。

また、上記〔2〕(1)③のとおり、本件法人は本件譲受日後に会社法第472条《休眠会社のみなし解散》の規定によりみなし解散の登記を受けているものの、当該登記は、株式会社に関する登記が最後にあった日から12年を経過した会社に対して、一定の手続がされた後に職権でされる登記であって（商業登記法第72条《職権による解散の登記》参照）、当該登記をされたことは本件法人が課税時期において解散すべき状態であったことを示すものではない。

したがって、これらの事実から、直ちに本件譲受日において本件債権の回収可能性がなかったとはいえない。

したがって、請求人の上記主張には理由がない。

③　請求人は、上記〔4〕の**図表－2**の「請求人（納税者）の主張」欄の(2)③のとおり、平成29年５月期には、本件法人の技術者が全て他社に移籍しており、同事業年度以降、本件法人に売上げとして入金されている水槽管理収入は、当該技術者が当該水槽管理業務をしていないから、法的な根拠に基づく収入ではなく、当該水槽管理業務に係る収入を本件法人から当該他社へ移行して決算の修正を行った場合、本件債権は全額回収不能であることは明らかである旨主張する。

しかしながら、請求人の主張によっても、かかる事由が発生した時点は本件譲受日より１年以上後である上、本件法人と水槽管理業務を委託した会社との水槽管理業務に係る契約が維持されているのであれば、その収入が当然に不当利得になるものではないから、法的な裏付けがない収入であるともいえない。

したがって、請求人の上記主張には理由がない。

④　請求人は、上記〔4〕の**図表－2**の「請求人（納税者）の主張」欄の(2)④のとおり、本件法人は、平成27年当時、本件債権以外に約80,000,000円の負債があり、それらが本件債権の返済よりも優先されるべきであるから、請求人に対して僅かな返済があったとしても、請求人の回収可能性は担保されるわけではない旨主張する。

しかしながら、本件債権は、本件譲受日後に、本件譲受価額である4,140,000円を超える9,900,000円以上が請求人に弁済されたのであって、本件譲受日において、本件譲受価額以上に回収可能性がなかったといえないことは明らかである。

したがって、請求人の上記主張には理由がない。

〔6〕まとめ

⑴ 裁決事例の結果

先例とされる裁決事例では、本件債権の適正な譲渡価額につき、請求人（納税者）が本件債権を金融庁が定めた『金融検査マニュアル』等に準じた方法により評価して4,140,000円（貸付元本価額の約5％相当額）である旨を主張したのに対し、原処分庁（課税庁）が主張し国税不服審判所がこれを相当と判断したのが82,802,097円（貸付元本価額）であるというものであるから、両価額の差額に相当する金額の低額譲受益が請求人に帰属するとして、相続税法第7条《贈与又は遺贈により取得したものとみなす場合―低額譲受益》の規定を適用することが相当と判断された。よって、結果として、請求人（納税者）の主張は容認されなかった。

⑵ 参考法令通達等

- 相続税法第5条《贈与により取得したものとみなす場合》
- 相続税法第7条《贈与又は遺贈により取得したものとみなす場合―低額譲受益》
- 相続税法第22条《評価の原則》
- 評価通達1《評価の原則》
- 評価通達204《貸付金債権の評価》
- 評価通達205《貸付債権等の元本価額の範囲》
- 会社法第472条《休眠会社のみなし解散》
- 商業登記法第72条《職権による解散の登記》
- 金融検査マニュアル（金融庁）

本問から学ぶ重要なキーポイント

⑴ 個人間における資産の譲渡が低額譲渡に該当するか否かを判断する場合に適用される相続税法第7条《贈与又は遺贈により取得したものとみなす場合―低額譲受益》に規定する「時価」は、贈与によって取得したものとみなされる金額の算定基礎となるものであるから、本来の贈与等により取得した財産の相続税法第22条《評価の原則》に規定する「時価」と同一の基準によって評価するのが合理的であるとされています。

⑵ 評価通達204《貸付金債権の評価》及び評価通達205《貸付金債権等の元本価額の範囲》に定める評価方法は、相続税法第22条《評価の原則》及び相続税法第7条《贈与又は遺贈により取得したものとみなす場合―低額譲受益》に規定する「時価」の解釈に沿ったものといえ、いずれも合理性が認められ相当とされています。

⑶　金融庁が制定した『金融検査マニュアル』と評価通達とはその趣旨目的を異にするものであり、贈与税における財産の評価の際に『金融検査マニュアル』を使用して評価することは合理的な方法ということはできないとされています。

貸付金債権に係る実務対策

⑴　先例とされる裁決事例では、本件債権（元本残高82,802,097円）を譲受価額4,140,000円で譲り受けた請求人がこれらの両価額の差額に相当する利益（低額譲受益）を受けたものとみなされるとして行われた贈与税の決定処分が相当とされました。そうすると、本件債権について、売買を手段として相続税対策を行うことは無理と考えられます。

　そこで、このような事案においては検討すべき対応策として、債権贈与が挙げられます。債権贈与については、税務上のポイントとして、次の事項が示されます。

①　貸付金債権の相手方である同族会社の財政状態及び損益状況に、何らの影響も与えないこと（当該同族会社にとっては、借入金勘定の相手方（債権者）の氏名変更のみが行われることになります）

②　上記①より、先例とされる裁決事例における係争事項（債権の時価と譲受価額との差額に対する低額譲受益に対するみなし贈与課税の可否）は、一切生じないこと

　ただし、対応策の実行に当たっては、併せて、次の事項も検討する必要があります。

㈠　債権者が債権贈与を実行することが可能と認められる年数

㈡　債権者が債権贈与を実行するに当たっての年間の贈与額

㈢　債権者が債権贈与を実行するに当たって、受贈者を誰（注）にするのかという選択

（注）　その判断に当たっては、さらに、次の区分に応じて考慮する必要があるものと考えられます。

㋑　相続時精算課税の適用対象者又はそれ以外の者

㋺　債権者に係る推定相続人又はそれ以外の者

㋩　債権者が遺言を作成している場合には、受遺者又は受遺者以外の者

㈣　上記㈠ないし㈢に伴って、当該債権者に相続開始があった場合における相続税負担の検討。相続時精算課税制度を選択した場合の取扱い及び同制度を選択しなかった場合における相続税法第19条《相続開始前7年以内に贈与があった場合の相続税額》の規定が適用される場合の取扱いにより、最終的な相続税の負担額が異なることになります。

なお、債権贈与を実行する場合における民法上の手続きに係る留意点については、Q5-1の【貸付金債権に係る実務対策】の⑷②を参照してください。

⑵　先例とされる裁決事例において令和３年４月27日に原処分庁（課税庁）による平成27年分の贈与税の更正処分等（本件更正処分等）が行われるに至った経緯は、次のとおりであったと推認されます。

①　平成27年４月３日　本件債権に係る本件譲受けの実施（低額譲受益が生じているものと認められる事例）
②　平成27年12月30日　贈与者甲、受贈者請求人とする現金贈与の実施
⑴　上記①及び②により生じた利益（受益）に対して、請求人は平成27年分の贈与税の期限内申告書を提出していません。
⑵　上記⑴より、この段階では原処分庁において請求人が受益者（みなし贈与）で贈与税の納税義務が成立していることを確認するのは不可能と考えられます。

③　年月日不明　甲（上記②の贈与者甲）に係る相続開始
甲に係る相続開始日は不明（ただし、最長期間として平成27年12月30日から令和３年３月23日までの間となります）ですが、合理的に推認して、平成29年から令和元年の間位に該当日があったのではないかと考えられます。

④　年月日不明　甲に係る相続税の申告書（相続税の期限内申告書）の提出
先例とされる裁決事例には記載されていませんが、上記③に係る相続税の期限内申告書が提出されたものと考えられます。

⑤　年月日不詳　甲に係る相続税の税務調査の開始による本件譲受けの発見
⑴　先例とされる裁決事例には記載されていませんが、上記④に係る相続税の税務調査が実施されたものと考えられます。
⑵　上記⑴の過程で、原処分庁は、㋑本件債権が平成27年４月３日において存在していたこと、及び㋺本件債権につき、平成27年４月３日に本件譲受けがあったことを確認したものと考えられます。また、併せて、平成27年12月30日の現金贈与の実施も確認したものと考えられます。

⑥　令和３年３月23日　請求人による平成27年分の贈与税の期限後申告書の提出

(イ)　原処分庁は、上記⑤(ロ)に基づいて、請求人に対して本件譲受けに係る低額譲受益に係るみなし贈与及び現金贈与に係る贈与税の期限後申告書の提出(注)を勧奨したものと考えられます。

（注）　もし仮に、これらの贈与（みなし贈与）が相続税法旧第19条《相続開始前３年以内に贈与があった場合の相続税額》の規定の適用を受ける場合には、事例によっては、相続税の修正申告書の提出も含みます。

(ロ)　上記(イ)に対して、請求人は現金贈与のみを記載した平成27年分の贈与税の期限後申告書を提出しました。

⑦　令和３年４月27日　原処分庁による平成27年分の贈与税の更正処分等（本件更正処分等）

上記(6)(ロ)に対して、原処分庁は、平成27年分の請求人に係る受贈財産に本件譲受けに係る低額譲受益に係る利益相当額が計上されていないことを理由に、本件更正処分等を行ったものと考えられます。

上記の推認が相当であるならば、本件更正処分等（これは、贈与税に係る更正処分等です）は、被相続人に係る相続税の税務調査が端緒になって、被相続人がその生前に行った税務処理（本件債権の本件譲受け）が問題視された結果であることに留意しておく必要があります。

Q 8 - 2

【貸付金債権に係る未履行の贈与契約と債務控除】
被相続人が同人主宰の同族会社に対する貸付金に係る権利を放棄する旨の未履行の贈与契約の存在を前提として、当該金額は相続税法に規定する債務控除の適用がある旨を主張することの可否が争点とされた事例

事例 国税不服審判所裁決事例
(平成20年10月3日裁決、東裁（諸）平20－53、平成17年相続開始分)

疑問点

被相続人は同族会社（本件会社）の株式を所有（本人が約16％、同族関係者を合計すると50％超）していましたが、この度、相続開始がありました。被相続人に係る相続財産を調査するための関係資料を確認していたところ、次に掲げるとおりの被相続人から本件会社に対して宛てた書面（本件通知書）が発見されました。

> 通　知　書
>
> 私（被相続人）は、本件会社に対する貸付金　金30,000,000円の権利を放棄しましたので、通知します。
> ＊＊＊＊（年月日の記載）
> ＊＊＊＊殿（本件会社の名称）
>
> ＊＊＊＊（被相続人の住所）
> ＊＊＊＊（被相続人の氏名。ただし押印無）

本件通知書の作成経緯を関係者に確認したところ、被相続人は本件会社の経理及び財務を担当しており、同人の入院時に本件会社の資金繰り上、不足額が想定される金額（30,000,000円）につき、同人の預金から本件会社に対して資金を貸し付け、その返済を免除する（直截に表現すれば、本件会社に30,000,000円を贈与する）旨の意思表示として作成されたものであること、及び被相続人の病状の関係から実際には、30,000,000円の資金移動はなかったこと及び本件会社においては本件相続開始時までに何らの経理処理も行われていないことが判明しました。

そうすると、本件通知書により被相続人は本件会社に対して30,000,000円を交付する義務を有したまま相続開始を迎えたことになるため、同人には『贈与の義務』（贈与者が贈与契約によって負担すべき義務を、債務の本旨に従って履行す

ることを求められることをいう）が発生しているものと解されます。

したがって、被相続人に係る『贈与の義務』は、相続税法第13条《債務控除》の規定により被相続人に係る相続人が当該義務を承継した場合には、被相続人に係る相続税の課税価格の計算上、債務控除の対象になるものと考えられると思っていますが、いかがでしょうか。その取扱いについて説明してください。

A 回答

お尋ねの事例の場合、被相続人が本件会社に対し30,000,000円の金員を交付する内容の『贈与の義務』があるとして、これを相続税法第13条《債務控除》の規定により債務控除の対象とすることは、認められないものと考えられます。

! 解説

お尋ねの事例について、これを債権放棄とみるのであればその前提として当該債権に相当する金員（30,000,000円）の提供があるべきところ、実際には何らの資金移動もなく、また、本件会社においても何らの経理処理も行われていません。

また、これを贈与契約とみるのであれば贈与契約は民法第549条《贈与》（参考参照）の規定により諾成契約であるところ、本件通知書では本件会社の承諾を確認することができず、また、本件会社においても何らの経理処理も行われていません。

参考　民法第549条《贈与》は、贈与は、当時者の一方が自己の財産を無償で相手方に与える意思を表示し、相手方が受諾することによって、その効力を生ずる旨規定しています。

検討先例

Q8-2の検討に当たっては、下記に掲げる裁決事例が先例として参考になります。

◉国税不服審判所裁決事例（平成20年10月3日裁決、東裁（諸）平20－53、平成17年相続開始分）

〔1〕事案の概要

本件は、請求人が、被相続人は生前に同人が株式を保有する同族会社である法人に対して金員を贈与する旨の贈与契約を締結したものの、相続開始までに当該贈与契約に係る債務を履行していなかったとして、当該債務を債務控除の額に算入して相続税の申告を行ったところ、原処分庁が、当該贈与契約の存否に疑義があり、当該債務が成立していたとは認められないなどとして当該債務を債務控除の額に算入しないとする更正処分等をしたのに対し、請求人がその一部の取消しを求めた事案である。

〔2〕基礎事実

(1) 相続税の期限内申告書及び修正申告書

① 請求人は、平成17年＊＊月＊＊日（以下「本件相続開始日」という）に死亡した被相続人の相続（以下「本件相続」という）に係る相続税（以下「本件相続税」という）について、別表の「申告」欄（筆者注 非公開）のとおり記載した相続税の申告書を法定申告期限までに原処分庁へ共同で提出した。

② 請求人は、平成18年10月12日、本件相続税について、課税価格及び納付すべき税額を別表の「修正申告」欄（筆者注 非公開）のとおりとする修正申告書（以下「本件修正申告書」という）を提出した。

(2) 請求人の申告内容（本件債務の計上）

① 請求人は、本件相続に係る共同相続人であり、本件相続税の当初申告及び修正申告において、各共同相続人間で遺産分割協議が成立していなかったため、原処分庁に対し、共同して、相続税法第55条《未分割遺産に対する課税》の規定を適用して相続税の課税価格を計算し、相続税の申告書及び修正申告書を提出している。

② ＊＊社（以下「本件会社」という）は、本件相続開始日直前、発行済株式（＊＊株）のうち被相続人が＊＊株（約15.8％）、また、請求人が＊＊株（約36.9％）を所有していた同族法人であり、代表取締役は請求人である。

③ 請求人は、本件相続に係る相続税の申告書の債務の明細欄に、債務の種類「未払金貸付金」、細目「免除」、債権者本件会社、発生年月日及び弁済期限空欄、金額「30,000,000円」と記載して、当該債務（以下「本件債務」という）を被相続人の債務の額に計上した。

(3) 第一次更正処分

原処分庁は、平成19年5月29日付で、別表の「更正処分等」欄（筆者注 非公開）のとおりの更正処分（以下「第一次更正処分」という）及び過少申告加算税の賦課決定処分（以下「本件賦課決定処分」という）をした。

(4) 異議申立て

請求人は、平成19年7月30日、これらの処分を不服として異議申立て（筆者注 現行の規定では、再調査の請求。以下同じ）をしたところ、異議審理庁（筆者注 現行の規定では、再調査審理庁。以下同じ）は、同年10月26日付でいずれも棄却の異議決定（筆者注 現行の規定では、再調査決定という。以下同じ）をした。

(5) 審査請求

請求人は、平成19年11月26日、異議決定を経た後の原処分に不服があるとして審査請求した。

⑹ 第二次更正処分

原処分庁は、平成20年2月29日付で、別表の「再更正処分等」欄（筆者注非公開）のとおりの再更正処分（以下「第二次更正処分」という）及び過少申告加算税の賦課決定処分をした。

そこで、第二次更正処分についてもあわせ審理する（以下、第一次更正処分と第二次更正処分とを併せて「本件更正処分」という）。

筆者注 上記⑴ないし⑹に掲げる基礎事実等につき、時系列的な経過をまとめると、**図表－1**のとおりとなる。

図表－1 本件裁決事例における時系列

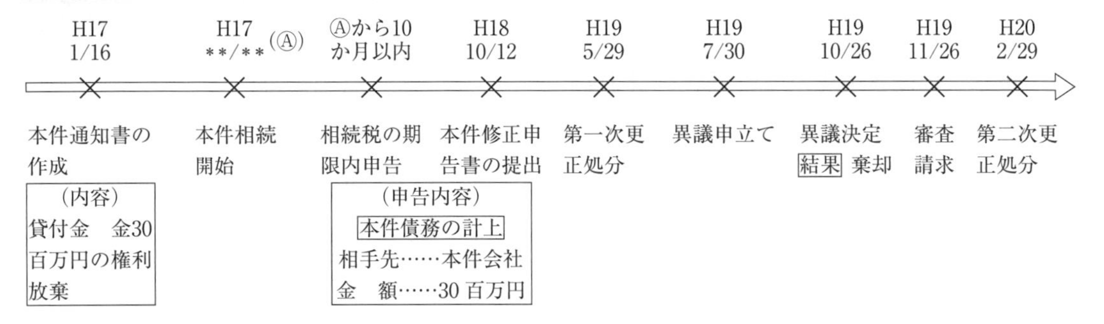

〔3〕争点

本件の争点は、本件債務を本件相続税の課税価格の計算上、債務として控除することができるか否かである。

〔4〕争点に関する双方（請求人・原処分庁）の主張

争点に関する請求人・原処分庁の主張は、**図表－2**のとおりである。

図表－2 争点に関する請求人・原処分庁の主張

（争点）本件債務を本件相続税の課税価格の計算上、債務として控除することができるか否か

請求人（納税者）の主張	原処分庁（課税庁）の主張
本件債務は、次のとおり、被相続人の本件会社に対する金員の贈与契約に基づく未履行の贈与債務であるから、債務控除の対象となる。 被相続人は、本件会社の創業時から同社の経理及び財務を担当しており、銀行融資等の際の交渉もすべて行っていたものであるところ、平成17年の年初に急遽入院することになり、入院先の病院で同社の資金繰りを心配し、不足が見込まれる30,000,000円につい	次の⑴及び⑵を併せ考えると、被相続人と本件会社との間での30,000,000円を贈与する旨の約定の存否に疑義を持たざるを得ず、本件相続開始日において本件債務が成立していたとは認められない。 仮に、本件債務が存在していたとしても、次の⑶によれば、本件債務は、相続

て、自分の預金から同社に資金を貸して、その返済を免除する旨（すなわち本件会社に対して30,000,000円を贈与する旨）を、本件会社の代表取締役である請求人に対して申し出て、平成17年＊＊月＊＊日に手術を受ける際、万が一の場合に備えて、入院中のベッドの上で、被相続人が、同社の財政状態にかんがみ、同社に対する貸付金30,000,000円の権利を放棄することを同社に通知する旨記載された平成17年1月16日付「通知書」と題する書面（以下「本件通知書」という）を作成した。

その後、本件会社に対する銀行融資の実行額が当初の予想より多額となったために、当面の資金繰りの目途がついたこと及び手術後被相続人の＊＊（筆者注 病状が思わしくない状態と推認される）が続いたことから実際の資金移動は後回しになり、結果的に資金移動の実行前に同人が亡くなってしまった。

本件会社の帳簿上の処理も決算期末に処理した形になっているが、もし病気になることなく同社の資金繰りをやっていたら、被相続人の性格上、早め早めに手を打っているはずであるから、銀行融資の可否を待つことなく速やかに資金移動を行っていたことは確実である。本件において資金移動や帳簿上の処理が遅れたことは単に手続的なことであって、本件会社に対する30,000,000円の贈与は、被相続人の明確な意思であり、同人と同社の代表取締役である請求人との間で約束が成立している以上、確実に実行されるべきものである。

原処分庁は、本件会社の状況を外形的にみて、同社の預金残高が多額であることなどから、資金繰り上不要な行為であるとして債務計上を認めないのであるが、被相続人は、運転資金に十分な預金残高を確保することに対してこだわりがあって、早い段階で贈与を申し出てくれたものであり、会社の預金残高の多寡とその会社に対する資金提供の要否が経営者の経営姿勢によって異なるのは当然であり、原処分庁にはその基準を外形的に判断する権限がないことは言うまでもないのであって、かかる領域に原処分庁が介入すべきではない。

したがって、被相続人の本件会社に対する30,000,000円の贈与債務は、同人の債務として本件相続税の課税価格の計算上控除されるべきである

税法第14条《債務控除》の「確実なもの」とは認められない。

(1) 平成15年から平成17年までの各年6月30日現在において本件会社の資産及び負債の状況は大幅な資産超過であり、また、借入金残高はほぼ横ばいであること、平成14年7月1日から平成15年6月30日まで及び平成15年7月1日から平成16年6月30日までの各事業年度における売上高はほぼ横ばいで経常損益は増加していること、銀行からの借入金について返済を延滞した事実も認められないことからすれば、平成15年6月30日以降において、本件会社が業績不振に陥ったとは認められない。

(2) 本件会社は、平成17年2月28日に、＊＊（筆者注 金融機関）から＊＊（筆者注 金額）を利率は＊＊%で新規に借入れ、その一部をもって同支店に対する旧借入金を返済し、実質的にその差額である34,580,000円の新規借入れをしているところ、被相続人が会社の財政状態にかんがみ、会社の運営資金とするために贈与の約定をしたとしながら、同人が本件会社に対する私財の提供をすぐにでも実行しなかったことは極めて不自然である。

(3) 被相続人は、本件会社に対し、本件通知書記載の貸付金を有していなかったから、本件通知書の記載内容は真実のものであるとは認められない。

本件相続開始日までに本件会社の総勘定元帳に被相続人からの金員を受け入れた記載がなく、仮に贈与の約定があったとしても、その履行は本件相続開始日後である。

〔5〕国税不服審判所の判断

(1) 認定事実

① 請求人の答述

請求人は、被相続人が、本件会社に対し、金30,000,000円を貸し付け、当該貸付金に

係る権利を放棄する旨の贈与をした旨主張し、被相続人が当該贈与を申し出た後に作成したという本件通知書を提出し、請求人は、これに沿う答述をする。

② 贈与契約の成否に関連する事実

原処分関係資料及び審判所の調査の結果により、被相続人と本件会社との間の贈与契約の成否に関連する事実を認定すると、次のとおりである。

(イ) 被相続人は、本件会社の取締役であり、経理を担当していた。

(ロ) 本件会社は、平成16年6月30日現在、下記のとおり、合計210,696,889円の借入金残高があったが、本件相続開始日までに、これらの債務の履行を遅滞した事実はなかった。なお、本件会社には、同日現在、被相続人からの借入金残高はなく、本件相続開始日までに被相続人から金員を借り入れたこともなかった。

㋑ ＊＊（筆者注 金融機関名と推認される）

(A) 3,790,000円（利率＊＊％）

(B) 8,342,000円（利率＊＊％）

(C) 15,632,000円（利率＊＊％）

㋺ ＊＊（筆者注 金融機関名と推認される）

(A) 105,000,000円（利率＊＊％）

(B) 27,501,000円（利率＊＊％）

㋩ ＊＊（筆者注 金融機関名と推認される）

33,150,000円（利率＊＊％）

㋥ 請求人

17,281,889円（＊＊（筆者注 無利息と推認される））

(ハ) 本件会社は、平成15年6月30日現在、流動資産の合計額（＊＊円）が支払手形、買掛金等のその他の負債も含めた負債の部の合計額（＊＊円）を上回っており、資本の部は＊＊円（うち当期純利益の額は、＊＊円）であった。

本件会社は、平成16年6月30日現在、流動資産の合計額（＊＊円）が負債の部の合計額（＊＊円）を上回っており、資本の部は＊＊円（うち当期純利益の額は、＊＊円）であった。

(ニ) 本件会社は、平成17年2月28日、下記のとおり、＊＊（筆者注 金融機関名と推認される）から、CLO融資を受け、その一部で上記(ロ)㋺の各借入金を全額返済した。

CLO融資とは、＊＊（筆者注 金融機関名と推認される）が、同行が一定以上の財務内容を有すると認める企業に対して融資を行い、これらの複数の融資債権を一つにとりまとめて証券化することにより、融資の信用リスクの一部を外部に移転する取引をいい、CLO融資を受けた企業は、融資実行時に仕組組成手数料及びCLO融資に適用される利息の支払義務を負担するものである。

A 融資額 ＊＊（金額）

B　利率　　　＊＊%

C　返済方法　元利金等、3か月ごとの返済（融資期間41か月）

(ホ)　本件相続開始日までに、本件会社の総勘定元帳には、被相続人から現金30,000,000円を受け入れた旨の記載はなく、被相続人が自己の資金を本件会社に移動したことはなかった。

(ヘ)　本件会社は、本件相続開始日後の平成17年6月30日付で、被相続人からの受贈益30,000,000円を計上した。

当該受贈益の相手勘定は、現金15,000,000円及び未払金15,000,000円であり、未払金は、本件会社から被相続人に対する役員退職金の未払金である。

(ト)　本件会社は、平成17年6月30日時点において、流動資産の合計額（＊＊円）が負債の部の合計額（＊＊円）を上回っており、資本の部は＊＊円（うち当期純利益の額は＊＊円。ただし、上記(ヘ)の受贈益を特別利益に計上し、役員退職金を特別損失に計上しており、これらを加減する前の経常利益は、＊＊円である）であった。

(チ)　本件通知書には次のとおり記載されている（括弧内は注であり、注記した以外の部分は不動文字である）。

> 通知書
>
> 私は、会社の財政状態に鑑み、下記の貸付金の権利を放棄し、会社の運営資金とすることを了承したので、ここに通知いたします。
>
> 記
>
> 御社に対する貸付金　金30,000,000円也（「30,000,000」は手書き）
>
> 以上
>
> 平成17年1月16日（「1」及び「16」は手書き）
>
> ＊＊（筆者注 本件会社を指している）殿
>
> ＊＊（筆者注 被相続人の住所が記載されている）
>
> ＊＊（筆者注 被相続人の氏名が記載されている）（氏名は手書き。押印なし）

(2)　当てはめ（贈与契約の成否）

①　本件通知書は、本件会社に対する30,000,000円の権利を放棄する旨の重要な内容を定めたものであるにもかかわらず、押印がないこと、上記(1)②(ロ)のとおり、本件会社は、平成16年6月30日から本件相続開始日までに本件被相続人から金員を借り入れたことはないにもかかわらず、30,000,000円の借入金がある旨記載されていることなど、その体裁及び客観的記載内容自体に不自然、不合理な点がある。

この点をおいても、本件通知書には、上記(1)②(チ)のとおり、被相続人の本件会社に対する貸付金30,000,000円の権利を放棄する旨記載されているのみであって、被相続人が本件会社に対して金30,000,000円を交付すべき義務のあることに言及した文言はなく、本件通知書によっては、請求人が主張するように、債務の免除に加えて、同時に現金30,000,000円を本件会社に交付する旨の意思表示がなされたものとみることができない。

② 請求人は、平成17年1月、病床にあった被相続人が同社の資金繰りを心配し、不足が見込まれる30,000,000円を同社に贈与する旨申し出て、本件通知書を作成したものであり、金員を本件会社に移転する旨の口頭での約束があった旨答述している。

しかし、本件会社は、上記(1)②(ロ)及び(ハ)のとおり、平成15年6月30日、平成16年6月30日を年度末とする各事業年度において、いずれも利益を計上し、事業年度末に資本の部に欠損がなかったばかりでなく、流動資産の額だけでも負債の部の額の合計額を上回っていたのであり、上記(1)②(ト)のとおり、本件相続開始日後の平成17年6月30日においても、その状況に変わりがなかった。

そして、上記(1)②(ロ)のとおり、本件会社が、本件相続開始日までに債務の履行を遅滞したことはなかったし、上記(1)②(ニ)のとおり、＊＊（筆者注 金融機関名と推認される）から、平成17年2月28日に、融資残高を増大させるCLO融資を受けている。

これらの事情によれば、本件会社が、平成17年1月当時、資金繰りに窮する状況にあったとは認められず、被相続人が本件会社の資金繰りを助けるために、30,000,000円の贈与を申し出た旨の請求人の答述は、客観的状況と整合していない。

また、平成17年1月に、被相続人と本件会社との間で30,000,000円の贈与の合意があったというのであれば、その後、遅滞なく本件会社に対して金員が提供されてしかるべきであるが、上記(1)②(ホ)のとおり、本件相続開始日まで履行された事実はなく、上記(1)②(ヘ)のとおり、本件相続開始日後に受贈益の経理処理がされたにすぎない。

これらの事情に照らすと、請求人の上記答述をにわかに採用することはできず、その他に、平成17年1月に、被相続人が本件会社に対し30,000,000円を贈与する旨の契約を締結したことを認めるに足りる証拠はない。

(3) 結論

上記(1)及び(2)のとおり、本件債務は、その基となる贈与契約の成立は認められず、本件相続税の課税価格の計算上債務として控除することはできない。

(4) 請求人の主張等について

① 上記(2)①のとおり、本件通知書に、金員を贈与する旨の表示がなく、かつ、存在しない借入金に係る権利を放棄する旨記載された理由について、請求人は、被相続人と本件会社との間の贈与をきちんとした形にしておくために会計事務所に書類の様式を作ってもらったところ、誤った書式を示されたためである旨答述している。

しかし、上記〔2〕(2)②のとおり、代表取締役として本件会社の経営に当たっていた請求人と、上記(1)②(イ)のとおり、同社の経理担当の取締役であった被相続人の両者ともが、贈与する旨の記載が一切なく、かつ、存在しない貸付金の返還請求権を放棄する旨が記載された本件通知書をもって、贈与契約を証する文書として何ら問題がないと考えたというのは、不自然であるといわざるを得ない。

② 請求人は、上記⑵②のとおり、贈与の合意があったという後に履行がされなかったのは、本件会社が銀行から予想外の多額の融資を受けたこと及び被相続人の病状が急激に悪化したことがあったからである旨主張する。

しかし、一方で、請求人は、被相続人は、手術を受ける際に万一の場合に備えて、自己の預金を解約して資金を本件会社に提供する旨表明したことから贈与契約が締結されたものであり、長年経理に携わってきた被相続人の強いこだわりにより、客観的に本件会社の資金繰りが可能か否かとは関係なく、私財を本件会社に提供することを決定したものであるとも主張しているのであるから、被相続人から、被相続人自らが万一手続できない場合でも、本件会社に資金を移動できるように、あらかじめ具体的な指示があってしかるべきである。

そして、本件会社の客観的な資金繰りの状況とは関係なく私財を提供する旨の合意をしたというのであれば、たとえ合意後に銀行から融資を受けたとしても合意は履行されるべきものと考えられる。

そうすると、請求人が主張する事由は、贈与の合意があったにもかかわらず、遅滞なく履行がされなかった理由として合理的なものとはいえないというべきである。

③ 請求人は、被相続人が、常々、会社に何かがあったら、私財を提供する旨述べていたこともあって、被相続人が病床で贈与の申出をしたとも答述している。

しかし、被相続人は、上記⑴②(ロ)のとおり、本件会社に貸付けをしていなかったから、被相続人の意向を裏付ける資料はないし、仮にそのような意向を表明していた経緯があったとしても、本件相続開始日までに本件会社に財産を提供しなかったことに照らすと、平成17年１月時点で、本件会社の財務状況が悪化しない場合でも、財産を提供するという明確な意思を被相続人が表明したものと推認することはできないというべきである。

④ 上記①ないし③のとおり、請求人の主張等を考慮しても、贈与契約の成立を認定することはできない。

〔6〕まとめ

⑴ 裁決事例の結果

先例とされる裁決事例では、本件債務の債務控除の該当性につき、請求人（納税者）がその基となる贈与契約の成立を認めて債務控除の相当性を主張したところ、原処分庁（課税庁）が主張しこれを国税不服審判所が相当と判断したのが当該贈与契約の成立が認められないことから本件債務に係る債務控除は認められないとするものであったことから、結果として、請求人（納税者）の主張は認められず、本件更正処分は適法とされた。

ワンポイント 本件賦課決定処分について

国税不服審判所は、本件賦課決定処分については次のとおりに判断して、過少申告加算税の一部を取り消している。

（裁決内容）

本件更正処分は、上記(1)のとおり適法であるところ、第一次更正処分により納付すべき税額の計算の基礎となった事実が第一次更正処分前の税額の計算の基礎とされていなかったことについて、国税通則法第65条《過少申告加算税》第４項（筆者注 現行の規定では，第５項とされている）に規定する正当な理由があるとは認められない。

ただし、原処分庁は、請求人の本件修正申告書の提出に基づき国税通則法第35条《申告納税方式による国税等の納付》第２項の規定により納付すべき税額（以下「本件修正増加税額」という）を同法第65条第３項第１号に規定する累積増差税額に算入して過少申告加算税の額を計算しているが、本件修正申告書の提出は、同条第５項に規定する更正があることを予知してされたものでないものに該当すると認められるから、本件修正増加税額は、累積増差税額の計算上加算されないこととなる。

そこで、請求人の過少申告加算税の額を計算すると、請求人は、＊＊円となり、この金額は、本件賦課決定処分の額を下回るから、本件賦課決定処分は、その一部を別紙（筆者注 非公開）のとおり取り消すべきである。

(2) 参考法令通達等

- 相続税法第13条《債務控除》
- 相続税法第14条《債務控除》
- 民法第549条《贈与》

本問から学ぶ重要なキーポイント

(1) 本件通知書をもって贈与契約を証する文書とすることについて

代表取締役として本件会社の経営に当たっていた請求人と同社の経理担当の取締役であった被相続人の両者ともが、贈与する旨の記載が一切なく、かつ、存在しない貸付金の返還請求権を放棄する旨が記載された本件通知書をもって、贈与契約を証する文書として何ら問題がないと考えたというのは、不自然であるといわざるを得ないとされています。

(2) 贈与の合意後に履行がされなかった理由の合理性

次に掲げる事項から、贈与の合意があったにもかかわらず、遅滞なく履行がされなかった理由として合理性を有するものはないとされています。

① 被相続人から、被相続人自ら万一手続できない場合でも、本件会社に資金を移動できるように、あらかじめ具体的な指示があってしかるべきであると考えられるところ、本件では当該指示が認められないこと

② 本件会社の客観的な資金繰りの状況とは関係なく私財を提供する旨の合意をしたというのであれば、たとえ合意後に銀行から融資を受けたとしても当該合意は履行されるべきものであると考えられること

⑶ 被相続人が病床で贈与の申出をしたと答述していることについて

本件相続開始日までに本件会社に財産を提供しなかったことに照らすと、平成17年1月（筆者注 本件相続開始日の属する年月と推認されます）時点で、本件会社の財務状況が悪化しない場合でも、財産を提供するという明確な意思を被相続人が表明したものと推認することはできないとされています。

貸付金債権に係る実務対策

⑴ 先例とされる裁決事例を債権放棄に係る事案として捉えるのであれば、少なくともその前提として、次に掲げる事項を充足している必要があるものと考えられます。

事項 債権放棄の対象とされる債権の金額（30,000,000円）に相当する資金が、当該債権放棄前に被相続人から本件会社に移転していること

⑵ 先例とされる裁決事例を資金提供に係る贈与契約に係る事案として捉えるのであれば、民法に規定する贈与契約は諾成契約であることから、贈与者（被相続人）による贈与の申出と受贈者（本件会社）による承諾という両者の意思の一致が確認される必要があります。

Q8-3

【相続税対策に係る説明義務違反による債務不履行責任及び不法行為責任】
税理士法人の提案で相続税対策として顧客に実施させたDESの結果生じた債務消滅益に係る法人税課税についての説明義務を怠ったことによる債務不履行責任及び不法行為責任の有無が争点とされた事例（民事訴訟）

事例　**東京地方裁判所**（平成28年5月30日判決、平成25年(ワ)第26327号損害賠償請求事件）
東京高等裁判所（令和元年8月21日判決、平成28年(ネ)第3213号損害賠償請求控訴事件）

？ 疑問点

甲は従前はその主宰する同族会社である㈱甲の代表取締役であったことから、同社に対して約1,100,000,000円の貸付金債権（本件債権）を有していたところ、同社は相当の債務超過の状況にあり、甲は㈱甲からの本件債権の回収の見込みが立たず苦慮していました。

上記の事項を甲㈱の顧問税理士であったX税理士法人の担当者に相談したところ、最終的に次に掲げるDES（デット・エクイティ・スワップ）方式の提案を受け、これを実行（本件DES）しました。

本件DESの内容

本件債権のうち、990,000,000円を甲が㈱甲に現物出資し、㈱甲はこれを額面額で受け入れて株式を発行する（仕訳で示すと次のとおり）ものとする。

（借方）	甲よりの借入金	990,000,000円	（貸方）	資本金	495,000,000円
				資本準備金	495,000,000円

本件DESについて、異なる税理士に話したところ、㈱甲が債務超過の状況にあり、同社の株式の価額を純資産価額（相続税評価額によって計算した金額）で計算して0円になるのであれば、本件DESに対する法人税法上の仕訳は次のとおりとなり、債務消滅益を計上（㈱甲の所得の金額の計算上、益金に算入）する必要があること、及び㈱甲が有する繰越欠損金額は法人税法第57条《欠損金の繰越し》に規定する控除可能期間を既に徒過したもの（期限切れ欠損金）であり欠損金の繰越控除は認められないことから、結果として法人税等の課税問題が生じるとの説明を受けました。

（借方）	甲よりの借入金	990,000,000円	（貸方）	債務消滅益	990,000,000円

上記に掲げる両税理士による全く正反対の見解にどのような対応をすべきか説明してください。また仮に、後者の税理士の見解が正しいとしたならば、㈱甲はX税理士法人の提案を既に実行しており、本来であれば納付する必要のない法人

税等が発生していることになり（理由 もし仮に納税を伴うのであれば、甲及び㈱甲の両者は本件 DES を実行しないから）、当該税額及びこれに附帯関連して発生している諸費用（㊙増資登記費用）について、X税理士法人に対して本件 DES に係る一連の説明義務を怠ったことにより生じた債務不履行責任及び不法行為責任があるとして、損害賠償請求事件として民事訴訟を提起した場合にはどのように取り扱われるのか、併せて説明してください。

A 回　答

お尋ねの事例の場合、後者の税理士の見解が正しいことになります。また、X税理士法人に対する債務不履行責任及び不法行為責任を理由とする損害賠償請求（民事訴訟）は、認められるものと考えられます。

! 解　説

(1)　会社法の施行を受けた平成18年度の法人税法の改正によって、法人が貸付金債権等の現物出資を受けた場合の税務上の取扱いは従来の当該貸付金債権等の券面額（額面説）ではなく時価（時価説）によるものとされており、この結果、現物出資する債権の券面額と時価との差額は債務消滅益として益金の額に算入されることが原則的な取扱いとされました。

(2)　上記(1)より、本件 DES の場合には債務消滅益990,000,000円が㈱甲の所得の金額の計算上益金の額に算入されることとなり、その一方で控除可能な繰越欠損金が存在しないとのことですから、当該益金の額に法人税等が課税されることになります。

(3)　上記 ? 疑問点 に掲げる事項を検討すると、X税理士法人は本件 DES に係る債務消滅益に対する法人税等の課税問題に対して説明義務を尽くしたとは考えられないこと（むしろ、正解と異なる見解を示したともいえること）が明らかであり、この点について債務不履行責任及び不法行為責任は免れ得ないものと考えられます。

検討先例

Q8-3 の検討に当たっては、下記に掲げる裁判例が先例として参考になります。

◉東京地方裁判所（平成28年5月30日判決、平成25年(ワ)第26327号損害賠償請求事件）

〔1〕事案の概要

本件は、原告（筆者注 上記 ? 疑問点 に掲げる㈱甲に該当する。以下同じ）が、原告の顧問税理士であった被告（筆者注 上記 ? 疑問点 に掲げるX税理士法人に該当する。以下同じ）に対し、次に掲げる事項を主張して、税務顧問契約の債務不履行又は不法行為に基づき、下記損害額合計329,027,820円及びその内金である下記(1)、(2)の小計298,259,000円に達する催告の日の翌日である平成25年2月20日から、同じく下記(3)、(4)の小計30,768,820円に対する訴状送達の日の翌日である平成25年10月26日から、各支払済みまで民法所定の年5分の割合による遅延損害賠償金の支払を求める事案である。

(1) 被告は、原告の前代表者甲の相続税対策としてデット・エクイティ・スワップ（甲が原告に対して有する貸金等債権を原告に現物出資して甲に原告の株式の割当てを行うもの。以下「DES」という）を提案するに際し、当該DESにより原告に多額の債務消滅益が生じることを説明せず、このため原告は課税リスクを認識することなくDESを実行したが、多額の法人税等の納付義務を生じ、本来支払う必要のなかった法人税等相当額計293,093,200円の損害を被ったこと

(2) 被告は、税務代理人として原告の税務申告書を作成、提出した際、事実と異なりDESはなかったとする前提の申告をしたため、原告はその後修正申告を余儀なくされ、延滞税計5,165,800円の損害を被ったこと

(3) 被告は、役員事前確定届出給与制度（以下「本件届出給与制度」という）についての助言指導を怠ったために、原告は役員給与について同制度を利用できず、不要な納税義務が生じ、計857,200円の損害を被ったこと

(4) 上記(1)ないし(3)の被告の不法行為により本件訴訟に係る弁護士費用29,911,620円の支出を余儀なくされたこと

〔2〕基礎事実

(1) 当事者等

① 原告は、不動産の賃貸及び管理等を目的とする株式会社である。

原告の代表取締役は甲が務めていたが、平成23年8月9日にその子であるAも代表取締役に就任した（以下、甲及びAの両名を「甲ら」ということがある）。なお、甲は同年11月28日に死亡した。

② 被告は、他人の求めに応じ、租税に関し、税理士法第2条《税理士の業務》第1項に定める税務代理、税務書類の作成及び税務相談に関する事務を行うこと等を目的とする税理士法人である。

(2) 税務顧問契約の締結

原告は、平成20年2月1日、被告との間で、被告が原告の法人税確定申告業務及び税務相談等を含む税理士業務並びに記帳代行業務等の付随業務を行うことを内容とする税務顧問契約を締結し、平成24年4月までの毎年度、被告に対し、法人税、消費税及び地方税の確定申告手続を委任した。

⑶ 甲の原告に対する貸金等債権

甲は、平成22年4月末の時点で、原告に対し、約1,100,000,000円の貸金等債権（以下「本件債権」といい、原告からみたその債務を「本件債務」という）を有していた。

⑷ 相続税対策の提案

甲らは、甲の本件債権に係る相続税対策を被告に相談したところ、被告は、まず、平成23年6月14日に書面（以下「本件提案書1」という）をもって下記①の方法（以下「清算方式」という）を、次いで、同年7月13日に書面（以下「本件提案書2」という）をもって下記②の方法（以下「DES方式」という）を、それぞれ提案した。

① 原告が所有する建物及び車両を現物出資して新会社を設立し、新会社の株式を本件債務の一部に対する代物弁済に充てた上で、本件債務の残部については甲が原告に対する債務免除を行い、その後原告を解散して清算するという方法

② 甲の原告に対する本件債権を原告に現物出資して、甲に対して原告の株式の割当てを行うという方法

⑸ DESの実行

原告及び甲は、被告の上記提案のうちDES方式を採用することとし、平成23年8月9日、本件債権990,000,000円を甲が原告に現物出資し原告はこれを額面額で受け入れて株式を発行する旨のDESを実行した（以下「本件DES」という）。

本件DESの実行により、同日、原告の資本金は20,000,000円から515,000,000円になったが、その後再び20,000,000円とする減資を行った。以上の手続に関し、原告は、同年8月11日及び同年9月30日、司法書士に対し、登記費用等合計4,065,000円を支払った。

⑹ 法人税の確定申告等

① 被告は、原告の税務代理人として、平成23年5月1日から平成24年4月30日までの事業年度（以下「本件事業年度」という）に係る原告の法人税及び地方税（以下「法人税等」という）の確定申告書（以下「本件確定申告書」という）を作成し、同年6月29日、大森税務署長及び品川都税事務所長宛てにこれを提出した（以下「本件確定申告」という）。

本件確定申告書は、DESはなかったという前提で作成されており、本件DESに係る債務消滅益も計上されていなかった。

② 平成23年11月28日に甲が死亡した。その相続人であるAは、Y税理士法人に相続税申告を委任し、その代表社員であるY税理士の助言の下、本件DESにより本件債権は消滅したことを前提とする相続税申告を行うこととした。

原告はこれを踏まえ、法人税等についても、本件DESに係る債務消滅益の発生を前提とする修正申告を行うこととし、平成24年11月19日、当初確定申告に係る法人税等の税額との差額289,028,200円を納付し、同月20日、Y税理士の作成に係る法人税等の修正申告書を大森税務署長及び品川都税事務所長宛てに提出した（以下「本件

修正申告」という）。

原告は、同月29日、Y税理士法人に対し、本件修正申告に係る税理士報酬399,000円を支払い、同年12月27日、本件修正申告に伴う延滞税（法人税）3,088,300円及び延滞金（地方税）1,678,500円を納付した。

⑺ 本件届出給与制度

① 法人の役員給与は原則として損金に算入されないが（法人税法第34条《役員給与の損金不算入》第1項本文）、役員に対して所定の時期に確定額を支給する旨の定めに基づいて支給する一定の給与のうち、届出期限までに納税地の所轄税務署長にその定めの内容に関する届出をする等の一定の要件を満たした場合のその給与については、当該法人の所得の計算上、損金の額に算入することができるとされている（同法34条1項2号）。ただし、上記届出は、各事業年度ごとに届け出る必要があるとされている（同法施行令第69条《定期同額給与の範囲等》第2項、同法施行規則第22条の3《役員の給与等》）。

② 原告は、平成23年7月31日及び同年12月27日、役員給与として計1,636,450円を支払い、被告は、当該役員給与の全額を原告の本件事業年度の損金として処理した。

しかし、原告は同期の役員給与について役員給与事前確定届出書の提出をしていなかったため、上記給与は損金として処理することができないものであった。

そのため、原告は、平成25年6月18日、Y税理士法人に依頼して、大森税務署長に対し修正申告書を提出し（以下「本件再修正申告」という）、役員給与に係る法人税等合計757,200円の追加納税を行い、Y税理士法人に対し、当該申告業務の報酬として100,000円を支払った。

⑻ 原告の被告に対する催告

原告は、被告に対する平成25年2月18日付けの書面（同月19日到達）をもって、現実に納付した税額と適正納税額との差額、本件DESの実行に伴う増資等に係る登記等費用相当額、本件修正申告に伴う延滞税及び延滞金並びに税理士報酬について、損害賠償を求める旨の通知をした。

筆者注 上記⑴ないし⑻に掲げる基礎事実につき、時系列的な経過をまとめると、**図表－1**のとおりとなる。

図表－1　本件裁決事例における時系列

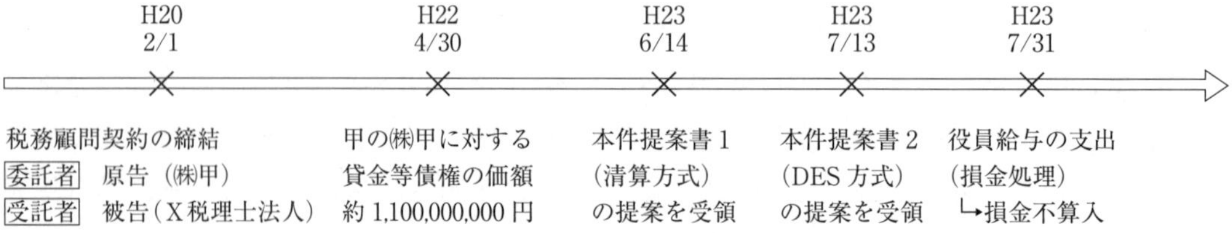

H20 2/1	H22 4/30	H23 6/14	H23 7/13	H23 7/31
税務顧問契約の締結 委託者　原告（㈱甲） 受託者　被告（X税理士法人）	甲の㈱甲に対する 貸金等債権の価額 約1,100,000,000円	本件提案書1 （清算方式） の提案を受領	本件提案書2 （DES方式） の提案を受領	役員給与の支出 （損金処理） └→損金不算入

H23 8/9 — Aが㈱甲の代表取締役に就任
H23 8/9 — 本件DESの実施 資本金 20百万円から515百万円に増加
H23 8/11・H23 9/30 — 司法書士費用を支出 支払額 4,065,000円
H23 11/28 — 甲に係る相続開始
H23 12/27 — 役員給与の支出（損金処理）└→損金不算入
H24 6/29 — 本件確定申告を実施（DESを未実施として税務処理）

H24 11/19 — 本件修正申告を実施（DESを行ったとして税務処理）
H24 11/29 — Y税理士法人に報酬を支払 支払額 399,000円
H24 12/27 — 本件修正申告に伴う延滞税（金）の支払 延滞税（法人税） 3,088,300円 延滞金（地方税） 1,678,500円
H25 2/18 — 損害賠償を求める通知 原告 ㈱甲 被告 X税理士法人
H25 6/18 — 本件再修正申告を実施 納税額 757,200円 報酬額 100,000円（Y税理士法人）

〔3〕争点

本件の具体的な争点は、次の5点である。

⑴ （争点1） 被告が本件DESに係る説明義務を怠ったか。
⑵ （争点2） 本件確定申告を行ったことが被告の義務違反行為といえるか。
⑶ （争点3） 被告が本件届出給与制度について指導助言すべき義務を怠ったか。
⑷ （争点4） 原告の損害及び因果関係
⑸ （争点5） 損益相殺の可否

〔4〕争点に関する双方（原告・被告）の主張

各争点に関する原告・被告の主張は、図表－2のとおりである。

図表－2 各争点に関する原告・被告の主張

（争点1） 被告が本件DESに係る説明義務を怠ったか

原告（㈱甲）の主張	被告（X税理士法人）の主張
被告は、平成18年度税制改正により、DESを実行した場合に、債権の額面金額と時価との差額が債務消滅益として計上され、課税の対象とされることとなったことについての知識を欠いており、本件DESにより、債務消滅益が益金の額に計上され、これに約300,000,000円もの法人税が課税されることについての認識がなく、原告に対し何らの説明もしなかった。	原告の主張は否認する。 被告代表者は、甲らに対し、本件DESにより相当額の債務消滅益が発生し、税務調査の上で課税される可能性は相当程度存在するが、原告が債務超過の状態にあることから、債務消滅益が顕在化していないと判断されて課税されない可能性もなくはない旨の説明をした。

（争点２）　本件確定申告を行ったことが被告の義務違反行為といえるか

原告（㈱甲）の主張	被告（X税理士法人）の主張
被告は、本件DESが実行されていることを知りながら、本件DESに伴う課税を免れようとして、DESはなかったものとする事実と異なる内容の本件確定申告をした。その結果、原告は、後述の延滞税等の支払及び本件修正申告を余儀なくされたものである。 原告代表者のAは、本件確定申告書提出時においては、その提出を了解していたが、それは、被告に対して事実に合致した内容での正しい申告をするよう求めたのに被告がこれを拒絶して本件確定申告に固執したこと、法定の申告期限までに正しい申告をする時間的余裕がなかったことから後日修正申告をすることを前提に本件確定申告を行うよう依頼したことによるものである。 また、被告は本件DESが実行されたことを知っていたのであるから、仮に、原告が事実に反する申告をしたいとの意向を示した場合には、それを制止する義務があるはずであり、それにもかかわらず、事実に反する申告をしたというのであれば、それは被告の義務違反である。	原告の主張は否認する。 被告が本件確定申告を行ったのは、原告からの指示に基づくものであり、依頼者である原告からの指示がある以上、それに従わざるを得ないから、被告の義務違反ではない。

（争点３）　被告が本件届出給与制度について指導助言すべき義務を怠ったか

原告（㈱甲）の主張	被告（X税理士法人）の主張
被告は、原告から積極的に本件届出給与制度の利用意思を伝えられていなくとも、原告が役員給与について損金に算入できるように、原告に対し、本件届出給与制度の利用の有無についての意思確認を行い、役員給与事前確定届出書を提出すべき義務があるにもかかわらず、上記確認を怠り、同届出書の提出を失念したものである。	原告の主張は争う。 本件届出給与制度を利用するか否かは依頼者である原告の意向次第であり、被告は、原告から同制度の利用意思を伝えられない限り、同制度について助言指導すべき義務を負うものではない。

（争点４）　原告の損害及び因果関係

原告（㈱甲）の主張	被告（X税理士法人）の主張
⑴　原告は、被告から、本件DESによって債務消滅益が発生し、これに多額の法人税が課せられることについての適切な説明を受けていれば、本件DESを実行することはなく、それに伴う増減資を行うこともなかった。 したがって、被告がこの点の説明義務に違反したことにより、原告は、以下の合計293,093,200円の損害を被ったといえる。 ①　法人税等相当額　289,028,200円 ②　増減資に要した登記等費用相当額　4,065,000円	⑴　原告の主張は全て否認し、争う。 ⑵　本件においては、原告及びAは、次に掲げる①ないし③のいずれかの選択肢しかなかったところ、甲らは、清算方式は採用したくない旨の意向を既に示しており、その可能性は排除されていた。 ①　本件債権をそのままにして、甲死亡後の相続税（一次相続、二次相続併せて約750,000,000円）を甘受する。 ②　本件DESを実行して上記相続税を回避する。

⑵　原告は、被告がDESはなかったものとする不実の内容の本件確定申告を行ったことにより、修正申告を余儀なくされ、以下の合計5,165,800円の損害を被った。 ①　延滞税（法人税）相当額　3,088,300円 ②　延滞金（地方税）相当額　1,678,500円 ③　本件修正申告に係る税理士費用　399,000円 ⑶　原告は、被告が本件届出給与制度について指導助言すべき義務を怠ったことにより、本件事業年度の役員給与を損金に算入することができず、以下の合計857,200円の損害を被った。 ①　法人税等の追加納税額　757,200円 ②　本件再修正申告に係る税理士費用　100,000円 ⑷　原告は、本件訴訟に係る弁護士費用29,911,620円の損害を被った。	③　原告会社を清算する。 そうでないとしても、そもそも清算方式は租税回避行為として許されないというべきであるから、選択肢たり得ない。残された選択は①か②しかなかったのであるが、Aらは、750,000,000円の相続税を支払うよりも289,028,200円の法人税等を支払うことが割安であると考えて②を選択しただけのことである。 すなわち、本件で被告が本件DESによって原告に対する多額の法人税が課税されることについての説明義務を尽くし、原告が本件DESによって多額の法人税が課税されることを認識していたとしても、原告の主張する損害との間に因果関係はない。 ⑶　原告は、平成24年３月の時点において、Y税理士法人から本件DESに係る債務消滅益に対する課税がされることを聞き、これを認識していたのであるから、本件確定申告及び本件修正申告をすることなく、次に掲げる方法によって、本件債務消滅益に対する課税を回避することができた。 ①　本件DESの実行に係る株主総会決議を取消して発行可能株式総数の変更登記をする方法 ②　改めて清算方式を採用してこれを実行する方法 したがって、仮に被告に義務違反があったとしても、被告の義務違反と原告が上記⑴及び⑵において主張する損害との間に因果関係がない。

（争点５）　損益の相殺の可否

原告（㈱甲）の主張	被告（X税理士法人）の主張
原告の企業価値を保有しているのは原告の株主であって原告そのものではないのであるから、原告が企業価値相当額の利益を受けたとはいえず、損益相殺はされるべきではない。 原告がDES方式を採用していなければ、清算方式を採用していたのであり、その場合、原告の株主が新会社の株主となり、新会社が原告の事業を事実上承継するのであるから、原告が存続することによる利益は新会社に帰属することになる。 そうすると、原告が存続することによる利益はDES方式と清算方式とで異ならないのであるから、原告が本件DESの実行によって企業価値相当額の利益を受けたとはいえない。	原告は、本件DESを実行した結果、清算により原告そのものが消滅することを免れ、本件DESを実行した会計年度末の企業価値相当額349,706,158円の利益を受けたのであるから、損益相殺として、同額を損害額から控除すべきである。

〔5〕裁判所の判断

⑴ 認定事実

① 相続税に係る税務相談

(イ) 原告は、甲の顧問税理士の指導により、甲の財産管理会社として、昭和61年11月に設立された会社である。平成20年1月頃、上記顧問税理士が死亡したことから、原告は、同年2月1日、被告との間で税務顧問契約を締結した。

(ロ) 甲は、原告に対して多額の貸金等債権（本件債権）を有していたことから、高額の相続税が発生することを懸念し、被告担当者の丙に対し、相続税対策の必要性等について相談したところ、丙は、平成21年6月頃、甲らに対し、甲の平成20年1月11日時点の借入金残額と資産評価額、平成21年5月31日時点の借入金残額を記載したメモを示し、甲の資産評価額は借入金残高を上回っているものの基礎控除の範囲内であるから相続税は発生しない旨を説明した。

(ハ) 甲らは、その後、取引銀行である三菱東京UFJ銀行の担当者に対しても、上記と同趣旨の相続税対策の必要性等について相談したところ、同担当者は、平成23年2月23日付けの書面を甲らに示し、甲が死亡した場合の一次相続、その後甲の妻が死亡した場合の二次相続を併せて750,000,000円を超える相続税が発生する可能性がある旨を説明するとともに、「相続税試算（現時点）」と題する50枚程度の資料が綴じられたファイルを交付した。なお、甲らは、上記ファイルをそのまま丙に交付した。

上記ファイル中には、「対策案1　デット・エクイティ・スワップの活用」という表題の資料（以下「銀行DES資料」という）も含まれており、その中には「現物出資方式の場合は、相当額の債務免除益が計上されると思われますので、ご注意下さい」、「正確な評価ならびに具体的なご対応には、必ず税理士等専門家にご相談ください」との記載がある。

② 被告による清算方式の提案

丙は、平成23年6月14日、甲らに対し、本件提案書1を交付し、これに沿って、清算方式による相続税対策を提案する説明をした。

その概要は、次に掲げる事項等であるなどというものであった。

(イ) 上記①(ロ)のメモを作成した平成21年当時の状況では相続税は発生しないものと見込まれていたが、その後の借入金額の変動等により、現時点では、本件債権に係る相続税は約600,000,000円になること

(ロ) 対応策として、現物出資をして新会社を設立後、原告を清算するという方法が考えられること

(ハ) 上記(ロ)のメリットは、原告が債務免除を受けると収益となるが法人を解散することで税額はなく、本件債権が消滅するので甲の相続に係る相続税の課税もないこと

(ニ) 上記(ロ)のデメリットは、役員の勤続年数がリセットされること、口座の閉鎖、開設をやり直す必要があること、法人住民税が高くなること

甲らは、上記デメリットが強調されているように感じたことから、清算方式が最善の選択肢であるかどうか分からず、清算方式以外にも方法があるのであれば併せて検討してもらいたい旨依頼し、丙はこれを了承した。

③ 被告によるDES方式の提案

(イ) 平成23年6月頃、丙が被告を退社したため、被告代表者及び丁税理士（以下、被告代表者と丁税理士を併せて「被告代表者ら」という）が原告の税務顧問に関する担当者となり、甲らの上記相続税対策案件も引き継ぐこととなった。

(ロ) 被告代表者らは、平成23年7月13日、甲らに対し、本件提案書2を交付し、これに沿って、DES方式による相続税対策を提案する説明をした。

本件提案書2には、次に掲げる事項が認められるが、債務消滅益に対する課税の可能性や課税がされた場合の具体的な税額の試算等についての記載はない。

㋑ 「現物出資の件（清算以外）」との見出しの下に、原告には繰越利益剰余金がマイナス約1,000,000,000円あるため、甲が本件債権を1,000,000,000円まで出資しても株価の評価は0円であること

㋺ メリットとして、有利子負債の減少に伴う利息支払の軽減、資本金増額における取引先との格付けアップ、債権に係る相続税の軽減の3項目であること

㋩ デメリットとして、交際費全額損金不算入、中小法人の特例が不適用、外形標準課税の導入、法人住民税均等割の増加の4項目であること

㋥ 「以上（**筆者注**上記㋑ないし㋩を指す）を踏まえても、現物出資が＊＊（**筆者注**甲を指す）様にとって最も有利と考えられます」という結論が示されていること

(ハ) 甲らは、上記説明を受けて、DES方式によっても清算方式と同様に法人税課税がされる心配はなく、総合的にみて清算方式よりも有利であると考え、DES方式を採用することとした。

④ 本件DESの実行等

原告は、平成23年8月9日、本件DESを実行するための臨時株主総会を開催し、甲の原告に対する長期貸付債権の全額990,000,000円の現物出資の受入れをすること、これを引当てにして普通株式495,000,000株を第三者割当発行すること、これに伴い資本金を495,000,000円、資本準備金を495,000,000円それぞれ増加させることについての決議を得た。こうして、同日をもって、本件DESは実行された。

なお、原告の資本金額を従前の20,000,000円から515,000,000円とする増資の登記は同月11日にされたが、原告が大会社となることのデメリットを回避するため、同月30日、資本金の額を20,000,000円に減資する旨の臨時株主総会決議をし、同年10月3日にその旨の登記がされた。

⑤　本件確定申告に至るまでの経緯

(イ)　平成23年11月28日に甲が死亡したため、その相続人であるAは、平成24年3月頃、Y税理士法人に対して相続税の申告を依頼した。

Aは、同法人の代表社員であるY税理士から相続税対策の有無について尋ねられたため、本件DESを実行したことを告げたところ、Y税理士は、原告には債務消滅益に係る法人税が確実に課税されるはずであるとの指摘をした。

(ロ)　A及びY税理士は、本件債権に係る税務処理について確認するため、平成24年3月1日、被告の事務所を訪問した。

そこでY税理士は、被告代表者から、相続税の申告のために必要な資料の交付を受け、事実関係の説明を受け、本件DESが実際に実行されていることを確認した。

Y税理士は、被告代表者に対し、債務消滅益に係る法人税が確実に課税されるはずであると警告するとともに、自身が受任している相続税申告においては、本件債権は本件DESにより消滅している前提で申告するつもりであると告げた。

(ハ)　Aは、被告とY税理士法人の見解が食い違っていることに困惑し、被告代表者に対応を確認すると、被告代表者は、「本件DESはなかった」ことにして法人税等の申告をするつもりであるという方針（以下「本件方針」という）を示した。

これは、DES方式が原告の法人税等と甲の相続に係る相続税の双方にとってメリットがあるとして被告が提案し、採用させたという従前の経緯を覆すものであるばかりでなく、現実に本件DESによる増資と減資の登記が経由していることを無視するものであり、そのような強弁が通用するのか疑問を抱かざるを得ない対応であった。

それでも、Aは、多額の法人税等の課税を回避することができるのであれば、その方法を模索してみようと考え、増資及び減資の登記を錯誤抹消することはできないかをY税理士に照会するなどしたが、登記の錯誤抹消は困難であるとの回答であり、他に適当な善後策も見当たらない状況となった。しかし、被告代表者は、Y税理士の上記見解を伝えられても、本件方針を前提に法人税等の確定申告を行うという考えを変えることはなかった。

(ニ)　上記(イ)ないし(ハ)に掲げる状態のまま、法人税等の確定申告の期限が迫り、Aとしては、納得できない思いではあったが、無申告になる事態だけは避ける必要があったこと、債務消滅益の発生を前提とする法人税等の納税資金を急に用立てることは困難であったことから、やむなく、上記申告事務を委任している被告の判断に従って、平成24年6月29日、本件方針を前提とする本件確定申告書の提出を了承した。

本件確定申告書の添付資料中、資本金等について、当期の増減はないものとされ、借入金及び支払利子の内訳書には、甲の本件債権807,190,800円が計上されたままになっているなど、本件確定申告は、本件DESの存在自体を否定する内容になっており、その結果として、本件DESに係る債務消滅益も記載されていない。

⑥　本件修正申告に至る経緯

(イ)　甲の相続に係る相続税申告手続はＹ税理士において進められることになったが、Ｙ税理士は、上記のとおり、本件DESによって本件債権は消滅しているという前提で相続税の申告をした。

(ロ)　原告は、法人税等の申告と相続税の申告が全く矛盾した内容になってしまったままにすることはできないと考え、本件DESに伴う債務消滅益の発生を前提とする納税額289,028,200円の資金手当てが完了するのを待って、平成24年11月19日、同額を納付し、同月20日、本件修正申告を行った。

しかし、原告は、延滞税（法人税）3,088,300円及び延滞金（地方税）1,678,500円の納付並びに本件修正申告に係る税理士費用399,000円の支払を余儀なくされた。

(2)　清算方式とDES方式の課税関係について

①　原告が清算方式を採用した場合の課税関係について

仮に、原告が、DES方式を実行した時期と同じ時期に清算方式を採用し、これを実行していた場合には、債務免除益に対する法人税及び本件債権に関する相続税のいずれについても、課税が生ずることはなかった。このこと自体は、被告も特に争っていないが、若干補足して説明する。

(イ)　清算確定事業年度において、清算法人に残余財産がないと見込まれるときは（残余財産がないかどうかの判定は、清算確定事業年度の終了時の現況によるが〔法人税基本通達12－3－7《残余財産がないと見込まれるかどうかの判定の時期》〕、解散した法人が当該事業年度の終了時において債務超過状態にあるときは、残余財産がないと見込まれるときに該当すると判定される〔法人税基本通達12－3－8《残余財産がないと見込まれることの意義》〕）、清算確定事業年度前の各事業年度において生じた欠損金額（以下「期限切れ欠損金」という）に相当する金額は適用年度の所得金額の計算上、損金の額に算入される（同法第59条《会社更生等による債務免除等があった場合の欠損金の損金算入》第3項、同法施行令第118条《民事再生等の場合の債務免除額等の限度となる通算所得帰属額》）。なお、期限切れ欠損金は、通常の事業年度においては損金の額に算入することができないものである。

(ロ)　原告は、平成24年4月末の時点において、967,117,425円の債務超過状態となっており、甲による債務免除額を同額以下とすれば、債務超過は解消せずに残余財産がないと見込まれるから、上記欠損金額の控除規定の適用要件を充足する。そして、原告は、同期末時点において、983,007,337円の期限切れ欠損金〔当該事業年度の当初法人税申告書別表五（一）④31欄の987,096,625円から同別表七（一）の4,089,288円を控除した額〕を有していたことから、甲による債務免除額から上記期限切れ欠損金を控除することができる。

これにより原告の所得金額は0円となり、原告が清算確定事業年度において納付すべき法人税額は存在しないこととなる。

(ハ) 原告が本件DESを実行した時期と同時期に清算方式を採用し、これを実行していた場合には、甲の原告に対する債務免除により、相続税の課税対象となる本件債権は存在しないことになるから、本件債権に係る相続税も発生することはなかった。

② 原告がDES方式を採用した場合の課税関係

(イ) DES(デット・エクイティ・スワップ)とは、企業の債務(デット)を企業の資本(エクイティ)に交換する(スワップ)ことをいい、債権放棄などと同様に、企業の財務再構築の一手法として利用される。

その具体的な方法としては、債権者が債務者企業に現金を払い込んで募集株式の割当を受ける方法(現金払込型)と、現金ではなく債務者に対する債権を現物出資して同様に募集株式の割当を受ける方法(現物出資型)がある。本件DESは後者の方法を想定したものである。

(ロ) 現物出資型のDESにおいて、資本の増加額を出資する債権の券面額とするか、評価額とするかという議論があったが、平成12年に東京地方裁判所商事部が券面額説を採用することを明らかにして以来、実務は券面額説でほぼ定着するようになったと言われている。

この券面額説の考え方を、仮に税務・会計上の処理にそのまま当てはめると、債務者法人において、現物出資を受ける債権(これとの混同により消滅する債務)の券面額が資本等の額にそのまま組み入れられるから債務消滅益は生じないことになるが、そのような取扱いの当否については、必ずしも定説が形成されるに至らないまま推移していた。

(ハ) 上記(ロ)のような中、会社法の施行を受けた平成18年度税制改正において、次のとおりとされた。

① 法人が現物出資を受けた場合の税務上の取扱いは債権の券面額ではなく時価によるものとされ(法人税法第2条《定義》第16号、同法施行令第8条《資本金等の額》第1項)、この結果、現物出資する債権の券面額と時価の差額は債務消滅益として認識する必要があるものとされること

㋺ 上記㋑の一方で、経営不振企業の再建を目的として行われるDESの趣旨が没却されないよう、会社更生、民事再生等の法的整理においてDESが行われる場合、DESにより発生する債務消滅益を期限切れ欠損金と相殺することを可能とした(法人税法第59条《会社更生等による債務免除等があった場合の欠損金の損金算入》第1項第1号、第2項第1号)

なお、その後、法的整理に準ずる一定の私的整理(私的整理ガイドライン、中小企業再生支援協議会の支援、RCC企業再生スキーム、事業再生ADR手続による

もの等）についても、期限切れ欠損金との相殺を認める旨の国税庁の取扱いが示されるに至っている〔平成22年２月15日付け「企業再生税制適用場面においてDESが行われた場合の債権等の評価に係る税務上の取扱いについて（照会）」に対する同月22日国税庁回答〕。

なお、グループ内部での現物出資等については、税務上の適格現物出資とされ、上記㋑の例外として簿価取引が認められることがあるが、本件DESに係る本件債権の現物出資は、適格現物出資には当たらない（争いがない）。

㈡　上記㈠ないし㈧のとおり、現物出資型のDESにおいて、債務者に債務消滅益課税が発生するリスクがあるということは、平成18年度税制改正以降、税務の常識に属する事項となっており、DESに関する基本的な文献等でも、現物出資型DESのデメリットとして、この課税問題を第一に挙げるのが通例となっていた。

㈭　ところで、被告代表者の供述中には、原告は債務超過会社であるから、債務消滅益は欠損金と相殺できるという認識であったと述べる部分がある。

これは、上記のような一般的な文献の記載と明らかに異なる認識を述べる内容であったことから、裁判所は、被告に対し、債務消滅益を欠損金と相殺することが税法上可能であることについて文献上の根拠を示して説明するよう求める求釈明をしたが（平成27年９月28日付け求釈明書面）、被告からは、「運用上の取扱いが可能という意味」であって、文献上の根拠はないという回答がされるにとどまった（同年11月４日付け「釈明事項に対する回答」）。

上記のとおり、本件DESは税法上の適格現物出資ではないし、法的整理又はそれに準ずる私的整理において行われたものでもないのであるから、「運用上の取扱い」によって債務消滅益を欠損金と相殺しようという期待は、何ら合理的な根拠に基づくものとはいえず、被告代表者の上記供述は、誤った認識に基づく独自の見解を述べるにすぎないものというべきである。

㈬　債権者に相続が発生した場合の相続税の課税関係という観点からいうと、DESにより現物出資した債権（相続税法上は原則として額面額として評価される）は相続財産から既に逸出している一方、取得した株式については、相続税評価の一般原則に従って評価されることになる（通常は上記額面額よりも大幅に圧縮された金額となる）。

⑶　各争点について

①　争点１（被告が本件DESに係る説明義務を怠ったか）について

㈠　被告は税務の専門家として原告と税務顧問契約を締結していたことを踏まえて考えれば、被告は、原告に対し、DES方式を提案するに当たり、本件DESにより生じ得る課税リスク、具体的には、上記⑵②のとおり、本件DESに伴い発生することが見込まれる債務消滅益課税について、課税される可能性、予想される課税額等を含めた具体的な説明をすべき義務があったというべきである。

なお、上記(1)①ないし③の認定事実によれば、DES方式の提案がされるに至ったそもそもの発端は、甲の相続を想定した相続税対策にあり、その依頼の直接的な主体は原告ではなく、甲及びAであったと解される。

しかし、DESが、債務者法人による現物出資の受入れ、募集株式の発行等を伴うものである以上、被告によるDES方式の提案は、債務者法人たる原告に対する提案という意味も持つというべきであり、このことは、本件提案書2に記載されているメリット、デメリットのほとんど（相続の軽減以外の全部）が原告に関する事項であることからも明らかである。

(ロ) 上記(イ)を前提に、被告の説明義務違反の有無を検討するに、被告代表者の供述中には、要旨「本件DESの実行により債務消滅益の課税を指摘される可能性はあるが、そうだとしても300,000,000円程度の法人税であり、相続税600,000,000円程度を免れるのであればその方がいいと思うし、税務調査が行われても交渉等により税額を減少させることは実務的に可能である」という趣旨の説明をしたとの部分がある。

㋑ 仮に、このような説明があったとしても、全体としては債務消滅益に対する課税は回避できるという趣旨の説明にほかならないから、上記(2)②で認定したようなDESに伴う債務消滅益課税のリスクの説明としては、著しく不十分ないし不正確なものといわざるを得ないし、そもそも、上記のような説明さえされていたか、極めて疑わしいといわざるを得ない。

すなわち、原告代表者は、上記のような説明は全く受けていない旨供述し、被告代表者の上記供述を正面から争っている上、そもそも本件DESの基本的な説明資料という性格の本件提案書2に、債務消滅益課税の可能性、その予想される税額等についての記載が全くないことは上記のとおりであり、このこと自体、債務消滅益課税について何らの説明もされていなかったことを強く推認させるものというべきである。

また、本件提案書2に限らず、本件DESを採用した場合に予想される法人税額の増加額と甲の相続に係る相続税の減少額とを比較対照して説明したという事実を示すような証拠はない上、数字（試算額）を比較対照するという事柄の性質上、書面もなく専ら口頭での説明がされたとも考えられない。

以上の証拠関係に照らすと、そもそも、被告代表者らにおいて、本件DESにより原告に発生する法人税等の額の試算すらしていなかったのではないかと推察される。

㋺ 上記㋑の認定判断を総合すれば、被告代表者は、本件DESに係る債務消滅益と欠損金との相殺の可否について、誤った認識に基づく独自の見解を有していたため、債務消滅益に対する課税を看過又は軽視し、本件DESに伴う債務免除益に対する課税の問題について、原告に対して、全く又はほとんど説明をしなかったものと認められる。

㋩　被告代表者の供述中には、甲らは、三菱東京UFJ銀行から交付を受けた銀行DES資料〔上記⑴①㈧参照〕によって、債務免除益（債務消滅益）の課税リスクは承知していたはずであると述べる部分がある。

しかし、上記資料は、税務に係る専門家責任を引受ける立場で示されているようなものではなく、「正確な評価ならびに具体的なご対応には、必ず税理士等専門家にご相談ください」と記載されているものにすぎないのであり、DESを提案した顧問税理士である被告から課税リスクの説明がなかった以上、原告を取り巻く具体的な事実関係の下で上記課税リスクは顕在化しないのだと原告が受け取ったとしてもやむを得ないことであり、少なくとも、銀行DES資料の存在は、被告による説明義務を免れさせるようなものとはいえない。

㈧　上記㈠及び㈡によれば、被告代表者らは本件DESに係る債務消滅益課税のリスクについての説明義務を怠ったことが明らかであり、被告は、この点について債務不履行責任及び不法行為責任を免れない。

②　**争点2**（本件確定申告を行ったことが被告の義務違反行為といえるか）について

㈠　上記⑴⑤で認定したとおり、被告代表者は、DES方式が原告の法人税等と甲の相続に係る相続税の双方にとってメリットがあるとして自ら提案しこれを採用させたという従前の経緯を覆し、「DESはなかった」ことにして法人税等の申告をするという本件方針を示し、そのような扱いが可能であるか疑問に思った原告が再考を促しても当該方針を変えずに、本件確定申告を行ったものである。

本件方針がそれ自体支離滅裂であることに加え、原告の登記上、本件DESに係る増資と減資の事実が厳然と公示されている中で、本件DESがなかったという虚偽の事実を押し通して債務消滅益に係る法人税を免れようとする本件確定申告の考え方は、税理士としての基本的な責務を逸脱した違法なものというべきである。

㈡　上記㈠の点につき、被告は、本件方針に基づく本件確定申告を行ったのは原告の指示に基づくものであると主張し、被告代表者はこれに沿う供述をする。

㋑　しかし、まず、被告代表者が本件方針を示すに先立って、原告ないしAの側から本件方針の指示が被告にあったとは到底考えられない。

このことは、次に掲げる事項等の事実関係から明らかである。

(A)　DESをなかったことにした場合、甲の相続につき600,000,000円もの相続税が発生することは避けられず、Aもそのような事情は認識していたこと

(B)　Aは、本件DESによる増減資の登記の錯誤抹消などの方法を検討したが、Y税理士から困難であるとの回答を得ていたこと

本件方針は、被告代表者が、自らが受任している法人税等の申告において巨額

の法人税等の課税が発生する事態を取りあえず回避したいというだけの目的で採用されたものと解さざるを得ず、それが相続税の処理と矛盾する結果を来たし、依頼者（A）により重大な不利益を及ぼしかねないことを無視して敢行されたものと考えざるを得ない。

㋺　原告において、本件方針を前提とする本件確定申告書の提出を了承したこと自体は認められるものの、その経緯は上記⑴⑤のとおりであり、本件方針には疑問を抱きつつ、法人税等の確定申告の期限が迫る中で、無申告になる事態だけは避ける必要があったこと、追加納付すべき法人税等の資金を急に用立てることは困難であったことから、やむなく、上記申告事務を委任している被告の判断に従うこととしたにすぎないのであって、これをもって「原告の指示」などといえないことは明らかである。

(ハ)　上記(イ)及び(ロ)より、被告は、DESはなかったものとする事実と異なる本件確定申告を行ったことにつき、債務不履行及び不法行為責任を免れない。

③　**争点３**（被告が本件届出給与制度について指導助言すべき義務を怠ったか）について

(イ)　証拠及び弁論の全趣旨によれば、被告は、本件事業年度の前年度までは、毎会計年度ごとに本件届出給与制度について原告の利用意思の有無を確認し、被告側で手続をとることによって原告は同制度を利用して役員給与について損金処理を行ってきたものであり、また、原告は、従前どおり、平成23年６月に開催された株主総会及び取締役会の決議において、本件事業年度の役員給与支給額等を確定させ、被告は、同年度の原告の株主総会議事録の写しを徴求してこれを認識していたことが認められるのであるから、被告は、本件届出給与制度を利用することが原告にとって有利になることについて、役員給与事前確定届出書の提出期限までに認識し、又は容易に認識し得たものといえる。

(ロ)　顧問税理事務所としての被告の立場及び上記(イ)のとおりの経緯からすれば、被告は、原告から積極的に同制度を利用する旨の意思を伝えられず、明示的に問い合わせや相談を受けていない場合であっても、原告が本件届出給与制度を利用する機会を失することがないように、原告に対し、同制度の利用意思の有無について確認し、又は同制度の利用に関する注意喚起等を行うなどの指導助言をすべき義務を負っていたというべきである。

ところが、被告は、本件事業年度については、原告に対して同制度の利用意思の有無について確認せず、何らの注意喚起等も行わなかったものであり、上記義務を怠ったものといえる。被告は、この点につき、債務不履行及び不法行為責任を免れない。

④　**争点４**（原告の損害及び因果関係）について

(イ)　本件DESに係る説明義務違反による損害

㋑　原告は、清算方式を採用していれば、本件債権に係る相続税だけでなく、DES

方式によって発生する約290,000,000円もの法人税等をも免れることができ、かつ、本件提案書１をもってその旨の説明を受けていたのであるから、被告が甲らに対し本件提案書２を示してDES方式の提案をした際、DESに伴って原告に債務消滅益が発生すること、これに係る法人税等は約290,000,000円になることを正しく説明していたとすれば、原告は、DES方式を採用することなく、清算方式を採用したものと合理的に推認することができる。

㋺　上記㋑の点につき、被告は、甲らにおいて、清算方式は採用したくないとの意向が既に示されていた旨主張し、被告代表者は、「会社が清算されれば、役員報酬もなくなり雇用されている人も解雇になり、人間で言えば死と同じことを意味するわけで、清算を意図して会社を運営する社長は聞いたことがない」などと、上記主張に沿う供述をする。

しかし、原告は、顧問税理士の指導により甲の財産管理会社として設立された法人であって、甲らにとって、課税上有利な扱いを受けるための道具にすぎないというのが実態であったと推認されるのであって、少なくとも、290,000,000円もの法人税等の課税を甘受してまで守るべき理由があったとは到底考えられない。

被告代表者の上記供述は、長年の事業活動により取引先、得意先の信用を築き上げてきた法人を守ろうとするような場合にはあり得る話だとしても、原告に関する限り、およそ的外れといわざるを得ない。

かえって、上記⑴②のとおり、甲らは、清算方式が最善の選択肢であるかどうか確信が持てなかったため、清算方式以外にも方法があるのであれば併せて検討してもらいたい旨依頼したにすぎず、これが、清算方式を採用しない旨の確定的な意思を示したものなどといえないことは明らかである。

㋩　被告は、清算方式は租税回避行為として許されないから選択肢たり得ないとも主張するが、本件提案書１をもって清算方式の提案をしたのは被告自身であり、今更このような主張をすること自体、禁反言の原則に反するものというべきであるし、そもそも上記の主張は、いったん終結した口頭弁論を再開した後の２回目の終結が予定されていた平成28年３月９日の口頭弁論期日が指定された後である同年２月15日に提出されたものであること、この時期までに上記主張を提出することができなかった理由は見いだせないことからすると、時機に後れた攻撃防御方法の提出として許されないというべきである。

㊁　被告は、原告が平成24年４月の時点において本件債務消滅益に対する課税を回避する手段を執ることができたから、被告の説明義務違反と原告が主張する損害との間には因果関係がないとも主張するが、被告の説明義務違反による原告の損害は、平成23年８月に本件DESを実行した時点において発生していると考えられるから、被告の主張はその前提において失当である。

㋭　上記㋑ないし㋥のとおり、被告の説明義務違反がなければ、原告は清算方式を採用したものと合理的に推認され、その場合に納付すべき法人税額は存在しなかったこと〔上記(2)〕、本件DESに伴って必要となった増資及び減資に係る諸費用を支出することもなかったと認められるから、原告は、以下の合計293,093,200円の損害を被ったものと認められる。

(A)　法人税等相当額　289,028,200円

(B)　増減資に要した登記等費用相当額　4,065,000円

(ロ)　本件確定申告に係る義務違反による損害

被告が事実と異なる本件確定申告を行ったために、原告において本件修正申告を行わざるを得なくなったと認められるから、これにより、原告は、以下の合計5,165,800円の損害を被ったと認められる。

㋑　延滞税（法人税）相当額　3,088,300円

㋺　延滞金（地方税）相当額　1,678,500円

㋩　本件修正申告に係る税理士費用　399,000円

(ハ)　本件届出給与制度についての指導助言義務違反による損害

被告が本件届出給与制度についての指導助言義務を怠ったことにより、原告は、本件事業年度の役員給与について損金算入をすることができず、以下の合計857,200円の損害を被ったと認められる。

㋑　法人税等の追加納税額　757,200円

㋺　本件再修正申告に係る税理士費用　100,000円

(ニ)　弁護士費用

本件の事案の性質及び本件訴訟の困難性の程度からすれば、被告の不法行為と相当因果関係のある弁護士費用の額は29,911,620円と認められる。

⑤　**争点５**（損益相殺の可否）について

被告は、本件DESによって原告が消滅することを免れたことで、原告の企業価値に相当する349,706,158円の利益を受けているとして、損益相殺を主張する。

しかし、仮に、被告が主張するような損益相殺を観念することができるとしても、原告が清算を免れたことによる利益というのは、原告の継続企業価値と清算企業価値との差額にすぎないと解するのが相当である。

そして、原告は、前述のとおり、基本的に甲の資産管理会社という性格の法人であって、事業の継続の有無により評価が大きく異なるような資産（のれん等）を保有しているわけではなく、むしろ、DCF法による企業価値評価額が時価純資産法による企業価値評価額を相当に下回るとされているような会社なのである。

こうした点を勘案すれば、清算企業価値を上回る継続企業価値があるとは認められず、原告が清算を免れたことによる利益を認めることはできない。

よって、損益相殺をいう被告の主張は理由がない。

〔6〕まとめ

⑴ 裁判例の結果

先例となる裁判例では、原告(㈱甲)が主張し裁判所(東京地方裁判所)がこれを相当と判断したのが被告(X税理士法人)は本件DESに係る債務消滅益課税のリスクについての説明義務を怠ったことにより債務不履行及び不法行為責任を免れないとしたものであり、また、その一方で被告(X税理士法人)が当該説明義務違反はなく債務不履行及び不法行為責任はないと主張したことから、結果として、原告(㈱甲)の主張が容認され、損害賠償請求の全額(329,027,820円)の支払が命じられるものとされた。

参考 この東京地方裁判所の判示を不服として被告(X税理士法人)は東京高等裁判所に控訴しましたが、当該控訴を棄却する旨の判決(東京高等裁判所(令和元年8月21日判決、平成28年(ネ)第3213号損害賠償請求控訴事件))があった。

⑵ 参考法令通達等

- 法人税法第2条《定義》
- 法人税法第34条《役員給与の損金不算入》
- 法人税法第57条《欠損金の繰越し》
- 法人税法第59条《会社更生等による債務免除等があった場合の欠損金の損金算入》
- 法人税法施行令第8条《資本金等の額》
- 法人税法施行令第69条《定期同額給与の範囲等》
- 法人税法施行令第118条《民事再生等の場合の債務免除額の限度となる通算所得帰属額》
- 法人税法施行規則第22条の3《役員の給与等》
- 法人税基本通達12-3-7《残余財産がないと見込まれるかどうかの判定の時期》
- 法人税基本通達12-3-8《残余財産がないと見込まれることの意義》
- 税理士法第2条《税理士の業務》
- 平成22年2月15日付け「企業再生税制適用場面においてDESが行われた場合の債権等の評価に係る税務上の取扱いについて(照会)」に対する同月22日国税庁回答

本問から学ぶ重要なキーポイント

⑴ 平成18年度の法人税法の改正によって、法人が貸付金債権等の現物出資を受けた場合の税務上の取扱いは従来の当該貸付金債権等の券面額(額面額説)ではなく時価(時価説)によるものとなりました。

したがって、現物出資に対する債権の券面額と時価との差額は債務消滅益として益金の額に算入されることが、原則的な取扱い（（注）会社更生、民事再生等の法的整理においてDESが行われる場合は除かれます）とされます。

(2) 上記(1)より、債務消滅益が益金の額に算入されることから当該事業年度において控除可能な繰越欠損金の金額がない場合には、結果として、法人税の課税対象金額が生じることになります。

貸付金債権に係る実務対策

先例とされる裁判例では、裁判所の判断の前提として、「原告が清算方式を採用した場合の課税関係」について次のとおりの判示（要旨のみ）がされています。

原告が清算方式を採用した場合の課税関係

(1) 清算確定事業年度において、清算法人に残余財産がないと見込まれるときはいわゆる期限切れ欠損金であっても適用年度の所得の金額の計算上、損金の額に算入されます。

(2) 上記(1)より、原告（㈱甲）は残余財産がないと認められることから、甲による債務免除額（990,000,000円）から983,007,337円の期限切れ欠損金（注）を控除することができ、これにより原告の所得金額は0円となり、原告が清算確定事業年度において納付すべき法人税等は存在しないことになります。

（注）983,007,337円の期限切れ欠損金の算出根拠は、次のとおりとなります。

987,096,625円 － 4,089,288円 ＝983,007,337円

（当該事業年度の当初法人税申告書別表5(1)④31欄の金額）（当該事業年度の当初法人税申告書別表7(1)の金額）

(3) 原告（㈱甲）が清算方式を採用した場合には、甲の原告（㈱甲）に対する債務免除により、相続税の課税対象となる本件債権は存在しないことになるから、本件債権に係る相続税も発生しないことになります。

そうすると、裁判所の判示では、原告が清算方式を採用した場合には、本件債権（甲の㈱甲に対する約11億円の貸付金債権）につき、法人税及び相続税の双方の租税負担を何ら要することなく、処理することが可能と示唆しているとも見受けられます。この点につき、筆者の考え方は、次に掲げるとおりです。

(1) 本件債権の所有者である甲の行動時期

図表－1を参照してください。仮に、本件DESの実施に代えて清算方式を採用したとしたならば、その実施日は平成23年8月9日となり、当該日付は本件債権の所有者である甲に係る相続開始日（平成23年11月28日）との間は約4か月弱であり、極めて相続開始日に近いものとなります。

⑵　相続税法第64条の適用検討について

相続税法第64条《同族会社等の行為又は計算の否認等》第１項において、「同族会社等の行為又は計算で、これを容認した場合においてはその株主若しくは社員又はその親族その他これらの者と政令で定める特別の関係がある者の相続税又は贈与税の負担を不当に減少させる結果となると認められるものがあるときは、税務署長は、相続税又は贈与税についての更正又は決定に際し、その行為又は計算にかかわらず、その認めるところにより、課税価格を計算することができる」と規定されています。

そうすると、清算方式を採用して（DES方式によった場合でも同様と考えられます）、本件相続開始日までに本件債権を消滅させたことにより生じた相続税の減額分は、上記＿＿部分に該当することになり、同条の規定が適用されることはないのかという点の検証が必要になるものと考えられます。

⑶　相続税法第64条の射程について

上記⑵の検討に当たって、学説の１つとして、仮に相続税法第64条《同族会社等の行為又は計算の否認等》第１項の規定を適用するとして、税務署長の認めるところにより課税価格を計算するとして、では一体何を課税対象とするのか、課税対象と認定できるものは存在しない（注）から、同条同項の発動は法律解釈の限界を超えているという考え方もあります。

（注）　すなわち、清算方式を採用した場合には、被相続人甲に係る相続開始時までに本件債権はもちろんのこと、元債務者であった会社（㈱甲）自体も法的に消滅しており、上記＿＿部分を適用するとしても、同条同項は無限に税務署長に裁量権を委任したとまでは租税法律主義のもとでは考えられるものではないという考え方に基づくものです。

⑷　まとめ

上記⑴ないし⑶より、裁判所の上記の判示には、なお一層の慎重な検討が実務上では必要になるものと考えられます。

附録

法令通達等

相続税法

●相続税法第22条《評価の原則》

この章で特別の定めのあるものを除くほか、相続、遺贈又は贈与により取得した財産の価額は、当該財産の取得の時における時価により、当該財産の価額から控除すべき債務の金額は、その時の現況による。

財産評価基本通達

●財産評価基本通達１《評価の原則》

財産の評価については、次による。

(1) 評価単位

財産の価額は、第２章以下に定める評価単位ごとに評価する。

(2) 時価の意義

財産の価額は、時価によるものとし、時価とは、課税時期（相続、遺贈若しくは贈与により財産を取得した日若しくは相続税法の規定により相続、遺贈若しくは贈与により取得したものとみなされた財産のその取得の日又は地価税法第２条《定義》第４号に規定する課税時期をいう。以下同じ。）において、それぞれの財産の現況に応じ、不特定多数の当事者間で自由な取引が行われる場合に通常成立すると認められる価額をいい、その価額は、この通達の定めによって評価した価額による。

(3) 財産の評価

財産の評価に当たっては、その財産の価額に影響を及ぼすべきすべての事情を考慮する。

●財産評価基本通達204《貸付金債権の評価》

貸付金、売掛金、未収入金、預貯金以外の預け金、仮払金、その他これらに類するもの（以下「貸付金債権等」という。）の価額は、次に掲げる元本の価額と利息の価額との合計額によって評価する。

(1) 貸付金債権等の元本の価額は、その返済されるべき金額

(2) 貸付金債権等に係る利息（財産評価基本通達208《未収法定果実の評価》に定める貸付金等の利子を除く。）の価額は、課税時期現在の既経過利息として支払を受けるべき金額

●財産評価基本通達205《貸付金債権等の元本価額の範囲》

前項の定めにより貸付金債権等の評価を行う場合において、その債権金額の全部又は一

部が、課税時期において次に掲げる金額に該当するときその他その回収が不可能又は著しく困難であると見込まれるときにおいては、それらの金額は元本の価額に算入しない。

(1) 債務者について次に掲げる事実が発生している場合におけるその債務者に対して有する貸付金債権等の金額（その金額のうち、質権及び抵当権によって担保されている部分の金額を除く。）

イ 手形交換所（これに準ずる機関を含む。）において取引停止処分を受けたとき

ロ 会社更生法（平成14年法律第154号）の規定による更生手続開始の決定があったとき

ハ 民事再生法（平成11年法律第225号）の規定による再生手続開始の決定があったとき

ニ 会社法の規定による特別清算開始の命令があったとき

ホ 破産法（平成16年法律第75号）の規定による破産手続開始の決定があったとき

ヘ 業況不振のため又はその営む事業について重大な損失を受けたため、その事業を廃止し又は6か月以上休業しているとき

(2) 更生計画認可の決定、再生計画認可の決定、特別清算に係る協定の認可の決定又は法律の定める整理手続によらないいわゆる債権者集会の協議により、債権の切捨て、棚上げ、年賦償還等の決定があった場合において、これらの決定のあった日現在におけるその債務者に対して有する債権のうち、その決定により切り捨てられる部分の債権の金額及び次に掲げる金額

イ 弁済までの据置期間が決定後5年を超える場合におけるその債権の金額

ロ 年賦償還等の決定により割賦弁済されることとなった債権の金額のうち、課税時期後5年を経過した日後に弁済されることとなる部分の金額

(3) 当事者間の契約により債権の切捨て、棚上げ、年賦償還等が行われた場合において、それが金融機関のあっせんに基づくものであるなど真正に成立したものと認めるものであるときにおけるその債権の金額のうち(2)に掲げる金額に準ずる金額

（著者経歴）
昭和37年12月　兵庫県神戸市生まれ
昭和56年４月　関西大学経済学部入学
昭和58年９月　大原簿記専門学校非常勤講師就任
昭和59年12月　税理士試験合格
昭和60年３月　関西大学経済学部卒業
　　　　　　　その後会計事務所に勤務（主に相続・譲渡等の資産税部門の業務を担当）
平成３年２月　笹岡会計事務所設立　その後現在に至る。
（著　　書）
『具体事例による財産評価の実務』（清文社）
『これだけはおさえておきたい　相続税の実務Ｑ＆Ａ』（清文社）
『詳解　小規模宅地等の課税特例の実務』（清文社）
『難解事例から探る財産評価のキーポイント』（ぎょうせい）
『ケーススタディ　相続税財産評価の税務判断』（清文社）

（お願い）
貸付金債権等の評価に関する事案は、各事例とも極めて個別特殊性を有するものであることが一般的です。そのような理由により本書に関するご質問及び照会につきましては対応が大変困難な状況です。この点斟酌をいただき、ご配慮をお願い申し上げます。

《相続税・贈与税》貸付金債権の評価実務

2024年11月20日　発行

著　者　笹岡 宏保 Ⓒ

発行者　小泉 定裕

発行所　株式会社 清文社
東京都文京区小石川１丁目３－25（小石川大国ビル）
〒112-0002　電話 03(4332)1375　FAX 03(4332)1376
大阪市北区天神橋２丁目北２－６（大和南森町ビル）
〒530-0041　電話 06(6135)4050　FAX 06(6135)4059
URL https://www.skattsei.co.jp/

印刷：㈱太洋社

■本書の追録情報等は、当社ホームページ（https://www.skattsei.co.jp）をご覧ください。

ISBN978-4-433-72324-8